附图1：法鲁克·伊本·阿卜杜勒·拉蒂夫（Farrukh ibn Abadl-Latif），大象钟
出自：加扎里（al-Dschazari），《精妙机械装置的知识》，1315年，纽约，大都会艺术博物馆

附图2：发明的守护神赫里西斯（Heuresis）递给迪奥斯科里德斯（Dioskurides）一株曼德拉草

出自：《维也纳的迪奥斯科里德斯》，公元6世纪初，维也纳，奥地利国家图书馆

附图3：仇英（1494—1552），《竹院品古图》，北京，故宫博物院

附图4：《耶稣复活》（细节图），约1320年，伊斯坦布尔，柯拉教堂偏殿礼拜堂，后殿

附图5：乔托（Giotto，1266—1337），《恩里科·斯克罗维尼向圣母致献由他捐赠的教堂》（细节图），约1305年，帕多瓦

附图6：英国或法国画家（作者不详），施洗者圣约翰、圣爱德华和圣埃德蒙引领查理二世拜见圣母

出自：《威尔顿双联画》，约1395—1399年，伦敦，国家美术馆

附图7：修道院院长沃灵福德的理查德（Richard von Wallingford，1292—1336）
出自：托马斯·冯·沃尔辛厄姆（Thomas von Walsingham，卒于1422年），《圣奥尔本斯修道院历任院长书》，1390—1394年，伦敦，大英图书馆

附图8：汉斯·梅姆林（Hans Memling，卒于1494年），《托马索·波尔蒂纳里与夫人玛丽亚·马达莱娜像》，约1470年，纽约，大都会艺术博物馆

附图9：真蒂莱·贝利尼（Gentile Bellini），《"征服者"穆罕默德二世》，1480年，伦敦，英国国家美术馆

附图10：弗朗切斯科·德尔·科萨（Francesco del Cossa），《三月的寓言：密涅瓦的胜利》（局部），约1469—1470年，费拉拉，斯齐法诺亚宫

附图11：安东尼奥·德尔·波拉约洛（Antonio del Pollaiuolo），《大力神与九头蛇缠斗》，1471/1475年，佛罗伦萨，乌菲齐美术馆

附图12：古列尔莫·吉拉尔迪（Guglielmo Girald），《炼狱篇》卷首图
出自：但丁，《神曲》，最早藏于费德里科·达·蒙特费尔特罗的图书馆，
约1474—1482年，梵蒂冈教廷图书馆

附图13：皮耶罗·德拉·弗朗切斯卡（Piero della Francesca，1411/1413—1492），《费德里科·达·蒙特费尔特罗侧像》，约1472年，佛罗伦萨，乌菲齐美术馆

附图14：埃格顿大师（Meister von Egerton）及助手，《额里折兀王国的奇人：无头人、独脚人和独眼巨人》

出自：马可·波罗（Marco Polo），《世界奇观之书》，1410/1412年，巴黎，法国国家图书馆

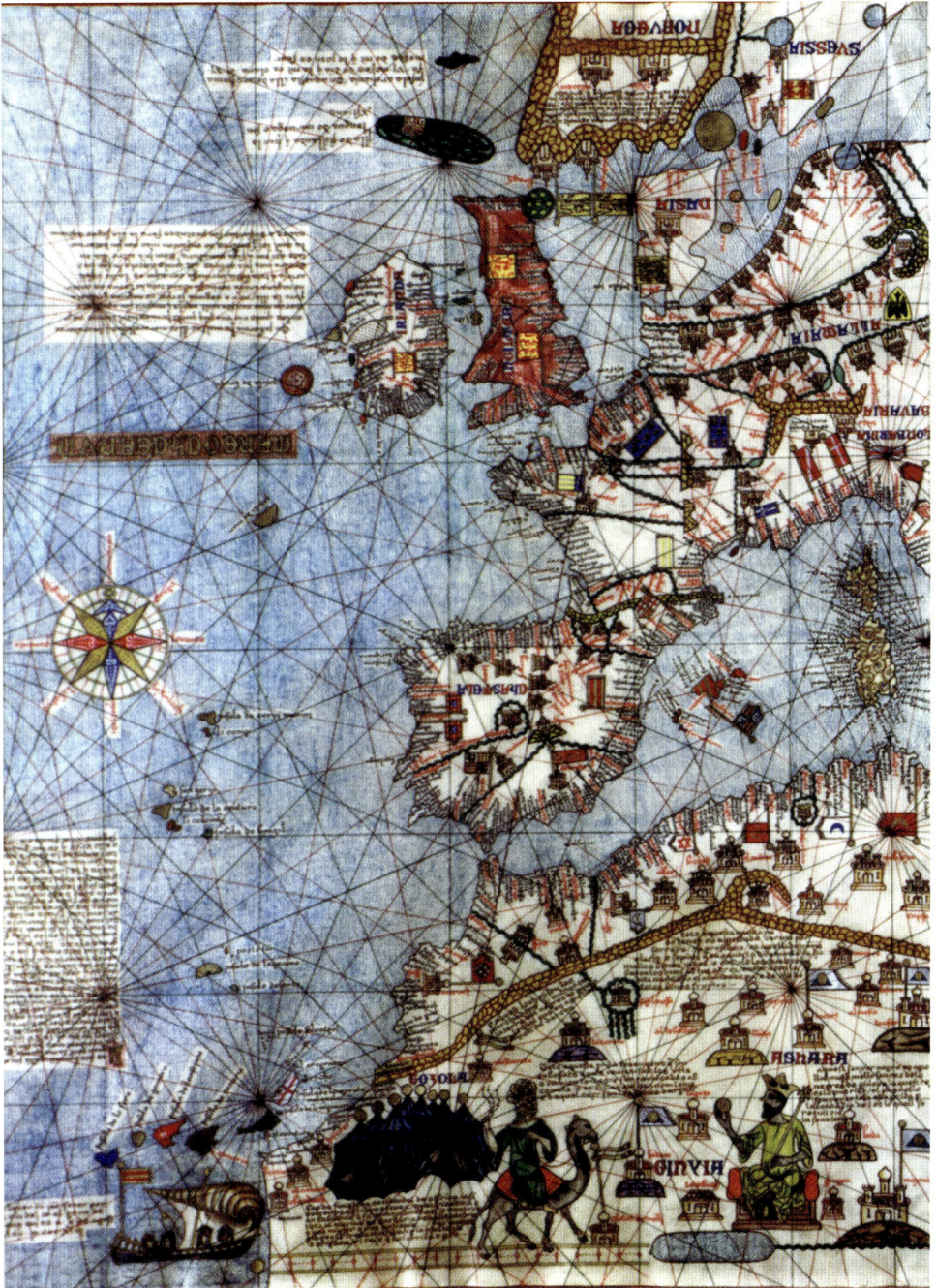

附图15：亚伯拉罕·克列斯克（Abraham Cresques）或工坊制品，《加泰罗尼亚世界地图集》（局部），约1375年，巴黎，法国国家图书馆

附图16：耶罗尼米斯·博斯（Hieronymus Bosch），《人间乐园》（中间画板），约1500年，马德里，普拉多美术馆

文艺复兴
全史（上）

［德］贝恩德·勒克　著

向璐　高原　译

文汇出版社

图书在版编目（CIP）数据

文艺复兴全史 / （德）贝恩德·勒克著；向璐，高
原译. -- 上海：文汇出版社，2022.8
ISBN 978-7-5496-3502-3

Ⅰ．①文… Ⅱ．①贝… ②向… ③高… Ⅲ．①文艺复
兴—历史—世界 Ⅳ．①K103

中国版本图书馆CIP数据核字（2021）第057546号

文艺复兴全史

作　　者 /	［德］贝恩德·勒克	
译　　者 /	向　璐　　高　原	
责任编辑 /	甘　棠	
特约编辑 /	徐　成　　顾晨芸	
封面设计 /	张　璐　　王佳琳	

出版发行 / 文汇出版社
　　　　　　上海市威海路 755 号
　　　　　　（邮政编码 200041）

经　　销 / 全国新华书店
印刷装订 / 河北中科印刷科技发展有限公司
版　　次 / 2022 年 8 月第 1 版
印　　次 / 2022 年 8 月第 1 次印刷
开　　本 / 680mm × 990mm　1/16
字　　数 / 1116 千字
印　　张 / 76

ISBN 978-7-5496-3502-3
定　　价 / 259.00 元（共两册）

献给

嘉比、塔西洛、马丁和普莉希拉

中文版序

　　本书的成书过程历时颇久，在本世纪初初具雏形。那时我与C. H.贝克出版社刚达成合作意向，准备撰写一本关于17世纪欧洲历史的书。那是一个极富戏剧性的时期：世界笼罩在小冰河时代的阴云之下，饥荒和瘟疫导致人口锐减。受到欧洲最后一次宗教战争（三十年战争）的重创，德意志地区几近荒芜。与此同时，欧洲和美洲的许多地区处决了许多女巫和异教徒，英国则爆发了革命，仿佛世界各地都一同被卷入了起义的浪潮中。中国同样遭受着这场全球性危机的困扰。1641年，明末清初著名的理学家陆世仪在《志学录》中记载道："江南素无此灾。"而后不久，明朝灭亡。清代学者姚廷遴在《历年记》中也曾回顾道："至今见死人而不惧者，因经见多也。"

　　这一时期的光明面则是，科学革命在西欧且仅仅在西欧不断推进，新技术层出不穷，理性主义哲学在这里发扬光大。焚烧女巫和异教徒的火刑架渐渐熄灭。事关信仰和权力的战争无法澄清孔子所谓的"天命"是什么。启蒙运动正是在这一混乱不堪的时代中应运而生，它宣扬宽容并要求获得权利，即哲学家伊曼努尔·康德（Immanuel Kant，1724—1804）所呼吁的"公开运用自己理性的自由"。人们应该用言语去发现真相，而不是借助于武器。

　　书写17世纪的历史无疑是吸引人的。但诸位将会注意到，我并没有止步于此。在我看来，这个"钢铁世纪"正处于文艺复兴的末期，其历史以及由其引发的向现代世界的迈进将在本书最后几章中进行讨论。为了理解科学技术革命为什么出现在西方而不是其他地区，我们有必要回溯历史的更深处。于是，文艺复兴顺理成章地成为我关注的焦点，这是瑞士历史学家雅各布·布克哈特（Jacob Burckhardt，1818—1897）在《意大利文艺复兴时期的文化》一书中明确探讨的一个时期。

尽管布克哈特的书问世已有一百五十余年，对我而言，它仍然是最重要的历史书籍之一，而且一直激励着我。这本书已被翻译成多种文字，包括1979年出版的中文版。在沃尔夫冈·贝克（Wolfgang Beck）博士65岁生日之际，C. H. 贝克出版社邀请我与其他同人一道集文成册以表祝贺[1]，我选择的有决定意义的作品仍是雅各布·布克哈特的这部经典，上大学时这本书就让我心潮澎湃。布克哈特为那个时代绘制了一幅富有启发性的全景图。他为修辞高雅的史学书写树立了典范。他唤醒了我对意大利的热爱，我也曾有幸在那个国度工作多年。不过这是另一个故事了……无论如何，一些评论家将《文艺复兴全史》这微薄的贡献与布克哈特的经典相提并论，这让我深感荣幸。

我的研究兴趣的转移——更确切地说是拓展——不仅是因为我借此重觅旧爱。况且，欧洲与其他地区的"大分流"的起因是一个令人着迷的、引发激烈争论的问题。从13世纪到20世纪，所有真正重要的技术和科学突破都发生在这个小小舞台之上，从全球来看这片地区堪称狭小：从斯堪的纳维亚半岛到意大利中部，向西延伸至不列颠群岛，向东延伸至波兰。欧洲的这部分地区是文艺复兴的"可能性空间"。这个概念对我的论点至关重要。我想以此强调，某些发展显然可以在这里实现——否则也不会成功——但不是必须在这里出现。

这个堪称"伟大创新之地"的地区与其他地方有何不同？实际上，我们可以辨认出许多因素，这些因素的集聚在其他地方是寻不到的：国家与城邦共和国之间的权力竞争，嘉许成就并提供擢升阶层机会的相对开放的社会，螺旋压力机和活字印刷机的广泛使用，推崇理性的罗马律法，以及其他种种。不同于

---

1 沃尔夫冈·贝克与其兄同为C. H. 贝克出版社的法人代表，沃尔夫冈自1972年接手管理文化、历史、文学领域的出版业务，2015年转交其子。为庆贺生日出版文集是德国学术界向德高望重的学者祝寿的一项传统，文中提到的为沃尔夫冈·贝克贺寿的这本书名为《改变我人生的一本书》（*Ein Buch, das mein Leben verändert hat*），150多名与C. H. 贝克出版社有合作的作家都参与了创作。——译者注（如无特别说明，本书中的脚注均为译者注）

非洲，欧洲出现了大型城镇，且有许多会读会写之人；不同于伊斯兰世界，欧洲的教堂和国家、宗教和政治是分离的；不同于中国，欧洲自10世纪以来再未遭遇外族侵袭。

本书详细探讨了科学革命和工业化为什么发生在欧洲而不是中国，尽管后者在中世纪曾远胜于西方的国度。伟大的中国研究专家李约瑟（Joseph Needham）甚至认为，这个问题是文化史研究中最重要的问题之一。

与欧洲的革新地区不同，亚洲、非洲和"世界其他地区"的大多数国家没有继承希腊人的知识遗产。古代思想的"重生"为"欧洲奇迹"〔埃里克·琼斯（Eric Jones）语〕奠定了基础，这是本书的中心论点，也是本书以文艺复兴为主题的依据。欧洲文艺复兴时期出现的发明和发现为工业革命创造了条件，也为福祸相依的现代铺平了道路。帝国主义和殖民主义达到了令人恐惧的程度。欧洲国家征服了半个地球，奴役那里的民众，抢夺他们的土地。随工业化发展而来的技术使现代战争变成了屠戮数百万人的怪物。

另一方面，没有人希望自己生活在现代之前的那种环境中。在那种情况下，我们当中的绝大多数人都会经常饔飧不继。我们将对世界一无所知；我们也将负担不起长途旅行。在家徒四壁的小屋中，我们要忍受极寒和酷暑，被虱子和跳蚤淹没；唯一的安慰可能是，我们不必忍受太久便能早早撒手人寰——有时候仅仅是普通的传染病就足以致死，而它们在今天用几颗药丸就能治愈。

我们偶尔会读到，其他文化中也出现过"复兴"。当然，人们常常只是用这一概念来表示一个文化繁荣的时期，欧洲的文艺复兴无疑是符合的。欧洲的文艺复兴与所有其他"复兴"的不同之处在于，它并不仅仅意味着"对古代的尊崇"，而其他被称为"复兴"的时期却仅此而已。具体地讲，欧洲之外的复兴理念涉及古代典籍的重新发现，对古代习俗、古代艺术和文学的赞赏。

但欧洲的复兴并没有停滞于对古代遗产的连连称奇和对祖先创造之物的模仿。随着时间的推移，人们开始用批判的眼光不断检视最著名的古代权威的学说——宇宙学、物理学、医学。未通过试炼的观点都被弃之不用，可以被驳斥的观点都失去了拥趸。经验、实验和逻辑思维征服了古代巨人。人们认识到，只有当旧事物退让，新事物才能出现，且新者往往优于旧者。

那些如今被击败的权威锻造了这把获取胜利的武器：批评的艺术。苏格拉底（前469—前399）之于西方文化的重要性不啻于孔子之于中国文化的意义，他珍视怀疑的美德。他的批判方法塑造了希腊哲学，并进入科学领域。没有批判，科学革命的巨大范式转换将是不可想象的。如果没有希腊人，我们可能仍然坚信地球是宇宙的固定中心。

批评和怀疑的胜利导致西方不仅不会尊重权威，也完全不会重视年长。当然，西方国家的人们会向父母表露爱意和敬意（且这种情况在南欧比北欧更为明显）。总而言之，"年长"在西方没有什么特殊价值，而"孝"也不是首要美德。

例如，大学研讨会上经常出现激烈的、有时候甚至是论战式的争论。尽管教授的年龄是学生的两倍，但这并不妨碍学生们批评教授。在中国，如我自己所经历的那样，情况似乎有所不同。我曾受邀在中国的大学演讲，东道主对我礼遇有加。在一次会议上，我主持了一个小组报告，欧洲的与会者们讨论并表达了与我相左的观点。在随后的晚餐时间，有三位学生来到我的桌前并向我鞠躬，他们尊称我为"老师"并表示他们想向我致歉，因为我"被攻击"了。我大为诧异，因为同事之间这样的讨论在欧洲或美国是极其正常的。无论如何，我认为他们完全没必要道歉，但我当然也感到非常荣幸并感谢这些年轻的同事。

同样令我印象深刻的是我在中国的另一次演讲——那次的主题与本书一致。报告和讨论是同传进行，所以耗时颇久，但在结语之前没有一个人离开报告厅。我询问主办方：听众们一直待在这里是因为这个主题真的很有趣吗？她说是。又或者——我继续问道——只是因为在教授发言时提前退场可能不太礼貌？她再次微笑着表示赞同。我在欧洲或美国的大学演讲时，几乎找不到这样耐心的听众！在意大利，如果讲座时间太长，人们甚至会去附近的咖啡店来杯咖啡！

我的惊讶是一个"大洋彼岸"的人的惊讶，我是在"希腊式"不恭不敬的传统中成长起来的。也许西方可以从东方借鉴这一点，多一些文明和尊重，这在彼此交往中是有益的。反之，中国可以通过西方认识到，即便是针对"老师"，公正的批评也不是一件坏事：认真对待长者并与他们公开讨论也是一种表达敬意的方式。寻找真理关乎的是事实，而不是权威。这一条定律也是欧洲文艺复兴开展的"伟大对话"留给我们的遗产。

我可以想见，深陷于"灵魂的精神分裂"（李约瑟语）而摇摆不定的欧洲人的故事必将在中国引发特别的兴趣。郑和下西洋六百年后的今天，中国再次启程走向世界。据悉，中国国家航天局的第一个小行星探测任务可能以郑和的名字命名，以此纪念这位伟大的海军将领。历史一息之间，数百年已成过往。

自此又当如何？也许俄罗斯科学家列昂尼德·格里宁（Leonid Grinin）和安德烈·科罗塔耶夫（Andrey Korotayev）是对的，我们所谓的"全球化"是世界历史大"融合"时代的开端。2019年，我在参观中国与哈萨克斯坦交界处的陆港口岸霍尔果斯时有了深切体会——这里是"一带一路"框架内的一环。来自连云港的货物在这里重新装箱，三周之内就能到达欧洲的最西端。而这个世界上最重要的交通枢纽之一在十年前还只是一片茵茵草原……

在过去的几千年中，中国为人类文明和进步做出了不可磨灭的贡献，我对此深表钦佩；本书多次对这些历史进行梳理。《文艺复兴全史》的中文版即将问世，令我深感自豪和欣喜。非常感谢本书第1~22节的翻译向璐女士和第23~49节的翻译高原女士，感谢读客文化对本书的信任。中国有句老话叫"开卷有益"，我希望《文艺复兴全史》也能如此。但愿这本书能为读者开辟一个花园，诸位可徜徉其间采摘美丽的花朵和丰硕的果实。

贝恩德·勒克

2021年3月于苏黎世

目　录

第一章　基础：从开端到千年之交

欧亚和古希腊罗马的遗产

传承，传播

第二章　可能性的拓展：1000—1400年

转折时期

最初的光亮、寒冷和死亡：14世纪

第三章　可能性的实现：1400—1600年

艺术家和人道主义者，战争和议会：1400—1450年

竞争力与创造力：1450—1500年

1. 欧洲的伟大对话

插图1：斯蒂法诺·德拉·贝拉（Stefano della Bella），《亚里士多德、托勒密和哥白尼》

出自：伽利略，《关于两大世界体系的对话》，1632年，封面图，佛罗伦萨，国家中央图书馆

"世界"的油画

威尼斯，1630年夏。漫长的一天接近尾声，环礁湖吹来的晚风拂过余热未消的屋瓦。微风让三个在海报前据理力争、各持己见的男人渐渐冷静下来，他们就一个宏大的主题已经探讨了整整一天。他们讨论的正是两大世界体系：一个是由克劳狄乌斯·托勒密（Claudius Ptolemäus，约100—约170）提出的自古希腊以来就为人所接受的地心说，一个是由尼古拉·哥白尼（Nikolaus Kopernikus）提出的还不到100年历史的学说——它将地球降级为绕太阳转动的星球。作为此轮讨论的发起者，萨格雷多（Sagredo）以一场光荣的演讲，回溯了过去几个时期人类在思想、科学和艺术领域出现的激烈思辨，为此次讨论进行了总结。他赞颂着人类的技艺：既能从一块大理石中削除余部，挖刻出藏匿其中的美好形象，又能调和色彩，于方寸画布之上合理分配，使一切可见之物都跃然呈现，恰如一个米开朗琪罗、一个拉斐尔加上一个提香所做的。萨格雷多发现需要赞颂的发明多到不可胜数：音乐创作、文学创作、建筑艺术、航海技艺。但有一样发明从这些值得盛赞的发明中脱颖而出：印刷术。"那些发明者到底具有怎样深邃宏大的精神，才能发明出这样一种让深刻的思想可以直达任何人的方法？即使时空划出巨大的距离将人们分隔——无论他身在印度，还是尚未出生，甚至千万年之后才出生。这是一种怎样的敏锐——仅仅通过将20多个字母以不同的秩序排列于一纸之上……"

在这一番虚构的威尼斯的场景背后，隐藏着一位伟大的作者，即伽利略。这一场景出现于1632年在佛罗伦萨出版的《关于两大世界体系的对话》中。在书中，出现了学者萨尔维亚蒂（Salviati），他代表伽利略登场，同时也是哥白尼世界观的捍卫者；画中的主人萨格雷多，他扮演着主持人的角色，和萨尔维亚蒂一样是哥白尼的追随者，也在一定程度上代表着伽利略；还有古老的托勒密体系和亚里士多德学派的支持者辛普利西奥（Simplicio，约490—560）——他被伽利略讽刺成是一个"呆瓜"（einfaltspinsel）。伽利略设置的情节闪耀着幽默的光芒，渗透出辛辣的嘲讽。由于作者想要说服有识之众，因此书中呈现的是讲演之道，并非数理知识。他借"发言人"萨尔维亚蒂表达的论点虽然并非时新，也不总是言之凿凿（比如他认为，潮汐涨落可以用以佐证地球运动），但论据的精巧远胜于实证的检验。

但这亦不是我们所要关心的。伽利略的《关于两大世界体系的对话》代表着一种学术讨论的风格，这种风格深深烙印着好奇发问、允许质疑且无惧争辩和声势浩大论战的美德。伽利略首先采用了这种形式，并用他的知识储备来维护。然而这场伟大的对话却长时间处于欧洲范围之外，直到得益于印刷媒介，大半个欧洲才能参与进来。伽利略的文章反映了这一世界历史上独一无二的进程。它的作者不仅发现了新事物，还用了新方式进行论证。虽然这种"西塞罗风格的对话"拥有更深远的历史渊源，其精髓却根植于由苏格拉底（前469—前399）在公元前5世纪就示范过的讨论实践中。以这种形式找寻智慧已经成为一种获得科学认知的方法。苏格拉底和西塞罗也因此作为静默的客人，出席了这场由伽利略讲述、发生在威尼斯夏日傍晚的研讨会。

许多他所称颂的发展，都可以纳入"革命"这一强有力的关键词。随着13世纪迈出机械化的第一步，一种根本性的变革也随之而来。古登堡（Gutenberg）的发明触发了媒介革命；而在此之前，演讲与书写主题的多样化进程刚刚开启，它由缓至快，发展得越来越快，其中的主题也越来越世俗化，尤其和古希腊罗马时期的讨论有关。基于此，我们称之为"话语革命"。改革之后紧跟着是一场宗教革命。哥白尼、开普勒和伽利略最终使宇宙学和物理学出现了革命。概而言之，这场革命可谓彻底改变了这个世界。他们的所作所为缔造了"现代"，确切地说，是一种世界范围内的西方特有的版本。

如果没有与古希腊罗马时期进行对话——对话的内容正是文艺复兴时期的文化，即我们将要呈现的主题——之后的一系列变革将难以想象。如果没有针锋相对地对话，没有思辨地讨论和公开地责难，无论是民主，还是我们这个时代所特有的丰富的技术革新和科学认知，无论好坏，都不会出现。正如德国哲学家约翰·哥特弗雷德·赫尔德（Johann Gottfried Herder，1744—1803）所评论的那样："口中呼出的气息会化为他人精神世界里的油画，以及我们思维与情感的类型。""人在世界上所有想到的、想要的、做过的和将要做的一切，都与这一丝流动的气息相互依存。"我们这本书关注的正是这些伟大的对话、知识的流通，以及构成文艺复兴的理念和实践。很大程度上，它是一场以男性为主导的精英事业。那些富有创造力的人所创想出的一切，改变了这个世界。本书想要重新建构出文艺复兴实现的过程，并试图衡量它带来了哪些结果。没有它的思想和创造，也许我们的现代不一定是一个糟糕的现代，但一定是一个不一样的现代。

如果想知道我们是谁，以及何以成为今天的我们，那么就必须完成一段漫长的旅程。对比其他地区的情况，应该可以让我们更接近上述问题的原因。正是这些原因，让不足世界土地面积2%的欧洲拉丁区发展出了具有世界影响力的文化。它三面环海，向东通往俄罗斯和希腊的东正教文化区，与今天的波罗的海国家、波兰、匈牙利以及更南边的巴尔干地区接壤。

一种可能性的历史

文艺复兴最有意义的成就之一，是延续了对话艺术，并产生了"争论原则"。争论暴露了论证的薄弱之处，以及存在于科学大教堂基石中的裂缝；批判性的对话始终伴随着技术进步。论辩艺术也伴随着知识的变革孕育而生：一种名为"经院哲学"的方法论范式出现转变，改变了原来的知识表达风格，它沿袭了从古代习得的修辞学以及伽利略的思想论述。所谓"文艺复兴"，指的是承袭古罗马时期的繁盛，继续思考，发现新知，并最终超越旧识。几乎一切知识的领域都经历过类似科学经历过的彻底变革。中世纪当然不会只讨论神圣的事物，但正是文艺复兴促成了众多世俗领域的战利品的出现。借由各种媒介——书籍、图画、传教和讨论——这场伟大的对话席卷了一切人能够想象到的事物。在大学的教室、贵族的别墅、侯爵的官邸，甚至修道院和天主教势力的心脏（例如梵蒂冈），一场对话正从独一无二的维度——无论是关涉的主题，还是参与的人数——展开。值得注意的是，对话艺术本身就是文艺复兴时期的主题。

由于思考、演讲和书写的"林中空地"的日益增加，对话艺术得以在一个原本平静乃至乏善可陈的世界里实现自身。在这个世界里，生存斗争让人忘却了各种不同的文化，围绕宗教的纷争将一切其他牢骚埋藏于身下。为什么会出现"欧洲奇迹"，以及导致"西方"——站在价值中立的立场，这里主要指的是欧洲和美洲的部分地区——从世界的其他部分中分离出去的"大分流"〔彭慕兰（Kenneth Pomeranz）语〕，成为一个最具争议性的历史学问题。欧洲的"成功"难道首先得益于资本主义的结果——殖民主义和帝国主义，以及借此剥削他人从而羞耻地获利吗？它的驱动力源自被奴役民族的鲜血吗？自17世纪以来亚洲经济的衰退中，欧洲人始终在被动地牟取暴利吗？他们自己就没有在200年以来的霸主地位中有任何功绩吗？

从这些已有的预设出发，这本书将以完全不同的视角看待这些问题。本书将中世纪后期的科学技术变革视作工业革命的必要条件。欧洲历史的进程绝非一场庆祝胜利的大游行。西方基督教的后代在世界范围内奴役、谋杀其他民族，摧毁各种文化。与其他"欧洲的世纪"不同，19世纪在收支平衡表中显示出借贷方的盈余：比如在民主制度、解决饥饿问题、战胜疾病和发展实用技术等方面。其中有许多都输出至其他地区，带去的不仅仅是坏的结果。这一切是否都在证实这是必须付出的代价？不。非但不是，这个问题甚至没有被欧洲——这片仍留在我们今天时代起点的血染土地——提出来过。我们不想诱导，只想如实讲述。我们的意图只在于尽可能地描绘一幅多层次、多维度的欧洲图景。

在仍有争议的现代性的历史里追问文艺复兴的意义，不是这本书提出的唯一问题，但却是最重要的那个。接下来提出的问题，即其他地区是出于何种原因并未发展出与之相比拟的事物，并不意味着要妄下断论：一个绝无仅有的西方现代，切断了世界其他地区本应经历类似发展的道路。明白这一点便可以追问：为何工业革命没有解放非洲、新几内亚，也没有解放南美，而是在澳大利亚发展出繁荣的经济？为什么困境——例如土地稀少、降水过剩和洪水频发——令荷兰人创意泉涌，对亚马逊三角洲的印第安人和长江流域的农民却另当别论？如果人们只着眼于现代性的历史，这些问题的答案将不得而知。科学和工业革命的前提条件是经历了漫长时间才成为可能的。总的看来，它们显然是专门针对欧洲的。

在结尾，我们将列举出各种情况下的所有可能，它们将描绘能够在时间和地理上定义的可能性空间，即允许特定的思维方式和行为的各种既有条件。历史上可见的结果，比如一种发明、一场革命或者一件艺术品，表现为可能性的实现：用数学的语言来说，便是将可能性转化为了事件。各种前提和先决条件筑起了可能性空间不可逾越的高墙。通常，它涵盖了一切可想象的事物，以及可能发生但并非必然发生之事。偶然事件作为一种复杂且难以看穿的一系列因果链条的结果，与那些次要的、非必然发生的和无意识的事物一起，被囊括在可能性空间里。只有奇迹才能推倒这座高墙。我们无法计算出其中哪些事件一定会发生，因为事件与可能性空间中与其他一起流动的"潮流"〔约翰·W. 金顿（John W. Kingdon）语〕也密切相关——毕竟发生的事，也可能以不同的方式发生（或根本没有发生过）——从而作为各种因由中的一种而获得重要意义。

可能性空间不断变化的结构是数百年来经常出现的潮流和个体行为的结果。事件发生在一个有时限的"机会窗口"之中。各种潮流相互转变可以孕育出创造性的成就，而新事物又反过来扩展了可能性空间，直至它几乎与先前的完全不同。人们可以用"出现""浮现""显现"这样的词语来理解。在这个复杂系统中，不同因素共同游戏，仿佛有一双看不见的手在发挥作用，它从这个复杂系统里的各个因素的总和中得出结果，这些结果既不能完全解释得通，也不可预见得到。

这本书首先要探究可能性空间的形成过程，在这其中，文艺复兴以及随之而来的那些颠覆世界的革新得以出现。我们跨越广泛的文化、政治、社会和经济领域，这些领域充满斗争与冲突，却也潜藏机遇。这些机遇有时也会被抓住；然而必然性就如同事件背后只有一个原因一样罕见，例如，尽管资本主义对于西方现代性的出现可能很重要，但它只是处于复杂相互交换关系中的诸多因素之一。人们喜欢用“关键性维度”（Killer-Kriterien）来解释欧洲的崛起，“竞争”、“司法保障”、“科学革命”、“医疗进步”或者“自由”都被算作其中。但依然没谈及的是，为何这样那样的因素整合起来就偏偏在西方发挥作用。是什么情况使之成为可能？这本书将反复讲述那些弯路、缓冲和对抗运动：在冰冷的理性与炽热的信仰、自由与傲慢统治之间所爆发的斗争。当书中偶尔提及“落后”时，涉及的都是客观的事物，比如经济或技术。其他地方的人们并不比拉丁欧洲（Lateineuropa）[1]的聚居者愚笨，好几种文化——诸如中国或者伊斯兰地区——曾经历过充满希望的觉醒。但它们之后却停滞了下来，而西方则开启了科学革命和工业化进程。

西方觉醒的深度历史：现代的七个前提

首先，我们要弄清楚欧洲崛起之路最基本的前提：地理和气候条件。它们是一切后续历史的先决条件。拉丁欧洲崛起大业的第二个必要前提是：它在中

1　“拉丁欧洲”的概念最早出现在19世纪。法国经济学家米歇尔·舍瓦利耶（Michel Chevalier，1806—1879）提出“拉丁欧洲”的概念，希望罗曼语族（又称拉丁语族，包括法语、意大利语、西班牙语、葡萄牙语等）的国家构建统一的身份认同，在法国的率领下共同对抗英国。1834年，舍瓦利耶到美国和墨西哥考察，他认为说西班牙语和葡萄牙语的南美人与说罗曼语的欧洲国家在文化上和种族上非常接近，因此提出了“拉丁美洲”的概念，希望通过这一身份定义让拉美人与承袭自英国的美国人抗衡，并成为“拉丁欧洲人”的天然盟友，共同抵御“条顿欧洲”、“盎格鲁-撒克逊美洲”和“斯拉夫欧洲”。舍瓦利耶的“拉丁欧洲”概念即通常意义上我们所理解的法国、葡萄牙、西班牙、意大利等南欧国家。

然而，本书作者重新定义了这个地缘政治学概念，他所认为的“拉丁欧洲”指的是那些承认罗马教皇为基督教首脑的国家或地区，即欧洲的天主教地区，这些地区的《圣经》都译自拉丁文版。因此，本书中的“拉丁欧洲”不仅包括法国、意大利、西班牙等地，还包括德国和英伦三岛，并覆盖一些信奉天主教的中东欧国家和地区，如波兰、波西米亚、摩拉维亚、克罗地亚以及今天乌克兰的部分地区。与之相对的概念是“希腊欧洲”，即那些在1054年东西教会大分裂之后，不承认罗马教皇为精神领袖的国家或地区，其《圣经》均译自希腊语版本。这一概念涵盖了“东方”的拜占庭、乌克兰的部分地区，还有格鲁吉亚、亚美尼亚、莫斯科公国、基辅罗斯公国、希腊、保加利亚、罗马尼亚、今天土耳其的欧洲地区以及其他受东斯拉夫文化影响的东正教国家和地区。

世纪便已经是一个邦国林立、政治和文化竞争激烈的大洲。此外，在承载文艺复兴伟大对话的七大支柱中，还有另外三个在中世纪就已立起来。

在机构的合理性、经济实力、技术和军事力量方面，欧洲国家远远逊于亚洲多国。11世纪托莱多的穆斯林学者曾经评价欧洲是"来自北方的蛮夷"，认为它"缺乏敏锐的理智和清晰的思想；他们充满无知、莫名其妙和愚蠢"。但在这之后，情况发生了变化：在中世纪和现代之间的"山口"，欧洲起初只是缓慢爬升，接着便越发迅疾地攀升。经济条件在变好，欧洲的人口数量在增大，欧洲城市初具规模，发展出在当时全世界范围内比较来看仍然是独一无二的社会关系。城市中产阶级和横向结构在各个领域内的影响，成为文艺复兴的第三根支柱。权力的横向结构被视作其纵向结构的典型对比。两者几乎都不是以纯粹的形式出现，即使在独裁和君主专制国家中，也总是可以发现对个人集权式统治的反抗。反过来，在市民社会中也依然可以发现许多纵向结构的痕迹，例如经济不平等或行政官天然的影响力造成的结果。尽管如此，横向结构还是普遍适用于欧洲社会。在这里，它们出现得更早，且比其他任何地方使用频率都高。

抛开其他因素，市民能自由地书写和讨论要归功于对宗教的牵制和由此而来的第四个前提。而这一点早在法国启蒙运动时期就被视为文艺复兴时期最重要的标志。基督教不是科学和进步的敌人，在中世纪，宗教机构对知识的保护和丰富甚至做出了突出贡献。欧洲的伟大对话所极力达成的，正是避免圣职权力的滥用并将其制约于有限范围内。这场与古希腊罗马以及阿拉伯的哲学和科学进行的批判性对话，成为正在到来的现代变革的第五个前提。只有欧洲能从那两种世界文化，即古希腊罗马文化和阿拉伯文化中汲取经验，二者兼有自己的和其他文化圈子的知识——美索不达米亚、埃及、波斯、印度，甚至部分中国。与一些聪慧的古代异教徒和穆斯林对话的可能性得以完全打开，也有赖于前文提到的欧洲"大业"的前三个前提。没有关于古希腊修辞学和写作实践的"重生"，那么在中世纪便已现身，并在拉丁欧洲蔓延开来的话语文化是不可想象的。思潮与传承从未停滞，那场与古人的伟大对话从未完全停止，并且还在12世纪以后急剧蔓延开来。若是用曲线图来演示，它将会自这一点起陡然上升。

欧洲现代的第六根支柱是由古登堡触发的媒介革命。它的成功反映出中世纪在演讲术与书写上的变革。新的技术使拉丁欧洲拥有了此前在其他文化中还未有（或未使用）的交流技术。借助这项技术，文艺复兴时期的对话获得了颠覆世界的意义。欧洲也成为世界范围内前所未有的最大的思想共同体。

第七点，也是最后一点：真正的范式转换需要跨越非常长的时间。所以不要将本书理解为反对非洲历史学家理查德·瑞德（Richard Reid）提出的"唯今主义"（Präsentismus）：当人们研究几十年前的过去时，不难理解当下的想象，却忘记了历史的深层结构。因此，我们的这种行为可以被称作"考古学"或是"深度历史书写"；清晨的曙光是历史学家最爱的"狩猎"时间。通过研究"沉淀的清除"（de-sedimentationen，雅克·德里达语）不难发现，文艺复兴实际是一种文化，其精髓在于重拾古典理念和形式。而米歇尔·福柯这位狡猾的词语征服者所理解的"考古学"这个概念恰是它的反义词。我们反过来理解这个概念，并把它作为适合历史学传统领域的语言形象：历史的考古学是到深处去做回声探测，然后再一层一层地挖掘上来。它将词语和人造器具感知为那些过去的理念、家园的寻觅、权力、劳动和战争，以及生活中早已布满尘埃的残余。它对文化的环境充满兴趣，探究如何在战争、国家建立、帝国的崛起和陷落的混沌中发展出精彩的事物，比如一场理性和自由的对话。

虽然考古学很清楚所有事物的起源都消失在看似无尽的因果链条与群星闪耀的神话中，或者于形而上学的气雾氤氲中，但它仍旧追问前提和起源。任何单一因果的解释——譬如基督教是"西方崛起"的决定性因素——无助于洞见重大历史现象出现的先决条件。即便有的观点听上去既具煽动性又优雅——譬如文艺复兴的开端是提图斯·卢克莱修·卡鲁斯（Titus Lucretius Carus）独一无二的著作《物性论》——但对于一个有学识的历史学家来说，这几乎完全不能被接受。这些现代之初的变革——古登堡的革命、哥白尼的科学、工业革命等——从不同的出发点相互重叠，然后发展至顶峰：各种因果关系相互关联纠缠,又相互影响。

身处现代的我们却正在挖掘现代性的根源,这是自相矛盾的行为。站在全球化的视野中看,现代性存在于通信社会和监管机构、国家资本主义以及多边主义,或是理性和世俗化、原教旨主义和区隔化之中。我们的讲述试图去把握它的几个前提,可以用一幅阿比·瓦尔堡(Aby Warburg)的画来审视这"破茧成蝶"的过程。处于中心的始终是欧洲与古希腊罗马和伊斯兰高级文明之间的那场伟大对话的历史,对话在文艺复兴时期达到了顶点。如果古希腊罗马时期的遗产没有找到通往中世纪拉丁欧洲的道路,世界历史则将走上另一条道路,因此我们需要循迹前往这些道路,并赋予那些思想史的背景和文化传播以举足轻重的分量。

我们以一次深度造访"伟大文艺复兴"前史为开端,将视野投向欧洲那多样、五彩缤纷的图像世界,纪念它的场所与史诗一起从黑暗的远古中露出端倪,在罗马神话中找到了一种与历史书写同等效力的叙事。在这个过程中,我们的探寻将以地理条件为出发点,它是一切事件几乎无可动摇的基础。

第一章

基础：从开端到千年之交

欧亚和古希腊罗马的遗产

2. 地理上的幸运

插图2：提香，《掠夺欧罗巴》，约1560—1562年，波士顿，伊莎贝拉嘉纳艺术博物馆

凤凰始飞

重生，意味着根本上的更新，是一种新鲜的、重获光辉闪耀的、原初的纯粹。这种纯粹是当下的使命，要求它从死亡中复苏过来。这让人想到了来自埃及的凤凰神话，凤凰从自己的灰烬中升起，重新焕发活力。凤凰象征着一种对更新的原始渴望，这种象征在古罗马时期就已经出现。赖因·塔格佩拉（Rein Taagepera）指出，"'复兴'这个概念本身就是模棱两可的"，"科学技术如同一只凤凰，曾从中东飞向希腊，不久之后又飞向罗马，然后死亡——为了于千年之后从意大利的灰烬中再次飞升"。实际上，埃里克·琼斯还补充道："在飞回拜占庭并途经整个阿拉伯世界后，它在印度和中国拾起了几片羽毛，为的是重返意大利。"或许的确如此吧。如果我们要去追寻凤凰的飞行轨迹，就必须进入遥远的过去，甚至到东亚等地区——没有这些过去，就没有伟大的文艺复兴。

文艺复兴之所以出现在这些地区，第一个前提就是优越的地理条件。我们可以联系进化论生物学家贾雷德·戴蒙德（Jared Diamond）的论点，即地理条件为亚欧大陆提供了远远优于其他大陆的、传播文化成就的最佳条件——这一点至关重要。戴蒙德认为，亚欧大陆拥有最大的东西方向的广度。通幽曲径遍布比利牛斯山脉、阿尔卑斯山脉和乌拉尔山脉，不仅没有绵延壮阔的荒漠和难以翻越的山脉横亘挡道，反倒有大河助力交通往来。因此，俄罗斯人能够从波罗的海经水路横渡直至里海。大草原也从匈牙利一路绵延至蒙古，除了相隔千里，全程几乎畅通无阻。通过这样的途径，西南亚历经千年发展出的农业创新，得以越过大洲，迁徙进同纬度地区。然而，从南到北或是反向的交通往来，就不那么容易了。人们想要种植柠檬，可以在西班牙、意大利或印度，却不能在阿拉斯加或者撒哈拉。同纬度地区因彼此白天长度相同，温度和四季相似，拥有新技术的地区即使所属不同地域也可以移植植物或驯养动物，哪怕相隔再远的空间都能实现共享。早在公元前9500年，亚欧大陆的西部核心区域就出现了移植、驯养的技术，比东方早了2000年。

欧洲文化的开端蕴于亚欧大陆中部的"新月沃土"（又名"镰刀沃土"），范围从伊朗延伸至地中海地区，北接安纳托利亚[1]，南至埃及。新月沃土地区最早出现居住痕迹的时间可追溯至公元前12500年。地中海冬季温暖、夏季燥热的气候，以及海拔差异大且变化多样的地形，有利于发展独特的野生植物，也有利于农耕和牲畜养殖。许多重要的农作物和家畜正是在这一地区首次被发现。渐渐地，村落形成，手工技艺获得了经济上的成功。在"新石器时代"期间（约前10000—前5000年），该地区的生产有了富余，手工艺人的生计不再系于田间辛苦的劳作，他们开始铸造武器和船只。

新月沃土地区迸发出的创新很快传至埃及、希腊和西西里岛，同时也涌向了另一个方向，一直传到了很早就发展出高级文明的印度河谷。直到公元前第六个千年的中叶，"新月沃土的硕果"抵达了中欧；约公元前3500年，又到了英格兰，并直抵伊比利亚半岛；约公元前2500年到达斯堪的纳维亚。和植物一起到达欧洲的还有车轮——直到公元前第四个千年的中叶，其在两河流域依然有迹可循。伴随牲畜一起出现的挤奶技术、啤酒和红酒，也紧随牛奶之后到来。最迟在公元前第四个千年，西南亚的人们开始剪羊毛，但是否印欧语言的传播也走上了与手工技能和驯化动物一样的传播路径，我们不得而知。原始印欧族可能起源于公元前第四个千年的里海以北的某个地区，又或许是在公元前9000年的安纳托利亚。如果说社会的区隔是不同语言产生的前提，那么后一个推论则更为可能。

这一论点还认为，随着营养状况的改善，人口增长，于是欧亚赢得了人口上的优势，直至今天依然如此。欧洲只占据了五大洲面积的一小部分，却在史前时代结晶出纷繁的文化。在新月沃土地区边缘，产生了世界上第一批城市。由于庇身之所房屋的出现，公元前8000—前6000年出现了约800人规模的城市杰里科，公元前7000—前5500年出现了约500人规模的安纳托利亚的恰塔霍裕克。幼发拉底河和底格里斯河所浇灌出的肥沃的"黑土地"（Sawad）位于今

---

1 又称小亚细亚，位于土耳其境内，主要由安纳托利亚高原和土耳其西部低矮山地组成。

天巴格达地区以南，这里孕育了聚居形式的城市文明，诞生了乌尔和巴比伦文明。在城市历史的开端，商人总是围绕在神灵旁边，圣地常常是他们发迹的源头；对贪婪且觊觎着水源的邻居的畏惧，促使它们联合。乌鲁克是当时的文化中心，越来越多的人们聚集于此，此后不久他们开始修建围墙来保护自己。公元前3000年之时，那里已经生活了近5万人。

划时代的革新——犁、陶工转盘、车轮和金属货币——显然与人口密度有关。公元前3300年前后出现了世界上最古老的文字——楔形文字和几乎同时出现的象形文字。在位于今天的叙利亚的红崖地区，人们发现了诞生于几千年前刻画在石头上的图像，包括蛇、鸟及其他牲畜和抽象图形，它们作为"原始文字"具有重要意义。还有更多的证据表明，在这些地区的城市中出现了复杂的社会，若是没有文字，这些城市的政治机构肯定也无法运作。

对于所有的城市文明来说，水肯定都是最重要的要素。好似项链将珍珠连成串，聚居地依次在幼发拉底河和底格里斯河、黄河和印度河排开，比如乌尔就拥有两个港口。埃及文化的发展则得益于风，使之可在尼罗河上逆流船运。其河谷的灌溉——使荒漠地区的农耕成为可能——需要劳动分工及其对应机构，因此形成了中央管制的"国家"（Staat），并在公元前3100年前后统一了上埃及和下埃及地区。在第四王朝时期（约前2585—前2511年），吉萨金字塔被建造出来，并在古代就已经获得了世界奇迹的赞誉。此后不久，在欧亚大陆的远东地区，即印度的河谷，产生了摩亨佐-达罗（Mohenjo-Daro）和哈拉帕（Harappa）两个类城市的聚居地，它们之间的往来线路延伸至美索不达米亚。

公元前24世纪，萨尔贡一世（Sargon Ⅰ）建立了阿卡德帝国，这是世界史上史无前例的大事件。在他之后，这个王朝延续了好几代的统治。这位美索不达米亚、叙利亚、小亚细亚和埃兰地区的征服者被称为"四大世界疆域的统治者"。由此，各处城市涌现。伴随卡尼什（Kanesh）这座城市的建立，安纳托利亚也在青铜时代繁荣兴起，公元前20世纪初，卡尼什成为一座大都市，其经济生活遵循着高度区分化的规则，它们都被记录在超过2300块写满楔形文字的陶土块上。在美索不达米亚，巴比伦的统治者汉谟拉比于公元前18世纪设立了世界上最早的法律编订部门。世界文学历史上的第一部伟大史诗《吉尔伽美什史诗》因此诞生，和后来的《伊利亚特》《奥德赛》一样，它在肥沃的新月沃土之上拾起了巴比伦文本中的母题。

公元前1200年前后，在小亚细亚和地中海以东发生了神秘的文化崩塌现象：宫殿倾覆，文字被遗忘。相关研究指出始作俑者包括：火山爆发、瘟疫、干旱、外族入侵、一次"海上民族的入侵"。但危机终被战胜，新的统治形成，其中出现了建于耶路撒冷的大卫王朝和所罗门王朝。亚述帝国重新崛起，并在公元前700年前后成为可能是有史以来势力最大的国家，直到它在一个世纪之后又被倾覆。不久之后，它被向外扩张的波斯阿契美尼德王朝取代。在阿契美尼德王朝的鼎盛期，其疆域从今天的哈萨克斯坦、阿富汗和巴基斯坦地区延伸到爱琴海岸，甚至覆盖了埃及。

欧洲学习拼写

将历史纳入生物学和地理学约束之中的理论，揭示出了强大的历史深层维度。它们向我们展现了欧洲觉醒所必要的，但从更长远的角度来说却并不充分的先决条件。如果没有这些生物学和自然空间基础，一个由城邦组成的欧洲将很难发展出任意一种话语，无论是技术创新、科学还是艺术，皆是如此。更为重要的是，亚欧大陆无论过去还是现在都是一个真正广阔的交流空间。若没有与北非和亚洲的古老文化的接触，将难以想象会产生雅典的哲学、亚历山大港的科学，以及承袭二者且依赖波斯和印度文明而存续的罗马和阿拉伯的高等文明。文艺复兴也从中获益。澳大利亚、南亚、非洲及美洲的广大地区，都早早被亚欧大陆甩在身后。

真正重要的革新需要广泛、可持续的交流及其所需的媒介，这条定律在人类历史之初就赫然在目。还没有哪个社会能够仅凭一己之力，就发展出大量的汇聚于欧亚大陆的各类技术。成为世界上人口最稠密的大洲之后，亚欧大陆的贸易网络逐渐成形，遍布广阔区域的文化交流也逐日增多。"创意中心"的数目不断增加，知识的传播得以穿梭于时空中。新事物的发现与传播机会源源不断。例如：公元前1250年，赫梯人在高加索和奇里乞亚地区发明了冶金术；公元前11世纪，古希腊和克里特岛开启了铁器时代；两个世纪后，意大利也紧跟步伐。大量可供支配的金属制品在普及农业和手工业的同时，也普及了战争。

还有一种尤其重要的东西也伴随商人和战士一起在欧洲传播开来，这便是字符文字。其他地区的文化也发展出了文字，如中美洲和中国。文字的发明，正如古登堡时代所显现的那样，具有真正重大的世界历史意义。据推测，文字诞生于位于今天西奈半岛和叙利亚之间的西闪米特地区——那里同时也是肥沃的新月沃土的创新地区——是由音节组成的楔形文字和象形文字的起源地。不知名的语言学者认识到使用一套由较少字符构成词语的优势。叙利亚的乌加里特是一座辉煌一时的港口城市，它早在公元前15世纪就曾经使用过一种只有30个字符的楔形文字，其名字与我们今天的字母相近。它们的发明者将某个位置的初始发音作为相应发音的符号。如在"alef"（牛）一词中，发音符号就是"A"这个字母；而在"bet"（房子）一词中，发音符号是"B"这个字母。字母顺序就如此固定了下来。因为这些词都是用以描述日常事物的，所以容易记忆。

乌加里特在海上民族的暴乱中衰落，但它的文字却幸存下来，并被腓尼基人或叙利亚人传承下去。字符的数量也减少到了22个。身为贸易民族的腓尼基人之所以对于文字记载的历史具有重要意义，其中一条线索就是他们用最重要城市之一的比布鲁斯（Byblos）来命名莎草纸（Papyrusstaude）。莎草纸作为书写材料，是纸的前身，也写作"Papyrus"。希腊文中的单词"书"（Biblos）就是源自这座腓尼基城市。

又过了四个世纪，希腊人终于完成了字母工程。对于"alpha""epsilon""eta""iota""omikron"这几个单词，他们使用闪米特的字符，但并非用其原本意义，因为希腊人并不知晓它们的发音。在不同地区的语言系统竞赛，最终获胜的是有24个字符的爱奥尼亚字母。它最早被使用的时间是公元前8世纪下半叶，是一种使用闪米特字符的阿拉米语变体。它最初可能起源于埃维亚岛或爱奥尼亚地区，后来却在东方不断获得发展，不仅启发了蒙古人，还一路高歌猛进传播至印度。希伯来和阿拉伯文字也视其为祖先，但中国却因其成千上万的字符而将它拒之门外。

字符文字要比象形文字、楔形文字及汉字简单得多。这种文字的革新开始在世界范围内流传，不久便征服了商务信件和文学，同时也刺激了各类文字变体的产生，其中最重要的就是拉丁文字。这是继文字发明之后的第二次媒介革命，欧洲的根基再添一块意义重大的基石，多亏了字符文字，阅读和书籍不再是专业人士的特权。简单易学的字母表有利于培养广泛的受教育阶层，并推动了最初见于古希腊城邦市集广场上的公众的出现。字母表的发明，对于欧洲的伟大对话具有直接的重要意义。这场对话的历史始于两河流域，并凭借古希腊哲学达到了令其他地区望尘莫及的高度，并一直延续至今。倘若没有字符系统，这场与前苏格拉底哲学家进行的关于神和世界高度分化的对话还能否进行将变得不可知。试想一下，用象形文字或者楔形文字来传播柏拉图的《斐多篇》或者亚里士多德的逻辑学著作的情况！

这项发明的直接继承者早就对于它的意义了然于心。从古希腊视野看待自己的那些文化英雄中，所有技术起源于帕拉墨得斯（Palamedes）[1]，他不仅仅被视作天文学、航海和棋盘游戏的发明者，同时也作为文字、数字和法律文书记载的发明者而被世人称颂。随字母表一起出现于地中海的，还有书籍诞生的前提条件——印刷术原理。3700多年前的"费斯托斯圆盘"（*Scheibe von Phaistos*）记述过，在克里特岛的米诺斯文明时期，一位发明家曾经产生过用陶土烧铸的印章来印刷单词或者音节符号的想法。就连古老的美索不达米亚也通晓此项工序。

整个地中海地区历经千年的发展，成为一个巨大的话语空间，而这得益于其贸易通商、海岸间的航海往来、奴隶追捕、海盗抢夺、朝圣旅行及那些

---

1 希腊神话中的英雄。他是国王瑙普利俄斯和克吕墨涅的儿子，也是希腊联军中最有见识的人。

规律行驶的来往路线。这里诞生了一种独特的知识财富：古希腊哲学。公元前800—前200年，它用了足足半个千年的时间达到顶峰，卡尔·雅斯贝尔斯（Karl Jaspers）称该时期为世界历史的"轴心时代"。这一时期经历了佛教的影响、《奥义书》的编撰及犹太先知的登场。古希腊人留给欧洲的不仅仅是神话、神庙、立柱和人类对于美的理想画幅，它还开启了一场至今我们仍在进行的科学冒险。它成为世界历史上最重要的话语建构者，向世界呼喊出那些我们今天还在沿用的词语，从"民主"到"宇宙"，从"原子"到"图书馆"。

对于文艺复兴产生的最深层先决条件的追问，以及对欧洲在科学技术领域取得成功的秘诀的进一步探寻，都可以在这里，在黑海、爱琴海和亚德里亚海的海岸找到最初的答案。没有古希腊的话语，文艺复兴和欧洲的现代化都是不可想象的。这话语首先是"涅槃"和"创新"。书写古希腊意味着去重建现代的起源。欧洲的发展是由古希腊的基因所决定的。正如恩斯特·特勒尔奇（Ernst Troeltsch）所说，我们的世界不是建立在对于古代的接受及其消亡之上，而是普遍且有意识地与之共生相连。我们是那个好坏共存时代的遗产，是它造就了我们。

到底是什么构成了被很多人诟病的这"古代的"遗产？又是在什么条件下，才堆砌出如此卷帙浩繁的思想篇章？这里恳请我们博学的读者予以耐心，容许本书在接下来的简短叙述中，重复一些众所周知的事实。若要理解"西方的觉醒"，必不可少的步骤便是厘清整个古希腊，以及此后罗马人积累下来并留给后人的财富。

3. 希腊：遐想与批判

插图3：拉斐尔，《雅典学院》，1510—1511年，梵蒂冈，署名室

城邦初现

　　"赫楞人"（Hellenen）[1]早已无迹可寻。从公元前2000年起，他们陆续从欧洲中部和东部迁移到今天的希腊并融入当地人中。其中有一部分人继续迁移，有的搬到岛上，有的则前往小亚细亚，与腓尼基人竞争，向他们讨教。如同地中海地区的其他族群一样，他们中很少有以民族为单位的群体。"地中海"这一概念直到中世纪才在世界地图上真正赢得了一席之地。实际上，拉丁词汇"mare mediterraneum"的意思就是"中间的海"，只是在古罗马鼎盛时期，由于罗马人的自我中心视角，这个词变为"mare nostrum"，意为"我们的海"。犹太人称其为"大海"（Yam Gadol）。东亚的货物和观念——当时的交流往来已延伸至爪哇和印度——借助舰橹、河运船只和通商线路，跨过撒哈拉，经过羊肠小道和阳关大道，翻过比利牛斯山脉、阿尔卑斯山脉和巴尔干山脉，一路穿行至此。

　　整个地中海就是一座画廊。那里是众神之父宙斯诱拐腓尼基国王的女儿欧罗巴的地方。这位年迈却依然性欲旺盛的骗子变成公牛来隐藏自己的身份，然后带着欧罗巴，绕过地中海去往克里特岛，他们的儿子米诺斯将在那里建立王国。实际上，这座岛屿拥有欧洲最初的高级文明，亦即米诺斯文明。地中海的海浪消失于奥斯蒂亚和突尼斯海滨沙滩上，随即又在严冬风暴的鞭笞中现身，侵袭撒丁岛陡峭的海岸，它将自己摔碎在圣托里尼的火山熔岩之上，在巴塞罗那和比雷埃夫斯的码头，渗向古名为"拉古萨"的杜布罗夫尼克的沙滩。在这宏大历史的风景中，热风驱赶着非洲的酷热，经过托斯卡纳的山丘，令安达卢西亚的橄榄树上"日渐灰暗的树叶"闪耀，让薰衣草香铺满普罗旺斯。秋冬时节，如同埃尔·格列柯（El Grecos）所绘的托莱多风景画那样，厚重的铅色云朵压于田野之上，并适时洒下渴切的雨，即使在意大利也有明显的寒意。

　　直至今日，这个国家的植被依然诉说着那跨越千年、蔚然壮阔的迁徙过

---

1 希腊人的古称。

程。今天的许多典型的地中海植物，实际都是外来物种：柏树最初源自波斯，柠檬和香橙来自阿拉伯，龙舌兰和无花果的源头位于美洲，西红柿来自秘鲁，玉米——它是使人免于饿死的玉米饼的基本食材——来自墨西哥，以及那很晚才从地球另一边的澳大利亚移植而来的桉树。只有葡萄酒、橄榄和谷物才是地中海传统的三大作物。

岛屿常常是朝圣者和通商者竞争的据点，也是抗击外族攻击的堡垒：塞浦路斯岛、罗得岛、科孚岛、蕴藏米诺斯文明遗迹的克里特岛，以及众多点缀在蔚蓝之海中被冠以神话人物名字的小岛，诸如基西岛、伊萨卡岛、米克诺斯岛……再往西便是马耳他和大西西里岛，以及科西嘉岛、巴利阿里群岛和拥有银矿资源的撒丁岛。如古人所言，在火山群中，在维苏威火山、埃特纳火山和斯通波利火山岛，通往冥界的缝隙俨然被打开了。在那些火焰跳跃并穿行过的洞穴里，独眼巨人将炽热的铁浆铸成剑与犁。

地中海并未阻隔，而是连接了南北两岸——至少在夏季如此。当冬季的风暴侵袭，便不建议船只出没于如荷马所描绘的"暗黑海洋"。在中国，为了使文明得以存续，统治者需要动用成千上万的劳动力辛苦建造大运河，以便将长江河谷粮仓中的硕果运往北方。而在地中海，船只借助这里的风得以顺利通行，从富饶的埃及向罗马和君士坦丁堡运输供给物品的压力由此得到了根本的缓解。地中海的波涛托载着丝绸与奴隶、大理石雕像和神话、神灵和思想，从一岸带至另一岸，从一岛带至另一岛。没有地中海作为媒介，欧洲的觉醒几乎不可能实现。

货币经济为古希腊文化的发展提供了经济基础。首批硬币的铸造就是在公元前600—前560年的埃伊纳岛和雅典完成的。借由这种金属的、被赋予了抽象价值的具体支付工具来实现经济层面的征服，这其中所体现的理性，似乎也在爱奥尼亚的自然哲学家的思想中得以体现。欧玻亚岛土地肥沃，矿产资源丰富，如它名字所示，盛产牛群，是重要的贸易大国[1]。它的广袤和权重，以及

---

1 欧玻亚岛（Euboea）是仅次于克里特岛的希腊第二大岛，它的希腊名称"Εύβοια"意为"（饲喂）牛的土地"。——编者注

含金量进一步普及。在《伊利亚特》中就用"aphneios"（意为"富有"）作为科林斯的名字。它的花瓶远销地中海西部，甚至可达遥远的伊维萨岛。米利都是古希腊知识革命的其中一个发源地，它通过古希腊内陆的移民发展壮大起来，成为地中海东部最富裕的贸易城市。人们需要新的土地，或许也是为了逃避家乡的战乱，这些"希腊原住民"在爱琴海岸边建立了大大小小的自治聚居地，接着又发展出诸多城市。贸易的利润、人口的增长和领导者对权力的追逐，都被推测为公元前8—前6世纪迅速发展的殖民运动的最重要诱因。这项运动在公元前8世纪波及了意大利南部和西西里岛，之后扩大至马尔马拉海和黑海沿岸。柏拉图（前427—前347）讽刺地说，希腊人似青蛙抢夺池塘般蹲守在这些海岸。大城市播撒下种子，孕育出新的城市，其缔造者或多或少都关联紧密。以米利都为例，通过"移民"，它围绕着黑海的海岸建立了约30座殖民区。许多当时出现的城邦在其名字中还承载着它们的古希腊起源：马西利亚（Marseille，即今天的马赛）源自希腊语"Massalia"，尼斯（Nizza）在彼时被叫作"尼西亚"（Nikaia）。

人们必须谨慎地想象初始时期的景象。公元前1500年前后，随着青铜时代的宫廷文化陷落，"城邦"（Polis）的时代开始了。这个概念在"都市"（Metropole）和"政治"（Politik）这样的词语身上能依稀看见影子，它标志着一个维护共同信仰、在共同利益之下进行商议的整体。城邦的主人除了各个城市的管理者，还包括整个城邦辖区内的所有居民。城邦的核心区域大约是集会的广场、寺庙，以及拥有话语权、统领军事甚至确立信仰的贵族们的宅邸。农民、手工业者和商贩的住所聚拢在它们周围，发展出之后重要的市民团体及其机构。它们在公元前600年前后才作为独立的整体正式亮相。一些典型的城市机构设施也相继出现，如市政厅、剧院和学校。学校起初只是一个运动场所，在赫楞人的时代也作为教育机构。

对西方文明来说，希腊殖民者在地中海大片地区进行殖民的过程，几乎比古代取得的任何其他进步都具有更为重大的意义。自青铜时代文化瓦解之后，古希腊人和遥远西方的贸易为即将到来的文化复苏夯实了（尽管并非奠定了）

经济基础。崛起的古罗马也经由位于意大利南部的希腊城市，建立起与其思想和技术直接的联系。

公元前6世纪末的城邦世界因为波斯大帝的崛起而面临越来越大的威胁。公元前480年，一支希腊舰队攻打被波斯军队控制的萨拉米斯海峡，是否真如一些历史学家所言，这是"世界史的瓶颈"，还尚无定论。战争持续期间，波斯的统治也并非那么有压迫性。那些被攻占城市的民众，依然能与他们熟悉的神心灵相通，相互之间继续缔结盟约。波斯的统帅马铎尼斯（Mardonios）甚至一度担心，在他征服的爱奥尼亚海岸城市中会滋生民主的种子。

"瓶颈说"最强有力的论据是一个引人注目的事实：地中海以东划分的地区直到今天依然由一条横亘于东方和欧洲各国之间的分界线隔开。基于民主建立的国家和话语文化，几乎只在分界线的西边发展。在罗马帝国时代它又继续向东延展。随着罗马帝国的首都迁至君士坦丁堡，以及公元7世纪的伊斯兰帝国的成形，它又重新回到西方。然而，猜测是多余的。希腊的舰队击退了波斯的军队，胜利接踵而至。希腊的对话可以继续充分施展。希腊人很好地利用了拥有广阔边界的波斯帝国所面临的问题，即除了要解决希腊这只青蛙对其池塘的搅乱之外，还要分心解决其他问题。

公元前5世纪是"雅典的世纪"。在与波斯对战、与斯巴达争斗和内政动荡的背景下，雅典最初的政治理论得以大展拳脚。我们在其中还看到了儒家学说思想的早期代表人物孔子（前551—前479）的影子。何谓国家？何谓宪法？对这些问题的讨论始于雅典，其影响之深远，以至今天人们仍在提及希腊人的贡献。可以想见，这场由涉及地中海广大区域的迁移活动触发的理论思辨，是如何触发对于新建政治秩序的思考。通过讨论和多数原则来寻求决策的实践，实际上是对理性哲学和科学的突破，这一点本身就颇具意义。另外一份文档的记录表明，雅典的民主并非所有人的民主：它不属于奴隶和外族，不属于女人，多数情况也不属于无产者。在民主的主阵地雅典，一个人是否具有作为公民参与决策的权利，通常取决于他是否拥有一个原籍雅典的父亲或母亲。对于希腊世界的外族人，即那些"野蛮人"（barbaroi），人们总是以雅典卫城高高在上的态度对他们施以睥睨。但直至现代，也少有开放如此多参与决策机会的社会存在。在马其顿统治的时代之前，几乎没有人——无论是皇帝、城邦，还是外来征服者和祭司特权阶级——成功统治赫楞人。权力仍然分散且相互竞争着。即使是雅典人在伯罗奔尼撒战役中败下阵来，其民主依然不灭。它断断续续地持续至公元前2世纪，直至罗马从希腊手中接过发动战争的权力。

不臣服于任何人的理念虽然与广为适用的人权理念并无共通之处，但鉴于波斯的威胁和希腊自身各统治力量间的斗争，这一理念依然通过埃斯库罗斯、希罗多德、修昔底德等人得以发声。那令人迷恋的字眼"自由"（eleutheria），通过世界历史得以登场。

前苏格拉底哲学的碎片：宇宙、神与人

没有任何一个古代的民族像希腊人一样采摘认知树上的果实，并冠之以名。类如"哲学""智慧之爱"等词语都源自希腊语。随着爱奥尼亚的自然哲学的发展，"提问""研究""探索""历史学"等概念也作为系统的事物初露锋芒。另一个促进地中海不同地区之间的交流，形成特定的政治和社会环境的地缘因素是：与东方的关系。

伟大的文化都不源于本土或民族根基，而是通过成果卓著的交流与斗争产生。希腊精神更多要归功于东方，而非只是人文主义学校里的历史图景。雅典娜虽然并非某本书所说的"黑人"，但也不似大理石般的苍白。希腊雕塑伴随埃及文化的传播而发端，后者可能也是希腊人的第一位数学老师。希腊的文学和宗教也深受尼罗河文化以及伊朗和中东地区的影响。即便是诗歌与哲学这些长期以来被视作赫楞人的发明，其中也有不少内容受到了东方智慧的启发，比如在东方神话中关于世界起源的说法等。他们还从中东的军阀和国王那里学习统治。腓尼基人不仅教会了希腊人拼写，他们还在很短的时间里就教会了希腊人类似民主的处事方式，正如苏美尔人向希腊人示范了如何建造城池和组织政

治一样。

随着时间的推移，希腊思想宇宙的各个中心逐渐显现。首先，在爱奥尼亚的自然哲学时期，诞生了富庶的贸易城市米利都和意大利南部城市埃利亚；然后是作为"赫楞人的老师"——这一美誉常被修昔底德在同伯里克利的谈话中挂在嘴边——的雅典；最后是亚历山大港。但是前苏格拉底主义者和后来者对此的记述绝大部分都已丢失。通过一些生活于几个世纪以后的作者的描述，一些希腊思想才得以流传。而正是留存的这些部分，改变了世界。

首先驱使这些希腊思想者思考的是惊奇——对于自然、宇宙及人的惊奇。柏拉图曾说，惊奇之外不存在任何其他哲学的源头。这些寻觅者和漫游者，如第欧根尼（Diogenes）自己宣称的那样，都是世界主义者；他们是宇宙的公民，不臣服于任何国家政体。他们的好奇心驱使他们去往远方，去真正地实践对世界的探索。米利都的赫卡塔埃乌斯（Hekataios von Milet，前550—前476）行至今天的俄罗斯南部附近，修订了被视为欧洲第一张世界地图的《阿那克西曼德世界地图》。毕达哥拉斯（约前570—前480）和柏拉图为了寻求古老智慧而研究了古埃及。德谟克利特（Demokrit）似乎到达了巴比伦，麦加斯梯尼（Megasthenes）和皮浪（Pyrrhon）曾经行至印度，前者被视作亚历山大军队的狂热支持者。公元前2世纪，精巧的造币技艺途经号称"东边赫楞文化前哨"的巴克特里亚王朝，成功传至印度。反过来，印度文化也向西方做出回应。《南传弥兰王问经》讲述了巴克特里亚国王与佛教圣人那先比丘（Negasena）之间的对话。

希腊人是世界历史上伟大的提问者。他们是最早借助理性无目的地追寻真理的人。虽然人们似乎也可以在地球上的其他古老文化中找到前苏格拉底哲学家所提出的这样或那样的思想，但是希腊人探索的多样性却是独一无二的。他们探索灵魂，研究神的本质、物质的结构，以及宇宙的构建原则；他们认为神贯穿于所有物质的自然哲学，也知晓德谟克利特的唯物主义——对他来说，灵魂也是由原子构成。喃喃低语的神秘主义和顽固的教条主义产生了前苏格拉底哲学，也产生了冷酷、毫无神性的怀疑主义。它借助出生于科斯岛的医者希波克拉底（Hippokrates von Kos）的形象现身，为一种理性的医学奠定了基础，并开启了对动植物的研究。因果律首先是用希腊语写成，它是理性思考与推论的学说，即"逻辑术"（logike techne）。

伴随着爱奥尼亚的自然哲学于公元前7世纪在米利都的诞生，"规律"开始与诸神和魔鬼并立，并接手它们的工作。米利都的泰勒斯（Thales von Milet）将海啸解读为大海运动造成的地震——而非由海神波塞冬的愤怒引起。米利都的阿那克西曼德（Anaximander von Milet，约前625—前547）是第一座日晷的建造者，他不再如赫西俄德（Hesiod）那样去讲述创世神的故事，而是更多地找寻创造万物的原初物质——他称之为"无限"（apeiron）。通过划分冷与热、湿润与干燥的对立，"无限"生出万物。宇宙成为巨大的有机体，存在、消逝、重生，而人类是由一种类似于鱼类的生物发展而来。阿那克西曼德虽然称不上达尔文的异域先驱，却是第一个将宇宙想象为永恒而非创造的人。他的理论影响了亚里士多德的理论，并为17世纪宇宙天文学的讨论提供了素材。

毕达哥拉斯及其学生的学说也是如此。自公元前530年以来，他便和他的学生们一起在意大利的克罗顿交流思想，并过着一种禁欲的生活。传言毕达哥拉斯是一位极具魅力的神圣智者，是古老真理的救赎者、传道者和先知。数是他的学说的中心：现身于正五边形或黄金切割之中的数字和比例指示了建构世界的原则，通过观察到音乐、和声与几何的对应关系，以及星体运动的规律性，毕达哥拉斯得出结论：世界建立于和谐的规则之上。他还讲授说，不死的灵魂会在生物体之间游荡。人类应该——类比同样有灵魂游荡之说的佛教教义——让生命与和谐有序的宇宙达成一致。

在毕达哥拉斯哲学信徒的世界模型中心，燃烧着一团熊熊火焰。它似乎是世界这座大楼的炉灶，除地球、月亮和太阳之外已知的五大星球，以互成比例的距离和速度绕着它转动。由于包含恒星在内只存在九大天体，因此毕达哥拉斯的信徒们预设了一个"反地球"存在，这样一来就凑成十个。他们认为通过天体的运动可达到超凡的星体和谐。来自萨摩斯的阿利斯塔克（Aristarch von Samos，约前310—前230）却认为，恒星和太阳都是静止的，地球围绕太阳而行。这位哥白尼的前辈据说曾因为无视神灵而被控诉。甚至宇宙中存在着"多个世界"的构想，早在布鲁诺出现之前的两千多年就被想到了。

恩培多克勒（Empedokles）是公元前5世纪群星闪耀的思想家团体中的一员，他是土、水、火及空气的四元素学说的创立者之一，与毕达哥拉斯的信徒们思想很接近。他和德谟克利特都是原子物理的开创者。在他看来，物理世界的万物都是由原初物质——一种不可分的微小颗粒——共同组成。即便是神，也被拟人化为一种抽象的存在："神秘物质"（dunkle）。赫拉克利特（Heraklit）隐晦地将其理解为事物的整体，它像理性言说的逻各斯（Logos）一样，将所有的对立统一起来。

来自埃利亚的巴门尼德（Parmenides，约前520—前450）貌似是第一位认识到地球是球状形态的人。他所关注的表象与存在之间的区分，标志着一切本体论的开端。他提出了一种主张，认为思想本身仅仅是"存在"（Sein），而非"成为"（Werden）——一种还未达到存在的状态。这个主张掀起了一场学术革命：遵循矛盾定理的逻辑区别"真"与"假"，与"狂想"和"神话学"对立。希腊精神的锋芒同样在埃利亚的芝诺（Zenon von Elea）对于悖论的阐述中可见一斑，亚里士多德称其为辩证法的发明者。

一些前苏格拉底哲学的文字记述多有对神的批评，即使是今天，这些文字在某些国家依然见不得人。他们认为神是人创设出来的幻象，人们出于实际的理由用这一幻象服务自身。在路德维希·费尔巴哈（Ludwig Feuerbach）揭露"并非神创造了人，而是人创造了神"之前的两千多年，色诺芬尼（Xenophanes）就曾讥讽过荷马和赫西俄德关于神的想象：牛或马可以创造神的形象吗？它们会创设出类似牛或者马的神吗？与他们不同，他将神想象为一种静态的、贯穿作用于一切的精神，仅仅通过思想的力量来撼动宇宙，它"与凡人在形态或思想上都毫无相似可言"。这个说法否定了对于自然现象的神秘解释。他对于人类可以拥有可信的知识的论断亦持保留态度：真理只存在于神那里，人类不过是拥有它的类似物或者它的表象。凯阿岛的普罗迪科斯（Prodikos von Keos，约前470—前399）将神理解为比喻性的存在，代表着地球上的事物，无论元素或者面包。普罗泰戈拉（Protagoras，约前490—前411）将之简要概括为"人们无法知晓它是否存在"，并以此区分信仰与知识。迈锡尼的欧赫迈罗斯（Euhemeros von Messene）认为，神指涉的是先前的伟大国王、战士或者学者，这些人给人留下了他们在死后可以幻化为神的印象。类似的"世界的祛魅者"直到18世纪依然存在，他们的思考表明，在那个以色列人正严格地去构建他们的天父——雅威（Jahwe）——并将弥赛亚的形象推上世界舞台的时代里，赫楞人就已经准备好要思考了。

除了神、宇宙和自然，人也是希腊谈论的中心。普罗泰戈拉将人视作万物的尺度，"是存在者存在的尺度，也是不存在者不存在的尺度"。这并非一份人文主义宣言的标题，尽管这位作者在文艺复兴中重新收获尊崇。它更多地反映出一种洞见，即看到了感知的主体性，否定了一些自然哲学家坚持的唯一真理，此外，还要求人们将注意力转向人的天性、可能与边界、培养与教育。

人类的斗争与痛苦是同时期诞生的悲剧中最重要的哲学主题。生活在公元前6世纪的厄琉息斯的埃斯库罗斯被后人称为"悲剧之父"。他所导演的戏剧中，人物总是罪恶而无望地纠缠于由神施加的悲惨命运。再加上雅典人索福克勒斯（Sophokles，约前497—前405）和欧里庇得斯（Euripides，前480—前406），三个人形成了三足鼎立之势。至今，人们仍在不断对这三位巨匠的戏剧进行着现代式的解读，因为他们剧目中探讨的是人类存在的根本问题，是在希腊哲学当中同样扮演着重要角色的主题：存在与表象、罪责与命运、欲望、激情与理智。

最伟大的悲剧与舞台大师则是历史。公元前5世纪，一种意义重大的历史学初登舞台。哈利卡那索斯的希罗多德（约前484—前425）被西塞罗称为"历史之父"。他和米利都的赫卡塔埃乌斯都被视作民族学和人类学的创始者。希罗多德希望将重要事件留存下来以供后人教育、模仿与欣赏，他想要尽量真实和不带意识形态地书写，这也成为以后所有好的历史书写的主导要领。

修昔底德（约前455—前395）的《伯罗奔尼撒战争史》是最高级的历史书写，也是一部文学杰作。用修昔底德自己的话说，他要写就一部"永久的财富，而非只是流传一时的佳作"。修昔底德发现了人类暴力的病理，他不仅仅是在历史书写中寻找古代，更要批判地审视来源、探寻原因、考察行为动机、分析政治情势。他所撰写的《伯罗奔尼撒战争史》也许是第一部没有神灵参与的历史著作。本该出现神灵的段落，如在后来的马基雅维利（Machiaveli）那里一样，被描绘偶然性与必然性的段落取而代之。著名的《米洛斯对话》[1]显示了赤裸裸的权力有多么厚颜无耻。对自由与统治的追求似乎是实现政治的先决条件与人类学中的常量。修昔底德成为历史学的开疆拓土者，这门学问，按照塔西佗（Tacitus）的描述，是要"既不愤怒，也不偏私"（sine ira et studio）地推进自己的事业。修昔底德、希罗多德和色诺芬尼作为数万变迁的见证者，不过是一些自那时起一直绵延不断的话语最重要的创立者。

历史书写与悲剧都反映出遵循自然与混乱历史之间的断裂经验。这一经验说明了希腊人对于人类事物秩序，以及自然与社会规范之间紧张关系的关切。这些规范即传统、风俗或法律。它现身为反自然的人类暴君，也作为"万物之王"来保护弱者。

对话与批判

古希腊世界一直是理念的交易所与政治的试验田。人们之间或斗争，或联合，试验联邦制模式。公元前429年，在伯里克利去世之后，希腊经历了战争与内部危机，却完全没有对他们的文化生活产生任何不利影响。相反，继续扩大的变革与混乱为哲学开辟了市场，因为哲学为人们指引方向的同时还提供教育，能帮助他们在复杂的社会里收获成功。一群求知若渴的人也已经准备好研习作为政治事务中重要工具的学术与雄辩来作为回应。一些诡辩家，即在公元前450—前380年为了钱财而演说和写作的学者们，也以此谋取财富。伦蒂尼的

---

1 《米洛斯对话》是《伯罗奔尼撒战争史》的著名章节，讲述了雅典人与米洛斯人在战前谈判中的对话。

高尔吉亚（Georgias von Leontinoi）是当时的"明星演说家"，也是雄辩术的创立者之一，他甚至认为话语可以强身健体。据说他在德尔菲神庙里为自己建了镶金的肖像。伟大的哲学家，如苏格拉底、柏拉图或者亚里士多德，他们能够占据如此重要的社会地位，哲学的作用功不可没。思想家广受追捧的现象可以从无数逸事中得到佐证。一些哲学家，如毕达哥拉斯、恩培多克勒和后来的柏拉图，地位之崇高几乎等同于神。诡辩家们将爱奥尼亚的自然研究分析方法应用到了社会领域，他们批判一切主题，从社会规则、风俗到宗教，甚至是人类认知的确定性。"诡辩术"的消极含义让人联想到钻牛角尖与断章取义，却仍然是哲学的基本美德；提问与思辨虽然有其积极的一面，却常常在歧途中迷失，无果而终。

批判对话的原则经历了漫长的发展史。对话最终成为哲学思辨的一种跨文化形式。因此，熟悉辩论（sastrarthas）的印度教徒与中国哲学家也如欧洲人一样，讨论神正论问题或宇宙是否无限。印度教的讨论遵从于精准的宗教仪式，严格遵照宗教法规行事，最终通过神的审判来做出决定；中国的智者在论证形式上没有利用逻辑证据，而是认可经典文本的权威，对其只允许进行小幅修改，它们都完全不同于希腊保持质疑与直言不讳的质询程式。正是因为希腊人，人们才懂得通过批判使自己与思维的惯性保持距离，批判的艺术才成为西方思想史的一个标志。证伪与日常经验的对立构成了科学。自此以后，借用赫拉克利特的一句话的变体，批判是矛盾对立的哲学家，是万物之父。

古希腊哲学对话的开端是苏格拉底的道德准则。他的学生柏拉图帮助他延续了"对话"。通过对自身道德刨根问底地追问，以及他的生与死，苏格拉底成为实践哲学和思辨技术的创立者，开辟了一个新的时代。在他的追随者的传承过程中，他以类似基督或佛祖的形式现身为智慧的师者。"神圣的苏格拉底，请为我们祈祷"，鹿特丹的伊拉斯谟（Erasmus von Rotterdam）以此口号宣告了自己成为苏格拉底思想盛宴的赴宴者。苏格拉底的登场和诡辩家的思考，标志着哲学史上的一次重大事件，因为人们如今可以出于理性的依据来系统地谈论一切事情做或不做的准则了。

柏拉图把这种通过对话来进行决策的方式——辩证法——视作神的赐予，是"某个普罗米修斯"与火种一起带来的恩赐。苏格拉底的对话是所有启蒙中最强大的武器，它致力于追寻真理与智慧，兼备道德与尖锐。其中飞扬着颠覆的元素，跳跃着讽刺的火花，混杂着尖酸的讽刺。许多事情亟待讨论解决。一位作者究竟认同哪位对话参与者，选择怎样的立场，常常难以决断。充满讽刺意味的暗示显示出藏于对话中的革命性潜力。而缺乏幽默感，鲜少运用反讽，却又依然具备深度，则标志了古希腊罗马时期后期时这一体裁的基督教变体的特征，奥古斯丁（Augustinus）就是其中的代表。

对所有习俗与传统来说，苏格拉底的对话是一项危险的技术。布鲁诺的《论无限宇宙与世界》和伽利略的《关于两大世界体系的对话》都表明，对话的本质在于当观点与反驳狭路相逢，各自经过旁征博引之后，最终无懈可击者胜出。怀疑不屈不挠地贯穿始终，理性则是认知的原则与法官。时至今日，科学话语依然贯彻着这样的原则。提问与追问可以最终使人们看清一个事实：总存在未知与难题，且无论如何努力也无法找到答案，这期间理所当然就存在着哲学与宗教神学、宗教与科学的分野。苏格拉底常挂嘴边的金句"我知道我一无所知"就是在提出要求去批判性地检验那些人们认为知晓的一切。他凭此站在了一种"西方特质"——批判文化——的源头。

"怀疑"（这个概念源自希腊语"skeptesthai"，意为"调查""检验"）这个传统的重新发现，是现代哲学的起点。皮浪（Pyrrhon，约前365—前275）开创了这一传统，否定了价值判断的可能性，认为它们仅仅出于人类的协商，而缺乏外界存在的证据。阿尔克西拉乌斯（Arkesilaos，约前315—前240）不得不认为，人们至少有可能判断什么事物是可信或可能的，道德标准依然是符合理性的。和皮浪一样，他建议放弃判断，只有这样才能获得"心灵的平静"（ataraxia），即使怀疑论者依然会不屈不挠地不断发问。

从喜剧发明者希腊人那里，人们不仅学会了用皱眉表示怀疑，还知道了讽刺、嘲笑与幽默，以及他们悲观的兄弟——挖苦。阿里斯托芬（Aristophanes，约前450—前444）的喜剧就曾让人们从战争时期的暴行和日常生活的不幸中，分散了注意力。希腊人交谈过程中出现的无数逸事，是帮助传承与人相关之事的记忆的关键。这样的体裁或许并非希腊人的发明。然而不少故事要么具备一点真实性，要么就纯属捏造，抑或完全错误，就像那些流传下来的关于西塞罗、第欧根尼·拉尔修（Diogenes Laërtios）等诸如此类人物的故事，它们表现为内容丰富又闪耀的对话。

人们讽刺，人们大笑。当色诺芬尼断言他从被鞭打的狗的哀嚎中听到了一位朋友的声音时，便戏谑地谈及了那神秘而深刻的如毕达哥拉斯的灵魂转移学说的事物。即使是庄严的《荷马史诗》也难逃被戏说的下场。苏格拉底是最伟大的讽刺家：他装作无知，而将对话对象捧为智者，以此反将其置于一种完全愚昧无知的地位。讽刺在这里是哲学的方法，但大多显现为一种修辞策略，这在后来伽利略关于世界体系的对话中屡见不鲜。不仅如此，庄严的悲剧人物也成了讥讽的对象。甚至连苏格拉底也在阿里斯托芬的《云》中成为反讽的牺牲品。哲学家们之间也极尽讥讽之能事。蓬杜斯的赫拉克利德斯（Herakleides Pontikos），因其装腔作势和"浮夸"的着装，而被人们称作"蓬皮科斯"（ho Pompikos）。德谟克利特被伊壁鸠鲁称作"莱罗克里托斯"（Lerokritos），意为"泡沫法官"。不必诧异，希腊人亚里士多德在他的《论灵魂》这本有关心灵的书中，首先提出了"有能力发笑的人"理论。柏拉图的《美涅克塞努篇》最后尖酸地嘲讽了"为祖国而死是甜的"这一类爱国主义口号。

色诺芬尼、卡涅阿德斯（Karneades，约前214—前129）或者卢克莱修如果生活在错误的时代和地点，比如巴格达、日内瓦或者罗马，都将沦为失败者。对于被各种逸事围绕的锡诺普的第欧根尼（Diogenes von Sinope，约前412—前324）来说，与其在基督教的西方过着一种不自在的生活，还不如选择在陶桶里过着简单而自由自在的生活。他是古希腊哲学中犬儒学派分支最有名的思想者，他那装饰在位于科林斯的墓碑上的大理石狗（kyon），大有影射他曾经狂吠不止地攻击他人、而今已安躺于此之意。他的著述已无迹可循，他也如苏格拉底一样，给出了一个范例，示范如何让哲学"活"起来。他的追随者也如同他们的大师一样，用玩笑的方式去质询社会规范，谴责奢靡生活，批评权力。从更为严肃的意义上来讲，他们类似中世纪后期的托钵僧和传道士，于自身所在的社会——正在沦落的城邦——高举明镜，创作讽刺画，为的是将人们引向寻找幸福的正途。

千年的思想者：柏拉图与亚里士多德

随着时间的流逝，对话和批判在雅典的学校和研究机构中得到继承，它们的示范作用逾越千年。犬儒学派的创始人是安提西尼（Antisthenes，约前455—前360），他在快犬体育馆（Gymnasion Kynosarges）建造了一所学校来传播他的思想学说。约公元前390年，伊索克拉底（Isokrates）创办了一所修辞学校，主要向政客传授如何在公共生活中发挥影响力。约公元前387—前385年，柏拉图在希腊城郊的卡德摩斯英雄树林里建立了一个机构，它就是之后几千年里各种研究和教育机构的原型——学园。在《理想国》里，柏拉图构想了一个理想的共同体，可以类比托马斯·莫尔（Thomas More）构想的乌托邦，描绘了异于现实国家政体的对立形象。学园里的氛围必须是开放的、宽容的。柏拉图接受各种不同寻常的意见，例如，他最著名的学生亚里士多德的观点。于户外树荫之下或是报告大厅里九座缪斯像之下的批判性演说变得司空见惯。

毕达哥拉斯学派将数学提升为地位最高的学科。虽然毕达哥拉斯-柏拉图学派的数学尚未以认知自然法则为宗旨，但它最终能成为文艺复兴中引领性的学科并非没有原因。数学以它毫无矛盾的真理似乎为人们提供了通向理想世界的可企及的通道。几何学在柏拉图的《理想国》里被称作"对于永恒存在的认知"。相对于那些光彩夺目的理念，物质世界的物体则是其黯淡的反照。在这则经常被引用的隐喻中，现实不过是洞穴里墙上的影子游戏：一群人被捆绑着背对着洞穴入口，他们在朦胧中会认为，墙上的那些若隐若现的影子即为真实。

直至文艺复兴时期，对话集《蒂迈欧篇》依然是柏拉图思想最重要的来源。基督教哲学从中汲取了关于神、灵魂，以及宇宙的想象。弗莱辛的主教奥托（Otto von Freising，约1112—1158）就盛赞柏拉图宇宙学的光明与智慧，以至人们会相信这个希腊人深得基督教义的精髓。在柏拉图那里，世界是由一个既有的原初物质通过同样永恒的神性造物主的作用而产生的。柏拉图认为，宇宙是一个活物，被一个自主驱动、不知从何而来又不知消失于何处的灵魂所渗透。它调节精神与感官、存在与生成，并推动着星体乃至神灵进行周而复始的循环运动。它将宇宙塑造为一个依据几何原理组成、可借助几何学理解的整体。柏拉图赋予它十二个面的形态，即十二面体。这一猜想在前苏格拉底哲学里就已被论及，并成为开普勒的一本早期著述的基础。

根据柏拉图的观点，人类个体的灵魂本质上等同于世界的灵魂，并且同样拥有不死的特征，它使得终将死去的躯体鲜活起来，赋予该生命体理智、意志和欲望等诸多个性。因此，除了感官与精神外，它还具有一个自己的"第三种"存在方式。当个体灵魂与世界灵魂融为一体时，前者将承载围绕纯粹的真理、完全的善与美理念的神秘知识，并在新的身体里重生，这使它可以不断返回其原初状态，并得以在这些生命中保存自身和统一。这是一个非常诗意的理念，柏拉图大概是从毕达哥拉斯那里获得的启发。无论过去还是现在的佛教和印度教都还保有这样的观念。彼得·阿贝拉尔（Petrus Abaelard，约1079—1142）认为可以在圣灵中重新找到灵魂。柏拉图可能是第一个为它构想出一个独立存在的思想家，他明白如何用理性去控制感情。

柏拉图关于灵魂轮回的理念无法与基督教的观念相契合。与之相反，柏拉图的上帝是可想象的，现身为最高的理念和绝对的善，简而言之，就是一种原则，即其不具备人类的面貌。一些作者将它——或至少是圣灵——与世界灵魂相等同，并以此将上帝塑造为一个强大的造物大师。异教徒的哲学家们则将上帝视作他们的神身边的"跟班"。如此一来，这位伟大的造物者便不用对于自己所造之物存在的显而易见的瑕疵而负责。柏拉图学说最重要的继承者普罗提诺（Plotin，205—约270），将上帝抽象为一个无形的"一"（einen）。那些偏爱"神学家"柏拉图学说的著述仍饱受争议。奥古斯丁以及几个中世纪和文艺复兴时期最重要的思想家都选择站到了普罗提诺的队伍。对于民众来说，这个被普罗提诺称为"太一"（to hen）的上帝是不够格的。上帝绝不等同于好色之徒宙斯及他那些顽劣的同僚之流。

海浪仍然拍打着欧洲的未来，激发着柏拉图的学生、出生于色雷斯的斯塔基拉（Stageira）的亚里士多德完善自己的思想，反对他老师的思想，并去创作伟大的作品。亚里士多德据说是在"来来回回"的走动（希腊语"peripatein"）中发展出自己的哲学的。因此，人们将他的追随者和继承者都称作"逍遥学派"（peripatetiker）。他们散步的地点是一座体育馆中的回廊。这座体育馆是为了献给吕克昂的阿波罗而建的，吕克昂学院亦是因此得名。亚里士多德留给后世的文本体量之大令人难以置信。他对于拉丁基督教历史的贡献硕丰，既提出了逻辑论证的模型和方法，又探讨了世俗的主题。亚里士多德的学说通常更加"接地气"，即使它并非完全与柏拉图的哲学形成鲜明的对比，甚至有时亚里士多德的哲学从属于柏拉图。古希腊两大哲学巨匠的作品所展示的对于世界的视角符合基本的人类思维方式。儒学则像经院哲学那样以格物致知的方式认识世界。在中世纪的欧洲，天主教总是努力将柏拉图思想和亚里士多德的科学与马太福音的信条强行关联在一起。

超验主义者的学说在亚里士多德的眼里是找不到依据的。"实证研究"和"经验"是基于感知与观察的方法论关键词。他没有在封闭的洞穴里，而是在现实之中看见了人，因此获得了认知宇宙之美的能力。亚里士多德的巨著几乎涵盖万物：逻辑、伦理、修辞学和诗学、形而上学、自然、动物和矿物、生理学、面相学、心理学、感知与记忆，甚至是梦境。与柏拉图不同，他不让别人言说，而是他自己说。

约1510年，拉斐尔在梵蒂冈的署名室创作了《雅典学院》（插图3），描绘了这些遥远过去中的思想家——我们刚好要让他们登场——以及他们与正在开启的现代思想之间的关联。这幅壁画主要取材于从古希腊罗马时期直到文艺复兴高潮时期的哲学。柏拉图捧着《蒂迈欧篇》位列左侧，亚里士多德占据中位，一只手指向天空，即理念的王国，另一只手则指点着任其感知和经验的人间。他们旁边是苏格拉底，此外还有毕达哥拉斯及其信徒们。拉斐尔绘制这幅群像时所散发的精神光辉亦如两千年前一样熠熠闪光。

伊壁鸠鲁和斯多葛派的花园

亚历山大大帝推翻波斯帝国彻底改变了希腊世界。许多城邦被保留了下来，市民阶层自治的形式也被保留了下来，它们还在显示着自己的忠心。但这一点只有那些还保有市民权利的少数"人民"（demos）才可以感受到。同时，随着城邦形式的转变和权力政治意义的消亡，找寻适宜城邦发展的法律这个问题显得无足轻重了。宇宙学、地理学、医学及其他的自然科学得以维系，其中首先得以讨论的是伦理问题。新的机构应运而生。伊壁鸠鲁的学说诞生于伊壁鸠鲁花园（Kepos）中，这是一座立于雅典大门前的朴素的农家花园。伊壁鸠鲁与其信徒相聚于此，时而严肃时而轻松活泼地谈论"符号哲学"，信徒中还有女性甚至奴隶。

在距雅典卫城不远的地方，有一个装饰着五彩缤纷的壁画的彩色圆柱大厅——"斯多葛柱廊"（stoapoikile），另一个学派由此得名：斯多葛派。它的历史悠久，从约公元前300年由芝诺建立，一直延续到罗马皇帝马可·奥勒留（Mark Aurel）统治时期，存在时间长达500多年，《沉思录》就是它在前基督教时期最后的，也是最重要的见证。斯多葛派这种"源自大厅"的学说有助于基督教在古希腊罗马文化区域的传播。反之，基督教的神职人员在斯多葛派哲学中也可以找到各种各样的连接点。

芝诺认为凡人的肉身，相对于类似永恒之火、具备部分神性的精神来说，是无足轻重的。这样的态度最终将引向自杀。斯多葛派的安提帕特（Antipatro）将自杀视为从苦难人生中解脱的出路。在如此极端的观点上，它与天主教的类似之处消失了。斯多葛派的世界虽然是由一种具有预见性的神圣"旨意"

（pronoia）所安排的，但就像亚里士多德所教导的：它不是被创造的，而是永恒的。克里安西斯（Kleanthes，前331—前232）的《宙斯颂》，听起来就像人们用"上帝"取代"宙斯"之后写成的赞美诗。它是这样开篇的：

> 向你致敬，不朽诸神中最荣耀者，名号众多且永远全能的
> 宙斯！你是自然的本源，你根据法则指引万物，
> 所有凡人向你致敬：
> 我们从你那里取得仿造凡身事物之能力，
> 以独一无二神性的形象居住行走于大地之上。

宙斯是世界的理性，是"逻各斯"及"造物的火焰"，万物源于此，尽于此。历史的终结将是一场清除一切的世界大火，是斯多葛派式的末日审判法庭。并非一切都会因此终结，正如其他宇宙学说（例如道家）中为人所熟知的观点，历史大多会重新开始一场想象。生死、声名、欲望或痛苦、财富、穷困，这一切对于斯多葛派来说都无关紧要。至关重要的是洞察力、自制力、正义、责任感、顺应宇宙的力量、命运和必然性。苦难不是罪孽，而是磨炼道德的机会。对于伊壁鸠鲁信徒来说，斯多葛派的生命哲学就是去维护世界，而非塑造和改变世界。在生命进程中履行义务，就是要与自己达成合一。冷静与坚定是哲学家最为突出的品格，也是其生命目标所在："无所畏惧，无欲无求。"（nihil timere, nihil cupere.）在马可·奥勒留这位头戴皇冠的斯多葛派信徒看来，这听上去就像是17世纪依然尚存的天主教观念——生活不再是短暂的梦境或者戏剧，人们须在其中倾力演绎神分配给自己的角色。克律西波斯（Chrysipp，约前279—前206）所宣扬的众人平等的观念，作为一种古已有之的符合常规的理性——它指导理性者明辨对错——也融入基督教思想中诸如天赋人权的概念里。

自然界和社会中的对立——雄（男）与雌（女）、老与幼、弱与强——根据斯多葛派的观点，通过混合而臻于和谐。出现与消逝持平，万物保持平

衡。斯多葛派的其中一个中心概念是"逻各斯"，这里指的不仅仅是演说与理性，也涵盖了包括人类在内的自然界运作原则。逻各斯不只是神性的，它就是神本身。这种神性的理性贯穿整个自然界（物理世界）直至细枝末节，并将它构建为一个整体。由于人类有能力洞察事物背后的原因——克律西波斯如此认为——所以人可以建构自己的生活，使自己与之和谐相处。

斯多葛派的巨大影响力跨越了千年——它对于伊斯兰教的神学与哲学也产生影响——不仅仅在于它的学说给予了宇宙以秩序，并教导人们如何过好这一生。不同于藐视政治家的伊壁鸠鲁，斯多葛派更多是给予国家公民以建议。依据斯多葛派的观点，人们要践行正义与善，在与他人相处中履行自己的义务，便能创造自由。这也是为何斯多葛派不仅仅存在于古希腊罗马时期，文艺复兴后期，以及之后的腓特烈大帝和康德都采纳了它的观点。

生活应当顺应自然的理性是斯多葛派伦理的基本原则，因而这样的理性也可以给予法律以依据。该学说由古罗马的法学家所构建，对现代法制思想产生深远的影响。然而反过来，斯多葛派所追求的灵魂安定的态度，却并没有得到热情教徒的掌声，这在路德将斯多葛派称为"木棍圣人"（stockheiligen）的贬低评述中就可见一斑：神没有创造人类，它不过是石头或木头而已。

亚历山大港

根据希罗多德传下来的神话，身披金色和红色羽毛的凤凰只在它的父亲死后才会现身。如今雅典在政治领导角色方面稳占鳌头，它于是继续向前飞去：首先飞向亚历山大港，然后去往罗马。在接下来几个世纪的所有变革中，这场伟大的对话得以延续，最重要的原因在于古希腊涉猎了广泛的思想主题，且在方法上威力巨大。若没有更为强大的精神力量去盖过理性的古希腊哲学的力量，那它将所向披靡：伊斯兰教和犹太教曾拥有这样的力量，正统的基督教也是。拉丁欧洲则相反，虽然它也曾在世界历史中具有重要意义，但长期以来都屈服于古希腊的精神。

凤凰首先在埃及的亚历山大港找到了新的居留之所。在亚历山大大帝继任者、有"救世主"之称的托勒密一世（Ptolemaios Ⅰ，前305—约前283年在位）的领导下，这座因其灯塔闻名的城市，成为古代最为重要的科学地标。亚历山大港的图书馆和塞拉比斯（Serapis）神庙保存了总量超过50万的卷帙，这些书目的目录由昔兰尼的卡利马科斯（Kallimachos von Kryene）在公元前3世纪编订，其规模据说五倍于《伊利亚特》，甚至连当时的中国也没有与之相匹敌的科学书籍藏量。

根据西塞罗的定义，亚历山大港的"缪斯庵"（Museion）是一座"所有艺术的作坊"，用今天的话来讲就是一个跨学科的研究中心。埃及的国王任命幕僚，支付他们俸禄，保证他们享有免税的特权。幕僚们通常坐拥居室无数，除了餐厅、天文台和缪斯神庙，可能还会有一座拥有异域珍禽的动物园。统治者通常让学者在那里自由探讨研究。诗歌与语文学经历着伟大的璀璨时刻。由犹太学者编译的《圣经·旧约》希腊文译本——《七十士译本》（Septuaginta）——就是出自亚历山大港。

这里还充当着数学思想、机械学、物理学和地理学的代号——显然这是重新回到了唯物主义的自然解释，也与伊壁鸠鲁在他的花园中所做的研究相吻合。若说雅典的人们已经思索关于"第一原理"的猜想并建立起各种系统，通过各种实证发现来支撑这些系统，那么尼罗河畔的人们则是从个别现象出发，从中发展出数学模型。与他们的内心认同相比，与现实的一致性是次要的。"亚历山大港"的博物馆并不想解释什么，而是想要用数据和几何来描绘和证明。

缪斯庵是一个君主制体制下"民主的"学院的替代选项。它的组织建构反映出亚历山大大帝死后和继位争夺战所带来的政治态势转变。竞争有利于革新的发展。人们使用简单粗暴的方式：据说，托勒密（可能是缪斯庵的建立者）下令将那些到达亚历山大港的书籍卷轴——比如作为来自雅典的借贷的书籍——统统没收，印上"舶来品"，然后转送至图书馆。它们的所有者也总是只能得到复刻版作为补偿。托勒密二世颁布了一道禁令，禁止莎草纸制品出口至帕加马，以此来限制那里声名远扬的图书馆继续发展，它甚至有可能盖过亚历山大港的光彩。阿塔罗斯王朝的名字得以流传要感谢当地找到的用羊皮制成的绘制工具：羊皮纸。

对于科学与文学来说，亚历山大港意义非凡。迦克墩的医生希罗菲卢斯（Herophilos，约前330—前255）与他的年轻同事埃拉西斯特拉图斯（Erasistatros）是解剖学的开创者，最初他们正是由亚历山大港的医学院所培养。欧几里得先是在雅典完成了培训，然后前往亚历山大港，在那里跻身光学之父。由他所建立的几何学一直主导这一领域直到约1830年。传奇的数学家、物理学家和机械大师阿基米德也在亚历山大港工作过一段时间。佩尔格的圆锥体大师阿波罗尼乌斯（Apollonios）和昔兰尼的地理学家埃拉托斯特尼（Eratosthenes）一样，都有亚历山大港的文化背景。那些来自亚历山大港的男性所做出的发明创造总能引起轰动。克特西比乌斯（Ktesibios）生活于公元前3世纪，他发明出了由水驱动的精确的时钟和抽水泵。从他手工制作的这些自动化机器来看，他似乎距离蒸汽机只有咫尺之遥了。事实上在300年后，亚历山大的海隆（Heron Von Alexandria）[1]才真的将热能作为驱动力并将其投入使用。

亚历山大港的人们也开始对天体运动进行数学分析。他们的努力都受到了来自东方，确切说来自巴比伦的天文思维模式的启发。这种思维模式表达了一种接受因果关联的宇宙模型：天体的运动及其相互关系（根据该假设）引起了一切的转变，影响了土、水、空气和火这四种元素，再通过它们影响人类、动物，甚至植物的生成。赫楞的天文学家发展出一套极其成功的著名学说，即星体的位置会对每个个体的机能、灵敏度和个性都产生影响。他们的理论激发了天文学的研究，远超哥白尼和伽利略时期的发展。

亚历山大港的晚期和一对伟大的名字紧密相连。帕加马的医生盖伦（Galen，约129—216）的医学著述在1490—1498年出现了至少660个版本，他

---

1 又译作"亚历山大的海伦"，这里将"Heron"译为"海隆"，是为了区别女子名"海伦"。

在罗马开展事业之前也在亚历山大港待过。克劳狄乌斯·托勒密——拉斐尔的《雅典学院》介绍过他——撰写了天体-天文学的经典作品《占星四书》和《天文学大成》。在他的宇宙观中，地球被视为宇宙的固定中心，这一观点直到近代都占据主导地位；直到16世纪，他和斯特拉波（Strabon，约前64—后23）的地理学仍是关于地球上民族与国家的所有知识的基础。但亚历山大港的博物馆成为明日黄花，莎草纸的文稿藏量随着时间也日益衰减——显然在公元后第一个世纪里，还缺少卓有成效的方法实现复本的长时间保存。至于是否火灾或者掠夺也应对此负责，还不为我们所知。

希腊人自己也开始尝试去解释自己所目睹的这些文化繁盛的源头与缘由。和长期以来同样成功的中国人一样，希腊人创造神灵与英雄，是为了将其文化得以欣欣向荣的原因具象化。赫菲斯托斯和雅典娜赠予了人类技术，波塞冬送来马匹，赫尔墨斯授以天文学，得墨忒耳馈赠粮食。最著名的文化英雄是代达罗斯和已经提及的帕拉墨得斯，他们两位发明了雕刻、陶工旋盘和其他有用器具，甚至被视作飞行技艺的发明者。而普罗米修斯是其中最为伟大的一个。希腊人同时认识到进步也是基于思考与人类劳动。色诺芬尼曾写道："神并没有从一开始就向人类敞开一切……而是随着时间的推移，他们在寻觅中找到了更好的答案。"

没有普罗米修斯当然是不行的，人们无法"解释"清楚柏拉图或者修昔底德。然而，人们对古希腊的奇迹并非完全没有头绪。从古希腊的情况看出——它并非世界史上的唯一案例——那些政治上分散的小地区和开放的社会为文化的发展提供了有利的制度条件。激进的思想家自然大有机会在某处寻得避难所。古希腊文化高潮得以形成的另外一个前提条件是，在希腊世界的城邦中，手工业者、贸易者和知识分子组建了一个在政治上有足够影响力的阶层，是我们称作"市民阶层"的前身：他们是在文化、创新、经济上都有保障的一群人。他们创作、建造、表达；演说激起反驳，于是越来越多的讨论者在竞技场上登场。古希腊时期，至少有1100位知名的作者，而悲剧与喜剧作品的数量至少也数以千计。

从那时起，希腊社会就显得非常"好斗"，蔓延着富有竞争性的基调。人们奔走于各种打赌比赛，试图通过更好的演说来赢得大多数的支持；喜剧作家为了获奖而写；即使是雕刻家和外科医生也是为了竞技才挥动锤子和救死扶伤；人们在各种比赛和奥林匹克运动会后计算着时间；人们积极看待改变与革新，将其视为人类的机会。米利都的希波丹姆斯（Hippodamus von Milet）希望出台法律，据此来奖励发明。

庆祝进步的传统也源自古希腊，而这在佛教和其他的远东文化中似乎都是没有的。罗马人在此期间也学会了这一点。塞涅卡（Seneca）曾大胆预言："总有一天，今日所埋藏的自然奥秘会被解开，那时的人们会惊讶于我们的愚蠢，今天那些仅仅被有限的民族所了解的知识会普遍传播。"他甚至还预言了在神秘莫测的大西洋的极北之地图勒之外，会有新的大陆被发现。

而另外，正如《亚历山大传奇》（Alexander romans）中的某个章节所讲述的那样，泛滥的好奇心与发明精神可能被宣判为罪恶。在书中，亚历山大为了能漫游天际，手抓住两个把手，将之拴在一辆马车上，将一块马的肝脏固定到长杆上，并把它置于怪兽嘴前方，以此引诱它飞奔向前。在最高空，一只长着人脸的鸟遇上了这位飞行者，它劝他说："亚历山大啊，你连地上的东西都不认识，你还要到天上来找东西研究吗？"这席话促使了这位国王折返。在中世纪，这个故事有了更多基督教意义上的解读内涵。是神自己指出了亚历山大勇气的边界所在。代达罗斯和普罗米修斯这样的理想捍卫者并不容易，这条从"神话通向逻各斯"的道路在希腊世界里绝非大道通途，然而在前行的过程中，没有任何其他地方拥有可与之相比拟的耐力。

4. 罗马：世界帝国与神话

插图4：米开朗琪罗，《基督复活》，1521年，罗马，密涅瓦圣母堂

凤凰西飞

其余的一切，源头都在罗马。借助这个从城市中发迹的帝国，东方-希腊文化得以继续传扬，并最终与基督教分庭抗礼。西罗马帝国没落之后，拜占庭帝国和伊斯兰王朝率先肩负起传承古希腊伟大对话的角色。作为萨拉米斯战役的获胜方，古希腊的文化不再局限于地区性活动，其影响力之广泛，直至今天也没有哪个高级文明能望其项背。古希腊之后，凤凰跟随太阳向西方飞去。

地理的优势为罗马的辉煌事业创造了便利。若没有位于意大利的地理优势，罗马还能成为地中海的统治力量吗？众所周知，其靴子状绵延的海岸线分别朝向东方和西方。意大利是地中海的中心：在夏日的里米尼，早起的人们迎着银色的晨曦畅游；在傍晚的波西利波山丘上，流浪汉望向那不勒斯海湾，看着太阳下沉到由红金色逐渐变为紫色的海里，而伊斯基亚岛和卡普里岛——两座巨大的如独眼巨人般的岛屿——也一起蜷缩其中。

罗马的历史大约开始于公元前7世纪末，其最初的区域毗邻一块穿过台伯河的浅滩，农民与牧民居于此地。伊特鲁里亚贵族——他们的主要聚居地位于今天的托斯卡纳——征服了此区域。这个地方最初的名称是"鲁马"（Ruma），其历史可追溯到约公元前330年，它极可能指向某个伊特鲁里亚的家族。全国性的饥荒或许导致了战争，在这个过程中，罗马渐渐成为该地区的统治中心。据提图斯·李维（Titus Livius，约前59—17）的说法，公元前4世纪，随着萨莫奈战役的打响，罗马人被迫卷入与越来越危险的敌人之间的对抗中。随着公元前3世纪末对迦太基的征服，当时的罗马人最终不自觉地步入驶向帝国的道路。如此看来，历史学家约翰·罗伯特·西利（John Robert Seeley）在审视大英帝国时的发现——这是精神意识缺席下的突发情况——也适用于罗马帝国的情况。实际上，李维所建构的"帝国逻辑"在此后很久才会出现。

马基雅维利将古希腊罗马时期视为充满教育意义且可以利用的宝盒，将罗马的政治视为与被征服和招安的敌人相处的最佳范本。要么就如他在《君主论》第五章所建议的那样，将敌人赶尽杀绝，以绝后患；要么就施与恩惠，与之和解，从而在后世获得相互友好而非敌对的状态。两种方式罗马均有选取：它对维杰或者菲德奈城市民的大屠杀，对迦太基、科林斯和耶路撒冷的摧毁，都是第一种选项的代表；通过保障战败方的自由来实现其和平解放，则是第二种选择。融合的系统总是不断证实罗马人的韧性——如同对凯尔特和迦太基的战役中显示出来的那样。"若没有将战败者视作外族而疏远排斥，拥有精良武器的斯巴达人和雅典人还会依然惨遭灭亡吗？"皇帝克劳狄乌斯曾如此质询道，"与他们不同，我们国家的建立者罗慕路斯（Romulus）是如此远见卓识，仅在一天之内，他就将那么多来自敌对方的民族收编为同胞。"罗马帝国的历史教导我们：自由，包括宗教自由，可以取代刀剑与盔甲。维吉尔（Vergil, 前70—前19）将这样的政治模式归纳为罗马人所建立的一种方式：统领各族，对抗权贵，保护底层人民。

在诗人和政客们所完成的光辉记述中，罗马共和国藏着可不止这一点真理。和雅典一样，罗马共和国也是通过对话做出决定，而不是听凭一位近似神的统治者发号施令。联盟类似"自由的城邦"，即使是在帝国时期也保有自治权。公元2世纪，在足迹广阔的埃利乌斯·阿里斯蒂德斯（Aelius Aristides）看来，罗马帝国依然是一个城邦的共同体，各城市在自己的土地上拥有极大的自治权。一些意大利之外的省城虽然处于执政官员的监管之下（他们可以发号军事命令），却仍然开辟出了不少类似希腊城邦的自由空间。

最终事实证明共和国有一个美丽的错误：它无法平衡社会的矛盾，也无法阻止君主制被颠覆——盖乌斯·屋大维·奥古斯都创立的元首制颠覆了它。在屋大维及其继任者的统治下，大理石砌成的罗马有了雏形。帝国的各个角落涌现了各种方法来建造一个仿照赫椤样式的王城。人们从四面八方涌入这个民族与文化的大熔炉。罗马成为一个百万人口的大都市，是两千多年来欧洲独一无二的创举。"帝国的高潮"所呈现出的恢宏景象肯定动人心魄。直到今天，古罗马的废墟依然述说着曾经压倒一切的至高权力，述说着一种与宇宙相联系的世俗秩序。

罗马的希腊情结

随着希腊人的国家在公元前2世纪被划入罗马，希腊之东和后来发展成为拉丁欧洲的区域之间的联系日益紧密。与被征服地区以及相邻文化针对知识与信仰进行的紧密交流，从一开始就源源不断地为帝国提供资产。一个较早的例子是元老院下令将布匿人马戈（Mago）的28本农业书籍翻译为拉丁文。在罗马人的精神生活中，最重要的就是与希腊文化的关系。"被俘虏的希腊俘虏了粗野的胜利者，并把艺术介绍给了这个野蛮的拉丁民族。"——诗人贺拉斯（Horaz，约前65—前8）用这样的方式描绘了希腊对于其征服者的吸引力。公元前196年，执政官提图斯·昆克提乌斯·弗拉米尼努斯（Titus Quinctius Flamininus）宣布希腊人获得自由，从此以后，希腊人的语言、文化和生活方式备受罗马精英阶层的追捧。一时间，谈论希腊的大师，或是脸上蓄起"哲学家的大胡子"，都是一件相当时髦和具有"希腊风范"（à la grecque）的事。在哈德良时代，甚至连君王自己也跟风效仿。尼禄重申了弗拉米尼努斯所给予希腊的自由；哈德良和马可·奥勒留——他的《沉思录》就是用希腊语撰写的——都推崇斯多葛派；安东尼·庇护（Antoninus Pius，138—161年在位）赋予所有哲学家免税的权利。

罗马与希腊文化的关联最初主要体现在大希腊地区（意大利南部城市），尤其是那不勒斯和塔兰托。正是在这里，罗马人认识到了万能之物"金钱"——这个词在当时用的是拉丁词汇"pecunia"，这让人不禁想到最初的交换经济或者罗马最重要的交易商品牲口（percus）。这个希腊单词可能在途经伊特鲁里亚到达罗马时变成了拉丁文：罗马人用字母"c"取代了希腊字母"Γ"（该字母在希腊文字母表中的顺序更靠后）。《十二铜表法》是约公元前5世纪出现的一部法规合集，其中就给出在西方使用字母表的早期例子。在它被颁布之前，三位罗马公民被送至希腊学习梭伦（Solon）的立法规则及希腊城邦的法律。罗马的立法会（罗马人民大会）建造了一座毕达哥拉斯的雕像。作为熟读希腊哲学之人，公务员、军事家及大学者马库斯·特伦提乌斯·瓦罗

（Marcus Terentius Varro，前116—前27），受恺撒的委托去整理一份涵盖希腊书籍在内的文学合集。

创设传统的一个经典案例是《埃涅阿斯纪》。维吉尔借此构建出罗马民族史诗。他对前人涅维乌斯（Naevius）及恩纽斯（Ennius）的作品进行了改写，将竞技场的特洛伊逃犯塑造为罗马的建立者。这首诗以古代神话的形式，展示了罗马的过去。罗马及其历史舞台上的演员现身为主神朱庇特操纵的命运的提线木偶。在基督教诞生之初，罗马人很喜欢修辞学家和历史家哈利卡那索斯的狄奥尼西奥斯（Dionysios von Halikarnassos）的说法，称罗马是由希腊城邦建立，他们自己本身就是希腊人。罗马人还爱用希腊人的祖先来装饰自己。据说，罗马第一位伊特鲁里亚君王塔奎尼乌斯（Tarquinius）的祖先是科林斯的达马拉托斯（Damaratos von Korinth），是他带来了希腊的手工业者。实际上，来自希腊的陶瓷工人、贸易者、雕刻家和建筑师可能早就来到新兴的罗马建功立业。这里的城市景观与其说是受伊特鲁里亚的影响，还不如说是受希腊的影响更多。希腊的神灵，从阿波罗、阿芙洛狄忒、阿瑞斯，一直到宙斯，自公元前3世纪以来就被罗马接纳，并因此获得拉丁名字：阿波罗、维纳斯、马尔斯、朱庇特。外来民族和本民族信仰同样的神灵——即便是换了名字——无论在希腊还是罗马，都是司空见惯的现象。

那些反对希腊文化占据主导地位的声音只是徒劳。历史学家老卡托（Cato der Ältere，约前234—前149）是一个贪求利益的奴隶主，同时他还以古罗马道德的化身自居，呈现了一个罗马保守派试图逃离希腊魅力的例子。他迂腐守旧又冷静克制，抵制古希腊文化的光彩和它的宇宙观。然而，与希腊的文化交流始终不断进行，不顾此类抗辩而从未中断。其他与此相关的更为详细的描述涉及希腊的国家理论、数学、医学、自然知识、地理、音乐、天文学和宇宙学所产生的影响。不得不提的就有古罗马作家奥卢斯·格利乌斯（Aulus Gellius）在靠近雅典的希罗德·阿提库斯（Herodes Atticus）剧场创作的《阿提卡之夜》（*Attische Nächte*），还有对于罗马人意义非凡的、自公元前240年以来就在台伯河边流传的古希腊悲剧。欧里庇得斯及其同行，包括索福克勒斯、埃斯库罗斯等其他人，他们进行对话、创作等活动，激动地拥抱自己在首都里拥有的自主自由——尽管也有少数的例外。

罗马的马赛克艺术就是以古希腊为榜样而发展起来的。在意大利发现的伊特鲁里亚墓地画和阿提卡花瓶装饰画的数量多达数千，但这些不过体现了受古希腊启发的绘画世界的冰山一角；在老普林尼或斐罗斯特拉图（Philostratus）的《想象》（Elkones）里，这是一次想象中的穿越那不勒斯河畔的旅行，反映了它们如何得以崛起。对于保存时间更为持久的雕刻艺术来说，则是另一番景象。罗马的雕刻作品几乎是在大批量地模仿希腊的作品——如果不是引进原作（或至少被视作原作）来装潢首都的宫殿或乡间的奢侈别墅的话。古希腊神话的场景通过恢宏的大理石雕像展示于罗马人眼前：位于斯佩隆加（Sperlonga）洞穴中的提比略时期的波吕斐摩斯（Polyphem）雕像，或是来自罗得岛的雕刻师们所创作的拉奥孔群像雕塑。它们于1506年在尼禄的宫殿所在地被重新发现。雕塑艺术一路突飞猛进，成为文艺复兴高潮时期艺术的关键体裁，并成为长久以来关于美的讨论对象。

启发罗马诗人的不仅仅是特洛伊神话。如果不了解锡拉库萨诗人忒奥克里托斯（Theokrit）的牧民诗歌，难以想象维吉尔的《牧歌》会是什么样。在希腊度过自己年青时代的贺拉斯，也是通过与阿纳克里翁（Anakreon）、品达（Pindar）、卡利马科斯及爱奥尼亚的女诗人莎孚（Sappho）的讨论后进行创作的。卡利马科斯的《起源》（后来由卡图卢斯翻译成拉丁文）也启发了普罗佩提乌斯（Propertius）和奥维德（Ovid）。就连"笑"这件事，希腊人也都是罗马人的老师。"长袍剧"（指那些穿着希腊长袍，在以希腊为模板的氛围场景中演绎的喜剧）很快占领了罗马的戏剧界。普劳图斯（Plautus，约前250—前184）和泰伦提乌斯（Terentius，约前195—前159）向米南德（Menander）这位希腊新喜剧大师学习；塞涅卡的《圣克劳狄乌斯变瓜记》（Apocolocyntosis）对神化罗马皇帝克劳狄乌斯的现象进行了讽刺，颇具梅尼普斯（Menippos）的滑稽化风格。普劳图斯在他的剧目中创造一个由寄生物、淫媒、牛皮大王、坠入爱河的耄耋老人、奸诈狡猾的奴隶与妓女组成的人物陈列馆。在他的《安菲特律翁》（Amphitryon）中，主神朱庇特裹着希腊的戏服扮演一位浪荡公子哥。为了延长与爱人在一起的夜晚时间，他甚至不惜留住天上的星星。谁要在拜占庭或者伊斯兰教文化中寻找普劳图斯这样的嘲讽者，他只会无功而返。想想以雅威、基督或穆罕默德为主角的滑稽剧吧！

古希腊思想最重要的传播者是演说家和哲学家马库斯·图利乌斯·西塞罗（Markus Tullius Cicero，前106—前43），他既是政客，也是正在没落的共和国激情昂扬的捍卫者。在梅塔庞托（Metapontum），他造访了毕达哥拉斯去世时的房子；在锡拉库扎，他吊唁了早已被人遗忘的阿基米德墓。他将对话的形式提上新的高度——如我们在前文所见，伽利略继承了他的对话风格。借西塞罗之口，他的谈话对象得以有机会陈述他们的立场；他们的讨论远不如他们的演说频繁。他们的谈话场所常是美丽的庄园，如西塞罗自己在图斯库伦（Tusculum）的别墅——一个时至今日似乎依然覆盖"图斯库伦讨论"和"图斯库伦谈话"的作者灵韵的地方。古老剧场的石阶现在成了周日郊游者的野餐场地。在清朗的天光中，越过橄榄树和冬青栎，人们可以从此处一路望向罗马。远处的海泛起银光闪闪的条纹。

一座喷泉，一块可以坐下的草地，还有洒下斑驳树影的法国梧桐——它们搭起了哲学对话不可或缺的舞台。西塞罗给予这些理想画面以温柔的人性，它们吸引着文艺复兴时期的读者。他懂得轻松地攀谈，在讲述中穿插逸事。读者们仿佛是颇为讲究的座上宾。他还喜欢时不时返回图书馆去，远离城市中的喧闹与熙攘，远离繁重的国家事务，全身心投入哲学的谈话中。西塞罗不仅仅是古希腊罗马时期最为重要的演说家，同时也是最具才华的拉丁语文体学家。在他的著述中，讨论的技术层面，以及演说与写作的形式获得了突出的地位与意义。这与文艺复兴时期惯常的学者辩论紧密相关。

年轻时的西塞罗在雅典柏拉图派哲学家亚实基伦的安条克（Antiochos von Askalon）那里求学，并接触到了学园的教义。公元前86年，在罗马入侵希腊的战争中，阿卡德摩斯的小树林被苏拉（Sulla）的士兵夷为平地，他随后住进了雅典卫城附近的竞技场里。西塞罗讲述了自己在几年后如何出于对于前人的怀念，散步到阿卡德摩斯的小树林。曾经伟大思想者的住处已经空无一人，静默无声。西塞罗和他的陪同者一起回忆深埋废墟之下的往昔，他们缅怀斯珀西波斯（Speusipps）、色诺克拉底（Xenokrates），还有柏拉图——这位学园的首任院长如今葬于此。讲述的人依然能辨认出当时卡涅阿德斯——他是怀疑论的主要代表——在此任教的大厅。卡涅阿德斯在公元前155年造访罗马，作为希腊公使馆的成员，他先是做了一个关于公平正义的演说，引起了轰动。第二天，他又发表了反对此言论的演讲。该造访首度如此大范围地在罗马社会唤起了人们对于古希腊哲学的兴趣。

对于人民的哲学，西塞罗理解并感同身受。他那时的民众很早就是罗马的基督教徒。在他的作品中，尽管有其虚荣的表现，但他最为在意和维护的是个人的克制。他知道通常要么存在两种真理，而更常见的是一种也没有。面对那些反对他的所有"教义"的哲学家，那些代表着呆板教育理念而没有一丝怀疑精神的人，他驳斥他们在面对他人的真理时表现出的傲慢与蔑视。因此，他总是努力拨正哲学潮流，从中提取闪耀理性的观点，以此摆正自己的哲学。除了亚里士多德学派、伊壁鸠鲁派和斯多葛派，柏拉图也给予他启发。即使是古希腊罗马时期的基督教捍卫者米努修斯·费利克斯（Minucius Felix），西塞罗也受到了他潜移默化的影响：讨论事物，但尊重持不同意见者。西塞罗这个持中间立场的绝顶聪明的人，即使是今天一样可以引来赞颂无数。

罗马的历史学家同样从他们的古希腊同行身上获益良多。台伯河畔的第一位历史学家昆图斯·费边·皮克托（Quintus Fabius Pictor）就已经用希腊语写作。撒路斯提乌斯（Sallust）是在修昔底德那里获得了他的文体的标准。最著名的罗马历史学家塔西佗，以及琉善（Lukian，约120—180，又译为"卢奇安"）也都要感谢这些人。欧洲历史上第一次"文艺复兴"可能发生在约公元60—230年，起源于小亚细亚的"第二代诡辩术"，它将修辞学视作公开作秀，同"诡辩术"一样趋向怀疑，其代表者大肆发表具有两面性的大胆言论。亦如惯例，它回顾遥远的曾经，也总能拥有一些浪漫的注脚。如所有的文艺复兴一样，它回顾过去又展望未来。其中一个重要的代表就是琉善。这位才华横溢的反对宗教和空洞诡辩术的斗士有超过80本作品留存下来，其中最为著名的是《愚人船》（*Narrenschiff*）。他的《死者的对话》呈现了富有想象力的神灵、哲学家、地主及英雄间的对话，在过去的几个世纪里一直很有影响力。《一个真实的故事》描绘了一次大胆、冒险的宇宙旅行，其中甚至包含星球大战——这或许是对基于迷信神话的历史书写的讽刺，又或许是一本科幻小说。

不可忽略的一点是，罗马同希腊一样对话语有限制。违反美德传统将面临严厉惩罚。比如瓦罗的著述就在内战（前133—前30）期间被销毁。提图斯·拉比埃努斯（Titus Labienus）的作品也被烧毁。在罗马帝国时期，这种管制更加严厉。讽刺诗诗人马提亚尔（Martial，约40—103）将他攻击的对象换用笔名遮掩。塔西佗赞颂图拉真（98—117年在位）的时代——它算是少有的幸运时代——为"可以随心所欲思考，畅所欲言的时代"，他盛赞其优于自己所处的时代。

没有尽头的帝国

罗马帝国最令人惊叹的是其存续时间之久。共和国内战危机之后，君主制秩序的设立为它得以跨越几个世纪奠定了基础。一直到马可·奥勒留执政期间（161—180年），只有安息帝国算是可与之抗衡的对手。从这一点来看，它是一个真正的"世界帝国"了。其在黑海与北非之间的傀儡统治者及代理君王帮助罗马帝国在边界前筑起了缓冲地带。君主们要么是尼禄那样的"怪物"，要么是图拉真那样的模范统治者，他们的更替巩固了这个运转良好的统治机器。

在图拉真和安东尼·庇护的统治下，罗马帝国的疆域已经从大不列颠延伸至非洲，从伊比利亚半岛一直到波斯湾，而其贸易关系则扩展至东南亚。维吉尔用壮阔的诗行歌咏预言帝国将成为没有尽头的"超级帝国"，彼时看来似乎正在应验。但图拉真的继任者哈德良——或许他是第二位耀眼的世界历史主宰者——必须放弃在东方赢得的疆域，以保障已取得的功业的稳固。

公元2世纪的后三分之一时期，罗马帝国不遗余力地加强防御。那些在罗马族裔口中被称为"日耳曼"的外族被赶到了莱茵河与多瑙河之外。而在罗马另一边的边界，即地图上的幼发拉底河畔、叙利亚和北非，防御也很森严。这样的情况有利于军队对权力的控制。在马克西米努斯·色雷克斯（Maximinus Thrax，235—238年在位）这位"士兵皇帝"的统治时期，许多士兵来自巴尔干诸行省的农村，他们决定着帝国的命运。"恺撒们"待在罗马的时间越来越少了。他们不得不匆匆穿越帝国疆域来镇压各地叛军，剿灭各类反对头目，驱逐入侵者。内部的动乱和皇位斗争同样无止无休。诸如佩蒂纳克斯（Pertinax）被谋杀后出现的拍卖帝国统治者头衔的场景，就像凌驾于皇冠之上的被歪曲丑化成嗜血怪物肖像的讽刺漫画，深埋在记忆里。但事实上，即使在混乱的公元3世纪，罗马帝国也依然执掌于明君之手，堵住了预言帝国将没落的悠悠之口。帝国依然不断赢得胜利，君王因此获得了更多的荣誉头衔：日耳曼人、哥特人、卡皮人（Karpen）"最伟大的胜利者"，东方甚至是全世界的"重塑者"……这些胜利仍按传统被大肆庆祝，随后又同战败者尸体被焚烧时产生的浓烟一起消散，并以"不朽之神"的名字冠以皇帝的姓名。在皇帝奥勒良和普罗布斯（Produs）执政期间，高大的城墙建立起来，体现了君主对首都安危的担忧。此时，帝国权力扩张的花销已远超造福社会的支出，即使拥有天生神力的赫拉克勒斯砍掉了生猛的海德拉[1]一个又一个的蛇头，但新的蛇头又不断从血淋淋的躯干中长出来。

罗马帝国的君王抗击外族敌人用了很长时间，却始终没能扫清内部不断涌现的篡位者——主要是帝国的执政官或周边地区的军事首领。有时甚至会同时出现五位争夺权力与荣誉的竞争者。罗马军团非但没能抗击哥特人、马科曼尼人（Markomannen）[2]或是萨珊王朝的军队，反而内部不断出现混战。元老院虽然一直位于罗马，但它实际的执政地点却总是随着皇帝的行宫而定，一会儿是

---

1 古希腊神话中的九头蛇怪。

2 日耳曼人组成的民军。

塞尔迪卡（后来的索菲亚），一会儿又变成了西米乌姆或者位于比提尼亚的尼科米底亚。戴克里先（Diokletian，284—305年在位）试图通过改革来推动形势与事物的转变，他采取的方法是将帝国国防力量及其权力变为四支，即"四帝共治"。这一措施在他的继任者君士坦丁一世（Konstantin Ⅰ，约306—337年在位）统治时期延续了下来。后世回顾这段历史，发现该措施实际上开启了帝国的分裂之路。

造成分裂的下一步则是都城的迁移。君士坦丁一世在赢得皇位之后，在希腊小城拜占庭修建了一个新的行宫，名为"君士坦丁堡"。这个地方坐拥整个黑海的出海口，以致于波利比乌斯（Polybios）写到拜占庭时曾说，没有哪个商人可以不经过它的许可而进入或者外出。公元330年，君士坦丁堡落成之后，"新罗马"成为其建造者的丰碑。君士坦丁一世因此成了这个濒临灭亡的帝国的东部边缘的主人。他将边境的守护交给了儿子们，并建立了由"军队统帅"（magistri militum）统领的边防军，前所未有地改善了边境的防卫。

君士坦丁一世的政策是拜占庭帝国兴起和腾飞的基础。然而，用特奥多尔·蒙森（Theodor Mommsen）的话说，这个古老的都城曾被"打入冷宫"，还在"闷闷不乐，絮絮叨叨，低声谩骂"。它的机会被埋葬在两处墓穴里，据传说它们是基督圣徒彼得和保罗残余骸骨的安葬之处。一位代表了核心权力，即教皇权力的授予和解除，另一位则是基督教最重要的布道者，继承了教会的权威。值得注意的是，这座已经被遗忘的城市竟凭借几副来路不明的骸骨，就重新崛起成为基督教的大都市，并开启了新篇章！西罗马帝国在当时已没入历史风云阴影，欧洲"觉醒"却由此开启。

在接下来的几个世纪中，许多西部的统治者不再管辖台伯河地区，而是管辖特里尔、米兰和阿尔勒。公元5世纪时，拉文纳成为重要城市。罗马的主教——教皇——与东罗马皇帝相隔两片海域。距离成为宗教与世界、教堂与国家分离的前提，正如拉丁欧洲——也仅仅在这里——所发生的那样。所以当皇帝迁都至博斯普鲁斯海峡，一个具有重大世界史意义的决定也随之产生。在争端频发的西方，教皇的教堂赢得了让自己成为一个拥有无上权力的机构的空间——这个过程招致了无数反抗，并最终在历经千年的斗争之后，导致其政权诉求被加以急剧遏制。

希腊的基督

基督教义很早便得到了散落各地的深受古希腊文化影响的犹太教教徒的回应，这促进了它的传播。它不仅从犹太人或者讲阿拉姆语（耶稣的母语）的教内人士中找到接受者，还通过希腊语传播，罗马世界因此成了其传播的舞台。这场为那些还未受过割礼的人所开展的运动，挣脱了其犹太"母亲"的束缚。基督教成为一种宗教，而不再是某个分裂出来的教派，如"拿撒勒人的异端"——这是它的敌对者最初对基督教团体的评价。新的宗教一旦在古希腊文化空间内形成，便迅速和古希腊的哲学理念及思考方式关联在一起。古希腊元素——它包含着希腊人对一切事物的难以抑制的兴趣，批判和质疑的传统，以及方法论的思维方式——是中世纪基督教与古希腊罗马的对话得以发扬壮大的最重要的前提之一，产生了不可估量的价值。

古罗马的国家对于宗教事务向来宽容，克制是维系帝国的一种纽带。臣民们可自由选择将与他们相关的事情寄托给何种神灵。可供选择的对象众多。约公元4世纪中叶时期，演说家特米斯提奥斯（Themistios）甚至都可算作该时期约300种宗教崇拜的对象之一。若神要想人们以不同的方式去供奉和尊崇自己，那它会评论到口干舌燥。耶稣的信徒在罗马享有一方不被打扰的净土，直到危机四伏的公元3世纪才稍感压力。但迫害没有让基督教福音失声。传教者敢于成为殉道者，以此来树立榜样，从而加强日益增多的教区之间的凝聚力。

在神灵与神话的竞争中，新的宗教理所当然地占据了上风。基督教的教义不断为那些偏信一神论的社会所接受，原因或许是君主制的罗马帝国恰恰成了榜样？根据其教义中对博爱的要求，基督教面向所有人，无论是男人还是女人、君主还是奴隶、税吏还是娼妓，都被视作神的造物，拥有相同的尊严。任何人都可以成为帝国范围内星罗棋布的教会的成员，这些教会将通过它们的"义工"干事们为处在困境的人提供帮助，这一优势极具吸引力。基督教还借助弥撒营造了一种集体狂热。这有别于只允许"醒悟者"（Wissende）加入的东方神秘主义。因此，基督教成了一个面向所有人的宗教。但为了管理圣礼，又需要与世俗生活相分离的神职人员。这为世界范围内独一无二的机构——教皇教堂——的出现埋下了伏笔。这一新的宗教之所以能够存续，还归功于它在罗马帝国没落之时为人们失去的身份认同提供了替代品。它创造了一个普世的宗教帝国，营造了一种基于对神学的崇拜而保持团结统一的感受。

然而，这个新的宗教所提供的东西有一定的迷惑性。按照德国历史学家阿道夫·冯·哈纳克（Adolf von Harnack）的说法，它是各种信仰的杂糅。它关于博爱的教义，提出了一种易于理解的伦理，传达了一种论述"充满苦难的生活有何意义"的观念。它宣扬救赎与重生，并为此准备了简易的宗教仪式，可使其始终保持新鲜的纯洁感。基督教的神，不仅仅作为抽象的"一体"、干巴巴的"逻各斯"或者稍纵即逝的"光"出现在信仰者面前。它近在咫尺，又远在天边。由于能够进行直接的对话，它能立即知晓其信徒的怀疑、痛苦与死亡。在基督教创设之初就出现的矛盾与统一之中，存在一种双重身份——神与人的同一性。后者是全新的、前所未闻的。充满异教气息的欧洲古老众神是否能在几百年后抵抗伊斯兰教犹未可知，毕竟万能的真主安拉拥有着上千的称谓，其中包括先知。

这个新的宗教具有很强的适应力。从异教的欧洲到基督教的欧洲，过渡阶段非常平稳。基督教创始人及其母亲的画像显然取代了在君主崇拜时代使用的那些肖像，并肩负起保卫国家的使命。正如耶稣神似太阳神和诸神之父宙斯，许多基督教圣徒与异教的神灵也有众多相似之处。基督教迅速扩充的队伍弥补了奥林匹斯神庙的损失，它的许多仪式也接受了异教的习俗。神秘的三位一体圣像可以理解为对多神教的妥协，但无论如何它都使人们想起古罗马的三大神：朱庇特、朱诺和密涅瓦。

但通过"异教徒"来使基督教的接受变得容易也会造成问题，因为神的身份会变得模糊不清。因此，纯粹基督教义的捍卫者在"多线战争"中是如此看待自己的：反对旧神；反对犹太"母教"；反对摩尼教徒及他们对于光明与黑暗的区分；或反对诺斯底主义[1]倾向——在这些捍卫者看来，该思想融合了摩尼教的教义，以及犹太教、新柏拉图主义和基督教的理念。而那些被诺斯底主义反对者视为"虚假的所谓认知"的东西，经常是一些非常严肃认真的尝试，试图在丰富的哲学和神学内容中，借助理性来获得关于神的知识，从而获得救赎。

除了拒绝献祭外，没有理由就基督教徒的行为将他们归为现有秩序的反叛者。保罗在写给罗马人的信中，以跨越千年依然掷地有声的文字向这个国家发出望其归顺的要求："神之外，再无掌权者。"那以后出现的一个相应状况是，通过圣职和禁欲义务，神职人员与民众相区隔，西方教堂因此崛起为"国家中的国家"，与民众间的距离逐渐扩大。主教、执事和长老，这些从一开始就由上帝选定的联系现世与神界的中介人员，大多都出身于罗马的上层和中上阶层。

对于新信仰的延续来说，至关重要的是要与国家政权合作。若不与国家结盟，任何宗教都会分裂，然后继续痛苦而微不足道地存在。摩尼教失败的原因大抵在此。罗马皇帝伽列里乌斯（Galerius）在公元311年将基督教认定为"许可的宗教"（religio licita）。基督教的最后一个契机，大概是君士坦丁一世在罗马附近的米尔维安桥边战胜他的对手马克森提乌斯（Maxentius）的时候。这个当时已经有300年历史、教众甚多的宗教，显然已经到了必须与国家融合的地步。

几乎还没来得及脱离非法地位，这个正在成形的宗教内部就爆发了矛盾——这发生在神学研究中心的亚历山大港几乎不是偶然。长老阿利乌（Arius）不

---

1 诺斯底主义（Gnosticism）是希腊哲学晚期的一种思想。他们将一种隐秘的、关乎拯救的智慧，称为"诺斯"。这种智慧具有一种独特的色彩，是拯救所必需的知识。诺斯底主义者相信人的知识是有限的，只能通过诺斯底书卷指示的知识获得来自上头的智慧。

承认基督的永恒性，认为它也是被创造或建构的，因此将它降级为半神。同许多日耳曼人分支一样，民众们相信，人是神的后裔或者是可以变为神的，这样的神学观点非常吸引人。但在争辩的过程中，值得注意的是，它不仅仅引用了《圣经》进行论证，更多地还要借助哲学。柏拉图的神学观点与阿利乌相左，他认为神是"一体"的，是不可分割、完美无缺的。

即便是一场神学争论——我们称之为事件——人们也使用了从希腊人那里学来的辩证工具。公元325年，君士坦丁一世在其位于尼西亚的宫殿召开宗教会议，并将阿利乌的观点批判为异端邪说。迫于这位对于神学的细枝末节毫不兴致的君主的压力，主教们的神学观点简化为一个简单表述：基督是三位一体的神，是"同一实体"（homoousios）[1]。尼西亚的声明源自教会史上第一次大公会议（ökumenischen Konzil），为基督教信仰稳固了根基。君士坦丁一世死后同许多其他异教的前任者一样被神化。在他看来，基督教的上帝如同阿波罗或者索尔的化身，他也经常试着把自己与这些神等同视之。但实际上，他受洗时归属的是阿利乌教派。

从君士坦丁一世开始的皇位斗争，在继任的瓦伦提里安一世统治期间继续，这使得法兰克人、阿勒曼尼人，以及哥特人得以入侵帝国。波斯人也从东部逼近。在公元4世纪后期，罗马帝国边境的压力骤增。匈人一路从东亚行至西方。一些地区向其称臣，一些地区凭一己之力与之对抗，还有一些地区则向处于动荡中的罗马帝国寻求庇护。但最终并非由于匈人，而是一股强有力的冲击，使得这个幻象变成了现实：这股威胁来自大草原，那就是荒地与农田之间永恒的矛盾。人们臆造了一些哥特女巫和邪恶魔鬼的后代，它们涌向这个世界，带来了死亡与衰败。中国也以类似的视角恐惧地看着西方，正如西方的民族看待东方一样。中亚变成了阴森可怕之地。

入侵者以越来越强大的部队越过罗马帝国的边境，融合已不可能，土地锐减。那些试图通过武力击溃敌军的尝试失败了：公元378年，一支罗马军队在

---

1 也称为同本质论、同本体论，基督教术语，主要用于三位一体神学中，用来解释耶稣与上帝之间的关系。

阿德里安堡（Adrianopel，曾为奥斯曼帝国首都，现为土耳其城市埃迪尔内）那里经历了一场毁灭性的惨败。迫于无奈，中央政权与入侵者签署了联盟条约，认可其为同盟，并使得这些君主在帝国的土地上拥有如国王般的统治权。那些现在还能频繁看见的十字架，早已不是作为胜利保证的标志。然而基督教的胜利是不可逆转的。一神论和君主制结为稳固的联盟。狄奥多西（379—395年在位），整个帝国的最后一位统治者，在君士坦丁堡举行的一次宗教会议上修订了一份文稿，其中所表述的基督教信仰到今天依然有效。它为尼西亚大公会议的宣示赋予了圣灵神性的宣示。

公元4世纪后期出现了一封有利于罗马主教的伪造信，在信中，罗马的克雷芒（Clemens）——曾经的罗马教会领导者——宣称彼得将自己确定为其后继者。这是一封喜闻乐见的罗马优先权的书面确认，待到这份特权成为板上钉钉的事实，自然是还有几百年时间要走。与此并行发生的还有皇帝地位的转变。从神一般的恺撒及未来的神，变为了宇宙万物统治者，即基督教"宇宙主宰者"的臣民，他在教堂后殿的画像神情严肃又高高在上地俯视着信徒们。

基督教此时已成为国教。对旧神进行祭奠被视作叛国罪。数学家和哲学家希帕提娅（Hypatia，约370—415）是第一位在亚历山大港公开讲授柏拉图学说的女性，结果成为异教的殉道者。乌合之众将她拖进一座名为"西赛隆"（Caesarion）的教堂然后杀害，据说是受到主教西里尔（Kyrillo）的教唆煽动。当时的雅典依然风平浪静，新柏拉图主义者和柏拉图学园院长普罗克洛斯（Proklos，约410—485）仍然能在公元5世纪发表他对于欧几里得的第一本著作《元素》的书评，书写希腊几何学的历史，以及综述喜帕恰斯（Hipparchus）和托勒密的天文学系统。

异教徒的复辟虽然偶尔死灰复燃，却并没有产生多大影响。只有在对古代胜利女神的崇拜被镇压时，时任罗马市政官兼元老院长老的异教徒叙马库斯（Symmachus）对瓦伦提尼安二世（Valentinian Ⅱ）所说的话稍微起了点作用："将所有人尊崇的对象视为同一个是非常可笑的，我们仰望同样的星光，分享同一片天空，同一个宇宙将我们联系在一起。为何每个人用哪种教义去找寻真理会显得那么重要呢？人们不能只用一种方法去找到至高无上的秘密。"这与文艺复兴的伟大主题已经有几分相似了，即深信在宗教的多样性中藏着一个独一无二的伟大真理。

叙马库斯遭到了米兰主教、教父圣安波罗修（St. Ambrosius）的反对，后者同时是反对阿利乌教派的纯粹基督教义的捍卫者。当狄奥多西一世主导的一场对塞萨洛尼基市民进行的大屠杀发生后，圣安波罗修毫无畏惧地要求皇帝在公众前忏悔，开创了对于一个世界统治者来说非常危险的先例。

在不到一个世纪的时间里，宗教的情况发生了根本的变化。"异教徒"一直在抵抗。和墓地一样被封锁关闭的还有罗马的图书馆，因为已没有访客，或许是出于怕人们误入了异教的寺庙。犹太人虽然被允许举行宗教活动，但会遭到过去拥有同样信仰的同伴的骚扰，他们体会到被排斥的感觉。官方对他们大门紧闭；改信雅威，或者基督教女信徒与犹太教男信徒结婚都被明令禁止；割包皮同割礼一样，都会被处以死刑。对于犹太教徒来说最为危险的是，传统的反犹主义此时借由一个神学体系找到了正当的理由。这片滋生犹太敌对团体并最终发展为反犹主义的土壤，早在基督教诞生之初就已存在了。

新的分裂也因为复杂的三位一体问题而愈演愈烈。例如，主教君士坦丁堡的聂斯托利（Nestorios，386—约451）认为，玛利亚生的不是一个神，而是一个普通人。基督拥有神-人两种属性。而基督一性论者认为：他们坚持基督"单一"的作为神的属性。公元451年，在迦克墩举行的大公会议将两种观点折中为一种表述：基督既是真神，同时也是真正的人。这标志着拜占庭正教与"古老东方"——亚美尼亚、科普特、埃塞俄比亚或叙利亚——教会之间的决裂。

帝国的覆灭

当神学家们正在为将三位即为一体而日夜操劳时，帝国却在此时分崩离析了。帝国的覆灭为血淋淋的历史提供了素材。它见证的是一场真正的文化断裂，而非仅仅是一次转型。帝国的税收能力与靠它滋养的帝国军队一起消亡。帝国权力随之被削弱。格拉提安（Gratian）和瓦伦提尼安二世早在公元4世纪下半叶就已经将自己的儿子提拔为皇帝，然而这不过是几十公斤重的血肉组成的一种继承合法性而已，是无力回天的军事抵押品。那时，谁都知道真正掌权者实际是主教。权力最终握在执政官或者军队指挥官手中。公元410年，当拉文纳还在进行权力争斗之时，哥特人将罗马洗劫一空。八个世纪以来，还没有其他征服者踏上过这片土地。

公元5世纪的上半段，高卢和不列颠地区从帝国中脱离出来，北非的汪达尔和阿兰人自立门户。不久后，许多打着罗马名号的新统治者在帝国横尸遍野的土地上崛起，他们追逐的目标不仅仅是破坏。比如哥特人首领阿拉里克（Alarich）就将一支高卢军队首领的头衔与国王的尊崇相提并论，但他所有的美好愿景最终都随他埋进了位于布森托河地区的神秘墓穴之中。汪达尔的国王盖萨里克（Geiserich，428—477年在位）就幸运很多，他建立了一个以迦太基为中心的强大帝国，凭借强大舰队，挺进了西西里岛、撒丁岛和巴利阿里群岛。

各行省对于发生在拉文纳或者罗马的事知之甚少，对于君士坦丁堡的情况更是只字不提。来自巴尔干地区的弗拉维斯·埃提乌斯（Flavius Aëtius）领导了一支罗马帝国后期最强的军队，他们奋起对抗野蛮的匈人，试图摧毁其对于勃艮第人在今天的沃姆斯地区的统治。他的大部队从公元436年起在萨伏依和博登湖之间的一个区域定居下来，并由此建立了自己的"王国"（regnum）。这些故事在中世纪著名的叙事诗《尼伯龙根之歌》（Nibelungenlied）中也留下了线索。公元451年，埃提乌斯向更为强劲的匈人发起了沙隆战役，但结果并不是"西方国家"战胜"野蛮的亚洲人"，因为埃提乌斯的出征军队中有各种各样的人：罗马人、勃艮第人和西哥特人——这不是一个民族团体，而是在西方进行抵抗的追随者——他们并肩作战对抗匈人。随着匈人国王阿提拉（Attila）的去世，匈人也在两年之后从欧洲历史的舞台谢幕，但是侵略的时代还在继续。

瓦伦提尼安三世（Valentinian Ⅲ）在公元454年亲手将埃提乌斯杀死，但这是一个错误。作为狄奥多西的后人，他自己也于一年后离世了。随他消散的还有帝国的最后一道风影。新的政权很快建立，盖萨里克抓住这一机遇，进军罗马，并于公元455年再次将它掠夺一空。汪达尔人不落下风，并在世间留下了"摧毁者"的名声。前线的界限早就模糊难辨。早没有帝国的势力在此对抗蛮夷的入侵。相反，哥特人和汪达尔人主要是站在"罗马帝国"军团的一方继续战斗。一个接一个的皇帝宣布登基，却没有哪个能够每天都安枕无忧。拯救西罗马帝国的最后一根稻草也在公元468年被压垮——一支规模浩大的舰队在抗击盖萨里克时败下阵来。

西罗马帝国的最后一位统治者罗慕路斯·奥古斯都（Romulus Augustulus）是军队最高统领、潘诺尼亚人欧瑞斯特（Orestes）的儿子，却在一次由日耳曼近卫军统领奥多亚克（Odoaker）发起的部队起义中沦为牺牲品。随着公元476年的权力移交，这个"小皇帝"的政府应声倒台。虽然他仍可以在那不勒斯附近享受着大地主的奢华生活，但自此之后却再没有出现任何继任者，由此宣告了西罗马帝国的历史终结——有人将四年以后被君士坦丁堡认可的朱利乌斯·尼波斯（Julius Nepos）的去世作为分界线。同时代的人们异常冷静地接受了这个曾经为整个西半球所仰望的强大国家的覆灭。基督徒作家萨尔维亚努斯（Salvianus）在公元5世纪初曾写道："我们带着被囚禁的恐惧继续嬉戏，在死亡恐惧的中心放声大笑……人们会觉得，整个罗马民族都是被喂饱了讽刺的药草，它因此大笑着死去。"

罗马帝国因其辽阔的疆域而覆灭，事实证明它过分扩张。有两个数据可以表明这一点：帝国的边界线曾绵延至足足1.6万千米长，为了守护它，当时的戴克里先统领着一支大约有50万人的军队。这远远超出任何一个可与之对抗的对手，甚至远超中世纪和近现代帝王们所拥有的资源。但是要想战胜所有的敌人，这又远远不够。其衰亡的机制运行得无比残酷：面对日益增多的对手，它必须不断做出新的让步，每一次让步又意味着一部分权力的丧失，而且是一去不复返。

无可否认，罗马实际上能征善战。它的军事优势建立于其扩张初期所设置的众多城市据点，那里的军事要塞拥有完备的基础设施；同时也建立在那些忠诚的民兵之上，然而后者却早早就消失了。皇帝发现他们被迫频繁地招收雇佣兵或者强拉盟友。补助金支出与"持有金"在公元3世纪时就已经与军队的花销相持平。供养军队的花销超出了经济实力，税收让民众不堪重负。官僚主义滋生，腐败问题无法控制。信奉基督教的古罗马帝国早就将传统的约束力抛到九霄云外。帝国各地区间的疏离也不断加剧。

或许崩溃是无法避免的：出现某个更好的继任者并"及时"处决完全无能的君王，比如像霍诺留（Honorius）那样的，或许可以延缓这个过程。同时代撰写了最后一部关于古希腊罗马时期历史著作的作者阿米阿努斯·马尔塞林努斯（Ammianus Marcellinus）深信，在坎尼战役后幸存下来的"永恒的罗马帝国"（Roma aeterna）将存续下去，永不覆灭。即使亲历了那个时代的灾难——大概是想到了阿德里安堡的崩溃——他也依然在著述中给出了这样的结论。但他终究是错了。

5. 遗产

插图5：《地牢中的波爱修斯和哲学寓言》

出自：彼得·科莫斯（Peter Comestor），《讲道……》，13世纪初，慕尼黑，巴伐利亚州立图书馆

帝国与共和

"没有尽头的帝国"真的覆灭了。当奥多亚克将罗慕路斯·奥古斯都的华服送往君士坦丁堡时，附了一句评价说，西方人不需要皇帝了。但时人和后人都没有将此话当真。从这个庞大的世界帝国的灰烬中所生长出来的神话传说，启发了后世两千年。对于现代的欧洲来说，再没有其他更重要的讲述了。难道罗马还没有说明帝国的消亡是一种现实的可能吗？一个希望人类在和平中生活的梦想，一个"世界大国"的幻梦，似乎曾在某个时刻真的存在过。普林尼曾经称意大利为"地球上所有民族的故乡"。罗马，这个庞然大物，代表着无可估量的权力。在罗马帝国覆灭一千年后，一位葡萄牙历史学家望着位于柬埔寨吴哥窟的宏大庙宇时感慨道："如此的世界奇迹，也只有古罗马人或者亚历山大大帝才能建立吧……"

基督教神学很难想象一个不同于罗马帝国的世界秩序。罗马覆灭，即世界覆灭——对此深信不疑的不仅仅是提出这一说法的拉克坦提乌斯（Laktanz）。另外一种思想掷地有声地认为，地球总是需要一个帝国作为统领。这一观点最有力的支撑是一段在《圣经·旧约·但以理书》中经常被引用的段落。该段文字以庞大帝国的次序来展开教义。第四个帝国在其末期必然被第五个取代。每一个时期是哪一个帝国都有相对应的阐释。在基督教时期，许多《圣经》的批评家都认为"第四帝国"指的就是罗马帝国。即便有时帝国的数量会无端缩水到三个，也没有削弱这一模型的说服力。像罗马帝国那样壮丽的历史油画还一直矗立在欧洲统治者们的眼前。它传达了一种帝国的意识形态，鞭策着人们去赢回失去的东西，或者至少不要重蹈覆辙。意大利陷落后，墨索里尼的法西斯们也还在对着鬼魂起誓。

罗马的神话还有另一面。除了帝国的幻影，关于共和国的讲述也还在继续流传。那幅罗马共和国时期的画卷向农民展示了如何耕作农田——传奇的辛辛纳图斯（Cincinnatus）出身于耕作中的农民，之后才成为独裁者——辛勤劳作的农民、纯真守节的妇女和受人尊敬的教士，还有穿盔戴甲的士兵：恪守道德的人民珍视祖先的习俗。这个伟大的时期涌现了大量道德高尚、热爱自由、忠心爱国、无惧牺牲的典范。文艺复兴的艺术常常使用这些画面作为教育范例：比如莫丘斯·斯卡沃拉（Mucius Scaevola）在伊特鲁里亚国王波森纳（Porsenna）的监视下将拳头放进焚烧牺牲者的火苗中，以此来昭示自己不畏严刑拷打与死亡；或是马库斯·库提乌斯（Marcus Curtius）展示他如何与马一起跨越集会广场上裂开的深坑。这深坑只有当罗马献祭了它所拥有的最有价值的祭品——罗马人的英勇与勇气——之后才会重新合上。天神们也如传说所言，接受了这献祭。

共和国的历史给予了历史学家同时也是布匿战争同时代的见证者波利比乌斯以素材，来解释罗马的崛起。他推测这其中的原因不仅出于对于神的恐惧、命运女神堤喀（Tyche）[1]的把戏，更是罗马的英明决策。如果说"共和国"的概念与"国家""共同体""国力"毫无二致，可以说，它在现代就是"民主"的口号。由此能看出这一神话的力量与这个被理想化了的典范所散发的魅力。罗马共和国制定的宪法凭借其在行政官员、元老院和人民大会之间的相互监督与制衡，为后世的政治架构提供了榜样。雅典的民主和在古希腊罗马时期关于理想共同体形式的理论反思也为此做出了贡献。通过波利比乌斯之口，政体的循环学说在其制定与表达中产生了巨大影响：根据此学说，君主制必然走向暴政，贵族阶层将变为寡头政治，并且民主将沦为众愚政治，沦为乌合之众的统治。波利比乌斯认为像罗马这样的混合宪法才能经得起考验。

古希腊罗马就以这样的方式将民主的理论与现实带进了世界史。没有任何力量可以驱赶它，至少作为一种可能性，它持续到今天。在前民主与文明社会的历史中，充盈着从希腊和罗马那里发展并得以深入反思的极其丰富的演说文化。西塞罗——他被不恰当地赋予了"修辞学的赫伦尼乌斯（Herennius）"的称号——以及昆体良（Quintilian），都是古希腊罗马时期除了亚里士多德之外的最伟大的演讲艺术大师。

---

1 堤喀是希腊神话中的命运女神，相当于罗马神话里的福尔图娜（Furtuna）。她往往把好运和霉运随意分配给人。

城邦、雕像、法律

罗马的物质遗产非常丰富。中世纪和近代仍然可以看到耸立着的雕像和纪念性建筑，神与英雄们广泛扎根于人们的大脑与心里，并在现代变身为艺术的"玩具"。罗马留下了字体和墨水、建筑和酿酒、各式家用器具和货币。源自哥特语的单词"kaupon"（经商），正是德语单词"kaufen"（买）的由来。这让人不禁想到，那些"野蛮人"或许第一次接触这种经济技术是在小酒馆里：它的词源是"caupo"，意为"酒保"。熟悉建筑领域事物的德国人都知道，相关词汇的基本概念都具有拉丁词源——"水泥"源自"caementum"；"墙"源自"murus"；"石灰"源自"calx"；"砖头"源自"tegula"。关于罗马城镇规划和工程模式的重要性已经无须赘言了。甚至地理学也被罗马垄断了：通过国家邮政、通信系统和那些笔直的街道——其中一些还使得中世纪的旅行变得便利。古罗马国家的月份名称取自罗马，周名及其顺序则根据行星确定。直到16世纪末，欧洲每年都还会遵循恺撒制定的历法。"恺撒"也是"皇帝"和"沙皇"两个单词的源头。

如果说在古希腊罗马时期的西欧就出现了像中国的城市一样的拥堵现象，根据腓尼基人和希腊人的说法，这主要归咎于罗马人。超过2000个城邦挤在帝国的边界线内。在罗马统治者的统治之下，民众从未听说过美索不达米亚过去的成就。埃利乌斯·阿里斯蒂德斯评价说，恰恰因为他们，罗马帝国不同于波斯帝国。部分高卢地区和伊比利亚半岛，不列颠和德日耳曼尼亚，从古罗马引进了他们的城邦，皆可视之来源于罗马军团。许多城市是从被征服者的军营或根据地直接发展起来的。他们首先便是从征服者那里学到了什么是所谓的"城市文化"，范围从木结构的定居点到一些较大的公共建筑，一直到罗马和君士坦丁堡等世界大城市。美术、科学和哲学、喜剧和悲剧，以及文学，都把城邦作为舞台。甚至一些行省还拥有图书馆。在奢华的温泉浴场里，有供俱乐部集会的讲堂。体育馆通常会配备洗浴设施，是集教育、体育锻炼和谈话为一体的场所。这在东部如此普遍，以至皇帝图拉真曾开玩笑地说："我们的希腊的年轻人喜爱体育馆。"

如同之前的希腊，大城市之间的竞争如火如荼，一如既往。人们攀比哪里拥有更多的居民，哪里拥有最美丽的建筑，哪里拥有最强大、最伟大的神明。若是哪里拥有一座供奉君主的寺庙，那么它所在的城市就足以被称作"大都市"或"最伟大""第一"的城市。在这些基础供应设施中，多亏了温泉浴场、水管和下水道，直至今天，罗马城市所达到的卫生标准都是许多亚洲或非洲的社区所梦寐以求的。欧洲学会了如何将权力和信仰转化为石头：大教堂和宫殿，胜利柱和凯旋门为政治建筑提供了词汇表，这些词汇如同在过往的所有时期一样，直到20世纪都依然被广泛使用。罗马的法律作为一座具有突出意义的"精神供电站"将被铭记，正如它的语言——拉丁语是迄今为止帝国最重要的遗产。正是拥有希腊人、罗马人和拜占庭人的文化、法律和制度的遗产，欧洲才会在经历了与亚洲和世界其他地方类似的深刻过程之后，却出现截然不同的国家形态。

没有一个古老的文明像罗马人那样被理性地组织起来。皇帝一时间拥有了取之不尽的资源。帝国掌握了雅典和亚历山大港的知识，并且能够调用一台高效运转的军事机器。帝国的建造者们做了一些前所未闻的事情：发明了地暖；建造了巨大的渡槽、污水处理系统和桥梁，其中一些今天仍然存在；工程师建造了锯木厂和帆船；学者们手里握着书籍的前身——古抄本。然而，真正重要的理论革新并没有出现。罗马的农业理论在古代是无与伦比的，但直到新的土地耕种模式——三年轮种技术直到中世纪才繁荣起来。罗马知道古希腊的自动装置和阿基米德的"希腊火"[1]，但始终没有提出过使用蒸汽动力的想法，例如用来射击发射炮弹；虽然了解镜头的放大倍数，却从未构建过任何望远镜。无论出于何种原因，帝国的条件不利于发明：是不是发明的时机始终未到，所以欧洲最终等待了1500年才开始利用蒸汽动力？或者说得更简单一点：是不是因为罗马再也没有出现过第二个希腊，第二个阿基米德？

---

1 一种可以在水上或水里燃烧的液态燃烧剂，为早期热兵器，主要应用于海战中。

蜜糖与毒药：基督的遗产

一项罗马帝国后期的馈赠，前所未有地影响了世界，那就是基督教。古希腊罗马后期出现了越来越多在教条上趋于顽固的基督教变体，随着古希腊罗马后期的到来，它抵达罗马东部和北非地区，直至跨出帝国边界，经过萨珊波斯——在那里，基督教臣服于琐罗亚斯德教[1]——一直到达中亚、印度南部和中国。要铭记基督教遗产对于欧洲的意义，首先要看到一个人，他就是基督教在保罗之后最为重要的遗产管理者：出生于公元354年的奥古斯丁。自公元395年后，他担任北非希坡地区的主教。他的思想深刻影响了中世界基督教和宗教改革的神学。他精通希腊哲学，并借此开始了他作为演说家的生涯；对于他来说，最重要的异教思想家是柏拉图。只要稍加改变一些词句——奥古斯丁曾写道——柏拉图主义者就可以转变为基督教徒。他的许多著述都提及对肉体的贬低——这在大多数宗教中颇为常见——可能是一种柏拉图式的对灵魂的讴歌，也可能是反映了摩尼教中对于所有物质的妖魔化。后来的教会神职一直支持他，此后却又与他进行了激烈的斗争。他皈依的过程在《忏悔录》中有所描述，里面充满了对于信仰和罪孽的忏悔，是所有自传的开山之作。

奥古斯丁的主要作品《上帝之城》（De civitate dei）受到阿拉里克征服罗马的影响。在这一点上，他为基督徒辩护，反对那种认为对旧神的背叛引起了这一场灾难的观点。相反，罗马人应该为自己的陷落负责。他从《圣经》的经文中推论出他们的众神实际上是在创世初期堕落的天使，现在化作了游丝的气息，极尽所能地欺骗和诱惑人们，甚至是诱骗他们与之发生性关系。他从《圣经》和柏拉图式教义中拼凑而成的粗糙理论，为千年后的猎巫运动奠定基础，产生了灾难性的影响。另外，奥古斯丁通过将它们置于天使的层级，来拯救其

---

1 琐罗亚斯德教（Zoroastrianism）是在基督教诞生之前在中东最有影响的宗教，是古代波斯帝国的国教，摩尼教之源，在中国被称为"袄教"。琐罗亚斯德教的教义一般被认为是神学上的一神论和哲学上的二元论。琐罗亚斯德教的经典主要是《阿维斯塔》，意为知识、谕令或经典，通称《波斯古经》。

亲切的神性，从而助力于它们在文艺复兴时期的重生。《上帝之城》不仅仅是一份文稿档案，还记录了奥古斯丁脱离其曾经的领路人——已经被烧死的摩尼教创始人摩尼——的过程。在摩尼的世界图景里，邪恶，即黑暗王国被赋予了对抗光明的自身力量。奥古斯丁提出了反对观点：他信仰的上帝指引万事万物，即使是自然法则也可以随意干预。奥古斯丁认为，上帝的国家命运是将基督和信徒联合在一起，尘世的国家、魔鬼的国度被密不可分地混合在一起。只有在审判日那天，才能将两者分离，即使是像尼禄这样残忍的暴君，在奥古斯丁的历史观看来，也有其意义及其终极目标。

奥古斯丁的恩典论否定了佩拉吉乌斯（Pelagius，350/360—431）的观点。这位不列颠的僧侣从当时受到哥特人威胁的罗马一路逃到迦太基。他认为人类有自由意志，拒绝原罪的观念。此外，奥古斯丁晚期接受了这么一个观点：据主宰的神的意志，人要么生来就获得永生，要么出生后便落入地狱。他无法靠自己获得救赎。摩尼教中自主邪恶原则被这压抑的主张所推翻，即每个人的命运从一开始就已预先注定。苦难或幸福源自上帝的智慧中自有因果，而非取决于他们自己的错误或善行，一切都取决于主给予他的造物们的恩典。只有主才能将他从原罪——通过性行为在人世间传播——中解脱出来。希坡地区的主教把地狱描绘成一个充满无尽折磨的地牢，他仿佛看到，即使是未受洗礼的孩子也在那里被焚烧。

奥古斯丁对人类的观点是矛盾的。人类智慧的三位一体——记忆、洞察力和意志——使得人如同傀儡般有着可怜的宿命，同时又具有三位一体的创造者形象。在奥古斯丁的观点中，生活在这个光和泥土的世界中，就像一次短暂的朝圣，在这之中形成的政治秩序其实毫无意义。较之于永恒的光明王国的期许，甚至是罗马的陷落也无关紧要。当他于公元430年8月28日去世之时，这样的想法可能一直笼罩在他身边。他的城市希坡彼时正陷于一支汪达尔军队的包围之中。

奥古斯丁的神学表明基督教既是希望和爱，同时也是恐惧和仇恨的宗教：对于上帝愠怒的恐惧，对于审判的恐惧，对于恶魔和妖魔的恐惧，对于异教徒、犹太人、持异论者和女巫的憎恨与恐惧——对所有要为这世上的邪恶负责的人，因为他们招致了上帝对国家的惩罚。古代的进步观念正在发生深刻的变革。相较于"积极生活"（vita activa）[1]，斯多葛派的平静与沉思的生活似乎才是理想化的。越来越多的僧侣效仿他们生活。中世纪的基督教并没有屈服于崇拜文化英雄或为发明者建造纪念碑的想法。上帝和天堂取代了城邦或帝国，成为道德体系的基石，因此备受重视。西塞罗在《论国家》的结尾处讲述的"西庇阿之梦"，由于帝国的危机而焕发新的活力。奥古斯丁的同时代人马克罗比乌斯（Macrobius）对此发表了评论，提出了"道德的宇宙学"的说法。西庇阿在此论述中置身于银河系，从这里看向宇宙。地球现在看起来比周围的星体都小，罗马帝国也缩小到了一个微小的点。地球作为一个点，在宇宙中什么也不是——这是一个令人震惊但同时又颇感安慰的想法，如果说地球尚且不值一提，我们在此期间经历的苦难就更加渺小。

基督教的上帝终于将命运女神带去了卡达雷，古希腊时期亚里士多德的理性或斯多葛派的淡定态度分别与其相遇。她的曾用名有许多，如Anankan、Fatum、Fortuna、Moira、Tyche、Heimarmene——但没人知道哪个是最早的名字——如今都建立在基督教统治者深不可测的法令之上。它迫使这位喜怒无常的女士进入永久的循环。中世纪的画家和雕塑家接受了这个想法，描绘了命运女神是如何帮助君王夺取权力，战无不胜，却只为最后将其倾覆。只有文艺复兴才能重新解放命运女神：她可以平稳地站在一个球上，尽情肆意地朝着四面八方起舞。

这个有着500年历史、既是蜜糖又是毒药的基督教宗教，以此作结。它用其艺术和记忆摧毁了异教徒的文化。它的一神论创造了普世的主张，却又导致了压迫和战争。为此，它向人民传达了福音信息，传扬了古代哲学和科学。通过传播古老的拉丁语，它向欧洲传授了一门共同语言。它产生"文明化"效应，聆听良心的声音，鼓励自律克己，从而规训言行。并且，福音给世界带来了伟大的思想，虽然少有人能完全据此生活，但它的伟大不因此而减少分毫。它号召施行慈善，宣扬众生平等，提供了反对奴隶制和压迫的论据。

---

1 该术语出现于奥古斯丁的哲学著作中，意即"作为交谈或实践的生活"（vita negotiosa or actuosa），其当时所表示的意思还是这个词的最初原意：投身于公共政治事务的生命。

传承，传播

6. 新生力量，书写的僧侣

插图6：希尔德伯特（Hildebert）从桌子上驱赶老鼠，在他前面的是埃文努斯（Everwinus）

出自：奥古斯丁，《上帝之城》（局部），约1140年，布拉格，修道院神学图书馆

一片万花筒大陆的开端

1557年，人文主义者沃尔夫冈·拉兹（Wolfgang Laz）将导致西罗马帝国灭亡并不断让东罗马帝国陷入困境的进程，归结为"民族迁徙"（migratio gentium）。"民族迁徙"这一概念直到今天依然是常被提及的时代主题。更为合适的说法或许是"民族组合"或"民族聚合"。因为那些在两个帝国的边界上成群结队、熙熙攘攘的人，并不是因为流着相同血液而联合在一起，而主要是因为处在一个"想象的共同体"中，在国家形成之初，他们可能遍布这个世界。民族的起源隐匿于黑暗之中。其中一些民族可以在古代的历史学家那里找到只言片语，或是在庆祝皇帝胜利的碑文中被提及。他们中的大多数人只剩下一堆富有异国情调的名字：Budinen、Ruzzi、Marhar Ⅱ、Vuislane……考古学家的铁锹可能会挖掘出关于墓葬的习俗、房屋的痕迹、一两件小饰品等线索。诸如"高卢人""凯尔特人""日耳曼人"之类的部落名称，实际上指的是出身起源各异的各民族混合体，它们通常掺杂了在远古时便建有定居点的罗马人。孕育出欧洲国家的生殖细胞并不是民族，而是各统治团体和不同起源的征战队伍联成的网络。他们通过众神、圣徒和英雄找到了自我的身份。后世的传说照亮了民族起源的曙光。例如，法兰克历史学家将他们的人民说成离散的特洛伊人后代。可见，让人民成为民族的不是血液，反而是编年史学家的墨水。谱系取代了基因。

在这个民族聚合的过程中，人们藏身于历史绵延悠长的古老罗马城墙之后。他们在牺牲者的坟墓附近搜索神奇的光芒，它可能比腐朽的栅栏更能抵御危险。一些人盘踞于山丘高地之上，一些人遁入深林之中——或是潜入水里，如同此后的一首关于拜占庭历史的叙事诗所描述的那样。民族聚合始于意大利北部伦巴第人的入侵部队，他们是迁徙的大部队里迟到的分支。即便是势力强大的庄园主及其家族，为了保障自身安全，也不得不逃到位于亚得里亚环礁湖中那泥泞不堪且被带有疟疾病毒的蚊子包围的群岛上。后来威尼斯这座大都市的核心，就是一个被称为"利瓦奥拓"（Rivo alto）的岛屿。根据一封罗马贵族卡西奥多罗斯（Cassiodor，490—583）的信件所说，那里的人们通过打鱼来获取财富。他们捕鱼的船只像"家庭宠物"一样捆绑在房屋的墙上，"如水鸟一般，时而翔于水面，时而栖于陆地"。威尼斯人被称赞是技术娴熟的水手，他们勤勤恳恳，忙于采集海盐。在西罗马帝国灭亡之后的野蛮时期，出现了许多诸如此类的开端。

与威尼斯的情况一样，所有国家在形成之初，人们都会共同协作，共同与自然抗争，尤其是对抗土地和猎物的竞争者。事实上，正是战争与备战让政体意义上的国家（Staat）得以形成。首先是其组织通过暴力垄断其地区的统治，从而不断征服其他组织使其屈服于自己，继而是机构、法制系统及社会网络的发展。作为回报，忠诚者可以从首领那里换取黄金、土地和庇护。几个世纪以来，通过共有的经验、偏见，以及对真实或假想敌人的恐惧，民族意义上的国家（Nation）从这些组织架构中发展而来。它们的名字可能是从那些曾几何时非常有影响力的家人及其追随者那里流传下来。一个例子是"法兰克人"这个概念，它可能仅仅表示"贪婪，暴力"，但晚期罗马人使用它来指代其中的安普西瓦尔人、布鲁克特勒人或者撒利安人。最终在东方，它被用以指代所有来自欧洲的西方战士、商人和朝圣者。

"迁移"的原因已无从考证。或许欧洲的命运所引发的连锁反应与远东也相关。由于气候波动，大草原的草地和牧场缩减，可能引发了中亚的权力转移。弱者不得不被放弃。因此，匈人得以奴役和驱使那些涌入摇摇欲坠的帝国的哥特人。公元6世纪中叶，突厥人将阿瓦尔人驱逐至西部，于是他们在拜占庭帝国的北部建立了自己的政权。他们和其他人一样，找寻着富裕的城市和肥沃的土地。比起和其他"野蛮人"争抢森林、沼泽和草原，这要容易也更有价值。

在罗马帝国鼎盛时期，外族人绝不仅仅在战场上与之对峙，他们也很快就投入罗马文化的怀抱。"野蛮人没有察觉到他们是如何变为不一样的人。"卡西乌斯·狄奥（Cassius Dio）曾如此说道。直至此时，只是制造最基本生活必需品的农业社会就已经发展和分化出不同的社区，精英们用抢劫、交换得来的或者是作为纳贡涌入的金钱来购买昂贵的地位象征物——像是以罗马或拜占庭风格设计的珠宝，或者至少也要是红精陶壶（Terra sigillata）[1]。帝国也成了"他们的"帝国。比起起义，他们的战士通常对军队内部或行政上的晋升更感兴趣。罗马和拜占庭教会了他们金钱的作用，以及如何著书、发动战争和管理国家。这使得他们能够成为主人的主人。

当西方陷入战争与混乱之时，皇帝狄奥多西二世（Theodosius Ⅱ，408—450年在位）用一座塔式加固墙改建了君士坦丁堡。从那时起，博斯普鲁斯海峡边的这座城市便一直是欧洲最大的堡垒。它作为东部帝国的中心标志，并不把自身看作罗马帝国的继承国，而是在从未间断的历史传统中与之并驾齐驱的"罗马帝国"[2]。从蓬勃发展的城市收益中得来的高额国家收入也为其开辟了更多政治辖区。一些叛军因收受奉上的贡品而重归平静，或者被收买或者被权力和荣誉前景所吸引。以这样的方式，土地资源匮乏的人民群众被引导向西发展。拜占庭的优势最终变为它衰落的原因之一。

就这样，拜占庭的千年历史在东部开启，新的国家也在西部出现。意大利最初被东哥特人统治。他们的国王狄奥多里克（Theoderich，493—526年在位）在东罗马皇帝芝诺（Zenon）的授权下移居意大利，他曾与奥多亚克的部队作战，并亲手杀死了这位篡位者。此外，作为哥特人和意大利人的君王，他还延续了古罗马的文明形式。在东哥特王国的钱币肖像上，他身着皇帝的长袍，留着日耳曼式的发型。他曾戏谑地说，富裕的哥特人热衷于扮演"罗马人"。他那位于拉文纳附近的墓碑被柏树包围着，展示了罗马和日耳曼元素的奇妙结合。

接下来的强大势力是散布在高卢地区的法兰克人，以及定居在伊比利亚半岛、最晚在公元500年前后出现的西哥特人。在人们惯常的印象里，这些蓬头散发的野人或肌肉横飞的战士走出山野，蹂躏越发沉闷的旧文明。这已经是

---

1 罗马帝国时期生产的一种装饰华丽的陶器。公元1—2世纪，这种陶器在欧洲声名退迹，甚至在欧洲之外，例如地中海周边国家、印度也能发现其踪影。——编者注

2 原文为"Basileia ton Rhomaion"，是拉丁语"罗马帝国"的希腊语翻译。

一种陈词滥调。许多法兰克人长期以来一直是为罗马服兵役的农民，或是以其他法定名义定居在罗马。他们的一些领导者可能精通拉丁语，维持着与高卢地区的罗马精英之间的交往。这一点对于墨洛温家族的后裔国王希尔德里克一世（Childerich Ⅰ）来说应该是完全适用的。他和他的儿子克洛维（Chlodwig，481/482—511年在位）成功构建了一个几乎覆盖了整个高卢地区的权力组织。东罗马使新贵统治合法化。西哥特人则在法兰克人政权扩张之前就撤退到高卢南部的塞普蒂马尼亚和伊比利亚半岛上。他们也是罗马人的好学生，完成过《维息哥罗马法》（lex Romana Visigothorum）[1]这样一部意义重大的法典。该法典源自公元5世纪的一部法律合集《狄奥多西法典》，其效力一直延伸至中世纪。文化上法兰克王国依然处于分裂状态：南方深受罗马影响；在罗马影响日渐式微的卢瓦尔北部，则显示出明显的日耳曼文化的倾向。

墨洛温王权的进一步发展揭示了大帝国典型的冲突模式。在克洛维一世去世后，王国的遗产被分给他四个儿子。法兰克王国也再次经历了令人瞩目的扩张：现在它已经包围了勃艮第地区，并在东部到达了潘诺尼亚。然而，自公元6世纪中叶以来，它的历史却演进成为一部兄弟相残并与邻国征战不断的戏剧。团结联合的状态只是偶尔的插曲。

最后的罗马人

公元526年的春天，意大利北部，也许是帕维亚。一位高贵的罗马人在他的遗嘱中写道（如果我们可以相信他的话，毕竟他身陷囹圄，死期将至）："命运女神彻底击倒了波爱修斯。"他是迄今为止狄奥多里克在拉文纳的宫廷中最重要的大臣，但他似乎已经妥协于与拜占庭的阴谋勾结。他写于生命最后一刻的这部作品，最终以《哲学的慰藉》之名而闻名于世。波爱修斯将哲学呈

---

1 也译作《西哥特罗马法》。

现为一位寓言人物（插图5）。她展现了自己古老而又威严的面容，眼神如炬且充满青春的力量。有时她有人形大小，接着她伸展自己，随即变高大，头顶触及天空，俨然高高在上。她穿一件自制的、由坚不可摧的上好面料制成的长袍，右手拿着书，左边握着女王的权杖。她对囚犯说：世俗的命运、命运女神的馈赠和惩罚已经黯然褪色。如她所论述的那样，在面对全能上帝所赋予的最高利益面前，这些微不足道。在不可预见的巧合和命运交织的背后，的确是同一种神的理性在宰制整个宇宙。

为了证明他的思路，波爱修斯利用了一个藏书丰富的古代哲学图书馆。柏拉图和各种新柏拉图主义者、亚里士多德和斯多葛学派，以及被他广泛引用的诸如巴门尼德这样的前苏格拉底主义者的著述，在这里都可以找到。甚至西庇阿关于点-地球（Punkt-Erde）的观点都给了他慰藉，他也一定没有错过马克罗比乌斯的评述。令人惊讶的是，虽然波爱修斯的早期作品证实他是一位基督徒，但此时他只字未援引福音内容，究竟为何如此，不得而知。难道他在地牢里失去了对基督的信仰？关于他被执行死刑的进一步情况，也陷入不可知的黑暗之中。然而，这些慰藉的文字继续传扬着它的作者作为殉道者的荣耀。爱德华·吉本（Edward Gibbon）称波爱修斯是"最后的罗马人"，卡托和西塞罗依旧把他当作同胞。

重建帝国的尝试还是失败了，尽管声势浩大。最后一场战争由查士丁尼（Justinian，527—565年在位）领导。他的将军们击退了非洲的汪达尔人，打败了意大利的东哥特人，他们甚至试图在遥远的西班牙征服西哥特人，但最终由于经济和军事资源的短缺而失败。后来，瘟疫肆行，又偏逢波斯人的威胁，他们只得用大量的黄金来驯服敌人。公元554年，查士丁尼依据法律解散了西罗马帝国政府，其法庭和传统久远的执政部门被废除。"西方政府"（hesperium imperium）最终成为过去。

在内部，查士丁尼推动了基督教化的进程。他认为自己肩负着消灭异教徒的神圣职责。他颁布了一项法律，规定宗教会议的决定应与福音书相适用。他举办大规模的洗礼，焚烧书籍，捣毁异教徒的寺庙。对于科学来说，这样的时代无疑是糟糕的。历史学家普罗科普（Prokop）曾写到，告密者阻碍了所有历史的自由书写，甚至不惜以死亡相威胁。公元529年，查士丁尼还关闭了柏拉图创建的学园，其最后一位院长是米利都的伊西多尔（Isidor von Milet），亦是阿基米德著作的编者，以及当时最大的基督教教堂圣索菲亚大教堂的建筑师之一。许多学者因此逃至波斯的萨珊王朝的领土。拜占庭彻底丢失了由波斯人赢得、阿拉伯人本应继承的精神。

查士丁尼开启了拜占庭的历史。尽管仍然存在权谋和皇位斗争，但其更具防御性的边界，使其比西罗马帝国更具地利。城市精英对中央（查士丁尼）的忠诚，以及国家与教会之间的"交响乐"都对它大有裨益。"巴塞勒斯"（Basileus）[1]是创造这种和谐的无可争议的统治者，被尊崇为地上之神。在钱币上他的形象是基督的代表，是真正信仰的使徒。查士丁尼最重要的遗产是罗马法，它在系统性和内在一致性方面是其他法律无法匹敌的。

查士丁尼下令对法律进行编撰，收集、整理和阐释了律法，并尝试将其逻辑与晚期拜占庭的法律相协调一致。顺便提一下，一部中篇小说就证实了罗马在西方的统治地位，而拜占庭的牧首[2]则居于皇帝之下，位居其后。查士丁尼的《民法大全》包含50部《摘要》或《总论》——私法和刑法，此外还有法典——囊括了自哈德良皇帝以来的法律，以及查士丁尼时期新出现的法律，即《新法》，其有效性优于那些更早的法律。此外，还出现了一本法律教材《法理概要》，它规范了法学研究。查士丁尼的这些法典在中世纪晚期才隆重登场，它先是以手抄本形式，然后通过印刷版本的形式在大学、议会会议厅和学者中传播并产生影响。通过拿破仑一世的《民法典》和德国的民法修订，19世纪以来，罗马法在全球范围内流行起来，远至泰国、日本和中国。

---

1 巴塞勒斯有"王者"之意，在古希腊时期一般指军事首长。拜占庭皇帝希拉克略一世在推行希腊化改革后，将拜占庭帝国的最高统治者称谓由"奥古斯都"改为"巴塞勒斯"。

2 早期基督教在罗马、耶路撒冷、亚历山大、安条克、君士坦丁堡等主要城市的教会设有宗主教，是教会中级别最高的主教。罗马天主教会和东方正统教会分裂后，东部正统教会实行牧首制，宗主教改称"牧首"。——编者注

破碎的传统

希腊罗马的传统不仅受到来自森林和草原的"野蛮人"的威胁，也因其维护世俗科学而受到批评。批评首先来自神职人员。特士良（Tertullian）已经"袭击"过哲学家了。自耶稣基督时期以来，对知识的渴求已经没有必要，也不再有研究的需求："雅典与耶路撒冷何干？"希罗尼莫司（Hieronymus，347—420）[1]是《圣经》的拉丁文译本《〈圣经〉武加大译本》（Vulgata）的作者，他言之凿凿地谴责了一切异教文学。即使是格里高利一世（Gregor Ⅰ，590—604年在位）这位"大帝"，一位居于皇位之上的修士，也是第一位被称作"上主的众仆之仆"的教皇，也大力倡导背离世俗哲学。在其周围记录下的"对话"中，赋予了圣本笃[2]——这位或许是被想象出来的角色——以理想的形象，描绘了他从萨比科的洞穴出来一直登上卡西诺山，并在那里建造了他的修道院。除了大巴西勒（Basilius der Große）[3]，他的条例统治着正教的修道院。约翰·卡西斯（Johannes Cassian）——或虚构出他的那个人——在圣本笃之前一直是欧洲修道院最为重要的立法者。

格里高利接受过优秀的个人教育，认为哲学只有出于虔诚目的才是有用的——毕竟净化世界是最重要的。像他之前和之后的许多人一样，他从《圣经·旧约·但以理书》中摘取了"时代的终结"。"对话"还是关于灵魂、死亡和地狱之火之间的权衡思考的集合。对此，它们提供了神奇故事的大杂烩，几乎所有的圣僧和主教都在其中扮演英雄，引用皆出自《圣经》。神迹取代了

---

1 亦被称作圣杰罗姆（Saint Hierom）——编者注

2 圣本笃（Benedict of Nursia，约480—550），意大利修道士，意大利基督教修会本笃会创建人。生于意大利斯波莱托贵族家庭，痛感罗马人的生活荒淫无度，15岁出家隐修，初为苏比科地区的隐士，在该地区建立了12座修道院。公元529年，他在罗马城西南的蒙特卡西诺荒山上拆毁阿波罗·丘比特神庙，建立了一座著名的修道院，广收修士，制定了严格的规章制度作为修士的行动和思想准则。

3 大巴西勒是加帕多西亚（旧译"加帕多家"）省撒利亚的主教，"加帕多西亚三杰"之首，尼撒的格里高利的哥哥。他和米兰主教安布罗斯被列为东西方教会最杰出的主教，故有"大巴西勒"之称。他一生致力于维护基督教纯正信仰，领导反阿利乌主义之争辩。他也是著名的基督教作家、宣道家和慈善家。

所有的技术和科学，正如其中一个传说所示，要移动一块沉重的石头，人们不需要阿基米德的物理学，只要通过祈祷消灭坐在石头上发出怨念的魔鬼。倘若真是格里高利的观点占据上风，那么欧洲的科学将糟糕到不堪设想。

事实上，许多虔诚的信徒在从事异教的工作时都遭到了良知的谴责。奥古斯丁的权威起到了重要作用，其神学并没有对哲学的思考制造任何根本的障碍。他甚至对于波菲利（Porphyrios）这位对基督教发起正面攻击的作者也大加赞赏，称赞其为"极其有学问的人"。奥古斯丁想要让古代的教育系统重获新生，并给予其基督教的核心内容，以保证《圣经》作为理所当然的最高权威。然而，在对《圣经》的解释中，他却运用了异教语言发展出来的方法，例如古代晚期解释荷马和维吉尔时所使用的方法。他明确警告不要从字面上理解《圣经》，特别是在涉及宇宙学的问题时。伽利略本人也因为哥白尼的世界观是否有违《圣经》，而向教会的神父求助。尽管他在这一点上也颇为矛盾地拒绝了好奇，但奥古斯丁并不是时代之间展开对话的破坏者，而更多是一个积极活跃甚至过犹不及的参与者。与他自己所信奉的基督教，以及犹太教和后来伊斯兰教的狂热者不同，奥古斯丁认为哲学是在《圣经》的真理之前为自己辩护，可引导人们认识上帝。没有其他的一神论宗教——尤其要感谢希坡主教——能与世俗科学建立与之类似的密切关系。

波爱修斯也支持神学和哲学之间的联盟。在更好的日子里，除了神学著作之外，他还写了一篇对于西塞罗的《论演说家》的评论，说它是演说者的指南，例如其中提到，如何在法庭争论中找到最好的论点。因为他，中世纪的人们也接触到了毕达哥拉斯的音乐学，并对音乐与数学之间神秘的和谐关系有了形而上学的推测。他还翻译并评论了亚里士多德关于逻辑的著述，以及新柏拉图主义者波菲利的《亚里士多德〈范畴篇〉导论》——这是一本对亚里士多德著述的导读。在中世纪非常流行波爱修斯的作品，亚里士多德因此进入了基督教的思想世界。他教育当时的人们如何追踪因果关系，揭示矛盾和找到正确的结论，以及如何有序思考。

正如这种情况一样，古人的著述经常以不同的方式转手到中世纪读者的手中。柏拉图的《蒂迈欧篇》几乎完全通过拉丁语翻译以及古罗马后期的学者卡尔西迪乌斯（Calcidius）对它的评论而得名。马克罗比乌斯版的《西庇阿之梦》和他的《农神节》将托勒密的世界观传递到了中世纪早期。公元5世纪上半叶，北非修辞学家马蒂亚努斯·卡佩拉（Martianus Capella）向拉丁欧洲人传递了毕达哥拉斯和阿利斯塔克——此前提到的哥白尼之前的哥白尼主义者——的宇宙论。

诞生于公元2世纪亚历山大港的作品《博物学家》（Physiologus）获得了持久的生命力，直到巴洛克时期仍然在被人研读。它基于希罗多德和普林尼的作品，在某个章节提到了源自《奥德赛》的海妖，以及在奥维德的《变形记》中成群结队出现的半人马。读者可以在其中找到关于"如何捉住一只独角兽"的线索——人们要将它的头放到处女的膝盖上——以及最好通过燃烧大象的毛发和骨头来驱散邪灵和恶龙。这部作品和希罗多德或普林尼的作品一样，都在激励人们勇敢走向远方，见证那些被描述的事物，去找寻黄金和珠宝。

然而，那场始于黑海，并在学园、斯多葛派和缪斯庵中得以发扬延续的关于上帝和世界的伟大对话，却首次几近完全失声。它最重要的前提已不复存在：蓬勃发展的城市、机构，以及最为重要的是庇护。一两个小国王根本无法取代罗马的大财主们，包括那位居住在克罗地亚、宝箱塞满了塞斯特提[1]的皇帝。凤凰在大教堂学校、罗马宫殿以及高卢别墅中找到了稀有的筑巢点；主人为它雇用奴隶，抄写和诵读古老的文本。它也在主教的宅邸中获得庇护，尽管公元480年前后的一份主教生活指南显示，主教依然被禁止阅读"异教书籍"。这只神奇的鸟儿在基督教虔诚信仰的中心——修道院中定居下来。

卡西奥多罗斯，这位波爱修斯的继任者，正是前文提及的在信件中讲述了威尼斯环礁湖生活的作者。由他创办的维瓦留姆（Vivarium）修道院位于意大利南部的斯奎拉切，这是基督徒的图斯库鲁姆城：既是修道院，又是学院。这位创始人对此地颇为赞赏，这里地处佩伦内（Pellene）近郊，从而得以灌

---

1 古罗马的钱币，一种大铜币。

溉花园，为磨坊提供动力，为鱼类养殖提供水源。修道院因此得名"维瓦留姆"，意为"供应新鲜渔获的生态园"。即使是夜间，这里也有人值守，以油灯照明。人们在白天用日晷显示时间，晚上和阴天则用滴水钟（klepsydra，也叫"滴漏"，通过水滴数计算小时）。因此，祈祷时间从未被错过。治愈疲惫身体的浴室，好比滋养精神的图书馆。创始人大力鼓励人们交换手稿和复制手稿，因为这种工作最不吝赞赏。这里收藏的大部分作品的作者都是基督徒作家，奥古斯丁也在这些作家中享有崇高地位。荷马，以及伟大的希腊哲学家、物理学家和宇宙学家，包括医生盖伦都是其中的代表。许多希腊文本都是由这位修道院的创始人翻译成拉丁文，他自己就掌握了这门所有在罗马受过教育的人都会的语言。拉丁文学经典的范围涵盖了从恩纽斯、泰伦提乌斯、普利尼、西塞罗、塞涅卡和昆体良到马克罗比乌斯。人们甚至可以在其中找到贺拉斯和维吉尔、瓦罗、科鲁迈拉（Columella）、撒路斯提乌斯，甚至是异教徒卢克莱修。

卡西奥多罗斯的机构，即"人文和世俗科学的课堂"，是世俗科学融入现代学校的先驱。其课程规划细分了神学和世俗科学的科目。前者还包含地理，因为它有助于确定经文中提到的地理方位；后者按照"七艺"[1]进行划分，分为"三艺"和"四艺"。"三艺"指的是文法、修辞和辩证法；"四艺"指的是算术、几何、音乐和天文学。这些经典科目主要是通过马提亚努斯·卡佩拉的《哲学与墨丘利的婚礼》获得最终确认，其中还顺带讲授了中世纪关于比喻的文学技巧。就这样，这些"艺术"（artes）以七个伴娘的身份登场。

借助生态园的模式，修道院"另外的可能性"也得以实现：它想要招收能工作、阅读和写作的修士，而不是骨瘦如柴的苦行僧或沉湎于自我的隐士。但这种可能性依然是个例外。几个世纪以来，神学和宗教仍然是所有学识严格意义上的权威。修道院的围墙为此给它们建造了庇护之所。对于古代史学的兴趣让位给基督徒救赎历史的取向，因为它已经对自始至终的一切全然知晓。希腊

---

1 又称为"自由七艺"（la liberalaj artoj），其原意是自由人应该具有的学识和应该学习的七门学科，是相对于专业的、职业的和技术性的课程而言的。

人对新事物的热情与刨根问底的探索欲，几乎没有显现：他们探寻奇迹，努力破译自然现象的隐含意义。

整体来看，西罗马帝国破碎的土地上继续复写、翻译和评论文本的传统代理人圈子依然可以一眼望尽。其中一位是塞维利亚的主教伊西多尔（Isidor von Sevilla，约560—636）。他在中世纪被广泛阅读的作品——其中最为重要的一本是《词源学》，对词义进行了深刻的挖掘和独到的解释——是对他所处时代依然可以了解到的所有古代知识的总结。这本书几乎涉及了一切事物：医药、动物学、手工艺、异教学说、怪物学、戏剧、服饰和矿物质、宇宙学、创造秩序、家居用品和自然法则、时间计量、神学、建筑学和历史学、文学史和圣经诠释学。

为后人学习而书写

欧洲的基督教化主要是"从头脑中"建立起来的。一位酋长或统领受洗后，他的臣民也会照做。例如，克洛维一世宣布自己成为基督徒（罗马教派，而非阿里乌教派）后，据说他的追随者中就有3000人紧随其后。社会的长治久安离不开宗教，因为它制定了社会秩序模式，并为其提供了依据。宗教的圣水使权力变得神圣，赋予其合法性。受洗的统治者能够通过与基督教欧洲其他成员间的联姻和赞助关系将自己与其他家族联合起来。他们的国家向有所裨益的传教士开放：宣扬救赎和著述，传播文化和管理艺术。

伴随基督信仰的发展，修道院也得到进一步扩建。公元6—15世纪，它们的数量成倍增长，从大约1000座增加到超过2万座之多，成为学问和知识的继承地，对文艺复兴的兴起起到了极其重要的作用。当瘟疫在城墙之中肆虐、国家被遗弃之时——许多外来的欧洲征服者虽骁勇善战，却对耕作和播种一窍不通——僧侣们依旧守信。在祷告间隙，僧侣们从不懈怠，一直待在书写室（scriptorium）内记录和书写，直到他们两眼昏花、背驼腰弯、手指僵硬。经验丰富的抄写员可以每天写7页，每页25行。"书写吧，书写者们！后代要学习！"（Scribite, scriptores! ut discant posteriores!）这个铭文据说激发了里拉圣母院书写室的僧侣。他们也的确是这样做的。他们传承了教父们思想的故事，记叙了圣徒的生活和关于神迹的故事；他们写下了编年史，将他们的小小修道院世界置于万物初始和人类堕落之间的历史剧之中。这些抄写员得到了画家的帮助，后者大多也为僧侣。书籍装订师用闪亮的金子、珠宝和琺琅片装订《圣经》、赞美诗和祷告书籍，它们耀眼的光彩昭示着内容的珍贵。一些人以其工匠的身份自豪地在微型画上签下他们的名字，另一些人则难忘他们写作的痛苦。"羊皮纸都写完了。"一个人呻吟道。另一个人则说："谢天谢地，天终于快黑了！"第三个人说："我终于写完了，看在上帝的分儿上，快给我口水喝。"这抄书的日常也让人想起画家希尔德伯特的咒骂。他和他的助手画下了这个场景，同时用海绵扔向一只在他旁边桌子上啃食面包的老鼠："可怜的老鼠，你总是引起我的愤怒，上帝将摧毁你！"（插图6）

　　偶尔这些抄写者也会用鹅毛笔记录下异教的文本。他们由此保持了古人的精神，并将古代作家带到了上帝的神圣领域——虽然往往是无意间偶然的行为。他们将收藏家、百科全书和翻译家的作品抄写下来，使本来已被抛弃的古人的思想得以幸存。当他们抄写波爱修斯的作品时，他们同时也保留了柏拉图和亚里士多德的思想。他们研究尊者比德（Beda，672/673—735）的作品，也会研读老普林尼的《自然史》。尤其值得一提的是意大利的修道院图书馆，作为周围正在兴起的诸多学派的知识储存地，这里藏有许多古老的文本。从早就基督教化了的英格兰和爱尔兰传来的修建修道院的浪潮，自公元6世纪以来再次席卷欧洲。

　　地理学家斯特拉波推测在一些区域仍然存在艰难地求生于寒冷的野外的野蛮人，他们会吃掉自己的父母，与所有可能的异性性交，甚至包括与自己的母亲和女儿。因此，欧洲究竟是如何从野蛮的边缘获得文明的助推就成了令人惊奇的问题。这首先要归功于教皇格里高利一世的传教团，在末世恐惧盛行之时，他认定这是拯救灵魂的最佳时机。传教团最初的中心位于肯特的坎特伯雷，其主教后来成为英国教会的最高统领。圣高隆班（Kolumban der Jüngerer，约543—615）是北爱尔兰班戈修道院的一名修道士，在孚日山脉的森林中建立了卢克希尔修道院。而位于皮亚琴察附近、以藏书量丰富的图书馆著称的博比奥修道院，也是在圣高隆班的倡议支持下建立起来的。圣加仑最初只是博登湖南边的聚居区，由圣高隆班的信徒圣加卢（Der heilige Gallus）建立。根据基里安（Kilian）和卜尼法斯（Bonifazius）的说法，一些传教士对于殉难表现出神圣的热情——一个是在今天的维尔茨堡地区，一个是在弗里斯兰地区。圣高隆班时期典型的修道院分布于欧洲大陆上，它们不受当地主教的管辖，直接从属于教皇。商品的共享性以及对生活必需品的限制催生出了理性克制的生活方式，它使修道院有能力在哲学、艺术和经济领域都做出重大贡献。

有些教友成为古代传统的变革者。怀着一种高度独创的精神，"爱尔兰奥古斯丁主义者"（irische Augustiner）试图解释《圣经》的奇迹，例如借助亚里士多德的论证去解释罗得的妻子是如何变成盐柱的。据此，上帝——根据体内与生俱来的盐的自然性质，眼泪将使味道变好——允许它不断增多，直到占据整个身体。根据生命的内在法则，这种物质现在以一种特定的形式力求完善其自然本质。于是，上帝的一点小小的干预导致了可怜的罗得夫人被凝结。

爱尔兰作为古希腊罗马传统（和凯尔特史诗）的保护者发挥了巨大的作用，后者因此在公元9—11世纪不列颠大陆上爆发大规模入侵之时能够很大程度上幸免于难。许多僧侣——披着长发，画着眼线——前往意大利旅行，返程时在行李箱里装着带回的书籍。本尼迪克特·比斯科普（Benedict Biscop）是位于森布里亚的芒克威尔修道院和贾罗修道院的创始人，他曾出访罗马不下五次，据推测，主要也是为了收集书籍。经由他或他的继承人赛奥弗里德（Ceolfried），一本豪华精致的《圣经》从卡西奥多罗斯的图书馆一路传至北方。赛奥弗里德在公元7世纪后期完成了三本手抄本，其中一本《阿米提奴抄本》被保留下来。他的微缩画反映了古希腊罗马时代的后期。这为与该地区早期中世纪文化有关的"诺森布里亚的文艺复兴"提供了一个论据。它将罗马和爱尔兰联结在一起，象征符号是"鲁斯维尔的十字碑"，上面有拉丁文和如尼文（Runen）。

这种中世纪早期古希腊罗马精神的复苏最重要的代表是大博学者、"尊者"比德。他的文学视野一直从《埃涅阿斯纪》、教父们的作品，到伊西多尔的《词源学》，还包括小普林尼（Plinius des Jüngeren）的信件和与其同名的叔叔（老普林尼）的《自然史》等。他的作品《论时间的计算法》介绍了确定复活节日期的方法，这一方法对于精确计算太阳和月亮的运行轨道是必不可少的。这部作品促成了在基督降临后的时代的一个突破——"计算学"。它是中世纪最为重要的科学分支的基石，确定了应在何时举行仪式，以便获得上帝的善意。神职人员必须得像魔法师一样精准，以保证魔法的效果。

古希腊罗马时期的作品还存留在英国其他的图书馆内。马姆斯伯里的阿尔德赫尔姆（Aldhelm von Malmesbury，约639—709/710），这位在坎特伯雷研习的学者，熟悉诸如贺拉斯、尤维纳利斯（Juvenal）、奥维德、卢坎（Lukan），当然也少不了维吉尔。这位诗人还在暴风雨围困的爱奥约学习过，那里的人们用市井的普劳图斯和皇帝的传记作家苏埃托尼乌斯（Suetonius）的花边故事打发时间。不过只要一场大火，就足以毁灭掉几个世纪的传统。公元477年那场发生在君士坦丁堡的帝国图书馆（据说藏书量达12万多册）的大火，毁掉了怎样一个奇迹啊！无数的藏书，包括卡西奥多斯和下西诺山的书籍，都随着时间的流逝，消散于风中。

如果希尔绍（Hirsau）修道院的一个教会兄弟想借一本异教的书，又无法明说，那么他有两种表达方式可供选择：一种是他必须像狗一样挠自己的耳后，这是一种异教徒的象征；另一种则是把两根手指插进嘴里，像是噎住了那样。可不是，古希腊罗马时代并不是到处皆有好名声。虽然那一小群写作的僧侣最终交出去的成果还不少，但与米利都、雅典、罗马和亚历山大港的莎草纸上的书写相比，它还是略显单薄。然而，这单薄微小的记述不久之后就通过涌入西方的新的知识流得以补充壮大：从拜占庭、波斯和印度，随后又从巴格达和其他阿拉伯文化中心那里得到灌溉滋养。这应该足以改变世界了。

伊斯兰的世界大国

大约自公元6世纪中叶之后，斯拉夫人和阿瓦尔人开始对拜占庭帝国进行掠夺式袭击。拜占庭只是暂时性地遏制了他们的猛攻。萨珊王朝的攻势使得拜占庭的部队在南部和东部受到牵制，这也为外族的入侵提供了便利。叙利亚和埃及沦陷了，甚至耶路撒冷也落入波斯人的手中。在极度的困境之中，公元622年起，拜占庭皇帝希拉克略对他们发起了几次反攻，稍稍缓解了燃眉之急。即使四年后敌军联盟对君士坦丁堡发动了围攻（虽然并未成功），也没有吓退他的大胆战略，即攻打敌人的家乡。仅仅一场失败的战斗就可能决定拜占庭的命运。然而到了公元630年，希拉克略成功地重新赢回失去的一切；他将自己发动的战争比作对抗异教琐罗亚斯德教徒的"十字军之征"。现代历史学家则认为他在这场赌博游戏中很幸运，并且受益于突厥可汗提供的侧翼保护，以及同时代那些相信上帝的人民的参与。当拜占庭的希拉克略将从波斯拜火教手中解放出来的基督十字架圣物，一路庄严地带回到耶路撒冷时，希拉克略已经达到了荣耀的顶峰。在人口稀少的巴尔干半岛，形势似乎也转而偏向拜占庭人。当阿瓦尔帝国内部因混战而解体之时，斯拉夫人却在此安定了下来。暴徒转变成农民，敌人变为盟友，异教徒转信基督。拜占庭首次取代了阿瓦尔人，成为巴尔干半岛的统治者。但一个新的对手又崛起了。在波斯的攻击平息了几年之后，阿拉伯部队入侵了拜占庭的领土。

在阿拉伯人崛起初期，主要的人物是公元570年出生于麦加的穆罕默德。他是一个从麦加来的商人。那些他声称由加百列天使亲自传达的信息，集结成了"神圣的《古兰经》"。毫无疑问，信徒认定他是上帝的使者，用阿拉伯语说，即"安拉"。穆斯林的书籍中并不乏希腊、波斯的萨珊王朝的文化，尤其是《圣经》的传统。耶稣在《古兰经》中只是一位智慧的先知，不存在任何神性。现在他处于两个宗教世界中：一个把他当作上帝，另一个把他还原成了他自己。

公元622年，伊斯兰的时代开启了。在这一年，穆罕默德和他的追随者从麦加前往耶斯里卜，后来那里被叫作"麦地那"（madinat annabi），即"先知之城"。这里居住着许多犹太人，显然比麦加更适合接受一神论的思想，麦加的克尔白天房[1]前居住着各种古老神灵，一系列的《古兰经》苏拉有力地推动了扩张。《古兰经》第二章中的一节就被解释为保卫自己的呼唤："而在真主安拉的道路上抗争，谁若反抗你们……你们在哪里遇上他们，就可在那里将他们就地正法。"与之相比较，显然第九章第五节是更加明确和更"政治化"的，先知是当时的团体领袖，他说："人们要在神圣的斋月之后，再将异教徒就地正法。"《古兰经》的确算不上一本单纯的和平之书……

无论是被言辞吸引，还是被武力胁迫，越来越多的部族开始接受穆罕默德的教诲。麦加也接受了他的统治。犹太人则怀着对先知的极度失望，依然坚守他们的传统信仰。此时正试图征服大半个世界的战士之前都是商人、工匠和游牧民族。然而，他们中的许多人都有军事经验。在拜占庭人和波斯人之间的战斗中，他们应该有足够的机会练习用剑。公元6世纪，游牧民族在捍卫拜占庭帝国的战斗中发挥了关键作用，他们受雇于阿拉伯首领。他们拥有的金币也不逊色于以前领导他们的军阀。这些战士缺乏对战术的理解，就用坚定的信仰、道德和机动性来弥补。他们或被奖赏，或被战利品所吸引。对于那些在圣战中死去的人来说，吸引他们的或许是天堂。

直到今天，还有研究在继续讨论伊斯兰早期扩张为什么能够展现出如此巨大的活力。除了宗教的助推之外，体制性的压迫也在推动斗争。只有通过征服，战士才能获得土地，从而保障其忠诚。这与查理曼帝国的情况相吻合，也能解释维京人愤怒的征服、希腊人的扩张，以及波利尼西亚酋长在太平洋岛屿上进行的快速殖民活动。在短短几十年内，阿拉伯人就占领了叙利亚、巴勒斯坦，以及被罗马帝国当作粮仓的富裕的埃及。傲慢的萨珊政权被扫除了。在西边，北非（包括马格里布）都归于先知的旗帜之下。在公元8世纪的前几十年，阿拉伯和柏柏尔军队就征服了伊比利亚半岛。受困于王位斗争的西哥特人

---

[1] "克尔白"是阿拉伯语音译，意为"立方体"，又称"天房"。它坐落在沙特阿拉伯麦加城内禁寺中央，是世界穆斯林礼拜的朝向和朝觐中心。

政权——为对抗一个篡位者，他们自己招来了阿拉伯人——也没落了。托莱多则是还没有抵抗就陷落了。"直布罗陀"（Gibraltar）这个名字就是为纪念这些进程。它指的是"Gabal Tariq"，即"塔里克山"（Berg des Tarik），代指入侵军队的领导人塔里克·伊本·齐亚德（Tariq ibn Ziyad）。渴望土地的定居者一路跟随士兵。在东部，他们赢得了印度河、布哈拉和撒马尔罕地区。耶路撒冷的圆顶清真寺就是穆斯林战胜犹太人和基督徒的胜利纪念碑。"上帝太伟大了，甚至无法容许拥有一个儿子。"这个颇具挑衅的声明被马赛克工匠一笔一画地拼贴到了墙上。

这一迅速取得的成功，也受益于拜占庭和波斯帝国在数十年的斗争中彼此消耗。而且，这次扩张可能并不像中世纪的阿拉伯史学所描述的那样暴力。宗教信仰再次在国家形成的过程中凸显了其重要意义，它在当地酋长国和皇权之间建立共同基础，给予其有约束力的指导，并树立了伊斯兰教的"五大支柱"：只信服一个神，承认穆罕默德是其先知；在规定的时间内每天祷告五次；至少要为穷人缴纳税款来展现慈悲；在斋月期间要禁食；要前往麦加朝圣。伊斯兰教法（沙里亚法）对于穆斯林信徒来讲也是共同的，虽然不同的学校对此有不同的解释。它提供了一个全面的、标准的体系，而不仅仅是一种法律秩序。

伊斯兰教的分裂状态备受诟病，至今依然没有解决，其原因之一是《古兰经》里没有透露如何确定领袖哈里发——穆罕默德的"接班人"。穆罕默德去世之后，公元632年爆发了一场斗争，最终导致了公开的战争和分裂。部族纽带和对权力的贪婪比所有呼吁信徒保持和平的诉求都要强烈。与穆罕默德有血亲关系、联姻或者两者兼有，出身于他的氏族或者他的第一伴侣的氏族，都可以作为其成为哈里发的合法性依据。此外，哈里发提供有保护和执行其信仰的资格。

被视为《古兰经》编撰者的哈里发奥斯曼（Uthman，644—656年在位）被谋杀后，出现了两位互相对峙的哈里发头衔的争夺者：一位是叙利亚的总督穆阿维叶（Muawiya，661—680年在位），另一位是奥斯曼的远亲阿里·本·阿里·塔利卜（Ali b. Ali Talib，656—661年在位），他是先知的堂弟，也是其女儿法蒂玛（Fatima）的丈夫。在幼发拉底河畔的绥芬（Siffin）之战中，阿里在作战期间与穆阿维叶求和，他的一些追随者并不愿接受这一点。他们的分裂导致了哈瓦利吉（Kharijiten，意为"出走者"）派的出现，他们为纯粹的伊斯兰教而战，对抗倭马亚的哈里发。随着公元661年哈瓦利吉派暗杀了阿里，并杀死了他的儿子侯赛因（Husain），这场权力斗争最终以有利于穆阿维叶的方式结束。随之而来的是倭马亚王朝，这个家族在麦加一直属于先知在麦加的反对者之一。与阿里派形成鲜明对比的是，倭马亚王朝的追随者们认为穆罕默德的三位最初的接班人是"名正言顺"的，因此倭马亚的哈里发也是合法的。与此同时，他们援引了"伊斯兰教教规"，即先知的规范性言行。在阿里的追随者中出现了"什叶·阿里"（shiat Ali），即什叶派[1]的前身。对他们来说，只有先知的血才在过去和现在都被认定为合法性的证明。在一个容许一夫多妻制和纳妾的社会中，它为未来的冲突埋下了种子。穆斯林之间的许多内战似乎更像是手足自相残杀的战争。直到今天，它们时不时还会溅起战斗的火花。毕竟，教派间的矛盾随时都会一触即发。与之前的战斗不同的是，现今武器的影响力上涨了千倍。

当逊尼派[2]要保全作为一种信仰团体的统一性时，什叶派却一次又一次地分裂。关于他们的伊玛目（Imam，意为"领拜人"）的继承总是存在争论。伊玛目是世俗和宗教的最高权威——一个对《古兰经》教义的真知有隐秘知识的圣人。对于什叶派来说，很明显，一个有价值的候选人必须让阿里在其族谱中成为一个光辉的形象。然而，考虑到他繁多的后代，这并没有多大意义。此外，一群什叶派教徒，即十二伊玛目派，提出一种说法，认为真正的伊玛目并

---

1 什叶派（Shi'ites）以拥护穆罕默德的堂弟、女婿阿里及其后裔担任穆斯林领袖伊玛目为其主要特征，故又称作阿里派。该派只承认哈希姆家族的阿里及其后裔为合法继承人，并尊奉阿里与其后代为"伊玛目"，认为他们是"受安拉保护，永不犯错误"的贤人，且认为末代伊玛目已隐遁，将以救世主（马赫迪）身份再现。后因内部主张分歧，又相继分化出凯萨尼派、十二伊玛目派、扎伊德派、伊斯玛仪派等支派和许多支系。

2 逊尼派（Sunni），伊斯兰教主要教派之一，全称"逊奈与大众派"。人数占全世界穆斯林的85%以上，与什叶派并称为不同的两大政治、宗教派别。

没有死，只是被带到了他那儿。在时代终结时，他——马赫迪（Mahdi）或阿尔卡伊姆（al-Qa'im）这位"名正言顺者"——将会回归，并带来一个正义的王国。自从公元874年第十一任伊玛目去世以来，直到今天，什叶派信徒中的大部分人都在等待那隐遁的第十二位伊玛目继承人的归来。对于其他什叶派分支，如五伊玛目宗或扎伊德派，"他们的"最后一位伊玛目，已经成功地完成了继承。但后人多认为他们被误导或受骗了。

逊尼派、不同派别的什叶派，以及不断分裂的哈瓦利吉派，只是被提及的主流伊斯兰教派。在整个伊斯兰的历史中，马赫迪都被看作导师、被驱逐者和隐藏者。从他们的信徒中发展出各种派系，例如卡尔马特教派或伊斯玛仪派。另有许多穆斯林属于神秘主义者和禁欲主义者，即苏菲派兄弟会。苏菲派[1]以其显示清贫的朴素袍子命名，名字中的"suf"的意思是"羊毛"。禁欲苦行者、狂喜者[2]和神秘主义者都可以在先知的追随者、文人和不少异端分子中找到。许多人鼓吹柏拉图的哲学，它允诺了灵魂与上帝合一。然而，《古兰经》所具有的诗意力量似乎只有通过天使的旨意才能证明其起源，它已经为所有穆斯林塑造了法律、秩序、文学、科学和教育体系。

穆斯林向北进军以失败告终。公元732年或733年，在图尔附近和普瓦捷的战役中，他们连穿越这片土地一分钟都几乎没有。或许胜利者法兰克人查理·马特（Karl Martell）——他的别名"锤子"是在公元9世纪时被赋予的——并未阻止什么大规模入侵，而不过是阻止了穆斯林部队的一次突袭。对先知的战士来说，征服那荒凉且相对贫穷的高卢人，似乎并不值得称颂。阿拉伯编年史虽然认为这场战役无足轻重，但同时期一位居住在科尔多瓦的基督徒

---

1 苏菲派（al-Sufiyyah），伊斯兰神秘主义派别的总称，亦称苏菲神秘主义。"苏菲"（Sufi）一词系阿拉伯语音译，其词源有多种说法。一说是阿拉伯语"羊毛"的意思，因其成员身着粗羊毛织衣，以示其虔诚的信仰和生活上的安贫质朴，故名；一说源自阿拉伯语"赛法"（Safa），意为"心灵洁静、行为纯正"；一说源自阿拉伯语"赛夫"（Saff），意为"在真主面前居于高品位和前列"；另说，苏菲派因其品质和功修方式类似先知穆罕默德时代"苏法"（Suffah）部落的人，故名。苏菲派赋予伊斯兰教神秘奥义，主张苦行禁欲，虔诚礼拜，与世隔绝。其足迹遍及全世界。

2 形容保有诸如得到神的感召、宗教狂喜、觉得一切美好幸福的宗教经验的教徒。

记录道，"欧洲人"给予了安拉的儿子们还击。这或许是欧洲人第一次被赋予一个身份认同，已经显示出与作为"他者"的非基督教徒的穆斯林们的对峙。

经过血腥的冲突后不久，公元750年，因继任者争夺而衰落的倭马亚王朝被推翻。哈里发的皇冠被胜利的阿拔斯家族收入囊中。先知的血流淌在其成员的血管中，使其具有合法性。有了哈希姆·伊本·阿卜杜勒·马纳夫（Hashim ibn Abd Manaf），阿拔斯王朝就可以宣称一位穆罕默德的曾祖父是自己的祖先。倭马亚的一个分支在伊比利亚半岛上——长久以来未受中央影响的遥远的西部——仍处于阿拔斯的哈里发的统治之下。这里目前只有"绿色西班牙"，即位于西北地区未来的阿斯图里亚斯王国，对先知的战士进行了抵抗。

唐代的中国与哈里发帝国这两个中世纪的超级大国之间唯一的对抗发生在位于今天的吉尔吉斯斯坦的怛罗斯，那是在倭马亚统治倒台之后的第二年。阿拔斯的苏丹在这里袭击了由中国军队领导的中亚军队联盟。胜利打开了亚洲的中心，突厥人定居在那里，信奉伊斯兰教。顺便说一句，与中国高度发展的文明的接触为穆斯林带来了一种媒介的知识，这种媒介以后将帮助希腊的学术研究和欧洲科学向全球传播。据说是关押在怛罗斯的中国俘虏出卖了造纸技术。也有可能此前的索格德商人就已经将造纸知识传播到了西方。在中国，这种材料可能自汉代以来就一直在使用。它对世界的改变远胜于千百次战役。纸张易于生产且价格便宜，特别是不久后人们想出了用桑树皮作为原料的方法之后。

阿拔斯王朝的规模阻止了它长期的集权化。伊斯兰内部的分裂是与宗教分歧和政治权力矛盾相结合的结果。分裂之所以能产生这样的政治权力局面，是因为它削弱了整个伊斯兰的普世主义。早期的穆斯林帝国从未获得过与中华帝国或罗马帝国相同的内在凝聚力，它只是在规模上一时超过了这些帝国。阿拔斯王朝维持了哈里发帝国五个世纪之久，但它留下的影响却急剧减小。它的统治通常只是松散的宗主权，是通过联合当地掌权者和部落首领的执政而实现的。哈里发能够收获权力与辉煌的基础是国家土地，随着征服的增加，其领土范围也在扩大，虽然可以确保国家权力的垄断，其资源却不足。

在怛罗斯会议召开之前，帝国内部的权重已经向东转移。来自以印度和中国为中心的远东贸易区的吸引力与日俱增。在最后的倭马亚时代，政府收入的绝大部分都来自今天的伊拉克南部地区。在公元762年，第二位阿拔斯王朝哈里发阿布·加法尔·阿尔·曼苏尔（Abu Dschafar al-Mansur）将其住所从叙利亚（当时倭马亚政权的前中心），搬到了一个新建立的城市。他称之为"和平之城"，即后来的巴格达。

这名字却名不副实。哈里发哈伦·拉希德（Harun ar-Rashid，786—809年在位）在《一千零一夜》中出现过，他的儿子们就爆发了争夺哈里发宝座的斗争。在纷争不断的巴格达，一位同时期的人写道："看看巴格达吧！悲惨的麻雀在那里筑巢 / 它们没有巢穴…… / 看看它被围困了，过来看看吧 / 满腹屈辱，它骄傲的男人们被围困了。"王座上的胜利者马蒙（al-Mamun，813—833年在位）只能费力地保住哈里发之位。他的继任者穆阿台绥姆（al-Mutasim）宁愿将其宫廷迁至巴格达以北100千米的萨马拉。这里建起了豪华的住宅和城市，50多年来，统治者一直驻留于此地，直到巴格达恢复昔日的辉煌。

公元946年，哈里发处于白益政权的统治之下。白益是一个好战的氏族，他们征服了里海和波斯湾之间的统治集团。他们招安了先前的统治者，仅是为了赋予篡权合法性。在这些新的统治者的统治下，白益政权绽放光彩，被誉为"白益文艺复兴"。神学家、律师和作家以每周两次的频率聚在巴格达的宫殿和花园中，后来在人文主义的佛罗伦萨则是共同讨论哲学和文学。受欢迎的讨论场所还包括庭院或纸张和书籍市场。除了穆斯林之外，还有基督徒（仅在巴格达就有11座修道院）、犹太教徒、琐罗亚斯德教徒和萨比教徒，甚至是无神论者：在一个通常不够友好的世界里却形成了和平对话的岛屿。一个虔诚的安达卢西亚人在10世纪末访问了巴格达，便震惊于这里有如此多的理性探索。

在此期间，行政官、军官或大富商却在远离首都的地方建立起自己的独立王朝。他们通常以酋长、伊玛目、苏丹甚至马赫迪自居来施行统治，哈里发的头衔反而不再神圣。在东方，波斯文化得到了发展。它保留了前伊斯兰传统，融合了新进的阿拉伯文学，并赋予了清真寺和宗教学校独立的建筑样式。在公元9世纪下半叶，西西里岛落入西部的阿格拉布王朝——这是一个从阿拔斯王朝分离出来的王朝——手中，然后他们统治了马格里布的东部。叛逃者称其在凯鲁万附近聚居的城市为"阿巴西亚"（al-Abbasiya）。与拉丁欧洲毗邻的地区，西班牙倭马亚王朝和北非法蒂玛王朝的统治政权同时崛起。后者的名字源自先知穆罕默德的女儿法蒂玛，在其家族的谱系中也有所记录。他们是转向伊斯玛仪派的什叶派教徒之一——此教派认为第六伊玛目的儿子伊斯玛仪才是真正的伊玛目。他们的帝国从马格里布延伸到埃及，再到叙利亚和也门。他们于公元969年建立了被称为"胜利之都"的开罗，将其作为一个新的聚居城市。他们从阿格拉布王朝手中赢得了西西里岛，在该岛上几乎一直统治到1053年。当他们自己的酋长从卡尔比滕氏族脱离出来独立之时，他们又一次失去了西西里岛。

拜占庭的没落，法兰克的崛起

比利时历史学家亨利·皮伦纳（Henri Pirenne，1862—1935）认为古代与中世纪断裂的标志并不是"民族迁徙"，而应该是阿拉伯人征服时代的到来，但这个观点如今遭到了驳斥。伊斯兰扩张带来的经济上的后果对拉丁欧洲的西部而言，绝不像皮伦纳认为的那样严重。并没有任何强有力的证据表明，如皮伦纳所认为的那样，是伊斯兰的扩张造成了公元7世纪地中海贸易的衰落。皮伦纳的论点是"没有穆罕默德就没有查理大帝"，他指出地中海经济和文化统一遭到破坏是欧洲政治中心向北转移的原因。然而，新的对手的确进一步削弱了已经因频繁的皇位纷争和权力斗争而分崩离析的拜占庭帝国。无论如何，它不能阻止西方自治国家的形成。

意大利一直处于拜占庭势力的边缘。自公元568年以来，伦巴第人就一直定居在波河河谷和贝内文托之间。帕维亚被视为皇城，贝内文托和斯波莱托（Spoleto）的领地都由一位公爵统治。罗马也受到了威胁。在绵延的奥雷利亚城墙之内，畜牧养殖，以及粮食和葡萄种植开展了起来。那些有办法的人，尤其是有钱人和受过教育的人，要么成功逃到君士坦丁堡，要么当牧师谋生。普通市民文化正在消失。此时的情况要求人们自救，就连教皇格里高利都从主教国库中拿出钱来支付驻罗马的拜占庭军队的薪水。他的继任者开始试图建立自己的武装部队。那些部队的首领也必须以土地来封赏。这就产生了当地贵族，他们很快陷入相互混战，教皇死后，他们就争夺继承权。许多教皇都像一个黑手党家族的首领，击败了他的当地小贩。罗马教会拥有的庞大财富也还总能给忠诚的追随者们提供好处。如此才出现了较长久的政治模式。教皇裙带关系的根源是根深蒂固的。另外，在拉特兰（作为教皇的罗马主教的官邸）周围，基于古希腊罗马时期的原则建立起合理的管理制度。因为格里高利的大力支持，流传下来的档案数量明显增加。从公元6世纪开始，记录教皇生活和事迹的《教宗名录》中的内容条目也变得越来越翔实。

当穆斯林们在星期五祈祷并向他们的哈里发祝福时，罗马人则在每一次教皇的弥撒上为巴塞勒斯祈祷。即使新当选的教皇需要很长时间才能得到巴塞勒斯的确认，但他的影响力却逐渐消失了，只剩下壮阔的拜占庭文化还在散发光芒，存继于希腊修士居住的一些修道院中。希腊商人主导了贸易，希腊的圣徒成为教堂的赞助人。但是有迹象表明，东罗马的文化影响力已经日渐式微。甚至自公元6世纪的后三分之一时期以来，东罗马的钱币模型都显白。像执政官这样的古罗马头衔取代了拜占庭的头衔，拉特兰宫被扩建为富丽堂皇的住所。附近可容纳1万名信徒的方形大教堂应该是基督教世界所有教会的"统领和母亲"。拉丁语也打败了希腊语而成为广泛使用的礼拜语言。此外，还出现了与拜占庭风俗背道而驰的仪式。

罗马和君士坦丁堡之间日渐疏远也体现在教条纷争中，它们一如既往地围绕着基督的本质以及与之相关的一个问题展开争论：相较于《圣经》禁令，圣像在基督教崇拜中又被赋予了什么样的意义呢？皇帝利奥三世（Leo Ⅲ）似乎在公元726年就已禁止使用圣像。但是，该禁令在罗马并未得到执行。教皇格里高利曾提出支持圣像的观点。圣像之所以有用，是因为它们使不太会阅读的人也能够了解救赎的故事并记住它。此外，圣像可以促进人们在上帝面前的谦卑恭敬。这种观点在基督教界广为流行。在博斯普鲁斯海峡，圣像之争由于社会矛盾激化而升级为权力斗争，并在公元9世纪中叶以支持圣像的修士和族长的胜利而告终。这也是东罗马帝国在与宗教神职人员的对抗中所遭受的为数不多的失败之一。东方因此仍然是可以使用圣像的国家。

罗马教皇通过与法兰克帝国的结盟获得了更大的独立性。几乎在阿拔斯王朝崛起的同时，加洛林王朝也成功地逐步扩大了其统治范围。其根基在于宫廷大臣部门的出现。其执掌者最初掌管王室事务，后来成为有影响力的顾问，并最终成为国王的竞争对手。查理·马特的儿子丕平三世干脆罢黜了最后一位墨洛温国王。罗马教皇在公元751年为朝代的更替献上了自己的祝福。同年，伦巴第人占领了拜占庭的飞地[1]拉文纳。三年后，教皇斯蒂芬二世（Stephan Ⅱ）拜访了法兰克王国的丕平以寻求援助来抗击伦巴第的侵略者，并为他涂油祝圣，从而为他的王权加上了神圣的光环。丕平答应了教皇的要求，在战役胜利后，他将自己广泛的领土都交给了教皇，包括辖区拉文纳和先前伦巴第的公国斯波莱托。

这一慷慨的举动似乎是"君士坦丁的捐赠礼"的序幕，它是足足一个世纪之后才出现的一纸证书，声称君士坦丁大帝在麻风病得到了奇迹般的治愈后，出于感谢，将皇室徽章授予教皇西尔维斯特（Silvester）和他的继任者们。他还赠予拉特兰宫对罗马城和其他"意大利和西部的所有行省和城市"完全不亚于整个西部的统治权。这最厚颜无耻的伪造，也是中世纪最臭名昭著的伪造，竟与真实法律行为一起为教皇国提供了法律基础。

其他的一些战役，其中包括并吞阿基坦公国，则加强了加洛林王朝的地位。在丕平的战役之后，伦巴第残余的政权被丕平的儿子，即继任者查理（Karl，768—814年在位）摧毁，只有贝内文托幸存下来。查理粉碎了阿瓦人的统治；一支拜占庭的入侵军在卡拉布里亚被歼灭。经过30年的战争后，异教

---

1 飞地是一种特殊的人文地理现象，指隶属于某一行政区管辖但不与本区毗连的土地。如果某一行政主体拥有一块飞地，那么它无法取道自己的行政区域到达该地，只能"飞"过其他行政主体的属地，才能到达自己的飞地。

徒撒克逊人被战胜了。当法兰克人推倒撒克逊人神圣的"支撑一切"的伊尔明柱（Irminsul），以此拉开战争序幕之时，他们的神却袖手旁观。成千上万的人被查理大帝处决或重新安置。他的战士后面还跟着传教士。在西方，加洛林人的影响仅仅止于大西洋沿岸。在对抗科尔多瓦酋长的战争中，查理通过西班牙边成侯国，即一系列县城巩固了他的帝国。其中的巴塞罗那和阿拉贡〔当时称为"贾卡"（Jaca）〕隐藏着未来耀眼的锋芒。

从阿瓦尔帝国的残垣断壁中，发展出摩拉维亚和保加利亚。保加利亚的可汗克鲁姆（Krum）甚至曾试图夺取东罗马。在赢得一场战役后，他用掉落的拜占庭巴塞勒斯的头颅喝酒。随着克鲁姆在公元814年去世，皇帝利奥五世（Leo Ⅴ，813—820年在位）为拜占庭赢得了胜利，重新拯救了东罗马。同时，随着保加利亚国家政权的诞生，他的面前又出现了一个新的大国。在该世纪的下半叶，"保加利亚"成为基督教国家。西蒙大帝（Symeon der Große）是受过高等教育的"半个希腊人"，他在公元893—927年一直统治着这个国家，他命人将神学著作翻译成斯拉夫尼克语。其中还混入了一些亚里士多德的著作——关于人类解剖学奇迹的些许评述。

7. 最初的重生，为秩序而挣扎

插图7：《泰伦提乌斯的作者肖像》（位于一面圆形铜盾上）

出自：泰伦提乌斯，《喜剧》，科维，公元825年，梵蒂冈，梵蒂冈藏书馆

法兰克王国的凤凰：加洛林文艺复兴

罗马，圣彼得，公元800年12月25日。这一天发生了一件事，尽管它流传至今只剩下零碎的内容，部分说法甚至是自相矛盾的。事件发生的场所是公元329年落成的由君士坦丁修建的方形大教堂。古希腊罗马的柱子支撑着这座建筑；教堂的十字形翼部给了它十字架的轮廓。在马赛克铺设的后殿前，一座穹顶保护着神坛，神坛存放着圣徒彼得的遗骨。除了教皇利奥三世之外还会有许多百姓、神职人员和豪绅聚集在此一起参加圣诞节弥撒。国王查理也出席了，他是一位高大的绅士，微胖，胡须被修剪成法兰克的风格。在这一庄严的场合，他穿了一件金丝编织的斗篷。他谦卑地跪在使徒神坛前，做完祷告，准备站起来。此刻，教皇把皇冠戴在他满头白发上。"所有的罗马人民高呼：伟大崇高的查理，带来和平的罗马人的皇帝，被上帝以生命和胜利加冕！"赞美诗在整个空间回荡。正如一则源自法兰克的消息所描绘的那样，利奥三世以"古老的加冕礼形式"跪拜新皇。

查理能登上皇位是因为业已争取到的地位，也有赖于有利的历史时刻。正如利奥曾经向前任丕平寻求支持一样，这位饱受贵族折磨的教皇如今又向法兰克求助，并如愿以偿。新皇帝与其支持者之间的权力关系很明确：在加冕前，查理曾是一场罗马城争端的仲裁者，甚至能强迫教皇宣誓以洗清其罪行。公元800年的冬至前后，在那个罗马时刻，一系列重大事件接踵而至：因为反对拜占庭的巴塞勒斯，即居住在君士坦丁堡的"罗马皇帝"的至高权力，一个西方帝国诞生了。查理跻身罗马恺撒之列。他声称会对整个基督教界提供保护支持，认为自己被召唤来传播上帝的教诲，并捍卫上帝的荣耀。他的传记作者艾因哈德（Einhard）曾在一则评述中提到，皇帝在加冕典礼上感到不高兴，许多研究者对此大做文章。不愉快可能是由于以下事实造成的：教皇给这位法兰克人加冕，在他跪下之时就毫无防备地给他戴上皇冠，以至他还没来得及听人民对其称颂。利奥的插手违背了"封帝"的习俗。随着拉丁帝国的诞生，人们再次提出了以下问题：世俗的权力应被赋予多少，以及教会层面又该给予多少?

罗马帝国是所有时代最后一个王朝的预言,似乎在公元800年的圣诞节得到应验。欧洲重新恢复了上帝所确保的秩序。在历经穆斯林和保加利亚人的攻击之后,拜占庭的领土缩至小亚细亚,即首都周边的一些地区及意大利南部的属地。罗马不得不被永久放弃,西西里岛落入穆斯林手中。查理一统威尼斯的尝试也因此受挫。迫于情势,拜占庭承认了他的帝国,即便那已是在逾十年之后。"罗马之王"(rex Romanorum)作为统治者的头衔得到认可。

查理给人留下的是其作为一个强势的统治者的记忆:一方面强大而凶残,一方面狡猾又虔诚。作为"大帝"和"欧洲之父"——他的同时代人早已用这个称号称呼他——他之所以能肩负如此盛名,不仅是因为他坚定不移地在民众中大力推行教育和推进学术及艺术发展,他本人也能阅读并掌握了拉丁语。可惜他对写作却一无所知。尽管如此,他依然在努力寻求知识。在意大利,伦巴第最后一位国王狄西德里乌斯(Desiderius)的宫廷里居住着受过良好古典教育的神职人员,他必定也耳濡目染了那里孕育的浓厚的书香文化和法律艺术氛围。狄西德里乌斯被罢黜后,那里的神职人员又易主出现在查理的周围。查理还吸引了来自帝国其他地区的学者来到他的宫廷。例如,盎格鲁-撒克逊人阿尔昆(Alkuin)在约克郡的一所由比德的学生创立的教会学校任教,被查理邀请到宫廷里担任教师;还有爱尔兰人邓加尔(Dungal)、西哥特人奥尔良的狄奥多夫(Theodulf von Orléans)和美因河-法兰克人艾因哈德。艾因哈德为查理所写的传记受到了苏埃托尼乌斯所作的皇帝传记的影响。

当然,这个圈子最主要的事务都是围绕上帝:关于《圣经》的解释及正确的礼拜仪式。查理的神学家们致力于标准化,以及"净化"《圣经》文本的工作。除此之外,他们对经典的传承也颇有兴趣,并且远远超出墨洛温宫廷里对于古代历史的阅读。人们研究普林尼,阅读《埃涅阿斯纪》,钻研撒路斯提乌斯和恺撒的《高卢战记》,附带还研究一些计算问题。这样的传承展现了一个富有活力的圈子,其间还交替穿插着文雅或粗俗的玩笑。就像文艺复兴时期的人文主义圈子一样,人们崇拜缪斯女神,又常以古代名人打趣。

例如，广受赞扬的修道院院长安吉尔伯特（Angilbert）被称为"荷马"，而阿尔昆则称自己为"盎格鲁-撒克逊人贺拉斯"。他用伟大诗人的绰号诸如"Flaccus""Schlappohr"[1]为诗作署名。

虔诚的教徒仍得警惕来自异教徒的威胁。其中一位便是主教埃尔旺根的埃尔曼里克（Ermenric von Ellwangen），他出于对异教经典的热爱而饱受维吉尔精神的困扰。奥尔良的狄奥多夫将异教经文中所包含的真理与其"错误的外壳"进行了甄别。甚至一直对古代世界持开放态度的阿尔昆也曾因修士们让一位游吟诗人在用餐时演唱了异教的歌曲而不满，并表示："英格尔德（Ingeld）——可能是北阿尔巴尼亚部落的首领——与基督有什么关系？不过是这住所太狭小了：一山不容二虎。天上的国王不愿与堕落的异教徒，也就是名义上的国王为伍，因为永生的国王在天堂统治，留下异教徒在地狱哀叹。"对于那些伟大的罗马诗人，阿尔昆则并不那么严苛，尽管他曾经指责"维吉尔的言论不过是大肆胡扯"，并批评过一位热爱维吉尔的学生，还因为另一位学生悄悄读了维吉尔的作品而让其当众忏悔。但他一直都在主张，不要忽视世俗科学。

而那些关涉时间本质或虚无之类的复杂哲学问题则都在讨论范围之列。七艺的古老体系得到维护，并且像异教的教育一样，被纳入基督教的教义。宫廷圈子知晓荷马和西塞罗，钻研语法和修辞学，追问宇宙的规律。《无序字典》——也许是查理大帝本人支持修订的字典——以字母顺序汇总了那个时代的所有知识。除此之外，他请的作者们还收录了伊西多尔的《词源学》。然而，其中最重要的是在加洛林王朝时期，人们重新发现了亚里士多德。

几乎所有我们了解的关于古代拉丁文学的知识都得以幸存，因为抄写者的队伍延续到了查理的时代。正如阿尔昆在图尔的圣马丁修道院里敦促他的教友那样，抄书要比喝酒有益得多。彼时，书写越来越多地采用了一种新的文字：加洛林小写体，它是由古希腊罗马晚期"较新的罗马斜体"进一步发展而来。

---

1 这两个名字都是在古希腊罗马时期常用的绰号昵称，贺拉斯就曾用过此名。

一些人文主义者会认为它们是古希腊罗马时期所用的字体，因而推崇它们。为了造福后世，抄写员们越来越多地使用了羊皮纸。尽管羊皮纸的价格昂贵——单单一本羊皮纸所做的弥撒书就可能相当于一座南蒂罗尔的葡萄园的价值——并且这对于因此被屠杀的羊群来说也是不幸的，但羊皮纸比很快就腐坏的莎草纸明显更持久耐用。近代早期的文艺复兴就这样奠定了稳定的基础。有赖于此，羊皮纸的另一个优势得到了传承——大部分时候，人们都没有丢弃已经写过的羊皮纸，而是刮掉一些不再感兴趣的文字内容，然后重新在这种昂贵的皮纸上书写，如此便可重复利用三四次，甚至更多。在以这种方式而产生的"再利用羊皮纸"上面，那些被刮除的字母依然可以被解读。许多古代文献以这种方式逃脱了被遗忘的命运。

加洛林王朝的图书画师们用袖珍画装饰了抄本，它们保留了古代绘画技艺和绘画风格，对于现代画家都依然可供参考：以透视构图描绘景观，通过阴影描绘显出人物身姿。即使是大幅画作，古典的风格也凸显在纸上。例如，奥尔良的狄奥多夫在他位于弗勒里（Fleury）附近的私人别墅中就以自由艺术的呈现来装饰。此外，幸存下来的还有古希腊罗马时期的制度，包括经济生活的社会形式和实践（例如奴隶制），以及市场体系或金融管理的某些特征。人们沿用罗马的土地测算方式，使用古希腊罗马时期的政治语言来描述人际关系和秩序形式。人们也向拜占庭学习，不仅是希腊的术语，还有它的论战。一群或许也是以奥尔良的狄奥多夫为中心的学者，就圣像问题起草了包含丰富神学知识的文件，《加洛林书》[1]将支持圣像的拜占庭人批判为偶像崇拜者。幸运的是，还没有人能以此左右欧洲的艺术。

君士坦丁的罗马时期所显示出的古罗马风格有其独特性。拉特兰大教堂和圣彼得大教堂为法兰克教堂提供了样式。此外，亚琛大教堂的结构又让人联想起拉文纳的圣维塔莱，以及它们所模仿的拜占庭风格。一些由"紫色"斑岩修筑的石柱，是拜占庭统治者的标志——它们有可能是来自狄奥多里克那位于拉

---

1 "加洛林"（Carolin）一词来自拉丁文"Carolus"，即查理（Charles），因此《加洛林书》也被称为《查理书》。

文纳的破旧不堪的宫殿——支撑着它们的拱廊。查理从罗马带来了战利品，它们像帝国的遗物一样，装饰了他在亚琛的宫殿及其附属的教堂。正是这些躺在无边林深寂静中的石头的细语，将新帝王推举成为世界的皇帝，如同巴塞勒斯和古希腊罗马时期的恺撒。

对于查理周围的文化是否真的可以称为"文艺复兴"的问题，如果用"是"来作答，可以从建筑物和文献中找到论据。狄奥多夫为了庆祝查理的统治，努力绘制了一幅名为"新春天"的画作。诗人莫多因（Modoin，约770—840/843）模仿维吉尔和卡尔普尔尼乌斯（Calpurnius）的田园诗集创作了《田园诗》（*Egloga*），其中，他让一个年轻人高呼："我们的时代再次回到了古老的习俗。金色的罗马焕然一新，重生于世间。"当阿尔昆认为在法兰克王国出现了新的雅典时，他会感同身受地将之归功于基督，其智慧远胜于所有的学院。这一切都被无限地夸大了，然而可以肯定的是，查理和他的人民在文艺复兴的起源中的确占有重要地位。但是古老的传统并没有受到任何批判性质的修正，况且它实在太新、太浩大了。收集、复制和掌握的时间也耗时太久。然而，多亏了拉丁文、羊皮纸和修士们的热情，古代文学的力量在不断壮大。希腊人和罗马人精神帝国的广阔领域仍在等待被征服：几乎包含所有的亚里士多德、柏拉图，希腊物理学家、医师和自然哲学家，以及西塞罗和奥维德的著作。但至少征服的战役已经打响了。

"欧洲"的实体世界正在日益扩大，它的视野抵达了巴尔干，触及了阿拉伯文化。人们还不知道该如何使用哈伦·拉希德送给法兰克统治者的镀金水钟。但是，这样的礼物就像哈里发赠予查理动物园的阿拔斯大象一样，表明了新的文化关系——或许基于要一起对抗西班牙倭马亚和拜占庭的共同利益吧。对穆斯林来说，两位一路行至遥远的亚琛的大使并算不得特别重要，关于他们的出身鲜有提及。

欧洲国家蓝图

查理于公元814年1月28日去世后，他的尸体被安放在从意大利搬运来的晚期罗马石棺中。但古老的精神绝对没有消逝。瓦拉弗里德·斯特拉波（Walahfrid Strabo，808/809—849）是博登湖辖区内的赖兴瑙岛修道院的一名修士，他作为奥罗修斯（Orosius）的《历史》的熟知者而闻名，而奥罗修斯的《历史》可以追溯到恺撒、李维、塔西佗和苏埃托尼乌斯等古代作家。他传播了具有古典风格、歌颂友谊或自然美景的诗歌。他写的《小花园》（*Gärtchen*）是一首有关植物学的论教育诗，旨在将园丁的经验加入关于古代的阅读中。它让和风吹拂，神灵显现：生殖之神普里阿普斯、农神萨图努斯、太阳神阿波罗或"解忧者"酒神巴克斯。富尔达修道院在当地学院院长及之后的大修道院院长拉巴努斯·毛鲁斯（Hrabanus Maurus，约780—856）的主持下，发展成为一个充满活力的学习中心。拉巴努斯的图书馆是收藏古代作家的仓库，与其他加洛林王朝的修道院一样，它也证实了对搜集人文主义手稿的人而言，这里极具价值。拉巴努斯本人并不尽信书本知识，通过指导天体观测，他还写了一些科学史。

此外，加洛林文艺复兴时期还为经院哲学做好了铺垫：它作为一种科学的形式，一方面朝向过去的伟大权威，但另一方面却渗透了批判性的检验——例如通过争辩——通过教学传播了知识。爱尔兰人约翰内斯·爱留根纳（Johannes Eriugena），这位公元9世纪的日耳曼学者，成为它的先驱。约翰内斯评论了马提亚努斯·卡佩拉，并复兴了柏拉图和新柏拉图主义者赋予上帝形态的观点：在上帝的创造中展现着悬而未决的"一体"（Eine），一种兼有运动中的静态和静止中的运动的存在。约翰内斯将哲学与启示分开。他扑灭了被认为是永恒闪烁的火海的地狱之火，用内在的，即罪人的心理痛苦取而代之。他让自己保有自由意志，并以此获得尊严。他也因此与思想家奥尔拜斯的戈特沙尔克（Gottschalk von Orbais，约803—867/869）背道而驰，后者基于奥古斯丁晚期的思想，从人类的宿命到救赎或谴责，并从中得出了骇人听闻的结论：

如此一来，那么基督就没有拯救全人类。如果从一开始，人类的好坏就已被决定，那他还需要教堂吗？这位激进的思想家不得不为自己的顽固思想付出代价，他在修道院里被监禁了20年之久。

费里耶尔修道院的院长塞尔瓦图斯·卢普斯（Servatus Lupus，约805—861后）四处搜集手稿，他让人想起文艺复兴时期的人文主义者。这位也许可以算作那个世纪最重要的语言学家，一直致力于找到完整的文本，比较所有变体版本。他向圣加仑修道院院长索要撒路斯提乌斯和西塞罗的作品，向一位改善了马克罗比乌斯的文稿的抄写员表达了感谢，对波爱修斯的作品进行评述，以及寻迹苏埃托尼乌斯。他的触角一直延伸到约克及其主教座堂图书馆。这些书籍的宝贵价值使他无法向历史学家、大主教兰斯的辛克马尔（Hinkmar von Reims，800/810—882）寄送哪怕一本抄本。它太大了，大到无法藏在卡袍或袋子里，要是托付于人，又有可能激起盗窃者的贪婪。

实际上，那些时期的确是危险的。在查理的儿子"虔诚者"路易（Ludwig der Fromme，814—840年在位）的统治下，帝国的荣耀就已经消逝殆尽了。加洛林宫的权力斗争使路易的皇权摇摇欲坠。即使在他死后，查理的宫廷依然上演着手足相争。《凡尔登条约》[1]所带来的帝国分裂在公元843年留下了深深的印痕，这为很久之后帝国土地上的民族主义国家指示了方向。同年签订的《魁莱尼斯条约》更是为其地界原则画出了轮廓。它也许是最早的主权条约，是西法兰克国王与贵族和神职人员之间达成的协议，通过确定国王"忠诚地"参与政府权力而赋予其法律效力。继承的博弈游戏仅此一次使法兰克王国在短时间内团结到一起。与此同时，帝国已沦为泡影。诺曼人以及后来的匈牙利人相继进入欧洲大陆脆弱的中心地带。此外，意大利和法国南部也遭受到撒克逊人的侵袭。通常这都与战利品有关，再无其他原因。然而，欧洲的国家还是幸存下

---

1 公元843年8月，加洛林王朝皇帝"虔诚者"路易一世的三个儿子在凡尔登（位于今法国东北部）签订了这份割让国土的条约。这一条约是查理曼帝国瓦解的第一阶段，预示近代西欧国家的形成。该条约所划分的疆界，形成西法兰克王国（843—987年）、中法兰克王国（843—855年）和东法兰克王国（843—911年）三国，经过公元870年《墨尔森条约》的调整成为后来法兰西王国、意大利王国和德意志第一帝国三个国家的雏形。

来了。

最终，诺曼人被证实为能力卓越的国家建造大师。在不列颠岛上，只有阿尔弗雷德大帝（Alfred der Große，871—899年在位）领导威塞克斯王国，抵挡住了丹麦维京人的"庞大军队"。然而，通过消灭竞争对手，丹麦人在不经意间为南英格兰王国的崛起奠定了基础。阿尔弗雷德死后的几十年内，他在威塞克斯的继任者们成功夺回了被占领的土地。法兰克北部长期处于诺曼人的统治下，公元911年，"糊涂"查理（Karl der Einfältige）又将鲁昂附近区域给予他们。作为回报，他们跟随领袖罗洛（Rollo）接受了基督教信仰。

侵袭有时会推进新朝代的崛起。毕竟边境地区的豪绅巨富们是通过抵御外敌而建立功名的。在东法兰克王国，源自撒克逊的鲁道夫（Liudolfinger）家族壮大起来并建立了自己的王朝，其最重要的代表人物是奥托大帝（Otto Ⅰ. der Große，936—973年在位），他于公元955年在奥格斯堡附近击败了马扎尔人。公元962年，当奥托在罗马称帝并接受圣膏涂抹时，"奥古斯都"的头衔和徽章又重新与真正的权力联结在了一起。演讲、仪式与骑士的权力——他及其继任者们的统治时期内书写的衰落也许已经暗示了——似乎再一次超越了官僚机构相互依赖的力量。

在西部，罗贝尔家族势力凸显。加洛林王朝权力最后的阴影直到"强人"罗贝尔（Robert der Tapfere）的后裔雨果·卡佩（Hugo Capet）公爵于公元987年当选为国王才彻底消失。其家族以直接或间接的方式统治了这个帝国长达九个世纪，法国由此而来。卡佩王朝、瓦卢瓦王朝和波旁王朝都可以赞颂这位勇士抗击了布列塔尼人和诺曼人，他因此成为这个伟大帝国的缔造者。随着东方帝国发展成为选举君主制和世袭君主制的混合体，几个世纪以来，西方统治者成功地扩大了以君主制统治为基础的王权领地。在16世纪，"王家庄园"和"法国"成为相互可换用的概念。西方国王背弃了继承原则：最后出生的儿子只能得到封地，旁系如无子嗣，其封地又重回王室名下。然而，当时君主制下的伯爵和公爵的影响力在这里与奥托国王在东方帝国一样有限。

中世纪欧洲文化常被划分为阿拉伯、拜占庭和拉丁三种文化。但是，这一划分不仅忽视了犹太人和斯拉夫人的比例，也忽视了文化渗透的多样性早已不仅是边境地区的特征。在这片由路德维希的儿子和继承人之一的洛泰尔（Lothar，840—855年在位）统治的中部法兰克王国的土地上，逐渐形成了交流频繁的地区，这里的经济和文化日新月异，当然也少不了血腥的战争。勃艮第公国拥有着闪耀于中世纪晚期的璀璨文化，像布尔日、米兰、热那亚、威尼斯和佛罗伦萨等这样的商业大都市，以及瑞士联邦。海上贸易、阿尔卑斯山上的贸易通道以及莱茵河和波河等河流都促进了这一地区的繁荣。它们自身的强势和来自强大邻国的嫉妒——它们彼此不允许相互掠夺战利品——都赋予了它们高度的自主权。

在意大利，加洛林王朝最后的血统随着公元924年无能的皇帝弗留利的贝伦加尔（Berengar von Friaul）被谋杀而彻底终结。法兰克在西班牙的势力也消失了。从它的北部出发，阿斯图里亚斯王国的基督教统治者踏上了收复这一半岛的长征。他们与富有的莱昂一起赢得了统治权，并借此为自己王权命名。以后，卡斯蒂利亚开始分裂出来，并越发强大，最终强大到足以战胜利奥。于是卡斯蒂利亚-莱昂王国得以开篇。在东部的潘普洛纳附近，一个小贵族（后来的纳瓦拉国王）将自己从加洛林王朝手中解放出来，并向阿拉伯人宣战。潘普洛纳王国的一位统治者与毗邻的阿拉贡王国（原为加洛林王朝边地的边戍侯国）联姻，将其王国带向了强盛。通过与卡斯蒂利亚的联合，500年后产生了一个最初只统治着伊比利亚半岛，继而统治了大半个世界的国家。

寻迹罗马：一种理念的文艺复兴

查理大帝领导的罗马帝国不过是一个摇摇欲坠的"四分五裂的国家"。根据分析，东非政权和印度朱罗王朝的发展模式也非常适用于这个在欧洲中心不断扩张的帝国。在这些国家，其统治者只有在宫殿附近的区域内才具有实际的统治效力，对于那些遥远的地区则因为一些或多或少各自为政的权力形式而成为"仪式上的主权"。无论是查理的帝国，还是后续的朝代都没有跨越政治学家迈克尔·道尔（Michael Doyle）所说的"奥古斯丁门槛"，即从帝国扩张到守护功业的过渡时期。在此期间，周边地区也得以共享与帝国中心的成就。

将近一千年里，帝国皇冠都一直只与东部法兰克地区有关，"regnum teutonicum"（德意志帝国）的叫法也自然而然地与之相连。尽管被加冕的皇帝对他们欧洲的领土没有绝对的控制权，但他们的编年史学家仍将他们列入了古代帝王和伟大的查理家族的辉煌谱系中。神学家和法学家为他们征服了一个形而上的世界帝国。这一空中楼阁提供了更高一级的理由，不仅要用精神，还可以借助军队的力量来找寻意大利。他们的皇权中心位于罗马，对某些人来说，罗马仍然是"世界的统领和所有城邦的主人"。这个说法来自奥托大帝的孙子奥托三世（Otto Ⅲ，983—1002年在位）。也许没有哪个中世纪的统治者会像这个年轻的皇帝那样从承载帝国的罗马理念中得出如此明确的结论，尽管他和前任皇帝一样将皇权的影响力带到了北方和东方。

在罗马，大片的废墟让人想起被摧毁的伟大帝国。关于古罗马斗兽场，有人认为它将一直屹立到世界尽头。除此之外，这个曾经的超级城市并无什么吸引力。一些农民、神职人员、商人和工匠住进了教堂和残破的宫殿。只有朝圣者们还带来了一些生气和金钱。周围地区也都不安宁。它们由疟疾和为了土地与权力而纷争不断的贵族家族所统治。在罗马，甚至那圣天使城堡的老城墙，曾经的哈德良皇帝陵墓，都被用作抵御要塞。没人能实现和平，尤其是教皇，甚至是那些出身于权力争夺的氏族之一的教父也没能做到。他们中许多人都以暴力的方式在历史上谢幕，其中一个就是教皇福尔摩苏斯（Formusus）：公元897年，尽管他已经死去，他的对手却依旧对他已经腐臭的尸体进行审判。当然，消息的来源或许是有偏差的，但显示出罗马教皇的声誉已低至谷底。教皇若望十一世（Johannes ⅩⅠ）似乎是另一个教皇塞尔吉乌三世（Sergius Ⅲ）的私生子。教皇若望十二世（Johannes ⅩⅡ，955—963年在位）甚至还没有等到18岁就已当选，据说他是睡在一名有夫之妇的怀中时幸福地死去的。

在奥托三世短暂的统治期间，据说他待在江河日下的罗马的时间比任何其他中世纪皇帝都要多。他甚至在帕拉蒂尼山上建造了普法尔茨行宫。"我们的就是罗马人的帝国！"他的国师欧里亚克的热贝尔（Gerbert von Aurillac，约950—1003）大声欢呼。公元999年，奥托将他擢升为教皇。热贝尔称自己为西尔维斯特二世，同他先前的教皇同名，后者曾为君士坦丁施洗礼。这是一套程序。皇帝似乎是在热贝尔的劝谏下决定"重建罗马帝国"：对教会进行了净化和改革，包括罗马教皇制度在内，但它仍然在计划中被保留下来。奥托于1002年去世，享年不到22岁，就死于罗马城以北。由于局势的不确定，热贝尔不得不迅速离开他的城市。他对于"金色的罗马"（aurea Roma）的满腔热情与古代人文主义的浪漫并无任何关系。他的效仿对象是君士坦丁和查理大帝的基督教帝国，而不是恺撒帝国。

德意志帝国前往罗马的大军还要继续前进半个世纪。这些"世界统治者"中的许多人，甚至都没有打到圣彼得大教堂，就不得不勉为其难，在不尽如人意的地方进行加冕，例如在拉特兰大教堂。那些指责皇帝应把更多精力投入东方殖民地，而非在意大利四处游荡的人，都忽视了像中世纪加冕典礼这样的仪式的神奇力量，忽视了前帝国首都在意识形态上的重大意义，并且也忘记了掠夺高级文明向来就要比扫平森林、收服野蛮人和建立国家更具吸引力。毕竟，意大利参与了蓬勃发展的地中海经济，在加洛林王朝时代，它又与穆斯林世界的经济联系起来。丝绸、象牙、熏香和香料将意大利港口城市作为中间站。在那些日子里，大城市——即使在已经江河日下的罗马城也有数以万计的居民——赚得盆满钵满，其中包括转销贡品的生意。任何人要是期望在欧洲从政，都必须尝试控制意大利，或者至少要阻止对手这样做。然而，一个又一个世纪过去，德意志人都失败了。他们的军队通常寡不敌众，他们的敌人意大利城市贵族却资源丰富。但是，如果没有德意志对意大利的政策——其效果具有破坏性——那么"伟大的文艺复兴"最重要的前提条件之一就将不复存在。

当奥托的子民为罗马而战时，阿拔斯王朝在拜占庭的权力开始衰落，拜占庭人由此得以反攻。尼基弗鲁斯·福卡斯（Nikephoros Phokas，912—969年在位）收复了克里特岛和塞浦路斯的占领区。不久，帝国的旗帜再次在小亚细

亚和叙利亚升起。在几次战役中，保加利亚人被击败。直到1025年巴西尔二世
（Basileios Ⅱ）逝世时，拜占庭的影响力已经从意大利南部的据点延伸到幼发
拉底河和凡湖。西西里暂时仍在穆斯林手中。同时，拜占庭的信仰和文化超越
了军队为其而战的疆域，渗透到东方的城市、草原和森林之中。

树林里的基督：东方和北方国家的建立与基督教化

人们普遍推测，用斯拉夫语交流的民族起源于多瑙河以北的不同地区。
在这里和更遥远的北方，国家的胚胎沿着古老的贸易路线渐渐生长起来。来自
瑞典中部的"Saphirne"毛皮温暖了受冻的罗马女性。中世纪早期，阿拉伯的
银币甚至在斯拉夫人乡村的午夜月光下闪闪发光。那里的人民朝拜着可以喷射
闪电的多头神灵，他们惧怕巨魔和吸血鬼。成千上万的城墙和城堡提供了庇护
的场所，其中一些发展成为城市。越来越多的名字从阴霾中发出光亮：一张在
公元9世纪出现的清单精细地列出了多瑙河沿岸部落及其领地，里面包含从丹
麦边界上的奥博德里特人（Nortabtrezi），到位于黑海和里海之间的可萨人的
一百座大大小小的城堡——它们倾向于处于犹太教的统治者的统治之下。基督
教世界的东部边界，在各邦与草原之间，是伏尔加-保加利亚人的定居区域，
那里的文化受到来自中亚的伊斯兰教和腾格里信仰的影响。他们一直存续到蒙
古人统治时期，而可萨人和摩拉维亚人的王国却没有幸存到10世纪。

拜占庭的历史学家称北方为"民族的怀抱"（Schoß der Völker）。在欧洲
东部人们遇见了来自北方的"瓦兰吉人"。他们的芬兰邻居称呼他们为"罗斯
人"（Rus），这可能源自挪威语中的"ropsmen"（意为"划船的人"）。他
们最初被视为强盗，之后被招募为雇佣兵：那些高大勇猛的男人，他们将自己
构建为战士和农民的守护神，崇拜一种不断发展、斗争又陷落的宗教。他们还
建立了稳固的定居点，会前往拜占庭和巴格达贩卖皮毛、刀剑和奴隶。不久之
后，人们就以罗斯人的名字去命名那些他们进行狩猎、交易和统治的地区。随

着斯拉夫人、芬努格人和其他族人混居于此，他们渐渐成了俄罗斯民族，比较有争议的是在被称为"俄罗斯城市之母"的基辅的建立过程中，他们所占的比例。

基辅公国起初是一个个对立的小团体的联合体，在留里克家族的统治下开始形成。留里克家族是源自斯堪的纳维亚的一个王朝。国家的形成就意味着人们要按时规律地缴纳贡品：毛皮、琥珀或奴隶。基督教信仰也一如往常起到了统一作用。洗礼标志着公国开始进入欧洲权力体系：这是大公弗拉基米尔一世（Wladimir I，980—1015年在位）带来的除那数千名瓦兰吉人之外的彩礼，从那时起，这些瓦兰吉人就组成了拜占庭皇帝巴西尔二世的保镖和精锐部队。巴西尔二世将自己的妹妹安娜献给弗拉米基尔做妻子。随着弗拉基米尔的皈依，以及在第聂伯河举办的盛大的洗礼仪式之后，"拜占庭联邦"（Byzantine Commonwealth）的基石便落地了。

"智者"雅罗斯拉夫（Jaroslaw der Weise，1036—1054年在位）创立了一所神学学校，并将东斯拉夫的习俗规范总结成法律书籍《罗斯法典》，书中的某些术语和结构显示其受到了拜占庭的影响，这表明与邻近的高雅文化接触是大有裨益的。雅罗斯拉夫的继承者进一步扩充了这一法典。血腥复仇和世仇敌对的权利在古老的版本中仍然被接受，却在扩充的版本中被明文禁止，这不可不谓之为一种文明的进步。统治是通过效忠来实现的，统治者及其子民都向对方负有一定义务。由贵族精英组成的波雅尔会议只是昙花一现地赢得了影响力，且还不是在俄罗斯各个公国都有。

东欧的基督教化给因缺乏书面文字而产生的黯淡带来了救赎。拜占庭传教士发明的格拉哥里字母[1]首先是为礼拜仪式服务。俄罗斯人和其他斯拉夫民族后来使用了从保加利亚引进的西里尔字母，而自11世纪以来，古老教会的斯拉夫语发展成为一种神圣且具有文学性的语言。俄罗斯依然与古希腊-拉丁文化隔绝。即使几个世纪后，莫斯科依然缺乏开展文艺复兴的土壤，也包括创新的潜

---

1 格拉哥里字母是现存已知最古老的西里尔字母。它由圣西里尔发明，目的是把《圣经》翻译成古教会斯拉夫语。

力。基督教化的副作用是奴隶的招募范围缩小了，因为基督教规定禁止将基督徒卖给穆斯林。这也是凭此获利的基督教商人和王公们并不总是全心全意地推进传教的原因之一。此外，非洲的穆斯林统治者出于与之相反的前瞻而规定：伊斯兰教也禁止奴役自己的宗教兄弟。但对他们而言，能够得到奴隶战利品比传播先知的话语更为重要。

在波西米亚人和保加利亚人那里，统治的建立与基督教化也相互纠缠在一起。前者先是由普雷米利斯王朝领导，紧跟着是罗马，再者则是拜占庭。野蛮的匈牙利人也找到了进入西方的途径。在经历了奥格斯堡的惨痛教训和对抗拜占庭的失利之后，他们开始思考平静的务农生活所带来的优势，并定居下来。他们的大公阿尔帕德·盖萨（Arpade Géza）接受了洗礼。在公元1000年的圣诞节，斯蒂芬一世（Stephan Ⅰ）（后来他像基辅的弗拉基米尔一样被封圣）从教皇手中接过了王冠，加冕为王。

在波兰的土地上，罗马早在几十年前就已获胜。"勇敢者"波列斯瓦夫·克罗伯里（Bolesław Chrobry，992—1025年在位）先是与帝国站在一边，之后在必要时又会反抗它，并借助异教徒的后备军，最终扩大了他的王朝，即皮雅斯特王朝的影响力。有一段时间他还统治过摩拉维亚人。他又攻打了波西米亚和基辅——据传说，其加冕宝剑上的刻痕证实了这一点，他应该就是用的这把剑砍向了基辅的金门——但都以失败告终。克罗伯里，这位"博洛尼亚"最强大的统治者之一，也得到教皇的祝福，在去世前不久荣升为国王。

公元990—1050年，在挪威（也可能在丹麦），城市和王权的出现与基督教化的进程也相吻合。初期一切还笼罩着一层童话般的面纱，在这一表象下面，表面看起来基督教化、实则好战的社会轮廓显现出来。在古老的北欧萨迦[1]中，被肢解、撕咬、折磨的尸体成堆，血流成河。法玛·埃里克（Fama Erik）是当时的勇士之一，他的绰号是"血斧"，这可能表明了一种当时盛行

---

1 萨迦（saga）是诞生于中世纪时期北欧地区的一种文学体裁。"萨迦"一词原指"小故事"，后来演变成"史诗""传奇"的意思。萨迦在广义上包括圣徒传记、史书以及各类世俗小说，狭义上仅仅指传奇小说和历史小说。——编者注

的政治风格，即荣誉和勇敢被视作核心价值。一旦倒下了，勇士们最大的心愿就是在女武神（Walküre）的陪同下被送入英灵殿（Walhall）。实际上，丹麦领土的统一者"蓝牙王"哈拉尔（Harald Blauzahn，940—986年在位）最初是活跃于诺曼底的北欧海盗领袖，统治了大部分的挪威地区数年。在其位于日德兰半岛耶灵的王室宅邸中，有一块符文石碑，他自己让丹麦人皈依基督教。但与北部其他地区一样，在这里接受十字架需要征得重大集会和民众的认可。

在获得几次大战的胜利后，斯汶·加贝尔巴特（Sven Gabelbart，986—1014年在位）将英格兰的王冠带入了丹麦人中。掠夺之旅——自公元980年起，北方人又恢复了他们前往英格兰的旅途——变为了出征。通过与波兰国王波列斯瓦夫斯·克罗伯里的姐姐斯维托斯拉娃（Świętosława）结婚，他被欧洲的皇室贵族接纳。丹麦帝国被斯汶的儿子克努特大帝（Knut der Große）迅速收入囊中，其疆域包括不列颠群岛、挪威和瑞典的部分地区，但这不过是一段插曲。英格兰王冠的最终获得者是"忏悔者"爱德华（Eduard der Bekenner），他的父亲是威塞克斯人，母亲是诺曼人。瑞典，更确切地说是位于其中部和南部地区的哥特兰和斯韦兰，被无路可走的森林所隔开，这里是斯韦尔人和高特人的统治地区，终像挪威一样，开辟了自己的道路。

从公元930年开始，维京人所定居的冰岛每年都要召开用来进行类似民主决策的"阿尔廷大会"：夏至时分，那些自由的拥有土地的农民会在冰岛最大的湖泊辛格瓦德拉湖广阔的熔岩田中集会，讨论他们的事务。公元1000年的一次集会上，他们决定受洗。他们做此选择是为了扫盲，也为了与拉丁欧洲及其文化建立联系。12—13世纪中叶，这里第一次出现了卡托的引用文字，迪奥斯科里德斯的《药物论》的残篇和盖伦的医学著作。甚至在格陵兰已经有了主教当职。库藏的海象、独角鲸头骨和巨大的牛棚都让人不禁想到他拥有的财富。

结盟联姻和随之而来的礼物交换所编织的日益密集的关系网，使欧洲诸侯联合起来，也有益于形成稳定增长的交流空间。例如，奥托大帝将他的妹妹哈德维格（Hadwig）嫁给了西法兰克公爵大于格（Hugo der Große），他自己的第一次婚姻娶了英格兰公主，第二次婚姻则娶了意大利国王的遗孀。他让儿子娶了一位拜占庭公主。联姻将韦塞克斯与诺曼底联系起来，并暂时地将斯堪的纳维亚各州联合起来，巩固了他们与英格兰的联盟。瑞典国王奥拉夫·沙茨科尼格（Olaf Schatzkönig）将他的女儿英格丽德（Ingered）嫁给了基辅大公雅罗斯拉夫。就像日后一样，帝国通过联姻形成，又最终在灾难性的继承争夺战中解体。

几乎在没有受洗和加冕的情况下，许多统治者就着手建立教会等级制度。只有这样，政治和教会的独立才能保持统一。奥托三世就在访问格涅兹诺期间，授予了波兰的王公他所期望的大主教教区。匈牙利也一直感恩于奥托三世设立了格兰大主教管区，这些措施会长久有益于国家巩固和文化发展。神学的教义得以推广，除此之外还带来了——对于欧洲的未来最重要的一点——古代拉丁语的复苏。

一门超级语言的复苏

它已经变得僵硬，濒临死亡与被遗忘，在修道院的图书馆里找到了自己的休养地，干涸成羊皮纸上的墨迹，并未被讨论的气息搅动。大多时候是修辞学和语法学推动口语发展。人们用通俗的拉丁语交流，随着时间的推移，形成了大量的变体。它们是浪漫语言的树苗，逐渐茁壮生长，散发出自己的全部光芒，而与此同时，日耳曼语的习语在后来的德意志王国地区盛行：例如古老的撒克逊语、阿勒曼尼语或巴伐利亚语，这些听起来很古老的语言，是德语的前身。大多数欧洲国家都几乎不了解传统拉丁语，在英格兰的土地上更是如此。威塞克斯的国王阿尔弗雷德发现拉丁语的知识近乎消亡，以至几乎没有人可以用它来开展神职事务，或将拉丁语的信件翻译成英语。其中一个结果便是促进本地语言的写作。然而，在1066年之后，拉丁语却成为不列颠岛上神职人员和宫廷的语言。

欧洲的复调语言是由东方的希腊人和斯拉夫人，还有南方的阿拉伯人共同完成的，当然也不要忘记受过希伯来语教育的犹太抄写员们的贡献。诺夫哥罗德、巴格达和拜占庭之间的商人交流起来常常非常费劲。讲话时需要手舞足蹈，必要时干脆充耳不闻。伏尔加河上游的尤拉人只是简单地将货物堆积在一处后便先离开，直到买家将等值物放至此处并离开后，这些尤拉人才又返回来收取收益。非洲的黄金贸易通常也是如此操作的。

拉丁语处境艰难，而其他语言的发展环境良好，这背后有好几个原因。长期以来，政治道路显得尤其重要。几千年后，欧洲的语言景观仍然能清晰呈现这一点。拉丁语追随罗马军团成为欧洲的语言，也因罗马军团的撤退而失去了其统治性的地位。在博斯普鲁斯海峡上的最后一位罗马皇帝查士丁尼的统治下，它一度成为希腊东部的官方语言，查士丁尼时代的法律典籍也用拉丁语撰写。但后来，他的继任者却不得不用希腊语来评论这些法典，因为拜占庭丢失了西方，也遗忘了它的语言。只有来自强者的暴力才能强迫人们去学习一门新的语言。随着时间的流逝，爱情、友谊以及强烈的贸易兴趣和职业追求都确保了新的伟大语言的建立。西班牙人文主义者和语法学家安东尼奥·德·内布里哈（Antonio de Nebrija，1444—1522）——广泛使用的拉丁文语法词典和拉丁文-卡斯蒂利亚语词典的作者——提出了语言与国家的关联。他写道，可以肯定的是，卡斯蒂利亚语一直是卡斯蒂利亚王国的伴侣，"它们一起诞生，共同成长并繁荣昌盛"。实际上，卡斯特拉诺语最初是通俗拉丁语的变种之一，在卡斯蒂利亚崛起之后晋升为世界性语言西班牙语。每一种被广泛应用的伟大语言，一定曾是胜利者的语言。拉丁语就是其中之一。它在罗马帝国的灭亡中幸存下来，并发展成为中世纪受教育的民众中的一种超级媒介。这一事实是文艺复兴和欧洲"崛起"的先决条件之一。

拉丁语课程已经成为查理大帝教育计划的一部分。然而，仅靠统治者的命令是无法使这门已经羸弱的恺撒时代的语言复苏的。除法律之外，宗教是它复兴的最关键的助推力。帝国的语言成为教会的语言。主教座堂学校、修道院和学者们都教授拉丁语。聆听上帝的话语、《圣经》以及教父的教导都需要拉丁语知识。没有拉丁语知识，就不能正确运用礼拜仪式的规则及其产生的神奇力量，它们的运用都要求极其精确。词典被用来帮助翻译，其中最古老的，同时也是最早收录古高地德语的词典还被用作阅读《圣经》，它就是公元765年前后完成的《阿布罗干词典》（*Abrogans*），这个名字来自字典中的"Abrogans-dheomodi-humilis"一词，意为"谦卑的"。它的起源可以追溯到古拉丁语同义词的搜集，也许是在卡西奥多罗斯的生态园中修订而来。在不知其名的巴伐利亚修士们的努力下，欧洲开始了其作为翻译大陆的独一无二的伟大事业。几代人以来，拉丁语都充斥着埃利乌斯·多纳图斯（Aelius Donatus，约320—约380）的语法及由绰号"语法大师"的非洲人庞培（Pompeius）所撰写的评述。加洛林王朝时期已经有了拉丁语字母的书写艺术。贺拉斯、维吉尔或奥维德的作品，以及古代晚期的文法学家普里希安都为翻译提供了丰富的素材。

到了10世纪，对经典作品的研读热情日益高涨。因此，在弗留利的贝伦加逐渐衰弱的统治期内，掀起了受维吉尔、尤维纳利斯和拉丁语版《伊利亚特》影响的赞美诗热潮，甚至还涉及了哲学主题。博沃二世（Bovo Ⅱ）开启了这一时期。公元900—916年，他担任了科维修道院的院长，是波爱修斯著作的鉴赏家，甚至还能说流利的希腊语。圣加仑的修士——条顿人诺特克尔三世（Notker Ⅲ，约950—1022）将波爱修斯用拉丁语翻译的两篇亚里士多德的著作译成了德语。在一个由农民、猎人和战士组成的社会中，他围绕表达、抽象、逻辑学，为获取古代的文化遗产而不遗余力，试图将这种文化传达给埋首于修道院的阿勒曼尼人。《鲁奥德利布》是一部由匿名诗人用拉丁语写成的骑士史诗，推测写于11世纪中叶的巴伐利亚，其中透露出对普林尼和维吉尔具有一定的了解。班贝格本笃会的弗鲁托尔夫（Frutolf）从奥古斯丁那里得到了关于苏格拉底、柏拉图和毕达哥拉斯的知识。

语言多样性通常反映出政治上的分歧。如今，世界上7000多种语言中有许多都散布于赤道周围的温暖地区，而欧洲地区的语言只有不到100种。地理原因在这些差异中也起着重要作用。巴布亚新几内亚提供了一个很好的例子：它的居民数远少于瑞士，却分布有1000多种语言和方言。一种可能的解释是，那里的人们从古至今生活在层峦叠嶂、交通不便的新几内亚，还有部分人居于新几内亚的无数小岛上。在这里，与其他很多地方的情况一样，地理条件使沟通更加困难，而沟通是语言统一的基本前提。这阻碍了本可能平息巴比伦地区混乱的大规模的国家组建。对于科学技术进步而言，书写和言说的分裂也是一个巨大的障碍，其使得交流和讨论几乎不可能。语言多样性过大的地区向来都不是创新的区域。克里奥尔语和混杂语言无法解决问题，因为它们无法用文字描绘解释复杂的问题。

如果说欧洲在语言分布上相对匮乏，那么这也与帝国的建立有关，就如安东尼奥·德·内布里哈所思考的那样。欧洲语言地图也同样反映了国家建立的过程，这些过程在欧洲或许要比在东南亚、哥伦布时期以前的美洲或非洲显得更为关键或更为成功。为数不多的欧洲语言促进了大规模的交流；拉丁语的普及日益促进了跨越国界的精彩对话。这样就创造了一个广阔的空间，尽管它在政治上依然分裂（反过来这又被证明是形成一个创新大陆的决定性条件），却拥有共同的超级语言。

拉丁欧洲还有另一个非凡的区位优势，但直到几个世纪后才体现出来：它毗邻穆斯林的高度文明地区，那里管理着丰富的知识遗产，并且还在不断增加中。最重要的是，阿拉伯人已着手解锁古希腊的宝藏。他们还打通了通往东亚的桥梁。蓬勃发展的经济是他们能解锁这些成就的先决条件，其实力可能远超拉丁欧洲许多倍。

8. 阿拉伯的春天，拜占庭的暮夏

插图8：亚哈亚瓦希提（Yahya al-Wasiti），《哈里特在巴士拉的图书馆遇见了阿布·扎伊德》

出自：哈利里（al-Hariri），《玛卡梅》[1]，巴格达，1237年，巴黎，法国国家图书馆

---

1 "玛卡梅"意为"集会"。每逢集会便有艺人说唱故事，主人公多为富于机智和口才的落魄文人，说唱时所用的韵文即称"玛卡梅"。这种文学体裁盛行于10世纪，代表人物是哈玛达尼和哈利里。

先知的城市

随着穆斯林的征服，一个庞大的经济区发展起来，令在此之前曾出现的一切都黯然失色。先知的追随者是伟大的商人、善良的农民和熟练的技工。他们设计了先进的灌溉系统，改进了耕作方法，并从东亚引进了新植物。宗教动荡之后紧接着发生了一场土地革命。多亏了阿拉伯水利工程，安达卢西亚满是绿色植被，西西里岛成为意大利的花园。棉花、酸橙和西瓜随穆斯林一起到来。若是那时没有这些阿拉伯商人，南部闷热的夏夜将闻不到柠檬花的甜美气息。此外，自公元前3000年以来，丝绸生产技术在印度河谷和中国就已广为人知并得到了广泛传播。糖也来自这附近。有个词很好说明了这一点："sugar"（糖）的词源——"sarkara"（甜）——实际是梵文。穆斯林商人把这些可口的晶体带到西方，西方人很快就种起了甘蔗，并称之为"sukkar"。在西班牙语中，该词与阿拉伯语中的冠词"al"组合产生"azúcar"这个词，而意大利人则将其保留于单词"zucchero"中。可以说，这一个小小的单词讲述了一段史诗，记述了史前时代开始于太平洋热带岛屿，途经印度、波斯和阿拉伯国家，最终到达地中海的这段旅程。商业和技术——顺便说一句，还有诸如国际象棋之类的好玩意儿——也走了同样的道路。此时的阿拉伯人看得更远。为了解释居住在伏尔加河以北的乌格里人的贸易习俗，一位阿拉伯地理学家将其与印度洋诸岛上的香料商人的做法进行了比较。贸易和征战让阿拉伯人接触到大量的知识、艺术和文学，这些都是东方人历经数千年所积累的经验智慧。

除海上航线外，丝绸之路是远东与西方进行贸易的主要交通动脉。这个概念是19世纪的发明，涵盖了6500多千米的商队步道。它时不时地分成两三条道，抑或分支成通往南部海洋的小路。成千上万精壮的草原马匹、骡子和高耸着两个驼峰的双峰驼，在尘土飞扬的小径上承载着东方的奇观或是西方的货物。这条路带我们沿着天山山脉，经过了可怕的、被视为骆驼杀手的戈壁沙漠，终止于中国城市长安的西部市场。另一条路线则到达了韩国。所谓的"文化跨境"的概念，在这里变得清晰了：在中国将军李贤[1]的坟墓中发现了一个波斯式样的银壶，它曾经被希腊勇士——可能是在攻入特洛伊的途中——用过。

在穆斯林的世界中，梦幻般的城市从圣墓、堡垒和宅邸周围发展起来，几乎总是在古老的聚居区域内，它们的名字让人不禁联想起地毯艺术以及用彩色釉面砖砌成的清真寺。在商队、花园和宫殿随处可见的撒马尔罕和布哈拉，波斯和阿拉伯文学蓬勃发展，直到成吉思汗的到来，终结了这里所有的诗情画意。与其他地方一样，那些在阿拔斯王朝哈里发的宽大斗篷下已站稳脚跟的权贵豪绅们，通过文化的粉饰来与邻居——通常就是敌人——竞争和抗衡。他们的许多城市都有河道。主街道铺设完毕，晚上的灯笼便可与东方的明月争辉。受无数运河滋润的菲斯，发展成为北非最美丽的城市之一。它的街道铺满了鹅卵石，在夏季每天都被河水覆盖冲刷，变得凉爽而干净，其间还有20个浴场。300家磨坊在运作生产。朝圣地发展成了大都市，例如卡尔巴拉和库姆（那里有伊玛目的坟墓），或许还有纳杰夫——英雄阿里正是在这里找到了他最后的安宁。编年史史学家们赞美矗立于红海上的吉达的宏伟宫殿，称其为由驻守部队建立的巴士拉。它的辉煌甚至曾一度盖过了巴格达。在千年之交前夕，这里曾发布了一道公开书简，将阿拉伯哲学和自然科学传遍整个世界。

从戈壁滩途经中亚的绿洲和伊朗高地的道路，最终通向了波斯湾的恩波里亚：那里是农业贸易中海港和中转站的梦幻结合。大型商船队从西拉夫启航，借海风之力到达中国。在海山之间易守难攻而牢不可破的亚丁，来自霍尔木兹和西印度群岛、摩加迪沙和吉达的贸易流涌过来。游历广远的地理学家穆卡达西（al-Muqaddasi）列出了在这个大都市中交易的商品清单：阿比西尼亚奴隶、宦官、虎皮、皮革盾牌、精致的织物。在东非沿海地区，基尔瓦和摩加迪沙的黄金市场十分兴旺。在公元1000年后，蒙巴萨和桑给巴尔也崛起了。经

---

1 李贤是北周大柱国的河西公，《北史》《隋书》等史料对他多有记载，他是北周的开国功臣，做过大柱国的大将军，最后还加封爵位至"河西桓公"。1983年，在宁夏回族自治区固原县，考古人员在挖掘一座北周时期的李贤墓时，出土了一只样式奇怪的玻璃碗。经过专家的考证，这只怪碗竟然不是国产的，是个纯正的进口货，来自当时的伊朗地区。

由这些地方，奴隶、加纳的黄金、象牙和红树林木都被带到了亚洲和信奉基督教的欧洲地区。红海作为贸易区的重要性日益凸显。埃及成为两大洋之间的集市，是东方和西方帝国的商业中心，千年之交的亚历山大港是一座拥有百万人口的大都市。

通常，所有的荣耀都取决于指挥官的权力和金钱。凯鲁万是伊斯兰教法学的中心，在法蒂玛和齐里（Zirids）的统治下度过了它的鼎盛时代，阿勒颇则在塞夫·道拉（Saif ad-Daula，945—967年在位）的统治下经历了它的鼎盛时代。白益王朝的阿杜德·道拉（Adud ad-Daula，945—983年在位）在设拉子建造了一座图书馆宫殿，该宫殿拥有360个房间，每间房间配备了通风系统，里面装满了书籍，被花园和湖泊环绕，是藏书家们心目的"圣杯"[1]。加兹尼的辉煌则要归功于苏丹马哈茂德·伊本·塞布克蒂金（Mahmud ibn Sebüktigin，997—1030）。虽生而为奴，他和他的奴隶大军却征服了一个从伊朗高原一直延伸到印度北部的庞大王国。他烧杀掠夺而来的战利品被用于缝制镶金长袍，以及资助诗人和学者，例如地理学家及天文学家比鲁尼（al-Biruni，973—1048），这些人以教育的耀眼光辉擦亮了马哈茂德的政权。波斯诗集、史诗巨著《列王纪》的作者波斯人菲尔多西（Firdausi）是波斯最伟大的人文学家之一，他也曾短暂驻留于此。在喀喇汗王朝的大都会喀什出现了一本宣称含有"能带来幸福的知识"的教义诗集《福乐智慧》，它被誉为最高文明的文献，可以说是远远早于巴尔达萨雷·卡斯蒂利奥内（Baldassare Castiglione，1478—1529）时代的《廷臣论》。

所有伊斯兰城市中最重要的是巴格达，但巴格达对这些地区的管辖权力已不存在。在市中心，宫殿的圆顶映照着天空。哈里发们会在某些场合穿上先知的黑色长袍，臣民为他们狂欢，历史学家和诗人赞扬他们，将他们类比伟大的波斯国王或亚历山大大帝那样的世界统治者和末世的正义执行者。一周之内在这里书写的历史甚至可能比在加洛林王朝一年内书写的历史都多。围绕在统

---

1 传说为耶稣在最后的晚餐上用过的杯子，可实现持有者一切愿望。这里用来比喻渴望但永远得不到的事物。——编者注

治者身边的宝藏甚至使拜占庭的使者们目瞪口呆，或许他们也完全沉醉于这金子的耀眼光芒中。在哈里发的城市，曾有一位歌颂享乐、美酒和爱情——尤其是在同性之间的爱情——的宫廷和城市诗人叫阿布·努瓦斯（Abu Nuwas，756—815），他甚至还嘲讽过《古兰经》。这里也是《一千零一夜》童话故事的发生地。这些故事或许起源于印度，并受到其他故事的丰富滋养，先是通过波斯语，然后是阿拉伯语的译本一路传到巴格达的。航海家辛巴达的故事反映的是商业社会里人们对旅行和冒险的渴望，以及美索不达米亚贸易网络的重要性。实际上，阿拔斯人甚至与唐朝建立了联系。通过商队路线以及幼发拉底河与底格里斯河，他们的帝国与地中海、中亚、中国以及印度洋周围蓬勃发展的经济区相连。正如那时的人曾写道，巴格达是"世界之港"，甚至有俄罗斯的商人前来。"这就是底格里斯河，我们与中国之间没有阻隔，"曼苏尔曾看着这条绕过"和平之城"的河流如是说，"海上的一切都可以经由它而到达我们这里。"据说在10世纪，这座城市已拥有150多万居民。穆卡达西曾赞美在它"那里充满了谈吐不凡、举止高雅之人"，"那里的风是和煦的，科学是顶尖的。那里有着一切的善与美"。他总结说："人人心向往之，所有的战争都与它绝缘。"

在智慧宫

哈兰，约公元860年。阿布·哈桑·塔比·伊本·库拉（Abu l-Hasan Thabit ibn Qurra，约836—901）是阿拔斯王朝中正在没落的古代异教徒世界里的最后一批商人之一，他出生较晚，在今天土耳其的某个东南部城市以货币兑换商的身份谋生。他来自起源于古代美索不达米亚的萨比教徒[1]宗教社区，他

---

1 萨比教产生于公元1—2世纪的哈兰，是一种在原始宗教基础上形成的而又延续至今的小宗教。与一神教的基督教和伊斯兰教不同，萨比教是多神教，除了崇拜真主，萨比教徒还崇拜精神、星辰、偶像，因此有曼达派、拜星教等异称。

们崇拜太阳、月亮和行星，并把灵魂视为恒星的推动者和人与神之间的中介。哈兰是前往小亚细亚、叙利亚和美索不达米亚的重要商队的路线交会之地，这里保存了来自古老东方的神秘智慧：魔法技艺、炼金术的秘密，还有亚历山大港的科学知识。塔比热爱数学，喜欢研究古代的伟大学者，以及翻译。叙利亚语是他的母语，此外他还掌握了阿拉伯语和希腊语。在奉行世界主义的哈兰，语言技能对于像他这样的商人来说是必不可少的，因为需要巧舌如簧地讨价还价。一位富有的哈里发宠臣穆罕默德·伊本·穆萨（Muhammad ibn Musa）发现了塔比的语言天赋，并将他带到巴格达。塔比对此一定感到很幸运。

他父亲的信仰并未成为他的障碍。在用叙利亚语写成的《异教信仰辩护书》（*Buch der Verteidigung des Glaubens der Heiden*）中，他直截了当地承认了叙利亚语言中的"安息日传统"，并用引人注目的措辞概述了一个基本事实。"我们是异教徒的继承人和后代，"他如此写道，"如果不是这些异教徒的首领和国王，谁给世界带来文明，并建立了城邦？光荣的异教徒建立了所有这些东西。他们发现了能治愈心灵的艺术，使世人知晓了他们的身体疗愈之术，并使世界充满民间机构和世间最伟大的东西——智慧。没有他们，世界将一片空白，积贫积弱。"塔比是对的。没有亚里士多德和柏拉图，没有盖伦和托勒密，就不会有我们所知道的伊斯兰文明，也不会有现代欧洲的文明。像塔比这样的语言大师却从未被任何一本历史书提及，若没有他们，这些传统的大部分内容将对西方始终大门紧闭。

于是，他来到了富裕却四分五裂的巴格达，科学本应在此处找到一个舒适的栖身之所。阿拔斯王朝的哈里发将自己视为萨珊王朝统治者"众王之王"的继任者。他们试图整合新近被征服的帝国疆域，其中一个方法是利用基于琐罗亚斯德教义而建立的波斯伟大国王的意识形态。在他们看来，整个希腊文学都是琐罗亚斯德教经典作品的组成部分，但后者实际上是波斯的遗产。在曼苏尔的统治时期，亚里士多德和其他人的作品开始被翻译成阿拉伯语。对于塔比这样的能力佼佼者，取得成就自然不在话下。

在他开始翻译时，文字背后还有蜿蜒曲折的路要走。在穆斯林的征服下，美索不达米亚的西部和东部连成一片，这些地区以前曾属于拜占庭和萨珊帝国。然而，整个地区受到希腊的影响已有千年之久。不遵从《迦克墩信经》[1]的基督徒，聂斯托利派和基督一性论者，甚至部分任职于学院的哲学家，都在萨珊王朝找到了庇护。除了哈兰和默尔，摩苏尔和贡德沙布尔等修道院和城市也越来越引人注目，许多聂斯托利派人在那里当医生；在尼西比斯，他们似乎已经开始给犹太教的学生授课。国王库思老一世（Großkönig Chosroë Ⅰ，531—579年在位）自己就是关于亚里士多德逻辑学和天文学著述的作者，他甚至将中国和印度的学者引进自己的王国。他曾说："我们从未仅仅因为他属于另一个宗教或另一个民族就拒绝过任何一个人。"将希腊文字翻译成西罗阿拉美语是该地区一个具有悠久历史的传统。来自尼西比斯的主教塞维鲁斯·塞伯赫特（Severus Sebokht）在叙利亚北部的钦内斯林修道院发起了另一次翻译运动。在大马士革，倭马亚人依照拜占庭模式建立了管理机构，因此他们也具备语言能力。

和塔比一样，许多人响应哈里发的号召，迁至巴格达。这样一来，来自希腊及包括印度在内的东方的那不可估量的知识变得触手可及了。这激发了在巴格达与撒马尔罕、大马士革、开罗和安达卢斯之间进行的伟大对话，并得以在中世纪的欧洲继续。阿拉伯语在拉丁语地区的最西端也具有类似的功能。当人们在拜占庭为圣像和教条争论不休，并极力压制异教徒之时，阿拔斯王朝——与倭马亚王朝不同——却在大力发展世俗主题的著述研究。在曼苏尔继任者的统治时期，把伊斯兰教变为被征服民族联盟基础的愿望就已经发挥作用。亚里士多德的《论题篇》成为翻译运动的开端绝非偶然，它对于神学的论证相当有用，尤其面对基督教徒或摩尼教徒时。另外，穆斯林神学家很早便反对与《古兰经》相矛盾的亚里士多德的宇宙观。在这个过程中，他们还可以在基督教评论家——例如亚历山大港的柏拉图主义者约翰·菲洛波努斯（Johannes Philoponus）——那里寻求支持。

---

1 公元451年，在迦克墩举行的第四次基督教大公会议上制定了该信经，确立了关于基督论正统的准则。它与《使徒信经》《亚他那修信经》《尼西亚信经》并称为基督教四大信经。——编者注

建立于阿拔斯王朝早期的"智慧宫"，是巴格达一座宫殿式图书馆和档案馆，记录了长达两个世纪之久的伊朗历史。巴格达与唐朝的长安并驾齐驱，成为当时科学的世界中心。在巴格达发生的翻译运动是史无前例的。不仅仅是哈里发及其家族成员作为资助人参与其中，就连朝臣、贵族、秘书、军人和学者都加入了。人们首先是将阿拉米语、希腊语、巴列维语以及波斯语翻译成阿拉伯语。最初用梵文撰写的作品绕道流传到了波斯。翻译使者们必须得购买手稿，招募学者，其中就包括我们之前提到的塔比。他以与最高官员持平的薪水，翻译所有交到他手上的文稿，其中包括数学著作，例如欧几里得的《基本原理》和托勒密的《天文学大成》。此外，他还写了对亚里士多德的《物理学》的评论和算术入门。他还改进了《天文学大成》的翻译，此前的版本由会多门语言的内斯特的胡纳因·伊本·伊沙克（Hunain ibn Ishaq，808—873）翻译，后者同时也是一位爱好葡萄酒、每天都要喷涂香水的花花公子。自动化装置制造者亚历山大的海隆、阿基米德、植物学家迪奥斯科里德斯和盖伦（医生的祖师）都拥有他们的翻译员。后者的著述也由胡纳因翻译。

困扰着巴格达学者的"神秘"学科——例如魔法、风水学、炼金术等——与阿拉伯人所说的"离经叛道"的科学并无根本矛盾。毕竟，他们试图破译到底是什么将世界凝聚在一起。现代的粒子物理学所做的与之并无大相径庭之处，尽管方法并不相同。此外，魔法或巫术的知识也极大丰富了实践操作程序。跟在能预言未来的占星术之后的便是天文学实践。马蒙在巴格达附近建了一个天文台。预见未来并证明阿拔斯王朝政权具有历史必然性——莫非与上帝给出的星空线索不符吗？——为观星研究提供了坚实的基础，此后还出现了有理有据的"科学"的认知。人们着眼于应用实践，于是构造了一些工具，例如公元994年在德黑兰附近的雷市竖立的大型六分仪。艾哈迈德·巴努·穆萨（Ahmad Banu Musa）收集了一系列"聪明的发明"，包括100多种机械玩具和自动装置。亚历山大的海隆、拜占庭的菲隆（Philon）和半个亚洲的手工制作者都提供了很多创意。此外，还有巴努·穆萨也提供了他自己的想法。加扎里效力于东安纳托利亚的统治者，他代表了当时发明潮的高峰。他设计了水驱动的钟表（附图1）、自动音乐播放机和泵，工具仅仅用到了锥形阀、水龙头和曲柄。尽管尚不清楚这些想法是否都被付诸实践，但一个机械的时代似乎正在到来。阿卜杜勒·拉赫曼·查齐尼（Abd ar-Rahman al-Chazinis）的机械与静水力学知识的百科全书在12世纪时实现了理论和技术的统一。伊本·库泰巴斯（Ibn Qutaiba，889年去世）基于古希腊关于土木建筑的著述而撰写的书籍，涉及从土地测量到建筑、从驯鹰行猎到畜牧业的各个主题。

丰富的历史书写有助于提升哈里发的声望。在收集和阐释《圣训》的过程中，对出处源头进行批判的思维也得以实践。它们传播着穆罕默德的言语和行为，为生活方式和司法裁决提供指导。精美的文学作品也被大量翻译，例如爱情诗和童话故事等。一个著名的例子是寓言集《卡里来和笛木乃》，旨在向统治者传授生活和智慧的道德，以及马基雅维利式的执政之术。它源自印度，一路经波斯来到叙利亚和巴格达，并在那里被翻译成阿拉伯语，它的希腊文版本则开辟道路去了意大利。其翻译版本总计达到450个之多。

阿拉伯语的翻译产生了越来越复杂的文本。"古代科学"（ulum al-awa'il）自此进入了话语讨论。人们并非简单地抄写，而更多地将之运用于创造性和批判性的过程中。柏拉图的对话录是通过总结归纳而闻名于世的。早在10世纪，东方的学者就已经修订了亚里士多德的大部分著作，还附注了自己的观点。叙利亚的科斯塔·本·卢卡（Costa ben Luca）在中世纪被广泛研究的著述《论思想与灵魂的差异》就是一个很好的例子。可以如此学以致用的先决条件是宗教事务上的公正公开，是塔比·伊本·库拉在首都大力倡导才使之成为可能。诸如科斯塔这样的麦勒卡派基督徒，以及聂斯托利派基督徒和琐罗亚斯德教徒都与穆斯林和犹太人并肩工作。阿拉伯人通过萨迪亚·加昂（Saadia Gaon）的翻译认识了《圣经》。而托勒密和希波克拉底语录等一些文本得以幸存流传，则要归功于犹太翻译家所付出的辛劳。

世界的学生，欧洲的老师

弗朗西斯·培根（Francis Bacon）在17世纪时曾说过："我们拥有的科学主要来自希腊人。"他的话是正确的，但这不意味着罗马、阿拉伯或其他地方的作者予以补充的东西没什么意义。"阿拉伯人"（我们用他们书面的语言来称呼他们）绝不只是希腊思想的中介。他们以亚里士多德的视角去讨论理智、灵魂、思想和生活，并反思上帝和宇宙。在对希腊人的批判性讨论中，他们发展出了自己的哲学。亚库布·金迪（Yaqub al-Kindi，约800—837）在遵循《古兰经》教义的前提下，尝试综合柏拉图和柏拉图主义视角下的亚里士多德。这位第一个穆斯林哲学家涉猎广泛，包括医学、数学、光学，甚至香水和剑的制造，几乎没有遗漏任何一个领域。还有那位被称为亚里士多德之后的"第二位大师"的阿布·纳斯尔·法拉比（Abu Nasr al-Farabi，约870—950），他的兴趣也远远超出了对此前既有发现的综合。他的百科全书式的内容编排与主流希腊体系相对应。他受柏拉图的启发而提出的理想国家理论，是第一个研究启示性宗教及神权对政治秩序所带来的后果的理论。他遵循一种严格意义的科学概念，比如将医学排除在外，因为它不具备可验证的原则。

但是，医学仍然是阿拉伯人最具代表性的学科之一。最著名的代表人物之一是阿布·伯尔克·拉齐（Abu Bakr al-Razi，865—925/935），他出生于波斯的雷伊（Rayy），曾在巴格达长期工作并担任医院负责人。他的《医学集成》（现存版本共23卷），与希腊、叙利亚和印度医学知识具有明显的区别，并提供了大量基于实践的观察数据。拉齐是第一个能分辨麻疹和天花的人。他认识到身体与心灵的关联。此外，他还被认为是硫酸和烧碱的发现者。他是第一个描述石油提纯工艺的人，这项工艺将在未来为他的家乡带来幸福，同时也带来毁灭。他丰富的行医经验使他能够纠正医学之父盖伦的理论，远远先于拉丁欧洲人的尝试。那时的人用"拉泽"（Rhazes）这样一个阿拉伯语变体的词语来称呼他，但这并不是他成为中世纪最有趣的哲学家的原因。伟大的提问者苏格拉底被他推崇为领袖型人物。受柏拉图及柏拉图主义者的影响，他将造物理解为由永恒之神创造的永恒原子的秩序，而将神的灵魂赋予视为爱与恩典的行为。人通过自己的理性来分得神性，可以自由决定自己的命运，决定喜爱还是排斥较低等级的物质。但是，这些观念并没有使他最终成为一位修士和反对与身体敌对的禁欲主义的辩护者。拉齐眼中的苏格拉底是一个"丰富"的、兼具美好与令人愉悦气质的男人——按雅典人的原型来说则是一个千杯不醉的酒徒——因此他也成为中世纪哲学人类动物园中极为罕见的生物。

作为异教徒，拉齐对启示性的宗教表明了极端的态度。据说他在一次争执中曾说："一个人怎么能既是哲学研究者，同时又相信那些传说故事，且对这样的矛盾感到满意，还坚持陷于愚昧无知和盲目的模仿呢？"《古兰经》绝非奇迹；有成千上万的作品比它更加通顺、精确，更加善于用雄辩与优雅的押韵散文来表达。它充满矛盾，对于任何事物都毫无价值或给出任何证据。拉齐真的这么说过吗？毕竟，当时，据推测在穆斯林范围内，就出现了"三个骗子"的故事：摩西、耶稣和穆罕默德，他们通过所谓的启示和诡计假扮成先知。这个负面版本的莱辛（Lessing）的"戒指寓言"自13世纪以来一直在欧洲被传阅。除此之外，这个故事还进入了薄伽丘的《十日谈》。在当时，没有人比书的匿名作者对宗教的批评更为激烈。

正如阿拔斯宫廷的某位学者所称赞的那样，与"精彩绝伦"的希腊智慧相遇，给阿拉伯人留下了深刻的印象，以至他们从自己钦佩的人物那里接受了"哲学"一词（在阿拉伯语中它变成了"falsafa"）。这个词的意思是新柏拉图式和亚里士多德式方法论的混合体，因此不可能总是与神学形成鲜明的界限。然而，经典著作的权威并没有使阿拉伯读者盲从。人们不只是注意到埃拉托斯特尼对地球周长的计算，还对其进行了复核。他们不仅惊叹于托勒密的天文学，还去验证了他的数据，并在许多细节上得出了更精确的结果。阿卜杜勒-拉赫曼·苏菲（Abd ar-Rahman as-Sufi，903—986）极大地改善了《天文学大成》中的星表，将它译成了拉丁文，为数百年来的西方天文学奠定了基础。阿拉伯数学家讨论的问题直到现代依旧有人关注，活跃于开罗的阿布·伊本·海瑟姆（Abu ibn al-Haitham，965—1040）的光学发现直到开普勒时代依然是先进的。拉丁人之所以把他称作"阿尔哈曾"（Alhazen），是因为他做了一系列引人注目的实验。一位叫阿里·伊本·查拉夫·穆拉迪（Ali ibn Chalaf al-Muradi）的发明家设计了一种齿轮水表，而比鲁尼绘制了专门的比重数据表格。在他与伊本·西那（Ibn Sina，约980—1037）的通信中，他还质疑了亚里士多德自然科学的公理。他认为天体的轨道并不一定是圆形的——正如开普勒在17世纪证明的那样——它可能类似于椭圆形。

伊本·西那生于布哈拉，他的拉丁语名为"阿维森纳"（Avicenna），是中世纪最重要的博学学者之一。他印满2万页的《医典》对严格系统的医学知识进行了总结，引起了广泛的讨论。这本书直到1680年之前都是萨拉曼卡大学的教科书。除他之外，阿拉伯医生的其他成就也非常突出。在眼科、外科手术、药学领域，都涌现出大量专家。他们用牛骨头制作假牙，知道酒精的消毒作用和鸦片的麻醉作用，并将其应用于手术中。医院通常都配备了图书馆，那里不仅是治疗场所，还是研究和教学场所。

伊本·西那提出了一门独立于启示性宗教的科学。在被他认为是自然哲学的占星术和基于数学的天文学之间，他画出了一道清晰的分界线。他以法拉比的理论为依据，将真主安拉从一个对其造物说话并具有特别特征的人，转变成一个抽象的原则。在他看来，上帝是一种存在，其本质与具体实在是同一的，它自己就是必要性本身。偶然性仅在人类世界中才有其位置。

但是，与拉丁欧洲不同，伊本·西那等人提出的理念既没有发展出完全世俗的科学，也没有发展出完全世俗的哲学，尽管优美的文学受到高度赞美，高雅和都市风格都被认为极具社会价值。极其保守的逊尼派法学院的创始人艾哈迈德·伊本·罕百勒（Ahmad ibn Hanbal，780—855）认为，即便是凯拉姆学（kalam）[1]这种试图用辩证法来建立信仰的基础并捍卫信仰不受其他教义攻击的思辨哲学，也经常遭到不信任和拒斥。那些反对信仰奇迹、伊斯兰教和所有一般宗教，并坚持自己的人类起源论的怀疑论者，仍然处于边缘地位。然而，

---

1 即伊斯兰教义学，"凯拉姆"是其音译，在阿拉伯语中意为"说话"。它是一门将伊斯兰哲学的训练方法用于探讨伊斯兰神学议题的学问，试图通过辩论与讨论的方式来寻求神学知识。

在公元9世纪，一种被反对者们称为"穆尔太齐赖派"（mutazila）的理性主义潮流发展起来。与基督教学者相似，穆尔太齐赖派主义者——这些"与世隔绝的人"——强调理性的独立，而没有质疑信仰的真实性。然而，在反对者看来，那些似乎限制了安拉的无所不能的观点都是异端，例如：安拉是完完全全的正义，不能将任何正义之士送入地狱；《古兰经》是真主创造的，因此并非永恒。哈里发马蒙和他的两个继任者曾试图用暴力将穆尔太齐赖主义神学提升成为一种国家主义。一些不遵从者被处以极刑，例如坚持《古兰经》传统教义的伊本·罕百勒遭受了酷刑。尽管如此，马蒙时代的伊斯兰国家依然是希腊学术火炬的真正传承者。哈里发身边的人都认为，在信仰基督教的拜占庭人的庇护下，对三位神的信仰非常荒谬。他们甚至创造出神话般的阿拉伯人祖先卡赫坦（Qahtan），即爱奥尼亚人的祖先郁南（Yunan）的兄弟，从而直接将希腊人变成了阿拉伯人。这样一来，希腊人那璀璨的科学就获得了阿拉伯血统。

底格里斯河上的翻译之火在千年之交渐渐燃尽，可此时的巴格达依旧是一个书之城。伊本·西那讲述了他与法拉比的《形而上学要义》的首次相遇，让我们得以一窥那里的阅读世界。一天下午，他漫步在底格里斯河东岸的书商区，一个叫卖者以自己急需钱为由而对此书进行特价处理；叫卖者一直骚扰着这位学者直到他答应买下……这样的景象在千年之交的任何一座欧洲城市都不曾出现过。在穆斯林的世界中，从安达卢西亚到中亚腹地的每个主要城市都有图书馆，许多当地的统治者也都大力推进科学发展。据说有一位书迷拒绝担任萨曼王朝的大臣，其理由仅仅是因为他需要400头骆驼才能把他的所有藏书运至布哈拉。该王朝的宫廷也提供了赞助：盲人诗人鲁达基（Rudaki，858/859—940/941）曾做过一段时间的宫廷诗人。凭借其诗歌以及对《卡里来和笛木乃》的翻译，他成为"波斯诗歌之父"。

法蒂玛王朝统治下的开罗从巴格达手中接过了科学和文学中心的角色。在中世纪的欧洲，没有任何地方在宗教事务上能如此开放。需注意的是，如此的包容度有其明显的经济原因：铁和木材是所有能源都不可或缺的原材料，只能从北方的贸易商（例如意大利商人）那儿采购。公元979—991年，犹太裔的大维齐尔[1]亚古布·伊本·基利斯（Yaqub ibn Killis），以文艺复兴时期资助者的姿态主持着法蒂玛王朝的国务。他改信伊斯兰教中的伊斯玛仪派之后，在开罗的爱资哈尔清真寺（al-Azhar-Moschee）建立了一个"伊斯兰学校"（medrese），这是一所开设神学、法学和医学的大学。当开罗的基督徒庆祝主显节或复活节时，穆斯林也会加入其中，欣赏杂耍和皮影戏的表演。法蒂玛王朝的哈里发哈基姆（al-Hakim，996—1021年在位）在他的宫殿中建造了一座名为"科学宫"的图书馆，与巴格达的"智慧宫"相呼应。据说，随着时间的推移，它的藏书量已达成千上万册。其中用以计算确定行星位置的《哈基姆星表》，就旨在怀念这位伟大的科学资助者。

但在哈基姆的统治下，开罗的轻松日子结束了。哈里发给他的人民下达了法令，禁止饮酒，谴责烹饪美食，例如广受欢迎的扇贝。女人的脸必须藏在面纱后面。最终，基督徒和犹太人被迫佩戴带有侮辱性的标志——木制十字架和小铃铛。1009年，哈基姆下令拆除了基督教最重要的圣地之一——耶路撒冷的圣墓教堂。1021年，当他在某天夜里外出未归时——据推测他被谋杀了——伊斯兰教再次被"驱逐"。从他的追随者中发展出的信仰团体德鲁兹派（Drusen），至今仍然在黎巴嫩繁荣活跃。

初次接触

西方修道院图书馆里通常只有几册手抄本，而东方的书籍帝国凭借其有时可达数十万册的藏书远超西方。仅中国的皇宫就拥有近乎如此大规模的知识储备。巴格达在公元9世纪时据说有100多家图书制造商。同时代的伊本·阿拉比（Ibn al-Arabi）以老师和咨询官的身份赞誉书籍："如果你说它们是死的，那你不必为撒谎而负罪；如果你说它们是活的，那也没说错。"在阿拔斯王朝，

---

1 苏丹以下最高级的大臣，相当于宰相的职位。

一切都比欧洲更庞大、更宏伟、更强大，甚至连思想也变得更加敏锐，肆意翱翔。通过与希腊和印度的对话，穆斯林学者发展出高级的数学知识。经过数百年的发展，它已经超越了亚历山大港的学院的演算能力。在伟大的数学家中，阿布·穆萨·花拉子密（Abu Musa al-Chwarizmi）无疑是最伟大的。他的名字就是"算术"的代名词，他的其中一本书的书名就是来自"代数"一词。在他共计约820本著作中，《印度数字算术》是讨论印度人数字系统最古老的文本，后来阿拉伯人对它进行了半个多世纪的研究。多亏了他，十个数字光荣地成为"阿拉伯"数字。十进制以最初只有九个数字的规模，在黑暗的时代开启了其世界性的伟业。许多文化——中国、埃及和希腊——都知道如何实现十进制。毕竟，十根手指是人类常用的数数道具。但是还需要精巧的换算人来帮助这个系统发挥其全部潜力。在东方，这个角色就由印度天文学家和数学家婆罗摩笈多（Brahmagupta，598—665）肩负起来，他是数字"0"的发明者。这一发明取得了空前的学术成就：既是代表虚无的符号，同时又隐含着无限！

　　当阿拉伯的科学行至顶峰之时，拉丁欧洲的古代又身在何处？在这里，传统的潮流变得涓细，虽未完全枯竭。经典作品更多是作为教科书，而不是作为学术论证的激励素材。当女牧师赫罗斯维塔（Hrotsvith）在她的甘德斯海姆修道院内用泰伦提乌斯的喜剧风格创作阅读书斋剧（Lesedramen）[1]时，却并不是出于对这位诗人的文学艺术的热爱——对这位诗人来说，人身上没有什么好奇怪的——而是出于对其剧作里松懈的道德所感到的切实沮丧。在诗人维克多·冯·舍费尔（Victor von Scheffel，1826—1886）那里，人们至少描绘出一个修道院的故事场景，好比圣加仑僧侣埃克哈德（Ekkehard）与美丽的施瓦本公爵夫人海德薇（Hadwig）一起在霍亨特维尔研读维吉尔的作品，而此刻的黑高（Hegau）则和博登湖一起陷于雾霾中的晚霞。

　　维罗纳的柳特普兰德（Liutprand von Verona）与众不同，他会说希腊语，通晓拉丁语经典作品，作为奥托二世（Otto Ⅱ，973—983年在位）的大使，他

---

1 仅供阅读而不适于上演的文学剧本，又称案头剧（Closet drama）。——编者注

住在拜占庭，其关于拜占庭的报告却满是讽刺的描述，已经偏离了文档记载的范畴。然而，拜占庭与拉丁欧洲之间的关系仍然密切。帝国城市的文化闪耀了数百年，覆盖到大陆边缘。紫色的丝绸、象牙雕刻、书籍插图、风俗礼仪、雕像以及教堂建筑都在提醒它的存在。教皇在博斯普鲁斯海峡的职责由一个常驻教皇使节（apocrisiar）。

在奥托王朝的统治下，人们所知道的关于古希腊罗马时期的知识少之又少，几乎不足以支撑称之为"奥托尼亚文艺复兴"。但一个叫作冈佐（Gunzo）的意大利执事的努力被记录了下来。从撒路斯提乌斯、维吉尔、贺拉斯到尤维纳利斯，再到柏拉图的《蒂迈欧篇》以及亚里士多德的《修辞学》，他似乎为奥托一世建立了一个完整的经典书目图书馆。即使是声名远播的奥托尼亚式书籍插图，也只对古希腊罗马时期浅尝辄止。然而在奥托尼亚帝国的北部却可以看到对古希腊罗马时期形式的反映。主教希尔德斯海姆的伯恩沃德（Bernward von Hildesheim，约960—1022）非常了解罗马，他下令建造一个青铜柱，这不禁令人怀想起古代的胜利柱——虽仅限于形式上的相似。它上面的雕塑描绘了耶稣生平的场景。甚至我们之前已经提到的皇帝奥托三世的老师和顾问欧里亚克的热贝尔，都不足以被视作奥托尼亚文艺复兴时期的重要见证。他所了解的古代不过是加洛林王朝的宫廷文化。他学习和教授的东西仍然仅限于自由七艺的课程。尽管如此，他依然作为知识的传承者而颇具意义。

在十字军东征那个躁动的时代，格伯特（Gerbert）被看作浮士德博士那样的人——一个据说拥有金属脑袋，只懂得用"是"和"否"来回答问题的巫师。还有人说，他曾在异乡居留，去过科尔多瓦、塞维利亚，甚至一路行至摩洛哥，以掌握巫术。据说圣彼得宝座就是他在女妖的帮助下完成的，而根据另一种传说，是通过与魔鬼玩骰子游戏获胜赢来的。实际上，他对占星术很感兴趣。因此，他给自己买了一份《占星术》（De astrologia）的手抄本，这是以马库斯·马尼留斯（Marcus Manilius）的名义所写的一首古老的教育诗。格伯特到异乡旅行的传言背后，据说是巴塞罗那公爵伯瑞尔二世（Borrell Ⅱ）的推动，使他得以在深受阿拉伯和拜占庭文化影响的加泰罗尼亚学习。很可能就是在那里，他了解到自古代以来就几乎被人遗忘的"算盘"技艺。他也提及了阿拉伯数字，尽管只有九个。在兰斯的主教座堂学校里，他展示了一个木制的宇宙模型，是一个大约按照阿拉伯样式建造的浑天仪。

安达卢西亚在当时是欧洲的文化心脏，而安达卢西亚的心脏是科尔多瓦。即使到了今天，这座曾经拥有数十万居民的大城市还保留着东方神韵的风貌。粉刷得雪白的房屋，许多都带有爬满天竺葵的阴凉露台，可抵御夏季高温。在纵横交错的小巷之中，在瓜达尔基维尔河的上方，耸立着被棕榈树和橘子树覆盖的梅斯基塔大教堂建筑群。它的建造跨越了千年。在其下方和内部是罗马神庙和西哥特教堂的遗迹，这两个重要文化层的遗迹构成了安达卢西亚更为深远的根基。在格伯特所处的时代，这个用马赛克、刻字和浮雕装饰成的，以及一个光线和色彩交相呼应的广场组成的建筑奇迹即将竣工。在内部的微光下人们会穿过一片石柱森林——应该有856根——再穿过马蹄形的拱门，直到一座明亮的文艺复兴时期的教堂毫无预料地在眼前敞开，它是后来卡斯蒂利亚战胜穆斯林的象征。

当伯瑞尔公爵谈判代表团这样的外来游客参观科尔多瓦郊外的宫殿城麦地那扎赫拉时，这个"光芒万丈之地"一定会令他们目不暇接。在三个露台的上方延伸出去的是行政大楼、池塘、浴场和灌满水银的水槽。哈里发宫殿以玉柱支撑，柱头还镀着金。黑色和白色的乌木和象牙装饰内部。该住所是倭马亚政权的丰碑，也是远方的巴格达抵抗阿拔斯竞争的文化堡垒。巨大的图书馆保存着智慧、学识和教育。历史学家马卡里（al-Maqqari）曾写道："科尔多瓦有四样东西超越了世界之都。""它们是河流之上的桥梁和清真寺。这是前两个；第三个是麦地那扎赫拉；但最伟大的那个是第四种东西——知识。"

欧里亚克的热贝尔是第一位熟悉阿拉伯科学的重要的欧洲学者。我们无从知道他是否曾到过科尔多瓦，甚至是否曾在阿拉伯人那里驻留。但他很有可能是通过来自安达卢西亚的文字记载，才涉猎了那些在"西方人"看来是邪恶事物的作品的知识。而关于印度阿拉伯的数字书籍却早已被塞维利亚的伊西多尔提到过。据一消息来源称，《天文学之书》是格伯特从巴塞罗那的一个叫卢比托斯（Lupitus）的人那里求得的，可能是《天文学大成》的拉丁文版，由数学家和炼金术士马斯拉玛·马杰里提（Maslama al-Majriti）在科尔多瓦撰写完成。

无论阿拉伯科学通往拉丁欧洲的道路如何，它都需要一些先决条件才能使这种对欧洲的未来至关重要的联系变为可能。必须有公正无偏见的中间人，如皮革工人和翻译人员，还要有修建图书馆和学校的赞助人，此外还需要沟通的渠道。格伯特的赞助人柏瑞尔在面对军事上无法对付的穆斯林邻居时，采取了一项招安政策。以这种方式发展而来的和平关系显然使文化交流成为可能。最后，就是时代的召唤了。

这表现出使欧洲觉醒的一根强有力的支柱："持续时间长"。例如，浑天仪在公元前3世纪的亚历山大港就已经有了。它的发明者是昔兰尼的埃拉托斯特尼，他同时是第一个实现较为精确计算地球周长的人。几乎是同一时间，它也在中国被发明出来。400多年后的托勒密在他的第五本书，也就是那本《天文学大成》中，绘制了天体模型，据推测格伯特特别想拥有它。借由巴格达的翻译人员，这个工具又在500多年后传到了科尔多瓦，大概就是从这里成功传到了兰斯。在该装置成为研究和美术馆的装饰之前，这个国家已经历数百年的变迁。至关重要的是，书籍印刷使这一想法得以广泛应用。剩下的则都成了手工艺品。

阿拉伯的渊博学识逐渐以医疗著作和天文学的形式渗透到了拉丁欧洲。这有可能是经历了很长时间才产生了对于它们的接受有利的条件。因此，对于拉丁欧洲的发展至关重要的是，对于这场伟大对话的所需条件没有像在其他文化中那样被打破。那些丢失或正在没落的记忆可能会在这新的机遇中找到更有利的条件。整个十进制和算盘并没有因为格伯特的著述而盛行起来，而直到贸易不断扩大、相应货币经济不断普及的12世纪之后才得以流行。实际上，格伯特不是普罗米修斯，能仅凭一己之力就为拉丁欧洲带来数学之光。但他的努力仍然表明，在这里发展出一种数学思维也是一个硕果累累的过程。

例如在已经提到的关于迪奥斯科里德斯《药物论》的故事中所看到的那

样，知识的道路蜿蜒曲折。卡西多罗斯就曾推荐说，在19世纪人们还会需要它。大约公元1世纪在小亚细亚出现了一本《草药书》，它包含了上千种可以从植物、动物或石头中获取的药方。早在公元6世纪初就在君士坦丁堡出现了一个副本，它是一份依照公元3世纪或4世纪的莎草纸卷为原版的手抄本（附图2）。这份手稿措辞华丽地阐明了其目的是作为给一位希腊公主的礼物。僧侣、法国十字军骑士、奥斯曼帝国苏丹和犹太医生都曾是它的持有者，直到1560年哈布斯堡王朝的外交官为维也纳图书馆买下了它。这本名为《维也纳的迪奥斯科里德斯》〔又名《安妮西亚抄本》（Anicia Codex）〕的抄本还是世界上现存最古老的典籍之一。

《草药书》流传的线路移至巴格达和布哈拉，一条线移至意大利，另一条则移向科尔多瓦，这里自公元8世纪以来，一直是欧洲的第一个植物园。作为拜占庭皇帝罗曼诺斯二世（Romanos Ⅱ，959—963年在位）的礼物，一份插图来自《安妮西亚抄本》的手稿来到了哈里发手中。因为在瓜达尔基维尔河地区没有人懂希腊语，需要由一名从拜占庭法院送来的僧侣帮助翻译。一个完整的团队埋首于这部作品的翻译：西班牙的医生们，还有一名来自西西里岛的懂希腊语的阿拉伯人。在巴格达完成的这部作品的阿拉伯语译本的确大有用处。直到10世纪末，都还有当地医生伊本·舒尔茨（Ibn Dschuldschul）撰写了一份评述。此后，这份科尔多贝斯河的手稿沉没了几个世纪。迪奥斯科里德斯在修道院的图书馆和拜占庭等地继续生活，也包括萨莱诺（Salerno）。在这里，一家由蒙特卡西诺修道院建立的医院，大约在1080年之后就发展成了一所医学院，它从意大利南部的阿拉伯传统中吸取养分。一个半世纪后，出生于马拉加省的阿布·穆罕默德·伊本·拜塔尔（Abu Muhammad ibn al-Baitar）迈出了下一步：这位"阿拉伯的迪奥斯科里德斯"——他曾任职开罗的哈里发，死于大马士革——进一步扩充了《草药书》，又补充了400多份新增药方。

人们可以估量，那些附在古人的羊皮纸和书写纸上的理念，在这样的长途跋涉中曾面临怎样的危险。要是没有阿拉伯人去拉丁地区，没有保存这种传统，那么所有西方僧侣的抄写努力都将无济于事。他们为欧洲的觉醒所赢得的价值是难以估量的。几个世纪以来,穆斯林一直是捐助者,他们很少获得。十字军东征的一位真知灼见的编年史学家对法兰克人的谦逊文化及其原始的法律制度,表达了嘲讽和毫不掩饰的恐惧。实际上,一位世纪之交的世界观察者就曾毫不怀疑地相信,欧洲未来不会落入法兰克战士之手,而是属于穆斯林普世主义或东亚,说不定是中国、日本甚至印度和拜占庭。

马其顿的文艺复兴?

当时的拉丁欧洲没有任何地方能与博斯普鲁斯海峡的大都市媲美。这个亚洲和欧洲经济体之间的中介,比西方任何一个拥有琳琅满目手工艺品和繁忙贸易的城市都还要富有。圣髑吸引了哥得兰岛的朝圣者。穆斯林保有他们的清真寺。与古时一样,由高架渠供水的浴池继续供应着机智的奢华。奇珍异兽在动物园中游荡,宁静的花园为避暑提供了场所。查士丁尼的骑马雕像使人想起了圣索菲亚大教堂,这座当时最大的基督教教堂曾是皇帝的庇护所和殿堂,这些皇帝都曾是祭祀国王,并都想成为世界的统治者。那些接近宫殿里的巴塞勒斯的信使,必须行“朝拜礼”,即在宝座前俯卧三下,直到额头触地。两只机械制动的、时不时会张口咆哮的青铜狮子立于宝座两侧,“第十三使徒”默默地坐于其上,在这一刻他们高高凌驾于众人之上。

在以经济繁荣和短期内政治权力高涨为特征的马其顿王朝(867—1056年)的统治期间,帝国沉浸于灿烂的科学和艺术之中。一开始就是罗马法制传统的复兴。巴西尔一世(Basileios Ⅰ)提出了“净化旧法律”政策。以《巴西尔法》为名,开展了一次由希腊人主导的对查士丁尼文献资料的修订和重整,皇帝“智者”利奥(Kaiser Leo der Weise)命人重新收集整理了中世纪最为卷帙浩繁的法律合集。出生于紫袍帝王家的君士坦丁七世本人就是关于拜占庭的人口和地理的著作的作者,他在马格纳拉宫建立了一所学院,专门致力于研究人文学科。哈吉奥里特的尤蒂梅奥斯(Euthymios Hagioreites)的充满宗教色彩的小说《贝尔拉姆与约瑟伐特》[1]，将来自远方的文化潮流结合在一起，主要是讲述一位印度王子的皈依。他可能是基于在格鲁吉亚流传的佛祖传说的阿拉伯语版本而来。

所谓"马其顿文艺复兴"的观点是建立在神话、文学和古代史学者的努力基础之上。《伊利亚特》和《奥德赛》，还有阿基米德和欧几里得的作品，以及科洛封的尼坎德（Nikander von Kolophon）关于有毒动物叮咬的书都在此间有副本出现。主教佛提乌（Photios）[2]的《群书摘要》是基督教和异教书籍的指南。由于他的收藏，我们得以知晓许多作品。米海尔·普塞洛斯（Michael Psellos，1017—1078），是古希腊罗马时期就受过高等教育的人，他对主教所尊崇的神秘主义提出了理性的经验。他的矛盾可能源自一位泰伦提乌斯："我是一个由血肉组成的尘世生物，所以我的病在我看来就是疾病，挨打就是挨打，而喜悦就是喜悦。"这位最具影响力的政治家，通过其致力于综合新柏拉图主义和基督教，是古代诺斯底派后代和马尔西利奥·菲奇诺（Marsilio Ficino）的先驱。他的主要作品是《计时表》——这是一部讲述公元976—1077年皇帝逸事的书。此书——极其不寻常地——将历史视为人类的杰作，而不受上帝的旨意操控。与普塞洛斯同时代的犹太人西梅翁·塞斯（Symeon Seth）在亚里士多德的基础上研究天文学、占星术和自然科学，描述了食物，还包括毒品和诸如大麻、麝香等香料。他还把一部推测是从印度传来的贵族行为规范从阿拉伯语翻译成了希腊语。拜占庭对于古代具有浓厚的兴趣，一个明显的例证就是《苏达辞典》，里面囊括了3.1万多篇按字母顺序排列的文章，是古代知识的货真价实的"堡垒"。皇帝的女儿安娜·科姆妮娜（Anna Komnena，1083—约1154）的历史著作并未被收录其中，仅仅因为它是由一位妇女撰写的。以经

---

1 《贝尔拉姆与约瑟伐特》（*Barlaam and Josaphat*），基督教版本的释迦牟尼本生故事，取材于《普曜经》，以阿拉伯语、希伯来语、波斯语、粟特语和回鹘语写成。该作者可能是公元6世纪或7世纪中亚或伊朗的基督徒。

2 佛提乌是拜占庭哲学家。曾任君士坦丁堡的宗主教。坚持希腊教会独立于罗马教廷，因而与教皇尼古拉一世发生冲突，导致了佛提乌分裂。他对于希腊学术在拜占庭帝国的复兴做出了重要贡献。圣西里尔及圣默多狄兄弟就是他的学生，有译作《万卷书》《书库》等。

典的希腊历史书写为导向，里面还有对她父亲阿莱克修斯一世（Alexios Ⅰ）政府的尊崇。同时还出现了一部同样别具一格的匿名讽刺作品《蒂玛里翁》（*Timarion*），该作品效仿琉善将英雄们送上了冥界之旅。他还在途中遇到了此前不久时期的统治者和哲学家，其中就包括"诡辩家"普塞洛斯。

但是，在马其顿时期及其之后所写和形成的事物，实际与"文艺复兴"没有多少关系。"古希腊罗马时期"在博斯普鲁斯海峡从一开始就几乎是希腊的古代。它不可能复活，因为它并未真正死去。真正的新事物并没有出现。凭着几幅书籍插图和在象牙雕刻中对异教的几个回忆场景还谈不上什么文艺复兴。还有一个例子是"维罗利礼盒"，最初是一种结婚礼物，用来庆祝狄俄尼索斯和阿佛洛狄忒、柏勒洛丰、海精和半人马的复活。其封面展示了赫拉克勒斯和欧洲掠夺的场景。

第二章

可能性的拓展：1000—1400年

转折时期

9. 世界的中心：印度、日本、中国

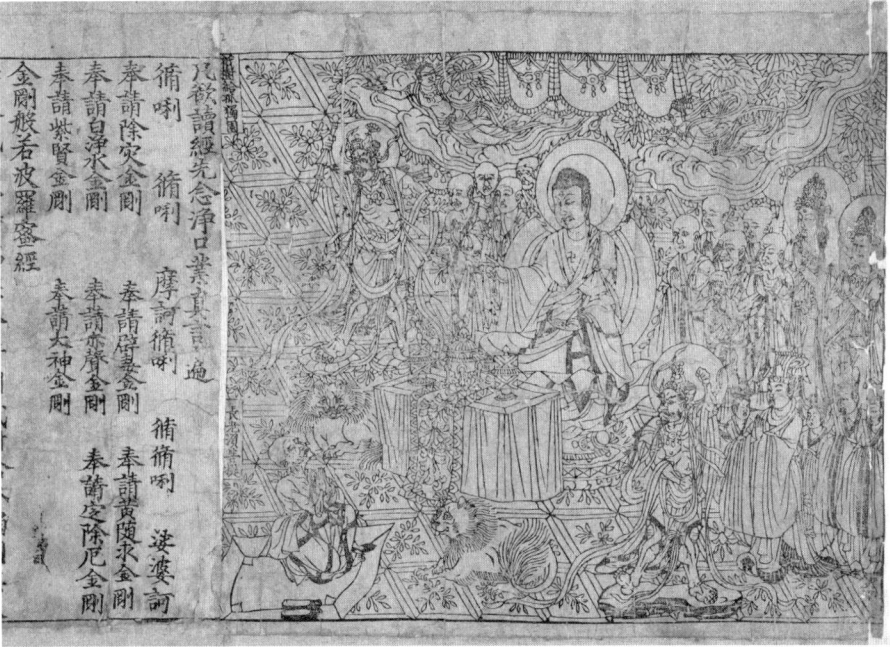

插图9：《金刚经》，卷轴的卷首和文字，公元868年，伦敦，大英图书馆

亚洲的地中海和它的邻国

在公元1000年初，就经济和政治意义而言，坐拥地中海的拉丁欧洲肯定不是世界的中心，就其文化、技术和科学而言更非如此。在当时的一位居住在印度的阿拉伯人眼中，整个欧洲只有"罗姆"（Rum）[1]的皇帝——拜占庭的巴塞勒斯——才算得上世界四大统治者之一。他列出的另外三位是哈里发、中国的皇帝和与他家乡邻近的拉什特拉库塔（Rashtakrutas）国王。对于那些宣称自己是宇宙的统治者并似乎深以为然的撒克逊人、法兰克人以及其他"西方人"，这位阿拉伯人甚至都不曾听说过。与其他强国相比，拉丁欧洲并没有什么优势。就连我们此前一直流连忘返的拜占庭——尽管从拉丁欧洲的角度看来它是那么强大，那么金光闪闪——都得靠边站。真正的中心是一个从东非、阿拉伯半岛和波斯湾一直延伸到日本的经济区域，其中包括中亚、印度和中国。

伊斯兰教及其城市的兴起刺激了遥远的西方对奢侈品的追求。东方的奇观包括成捆的丝绸、镶嵌珍珠的棺材、玉器和如同彩虹般闪耀着各种颜色的珠宝——它们就像是带着神奇魔力的从天而降的雨滴。还有细腻而散发芬芳的丝绸面料欧根纱（organza），其名字来自土库曼大城市乌尔根奇（Urgentsch）。同时还有肥皂、檀香木和装满麻袋的辣椒，以及盛满波斯玫瑰水的精美彩瓷和器皿。玫瑰水的气味是如此浓郁，以至渗透到了小瓶的蜡塞中。黄金、乳香、贵族马匹、非洲象牙、纺织品和金属制品正在被运往欧洲，而那时的欧洲却只能提供有限的商品可与亚洲和非洲的精美商品相媲美。许多人涌入印度洋和中国的海洋沿岸做生意，彼此交流和学习。阿拉伯人最早于公元4世纪就到达了中国，并于千年之交后在马鲁古群岛[2]进行贸易活动。接踵而至的还有印度人、中国人以及中南半岛的岛民。在苏门答腊岛东

---

1 东方人称拜占庭帝国统治下的小亚细亚为"罗姆"（意为"罗马的"）。

2 马鲁古群岛位于印度尼西亚的东北部，以盛产各种香料闻名于世，也被称为"香料群岛"。

海岸和中国广州之间往来的波斯商人也屡见不鲜。接下来的几个世纪，欧洲也加入进来，一个相互关联的体系由此建立起来，其标志是阿拉伯人从地中海地区进口的拉丁帆，这种船能有效地利用风力，增强了逆风行进的能力，自古便家喻户晓。

商业、财富和权力为庞大的宗教建筑奠定了基础。公元8—9世纪，人们在爪哇岛上建造了婆罗浮屠塔，它是一座大乘佛教的纪念碑，使用了约5.6万立方米的石头，其台阶一层又一层直通天际。不远处则是属于印度教众神的普兰巴南神庙。这里以及其他的宇宙中心主导着周边地区较小的统治政权。在缅甸的蒲甘，人们建造了成千上万的宝塔和庙宇，其数量甚至比大多数欧洲城市的人口数量还多。和欧洲一样，该地区的统治政权也发展成了国家。历史学家维克多·利伯曼（Victor Lieberman）将这类国家定义为"宪章国家"：围绕一个中心发展出诸多共同体，它们慢慢发展出自己的身份、文化、政治和行政模式，甚至宪法。

印度，这片"第伦桃的土地"，让欧洲人联想到的是宝石、神话人物及梦幻般的宫殿。没有人比印度人更擅长锻造刀剑；在遥远的巴格达都流传着印度的诗歌和音乐；印度的棉织物更是征服了亚洲市场。古代的印度无疑是宇宙的中心。时至今日，"圣地"的宗教信仰依然受到诸神和婆罗门的话语（梵文所撰写的吠陀经文）的启发。从印度的视角看世界，西方都是些未开化的野人，而东方则都是些蛮人。

佛陀从印度途经斯里兰卡抵达了中国和日本，并朝着相反的方向进入了中亚的广大地区。自公元7世纪以来，印度科学和宗教的中心位于今天的比哈尔邦那烂陀的"僧寺大学"（Klosteruniversität），该大学得到了佛教和印度教各个朝代的大力支持，吸引了来自世界各地的学生。除了宗教内容外，课程还包括医学、文学和哲学。一位中国朝圣者对这个梦想之地做了如下描述："寺院被天蓝色的池塘围绕，盛放的蓝莲花花萼更是锦上添花。""在庙宇中，美丽的迦哩尼迦罗花挂着金黄色的花朵，外面的杧果小树林用厚重的树影保护着居民……"这份荣耀一直持续到12世纪末，一支突厥军队将这奇迹般景象摧毁至瓦砾与灰烬。

如同花朵吸引蜜蜂一样，印度的财富及其肥沃的土地吸引了征服者。先是波斯人，然后是希腊人和匈人，最后则是英国人。公元6世纪初，随着统治印度北部和中部地区的笈多王朝的没落，各方大国开始为争夺势力而相互混战。他们抵御阿拉伯人，阻止了印度的早期伊斯兰化。公元1000年前后，朱罗成为印度南部的主要势力。他们将目光投向海洋，这是印度历史上不寻常的举动：他们的船队攻打三佛齐，后者是当时最强大的海上帝国，其中心位于苏门答腊。11世纪末，加兹尼的马哈茂德在印度的继承者被伊朗的古尔人击败，后者的统治范围一度从德里扩展到孟加拉。然而，一个世纪之后，他们就被自己的军事奴隶剥夺了政权。这就是德里苏丹国的开端。

在动荡的时代，商人自己招募雇佣兵来保护自己的商道。其中较突出的有阿亚沃莱的"千条路线中的五百商人"——他们活跃于与斯里兰卡和东南亚的长途贸易。在雇佣军对其贸易路线保护下，他们做了不少当时国家都做不到的事情。苏门答腊岛上的一块石碑上刻着这样的一句话："他们是天生的流浪者，穿行于各国，挺进六大洲，骑着一流的大象和膘壮的骏马，戴着硕大的蓝宝石、月光石、珍珠、红宝石、钻石；他们的光是那地平线，浩瀚的大海是他们的护城河，九大行星串成他们的腰带，日月皆为他们的助手，还有那三十三个神，则成为他们的观众。"

火山作为天然屏障，一方面隔开了印度与伊斯兰的生活方式，另一方面隔开了印度与中国的生活方式，它与苏门答腊岛和爪哇岛一起连成壁垒，将印度洋分为东、西两半。季风的方向似乎不仅仅限定了贸易路线和饮食习惯——西部和北部是谷物，东亚则是大米——还承载着先知的话语，或将之吹散。穆罕默德的声名早在公元7世纪就已传到了印度海岸；几个世纪后，它传到了婆罗洲和菲律宾。尽管佛陀在其家乡的影响力日渐式微，取而代之的是印度教的万神殿，它在更遥远的东方却依旧存续，比如在进入中国（以及日本）后不久，它就成为儒家需要面对的具有压倒性优势的对手。

千年之交的欧洲人还不知道何谓"太阳升起的国度"。马可·波罗——其实他从未去过这座被他称为"齐潘戈"（Cipangu）的岛屿——向人们讲述了这座岛屿上的神奇事物：宝石和珍珠堆积成山，唾手可得，黄金覆盖了皇宫的屋顶，地板和墙壁闪耀着光芒。这个位于世界东部边缘的"埃尔多拉多"（El Dorado）[1]，其国家组织的设计参照了中国正统王朝的模式，如果以中央集权程度、语言文字和合理性为衡量标准来看，它和中国差不多，高出拉丁欧洲国家许多。自公元731年以来，朝廷有一个叫作"国家参议会"的咨询机构。除了宗教事务部门之外，还有大臣部门。另还有其他诸多部门隶属于它们。庞大的官僚机构曾一度在首都有1万多名官员，在各省城中则有3000名官员。据说在10世纪时，仅日本中央政府的书役每年就要写3.5亿个字。而此时在欧洲统治者的宫廷里，僧侣们的手不过辛苦地抄满了几张羊皮纸。在墨洛温帝国，即使包括那些残存的断篇，幸存下来的手稿也不超过500份；在统治更加稳固的加洛林帝国，留存下来的仅有7000多份。

早于欧洲人几个世纪，日本就率先用统计数据来记录帝国的税收和服务义务。最早的棋盘式稻田种植规划图可追溯到公元8世纪，这也是世界上最古老的按比例尺做成的地图之一。省城官员保存着记录了所有权归属和个别货物抵押信息的登记簿。发达的公路网覆盖了整个岛屿。在乡下普遍是以农村家庭为单位进行农业生产，大型农场从未占据主要地位。与欧洲一样，日本也区分了自由农民和非自由人。财产权通常受到高度尊重，即使是普通农民，其房屋和生活区域的安宁也不可被侵犯。这样的体系似乎非常有效。到18世纪，种植面积几乎翻了一番。改进的灌溉和其他措施也提高了单产。如此一来，国家能够养活的人口从区区400万增长到了2500万。

与朝鲜半岛的国家一样，日本在与中国的文化和统治政权打交道的过程中建立了自己的身份。到了公元9世纪，日本的音节中引入了中文字符。拥有近17.5万人口的城市——京都府已成为日本文化的中心。对此最美好的记忆当属千年之交后不久出现的小说《源氏物语》，讲述了一位王子的爱情、绯闻和

---

1 在西班牙语里是"黄金之国"的意思。

一些短小精练的故事。这部作品被认为是世界文学史上最早的小说之一，可能出自两位宫廷仕女之手。在宽敞的宫殿中，其花园、大厅和庭院无不在不遗余力地展现极具美学韵味、充满仪式感和礼仪的宫廷生活。京都府邸旁边是私人领主的宫殿，这些宫殿是根据其主人财产的规模来建造。欧洲的权势是通过石墙、大理石镶嵌的塔楼和铜绿色圆顶展现出来，而日本则展现出极高的品位：宗教成为艺术，艺术融入宗教。1017—1074年，执政的日本摄政王藤原赖通命人仿照"净土"的形象制作了自己的宝座：由"无量光佛"阿弥陀佛统治的光辉天堂。在藤原赖通的宇治公园的中心，是用山水画装饰的名为"平等院凤凰堂"的质朴的木结构建筑。它位于一座人工湖中心的小岛上。在它那火焰状的金色饰物前镀金的莲花上，坐着一尊金光闪闪的木质阿弥陀佛塑像，这是雕塑家定朝[1]的杰作。在这里显示的崇高感非常人性化又平易近人，引人陷入沉思。西方的傲慢终将使佛教的教义及其寻求内心纯净与平和的努力置于基督教信仰之上。

在千年之交的欧洲，没有什么东西可以和远东的印度教、佛教和伊斯兰教圣所的宏伟壮丽和精美相媲美。与亚洲范围内的一些统治者的辉煌相比，欧洲的国王和皇帝们，虽拥有名声响亮的头衔，却是悲惨的游荡者，他们的领土不过是荒原和海洋边缘的地区。而千年之交时，世界的中心在亚洲，亚洲的中心在中国。

中心的中心：中国

1937年，英国剑桥。有时候，一个男人会因为一个女人而爱上一个国家。一次邂逅，一个眼神，一次接触——这个人的生活便在不经意间朝着另一个方

---

1 定朝（？～1057），日本平安时代晚期的著名雕塑家。平等院凤凰堂的阿弥陀佛塑像是他存世的唯一作品，采用了"寄木造"技术，即分块粘合拼接木材，然后雕刻而成，具有面部圆满祥和、纤细优美的特征。——编者注

向展开。科学史在20世纪的一次伟大转折可能就是这么开始的。当时，剑桥大学年轻的生物化学学者李约瑟博士爱上了他的学生，来自中国南京的鲁桂珍[1]。接着，他开始对这位年轻女子的遥远故乡感到好奇，并接受了学习中文写作和交流的考验。在重庆这个处于嘉陵江与长江交汇处的城市，他接受了一份工作。彼时的重庆是长江中上游的一座拥有800多万人口的大都市，着有1000多年历史的罗汉寺就坐落于城市的中心，在摩天大楼的阴影下，它正在沉思佛陀的智慧。

中国文化深深吸引着李约瑟，以至胚胎和细胞的研究都被他置于身后。作为最早用"不同的视角"看待世界科学史的欧洲人之一，他颠覆了传统的视角，将中国移至中心。李约瑟发现，中国在古代和中世纪时期就已经拥有了先进的技术和科学见解，"西方人"对此却几乎一无所知。他指出，中国与欧洲在中世纪时期有如此大的差距，使人不禁意识到一个问题：自文艺复兴之后，欧洲是如何超越中国的，以至于科学和工业革命发生在这里，而不是在早就拥有无限优越性的中国呢？

当时的中国正处于国共内战时期，整个国家积贫积弱，作为同时代的见证者，李约瑟将中国发展的中断描述为"文明史上最大的问题之一"。此后的余生，他都在致力于寻找这一问题的答案。他追溯了中国古代的科学技术史，发现了这样一种高级文化的形象：早在欧洲还处于中世纪高潮时，它就已经迈入了现代，并且比世界上所有其他国家都先进得多。李约瑟于1995年逝世，享年95岁。其学生和同事们仍在继续着他的不朽著作《中国的科学与文明》。当下，在我们似乎即将开启亚洲时代之际，他所提出的那个最大的问题，比以往任何时候都更有趣。

中国与印度一样深信，相较于西方和东方的"野蛮人"，自己是优越的，

---

1 鲁桂珍（1904—1991），原籍湖北蕲春，她的父亲鲁茂庭（字仕国）是个颇有学问的中药商，从湖北搬至南京。鲁桂珍后来毕业于南京金陵女子文理学院（俗称金陵女大）。她以李约瑟的长期助手、合作者、汉语教师和第二任妻子为人所知，是李约瑟主持的"中国的科学与文明"项目的重要研究员和作者。李约瑟所编著的《中国科学技术史》第一册，在扉页上即写着"献给鲁仕国"，说明没有他的女儿，就不会有这卷书。

甚至不止如此：中国相信自己就是文明本身。在公元7—12世纪，中国出现了诸多顶尖的艺术成就，创造了伟大的发明。佛陀和孔子、成千上万的寺院、广阔的土地乃至道教神仙，都为人们提供了生活和国家认同的准则。在唐朝（618—907年）的统治时期，中国成为一个超级帝国，其影响力覆盖朝鲜半岛和如今的越南地区，甚至触及了波斯的边界。唐代的艺术、绘画和雕塑举世闻名。世界各地博物馆中那优雅的绿色和棕色釉面雕像人物，使人联想到美丽的马匹奔腾起舞时的热情。但最重要的是这一时期群星闪耀的诗歌——饮酒诗、咏月诗、爱情诗——它们怀着对自然的共情与对生活的渴望，似乎与我们是那么贴近。李白是当时最伟大的诗人之一，他写道："生者为过客，死者为归人。天地一逆旅，同悲万古尘。月兔空捣药，扶桑已成薪。白骨寂无言，青松岂知春。前后更叹息，浮荣安足珍？"

但即便是唐朝也无法永存。它的外敌——其中有许多都师从这位中国老师，就像日耳曼人向罗马帝国学习一样——和内部那些野心勃勃的将军击碎了它。阿拉伯人在怛罗斯地区的胜利结束了佛陀在中亚的统治，并建立了伊斯兰政权。新的国家从帝国的墓地里诞生。尤为成功的是契丹，它成功征服了蒙古和中国东北地区。公元947年，它占领了开封；在后来的北京地区，它建立了自己的第二个首都。在之后的两个世纪里，将自己王朝命名为"辽"的契丹皇帝，一直是该地区最强大的统治者。更南边的宋从公元960年起开始了兼并，其统治的早已不止汉人，还包含了许多其他的民族。

几百年来，不断增长的官僚机构像水蛭一样缠扰着中国社会。道教甚至认为天庭是由长生不老的神仙管理的。在宋朝，官僚机构里的各类官员超过4万名。各式各样的部门总管冒出来，其职能范围多有重叠。拿着笔杆子的官员控制着军队，并竭力与根深蒂固的腐败病毒进行徒劳无功的斗争。由于"野蛮族"对国家的威胁，实施"新政策"的尝试也失败了，其中包括由参知政事王安石（1021—1086）发起的雄心勃勃的变法计划。毕竟，官衔不是世袭的，重要的是绩效，这促成了入仕贵族的崛起；官员是帝国的统治阶级，与罗马共和国晚期的参议员类似。然而，科举考试考查的不是对现行局势的批判和质疑的能力，不是治政之道，而是对儒家经典知识的熟悉程度。这正是王安石想要改革之处。

理想的中国官员形象应是正直和忠诚的，并保持淡定从容、自控自持，且具备一定的文学素养。他就像学者、艺术家、医师或将军，受过普通儒家教育，有教养，简而言之，就是廷臣——尽管没有后者潇洒风趣的特质。无数书法家、诗人和思想者都属于这个团体，同时里面又聚集了受过良好教育的整个帝国的教育精英。皇帝的朝廷在哪里，所有重要的决定就在哪里定夺。

尽管当时中国的官僚机构存在各种缺点，但它依然远远优越于欧洲政府。当它的统治者在被园林环绕着的桂殿兰宫中执政时，欧洲的皇帝们却骑着瘦马穿行于帝国土地之上，后面跟着一队懒散的随从，为的是去监管供暖不佳的修道院和行宫。欧洲的皇帝大多数还是文盲，就只会为抄写员已备好的签名添上那最后一笔。中国的皇帝却很早就已经能通过吟诗作对、挥毫泼墨来打发空闲时间。

然而，干旱和洪水使农民的生计遭受重创。广泛的饥荒和贫困一直伴随着中国历史的进程。有关吃人和腌制人肉的传闻揭开了中国人的伤疤。人口的压力迫使人们榨干了土地所能提供的一切。在与苍白的死亡进行斗争的过程中，中国逐渐发展出了和印度并列的世界上最先进的农业结构。欧洲人的耙、斧头和马具，在拥有完全不同的地理条件的中国，被水闸、水库、水轮和脚踏研磨机取代——那时欧洲还没有风车，它要到17世纪才会出现。中国人比欧洲人更早使用铁犁。马项圈和独轮车也提升了劳作的效率。贸易、交通和稻田的灌溉都由于运河的开辟而得到促进，培育种子和施肥的方法也获得了改良。12世纪的诗人李处权描绘道："四山开辟中沃壤，万顷秧齐绿云绕。绿云看即变黄云，一岁丰穰百家饱。"

所有改善农业的举措都来自国家而不是个人。公元959—1021年，可供租户使用的国家农业用地占比增加了五倍。中国皇帝的权力植根于垄断和海关收入。发达的道路网络和密密麻麻的官道驿站，使得地区间的联系日益紧密。自公元7世纪起，一条长达1800千米的皇家运河——数百万劳动者被强迫创造出了这个杰作——连通了淮河和长江、北方和南方。从杭州出发，这条"伟大的河流及其流域承载了千百年来的名人大家"，直达大海。小米和大米是它最重要的承运货物。

自古以来，人们就向往南方。他们试图逃离土匪、内战和税收的压力，以及干旱和荒郊野外的骑兵的威胁，通往海洋的大门就此敞开。唐朝融入东太平洋的贸易潮之后，珠江三角洲地区的广州和沿海其他城市逐渐发展成为生机勃勃的贸易场所。被阿拉伯人称为"Zaytun"的泉州，加上广州、苏木都剌（Samudra-Pasè），以及后来的马六甲形成了东太平洋贸易的四边形。书籍、丝绸、铁和瓷器（在海上经常被当作船只的压舱物）从中国流通出去，而涌入金银珠宝、象牙和犀牛角、香料、珍贵木材、珍珠和香薰。海上贸易有时是按照一种合资模式进行的：国家提供船只，由私人商人经营；利润则按照固定的比率分配。手工业者转型成为商家，小商贩变为大商人，利润被重新投资在例如茶园这样的产业上。最为重要的、不可或缺的进口商品是马匹。随着公元9世纪的"商业革命"的兴起，此前社会地位低下的商人的地位得到提升，法律和社会的障碍随之减少。但是，五品以上的官员仍然不被允许与活跃于长安市场上的各色人群交往。

到了北宋时期，首都开封发展迅速，商店和摊位遍布公共街道。国家甚至要采取措施来阻止其继续扩大，于是征收了一项"街道损坏税"。一些描述当时城市生活景象的图画很好地传达了这些情况。这座闪闪发光的大都市，其规模是中世纪晚期时巴黎的13倍。夏日酷暑时，无数的厨师在茶馆和专门供应美酒的餐厅正等着客人上门，并在人们进餐前用沾湿水的细软抹布拭去餐桌上的灰尘。可供人们消遣的戏院达50家之多。黄昏降临时，珠宝、漆器和形状各异的竹竿的光泽照亮了市场。游客们若是期待着带有金银细丝、雕刻着弧形屋顶、铺着琉璃瓦的木制房屋，想要拜访佛寺和海上女神妈祖的庙宇，希望看见说书人、运水工、穿着高雅的青楼女子和头上戴花的宫廷仕女，还有那俨然来自阿拉伯的骆驼商队，以及帆船桅杆密布、宛如一片森林的中国港口，那么他们就来对地方了。

到处都是在苦苦求索与实践创作的人。最举世瞩目的发明是诞生于唐朝的活字印刷术。它最初可能是用来满足佛教住持传教的需要，他们怀着虔诚的愿望，通过丰富的神圣词汇来积累更多善业。世界上最古老的印刷文字之一是公元757年之后出现在四川的符咒；在韩国发现的一些较早的神秘公式的印刷文字可能就是源自中国。有确切日期可考的是公元868年出现的一个《金刚经》的副本（插图9）。紧跟着是日历、年历、地理书籍和词典、押韵散文，还有梵文和其他印度语言的译本。在宋朝最初的几位皇帝的支持下，佛教的所有经典经文拥有不少于13万个印刷版。一直到千年之交，已出现大量可供考生备考用的文学选集和儒家经典。无须赘言的是，如果没有纸张，所有这一切都是空谈。只有配上这已经存在千年之久的发明，书籍的印刷才能发挥出其全部的活力。不止上层阶层能接触到书籍。诗歌、神像、医学著作、法律文本和指南被大量印刷，甚至针铺广告海报的青铜印刷版都保存了下来。

　　火药发明于公元9世纪后期。人们不仅懂得如何制造小型炸弹和火弹，还在不久之后学会了制造大炮和炮弹。那时的中国船只就已配备了防水舱壁，它能阻止船只迅速下沉，而欧洲直到18世纪才引进这项技术。中国的大型船自古就有可以稳定航向的尾舵，沿着龙骨线扬起的帆使之在风中亦能艰难前行。由桨驱动的船艰难地在长江和黄河上航行。在公海上，中国的船长们会使用一个漂浮在水中的磁石作为指南针，称之为"指南鱼"。它的发明者沈括（1031—1095）——所有好奇者中最好奇的那个——同几乎所有中国学者一样，也是朝廷官员。他的《梦溪笔谈》涵盖了无数知识领域：神秘学、文学、语言学、数学、医学、生物学、天文学、农业、考古学和建筑。他描述了沉积和化石的形成过程，并且是第一个为东亚设计出纯太阳历的人。为了取悦贵族读者，他还创作了宫廷生活逸事。另外，他还作为外交官、军事战略家和水利总工程师做出了丰功伟绩。

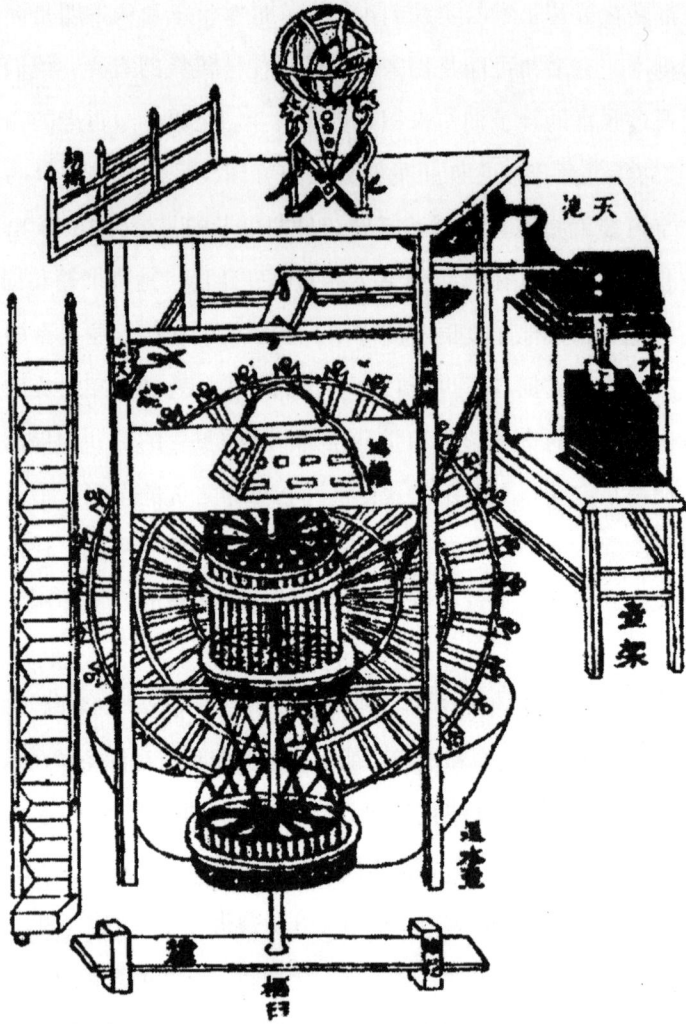

插图10：《钟塔》

出自：苏颂，《新仪象法要》，1092/1094年

在开封的皇宫，苏颂（1020—1101）也是一位朝廷高级官员，他建造了一个带擒纵机构并且由水驱动的环链齿轮天文钟，同时使一个浑天仪能够运动并发出钟声（插图10）。宋徽宗的宫廷建筑师李诫[1]写了一部有关建筑的百科全书式作品，比起源于意大利的后希腊罗马时期的建筑理论要早几个世纪，其中甚至还出现了有关透视和货币流通理论的内容。

中国人开始使用煤炭作为燃料的时间要比其他国家早得多。他们懂得制造钢铁的技术，其生铁的产量直到工业革命后才被英国超越。在陶瓷的生产中，他们发展出了一套分工明确的生产形式，由水、牲畜或人手操作"大型纺车"，这样能够在一天内生产重达60公斤的32锭纱线。作为当时中国最重要的经济领域，农业的商业化也取得进展。1024年——比欧洲早600多年——在四川出现的纸币，成为抵抗由经济发展过快导致的铜和银短缺问题的制胜法宝。当然，很快就出现了新的问题：通货膨胀。托马斯·格雷欣（Thomas Gresham，1519—1579）在伊丽莎白时代发现的以他名字命名的"格雷欣定律"，早在11世纪就被中国人注意到了：劣币驱逐良币。此时，中国的文化发展也达到顶峰。汉学家谢和耐在他伟大的文化史研究中就曾写过涉及宋朝的篇章，当然也谈及了一场"中国的文艺复兴"。

中国的文艺复兴

中国的上层阶级足以消费得起一种极其讲究的生活方式。卷轴画《韩熙载夜宴图》使人得以一瞥过去那悠然自得的时光。这幅画的原作者可能是画家顾闳中，他在公元937—975年曾在南唐的宫廷工作。有人敲锣打鼓，有人翩翩起舞，一位艺伎拨弄着琵琶，精美的盘子摆在优雅的烤漆桌子上，一众贵族人士在认真地倾听。宋朝的女子在化妆和修饰发型上花销巨大。"穿上我透明的

---

1 李诫（1035—1110），北宋著名建筑学家，字明仲，郑州管城县（今河南新郑）人。著有《营造法式》。

紫色丝绸睡衣，肌肤白皙透亮，芬芳而柔软，像雪一样。"一位诗人赞扬了女人身体微妙的上乘之美。人们使用着肥皂、牙膏和牙刷，年轻人皆衣着隆重华丽。一人吟诵起昔日赞颂者的挽歌道："昔日的淳朴已不复存在。"

顾闳中的纪念性卷轴画中所描绘的中国精英，类似英国的"绅士"，他们高于普通市民阶层，但又略低于贵族人士。博学的思想者、各执己见的个人和怪异的天才相遇于此；他们是各阶层的艺术家、作家、艺术赞助人以及重要程度一点也不低的爱好文艺的贵族——那些与薄伽丘和莱昂·巴蒂斯塔·阿尔贝蒂（Leon Battista Alberti，1404—1472）称兄道弟的男人，围绕在美第奇周围的姐妹，以及与弗朗索瓦·维庸（François Villon）志同道合的朋友。苏东坡（1036/1037—1101）是其中最著名的一位，他是书法家、画家、散文家和政治家，书写有关爱情和美酒、悲伤和情欲的诗歌，吟唱碧玉般的天空。在他的笔下，墨水色的云朵飞过山丘（一种中国最常见的文学意像！），享受着宁静的秋月将银色月光洒满喧扰的生活。

中国不仅歌颂天，而且还尝试发现它的秘密。宋大臣吕公著[1]提醒道："盖天虽高远，日监在下，人君动息，天必应之。"顺应天意的统治才能长治久安。如果皇帝忽略了神灵，而使民不聊生，他亦遭天谴。如果一位中国学者敢说宇宙对于人民的道德秩序可能无关紧要，无论他是智者还是明君，他都将是一个大不敬的异类。

朝廷中有一个占星部门，负责每日呈交观天信息。瘟疫、饥荒等自然灾害和战争都预示着宇宙和谐的破坏：这显然是皇帝没有充分履行其职责。因此，宗教和政治在中国也是自然探究的强大动因。顺便提一点，这个部门的学者早在西方天文学家观察到这颗闪闪发光的恒星的缺陷之前，就发现了太阳黑子。

赵汝愚的例子展现了出生于宋朝的学者该有多么幸运。南宋建立了足足200多所学院，多为地方官员或绅士建造。朝廷的翰林院始建于公元738年，是传承诗词、绘画、书法和儒家文学的地方。早在唐朝时期，中国出现了一种理

---

1 吕公著（1018—1089），字晦叔。寿州（今安徽省寿县）人。北宋时期著名政治家、学者，太尉吕夷简第三子。

性主义哲学，否认上天对于地上事物的直接干预，对日食和月食现象去神秘化，认为其出现的时间可以被计算。和欧洲文艺复兴时期一样，当时的人们研究古代经典作品，并将各种宗教和哲学思潮融合在一起。"古书风格"得到复苏，随之一起出现的还有"智者之道"的永恒价值。它不仅仅是通过文学方法恢复的一种真切的传统，更是对孔子及其之前源远流长的古老传统的创造性把握，用以改变自我、社会和政治。这种带有其价值观的"道路"——例如仁慈、公义、真诚——为自己的时代所开辟。市民文化战胜了正在没落的社会的理想。改革者王安石就属于那些尝试通过回归古代获得实用结论的人之一。

对古代人精神的审视刺激了当时的人对古代铭文再版和藏品的搜集（附图3）。官员赵明诚[1]收集艺术品，尤其是古董青铜，他像人文主义者一样发表和评论其铭文。如同意大利早期文艺复兴时期的画家在其绘画中使用古代字母配以文字一样，画家李唐于1124年在他的挂轴画《万壑松风图》中使用了一种古老的花体字，以此来展示其学识的渊博和赋予作品一种传统的尊严。此外，还出现了批判史学的书写方式。伟大的历史学家司马光（1019—1086）反对仅将历史理解为道德教义，他更倾向追本溯源。

如果我们将这一切总结一下，从最初对上天的怀疑，到追溯传统，直至大型纺车、铁的生产、印刷的书籍和火药，这个位于中心的大国看似即将取得重大突破，中国的现代化似乎已经开启。在12世纪的第二个十年中，宋代似乎也曾有机会重新占领北方。那里已经成长出一股新的力量：女真人，即来自满洲东部的猎人和渔民部族。他们出征收服了辽国。他们的骑兵一往无前地继续前进，一举占领了满洲。他们的首领选择"金"作为王朝的名字。彼时位于南部的皇宫决议要与入侵者联手，以借助他们的力量消灭辽。他们的确一起征服了北京。辽国被驱逐到大草原，并在那里又催生出了一个新的国家。

然而在此期间，被称作"思想家的王朝"的宋朝，却并没有重新获得统治权，因为女真人在征战中胃口越来越大，于是在击败辽国后，他们便立即

---

1 赵明诚（1081—1129），字德甫（一作德父），山东诸城龙都街道兰家村人，南宋初年官员、学者。左仆射赵挺之第三子，女词人李清照的丈夫。

开始攻打他们的盟友。宋朝的军队不敌金，没能阻止开封在1127年陷落。作为一位伟大的艺术爱好者、诗人和书法家，宋徽宗对征战了无兴趣，他身陷囹圄，直至驾鹤西去才得以解脱。他的一个儿子带着40万士兵逃到了临安（今天的杭州），将这里发展成为南宋繁华的首都。中国人说："上有天堂，下有苏杭。"在13世纪的蒙古战争之前，金是中国最强大的政权，而此后，东方的辉煌一去不复返。宋朝用数以吨计的银子和丝绸贡品来犒赏前线。这种并不英勇的做法符合儒家的和平主义，然而从长远看来，宋朝在夺取南方的权力较量中却失利了。北部凭借其丰富的煤炭和铁矿资源，可以使金拥有长久的优势。新儒家思想中所笃定的只有中国皇帝才有权统治整个世界的观念，最终让步于现实的政治立场。随着宋朝的覆灭，中国科学的烟火逐渐熄灭。在接下来的几个世纪中，尽管艺术和文学仍在稳步向前发展，与西亚文化的交流也仍在继续，范式的转变却始终没有发生。

就在宋帝国正经历其"文艺复兴"的高峰之时，落后的欧洲开始了无与伦比的追赶之旅。转折发生在11世纪和12世纪后期。在德国的人文主义者乌尔里希·冯·胡滕（Ulrich von Hutten，1488—1523）可以像赵汝愚一样以同样的热情夸耀自己的时代之前，还有很长一段路要走。

10. 在太阳下起飞

插图11：诺夫哥罗德（Nowgorod），苏菲大教堂西大门（局部），1152/1554年

欧洲腾飞的开始

"虽然救世主基督诞生后的这一千年里几乎没有跨过少女峰，"生活在千年之交的梅泽堡的主教蒂特玛（Thietmar von Merseburg）指出，"人们却在世界的上方看到了一个明媚的清晨。"当时的阳光的确照耀了整个欧洲，甚至也为中国的稻田镀上金色。在"中世纪温暖期"，平均温度持续升高，这有利于农业发展。在阿尔卑斯山，林木线[1]移到了2000多米的高度。即使是苏格兰和挪威的南部也种植了葡萄。随着作物单产的增加，大陆的人口结构不断扩大。在10世纪到14世纪中叶，欧洲人口可能增加了近一倍，达到7000万。人们的寿命更长——平均年龄上升到35岁，比古代增长了10岁。

人们需要耕地，大量的耕地。白烟笼罩着欧洲无边无际的森林，各地都在建设聚居点。人类征服了贫瘠的土壤，排干了沼泽，土地的缝隙里挤满了黑麦、普通人食用的谷物、燕麦以及马的饲料。仅在南部流行的白面包，和葡萄酒、橄榄油一起构成了著名的地中海式食品。粮田挤压了放牧的土地。在特隆赫姆附近，午夜的月光摇曳着玉米穗，牲畜的容身之处只有沼泽地或高山上的牧场。

斯拉夫世界成为"中欧"地区。所谓的"欧洲的欧洲化"进程还在继续。说德语的居民、佛拉芒人和荷兰人、波罗的海和斯拉夫人民、基督教徒和犹太人纷纷前往东方。公爵和地主被有利的条件吸引：这里没有原始森林和休耕地，但有可耕种作物的土地，税收可从农作物中获得。从耕地和人口稠密地区的边缘开始，人们扬起斧头和锄头，将草丛改造成灌木丛。人们陆续搬入很久以前建立的天主教罗马教区，那里是日耳曼皇帝长期以来宣示其霸权的区域。传教士和战士或以言语游说，或刀剑相向，带领定居下来的斯拉夫人从克恩滕一路挺进到信奉基督教上帝的波罗的海诸国。

解决人口带来的挑战——越来越多的嘴需要被喂饱——需要雄才伟略。人

---

1 生态学中的一个概念，指分隔植物因气候、环境等因素而能否生长的界线。一旦逾越该线，大部分植物均会因风力、水源、土壤或其他气候原因而无法生长。

们着眼于精巧但乍一看并不起眼的技术。给马颈装上的马轭和牛角下压上的牛轭，提高了它们的工作效率。11世纪末之后，耙开始被投入使用。分量更重的轮式犁取代了钩式犁。这项工具在罗马已经广为人知，它能够在土壤中造成更深的痕迹，翻转土壤并将其捣碎。它甚至可以征服黏土和坚硬的土壤，使之变得更松散，作物因此能够呼吸顺畅，生长得更好。铁器成为司空见惯的日常用具。犁和马蹄铁成为抗击短缺、对抗顽固和反叛的自然的武器，从对农业经济的怀疑到三圃制的过渡也在加洛林王朝统治期间完成。种植完夏季作物过后紧跟着种植冬季作物，接着是休耕期——在此期间，牲畜在此放牧，并用粪便滋养土地，肥力耗尽的土地得以休整。闲置土壤的占比从二分之一下降到只有三分之一，并且同一块地可以养活更多的动物和人类。

农业、畜牧业和林业的紧密相连也促进了手工业的发展。无论是在城镇和乡村进行编织作业都可以使用脚踏织机。与垂直行业的重型纺织机相比，它可以更快、更高效地工作。与此同时，从古代沿袭下来的技术遗产——磨坊也开始了它的世纪。1086年，英格兰共有5624家磨坊。也就是说，在大英帝国的3000多个村庄中，每个村庄中都至少有一座磨坊在完成它的日常工作。

大约在1100年，一位僧侣热情洋溢地谈论"对创新的令人愉快的思考"。当然，人们花了很长时间才找到了技术进步的道路。直到12世纪末，在北海地区才出现波斯人已使用数百年的水平轴风车，并在更晚的时候才有了更复杂的系统——水力驱动和可由任何风向驱动的磨机，其内部都是由曲柄和齿轮进行传动的。

土地开发和人口增长刺激了贸易和货币经济。其标志就是普通人所持有的资本，也就是一个个的芬尼钱币。不断增长的硬币作坊，在为其主人创造高额利润的同时，也折射出欧洲政权的逐步分裂。在阿基坦、波西米亚和哈茨等地区新发现的银矿资源，为货币生产提供了充足的原材料。此外，拉丁欧洲由于与穆斯林之间的生意往来而不断流失其宝库中的金钱。西方最重要的"出口商品"之一是从东方来的奴隶。截至此时，一直被长途贸易排除在外的法国南部等偏远地区也在此时被纳入这个庞大的网络，而英格兰则早早离场。10世纪流通的钱币数量比以往任何时代的都多，其中还有来自阿富汗和巴格达的标本。一位阿拉伯旅行者的见闻显示出了当时贸易的关系已经发展到了何种地步。他在美因茨看到了来自撒马尔罕的银币，并惊讶地发现有人在出售印度香料。由此可见，"遥远的西方"已经与东方经济联系起来。利于船只通行的河流和漫长的欧洲海岸线，从一个半岛延伸到另一个半岛，促进了原材料的运输；最初驶来的驳船装着英国的羊毛、波兰和波罗的海的谷粒或瑞典的铁运往中部。人们继续扩建交通要道，所谓的"公路革命"开始了。四轮的手推车问世，与骡马竞争。与两轮手推车相比，它们可以承载更大的负荷。有了收益，人就会寻求投资的机会，于是城市居民开始投资房地产。例如在伦巴第，土地和房屋的价格从10世纪起就开始上涨。

条件的深刻改变激发人们重新定义社会秩序。在接下来的世纪之初，欧洲历史上第一次出现了将社会分为教士、战士、工人或农民三个阶层的观念。这就像是向世俗化又迈出了一小步：区分这个世界上的功能——并且该模式已不再以《圣经》为基础。胆大的修士埃尔默（Eilmer）在阿文河畔马姆斯伯里的本笃会修道院的举动就像一个大大的惊叹号，在昭示新生事物的出现。1010年，他手脚戴上翅膀，从修道院教堂的一座塔上纵身一跃，并且飞了很长一段路。他是从代达罗斯和伊卡洛斯（Icarus）[1]的故事中获得了启发，并以飞行的寒鸦为原型制作了飞机。在此200多年前，有一个叫阿拔斯·伊本·弗纳斯（Abbas ibn Firnas）的人曾在科尔多瓦进行过飞行尝试。埃尔默的行为已经展示出了欧洲技术成功的所有特征：源自古老传统的灵感。这位"11世纪的列奥纳多"[2]也必定在一个设备完善的图书馆中收获了这一灵感，虽然这是经验主义意义上的。据说这个新千年里的第一次飞行以坠机而告终，埃尔默摔断了双腿。但这是一个开始，欧洲要开始飞翔了。

---

1 伊卡洛斯是希腊神话中代达罗斯的儿子，与代达罗斯使用蜡和羽毛造的翼逃离克里特岛时，因飞得太高，双翼上的蜡遭太阳熔化跌落水中丧生，被埋葬在一个海岛上。
2 这里将埃尔默比作11世纪的列奥纳多·达·芬奇（Leonardo da Vinci）。

"深层历史"：被束缚的爱神

绝大多数人的日常生活离不开与土地的关系。这些实践在各种各样的经济惯例和法律关系的框架下展开，人们试图将其纳入"领主土地所有制"（Grundherrschaft），即在一个拥有强大统治能力的大地主的土地上工作和生活。在拉丁欧洲之外，这种社会形式——它可能源自古代晚期或日耳曼——是很少见的。毫无疑问，抑制中央集权倾向的因素之一是该体系能够充分发挥自己的功能。

为了能使用租借的土地、磨坊、鱼塘或牲畜，租借者则必须上缴税收和提供劳动力，也就是说，他们必须付出劳动。正是以这样一种尤为频繁的方式，农民和地主各自独立经营他们的土地。在这个过程中，形成了大量的商品复合体，其中组织土地经营的不是地主本人，而是他委托的佃户。古典庄园（Villikation）能够不受市场影响地生存，只不过它不得不放弃在市场上销售的便利而已。许多伯爵、公爵，甚至国王都在他们的土地上建立了教堂和修道院，他们甚至能决定这些教堂和修道院的命运，这与现代思想格格不入，却显示了当时教会与世俗世界之间的界限有多么模糊。教士，甚至是主教，都可能由这些教堂或修道院的资助人任命。

对于农民来说，"国家"可能首先是他们的地主或者国家的代表。无论土地所有者是国王还是某地的贵族，是僧侣还是城市居民，他们都不只是充当农民的商业伙伴那么简单。地主可以对农民实施惩罚或提供保护，进行剥削或在他们陷入疾病困苦中时施以援手。他的"家族"圈子包括单独缴纳捐税的自由人，以及那些还要过着各种暗无天日生活的非自由人。一些农民是没有人身自由的农奴，他们的一切包括身体发肤都完全交由主人，无论男人、女人和小孩。若未经许可，他们既不准结婚也不许离开农场，或是去其他地方追寻自己的幸福。

这个体系在11—14世纪经历的最深刻的变化，是传统的古典庄园形式的分崩离析，许多地区都经历了这个过程。引爆的因素通常是货币经济，它促成了从对个人的依赖到可以用古代钱币赫勒和芬尼来客观计算的依存关系的转变。在地主土地上那令人厌倦的体力活儿，劳动和实物税突变成了租约。旧式相互勾结关系的瓦解，也打破了那些实际实施管理的专职管家的权力。来自这一农村社会上层中的不少人，都成功将他们的职位当作世袭财产传承，并逐渐独立于鞭长莫及的赞助人。一些人甚至担任了皇室职务并赢得了骑士头衔。总而言之，还在中世纪高潮时期，领主经济及其庄园所辖土地——通常都是大型的庄园——就已经失去了意义。农场生产的农产品在市场被贱卖。在某些地方，这种旧式的古典庄园形式——农民和领主之间的联合关系——已经彻底消失。土地被分割成小块。国家的集约进程也付出了代价：世俗的和精神的统治者赋予了他的追随者、官员和战士以土地。因此，许多领主失去了他们的法定权利，成为新兴邦国的牺牲品。

这种发展的结果首先是自给自足的"家庭经济"被基于劳动分工并受资本驱动的经济所替代，从而引发了自由经济，生产力得到提升。所有人——无论是农民还是地主——都兴致高昂地从土地中赚取尽可能多的收益，无论是种庄稼、酿酒还是放牧牲畜。剩余产品进入市场，养活城市的同时，又为农村筹措了资金。农民的流动性增加了，许多人试图在开垦出的土地或城市中发家致富。同时，农村社区得到进一步巩固。三圃制和牲畜养殖都被纳入规划和监管之中。

正如历史学家迈克尔·米特劳尔（Michael Mitterauer）所说，这种农业秩序是形成拉丁欧洲独特人口结构的终极原因。多亏了它，才出现了所谓的"欧洲婚姻模式"。这种模式到底是关于什么的呢？它的界线一直延伸到以约翰·哈尼尔（John Hajnal）命名的"哈尼尔线"的边界，从圣彼得堡向西延伸到了的里雅斯特，并且部分地区还与规定"领主土地所有制"的农业法的管辖区重合，此区域[1]的人们相对来说结婚都较晚。此外，这里的不堪婚姻生活中的欲望、痛苦和负担，更喜欢单身生活的人的比例似乎也要高于拉丁欧洲之外地区。配偶之间的年龄差距较小，有些妇女比丈夫还大。因此，他们的婚姻

---

1 指哈尼尔线以西的区域。——编者注

生育期也相对较短。因此，这一地区总体来看并不是由大家庭构成，而是由更少子女的核心家庭构成。根据米特劳尔的论点，"领主土地所有制"对于这种婚姻模式的出现来说具有决定性意义，至少是非常重要的条件。它削弱了家庭联系，因为土地不再是简单地分配给儿子或兄弟，而是优先考虑那些能力突出者。因此，对劳动组织的需求很早就在影响家庭的规模和构建。通常那些与农民同住但没有亲缘关系的仆人和女佣也属于家庭成员。

米特劳尔的思考中非常令人着迷的一点是，它们似乎将我们引入了最深层的历史，进入了欧洲现代性的根源。但遗憾的是我们并不知道"哈尼尔模式"究竟有多古老。对于欧洲的几乎所有地区，在16世纪或17世纪之前都没有找到更准确的数据。因此，欧洲的这种"二分的土地所有制"的特殊性——这种经济方式在中世纪早期到底是否普及还尚不清楚——是否真的有助于解释"西方"与"其他地区"之间的"巨大差异"依然没有定论。

毋庸置疑的是，罗马法律和教会立法限制了爱神的游戏。塞维利亚的伊西多尔和其他一些人希望针对近亲结婚的禁令升至第六等。虽然一夫多妻制在非洲、穆斯林社会以及中国[1]——至少在富裕的上层阶级中是很普遍的——但教会坚持一夫一妻制，并试图对婚姻进行控制。它以此遏制了爱神的游戏，从而以这样的方式阻止了欧洲人口的过度增长。

城市化

没有什么比国家的扩张更深刻地改变中世纪的欧洲，并对其命运持续产生决定性作用。它带来了增产、人口增长，以及贸易和货币经济的发展。如此

---

1 这里指的是广义上的"一夫多妻制"，即一个男子同时娶两个或两个以上女子为配偶，而多名女子同时间只有一名丈夫的婚姻形式。可细分为平妻制、一夫一妻多妾制、一夫多妻多妾制。例如，一些伊斯兰教国家的婚姻制度是平妻制，而中国传统社会的婚姻制度则是一夫一妻多妾制。——编者注

蓬勃的发展为宫殿和大教堂的建造打下基础，并使得大量的钱币充进国王的宝库。于是国王扩建了军队，让他们看起来已经能够与先知的战士开战。他培养了手工业者、消费者、商人和纳税人。他使学校建设、城堡和教堂的建造成为可能。僧侣拉杜夫·格拉贝（Radulf Glaber）评论说："当步入公元1000年后的第三年，几乎所有地方的教堂都得到了翻新，尤其是在意大利和高卢。哪怕大多数教堂本就建得很好，根本无须翻新，但一场真正的较量却驱使每一个基督教教区都力争使自己的教堂要比邻近地区的更加华丽。人们甚至可以说，为了一扫年久失修的颓败，为了让白色的教堂覆盖到四面八方，世界自己都为之一振。"

确实，各地都在不断地建造教堂。施派尔大教堂、萨利安皇帝的万神殿、利奥的圣伊西多罗教堂、比萨大教堂和威尼斯圣马可大教堂拔地而起。当时，基辅的索菲亚大教堂和它在诺夫哥罗德的姊妹教堂也可能是在那时由拜占庭的建筑大师建造的。与以往不同的是，建筑师重新尝试了当时几乎被遗忘的旧拱门艺术。最早的例子之一就是伦巴第建筑大师在位于图尔努斯的圣菲利伯特教堂的门厅中竖立的桶形穹顶。大教堂诞生于12世纪。在这片已经开垦的土地上，光要找到合适的木头就已经很麻烦了。位于法兰西岛、被称为所有大教堂之母的圣丹尼斯修道院大教堂[1]亦是如此。与此同时，浇铸艺术也得以复苏。许多大教堂已经安上了宏伟的青铜大门。它们也证实了当时广泛的贸易往来：例如，马佐维奇普沃的青铜门是在马格德堡铸造的。后来，通过掠夺或赠礼，它辗转到了诺夫哥罗德（插图11）。

但最重要的是，新的土地不仅滋养了新的城市，也使古老的城市得以发展。在皇宫，在领主别墅或是在修道院的周围，也热闹地围满了小屋。古代罗马和希腊城邦的骨架又聚集在人们周围。像丝绸之路中的朝圣点一样，朝圣地

---

1 又称圣德尼教堂，是一座位于巴黎北郊圣丹尼区的法国天主教修道院。教堂始建于公元626年，为纪念公元3世纪来此传教的首任巴黎主教丹尼斯而得名。1137—1144年，时任修道院院长叙热主持改建，教堂的建筑风格从罗马式变为哥特式，有"第一座哥特式教堂"之称。13世纪又曾扩建，院内有法国国王墓室，保存着多位法王的石棺。

也被证实为城市化的种子，例如像前往圣地亚哥·德·孔波斯特拉（Santiago de Compostela）[1]途中的勒皮或沙特尔。在兵荒马乱的时代，安全的城堡是这座城市天然的核心。瑞士阿尔高州的哈布斯堡是哈布斯堡王朝的基石。佛兰德斯伯爵的城堡就是根特或布鲁日这样的城市，他基于此来统治整个国家。城市在建立之初，常常由侯爵主导。一些城市同时还会向这片土地播撒大型机构的种子，由此产生了新的社区。铁匠离开村庄去为商贩的马匹打马蹄铁；木匠去帮助新的城市居民建造木屋；买卖土地者搜罗着这座城市并开展他们的业务。在大型纺织中心附近挤满了手工艺从业者，为工业提供源源不断的原料，例如羊毛纺纱厂为织布工提供了缝织布匹所需要的线。高耸的城墙取代了土方工程和木栅栏，郊区激增。10世纪时在由"石头和石灰"建造的布拉格，科尔多瓦的商人易卜拉欣·伊本·亚古布（Ibrahim ibn Yaqub）的说法，布拉格有从克拉科夫来的俄罗斯人和斯拉夫人，此外还有从穆斯林的土地来的犹太人和土耳其人。他们交易奴隶、锡制品和毛皮。在此期间，尤为活跃的当属意大利的城市。奥托三世统治时期的米兰已经比雨果·卡佩所在的巴黎要大20倍了。

在属于大教堂的12世纪，城市化浪潮达到了顶峰。仅中欧地区就有4000多个城市。它们带来了生计、安全和娱乐：性爱可以交易，娱乐活动由演职人员、杂耍表演或是体育构成。教会除了提供灵魂救赎——这是它最为重要的生意，还供应各种夺人眼球的事物：绘画、雕像，以及那香气缭绕的香薰和音乐表演等所有能够取悦感官享乐的事物。修道院则为穷人提供食物，为病者提供治疗，为死者祝祷。像大教堂和资助学校一样，它们也提供教育。医院和基金会也进一步补充了这个社会网络。对人们来说，脱离乡村生活，过上城市生活变得十分有吸引力。

在基督教范围之外的贸易繁荣也非常引人注目。例如，在11世纪末，8000多名来自世界各地的商人穿行于伊夫里基亚和摩洛哥、安达卢西亚和西西里岛之

---

1 位于西班牙西北部的加利西亚，是欧洲第一条文化之路"朝圣者之路"的终点。在整个中世纪，无数信徒和朝圣者都会在生前前往圣地亚哥·德·孔波斯特拉的使徒大教堂（Catedral del Apóstol），相传耶稣十二门徒之一的雅各安葬于此。

间的海上航线和商队航线。反之亦然，欧洲城市也进入东方的贸易流。被阿拉伯旅行者视为意大利南部最富裕城市的阿马尔菲，在千年之交前就已经遣送商人去往拜占庭、安提阿和开罗。甚至小皮亚琴察的贸易往来范围也到达了大不里士。

做大生意的资金在乡下不断增长。例如，贸易大国热那亚的人口主要由领主和教堂财产的租户组成，在他们的土地上辛勤耕耘的农民赚取了资本，使热那亚的商人和银行家在与比萨的竞争中一度成为地中海地区的主导者。他们最初可能只是在威尼斯成立了贸易公司，之后甚至扩展到了整个地中海地区，各种合作伙伴向其中注入了资金，然后根据其投资额分享利润。贸易商品展会的雏形——大宗贸易的中转枢纽站，最初位于佛兰德斯，自1170年后转到香槟省。同时，以它们为基础构建的拉丁欧洲信息社会，提供了交换新商品、图书销售技巧与资金流通的机会。

除犹太人之外，最早的放贷者其实是教会机构，而行会和手工艺的从业者则一直对犹太人保持大门紧闭。在意大利的贸易中心，同时也是资本主义的先头阵地佛兰德斯和波罗的海地区，作为第一桶金的巨额财富正在越滚越大。与它们一起并服务于它们的"银行"（banken）出现了。这个概念实际上源于一个事实，即货币交易是由专业交易员在长凳（bänken）上完成的。其源头可能是在热那亚这个"整个世界的大门"：1180年，在这里出现了"钱币兑换商"（bancherius）一词。在这里和威尼斯，还发展出了航运保险和汇票。这种划时代的工具——罗马人和中国人其实已经知道其原理，而后者甚至在第一个千年末就知道了——将黄金变成了纸，并且在必要时将其重新变回黄金。这一变换使贸易业务得以大规模实现。它成为抵抗道路和海洋风险、海盗、拦路抢劫者和掠夺者的无声武器。因此，将这种金融创新与指南针的发明、美洲的发现等同视之也并非没有道理。贸易流的扩大反映了人们试图通过在一定时限内的盟约来维护和平与法制。有一些怀着末世期望的"上帝的和平"运动（Gottesfriedensbewegung），也追求这一相同目标。

贸易成为生活法制化的引擎，国际贸易法就是这样发展起来的。罗得岛的海洋法诞生后的1500多年，它又得到了进一步扩充，有利于河流航行，从而产生了新的影响。到了13世纪，在汉堡和吕贝克的城市法中出现了它的痕迹。一些城市则为其他城市提供了模板，"城市法的派系"就此形成。例如，马格德堡的规章制度为东部新定居者组成的许多地区树立了榜样，并渗透到波罗的海沿岸国家和波兰，赢得了诺夫哥罗德和明斯克。那些设立并缔结的法律不仅是商业安全中的一部分保障，也标志着理性战胜了习惯，遏制了侯爵们的蛮横专制。

那时城镇居民看不起农民。文艺复兴时期的画家在绘制反映乡村节日的图画时，喜欢安置一个正在呕吐或者拉大便的傻瓜形象，以此来调侃逗乐。那时候大多数中世纪的城镇不过是更好的村庄，或者只有几百人居住的小型定居区域。在规模上，它们远远落后于东方大都市的规模。除了威尼斯、米兰、那不勒斯或布鲁日等意大利和佛兰德斯城市，欧洲城镇的人口很少有超过1万大关的。科隆是当时德国最大的城市，占地400公顷，在12世纪曾两次扩建了城墙，但它的人口数直到中世纪晚期也只达到差不多4万。

与今天相比，住在那时的城市并不舒适。城市的供给常常陷入困境。谷物是日常面包不可替代的原料，即使采用了三圃制的轮耕制度，仍然还需要大量的空间。卷心菜、萝卜和其他蔬菜与谷物生长引起的土地争端，和那些在户外圈于城墙内放牧的大型牲畜一样多。和食物一样，柴火和石油等供暖和照明的原材料随着人口的增长而越来越昂贵。为了留存更多类似的这些物资，人们以天光照明，甚至是处于半昏暗之中，因为没有玻璃，只能用带油的羊皮纸抵御大风和寒冷。在冬季，那些刺激性的烟雾会刺激肺部和眼睛。令人舒适的古老技术——用热蒸汽温暖的加热方式——已经被遗忘，罗马大都市的大型热水浴池变得破败不堪。要是人们没有瓷砖炉子，那么工作和生活就会挤在一间用明火取暖的闷热房间里。街道随天气而变化，或尘土飞扬，或泥泞不堪。排放处理系统是文艺复兴时期城市主义非常重要的主题，也是逐渐发展起来的。粪便在街道上随处可见，粪便堆会在晨曦中蒸发。从动物尸体堆放点和绞架的地方会飘来死亡的可怕气味，一路飘过用茅草或麦秆铺盖的屋顶。感官写就的历史很可能得出这样的结论，即我们的祖先肯定具有非常强大的嗅觉。

在意大利，出现了关注城市环境清洁美化的早期法规，而几乎与此同时，温暖时期的欧洲出现了混乱和动荡。首先是锡耶纳和佛罗伦萨，当时独一无二的建筑法规为城市市容美观树立了标准。街道要用灰泥封住，以防止致命的毒气逸出地面。人们处理垃圾，挖排水沟，开辟沟渠。在可能的情况下，人们还会遵循几何原理来规划，首选直线、矩形和圆形，或许是已经知晓了这些优雅形状的象征意义。它们还显示出一种无可比拟的秩序，就像巴格达、长安或是印度的法塔赫布尔·西格里（Fatehpur Sikris）的城市形态那样。

许多城市的形式固化为纯粹的虔诚教区的隐喻。这些城市摆脱了邪恶的魔鬼——就像阿西西的上教堂壁画描绘的被圣方济各驱除的阿雷佐城的恶魔——里面甚至没有涉及异教徒和令人讨厌的陌生人，他们像病毒一样威胁着要感染这座城市的身体。清洁习俗也确保了这种形而上的清洁与社区的稳定。一个例子就是异教罗马的“城市涤罪节”（lustratio urbis）。在中世纪早期，它的位置被玛利亚净化节和玛利亚圣烛节取代，而在中世纪晚期，英格兰的人们则会驱除房子里的恶灵。许多城市的模型是末世预言中胜利的耶路撒冷，它是中世纪世界的中心。印章图片或门形的墙环都让人想到圣城。就这样，基督及其门徒的形象加固了城门的加持。拜占庭的金门暗示着基督进入耶路撒冷时穿过的那道大门。基辅和弗拉基米尔的同名大门也有这样的花纹。

这些城市希望与充满扭曲和堕落的外界形成对比。除了这些阴郁图画及无数其他的文字，1140年莫拉斯的伯纳德（Bernhard von Morlas）还撰写了讽刺诗来表达“对世界的鄙视”。他到处都看到信仰的缺失和道德的沦丧、鸡奸和情色的诱惑。作者所有的向往都是朝向天堂的耶路撒冷，他厌恶所有的女性，期待最后的审判。伯纳德所处的精神世界正在爆发一场对抗教会和世界的污垢和混乱的激烈战斗，这场战斗早在200多年就已经开始——绝非偶然的是，城市化和货币经济的扩张也同时开始了。

11. 拉丁欧洲世界秩序的瓦解

插图12：《玛蒂尔德·冯·图斯齐恩和亨利四世的支持者克吕尼的雨果》

出自：多尼佐（Donizo），《维塔·马蒂迪斯》（*Vita Mathildis*），约1115年，

梵蒂冈宗座图书馆

围绕纯洁的争斗

对纯洁无休止的渴望是自由思想最危险的敌人，这种宗教般的痴迷在任何时期、任何文化中都存在——仅仅是因为宗教追求的对象通常是绝对的、非物质的，因而也是极纯洁的。百合之于基督徒就如同莲花之于佛教徒。在危机时期，信徒对纯洁的渴望更加迫切。他们在受洗后得到净化，重新开始了生活。通过忏悔，他们净化了自己的内心。无论是神职人员还是信徒，要接近上帝都必须是纯洁的。终傅[1]有助于他们进行最后一次净化。在死后，人们还需要通过"炼狱"（purgatory）——这个教会神职人员的恐怖发明——来达到最终的"炼净"（purgation）。只有如此，人才有可能去往天堂。天堂对不洁之物紧闭大门。人们在生前尽可能远离罪恶，死后在炼狱中的痛苦就可以缩短，最终还可以避免堕入地狱。出于对受到地狱惩罚和末日审判的恐惧，朝圣者将手杖牢牢握在自己手中，而将刀剑交到十字军手里。宗教鼓励信众帮助穷人和病患，尽管它激发出对战争的狂热，却也培养了乐善好施的博爱精神。在政治层面，宗教的监管无处不在。柴火堆上的火焰——那是为术士和狂热崇拜者准备的末世火海——清洗了异教徒、同性恋者和其他"不纯洁者"的教区。欧洲的犹太人也遭了难。由于奥古斯丁曾经提出"犹太人是基督教真理的见证者"，他们只需缴纳苛捐杂税，暂无性命之虞。然而，在中世纪温暖期的动荡过程中，他们一次次地沦为社会赎罪仪式的牺牲品。

纯洁使人们团结起来，强迫整个社会只信奉一个纯粹的信仰。这样的尝试无论在过去还是现在都以战争、恐怖和分裂为终点。夸张点说，中世纪堪称是一个"迫害社会"，而其始作俑者——那些可怕的王侯、审判官和进谗的传教士——大多数都是因为良心的驱使，起码他们如此宽慰自己。在他们看来，如果不为人类灵魂而战斗就会愧对上帝。为了净化这个世界，他们期待着耶和华

---

[1] 基督教"七大圣礼"的一种。在教徒年迈或病危时，神父会用经主教已祝圣的橄榄油，敷擦病人的耳、目、口、鼻和手足，并诵念一段祈祷经文，认为借此赋恩宠于受敷者，减轻他的神形困苦，赦免罪过。——编者注

降下惩罚：他自己不就是通过将几乎全人类淹没在大洪水中，来净化自己的创造物吗？如果《圣经·旧约》是在谴责以色列与罪恶的异教徒混居在一起，那么它也可以被看作一个信号，即要求信徒抛弃或歼灭一切异端和异教。

围绕着纯洁的冲突频现。反圣像运动和那些废除古代仪式的改革一样，都以纯洁为目标。纯洁要占据城市、房屋和家庭，尤其是圣所。基督在净化耶路撒冷的圣殿时就做出了表率，他开始革新并净化犹太教，而不是为了创立新的宗教，在基督之后的穆罕默德也同样如此。躯体成为这场永恒斗争最重要的战场。诺斯底派对这座"灵魂的监狱"就不抱有任何期待[1]。许多文献都记录了对自我及自我堕落的关注，例如巴伐利亚修士圣埃梅拉姆的奥特洛（Otloh von St. Emmeram）在1070年前后所著的《论僧侣之诱惑》。自我修行者要保持纯洁，首先就是要压制生理的欲望。僧侣守则是通往圣洁之路和天国的航海日志，禁欲是其中的重要章节。守则规定了修行者的行事方式，以此遏制他们过多地"思虑自身"，要求他们穿着朴素的长袍，洗冷水浴，禁食并在夜间祷告。正如莫拉斯的贝恩哈德在其作品中所点明的，对女性的敌意要联系到修道院中的夜深空寂寞：那些被压抑的性欲会出现在梦境和幻想中并步步紧逼，使修行者背弃通往圣洁的道路。教派追随者、神秘主义者、禁欲主义者和隐士不辞艰辛地追求着一个不可实现的目标，他们想超脱尘世的纷扰，孑然一身。然而，只有圣人才能成功。有些人过着不食人间烟火的生活，尤其是没有性生活。传说他们苍白的身体死后也不会腐烂，其坟墓会绽放出百合，散发着永生的芬芳。就像印度的婆罗门一样，他们在尘世的沼泽中似乎出淤泥而不染。

在所有宗教中都可以找到对纯洁的狂热追求者。耆那教[2]的修行者中有像

---

1 早期诺斯底派提倡灵、魂、体的三分论，认为灵才是真正的人，魂充满激情和欲望，是邪灵活动的场所，邪灵通过肉体展现罪恶。魂与体属物质方面，魂必须摆脱肉体才能回归天国，因此提倡性和饮食上的禁律。

2 耆那教，又称耆教（Jaina，意为"圣人"），印度传统宗教之一。该教教徒的信仰是理性高于宗教，认为正确的信仰、知识、操行会导致解脱之路，进而达到灵魂的理想境界。

法国的清洁派（Katharer）[1]一样的，甚至还有空腹饿死的，直至这令人厌恶的躯体完全分解。纯洁的拥护者像是染上一种宗教洁癖，没什么能限制它，没有任何人和事物能被放过。与天国的荣耀相比，凡人的身体和俗世的幸福对他们来说不值一文。然而，无论人们想不想，仅凭不痛不痒的仪式是无法净化不洁之物的——要么隔离这些"污垢"，要么用禁忌来掩盖它们。尽管完全纯洁的目标无法实现，但在现实之中，人们往往通过制定规则来做出尝试。按照这种逻辑，犹太人居住区建立起来，纯洁者与不洁者被区隔开。刽子手和妓女都被驱赶到城墙一隅落脚，疯子被关了起来，乞丐和受歧视的人全被打上烙印。跟他们打交道的市民会被玷污、被传染，就像接触麻风病人一般。

宗教不得不忍受世俗化及其污染，这是必然的，毕竟宗教是在物质世界中运作，无法摆脱它。因此，那些试图清洗和统一的改革行为无法逃避人类活动的最终命运。从长远来看，它们要想幸存下来只能像教皇国那样成为国家政体，或与国家结盟。无论作何选择，它们都不得不卷入与世俗贵族极其肮脏的交易之中。如果某次改革以这种方式获得成功，这派人士通常会变得富有，而后堕入腐败。他们建立的机构首先会扩张，然后变得僵化，最后退化。那些执政官员、虔诚的禁欲主义接班人和神圣的修道院院长或聪慧的导师，渐渐沉浸于尘世的美妙当中。受过各种辩证思想浸润的学者们接纳了改革发起者的包容理念并从中提炼出自己的话术。他们会制定不容置喙的正统教条来对抗一切批评，但这些教条很快又重新陷入矛盾中。只要这些改革大肆鼓吹或者归于某一宗派旗下，那它们带来的通常不会是净化、革新和团结，而是分裂。比如犹太教中的卡拉派（das karäische Judentum）只认可《圣经》经文的效力而拒绝拉比释经，再比如哈瓦利吉、路德和其他许多宗教改革者的尝试，最终都导致分

---

1 又译作纯洁派或纯净派。常泛指受摩尼教影响而相信善恶二元论和坚持禁欲的各教派。是教父时代的几个小教派，中世纪流传于欧洲地中海沿岸各国的基督教异端教派之一，也是一种宗教政治运动。音译亦称"卡特里派"或"卡塔尔派"。

崩离析的局面。西西弗斯（Sisyphos）[1]再次回到山脚下。当这个肮脏世界似乎将要终结时，他的热情越发高涨。

根据亚里士多德的说法，绝对纯洁仅仅存在于月亮的那一边，在繁星之上那光明照耀的空间里，这种观点至今仍有许多信众。在这一点上，中世纪的神学家和自然哲学家达成了一致。中世纪的人们试图用各种方式缓解精神与物质之间的矛盾，其中最蔚为壮观的就是建造大教堂，它是西方觉醒的不朽标志。这项工作将思想、光线及天空融入建筑艺术，而指引人们的启示早在古希腊就已经出现。圣丹尼斯修道院大教堂的建筑师、修道院院长叙热（Suger，1081—1151）留下数张设计草图描绘了他的设想，他称之为"新作品"（opus novum）。叙热可能读过亚略巴古的狄奥尼修斯〔Dionysius Areopagita，后人称其为"伪狄奥尼修斯"（Pseudo-Dionysius）〕的作品，这位僧侣生活在公元500年前后，其作品正是在加洛林王朝时期的圣丹尼斯修道院里被翻译出来的。狄奥尼修斯受人敬仰要归功于他本人，他宣称是使徒保罗亲自引领他皈依基督的。狄奥尼修斯的"光之形而上学"[2]为追寻上帝的人们提供了新柏拉图主义的视角。这一学说将"太一"（ein）视作存在的根本，这一概念是从各种相近释义中提炼出来的，它超脱了一切多样性与矛盾，是涅槃在古希腊的一种变体。如想要上升到"太一"并得到启蒙，最终与之合为一体，就需要走"净化之路"，屏蔽所有的感官体验。思想也应该脱离躯体。一切可见之物都不过是比拟。

大教堂完美的构造直观地呈现了布满光明的天空。如宝石般绚丽的窗户让

---

1 西西弗斯是希腊神话中的人物，他建立了科林斯并成为国王，甚至一度绑架了死神，让世间没有了死亡，因此触犯了众神，诸神为了惩罚西西弗斯，便要求他把一块巨石推上山顶，而由于那巨石太重了，每次还没推上山顶就又滚下山去，前功尽弃。于是他就不断重复、永无止境地做这件事。

2 "光之形而上学"是新柏拉图主义的神秘主义者普罗提诺提出的学说，认为上帝是光的最初来源，所有可见物质的存在都归功于上帝的光流溢进这些非实质的物质，狄奥尼修斯将这一学说与天主教信仰融合。所有可见之物都是"物质的光"，是由光之父即上帝创造的。即使最低等的创造物也能反映出上帝的本质。如果人们通过正确认识事物而被启蒙，他们的灵魂就可以向上飞升，直到光的源头、抵达上帝。与"光之形而上学"思想密切相关的是美学、色彩、宝石和祭祀建筑设计等方面的理论，尤其是哥特式大教堂的设计。

人联想到天空中那座耶路撒冷的宝石城墙。建筑结构、画像和雕塑让人眼花缭乱，令人几乎忘记了这个空间展现的是此岸世界。墙也不再是墙。大教堂寓意着伟大的太一，伪狄奥尼修斯是这样定义它的：玻璃与石头的形而上学，一个悖论般的存在。

带有缺陷的物质与其拥有的纯粹精神之间的差别，如同城墙和投射于其上的卓越绮丽的光影一样明显。当生命被注入人的躯体后，它要经过挑选，要经历痛苦、软弱和欲望。但肉身一直阻挠着精神的飞升，直至死亡。纯洁的信徒即使做到了极致，也还是无法抹去作为基督徒的原罪。同时，对纯洁的渴望也引发了一次次的改革。早在15世纪，改革者们开始强调真正基督徒的纯洁血统，奏响了现代种族主义的前奏。"改革"（Reform）一词的前缀"Re-"意味着一次大撤退，号召人们重返过去以消解时间，另一种效用类似的方式是举行仪式。人们想重拾纯洁的本源，曾经的第一批基督徒生活虔诚，日常只有敬拜。历史中掺杂的残渣都应该被清理干净。人们不是要寻求革新，而是寻求最古老的模式，追求圣徒式的清贫，找到萦绕在本源周围的纯洁明晰的话语并借此获得原初的纯洁信仰。

千禧年来临前，出现了种种征兆与神迹，人们对末日的恐惧也被逐渐放大。公元1000年前后，一位学者写道："撒旦的千禧年已经到来。"约翰在《圣经·新约·启示录》中言辞闪烁，令人疑惑，让末日的纪年史更加令人费解。无论事情是好是坏，人们都可以在其中找到自己的归宿。毕竟，近代以前的欧洲从来不乏饥饿、瘟疫、物价飙升或战争，当然也不乏神圣的英雄——他们相信自己是天选之君，将在末日审判到来时统领那个千禧年帝国。没有哪个世纪不是在那些令民众人心惶惶的世界末日预言中结束的。有时候，历史的进程本身似乎就预示着终结：要么是匈人来袭，要么是暴君当政，抑或是被异教徒围困。上帝既然放任这一切发生，不就是在敦促人们要为末日做好准备，要净化自己吗？

修道院改革

早在狂热的11世纪的上半叶，就已经出现了一种潮流，可以被称作"重返荒原"：遁世的拥护者越来越多。他们归隐于林郊荒野的孤寂中，希望以此更加接近上帝。女人被关在修道院的禅室中，幽闭至死，她们与外界唯一的联系是一扇窗户。一些教士组成了后来被称为"清规咏经团"（Regularkanoniker）[1]的修会，他们聚居在一起，像僧侣那样生活。在修道院里，教士们为国家乃至全人类祈祷。当被问及他们的修道院在哪里时，圣方济各的门徒会说："在目光所及的整个世界。"就像寺庙在佛教盛行的国家，欧洲的修道院也颇受优待，资助源源不断，许多修道院坐拥大量田产。随着修道院享有的权力越来越大，它自然越来越频繁地插手世俗事务，教士们想要重获最初的纯洁，却总是被玷污，革新理念时时遭遇挑战。从意大利到英格兰，修道院为获得纯洁进行了一系列的改革，其中最声势浩大的一场来自克吕尼修道院。这所位于勃艮第的马孔镇附近的修道院希望恢复本笃会的教规，强调使徒般的清贫、禁欲和博爱，让生命宗教化。改革的另外一个目的则是摆脱大主教的管辖。克吕尼修道院建立时正值加洛林王朝倾覆，时局动荡，这场改革运动得到许多修道院的支持响应，远播西班牙，而意大利和德国的一些修道院也有效仿。

成千上万的穷人和朝圣者在前往圣地亚哥·德·孔波斯特拉的途中都会在克吕尼落脚，他们在这里找到了可以慰藉炼狱亡灵的盛宴。克吕尼修道院教堂于1095年建成，如今已年久失修。在圣彼得大教堂重建之前，它曾是天主教世界中最宏伟的大教堂，是抵抗地狱邪灵的堡垒。克吕尼修道院提出一项倡议，很快便广为流传，即呼吁"教会自由"（libertas ecclesiae）。其目的是摆脱平信徒的势力，保证精神领土的绝对纯洁，远离世俗权力的污秽。[2]实际上，

---

1 也被译为"律修会"（Canonicus regularis）。与世俗的教士不同，他们主要关心的是自己的修行，每日默观祈祷，而俗人教士还要关注教区内的精神生活，召集信徒举办祈祷仪式等。

2 克吕尼修道院只接受教皇保护，不受其他任何主教和世俗权力的管辖。克吕尼改革反对教会世俗化，也反对封建主控制教会以及神职人员家族把持教权和教产，试图通过这些改革提高教会地位，增强同世俗统治者争权夺利的实力。

克吕尼和追随它的其他一些修会最终获得自由，拥有了摆脱当地主教管辖的豁免权。改革后的修道院与罗马的联系更为密切，反之，罗马现在也深陷在这场净化的旋涡中。克吕尼修道院的院长们成为教皇和皇帝的耳目。

早在教皇利奥九世（Leo IX，1048—1054年在位）时期，改革运动就已经全面展开。教堂的内部并非唯一的战场。"利奥"在拉丁语中意为"狮子"，这位勇猛的教皇想要歼灭盘踞意大利南部的虎视眈眈的诺曼人。教皇向他的战士们许诺了天国，不料这支天主教军队却遭到惨败，利奥本人被俘。拜占庭也不肯臣服，但东方教会的"冒牌"信仰及其"冒牌"仪式是很容易分辨的。一位俄罗斯旧信徒派（Altgläubigen）[1]的教徒在17世纪警告说，哪怕改动一个字母都是异端。神学大分裂最重要的原因正是对《尼西亚信经》[2]的一点小小补充。该补充希望明确圣灵源自圣父"和圣子"（拉丁语为"filioque"）。中世纪神学家里尔的阿莱恩（Alain de Lille，约1128—1202）将这个引发争议的矛盾解释为：女儿怀上了父亲并重新生下他。如此，父亲就成为女儿的儿子。拜占庭拒绝接受基督有这样的父亲身份，但罗马认可了。逐出教会的惩戒一路从台伯河飞越海洋，又从博斯普鲁斯海峡折返。这不是东西方教会的第一次分裂，但我们谈及的1054年的这次应该是最终的决裂。教皇清理了拜占庭的余孽，自此再无任何反对的声音。今后谁再敢质疑罗马的统治地位，都会被当作异教徒和分裂主义者而任人唾弃。

导致罗马与拜占庭决裂的主要推动者是枢机主教希瓦康第达的宏伯特（Humbert von Silva Candida），在改革中他的势力大盛，其他一些修士也借机攫取影响力，比如彼得·达米安尼（Peter Damiani）：在托斯卡纳的一家修道院中，彼得严守禁欲规则，鞭笞自己时也毫不手软。饱受谴责的神职买卖、教会职务买卖和宗教权力的交易都成为要被钉到十字架的罪行，涉及祷

---

1 也称"旧礼仪派""老信徒派"，俄罗斯正教会官方称之为"分裂派"。

2 基督教四大信经之一（另外三个是《使徒信经》《亚他那修信经》《迦克墩信经》）。《尼西亚信经》的主要内容与《使徒信经》大致相同，但更详尽，强调了圣父、圣子、圣灵三位一体的意义，明确了三个位格之间的关系。《尼西亚信经》通用于教会中，但东、西方教会各不相同。东方教会较西方教会更为尊重此信经，奉为第一信经。

告、圣餐、圣髑和其他圣器的交易更要被严惩不贷。1045年，教皇本笃九世（Benedikt IX）为了钱财甚至选择让位[1]。1059年，罗马大公会议通过了多项改革，其中包括将教皇候选人的范围缩小到枢机主教，严格执行独身的律令。神职人员要以禁欲的纯洁之身来履行圣职，不能诞下私生子，以防止他们为满足一己私欲而瓜分教会财产。

神圣罗马帝国曾一度达到其势力的顶峰，如今落入萨利安王朝手中。1046年，亨利三世（Heinrich III，1039—1056年在位）在苏特里的宗教会议上同时罢黜了三个敌对教皇[2]。为此，他推举恭顺的主教班贝格的西格斯（Suitger von Bamberg）坐上圣彼得的宝座，此人也是亲改革派，同时亨利自己也加冕为皇帝。西格斯被称为克雷芒二世（Clemens II），他虽有教皇身份，却是皇帝的傀儡。从罗马一路向北，沿着卡西亚大道就能抵达苏特里，这座小城成为统治者的象征，对教会和世界的掌控都从这里开始。奥托大帝就曾把自己看作基督在世间的代理人，他的地位与教皇相当，也有权任命主教。在卡诺萨发生的故事则恰恰相反。

地震：主教授职权之争

1077年1月末，在亚平宁山脉脚下边境女伯爵玛蒂尔德·冯·图斯齐恩（Mathilde von Tuszien）的卡诺萨城堡里，发生了一件骇人听闻的事：亨利三世

---

1 1032年，教皇若望十九世去世，他的侄儿、年仅12岁的狄奥菲拉托被捧上教皇宝座，即本笃九世。本笃九世上台后胡作非为，激起了罗马人的起义，两度被赶出罗马。1045年，罗马人推选主教萨比纳的约翰为教皇，称西尔维斯特三世。本笃九世纠集了一群亡命之徒进攻城里的教会。西尔维斯特三世不胜其扰，在位20天后就还位于本笃九世。本笃九世深知在罗马不安全，将教皇之位以1500磅黄金的价格出售给他的叔父、教廷总司铎格拉齐亚诺。

2 在罗马天主教会内，敌对教皇，或称对立教皇、伪教皇、反教皇，指由具有争议的教皇选举而得到可以成为教皇的名誉之人。由于天主教枢机团自欧洲中世纪开始负责选举教皇，这些对立教皇通常与已被枢机团选出的人对立。1045年格拉齐亚诺登位，后称教皇格里高利六世。1046年，本笃九世和西尔维斯特三世都返回罗马，并都宣称自己是合法教皇，不承认格里高利六世。三个教皇同时出现在罗马，史称"三教皇对立"。

的儿子，同时也是他的继任者亨利四世（Henrich Ⅳ，1056—1106年在位）身披毛衫赤足站在雪地上，请求教皇收回开除他教籍的惩罚。这期间到底发生了什么？卡诺萨觐见的前情是，亨利在此之前享有世俗授职权并干预了意大利主教的选举，包括重要的米兰教区。皇帝和教皇之间因而出现了不可调和的矛盾，后来这次事件被称为"主教授职权之争"。他们的结果——这是双方参与者都不想看见也未曾预料的——竟为欧洲"奇迹"又树立起一根支柱，即对宗教的制约。

苏特里会议上的教皇更替，在今天看来很是独特，其中最不同寻常之处在于有三位教皇同时被废黜。自古以来，皇帝一直有权处理有关教会和信仰的事务。直到近代，捍卫宗教仍被视为皇帝最重要的任务。对国事的关心始终意味着对人类灵魂救赎的关心。作为拜占庭的巴塞勒斯及土耳其苏丹的先驱，君士坦丁就曾将包括对宗教器物的管理在内的一切事务视为己任。这份权力源于他的古罗马祭司团大祭司的身份。他召集宗教会议并主持他们的商议，就像召开罗马元老院会议。他虽是平教徒，却参与神学家们的争论。自奥古斯都以来，大祭司一职都归属于皇帝。在皇权和教权发生巨大冲突的前夕——下文将详述——韦尔切利的主教阿托（Atto von Vercelli）写道："教宗在恺撒的权力之下净化了世界！"

改革逐步推进，古希腊罗马晚期和中世纪早期的统治逻辑，此时却成了丑闻。罗马的净化派从平信徒分配教会职务的过程中看到了罪恶的神职买卖现象。1073年，会吏长希尔德布兰德（Hildebrand）加冕为教皇，后称格里高利七世（Gregor Ⅶ），他此前曾是改革派中颇具影响力的幕后人物，再之前可能是僧侣。格里高利认为自己肩负使命，有责任推行新的原则。满满当当的《教皇敕令》可以反映出格里高利七世的执政方针，他认为自己不仅是教会的解放者，而且是教会的全权代表，地位甚至应当在皇帝之上。他威胁亨利改变主教授职程序，但这无异于硬碰硬。亨利宣布，"希尔德布兰德不再是教皇，而是冒牌僧侣"，想以此逼格里高利七世退位。格里高利的回应则是废黜亨利的皇位并将他开除教籍。亨利虽然言辞强硬却不见任何实效，根本没有人追随响应。在这紧迫关头，前往卡诺萨进行痛苦的忏悔已是亨利的最后出路。

这次斗争非常激烈，不仅关乎格里高利七世虔诚的热情及他所要捍卫的荣誉，而且关乎真实的权力。教皇和皇帝一直竭力扶植主教和修道院的势力，授予他们土地和权利。同时贵族势力也借了东风，他们大多出自主教和修道院家族势力。上帝的代理人必须拥有能与俗世帝王相抗衡的势力。由于没有合法的后代，教皇无法建立起一个可以质疑和挑战当朝统治的王朝。皇帝从这些上帝的使者那里得到祈愿与祝祷，让他们成为自己的抄写员、顾问和大使。主教们在城市中——包括授职权争议最初的爆发地米兰——担任领主并统领自己的军队；一些主教甚至统治整个领地。此外，教区和帝国修道院是帝国军队的重要组成部分，有时贡献了其中四分之三的军事力量。有人声称主教要有戒指和权杖"装点"并通过"授职"得到委任，这样的诉求甫一出现就遭到攻击。主教一职不仅具备各种职能，在经济上也有重要意义，"授职"变更触及了皇帝的根本权力。

直到此时，皇帝在皇冠和主教权杖的同盟中仍是略占上风的一方。他们决定人事任用并保证教皇国的存续。当教皇卷入罗马城的冲突时，法兰克人或撒克逊人的利剑不止一次救他们于水火。而今亨利却匍匐在教皇面前的冰冷雪地上，情况似乎已经颠倒。面对这个对手颇有仪式感的屈服和忏悔姿态，格里高利七世被迫撤销了对他的绝罚。但是，卡诺萨冰冷的和平转瞬即逝。另一位教皇已然被推举出来，并于1084年为亨利加冕称帝，因为亨利在军事上已占据上风。次年，格里高利七世在痛苦中去世，直到咽气仍坚信自己的权力。1122年，当亨利的敌人们均已离开人世时，和解才通过沃尔姆斯决议达成。自此，皇帝只能在德意志帝国境内行使主教授职权。权杖是主教权力的世俗象征，主教候选人应在授职庆典上得到权戒与权杖。在英格兰和法兰西，大主教一职与皇帝和其他主教的联系更为密切，与罗马则较为疏远，所以这两地由各方商定解决方案，以确保国王有权决定主教宝座的归属。

卡诺萨觐见之后，尘世发生的一切仿佛被刻在石头上，几百年后仍然引发论战。历史学家对此的解释依旧存在分歧。一些学者将它视作神圣皇权覆灭的开端，是教会与国家分裂之兆。另一些学者则视之为国王在外交上的成功。有时候，卡诺萨被视为一次成功的改革，令日益上升的世俗权力屈服；偶尔，它又会被当作教皇的傲慢的极端体现。毫无疑问，亨利的卑躬屈膝使整个帝国蒙羞。有些学者甚至从卡诺萨事件中看到了世界历史性的转折，认为它是世界走向世俗化和现代化的转折点。然而，授职权之争更像是一场地震，是地表深处地质结构的一次爆发。为皇帝加冕的人难道不应该比皇帝更加尊贵吗？难道狄奥多西一世和"虔诚者"路易也必须接受教会的惩戒吗？这两股强大的势力相互对抗，但同时这两种职权理念都想要涵盖一切事务。在这动荡地表的最深处，纯洁与污秽、神圣与世俗、精神力量与政治力量的矛盾对立——自基督教成为罗马帝国合法宗教以来它们就已经存在——却被挤压得嘎吱作响。

格里高利七世为净化所付出的努力还剩下些什么呢？反对神职买卖的战争以道德的落败而告终。一提到贪婪的教士、神职交易，尤其是教皇统治，批评声从来不绝于耳。改革试图遏制神职人员的性欲，最终却输给了人的天性；想要追缴教士的过高薪俸，也收效甚微。不过在另一方面，罗马教皇却赢得了自治权和影响力，罗马之外的地方也一一臣服。罗马"教廷"（Kurie）——这一自11世纪末开始使用的概念取自"御廷"（curia regis）——成为西方教会的指挥中心。罗马的裁缝在缝制教皇紫袍时用料大方，这曾是巴塞勒斯和皇帝的御用色。教皇君主制发展成中世纪欧洲最现代化的国家体制。数百名书记官听任教皇差遣，他们擅长用优雅而古老的拉丁语书写，笔耕不辍，他们产出的文件很快就有帝国文书部门的十倍之多。

罗马坚定不移地捍卫自己神圣的垄断地位，它是通往天国的权限。除罗马教会之外，再无别的救赎之地。哪些仪式与形式可以取悦上帝，哪些是绝对禁止的黑魔法，哪些是要被诅咒和唾弃的异端邪说，只有罗马对这些问题拥有裁决权。倘若有谁宣扬无须神父的虔信形式，他必定面临迫害。高级阶层始终致力于清除那些正统之外的信仰，让宗教改革运动也俯首称臣。甚至连推举圣徒的权力也被教皇揽入手中——几乎与中国皇帝相当，他们甚至可以造神。

教皇改革和授职争议对近代的世俗化有重要意义，只有从一个跨度极大的视角才能看得清。格里高利七世没有止于做一名改革者，而是质疑皇权的权力，这使他领导的教会陷入了政治冲突。一种暴力首次出现，将来它的影响力令人生畏：公开性。实际上，主教授职权之争引发了欧洲历史上第一次宣传大战。教皇的支持者认为，亨利四世这样无能的统治者就像一个不好好放猪的猪倌。与之相反，皇帝的忠臣则回溯到一种古代晚期的关于统治者的说法，宣称亨利是基督的化身，而基督是一位完美的、涂过圣油的"国王和教士"。一个尖锐的声音加入这场辩论中：如果教皇可以被唤作"冒牌僧侣"，统治者可以被骂作"猪倌"，那还有什么禁忌？授职争议引发的这场论战既事关宗教，又是高度政治性的问题，这种情况在别的宗教中从未发生。伴随着授职争议，这场关于权力、宗教和权利的批判性讨论首次达到高潮，并在宗教改革和启蒙运动中继续升级，势不可当。

皇帝与教皇之间冲突酝酿已久，授职争议不过是导火索而已，这场冲突经久不息的原因是教皇掌握一个庞大的组织，赋予了他们统领世界的大权。污浊是追求权力的代价。宗教失去了道德权威地位，皇帝的皇冠也黯然失色。大人物争斗不休，诸侯和城邦这些小角色反而从中获利。德意志帝国的选帝制逐渐巩固，尽管从权力政治角度来看这绝对是有百害无一利。尽管"血统"的魔力从未消失，但生物学、幸福女神和运气却未曾眷顾德意志的历任皇帝。王朝一直更迭不断，直到哈布斯堡家族时期局面才稳定下来。1138年，极具传奇色彩的霍亨斯陶芬（Staufer）家族入主萨利安皇宫。他们树敌甚众，最大的隐患是落败的韦尔夫家族，这一支在选帝中未受青睐，此时正集结军队滋扰生事。

十字军东征：西方主义的开端

在德意志帝国和意大利为天国和尘世的两顶皇冠争夺不休时，西部的法国和英格兰趁势崛起，诺曼人自1066年入侵以来一直把持着这两片土地。这些北方人还在意大利开始筹建另一个国家。他们在首领罗伯特·吉斯卡德

（Robert Guiscard，意为"狡猾之人"——某个通晓古籍的同时代人士认为他有此名是因为他的狡猾不逊于奥德修斯和西塞罗）的领导下战胜利奥九世，将南方伦巴第的领地据为己有，一举清剿拜占庭的残余势力，让马格里布统治者拱手交出西西里岛。改革派教皇立刻寻求与胜者结盟，并把他们的利益合法化。西西里岛和诺曼人占据的意大利南部成为教皇的附庸王国。这群征服者将梅佐乔诺建设成一个治理严谨的模范国家，甚至在北非也接连攻城略地。但是根据威尔士编年史学家杰拉尔德（Gerald）的说法，仅巴勒莫一地的创收就超过整个英格兰。南方新主都经历过什么啊！他们在极昼的午夜从森林和峡湾启程，为基辅罗斯公国的创立助过一臂之力，征服了英格兰并占领了法兰西亚的大部分地区；现在，他们又在棕榈成荫的宫殿里安享宝座。

他们能够取得胜利不仅是因为中东权力结构的变迁。拜占庭人被游牧民族驱赶到多瑙河边；巴尔干半岛的克罗地亚人于10世纪中叶开始要求独立——比塞尔维亚人晚了一个世纪左右。1055年，乌古斯部落联盟的一支强大的穆斯林部族塞尔柱突厥征服了巴格达，并监禁了白益王朝的统治者。1071年，塞尔柱苏丹在土耳其东部的曼济刻尔克附近击溃了一支庞大的拜占庭军队。此后10年，这支常胜军一路占领亚美尼亚和安纳托利亚军区[1]的大部分地区，即今天的安纳托利亚。伟大的塞尔柱王朝统治着从地中海到伊朗的广袤疆域，但很快就分崩离析。

同一时期，基督教徒和穆斯林在伊比利亚半岛上展开了交锋。这场收复失地运动起初是为了夺回失去的基督教领地，最后却演变为一场圣战。吟游诗人马卡布鲁（Marcabru）把西班牙称为"清洗间"，骑士们可以在这里涤清自己的灵魂。基督教一方最初捷报频传，因为当时穆斯林内部敌对势力纷争不止，诺曼人征服意大利南部也是趁此良机。在血腥内乱后，1031年，科尔多瓦的哈里发与倭马亚王朝携手走向覆灭。之后的50年间，"泰法国王"

---

1 安纳托利亚军区（Anatolikon）是拜占庭帝国于7世纪在安纳托利亚中部设立的一个军区，"Anatolē"在希腊语中即"东方"。自建立起，这里就是拜占庭帝国内最大且最重要的军区，在长达三个世纪的对阿拉伯人的战争中扮演着中流砥柱的角色。

（Reyes de Taifas）[1]纷纷登场，足有40多个。

1085年，卡斯蒂利亚及莱昂国王阿方索六世（Alfons VI）征服托莱多，泰法国王们如坐针毡，向同样信奉伊斯兰教的穆拉比特王朝求援。勇猛好战的柏柏尔人从西非蜂拥而至，不仅抵御了西班牙人，让大多数泰法王国也灰飞烟灭——尽管同为穆斯林，这些泰法王可不够虔诚。安达卢西亚被这个西非王朝收入囊中，海对面的疆域以马拉喀什为中心，从马格里布向西一直延伸到塞内加尔。穆拉比特人迫害基督徒和犹太人，甚至包括他们的一些穆斯林兄弟——如果这些人被怀疑过于开明。后来，阿尔摩哈德王朝终结了穆拉比特人在安达卢西亚的统治。他们对改革持欢迎态度，但却无法阻挡基督教战士的步步紧逼。1212年，双方在拉斯·纳瓦斯·德·托洛萨（Las Navas de Tolosa）展开激战，基督教联军大获全胜，阿尔摩哈德的命运自此被封印。收复失地运动开启了新的篇章。这场运动成就了西班牙的英雄时代，涌现了像罗德里戈·迪亚兹·德·维瓦尔（Rodrigo Díaz de Vivar，1043—1099）[2]这样的英雄人物：这位既勇敢又残忍的战士后来成为瓦伦西亚的统治者。他的尸身被绑在他的白马上驮运，据传，柏柏尔人见之色变。

向圣地进发的十字军东征始于1095年。教皇乌尔班二世（Urban II）呼吁信众救援陷入困境的拜占庭人，并与占领圣地的"邪恶异教徒"作战。这种精神激励了教会改革，推动了意大利和西班牙的战斗，同样也鼓舞着东征的十字军。他们的目的是要净化这个充满异教组织的世界，尤其是在当下这个时刻，许多人似乎都感到末日逼近。人口激增为军队提供了丰富的战斗力量，对自由和冒险的向往引诱他们出发。欧洲贵族认为这是一次良机，他们可以赢得名

1　"泰法"在阿拉伯语中意为"帮派、教派"，专指11世纪早期后倭马亚王朝解体后出现于伊比利亚半岛上的一些穆斯林小王国。这些小邦大多昙花一现，各自为政，互相攻伐。它们常常向基督教国家求援以反抗敌对的穆斯林诸王，或转而向北非王国求援来对抗基督教君主。这些泰法国家反复无常，于是成为日益增长的基督教再征服势力之争取目标。尽管泰法诸国政治上鲜有建树，但却培育起一段穆斯林文化复兴时期。泰法诸王仿照哈里发宫廷模式，延揽诗人，提倡哲学、自然科学和数学的研究。

2　即熙德（El Cid），西班牙斗士，曾为卡斯蒂利亚的阿方索六世的陪臣，1081年被国王流放。长期为西班牙和摩尔人与敌方作战，因对国王效忠，召回后受宠，成为护国公和瓦伦西亚的统治者。

望、得到灵魂救赎，何况还有新土地和奴隶——管他是与摩尔人[1]战斗，还是去攻打北部和东部的异教徒老巢和偶像崇拜组织。"异教徒虽十恶不赦，但那里出产上好的肉类、蜂蜜、面粉……只要耕种，就无不大丰收，"授职争议时期的一篇文章直白地描述了那里的情况，种种吸引简直令人无法抗拒，"你们的灵魂将在这里得到救赎。而且如果你们喜欢这里愿意定居，还可以得到最好的土地。"在东征大军还未迈出基督教欧洲时，这项净化工作就已经开始，莱茵及其他地区的犹太人惨遭屠戮。诸如彼得·阿方西（Petrus Alphonsi）之流的神学家播下反犹主义的恶毒种子，一直给大屠杀煽风点火。

仅在欧洲境内，宗教战士们的征服之旅就旷日持久。十字军战士们一路朝巴勒斯坦挺进，"顺道"还去了里斯本和伊比利亚半岛的其他几个城市。1099年，他们征服了耶路撒冷，但百年后这里再次沦陷。拜占庭的危机是十字军东征的导火索，后来在1204年却又成为西方基督教兄弟洗劫的对象。第四次十字军东征期间，当骑士们没有足够的钱付给威尼斯人以渡海到埃及时，他们为威尼斯贵族攻打叛变的扎拉城和拜占庭达尔马提亚海岸的一些城镇，以此换取渡海船队。十字军东征和收复失地运动的一个特殊成果是骑士团的建立，这是修道院和出征军队融合的产物。骑士团的骑士们认为自己是教皇的大天使，又认为自己是撒玛利亚人，有必要照顾病人和朝圣者。最后，他们也堕入尘世，聚敛财富，甚至还建立了自己的国家，比如波罗的海沿岸的罗得岛圣约翰主权军事医院骑士团和德意志兄弟骑士团——后者最初是北德商人出资建立的，后并入条顿骑士团（Deutscher Orden）。皇帝和教皇授予他们特权并允许他们管辖征服的异教土地。实际上，他们的确引领异教民族皈依天主。圣殿骑士——"可怜的基督战士们"——凭借遍布欧洲的资产发展成为活跃于信贷领域的金融势力。

从战略上讲，由于无法消灭富有的埃及，十字军在与穆斯林的战争中失败了。攻打开罗的军队屡战屡败。在此期间，统治这里和叙利亚的都是马穆鲁

---

[1] 主要指中世纪时期生活在伊比利亚半岛、西西里岛、撒丁岛、马耳他、科西嘉岛、马格里布和西非等地区的穆斯林。

克人（Mamluken），他们最初是被阿尤布王朝释放的军事奴隶，后来却将发善心的统治者取而代之。1291年，随着马穆鲁克军队对黎凡特地区的商业中心阿卡发起猛攻，拉丁欧洲在中东的冒险之旅终于结束了。西方人一共七次前往圣地，当然也有统计说不止七次。十字军东征的主要受益者是意大利的沿海城市，尤其是热那亚和威尼斯，它们为军队运输和补给提供了必不可少的船队，稳固了贸易基础，与蓬勃发展的亚洲经济也有了更紧密的联系。不过从长远来看，十字军东征对于贸易发展究竟有多少益处，这一问题还颇有争议。但在如何为殖民行为提供资助以及如何组织行动等问题上，他们获得了许多经验，这些都会在更远的将来产生影响。基督徒与穆斯林的贸易并没有受到十字军东征的阻碍。这种交流从古至今一直欣欣向荣，意大利人在给境内的贸易分公司起名时甚至沿用了阿拉伯语中的"funduq"一词，这本是阿拉伯人对意大利人在中东的分公司的称呼。威尼斯的德国商馆"fondaco"也是由此得名。

当宫殿阙宇中的人们正在为宝座剑拔弩张时，寻常百姓家里的人们却可能正享受着和平。在一些城市中，多元文化社会似乎已经初具雏形，例如沙特尔的富尔彻（Fulcher von Chartres）就认为在这些社会中西方人正在变成东方人，他在第一次十字军东征时曾是布洛涅的鲍德温（Balduin von Boulogne）的随行教士。总的来说，进入中东的十字军东征并不是共生的开始，而是异化的开始。穆斯林世界第一次遭遇了"西方"——这个崇尚暴力、毫不宽容又文化落后的地区。阿拉伯编年史提到法兰克人时颇有鄙薄之意，说他们法律制度非常原始、信奉神衹的审判旨意，而且医学落后、习俗粗鄙。这些被视作英勇战士的入侵者传递了西方主义最初的生硬形象——这些偏见影响深远，将"西方"刻画成一种帝国主义的荒蛮文化，充斥着斤斤计较的商人习气与毫无灵魂的粗野习性。而安达卢西亚的穆斯林未曾听闻基督教，也不了解那些在他们看来"无信仰的人"日常如何生活。

十字军东征在西方已经是史诗、香颂和之后民族感情的讴歌对象，但在阿拉伯人眼里它没有任何意义，历史学家对此几乎不屑一提。反之，来到东方的十字军对伟大的穆斯林文化也了解其少。克吕尼修道院的院长"尊者"彼得

（Peter der Ehrwürdige，1092/1094—1156）翻译了《古兰经》和其他阿拉伯语文献，这些都成为抗击穆罕默德这个"最负盛名的反基督者先驱"和"魔鬼的门徒"的精神武器。安达卢西亚与意大利南部之间的交流成功传播了对于拉丁欧洲未来极为关键的知识。十字军东征不是欧洲知识增长的助推力，当时正值温暖期气候变迁，东征更应该被看作应对气候异常的各种反应中的一个丑恶变体。另一方面，失败的现实告诉我们，上帝显然还不希望世界被强行改变——至少当前如此。对十字军东征的批判常常变成对罗马教皇的批评，使教皇的公信力进一步下降。这样一来，十字军东征恰恰违背了其发起者的意图，反而朝着世俗化迈进。净化论者的时代和圣伯纳德（Heiliger Bernhard，1090—1153）——十字军东征最积极的鼓吹者——的时代都开始衰落。

年轻的欧洲

在拉丁世界，发展的落差正在逐渐弥合。如今，塔西佗所称的"野蛮的欧洲"几乎已经没有野蛮人了。北方和东方的外来民族建立了新的统治，本土民族要么已经融入，要么已经灭亡。"西方"并没有被入侵摧毁，反而通过入侵重新塑造自我，且赢得了新的思想和强大的武器。欧洲用来开垦、耕种和畜牧的土地不断扩大，森林和草原的深处也开始有人类涉足。拉丁语成为通用语言，思想通过腓尼基字母传播。在阿拉伯人的帮助下，西方在算术、医学、农业和天文学领域大有进展。西方也早就学会了如何用"钱"这种神奇的东西来进行贸易。

基督教的上帝为"年轻的欧洲"〔耶日·科洛佐夫斯基（Jerzy Kłoczowski）语〕奠定了思想基础和一些共性。主教大教堂、小教堂和修道院共同描绘了一幅形而上的欧洲地图。朝圣者的足迹像电网一样遍布全国。"圣雅各之路"（camino de Santiago）成为天主教国家西班牙最重要的动脉。十字架碑、圣像柱和祈祷室都是"神圣的凝聚"之所，人们在这里可以躲避阴魂不散的魔鬼和恶魔，获得片刻的安宁。它们是想象中最为安全的地方，这里有神奇的能量普照。伟大的圣人中有些是曾经的国王，他们都庇护过欧洲的国家，在天堂中支持他们的子民，并在尘世间为他们守护疆界。在圣人遗物周围会幻化出一片"恩典之地"（territorien der gnade）。圣人遗物能将圣人的力量注入生活中并能驱赶邪恶。一支由圣人遗骨组成的军团直到今天依然沉睡在意大利的土地上。圣雅各的遗骨守护着遥远的西方边境，他曾让摩尔人闻风丧胆；北边，特隆赫姆的尼德罗斯大教堂安葬着圣奥拉夫（St. Olaf）的遗骸；东部则由圣阿尔达贝特（Heiliger Adalbert）的头骨守卫——他最初被葬在格涅兹诺，后在布拉格找到安息之所。在国家与民族起源的漫长历史中，圣人将身份认同赠予它们：圣史蒂芬（St. Stephan）为匈牙利人开创新时代；圣帕特里克（St. Patrick）凝聚了爱尔兰人，他的《忏悔录》引人入胜；圣文策尔（Heiliger Wenzel）让波西米亚人不再迷茫；斯坦尼斯瓦夫（Stanislaw）引领了波兰人。欧洲的东部边界是基督教世界的终点。这里生活着"异教徒"，例如伏尔加河中游的马里人和莫尔多瓦人，以及黑海北部的钦察人（也叫波洛伏齐人）——他们属于突厥部族，信仰伊斯兰教，领土远及中亚。

如果我们审视欧洲的边界，会发现那里的宗教混杂现象。公元944年，拜占庭和基辅达成贸易协议，它们宣誓的对象既包括基督教的上帝，还有降下雷电的异教神佩伦（Perun）。古老欧洲的梦幻时代在英雄史诗中留存下来，如用古英语写成的《贝奥武夫》，该史诗同时受到了基督教和斯堪的纳维亚传统的影响，谈到了忠诚、勇气、王室待客之仪和送礼之道等主题。此外，梦幻时代还印刻在北方的一些传说和民谣中。匈牙利的传说记录了神鹿、图鲁尔鸟、莱海尔（Lehel）的号角和博通德（Botond）的战斧的故事。异教神存续最久之处是在欧洲东北角，在普鲁士和芬兰森林之间——那里的古普鲁士人、立陶宛人和东芬兰的沃茨人直到16世纪依然被认为是"顽固的异教徒"。萨满、魔法师和聪慧的女性主动在世界与超自然世界之间进行调和。据说护身符有助于受孕并能抵御恶魔，比如彩绘的基辅蛋，这也是复活节蛋的前身。直到现代，人们依然用它们来化解生活中的困扰。

"普通男人"和"普通女人"们的所做所想，我们今天几乎无从得知。绝大多数人都生活在缺乏文献记载的土地上。基督徒是如何皈依信仰的？他们的头发是否也曾浸入洗礼之水？这些问题我们无法回答。哪个神、哪个恶魔盘踞在他们的脑海里？他们在进行日常生活时是否顺应季节变化，是否有循环历史观，是否相信历史循环往复？他们听闻过查理大帝或教皇的哪些事迹，对森林和农田之外的世界有多少了解，是不是整日埋头于砍伐、耕种和收获？一切文化都有赖于他们的工作。他们缴税纳贡，然后人们才能书写、祈祷、大兴土木，也有资金武装舰队、招募骑士。没有他们就不会产生国家。

统治的实现首先要通过人际关系以及福利与物资的给予或收回。12世纪，基辅罗斯公国因为"兄终弟及制"分崩离析，毕竟接受分封的子孙并不想承认最长者的优先继承权。斯摩棱斯克、拥有主教的波洛茨克和其他公国获得了独立，这期间自然总是纷争不断。公元1185年前后的《伊戈尔远征记》（*Lied von der Heerfahrt Igors*）就描述了诺夫哥罗德公爵与钦察人之间的战斗，控诉了民族不和："没有肩膀对于头来说实属不易，但没有头对于身体来说实属不妙。"那时，基辅在罗斯的领导地位已成为过去。1169年，弗拉基米尔-苏兹达尔大公安德烈·博戈柳布斯基（Andrej Bogoljubskij）攻下基辅。这位胜利者将基辅大公的头衔一并带回弗拉基米尔，并参照基辅对这座政治中心进行了扩建。

多亏了斯蒂芬一世设立的伯国制[1]以及皇室的富足，匈牙利免遭瓦解的厄运。波兰则因为波列斯瓦夫一世生前的失策，数十年来已经沦为德意志帝国的附庸。摩拉维亚成为镶嵌在波西米亚王冠上的明珠。皮亚斯特王朝治国无力，波兰境内纷争四起。皮亚斯特王朝重新启用古老的酷刑，剜敌人双目，将敌人阉割。贵族逐渐掌控权力并形成自己的阶层。波兰，这片拉丁语中称为"波兰尼亚"（Polonia）的地区还要等待近200年的时间，才能再次迎来一统全境的王，此时它只能在瓦尔塔河和维斯瓦河流域徘徊不定。

与此同时，西欧的政治版图也发生了深刻的变化。英格兰一直是斯堪的纳

---

1 伯国制（Grafschaftsordnung）是一种行政区划制度，级别大约等同于州。每个伯国可由当地伯爵管辖，但它是王室的直接财产。

维亚北海帝国的一员，被诺曼人征服后逐渐参与中欧地区的事务。通过联姻和继承，一个从比利牛斯山脉延伸到英格兰和爱尔兰的伟大帝国诞生了，甚至苏格兰也听命于这个安茹王朝。由于一位先祖曾用金雀花树枝装饰帽子，他们被冠上了"金雀花王朝"的别称。尽管法国卡佩王朝的国王仅统治着巴黎和奥尔良周围的盈尺之地，这个封臣的实力却不容小觑。战争一触即发。

金雀花王朝的首位英格兰国王亨利二世（Heinrich Ⅱ，1154—1189年在位）是一位意气风发的国家建设者。他统一了"普通法"（common law）并致力于让国王的司法权得到认可。他曾试图收回教会的司法权，却遭到坎特伯雷大主教托马斯·贝克特（Thomas Becket）的阻挠。贝克特于1170年在大教堂里被谋杀，或许这并非亨利授意，与他的怒火也没有关系。在三年后，贝克特被追封为圣徒，亨利不得不公开道歉。教士们继续享有向罗马教廷通风报信的权力。

纷争冲突也同时发生在欧洲大陆上，在腓特烈一世（Friedrich Ⅰ，1152—1190年在位）——"红胡子"巴巴罗萨（Barbarossa）——与教皇亚历山大三世（Alexander Ⅲ）之间。究其原因，主要是皇帝想要以《查士丁尼法典》为依据，建立一个强大的辽阔帝国，尤其是巩固霍亨斯陶芬王朝的统治。因此，他将大量精力投向了富足的意大利，六次深入南方，这里对于实现他的帝国梦想有重要意义。但由于教皇的反对和伦巴第城市联盟的抵抗，他黯然败北。亚历山大三世遭遇的敌对教皇不少于四任。1177年威尼斯和谈时，巴巴罗萨没有得到任何实权，尽管他还有一个从古代借用的华而不实的头衔——"世界之主"。两年后，亚历山大召集了第三次拉特兰宗教会议，考虑到惨痛的分裂经历，此次会议做出了一项沿袭至今的决议，即教皇的候选人必须获得枢机团中超过三分之二的选票。在北方，红胡子击败了他最危险的对手、韦尔夫家族的"雄狮"亨利，其公爵封地被瓜分：萨克森州被腓特烈分割成块；巴伐利亚由维特尔斯巴赫家族接手，这片蓝白相间[1]的土地直到1918年才易主。这样一来，

---

1 巴伐利亚的旗帜颜色是白色和蓝色。

德国南部地区基本上确定了后来国家的边界线。同时，一个新的贵族群体出现，他们直接由国王加封。"世袭公爵领地"的时代落下帷幕。然而，溃败的"雄狮"亨利迎娶了亨利二世的女儿，韦尔夫家族由此与英格兰联姻，仍然是霍亨斯陶芬王朝的死敌。

1190年第三次十字军东征期间，巴巴罗萨在流经小亚细亚奇里乞亚的萨列法河里不幸溺亡。他的儿子亨利六世（Heinrich Ⅵ，1190—1197年在位）作为欧特维尔的康斯坦策（Konstanzes von Hauteville）的丈夫，统治着富有的西西里岛。巧合的是，新任英格兰国君"狮心王"理查（Richard Löwenherz）在十字军东征的返程路上被他俘获。亨利索要了数以吨计的银子作为赎金，凭借这些资金成功主导了西西里的继承权争夺战。这是现金第一次赢得一个帝国，是货币经济获胜的最好例子。绑架"狮心王"的是奥地利的统治者巴本堡的利奥波德（Leopold von Babenberg），据说他曾在阿卡城被理查羞辱。他用这次绑架分得的好处修建了一堵高墙，将维也纳围固其中。

亨利企图把德意志和西西里的冠冕变作霍亨斯陶芬王朝的遗产，不料他英年早逝，此事也就不了了之。有学者认为，这是欧洲历史上一个划时代的转折点。如果亨利活得更久，德意志或许会踏上西欧君主制的道路。他的儿子弗里德里希·罗杰（Friedrich Roger）不满三岁就成为霍亨斯陶芬王朝的继承人，即后来的腓特烈二世。一时间，军事统领、朝臣和教皇使节、西西里岛领主以及这位"来自普利亚的男孩"的监护人用尽阴谋诡计，为争夺皇位兴风作浪。

《大宪章》

欧洲大国混战最重要的成果是巩固了国家和城邦，冲突迫使国家和城邦凝聚起来。战争即使不是万物之父，也创造了许多事物。它之所以被视为凝聚国家的教父，是因为它催生了官僚机构，而官僚机构又可以制约野蛮战士的统治。权力——不是战斗者迅速夺来又很快失去的权力，而是在长治久安中获得的权力——是由羊皮纸和印章构成的。中国古人早已通晓一个道理：可以在马背上打江山，但是绝不能在马背上治理江山。

"没有国家政体"的帝国逐渐成为历史。制度和法律体系的完善让成本持续增加，但同时也提供了一定程度的安定。没有这种安定的局势，科学、技术和艺术就无法蓬勃发展。此外，为了从贵族、城市居民和教士那里筹募军费，阶层代表大会和议会逐渐成形。最终形成了这样的局面：谁的官僚机构更有能力筹到金钱、粮草和武器，谁就能获胜。所以，这一时期的大部分战争的身份其实决定于文书间、金库和会议里，而不是战场上。

当然也有例外，比如布汶战役。1214年7月27日，在这个星期日，英格兰国王"无地王"约翰与奥托四世（Otto Ⅳ）的盟军在当时还属于佛兰德斯的布汶与法兰西国王腓力二世（Philipp Ⅱ，1198—1223年在位）的部队短兵相接。这场战争的前情可以追溯到亨利六世去世后的那个时期。1198年举行了两次选举：为了对抗来自霍亨斯陶芬皇室的施瓦本公爵菲利普，韦尔夫家族推举"雄狮"亨利的儿子奥托为王。菲利普于1208年被暗杀，这次纷争似乎以韦尔夫的胜利而告终。奥托由英诺森三世（Innozenz Ⅲ，1198—1216年在位）在罗马加冕为帝。此后，奥托攻打西西里岛，不仅铩羽而归，还因此激怒了教皇。英诺森自此与奥托为敌，他惧怕被霍亨斯陶芬家族控制，也不想被韦尔夫家族把控。这样，皇帝奥托只能北上迎击法兰西，冲突愈演愈烈，最终双方在布汶兵戎相见。奥托一直以来都依附于金雀花王朝，是"狮心王"理查的外甥，在他流亡期间，还被封为普瓦图伯爵和阿基坦公爵。

1199年，"狮心王"去世，西欧的权力结构又一次改变。新国王"无地王"约翰竭尽全力才弹压住那些蠢蠢欲动的男爵。此外，他还卷入了与教皇的纠纷。此事关于坎特伯雷大主教的任命，这一职位在英格兰政治中的地位举足轻重。相反，君主制在法兰西正风生水起。腓力二世成功铲除了怀有异心的伯爵，扩充了王室资产。也是趁此东风，他在军事上转为攻势，并在战场上杀伐决断。一次小小的巧合可能是布汶一役的转机：一支箭正中奥托的坐骑的眼睛。在迅速换马后，奥托不得不仓皇撤离，腓力二世完胜。皇帝的金鹰在他眼前被折断双翼。据传，腓力曾补缀过御旗并将它交予当时的西西里国王、年轻的腓特烈二世。他无须御驾亲征，便可将整个帝国纳入麾下。

而在"无地王"的领土上，贵族的狼子野心已是欲盖弥彰。1215年，国王约翰在著名的《大宪章》里进一步限制伯爵的权力。《大宪章》实际上成为国王与伯爵之间的和约，并不是赋予贵族这样的个别群体特权，而是针对整个"王国共同体"，这是一个绝无仅有的新变化。这一改变让国王的统治与伯爵的影响力相互制约：国王在征询整个王国的意见之前不得颁布任何税项。这便是议会的雏形。此后，一系列规定相继出台：在没有法律依据的情况下，不得逮捕、驱逐自由人或剥夺其财产。法治取代了专断。对于城市，尤其是像伦敦这样的大都会，以及英格兰教会来说，《大宪章》是自由的保障。西塞罗的理念有了发挥空间，人类的福祉成为至高无上的法律——而此前帝国律法都是为了满足贵族的一己私欲。这些原则都写在伦尼梅德的那张绵羊皮上，自1215年6月15日生效起，直到近代都颇有影响力。北美革命者的战斗口号"无代表，不纳税"就是受其启发。当今英国的法典也保留了《大宪章》中的三个章节。

在"第一次男爵战争"[1]中，约翰想要撤销《大宪章》的企图失败了，他收复欧洲大陆的愿望也落空了。最后，约翰的封地只剩下加斯科涅地区，还是法国王室的资产。腓力二世因布汶大捷被冠以"奥古斯都"之名，王室资产也翻了一番。法国君主制的进一步巩固还得益于生物学：法兰西的王朝更替较为缓慢，不像其他国家那样很快衰微。腓力二世当然也遭到贵族的强烈抵抗，经过漫长的争斗才平息局面。他的灵柩最终停放在圣丹尼斯修道院，这里后来成为历任国王的安息之所，守护着"皇家信仰"。

那边德意志因王位之争混战不休，这边英诺森三世——这位学识渊博的

---

1 第一次男爵战争（First Barons' War）是1215—1217年发生于英格兰王国的一场内战，是罗伯特·菲茨沃尔特领导一群叛乱地主（通常称为男爵）对"无地王"约翰发动的战争。此次内战源于约翰对法国作战失败，导致安茹帝国瓦解，随后约翰又拒绝接受和遵守1215年6月15日所订立的《大宪章》。其间，反国王势力向法王路易八世求援，路易八世派兵占领温切斯特并一度占据英格兰一半的国土，反国王势力在伦敦宣布路易八世为"英格兰国王"。但请神容易送神难，路易想要将英格兰据为己有。1216年10月约翰死后，男爵一方改立约翰九岁的儿子亨利三世为国王，1217年路易战败，《大宪章》被恢复。

律师、精明的政客和忏悔名录及人类学著作《论对世界的轻蔑》（又称《论人的贫苦条件》）的作者——让教皇权势达到了空前未有的顶峰，他还为罗马教廷聚敛了巨额资产。教廷内部的贪欲由来已久。他们认为，教皇以"圣彼得之地"的名义不仅拥有零散的权力和财富，而且有资格统治一片土地。他的国家像一道屏障横亘在意大利中部，从一侧海岸到另一侧。

1215年，第四次拉特兰宗教会议召开，欧洲的国王、诸侯和城邦代表济济一堂。最终人们发现，这次会议其实是高阶教士的一次精彩示威。与会者们商讨异教徒之战和十字军东征并决定进行改革。这次会议规定，人们每周必须忏悔，要去教堂聆听布道，而教士被禁止参与世俗行为，确切来说就是禁酒和禁止擎苍围猎。此外，有教士见证的婚姻才具有效力，四服以内的近亲不得通婚，但在某些条件下可以豁免。与异教徒斗争的勇士可享有与十字军同等的特权，包括完全免于原罪的惩罚。就是从此时起，犹太人和穆斯林必须穿戴与基督徒不同的服饰。

人称"圣路易"的路易九世自1234年加冕为法兰西国王，他将争取纯洁和秩序的战争推向了顶点。路易对待异端和犹太人极其严苛，他甚至说犹太人的污秽玷污了他的国土。他公开焚毁了犹太教法典《塔木德》并驱逐犹太人。他启程东征时曾从圣地下旨，要把所有的犹太人赶出法兰西。不过，这项命令最终没有被执行。路易追随查理大帝的遗志，继续前人留下的国家固防工程。他着手统一货币，设立财政部门，以议会的名义设立了最高法院并废除了神祇的审判，这意味着世俗化又向前迈进一步。罗马法的理性观念在这里逐渐生根。通过颁布法令，即著名的《训令》，路易九世巩固了王权。除此之外，他还赢回了普罗旺斯。即使是在笃信的中世纪，他也被认为是极其虔诚的。他斥巨资收购圣物，其中最有神力的当属耶稣的荆冠残片——它来自拜占庭，于1204年到达威尼斯——他为之建造了一座真正的王家神殿：巴黎塞纳河上的圣礼拜堂。没有任何哥特建筑能与礼拜堂上层相媲美，阳光透过玫瑰和彩绘玻璃窗洒进来，墙上仿佛镶上了红绿蓝各色宝石。在这里，在星光熠熠的穹顶下，国王曾与上帝交谈。第二次十字军东征期间，路易于1270年在迦太基去世，现在他终于能够尊享圣坛上的荣耀。

我们回顾13世纪时，免不了会发现一些决定了拉丁欧洲横向结构的特殊情况，甚至是"巧合"。布汶之战中射中奥托坐骑的那支箭就是其中之一。如果当时《大宪章》和后来的强大议会已经存在，"无地王"约翰是否会获胜呢？英格兰及欧陆其他国家的横向社会结构已经具备雏形，但这并非必然的发展之路。当时的人们认为还有别的实现方案，霍亨斯陶芬王朝的帝国治理方针已经证明了这一论断，从巴巴罗萨到腓特烈二世都曾尝试过。然而，统治者的权力为什么总是不完整？如果要探究更深层的原因，那么采邑制度将是最重要的一个。不过，在残存的西罗马帝国的土地上，随着各个民族的身份认同也越来越清晰，建立的新国家必定伴随着分裂趋势。

12. 纵向发展与横向发展

插图13：让·富盖（Jean Fouquet），《菲利普接受英格兰的国王爱德华一世的效忠宣誓》

出自：《法国大年鉴》，1455/1460年，巴黎，法国国家图书馆

采邑制度

对当时的欧洲来说，"帝国机遇"——皇帝统治整个大陆的可能性——仍然存在。亨利六世自然已经错失良机；就连查理大帝也只统治过欧洲大陆的一小部分，而且时间很短。若与东方许多统治者对比，即便是近代早期最有权势的欧洲皇帝，可以召集的军队——或许有数千名骑兵吧——都少得可怜，简直让人觉得可笑。巴巴罗萨曾求助于雇佣兵，佣金可不便宜。总的来说，所有权力扩张都在狭小范围内试探，主要还是经济实力的局限。

阻碍帝国宏图实现的不止战斗力的缺乏。统治者们常常困于权利、义务和忠诚关系的密网中，即所谓"采邑制度"（Lehnswesen）的概念。长期以来，这一制度可能只通过宣告、手势和仪式来践行，随着12世纪进入尾声，它变成了黑纸白字，也更易于理解。它通过多种形式从更高层面上反映了农村的状况。领主宣誓效忠时需将自己的双手合十放在统治者的手中，或是对圣髑盟誓。他们要为统治者提供建议和协助，尽忠职守，尤其是在战事中，但也有"宫廷"的事务。他们通过直接赐予或租借的方式获得封地、权力和收入。与地主和庇护人之间的关系相比，这种封地制度的最大不同在于它也可以发生在自由人之间，不过规则更复杂。比如，同阶层的贵族也可以相互封地。

国王用土地换取忠诚的做法虽然有利，却只是一时之计，前提是他一直可以抢夺到新的土地。在急速扩张阶段，谁的战利品多，谁就能坐稳马鞍。如果国王的军事实力减弱，内部危机很快就会爆发，特别是歉收导致经济困难和社会失衡的年月。所有的罪恶都可以推给上任君王，篡位者很快会找到死忠。这种破坏国家的机制屡试不爽：在罗马帝国晚期如此，在加洛林王朝以及后来的奥斯曼帝国也如此。

统治者的亲戚和交好聚敛了越来越多的财富。受益者的圈子继续扩张，更小的受益者也会效仿他们的采邑主，建立类似的客户网。这样，封臣继续委任自己的封臣，并通过讨价还价建立联系，而远方的皇帝虽然是名义上的最高统治者，本应拥有无上权力，却变得可有可无。许多封臣都会同时追随侍奉好几个君主，从多个资助人那里攫取分封的财物和权力。这些财产一旦转移，便可以变为世袭资产。1037年皇帝康拉德二世（Konrad Ⅱ）颁布的法令就与此相关。这项法令保障了男性"受益人"（beneficia）的继承权。这道用来规范财产转移过程的命令最初和宗教信仰一样被严格执行，最终却流于一种空洞的形式。文书移交的方式取代了个人行为，较大的封臣领地获得了高度自治。随着时间的推移，这些大的领地集结成联盟，可能会发展成领地国家。整个制度无法阻挡这一趋势，反而助长了权力关系的分裂，毕竟封地被视为非常安全的财产，需要冗杂的手续才能收回。

随着时间的推移，这种分封形式变得越来越发散。农民就连女人也可以获得封地，甚至会出现普通人成为皇帝封臣的情况。此外，金钱也在分封交易中流通。例如采邑年金（retenlehen），封臣驻守采邑主的城堡便可以定期获得收入，或者一次性拿到一袋沉甸甸的银子。而利息分封（zinslehen）这种形式则正相反，封臣缴纳叮当作响的钱币就可以免除侍奉。通过这些方式，统治和社会生活都实现了一定程度的法治水平，从而带来和平。或许有人会说，国家政权本来就是强制机关。最关键的是，谁来决定物资和职位的分配。一旦总部不再发放物资，就意味着它的失势。从法兰西和其他地方的形势来看，采邑制度不一定会阻碍强大君主制的形成；此外，这一体制也是拉丁欧洲政治分裂的主因之一。例如，封臣的上谏可以防止专制，从而牵制统治者的权力。但是，这样的体制也绝对谈不上均衡统一：诺曼王朝的国王对西西里岛的统治权非常集中，就像拜占庭皇帝或穆斯林哈里发那样，但他在意大利南部的统治身份就是分散的封建领主。

在世界范围内，几乎找不到与欧洲封建采邑制度平行存在的类似体系，日本的情况可能最为相似。10世纪之后，日本各国的势力和以家族为单位的战争豪族数量急剧上升。自11世纪末，一些地主——包括皇室成员、朝廷贵族以及宗教机构和执政官员——已经找到方法逃避国家的管辖，收回自己的土地，甚至渔村或海湾。在之后的几个世纪里，许多宗族像欧洲的诸侯一样把这些"庄园"领地和国属土地聚集成一个庞大的统治集团。12世纪以来，一种类似封建领主和封臣的关系在此基础上产生。"御家人"最初是为国征战的军事人才，后来成为富有的权贵，他们到各国定居，获得分封的土地、部门和权力，并形成了武士阶层。贵族在宫廷的地位因为这些追随者得到提升，影响力越来越大。各地庄园主将庄园进献给显赫的领家，然后再以分封的方式得到庄园。天皇的统治权被剥夺，正如罗马帝国的最后几任皇帝屈服于日耳曼将领，墨洛温的末代国王听令于宫相，阿拔斯王朝的哈里发向白益王朝俯首称臣。统治权落入氏族首领之手，敌对氏族之间经常发生血腥冲突，以此夺取对方的领地。跟欧洲的加冕程序类似，日本氏族也会让天皇为他们主持仪式，赋予他们合法身份；他们谦逊地封自己为"将军"。除了古老的皇城平安京（京都），他们还在今天东京附近的镰仓村建立了自己的幕府统治。然而，他们终究像同时代的欧洲统治者一样被历史湮灭。不断发展的货币经济削弱了他们赖以生存的人际纽带。由于缺乏战利品，他们没有可安抚追随者们的资源，这次复兴旧帝制的尝试也失败了。

行会，城邦，城市联盟

许多欧洲城市都在市徽上刻了城墙，或只有城墙。的确，是城墙造就了一座城市。除了市场和法院，它就是城市的标志。一些村庄也有围墙，但很罕见。无论是古典时期希腊的城邦，还是亚洲的城市，与同时代的村庄都没有如此明显的差异。在伊斯兰世界，城市和村庄的区别只体现在税法上。最显著的区别是"城市空气使人自由"，这句常常耳闻的话出现在更晚的时代，但并非全无道理。虽然城市也受制于各个层面的依附关系，比如要向城中修道院支付利息，但实际上，只要农奴在城墙内住过"一年零一天"，且地主没有提出任何异议，他就能获得自由身。随着城市社会的历史进程，城市与地主之间经常因为逃跑的农奴发生争端。有必要确认诸侯的特权，并在1232年颁布法令，首先就是要禁止城市接收农奴。城市不得收容墙外的人，其司法裁决权仅限于直接辖区内。

1120年，巴登的弗莱堡建城，文献中对这座城的建城史记载得尤为详细，弗莱堡这个名字就在提醒着我们，自由是多么吸引人。[1]尽管那些迁居者每年都要向策林根伯爵支付地皮的利息，但他们至少享有了个体自由。弗莱堡的情况具有普遍性，所有城市开始呼吁自由都是因为欧洲温暖期对劳动力和定居者的需求。通过谈判，新移民为自己赢得了一些空间和法律保障。城市的自由还意味着人们可以成立议会、行会、商人协会和兄弟会。这些团体可为成员提供保护、帮助或救援。这种现象究竟是源自罗马的传统还是根据当时的需要而自发组织起来的，目前尚不明确。中世纪后期，随着这些组织如雨后春笋般大量涌现——仅在米兰就有150多个——一场革命悄无声息地开始。它们打造"内部空间"以供议事，将不同背景的人们聚集起来，又与外界相隔绝。人们一起制定规则，也因此获得了政治权力。他们一起工作，一起痛饮，一起祈祷，一起入葬。波罗的海地区的城市争取到许多权利来保护商人，保护这些"来客"；他们被允许在殖民地定居。因此，拥有自治权的社区出现在城堡城镇之外。1250年前后，维泰博的约翰（Johannes von Viterbo）将之总结为："城市"即意味着"市民的自由，居民的豁免权"。

城邦最早出现在动荡而富裕的意大利中部和北部地区，然后扩展到法国南部，它可能是受到农村联盟的启发。随着时间的流逝，要定期履行的公民誓约出现，每个人都要宣誓自己将完成义务，捍卫和平与权利。他们建造了市政厅并刻制了自己的印章，参议员多达数百人，在博洛尼亚甚至多达4000人。他们设立委员会和其他职能部门，任命市长，城市生活由市长管理，从税收到剥皮场等大大小小的事务都由他安排。建立城邦是为了促进团结，制约贵族和主教的权力，订立和平秩序并让尽可能多的阶层遵守和平。

在12—14世纪，城邦经历了最辉煌的时期，这绝非偶然。那时候，早期的现代国家仍处于起步阶段。统治者如果要对教皇或反对派发起进攻，一场司

---

1 弗莱堡在德语中为"Freiburg"，其中"frei"在德语中意为"自由的"。

空见惯的游戏就要开场：战争双方都试图拉拢城市作为自己的盟友，并许之以特权和馈赠。一经赠出，各项福利就到了接受方手里。城市里的市民从贸易、手工业和信贷中获得越来越多的利润，而贵族或宗教领袖从土地中获得的利润却是固定的。在生产过剩期，统治者的收入甚至还出现下降。再者，因为农民想要呼吸城市的自由空气，劳动力大量外流，地主们的影响力被削弱，城市的重要性渐渐超过农村。城市的资金来源多种多样，包括堆栈权、关税、基本利息、中介费和消费税等。一些城邦攒足了银两，甚至可以从城市的统治者那里购得合法权利并因此扩大权力，毕竟那些统治者的影响力主要来自土地所有权，随着收入的下降也日渐式微。一些城邦甚至计划给城墙镀银。如此一来，它们虽然可以摆脱人口涌入的压力，但同时也让城墙丧失了象征意义，这可是坚不可摧的统治工具。许多城市一面与农村贵族抗衡，一面相互竞争，在这个过程中居然还建立了自己的领地，像封建领主一样发号施令。

然而，中世纪的市民和以宪法为铠甲的现代公民之间并没有太多共通之处，尽管有段时间意大利城邦中的"民主"程度非常高，甚至超过法国大革命之前的任何其他制度。除了"伟大的汉萨同盟"、家族首领、银行家、商人和富裕工匠之外，还有许多群体没有发声权：没有完整市民权的迁居者、犹太人、乞丐和流浪民族。普罗大众和女性的声音也很微弱。税收的负担和压力不断压缩他们的生存空间，物资匮乏常常使他们陷入困境。

通常来说，只有"最优秀和最智慧的人"，即能提出建议的人才会被视为市民。在议会就座的人必须拥有一定资产，要参加会议就得做到随叫随到。谁要是埋头于编织或锻造工作脱不开身，那肯定没有时间去市政厅。如此一来，富人和新富都挤进了参议会。许多城市的商人或行会都获得了权力，有时候是共同议政。另一些时候，掌握话语权的是那些效忠国王、一路发展壮大的古老家族。为了彰显家族权力，他们建造高耸入云的塔楼，在军事上也很有益。这些塔楼塑造了中世纪城市的轮廓，博洛尼亚足有180多个塔楼，堪称中世纪的纽约。托斯卡纳的圣吉米尼亚诺至今仍向人们展现着塔楼的辉煌过去。在佛罗伦萨，权贵家族被称为"有塔楼的人家"。1251年"第一人民"（primo popolo）党上台时，首批举措中就包括阉割贵族塔楼，堆叠不能超过50层（约29米），不能比当时最高的巴杰罗的塔楼高。随着古老贵族们一一失势，其他地方的塔楼也相继倒塌。

但是，野心和嫉妒很难消散。法律对此影响甚微，比如意大利一些城市为创造和平而制定法律程序，对法学家或者贵族进行异地任命，让他们在一定任期内担任裁判官（Podestà）。但是，城郊贵族常常在城内进行武力决斗，在自由民眼里这是捍卫自己权利的正当方式。有权势的氏族领袖也会做一些见不得光的事情，他们会雇用民兵或用暗招，比如阴谋诡计、匕首和毒药等。伴随人口增长、迁居和经济转变而来的是贫穷和饥饿，这样，权贵身边总不乏为钱卖命之人。自由城邦依然命悬一线。

城市联盟也出现在西班牙和欧洲北部，比如为抗击巴巴罗萨而组建的伦巴第联盟。此外，佛兰德斯地区的城市曾召集1127名公民，一同商讨谁能成为被谋杀的佛兰德斯公爵查理一世的合法继承人。一年后，根特试图弹压继任公爵的权力，类似于一种简化的君主立宪制。王朝的危机对社会横向结构的发展反而有益，如同这里和在邻近的布拉班特公国发生的情况。在德意志帝国，皇帝常常无法保证和平保护贸易，市民转向自助。自12世纪开始，从勃兰登堡州到卢塞恩湖，从阿尔萨斯到卢萨蒂亚，这片地区出现了许多强大联盟，其中一些团结了三四十个甚至更多的城市。这些联盟成功与地区贵族分庭抗礼，但必要时也会缔结和约。商人之间的协议还催生了一个庞大的联盟，巅峰时期一度联合了足足200个城市：它就是汉萨同盟。

13世纪末，德意志帝国中的100多个城邦成功升级为帝国直辖市：仅听令于皇帝和帝国的小共和国。但之后，德意志帝国中的城邦小王的数量又有所减少。一些小国，比如伯尔尼、纽伦堡或梅斯想要建立自己的领地，就像意大利的城邦那样。其他一些城市，比如科隆或奥格斯堡，周围没有广阔的土地，但却发展成拥有大量资本积累的金融中心，就像今天的新加坡或香港一样。中世纪最著名的律师萨索费拉托的巴托鲁斯（Bartolus de Saxoferrato）在谈及意大利城邦时就曾指出，其人民是自由的，城市本身就是自己的统治者

（civitas sibi princeps）。他的这句论断也同样适用于许多德意志帝国的直辖市。

在中欧和东欧，也有许多城市获得了权利，甚至短暂获得了一定程度的独立，但这种情况在莫斯科公国不存在。波萨德（Posad）[1]的居民——所有自由人都定居在统治者的宫殿周围——虽然共同为缴纳税收而努力，但并没有组建城邦，对于行会和协会更是知之甚少。俄罗斯西部城市的编年史记载了"人民大会"（Wetsche）这种形式：有时是自上而下组建的大会，有时是城市起义期间人民自发召集的聚会。在莫斯科的纵向社会结构中，最令人印象深刻的是诺夫哥罗德这座城市。中世纪晚期，它统治了从北冰洋到乌拉尔的地区，就像意大利的城邦共和国一样。那里的"自由民"互帮互助，商人也携手合作。钟声响起，人民大会就会召开，代表们做出决议并制定法律，无须顾忌贵族的意见。有时，他们也会插手主教和"波萨德执政官"（posadnik，即拨萨德市长）的选举。但是他们的商讨往往很混乱，不是依据多数原则，而是看谁的嗓门大，于是人们经常是动手不动口。罗斯公国的社会结构是一个按纵向等级排列的严密的贵族组织，而诺夫哥罗德稍微可算是横向结构的代表，而且是书面文字的代表：成百上千个用桦树皮制作的证件被保存下来，其中不少还是拉丁文。

议会，阶层代表大会

民主是政治的原型。从《荷马史诗》中就能看出，在一个由战士组成的社会中，不仅强健的体魄很重要，团体大会和讨论也很重要。古希腊民主的执行机构已经高度完善，这要得益于战争，这些机构的影响力通过战争得到提高，也是战争的主要负担：全副武装的步兵军团。雅典的发展形势可能与公元前5世纪的罗马类似，古罗马的步兵团与由贵族组成的骑兵团并肩作战，

---

1 波萨德是古代罗斯的贸易中心，商人和手工艺者在此定居和做买卖。波萨德的居民要缴税并履行其他职责，离开波萨德需要民选执政官的许可。

他们也可以意气风发地发表高谈阔论。不过，雅典民主有新的情况出现，少数服从多数原则第一次在一个更大的团体中盛行，该团体成员分工明确、能读会写。这种目前为止最好的政治模式最早也是由希腊人创立的，并在很长一段时间里被认为是最明智的。希腊人的理念很快就湮灭于历史，但这种模式却在乡间以及各修道院里留存下来。这些地方就像"无国家的社会"那样，多数人的意见最为重要。在西罗马帝国的后继一系列国家中，自由民会召集公开代表大会，这也是一种民主类型。

中世纪的自由观源于自然法则和《圣经》。艾克·冯·雷普高（Eike von Repgow）于1220—1235年撰写了《萨克森明镜》，艾克在这本法律书籍中援引《福音书》，认为所有人都享有自由。他由此得出结论，农奴制和奴役是非法暴力的恶果。不久后，博洛尼亚的人民政权以类似的理由为大约6000名农奴赎身，此举是给农奴主们的沉重一击，却赢得了更多新的纳税人。

政治中的代议制的雏形出现在西班牙，是"西方中世纪对世界历史的最重要贡献之一"。1188年，刚刚掌权的阿方索九世（Alfons IX）在西班牙（大概是莱昂地区）召集了一次会议，与会者除了贵族和高级教士，还有来自各个城市的代表。值得注意的是，这些人都是"每个城市选举出来的市民"，即城邦代表。这次"议会"（Parlament）——这个词也指市民代表大会——通过了保障市民自由的决议。直到16世纪——至少神话中是这么记载的——市民代表仍需在统治者面前宣誓："我们，与你一样的好人，此刻向你，这个并不优于我们的人宣誓，我们接受你作为我们的国王和至高的主人，前提是你将捍卫我们所有的自由和法律。若你违誓，我们亦将违誓。"

显然，国王的首要任务是让被征服的穆斯林城市保持和平局面；其次，他要纳税必须先获得税收许可。如此一来，催生早期议会的三个最重要的因素都已经聚齐：一个新任统治者想要巩固自己的权力，想要遏制可能发生的抵抗运动，并想要让这些城市的民众接受统治。除此之外，另一个当下和未来的主要影响因素就是资金短缺。新生国家的官僚机构尚未遍及这个国家所有的城镇和村庄，无法为军队、舰队和建设筹措所需资金。只有受国王之邀前来参会的权贵、教士和市民才能将手直接伸进各行省的腰包。他们以此为由向国王提出申诉，要求消除社会弊端，获得自由和特权，特别是经常引起纷争的财产权。资金告急的国家统治者为了答谢他们，也许之以各种保障。这对许多国家的经济发展也可能产生重要意义，因为那些备受鼓舞的个体积极性大增，经济也由此出现增长。

最初的代表大会可能是为了让诸侯履行上奏的义务。当城市代表列席这个过去只有高等贵族和高级教士才能参加的内部会议时，它的性质发生了深刻变化——这样的代表大会可以被理解为代表了整个国家。西班牙的代表大会是现代议会的始祖，之后它名字各异、分身众多，在葡萄牙、西西里岛，然后是法国和斯堪的纳维亚半岛上不断涌现。不过，圣路易于1238年在巴黎召开的第一届"议会"与现代的"议会"概念并不相同。当时它只是宫廷法庭的一次审理，只是国王想要为王权争取法律效力的工具。与之相反，法国的"三级会议"（états généraux）从14世纪开始便越来越频繁地召集集会，这里汇聚了教士、贵族和"来自第三等级"的人。他们常常在战争席卷全国或皇室财政亏空时召开会议，商议如何解决动荡和疾苦，这对于代表大会来说是件好事，但无益于诸侯权力的巩固。

在神圣罗马帝国，横向社会结构的发展首先体现在宫廷会议这一形式上，统治者将帝国内的大人物召集到一起，这种会议首次以书面形式确定下来是在《库莱讷条约》中。宫廷会议后来演变为帝国代表大会，城市渐渐有了发言权。其中几次皇帝会要求帝国贵族阶层举办声势浩大的阅兵仪式，期望他们提供军队或资金。大会还会商讨各种事务，例如继承人的选定、特权的授予或争端的解决。但是，一个事物的发展往往会走向岔路。人际关系、血缘关系和对家族的忠诚仍然是这个新兴国家脱不掉的"紧身胸衣"。长子继承权在一定程度上有助于预防分裂局面、平息继承权之战。这样一来，血统仍然是所有政治活动的重要推动力。同时，阶层代表大会和城邦也继续存在，在国家层面收获了影响力。如果我们关注现代化的历史进程会发现，横向社会结构残存的影响似乎阻碍了国家的形成，反对国家内部的等级特征、官僚机构和加冕的统治者。这些影响具有双面性：它们既与传统实践紧密相连，同时又创造出一种全新模式，它在当下自然还不够完善，但很久以后却成为最成功的构建政治的方式，而且是让政治合法化的唯一方式。市民在阶层代表大会和"议会"中赢得了些许权力。从此，个体开启了掌控自己命运的大门。另外，议会和君主制最初并不是相互矛盾的原则，它们相互促成。

13世纪的欧洲与世界其他地区拉开距离，除了要感谢其相对强大的横向社会结构，还取决于一个意义非凡的机构：大学。法学、神学和哲学催生了这一时期璀璨的欧洲史。欧洲社会为应对温暖期变化提出许多方案，大学就是其一，欧洲也以此来回应当时的城市化、贸易、货币经济扩张以及不安局势。大学为教会开创了繁茂丰富的神学，反过来，神学又帮助解决了那个时代所遭受的困扰。

大学与罗马法

文学生动地记录了变革的种种经验。12世纪的诗人经常援引古老的主题，即"颠倒的世界"，来描述当时的社会，过去的一切都不复存在，该有的样子也没有达到。例如，英国人奈杰尔·德·隆尚（Nigellus de Longchamp，约1130—约1200）早在1180年之前撰写的《愚人镜》（*Speculum stultorum*）中就提到，当下把一切过去都颠倒了。克雷蒂安·德·特鲁瓦（Chrétien von Troyes，约1150—1190）在书中让狗躲避野兔的追捕而四处逃窜，让羔羊去围猎狼。改变世界的金钱被视作世间万恶的罪魁祸首。古代人也持同样观点，比如尤维纳利斯和奥卢斯·佩西乌斯（Aulus Persius）的讽刺文学，以及贺拉斯的《金钱》（*de pecunia*）。西边雷恩的马博德（Marbod von Rennes）与东边布拉格教区大主教科斯马斯（Cosma）不约而同地写道，"金钱统治了世界"，它是"世间万恶的国王，欺骗的朋友，忠诚的敌人"。社会秩序陷入困境。上帝让人类陷入这般的迷茫，人们都想知道，"上帝对于他的子民究竟是怀着怎样的意图"。

直到12世纪，这个后来被教育史领域认定为转折点的世纪，人文学科和神学方面的教育一直与宗教制度紧密联在一起。修道院学校主要向初学者开放，这些儿童今后注定要走进修会生活；同时，出身于贵族和城市的世俗修士和学生也可以就读，其中或许也包括穷人。随着时间的流逝，修道院的教育渐渐没落，另一边崛起的是主教座堂的学校及受其资助的教会学校（在法国叫作大教堂学校），它们都不局限于修士的培养。此外，一些"自由流动"的学者也会传播知识，还有一些老师会与学生签订合约，向他们传授特定法学或神学领域的知识。

在1200年前后，博洛尼亚和巴黎首先出现了大学，这两地因此被誉为"智慧之城"，它们很快就超越了法国所有其他的思想聚集地，甚至一度超过了整个欧洲。教会学校虽然没有被彻底取代，但也因此黯然失色。有时候，已经存在的法学或神学学校可能成为大学的前身，博洛尼亚大学就是从当地的法学院发展而来。这座城市拥有优越的地理位置，比如它位于穿越亚平宁山脉的一条要道上，而另一些偶然因素，比如智者适时涌现，也共同推动了博洛尼亚大学的崛起。而起决定性作用的是基本的框架条件。当时法律制度尚不健全，人们亟须处理日益复杂的买卖和交易、田产和房产等业务。大学这个新型机构的助产士是法学家，它首先出现在经济如火如荼的意大利并非偶然。在城邦、贸易、劳动分工和不断扩大的货币经济的环境中，修道院和主教座堂学校已经不能满足人们对读写人才和法律人才的需求，温暖期已经孕育了大批私立教育机构。法学的胜利还体现在公证人日益上升的地位上。公证人最初是罗马皇帝宫廷中的普通速记员，到了中世纪初期，他们变成了抄写员，一开始只是处理公共和私人文件。11世纪之后，公证人的数量激增，各类遗嘱和贸易的记录及认证工作都由他们完成。许多人认为，法律在意大利城市中的地位日益重要也是因为皇权的削弱，与城邦兴起的原因相同。

博洛尼亚成为现代法学的发源地以及欧洲第一所大学的诞生地还与下列因素有关：想要在这里深入推行罗马法，可谓天时地利。罗马法能够在这座罗马涅的城市中势如破竹，很可能与《查士丁尼法典》副本在此地被发现有关。这个副本因后来被保存在佛罗伦萨而被称为《佛罗伦萨手抄本》（*Littera Florentina*）。皇帝在位时，它就已经被写就——也许是在意大利的"希腊式"南部地区，在某个时候流传到比萨，然后到达博洛尼亚。无论如何，这座城市已发展成为罗马法的据点。无论是在这里还是在其他地方，罗马法从未被世人完全遗忘。但是现在，它找到了发挥所长之处，并且这里的学者们也认为远古法律体系的智慧大有可为。

罗马法在意大利得到弘扬，后来法国国王圣路易也对它赞赏有加，这是在真正的文艺复兴之前最重要的一次"复兴"。罗马法的各项原则都符合"纯粹理性"。古典时期的法学家们发明了一系列专业术语，用来表述程序规则和诉讼对象。简而言之，法理学成为一门科学。《佛罗伦萨手抄本》引发了对《查士丁尼法典》的阐释热潮，同时，有关教皇训令、会议决议和神父推选等方面的教会法也在博洛尼亚被系统化，这绝非偶然。大约在1140年，一部极具开创性的匿名法典问世，即《格拉蒂安教令集》（*Decretum Gratiani*）。它原名《教会法规歧异汇编》，也就是说这本书的论述和架构都遵循了早期经院哲学的传统，讨论问题的"正反"（sic et non）两面并从中得出结论。通过这本书，教会法律思想接纳了一项自然法则，即存在着一种放之四海而皆准的法律规范。

人们需要灵活技巧、专业知识和思辨能力才能运用这些古老而又新颖的法律。逻辑对此有帮助，而亚里士多德就是逻辑学领域最重要的作家。此外，辩证法和修辞学也是必修课，或者至少要掌握正确起草信件和文件的技艺，即所谓的"ars dictaminis"。当然，拉丁文知识也是必不可少的。这样一来，法律工作必须成为个人主攻的领域。一种新的职业应运而生，在宫廷和分工劳作型的城市中经常出现博学的法学家的身影。培养一个法学家需要多名专家，他们和学生们一起组成了一个新的团体。于是，这个由学者和学生组成的新机构就被命名为"大学"，拉丁语中"ūniversitās"原意为"一切汇聚为一"。

大学逐渐具备了法律基础。巴巴罗萨曾颁布一项命令，它明显是针对博洛尼亚的局势，明确提到要保护师生，并允许他们拥有自己的优先管辖权，无须听令于"领主和行政官"或是地区大主教。这份文件被纳入帝国法典，巩固了学术自由。大学在新成立时通常需要得到皇帝或教皇授予的特权，这体现了大学中的科学的普适特征，确保了学位的普遍认可度，让毕业生在通过资格考试后有权"在任何地方授课"。一种全球独一无二的身份逐渐成形，这就是知识分子，他们以追寻知识的职业为谋生手段并因此获得报酬。

博洛尼亚凭借大家云集的教授团体而成为法学家的圣地。这些最著名的人物中包括活跃于1190—1220年的阿佐（Azzo），他对《法理概要》（*Institutiones Justiniani*）和《查士丁尼法典》作了翔实的评注。意大利有句俗语："不能给自己找个阿佐，那就别去打官司。"（Chi non ha Azzo non vada al palazzo.）阿库西奥（Accursio，1181/1185—1260）展示了博洛尼亚的法学家们在短短几十年间辛勤耕耘的成果，他整理了所有能找到的《查士丁尼法典》释义并对其进行批注点评，共计近10万篇评论！没有什么能比这个数字更直观地体现"制度化"一词的含义。

最初的大学是自发形成的。成员们寻找集体精神，穿着特色服装，遵守自己的礼节，制定统一规则，按照内部章程行事。因为大学有特殊地位，这个组织成为城市中的另类，年轻的学生们饱受质疑，世界上所有的恶习都被推给他们。在很大程度上，大学得以免遭地方当局攻击。在一次酒馆骚乱中，几名学生被巴黎人殴打致死，腓力二世因此决定向整个巴黎的学生和学者授予特权，与巴巴罗萨此前赋予博洛尼亚的类似。大学不同于修会的"研习班"，与穆斯林的伊斯兰学校以及拜占庭、印度和中国等地的高等学校也有许多本质区别，大学不仅在专业课经典书籍的选择上更加宽松，比如世俗的、古希腊的科学和哲学也被囊括在内，而且大学这个组织形式也很特殊。

巴黎大学之于神学和哲学的意义就如同博洛尼亚之于法学家的意义：它是一个神谕宣示所，这是中世纪最伟大的学者们最后云集的机构和他们的活动场所。为了纪念其中一个学院的创始人，它后来被命名为"索邦"（Sorbonne）。教职工们来自巴黎的各所学校，其中包括最重要的巴黎圣母院大教堂教会学校，这里是科学方法论的发源地之一。学生和讲师们"汇聚为一"，成功摆脱了巴黎圣母院的监管。他们从教皇和国王那里获得章程和特权，几乎与教士平起平坐。公元1250年之后，人们就是否允许托钵僧任教的问题产生了分歧。最终，修会获得胜利，他们从此可以登上巴黎大学的讲坛。

这一新的机构很快就广受欢迎，学生们甚至从乌普萨拉南下而来。巴黎大学将学生分为四个"社团"（nation）。在博洛尼亚，学生们主要分为阿尔卑斯山"这边"的或"那边"的。随着人数增加，他们被重新划分为17个社团，包括3个意大利的和14个山"那边"的。这样，一些大学拥有了国际化特征，直到今天这依然是大学的重要特色。学生在学校内必须讲拉丁语，为此，一个名为"狼"（lupus）的独立部门成立，它负责监视学生在宿舍和大学里是否遵守这项规定。

随着神学、法学和医学成为学科，文学院降级为高等学科的学前班。学生们在这里一直回溯到马提亚努斯·卡佩拉，研习自由七艺的古代传统。无论是在巴黎还是在其他地方，学院通常会得到基金会的支持，资金宽裕，为各个阶层的学生提供良好的工作环境。云游的学者和学生在整个大陆上传播大学这一模式。很快，高等院校开始在其他地方涌现：先是在维琴察和帕多瓦——这两地紧随蒙彼利埃和萨拉曼卡之后成为医学的高地，医学也从一门手艺提升为大学学科——接着在牛津和剑桥，以及巴里阿多里德和里斯本。到中世纪末，拉丁欧洲已拥有约80所大学，也有了世界范围内史无前例的学术基础。从大瘟疫时期到中世纪末，欧洲培养出约75万名学者。但是，这个机构还远远算不上成熟的出口商品。直到1755年莫斯科大学成立，拉丁欧洲之外的地区终于出现了第一所大学。

大学为国家和城市培养专家，向他们传授执政之道，并为教会锻造了与异教斗争的精神武器，它逐渐变得不可或缺。一旦与政府间的矛盾无法调停，讲师和学生们会罢课或迁居到其他地方。剑桥大学就是这样成为牛津分校的；莱比锡大学也因此可以招募布拉格的教授。但是，这种通过自发组织而出现的"无序"的建校阶段到1230年前后就终结了，罗马教廷、主教和国家从此牢牢把持着建校程序。不要过分高估大学的组织独立程度。从更长远的角度来看，这一论断适用于所有的大学，尤其是1224年腓特烈二世在那不勒斯设立的那种大学。教会在建校过程中没有任何话语权，这让教皇大为震怒。而且皇帝在委任状中明确提到建校的原因：让它为国效力。

大学让穷人也有了难得的阶层跃升机会。15世纪，克拉科夫大学的学生有10%出自农家。大学对欧洲未来的真正意义在于，学术界借此越来越紧密地联系在一起。路德维克·弗莱克（Ludwik Fleck）所谓的"思想集体"出现了：集体成员拥有共同的语言和思维方式，至少思维的基本原则相同。他们公开发表演说、互相辩论，这些原则启发了之后所有的科学工作，甚至有位诗人讥讽当时的争执和分歧："这个人赢了，那个人输了／博士跳出来反对了……""旧的"与"新的"对立，传统的卫道士对阵"现代人"（moderni），现实主义者和唯名论者争吵不休，甚至团体内部成员也常常各执己见。一言以蔽之，中世纪充满了生机勃勃的学术活力，大学正准备去夺取世界的霸权。

文牍国度的胜利

当欧洲的法学家忙着建造法律大教堂时，他们的国家却始终被封建秩序笼罩，而且变得更加稳固。自古以来，人们都赞成国家是超越个人的，是民众的"共同事务"（res publica）。但是，欧洲中世纪的人们不得不重新修订这个观念。在第一个千年之交，两任皇帝的宫廷事务总长维波（Wipo）提出一个原则：即使国王去世，国家也依然存续。国王因此获得了两种躯体：一种是会衰老，会死去的凡身；另一种则是永恒的，会在统治者之间传承，让王权有了实体。

13世纪的人们试着从理论上理解新的国家政体。随着亚里士多德的《政治学》和他的《尼各马可伦理学》被世人重新发现、翻译和评注，一个不断扩充的学说产生了，它不再援引《圣经》和教会学说，而是从社会学的角度为国家建构证言。托马斯·阿奎那（Thomas Aquin，1225—1274）以亚里士多德为依据，提出人是一种天生就倾向于群居的政治性生物，会出于理性原因团结同伴，寻求保护并弥补不足。统治者执政是为了守护共同利益，他必须关注社会的完善，关心人的品德和能力。仇恨、战争、谋杀和屠杀等"野蛮"暴力的减退除了要归功于更紧密的经济联系和更高的文化水平，也得益于国家政权的进一步深化，至少在一段时间内是这样。阿奎那就曾提到，发动战争都只是因为"诸侯的权威地位"。

1136年，蒙茅斯的杰弗里（Geoffrey von Monmouth）完成了关于历任英格兰国王的传记，他写道：祖国就是"整个岛屿的君主制"。后来，许多学者受他启发，都认为国家是一个有固定疆域的区域。英国四面环海，它绵延的海岸线是一个特例。在其他时候，人们并不把国土疆域看作土地的组合，而是根据旅行时长来感知它，也会把它视为一系列标记着城市或城堡的点。与之相应的是，统治也是关于这些点，关于当地的人而非土地。直到腓力二世，统治者才被视作"法兰西国王"，而不是"法兰克人"的王；同一时期，金雀花王朝的亨利称自己为第一位"英格兰国王"。中世纪的国家组织也不渴望以"自然边界"划分的"疆域国家"。统治最具体的展现是在权利和责任方面：立法权和审判权，森林、磨坊、城堡和城市的归属权，税收权、纳税额和关税权。中世纪的每个统治者都有一个鼓鼓囊囊的袋子，里面装着真真假假的文件。法王腓力就是典型：执政初期，他的文书处平均每年出具30份文件，后来一路增加到年均110份。

统治者身边的几位谋士通常都是贵族和教士，大多是君主的亲戚或姻亲。他们向特权人士发号施令，担任外交使节，也滥用阴谋诡计。作为告解神父，他们是权力的倾听者，有些甚至让君主对他们言听计从。萨利安时代，宫廷礼拜堂是皇帝的办公厅，在场人员几乎不超过30人。其中几位是教士出身的文书，负责制作证件，然后把它们堆到防火库里。与中国皇帝所辖的行政人员相比，这简直是九牛一毛。不过，拉丁欧洲的情况与几乎所有其他地方都不同，行政管理在11世纪就有了专业化的趋势。出身农奴的"部门官员"渗透到国王和皇帝的周围，他们充当管事、顾问和战士。他们功成名就不是因为他们的血管里流淌着合适的血液，而是因为他们在军事决策和行政事务上非常专业。许多人成功晋升为贵族，一些人拥有的封地甚至足以让他们独立。更重要的是，越来越多以罗马法治国的统治者开始招募人才，吸引了资深的法学家、金融专家和其他专业人士。王室的权威通过这样的方式得以巩固，而个人及其财产也得到了更好的保护。简而言之，整个欧洲到处都有一个呆板的怪物在滋生，它的力量不可战胜。这个怪物的名字是"官僚主义"，它创造了文牍国度。

官僚主义绝不是封建制度的强劲对手，但老一辈的历史学家却不这么认为。官僚主义更像是为之服务并与之协作。这项合作富有成果又冲突不断，它促成了领土国家的产生。随之而来的还有所谓的"早期现代国家体制"，其实在上古后期已有类似文献，比如查理大帝在公元792年前后颁布了《庄园法典》，以此来规范皇家疆域内的经济。这些文字记述标志着书写的胜利。除教廷外，统治英格兰的诺曼人也促成了行政管理机制的进一步发展。早期官僚主义的理性不仅体现在查理大帝的资产盘点规则，"征服者"威廉一世（Wilhelm Ⅰ. des Eroberers）的《末日审判书》（其正式名称为《土地赋税调查书》）也是典范。《末日审判书》明确了国王的开支以及他有权得到哪些利益。此外，它还是欧洲第一次数据统计，清点了居民人数、货物、犁、磨房、森林和其他资源。在法国和西西里岛，这个拜占庭体系得以扩展的岛屿上，诺曼人凭借先进的财务管理也为中央集权打下了基础。无论统治者是出于自愿或是像理查被囚那样非自愿地流亡海外，他们的机构也一直运作。英国人理查德·菲兹·尼格尔（Richard Fitz Nigel）所著的《财务署对话录》描述了君主亨利二世的前任们设立财政部后都有哪些实操惯例，此书是税收管理部门的指南。

"机构"——我们在大学和其他一些相关主题中已经谈到这个乏味的概念，但它事关重大、意义非凡。只有通过它们，国家才能获得永恒，反之则会消亡。如果把议会比作国家政体的思想和记忆，是军队的肌肉，那么法律和制度就是支撑国家的骨骼。从长远来看，仅靠法律和制度就可以树立正义，只有它们能把权力和专断关进笼子。它们保留了通往成功的知识，并总结了前车之鉴，以避免重蹈覆辙。西塞罗比任何人都更了解这一点，他认为罗马共和国的特殊优势在于，它能够吸取经验并反思结论。在现代之前，拉丁欧洲自古代以来设立的机构从数量和质量上来看简直独一无二，其中包括一些高度"封闭"的机构，它们保障权利和财产并开展教育事业，尤其是这些机构相对来说比较庞大，吸纳了许多横向社会结构的代表。

实际上，罗马的伟大也是机构造就的。中世纪国家的统治越来越严密，而这些机构向国家展示了令人信服的理性模式。古罗马概念被用来指代新的机构和官员。自11世纪晚期以来，文献中无数次提到参议院和教廷，被称为最高行政长官的城邦首领，高级财政官员等名称，其中最著名的借用是，诺曼人在巴勒莫的王宫被称为"最高大厅"（magna curia）。在巴巴罗萨时代，皇帝的办公厅思索"神授之国"的古代表述并以此来指代这个帝国，称其是"神圣的"（sacrum）。神圣罗马帝国一直保留着这个前缀直到末代，用伏尔泰的话说，那时它既不神圣，也不是罗马的，甚至不是帝国了。

意大利和法兰西的法学家们慢慢收获了累累硕果。查士丁尼的羊皮纸军团在这两地组建后，首先征服了德意志南部的贸易大都市、帝国的西南部以及莱茵地区。英格兰的"普通法"另辟蹊径，而罗马法在法兰西北部、斯堪的纳维亚半岛和其他国家也几乎找不到拥护者。即使罗马法在一些地区已经获胜，它也要等待漫长的几个世纪才完全站稳脚跟。毕竟这些地方不只有罗马法，还要遵循当地和区域性的律法与习俗。

随着机构的设立和扩展，文牍国度也得到增强。自12世纪以来，确认领主封地范围的文献越来越多。15世纪，登记制度被系统地建立起来。有些登记册还装点着五颜六色的缩略图，这些已经超越了法律用途，只是为了彰显封建领主的财富和权力。由于法律覆盖了国家的大小事务，保障了商业和交通的安全，统治者也必须对它予以尊重。英格兰人为了得到同样的结果，在亨利二世治下发动了"法律革命"（rechtliche Revolution），《大宪章》就是他们的保障。

13. "大分流"的开始

插图14：赵孟頫（1254—1322），《调良图》，手卷，台北故宫博物院

蒙古人入侵

伴随着横向社会势力的崛起、大陆上持续不断的冲突以及分裂的进一步加剧，"伟大复兴"的前兆于12世纪开始显现。凤凰振翅飞往拉丁欧洲，它沿着贸易走廊的路线向意大利和法国前进。而此时的东方却陷入混乱，野蛮民族不停侵扰穆斯林和中原地区，他们打破了亚洲的平衡，让这半个世界地动山摇。

蒙古人的发源地在今天乌兰巴托以北的斡难河和克鲁伦河之间的地区。他们最初与契丹人结盟，在这里放牧、捕鱼和打猎。农业种植对他们来说很是陌生。牧群为他们提供肉、奶、骨头和皮革。有些人懂得酿造啤酒和木工，最受人尊敬的是铁匠。当然，他们必须得先弄到铁和其他金属。侵袭他族帮助他们补充自己有限的物资种类。蒙古人靠矮小精壮的马匹生活。据说，在穿越贫瘠地区的漫长过程中，士兵们会在坐骑的脖子上切开一条静脉，以暗红的马血为食，这样就不用浪费时间休整。蒙古人是出色的骑手，在疾驰的马背上也可以放箭。在战场上，每名人马合一的战士都有备用坐骑，最多可达五匹。这就是为何他们的进攻可以势如破竹。

部落间为争夺牧场而进行的战斗和恶劣的自然环境让蒙古人早早便锻炼了军事作战能力。一位印度编年史家描述说，他们是拥有钢铁之躯的男人，光头被毡帽遮盖，脸颊通红似火；他们的眼睛如此锐利，仿佛可以穿透金属容器，但散发的恶臭甚至比他们的肤色还要令人恐惧。欧洲的编年史学家小声嘀咕说，蒙古人会吃流产的胎儿、胎盘和其他"不洁"的肉。英国编年史学者马修·帕里斯（Matthäus Paris）认为他们是失踪的以色列十支派的后裔，将会与欧洲其他信徒勾结。这些说法汇集起来，让传说中犹太人的世界阴谋经久不衰且更为险恶。

蒙古人最初的统治形态是家庭和氏族组成的关系网。其中一位领袖铁木真，生于1162年前后，他以残酷和谋略迫使草原上的游牧民族凝聚为一个国家。他被尊称为"成吉思汗""世界的霸主"，或者说"海洋的霸主"。作为天神腾格里（Tengri）的代言人，他认为自己要完成神授的使命，在地球上建立一个和平王国。要完成这项高贵的使命，就避不开恐怖与死亡。成吉思汗的部落（horden）——这个词源自"ordu"，意为"营地"——首先要打击的是毗邻的突厥人和金人。大都（今天的北京）也被铁骑蹂躏，据说这座中国北方城池的烽火烧了整整一个月，染红了整片天空。蒙古军队击溃了中亚各国，并摧毁了丝绸之路沿线的城市。1221年，这位"草原上的亚历山大"抵达印度河。与此同时，在西部，他的骑兵已经穿越了高加索地区，负隅顽抗的俄罗斯军队遭遇惨败。1227年铁木真去世时，蒙古的势力范围从欧洲边界直达朝鲜半岛，高丽王朝也俯首纳贡。

铁木真的离去完全没有平息蒙古的狂热。建国不久的保加利亚王国惨遭瓦解；莫斯科、罗斯托夫和弗拉基米尔接连沦陷；基辅在英勇抵抗后也未能幸免。蒙古大军兵分三路，一路挺进波西米亚、匈牙利和波兰，占领了克拉科夫和弗罗茨瓦夫。1241年4月9日，成吉思汗的孙子孛儿只斤·拔都亲率一支侦察军在利格尼茨击退了一支来自西里西亚和波兰的骑士军团。两天后，他们又歼灭了一支匈牙利部队，深入欧洲内部的道路似乎已经畅通无阻。世界末日似乎越来越近，但上帝在惩罚人类后总会赐予恩典。被称为"鞑靼人"的蒙古军队突然撤退，原因不明，拉丁欧洲的中心得以幸免。但凡蒙古人所到之处，只剩一片焦土。据说，有100万人因为这些摧残不幸丧生，还有数十万人遭受饥荒，他们都是战争的牺牲品。工匠被绑架到蒙古帝国，贸易陷入死寂。来自法兰西、瓦隆和德意志的迁居者占领了这片空地。

出于战略上的考虑，拔都放弃了继续西征的计划，而是守护已被征服的土地。强行进攻人口稠密的中欧，与塔楼林立的城堡和城墙坚固的城市作战，无疑是冒险行为。此外，由于铁木真的继任者窝阔台离世，拔都不得不宣布班师回朝，戍卫首都喀喇昆仑。所有草原帝国都有明显的结构性问题：围绕继承权的纷争一次又一次破坏了帝国凝聚力。一开始，成吉思汗的四个儿子各自为政。庞大的蒙古帝国中已经有了汗国的雏形，每个汗国辽阔如一个帝国，还分别建立了王朝。13世纪下半叶，钦察汗国[1]和伊利汗国为争夺高加索地区的统治权开战，蒙古的分裂拉开了序幕。在此期间，拜占庭明智地保持了外交上的中立。

伊利汗国在1335年解体，中亚的察合台汗国则延续到了16世纪。钦察汗国对罗斯的统治长达两个世纪，其势力范围有时甚至到达西里西亚和摩拉维亚。可汗虽然索要贡品，却保护教会和宗教信仰。然而，他们没能征服今天俄罗斯的西北部，这片"罗斯之地"。日益繁荣的诺夫哥罗德就坐落于此，它的贸易网已经延伸到荷兰。时任诺夫哥罗德大公的是留里克王朝的亚历山大（Alexander Newski，1252—1263年在位），他一边提防着虎视眈眈的蒙古人，一边在涅瓦河畔大败瑞典军队，此后不久又在冰封的楚德湖上击退条顿骑士团。因为大胜瑞典人，亚历山大被尊称为"涅夫斯基"（Newski），意为"涅瓦河的那个人"。他的大公头衔也得益于他的忠诚。东正教徒认为，鞑靼人只关心税收不关心灵魂，选这些人做盟友也是不小的罪孽，可能比与西方国家结盟好一点点。拉丁欧洲和罗斯之间的文化鸿沟已经变得很深。

蒙古人的入侵也在亚洲史中烙上了深深的印记。在南部，旭烈兀——大汗蒙哥的兄弟，伊利汗国的首位可汗——征服了塞尔柱王朝的旁支、位于安纳托利亚的罗姆苏丹国。在波斯，他消灭了一群可怕的刺客——这是一个原教旨主义的什叶派分支，因奔袭各国暗杀统治者而臭名昭著。蒙古人"就像被乌云笼罩下的阴影一样"在穆斯林世界里横冲直撞。1258年，巴格达沦陷。因为马穆鲁克人的顽强抵抗，蒙古人最终没能征服埃及。印度的幸免则要归功于德里苏丹国的军事力量和在要塞设置的防线。但蒙古人辉煌的东方大业仍在继续，大汗忽必烈（1260—1294年在位）征服了南宋。按照中国习俗，他以"大元"为国号，寓意"伟大的初始"，后来庙号为"世祖"。元朝的统治一直持续到1368年，大都成为新的首都。此外，高丽也被纳入元朝的版图。历经400年的分裂，中国重新获得了统一，尽管此次的角色不同寻常，是一个更大整体中的

---

1 钦察汗国（Golden Horde，1219—1502年），又称金帐汗国，是大蒙古国的四大汗国之一，1243年由成吉思汗长子术赤的次子拔都结束西征后建立。

一部分。蒙古人计划入侵日本，但首次出征就莫名终止，第二次进攻又被一场"神来之风"阻止了：这场台风摧毁了两支蒙古舰队。南征大越和爪哇也失败了，海上帝国满者伯夷[1]在爪哇开始崛起。

在此期间，基督教地区的多位统治者试图与蒙古人结盟。圣路易希望借蒙古人之力打败穆斯林。一开始，蒙古帝国的统治仅仅依靠统治者的威严、密切的宗族关系及勇猛的骑兵。现在，除了马匹、弓箭和射石炮，最重要的权力工具也出现了：依托密集的驿站建立起来的高效通信网络。蒙古人向那些俯首认败的民族学习，跟他们做买卖，也与欧洲的商人保持着贸易往来。被俘虏的士兵要么甘心称臣，要么死路一条，而平民百姓却幸免于难。毕竟，新的统治者也需要各行各业的能工巧匠，他们在统治中吸纳儒家管理之道，从中国、波斯和阿拉伯的文化中学习社交礼仪。毫无疑问，这再次表明持续扩张的社会一旦摆脱了其原生的自然环境和文化，进入全新的环境中，那它必然会比其他社会更加开放创新。从现有形态的转型中进行转型的突出代表，是"亚洲的彼得大帝"忽必烈可汗——求知欲旺盛的他既遵循中国人的生活方式，又把大都的皇宫装饰成毡帐。

蒙古人最终没有建立起强大而完善的机构，他们只是复制或挪用已有机构，不去自己学习，而是聘用专家来研究复杂的技术和工艺。但是，蒙古人修订了自己的法律，并在《蒙古秘史》中记载了蒙古人的起源传说，称其祖先叫巴塔赤罕，是"苍狼"与"白鹿"交配所生。曾担任伊利汗国总理大臣的波斯人拉施德丁（Raschid ad-Din）撰写了《史集》，扩大了蒙古人对世界史的认识。他对中国印刷术的详细描述，一度是最为详尽的论述。

蒙古的统治者们最初都是腾格里派的信徒，信奉以天神腾格里为中心的萨满教。后来，一些可汗接受了被征服者们的宗教信仰，但也保留了自己的精神世界。伊利汗国的完者都就是一只"信仰变色龙"：这位萨满教徒一开始受洗成为聂斯托利派基督徒，后来转信佛教，然后加入逊尼派，最后可能皈依了什

---

1 满者伯夷国是13世纪末建立于爪哇岛东部的封建王朝，在今泗水西南。1293—1500年，满者伯夷王国曾统治马来半岛南部、婆罗洲、苏门答腊和巴厘岛。

叶派。该领域最出色的研究者赫伯特·弗兰克（Herbert Franke）推测说，如果草原骑兵于1241年留在了匈牙利，他们可能会成为善良的基督徒。但是，大多数汗国最终还是转向了伊斯兰教信仰。此前被包容的宗教少数群体将要迎来一场更为猛烈的风暴。中国人保持着对佛陀的虔诚，穿着藏传佛教"喇嘛教"的服装崇拜他。除此之外，香火缭绕、贡礼丰厚的孔圣人——孔子，他的权威至今已持续近2000年。

中国：城墙环绕的自由

在蒙古政权统治下，极权统治的趋势在中国越发明显。欧洲的精英群体组织严密，可能还掌握着军事武装，他们可以限制中央集权，但中国没有这样的群体。根据不同的生产职能，民众被划分到不同的阶层。蒙古人和色目人在前位，其次是北方的汉人。社会阶层的跃迁几乎是不可能的。地位最低的是刚刚被征服的南方汉人，他们被迫承担大部分的赋税，而且越来越重。国家划定阶层秩序是为了拥有各种技艺娴熟的工匠、教师和战士。因此，阶层地位是固定的、世袭的。这意味着：一世为陶工，则世代为陶工；一世为士兵，则世代为士兵。职业并不根据个人的喜好或能力而决定。

征服者们为佛教、道教、聂斯托利派基督教或穆斯林的宗教学者和教士划定了阶层，也给"儒家"信众分配了等级——这群人在南部约有10万人，在北部约有4000人。他们擅长阅读、写作和计算，并且个个知识渊博，是中层行政管理人员的储备库。他们虽然不用缴纳某些税款，并在很大程度上远离了兵役劳役，却也被困在了一个较低的阶层。在他们当中，诞生了两种精英：知识分子和政治人物。许多古老的儒家士族素以世代传承的文化和博学为傲，对地方仍有不小的影响力。士族和大地主都幸免于难，后者更是蒙古人不得不选择的合作对象；若非如此，这个庞大的帝国将无法长治久安。中国的精英阶层是新的蒙古-西亚统治阶层的对立面。统治阶层虽有权势，但教育程度不高，缺乏应对官僚的技巧。他们施政的结果就是对创造力前所未有的扼杀。"儒家"还是保留了大批可以带来增长和变革的文人，不过他们的潜力要等到明朝才得以发挥。

元朝时期，中国精英阶层在抗拒、合作和漠视的心态之间徘徊。较为富足之人游手好闲，寄情风雅，终日享乐；拮据之人则设法谋生，或为教书先生，或为文书，或悬壶济世，或为术士，也有削发为僧的。多亏了这些有闲文人，元代涌现出大量高水平的书法和绘画艺术，反倒是书籍的数量急剧下降。一些艺术家试图通过"复古"来重获遗失的身份。[1]剧作家和诗人找到了恩主，也找到了观众和读者。科学也没有完全凋敝，不仅设立了司天监，还设立了司天台。此外，"西方"的——经波斯传来的阿拉伯的——医学、数学、水力学和其他科学领域都结出了累累硕果，只不过革新的动力日趋减弱。

在蒙古的统治下，仍有一些学者可以教授知识、进行研究，其中最重要的一位是波斯数学家和天文学家纳西尔丁·图西（Nasir ad-Din Tusi，1201—1274）。旭烈兀在大不里士附近的马拉盖为他建造了一座天文台，许多学者和乐器制造商云集在此，当中包括叙利亚人和中国人。就这样，一个新的科学中心在东方崛起，它的视线远及"智者"阿方索十世（Alfon X. des Weisen，1252—1284年在位）的光晕[2]。但是，只要看到儒家文人位列当时的十民[3]之九，居于娼之后、丐之前，就知道当时科学的地位有多低下，处境有多艰难。尽管科举考试在1315年被重新恢复，却鲜有人因此加官晋爵。阻挡读书人飞黄腾达的一个原因是，各地的行中书省——行省丞相可以世袭并享有特权——大多是一个封闭的圈子。尽管蒙古帝国内部的文化交流非常丰富，但元朝人更乐于信任他们的蒙古同胞和其他"异族"。例如，穆斯林的天文学对元朝的天文

---

1 主要是书法家推崇"复古"书风，主张回归晋唐，研习篆书、隶书。

2 指阿方索环形山（Alphonsus），月球上一座形成于前酒海纪期的古老陨石坑。它坐落于月球正面云海的东北边界，以卡斯蒂利亚-莱昂王国国王、天文学家阿方索十世的名字命名，1935年被国际天文学联合会批准认可。

3 元朝政府依职业的性质，把臣民更细致地划分为十级：1. 官（政府官员）；2. 吏（不能擢升为官员的政府雇员）；3. 僧（佛教僧侣）；4. 道（道教道士）；5. 医（医生）；6. 工（高级工程技术人员）；7. 匠（低级手工技术人员）；8. 娼（妓女）；9. 儒（知识分子）；10. 丐（乞丐）。

学几乎没有任何影响。

元末是一个被世界末日氛围所笼罩的时代，充斥着饥饿、混乱和内战，学者根本无法潜心研究。纸币的过度发行导致通货膨胀，民众的微薄积蓄都被吞噬，贫富差距不断扩大。如果说中国科技发展停滞主要是因为蒙古入侵，那么上述情况都是有力佐证。人才越来越难以找到用武之地，"正确观念"也错失诞生之机。

一个梵蒂冈的穆斯林

随着翻译热潮退去，巴格达迎来了它的秋天，后因蒙古人的摧残又经历了漫长的冬天。而另一边，穆斯林的哲学、科学和文学、神秘主义以及众多犹太教的虔诚信徒却在亚洲、北非和西班牙的城市中找到了庇护所。例如，阿尤布王朝治下的开罗就为犹太医生迈蒙尼德（Maimonides，1135/1138—1204）提供了庇护，他是当地宗教与阿拉伯文化之间的中介。西班牙仍然是拉丁欧洲最重要的门户——那里仍留存着古代的传统。摩尔人的建筑风格在这里、在马格里布达到了顶峰，然后扩散到南美，直到19世纪仍有融合艺术的产物。直到今天，西班牙弗拉门戈舞和葡萄牙忧伤的法朵[1]听起来依然呼应着伊比利亚半岛的阿拉伯往昔。

在安达卢西亚，泰法国王的宫廷生活绚烂多姿。抒情诗和山水诗盛行一时，广为流传的还有哲学著作、编年史、天文学和医学书籍、农业和植物学指南。植物园最早出现在科尔多瓦和塞维利亚，后来拉丁欧洲才开始在修道院外打造植物景观。宰赫拉威（Abu al-Qasim，约936—1013）在这里进行研究和教学，这位在西方被称为"阿尔布卡西斯"（Albucasis）的穆斯林医生是外科学的创始人，在《医学方法论》（*Kitab at-Tasrif*）中，他记录了自己所使用

---

1 法朵是一种已经具有150多年历史的葡萄牙音乐，在大街小巷的酒馆、都会里的咖啡室和会所都可听得到，其地位相当于西班牙著名的弗拉明戈舞蹈。

的器械和实践过程。历史学家伊本·哈兹姆（Ibn Hazm, 994—1064）的研究领域覆盖了伊斯兰法律院校、教派以及三种一神论宗教，他创作的《班鸠的项圈》（*Halsband der Taube*）是一部世界级的文学作品，以敏锐而平实的文风表达了他对爱情的思考。

在泰法小国的都城托莱多，人们绘制了行星图表，用于计算日历、日食和月食。来自萨拉戈萨的伊本·巴贾（Ibn Baddscha）既是亚里士多德学派的学者，又是诗人，在格拉纳达长期担任总理大臣。1139年，他卒于菲斯。出生于瓜迪克斯的医生阿布·伯克尔·伊本·图费勒（Abu Bakr ibn Tufail, 1105—1185）也同样移居非洲，并在马拉喀什地区担任了总理一职。他的成长小说《哈伊·本·亚克赞》（*Hayy ben Yaqzan*）在启蒙运动中被广泛阅读，其中既赞颂了理性的力量，又与真主安拉的神秘保持统一，并捍卫苏菲派的立场。

然而，随着12世纪的到来，阿拉伯世界的科学和哲学的盛世——如果将其在中亚和北非的延续忽略不计的话——悄然落幕。波斯人安萨里（Abu Hamid al-Ghazali, 1058—1111）就曾尖锐地反对在哲学中提及真主，这一观点得到广泛支持。这位逊尼派学者最初是在巴格达教授法学，曾有辉煌的职业生涯，后来遭遇世俗事业的失败，从此以苏菲派的身份云游全国。出于内心的体验和对真主安拉的恐惧——他可谓穆斯林中的路德——他认为应该进行"宗教复兴"（nahda）。安萨里的哲学批判有一个显著特征，是他对"知"的可能性抱有"苏格拉底式"的深刻怀疑。他认为理性与信仰体验之间没有联系，因此否认自然法则的因果关系，而更倾向于把所有事情看作真主的旨意，哪怕是一小团棉花烧起来了。无论是法拉比和伊本·西那，还是柏拉图和亚里士多德都被安萨里当成不虔敬者和异教徒。最后，他甚至呼吁公众完全不要阅读那些"误导性"的著述，他的反对也随之达到顶峰。他和之前的金迪以及后来的基督教神学一样，谴责亚里士多德关于世界永恒的观点。他的结论正相反，认为世界是被创造的，必然需要造物主的接受。后来，这成为真主存在的证据。安萨里甚至怀疑数学，因为数学诱骗人们，使得一切哲学都有了证明力。但是，他从自己的观点中提取出伦理学、政治哲学和逻辑学的观点，并认为逻辑学是神学的辅助。从这一点来说，他可以援引阿布·哈桑·艾什尔里（Abu l-Hasan al-Aschari，873—935），后者一直宣扬在传统和理性之间持中间态度。

最后，安萨里选择了艾什尔里学派的立场。此外，穆尔太齐赖派在宗教复兴之后逐渐衰落——无论是在白益王朝，还是在中亚和卡拉派的犹太教中，它都销声匿迹，直到近代才被重新发现。宗教的寒风不仅吹息了它，是不是还冻结了一个理性之春？这对穆斯林世界来说是一大不幸。当然，穆尔太齐赖派与欧洲的启蒙运动分享的仅仅是"古希腊的"辩证论方法。它是彻头彻尾的神学派系。它认为绝对知识不能战胜三段论，这个观点虽然不完全错，但人们因此驳斥穆尔太齐赖派也无可厚非。

被西方称为"阿威罗伊"（Averroes）的博学家伊本·鲁施德（Ibn Ruschd，1126—1198）总结了整个阿拉伯哲学的黄金时代。他不仅是著名的哲学家，也是重要的医学家，还撰写了一部涉及医学所有门类的教科书。与其他的安达卢西亚学者一样，他大力呼吁人们回归一种"纯粹的"亚里士多德派。当人们对《古兰经》的阐释有争议时，应该让理性来裁决。正如在他所虚构的与安萨里的讨论中，他认为理性必能得出与信仰相同的观点，毕竟世界和世界第一原则即真主都是完全理性的。如果人们不认可因果关系，那就是在排斥理性。伊本·鲁施德反对阿訇的"独断"权力，也反对神学的领导权。他认为神学只是宗教的中介，是一种有利于维持社会秩序的事物。后来许多"被启蒙的"思想家也持类似观点，比如马基雅维利。伊本·鲁施德认为，只有不朽的灵魂才是世界灵魂的一部分，而物质的那一半应随着个体的消亡而流逝，这听上去很像是异端。关于天国生活的设想只是民众信仰需要的安慰画面。伊本·鲁施德赞同"完美之人"亚里士多德，反对柏拉图和阿维森纳，他认为人通过思考的确能认清真实的东西，看到的不是真实的影子。他以此为基础，为依靠经验的科学提供了哲学依据。

穆斯林文化一直在与伊本·鲁施德进行抗争，而没有选择直接将他遗忘。

但数百年来，伊本·鲁施德对西方人而言仍然如鲠在喉。他是世俗世界的学徒，却成了欧洲的老师。在这里，他很快便只剩下一个身份：用但丁的说法，他是亚里士多德的"评论家"（il commentator）。拉斐尔让他出现在梵蒂冈的《雅典学院》中，这位伟大的穆斯林在基督教世界的中心获得了一个荣誉席位（插图3）。

拜占庭：熏香笼罩下的科学

与东亚世界不同，有四种伟大的文化曾有机会向希腊人和罗马人学习：阿拉伯世界、拉丁欧洲、拜占庭和犹太文化。但是它们对待古代遗产的态度却截然不同。和犹太教正统派一样，东正教也成为一项阻碍，拦住了希腊精神在它的祖国拜占庭帝国前进的道路。当穆斯林、犹太人、基督教徒甚至信奉星星的哈兰的萨比教徒都积极地开展翻译和注释工作，当西欧开始步入现代之际，亚历山大港和雅典之间的拜占庭默默度过了千年之交，这个曾经的创新国度没有出现任何真正重要的发明或科学突破。拜占庭的案例警醒我们，无论多么辉煌和令人振奋的知识遗产都需要在特定环境下才能发挥作用。无论是庞大的中产阶级，还是因组织结构而确立的城邦身份，或者哪怕是欧洲城市的那种自治权，都从未在东罗马出现过。皇座和祭坛的联盟牢不可破，却损害了所有精神上的自由。其中最强大的阻碍通常来自"使徒一般的"巴塞勒斯。没有他的首肯，任何人都不能升为宗主教。与西方国家不同，教士在这里不得担任世俗职务，这可是政治权力的基础。拜占庭教会的牧首从未罢黜过任何一任皇帝——只有牧首米恰尔·色路拉里乌斯（Michael Keroullarios，约1000—1058）曾尝试过，但他最终在流亡途中丧生。直到拜占庭晚期，奥斯曼帝国日益崛起、炽如骄阳，拜占庭的国家疆域和皇帝权力都如冰雪般消融，牧首才获得了一些影响力。帝国统治者的加冕礼是极其重要的仪式，如拉丁欧洲一样，皇帝在加冕前要宣誓保护信仰，而"东正教的最高牧首"也要宣誓效忠皇帝。巴塞勒斯只是国家的管理者而非统治者，仅仅是一个"专制君主"（despótēs）[1]，这个观点只是皇权理念中的空中楼阁，与政治现实无关。皇帝的特权从未经过任何基本的讨论。东正教教会虽然培养了一批重要的神学家，但却没有完整的神学体系。因此，平信徒当然也可以释经。就算巴塞勒斯对信仰问题发表评论，也没人感到有何不妥。"既是皇帝，也是神父"，人们曾这样评价教皇利奥三世，而阿莱克修斯一世被同时代人视作第十三位使徒，如同曾经的君士坦丁大帝。

马其顿的盛夏很快燃尽[2]，并没有点燃一场"伟大的复兴"。随着时间流逝，帝国丧失了维持地区秩序的实力。拜占庭尚有余力压制一些民族，比如佩切涅格人，他们都告别了历史舞台；但对于在这片区域逐渐建立国家的其他一些势力，帝国不得不分散兵力，多线作战的局面让它疲于奔命。即便是科穆宁的约翰二世（John Ⅱ，1118—1143年在位）这样的能君也只能延缓颓势。在12世纪的最后几十年里，保加利亚人和塞尔维亚人纷纷脱离了拜占庭的统治，匈牙利人在巴尔干半岛的影响力继续扩大。在南部，塞尔柱人遏制了拜占庭的势力；东部则盘踞着蒙古的钦察汗国。1261年，尼西亚的希腊皇帝通过政变成功夺回了首都并以此终结了拉丁帝国。[3]这是拜占庭在漫长的濒死状态中取得的

---

1 "专制君主"是拜占庭帝国的宫廷头衔，其原始含义约等于英语中的领主、老爷。这一头衔最初仅授予皇位继承人，后来也授予其他皇子或驸马。拜占庭皇帝曼努埃尔一世于1163年创造这一头衔，并将其授予他的驸马、未来的匈牙利国王贝拉三世（不过其头衔于1169年曼努埃尔一世之子阿历克塞二世出生后被撤销）。"专制君主"在拜占庭的贵族等级中是仅次于皇帝与共治皇帝的重要头衔。这一头衔后来还扩散到许多受拜占庭文化影响的国家，如保加利亚第二王国、塞尔维亚帝国等。此外，"专制君主"后来也成为拜占庭册封的领主头衔，相应的领地被称为"专制国"（despotate）。虽含有"专制"一词，但"专制君主"与专制主义并无关联。

2 指拜占庭帝国中期的马其顿王朝（867—1056），在马其顿王朝中期，拜占庭帝国完成了军事复兴，后逐渐衰落。

3 1204年4月，第四次十字军东征期间，西欧骑士和威尼斯人联合攻占了君士坦丁堡。按照分赃协议，十字军和威尼斯瓜分了拜占庭帝国，但建都于君士坦丁堡的拉丁帝国（"罗马尼亚"帝国）实力并不强大，无力控制全部前拜占庭领土。从君士坦丁堡出逃的拜占庭贵族建立了三个希腊人主导的拜占庭流亡政权，分别是伊庇鲁斯专制君主国、特拉布松帝国和尼西亚帝国。尼西亚帝国的核心区在小亚细亚半岛西部，是原拜占庭帝国人口最密集、农业最发达的地区之一，其有利的地理位置（扼守黑海海峡通道）和资源使尼西亚帝国比其他拜占庭的继承国更富有，并逐渐成长为原拜占庭帝国疆域内最强大的国家。最终，尼西亚军队于1261年收复君士坦丁堡，光复了"拜占庭帝国"。

最后一次胜利。

对于科学来说，铁器时代从来算不上黄金时期。在末代王朝巴列奥略统治下的罗马帝国，人们经常效仿"第二代诡辩学者"[1]，维持古典风格。包括僧侣马克西莫斯·普朗德（Maximos Planudes，1255—1305）在内的一批学者，致力于将拉丁文作品翻译成希腊文，例如奥维德的《变形记》或波爱修斯的《哲学的慰藉》。普朗德的作品在当时颇具影响力，尤其在西方，他甚至出版过一本语法书，帮助人们学习希腊语。此外，他还曾大量订购托勒密《地理学》中地图的复制品。

很少有人想跟着讲拉丁文的人学习。拜占庭哲学——尽管人们对它是否真实存在过仍有争议——被束缚在神学框架内，其中尤为重要的是三位一体论的问题。诸如《苏达辞典》（Suda）或《群书摘要》（Myriobiblon）之类的作品都只是神学的文学汪洋中为数不多的几座浮动的世俗岛屿。普塞洛斯的史书虽然早已闻名遐迩，但也只有一份独一无二的手稿保存下来。柏拉图的哲学在千年之前就已经摆放在希腊教会的图书馆中，现在也不得不屈居于亚里士多德之后。自14世纪下半叶以来，帕拉马斯主义神学（Palamitische Thelolgie）[2]开始占据主导地位，并跳出来反对柏拉图派的教义。普塞洛斯的一位学生约翰·伊塔洛斯（Johannes Italos）因为用哲学方法讨论神学问题而陷入纠纷诉讼。拜占庭神学家继续充当释义者，而西方的学者则用逻辑和批评来解读文献。

世俗艺术和建筑本应更为重要，却几乎没有被保存下来。皇宫只剩下一片断壁残垣。直到拜占庭晚期，建筑领域才开始接纳国际潮流。1315—1321年，人们在柯拉教堂绘制了系列环形壁画，昭示着垂死的拜占庭艺术最后的一次回

---

1 "第二代诡辩学者"是一个文学史术语，指的是一批希腊作家，他们从尼禄统治期间一直到约公元230年都保持活跃。与公元前5世纪的第一次诡辩思潮不同，这些作家不关心政治，但是很关注日常生活和罗马帝国的实际问题。

2 帕拉马斯主义神学的创始人是格里高利·帕拉马斯（Gregorios Palamas，1296—1359），拜占庭东正教神学家。帕拉马斯主义认为灵魂的拯救不是通过玄想，而是靠直观、禁欲和入神才能达到，强调用流泪静心和凝神虔修的方式进入"神人合一"之境。这一学说于1351年被拜占庭正教会定为官方理论。

光返照：光彩夺目的湿壁画，五彩斑斓的马赛克。基督和圣徒身形优雅，画面极具空间感和体积感，这是乔托时代拜占庭绘画复兴的最好证据（附图4）。

许多历史书写都记载了帝国末期的颓势。与此同时，还出现了丰富多彩的民间文学作品，其中包括描写与阿拉伯人、法兰克人战斗的史诗歌谣、滑稽故事、爱情故事和讽刺文学。但文学的百花齐放是不可能的，传统仍然具有压倒性的力量。

如果宗教的影响力过大，就会威胁学术、科学进步和讨论，拜占庭就是一个典型。希腊留下的庞大遗产，包括丰富的科学、技术和哲学，在博斯普鲁斯海峡却难得一见。熏香笼罩着"第二罗马"，也扼杀了自由思想和创造发明。诙谐的冒险故事不得出版，只能寄身在诸如赫利奥多罗斯（Heliodoros）的圣徒传说中。森严的等级制度限制了所有科学的发展。人们辩称，科学只会将异教思想灌输进人的头脑中。拜占庭精神对文艺复兴时期出现的科学和技术变革毫无意义。它既要担任希腊传统的档案员，又是公认的伟大艺术的倡议者，已经精疲力竭。

基督教与生俱来的希腊基因滋养了好奇心并引发了探索欲，且仅在拉丁语地区发扬光大。很快，拉丁欧洲的人们就比希腊人更擅长希腊式思维方式。而在毗邻的穆斯林世界，翻译家和评论家一边来回搬运着希腊语和拉丁语的著作，一边开始自主思考，其意义日益凸显。在温暖期的西方世界，这个充满活力同时又在找寻方向的社会中，他们的作品广为流传。

14. 第一次"复兴"

插图15：维拉尔·德·奥内库尔（Villard de Honnecourt），《坐着的人和站着的人以及"叶子的脸"》，约1220/1230年，巴黎，法国国家图书馆

演说、阅读和写作的革命

如前文所述，拉丁欧洲的"事业"始于日益崛起的城市，这里有问题不断的货币经济、堆积如山的书面文件、频发的战争，也有贸易革命和文牍之国。任何崛起都伴随着混乱，一切都悬而未决。卡斯蒂利亚博学的国王阿方索十世说："若是上帝在造物时询问过我的建议，我确有一些改进建议可以提供。"云游四方之人还没有找到定居之处。他们必须准备好，未知事物诱惑着他们，危险也在逼近。魔鬼却如鱼得水、事业颇顺。现在，它越来越频繁地钻出地狱的裂隙，以各种形态混入人群中大行不义。修道士海斯特巴赫的恺撒里乌斯（Caesarius von Heisterbach）对其非常了解，魔鬼和老宙斯一样是变身大师，时而变为马、狗或猫，时而化作猴子、蟾蜍或龙，有时又扮成摩尔人、沧桑老农或美女。

伴随着宗教热和经济热，知识也变得活跃起来，传播到各个领域。这一点在经院哲学的发展中表现得尤为明显，还表现在始于法兰西和意大利一些城市的教育运动，以及法学的创建过程中。在这动荡的局势中，复调音乐也悄然兴起。从克拉科夫到布尔戈斯，从博洛尼亚到巴黎和牛津，处处涌现出新的思想、歌曲和文学形式。话语革命最初的发起人是教士，之后由平信徒接过了大旗，他们中的许多人致力于成为哲学家。写作和阅读的艺术得到越来越广泛的传播。当然也有例外，比如德意志北部就是文盲之地，直到13世纪中叶，市议会才设立了一所学校。新的语法书被人们传阅。人们描写宝石的神奇魔力，探讨修辞形式，创作押韵的爱情诗，有时候用与古代文风近似的拉丁语书写；人们创立教育学说，规定合宜的行为和良好的举止。越来越多的世俗之物在羽毛笔下源源流淌。"籁歌"大师玛丽·德·法兰西（Marie de France）认为，其他诸位已经把许多东西从拉丁语译为法语，所以她现在转向"不列颠的"故事。

当崇古热潮在近代初现端倪时，通俗文学也渐渐流行起来。活跃开明的宫廷是文学的主要资助者，也是国家发展的繁殖细胞。"宫廷时代"就此拉开帷幕。娱乐活动大受欢迎，不少达官贵族出于攀比心理，也会慷慨解囊。最耀眼的宫廷之光笼罩在法兰西之上。克雷蒂安·德·特鲁瓦也将我们的凤凰送回他的祖国。他知道，这一切的源头在希腊，并深谙其中的来龙去脉。"骑士制度和整个教育体制继而传到罗马，如今已经进入法兰西。"法兰西亚王国之所以成为领导者，可能是因为它融入了中欧的贸易大潮和文化海洋。除此之外的另一个因素是，这里的授职权之争以及由此引发的宗教动乱并不像在德意志和意大利那么激烈。这场争论过后，各地似乎都弥漫着一种厌世的情绪，抑制了知识的活跃度。

到了12世纪，颂扬战争和英雄的武功歌（Chansons de geste）开始广泛传播，有的以开明的查理大帝为主角，有的描绘了十字军圣地的经历。街头卖艺的说唱艺人、"变戏法的杂耍艺人"、游吟诗人（Joglar）以及那些在法国北部被称为"歌手"（Trouvères）的人，他们成群结队，跟随着国王的帐篷城市到处游荡——从一座城堡到另一座城堡，从一个城市到另一个城市。他们当中至少有400人的名字流传后世。一想到这些，人们头脑里就不禁浮现出各路歌手斗唱的情景，杂耍艺人、驯熊师、游吟诗人连番登场的大型竞技场面，身着银色盔甲、顶着一头金色卷发的骑士们向身影梦幻的"高贵女性"献媚却求之不得，以及宴会厅中的烛光晚宴、狩猎游戏或闺房密会。一切都应该发生过，但在宫廷和歌手的生活中，这样的盛大欢庆毕竟少有，匮乏才是日常。对大多数人来说，几个芬尼才是他们迫切需要的，他们无以果腹、无处过夜，尽管他们的名字已经被历史遗忘。他们的许多歌曲都表达了对报酬和封地的渴求，有时候还真的能梦想成真。在这些歌手中，不乏贵族、侯爵的身影，甚至还有一位皇帝，即亨利四世，以及许多杰出的女性。不过，就连骑士也不是人人都能读书认字。但越来越多的市井百姓学会了阅读，这是新鲜事。哈特曼·冯·奥厄（Hartmann von Aue）曾自夸道："一个骑士是如此博学多才，他饱览群书，探寻书中所写。"鉴于羊皮纸和抄写员的价格，只有有钱人才拿得出闲钱雇人誊抄手稿，而把一些原稿弄到手则是一场真正的冒险。

法国人的香颂、史诗和小说具有深远的影响。它们一路传播到西班牙、意大利北部和西西里岛。游吟诗人之于雅典，正如金雀花之于英国宫廷。富有的佛兰德斯地区已经是首屈一指的文化国度。盛行于不列颠的亚瑟王传说与诺曼人一起来到非洲大陆，通过伟大诗人克雷蒂安·德·特鲁瓦创造出的新语言，在法兰西亚流传开来。"圣杯"的故事可能源自拜占庭。德意志的歌者也常常从法国获得音乐素材。来自马斯特里赫特地区的诗人海因里希·冯·维尔德克（Heinrich von Veldeke）大胆使用中古高地德语，撰写了关于埃涅阿斯的小说。同时代人对他赞誉有加，称他为德语文学的奠基人："他将第一颗米粒嫁接在／德语的舌头上：／无数枝条从那里冒了出来。"克雷蒂安的《伊万》[1]和《艾莱克》[2]，以及亚瑟王的素材启发了哈特曼·冯·奥厄，他的《帕西法尔》[3]则促使沃夫兰·冯·艾森巴赫（Wolfram von Eschenbach）传播这部史诗并进行加工再创作。瓦尔特·冯·德·福格尔魏德（Walthers von der Vogelweide，约1170—1230）的《少女抒情诗》流传至今，他歌唱菩提树下的爱情，那同房仪式上被压断的花朵便是明证。他在歌中首次用"你"来称呼"心仪的姑娘"，而没有使用较为正式的"她"。

英雄故事展现了文化，而文化已经具备了一些国家特质。人们可以遥想那些被神化的岁月，如查理大帝的时代，或者回溯那遥远而蛮荒的过去，许多传说和故事都由此展开。直接反映近代的故事很少见，但也的确存在。例如，瓦尔特的创作就多以德意志皇位之争为主题；《熙德之歌》（*Cantar de mio Cid*）神化了军阀罗德里戈·迪亚兹·德·维瓦尔的命运。此外，《尼伯龙根之歌》则取材自"古老的杜撰故事"，有一份手稿就特意注明此事。像许多英雄之歌一样，它反映了民族凝聚的过程、无国家的社会组织方式和入侵战乱。在1200年前后，局势相对稳定，传说变成了令人屏息凝神的史诗，诉说着忠诚与背叛、复仇和爱情，对人物的塑造截然不同，既出现了哈根·冯·特罗涅（Hagen von Tronje），也有涅墨西斯·克里姆希尔德

---

1 中文译名全称为《伊万，或带狮子的骑士》（创作于约1170年）。

2 中文译名全称为《艾莱克与艾尼德》（创作于约1160年）。

3 中文译名全称为《帕西法尔，圣杯的故事》（创作于约12世纪末期）。

（Nemesis Kriemhild）。鲜血凝结成记忆。在那个崇尚"伟人气概"的传说时代，匈人来袭，勃艮第王国瓦解，所有的斗争和苦难都化作美妙的艺术。骑士比武大会也是一种类似的美化方式，成为引人入胜的演出。这些表演展示了如何将血腥战争升华为趣味游戏。此外，比武也为应对紧急情况提供了演练的机会。

史诗和歌曲透露了国家和城市的起源。日益繁荣的史学研究流露出"对古代的好奇"。编年史学家追溯遥远的史前时代，探究巴别塔是如何修建，甚至考证诺亚是否存在，或者至少是查理大帝的时代。他们的作品隐约流露出与武功歌一样的爱国情节——例如《罗兰之歌》中提到的"甜蜜的法兰西"（france dulce）更是如此。歌者们找到了最久远的始祖，从而可以将所有民族纳入同一个大家庭：从波兰的皮亚斯特到韦尔夫家族的埃提科（Eticho），再到丹麦人的祖先胡姆布洛（Humblo）、丹（Dan）和安古尔（Angul）。后者甚至还被萨克索·格拉玛提库斯（Saxo Grammaticus，约1150—1216后）当作英国人的祖先。他用优美的"闪着银光的古拉丁语"写就了《丹麦人的业绩》，将口头传颂的故事和远古歌谣保存下来。这本书不仅是斯堪的纳维亚中世纪早期传说的主要灵感来源，也开启了许多神话世界，如奥丁[1]、托尔[2]以及齐格飞[3]在北欧的双胞胎兄弟齐格鲁德（Sigurd）[4]的故事。

巴巴罗萨的叔父弗莱辛的奥托（Otto von Freising）将神圣罗马帝国纳入救赎史的框架之中。他将历史视为一种道德活动，认为历史中的成长与衰败就如同人的生命过程。他的《双城史》有意呼应了奥古斯丁的主要著作《上帝之城》。奥托把神圣罗马帝国视作最后一个帝国，将恺撒大帝也归入其历代统治

---

1 北欧神话中阿萨神族的众神之王，司掌预言、王权、智慧、治愈、魔法、诗歌、战争和死亡。

2 北欧神话中的雷电与力量之神，同时还司掌风暴、战争、农业。他是神王奥丁与女巨人娇德的儿子，常作为凡人的保护神现身，自身象征着男性的生殖力。

3 德国叙事诗《尼伯龙根之歌》中的屠龙英雄，第一部分《齐格飞之死》的主要角色。他沐浴龙血，从而刀枪不入，但是背后被椴树叶遮盖处是他唯一的死穴，也成了他的致命伤。

4 北欧神话传说中的大英雄，也是北欧最家喻户晓的英雄之一。他是《沃尔松格萨迦》（*Volsunga saga*）的主人公，他的传说也是《尼伯龙根之歌》以及歌剧《尼伯龙根的指环》的原型。

者之列；这一观点直至近代仍有众多信众。丰富多彩的史学书写致力于刻画德意志和意大利王朝的命运。史学家们为法兰西的国王撰写传记，当然还包括英格兰加冕的统领和大主教，以及波兰的统治者。就这样，欧洲各国涌现出许多作家，他们参与本民族的身份建构过程，不仅对抗外来敌人的威胁，还反击内部的分裂势力，各个民族由此慢慢形成。"前民族"（pränational）的呼声令布拉格大主教科斯马斯深受触动；在远东，《涅斯托尔编年史》为俄罗斯之后的史学奠定了基础，而这部史书最初是在基辅洞穴修道院孤寂的地下室里慢慢成文的。它的另一个名字是《往年纪事》，这也是它的开篇词。按作者的说法，这本书要讲述"古罗斯国是如何产生的，谁是基辅首任侯爵，以及罗斯国的组织构架是怎样的"。

在西方，文本垒砌的高山也令人叹为观止。受撒路斯提乌斯、李维或恺撒的启发，人们偏爱用拉丁语写作。对历史事件的记载仍然掺杂着大量奇迹。用民间白话书写的作品直到中世纪后期才开始大量涌现。《涅斯托尔编年史》就是用旧斯拉夫语写的，但罗斯各国与罗马和拉丁文化之间的距离甚远。北方周边地区最古老的历史著作——1230年前后诞生的《挪威列王纪》——也使用了当地方言。随着1099年热那亚编年史的问世，城市编年史这一题材才慢慢出现。

12世纪行将结束，城市越来越像一个戏剧表演的舞台，甚至骑士比武也在集市上进行，呈现于市民面前。但是，只有贵族才能踊跃参赛，他们顽强地捍卫着自己的比武能力，这也是贵族阶层的重要属性。随着新一代公众的出现，人们对骑士制度及其僵化的理想越来越不满，宫廷抒情诗在13世纪逐渐消失。

法国吟游诗人创作的诸多香颂、小说和诗歌本应永远回荡在普罗旺斯的蓝色田野上，最终却由意大利的吟游诗人传播开去，并在意大利的图书馆中得以留存。在很长的一段时间里，它们孕育出文学和艺术，并传递出一种贵族精英式的道德和文化，并展示了与现实生活截然不同的童话景象。对于城市里的读者来说，这两点可能极具吸引力。

这一时期，自古流传下来的宗教戏剧摆脱了神圣礼拜仪式的框架。为了满足人们的观赏要求，戏剧变得更加有趣。它在教堂门前搭建舞台，原本上帝才是最重要的观众，现在却逐渐演变成启迪民众的戏剧。例如，《圣经·新约》中原本只是简短提到妇女购买圣膏来涂抹基督尸体，这个情节现在变得丰富多彩。商贩们卖力吆喝着，这种熟悉的日常生活立马变得生动起来。人们更容易理解宗教事件，也更容易共情。很快，祷告仪式也采用了类似策略，画家在描绘耶稣受难的场面时也将同时代的城市画成背景。

《圣经》戏剧如今更为频繁地使用民间白话，场景也常常反映当下的日常生活，这表明，它越来越向市民阶层的观众倾斜。出版于13世纪初的《阿拉斯的谦恭人》（*Courtois d'Arras*）讲述了一个浪子的浅显故事。主角是一个愚蠢的农民，可他偏偏被戏称为"赫菲仕先生"（Höfisch，原意是宫廷）。这部戏以他轻浮的生活为主线，例如他曾被两名妓女劫财。这样的情节与《圣经》无关[1]，它其实主要是在描写法国北部商贸纺织大都市阿拉斯的生活。1201年，第一部用法语创作的宗教戏剧就诞生于此，作者是让·博德尔（Jean Bodel）。

文学景观变得更加丰富多彩，文学体裁多种多样。世俗的戏剧和诙谐剧成为民间和宫廷的娱乐，荤段子、祝酒歌、歌颂爱与欲望的歌曲占领了集市和小酒馆。人们举办歌唱比赛，并成立了歌者的行会。在阿拉斯和皇家巴黎，薄伽丘和维庸的先驱随处可见。其中最早的一位是奥尔良的雨果·普里玛（Hugo Prima），他出生于11世纪末，言辞辛辣爱中伤别人，但同时也是一位才华横溢的诗人。他仍然用拉丁语写作，中间掺杂着古法语；他熟读荷马、奥维德和撒路斯提乌斯，对柏拉图和苏格拉底也有所了解；他在诗歌中书写葡萄酒、女性和科学。随着城市不断发展，普里玛这样的人物也越来越多。甚至他们的名字——例如，一个叫鲁特贝夫（Rutebeuf），意为"野牛"；另一个叫

---

1 《圣经·新约·路加福音》（15:11—32）中有个类似故事：一位父亲的小儿子向他索要钱财，挥霍一空后幡然醒悟，回家向父亲请罪。父亲高兴不已，并向生气的大儿子解释道，这个弟弟失而复得，因此要款待他、加倍对他好。

勒博苏（le Bossu），意为"驼背"——已经指向烟熏火燎、酒气弥漫的小酒馆，放荡不羁的知识分子群体正是在那里找寻谋生的出路。他们吟唱老鸨、被戴绿帽子的丈夫和上当的骗子，大肆嘲讽那些托钵僧——因为这些人四处布道，反对醉酒、赌博和他们那个玩世不恭的阶层。13世纪下半叶，农村和农民才首次出现在诗人的笔下——首先出现在《迈尔·赫尔姆布莱希特》（*Meier Helmbrecht*）作品中。以狡猾的狐狸雷纳特（Renart）为主角的动物故事流传了无数的版本，广受欢迎，以至原本法语中指代狐狸的词"goupil"也被它代替了，而"莱因哈德"（Reinhard）后来甚至还成了一个德语人名。乔叟的《坎特伯雷故事集》也曾提到这只狐狸。

不过，罗曼语族地区最成功的世俗作品是纪尧姆·德·洛里斯（Guillaume de Lorris）和让·德·梅恩（Jean de Meung）的丰碑之作《玫瑰传奇》（*Roman de la Rose*）。随着它的诞生，古典时期重新受到了关注。两位作者通晓克雷蒂安对奥维德的译介，这个译本已经失传；他们也知道普鲁登修斯（Prudentius）在公元4世纪所著的《灵魂的冲突》（*Psychomachia*），书中描写的是一场美德与邪恶的灵魂斗争。《玫瑰传奇》也采用了类似的隐秘手法，用许多譬喻来描写风趣巧妙的游戏，这些都围绕爱情的艺术展开，即如何接近爱人，俘获芳心，几乎不加掩饰地描述欲望的满足。班贝格的一位校长特里姆贝格的海因里希（Heinrich von Trimberg，约1230—1313后）在他的《骏马》（*Renner*）一书中也用了譬喻，这次的图景是"茵茵草地上……繁花盛开"的一株梨树。如果有人认为美丽的自然只存在于文艺复兴时期的文学中，那他应该来读读这位诗人的田园诗。

除城市外，宫廷、修道院和大教堂直至近代依然是文化的庇护所。班贝格的骑士，这座中世纪最著名的雕塑之一就是象征。他用一根手指随意扯住披风，是霍亨斯陶芬时代理想的骑士形象：他像是世界的统治者，矗立在一座大教堂里；他既是国王也是圣人。据推测，这座雕像的原型是匈牙利的斯蒂芬一世。世俗化的潮流并没有轻易覆盖这个时代。在很长一段时间里，占据主导地位的仍然是宗教文学，雅各·德·佛拉金（Jakobus de Voragine）的《金色传说》是《玫瑰传奇》的同时代作品，并且一直都是畅销书。变化发生得异常缓慢，几乎是在不知不觉中，法国歌曲中英雄式的圣人们被基督教英雄、宗教战士和正义的统治者取代了。

《布兰诗歌》（*Carmina burana*）最鲜明地体现了世俗精神与宗教思想的并存与交织、拉丁语和德语的共存与渗透，其中掺杂着嘲讽曲和祝酒歌、爱情歌谣与十字军歌曲、牧羊女小调、教育诗和其他一些诗歌。除了性与灵的戏剧，它还包含了对于尘世万物归于寂灭的沉思。势如破竹的货币经济继续招致人们的控诉——"贪婪无孔不入，悭吝之人无处不在！"——比如那帮买卖圣职的罪恶教士就欲壑难填。对作者来说，无论是福音书还是忏悔书都算不上神圣。他在一首歌里虚构了一个懒人修会的幸福生活，以此讽刺现实中的修道院生活：由于禁止晨祷，修士们不得不睡到日上三竿；他们为了打发时间，只能喝酒、享用鸡肉、掷骰子，赌博在当时可是为所有道德主义者所不齿。诙谐可笑的中世纪不仅在巴黎的小酒馆和集市中，也能在这里寻见。

《布兰诗歌》首次提到遥远而美好的安乐窝库卡尼亚（Kukanien），后来文学中常见的"极乐之地"（schlaraffenland）[1]就由此产生。法国的《科卡涅韵文讽刺故事集》（*Fabliau de Coquaigne*），以及不久后的其他文学作品，都对这片土地作了进一步的描述。与此同时，欧洲一座座主教座堂拔地而起，在凡尘中再现了天空中那座光彩夺目的耶路撒冷。而歌手们创造了一个俗世间的天堂，身体而非灵魂在这里找到了幸福。库卡尼亚不存在暴力或饥饿。大自然的馈赠充裕有余，居民们欢庆节日，被禁止劳作。很快，其他国家也获悉了这个仙境的存在。意大利人称其为"库卡那"（Cuccagna），英语里称之为

---

[1] 又称"懒人之地"。在德语文学中，这是一个虚构的地方，据说那里的河里流淌的是牛奶、蜂蜜或葡萄酒，所有的动物都已经预先煮好并准备好飞进人的嘴里。房子是用蛋糕做的，周围没有石头只是奶酪。享乐是这里的居民的最大美德，辛勤工作和勤奋被视为罪恶。这里除了免费饮食，还涉及社会平等和自由性行为。在当时禁欲和物质匮乏的局面下，这种极乐之地既代表了愿望的实现，也代表了不满。因为那时候的人们普遍缺少充足的食物，并且为了生存不得不辛苦劳作，几乎没有时间休闲。

"科卡宁"（Cokaygne），佛兰德斯地区叫它"可卡涅"（Kokanje）。一个历久弥新的人类梦想在这里得以实现，它此前只存在于斯克里亚岛[1]上和黄金时代的神话中。这个极乐之地就像海市蜃楼一样，是乌托邦的前身，与充斥着困厄与暴力的现实世界正好相反。《布兰诗歌》的其中一位作者写道，这里所有的欢愉都是稍纵即逝。"我是由最轻的元素构成，／我就像与风嬉戏的树叶。"可以说，他是李白在西方的兄弟。

身着古装的女性世界：12世纪的复兴

宗教领域和世俗领域开始逐渐分离，甚至表现在最截然不同的方面。如此一来，教会法也逐渐从神学中解放出来。官方教会禁止神职人员参与戏剧表演，随着第四次拉特兰宗教会议落幕，也严禁他们进行神圣审判的活动，尤其是罗马法未提及的那些。在这一方面取得进展的是佛兰德斯和法国的商人，他们推崇理性经济，无法接受那些审判方式，什么决斗、火刑裁决、水刑考验等。

一方面，通过与一切世俗乐趣（wereltfröide）划清界限，教士们获得了一些空间，从中可以找到全新的、更纯洁的灵性；另一方面，女性世界[2]虽不能为所欲为，其权限却越来越大。在这股世俗化的助推力中，古代文献发挥了很大作用。罗马人和希腊人的精神渗透了游吟诗人的史诗和歌曲。在《布兰诗歌》中，不仅圣徒大批涌现，古代的神灵、诗人和思想家也层出不穷，其中甚至包括大名鼎鼎的哲学家伊壁鸠鲁。诗歌的韵律中，时不时透露出这些诗人不仅通晓流浪歌谣，对奥维德或贺拉斯也很熟悉。克吕尼的彼得

---

1 斯克里亚岛，荷马史诗《奥德赛》中的一个地名，奥德赛曾流落至此，这里的国王阿尔喀诺俄斯（Alcinous）给了奥德赛一条船，送他回到家乡。

2 德语中写作"Frau Welt"，英语中译为"lady world"，是中世纪德语文学中经常出现的一类寓言人物。从正面看，她很漂亮；当她转过身时，背上遍布着烂疮、虫子和蟾蜍等聒噪的生物。作者意图通过独特的欺骗性外观来警告世人，世俗事物和欲望都有虚假的本质。

（Peter von Cluny）促成了对《古兰经》的翻译，其中一些段落的拉丁文译文颇似西塞罗之文风。早在11世纪，这位伟大的罗马人就紧随马克罗比乌斯之后，其作品一路传播到遥远的兰巴达恩·法尔修道院，抵达威尔士的大西洋海岸线。

图尔大主教拉瓦尔丁的希尔德贝特（Hildebert von Lavardin，约1056—1133）是一位个性鲜明的人物，几乎可以被视作人文主义者。他是一位精力充沛、直面世俗纷争的政治领袖，举止文雅又幽默风趣。他与拥有绚烂文化的金雀花王朝保持密切的联系，用拉丁文书写时游刃有余。他对古代思想持开放态度，这与他的个性相吻合。除了西塞罗，他还推崇斯多葛派的塞涅卡，并喜爱与他人进行思想的交流。他与文艺复兴时期的人文主义者最相近的是，他注重语言的美感，还有形式的美感，无论是出于何种目的；而他与人文主义者最相去甚远的是，他诋毁充满诱惑力的好奇心。他把目光从所处的动乱时代挪开，满溢着渴望与惊叹，投向那永恒之城的遗迹，赞叹大理石雕塑的美："罗马，无有能与你比肩者。"（Par tibi, Roma, nihil.）他的罗马不再只是救赎史中的应许之地，而是国家智慧与正义、军事实力、世界和平以及教育的象征。不同寻常的是，希尔德贝特从这片庞大的废墟中看到，人类才是历史的创造者："人类之举造就了如此伟大的罗马／就算神灵之力也无法将之抹去。"从这句话我们可以看出，人类对自己的创造力拥有骄傲的自信。这句话也佐证了一个论点，即12世纪经历了真正的复兴。人们总是用遗留之物来确保自己的地位：主教布洛瓦的亨利（Heinrich von Blois）在罗马购买古董雕像，然后将它们运到温切斯特。同为英国人的一位名叫格里高利乌斯（Gregorius）的大师，致力于测算古代的遗产。他为一座维纳斯的雕像神魂颠倒，尽管雕像离他的住所有两个体育场那么远，他还是经常去观摩。1162年，罗马元老院严令禁止人们损害或破坏图拉真柱，保护遗产的愿望已经凸显。

圣维克多的雨果（Hugo of St. Victor，约1097—1141）是巴黎附近圣维克多教会学校的校长，也是一位先驱。哲学是"所有艺术的艺术"，它应该涵盖所有知识领域，这门学科深入探索一切人类和神明之物的成因。雨果没有从西塞罗或维吉尔的作品中给学生摘取零星的句子，选出寥寥几首诗，以此作为语法练习，而是鼓励学生通读全文，将其看作美妙的文学作品，并从中获得乐趣。一些作家，通常是通晓拉丁文的教士，都选择了普鲁塔克（Plutarch，45—120）等经典作家为榜样，普鲁塔克所著的名人传记将希腊人和罗马人对比排列。民间白话小说开始借鉴古代神话的主题。作家布尔戈伊的鲍尔德里希（Balderich von Bourgeuil）曾给一位修女写过一封韵律生动的信，他模仿了奥维德《女杰书简》中海伦写给帕里斯的信。1170年前后，《伊索寓言》进入了法国文学的视野，这部作品一直是修道院学校中盛行的教科书。奈杰尔·德·隆尚的《愚人镜》以一头想要将自己尾巴变长的驴为主角，辛辣地讽刺了当时人们对于学识的热捧，而这些关键词在阿普列乌斯（Apuleius）的《金驴记》中就已经出现。人们还改善了书写拉丁文本的必要工具；1199年，维勒迪厄的亚历山大（Alexander von Villedieu）在普里希安和多纳图斯的基础上编纂了一本常用的语法书。1210年前后，文索夫的杰弗里（Geoffrey von Vinsauf）在他的《新诗学》中还添加了修辞学知识。

中欧的古代遗产也吸引了斯堪的纳维亚人。1190年前后，一部标志性的作品即《阿斯普雷蒙之歌》问世，它也是以卡拉布里亚的阿斯普罗蒙特为背景，让这个故事在古代北欧有了一个流传版本。商人和教士传播着法兰西和英格兰的古代骑士故事，传授拉丁语知识。《亚历山大传奇》或《伊利亚特》当中的一些素材被汇编成《特洛伊人传说》。但是，隆德的大主教安德斯·苏内森（Anders Sunesen，约1167—1228）却认为古典诗腐蚀灵魂。这是世俗之国与上帝之国的边境冲突事件，而这些冲突还将会在许多边界爆发。

传播古代作品的手稿在整个欧洲都迅速增多。在上个千年里，西塞罗的作品有210份手稿流传，而在12世纪至少多出377份；塞涅卡的手稿从68篇增至172篇。这个千年的世纪诗人是奥维德，这个世纪也因此被称为“奥维德时代"（aetas ovidiana）。克雷蒂安·德·特鲁瓦甚至借鉴了他的《爱经》，这部作品极其淫秽，备受虔诚教徒质疑。许多歌曲和史诗也再次提及古代世界，诉说着底比斯、特洛伊或罗马祖先埃涅阿斯的故事。《伊利亚特》中的场景被编织在挂毯上。最畅销的是《亚历山大传奇》，它备受读者青睐，从西班牙一直流传到爱尔兰和俄罗斯。就连东南亚的穆斯林统治者也在族谱中追溯了这位马其顿人，称为"伊斯坎德尔·祖尔·卡尔纳因"（Iskandar Dh l'Qarnain）。他一会儿是英雄和救世主，一会儿又是魔鬼。最重要的哲学大师都在法国传道授业，哲学也借鉴了古老的传统。拉丁欧洲对这些理念进行收集、点评和继续思考，它们因此越发丰富。沙特尔的伯纳德（Bernhard von Chartres）总结说："通过谦卑的态度，辛勤的钻研，平静的生活和默默的思考，在穷困与陌生之地，许多人通过探究发现了隐秘之物。"

理性，信仰与新事物

12世纪为一种思维方式奠定了基础，在英国历史学家理查德·W. 萨瑟恩爵士（Richard W. Southern）看来，这种思维是基于如下信念：人们通过研究完全可以理解造物之事。上帝恩赐的理性应该让我们可以认知关于上帝和宇宙的真理，从而克服原罪对知识的蒙蔽。这一探索过程是在古人的指导下进行的，尤其是亚里士多德和柏拉图，波爱修斯常常还在传授他们的观点。然而，人们采摘知识的那棵树却是异教徒的植物。这样一来，对于古代作品的渴望仍然饱受争议。

无论是11世纪在沙特尔工作的图尔的贝伦加尔（Berengar von Tours），还是被称为"经院哲学之父"的坎特伯雷的安瑟伦（Anselm von Canterbury，约1033—1109）都捍卫理性和辩证法，视之为通往信仰真理的道路。人们发现矛盾，试图用亚里士多德的逻辑来解决矛盾，而不是像以往那样简单地否认它、掩盖它。圣餐中的面包和酒可转变为基督的身体，这条自古流传的教义被贝伦加尔撕碎，由此引发了激烈的辩论。贝伦加尔的精神兄弟安瑟伦用语言逻辑的论证证明了上帝。自古以来，这是哲学家第一次单纯在思考中寻找上帝，而不是像亚里士多德那样以因果逻辑为工具，因果关系要求每个原因链的开头都必须有一个最初的诱因。安瑟伦辩称，信仰和理性可能并不互相冲突，必须导向相同的真理。"我不是为了相信才试图去理解，而是为了理解才相信。"他由此开始转向批判科学。尽管如此，所有的知识仍然是关于上帝的知识。

这些探究的重中之重是充满各种象征义的《圣经》，人们对经文进行注释、评论，又对评论加以点评。倘若人们把知识归功于直接来自神明的灵感，那么这种观点就忽略了自我推理的必要意义，更何况完整的真理可能尚无法实现。逻辑和辩证法曾经只存在于法学领域，现在也入侵了《圣经》的阐释领域，比如围绕神秘的三位一体的辩论。神义论的问题——善良全能的上帝为何创造出一个充满缺陷和邪恶的世界？——也借由柏拉图式的武器得到回答。沙特尔的蒂埃里（Thierry von Chartres，约1085—1155）在《七经》[1]一书中讲解了自由七艺，主要以亚里士多德的逻辑学为基础，关于七天创世的论述则是基于柏拉图的《蒂迈欧篇》。人们给这些艺术赋予了人形，把这些拟人化的雕塑竖立在大教堂的大门口，与圣母玛利亚并肩而立，这绝对不是偶然。毕达哥拉斯也得到了一座纪念碑（插图16）。这与伊斯兰世界对待世俗科学的态度简直有天壤之别！

---

1 这本书法语名为*Heptateucon*，英语中的"heptateuch"一词指的是《圣经·旧约》的前七卷。蒂埃里的这本《七经》是一本关于文科的百科全书，研究区分了不同类型的知识，主要包括逻辑、语法、修辞、几何、天文学、算术和音乐。

插图16：《毕达哥拉斯》，约1150年，沙特尔，大教堂，皇家大门

柏拉图留下的遗产还有几何学，它传递出无限神（unendlicher Gott）的概念，直到文艺复兴时期仍然颇有影响力。这个无限神就像一个球体，其中心无处不在，其边界却无处可寻，在12世纪下半叶的《二十四位哲人之书》（*Buch der 24 Philosophen*）中就提到了这种观点。僧侣们仍然有权利在斗室中冥想、追寻神灵，而穿插着异教经典的经院哲学也未被清除。此外，一些奇怪的求知方式时不时也会出现。人们以《圣经》为依据探究天堂和极乐世界的地理构造，为地狱的存在提供细枝末节的证据，远远早于但丁，他后来用令人迷醉的图景来描写地狱。

彼得·阿贝拉尔辩术一流、颇具争议，他曾被当成异端分子惨遭迫害，又大力推广学术活动，同时也是中世纪最著名的爱情故事中的悲剧主角，他代表着经院哲学的第一个高峰。经院哲学也因他发展成一门批判性的科学，借助逻辑推理和讨论获得认知。阿贝拉尔的主要著作《是与否》质疑权威典籍中自相矛盾的论证，以此阐明研究方法。他不再把知识看作由教士掌管的真理储备，他的方式更接近于文本批评和阐释。对于普遍概念的现实的辩论是一个古老的话题，由波爱修斯引发，现在又由阿贝拉尔继承，即著名的"共相争议"[1]：普遍概念是否如唯实论者所说，先于物而存在，并且具有更高的现实性；或如唯名论者所言，普遍概念和亚里士多德的形式一样密切关联到现实中的单个物。唯名论者阿贝拉尔认为，人利用抽象手段创造符号，借此赋予概念的普遍性，他想要探究意义是根据何种规则产生的。

阿贝拉尔是现代符号学的奠基人，也是让中世纪欧洲学会思考的最重要的神学名家之一。他选择一位哲学家、一个犹太人和一个基督徒作为交谈对象，展开了关于真理与宽容的对话，这场对话一直持续到今天。他借此为理性话语辩护，称之为一种神学和哲学方法。然而，他对所处时代提出的要求过高，引发了激烈反应。威廉·冯·圣蒂埃里（William von St. Thierry）在给圣伯纳德的信中写道："彼得·阿贝拉尔又在传授新思想，书写新事物。他的书横渡大海，越过阿尔卑斯山，他的新学说和新信念在各省各国传播。"这些纯粹主义者对阿贝拉尔极为反感，他们认为"创新"是危险的，也是不利的。威廉继续说道："关于信仰问题出现了一些怪异的、闻所未闻的新词汇，令我感到不安。"就连这个学者群体也试图阻挠阿贝拉尔踏上通往另一种知识文化的道路。但是，这条路还是延续了下去，而且审查制度虽说绝非毫无作用，却只是隔靴搔痒，也没能阻断这条路。

迁入未知知识领域的仍然只是少数人。这位神学大师激发出的批判、好奇的精神向自然界和宇宙等其他领域渗透。作为首个观察到太阳黑子的欧洲人，

---

1 共相（universal）是哲学名词，简单地说就是普遍和一般，但是不同的哲学家会有不同的理解和解释。西方哲学中有关共相问题的讨论，应该说源于柏拉图和亚里士多德。在中世纪基督教哲学时期，尤其是经院哲学时期，共相问题的争论成为一个热点。按照对波菲利问题的回答，基本上可以分为共相唯名论（Nominalism）和共相实在论（Realism）两大阵营，以及一些折中主义者。

伍斯特的约翰（Johann von Worcester）在1128年出版的编年史中画图记录。他的同胞巴斯的阿德拉德（Adelard von Bath）随大学搬迁前往萨勒诺，然后穿越西西里岛到达小亚细亚。阿德拉德从阿拉伯科学中获取知识，翻译数学和天文学著作，撰写关于科学的对话，涵盖了植物学和气象学。只有在特殊情况下，阿德拉德才将神视为万物起因。他在自然界中寻找因果关系，并以观察为依据。其他学者也和他一样，他们研读柏拉图的《蒂迈欧篇》，对波爱修斯、马克罗比乌斯和马提亚努斯·卡佩拉爱得手不释卷。他们追问这个世界可能的起源，想要阐明什么是灵魂，感觉如何起作用。塞涅卡和西塞罗推崇的斯多葛派的伦理和基督教的道德教义共同成为对抗混乱生活的工具，与基督教物理学并行的还有斯多葛派物理学。与"圣父"或天堂至高无上的主宰者相比，柏拉图的神性概念要崇高得多，他的身后聚集了越来越多的基督教信徒。

不过，基督教中也出现了与伊本·罕百勒和安萨里的观点类似的倾向。"僧侣的职责是祷告，不是探究，"克莱尔沃的圣伯纳德曾发出这样的警告，"使徒们教过什么？可没有教人去读柏拉图，去纠正亚里士多德的谬论。"圣伯纳德反对将理性凌驾于信仰之上，厌恶一切对创新的追寻："创新是轻率的母亲、迷信的妹妹、鲁莽的女儿！"阿贝拉尔对精神力量的完全信赖让这位"上帝的看门狗"大为震怒。他还援引同时代的弗莱辛的奥托的话，谴责神学家普瓦捷的吉尔伯特（Gilbert von Poitiers），批评后者"过分依赖于人的理性"。圣伯纳德的朋友威廉·冯·蒂埃里联合其他一些人，共同抨击自然哲学家威廉·冯·康克斯（Wilhelm von Conches，约1080—约1154）。康克斯在沙特尔大教堂的教会学校任教，撰写了一部百科全书，介绍他本人所处时代的世界和宗教知识。康克斯通过自然科学来思考上帝，激怒了众人。这位饱受攻击的学者对此做出回应，如同一篇启蒙运动的宣言。他说，批评他的人都是蒙昧主义者，这些人都保持一种农民般的虔诚，不愿去探寻缘由。"但我们要说的是，人们必须在万事万物中寻找缘由。"除了即将到来的理性主义，有异教倾向的典籍也引发人们质疑传统。在本笃会修士霍诺留·冯·奥坦（Honorius von Autun，约1080—1137）看来，赫克托耳的战斗、柏拉图的对话、维吉尔的诗歌或奥维德的灵魂救赎歌曲统统都没用，他讽刺说，这些文本的作者应该"和其他类似作家一起被送到残酷的冥王手下，在巴比伦的土牢地狱中"孤立无援、备受煎熬！此前，圣埃梅拉姆的奥特洛在阅读卢坎之后就感受到怪兽的折磨，自此对奥维德和维吉尔敬而远之。

基督教内部的思想交锋堪比伊斯兰教。不过，纯粹主义者尚没有能力操控城市、学校、大学和宫廷里展开的讨论，也无法限制修道院和主教辖区内的思潮。绝大多数的知识分子——最后是不计其数的——都无视所有的危险，接受了古代思想的邀约。欧洲处处开设学校，通常设在主教辖区内。布洛瓦的彼得（Peter von Blois）认为，人们阅读古籍时要让热情越来越高涨，要书读百遍，只有这样，才能沐浴科学之光："狗要汪汪吠，猪要哼哼叫！我就应该永远追随古人。古籍值得我付出一切精力，每天的晨曦伴我研读。"女性也参与到这场伟大的讨论中。例如，宾根的希尔德加德（Hildegard von Bingen，1099—1179）撰写了一部极富远见的救赎史，还发表了许多自然科学和医学论文。更年轻的一位代表人物是艺术家兰茨贝格的赫拉德（Herrad von Landsberg），她是霍亨堡修女修道院的院长。在《极乐花园》（Garten der Köstlichkeiten）一书中，她不仅提及自由七艺和基本道德，创立这些概念的古代伟人如毕达哥拉斯、亚里士多德和苏格拉底也出现在书中。

法学以罗马法的理性为指引，而与古籍密切关联的哲学在与神学的对峙中捍卫了自己的地位。它或许曾经为神学服务，或许一次次与神学并肩为伍。越来越多的对话被开启。巴黎圣吉纳维夫修道院院长图尔奈的斯蒂芬（Stephan von Tournai）对这种变化大加批评，多样性的代价引发困惑。他认为，"人们公开的辩论损害了已经神化的结构，损害了神性的奥秘"，他特别提到这场话语革命的一个中心点，即1200年前后的巴黎："那么多的博学之士，却有那么多的困惑；那么多礼堂，却有那么多丑闻；那么多公共场所，却有那么多的渎神之举。"不久之后，教皇格里高利九世（1227—1241年在位）也表露了担忧，巴黎的老师们将神学女皇降格为哲学的女仆。

宗教与另一边的哲学和科学之间仍然没有清晰的界限。直到近代，僧侣、枢机主教，甚至教皇都在世俗和异教的事务中发挥着重要影响。格拉蒂安、阿佐和其他同行曾经整理法学典籍，现在人们也开始汇编神学知识，并撰写大量实用知识。在这些语录中，涉及某些主题时还会援引教会神父的文章。其中，彼得·伦巴第（Peter Lombardus，1095/1100—1160）的汇编传播得最为广泛。[1]这套典籍几乎没有受到哲学的影响，神学教育和考试资料一直以此为参考，甚至年轻的乔尔丹诺·布鲁诺也有过焦头烂额的经历。

雅典基因逐渐展现出全部的影响，几乎可令世界改变。没有哪个一神教像基督教一样对哲学保持开放，这都要归功于保罗和奥古斯丁。与阿拉伯人还有希腊人的交流并不是因为十字军东征，而是要归功于一些旅行者，比如欧里亚克的热贝尔、巴斯的阿德拉德或"非洲人"君士坦丁。"废人"赫尔曼（Hermann der Lahme，1013—1054）据传生活在赖兴瑙修道院中，他被绑在担架上，几乎无法开口说话，但他是最早借助阿拉伯文献观测宇宙的人之一。他被看作象限知识的传播者，并且撰写了一本星盘结构指南。

交流在迟疑中开始，随后迅速扩大。交流的场地异常开阔，长期以来，西班牙和意大利南部的基督徒和穆斯林多多少少能够和平共处，比萨也一样，这座城市一直与拜占庭有密切的贸易往来，在其他领域也得到丰富的启发，从插图装帧到法学。这些中间人包括威尼斯的雅各布（Jakobus von Venedig），他是亚里士多德的《物理学》的第一位译者，另外还有比萨的勃艮第奥（Burgundio von Pisa）。1136年，他在博斯普鲁斯海峡担任外交官，把盖伦、亚里士多德等人的著作都译成拉丁语，还翻译了教父大马士革的圣约翰（John von Damascus）的《正统信仰阐详》（*Ekdosis*）——这是一部天主教教义的合集。

---

1 彼得·伦巴第是一位意大利罗马天主教神学家和主教，他的这本神学专著名为《四部语录》（《经文与教父著作汇编》），是中世纪罗马天主教神学的标准教科书。该书收集《圣经》及教父遗著中的佳句，但未将它们系统化，仅按四个主题排列：1. 三一神；2. 道成肉身；3. 圣礼；4. 末世论。该书出版之后，曾因为一些欠严谨的文句，几遭查禁，但在1215年第四次拉特兰会议上得到教会认可，此后成为神学家们评释的焦点，从而产生了所谓《四部语录注疏》，注疏者包括托马斯·阿奎那和邓斯·司各脱等大师。

在安达卢西亚，不仅基督教的西班牙向被征服者灌输知识，穆斯林的城墙也圈禁了征服者的大脑。托莱多拥有50万居民、300个浴场、大批清真寺和图书馆，可谓西方的智慧之宫，也是第二个千年里最重要的文化中继站之一。教堂资助在这里也发挥了些许作用，这次是通过城中首任大主教雷蒙德（Raimund）。语言专家可以从他那里得到资助，潜心于思考和创作，无须担心温饱。他们经常与逃离阿尔摩哈德王朝暴政的犹太难民一起工作，也和生活在穆斯林统治下的"莫扎勒布"[1]基督徒保持合作。他们用民间语言沟通，毫无障碍。一个人把阿拉伯语翻译成卡斯蒂利亚语，另一个人负责从卡斯蒂利亚语翻译成拉丁语。其中有一些人脱颖而出，比如多米尼克·冈迪萨尔维（Dominic Gundisalvi），还有克雷莫纳的杰拉德（Gerhard von Cremona，1114—1187），后者将70余部作品从阿拉伯语翻译成拉丁语。古典作家穿上了新的拉丁长袍，比如盖伦和托勒密，但最重要的是亚里士多德。卡恩滕的赫尔曼（Hermann von Kärnten）不仅翻译了《古兰经》，还翻译了阿布·马沙尔（Abu Mashar，787—886）的《伟大引言》，这本书总结了印度、波斯、希腊和拜占庭等地的占星术，很快便传播到意大利。鹅毛笔下也有一些奇怪的东西，比如怎么用宰杀的牛的肩胛骨来占卜，以及《秘密之秘》[2]。据称，这篇文章出自10世纪的叙利亚，假装要传播亚里士多德为亚历山大大帝撰写的秘密启示，实则与魔法、炼金术和相面术，甚至健康膳食准则有关。

翻译的热潮不仅在托莱多高涨，科尔多瓦是下一座翻译之城，即便1236年被卡斯蒂利亚军队接管，翻译之风依旧不衰。希腊语、波斯语和阿拉伯语知识的运送者也抵达商业大都市巴塞罗那。在此工作过且颇为高产的蒂沃利·冯·柏拉图（Platon von Tivoli），他也曾到过塞戈维亚，后来又前往塞维利亚和法国南部。

---

1 专指公元9世纪至15世纪生活在摩尔人统治下的伊比利亚基督教徒。

2 这是伪亚里士多德的论文，现存最早的版本据称是公元9世纪的阿拉伯文翻译，译自叙利亚版本，而叙利亚版本译自希腊语原文，不过原文佚失。现代学者发现，它很可能是一部用阿拉伯语创作的10世纪的作品。12世纪中叶，这篇论文被翻译成拉丁语，在中世纪的欧洲知识分子中颇有影响。

一张虔诚的千花地毯

在拉丁欧洲的许多城市，大教堂都已经竣工。艺术史学家欧文·帕诺夫斯基（Erwin Panofsky）试图证明这些建筑是按照精确逻辑建造的，和经院派哲学遵循同样的"惯例"。尽管这一观点着实令人兴奋，并因此造就了一个文化上的超我，但是，这种话语体系太过丰富，忽略了那个"哥特式"的分母。当时的时代景象除了崇高的知识风潮和理性思潮之外，还有各式各样的虔信、神秘主义和圣母崇拜——圣母是信徒在上帝面前最强大的"辩护人"——以及朝圣和圣物崇拜。但是，欧洲的宗教史终究是一部改革的历史。净化的尝试通常都充斥着暴力和血腥，书籍和活人都被投入火海、付之一炬。旧式教团如西西弗斯般周而复始，人们成立新的修会，以此来阻止腐朽和世俗化。

西多会[1]修士聚集在第戎（Dijon）附近的森林中，在"恐怖"与"荒芜的孤寂"中尝试恢复纯正的本笃会教规。埃布罗河（Ebro）和易北河（Elbe）之间、从英格兰南部到意大利北部的500多座修道院都加入了这场欧洲的教化运动。修士们按照教规祈祷和工作，他们为温暖时期的开垦工作贡献了很大力量。西多会朴实的哥特式建筑与同样节俭的礼拜仪式相呼应，是另一种抵抗形式：反对的是克吕尼修道院，它已经富贵逼人、权势遮天，早就罪孽深重。不过，西多会在经济上也非常成功，以至日益泛滥的市场生产活动渐渐掩盖了它的理想。圣伯纳德尸骨未寒，他所信奉的唯物主义就遭到抨击。

随着温暖时期的太阳一同升起的还有其他许多修会，包括风纪特别严格的普利孟特瑞会[2]。此外，各类异端教派激增，一些虔诚之人也完全放弃了这个世界。修士们离开修道院，与守护他们的院墙和物资充沛的储藏室挥手作别，从此过上隐士的生活，与魔鬼和自己的身体默默斗争。有时候，他们组成隐士团

---

1 又译作熙笃会（Cistercians），是罗马天主教修道士修会。修会于1098年建在法国第戎附近的勃艮弟森林里，其主要目的是复兴严格的本笃会规范。圣伯纳德是一位早期领导人，1115年他在克莱沃建立了西多会修道院。该修会盛行于整个欧洲。13世纪，西多会对本笃会完美生活的早期热情开始消退。到15世纪时，熙笃会不再重要。

2 罗马天主教律修会的一个修道会，由圣诺伯特于1120年成立于法国拉昂。

体，其中一些还获得了稳定的组织形式，最著名的是加尔都西会[1]。它发源于格勒诺布尔附近的一处山谷，如今查尔特勒修道院在此地岿然独存，如同一座神圣堡垒兀然矗立于森林之中。加尔都西会的创始人圣布鲁诺（St. Bruno）是格里高利七世改革的追随者，在卡诺萨事件数年后即被革职。

人们的宗教向往处处可见，而且人们试图用各种各样的方式去实现它，时常摆脱了罗马权威的影响。在同样的时代背景下，拉丁欧洲在思想上也开始觉醒——无论神学还是哲学；"征服世界"的想法初现雏形。随着12世纪文艺复兴的来临，声势浩大的崇古尚古潮流逐渐显现出它的身影。所有这些都是对动荡时局的另一种回应。这些起源都保留了精神道路上蜿蜒崎岖的痕迹。持异端邪说的人层出不穷，而游走于这片土地的云游传教士也日益增多，其中包括许多特殊的圣徒，比如丰特夫罗修道院创始人阿尔贝赛勒的罗贝尔（Robert von Arbrissel，约1045—1116）。此人身着破烂的连帽大衣，裸露着双腿，蓄着长长的胡须，看起来就像施洗约翰转世。

与教会相对而立的是鲍格米勒派，他们在拜占庭势力范围内开展了最重要的异端活动。这些人反对一切外在事物、圣像、圣人崇拜和神迹信仰、圣体圣事和洗礼，还认为上帝有两个儿子，即善良的耶稣和邪恶的路西法。令东正教深恶痛绝的是，他们把整个此岸的世界视为魔鬼的产物。这场运动10世纪始于保加利亚，一路蔓延至西欧，后来在那里衍生出了清洁派运动，这些人同样持二元观点却自成一派。"清洁派"这个词意为"纯洁之人"，希腊语是"katharoi"。清洁派信徒非常严肃地开展净化工程，甚至为其设立教会组织。清洁派成为异端的化身。"异端"（Ketzer）一词可能就来源于意大利语中指代清洁派的"gazzari"一词。英诺森三世召集了讨伐清洁派的十字军。这场血腥的阿尔比战争以其要塞之一的阿尔比命名，对于法国的王冠来说是大有益

---

1 天主教隐修院修会之一，1084年由科隆的圣布鲁诺创立，因创始于法国加尔都西山中而得名。加尔都西会原以本笃会会规为蓝本，但纪律更为严格。修士务必独居一室，苦身、默想、诵经，终身严守静默，只许每周六聚谈一次。每年40天的封斋期间，仅能以面包清水充饥。该会在11—12世纪隐修院改革运动中曾起到重要作用。

处，随着清洁派惨遭屠戮，与清洁派结盟的奥克西塔尼的贵族们也被剥夺了权力。中世纪晚期，"纯洁之人"最后的痕迹也湮灭于历史长河中。

12世纪下半叶，伦巴第地区的城市中开始出现一些身着粗布衣衫的人，他们被称为"乌米利亚蒂"（Umiliati），意思是"谦恭之人"。这些人将宗教信仰融入生活，也会向他人传教。其中的许多人与家人同住，有些人则过着修道士的生活，后来慢慢形成了一些教士组织。罗马负责引导他们虔诚的热情通向规范有序的教团生活。13世纪出现的贝居安修会[1]是他们的姊妹团体：虔诚的信男信女如同修女和修士一样生活，身处贫穷、贞洁和谦卑之中，但没有与世隔绝，将自己封闭在修道院内。这些信徒主要分布在荷兰和莱茵河畔的城市中，他们一度受到爱戴，备受尊重，然后收到禁令后又被容忍。他们来自不同的阶层却共同生活，他们购入成片的房屋，或者在热闹的城镇边缘划出一片封闭的飞地。为维持生计，他们会纺纱或织布，也会照顾病患和穷人。他们的无欲无求为富有的教会树立了一面明镜。他们也使瓦勒度教派变得面目可憎。据称，瓦勒度派的创始人是一位里昂的商人，他在12世纪末放弃了俗世财富，全心投入布道事业。瓦勒度派是中世纪所有异端组织中唯一留存至今的。

异端盛行各处，尤其是在大城市中。云游传教士雅克·德·维特里（Jakob von Vitry）认为米兰是"异端的温床"。格里高利九世甚至颁布了严厉的惩罚措施，禁止平信徒持有《圣经》，尤其是民间白话译本。不熟悉《圣经》的民众可能会从神圣的经文中得出错误的结论。格里高利九世为铲除异端设立了自己的机构，即神圣的宗教裁判所，它从此以后成为捍卫信仰纯洁的卫士。托钵修会也为裁判所服务。最成功的是方济各会和高贵的卡斯蒂利亚人多明我（Dominikus）创立的传教士修会。多明我会修士在黑色罩衫下穿着朴素的白色礼服，他们昭示着在教堂穹顶之下的极乐生活。他们将传道、灵魂救赎和异

---

1 德语为"Begarden und Beginen"（"Begarden"指男性信徒的团体，"Beginen"指女性信徒的团体），英文中称之为"Beguines and Beghards"。这是活跃于13世纪至16世纪欧洲低地国家的一个以女性为主的平信徒团体，其成员居住在半修道院，但没有正式加入宗教信仰的仪式。贝居安修会是13世纪的大型精神复兴运动的一部分，强调通过自愿贫困、照顾穷人和病人以及宗教信仰来模仿基督的生命。

端战争视作最重要的任务。他们的座右铭是"像教会一样教育人，像异教徒一样生活"。在宗教裁判所和迫害巫师的历史中，多明我会修士（Dominikaner）的地位无可取代，他们被称为"主的猎犬"（domini canes），这是个令人害怕又钦佩的称号。此外，多明我会的教规是中世纪法律思想中最令人印象深刻的创举之一。多明我会修士遵循的是圣奥古斯丁制定的修会条例，与别的修会不同，他们愿意接受改变，因此也能够适应时代的需求。即便是最普通的修会兄弟也可以对修会命运施加很大的影响，多明我会通过严密的控制系统限制修会的权力。

最早一批方济各会修士可能根本都没有教规和内部等级，当然也就没有教义了。创始人方济各·伯纳多内（Francesco Bernardone）1182年前后出生在翁布里亚的小镇阿西西，他的一生反映了温暖时期典型的生活。当时的世界既富裕又贫穷，很是庞大，正在变得越来越复杂，一位英雄要不断抵挡诱惑。方济各一开始家庭富足，生活无忧。他学了一些拉丁语，法语也略通：他的父亲给他规划了远途商人的工作，这些对他的职业生涯有帮助。据传，上帝的召唤令这位年轻人迷途知返。他隐退到故乡附近的一个石窟中，孑然一身，在忏悔和祈祷中度日，最终完全生活在贫苦中，毫无保留地奉献自我，一心关爱他人。他自己写道，上帝曾启示他，让他按照福音书的方式生活。他找到了志同道合之人，他们聚集在博俊古拉堂，这座小教堂半已荒废，隐于一片冬青栎林中，巴洛克时期人们扩建了一座宏伟的教堂[1]将它环绕。教会一开始并不支持方济各会，仅仅是容许它的存在，但方济各会在几年间迅速壮大，很快就有数千信众。甚至女人们也追随方济各会，她们的领袖是嘉勒（Chiara），一位出身名门奥雷杜乔（Offreduccio）的贵族小姐。这个修会后来演变为嘉勒修女会（Klarissenorden）[2]，很快发展出数百个修道院。

方济各本人曾加入第五次十字军东征，将他的教旨带到埃及。他试图让

---

1 即天使之后圣殿（Basilica di Santa Maria degli Angeli），建于1569—1679年。

2 又称贫穷修女会。

阿尤布王朝的苏丹卡米尔（al-Kamil）皈依十字架，自然未能如愿。到13世纪末，方济各会已经扩张为1600多个修道院。他们将福音一路传至北京。[1]方济各会——也被称为"小兄弟会"（Ordo Fratrum Minorum）[2]——很快就与多明我会那些"神圣传教士"产生了竞争关系。两者都重视教育，教育对于传教和异端争论是必不可少的。他们组织研究人员，并积极寻求在大学中求学和任教。随着城市日益发展，底层阶级不断壮大，中产阶级的精神生活越发活跃，修士们的布道在这些民众之中引发了强烈共鸣。他们之所以能获得成功，是因为他们提供的救赎恰好匹配了对虔诚的旺盛的市场需求。时至今日，方济各会宏伟教堂的屋脊仍然耸立在欧洲许多旧城的迷宫中，在这些穹顶之下，曾有振聋发聩的训诫之声和救赎人心的抚慰之语。

据传，英诺森三世曾经梦到圣方济各用肩膀撑起倒塌的拉特兰大教堂。这个梦让教皇意识到，这位来自阿西西的谦逊之士将凭其功绩让教会免于崩塌。"传奇的灵韵"（Legenda aurea）环绕着这个故事，而多明我现在又成为故事的主角。这两个版本都具有很高的真实性。尽管这两个修会的创立都要归因于对教会的不满，以及教会所有的世俗光辉和污秽，但它们仍然听属于教会，是教皇权力的仆人。其中许多修士承袭了创始人的理想生活方式：贫穷，朴素，谦卑。他们的做法却让这个饱受攻击的机构获得了更多信誉，而他们也是这个机构的一员。

然而，方济各会修士还是逃不出一切宗教改革者的命运。他们单纯吗？这些小兄弟可是培养了欧洲最精明的一批人；在1500年前后，他们在整个欧洲运营近百所学校。他们贫穷吗？各种基金会足以让修会赚得盆满钵满。方济各会资产实际上归罗马教廷所有，这是一个法律上的杜撰，只对形式主义者有用。

---

1 1289年，方济各会修士孟高维诺（Giovanni da Montecorvino）受罗马教廷派遣前往时值元朝统治的中国。他经海路于1291年抵达泉州，1294年抵达大都（今北京），是最早来华的天主教传教士（当时尚未有基督新教）。孟高维诺是中国天主教历史上第一位主教，最后他甚至建立了最早的中国天主教会管区：汗八里总教区。天主教在元末中国中断之后，于明末再度进入中国。方济各会再次进入中国始于1633年抵达福建福安的利安当（Antonio de Santa Maria Caballero）神父。

2 方济各会提倡过清贫生活，互称"小兄弟"。

为了纪念"波韦雷洛"（Poverello，即圣方济各），阿西西的教堂如雨后春笋般涌现，它们已经足以宣告，一切追求纯洁的行动都永远失败了：通往翁布里亚神奇之城佩鲁贾的路上，每隔几千米就矗立着一座教堂。方济各想成为穷人中最穷的，1226年他在光秃秃的地上撒手人寰，他的确被安葬在贫民墓地。但是，为了在他的陵墓上方精准地建造一座教堂，人们斥巨资修建了基座。教会等级制让三重冕熠熠生辉，它迅速瓦解了方济各关于贫穷的极端戒律，这是出于对其自身福祉的考虑，也是基于现实的认知，毕竟修士也是人。对此的争论经久不衰。一个世纪后，基督没有资产的说法甚至被一位教皇斥为异端：不然他这位基督的代理人有什么正当理由聚敛财富呢？谁胆敢提出异议，就等着被送上火刑架吧。方济各会一直有各种推陈出新的尝试，以期重新找回创始人曾示范过的纯洁，最后从内部分裂。一些虔诚信徒遵照方济各会或多明我会的理想生活模式，却没有加入任何修会，他们仅仅对自己实施净化工程。这个想象出来的"第三会"[1]中有一些成员后来称圣，其中就包括图林根侯爵路德维希（Ludwig von Thüringen）的妻子伊丽莎白（Elisabeth）。

方济各已经被尊为意大利乃至整个世界最伟大的圣徒之一，直到今天依然备受崇敬，既是楷模又饱受责难。一些人视他为文艺复兴的奠基人，人性和主体性运动的开拓者。他的《太阳颂》以古意大利语流传于世，他对情感宗教的运用驾轻就熟。这首赞美诗歌颂造物和生命，触动人心、语言质朴。方济各感谢他"至高、全能、仁善的上主"（altissimu, onnipotente, bon Signore），因为主创造了太阳兄弟、月亮姊妹和众星辰、风兄弟、水姊妹、火兄弟，主"因慈母般的大地姊妹而受到赞颂：因为她养育并引导我们，为我们生产五谷，奉上缤纷花朵和各类草药……"实际上，人们不难从中找到文艺复兴艺术的脉

---

1 天主教及部分保留修会制度的基督新教教会中从属于某一特定修会的团体，区别于所谓的第一会（男性修会）及第二会（女性修会），这个架构在多明我会与方济各会建立后特别明显。最早的第三会团体是由阿西西的圣方济各成立的，他先后成立了贫穷小兄弟会和贫穷修女会，之后又为跟随他而没有加入修道生活的信徒们成立了世俗的修道团体，后来的人就以他的名称称之为方济各会第三会，后来其他修会也仿效成立了各自的第三会。第三会与第一会、第二会成员的差异在于他们没有发圣愿，但是有发誓遵守为其所设的规范。

络，既描绘世俗享乐，又没有忘记上帝。尽管如此，方济各似乎更像是一个用古老而又令人信服的回复来看待当前世界新兴事物的人。

历任教皇从未走上方济各的路，绝不会为了追求使徒般的纯洁就放弃世俗财产。只有本笃十六世（Benedikt XVI），一位21世纪的教皇才用"去世俗化"来解救在追求神圣化过程中惨遭失败的教会。一个例外是——令人恐惧的1300年尚未来临就投下了阴影——任期极短的教皇西莱斯廷五世（Coelestin V，1294年7月7日—1294年12月13日在位），他出身于农民家庭，是一位堪称圣人的隐士，一些人想要将他视为上一个人间纪元中天使教皇的化身。然而，他不堪重负，几个月后就自请逊位[1]，这段插曲也戛然而止。与西莱斯廷五世不同，当时的许多教皇都是世俗之人，他们背弃天上的新娘，贪恋人间的美色，娼妇和情人给他们生养了许多后代，这些孩子尸位素餐，个个都是受俸神父。教廷在开发新的收入来源时极富巧思。从13世纪下半叶开始，教廷就与商人和银行家合作，在他们的帮助下从半个欧洲征税。罗马教廷这副躯体的血管中流淌着黄金，这些财主如水蛭一般牢牢吸附其上。而教廷所留有的——仍然不菲的——财富更多是被用来享乐人间，而不是在天上创造幸福。一个高等枢机主教可以占据近百个受俸神职，从中搜刮财富维持自己的奢侈生活。教廷各部门的花费远远超过对艺术的赞助和对学者的资助。教宗部门的维护要比赞助艺术和支持学术昂贵得多。西莱斯廷的继任者组建了一支"精英部队"，与罗马几大贵族之间时有小摩擦，还对皇帝发动大规模战争。后来，卜尼法斯八世（Bonifaz VIII，1294—1303年在位）甚至征召十字军，下令讨伐他自己的两个枢机主教；这两位出身科隆纳家族，素与卜尼法斯不睦。卜尼法斯八世被但丁称为"大教士"，而除了但丁，其他人也对他的所作所为摇首叹息。

---

1 西莱斯廷五世原名彼得罗·安杰莱里（Pietro Angeleri），本是一名修士和隐修者，他刻苦修行，招收弟子，后来自成一派，创立了日后的西莱斯廷修会。在他当选为教皇前，教宗选举已经陷入僵局达两年之久，他在不知情的情况下作为一个妥协人选而成为教皇，加冕时已有79岁高龄。西莱斯廷五世是第一位在没有外部政治压力下自发自愿辞职的教宗。在他之后，格里高利十二世迫于政治压力，为结束天主教会从1378年开始的数位教宗并立的分裂局面，于1415年主动退位。下一位同样自发自愿辞职的教宗是2013年退位的本笃十六世。

"教皇只能通过言语来统治"，同时代的多明我会修士约翰·奎道尔（Johannes Quidort）就已经认识到这一点。罗马教皇违背这一原则，已经无人听他号令。教廷变成了一个双重意义上的世界强国，渐渐丧失了清白（innocent），英诺森三世（Inocencio Ⅲ），这位最强大的教皇中的一位，就是以此来为自己命名的。教廷提出的高要求与现实之间的鸿沟日益扩大。13世纪30年代至60年代，皇权与神权的斗争进入新的阶段，升级为一场笼罩着末世氛围的战争。这一次事关当时欧洲最富有的一片土地：西西里岛。

西西里岛的复兴

在切法卢和蒙雷阿莱两地的主教座堂中，在巴勒莫的宫廷礼拜堂中，拜占庭艺术家们都曾用耀眼的金箔拼出马赛克，这些图案直到今天仍然诉说着这座岛屿曾经的繁荣，虽然昔日荣光早已消逝一空。如果想知道这片欧洲的最南端地区已经受到多少欧洲的影响，只要看看诺曼王朝那些教堂的壁画就会了然，甚至能找到亚瑟王和圣托马斯·贝克特的身影。西西里的国王从先前的统治者那里学习拜占庭和阿拉伯的执政管理艺术，并在这远古的碑铭中刻上自己的签名。在卡尔比兹王朝的历任埃米尔治下，巴勒莫就是地中海地区的大型首府之一，而且一直都是一个国际化的城市。国王罗杰二世（Roger Ⅱ）出身于欧特维尔家族，集西西里的巴塞勒斯和基督教的哈里发于一身，手握统领大权，成群的妻妾和太监簇拥着他。这位统治者同时也是一位举足轻重的立法者，他招揽学者到他的宫廷，为他们解决温饱、提供薪酬，此外他还资助了萨勒诺医学院。皈依基督教的突尼斯学者、"非洲人"君士坦丁就曾在萨勒诺和蒙特卡西诺驻留。他不仅翻译了阿拉伯的医典，还把盖伦和希波克拉底的语录译成拉丁文。君士坦丁可谓"东西方大师"，毕竟他是在凯鲁万求学的。萨勒诺能够成为重要的医生培养基地，君士坦丁功不可没。

在今天的西西里岛上，我们在阿格里真托和塞杰斯塔仍然能寻见神庙的废墟，它们象征的是岿然不倒的希腊古典时期，古希腊在罗杰时代也重新焕发生机。卡塔尼亚地区的副主祭名为亨利库斯·亚里斯提卜（Henricus Aristippus），据推测他有希腊血统，他将许多著作翻译成拉丁文，其中包含柏拉图的《斐多篇》，尽管疏漏不可避免。1160年，他前往君士坦丁堡进行外事访问，返程时带回了一份《天文学大成》的手稿，这本书与欧几里得的《光学》、普罗克洛斯的《论运动》和亚历山大的海隆的《气动力学》一样都得到译介。亚里斯提卜在埃特纳火山喷发时无视危险，攀登到火山口边缘，这一举动让我们意识到，"现代"的好奇心开始微微闪烁。巴勒莫宫廷另一位传播古代知识的人是阿拉伯人伊德里西（al-Idrisi，1100—1166），他是在科尔多瓦求学的。他在银制平板上为罗杰雕刻了一张世界地图，并将之命名为《希望到地平线漫游之人的消遣》。绘制这幅地图的基础是托勒密的地理学和穆斯林船长从实践中得来的知识。

随着斯陶芬王朝的腓特烈二世登基，这位来自布汶的逐利者将意大利南部擢升为除安达卢西亚之外最重要的古代思想重镇。他命人制作的艺术品、他模仿曾经的皇帝金币铸造的"奥古斯塔"币、他颁布的诏令，无不显示出他的倾向，即他在向恺撒时代的传统靠拢。在卡普阿附近一座桥的桥门上，他以奥古斯都的形象出现，他是"活法律"，也是法律的主人。他制定的《梅尔菲宪章》涵盖了罗马、诺曼、拜占庭和伦巴第的法律条例。法律应该驱除口口相传的传统，推举国王权力为先，此外还要保障国库收入。只要不触及王室特权，法律也强化了贵族的权力，并且反对弊端满满的武力自卫，以此捍卫了国家对强权的垄断。最高主管机构是宫廷法院。自查士丁尼的法典以来，这是第一部全面的国家法律，本次编纂的委托人借此跻身于史上最伟大的立法者之列。

这位西西里人几乎没有引发穆斯林的关注，尽管他们听说过很多类似性格的博学的统治者，但在同时代的欧洲人眼里，腓特烈二世绝不是冷门人物。不同派系的人或者将他誉为"世界奇才"，或者将他妖魔化成末世的巨龙。他集赞助人、恐怖统治者和官僚国家的缔造者等众多身份于一身。他做过的事还包括雇用犹太学者，学习阿拉伯和希腊科学知识，并推广细腻的爱情歌曲——这是"甜美新风格"（dolce stil nuovo）最早的见证——还把自己的儿子送进监狱。他自己也被敌人斥为异教徒，而他追捕异端分子时毫不留情，《梅尔菲宪章》里就有针对异端的严苛规定。

腓特烈将迈克尔·司各脱（Michael Scotus，约1175—1236）视为传播希腊、阿拉伯的科学和哲学的理想人选。这位爱尔兰人或苏格兰人——他的绰号由此得名——在托莱多学习阿拉伯语，然后前往博洛尼亚，可能还在罗马驻留，此后便在皇帝的宫廷谋生。司各脱的《导论》包含了许多问题的答案，是一部集大成之作，涉及医学、占星术、气象学和计算学。司各脱因为此书声名远播，但也因此被但丁安置到烹煮术士的第八层地狱中，这个位子可不怎么舒适。司各脱可能在西西里岛翻译了一些伊本·鲁施德关于亚里士多德作品的评注。伊本·西那对亚里士多德有关动物的著作进行了改写，司各脱也把它们翻译成拉丁语，腓特烈参考这些译文写出了著名的"驯鹰之书"：《论擎鹰狩猎的科学》。这部作品也借鉴了阿拉伯语的文献，很快就拓展出一门全新的鸟类科学。但皇帝认为最重要的是自己作为驯鹰者的经历，他甚至将这些置于"学者之首"亚里士多德的观点之上，这样的批判在当时的拉丁欧洲尚属罕见。

腓特烈二世通过强硬严酷的手段借助部队和舰队将他的出生地意大利打造成一个强国，他的思想与品位兼具的宫廷也成为科学的天堂。在阿尔卑斯山北麓，他与帝国的诸侯保持和平态势。他给予条顿骑士团无与伦比的优待，从而将之锻造成一把抗击"异教徒"的有力武器。他并未满足教宗期待，组织一支全副武装的十字军东征圣地，而是凭借言语赢得了进军的胜利。在与苏丹的使节谈判后，这位皇帝得以进入耶路撒冷。1229年3月18日，当他头戴皇冠立于救世主墓前时，他可能会认为这是他一生的高光时刻。彼时，他只是一个被教皇开除教籍之人，但他不费一兵一卒就拿下了圣城。

只要腓特烈同时戴着帝国皇冠与西西里王冠，而且反对教皇拥有世间至高无上的权力，那么他与罗马的冲突就不可能平息。不过，腓特烈和他的祖父巴巴罗萨一样，都不能让伦巴第的城池俯首称臣。1237年的科特努奥瓦大捷几无效用；十年后，帕尔马的军队攻陷了他的设防营地。这支军队击溃了帝国军，赢得了丰厚的战利品，其中包括印玺、皇冠、国家宝藏和——对爱书之人腓特烈来说可能是最糟糕的损失——珍贵的图书馆。

腓特烈在最后的岁月中四处征战，他不再只是反对罗马教皇，而是反对全体神职人员，讨伐这些独断又堕落的人。他在诏令《那些幸福》（*Illos felices*）中恳求一个纯粹的理想型原始教会的降临，这个教会的神父追随基督，像使徒那样过着贫穷而谦卑的生活。腓特烈生命的最后十年，双方一直在进行激烈的宣传战。从蒙古席卷而来的风暴更加剧了人们对末世的认定。腓特烈被废除的教籍始终无法恢复。1245年，他被英诺森四世（1243—1254年在位）革出教会，并于1250年殡天，既非胜者也非败者。他的儿子曼弗雷德（Manfred）戴上了西西里的王冠。

哲学的力量和上帝的万能

另一位以立法者的身份声名远扬的君主是卡斯蒂利亚的阿方索十世，他也是萨拉曼卡大学的创始人。他委托编订的《七编法》（*Siete Partidas*）囊括了550条法令，是自查士丁尼时代以来欧洲最全面的法典。《七编法》的基本原则是"世界上所有法律都是为保障自由"，因此制定了关于奴隶的条文。这位人称"智者"的国王将宫廷打造为新兴的卡斯蒂利亚民族文学的主导中心。阿方索本人就是一位出色的诗人，他命人编纂的书中还包含一部西班牙编年史。他命人修订的《阿方索星表》改进了一位穆斯林天文学家编制的《托莱多星表》。16世纪40年代，这套星表还被重印，仍然对计算行星位置大有帮助。阿方索的宫廷也翻译了很多阿拉伯语著作，例如汇编了魔法和占星术知识的《魔法宝石》（*Lapidario*）和《占星魔法宝典》（*Picatrix*）。

1240年前后，《亚里士多德全集》被翻译成拉丁文。这时候人们可以说，称颂亚氏就像是用火焰照亮太阳。有云游者称，人们在他位于斯塔基拉的墓上修建了一座祭坛，把他尊为圣人。尽管他的异教学说多次遭到打压，但他俘获了那些评注他的阿拉伯学者和其他古代作家——尤其是托勒密和盖伦——以及欧洲的学者。当他们研读那些古老的手稿时，他们会发现自己面对的是方法水平极高的自然科学，还会发现一种不再需要刻苦修行而是以平衡和中心为依据的伦理。他们还会找到一种自洽的医学和一种基于观察和计算的宇宙学。这些宝藏在阿拉伯文献中流传下来，熠熠生辉，第一批发现它们的人将会意识到自己的知识文化与其有着很大差距。丹尼尔·冯·莫利（Daniel von Morley，约1140—1210）就曾在托莱多向巴黎的博学人士发出疾呼，说他们是一群牛，对着一堆古籍苦思冥想，一旦他们想做出博学的样子，他们的言谈就幼稚可笑。蒂沃利的柏拉图认为，欧洲连一本天文学著作都没有，现存的书不过是蠢话、梦境和古老的童话。"这就是为什么，"他继续说道，"我，蒂沃利的柏拉图，要用我们语言中所匮乏之物去丰富它，方法就是去发掘另一种陌生语言中的宝藏。"拉丁欧洲面临着挑战，它要修建一座由希腊、罗马和阿拉伯的广博知识构成的大教堂，这项工作令它疲惫不堪。此外，拉丁欧洲的知识体系也变得越发丰富。例如，罗伯特·格罗斯泰斯特（Robert Grosseteste，约1168—1253）不仅撰写了大量的神学著作，还对亚里士多德的科学理论《分析学后编》做了评注，并撰写了天文学和光学著作，且他援引了欧几里得和金迪的观点。对他而言，通往认识的康庄大道是感官体验，还有新的方法即实验和数学。

时代渴求大体量，想要整理妥当的丰富知识。为了满足对百科全书的要求，人们开始尝试撰写概览类书籍。多明我会修士博韦的樊尚（Vinzenz von Beauvais，约1190—约1264）创作了《大宝鉴》一书，篇幅长达3000多页，他援引普林尼、伊西多尔、亚里士多德和阿拉伯作家，还参考新近的一些游记，在此基础上描绘"万事万物"：从石头、草药到魔鬼、数学、解剖学、占星术、治国之术和世界历史。时代需要对知识进行初步排序，这本书就是凭证之一，此外还有英国人巴塞洛缪（Bartholomäus，约1200—1272）的著作《论事物的性质》（*Über die Eigenschaften der Dinge*），这套书也是大部头，现今流传下来的复刻本约有200套。他在书中借鉴了中世纪的动物寓言集和珍石，借此获悉了动物和石头的隐秘特性。巴塞洛缪曾在巴黎任教数年，这里是当时最重要的知识园地，他徜徉于其间。他也援引了众多古代和中世纪的精英学者，数量之多令人印象深刻。他的首席顾问是阿威罗伊和亚里士多德，以及追随这二位大师的其他一些学者，比如迈克尔·司各脱等，我们在讲述巴勒莫时刚刚提到过此人。

多明我会的两个修士兄弟是最重要的亚里士多德精神的传承者：阿威罗伊主义的先驱大阿尔伯特（Albert der Große，1200—约1280）和他的门徒托马斯·阿奎那。两人都对社会产生了多方面的影响。阿尔伯特出生在施瓦本小镇上，在帕多瓦上大学，在科隆组织了多明我会的"研习"活动，为之后最重要的德国大学之一奠定了基石。他在雷根斯堡做过几年主教，并曾在索邦大学任教。阿尔伯特和托马斯都深入研究了亚里士多德的著述和穆斯林学者对亚氏的评注，并添加了自己的阐释。

对于阿尔伯特来说，信仰和知识是两回事。自古代末期以来，亚里士多德的学说一直饱受基督教和穆斯林学者的抨击。亚氏认为世界是永恒的，而不是如《圣经·旧约·创世记》中所言是被创造的。在阿尔伯特看来，此事尚无定论，他绝不赞成用单薄的文本阐释取代科学。自然科学和神学应该都可以通往同一个真理。不过，阿尔伯特在研究世俗科学时，还要抵挡来自其他多明我会兄弟的攻击。他曾嘲笑道："他们像一群愚蠢的动物，对不了解的东西肆意亵渎。"阿尔伯特既是神学家又是自然科学研究者，因此获得了"全能学者"（doctor universalis）的荣誉称号，他的兴趣涵盖了从石头到星星的广袤领域，对下个世纪产生了深远影响。

对于托马斯·阿奎那来说，运用哲学的重要性不言而喻，而自然科学却令人乏味。他的鸿篇巨制能够吸引读者，主要是因为他把神学和哲学、理性和信仰糅合在一起，比阿尔伯特贯彻得更加彻底。当然，启示在其中仍然拥有绝对合法性。他从理性的角度来解读《圣经》经文，单单是这一激烈做法就有相当大的爆发力。哲学帮助证明了上帝的存在或灵魂的永生。托马斯的《反异教大全》（Summe gegen die Heiden）不仅针对穆斯林，还将矛头指向巴黎地区的阿威罗伊主义者，信奉旧约的犹太人也未能幸免。阿奎那属于亚里士多德学派，但伊本·鲁施德根据亚里士多德学派的学说得出的某些观点，他并不认同。穆斯林学者认为背弃安拉是最糟糕的事情，阿奎那也一样，他认为背弃信仰的基督徒都应该被处以死刑。他频繁投身于学术争论中。他在未能完成的《神学大全》中捍卫了科学的合法性，它的基础是启示和理性，是神圣之物，与平信徒和"虔诚民众"的观点大相径庭。托马斯将神学擢升为所有学科的女王。他在《神学大全》中总结了中世纪神学对上帝、造物和人的看法，他致力于挖掘那些源源不竭的古代哲学、基督教学说和宗教体验。除了《神学大全》，他还撰写了评注、质询——问题合集——以及其他关于真理、灵魂、爱或天使的著述。直到20世纪，他的神学还一直享有举足轻重的地位，但是他的恶魔学留下了不幸的遗产。他与他最重要的思想来源奥古斯丁一道被封为权威之首，由此诱发了《女巫之槌》和其他现代早期的关于女巫的书籍。1340年前后，可能是为了纪念托马斯称圣，一位锡耶纳的大师在比萨的圣卡特琳娜教堂绘制了一幅祭坛画，这位修会的圣人右手握着《反异教大全》，作为博学的万物统治者战胜了异教徒阿威罗伊主义者。

在穆斯林文化中，宗教仍然大权在握，人们想在《古兰经》之外讨论科学根本不可能；而在拉丁欧洲，情况变得更加错综复杂。就连关于德国城镇的单纯的编年史都渗入了"古代"的痕迹。例如，一位史学家在记录自己家乡施特拉斯堡与主教的激战时就援引了撒路斯提乌斯的《喀提林阴谋》（Catilina），从中引用了一段关于自由之战的振奋人心的呼吁。古代精神在博洛尼亚和那些医学院中畅行无阻。在1255年的神学高地巴黎，当艺术学院欲将亚里士多德的著作纳入课程计划时，激烈的论战爆发了。修士们应该追求纯洁和禁欲主义，而不是捣鼓科学和大学课程。一边是宗教的世界观，一边是哲学的、科学的世界观，二者之间处处相克。也有很多人反对逻辑和科学的泛滥，强烈要求信仰占上风。亚里士多德狂热的支持者们也遇到了坚定的反对者。

就在此时，一个杰出的局外人罗杰·培根（Roger Bacon，1214/1220—约1292）登场。这位方济各会修士曾在巴黎和牛津任职，反对权威和传统。

他提倡基于观察、数学和实验的研究方法，重视效用。此外，这种研究最终是要成为神学和教会的仆人，如格里高利九世所言的"女仆"。培根坚持学习各种语言：如果不会希腊语，怎么读懂亚里士多德？没有阿拉伯语知识，如何了解阿拉伯人？看不懂希伯来语，怎么阅读《圣经》？他编写了这些语言的语法书，是欧洲最早一批的语言学家。这些都为解读《圣经》原文、核准犹太人的释经奠定了更加坚实的基础。

培根认为，精神"不能扰乱"自然界中的因果关系，但是上帝可以随时出手干预。培根研究符号学，梦想造出飞行器或潜艇，同时也是炼金术的先驱。他认为，占星术可能是击退蒙古人的关键科学。他探索磁力，并将火药基本材料的混合比例公之于众。他还写出"贤者之石"的制作指南，并提供了延缓衰老的秘方——其中包括一些稀有物，比如埃塞俄比亚飞龙的肉。培根对阿尔哈曾和格罗斯泰斯特的光学都非常熟悉；他被视为欧洲光学的创始人之一。他似乎真的实验过镜头、聚焦镜和一种针孔相机。培根当然是虔诚的基督徒，不过当时典型的末日情绪或多或少影响了他，他绝不是中世纪的浮士德博士，但他的许多观点都非常新颖。最终，他为自己的勇气付出了代价，在修道院中被幽禁逾10年之久。

等级严明的教会组织已经迫不及待想要反驳一切背道而驰的观点，让自己的学说成为普世标准。1277年，巴黎主教艾蒂安·坦佩尔（Étienne Tempier）公开谴责219项"可鄙的谬论"，如他所闻，这些学说竟在大学中流传甚广；可能是教皇若望二十一世（Johannes XXI）授意此事。据说，有一些学者——可能说的是阿威罗伊主义和托马斯·阿奎那的支持者——断言，神学家的论断仅仅是基于寓言，从中收获不到任何知识，掌握世间智慧的只有哲学家。不过，这种论调首先瞄准的是亚里士多德的物理学和托勒密的天体论，就如他们所言，天体在3.6万年后将重新回到某一位置，因此也会产生相同效果。这样一来，历史也肯定会循环往复，审判日不会到来，也就没有末日审判。

唐皮耶关注的核心点是捍卫上帝的全能，这项权力不受任何事物包括自然法则的限制。例如，有些人认为上帝不能创造多个世界，上帝无法沿直线移动天体（这违背了亚里士多德的定律，即天空中的一切都必须以环形轨道运行），坦佩尔对此表示反对。倘若人们承认这种可能性，那么就必须存在一个真空的空间：因为世界之主微微移动世界，必定会留下一个空白之处……世界永恒的假设自然也要被推翻了。坦佩尔的判断可能适用于某些神学家的观点，比如布拉班特的西格尔（Siger von Brabant）曾辩称，世界之始是无法得到证明的，因为这事关上帝的自由意志。

在院系之间的争论中，哲学获得了胜利并得以幸存，也让古代物理学获得一席之地。哲学质疑神学的至高无上，攻击了神职人员在诠释世界时的垄断地位。坦佩尔也曾表露过对哲学话语的指责，这些异议是某种程度的因循守旧，但矛盾的是，这些古旧的抗议同时也让古代范式的至上宝座开始徐徐下沉。如果上帝可以拥有无限"权力"（potentia），那么亚里士多德的物理学是不是也有改进的空间。不管怎样，接下来的几百年中人们确实在探索。他们推测，在许多世界之间可能存在虚空，他们推导这种真空的后果并着手进行更多的思想实验。坦佩尔主教的判决是一纸禁令，不承想却给思考颁出一张许可证，这绝非他喜闻乐见的结果。

尽管关于宇宙与虚无的讨论曾于1277年在巴黎受到威胁，但它得以幸存，因为它总能找到安全之所。我们从罗杰·培根多舛的命运便可见一斑。他受到排挤，被禁止写作，且如前文所述最终被捕。1265年，当他的资助人、枢机主教盖伊·勒·格罗斯·德福尔克（Guy le Gros de Foulque）以克雷芒四世（Clemens Ⅳ）之名登上圣彼得宝座时，他似乎曾有过光明远大的前程。教皇赐予他进行研究所需的一切自由。但克雷芒在执掌教皇之位三年后就溘然离世，培根的自由也转瞬即逝。不过这段历史依然让人想到，激进的思考在四分五裂的欧洲总能得到出乎意料的时机。一位亲科学派教皇的加冕或者一位卡斯蒂利亚的阿方索那样的王位继承人就已经足以为避难之人敞开大门。

在这种情况下，即便亚里士多德的评论家彼得·约翰尼斯·奥利维（Petrus Johannis Olivi，1247/1248—1296）这样令人不适的思想者也不必再缄默不言。他曾说过，确定性只能从内在经验中获得。他坚定拥护方济各会秉持的贫困理想，这足以令人生疑，而且他认为抵挡基督之敌的末日大战即将来临。他先是在修会内部受到审判，之后又恢复原职。教皇尼古拉三世（Nikolaus Ⅲ）对他赞许有加，马丁四世（Martin Ⅳ）却又对他提起诉讼。最终结果是，奥利维被允许在佛罗伦萨和蒙彼利埃宣传自己的学说，但不准在巴黎宣传。他位于纳博讷的墓地已成为一个朝圣之地。但离世20年后，他的著作被付之一炬。

另一位离经叛道者的著述也遭遇了相同命运。这位学者是出生于马略卡岛的拉蒙·柳利（Ramon Lull，1232/1235—1316），中世纪平信徒中最重要的一位哲学家。在有生之年，这位"傻瓜拉蒙"[1]——他自己也常以此自嘲——创作出超过250种字体的浩瀚作品。在自传中，他讲述了自己如何从一位富有的俗世人夫和宫廷抒情诗人转而皈依天主[2]，此后他的足迹远及巴黎、蒙彼利埃、耶路撒冷和突尼斯。柳利用阿拉伯语、加泰罗尼亚语和拉丁语写作，他的神学论著很少援引他人，研究过逻辑学、占星术和医学，也与阿威罗伊及其追随者展开论战。他认为上帝的存在是可以证明的，他希望借助理性的依据使犹太人和穆斯林皈依，为此，他倡导开办教授希伯来语和阿拉伯语的语言学校。他想要通过《伟大的与最后的艺术》（*Große und letzte Kunst*）一书构建一门以数学运行的普适科学——这是一个前所未有的尝试，他希望把最普遍的概念和谓项自动组合起来，以此来得到观点判断并发现真相。他为之打造了一项思维装置，类似一台逻辑计算机。他用字母来代替不同的概念，把字母排列在一个可旋转的同心圆盘上，人们拨动圆盘就能一直得到新的见解。

纵观全局，1300年前后的欧洲人绝不是一群身处黑暗的麻木之人，他们并非那种钻牛角尖的经院派人士，想要探究神学中一些无关紧要的问题。彼时欧洲精神世界的风貌充分显示出令人着迷的多样性。人们激烈地争论着一些悬而

---

1 柳利（Lull）在法语中是"傻瓜"（foll）的谐音。

2 据自传所载，柳利年轻时是马略卡岛国王的总管，他非常喜欢创作粗俗的歌曲和诗歌以及做其他放荡之事。一天晚上，他正在房间里给情妇构思粗鄙的诗歌，却看到十字架上的耶稣悬浮在半空中。这个异象一共出现五次，导致柳利放弃家庭、职位和财产，去追求侍奉上帝的生活。

未决的重大问题，神学和哲学的观点相互碰撞：什么是哲学可以认识的，神学能在哪些领域享有独裁大权。《圣经》中的上帝和柏拉图是不是一个人，这也是讨论的热点。人类面对的到底是一个与他类似的神灵并接受神的赏罚，还是面对着一个让人很难崇拜或询问的晦暗原则，这个问题至关重要。如果把一切无法解释之事都完全归因于上帝的全能，这个解答太过轻率，已经开始让人不适。

宗教与俗世分离的前奏带领我们深入中世纪的过往。因为教皇和皇帝之间的权力斗争，普世的神圣皇权与同样普世的神圣教廷两败俱伤。从罗马启程的历次十字军征讨在灾难中结束，甚至针对异端的血腥战争也未能让世界回归平衡。既然上帝容许这一切发生，似乎只有一种解释，人们不过是在目睹世界末日的最后几下抽搐。然而，一个又一个世纪过去，这种论点渐渐失去效力，因为世界虽然错综复杂却没有崩溃。人们应该重新寻找一个定位。一些人坚信理性与经验，另一些人寄希望于旧式教会的进一步改革，还有一些人则探求新的信仰形式。

15. 新视野，新事物

插图17：工作中的造纸工人，法布里亚诺（Fabriano）的还愿画《卡泰》（*Cartai*）（局部），1599年，法布里亚诺，卡泰的比萨大学（Pia Università dei Cartai）

个体性与自由

"在中世纪，意识的两个方面——朝向外部世界和朝向个体内在——躺在同一副面纱之下，时而入梦，时而清醒。这副面纱是由信仰、幼稚的偏见和妄想编织而成；透过它向外望去，世界和历史仿佛染上一层奇妙的色彩，而人看待自己时，只看到了种族、民族、政党、团体、家庭或其集体形式。这面纱在意大利最早被揭下；由此，人们才开始对国家乃至世上所有的事物有了客观的观察和商讨；此外，主观的东西也得到大规模跃升；人变为精神上的个体并确认了自身的个体性。"这段话源自雅各布·布克哈特的《意大利文艺复兴时期的文化》，一直被反复引用，所描写的这个时期似乎是一个启蒙阶段。这一节选听起来确实很像康德的风格，类似于他对那场运动的著名定义，即"人类脱离自己所加之于自己的不成熟状态"。

个体在文艺复兴时期诞生，这一激进的论断至今仍是研究的重点。可以肯定的是，"个体的迹象"自12世纪以来一直越发清晰，比布克哈特所认为的起始要早很多：不仅是因为人们越来越把对自我的思虑看作通往上帝的重要路径，一直以来都有这种情况存在；而且世俗文学中对于个体、个体情感和个体破裂的反映也变得越发明显。和《玫瑰传奇》的作者一样，瓦尔特·冯·德·福格尔魏德时不时会以"我"出现在叙述中。古代激发着人们，拉丁语已将言语备好。科维修道院院长维巴尔德（Wibald，1098—1158）是一位文化人，他命人在修道院大门上方刻上了希腊语的"认识你自己"，他明知这是"阿波罗神庙中的异教格言"。阿贝拉尔曾写过一篇同名论文，他的生平和受难历程是中世纪最早的自传书写之一。埃洛伊兹（Heloïse）[1]在信中回忆说，她曾依偎在这位思想大家的臂弯中，品尝过妙不可言的性，这些内容可能

---

1 又译为"爱洛伊丝""爱洛漪丝"，法国中世纪时期著名哲学家、作家，被誉为当时最富有学问的女子。埃洛伊兹曾是阿贝拉尔的学生，后来两人相恋并秘密结婚，但由于恋情不被当时的社会允许，被迫进入了不同的修道院，并保持长期的通信往来。这对恋人生时无缘，死后得以合葬，他们的故事成为中世纪最著名的爱情传说之一。——编者注

泄露了一些私人经历。

对奥古斯丁来说，自由意志笼罩在全能全知的上帝的阴影之下，几乎不可能实现，但现在却有人为它辩护。其中两位辩护人就是托马斯·阿奎那和大阿尔伯特，阿尔伯特认为人凭借个体的才智能够获得认识，因此也具备了让自己成神的能力。罗杰·培根是这场共相争议中的一位斗士，他强调个体尊严（dignitas Individui）：个体超越世间一切共相。在日常生活中，在获取食物、衣服等一切必需品的过程中，我们终究是在找寻个体，共相最后将失去帮助作用。上帝为个体创造了世界，而非为人类。拥有优先权的是个体，而不是人这个种属。

这种观点带来的后果是，人与具体的世间存在也就是说与此岸的关系更有价值。方济各会的约翰·邓斯·司各脱（John Duns Scotus，约1266—1304）创造了一个新概念："此性"（haecceitas）[1]。他借此为方济各会在世间的效用提供了神学基础。略比他年长的弗莱堡的迪特里希（Dietrich von Freiberg，约1245—1320）是多明我会修士，也认为人就是实际的世界缔造者。毕竟，是人类的智慧为现实奠基。人解释了世界的合理性，并根据亚里士多德的范畴为世界划分出各种概念，人创造世界。

个体价值得到提升，在此岸之存在也获得全新意义，这还导致了另一个结果，即个体在国家中享有越来越多的自由和权利，即便在面对统治者时也一样。罗马共和国为此提供了支撑。神学家索尔兹伯里的约翰（John von Salisbury，1115—约1180）受西塞罗启发，也就国家理论撰写了《论政府原理》一书，他认为是否加入某个集体是个体的选择。若统治者破坏法律、公平和集体基本秩序，那么人们可以诛杀暴君。在约翰看来，"当思想发生碰撞时"，人们可以自由地提出质疑和怀疑，也拥有理性思考的自由，这些都是人权。统治者若能容忍他人的意见，给予人们自由，对他本人也有益处。"只有那些像奴隶一样生活的人才会不喜欢自由。"

---

1 英语中译为"thisness"。邓斯·司各脱认为，原初质料不能解释个体化，使事物具有个性的是它的"此性"，也译作"个别性""这个性""单相"。

"自由"，这个有魔力的词在《论政府原理》中出现的频率远远超过在12世纪的其他著作中。这本书是奥卡姆的威廉（William von Ockham，约1288—1347）的《对话集》的前奏，如人们所言，《对话集》承载着"自由的激情"。其中写道："如果所有人都成为皇帝的奴隶，那么人类的尊严就会受损。"与之相应的，奥卡姆向教会的胁迫性力量说不。上帝既是神职人员的上帝，也是平信徒的上帝，信仰的真理存在于每个个体的心中。奥卡姆的观点让人类在意志上也获得完全的自由——甚至是那些拒绝上帝的人。

奥古斯丁认为统治是人的罪恶结下的恶果，这种看法既消极又现实。而托马斯·阿奎那提出了一种积极的亚里士多德学派的学说，即国家的建立源于人的自然交往，这一点前文已经有所涉及。国家最初是为了生存而被建立，它是为实现和完善人的天性而服务。上帝永恒的法则敦促人们追求幸福和共同利益。无论人们设立何种秩序，都不应违背自然法则（lex naturalis）。自然法则约束着一切世俗的力量，特别是它必须尊重财产。1302年，约翰·奎道尔（Johannes Quidort）在《论皇帝与教皇的权力》（*Über königliche und päpstliche Gewalt*）中再次强调这一点。奎道尔的书开启了一种论调，它在几百年后将通往约翰·洛克（John Locke）的自由主义思想。

个体性在各地呈现一片燎原之势。越来越多的人给自己定下绰号，并更准确地将自己定义为主体。艺术家出现在自己的作品中，还会签上自己的大名。"我的字啊，你告诉他们我是谁！"坎特伯雷的修士埃德温（Eadwine）在1150年前后让自己的作品为自己代言，并展示了工作时的自己。12世纪下半叶，两位复调音乐作曲家莱昂宁（Léonin）和佩罗廷（Pérotin）首次将名字留在乐谱中。雕刻家为现实中的个体创作雕像，例如"无地王"约翰在伍斯特大教堂的棺椁上就有他本人的雕像，或者罗马卡比托利欧博物馆中那尊坐像就是以安茹的查理（Karl von Anjou）为原型，他是圣路易的兄弟，身着罗马元老长袍，神情肃穆。

霍亨斯陶芬王朝覆灭后的意大利

　　坚硬的大理石雕像正印证了史料记载，即查理是一个冷酷的统治者。霍亨斯陶芬家族的最后两任君主曼弗雷德和康拉丁（Konradin）眼见大势已去却无力回天，查理最终加冕称王。1266年，曼弗雷德在贝内文托成为查理的手下败将，甚至命殒当场；两年后，康拉丁在塔格里亚科佐的激战中溃不成军，并在那不勒斯的集市广场被枭首示众。有教皇乌尔班四世（Urban Ⅳ）做后盾，查理占领了这个意大利南部的王国。不过，1282年当地就爆发了起义，后来以"西西里人晚祷"闻名于世。为反抗查理政权，民众迎接西班牙的阿拉贡人登岛，而查理则撤回到大陆上。他曾计划建立一个以西西里岛为中心，甚至包含拜占庭在内的大型地中海帝国，这位"汉尼拔"（Hannibal）也曾为之奋斗的宏伟目标已然落空。拜占庭支持安茹之敌的叛乱，肯定没有作壁上观。西西里王国如今与加泰罗尼亚的港口城市结为同盟，在与普罗旺斯的竞争中更占上风。这次起义发源于巴勒莫和科里昂，这两地曾短暂地享有极大的自由，连中部和北部城邦都羡慕不已。那些"自由"城市与南部这些"受压迫"的城市之间有多大差距，最清晰的对比就是，城市编年史在意大利其他城邦盛行已久，而在梅佐吉奥诺找不到一本。

　　"两西西里王国"的悠久历史随着"晚祷"拉开序幕。从此，墨西拿海峡让两个同名的贫困王国遥遥相望。只有那不勒斯地区及其宫廷参与了意大利所经历的文化发展；而霍亨斯陶芬的权力基地和财政来源普利亚大区以及其他广袤土地统统落入高等贵族之手。安茹王朝并未丧失对意大利的掌控，还数次夺取王位。意大利南部的梅佐吉奥诺却在历史中遁形，几乎不会再被提及。它成为西班牙的外省，西班牙从这里获取粮食和木材，榨取税收，也招募士兵。这里的城市从前听令于诺曼和霍亨斯陶芬，如今不得不向安茹和阿拉贡俯首称臣。贸易基本上由外族人把持。

　　在西班牙，收复失地的征途还在延伸。葡萄牙已经抵达阿尔加威海岸。时任国王狄奥尼修斯（Dionysius，1279—1325年在位）以大力发展农业而闻名，人称"农民国王"，他带领葡萄牙进入黄金时代。在此期间，科英布拉大学成立，辛特拉渐渐有了人气，最重要的是舰队的成立。1336年，葡萄牙的船队在加那利群岛登陆。自1309年起，大陆最南端的直布罗陀就归卡斯蒂利亚所有。"智者"阿方索的探险队已经扬帆启程，向北非进军。在曾经的摩尔人之地，唯一幸存的只有格拉纳达的奈斯尔酋长国，它现在是卡斯蒂利亚的附庸国。在地中海以西，阿拉贡征服了比萨所辖的撒丁岛，而热那亚占领了科西嘉岛。这个海洋共和国正迈向权力之巅，回想帝国时代，剩下的唯有比萨。在环绕着大教堂的"奇迹广场"上，白色的大理石建筑熠熠生辉，自十字军东征以来累积的贸易利润在大教堂里堆积如山。热那亚人在整个地中海地区、在君士坦丁堡和克里米亚半岛都已经设立了基地。他们在安纳托利亚的海岸边开采明矾，并买卖从蒙古得来的奴隶，他们的船队驶向南安普敦和布鲁日。然而，他们在亚得里亚海和爱琴海遇到了一个强大的竞争对手——威尼斯。威尼斯共和国在拜占庭帝国、德意志帝国、诺曼王国和教皇之间纵横捭阖，已经获得独立，它现在雄心勃勃，正要继续拓展贸易帝国。

这座城市被环礁湖包围，牢不可破、战无不胜，外有水墙环绕，上有福音传教士圣马可庇佑。传说中，人们用妙法将他的遗体从穆斯林的亚历山大港护送到这座城市。[1]这个奇迹验证了威尼斯作为主教教区的神圣使命，也预示着共和国尚未完成的宏伟之举。圣马可主教座堂是一座与拜占庭之间文化交流的丰碑，是为圣人遗体建造的最华丽的神龛，让入内之人陷入沉思。对于信徒来说，最珍贵的据称是由圣路加本人所画的《带来胜利的圣母》[2]。这幅画是1203年在一个拜占庭将军的战车上缴获的战利品，几十年后才到达威尼斯。它和基辅的《弗拉基米尔圣母》都被视为可以显灵的画作，能够抵抗所有的苦

---

1 公元828年，两位威尼斯的富商在当时总督的授意下，成功地把圣马可的干尸从亚历山大港偷出来，将他藏在一层一层的肉制品下，运回威尼斯，存放在圣马可大教堂的大祭坛下。

2 这幅画在英语中名为"Madonna Nicopeia"，Nicopeia是圣母像的一个特定形式和风格，画中玛利亚正面坐在宝座上，怀中抱着圣婴。Nicopeia的由来要追溯到一位拜占庭的统治者Nikephoros，他出征时总是携带一幅这种画法的圣母像，祈求圣母显灵让他获得胜利。另外，"Nikephoros"这个名字本身在希腊语中就是"获得胜利"的意思。

难，而收藏它们的城市和国家也因此被赋予了某种身份。

一开始，神之庇佑在抗击热那亚人时大有帮助。大规模厮杀、小规模海战和停战轮番上演。很长时间以来，威尼斯人的商船航行已经缩减为每年两次，而且要在护航舰队即所谓的"mude"的守护下进行，以此来抵挡热那亚人和海盗的侵袭。乘客中除了商人和战士，还有朝圣者。这个海洋大国打造的避难所是兵工厂。在《神曲》中，但丁描述炽热的炼狱如何折磨可怜的罪人时就用了"威尼斯的兵工厂"（arzanà de' Viniziani）[1]，恐怖的炼狱就如同这个中世纪最大的工业体一样人声鼎沸、忙碌不堪。威尼斯对大陆的管辖方式较为温和：通过外交手段和合约确保其商业利益。虽然很多城邦对威尼斯共和国恨得咬牙切齿，却不得不屈服于它的经济强权，满足威尼斯的一切要求；不过他们也借此保留了自己的统治权。唯一的例外是战略重地费拉拉，它位于波河的入海口。1240年，腓特烈二世与教皇不睦，威尼斯趁此良机将费拉拉纳入直接管辖之下。25年后，古老的埃斯特家族入主此地。

意大利的编年史是一部部血淋淋的史书。它们讲述着城市间的战争和敌对的贵族家族之间的争斗，这些家族掠夺城邦就像在采摘成熟的苹果。城邦的行政长官只要有机可乘，都会施行专制统治，比如费拉拉的裁判官。大多数情况下，帮助强人掌权的正是城市里的民众。事实证明，大多数城邦没有能力建立高效的国家政体，在给民众造成沉重负担时，他们无法提供最起码的正义与和平，也就无法保持平衡。解决这种混乱的办法就是领主制：最高统治者是领主，在意大利语中称"signore"，自13世纪后期，越来越多的城邦推行这一制度。那些由古老的高等贵族把控的地区最早改制，比如萨伏依或者蒙菲拉托。封建领主从城堡中匍匐而出，渐渐侵占城镇：哥特人建立的古老城市拉韦纳被波伦塔家族囊括手中，曼弗雷迪家族拿下了以陶瓷著称的法恩莎城。腓特烈二世的女婿埃泽利诺·达·罗马诺（Ezzelino da Romano）——某部编年史称其为"犯罪大师"（magister scelerum）——将帕多瓦、维琴察、维罗纳和其他城市

---

[1] 当时发展最好的威尼斯兵工厂。最初名为"darzanà"，来自古阿拉伯语的"Daras-sina'ah"一词，即"工厂"之意。随着时间推移，该词还传播到了西欧，演化成了如今英文中的"arsenal"一词。

纳入他的恐怖统治之下，而古列尔莫·博卡内格拉（Guglielmo Boccanegra）成为热那亚之主。一些家族开始崛起，它们后来成为文艺复兴舞台上的主角，例如费拉拉的埃斯特、乌尔比诺的蒙特费尔特罗、米兰的维斯孔蒂等等。伦巴第曾经是自由的堡垒，如今却被视作暴政的"臭坑"。

自霍亨斯陶芬王朝末以来，那些相互交战的派系在文献中得到两个固定的称谓，多被称为"归尔甫派"（Guelfen，也称"教皇派"）和"吉伯林派"（Ghibellinen，也称"皇帝党"）。前者可能源自与教皇结盟的韦尔夫家族，后者则是从霍亨斯陶芬的城市瓦布林根演变而来，当时还叫维布林根（Wiblingen）。这两个称谓最早出现在佛罗伦萨，当时有两个庞大家族之间发生了冲突，这次事件与效忠韦尔夫还是霍亨斯陶芬完全无关。但从此以后，不管起因是什么，人们总是用这两个字眼来区分敌对派系。慢慢就形成了这种情况，一个城镇或氏族会给自己贴上一方的标签，这样它的对手就被归于另一方。

1260年，"归尔甫派"的佛罗伦萨和"吉伯林派"的锡耶纳之间的冲突在蒙塔佩尔蒂战役中达到高潮，这是一次史诗般的决战。锡耶纳的胜利让佛罗伦萨几乎覆灭。吉伯林派此前刚被对手流放，现在忽然成了获胜方，他们计划将佛罗伦萨夷为平地。然而，他们的领导人法里纳塔·德利·乌贝蒂（Farinata degli Uberti）却高抬贵手：他虽是吉伯林派，但却是佛罗伦萨人，而且现在也很有归属感。许多故事虽然失实，但是起码内容精彩，我们从中可以感受到，意大利各城市充斥着氏族斗争，爱国主义反而从中生发——那种自发的想要美化自己城市的情感后来也启迪了文艺复兴时期的艺术。

流亡的佛罗伦萨归尔甫派人在贝内文托一役后选择与安茹的查理并肩作战，有安茹利剑在侧，他们开始统领佛罗伦萨。但是，这座城市仍然动荡不安。行会组织不能一直平息局势，《正义法规》（*Ordinamenti di giustizia*）也收效甚微。1293年，为上层和中层代言的贵族吉亚诺·德拉·贝拉（Giano della Bella）颁布这一法案，将大领主拦在权力门外。想要担任公职，必须先加入这个行会。不过，那些"大人物"并没有因此权力尽失，因为他们紧紧抱团，而且他们的军事经验是不可或缺的。后来，吉亚诺惨遭流放。各党派也重组：一直纷争不断的归尔甫派内部分裂为"黑""白"两党，聚集在两个氏族周围——黑党人士听命于新贵切尔奇，白党人士依附于旧贵族之首的多纳蒂家族。黑党很快又分崩离析，他们一直与圣座有财务往来，获益颇丰，由此与教会关系紧密，而在此地盘踞已久的旧贵族则拼命想要摆脱束缚。战斗和宪政实验从未停止过，由此生出的怨声也在编年史中经久回荡。但丁受西塞罗启发，将他的城市比作一位病人，他在床上辗转反侧，不停腾挪以求减轻痛苦，这个比喻后来常常被人引用。

这片土地曾让德意志的历任国王向往不已，如今似乎被他们抛诸脑后。腓特烈二世去世后，这里25年间没有皇帝驾临。1257年，两位国王之间的角逐重新开始：一边是"无地王"约翰的儿子康沃尔的理查德（Richard von Cornwall），另一边是卡斯蒂利亚的阿方索十世。而这两位都不可能成功。

帝国和它的邻居

在波西米亚，普舍美斯（Přemyslid）王朝几乎没有遭遇任何挑战。巴巴罗萨让这里的侯爵——加冕为王，腓特烈二世也认可他们的继承权。从那时起，普舍美斯家族就被视为神圣罗马帝国最高贵的选帝侯，在争夺皇位的角逐中也位居首列。在奥托卡二世（Ottokar Ⅱ，1253—1278年在位）治下，这个王国占据了最辽阔的疆域。巴本堡一支绝嗣后，奥托卡侵吞奥地利，随后向匈牙利宣战，并拿下了施蒂里亚、克恩滕和克拉尼斯卡地区。康沃尔的理查德驾崩之后，神圣罗马帝国再次选举皇帝，奥托卡当时已经声势大涨，却未能如愿。获得胜利的是哈布斯堡伯爵鲁道夫（Rudolf von Habsburg，1273—1291年在位），他雄踞帝国南部，富甲一方。这两位不免一战，已呈剑拔弩张之势。1278年，战争在马希费尔德的迪恩克鲁特爆发，与布汶战役一样影响深远。奥托卡阵亡，除了波西米亚，他的辽阔疆土都被这个哈布斯堡人及其子收入囊中。奥托卡的殒命对于哈布斯堡来说是一件幸事。随着鲁道夫登场，一个王朝缓缓崛起，它通过联姻、继承、坚韧和一点战场上的运气，最终成为世界霸主。

尽管哈布斯堡家族费尽心机，却无法把持皇冠。鲁道夫的继任者是拿骚的阿道夫（Adolf von Nassau），他空有伯爵头衔，因为强硬粗暴的政治野心树敌甚多，后来被废黜。废帝之令出自选举他的选帝侯之手，而非出自教皇之口，这在历史上实属首次。在这个时期，皇位也经历了一个戏剧化的祛魅过程。1298年，阿道夫死于皇冠之争。战胜他的奥地利公爵阿尔布雷希特（Albrecht I）来自哈布斯堡家族，在位仅10年就被暗杀。卢森堡王朝的亨利七世（Henry Ⅶ，1308—1313年在位）成为继任者。

现如今，神圣帝国真正的统治根基是"家族权力"，它可以是继承来的、从别人手中购得的或者通过征服攫取的。皇帝的能力取决于他掌握多少土地和权力，拥有多少矿山、纳税区和富有城市。甚至犹太人群体也从中获利，他们自12世纪以来一直受到皇帝庇护，也要向皇帝纳贡。帝国本身并没有税收管理机制，也没有秩序井然的法律体系，没有军队、没有中心。一些城市趁着皇权松散，想要继续逃避当地主教或侯爵的管辖，甚至完全脱离束缚。时不时就有战争爆发，比如在斯特拉斯堡和科隆。哈布斯堡王朝向市民们提供庇佑，连城市贵族也伸出援手。这场角力持续了很久；市民阶层的自由之路并非总是畅通无阻。例如，主教一方在特里尔大获全胜，在法兰克的维尔茨堡也未落败，此地的主教权杖掌握在贵族手中。神圣罗马帝国的土地上仍然谈判不断、纷争不止。也正是在这里，一任任皇帝或德意志国王轮番登场，举办帝国议会或加冕典礼。但我们只能从徽章、礼仪、游行和习俗中隐隐看到一个帝国的轮廓，或者在羊皮纸记载的权利中，而其中大多数权利从未得到实现。

然而，这个神圣帝国绝非一具巨尸。许多机构在之后几百年中渐渐成形，包括国会和两个最高法院。密集的权力网和法律网为国家政体奠定了基础。这股安静的力量若想征服别人，尚属孱弱，时不时还被邻国入侵和抢掠，但它又足够强大，在500年间屹立不倒。最起码，选举皇帝的程序更加稳固。"帝国的大人物"中有七位"选帝侯"——三个教会选帝侯和四个世俗选帝侯——拥有选举权，他们分别是美因茨、特里尔和科隆三地的大主教，还有波西米亚国王、普法尔茨伯爵、萨克森公爵和勃兰登堡藩侯。在霍亨斯陶芬王朝覆灭后，群龙无首的局面让他们势力大增。

在波西米亚，令人反感的外族统治已经持续了十年之久，各阶层蓄势待发，欲以武力推举奥托卡的儿子文策尔上台，而文策尔同样在为重登波兰王座而战。有那么几年，他似乎恢复了普舍美斯的昔日荣光，毕竟他的父亲趁阿尔帕德王朝[1]绝嗣之机，将匈牙利的王冠连同12世纪初被匈牙利征服的克罗地亚都交予他手。但是，文策尔在1306年死于谋杀。他的家族曾经坐拥从布拉格到波代诺内的广阔疆土，现在消失在历史长河中。在阿尔帕德曾经的土地上，安茹的查理·罗伯特（Karl Robert，1309—1343年在位）荣登王座。在安茹长达80年的统治下，匈牙利与西方和南方文化世界的关系日趋巩固。波兰的皮亚斯特王朝曾被条顿骑士团滋扰，刚刚经历了一段稳定期，现在又摇摇欲坠。

条顿骑士团在古普鲁士人和其他异教徒聚居的土地上建立了一个国家，接受教皇的直接管辖，他们把总部设在马尔堡，疆域从但泽延伸至雷瓦尔。1237年，条顿收编了盛行于利沃尼亚的宝剑骑士团。德意志移民和古普鲁士人在条顿骑士团动刀动枪之前及时皈依天主，成为这里的上流阶层，后来演化为普鲁士贵族。贸易和货币经济集中在城市，城市里有自治管理机构，也拥有司法裁决权和制币权。

不过，这一时期的霸主是卡佩王朝统治下的法兰西。原本的附庸国英格兰[2]频频来袭，美男子腓力四世（Philipp Ⅳ，1285—1314年在位）不得不全力迎战。他选拔了一群谋臣，问计纳策，巩固国家政权，在选任时重视能力、不问出身。市民阶层出身的法学家也位列其中。在他的推动下，王权统治的领域显著扩展。他迎娶纳瓦拉的胡安娜一世（Johanna Ⅰ von Navarra），得到了富庶的香槟地区，分享胡安娜的遗产，得到神圣罗马帝国的合法头衔。自1033年

---

1 阿尔帕德王朝（889—1301），匈牙利历史上的第一个封建王朝，因建立者阿尔帕德大公而得名。在其统治下，匈牙利由一个部落联盟发展成为一个中欧东部的强国。
2 统治英国的金雀花家族是源于法国安茹的贵族，安茹伯国是他们的世袭领地，所以法兰西王室是金雀花王室的领主。

并入神圣罗马帝国的勃艮第王国也成为卡佩的附庸。不过，佛兰德斯人尤其是工匠和农民组成的武装力量成功与他抗衡。1302年，在科特赖克附近的"金马刺战役"中，他们竟歼灭了一支装备精良的法国骑兵。腓力很快就得以复仇，但佛兰德斯的城市享有很大程度的独立。这位国王对神职人员征税，驱逐犹太人并没收他们的财产，以此攫取战争经费。另外，他还把圣殿骑士团的财富据为己有，从中获得利润。圣殿骑士团在法兰西渐渐有坐大之势，最终被教皇解散。骑士团团长和许多兄弟都被当成异教徒和魔鬼的信徒，先被审判、后被烧死。

在英格兰，一群男爵聚集起来监督《大宪章》的执行情况，这是议会的前身。一开始，人们很难把它与皇家议会区分开来，但它最终发展成一个独立机构。为占领威尔士，夺回英格兰在欧陆的残余领地，国王支出大笔军费开支，他不得不与贵族和谈。1258年，男爵们未经国王批准在牛津召开了一次会议，他们试图将"商讨"（parlemenz）作为一种机制确立下来，这可能是人们第一次以商讨之意使用这个概念。《牛津条例》规定，每年应举行三次辩论。在"第二次男爵战争"中，国王战胜了构成社会横向结构中坚力量的先驱斗士们；但是他很聪明，他承认《大宪章》并认可新宪法社会的基石。以"自由人"（freemen）身份活动的骑士可以当选郡代表，而"自由的城市公民"（burgesses）也有权利出席会议并维护自己的利益。这样一来，就产生了一项与罗马法类似的基本原则，"关涉全体之事，须得全体同意"，在涉及税收时经常会被引用。人们不光谈钱，也会抱怨地方行政管理的弊端，还会讨论外交政策的议题。但国王对金钱的需求——例如打击顽强的苏格兰人或威尔士人都需要军费——仍然是社会横向结构发展的首要推动力。集会活动成为常态。"议会"（parlament）逐渐从"商讨"中演变而生。在下一个世纪，议会甚至有权废黜国王爱德华二世（Eduard Ⅱ）。法国外交官菲利普·德·科米纳（Philippe de Commynes，约1447—1511）敏锐地察觉到，议会在给统治者创造税收的同时，实际上也增强了统治者的权力。

午夜的国王和莫斯科河畔的大公

国家的成型也让斯堪的纳维亚半岛产生了剧烈震荡。例如,挪威国王马格努斯四世(Magnus Ⅳ,1130—1135年在位)被敌人俘获,惨遭阉割,变成瞎子,还被砍下一只脚。北方的王权迟迟没有被赋予神圣之光。北欧的第一次国王加冕礼发生于1163年或1164年,地点是挪威的卑尔根,尼达罗斯的大主教为马格努斯五世(Magnus Ⅴ,1161—1184年在位)戴上王冠并给他涂抹圣油。丹麦在几年后也开始举办加冕仪式,瑞典要等到1210年。瑞典的历任国王不仅要提防外来敌人,还得压制反叛的贵族,或者解决自己的兄弟。克里斯托弗一世(Christoph Ⅰ,1252—1259年在位)执政期间,大主教雅各布·埃兰森(Jakob Erlandsen)要求拥有至高权力,丹麦经历了一次自己的"授职权之争"。埃兰森甚至要求指定王位继承人的权利,最终他不得不交出权杖。王权衰微,贵族们得到期盼已久的自由,而国家陷入无政府状态。直到下世纪中叶,丹麦才重新回归平稳状态。

挪威约有40万人口,人烟稀少,少有城镇,是一个农业国,就连这里的王位斗争都少不了教会的身影。国王哈康四世(Hakon Ⅳ,1217—1263年在位)在"权杖党战争"[1]期间水陆双线作战,后从罗马获得了合法统治权。最终,他成功将挪威变成一个世袭君主制国家,实行长子继承制。在其霸权之下,冰岛和格陵兰归顺。不过,他在赫布里底群岛四面受敌,败给了苏格兰的继任国王。马格努斯六世(Magnus Ⅳ,1263—1280年在位)被称为"完善法律者",他为整个国家制定了法典,其中包括保护外商、废除农民的奴隶制,冰岛直到今天依然保留了部分法条。马格努斯还以军队改革者和公使馆创建人著称,他的公使馆远驻北非。而在邻国瑞典,王公比尔耶尔(Birger Jarl,

---

1 权杖党在英语中写作"Bagler"或"Bagli Party",其词源是拉丁语中的"Báculo"或"Baculus",意为牧羊人的曲柄杖或教皇的权杖。权杖党是中世纪挪威的一个教会政党,1196年在当时属于丹麦的斯科讷成立,主要由挪威贵族、神职人员和商人组成,他们的目的是废黜时任国王。这场因争夺王位而引发的内战从1130年开始,1240年才彻底平息。

约1248—1266年在位）一统长期以来各自为政的地区联盟，巩固了君主立宪制。他让贵族卑躬屈膝，征召十字军挺进芬兰，向当地的森林、湖泊和异教徒宣示主权。如前所述，瑞典试图入侵罗斯公国，但都止步于诺夫哥罗德。斯卡宁地区曾举办过一次宗教会议，将教会法与世俗法分离——通过引入独身的规定——将教士与平信徒也加以区分。在接下来的岁月中，教会获得了免税权，在任命主教时也无须顾及王室意见。12世纪，斯堪的纳维亚的国家陆续建立大主教教区，先是隆德、特隆赫姆，最后是乌普萨拉，它们从汉堡-不莱梅的大主教辖区中独立出去。与中东欧的大多数国家不同，此地贯彻的原则是单人继承，由长子继承整个王国，不得分割。多亏这一原则，国王死后的形势已经非常明确，诸王子无须互相残杀。国家的永恒确保了王国的集会。管理制度的影响力逐渐增大，甚至覆盖农村地区，它不断扩张，攫取权限。

在更遥远的东方，立陶宛曾经全力抵御诺夫哥罗德，现在又要与条顿骑士团相抗衡。在第一任基督教国王明道加斯（Mindaugas，1238—1263年在位）去世后，立陶宛陷入数十年的内部纷争，直到1290年前后，这个欧洲仅存的异教之国才开始走上崛起之路。

在罗斯的土地上，现实政治家亚历山大·涅夫斯基于1263年去世，各公国开始争吵不休。内讧给了蒙古人机会，几个汗国趁火打劫，想要稳固自己的霸权地位。但是一股势力在暗暗滋生，它不仅阻挡了立陶宛人，也将鞑靼人的铁骑绊住，它就是莫斯科。这座小城位于上伏尔加河与第聂伯河之间的贸易通道上，始建于温暖时期。12世纪下半叶，第一座克里姆林宫竣工，当时还是木制的。统治这座城市的是留里克家族的一支，可以追溯到亚历山大·涅夫斯基，他们的影响力已经触及立陶宛边境，那里承袭了已经瓦解的基辅公国的一切遗留。

人口增长和蒙古大军让许多人迁居到莫斯科。莫斯科的当权者悠闲地侵吞周边地区，那边收取一个小镇，这里拿下一座堡垒。只有"金帐汗国"的可汗提醒着他们作为王侯的尊严。如果他们在萨莱——一个被意大利商人盘活的城市，如今已经无处可寻，大约在今天的阿斯特拉罕附近——受到召见，他们还是得伏倒在尘土中，向可汗行跪拜礼。并非所有人都能全身而退，有的人可能殒命当场，蒙古人很善于以恐怖手段为威慑。不过，蒙古人也从阿拉伯人那里引进技术知识，比如学习建造水坝。反过来，罗斯人从鞑靼人那里借鉴管理技术，学会了征收人头税和建立信使网络。

总结来说，在大西洋和莫斯科之间，现代国家体系的轮廓已经渐渐清晰。在条顿骑士团和斯堪的纳维亚各国国王的推动下，波罗的海的异教国家渐渐被基督教化，拉丁欧洲得到了一个更为广阔的可能性空间。瓦尔米亚是英诺森四世设立的四大教区之一，也是哥白尼曾经的谋生之处——如同后来康德在柯尼斯堡。如果哥白尼出生在斯摩棱斯克或拜占庭，那么地球作为宇宙中心的地位或许还能保持得更久一些；如果康德出现在18世纪的布拉格、柏林或者巴黎，这完全可以想象，但他不可能出现在弗拉基米尔或基辅。

当时欧洲的一些统治者以立法者而闻名于世，他们的优异是公认的。他们把习俗编纂成文，又制定法律。腓特烈二世颁布《梅尔菲宪章》，卡斯蒂利亚的阿方索是《七编法》的赞助人，挪威国王马格努斯六世也是其中一员，圣路易出台《训令》，还有英格兰国王爱德华一世。他制定的一系列法律条例规范了制币业和地产买卖行业，约束了教会权力。所有这些措施都与越发重要的贸易和货币经济相关，也巩固了法律保障。

拉丁欧洲外围的大型城市也早就参与到中部和南部的文化活动中来。例如，特隆赫姆的尼达罗斯主教座堂就受到林肯大教堂和坎特伯雷大教堂的影响。布拉格的崛起与络绎不绝的德意志商人和殖民者息息相关，现成为一座哥特式城市。在布拉格城堡的顶层大厅里，不知多少灿烂辉煌的宫廷事务曾在这里上演。图林的乌尔里希（Ulrich von dem Türlin）曾在这里补充修订沃夫兰·冯·艾森巴赫的骑士史诗《维莱哈尔姆》，人称"女性颂者"的迈森的亨利（Heinrich von Meißen）颇有些自命不凡，也在这里找到了资助人。

国家的身份有了更为牢固的基础。历史的"真实"开端冲破神话的迷雾。许多文献中记载的人物登上了舞台，战争英雄与圣徒和史前英雄并肩而立，而那些真实发生过的事件也在日历中找到一席之地。13世纪末，亚历山大·涅夫斯基荣升圣徒之列，而且成为俄罗斯的民族英雄。熙德永远保留在西班牙的民族记忆中。佛兰德斯人将科特赖克战役的日期定为节假日，而德意志人则在哈尔茨山脉的基夫豪塞山上为西西里人腓特烈二世树立了丰碑。传说他变成了他的祖父巴巴罗萨，暂时于此地安寝，在末日来临前，当他的王国统一之时，他将再度归来。

世界变大：去亚洲！

热那亚，约1298年。威尼斯商人马可·波罗在漫长而惊险的环球之旅后为何被关进热那亚的监狱，我们无从得知。无论如何，他在绝望之境找到了一个很好的消遣。他将自己的回忆转述给另一位狱友——比萨人鲁斯蒂切洛（Rustichello）。"皇帝、国王和诸侯、骑士和市民——以及所有想了解不同种族和大千世界的人都应该打开这本书，让别人读给你们听。"鲁斯蒂切洛在前言中这样写道："你们将在其中发现怪异和奇妙的事物，你们将会知道，大亚美尼亚、波斯、鞑靼利亚、印度和许多其他王国有什么不同之处。这本书会好好给你们上一课；因为讲故事的是有文化的威尼斯市民马可·波罗，都是他亲眼所见。你们要知道，自从我们的祖先亚当被创造以来，还没有哪个基督徒、异教徒、鞑靼人或是印度人，从来没有哪个人像马可·波罗一样，知道那么多奇异之事。"

这位代笔者曾创作过多部宫廷小说，经验丰富，他知晓如何用高雅的言辞讲述马可的故事。这本书是用法语写的，当时法语还是文学创作的语言。这个故事的主人公包括忽必烈可汗，他权势遮天、光芒夺目，超越了世界上所有统治者，他的演说与亚瑟王对圆桌骑士特里斯坦所言类似，而蒙古铁骑的战斗就如同骑士的厮杀。尽管如此，这本囊括了"大千世界"的报道很可能反映了一些真实经历，它后来被称为《马可·波罗游记》。它以千奇百怪的事物打开了欧洲人的视野：数不胜数的巨额财富和超级大都市，还有异域风俗和神话生物，比如能带着大象一同翱翔的巨鸟罗克。当马可·波罗目睹这些亚洲奇迹时，他到底是以一名商人、朝臣还是税务官——大汗曾让他担任此职——的身份驻留，我们无从探究。可以肯定的是，一位托斯卡纳的吟游诗人教会了他这种语言，让他懂得如何惊叹。鲁斯蒂切洛写道："他对拓展视野的渴望超越了所有人。"在1500年之后，欧洲出现了第二位希罗多德。马可·波罗的讲述令他着迷，他将这些一遍遍记录下来，进行改编和翻译，最终印刷成册。那么与之方向相反的旅行又如何呢？

中世纪的东方也出现了一些旅行者和游记作家，比如前文提到的易卜拉欣·伊本·亚古布和比鲁尼，还有伊本·法德兰（Ibn Fadlan），受哈里发派遣，他在10世纪时随使团抵达伏尔加保加利亚。伊本·朱拜尔（Ibn Dschubair，1145—1217）穿越了整个穆斯林世界，从休达一路走到摩苏尔；1184年末到1185年初，他曾在诺曼王朝统治下的巴勒莫停留。所有旅行者中最著名的是马格里布的伊本·白图泰（Ibn Battuta，1304—1368/1369），他抵达了拜占庭、印度和中国。出身杭州的市舶司提举赵汝适[1]在1204—1224年撰写了一篇引人入胜的报告。他在《诸蕃志》中描写了印度、太平洋的群岛和日本，还有巴格达、麦加和亚历山大港，甚至还有关于西班牙南岸的寥寥数语。聂斯托利派修士列班·巴·扫马（Rabban Bar Sauma）出生在北京，他对欧洲的了解最为全面。他曾随蒙古使团抵达热那亚和法国南部。

尽管如此，在东方的世界地图里，欧洲仍然是一片空白。这并非因为东方人缺乏灵活知识，或者没有好奇心。文献中描述的是一个贸易之地：那是商人的世界。伊本·法德兰和伊本·亚古布都曾提到一些地方，对他们的同胞而言，那里只是皮毛——四块黑貂皮和一块白鼬皮在1200年前后价值86头牛！——和奴隶的产地。在他们眼里，欧洲远远不如广阔的太平洋贸易区重要，这片地区还连着非洲，东非海岸是中国远洋船队抵达的西方地平线。但是，前往亚洲的欧洲旅行者并没有意识到，他们已成为欧洲扩张的先行部队，也是第一次全球化的排头兵。当哥伦布在《马可·波罗游记》中写下旁注时，

---

1 他曾在南宋嘉定（1208—1224）至宝庆（1225—1227）年间任福建路市舶司提举。1225年，以任内采访所得，撰成《诸蕃志》2卷。上卷记载东自日本、西至北非的摩洛哥共50余国的概况；下卷记载物产，以物为纲，具述产地、制作、用途及运销等。末尾附《海南地理志》，是研究宋代海上交通、对外贸易以及与各国友好交往的重要文献。原书已佚。

这一大趋势便已经启动。欧洲人对东半球的探索及其让东方融入欧洲世界图景的尝试，是一段悠长的历史。可以肯定的是，13世纪的欧洲人对亚洲的了解远远超过亚洲人对拉丁欧洲的了解。

去亚洲！这一口号让葡萄牙人向南方进发，又让西班牙人向西方启程，他们既是为了攫取利益，也是为了传播上帝的话语。14世纪初，罗马教廷就在伊利汗国和印度南部建立了教区。第一批前往亚洲的旅行者颠覆了以往的一切所见所闻，他们的经历几乎无法归入古代地理学的范畴。1247年，方济各会的若望·柏郎嘉宾（Johannes von Piano Carpine）发布了第一篇关于亲眼见到蒙古人的报告。六年后，佛兰德斯修士威廉·范·鲁斯布鲁克（Willem van Ruysbroeck）代表圣路易前往喀喇昆仑，他觉得自己像是进入了"另一个世界"（aliud seculum）。他感慨道，多希望自己是一名画家，才能准确地描绘出自己遭遇的一切：蒙古人的蒙古包里点缀着画饰，他们跳舞唱歌，他们的服饰奇特，可汗的皇宫，一夫多妻制，还有他在维吾尔族人身上看到了一些聂斯托利派基督徒的习俗。他精确记录了蒙古人如何酿造"忽迷思"——一种马奶制成的饮品，是蒙古人的最爱。鲁斯布鲁克撰写的民族志迥然不同于以往的记述和地图，拿1300年前后的《埃布斯托夫地图》来说，这些书籍描写了许多奇珍异物，经常联系到《圣经》。它们不是对经历的记载，而是从古代文献和中世纪文本中寻找素材，比如伊西多尔的《词源学》，它们分享的更像是神学而非地理学知识。

当然，大部分人在感知空间时仍然是通过自己的四肢即手或脚或者通过"一日游"的经历。但是，游记不断涌现，这意味着人们脑中渐渐有了地图的概念。在布拉格，方济各会的乔瓦尼·迪·马里尼奥利（Giovanni di Marignolli）向皇帝查理四世（Karl Ⅳ）讲述了世界的尽头，那里遍生胡椒，是中国和印度所在。他曾以为自己走进了天堂之门。据他所言，红榴石和蓝宝石在那里被看作被驱逐的人类先祖的凝结之泪。他从《圣经》和圣奥古斯丁那里找到一些范畴和概念，以此描述那个遥远的地方：天堂的河流，示巴女王的王国，使徒托马斯的陵墓。地球不是一个球体，而应分为四块大陆，它们都漂浮在一片汪洋之中。乔瓦尼似乎并未到过南半球，但他已经知道，南半球的太阳在北面，而北极星则遍寻不见。

为了阐明世界的庞大，图片中开始出现图形和数字。除了世界地图，一些更为精确的旅行辅助工具也不断涌现，它们与实际情况更契合，比如波特兰海图。12世纪末，指南针开始盛行。嵌齿轮和大型橹舰使得人们可以在冬季远航，也进一步推动了弗雷德里克·莱恩（Frederic Lane）所谓的"航海革命"。同时，古老的神话也经久未衰，祭司王约翰的形象自巴巴罗萨以来就一直被以讹传讹，人们最初猜测他的帝国在印度，在天堂近处。他统领一支百万大军，时刻准备着斩断戈耳狄俄斯之结，将欧洲从迷惘中解救出来，重建和平与法制。直到近代，教皇和基督教的诸侯都想要与这个幽灵结盟。随着欧洲的传教士、战士和商人越来越深入远地，世界地图上的空白地带消失了，这位理想中的国王迁居东方，随即向南，最后被安置在埃塞俄比亚。"我们眼看着奇迹正在不断消退。"人文主义如此总结道。

纸，眼镜与俗世：现状分析

1300年2月22日，罗马。教皇卜尼法斯八世在拉特兰宫的凉廊中宣告：无论何人，只要"在今年即1300年"来到罗马，在圣彼得大教堂和城外圣保禄大殿待满15天，都将洗脱罪恶获得大赦。这是天主教第一次大赦的由来。欧洲各地的朝圣者蜂拥而至，他们寻求救赎，他们也感到恐惧。救世主诞辰又过了百年，现在是不是离世界末日越来越近了？涌入罗马的人都计划着在新世纪或许也是最后一个世纪的第一天伏倒在使徒的坟墓上，让自己得到彻底净化，谁都不想错过机会。成群结队的虔诚信徒在罗马抛掷重金。在城外圣保禄大殿，一个朝圣者就目睹两名修士清点使徒坟墓上的钱币，日夜不休。人们抛撒这些硬金属制成的良品，以期缩短在炼狱的时间。

民众前往罗马的使徒坟墓和圣髑朝圣是困难时期的救赎之旅。1000年虽然看似一个可怕的决裂，但对人们来说并不是如此。14世纪的开始更让人们胆战心惊，其背后是前文提到的各种剧变：十字军东征、战争、异教徒；人口激增，新的国家，庞大而复杂的城市；金钱和高利贷；西方大门外徘徊的先知和蒙古大军。卡拉布里亚的修道院院长菲奥雷的约阿希姆（Joachim von Fiore，约1130/1135—1202）曾提出预言，现在人们对他深信不疑，这绝非偶然；但丁在《神曲》中为他在天堂保留一席之位。约阿希姆看见，在《圣经》预言的世界大战之后、在父之国和子之国后，人们将会迎来第三个"精神王国"。这样的僧侣时代包含着爱、和平与最终启示，人们此时对它充满了期待，因为当前正逢变革，恰如一段预言中的混乱时期。即使在1300年以后，人们依然害怕末日审判。尤其是遇到具有魔力的整数年份时——1400年、1500年、1600年——恐惧逐渐被放大。

　　然而，混乱的拉丁欧洲在1300年时还是保持胜利姿态，远超世界其他地区。人口增长是欧洲"觉醒"的首要条件。彼时，拉丁欧洲人口过万的城市有六七十个，多亏了哈尼尔线以西地区对于情欲的保守态度，人口规模才得到适度控制。农业法规和受限的粮食收成可能也是部分原因。在这个大移民时期，原本的统治方式逐渐衍生出无数个国家，它们或多或少拥有独立权，也有各类机构和复杂的法律体系。城市的中产阶层逐渐成形；各地的社会横向结构都在扩张，例如阶层代表大会和英国议会。现在，财产、商业和利润即使在教会法中也得到认可。商业革命让贸易的地位大大抬升。中世纪晚期的城市充满活力，人们早就将修道院的那一套道德观抛诸脑后。布雷西亚的阿尔贝塔诺（Albertano von Brescia，约1195—1253）就提出，"人与人的职责各不相同。一些由修士负责，另一些则由俗世之人担当"。捍卫市民阶层现实的另一位人物是彼得·约翰尼斯·奥利维，他谴责高利贷，但承认债权人可以从风险交易中获取增值利益。这样一来，他对教义中的利息禁令提出质疑。即使没有这项规定，人们也知道如何处理此类问题。例如，在贷款期限内，债权人每年可以从债务人那里收取一笔土地或房屋的租金，其估值须超过贷款额。

　　哲学是否还应当存续，这一点自然无可争议。但哲学的自由度饱受争议，亚里士多德的"谬误学说"在1277年遭受谴责，正是明证。不过，圣维克多的雨果曾经提出的哲学的蓝图将会在之后几百年中徐徐展开。随着哲学、天文学和医学领域的阿拉伯语文献累积完成，从阿拉伯语到拉丁语的翻译运动落下帷幕。自13世纪中叶以来，直接译自希腊语的文献越来越多。

不仅世俗空间越来越大，拉丁欧洲还拥有一些交流工具，从长远看来，它们的影响是颠覆性的。欧洲拥有通用的拉丁语，越来越多的语法和单词书让拉丁语更加精确。对法学家、外交官和传教士来说，拉丁语的修辞大有裨益，而且拉丁语的纸质书大量涌现。

薄如蝉翼的纸张改变了世界。纸传递新知识和新技术，点燃了宗教改革。那些传播批判和话语的人成为民主的核心，不断壮大的国家也吞噬了许多纸张。若没有纸，国家和现代简直无法想象。万事万物几乎都取决于这些植物纤维，以及这些持久的书写材料上所记载的理念。我们犹记得，纸张革命的序幕可一路追溯至古代中国、撒马尔罕，然后是巴格达、大马士革和开罗；然后从北非传播到西西里岛和伊比利亚半岛，历经约1500年才到达欧洲。西方最早的纸质文献可追溯至12世纪上半叶，也是从此时开始，得益于商人们历久开辟出的交流通道，旅行变得更加迅捷。第一批造纸工坊在伊比利亚半岛和巴利阿里群岛上运转不歇。1282年，瓦伦西亚附近的基督教区哈蒂瓦也有了造纸坊，到穆斯林时代已经发展成造纸中心。这些都推动了纸张量产的实现。1338年，法国紧随其后，也踏上这条进程，德国于1390年开建，英国始于下一个世纪。16世纪下半叶，斯堪的纳维亚人和罗斯人也开始实践这项技术。

紧随纸后的是另一种工具，即两块玻璃组成的眼镜，它可以帮助年迈者和更多人阅读、书写、计算。据推测，最早的戴眼镜的阅读者的形象出自1352年的一幅画，作者是托马索·达·摩德纳（Tommaso da Modena），现存于威尼斯"玻璃中心"附近的特雷维索修道院会堂中（插图18）。因为这项配饰的诞生，从事一些职业的人得以将工作生涯延长一倍以上，并且可以更精准地工作——这是生产精密机械的重要先决条件。1300年前后，这件有用的东西在托斯卡纳或意大利北部问世。罗杰·培根为理论做好了相关准备工作，但是工艺也必须跟上，持续的技术创新都是如此。古代就有用水晶做的放大镜，中世纪时，人们用平凸抛光过的水晶板来瞻仰圣髑，也有放大效果。人们将这种工具称为"阅读石"（lapides ad legendum）。1260年，一直是玻璃制作中心的威尼斯成功研制出一种新型玻璃：水晶玻璃。它的原料不再是传统的碳酸钾，而是从埃及和叙利亚采购的碳酸氢钠。这种"水晶物"比常规玻璃更加纯净，并且比硬质水晶更容易加工。另一个重要的进展是，人们可以把吹制出的玻璃球体从中间锯断。这样一来，人们就得到两个几乎完全相同的眼镜镜片，只需一副镜框就能连接起来。然而要用它们来改善视力，还需要改变医学生理学的观念：此前人们普遍认为，眼睛的缺陷只能用口服药剂来弥补。纸张、量产的眼镜和阅读的渴望开始相互促成，背后的推动力是书写风潮、广博学识和商业理念。它们将为古登堡革命积蓄改变世界的能量。

插图18：托马索·达·摩德纳，《圣雪尔的枢机主教雨果》，1352年，特雷维索修道院（即前圣尼古罗修道院）分院

弗莱堡的迪特里希曾从物理学角度研究彩虹，这象征着科学史的划时代转折。他把彩虹与玻璃球中的光线轨迹进行比较，想要以此确定光在各种液滴内的反射和折射定律。他的见解从本质上来说非常正确，这表明拉丁欧洲在自然科学领域也迎头赶上。迪特里希的著述只涉及光学，别无他物，更没有把彩虹解释为与上帝立约的标志。几乎是在同一时期，波斯人卡马尔丁·法里西（Kamal ad-Din al-Farisi）也研究了彩虹，并得出类似结论，但二者的研究完全是相互独立的。如果用两条线来表示欧洲学术的兴起和阿拉伯科学的衰落，那么一条在上升，另一条在下行，而现在它们交叉了。

人们在交谈时各执己见，甚至经常演变成针锋相对的争论，这种对话的社会基础越来越广泛。一些人把文艺复兴看作反对僵化的经院体系的一场起义，这种陈旧论调要被归于思想史的瓦砾。还有一种陈旧的观点认为，文艺复兴在14世纪拉开帷幕，随后在15世纪的意大利达到高潮。非也。在巴黎和牛津、帕多瓦和佛罗伦萨之间的广袤大地上，在文学、哲学和神学等领域，一间学识的温室早就已经建成。地中海地区的思想交流无比深入，空前未有。古代古典时期和阿拉伯的文学征服了英格兰、法国北部和佛兰德斯的图书馆。方济各会修士帕尔马的萨利姆贝内（Salimbene von Parma，1221—1287）只是一位普通的编年史家，对尤维纳利斯和贺拉斯都能信手拈来。

12世纪最重大的突破就是"伟大文艺复兴"。人们在这条路上行走已久，一直向前将会抵达颠覆世界的四次现代革命——媒体、科学、工业和政治革命。问题堆积出现，突破性的革新层出不穷：除了纸和眼镜，还有阿拉伯数字、银行、火药、大学和罗马法。指南针在浩瀚汪洋中指引方向。意大利人将指南针的发明归功于阿马尔菲人，其他地区则尊法国人皮埃·德马立克（Pierre de Maricourt）为其发明者。1269年，他第一个确定磁铁两极，并尝试着用磁力制造一台永不停摆的钟。

现在，"伟大文艺复兴"的可能性空间已经大大扩张。它始于意大利，这个国家在霍亨斯陶芬王朝覆灭后再次陷入战争和政党纷争，这是城邦自由和国家自治的代价。在混乱中，它跃升为世界上思想最活跃、最具艺术创造力的国家。"并不是所有艺术都已被发现，"多明我会修士比萨的乔达诺（Giordano da Pisa）这样说道，"新的艺术还在源源不断地被发现。"乔瓦尼·维拉尼（Giovanni Villani）曾在1300年前往罗马朝圣，他预测了这一切即将发生之处：罗马已然沉沦，而她的女儿和造物佛罗伦萨却日益崛起，坐拥大好前程。他的确说对了。

最初的光亮、寒冷和死亡：14世纪

16. 意大利序曲

插图19：乔尔乔·瓦萨里（Giorgio Vasari），《六个托斯卡纳的诗人》〔但丁的身边围绕着彼特拉克、薄伽丘、圭多·卡瓦尔坎蒂（Guido Cavalcanti）、马尔西利奥·菲奇诺和克里斯托弗罗·兰迪诺（Cristoforo Landino，1426—1499）〕，约1544年，明尼阿波利斯，艺术设计学院

公证人的出现

文艺复兴绝非如1900年前后出现的"复兴主义"（Renaissancismus）所认为的那样，只是由紫色和金色组成的。在艺术作品之外，构成文艺复兴的是美术纸、墨水和印刷油墨。因为那些曾经时而美好、时而可悲的现实，早已凝结为枯燥的文字。它现身于早期帕多瓦人文主义者的诗歌和佛罗伦萨的编年史中。它鲜活于热那亚人的会计账簿、奥格斯堡人的资产负债表、卷帙浩繁的手稿，以及那些言辞辛辣的辩论小册子和那些用咖啡棕或金色印刷皮革装订的厚重书籍中。沉寂的事务议会在其间必须再次言说。历史学家须做好他们身为"亡灵巫师"的工作，他们的记述是对那些业已消逝的事件参与者骸骨的最终审判，他们生命的最后残余通过某种灵魂移徙转变为文本。正是这样一幅夸张的图景，被维琴察的本韦努托·坎佩萨尼（Benvenuto Campesani，约1250—1323）用在了庆祝卡图卢斯的诗作手稿被重新发现之时。他称自己的诗为"描绘维罗纳诗人卡图卢斯复活的诗"。

在14世纪，与古代先哲进行对话的创作不断增加。古代的元素充斥着该时期的造型艺术，并在建筑学中留下了其最初的痕迹。它们是"仿古"风格发展的前兆，并影响了随后几个世纪的文化。一个最重要的发展是——首先在意大利——出现了市民阶层，随着时间的流逝，他们成为文艺复兴文化最关键的载体。在那之前，哲学和科学话语领域里重要的参与者几乎都是教士。大多数新参与者来自市民阶层。最先涌现出来的主要是律师。我们刚刚提到的维琴察的坎佩萨尼就是一个例子。他来自一个公证人家庭，其本人也从事这一职业。

这一发展开始于商业革命时期经济蓬勃发展的意大利北部，而这几乎不是偶然，因为教士已经不能完全满足那个时代对于律师的需求。一系列数字显示出意大利崛起成为一个法治国家是多么迅速。在12世纪，博洛尼亚有160名公证人在职。与意大利之外的地区相比，这个数字已经很高了——这也是其现代化优势的证据。1219—1240年，有至少1171人获得了新的"公证人"（notarii）许可证。几十年后，这些人成为这个"公证共和国"的主导力量。

意大利北部新形成的市民文化，就是经济扩张及其对专业法律知识的需求所带来的副产品。与在法兰克不同的是，这里的法律制度一直都在抵制教权化，这里仍然是世俗的孤岛。而另一方面，北部的城市文员和公证人使用的术语表明神职人员在其中扮演着主要角色。例如，在德意志北部，人们口中的"城市文员"（clerici civitatis），就是指"城市神职人员"或"城市教士"。在这里，普通市民也逐渐出现在了社区管理者中，尽管出现得较晚。例如，汉堡在1236年出现了第一位没有宗教身份的公证人。在接下来的一个世纪中，出现了许多进行文学创作的律师，例如《来自波西米亚的阿克曼》的作者特普尔的约翰内斯（Johannes von Tepl），以及创作了1500多首诗歌的尤斯塔什·德尚（Eustache Deschamps，1354—1404），后者还是第一本法语诗论的作者。其间，对于法学和科学的兴趣也在欧洲之外齐头并进，不断扩散。例如，伊本·西那在16岁时就已经参加了有关法律纠纷的工作。

随着贸易和货币经济的发展，阅读和写作技艺的传播越来越广泛。佛罗伦萨商人乔瓦尼·鲁切莱（Giovanni Rucellai，1403—1483）就曾表示，在他的工作中，最重要的辅助便是"可读的文字和上乘的墨水！"。然而，面向普通大众的法学最初只渗透到了意大利北部，并不仅仅因为那里的经济繁荣产生了这样的需求——毕竟其他地方也存在这种情况。还有另外两个条件是：繁荣的城市公社和普遍适用的罗马法。正如我们所看到的，它的接受是始于这样的城市风景之中，即人们需要戴上眼镜、拨动算盘，从世界万物始于其中的"0"开始计算。一些学校非常受欢迎，它们可以为普通市民提供那些服务城市公社所需的技能。

教育的商业化意味着一定程度的民主化。拉丁文和一般书面用语越过了修道院和教堂的围墙。凭借在修辞学、逻辑学和拉丁语方面所受的训练这一先决条件，民众尤其是律师不仅可以继续扩展罗马的法律，而且还可以探索遗落的古代文化中的其他领域，即便这仅仅是为了打发时间。出于训练的目的，他们可能已经在学校读到了《伊索寓言》、拉丁文版的《伊利亚特》，或是写作《加东格言集》（*Disticha Catonis*）——该书源自一位不知名的古代晚期作家的道德教义。创造了查士丁尼语录那样宏大内容的人们，究竟还想要些什么呢？不是所有的都已经被写过了吗？同样是律师，比萨的勃艮第奥在其中一本译本的题词中谈及了其不可抑制的好奇心：希腊书籍提供了有关天上地下所有事物的物质存在的信息，包含了彗星、闪电和雷鸣在内。这些书解释了为什么海水是咸的，以及更多的内容。1300年前后，佛罗伦萨出现了这样一群公证员，他们除了翻译法国诗歌外，还把古代经典如奥维德、塞涅卡或维吉尔的作品转译成托斯卡纳方言。

许多人文主义者都有律师专业背景。放眼远方，他们类似中国宋朝的官员，都是受过高等文化培养的政治精英，究其原因，很大程度上是其文化的繁荣。意大利人的职业也常常给予他们足够的自由去学习科学和艺术，外交官和公务员写下了编年史和诗歌，古代为他们提供了关键词和形式上的范例，包括语法和修辞研究在内的培训为他们提供了进行这类工作的技能。他们中的一些人尝试撰写公证技艺的学术论文，翻译相关的希腊文甚至是阿拉伯文献。他们不再仅仅为出身王侯的资助人写作，还为他们所属的市民阶层中的精英写作。

为法国文学的传入奠定基础的，主要是威尼斯以及与其有广泛的贸易关系的城市。然而，游吟诗人们的骑士精神理想越发与这个贸易世界格格不入，市民们一边遭受着贵族仇视、血腥复仇和派系斗争之苦，一边笔耕不辍，进行着书信来往。他们发现了西塞罗的道德准则，并在塞涅卡的宁静心灵中找到了榜样。这些文字为面临困境的人们提供了建议，使其得以去面对命运女神的喜怒无常。开启这个过程的人是布雷西亚的阿尔贝塔诺。他在其著述里主张和平、正义以及基督教所倡导的市民间的爱，他所讲的精神将会在随后的一个世纪中影响描绘中世纪城市公社政治价值的最著名的绘画舞台：安布罗吉奥·洛伦泽蒂（Ambrogio Lorenzetti）在锡耶纳市政厅上讴歌“好政府”的壁画。

第一批人文主义者

经由佛罗伦萨人布鲁内托·拉蒂尼（Brunetto Latini，1220/1230—1294），阿尔贝塔诺的政治诗歌得以继承延续。拉蒂尼是佛罗伦萨分裂时期人民政府的执政者，他一次又一次地卷入政治纠纷，最终不得不暂时流亡法国。他将西塞罗的文本翻译成白话，从而确保了它们的传播。他笔下的西塞罗不是哲学家，而是政治家和共和自由的捍卫者，拉蒂尼本人也全身心投入其中。因此，通过从古罗马时期以及自己的经历中汲取力量，拉蒂尼用自己的骑士故事和英雄赞歌，对游吟诗人和小说家艺术做出了回应。

公民们看着自己的教堂塔楼所产生的自豪感，是早期人文主义的重要前提之一。这种自豪感来自对骑士文化的反对，以及在意大利城市社会中点燃的自杀式派系之争。它的第一个代表是帕多瓦人洛瓦托·德·洛瓦蒂（Lovato de' Lovati，1240—1309）。与拉蒂尼不同的是，这位公证人和法官延续了"古代诗人的足迹"，主要用拉丁文写作。他帮助故乡赢得了尊严和荣耀。在一座弃婴之家的挖掘工作中，他发现了特洛伊城的安忒诺耳（Antenor）的遗骨，后者被视作帕多瓦的李维，是这座城市的建立者。中心的石顶遮蔽着这位童话英雄的石棺，供所有人瞻仰。

自古以来，《伊利亚特》和《奥德赛》就在向欧洲人民讲述着自身的起源。风流云散的不幸的特洛伊居民总得找个容身之所。如此便可引出连贯的事件链条，并可以以此去追溯一切历史的源头。正是这样一种被人文主义者乐此不疲地推广的模式，为无数的民族和城市找到了它们的开端。例如，安特诺尔就曾在16世纪末被一位波兰历史学家安插进他的同胞族谱中。然而，最初版本的《荷马史诗》在中世纪鼎盛时期并不为人所知，人们知道的只是两部用拉丁文写成的古代晚期战争故事，它们是所有战争的见证者：克里特岛的狄克提斯（Dictys Cretensis）的《特洛伊编年史》，以及自称"勇敢者"（Dares）的作者写的《特洛伊战争史》。但是，帕多瓦的安特诺尔在其中扮演了一个不光彩的角色：他本应该为了和平而战，却为围困者敞开大门。他本人则因为房子被入侵者以豹皮为标记而得以幸存。

洛瓦托，那个可以使《伊利亚特》中的拉丁裔英雄的辉煌都黯然失色的人，是自古代以来最出色的拉丁人之一。"如果他不把《十二铜表法》与九个缪斯混在一起，不把他的注意力从天上的事务转移到宫廷的喧嚣中，"彼特拉克评价说，"他将是我们那个时代的顶尖诗人。"尽管洛瓦托的诗仍然受到法国风格的影响，但是其中的一些文字却吞吐着古代伟大人物的精气神，包括当时几乎被人遗忘的提布鲁斯（Tibull）和普罗佩提乌斯。他的许多以古典风格写就的信件都抒发了个人的想法和感受，例如有一首诗歌描写自己所患的疾病，歌颂了生命的短暂和重生，指出生命的尽头是尘世的幸福，而非宗教的慰藉。"看看这地球上，成千上万的年轻人绽放 / 不过转瞬间，黑夜就会将他们吞噬 / 自然毁掉了它自己的作品，并且悄然无声地将物质转变为新的形式。 / 我们不过是神的玩物，是他们双手的造物 / 我们今天已不复昨日 / 除了享受这幸福的时光，我别无他求 / 若是没有甜美的东西，我愿甜蜜地死。"

同为帕多瓦人的阿尔贝蒂诺·穆萨托（Albertino Mussato，1261—1329）走在洛瓦托铺平的道路上，虽然他是私生子又在贫寒的环境中长大，但他还是在家乡成为备受爱戴的公证人和议员。这位言辞犀利的城市公社自由的捍卫者，却总是陷入困境。塞涅卡给予他慰藉，穆萨托的主要作品《埃切里尼斯》（Ecerinis）正是受到塞涅卡的影响，描写了关于维罗纳的暴君埃泽利诺·达·罗马诺和他的家族兴衰。穆萨托创作了自古代后的首部悲剧，以及一部允许公民参演的戏剧。他们组建了合唱团，并邀请城市观众来品鉴，例如在合唱团歌颂重获和平之时。这部剧目公开首映之时，帕多瓦几乎万人空巷。穆萨托于1315年成为古代之后第一位用桂冠加冕的诗人。十年之后，他的职业生涯达到了顶峰，之后又跌入深渊：占领了帕多瓦的卡拉拉将他流放。在晚年的时候，他似乎深刻感受到了文学缪斯崇拜、神灵崇拜，以及基督教信仰之间所存在的紧张关系。他一再强调，他的心归属于上帝。他在流亡期间死于威尼斯的基奥贾。

洛瓦托·德·洛瓦蒂和穆萨托是人文主义的奠基人。"人文主义"这个术语来自19世纪，是近代最重要的思想潮流之一。"人文主义者"（umanista）这个概念在文艺复兴时期早已耳熟能详。18世纪时，这个词被翻译为"实践美丽科学的人"。其中的"美丽科学"，即佛罗伦萨文书长里诺·克鲁奇奥·萨鲁塔蒂（Lino Coluccio Salutati，1331—1406）从事的"人文研究"（studia humanitatis）。对他来说，其包括四门自由技艺，即语法、修辞、诗歌和道德哲学，以及历史学，传授演讲术、文学创作和行为礼仪的人文科学。在其目录中，逻辑、数学、医学、法学和神学并没有得到严格的划分。人文主义者也没有形成一个群体，尽管许多人通过书信联系在一起，也组建了一些地方圈子。最初或许是在帕多瓦的酒吧里，这一点穆萨托曾讲到过。有迹象表明，学术话语开始在修道院和大学之外开辟出更多的空间。帕多瓦之所以成为人文主义的发源地，可能与以下事实有关：受诸如埃泽利诺这样的暴君控制，其他城市几乎吸引不了任何外国学者。公证人的办公室和书房仍掌握在当地人的手中，他们主要为城市公社服务。古代传统的知识与地方爱国主义联合在一起，并在旧模式基础上找到了塑造城市生活和政治稳定的方式。早在1250年，古典文学课程似乎就已经在帕多瓦开设起来。

除了市民之外，僧侣和高级牧师也成为早期人文主义者中的新成员。他们中的有些人，例如英诺森七世、尼古拉五世（Nikolaus V）和庇护二世，甚至坐上了教皇的宝座。然而，由于人文主义对古希腊罗马时期的异教持有高涨的热情，它和基督教之间剑拔弩张的关系从未得到缓和。多明我会的教条主义者乔瓦尼·多米尼奇（Giovanni Dominici，约1356—1419）以他的著作《夜晚猫头鹰》（Nachteule）抨击了人文主义研究，并以此参与到这场已经进行了100年之久的争论中来。他只想要学会研读包含坚定信仰的古代作品，旨在反对在佛罗伦萨的文法学校中引入异教作品作为读物。与他同时代的奇诺·里努奇尼（Cino Rinuccini）则嘲讽那些所谓的具有人文主义风格的富庶而时髦的青年（Jeunesse dorée），相较于古代作者，他鄙视被视为"三驾马车"的但丁、彼特拉克和薄伽丘，因为他们对异教徒的宗教展现同情。不仅如此，还为了轻松的生活而回避公民义务。然而，对于大多数人而言，同时进行神学和人文研究并没有什么矛盾。例如，萨鲁塔蒂试图证明维吉尔的周期性的历史形象——在他的第四部田园诗中谈及了一个黄金时代的回归——与《圣经》描述一致。著名的早期人文主义者埃尔莫劳·巴巴罗（Ermolao Barbaro，1453/1454—1494）也着手对亚里士多德主义者的哲学基督教化。他曾经写道，自己承认两位主宰：基督和学术研究。

那些始终渴求净化世界的虔诚者，发现了自己的希望在俗世之中的对应物——人文主义。它的目标是普及教育，涉及品位、风俗、宗教和政治价值观，掌握拉丁语，以及后来的希腊语和希伯来语。它希望凭借保罗·约阿希姆森（Paul Joachimsen，1867—1930）[1]达成结构与规范。在欧洲近代历史上，人们第一次出于自己的意愿想要维护语言的美感。当时许多人文主义者深信古代诗人作品中呼吸着神性的气息，对人起到文明开化的作用。诸如拉蒂尼、洛瓦托和穆萨托这类哲学家和爱国主义者站到了人文主义的起点上，其影响力一直贯穿到我们这个时代。毋庸置疑，人文主义要感谢与伊斯兰文化之间的对话——毕竟它是借由阿拉伯语文本才得以传播的。

古典文本为优雅的演讲和写作树立了标杆，然而人文主义者并没有止步于借助批判语言学和单纯的阐释去重塑原始文本。人文主义者创造了仪式——穆萨托的桂冠诗人加冕典礼就是一个很好的例子——并搜罗包含古典体裁的手稿。他们不仅去意大利城市和修道院的档案馆和图书馆，还去了东方，甚至去丹麦和挪威寻找手稿。他们不断完善自己的风格，撰写十四行诗、戏剧和历史作品。总之，他们在处理古代人的遗产上极富创造力。

正如我所提到过的，极少数"人文主义者"看到他们的演讲和写作与神学有明显的矛盾。然而，希腊批判哲学的兴起最终促使人文主义成为具有系统破坏性作用的运动。人文主义为市民阶层提供了道德观，它反思了政治实践，也为人们提供了更加舒适的生活方式，使人们坚定地投身于世界，去探

---

1 德国历史学家，著有关于文艺复兴时期的哲学作品《公域》（*Loci communes*）。

索其中的奥秘与神奇。知识变得可以被解释和讲授。旧时人文主义者的极大的好奇心开启了现代的世俗科学。受人文主义影响的艺术家在自然与人类想象中寻求艺术的标准，并构想出了与司各脱所说的"唯此性"〔或"这个性"（Diesheit）〕相适宜的美学。确实，人们越来越多地关注到这一方面。自我照着镜子，对自己进行思考。或许这并非偶然，以人文主义的开创者形象出现在同时代人的见证中的穆萨托，成了首批出身相对较低，有血有肉，且健康、活泼又举止得宜的中世纪男人之一。他也是自上古以来第一位庆祝生日的人。彼时，至少在精英阶层中，人们对自己的生活更加重视。

本章开头引用了坎佩萨尼赋予人文主义的关键词："复兴"，意为早已逝去的事物又复归，同时激发了新的事物。这也构成了"复兴"和"重生"的内涵。人们发现自己所处的时代和古代之间存在一条应该被跨过的鸿沟——这条被我们称作"中世纪"的鸿沟。一种新的伟大的文化时代已经开启，这种感觉可以由费拉拉的佩斯（Pace von Ferrara）——他也属于洛瓦托圈子的成员——献给帕多瓦的主教的一首诗表达出来："卡莉奥佩（Calliope），别再掩藏自己了！"他呼唤着掌管史诗的缪斯女神，"带上那乐音甜美的竖琴，用绿叶去编绕一位新诗人的头发吧！"

时代之间：神曲

插图20：《维吉尔》，13世纪初，曼图亚，圣塞巴斯蒂亚诺宫

    与坎佩萨尼同时代的但丁·阿利基耶里（约1265—1321）写下了他的《喜剧》[1]，后来薄伽丘为它加上了"神"这一定语，使其从字面上就能呈现出古代的意蕴。但丁在穿越地狱和炼狱的路途中，选择了自古以来备受尊崇的维吉尔作为自己的领导者和保护者；13世纪上半叶，他的故乡曼图亚市为这位伟大的古代诗人竖立了雕像（插图20）。《神曲》中出现了许多著名的人物，有古

---

1 即《神曲》，其原名为 *Göttliche Komödie*，直译为《神的喜剧》。

代的学者、诗人和英雄,一座好似天国的花园为他们提供了庇护。甚至是穆斯林——比如萨拉丁(Saladin)、阿维森纳和那位高谈阔论的阿威罗伊——也被允许在此驻留。但丁发现自己身处一座高贵的城堡之中,这里有荷马、贺拉斯、奥维德和卢坎等杰出人士。他在新鲜嫩绿的草坪上遇到了古希腊罗马时期早已被极度神化了的男男女女,其中包括恺撒、彭忒西勒亚(Penthesilea)、卢克雷齐亚(Lucrezia)、苏格拉底、柏拉图、德谟克利特、赫拉克利特、西塞罗、盖伦、欧几里得和托勒密。如此一来,诗人解决了于己、于其他虔诚的基督教徒而言存在的冲突,因为他们遇见这些受人敬仰的大师时,实际也是面对着异教徒。

读过但丁的《神曲》的人都不会忘记他在其中所描绘的那个幻象:在焚烧异教徒的熊熊火焰的包围中,法里纳塔·德利·乌贝蒂从棺材中站了起来。异教徒从燃烧的棺材中升起,只为向但丁讲述他儿子的命运;或是乌戈利诺·德拉·盖拉尔代斯卡(Ugolino della Gherardesca)的故事,他必须以永远啃食比萨大主教卢杰利(Ruggieri)颅骨里的肉作为对其死敌的惩罚,因为他在生前被卢杰利扔进一座塔中,饥饿使他疯狂到吃掉了自己孩子的尸体。此刻,所有的感官都被唤醒。人们会闻到恶臭的排泄物,听到地狱深处传出的尖叫和哀号,看到黑色的飓风和在沥青中烹煮的腐肉。一群怪异的源自古代的怪物被召集起来:大腹便便的刻耳柏洛斯[1]用它那三个喉咙狂吠;在沙海边缘潜伏着可怕的吉里昂(Geryon)[2],它长着人类的脑袋、狮子的爪子和蛇的身体,以便将那勇敢的闯入地狱的人当风筝般玩耍;半人马将箭对准那些被沸腾的鲜血烹煮的凶手和强盗,而哈耳庇厄[3]则在由自杀者的灵魂变异而来的灌木丛中大快朵颐。但丁在天堂里只为中世纪的一位教皇留了一席之地,那就是虔诚的格里高利一世,他的大多数同事都在地狱里遭受炙烤。穆罕默德是一位宗教分裂者,他遭受了残酷的对待——肢解、切割,双腿之间还晃荡着掉出的肠子。在地狱

---

1 古希腊神话中冥府的守门狗。

2 古希腊神话中三体有翼的怪物。

3 古希腊神话中的鹰身女妖。

的最后一层里，叛徒被从头到脚冰封在永恒的冰块中。甚至帕多瓦的安特诺尔——但丁比洛瓦托更熟悉《伊利亚特》——也在这里服刑。在地狱的最深处，路西法镇压了叛徒布鲁图斯、卡修斯和犹大，它的三个爪子，一爪抓一个叛徒。

最后，对但丁来说，这条路又重新通向"东方蓝宝石般湛蓝"天空下的广阔天地，通向纯净的山峰，再直升天堂。这位大师级导演再次安排了难忘的场景。他不仅懂得如何展示地狱的残忍，他也懂得如何展现日出、晨曦等曼妙甜美的风景。在七层炼狱之中，巨石压在傲慢者的背上，令他们的眼睛只能看向地面。忌妒者被缝上了眼睛，必须摸黑前行。阴影里的淫欲者正在火焰之墙中净化自己。最后，这位诗人到达了天界。在这里，尊贵的早逝的女友比阿特丽斯（Beatrice）作为引路人帮助了他，她现在是神学或宗教的象征。维吉尔因为从未受洗而被天堂排除在外，已离开但丁。在第五重天火星天，身为罗马人后裔的但丁遇见了他的祖先卡洽圭达（Cacciaguida），还有久远时代的一些伟大的基督教徒：托马斯·阿奎那、布拉班特的西格尔、博纳文图拉（Bonaventura，1221—1274）、塞维利亚的伊西多尔、彼得·伦巴第和圣伯纳德，以及闪着火光的圣徒彼得。柏拉图的爱欲牵引着他的渴望，"这爱推动着太阳和其他的群星"。最后，但丁到达了神的帝国，在那里"看变得比我们的言说更为重要"。

同时代人将但丁视为"已死"诗艺的"重新唤醒者"。根据比萨的圭多（Guido da Pisa）的说法，"他唤回了我们对古老诗人的记忆"。《神曲》仿佛一面凹面镜，显示了欧洲丰富的知识生活能够产生的前提条件。这部作品是古代之后欧洲大陆上的第一部世界文学作品，可以说是城市世俗文化的产物。这部用意大利语创作的作品在城市中找到了它的读者。在博洛尼亚，有人开始为它撰写评论；在佛罗伦萨，薄伽丘开启了在公共讲座中阅读《神曲》选段并发表评论的传统。思想家奥利维曾经在佛罗伦萨的学校任教，布鲁内托·拉蒂尼在这里成为但丁的老师，如果没有这些学校及老师，那么这位诗人几乎不可能创作出这部伟大的作品。或许他还上过大学。正如他曾经说过的那样，他像一个陌生人，几乎如一个乞丐一样，四处流浪和逃亡，走遍了整个国家。此外，他还研究手稿，并与学者交谈，在此过程中熟悉了古代神话和哲学，这从他的《神曲》中那上百首的歌曲就能体现。当时在佛罗伦萨颇为流行的法国香颂和小说的艺术痕迹也能从中找到。他决定使用世俗的语言写作这部跨时代的作品，这对于托斯卡纳方言成为意大利标准用语至关重要。

这部《神曲》在当时显得如此新颖的原因在于，但丁决定将自己纳入情节之中，让"我"带着恐惧、喜悦和无尽的好奇心登场。他直接对我们说话：读者，是反复被提及的对象——如同画作的观看者在一个世纪之后成为中心透视的一部分。这部作品成为一部世界性的戏剧，掀起了始于12世纪的复兴浪潮。这个时代没有任何一部其他诗歌能够同样有效地将文字极大程度地转化成时而阴郁、时而敞亮，让人感到包罗万象的图像。而同时在苏黎世出现的"马内塞古抄本"所描绘的世界则与之迥然不同！它充分收集了源自北方和西方的中世纪晚期的诗歌。

人们在佛罗伦萨搜寻但丁的墓地将是徒劳的。这位诗人由于被视为归尔甫派中的白党而被迫流放，最后死于拉文纳，他的遗体只剩下一包存放在佛罗伦萨国家图书馆并被保存至今的骨屑。佛罗伦萨仍然是但丁的向往之地。正是在这里，他习得了他在《神曲》中使用过的、如今"妇孺皆知"的语言。这是一部但丁用来排解乡愁的作品，也是他为自己的流放控诉不公的作品。他经常将时代的历史用各种方式交织进《神曲》之中，其中的不少角色对抗着命运，也因此注定要成为不朽的人物，因为但丁已经将他们推入了他建造的地狱。那个"美丽的意大利"（Italia bella），那个他咏唱着它的"绿油油的草坪"，河流和城市，是故事的背景板。然后他再次哀叹他的国家已经成为奴隶，成为痛苦的旅馆和妓院——像一艘"在暴风雨中穿行的没有舵手的船只"。

但丁的皇帝、阿维尼翁的教皇和一位在慕尼黑的流亡者

此时，这位可怜诗人的所有希望都指向了德意志国王亨利七世（1308—1313年在位），他也被称为"高亨利""高大的阿里戈"（l'alto Arrigo）。但丁在"天堂"中，在被祝福者的黄玫瑰的包围之下，为其建造了一个宝座。这个宝座，就如比阿特丽斯所解释的那样，是为建立意大利的那个人准备的。在加冕德意志国王的两年后，这个卢森堡家族的统治者开始进军意大利，来行使帝国的权力，赢取帝国的皇冠，并像他的前任一样，大肆搜刮意大利富裕城市的钱财。几乎没有哪个统治者能比这个卢森堡人更喜欢意大利的那些从事文学创作的律师。例如，穆萨托就在亨利的军队穿越意大利的三年里，贡献了一部灵感来自李维、撒路斯提乌斯和苏顿纽斯等古典作家的史学史。亨利是半个世纪以来第一位越过阿尔卑斯山的德意志国王，据说他在很长一段时间内还是最后一位宣扬帝国思想的人。但丁写于1320年的《帝制论》（Monarchia）为其奠定了理论基础。

就在1302年，罗马教皇才又重申了相反观点。在与"美男子"腓力四世就法国神职人员的征税问题进行争执期间，教皇卜尼法斯八世针对这位君主颁布了《一圣教谕》（Unam sanctam）。他的最后一句是："我们申明，言说，确定并宣布，每个人都必须屈服于罗马教皇，并且宣告，这绝对是得到救赎的必要条件。"这些言语随风而逝，尽管后来在1516年，它们成了天主教的普遍教义。它们勉强逃脱了法国的囚禁，于1303年以失败者的身份谢世。但丁在地狱的第八层为他和他的继任者克雷芒五世（Clemens V）准备了一支火光闪耀的燃烧管，供买卖圣职者尤其是教皇使用。腓力四世在胜利的赞美声中趾高气扬地宣称他本人现在是国王、教皇和皇帝了。他为此发布了一封文书，卜尼法斯称之为"你们的极度愚蠢之事"。文书中如此提到，"他们可能知道，我们在世俗事务中是不臣服于任何人的"，"谁要是不这么认为，我们会以为他愚蠢且疯狂"。

即使在腓力四世死后，法国也在意大利的政治活动中占有一席之地。亨利七世虽然是一个明智而坚定的统治者，却未能满足但丁对他的期望。他建立凌

驾于党派之上的帝国战略与他的前任奥托三世相同，可使罗马帝国重获声望却以失败告终。他深陷于意大利的阴谋集团中，遭到包括当时强大的佛罗伦萨在内的多方反对。另一个敌人称他企图与西西里岛联合，重建安茹王朝在那不勒斯的封建统治。亨利好不容易才赢得了帝国的皇冠，只不过1313年他在锡耶纳南部的一个村庄里英年早逝，倒也让这位卢森堡人免受了更多痛苦的经历。

意大利在此期间失去了罗马教廷。原本是波尔多大主教的加斯科涅人克雷芒五世在经过近一年的枢机主教选举秘密会议后，成为枢机团的法国政党。在任期间，他居住在法国南部。于1316年当选的他的继任者若望二十二世（John XXII）也是法国人，他居住在阿维尼翁，此前曾担任那里的主教。如同他的前任和继任者一样，他也要确保自己的同胞，尤其是他们自己的子嗣，得到枢机主教的帽子。如此一来，便可确保穿紫色袍子中的大多数是法国人。半个多世纪以来，罗马教皇此时已在罗讷河上一座近似堡垒的宫殿中占有一席之地。毕竟，这里是一处可以摆脱罗马贵族氏族势力控制的地方。在这里法国王室的影响力是压倒性的。阿维尼翁最初是一个大约有6000名教徒的小镇，经过四分之三个世纪的发展，其人口翻了五倍，达到了罗马的规模。教皇的宫殿吸引了商人、知识分子和艺术家。来自北方的音乐家带来了新的和弦风格，即"新艺术"（ars nova）。1338年，到访罗讷河畔的甚至包括一个来自中国的基督徒使者。随着时间的流逝，约有两千卷书籍聚集在教皇宫中，该处也成为拉丁中世纪最大的图书馆。

受俸神职人员间的肮脏交易还在继续，从这里也能看出，但丁并非无缘无故就将买卖圣职者的地狱变得水深火热。罗马教廷对于这笔筹集的资金表现出极其丰富的想象力，它不仅用来奖励文士，雇用并养活穷人，还维持了宫廷事务的光彩。但要资助宫廷和战争，则还另需借贷。圣方济各会的批评家提醒人勿忘基督的穷困，阿维尼翁方面随即做出回应，禁止人们将耶稣视作穷人的观点，认为这种观点是异端邪说。反对教皇贪欲的抗议也在英国爆发，英国议会采取了措施来应对阿维尼翁的主张。

亨利七世去世后，神圣罗马帝国再次出现两个选举团同时活动，来自哈布斯堡家族的亨利七世的堂兄、"美男子"腓特烈三世（Friedrich Ⅲ der Schöne）对阵维特尔斯巴赫的路德维希（1314—1347）。若望二十二世最终谁都没有认可，但这并没有改变1322年路德维希在因河畔米尔多夫所取得的胜利。尽管没有教皇的祝福，维特尔斯巴赫家族却已经开始参与到意大利的事务中了。教皇以开除这位"巴伐利亚人"——他如此轻蔑地称呼这位国王——的教籍来回应，从而对其进行封锁，并褫夺其持有的城市和领土的所有宗教权力。这对其继任者也同样适用。如果人们看一看但丁的地狱中充斥着的恐怖，那么这一措施给同时代人所带来的影响就可以想见了：地狱向所有生活在这一惩罚阴影下的人们敞开了大门。没有任何地方可以进行礼拜、洗礼、教堂婚礼或葬礼，教堂的钟也悄然无声。巴伐利亚人一生都无法摆脱这一魔咒。但是，教皇甚至对微不足道的过失也发出禁令，使诅咒发酵膨胀，曾经令人恐惧的声音逐渐降低到仅是令人讨厌的小声嘟哝。但无论如何，路德维希还是回应了米兰的维斯孔蒂和对皇帝翘首以盼的城市的召唤，前往意大利。那里的人们期盼得到他的支持，来对抗教皇以及与教皇结盟的那不勒斯国王安茹的罗伯特。1328年，皇帝路德维希在圣彼得大教堂中，接受了被逐出教会的主教和罗马人民代表的加冕。这是一个史无前例的事件。

反对教皇干涉世俗事务的论点，早在几年前就被一位来自帕多瓦的医师马西利乌斯（Marsilius von Padua，约1290—1342/1343）提出来了。他用亚里士多德的术语撰写的文章《和平的保卫者》，就是对抗罗马教皇的斗争性文本。同时，马西利乌斯还为民主理论提供了基础。他将等级制体现的对于权力的贪婪及其对世俗财产的追求，视为一切分裂与冲突的主要原因。就在四分之一世纪以前，在卜尼法斯八世宣布自己担任罗马教皇职务的地方，他打动了人民，成为最高权力的拥有者和立法者。与之类似，他宣布成立神职人员大会，教皇不再是教会的最高权威，世俗和宗教的权力应该进行严格划分。然而，马西利乌斯尚未将人民视为平等的共同体，而是将其形容为"公民的总和或其更强大的部分"。作为"国家"（civita）的宗旨，在亚里士多德那里被认为是"美好的生活"。这个表述传到神职人员的耳朵里定会特别刺耳，对于他们来说仅仅需要满足日常需求，仅此而已。难怪当马西利乌斯作为上述著作的作者出名时，他不得不逃离巴黎。如同其他的教皇反对者一样，他在慕尼黑法庭找到了庇护。其中最著名的是奥卡姆的威廉，他在关于基督的穷困及其会对方济各会产生的后果的争论中，表明了自己鲜明的反教皇立场。

在帝国中，路德维希选择与选帝侯合作。他们与巴伐利亚达成协议，致力于消除教皇对于皇帝选举的影响。那个时候，维特尔斯巴赫的皇权似乎得以巩固。巴伐利亚成功地增强了自己的宫廷权力，赢得了勃兰登堡的支持，并通过联姻加强了维特尔斯巴赫家族和帝国的联系，这种联系一直延伸到丹麦和荷兰。崛起的波兰也被纳入维特尔斯巴赫家族的婚姻策略之中。他们首先与来自英国的爱德华三世（Eduard Ⅲ，1327—1377年在位）结盟，然后再是法国，此举有助于保障其在西方国家获取的利润。然而，巴伐利亚深谋远虑的策略却破坏了与皇室侯爵们达成的共识。那些用昭示着古代帝国荣耀的金玺诏书所封印的档案掩盖了一个事实，即路德维希只是诸侯中的一位，并非恺撒大帝。1346年，他的敌人们推举了卢森堡王室的查理（Karl von Luxemburg）——波西米亚统治者约翰（Johann）的儿子和继承人——为与之对立的君王。这并没有重新引发战争，因为路德维希于次年在一次狩猎旅行中因为突发心脏病而卧床不起。查理迅速取得了胜利，在随后的几十年中，"巴伐利亚国家集团"宣告破产。哈布斯堡王朝获得蒂罗尔，勃兰登堡落入卢森堡王朝手中。查理现在拥有强大的宫廷权力，创立了所谓的"霸权王权"。

意大利，这艘但丁的航船，在波涛汹涌的历史大海里乘风破浪，但仍然距离统一遥遥无期。在其北部，米兰、威尼斯、佛罗伦萨和教皇国的利益冲突频发。无论是派系间相互对抗，还是内部斗争，都只能依靠熟练的外交、金钱、毒药和暴力才能存续。许多领主巩固了自己的势力，有的是在人民的支持下，有的则违背了人民的意愿。"人民的统领"（Capitano del popolo）这一职务为他们中的一些人提供了成为独立统治者的机会。坎格兰德一世（Cangrande Ⅰ）的骑马雕像是一种政治宣言，展示的是维罗纳最强大的暴君，这位暴君是但丁的资助者，因而他是但丁"天国"圣歌的首批听众。斯卡里杰尔家族的这位石刻英雄面对路人自信满满地微笑着，他的身体一侧带有鹰形饰物，昭示着他作为维琴察、布雷西亚、帕尔马等地的帝国代理和贵族的尊贵身份。乡绅出身的贡扎加家族，则于1328年成为沼泽和明西奥河保护下的曼图亚的主人，并统治了三个世纪之久。

但这期间，威尼斯却不愿意对其腹地所发生的权力聚集袖手旁观。坎格兰德一世获得了更多城市，并在波河河口附近的一座城堡中定居下来，如此便越过了红线。威尼斯通过外交建立了强大的联盟，并引发了战争，使斯卡里杰尔军团的统治退回维罗纳和维琴察。佛罗伦萨以此将自己的影响力扩大到卢卡的城门前，威尼斯保下了特雷维索。由此，朝建立大陆国家迈出了一步。此外，威尼斯共和国扩大了军火库，其面积增大了三倍，没有什么比这更能清楚地反映威尼斯已经崛起为地中海的世界强国这一事实。它的船只越过黑海，停泊在塞浦路斯、黎巴嫩和北非的海岸，到达里斯本、伦敦和安特卫普。1340年，它的总督宫殿开始建造，耗费大理石无数。

意大利北部其他新的统治者也相继获得了神圣罗马帝国或罗马教皇封赐的合法头衔，是对国家建筑来说必不可少的"水泥"。爱沙尼亚人现在被称为教皇代理。贡扎加尽管有着归尔甫派取向，依然获得了皇帝恩典的封号。其他宗族——诸如卡尔皮的皮奥（Pio in Carpi）或弗利的奥德拉夫（Ordelaffi in Forlì）等不太起眼的家族，以及在乌尔比诺地区的蒙特费尔特罗（Montefeltro）等更重要的家族——都慷慨解囊，以便争取到合法权为他们的权力镀金。维斯孔蒂在皇帝亨利七世的支持下经过长期的斗争终于在米兰站稳脚跟，并继续充当着帝国代理。意大利北部的许多城市都与他们订立了条约，将他们视作和平与秩序的统治者和保证人——往往起初是暂时的，后来渐渐变成了永久的。

世界上最现代化的城市

正当拥有蝮蛇纹章的家族建立起米兰的国家政体之时，在亚平宁山脉的另一边，卢卡的主教卡斯特鲁乔·卡斯特拉卡尼（Castruccio Castracani，1281—1328）

也结束了自己彗星般绚烂的职业生涯。这位雇佣军首领先后与亨利七世和巴伐利亚的路德维希结盟——后者最终被驱逐出境——使自己成了大半个托斯卡纳的统治者。他甚至使一支佛罗伦萨军队全军覆灭。他在故乡卢卡取得了像帝王一样的胜利。这位商人的儿子，也成功成为第一位赢得公爵头衔的雇佣军首领。路德维希以此作为其进行武器支援的回报。可惜卡斯特鲁乔并没有高兴太久，一种造成严重发烧的疾病最终夺去了他不到48岁的生命。归尔甫派的佛罗伦萨人终于可以松一口气。卡斯特鲁乔的职业生涯看起来像是一道划过新时代的闪电，它将为纵向发展带来新的胜利。

佛罗伦萨在托斯卡纳发动的战争，像威尼斯的战役一样，并不是冲着成名或者争夺权力而去的。这更多的是一场争夺经济利益的战争：他们想消灭竞争对手，确保销售市场并向战败者征税。以丝绸生产而闻名的卢卡似乎也的确值得在1341年发动一场新的战争。马基雅维利断言说，佛罗伦萨实际亏了钱，它除了不光彩什么也没有赢得。然而，卢卡在经历了一段时间的动荡和不断变换统治者的时期之后，终于恢复了独立，成为一个城市公社。

佛罗伦萨经济的国际媒介是弗罗林金币。弗罗林金币出现于1252年，它重约3.5克，价值与此前一直占据着统治地位的一里拉的银相同；在东方，威尼斯的杜卡托金币一直是标准货币。这种装饰着百合花和城市守护神约翰肖像的硬币发展成为中世纪的美元，成为数百年来的稳定支付方式。冲压这种硬币所需的原金属通常要经过长途运输，先由骆驼商队从加纳运到北非，再从那里船运到意大利。例如，弗罗林金币的发行主要用于支付从西西里岛运来的粮食或东方的丝绸这样的奢侈品。佛罗伦萨人已经过渡到可以自己繁殖桑蚕来生产后者的原料，这也证明了他们的企业家精神。而他们最重要的进口商品是羊毛。它们是从北非和伊比利亚半岛进口的，并在13世纪末开始从英国进口，在那里饱经风霜的绵羊们奉献了尤为优质的羊毛。

纺织品生产是佛罗伦萨经济中规模最大的产业。它养活了居住在城墙之内的约9万人中足足三分之一的人口，还为周边地区的许多纺纱工和制布工提供了就业。羊毛使佛罗伦萨成为中世纪欧洲最重要的经济中心之一。可以说，佛罗伦萨的文艺复兴是羊毛编织而成的。大约在1338年，阿诺河畔的工场每年产出2万~3万捆羊毛。织造是一项需要明确分工的工作，需要进行各种各样的操作，从洗涤和梳理到染色，从而大大推动了资本流动。佛罗伦萨的布料一路从叙利亚卖到了塞维利亚。羊毛商人通常不仅提供原材料，而且还出借或用人工劳力交换织机。羊毛织工行会（Arte della lana）和卡利马拉羊绒商行会，都是这座城市中最强大的行会组织，后者用铺满马赛克的圣乔瓦尼洗礼堂的巨大圆顶来彰显着它无尽的荣耀。

尽管如此，大量织布工群体的生活却依旧在温饱线上下徘徊，有时甚至落入悲惨的情景，他们的手工作业也极容易受到危机的影响。但是，和其他广泛开展贸易的地方一样，一些拥有一点资本的佛罗伦萨人也可以通过羊毛和布料贸易获得跃升的机会。其中一个自14世纪末以来最著名的用羊毛纺织出自己事业的例子就是奥格斯堡人富格尔（Fugger）。因此，纺织业城市以及像佛兰德斯和英格兰这样的羊毛产区，早在中世纪就产生了相对开放的社会，也就不足为奇了。然而，贫富之间的鸿沟也是巨大的。佛罗伦萨最富有的人占有了四分之一的财富，其他地方如巴塞尔，情况也类似。

当时的人们似乎认为，布克哈特口中作为"意大利中的意大利"的佛罗伦萨无处不在。"你们佛罗伦萨人是第五个元素。"教皇卜尼法斯在1300年周年纪念日时，朝一支从阿诺河前来的代表团呼喊道。安茹的查理用佛罗伦萨的钱为争夺那不勒斯开战。当佛罗伦萨反对英国的时候，它用钱支持法国；而当佛罗伦萨反对法国时，它又用钱为英国出力。佛罗伦萨定期参加香槟的集市，并在欧洲一半地区都开有分店。一本名为《贸易实践》（*Pratica della mercatura*）的书就记述了他们广阔的视野。此书的作者是商业巨头巴尔迪家族伦敦分部的经理弗朗切斯科·巴尔杜奇·佩戈洛蒂（Francesco Balducci Pegolotti）。他在其中详细描述了从顿河沿海的亚速到北京，以及从奇里乞亚海岸到大不里士的路线，并给出了一些实用的建议——比如在穆斯林地区要蓄上胡子！——并注明了尺寸、重量、价格、产品供应情况等信息。

这个佩戈洛蒂供职的机构，在14世纪上半叶与佩鲁济（Peruzzi）家族周围的财团一起，并列于佛罗伦萨高级金融企业的前列。巴尔迪和佩鲁济两大家族在交易和信贷业务中赚得盆满钵满，他们将所获利润又投资到房屋和土地上——也投入灵魂救赎事业：正是乔托和他的团队赢得了佩鲁济的青睐，他们获得了在圣十字教堂为其家庭小教堂粉刷的机会。他们在1308年的营运资金接近15万里拉。不久之后，巴尔迪家族的财富达到了126.6756万里拉。这是一笔不菲的数目，比包括美第奇在内的其他佛罗伦萨银行家赚到的钱都要多，是佛罗伦萨政府年收入的四倍。

但是，在金库中堆满金银财宝的并非只有巴尔迪和佩鲁济两大家族。佛罗伦萨可能拥有当时世界上最多的私人财富。更为重要的是，他们的钱投资于城墙之外的房地产，反过来，他们又从城市公社那里购买自由人，为城市开发储备人力资源库。就像投资水果一样，钱也该在乡间增加。除了种植谷物外，还会种植需要数十年才能有产出的葡萄和橄榄树。托斯卡纳无与伦比的景观及其各地分布的农庄，即所谓的"地广人稀"（case sparse），都是资本主义的杰作。

该城市公社的税收总收入——绝大部分源自关税——在1338年达到了30.65万弗罗林金币。它足够修筑城墙，铺设道路，支付从波德斯塔宫的仆人到鸣钟人和小号手的薪俸，但却远不足以发动战争。佛罗伦萨借了80万弗罗林币来迎战卡斯特鲁乔·卡斯特拉卡尼，灾难性的卢卡战役致使其财政状况彻底滑入深渊。于是，豪绅巨富们在1342年产生了一个想法，他们想让一个强人去处理这些事务。这一选择最终落到了沃尔特·冯·布赖恩（Walter von Brienne，约1304—1356）头上，他是十字军的后裔，并且拥有雅典公爵的头衔。那不过是一种华而不实的尊严，因为在此期间，原本属于他手中的拉丁帝国的残余公国也被夺走，转到了阿拉贡人的手中。显然人们希望通过任命这位与那不勒斯国王安茹的罗伯特联姻的雇佣军领袖为佛罗伦萨的"保护人"，来阻止那不勒斯撤出资金，并把安茹王朝拉拢到佛罗伦萨这一阵营。与罗伯特保持良好关系对于佛罗伦萨的银行家来说至关重要，他们与罗伯特的财务状况是唇亡齿寒的关系，并且一直主导着他王国中的粮食贸易。但是，当沃尔特试图坐定领主（signore）之位时，召唤他的阵营又想让他永远消失。"公爵和他的追随者们虽光荣就义，但人民和佛罗伦萨以及自由的公社却万古长青！"这样的口号响彻街道。这位公爵的人手被削减过半，而沃尔特本人，在上任不到一年，便亡命天涯。豪绅巨富们大势已去，企图用政变做最后一搏并扭转局势的尝试失败了，由行会领导的暴动——羸弱不堪的佛罗伦萨又将其赶走——被扫地出门的他们在新的军团中被边缘化。复杂的选举程序使未来的动荡变为不可能，但这并不能阻止这样一个事实，即相互窥探监视的旧势力，借助他身后的资助者又重新勾结起来，组建了自己的"人民"（popolo）团体。

　　巴尔迪和佩鲁济两大家族因他们挑选的沃尔特的政变失败而随之没落。1343年10月，佩鲁济宣布破产，连带也拖垮了许多其他公司。它的失败始于10年前。受卢卡战役灾难性的重压，罗马教廷开始从佛罗伦萨的银行撤出其金融业务。但是，这一危机并未动摇佛罗伦萨的贸易地位。规模较小的新公司取代了破产的公司，而佛罗伦萨产的百合仍然畅销于地球大半个市场。例如，触角敏锐的弗朗切斯科·达蒂尼（Francesco Datini，约1335—1410）从阿维尼翁开始编织他的商业网络。他从1350年起就住在那里，然后从普拉托和佛罗伦萨出发穿过法国南部、西班牙北部和意大利。他经营的品类繁多，其中包括武器、羊毛以及北非的鸵鸟毛和巴黎的皮羊鹰帽。他运来的酒很合萨鲁塔蒂的口味。佛罗伦萨人在世界各地遍地开花，关于他们的新闻和逸事从各个角落纷至沓来。14世纪末的商人和编年史家戈罗·达蒂（Goro Dati）——他是当时在佛罗伦萨培养的编年史学家之一——如此评述他们：也许世界上没有其他城市有如此多的图景现身于各种记述（ricordance）和回忆中——那些通常保存了几代人回忆的日记里。它们中许多来自商业书籍，这些书记录了谷物价格、家谱、家庭事件和生意事务，还有当地大事件和造福后世的作家智慧。其中一位叫作乔瓦尼·鲁切莱的就把他的一篇文章命名为"杂集"（Mischmasch）。

　　与此同时，在佛罗伦萨和意大利的账房内，运用算盘和印度数字（包括构成百万的"零"）的方法正在盛行。花拉子密的作品同时也找到了译者。无数的计算书籍对十进制的胜利而言厥功至伟，其中莱昂纳多·斐波那契（Leonardo Fibonacci，1170—1240）的《算盘书》（*Liber abaci*）最为著名。

他的第一章就以"印度的9个数字计数法"开篇："我们看到，用这9个数字和阿拉伯符号'0'，阿拉伯语将这个数字符号叫作'zephirum'，我们就可以写出任意一个数字。"它的引言便以此为开篇。莱昂纳多得以了解阿拉伯数学的地方大概是在北非的贝贾亚地区，他的父亲在那里工作，是比萨商人的公证人。意大利市民练习使用货币和度量衡来思考问题，无论是罗马数字或印度的阿拉伯数字。博纳科尔西集团的合伙人乔瓦尼·维拉尼（1280—1348）提供了一个生动的事例：他是一位精于数字的人，为佛罗伦萨带来了"现代统计之乡"这一美誉。后世的人多亏了他才得到了关于那个时代的知识：他的同时代人每天消耗140莫焦[1]谷物，相当于近8.2万升的体积，每年屠宰4000头牛和牛犊，再加上3万头猪和6万头羊和绵羊，更不用说7月通过圣弗雷迪亚诺门运送到城里的成千上万的瓜类。

算盘、汇票、金钱和商业——它们和银行业都是经济扩张的副产品——在人们头脑里扎根，人们称之为"算术思维"，即对数字的熟悉度。这是后来高等数学得以迅速发展的先决条件。贸易商人、银行家以及律师也为现代科学革命的先决条件做出了贡献。或许，在佛罗伦萨和其他资本主义温床中盛行的计算思维也在艺术中留下了印记，例如一些画作和建筑中所展现出的精确比例，以及后来出现的中心透视法。无论如何，来自手工业的资金让人们得以建造宏伟的建筑。自12世纪中叶以来，新圣母玛利亚教堂就在佛罗伦萨西郊耸立起来。甚至世纪之交前夕，方济各会的圣十字教堂被建造起来，它很快就成为意大利最重要的宗教场所之一。教堂的墙壁成为壁画的创作区域，门户和外墙辅以雕塑装饰。阿诺尔夫·迪·坎比奥（Arnolfo di Cambio）是省城公证人的儿子，他也在公元1300年之前，就开始建造后来被称为"旧宫"（即韦奇奥宫）的政府所在地，它是行会权力屹立不倒的丰碑，是公社自由的宣言。他还发起了大教堂的重建，按照委员为决议重塑大教堂"所有可能的辉煌和荣耀"。这一工程是对竞争对手锡耶纳的大型大教堂设计项目的回应。金匠和雕塑家安德

---

1 莫焦（moggio）是容量及重量单位，1莫焦相当于1蒲式耳（bushel），主要用于量度干货，尤其是农产品的重量。——编者注

列亚·皮萨诺（Andrea Pisano）在1330—1336年为佛罗伦萨洗礼堂的南院门扇创作了青铜浮雕，以展现城市守护神施洗者约翰的生平景象，其中人物长袍的设计样式古朴而典雅。新的雅典城开始形成。

图像欧洲的开端

乔托是古希腊罗马时期之后第一位享有盛名的艺术家，围绕着他的逸事层出不穷。薄伽丘更是盛赞他"可以被视作佛罗伦萨的荣光之一"，并将他作为《十日谈》中一个故事的主角。在但丁撰写《神曲》之时，这位当时在世的男人的名声已经超过了新绘画风格的另一位先驱法玛·契马布埃（Fama Cimabue）："彼时皆以西玛布／为绘画中大获全胜者，如今乔托发出呐喊／他的名声便随之消退。"乔托的职业生涯贯串于意大利艺术资助者圈子中。他大部分时间都在佛罗伦萨度过，最后几年他在此接受了建造大教堂的工作，独立的钟楼始于他和阿诺夫·迪·坎比奥斯的设计。

几乎与佛罗伦萨同时，锡耶纳也开始了图像的新时代。杜乔·迪·博宁塞纳（Duccio di Buoninsegna，约1255—1318）和学生西蒙尼·马蒂尼（Simone Martini，约1284—1344）一起，成为这座城市公社的两位大师，他们也都打破了从切法卢到坎特伯雷统治欧洲的希腊和拜占庭风格。人们在墙壁和木板上看到的图像必定在同时代人当中引起了轰动。他们习惯了像是被油灯的烟雾熏成的深色图像或壁画，看起来庞大而笨拙。新的艺术则将情境放置到真实可信的风景中，在城市和房屋前，天空不再是金色，而变成了蓝色，加以云朵点缀，使之生气盎然。整个结构因为阴影而获得了立体感，其中的面孔个性鲜明，富于感情，这样的转变始于意大利的城市和宫廷。在阿西西，从13世纪末开始，一群画家开始为圣方济各配上全新写实风格的壁画。帕多瓦，而非托斯卡纳和翁布里亚，一举成为早期人文主义的第一个首都也绝非偶然——乔托就是在这里受资助人恩里科·德格里·斯克罗维尼（Enrico degli Scrovegni）的委托而创作了一幅大师之作（附图5）。在这里，除了有钱人之外，还有思想开放的普通大众，他们不仅需要图像来祈祷，而且还欣赏它们的"美"，并用它们来增加家庭的声望和提升自己城市的荣耀。

拜占庭的画家从来没有像意大利画家那样追求过自然主义。他们很少描绘世俗主题，也很少采用属于异教性质的古典风格中贴近自然的形式。他们的绘画概念和被描绘物之间有着很紧密的精神联系。这是一种柏拉图意义上的绘画的原型。玛利亚的画像本身就是圣母的遗物，上帝本人也参与了这一神圣事物的创作。画家所面临的挑战始终是使自己尽可能接近原型，"创新"（kainotomia）被视作异端邪说。即使在西方，人们也将从拜占庭进口的圣像尊为古老的神奇物件。例如，有人就认为威尼斯的《带来胜利的圣母》是圣路加的作品，他是圣母像的第一位肖像画家。但是，与拜占庭的传统形成鲜明对比的是，这里的绘画不断偏离一直延续至今的观念，将一件作品的独创性视为其品质的标准。在14世纪的复杂社会中，人们因为圣格里高利一世而开始重视图像的功能，即用宗教真理去解释生命中还未可知的事物。

罗杰·培根为此奠定了理论基础。在1267年完成的《大著作》中，他呼吁对《圣经》进行解释，以几何学的方式描绘《圣经》中提到的事物和建筑物，并从三维角度对其进行重现。如此一来，人们便可以"用眼睛"进入圣殿或天堂般的耶路撒冷，看到那原本在先知面前才会浮现的景象，以便从感官上认识到《圣经》里那些词句的更深层含义。那些用以释经和传教的手册，读起来像是给当时画家们的指南。他们用绘画再现了这些语句，面向同一拨听方济各会传道的听众。这些"艺术作品"也站到了那些古老而神秘的圣像，以及那些或言说、或流血、或哭泣的图片旁边，与之并列。有时，人们甚至用它们取代圣像，比如1311年在锡耶纳所发生的那样。那时候，大教堂里的一幅朴实无华但拥有神奇魔力的玛利亚圣像——锡耶纳人认为是它的魔力为蒙塔佩尔蒂带来了胜利——就被杜乔画的《圣母像》（Maestà）所取代。如同伴随她左右的陪同者们，圣母也面朝着她的信徒们。她的姿态让人联想起拜占庭风格美妙画作中的玛利亚们。但是，杜乔以透视角度再现了圣母那具有科斯莫蒂装饰风格[1]的宝座，她本人、天使和圣人都穿着依照现实设计的长袍，而那时惯用的满是折痕且用金色凸显的长袍样式已被弃用。这项艰巨的工作完成后，市民和神职人员以胜利的姿态将自己城市的女主人画像护送进了大教堂。商店和作坊全都为此关门休业，钟声响彻四方。以前，古老而神奇的圣像被赋予一种荣耀且被崇拜，如今，人们崇拜的是一件具有精妙技艺的手工艺品。

拉丁欧洲的画家不断精湛其技艺，他们能够越来越精确地复制自然中的事物。从这里，那些征服世俗领域的新绘画体裁的发展迈出的不过是一小步，其中最早走上这条道路的就有安布罗吉奥·洛伦泽蒂。1337—1340年，他在锡耶纳的市政厅就创作了一幅之前已经提到过的关于公共统治理想的画作，即他的"好政府"（Buon' governo）图景——在其对面墙上则是"坏政府"的寓言。它们是试图展示真正的锡耶纳及其周围环境的壁画，世俗主题还从未像这样被置于如此重要的位置。

欧洲建筑物在很长一段时间都由尖拱和温佩根样式[2]占据主导。尽管稍晚于12世纪的文学复兴，但不久之后，从雕塑和建筑中也可以观察到对于古典样式的挪用。卡斯特拉纳的大教堂，一个罗马以北的小地方，于1210年被加盖了凯旋门样式的门廊。托斯卡纳的"文艺复兴开端"（Protorenaissance）的著名例子则是佛罗伦萨的洗礼堂和圣米尼亚托教堂。但是，人们不应该只将目光投向意大利：维拉尔·德·奥内库尔在1230年前后创作的建筑书籍中，就描绘了基于古代小雕像的人物（插图15）。这位作者可能还熟悉罗马建筑师们的几何学。

雕像已经越来越多地让人可以看清个人的面相，以此识别出谁是它的模特。所有这些加在一起构成了我们在哲学、诗歌和宫廷抒情诗中所注意到的新主体性和崇尚古代的痕迹。但是，源于古代的许多主题和生物，例如女海妖和

---

[1] 科斯莫蒂（Kosmaten）指的是12—14世纪在罗马教堂从事大理石装饰工作的一群人，后来用来指称由此而来的装饰风格。科斯莫蒂源于其家族名字科斯马斯，后来还用"Cosmatesca"来指用马赛克装饰的风格。

[2] 温佩根属于哥特建筑风格，门窗上带有三角楣装饰。

斯芬克斯等怪物,则一直从中世纪延续下来:它们是古代的幸存者,而不是文艺复兴时期的见证人。女海妖们,或许还有光神密特拉,它们在蒙雷阿莱修道院回廊上随意地与各种基督教母题混杂在一起。如果12世纪的大师们不是以雕塑而是以文字为模型,那么他们通常会使用熟悉的样式。因此,战神马尔斯在有关乌尔提亚努斯·卡佩拉的"婚礼"的评论中就以骑士的身份出现,而诸神之王朱庇特则打扮得像中世纪的国王。金匠的作品造就了"文艺复兴之前的复兴"——比如来自列日和科隆的饰物,或兰斯大教堂的雕像——在那里,中世纪雕像和古代首次在同一平面相遇了。在意大利,位于锡耶纳和比萨的由尼古拉·皮萨诺(Nicola Pisano,1210/1220—1278/1287)所创作的布道坛浮雕就接近新风格。尼古拉可能在普利亚地区长大,他受皇帝腓特烈二世的宫廷影响,对古代持开放态度。腓特烈帝国最著名的建筑是水晶八角形的蒙特堡,在南方天空的蔚蓝下光芒四射,似乎已经初见文艺复兴时期几何精神的雏形。它到底是狩猎城堡,还是防御设施或是被驱逐者的避难所,仍然是一个谜。

精神的顶峰漫步:彼特拉克

法国南部,马洛塞讷,1336年4月26日。这是何其冒险啊!巍峨的旺图山就耸立在弗兰齐斯科·彼特拉克(1304—1374)眼前。这位意大利人隐居于普罗旺斯的小镇,他从那里出发去登山。他受到李维《罗马史》中一个段落描述的类似行为的启发——马其顿国王腓力五世攀登了色萨利的赫姆斯山。彼特拉克在他的兄弟和两个仆人的陪伴下启程,和煦的春光缓解了他旅途的劳累。他从山顶上眺望白雪皑皑的阿尔卑斯山,视线越过罗讷河,一直望向大海。带着无限的渴望,心中燃烧着"不可熄灭的火焰",这位徒步者看向他家乡意大利的方向。碰巧的是,彼特拉克的行李里也装着奥古斯丁的《忏悔录》。他打开书,第一眼就看见了第一句话,它一下子就削弱了这尘世的欢愉感受:"人们去赞叹山之高伟,海洋之浩瀚,河之宽阔,海浪之波澜壮阔和繁星之轨迹,唯独忘了自己。"彼特拉克开始意识到只有自己的灵魂才值得赞颂。于是他将内心的眼睛看向自己，然后平静地又重新与同伴们一起往下走向山谷。月亮照亮了他们的路。

我们不知道文学史上这次最著名的登山之旅，是不是如彼特拉克向一位朋友讲述的那样确有其事。但这样一次仅出于想要一览风光的登山之旅，据人们所知，在彼特拉克之前很长一段时间都没有人做过。此前，壮丽风景大多是要拿来征服和开垦的，但对于自然美景的赞美对中世纪来说也并不陌生。例如，人们可以与神话般的凯尔特战士和诗人菲奥恩·麦克·库姆海尔（Fionn Mac Cumhaill）一起，漫步在明亮的5月早晨，聆听夜莺的歌声和"夏日之友"布谷鸟的欢啼，或聆听游吟诗人旺塔杜尔的伯纳德（Bernhard von Ventadour）的吟诵——他可以出于自己的欢乐或美好感受而让草丛染绿，让花木绽放。彼特拉克文本中的"现代"是他的主观视角，反映了他自己的感受，这是依照他所看到的世界全貌而生发的。他将自己的攀登与艰难的朝圣及救赎相提并论，讨论了道德的迅速变化，并希望不稳定的思想最终可以转变为一种善良、真实和持久的思想。攀登高峰是关于一个人一生在路上而永未抵达的生命寓言。

这位弗兰齐斯科·彼特拉克是何人？他生于托斯卡纳的阿雷佐，是一位同样来自新的市民文化群体的公证人的儿子。他原打算过一种枯燥的律师生活，可最终决定进入阿维尼翁的教廷任职，担任了一个不太重要的职位，这让他获得了神职人员的薪俸，从而确保了他的生计。彼特拉克过着快节奏的生活：我们发现他有时因为一些外交使节的工作而频繁现身于意大利、法国、佛兰德斯和布拉班特的各个城市。在列日修道院，他发现了西塞罗对文学教育的赞美作品《为诗人阿基亚斯辩护》，说出了彼特拉克内心想说的话："这些论述老少皆宜，它们装点着那些美好的时光，又在需要时给人以帮助与慰藉。它们总是在那里，无论我们在家乡，抑或背井离乡，它们陪伴我们度过黑夜，伴随我们同行，与我们同在这片土地上。"孤独在彼特拉克的作品《歌集》中被赞颂为更受偏爱的生命形式，而它也一次又一次地吸引着他，将他引至阿维尼翁附近的沃克吕兹，他在那里拥有一栋简朴的房子。这座村庄因索尔格的蓝色泉水而闻名，他在一首诗中写到它那"清澈、鲜活而甜美的水"，彼特拉克对此心生向往。十四行诗的形式起源于腓特烈二世统治下的西西里，它将彼特拉克推至不胜孤独的至高之处。几个世纪以来，它鼓励着人们站在包括莎士比亚、弥尔顿和里尔克在内的一些巨人的肩膀上继续创作。欧洲还从未出现过可与彼特拉克比肩的作家，他用如此有力的语言来极致地描绘爱情、死亡、自然和孤独等永恒主题，一次又一次剖析饱受折磨的自我。人们必须往回追溯，追溯到卡图卢斯最著名的那首诗："我又恨又爱，你也许会问我为何如此。不知道，我这样感觉，受着煎熬。"

彼特拉克可能在人群熙攘的那不勒斯找到了甜蜜的悲伤的对立面，在那里他得到了安茹的罗伯特——一位"高瞻远瞩的善良的西西里国王"——的资助。这位饱读诗书的统治者的宫廷吸引了许多才华横溢的人。罗伯特已经招揽了乔托和雕塑家蒂诺·达·卡马伊诺（Tino da Camaino），后来的薄伽丘也来到这座维苏威火山下的城市。薄伽丘的父亲是巴尔迪家族企业在那不勒斯的代理人。彼特拉克在新堡中获得不少赞誉：1341年复活节那天，他的国王在罗马国会大厦为他加冕桂冠诗人。彼特拉克在这一次的演讲中展现了其作为诗人和学者的自我形象，表达了他希望复兴古典传统的愿望。他无意造成神学上的分裂——却一再允许自己呼吁哲学家反对那个时代的哲学——而更确切地说是以维吉尔和西塞罗的诗歌为榜样创作颇具政治色彩的诗歌。他并非不虔诚——他将诗人的桂冠放在圣彼得祭坛前。他将自己的作品视作为了实现意大利的文化复兴。他想捍卫罗马的名誉，也想为自己扬名。他呼吁罗马人要最终为他们的自由而战。他像曾经的拉瓦尔丁的希尔德伯特那样，站到了帝国的废墟前。他收集古董硬币，并成功地搜集到许多旧手稿。为了取代他认为难以阅读的、被他咒骂为"是为了让人没法阅读而发明的""哥特式"字体，他使用"加洛林式"字体书写。它对他来说似乎更实用，也更美。他是否因为这种字体被视作古典样式才对其另眼相看，就不得而知了，倒也并非没有这个可能。

与他之前的但丁和他之后的马基雅维利一样，他用书写来与自己祖国的动荡相抗衡，但同样无功而返。没有哪位与他同一时代的人能如此清楚地表明，激发一种反对可悲的政治现实的爱国主义，也能对古典研究产生影响。伟大的过去表明了意大利在过往的可能性，以及它未来的走向。彼特拉克曾经对他的意大利发表讲话说："它是被上帝惦念和爱护的国家……是我最亲爱的母亲，也是这世界的荣耀！"

在佛罗伦萨，他遇到了薄伽丘，两人还互通信件。他的两部主要作品是他在米兰逗留的很长一段时间写成的，他在那里得到了已经跃升为意大利北部最强大的维斯孔蒂家族的资助：创作了《胜利》——爱情、死亡、永恒和荣耀再次成为他的创作主题——和《幸运与背运的救治》，一种关于人生浮沉的道德哲学话语的作品。许多他所写的作品都未完成，其中包括伟大的罗马人和圣经英雄以及赫拉克勒斯的传记集。他写的那些风格上往往堪称艺术珍品的信件，不仅写给他的同时代人，而且还写给西塞罗、贺拉斯或荷马等伟大的思想家。因此，他也被视作发现了书信这一文学体裁。他的作品传播迅速，其影响力在16世纪下半叶甚至到达了墨西哥：当时，托马斯·德·普拉扎（Tomás de Plaza）在自己家的接待室内画上了壁画，而其描绘的剧情就是彼特拉克的《胜利》（插图21）。

插图21：《时代的胜利》，16世纪中后期，普埃布拉（墨西哥），院长之家

彼特拉克是不是第一位现代诗人的问题，如同问但丁是不是中世纪的末代诗人一样，尚无定论，但他们都是话语革命的主角，并且两人的作品都代表着创造力的正式爆发（但丁在这一点上稍逊一筹，而彼特拉克则表现得更为明显），都点燃了以古典为榜样的热忱。彼特拉克称柏拉图为"哲学之王"，并将他置于亚里士多德之前。彼特拉克笔下的女性形象与但丁《神曲》的形象截然不同：比阿特丽斯在她的歌中沉迷于纯粹的神学，彼特拉克的劳拉——1327年他在教堂邂逅的一位美丽女子——明眸善睐，金色的卷发在风中飘逸。劳拉是他生活中未实现的爱情和他诗歌创作的缪斯女神，她或许是虚构的文学人物，却是如卡图卢斯笔下的莱斯比亚一样美丽的文学人物，比空灵的比阿特丽斯更加真实。当然，瞻仰上帝才是彼特拉克和但丁所要追求的目标。后者以具有前无古人的创造力的诗意视野实现了这一目标，而前者则在自己孤独的书籍世界里，在偏远的村庄和一座真正的山峰，也就是那座旺图山上找到了它。

如果以这两位主要诗人之间的差异为坐标来界定中世纪与文艺复兴之间的界线，那这界线将是极细微的。彼特拉克与他这位更为年长的同行在自我怀疑上区分最为明显，这在文艺复兴早期的肖像画中可以看出一二。他比但丁更愿意面向这个世界。他积极地徘徊在法国和欧洲。他对古代的兴趣也更为明显，这也帮助他在维罗纳发现了西塞罗写给阿提库斯（Atticus）的信。而但丁究竟对于古代有多亲近的感受，关于这一点尚持开放态度。在《神曲》中，来自各个世纪的英雄和恶棍四处游荡。天国里没有时间，没有过去，只有现在。而彼特拉克与之相反，表现出了敏锐的历史意识。他把自己的时代看作"黑暗时代"（tenebrae），区别于作为历史标杆的古罗马的辉煌年代。被加冕桂冠诗人时，彼特拉克在写给自己的赞助人枢机主教乔瓦尼·科隆纳的信中，展现了一种碎片化的考古：他从戴克里先浴场的穹顶中享受到健康的空气、视野和宁静。"当我们沿着废墟之城的城墙步行或坐下时，我们似乎分成了两派，废墟的瓦砾碎片就摆在我们眼前。我们的谈话经常转向我们似乎散落其中的历史，以至你似乎更赞赏新的故事，而我则偏爱古老的故事。那些发生在基督的名字受到罗马的追捧以至被皇帝尊崇之前的事件，都变作古老的故事，而新的故事则是由自那以后一直到当下所发生的事件组成。"彼特拉克希望复苏的来临。他未完成的《非洲》是一部以第二次布匿战争为背景的英雄史诗，它以对美好未来的展望作为结尾："我的命运是生活在多重和混乱的风暴中。但是对于你来说，也许，按我的希望和愿望，如果你生活在我之后久远的未来的话，那么美好的时光将会随之而来。遗忘的沉睡不会永远持续下去。黑暗终将被打破，我们的后代将可以重返从前纯粹的荣光。"他以这些句子昭示了历史的三分法划分，即分为古代、中古"时期"（medium tempus，即一个足够长的却缺乏公平正义的"黑暗"中段时期），以及新的时代。彼特拉克之后的下一世纪也应算作这一时期之内。然而，彼特拉克的希望指向的却是更加遥远的未来，而当下于他只是忧郁。"胜利逃离，片刻不停／死亡在迫近／现在的，过去的，／以及将来的，都是威胁我的敌人。"

17. 心态崩塌

插图22：贾科莫·波隆·德·布基斯（Giacomo Borlone de Buschis），《死亡的胜利》（局部），1485年，克卢索内（Clusone），瓦尔塞里亚纳学科讲堂

死亡的胜利

黑暗时代？彼特拉克的评价有其现实的理由，正是这些理由使忧郁而又充满厌世情绪的生活成了法国及其他地区文学的重要话题。温暖时期的好日子一去不复返了。或许是由于赤道附近的火山喷发，导致尘埃喷入大气，给太阳蒙上了阴影，地球上的气温也随之下降了。冰川融化后流入山谷。早在13世纪，瑞典和挪威的农场就已经被废弃，开荒的大火被扑灭了，定居运动逐渐平息下来。一次由挪威人和瑞典人组成的去格陵兰岛的探险之旅就发现了那里的村庄空无一人。食物也变得越来越稀少和昂贵。1315—1317年，饥荒一次又一次席卷着这片土地，欧洲的人口统计数据不断下降。

一种恶性循环机制无情地暴发了，它令工业化前的欧洲社会痛苦不堪、受尽折磨：人口的增长速度超过了田地产量所能允许的速度。如果没有战争或流行病强行带来新的平衡，后果只能是匮乏和死亡。向外迁移、森林砍伐或诸如轮式犁之类的技术创新虽能够推迟死亡的到来，却无法阻止其发生。在这一过程之后，生活稍微好转了一段时间，直到关键性的时刻再次出现，随即又带来死亡。被认为最早是由经济学家托马斯·马尔萨斯（Thomas Malthus，1766—1834）提出的"马尔萨斯陷阱"[1]，或许在那时就已经为人所知。在最古老的阿卡德史诗《阿特拉哈西斯》中，就描述了人口是如何扩散，国家又是如何"像野牛一样咆哮"，以致叨扰了众神的安息。解决办法在于控制生育和谋杀手段：瘟疫、干旱和洪水。这些是恩利尔神[2]对人类的惩罚。

恩利尔的三位凶手之一在14世纪40年代返回了欧洲。黑死病——这个名称就暗示它是一种大量出血的传染性疾病，其症状类似于埃博拉出血热——从亚洲向西蔓延。根据伊曼纽尔·勒·罗伊·拉杜里（Emanuel Le Roy Ladurie）的说法，微生物一统这个世界。1346年，它们到达了热那亚人位于克里米亚的基

---

1 指不断增长的人口早晚会导致粮食供不应求。

2 苏美尔神话中主管大地和空气之神，也称风神。

地卡法，当时蒙古人正在围攻这座城市。征服者采取了生物战手段，将散发着臭味、携带瘟疫病毒的尸体扔进城市。瘟疫是商船和战场上无形的乘客，它们以此入侵了意大利，在1347年又征服了墨西拿，继而征服了比萨和热那亚。同时，欧洲再次遭受了严重的饥荒。挨饿的人很容易成为瘟疫的猎物，但是不久之后，瘟疫的影响就不再那么显著，它们已经感染了可以感染的所有东西。它们渗透到英格兰，又潜入斯堪的纳维亚帝国。很快，它们造就的尸体大军就已经数以百万计了。彼特拉克笔下的劳拉在1348年也不幸感染了瘟疫，他在《死亡的胜利》中描绘了这一令人沮丧的景象。"看见这整片土地尸横遍野，没有散文或是诗句可以对此进行描述：从印度和中国到摩洛哥和西班牙，那一大堆尸体已经经过许多时代，它们迟早将这个世界堆满；彼时，那些被人们形容为幸福的人，诸如教皇、统治者、皇帝，也都将赤裸、悲惨和贫穷。"所发生的这一切被彼特拉克认为是一次史无前例的行星会合所引发的结果，预示着世界的终结。

黑死病带来了悄无声息的恐惧。那些被感染的人先是注意到淋巴结肿胀，随后出现皮疹、头晕、发冷、剧烈疼痛等现象，一些患者还会吐血。患者的肺部一旦感染，当天就会死亡，有时三个感染者中仅有一个能存活下来。住在奥尔维耶托的一位编年史家简明地说："今天早晨你还很健康，第二天就死了。"另一位又描述道："女人躲开深爱的男人的拥抱，父亲避开儿子，兄弟躲开兄弟。"有些人独自一人垂死，没有圣餐，没有医生，没有神父敢冒险靠近他们，他们绝望的哭声从废弃的房屋中传出来。一切都匆匆了事，常常连哀号的妇女都没有，也没有钟声和葬礼，死者便被埋葬了。一位佛罗伦萨编年史家讽刺地说，他们将尸体铺在万人冢里，撒一点泥土，再铺上厚厚的另一层尸体，又在它们上面再盖上一些土——"就像在制作奶酪一样"。人们匆匆逃往乡下。在威尼斯，死亡人数如此之多，以至剩下的人都没法达到召开伟大的议会所需的法定人数。

流行病被认为是上帝对这个似乎偏离正轨的世界的一种惩罚。耶和华是否如《圣经》中记载的用洪水清洗世界那样，净化这个世界？律师加布里埃勒·德·穆西斯（Gabriele de Mussis）了解到，在中国这个"世界开始的地方"，可怕的蛇和蟾蜍成群结队地向人们预示着这场灾难；印度同欧洲一样，那里先是出现了地震。游行，以及圣髑、忏悔和祈祷等神奇力量皆于事无补，卫生措施缺乏，更为缺乏的是医生。虔诚信徒血流成河的阴郁画面构成了中世纪相关时期的壁画，也包括犹太人大屠杀的场景。正如十字军东征爆发时那样，人们再次发现了有罪之人。债务人找到了借口以摆脱债权人。中世纪最著名的外科手册的作者盖伊·德·乔利亚克（Guy de Chauliac）医师发现，犹太人被指责为世界的"毒药"，需要为这一系列的死亡负责。除此之外，一些可怜的残疾人，甚至某些地区的贵族也被驱逐出境。在德意志、法兰西和西班牙帝国——奇怪的是意大利并不在此列——犹太人被谋杀，他们的财产被没收并分发。这种恶意的狂热自古有之，仇恨犹太人的理由很早就已经存在。到13世纪下半叶，迫害变本加厉，受害者被扣上了谋杀儿童或是亵渎圣体的罪名。

宗教活动是一种仁慈地祷告上帝以阻止和净化大屠杀的方法。编年史家除此之外还报告了一些相反的反应。对死亡的恐惧伴随着对生命的渴望。乔瓦尼的兄弟马泰奥·维拉尼（Matteo Villani）报告说，幸存者如今成了丰裕的土地继承人，他们因此不知节制，沉迷于美酒佳肴。"他们喜欢筵席和宴会，及时行乐，享受山珍美味。"瘟疫使欧洲人口减少了三分之一，甚至一半。出于未知的原因，死亡人数中最多的是中年人。

瘟疫的影响深远。死者的钱财留给了幸存者，而这与战争又有所不同，战争会将人和财产一同毁灭。利息下降了，因为必须供养的人口比瘟疫盛行之前少了，所以粮食价格也降下来了，人们有了更多的钱可用于购买奢侈品。村庄废弃了——有时在林深寂静中的残垣断壁还在唤起对这些"荒村"的记忆——土地满目疮痍。劳动力没有了，这是这个世纪中叶的瘟疫大暴发之后，疫情进一步蔓延的结果。通过法律来控制工资上涨的尝试没有获得成功，人口数量的崩溃式下降也加剧了大庄园的瓦解。农民大都能获得有利的贷款条件，从而减轻了税收负担。由于农产品价格的下降，地主的收入也因此而减少。乡间的士绅陷入困境，不得不大举外债并抵押他们的货物，一些人甚至变得一无所有。即使是富有的条顿骑士团，也一时囊中羞涩。不少领主甚至沦为了市民或者农民阶层的一员。为了获取新的资金来源，一些人采取了蛮横的手段，他们抢夺城堡的财产，并通过突袭路过的商人而索要赎金。许多人雇买兵力成为雇佣军领袖，伟大的军阀时代开启了。还有一些人则寻求谋得一份公务员或外交官的工作。

瘟疫受害者留下的财产，以及那些吸引贸易和手工艺品进入城内的资金帮助人们大兴土木，而无暇顾及当时的政治动荡。市政厅和教堂被修建起来了。人们继续从那些大规模的死亡经验中得出相似的结论，深深烙印在集体记忆中。正如人们自己所听到的那个充斥着大量死亡的时代的讲述一样，有些人试图通过善行来缩短在炼狱的时间并获得幸福。其他人则专注于今生所在的尘世，把握当下的日子，将短暂的生命视作节日来度过。所有这些策略都对艺术大有裨益，无论是对建造教堂、捐赠祭坛还是兴建宏伟的宫殿，使艺术付诸实践所需的资金，至少已经通过因大规模死亡而带来的资本累积得以实现。例如，佛罗伦萨的奥桑米歇尔兄弟会，从过世的成员那里继承了35万弗罗林金币。其中8.6万金币用于投资修建教堂的神龛，即安德里亚·奥尔卡尼亚（Andrea Orcagna）于1359年完成的由大理石、青金石、玻璃和黄金所制成的旷世之作。但是，由于缺乏纳税人，一些雄心勃勃的市政建筑团体陷入了停滞。最引人注目的例子是锡耶纳着手修建的大教堂项目草草结尾，而这座在今天广受赞叹的建筑不过是当时那座十字形大型建筑的翼部而已。

教堂的图像世界已经明显黯淡无光，尽管在1347—1350年这一死亡率大幅上升的时期发生了可怕的事件，却没有画家将其付诸笔端、永恒留存，仅有编年史学家和书籍插图保留了些许记忆痕迹。比萨坎波桑托墓地的拱廊壁画展示的景象，与彼特拉克在世界末日画面中所呈现的"死亡的胜利"相同，但这些壁画在大规模死亡发生之前就出现了。它记录的是14世纪上半叶就已经暴发的心态崩塌、气候变化、农业危机和人口过剩问题。而在14世纪末，特普尔的约翰以他的《来自波西米亚的阿克曼》喊出来："所有国家的残酷破坏者们，危害全世界的迫害者们，所有残忍的杀人犯，你们，死亡，你们都被诅咒！"

全世界的分裂

死神无情地让疾病和饥饿在欧洲各地肆虐，其深远的后果是导致了金雀花王朝和瓦卢瓦王朝之间的一系列战争。瓦卢瓦王朝是自1328年之后一直统治法国的卡佩王朝的分支。尽管和平遭到破坏，但在1337—1453年持续发生的冲突却产生了"百年战争"这个概念。它更深层次的原因在于已经提到的，英、法统治者既联合又分裂的扭曲关系：英伦岛上的统治者是法王在阿基坦地区的附庸，其领土却是安茹帝国的一部分。由于爱德华三世的法国亲戚查理四世去世后，没有儿子可作为继任者，于是爱德华三世提出要自己继任王位。这种冲突局势在第一次泛欧战争中达到高潮，苏格兰、佛兰德斯和卡斯蒂利亚成了战场。最终，英格兰大范围退回了其所在岛屿，而法国的轮廓线则与今天的法国轮廓线颇为接近。

大规模的战争是那个时代的可怕同伴。它造成了巨额的成本，从而增加了税收负担。在和平时期徒劳无益的雇佣兵，给人民带来了苦难，并引发了起义。其中包括"扎克雷农民起义"——当时贵族嘲笑他的农民为"呆扎克"（Jacques Bonhomme，意指"乡巴佬"）——它构成了对古老精英阶层的最大威胁。这场起义夺取了巴黎、法兰西岛北部、皮卡第和香槟，甚至城市公民和一些官员也参加了起义。作为领导人之一，商人艾蒂安·马塞尔（Étienne Marcel）从传统的阴影中走出来，他想利用起义的势头来提高王室在抵抗贵族斗争中的地位，同时使其获得对各阶级的统治权。当时在法国首都的彼特拉克抱怨说："现在，人们听不到辩论者的争辩，而听到战士的喧嚣；不再看到成堆的书籍，而是看到成堆的武器；墙上回响的不再是三段论和演讲声，而是守卫和攻城锤的撞击声。"在乡间，城堡危立在大火中。贵族被屠杀，他们的妻子被强奸。根据编年史家让·傅华萨（Jean Froissart）的说法，农民可以当着家人的面，用大火烧死一名骑士。王冠艰难地站稳了脚跟，马塞尔却付出了生命。

到处都是兵荒马乱。年鉴里记录着魅力超凡的领导者们的命运浮沉。1347年被罗马人提拔为人民领袖的科拉·迪·里恩佐（Còla di Rienzo）最终还是沦为失败者。他的"先解放罗马，再解放意大利"的计划，与其对过往的向往相符。彼特拉克甚至愿意借李维之口来歌颂新罗马的荣耀。他笔下的英雄，一位小酒馆老板和洗衣妇的儿子，裹着古罗马的长袍，得意扬扬，夸耀自己为"圣灵的战士，严厉而温和，是城市的解放者，是意大利的狂热者，是世界的朋友，是崇高的领袖"。这其中结合了一种怪诞的复兴与约阿希姆的末日启示。此时，若想清算人民、罗马贵族、教皇和皇帝四者之间的恩怨关系，即便叫一个聪慧的人来也力所不能及。1354年，科拉被工匠杀死。多亏一位文字颇有乔托之风的匿名记录者，才使得科拉从所处的那个世纪中以异于常人的姿态站到了我们面前：脑袋前后摇晃，踮脚摇摆着。

法国仍然动荡不安，起义还在不断爆发，德国亦然。在锡耶纳的编年史家多纳托·迪·内里（Donato di Neri）看来，似乎全世界都在分裂。在温暖时期迅速发展的城市中，就已经存在着权力斗争，但如今它们的性质发生了变化。人民，这些"呆扎克"，比以前更加强大了。但这样的"人民"不仅是"悲惨的"（les misérables），也是苦难和穷困的。商人、骑士和贵族组成的中上阶层对罗马贵族的斗争感到厌倦，于是推举科拉上台。扎克雷起义的队伍里不仅有富裕的农民和城市工匠，甚至还有王室的官员。驱使人们参加起义的不仅仅是简单的"恶劣条件"——否则当今世界将有一半处于动荡之中——还有其他原因，例如坚信自己正在遭受不公，或对失去一切感到恐惧，以及反过来，升迁和权力前景总是与统治者的软弱和失控相伴而来。

一旦没仗可打，雇佣军便会失业，他们四处横行，骚扰人民，被称作"扫荡者"（routier）。黑死病以多种方式加剧了紧张局势：不仅带来了道德的崩溃，而且还造成了欧洲自上古以来从未经历过的极大程度的人群分布转变。空了一半的城市对移民的吸引力达到了空前的高度。例如，佛罗伦萨的人口数在1350年时已减少到3万左右，到14世纪末又回升至7万，商业资本和瘟疫受害者留下的钱财集聚于上层社会，移民则增加了城市下层阶级的人数。例如，纺织工人并没有从繁荣中受益，因为大规模的人口灭绝摧毁了他们的市场：死者最终只需要一件衬衫，而不再需要其他衣物。贫苦的织布工没有权利和政治话语权，移民意味着争夺工作和工资。任何一点改变对他们来说都是改善。当然，他们永远不可能完全推翻社会秩序。"行会革命"一词的出现指的是阿尔卑斯山以北的城市中手工业者与贵族之间的权力斗争，却忽略了一个事实：这只不过是关于行会的几个理事席位，而且只是首次承认了工作的权利和荣誉。国家的国库空虚始终是造成骚乱的更深层次的原因之一。最昂贵的开销并非来自宫殿或节日——尽管它们高调惹眼——而是那些挥金如土的战争。1390年前后，雇佣军领袖装进自己口袋里的金钱相当于建筑工人所赚取工资的140倍。

英格兰之所以爆发农民起义，原因除了瘟疫，还有国家税收的压力，而百年战争的重担也被证明是造成紧张局势的罪魁祸首。在很短的时间内，英国议会就批准了两项新的人头税，而第三项出台时已经令民众不堪重负。1381年6月，成千上万的农民、小工匠、贫穷的工人和包括较富有者在内的其他一些人都站出来反抗。叛乱从肯特和埃塞克斯蔓延到伦敦。抗议活动的诉求涉及最根本的东西：人们要求个人自由与平等。或许是英国人偷听到了佛兰德斯人的动静，因为根特的公民恰好也起义反抗了他们的领主。

同样，宗教也首次成为导火索。约翰·鲍尔（John Ball）是具有改革意识的牛津神学家约翰·威克利夫（John Wyclif, 1330—1384）的追随者，他写出了轰动性的句子："当亚当砍柴、夏娃织布之时，贵族在哪里？"在伦敦，革命者摧毁了有权有势且令人憎恶的约翰·冈特（John of Gaunt, 1340—1399）的宅邸。他们还对佛兰德斯商人进行了大屠杀，销毁各种文书，处决司法官员，甚至是法律系学生。他们以此打击精英所炫耀的财富，抵制令他们深恶痛绝的来自欧洲大陆的竞争，反对吞噬金钱的文牍国度及那些难以理解的书面法律权利。他们想要正义，而不是可被收买的律师。"首先，让我们杀了所有律师吧！"莎士比亚的一部皇家戏剧中的激进分子如此高喊道。

面对愤怒，年轻的国王理查二世（Richard Ⅱ，1377—1399年在位）屈服了。在盖有英格兰大公章的文件上，他宣布所有臣民"出于我们的特殊恩宠"获得自由，不受任何劳动的束缚，并赦免起义者。1381年6月15日，发生了英国历史上最著名的场面之一：在史密斯菲尔德（现为伦敦的一个城区），叛军领导人之一的瓦特·泰勒（Wat Tyler）与理查对峙。泰勒甚至都没有弯一下膝盖——某位编年史家愤愤不平地观察着——用力地与这位涂抹过圣膏的人握手，并称他为兄弟。除了废除农奴制外，他还要求——这也是威克利夫所想要的——没收教会的财产。他们的对话迅速就结束了。泰勒被理查的人砍倒，并被立刻带至刑场斩首。在随后的几周内，国王很快成功地遏制了起义。据说，他派出了一个使节团，要求必须执行自己的诺言："你们从前是农民，你们现在仍然是农民。你们要保持屈从，但不会是像以前那样，而是更加艰苦。"行刑人员有了工作，国王对约翰·鲍尔进行了一场骇人听闻的残忍狂欢：他被绞死，然后剔骨和肢解。新兴国家在建立其权力基础时从来没有在开玩笑。像其他起义一样，英伦起义失败的一个重要原因是，一开始的烈火还未真正熊熊燃烧，运动中的裂缝就出现了，最终都没有形成"第三股势力"。另外，国家的纵向组织总是能迅速而有力地做出反应。

当鲍尔的尸体在其死刑地点考文垂被撕成碎片时，国家间的战争还远远没有结束。呼吁"自由"成为当时的流行口号。"对自由的渴望燃烧了，"一位圣丹尼斯的僧侣望着巴黎感叹道，"源源不断地渴望着新的！"在现代，那些被杀害、折磨、放逐的失败者，以民族神话的名义庆祝着复活。科拉·迪·里恩佐激发乔治·戈登·拜伦（George Gordon Byron）勋爵喊出了"里恩佐！最后的罗马人！"，他还刺激理查德·瓦格纳（Richard Wagner）创作了歌剧。艾蒂安·马塞尔在1789年的法国大革命中被推崇为先驱，巴黎地铁站更是以他的名字命名。而14世纪时权贵对于"呆扎克"和他的兄弟们的恐惧却深入骨髓，王公和城市领主全都为自己建造了有垛口的城堡。

纵向组织在城市的暴乱中不断强化，却又处处闪现着城市的力量。在西班牙，王权对钱币的渴望增加了"科尔特斯"（Cortes）——这是阿方索九世召集的"初始议会"的代名词——的影响力。对自由的渴望再次被烧钱的战争燃起。卡斯蒂利亚与葡萄牙和阿拉贡开战了，后者还必须为它的意大利冒险付出代价，而议会则必须帮忙筹集资金。直到第二个世纪，这件事的影响才逐渐缓和。1356年，布拉班特的各阶层在伯爵的权力由于世袭之争而被削弱时，成功获得了自由权利和对于战争或和平问题的发言权。

德意志帝国的一些城市常常是由行会领导的。由于自身日益增长的经济实力，行会要求获得政治影响力。与此同时，汉萨同盟在波罗的海地区获得了霸主地位，甚至击败了丹麦国王，并与佛兰德斯、英格兰和葡萄牙进行贸易。名望、荣誉和地位对商人来说意义不大，他们想获得特权并保护自己的经济区。与丹麦保持和平使他们在波罗的海享有贸易自由。市民和领主之间的力量博弈继续在德意志帝国的南部和西部进行。几乎所有的斗争都以城市的失败而告终。即使过了500年后回头去看，依然很难判断在帝国之中建立横向联盟到底有没有现实的可能。但是，其中一个城市联盟却维系了很长时间，并成为日后瑞士联邦的核心。其关键因素在于，与施瓦本同盟和莱茵同盟不同，瑞士同盟战胜了其领主：先是哈布斯堡家族，后来是"大胆"查理（Karl der Kühne）。而与之相反，西班牙城市联盟却几乎没有获得任何政治影响力。

从历史的进程来看，大多数城市既没有形成联盟，也没有能保障其城市公社独立的经济实力。根特、伊普尔和布鲁日在中世纪后期很少受到佛兰德斯伯爵的管制，并在16世纪举行了4000多次联席会议，却最终还是落入了哈布斯堡的管辖之中。但军事上的失败并未削弱德意志的经济重要性及其大商人的力量。法兰克福跃升为贸易博览中心和货币中心。拉文斯堡贸易组织成立于14世纪末，意大利城市、巴塞罗那和萨拉戈萨、阿维尼翁、布鲁日和维也纳均设有其分支机构。纽伦堡的贸易范围覆盖了从喀尔巴阡山脉到列日和伦巴第地区。凭借其有利的地理位置，即作为帝国与东方之间的贸易中转站，纽伦堡成为欧洲最重要的贸易中心之一。

在布拉格，手工业者和商人也成功地在议会中赢得了影响力。他们押注负债累累的波西米亚国王约翰（1311—1346年在位），后者用诸如关税权和司法管辖权这样的特权来交换他们的金币。1338年，在国王的批准下，公民开始建造市政厅，70米高的塔楼为其日益增长的自治权画上了感叹号。

布拉格皇帝

亨利七世的继承人约翰成就了一段传奇，虽然这位波西米亚统治者业已失明，并于1346年在百年战争中的重大战役克雷西战役中阵亡。然而，在他自己的国家，他仍然是一个局外人。他的儿子及继任者查理四世（1346—1378年在位）将布拉格发展成为一个"带爪子的母亲"（Mütterchen mit Krallen，该说法源自卡夫卡）：从佩特涅纳大花园俯瞰被夕阳照得波光粼粼的布拉格的屋顶——没有人会错过这一景色。查理将他的城市变为了大主教管区所在地。它的中心标志是圣维特大教堂，该大教堂最初由一位法国建筑师设计建造，后由施瓦本人彼得·帕勒（Peter Parler）接手。它坐落在这座城市的高处，与象征世俗荣耀的赫拉德钦城堡紧紧相连。布拉格不断壮大起来。那些在新的围墙之内定居的人——其覆盖的区域是过去的三倍——可以依靠这里有利的条件生活。老城区和小城区之间通过一条新的石桥相连，该桥跨越半千米长。从瘟疫中幸存下来的这座城市于1348年在帝国土地上建立了第一所大学，吸引了成千上万的学生。随后在德语地区——维也纳（它受布拉格模式的直接启发），然后是领主城市海德堡，以及1388年的贸易大都市科隆——建立了更多的大学。由市议会资助的科隆大学是第一所同时拥有神学专业和法学专业的大学。

布拉格凭借其4万多名居民成了欧洲最大的城市之一，是各族人民的大熔炉。在约瑟夫施塔特的旧新犹太会堂（The Old-New Synagogue）附近，聚集了一个重要的犹太社区。德国商人构成了城市中的特权阶层。但是，美好的大都会的和平景象并没有在伏尔塔瓦河上延续。到14世纪末，德国人和波西米亚人之间的紧张关系又加剧了。民族主义的迹象初现。就像后来一样，它产生于对外来者的敌对情绪中。这位自封"查理大帝继任者"的查理在法国长大，他最初的名字叫文策尔，后来在坚信礼中改名为"查理"。他精通意大利语、德语和拉丁语，以及他的母语捷克语。顺便提一句，他对于意大利的兴趣也仅仅在于那里的富庶城市将弗罗林金币扔进自己的小金库而已。

查理本人曾说自己是一个"爱学习之人"（amorem studii）。他本来希望邀请曾在伏尔塔瓦河上短暂任职的米兰大使彼特拉克，为其宫廷增添些光彩。波西米亚的人文主义是围绕着查理的文书大臣诺伊马克特的约翰（Johannes von Neumarkt，约1310—1380）展开的，他是一位出身于市民阶层的主教，曾在南部学习。力求保留古典之风的拉丁语在皇室的文献中熠熠生辉。作为拉丁中世纪的第一任统治者，查理写了自传，但这更像是一部自白书而非人生故事，其个性在书中几乎黯淡无光。他的建筑大师彼得·帕勒则塑造了"现代"主观性。由他所造的半身像可能是按照皇帝想要展现的样子完成的。帕勒在圣维特大教堂的"自画像"被认为是欧洲最早的后古代雕塑。

卢森堡家族围绕其身边的那些出身于市民阶层的律师、医生、占星家和神父来构建自己的政治，它建立在与教皇达成共识的基础上，并尽可能避免耗资巨大的战争，同时寻求与法国的瓦卢瓦王朝达成协议。查理是一位典型的重视宫廷权力的皇帝，为了增加卢森堡家族的遗产，他在帝国以及东方遍寻战利品。他是一个虔诚的信徒、狂热的文物收藏家，书写了民族圣人文策尔的传奇。他以烈火迫害异教徒，其中包括贝居安修会的追随者。他想要通过在民众中制造一种对于帝国皇权、皇冠和圣枪的狂热崇拜，来重拾昔日的荣耀。1355年，查理短暂停留罗马期间，一位由教皇任命的枢机主教为他加冕为王。

有一套规则与查理的名字关系密切，正是这套规则永远消除了教皇在皇帝选举中的权利——1356年洽谈的《金玺诏书》对此不再提及。选帝侯中的多数选票和加冕礼足以确立帝国的皇帝。序言强调了要在选帝侯中达成统一的目的，并给出了——这对于一部帝国法律来说是极其罕见的——因分歧而造成危害的经典案例：特洛伊战争和罗马内战。这些段落反映出某位人文主义者的笔法，或许是诺伊马克特的约翰。选帝侯们被赋予了诸多特权。他们的土地不可分割，继承遵循长子继承原则，拥有造币权和司法自由权。然而召开每年一度的选帝侯大会，从而使所有成员组成帝国共同政府的意图，却从未实现。诏书中名为"关于阴谋"的一条正是针对横向联盟：禁止成立各类城市联盟和各种协会，因为它们会极尽可能刁难骑士、领主乃至帝国统治者，除非它们是为了维护国家治安。

在此期间，教皇似乎开始重返罗马。彼特拉克在威尼斯发出警告：阿维尼翁教皇在镶金天花板下呼呼大睡，而作为"所有教堂之母"的拉特兰大教堂却处于风雨飘摇之境！星空之下没有什么可与意大利相提并论。他的葡萄酒甚至可以和法国勃艮第的葡萄酒相媲美！教皇乌尔班五世（Urban V）实际上是在1367年前往意大利的——并不是因为金色的弗拉斯卡蒂镇，而是为了逃脱法国统治者对其越发紧逼的拥簇，法王此时已经合并了多菲内。归国似乎也是有可能的，因为历经了摩尔人战役锤炼的枢机主教卡斯蒂利亚的吉尔·阿尔伯诺兹（Gil Albornoz）成功地稳定了教皇国。他颁布的法律是相当出色的，其中一些法律直至19世纪仍在发挥效用。可惜在乌尔班归来的欢呼中，他不久就去世了。再次来到意大利的查理四世——身后当然没有强大的后盾——也无法给予任何保护。因此，与其结盟的教皇宁愿退守罗讷河上的要塞。聪明的阿尔伯诺兹却找到了糟糕的继任者。就这样，外交、墨水和法律被压迫、鲜血和暴力取代。

彼特拉克万念俱灰。1374年，晚年的他在静修中去世，死于意大利北部的尤根尼山脚下的阿尔夸。根据他的遗愿，他的"冰冷的白骨"被埋在公共教堂旁边用维罗纳红色大理石打造的古老石棺中。祝福的题词写着：愿他的灵魂"虽疲于地上，却能在天堂里收获和平"。四年后，查理追随彼特拉克的步伐而去，成千上万的人将他的遗体护送到圣维特大教堂。他成为葬在那里的三位皇帝中的第一位，安息至今。查理的儿子文策尔在查理生前就已加冕为王，他是一个暴躁且没有任何政治技巧的无能酒徒，很快就输光了父亲所赢得的江山，却也剥夺了城市最危险的武器——建立同盟的可能性，这也是1389年在埃格尔缔结的帝国领地和平条约的结果。然而，正如科隆编年史家嘲笑的那样，文策尔"像猪一样"无忧无虑地躺在波西米亚，他没有想过要介入意大利事务，更不用说去得到帝国王冠了。1400年，选帝侯们废除了他的王位，并选举了一位并无实权的统治者普法尔茨伯爵鲁普雷希特（Count Palatine Ruprecht，1400—1410年在位）作为他的继任者。"金色布拉格"开出的第一朵花早在20年前那场瘟疫中就已经凋零了。

英国蛇、佛罗伦萨的病人和双头的罗马教皇

在意大利，无政府状态盛行。在那些以牟利为目的的雇佣军中，绰号"英国蛇"的约翰·霍克伍德（John Hawkwood）是最成功的一位。他因保罗·乌切洛（Paolo Uccello，1397—1475）在佛罗伦萨大教堂北壁上所绘的壁画而不朽。以今天的目光来看，这位英国人所获得的巨大荣誉都来自他的审时度势。他向人们展示了如何在14世纪混乱的意大利成就非凡的事业。霍克伍德于1322年或1323年出生在埃塞克斯郡锡布尔赫丁厄姆，他是一名裁缝，据说还在英国军队中担任过弓箭手。随着《布勒丁尼和约》的签订，他与"白色军团"[1]一起搬到了阿维尼翁，然后又迁至意大利。1363年，他晋升为指挥官。约翰爵士——他从何人那里获封骑士爵位，是否真实，谁也不清楚——就像他从事过的大部分职业一样，只为付他高薪水的人服务。只有对英格兰的王冠，他始终保持着忠诚。他有时为米兰而战，有时为教皇而战，但大多数是为了他自己的利益，而且总是为了自己的钱包。随着时间的流逝，他成为大地主，并赢得了米兰领主贝尔纳博·维斯孔蒂（Bernabò Viscontis）的私生女的青睐。在教皇的资助和枢机主教吉涅瓦的罗伯特（Robert von Geneva）的领导下，霍克伍德推动了阿尔伯诺兹对教皇国的再次出征，佛罗伦萨顽强抵抗。1375年，他的部队与"吉伯林派"的米兰联盟引爆了战争，战斗口号是"自由！"，并借鉴了古罗马人对君主专制的抵抗经验，试图煽动教皇国的城市："亲爱的兄弟们，请记住，你们是意大利人，你们拥有的权力是发号施令，而不是去服从！"尽管佛罗伦萨设法贿赂了霍克伍德，他也确实支走了自己最精良的部队，没有让他们参加战斗，帮助双方进行和平谈判，但教皇的士兵还是占据了上风。他将佛罗伦萨从被强加的宗教禁令中解放出来，这一禁令涉及对灵魂的救赎，对商业尤其有害。教皇撤销了禁令，并因此得到了相当于一块领地价值的25万弗罗林金币。

---

1 一支14世纪活跃于意大利的著名的雇佣军。最初由阿尔伯特·斯特尔兹（Albert Sterz）领导，后来交给约翰·霍克伍德掌管。

在令人沮丧的八圣王战争[1]——此称号源自负责佛罗伦萨军事行动的高级官员人数——之后，紧接着是在佛罗伦萨爆发的一场因"梳毛工"（Ciompi）得名的暴动[2]。工人们要求成立协会，以便强调要求更高的工资。与先前对阵豪绅巨富不同的是，这次他们的对手是现有的行会。在几个月的时间里，梳毛工们在强大的归尔甫派反对者的支持下，以及在其首领米歇尔·迪·兰多（Michele di Lando）的带领下很快就统治了这座城市。但是在1378年8月底，大行会最终平息了动乱。根据佛罗伦萨的传统，起义者的领导人被放逐，获胜军团收编了较小的手工业群体，却没能收编"梳毛工"。这一状态持续了四年。1382年，富豪权贵成功地引入一部宪法，使之对这些"小人物"产生了约束，真正的权力掌握在上层行会和归尔甫派豪绅的手里。

在八圣王战争期间，还发生了一件小意外。教皇格里高利十一世（Gregor XI）在1377年回到了罗马，可能是锡耶纳圣女凯瑟琳（Katharina von Siena，1347—1380）的提醒促成了他这一决定。她召唤格里高利——"我的父亲"，她有时这样呼唤他——请求他回到台伯河畔。然而，教皇于1378年去世，这一年因此成为意大利和欧洲历史的转折点。在圣彼得像前群众的威胁压力下，枢机主教先是任命了一位罗马人成为继任者，随后又推举了巴里大主教巴托洛梅奥·普里尼亚诺（Bartolomeo Prignano），此人自称乌尔班六世（1378—1389年在位），却貌似是个精神错乱的人：他视自己为被圣灵挑选之人，并表示拉特兰宫中悲伤的使徒肖像为他的上任而感到高兴。更令他的对手感到震惊的是，他立即任命了许多意大利人作为枢机主教，从而打破了法国在枢机主教团中的统治地位。上当受骗的人们以"无能"为由，弹劾了乌尔班，并选举了吉涅瓦的罗伯特——此人因好斗而在教皇国臭名昭著，被称为"切塞纳的刽子手"——从而选举出一个与之对抗的主教。这位教皇自称是克雷芒，是"温顺的人"，并在阿维尼翁定居。他的罗马对手在台伯河畔抢占自己的位置，而他自己则干

---

1 八圣王战争（1375—1378年）是指以佛罗伦萨为首的意大利城邦联盟反对罗马教廷的战争。
2 也称"羊毛梳子起义""褴褛汉起义"，是历史上第一次雇用工人反对工场资本家的起义。1378年发生于意大利佛罗伦萨共和国，起义最终失败。

预那不勒斯的王位斗争，并统领了霍克伍德的队伍。杜拉佐的查理（Karl von Durazzo），作为安茹家族的一员，竟勒死了女王胡安娜一世（Johanna Ⅰ），将王冠据为己有。乌尔班也是他所处的那个暴力时代中一个值得一提的穷凶极恶之徒：六名枢机主教受到这位偏执教皇的命令而被折磨并处决，只因为他怀疑他们谋反。

在超过30年的时间里，教会持续在分裂：一位教皇居住在罗马，另一位教皇居住在罗讷河，后来还加入了第三位教皇。法律上的关系尚无法厘清。欧洲的一半——意大利和德国的大部分地区、北部、东部、英国和葡萄牙——待在罗马辖区，而包括卡斯蒂利亚在内的西部则偏向了阿维尼翁的一方。苏格兰人也是如此，因为他们无法支持一位被死敌英国所认可的教皇，裂缝很快也渗透进教令、座堂咨议会和修道院集会。在教皇国家，所有秩序都在瓦解，而在意大利余部的战争肆虐，雇佣军团供不应求。现有局势和盈利前景也促使我们的霍克伍德寻找新的客户。在他最后的征战和外交行动中，他再次代表佛罗伦萨，这次是对阵米兰，他因此获得了前者给予的市民身份以及通过乌切洛的壁画拥有了名声。1394年在他死于床上后，佛罗伦萨人用隆重的葬礼向这位指挥官致敬——这样的事在过去不曾有过。他是那些会被马基雅维利嗤之以鼻的雇佣兵的典范。

分裂时期的意大利显示了人类这一怪物的兽性——不是因为直到这时它才显现出来，而是因为这座大城市中拥有足够的编年史家，他们用话语塑造了这些怪物。他们的多数作品就像布拉格、巴黎和那不勒斯的画家和雕塑家那样接近自然，而同时期的中国艺术家也是如此。霍克伍德的岳父贝尔纳博·维斯孔蒂是米兰东半部地区的继承人，他提供了乔叟曾经提过的"伦巴第暴君"的经典样板。他在米兰的斯福尔扎城堡中的骑马雕像似乎证实了书面资料的记载：他穿着紧身的链甲和盔甲，严格程式化的头发泛着被箍住，留着分成两撮的黑色胡须，酷似一位亚述人的暴君（插图23）。布克哈特将他比作"最可怕的罗马皇帝"。"国家最重要的目的是领主的野猪狩猎；谁要是在此事上干预他，将被严刑拷打；战战兢兢的人们必须为他喂养5000只猎犬，要为了它们的安逸而尽职尽责。"与半个意大利作战，并一再被革除教籍，但他仍是他的家族在伦巴第及此外地区统治的先驱。他的侄子吉安·加莱亚佐·维斯孔蒂（Gian Galeazzo Visconti，1351—1402）于1385年推翻了他。贝尔纳博最终在关押暴君的监牢里去世，据说是死于毒药。

插图23：《贝尔纳博·维斯孔蒂》，1363年，米兰，斯福尔扎城堡

如果说在19世纪之前有一位公爵确有机会至少将意大利的北半部纳入他的统治范围，那么这个人就非吉安·加莱亚佐·维斯孔蒂莫属了。他巧妙地扩大了米兰在东方的势力范围，使其可达贝卢诺，南部到达比萨和佩鲁贾。他还

使米兰与锡耶纳结盟。8岁那年，维斯孔蒂与瓦卢瓦的伊莎贝拉（Isabella von Valois）结婚。鉴于购买彰显声望的物品需要花费巨额资金，马泰奥·维拉尼嘲笑法国国王在出售自己的肉。吉安·加莱亚佐以10万弗罗林金币作为筹码，从懒惰的皇帝文策尔那里获得了头衔，不过考虑到他国家巨额的收入，这笔钱可以忽略不计。这笔钱最终给了帕维亚的加尔都西会修道院。作为教会的政治人物，他既没有对罗马的教皇也没有对阿维尼翁的教皇表明立场，而是受到双方的欢迎。像他这样的人没有受到德意志国王和普尔法茨伯爵鲁普雷希特的伤害，也就不足为奇了。1402年4月，鲁普雷希特在布雷西亚遭遇袭击，因此他的罗马之行刚开始就结束了。维斯孔蒂则一路南下，他的目的地是佛罗伦萨。

在这一时期，意大利的权力游戏是开放的。米兰的崛起已经尘埃落定，而佛罗伦萨共和国能否维持其独立性则显得并不明朗，因分裂而被削弱的教皇国则越发前途未卜。在那不勒斯，安茹家族因继承斗争而分裂，难以为继。他们试图夺回西西里岛的尝试也失败了，因为遭到了当地人的抵抗，相比于法国人，当地人更愿意受到西班牙人的压迫。但是西西里大地由于持续的战争而血流成河，这里其余的人则饱受黑死病折磨。贵族的权力，加上他们广泛的土地财产和司法权力，都阻碍了改革和现代化。村庄前竖起的绞刑架提醒人们，土地的主人同时还能决定生死。虽然出现过受过良好教育且又对文化感兴趣的国王，例如学习竖琴演奏、召集学者和诗人的"人文主义者"马丁一世（Martin Ⅰ），但总体情况并没有得到改变。

威尼斯遥望着亚得里亚海遥远的地平线。尽管处境最为艰难，但它的宪法仍未被动摇。雄心勃勃的总督的两次政变企图挫败了寡头政治，密谋者皆被绞死或斩首。但是外部的危机又来了。1358年，随着扎拉和约的签订，达尔马提亚的城市落入了匈牙利的拉约什一世（1342—1382年在位）手中。在克里特岛，一场殖民地的叛乱亟待平息。这场叛乱涵盖了广泛的阶层，包括希腊人和拉丁人在内。其领导人曾是高贵的威尼斯人，而此时他们手握行刑刀。在与热那亚的最后一次鏖战，即著名的"基奥贾之战"中，威尼斯因其公民乃至平民的忠诚而大获全胜。当1381年和约缔结时，热那亚永远地结束了其在亚得里亚海的权利。威尼斯的危机让30个为战争提供了财政援助的人获得了进入大议会的机会。这是横向发展的最后一次小胜利，大多数市民依然被排除在参与权之外，这是威尼斯社会自取灭亡的方式。早在1297年，威尼斯的贵族阶层就因为极大程度地封锁了新家族加入有权选举总督的大议会的机会，从而故步自封。人民大会不得不暂缓，并于1426年被废除，甚至连"公社"（comune）这个概念都没有留下，仅仅能听到诸如"领主"或"主权"（dominium）、"统治权"这些词语。

14世纪后期的西方、东方和北方

有时，图像知道如何以令人愉悦的方式说谎。《威尔顿双联画》可能是由法国艺术家在1395年前后完成的小型便携式祭坛画，乍看之下美丽得简直不可方物（附图6）。它在一片金色之中展示了英王理查二世。这位我们先前在史密斯菲尔德极其严峻的情况下提及的国王，仍然敬拜着他的王国的守护者玛利亚和圣婴耶稣。这幅祭坛画曾经是他的财产，可能是用于进行亲密的敬拜。画家熟练地描绘身体、缩小比例，以及处理光影。文艺复兴时期的现实主义艺术证明了自己。理查看上去纤细得就像是一个女性。几位天使的表情流露出一丝喜悦。

《威尔顿双联画》背后的历史背景令人难以置信。身为百年战争的勇士、伍德斯托克的"黑太子"爱德华（Eduard）的儿子、波西米亚的安妮（Anne von Böhmen）的丈夫，查理二世是英国历史上最不幸的统治者之一。他要求得到王位的主张并非毫无争议。15世纪之所以会爆发玫瑰战争，根源就在于王位继承上的模棱两可。1396年，波西米亚的妻子去世后，平息与法国积怨已久的战事的机会似乎出现了：理查娶了法王查理六世（Karl Ⅵ）的女儿，当时才7岁的瓦卢瓦公主伊莎贝拉（Isabella）。他相信自己可以毫无后顾之忧地清算不听话的议会。《威尔顿双联画》中那位谦卑的祈祷者，在执政的最后几年，将宿敌纷纷斩首或流放，因而被扣上了暴君的称号。但是他的恐怖统治并没有持续多久，1399年，不幸和终结就降临到这位国王身上。约翰·冈特在理查未成年期间曾是英格兰真正的主人，他的死似乎为这位国王提供了夺取其巨大遗产的机会。毕竟到处都财政紧张，王宫就有一千多人要养活。同时，理查又树敌过多。当查理在爱尔兰作战期间，约翰的儿子亨利·博林布鲁克（Henry Bolingbroke）成功地让心怀不满的男爵以及曾被理查驱逐流放的坎特伯雷大主教站到了自己的身边。这种情况下，最终决胜权一如既往地还是落到军队之中。理查败下阵来。他最终在约克的一座堡垒中成为因犯，人们认为他可能就是在那里饿死的。成功的政变者还是获得了王位，虽然他并非第一顺位继承人。随着博林布鲁克成为国王，即亨利四世（Heinrich Ⅳ，1399—1413年在位），兰开斯特家族开始掌权。

与此同时，百年战争的边缘战场来到伊比利亚半岛。卡斯蒂利亚王位的争夺以及与阿拉贡的对峙，使英、法两国有机会让他们的雇佣军有用武之地。因此，法国人帮助特拉斯塔玛拉的亨利二世（Heinrich Ⅱ. von Trastámara，1369—1379年在位）登上了卡斯蒂利亚的宝座。这位获胜者是曾亲手谋杀了自己同父异母的兄弟的"残忍者"彼得（Peter den Grausamen）——顺便一提，后者是罕见的三重婚者，即使在基督教欧洲的心脏地带，这也是非常老套的剧情。西班牙的勃艮第人消失后，葡萄牙在阿维斯王朝下得以维持独立。随着第一任阿维斯国王若昂一世（Johann Ⅰ）与冈特的女儿兰开斯特的菲利帕（Philippa von Lancaster）结婚，葡萄牙开始了在欧洲边境的扩张：扩张的推动者是国王若昂一世的三儿子"航海家"亨利（Heinrich der Seefahrer，1394—1460）。编年史家费尔南·洛佩斯（Fernão Lopes）认为新世界和新人类将崛起的预言成为现实。

安茹王朝中发生了激烈的家族冲突。匈牙利的拉约什一世出兵反对杜拉佐的查理。但是，这无法阻止杀死胡安娜一世的凶手坐上那不勒斯王位。在东部，拉约什一世巩固了匈牙利的大国地位，其中包括以牺牲威尼斯为代价。他利用了塞尔维亚帝国的弱点，在"强大的人"斯特凡·乌罗什四世（Stefan Ⅳ. Uros，1346—1355年在位）去世后，这里已分裂为封建公国的臣民。

在波兰，皮亚斯特王朝的卡齐米日三世（Kazimierz Ⅲ，1333—1370年在位）成为国王时，发现他的国家正陷于"严重的错误和阴谋混乱之中"。他与条顿骑士团并肩作战，转而对立陶宛人发起了另一场进攻，与波西米亚邻居则达成妥协。他得以推翻贵族的统治，而获得了向东方扩展的空间。通过赢得沃希尼亚、加利西亚和马佐维亚公国，卡齐米日的国家规模几乎扩大了两倍。黑死病使德意志、亚美尼亚和意大利的定居者涌入波兰，种族混合的情况因此更加常见。东方的领土扩张带来了新的东正教信仰。犹太人的文化和经济活动保持其重要意义。他们中许多人逃离了西部的大屠杀，并在波兰找到了新的家园，这里的条件比旧时还要好得多。

法律编纂和行政改革为波兰发展成一个内陆国家做好了准备。尽管德意志法律适用于波兰的小城镇，但禁止向马格德堡（或任何国外城市）法院上诉的禁令也指向了上述的改革方向。"一个领主，一部法律和一种货币"应在全国范围内适用——这一想法已经被提出并讨论过，原始的民族国家思想的承载者是贵族，为了实现自己的目标，贵族联合起来组成了"联邦"。这样的联合第一次出现在1353年，这是朝贵族共和国迈出的一步，此时的波兰人像他们曾经臭名昭著的那样名扬天下。

克拉科夫已成为波兰的首都和皇城。这里的布艺大厅原先是哥特式风格，是在卡齐米日的统治下建造的，至今仍使人联想起英国与佛兰德斯之间的布料贸易往来。当时新建的大教堂和瓦维尔城堡在诉说着经济的繁荣和皇家的风光。皮亚斯特王朝的统治者在城墙外为犹太移民建立了一个定居点，并以他的名字命名：卡齐米日。此外，他还建立了克拉科夫大学。

随着被冠以"伟大"称号的卡齐米日的逝世，皮亚斯特王朝的主线也落下帷幕。波兰落入了匈牙利的拉约什一世手中。但是对于安茹王朝来说，它仍然是一个困扰整个国家的偏远地区。拉约什将自己的女儿玛丽亚（Maria）嫁给了查理四世的儿子西吉斯蒙德（Sigismund，1411—1437年在位）——勃兰登堡选帝侯，也是后来德意志的国王和皇帝。为确保自己的女儿雅德维加（Hedwig，1384—1399年在位）继承王位，拉约什抵免税收，并给予贵族参政权以及其他让步，而他的前任已经宣布他们具有国王的选举权。11岁的雅德维加与立陶宛大公雅盖沃（Jagiello）的婚姻交易带来了丰厚的利润。新郎的彩礼是他的洗礼，随后是其臣民的皈依。欧洲最后一批异教徒——雷神佩肯（Pekun）的追随者，也渐渐成了基督徒。波兰-立陶宛的联合政权在波罗的海和黑海之间建立起一个该地区前所未有的大国。

一桩婚姻也在斯堪的纳维亚半岛创建了一个新帝国。帝国的母亲是玛格丽特（Margarethe，1353—1412），丹麦统治者瓦尔德玛·阿特达格（Waldemar Atterdag）的女儿。她嫁给了挪威国王哈康六世·马格努森（Hakon Ⅵ. Magnusson），她的儿子奥拉夫（Olaf）在阿特达格以及自己父亲去世后合并了两个王朝。当年轻的国王也于1387年去世时，玛格丽特被国家议会选举为"全能的女王及整个王国的配偶和监护人"。两年后，玛格丽特就赢得了她的第三枚王冠，即瑞典的王冠。1397年，她在卡尔马的王宫筹划了午夜王国的统一，它们成了与强大的汉萨同盟相制衡的力量。此后，丹麦国王和德意志国王在哥本哈根决定联盟政策。例如，挪威只能无力地看着某个外国的统治者典押奥克尼群岛和设得兰群岛，以此来支付嫁妆。在瑞典，部分贵族、城镇居民、矿工和小业主反对联盟。宗教改革后，瑞典从联盟关系中摆脱出来，而丹麦和挪威之间的强制姻亲关系要一直存续到1814年。

莫斯科、蒙古人、奥斯曼人

自14世纪上半叶以来，莫斯科发展成为罗斯国家的中心，以及大公和大都市的所在地。它在抵御蒙古人的过程中进一步崛起。然而，由可汗任命的主管贡品事务的大公爵狡猾地挪用了税款，并用这笔钱提升了自己的地位。甚至连瘟疫都帮助巩固了莫斯科的势力——莫斯科大公伊凡二世（Iwan Ⅱ）得以从潜在的竞争对手那里脱颖而出。德米特里·顿斯科伊大公（Dimitri Donskoi，1359—1389）与特维尔王公一起击败了最后一位强劲的竞争对手。此时，终于有机会对阵草原帝国了——此时对决的时机似乎是有利的，因为蒙古人也因其血腥的内部竞争而削弱了自己的势力。面对莫斯科公国拒绝效忠和政治上的肆意妄为，可汗马迈（Khan Mamai）选择以远征惩戒作为回应，德米特里·顿斯科伊于是组建了一个由俄罗斯公爵组成的广泛联盟，并以此建立了——如果有人相信这段编年史的话——一个国家："在莫斯科，马匹嘶嘶；在科洛姆纳（Kolomna），喇叭震天；在瑟普霍夫（Serpukhov），锣鼓喧天。荣耀在俄罗斯的大地上传送，军队的标志在伟大的顿河畔上飘扬。"事实上，在1380年9月，俄罗斯军队赶在蒙古的盟友立陶宛到达战场之前，在顿河河畔的狙击战场上赢得了胜利。马迈逃跑了，后来遭到其对手托克塔米什（Toktamisch）的袭击，并在热那亚被克里米亚人谋杀了。俄罗斯的书面资料回应了对已经完全依附于伊斯兰教的鞑靼人的首次重要胜利，也见证了东北诸公国的统一。"弟兄们，波雅尔、公爵及波雅尔的儿子！"一位记录者这样形容大公，"你为神圣的教堂、俄罗斯土地和基督教信仰献出了生命。"诸如此类的话语编织着传奇，从中甚至发出了对"第三个罗马"的呼唤。

这一成功可能加强了俄罗斯的身份认同，但还不是决定性的。仅仅几年后，以托克塔米什为首的鞑靼人再次袭击了莫斯科。他们杀戮、焚烧和掠夺。德米特里·顿斯科伊不得不爬到十字架上，为可汗征收高额税款。随着蒙古世界的新征服者帖木儿·伦克（Timur Lenk，1370—1405年在位）的崛起，莫斯科再次处于致命的危险之中，现在它与草原的战斗进入了决定性阶段。此外，在莫斯科的统治稳若磐石之前，它还必须与俄罗斯的竞争对手——与此同时，特维尔再次崛起——进行新的战斗。

当莫斯科的统治者迫使俄罗斯团结在一起时，在东南部，一股新的伊斯兰力量正在形成。与蒙古草原的勇士不同，它建立了一个持久的国家阵营并发展成为一个帝国。在萎缩的拜占庭帝国与伊利汗国之间，从蒙古人的统治下逃出来的土库曼人定居下来，并形成了小规模的政权。其中最成功的是位于安纳托利亚西北部的公国，其统治者是一位名叫奥斯曼（Osman，1281/1288—1324/1326）的氏族领袖。据传说，一名苦行僧预言他注定要成为世界的战士和未来的统治者。无论如何，他努力扩大了自己的势力范围。一如既往，战利品为他赢得了战士、亲信和追随者。奥斯曼的儿子奥罕（Orhan）已经开始铸造货币，成为王朝中第一个获得苏丹头衔的人。而牵到皇帝女儿的手——拜占庭公主的手"物美价廉"——使他具有了合法性，并为卷入多场战争中的拜占庭赢得了一位盟友。权力对于奥斯曼人来说比宗教更重要。他们没有任何顾虑地与基督徒和穆斯林结成同盟并发动战争。大约在14世纪中叶，土耳其军队以巴塞勒斯的盟友身份向加里波利和塞萨洛尼基前进，以支持拜占庭抵抗塞尔维亚的进攻。但是援军很快变成了致命的敌人。

像所有正在成形的帝国一样，新帝国注定要扩张。追随者必须获得战利品作为奖励，这样才能赢得新的追随者。早期的奥斯曼帝国被称为掠夺团体，其像巨大的变形虫一样扩张，吸收了所有有益于它的东西。奥斯曼军队占领了拜占庭统治的大部分地区。后来，阿德里安堡在苏丹穆拉德一世（Murad Ⅰ，1362—1389）的统治下跃升为奥斯曼帝国的首都。被占领的城市归属于军事指挥官，就如同平民和军事管理的混合，这仍然是奥斯曼帝国组织的典型特征。奥斯曼帝国击败了拜占庭，使其成为自己的进贡国，1386年他们又从保加利亚手里夺走了索非亚城。通过收买，以及穆拉德的儿子巴耶齐德（Bayezid）与一位安纳托利亚公主的联姻，奥斯曼帝国又获得了小亚细亚的大部分地区。同时，苏丹的军队入侵了巴尔干半岛。即使是塞尔维亚中部的领主拉扎尔（Lazar）率领的斯拉夫联军也没能制止苏丹的军队，他们于1389年在普里什蒂纳附近的科索沃被击败。拉扎尔失败了，作为烈士，他赢得了神圣的尊严，并成就了一段延续至今的塞尔维亚神话。他的儿子斯特凡（Stefan，1389—1427）被降为奥斯曼帝国的属臣，雅典公爵、佛罗伦萨人内里·阿奇亚奥里（Neri Acciaiuoli）也是如此。同时，土耳其军队制服了安纳托利亚酋长国，并做好了包围拜占庭的部署。

就在拉丁欧洲逐渐觉醒之时，匈牙利却受到奥斯曼帝国直接的威胁。在罗马教皇及其在阿维尼翁的对手的协助下，西吉斯蒙德成功地召集了一支十字军。1396年9月底，这支十字军在尼科波利斯败给了奥斯曼帝国的军队。数千人在此丧生或被俘，西吉斯蒙德从这场灾难中惊险逃脱。然而，远方发生了另一件事阻止了土耳其人的行军。在中亚，以撒马尔罕为基地的土库曼-蒙古部落联盟的领导人帖木儿·伦克开始了征服世界之路："用征服的剑去俘虏王国。"〔马洛（Marlowe）语〕

这位"钢铁般的瘸子"——他可能是由于右腿畸形或受伤而走路一瘸一拐——是世界历史上最伟大的怪物之一：在残忍方面，他完全不输其偶像成吉思汗。失败者的头颅曾经被他的战士堆成金字塔——仅在被征服的伊斯法罕城的城墙之前，就数出了28座分别用1500颗脑袋垒成的金字塔。帖木儿急匆匆地号令骑手穿越中亚，将金帐汗国的军队扔进了尘土。他曾迁至莫斯科，占领德里，摧毁巴格达，以及入侵了阿勒颇和大马士革。1402年，他在安卡拉附近击败了一支奥斯曼帝国的军队。苏丹最终被囚禁。帖木儿使用了最先进的战争技术：喷火器、火箭、攻城器。基督教的王公对奥斯曼的失败感到高兴，并赶紧与帖木儿建立关系。然而，1405年，帖木儿在与中国交战前去世。他的政权如同最初聚集时一样迅速瓦解。奥斯曼帝国开始夺回失去的一切，而莫斯科则忙着抵制金帐汗国的入侵和立陶宛的骚扰。拉丁欧洲获得了片刻喘息的机会。然而，这不过是转瞬即逝的机会：拜占庭已时日不多。

18. 伟大复兴前夕

插图24：《第三天早上的"新的青年人物"》（局部）

出自：乔瓦尼·薄伽丘，《十日谈》，威尼斯，1492年

《十日谈》，坎特伯雷的故事

14世纪后期的人有时会审视自身，并发现一个新的时代正在到来。彼特拉克所希望达到的，薄伽丘（1313—1375）已经做到。他和维吉尔一起，见证了一个黄金时代，即一种"萨图尼亚式的统治"（Saturnia regna）[1]的回归。除了彼特拉克和但丁外，当时位列伟大创新者之列的还有乔托。他使绘画艺术重获光彩，"它被埋没了几个世纪，在某些人的错误之下，绘画企图取悦无知的人的眼睛而不是取悦智者的智慧"。在薄伽丘的字里行间，人们可以感觉到某种对于复兴的自信，并且这种复兴并不仅限于文学，还包括艺术。

除了大量的宗教著作外，一些文学作品满足了世俗的好奇心。法齐奥·德利·乌贝蒂（Fazio degli Uberti）的《狄达蒙多》讲述的是一位不安分的流浪者环游世界的故事。他从意大利出发，到达希腊和非洲，进行了一次"神曲"式的旅行。维吉尔的职能则交由古老的博物历史学家索利努斯（Solinus）接任。托勒密继续讲述自己的生活，解释地球的地理位置。蒙特克罗齐的传教士里卡多（Riccoldo da Monte Croce）也是一位真实的人物，他记述了东方的境况。读者了解了神奇的宝石、猴子和骆驼，得以漫步于欧洲的城市以及造访东方的仙境，看到龙、蛇和蛇怪，以及创世以来的世界历史戏剧。另一位记述者是巴伐利亚贵族约翰内斯·希尔特伯格（Johannes Schiltberger），他在尼科波利斯战役失败后被关进奥斯曼帝国的监狱。他的不少著作都提及了东方的公爵、土地和人民。其中的中心角色自然是残忍的帖木儿·伦克。人们从中第一次听说了西伯利亚这片土地。希尔特伯格听说那里的雪橇犬"像驴一样大"，并且当地居民保留着吃狗肉的传统。真实的内容——红海的"名字里有红色，但它实

---

1 源自古希腊神话传说，亚奴斯原是古罗马最初的统治者，他接纳了逃亡者萨图恩，两个人一起建立了一个新的城市，取名萨图尼亚。后来二人共同建立起一个国家，这里的人没有贵贱之分，更没有仇恨和厮杀，处处和平宁静，人们安居乐业。这里用以代指一个乌托邦式的统治。

际也不是红色的"——和约翰·曼德维尔（Jean de Mandeville）童话[1]里的奇迹神奇地交织在一起。它们也现身于西班牙驻撒马尔罕大使的记录中：他听说人们从那里出发，朝中国方向而去，经过11天的旅行，最终到达了亚马孙人的土地，而后者的祖先曾经居住在特洛伊。

想要阅读那些具有轰动性和创作性的作品的城市读者，消费着以城市、酒吧和床为背景的短篇小说，听充满法国风情的民谣歌手演唱着带有异国情调的远方、爱情、斗争和冒险。奥维德的《变形记》等古代的阅读材料也都进入了他们的"书目"。富有诗意的手工艺人从传统的黑暗中走出来：安东尼奥·普奇〔Antonio Pucci，约1310—1388，也称"皮萨内洛"（Pisanello）〕，这位铸钟人和公告传报员，用一首佛罗伦萨旧市场的诗歌为这座城市的富饶腹地吟唱赞美诗。为此，他还研究了古代文本，例如小说《泰尔的阿波罗尼乌斯》——它在中世纪时曾被反复改写。越来越多古代作家的作品通过翻译在民间传播开来。例如，薄伽丘将李维和瓦莱里乌斯·马克西姆斯（Valerius Maximus）引入通俗拉丁语领域，并将《伊利亚特》和《奥德赛》从最初的希腊语翻译成了拉丁语。

用薄伽丘自己的话来说，由于他这个"比意大利任何一个城市都美得多的超凡卓绝的佛罗伦萨"市民，14世纪的意大利文学达到了另一个高潮。在安茹的罗伯特的统治下的那不勒斯，薄伽丘熟悉了他那个时代的重要文学运动，接触到南方的爱情诗、法国的史诗和香颂。在这里，他可能还邂逅了乔托的画和彼特拉克的诗集。后来，我们还在拉文纳和弗利的士绅庭院中，以及埃尔萨山谷上的切塔尔多的房子里看到他的身影。其间，他还不断出现在佛罗伦萨，受其政府之托执行外交任务。在蒙特卡西诺修道院的破旧不堪、杂草丛生的图书馆中，他继续寻找着手稿，其中最有价值的发现便是在厚厚尘埃之下，挖掘出了塔西佗的《日耳曼尼亚志》残篇。在薄伽丘自己的作品中，他化身为抒情诗

---

1 这里指14世纪由约翰·曼德维尔创作的《曼德维尔游记》，主要取材于《世界镜鉴》《东游录》《马可·波罗游记》和中世纪广为流传的长老约翰的信件等，外加曼德维尔天马行空的想象力和虚实结合的描绘，是一部散文体虚构游记。

人、史诗诗人、小说家，以及田园牧歌诗人等，分析了各式各样的爱情主题。布克哈特关于"意大利文艺复兴时期发现了个体"的论断，在薄伽丘的《菲亚梅塔》（Fiammetta）中得到了另外一个论据：此前是否出现过"一位已婚女公民因对另一个人产生爱慕陷入自我质疑而无法自拔"这样的情节，或者类似的如此细致入微的描写吗？此外，薄伽丘还描述了著名人物的命运，他从亚当开始，一直写到他所处的时代，同时还创作了一部15卷的关于众神的著作，其中描绘了所有异教神灵之间的关系以及对于其神话的解读。他在但丁的传记中表达了对这位14世纪意大利文学中"最伟大诗人"的崇拜，并同时展现了一种线性历史的视角。

薄伽丘之所以能在他的那个时代扬名，主要是因为这些作品。今天，他是有史以来最伟大的叙事者之一。黑死病成了《十日谈》的时代背景：一群佛罗伦萨富家子弟聚集在一栋远离瘟疫地狱的乡村别墅里，那里充满了天堂般的氛围。在这里，人人相互尊重守礼，文明相处，而周围地区的所有秩序正摇摇欲坠。十个年轻人跳舞、玩耍、用餐，听着音乐和蝉鸣打发时间——但最重要的是，他们彼此讲故事，每天十个。最终，恰好有一百个故事汇聚一起，与但丁《神曲》中的诗歌一样多。薄伽丘独一无二的叙述手法穿梭于他严谨的行文中，个别还借鉴了滑稽文学、阿拉伯童话、游吟诗人的创作、古代神话或编年史，最终汇聚成这部独一无二的《十日谈》。性爱与死亡、金钱、命运游戏和腐败的教会是他描绘的主题，中世纪意大利的种种纷争栩栩如生地展现在舞台上，时而色彩斑斓，时而细致入微。他以讽刺和微妙的幽默方式刻画了由好色的神父、贪婪的商人、丑陋的贵族、受骗的恋人和陷入热恋的人所组成的群像。这些小人物懂得如何大方又巧舌如簧地让那些看似高人一等但实际卑鄙吝啬的大人物陷入尴尬。

在书中，有一位腐败的公证人，他杀过人，是一个亵渎者，怀揣着所有邪恶的愿望，然而由于在临终忏悔中谎称自己过着忠贞、道德高尚的生活，成了一位广受尊敬的圣人。马匹商人安德烈乌乔（Andreuccio）在那不勒斯遭遇盗墓贼，被迫赤身裸体地钻进棺材。更尴尬的是，当他试图从刚刚过世的大主教冰冷的手指上偷下红宝石戒指时，发现自己被困在棺材里了。人们嘲笑那位聪明的修道院园丁马塞托（Masetto），他充耳不闻，假装不会说话，戏弄了八个好色的修女和她们的女修道院。还有那位农民，他被药酒麻醉了，却在重新醒来时误以为自己已经落入炼狱。令人不寒而栗的情节是，女孩将被杀掉的情人的头颅藏在花盆里，花盆里还种着罗勒……最终，薄伽丘就像越过一座道德净化的山峰，遇到了谦卑的格丽塞尔达（Griselda）。没有哪位清高的道德使徒发出警示，反而是一位文学作家对此循循善诱，他知道人之为人，必好酒色。最重要的是，薄伽丘掌握了让人发笑的艺术。如今的读者捕捉到了一位知识精英的样貌，他给出机智而有趣的答案，效果远远优于一大堆心灵的启示。在佛罗伦萨，第一个崇拜他的人是商人佛朗哥·萨凯蒂（Franco Sacchetti），其短篇小说散发着这位大师的思想。在其中一本小说中，当被问及为什么圣约瑟夫在壁画上看起来如此难过时，他就让画家乔托回答说，当约瑟夫看到他的妻子怀孕，并且不知道孩子是谁的时，他有理由难过……像自己的榜样一样，他对圣人不够恭敬。

在欧洲的"薄伽丘迷"中，英国人杰弗里·乔叟（Geoffrey Chaucer，约1340/1345—1400）是上层中产阶级中最重要的一位。他是一位葡萄酒商人的儿子，也是约翰·冈特最爱的诗人。他经历丰富，做过战士也做过战俘，担任治安法官、海关监督、外交官和议会议员，还是一个拥有60册藏书的图书馆的主人。他凭借文学作品成为"英语诗歌之父"。他是第一个解释"文艺复兴"为何物的英国人，即从"旧书籍"（olde bokes）中发展出的"新科学"。他将法国长诗《玫瑰传奇》翻译成中古英语，也翻译了波爱修斯的《哲学的安慰》。他多次因公前往意大利。他有可能还见证了1367年在米兰举行的维斯孔蒂的女儿与爱德华三世之子的盛大婚礼。编年史学家傅华萨（Froissart）和彼特拉克也是此次婚礼的座上宾。他视但丁为"佛罗伦萨的智者诗人"，《西庇阿之梦》启发了他创作《百鸟议会》。他那部有关爱情悖论和矛盾的伟大诗作《特洛伊罗斯与克丽西达》的灵感，则源自薄伽丘的《菲洛斯特拉托》。

在乔叟直到去世前才完成的作品《坎特伯雷故事集》中，故事发生的舞台和《十日谈》有所不同：如果《十日谈》是以拉丁欧洲的公园和别墅作为场景，那么在《坎特伯雷故事集》里，场景则变为了位于伦敦塔桥对面一片糟糕区域中的泰巴旅馆。聚集在这里的不是谦逊有礼的年轻人，而是来自各阶层的30名朝圣者。人们喝的不是红酒，而是啤酒。旅店老板鼓励他们在往返坎特伯雷的贝克特圣祠的途中，靠讲故事来打发时间。这使乔叟有机会以亲切的人物肖像来介绍自己的时代，描绘理想，同时又质疑它们。诗人以多样化的叙事形式讲述，辅以浪漫的情节、滑稽的故事和动物寓言。他时而教导，时而嘲讽和挖苦，时而布道，时而模仿，幽默风趣又不失严谨——他所讲述的故事虽都蕴含着经典的教诲，但又极尽轻松娱乐。薄伽丘的《苔塞伊达》和波爱修斯的哲学，是其中"骑士的故事"的教父教母。这个故事表面上披着爱神和荣誉的外衣，实际上它提出了宏大的问题，追问世界是什么，人在面对上帝、命运女神和星辰之时享有怎样的自由。再转回到地球——来到一个英国小镇——是矮胖的磨坊主讲述的故事，里面展示着裸露的臀部和各种淫秽，描绘着中世纪的野性肉体。像我们今天的读者一样，当时的读者们同样嘲笑那只有骑士风度的公鸡尚特克勒，他面对自己最喜欢的母鸡潘特时，保持着宫廷式的礼貌——竟叫它"夫人！"——接下来也被一位狡猾虚伪的、被赦免的小商贩逗乐。顺便说一句，读过乔叟和薄伽丘的人不难发现，他们笔下的僧侣会在某一天点燃宗教改革。某些故事的道德寓意至今难以被明确地解读。乔叟对道德的开放态度极具现代特征，这位梦的诗人再次让仙女们在草地上翩翩起舞。

新科学的前夕

14世纪充斥着哲学和宗教信仰的混乱，学者间的思想斗争和文学家善变的文学观念似乎也影射了政治事务的混乱和书房外世界的战争。现实世界如何影响知识界，对其造成干扰还是使其活跃，都还尚难定论。像艺术一样，哲学和科学也有自己的规律。带来挑战的不仅是生活：就如同乔叟一样，他受到的挑战更多来自之前艺术家的作品和其他知识分子的思想。彼时，内心的虔诚遇上了生活的享乐，这与将来的情形相同。为此，争取纯洁的斗争获得了新的动力。路德的宗教改革标志其顶峰。这对于"统治者"来说显得越来越可疑。因此，查理四世发布了一项法令，明令严格审查具有宗教内容的白话书籍。

各处都建立了规定祈祷和忏悔的兄弟会。一位富有的西亚商人乔瓦尼·科隆比尼（Giovanni Colombini, 1304—1367）做了和圣方济各一样的事情——放弃自己的财产，宣扬反对财富，并献身于清修、贞节和慈善。从他的追随者中涌现出了耶稣会（Gesuati），之所以如此命名是因为其成员不断地宣扬耶稣的名字。教会阵地的敌人是14世纪中叶法国方济各会的鲁佩西萨的约翰（Johnnes von Rupescissa），因为他强烈主张神职人员的绝对贫穷，谴责多明我修会的对手是"金钱的异端信徒"。他著作中的末日预言与炼金术启示有关，旨在为日益临近的可怕的末日灾难提供慰藉。他还是第一个尝试将炼金术用于医学目的的人。

年轻的萨鲁塔蒂在1355年前后经历了一次与众不同的觉醒经历。通过阅读奥维德的《变形记》，他发现了自己对文学的热爱，一瞬间就展现出"神赋的天赋"。像他一样，越来越多的同时代人选择在书房里阅读经典文本，任凭时间流逝，这里是早期的私人避难所。他们购买艺术品，收集古董，寻觅手稿。一种选择会排除另一种选择，正如世俗享乐与虔诚，理性哲学和神秘主义之间的水火不相容一样。对于埃克哈特大师（Meister Eckhart，约1260—1328）而言，在他所依赖的新柏拉图主义和弗莱堡的迪特里希的思想里，上帝已化身为"一"：成为存在本身，并由此变为一种智力（intellekt），成为一切存在的前提。埃克哈特认为万物完全被上帝渗透。人们将他称为"灵魂火花"（scintilla animae）。在"彼与此"（Dies und Das）中，人可以净化自己，摆脱一切非神圣之物，获得宁静和完整的神性的自由。这位敏锐的逻辑学家指出了一个神秘的方向。当他建议让人们在充满希望、闪闪发光的神圣"深渊"之中思考时，首先跟随他的是他的学生约翰内斯·陶勒尔（Johannes Tauler，约1300—1361），一位斯特拉斯堡的传教士。充满神性与创造力的、即将诞生于文艺复兴时期中的人，必定都来自同一个世界，在那里，埃克哈特大师建议消灭一切个体的东西。另一位多明我会修士亨利·苏索（Heinrich Seuse，约1295—1366）则走完了一条千年之前佛陀曾走过的路。通过鲜血淋淋的自我苦行，他淡定自若地接受了强加给自己的痛苦。

思想的视野越发扩大，甚至连主张"唯此性"的邓斯·司各脱都已着手探索已知事物的边界，从而为神学和哲学的分野做好了铺垫。因此，批判方法的出现既不是因为小冰川时代，也并非黑死病。在邓斯的手上，神学已作为一门积极的科学，旨在解释《圣经》并为人类提供指导。他夺走了神学成为上帝永恒知识伴侣的光环，头脑和记忆不需要上帝的启示就可以得出结论。因为阿维森纳，形而上学将"存在是什么"这个问题作为自己的研究对象，而不是如阿威罗伊所希望的那样，将神作为研究对象。

邓斯的认识论与微妙的语言学分析相结合，标志着对知识进行激烈批判的时代到来了。什么是真正的知识以及我们能够知道什么等问题，移到了对话的最前沿，最终演进成为康德的批判哲学。奥卡姆的威廉——我们上次遇见他是在巴伐利亚路德维希宫廷里——与司各脱一样，认为我们无法从结果中准确推断出原因。通常情况下，自然的过程都是必需的。但是，将上帝的干预——奇迹——驱逐出大自然，就等于否认了上帝的全能。人们永远无法确定其所感知的是真实的还是虚像。奥卡姆的威廉以此又将"世界的解体"向前推进了一步。对他而言，理性和经验无法引向对上帝的认识。一个人可能会相信灵魂不朽，但他不相信灵魂是可以证明的。然而，基于信仰的科学不是科学："说起来很幼稚，我知道神学结论，因为上帝知道我所信奉的原理，正如他所揭示的那样。"如奥卡姆的威廉与培根论证的那样，普遍性的东西是不现实的，形而上学是不能用理性去理解的。

对奥卡姆的威廉而言，名称是普遍概念仅有的现实性——因此有人称他的哲学为"唯名论"。它们是人类的思想和认知所形成的符号，而不是永恒理念在地上的灰烬。现实的事物是可以获得经验的丰富、随机的个体。在奥卡姆看来，科学只处理概念和句子中的逻辑关系，而不再像司各脱所希望的那样处理"存在"本身。解释越简单越好，多余的东西必须被剔除。这指的是"奥卡姆剃刀定律"（Occam's Razor）的说法，其在17世纪的经典表述为"如无必要，勿增实体"。面对认识论仍根基不稳的土壤，一些人在逻辑、数学和实验等领域寻求最明显的确定性。这条路线是由一群在牛津大学默顿学院任教的神学家所采用，他们称之为"计算器"。他们中最著名的是托马斯·布雷德沃丁（Thomas Bradwardine，约1290—1349）。例如，他试图用数学方法记录物体的运动——弄清动力与阻力之间的关系。这些"计算器"代表着一种自然观，即更遥远的未来属于计数、测量、称量。

与等级制度的冲突从未平息。这一时代的思想家——如奥卡姆的威廉和帕多瓦的马西利乌斯都遭到迫害，埃克哈特大师也卷入了令人不快的境遇中。在巴黎，曾挑战过经院形而上学和认识论立场的奥特科特的尼古拉（Nikolaus von Autrecourt）被迫将自己的著作扔进焚书堆，还因此失去了教职。然而，许多人在没有任何外部压力的情况下就拒绝了新的道路。古代研究的先驱彼特拉克在他的论辩文章《论自己的和许多其他人的无知》中将自我认识和对善的意志置于对真理的理性探索之上。最高的哲学是认识上帝，而不是神。

如果科学绕过神学家的堡垒，避免所有可能质疑上帝无所不能的想法，那么它们就避开了使其背负异教徒名声的危险地带。论文在提出论点时经常使用的程式是"根据想象"（secundum imaginationem），这允许了讨论知识的自由。法国人让·布里丹（Jean Buridan，约1295—1358）假定上帝退出世界，自然遵循自己的规律。在此假设下，他根据亚里士多德和异教徒的立场建立了自己的论点，提出了自然哲学。例如，他断言不可能存在真空。亚里士多德并不知道引力，他声称运动物体所处的介质越稀薄，其运动的速度就越快。这意味着，在绝对真空的情况下，物体将达到无限的速度——而这是不可能的，因为若是这样，这个物体必定会同时位于两个位置。但问题在于，这样的逻辑限制了上帝的全能。难道连上帝的力量都要屈服于矛盾定律——用康德的话说："A不是非A"，一个事物不能同时成为它不是的事物——吗？即使是万物的主，也不能成功制造真空。布里丹一生都只是一个世俗的神职人员，从来不是神学机构的一员，他认为上帝完全可以做同样的事情，但他通常不愿这样做而已。这样，宗教异议一下子就被消除了，这位学者可以放手充分去证明绝对虚无的可能性。他不断发问："天堂有物质吗？""世界不止一个吗？""地球可以移动吗？"

布里丹的运动理论驳斥了亚里士多德的理论。以前，古希腊罗马和阿拉伯学者讨论的问题是：为什么扔掉或发射的物体离开手或枪炮后会移动？虽然亚里士多德认为是物体周围空气的振动或涡流推动了物体前进，但如同之前的约翰·菲洛波努斯和伊本·西那，布里丹坚持认为存在着一种推动力，即冲力（impetus），一种触发的力量。因此，强有力的"原动力"触发的动作——现在又回到亚里士多德的形而上学了——足以使支持它们的球体永续循环。与"天使推动球体"之类的普遍信念相比，这是一个极其聪明的想法。布里丹的思考被遗忘了，但他本人没有被忘记。布里丹的人生肯定多姿多彩，在巴黎，到处都流传着他的逸事和臆构的骇人听闻的故事，这是自然研究者难得的荣誉。据说他当过两个皇后的情人，根据弗朗索瓦·维庸《昔日的贵妇们》（*Ballade des dames du temps jadis*）中的说法，她们中的其中一位命人用麻袋将他装着扔进塞纳河（可能真正的布里丹幸免于此）。

他的学生尼科尔·奥雷斯姆（Nicole Oresme，约1320—1382）进一步推动了世界观的机械化。像布里丹一样，他考虑到了地球连同那些在地上爬行和天上飞行的东西日复一日地在绕着地轴旋转的可能性。但是他对这个假设以及其相反的假设都不置可否，他最终决定还是以传统的认知让地球归于宁静。他还为他的赞助人，即受过高等教育的法国国王查理五世翻译了亚里士多德的《政治学》等，从而着手制定合理的国家秩序准则，即"良政"（bonne policie）。此外，他是第一个撰写货币理论的欧洲人，即《论货币的最初发明》。他最终作为利雪的主教度过了自己的最后时日。

布里丹、奥里斯姆和其他人的猜想——包括一位不知名的教授，他认为地球环绕太阳运动比它停在中心更为明智——似乎开启了科学史的变革。自然科学和数学研究在同样的可能性空间中展开——仍然是不情愿的。越来越多的现实主义肖像、自传和文学中的"自我",绘制完成的国家理论或古代研究都亦步亦趋地发展起来。但是,传统自然科学讨论的参与者圈子暂时仍然很小,其作品的传播受到限制,处理诸如大小或速度之类的"牛津计算器们"还停留在思想游戏阶段:它还未标志着一场革命。科学也仍只意味着用严格的逻辑来衡量旧权威的陈述,很少进行实验,但那些被提出的问题、生出的怀疑都是极具前瞻性的。艾蒂安·吉尔松(Étienne Gilson)认为"怀疑主义"是14世纪暴发的"新知识疾病",它让这个时代更接近现代。如果他是对的,那么这种怀疑主义就不是疾病,而是知识力量的表征。更为重要的是,欧洲现代主义的历史恰好表明了怀疑主义的胜利。

火药和资本

皮浪的哲学通过怀疑论的圣经——塞克斯都·恩披里柯(Sextus Empiricus)的著作——流传了下来,并且在13世纪后期就有了拉丁语的译本,但一直没有引起人们的注意,暂时只有西塞罗和奥古斯丁的著作引发了方法论上的怀疑。大多数哲学家和神学家沿着亚里士多德的传统研究并对其评论,但充其量也只是增加了一些点缀。长久以来,古代自然科学的大厦无人能撼动。这需要扩大对话者的范围,例如通过印刷书籍,以及一些敢于违背传统和权威的极其聪明的人——这样的人不是每天都会诞生。只不过,单靠这一可能性的空间并不足以创建新的东西。

然而,14世纪并没有只停留在理论层面。越来越多的迹象表明,欧洲正在接受各种创新。它们是一些不起眼的、通常都没有被同时代人记录下来的事物和操作方式,这表明欧洲正在缩小与东方之间的技术差距。例如,纸张已到达英国。1390年——在撒马尔罕首次生产纸张500多年后——由商人乌尔曼·斯特默(Ulman Stromer)在纽伦堡建立的德国第一家造纸厂正式开始运营。

来自世界不同地区的先决条件逐渐汇集起来,如果没有后来古登堡的伟大发明，即活字印刷，这本是不太可能的事。但似乎书籍的市场开始形成才是最重要的事。复制和传播手稿已成为一门生意买卖，它早已不再只是修道院的抄写工作。大学里越来越多的学生催生了以下情况，即专业书籍被拆开，然后提供给能够同时工作的抄写员。造纸商、羊皮纸匠、插画师、装订工、红字标题师，以及之后的木匠，他们都在为抄写员和作者工作。达勒姆主教、英王爱德华三世的大臣理查德·德·伯里（Richard de Bury）留下了14世纪书籍世界的快照。他于1345年完成的《书之爱》（*Philobiblon*）抒发的就是对书籍的热爱，它既是一本如何实际使用书籍的记事簿，也是一份关于那些为阅读而兴起的市场的档案。出差旅行的人可以回忆起在"天堂巴黎"旅行的经历，那种得以四处闲逛和走马观花的幸福。"这里的图书馆比香料店更受欢迎，还有各种各样书籍盛开的花园，"他写道，"这里有雅典人的旅馆、亚里士多德学派的漫步小道、帕纳萨斯山和斯多葛式的门廊。"

薄伽丘和萨凯蒂等诗人为广大的读者写作。现存手稿数量超过80种的《坎特伯雷故事集》昭示其获得的巨大成功，而《十日谈》也有60多种手稿流传于世。然而，其他欧洲国家并未产生像乔叟或意大利诗人那样具有影响力的人物。波西米亚人模仿特普尔的约翰的《波西米亚的阿克曼》的形式，创作了一部具有古典修辞之美的杰作：一位刚痛失爱妻的人与死神之间的痛苦对话。普通民众不断增长的诉求也反映在当地语言版本的宗教著作、宗教生活或传说中。其中最成功的是《金色传奇》（*Legenda aurea*），该书于1350年被翻译成意大利语。它凭借其中由圣徒和奇迹构成的简单故事，成了欧洲那个时代的宗教书籍里——包括《圣经》在内——被阅读最多的一本书！

除此之外，还有进一步的创新。在中国发明火药后的几个世纪，欧洲战场上也传出了枪声。早在罗杰·培根之前，写于14世纪早期的《火之书》（*Buch der Feuer*）——该书收集了各种可燃物质配方——就已经提供了关于如何混合致命的现代力量的秘诀。从拜占庭战士在公元7世纪就曾用来烧毁阿拉伯船只的传奇的"希腊火"到火药的配方，该书都有记载。最早的"火炮"是可以射箭的铁加农炮，其历史可追溯到1326年。这是迈向战争的关键一步——它不再基于肌肉力量和武艺，而是基于技术和金钱。

前面已经提到的佛罗伦萨的大规模破产告诫人们，资本对于国家建设的重要性。为了支持战争、宫廷、节日，官僚和作家必须筹集大量资金。相反，公共财政促进了银行和信贷系统的扩展，而没收财产的幽灵也总是潜伏在旁。在当时最先进的经济体——意大利——这种危险并不存在，因为金钱精英与这里的政治权力紧密相连。银行家和商人在城市统治者中占据关键位置，而贷方和债务人通常是同一个人。热那亚政府与圣乔治银行唇齿相依，以至最终银行统治了这座城市并制定其政策。

机械时代的开始

从温暖时期开始的经济繁荣中，欧洲明白了时间就是金钱的道理。于是它更加快马加鞭，时间被前所未有地精巧划分到小时和分钟。而此前，它轻柔而安静地往前流逝，其过程从太阳的位置、水滴、燃烧渐尽的蜡烛中，或者是从14世纪上半叶开始出现的轻轻滴流的沙子中得以窥见。越来越多努力往前嘀嗒走动的钟确定了它们的节奏。到了13世纪下半叶，水钟已经不再被使用。轮钟的发明具有重大意义，其主要原因并不在于它符合商业的合理性，而是因为它传播了一种颠覆性的原理：机械学，以及由此出现的机器工作。

希腊人、中国人——我们不过是站在钟表科学家苏颂（1020—1101）的肩膀上而已——以及阿拉伯人已经发现了精确计时所必要的摆轮原理。卡斯蒂利亚的阿方索十世宫廷汇编的《天文知识集》展示了一座时钟，使用了比水更加黏稠的水银作为摆轮。阿里·伊本·查拉夫·穆拉迪的《秘密之书》（*Buch der Geheimnisse*）中包含对时钟原理的描述，也是从阿方索十世的宫廷传到佛罗伦萨的。机轴摆轮据推测是由一个西欧人发明的，并一直沿用到17世纪，直到出现了重大创新。这位匿名的天才使技术发展发生了巨大的飞跃，它的发明基本上可与蒸汽机的发明相媲美。仔细想想这样一种能使手表正常运转的功能：大齿轮和小齿轮的相互作用使剧烈运转的齿状冠轮转动，用其两个金属薄片轻轻触碰主轴，然后不断地迫使它不停摇摆。建立这种机制得需要多么丰富的技术知识、多么精湛的工艺以及何等的耐心啊！两个金属接片必须相互呈直角咬合，齿状冠轮上还需要奇数个点；而且锯齿对面必须留有缝隙，以便指针能够均匀地走动。这一原理一经出现便风靡整个欧洲——用什么途径传播呢？——它是一场改变时间的革命。此外，它开辟了建造更加复杂装置的可能性，尤其是得以让公民处于宇宙背景之中的天文钟的建造。

在欧洲，修道院中可以找到早期轮钟的痕迹，它们在那里召唤僧侣按时段祈祷。大约1325年，英格兰僧人彼得·莱特富特（Peter Lightfoot）在威尔斯大教堂安装了天文钟。10年后，米兰市长阿佐·维斯孔蒂（Azzo Visconti）在圣戈塔多塔楼的八角形结构中安装了一个机械钟，每个小时它都会报时。人们对此印象深刻，以至将这个屋顶上响彻着时钟声的城区叫作"时辰之地"（contrada）。时钟成为权力的象征：它是被城市主人作为时间的立法者而展示的一种仪器。从那时起，欧洲这片充满了冲突的观念、书籍和工厂的大陆，变成了时钟之国。而值得注意的是，这个世界在此时已经何等机械化了——除了摆轮时钟，在几乎同一时期的卢卡还出现了极为复杂的水力驱动的丝绸工厂——哲学则将其视为被上帝抛弃的乱象。

同时，这一享有盛誉的装置已成为理论讨论的话题。南英格兰的圣奥尔本斯修道院的院长沃灵福德的理查德（附图7）完成了《关于天文钟的论文》。据他的说法，装有敲击装置的轮钟是在圣奥尔本斯制造完成的。理查德也是天文计算器"阿尔比恩"（Albion）的发明者，这为他的工作提供了极大的便利。作为铁匠的儿子，他可能熟悉将铁制成工件的技术。理论已付诸实践：通过在当时的数学高地牛津大学的学习，理查德习得了建构他的"计时器"所需的理论知识。一代人之后，来自帕多瓦的医生乔瓦尼·唐迪（Giovanni Dondi，约1330—1388）经过16年的工作，也建造了他自己的极其精致的"天文钟"。唐迪那篇关于这一神奇物件的论文，其来源之一是诺瓦拉的坎帕诺（Campano da Novara）的著作，其中包含早期著名的摆轮的展示，而后者恰好懂阿拉伯语。与彼特拉克交好的唐迪将好奇心也延伸到了古代遗迹上。他不仅为它们赋诗，还为它们测算。

多亏了他这样的建设者，机械时间逐渐取代了按教会时序标准划分工作日的旧方法。时间感知也进行了世俗化。嘀嗒作响的时钟成了生死的主宰，通过前所未有的精确性，计算着手工业者昂贵的工作时长。但丁忧伤地回想着从前平静的日子，那时他还在"老城墙里的佛罗伦萨"过着"和平、有度和知廉耻"的生活，不必遵循时钟的指示。虽稍有延误，但新时代还是到达了斯堪的纳维亚半岛。它也占领了这片土地。可以肯定的是，时钟那时还如此不准确，以至我们可以相信，乔叟的公鸡尚特克特都能够比修道院里的时钟更可靠地进行计时。

机械钟由于隐藏的重量、齿轮和摆轮装置而具有神秘的生命，其使用寿命比以前制造的设备更长，从那时起及其此后的数百年来，一直深深吸引着人们。它适合作为人、国家、宇宙的隐喻。第一个给出这个比喻的人是奥雷斯姆——在那时的巴黎，按照查理五世的命令，他的时钟必须根据放在斯德岛的王宫里的时钟进行设置。但是，奥雷斯姆的上帝显然不是那种在完成了工作后，就将工作和人们抛下，然后径自离开的造钟人。相反，他无所不在，他保存并移动其造物。在大胆的猜测中，奥雷斯姆将它等同为包围在天堂最外层的无限空间。通往物理学的道路似乎已经开辟出来，它在天堂和地上，在"月下"（sublunaren）范围内适用于相同的规则。凤凰如此便抵达了欧洲，在巴黎和牛津，在阿维尼翁和佛罗伦萨发现了自己的巢穴。

在奥德修斯的千年

同时，一位著名演员出现在欧洲的文学舞台上："多才多艺"的奥德修斯重新开始了他的旅程。但丁在《神曲·地狱篇》第26首诗歌中让奥德修斯承认："我无法克服自己心中／要去了解世界／并历览人类善恶的热情。"对珀涅罗珀[1]的思慕，对儿子或老父亲的爱都无法阻止他——进入未知的世界，驶向无边的海洋。可以将此理解为，即使是奥德修斯，也会跟随他的精神跨过一个又一个边界。在这一点上，但丁处理得相当现代。彼特拉克寻求无拘无束的理想，并尝试过一种知识自由的生活。在一首神秘的十四行诗中，他给自己戴上了奥德修斯的面具："我的船，完全被遗忘，穿过波涛汹涌的大海，午夜时分，在冬季，在斯库拉[2]和卡律布狄斯[3]之间；舵旁坐着的那位先生，是我的仇敌。"泪如雨下，模糊了视野，他写道："海浪下的死去的是理性和艺术，所以我开始怀疑，是否找得到港口。"但是他在中世纪后期到处流浪的经历意味着，发现与体验是对古代的向往和对新事物的渴望，是那些"勤劳的美德"，敦促他去研究古代纪念碑和古代的文字，驱使马可·波罗驶向世界的边缘，促使传教士里卡多去寻找天堂。

这位诡计多端的人从未被完全遗忘，但是现在呼唤他的声音正在累积，可与之相比拟的人越来越多。巴尔达萨雷·卡斯蒂利奥内将奥德修斯描述为一个受苦受难的人，他从冒险中幸存下来并从中学到了经验。洛多维科·多尔切（Lodovico Dolce）赞美他用自己的美德来抗拒反复无常的命运女神。阿美利哥·维斯普西（Amerigo Vespucci），这个美洲大陆的命名者，喜欢将自己视为他那个时代的奥德修斯。最终，伟大的收藏家和博物学家乌利塞·阿尔德罗万迪（Ulisse Aldovrandi，1522—1605）将奥德修斯的名字视为一种符号。他问自己——引用维吉尔的话——是谁授予了他这个名字："谁是奥德修斯？"并立即回答道："一个思维全面的人，一个游历广阔的人。"因此，他按照这位英雄的生平，将自己的自传风格化了，他同样也游历了意大利、法国和西班牙，亲身感受冒险旅程中的那些长途漂泊。1580年前后，他在位于博洛尼亚附近的萨维纳的圣安东尼奥（Sant'Antonio di Savena）的别墅墙壁上画了《奥德

---

1 珀涅罗珀是奥德修斯忠贞的妻子，丈夫远征特洛伊失踪后，她拒绝了所有求婚者，一直等待丈夫归来。

2 古希腊神话中的六头十二手女妖，吞吃水手的海怪。

3 古希腊神话中的六头女妖，吞噬船只的海怪。

赛》的场景。像英雄荷马一样，这位文艺复兴时期的尤利西斯在智慧女神和科学守护神雅典娜的保护下认识了自己。人类的劳动依然只是徒劳的，而伊萨卡岛，这座所有古老和现代流浪者的向往之岛，只有在死亡来临时才能到达，他自然也很清楚这一点。

在14世纪，其他一切都不确定，冒险旅途也是。这些旅行者也和弗朗西斯·培根——这个在名字和精神上与伟大的罗杰·培根相近的人——一样，带着自豪感越过赫拉克勒斯之柱看向一个新世界。大胆的创新者、躁动不安的知识分子仍然只是一小群人，彼特拉克知道他们的精神世界受到了各方的威胁。和14世纪初一样，人们害怕地在天空寻找线索。宗教动荡到处弥漫，对纯洁的呼声越来越高。1399年夏天，身穿白色服装的信徒团体"比安奇"（Biachi）在阿尔卑斯山和拉齐奥地区周围活动。在接下来的1400年，他们都在希望和平与虔诚的时代到来。在英格兰，威克利夫的教义是由罗拉德派（lollards）[1]继承，他们最初只是指各种"背叛者"。他们拒绝礼仪、朝圣和传统的圣礼教义等外在活动，并为追求使徒式的贫穷而奋斗。国家对他们施以迫害和压迫。对于"伟大改革"的序幕来说，他们仍然无足轻重。在荷兰，盖尔特·格罗特（Geert Groote，约1340—1384）发起了"现代虔诚运动"，这也是一个平信徒参与的运动。在南部，它扩散到了巴塞尔和因特拉肯。他们的宗教信仰通过当时最广为人知的书籍之一的《遵主圣范》得以表达，即鼓励人们像救赎者一样生活，并虔诚地阅读《圣经》。对上帝的找寻也可能导致对伊斯兰教的皈依，例如在突尼斯生活直到去世的加泰罗尼亚方济各会的安塞慕·图迈德（Anselm Turmeda，1355—1423），然而这类皈依仍属于极少的例外情况。

在法国，从1394年起，实行了圣路易曾经下达的命令，即驱逐犹太人。许

---

1 中世纪晚期英格兰威克利夫的追随者。这个贬称（源自中部丹麦，意思是"说话含混不清的人"）更early用于被怀疑为异教徒的欧洲群体。第一批罗拉德派以威克利夫在牛津大学的同事们为中心，由赫里福的尼古拉领导。1399年亨利四世即位，标志着镇压浪潮的开始。1414年罗拉德派的一次起义很快被亨利五世镇压；起义带来了残酷的报复，标志着罗拉德派公开政治影响的结束。1500年前后，罗拉德派开始复兴，到了1530年，老的罗拉德派与新的新教徒的力量开始合并。罗拉德派的传统有利于亨利八世的反教权立法。

多幸存者都更愿意受洗。随后命令蔓延到了斯特拉斯堡、布拉格和施派尔等城市。从那时开始，乡村地区的犹太教占据了主导，许多被驱逐者不得不在城墙外尝试找寻新的起点。英格兰的犹太人早在一个世纪以前就已被驱逐。冲突只能来自接触，因此英伦岛上也缺少现代反犹太主义的"温床"。14世纪最后的十年，在西班牙，从塞维利亚开始，发生了迫害和谋杀，数万人选择改变宗教信仰。

彼时，作为国家和教会喉咙的大学，在知识的革新方面一时失去了其重要意义。在讲堂之外，人文研究在宫廷和城市中蓬勃发展起来。远离那些关于普遍性的辩论、逻辑学家的狭隘见解以及对于神学微妙的讨论，人本主义者用以叙述和解释的方式接近了真理。他们寻找生命间的关联，努力追求语言之美，并继续挖掘古老的遗产。标准发生了变化。来自阿雷佐的多梅尼科·班迪尼（Domenico Bandini，1335—1418）在博洛尼亚大学担任修辞学和语法讲师，在生涯即将结束时，他着手编写了一本百科全书，乍一看就像中世纪知识的汇编。班迪尼非常重视其中与人相关的内容。他在书中讲述了大约4000则著名男女的传记，并根据事实来源进行了评论。因此，他的方法展现了真正意义上的人文色彩。

来自帕尔马的医学教授比亚焦·佩拉卡尼（Biagio Pelacani，约1347—1416）也提出了一些闻所未闻的观点。西方人视这位奥卡姆的威廉的追随者为他们的拉齐：一个在各个方面都与传统背道而驰的人，并因此赢得了人们口中"魔鬼医生"（doctor diabolicus）的称号。在所有获取认知的方法中，如后来的笛卡儿一样，比亚焦最为推崇数学。他认为，可以肯定有一个连上帝也无法做任何更改的事实：人的独立存在。他教授过一些骇人听闻的知识，例如灵魂可以由物质构成，并束缚在人身体上，因此它是会消失的；以及宗教之间的差异是源于不同的气候条件和行星星座。上帝依然只是扮演着机械师的角色，就像时钟发条一样，将曾经被创造的世界抛在了身后。比亚焦的思想指示了方向，但它们直到17世纪才完全开放呈现出来。

约翰·赫伊津哈（Johan Huizinga）在他的《中世纪之秋》中谈到的生

活的张力也在艺术中得以体现。在中欧和东欧有比较常见的"美丽的圣母"（schönen Madonnen）像，这是当时"柔和风格"的典型代表。她们略微弯曲的姿势，身上滑溜、带褶的长袍和悦人的相貌，使其成为天空中的宫廷妇人。或许相比拥有完美容貌的理想人物形象，如前文提到的《威尔顿双联画》上的天使，它们更少被认同。圣母怜子雕塑则展现了时代和生活的另一面图景，它们盛行于14世纪，尤其是在德国，并被称作"映祷像"（vesperbid）。在这些作品中，玛利亚在哭泣，耶稣僵硬的尸体就躺在她的腿上。它们想像《遵主圣范》一样，引起人们的同情心，并因此奉上了现代虔诚运动中所实践的虔诚技巧。

坟墓雕塑（transi）将死者展现为眼窝空空，有时还会呈现被蛆、蛇和蟾蜍爬行的尸体。这种恐惧提醒人们，生命是短暂的，最美丽的身体未来也不过是蠕虫的食物而已。人们被瘟疫缠身的经历也反映了在那时越来越普遍的死亡之舞。它们把死亡描绘成一个伟大的一视同仁者，一个咧着嘴笑的骷髅，领着教皇和皇帝、老太婆和漂亮的姑娘、学者和修女一起跳舞。自从于瘟疫中康复的诗人让·勒弗尔（Jean le Fèvre）在1376年写下了《骇人之舞》（*Tanz des Macabré*）之后，"骇人"说的就是这类可怕的事物。

在乔托的魅力以及与北方人的交流下，意大利人继续征服现实。新的图像世界首次在1400年前后出现在北方的时祷书中。作为个人虔诚的一面镜子，它们必定出自成千上万人之手。根据林堡（Limburg）兄弟的说法，在微型画家中，大师们都是以一种令人难以置信的真实眼光去描绘风景，有光线和空气效果以及被塑造得栩栩如生的人物形象。他们自己就为约翰·冯·贝里（Johann von Berry）公爵做了同类作品中最漂亮的一部，由此带来了一个焕然一新的看待世界的视角。

从历史的角度看，这一时期的艺术展示出了文化交流的巨大凝聚力，人们甚至认为可以称之为"国际哥特式风格"。涌现的大量的"美丽的圣母"像是那么相似，以至人们都想要将其作为同一位大师的作品。风格的形成是通过交流实现的。它们的代理机构是修会和教廷，是宫廷和拥有贸易网络的城市以及大学；媒介则是绘画、信件、书籍和画家的眼睛。新的信息传递系统缩小了欧洲的空间。大约在1380年，显然最早是从米兰公国开始，掀起了一场"复兴接力"。新的邮政服务开始兴起，邮件不再仅由单个信使传送，而是沿着一系列站点，通过有规律的交通往来进行运送。法国紧随其后，在15世纪的最后几十年，神圣罗马帝国皇帝也开始效仿。

爱国主义是民族主义更为友好的先驱，不仅仅萌芽于反对罗马的过程中。《法国大编年史》向它的宫廷听众讲述了他们的帝国传记，其插图精美的手稿根据较早的编年史、国王的传记和其他文献编制而成。撰写者的工作地点位于圣丹尼斯王家修道院，几步之遥便是统治者和王后的居所，他们的事迹如今化为墨迹与声名。百年战争的英勇将领伯特兰·迪·盖斯克林（Bertrand du Guesclin）也被记录了下来。国王的陵墓在其他方面彰显着自己的身份：对于丹麦人来说就是罗斯基勒主教教堂，葡萄牙人就是里斯本的耶罗尼莫斯修道院，英国人则是乔叟的安息之地威斯敏斯特大教堂。在城市共和国中，圣徒还必须与越来越多的世俗的半神分享教堂。圣十字教堂变成了佛罗伦萨的万神殿，而威尼斯则为它的许多总督和海上英雄在圣乔瓦尼及保罗大教堂和弗拉里教堂里准备了足够的墓穴，与多明我会和方济各会修士一同长眠。

欧洲的多样性和信仰的界限

在此期间，人们在东方的撒马尔罕发现了一个著名的陵墓。陵墓的圆顶覆盖着蓝色陶瓷，保护着帖木儿·伦克及其继任者的最后安息之所，内部装饰精美的缎带显示了征服者尊贵的血统及其创下的丰功伟绩。他成了传奇，他短暂的帝国成了帝国伟业的先兆。历史学家约翰·达尔文（John Darwin）说，帖木儿的去世标志着世界历史的转折点。因为他，阻止欧亚大陆被西方国家、伊斯兰中亚和远东国家三方分割的最后一次尝试也以失败告终。从那以后，由于帖木儿对中亚的袭击所造成的破坏，以及该地区部落间关系依然保有的重要意义，原本的力量平衡向更有利于远东和远西的方向倾斜。

实际上，帖木儿的帝王梦想可能从未有实现的机会。可以肯定的是，征服者的军队不再只由带有弓箭的野蛮骑兵组成。他从印度带来了战象，拥有步兵、重型骑兵和枪支，拥有当时最先进的武器。他深知知识就是力量，在大马士革与学识渊博的伊本·赫勒敦（Ibn Chaldun, 1332—1406）进行的著名谈话证明了这一点。帖木儿沉迷于讨论什么是可知的，什么是不可知的。但是他既没有制定法律，也没有建立行政机构，以便将自己的意志覆盖到帝国最偏远的角落。他躁动不安的征服和杀戮与那个时代早已格格不入，这一时代未来属于要塞和城墙围护下的文牍国度。帖木儿寻求真主的合法性，作为真主在世上的代表，他拥有一切权力和权威。而那场他与伊本·赫勒敦的对话也并没有阻止他掠夺大马士革。

彼时，遥远的欧洲不再处于皇冠的统治之下。法学家巴尔杜斯·德·乌巴尔迪斯（Baldus de Ubaldis, 1327—1400）总结道："国王只是他自己王国中的皇帝。"（Rex in regno suo est imperator regni sui.）罗马皇帝是末日之前最后一个帝国的主人，也是世上最高的君主，这一观点继续通过许多皇帝身边的作家所创作的小册子传扬了数百年之久，在外交上皇帝的使臣要求获得优先权。但是，实际情况并非如此。新兴国家为自己创造了新的记忆，一大群伟大的逝者与1308年被谋杀的哈布斯堡的阿尔布雷希特一世一起安息于帝国的施派尔大教堂。这一世界帝国已形同虚设，永远不会有一个德意志国王的国家大教堂了。

欧洲国家不能——这是关键所在——在一个帝国的领导下保持稳定的存在。这块大陆仍然是激烈竞争的舞台，这里不仅有剑和大炮，还有羽毛、图像和建筑物。雄心勃勃又无比虔诚造就了一片充满恩惠的土地，成千上万的作家、艺术家、发明家和学者定居于此。教会分裂有利于教育和科学。例如，教皇和敌对教皇通过各自授予新大学特权而互相竞争，确保各自获得的支持。

除了宗教纠纷之外，还出现了一种新型的科学家，他取代了神职人员，成为中世纪经典的自然哲学家。他的研究重点不是针对教条、道德和伦理，也不是对隐藏秘密的探寻，而是通过公开讨论来辨明"真"或"假"。因此，学术的实际利益更加凸显。一位学者放弃了"入世"的积极生活，那么也将失去他自己理想的地位。现在这个双头教会可能会努力规避国家的分散：它可以提起法律谴责异端邪说，烧书，有时甚至烧人——但是神职人员的力量在四分五裂的欧洲受到了极大制约。在1400年前后，罗马对救赎告解的垄断受到了前所未有的威胁，并且偶尔的社会动荡也能发现其中神学提供的侧翼保护。埃克哈特大师说，并不是血统和财产造就了贵族，每个人都可以成为贵族。如果按他用德语讲授的观点，人类是被上帝——他的天父——"以灵魂的最高境界"生出的，那么外部的尊严又算什么呢？但丁在他的《宴会》的第四书中也提出了"基于美德的真正贵族"这一概念，而那种旧有的世袭贵族由此便毫无意义。

毫无疑问，精神领域的大量创新创造了"真实历史"的前提。饥饿和黑死病、阿维尼翁的流亡教皇和教会分裂、战争和起义都需要解释，至少要对此表态和自我评判。文本和图像中主体的诞生——或者更好的说法是，它的可视化——皆与此有关，这是显而易见的想法，虽然没有任何证据可佐证。上帝并没有因此而失去知识分子。他被认为已经死亡，受着末日审判威胁的人们却忘记了这一点。这一控诉在14世纪末的一位匿名作者的中篇小说中被发现，它有多大程度的真实性，我们无从知晓。

强大的女性

欧洲妇女被丈夫束缚，很少有人能接受高等教育。但到中世纪晚期，这里的妇女仍比拉丁欧洲地区之外的妇女同胞享有更多自由。在许多国家，甚至在现代的伊斯兰世界中，年轻女孩和妇女并没有令人羡慕的处境，其源头深深植根于过去。

乔叟笔下的"巴斯夫人"可能是欧洲人觉醒的象征。这个结过五次婚的女人的故事，关涉了婚姻的苦难和僧侣仇视女性的话题，此外也是一幅关于宫廷罗曼故事的讽刺画。长长的序言描绘了文学史上第一位自信的中产阶级女人的肖像。她是困难时期勇敢的母亲，她想充分享受上帝赋予她的性，从而支配自己的男人，有可能还是一位富有而年长的绅士。人们很难在其他文化的文学中找到其姐妹篇，如果我们不把《天方夜谭》中聪明的苏丹新娘谢赫沙拉德算在内的话。

一些真正自由和强大的女性在欧洲中世纪涌现出来：她们中不仅有修女和圣人，还有诸如号称"游吟诗人的女王"的阿基坦的埃莉诺（Eleonore von Aquitanien），或丹麦的玛格丽特，那不勒斯的胡安娜或波兰的雅德维加这样的女性统治者。然而，法国的《萨利克继承法》排除了女性继承王座的机会；伊丽莎白一世坐在百合花宝座上的画面是无法想象的。在市民阶层中，妇女通常只能在有限范围内开展事业，偶尔会出现一些可以按自己的自由意志做生意的女商人。科隆、苏黎世和巴黎组建了妇女行会，例如，丝绸女织工联合会。

妇女的自由甚至在意想不到的领域里找到了支持。锡耶纳的圣贝纳迪诺（Bernhardin von Siena，1380—1444），实际上是一个顽固的保守派，他却在一次讲道中捍卫了男人和女人的平等："上帝是用亚当的肋骨造了女人，而不是他的脚骨，不是为了让他践踏女人。"显然，此时他忘记了阿奎纳的教导，阿奎纳基于一些荒谬的医学思索而认为妇女是"不合格的男人"。

一位定居巴黎的意大利裔女性克里斯蒂娜·德·皮桑（Christine de Pizan，1365—1430）成为女权主义的"神圣资助者"。她是第一个依靠高级贵族的资助，以写作为生的普通女性。她的《妇女城》强调，凭上帝的智慧，是断不会让女人像《玫瑰传奇》中的某些段落那样不完美和邪恶的。在15世纪的头几年，这种批评引发了欧洲的第一场文学论战。反对他们的是法国最早的一些人文主义者，其中最重要的是让·德·蒙特勒伊（Jean de Montreuil，1354—1418）。"玫瑰之友"为其所推崇的作品极力辩护，又不乏幽默。克里斯蒂娜勇敢地做出回应。她批评了小说中渲染的男性气概，对自由性行为的赞颂，以及以奥维德的理念为依据的爱情理论。正如她所认为的那样，文学应该尊重道德边界，特别是女性的尊严。在她看来，他们心中的理想形象绝不是女性解放的先锋战士，而仅仅是敏感的宫廷侍女，只会对粗俗的男性话语感到气愤。与之相符的这样一位能干的、具有生活智慧的女人，在逆境中依然强大淡定的女性，不正是如克里斯蒂娜在《淑女的美德》一书中所塑造的女性形象一样吗？这其中可能暗藏了作者的自我形象。

我们难道不应该提及卡泰丽娜·斯福尔扎（Caterina Sforza，1463—1509）——伊莫拉和弗利的女领主，也是抗击切萨雷·波吉亚（Cesare Borgia）的女英雄——的祖先玛格丽特·阿滕多罗（Margherita Attendolo）吗？在一支雇佣军的帮助下，玛格丽特绑架了四名那不勒斯贵族，以逼迫释放她的兄弟穆齐奥。另一位伟大的女子是阿尔博雷亚的埃莉奥诺拉（Eleonora von Arborea，约1347—1404），她是撒丁岛一位神采奕奕的女领主和立法者，也是猎鹰的守护者，为了保护它们，她还颁布了法律。除这些女性之外，要想描绘出完整的中世纪欧洲妇女的生活图景，最重要的是了解那些没有太多自由的手工艺者和农妇、贫穷的女佣和妓女、助产士、奴隶和被迫进入修道院的女性。像克里斯蒂娜·德·皮桑、宾根的希尔德加德或甘德谢姆的赫罗斯维塔这样的女性毕竟是少数。中世纪晚期还有一些不多见的女领主，她们收集艺术品并资助学术，抑或是那些富有商人的妻子，她们精明能干，管理着家庭，而丈夫则安心在远方做生意。玛格丽特·达蒂尼（Margherita Datini）甚至还亲自照顾丈夫弗朗切斯科的私生子。

当然，反过来，我们将不得不讲述一千多年前的男人也如今天一样给妻子或爱人带来爱。作为男性的代表——男性中也并非只有暴君、压迫者和杀妻者——我们让冰岛的斯诺里·斯图鲁松（Snorri Sturluson，1179—1212）来谈谈吧，他深爱着美丽的古德伦·赫林斯多蒂尔（Gudrun Hreinsdottir）。"我走进了这个最美好的女人所在的房子里，"他继续回忆说，"她正梳着她卷曲的秀发。"

19. 东方的傍晚

插图25：唐寅，《梦仙草堂图》（局部），16世纪，华盛顿特区，史密森尼学会弗里尔美术馆

明朝中国的开始

世界的其他地区在14世纪同样遭遇了危机。自该世纪30年代以来，内战一直在日本肆虐，匪徒团伙在这片土地上扫荡，编年史家记录下那些夜袭、突袭、恐慌、谋杀以及"毁灭世界并推翻一切的暴徒"。编年史家认为，下层人士想要推翻统治者的行动，这一事实构成了撼动整个帝国的动乱背景。镰仓幕府沦陷了，驻守在京都室町的军阀足利氏赢得了权力。1338—1573年，日本的各个朝代与时期都是根据氏族或幕府驻地的名称命名。

中国在这一时期经历了极为寒冷的年份，台风、冰雹和洪水侵袭不断，天上出现预示不祥的巨龙，蝗虫将稻田啃噬得精光。1344年，黑死病从这里开始肆虐，然后向西蔓延，夺走无数生命，人口数一度从1亿减少到6000万。高税收的负担让南方遭难，局势越发紧张。这些反应与欧洲的情况类似：许多人似乎感到末日来临。当西方在无尽痛苦中等待弥赛亚的降临时，中国则寄希望于能带来启示与和平的未来佛弥勒菩萨的归来。在其他文化中，弥勒菩萨的同类则现身为伊玛目、马赫迪，甚至还有屈夫霍伊泽山的皇帝腓特烈。饱受折磨的人们对具有黄金时代天堂特征的"纯净土地"梦寐以求。通过这样的海市蜃楼，推翻元朝的起义获得了力量。打着乌托邦旗号的教派——其中包括"红巾军起义"——吸引了成千上万的追随者。受前朝魅力的吸引，他们的首领在打下领地后，用"汉"或"宋"来命名其试图建立的王朝。蒙古的统治者丧失了控制权。混乱之中的救世主最终不是一个明智的神，而是一个残酷的、长着麻子的农家子弟：朱元璋（1368—1398年在位）。由于其出色的军事能力，朱元璋在红巾军中脱颖而出。他的士兵消灭了敌对的军阀，夺取了一座又一座城市。1368年，他成为中国南方的君主，蒙古皇帝逃亡。于是朱元璋称帝，将国号命名为"大明"，意为"光明"。南方的南京成为明朝首都。

朱元璋选定"洪武"（意为"强大的军事力量"）作为年号，不仅昭示了他的执政形象，也利用了这一势头。中国重新由汉人统治。他整顿了领导层和管理层，罢免了丞相并取消了这一职务——这是一个重大错误，从长远来看，这会削弱皇帝的地位。10万人在这次大清洗中成为受害者。外国人和佛教徒被边缘化，儒家精英的影响力减弱，这样一种建立在不信任和严厉措施之上的制度确保了稳定。政府的爪牙对异己进行殴打、折磨，甚至施以剥皮酷刑，还把剥下来的皮悬挂出来示众立威。但是，即使是暴君也不能永久剥夺朝廷官员的权力。官僚体系中的工作量巨大，官员任务繁重。给事中[1]张文辅报告说，皇帝的内阁在短短八天之内就处理了不少于3391件事务。

洪武年间的法律通过刻有文字的铁板得以昭告天下，到处都是一片祥和——这听起来像是刻薄的讽刺。未经允许，任何人不得离开家乡。这项原则是在元朝时期提出的，同时在这一时期，统治者还严令禁止变更职业。对于经济和文化生活同样致命的是，对外贸易的受限，甚至中国的内部贸易也受到限制。只有农业得到了过度的补贴，整个国家自给自足。洪武皇帝的继任者奉行防御性的外交政策。而此后参加科举考试的官员的精神食粮和备考资料只剩少数儒家经义，孟子语录中那些妨碍稳定与秩序的内容[2]成为审查制度的牺牲品。但另一方面，在明朝初期，国家大力造林，并建立了灌溉系统。

这个被束缚的帝国在永乐皇帝（1402—1424年在位）的统治下得以展现其力量。洪武皇帝去世后，朱棣从帝位斗争中胜出，从而获得了皇权。在这个过程中，又是几千个头颅落地。在付出天文数字般的代价后，位于尘土飞扬的华北平原边缘的北京成为新首都。一条专门开凿的运河方便了北方的粮食供应，并为70万人的大都市提供了食物。一层又一层的围墙——宫殿墙、居住区围墙、院落围墙——囚禁了一切的自由。30万精兵强将随时候命，准备应对一切可能发生的动乱。即使是在永乐皇帝的统治下，星罗棋布的非正式监控网络也能确保人民的安定。然而在中国人的眼里，北京就是宇宙的中心。在这个曾经与老百姓隔绝的"紫禁城"中，有供奉天神的神殿，以及无数金碧辉煌的宫殿，那里住着这个世界上最有权势的一群人。1406—1420年，一支由强招入伍

---

1 官名，在明代主要行使监察职能。明代给事中不隶属于任何部门，而是一个独立的机构，由于给事中分掌六部，故称六科给事中。

2 孟子"民贵君轻"的思想在明朝时期遭到禁止，他甚至因此被请出孔庙。

的劳动人民和工匠组成的队伍很快就建成了世界上最大的住宅综合体。皇帝住在这里，身边围绕着太监、大臣、军队和后宫佳丽。在太和殿里，皇帝坐上龙椅，朝臣站立在侧，附近遍布各种花园和小湖，亭台楼阁倒映水面。直到今天，青铜狮子依旧如600多年前一样在这里守望，紫禁城内的屋顶皆覆盖着象征皇家的黄色。

甚至在皇宫奠基之前，永乐年间就发生了根本性的政策变化，并开始制定积极的外交政策。南方的大越受明朝统治有20年之久。数次针对蒙古的征讨，皇帝都亲自带兵出征。这种具有前瞻性的防御策略，代价高昂，最终却徒劳无功。规模巨大的海上舰队探险使一切都黯然失色，它们似乎开启了向蔚蓝远方的进军。然而，科学技术创新的伟大时代并没有因此复兴。机械钟也还没有给天子们指示时间，相反，是鼓声和钟声在北门塔楼以传统的方式敲打报时。永乐皇帝还聘请了翻译人员，并雇用了2000多位学者来撰写百科全书，他们汇集了近2.3万册书籍，其中涵盖了世间万物的知识，包括古典文献、历史、文学和哲学讨论。著述仍然较为罕见，而在宫廷之外，显然也没有什么重要的作品问世。明朝成为一个渴望权势的巨人，压制了所有个体的主动权。"马拉盖的燕子"显然还成不了一个夏天[1]。此时的中国，经济可能会蓬勃发展，但技术突破并未实现。几乎所有伟大的革新理念仍在别处酝酿。

阿拉伯科学的衰落

阿拉伯科学技术的鼎盛时代也已成为过去。13世纪的法学家伊本·萨拉赫·萨拉赫祖里（Ibn as-Salah asch-Sharahzuri）认为哲学实际是魔鬼：任何学习或教授它的人都会失去真主的恩惠，并被撒旦吞没。他的态度以及与他思想

---

1 源自西方谚语"一燕成夏"，意为一只燕子不能说明夏天到来，个别现象不能代表全面。马拉盖位于伊朗地区，元朝时期，中国曾带队去马拉盖学习天文知识。这里指新知识技术还不能给当时的中国带来彻底的改变。

相近的伊本·泰米雅（Ibn Taimiyya, 1263—1328）的见解并不是伊斯兰思想史独有的：基督教也拥有这样的立场。然而，反对"法勒萨法"[1]的人在伊斯兰社会似乎比在西方拥有更多的话语权，其不同之处在于希腊文化中心文本中的"非神圣性"概念。不可否认，阿拉伯哲学几乎没有扩展其含义。就迄今为止已知的资料而言，人们主要是对传统的讨论，对经典的解释和对教科书的编写。作为后来最重要的穆斯林哲学家之一，波斯人穆拉·萨德拉（Mulla Sadra, 1572—1641）的形而上学综合了新柏拉图主义、神秘主义和诺斯替主义教义。他的思考有时会触及库萨的尼古拉（Nicholas Cusanus）的思想。

这种衰落是何时开始的，就如同问及造成这种衰落的可能原因一样，颇具争议。摩洛哥哲学家穆罕默德·德沙比里（Muhammad al-Dschabiri, 1936—2010）认为其中一个决定性的因素是穆斯林没有遵循阿威罗伊主义。德沙比里在其《阿拉伯理性批判》（*Kritik der arabischen Vernunft*）中主张对传统进行批判性追溯，即研究、反思，而不是像往常一样仅阅读神圣文本。但这就要问了，为什么伊本·鲁施德的思想被困在伊斯兰世界里，而西方却在他的帮助下开启了批评和理性之路？毫无疑问，与希腊遗产的隔绝是造成伊斯兰社会中哲学的衰落以及科学技术停滞的原因之一。但是，这并不能说明为什么出现了这样的发展。当然，寻找这一原因会面临许多困难。丰富的资料仍安静地躺在档案中，无人翻阅。此外，"伊斯兰普世主义"一词涵盖了政治上支离破碎的无国籍游牧地区，以及高度文明的城市地区、理性组织的国家和粗暴的专制主义地区。与中国的例子类似，造成欧洲与伊斯兰世界之间"大分流"的原因是多方面的。

外部原因之一是蒙古人。他们导致城市人口锐减，土地遭到破坏，灌溉系统被毁坏。在许多地区，游牧生活取代了定居生活。由于蒙古人和其他外族的入侵，"阿拉伯农业革命"也陷入停滞。巴格达在被征服时，它的36座图书馆在大火中被烧毁，而地理学家伊本·朱拜尔在此之前的几十年就将这座城市描

---

1 希腊语"哲学"一词的阿拉伯化音译，常用以指称受希腊哲学影响的阿拉伯哲学。

述为一片废墟，仅是"一种幽灵的雕像"。知识生活的领域已被截断。意大利南部的穆斯林人在对抗诺曼人的斗争中沦陷，收复失地运动又从安达卢西亚的伊斯兰世界中夺走了其知识皇冠上的宝石。在13世纪上半叶，阿拉伯文化的古都科尔多瓦和塞维利亚两座城市也被卡斯蒂利亚夺走了。此外，与基督教军队的战争进一步激化了这里的矛盾。宗教狂热者更是将伊本·鲁施德和其他人驱逐到了马格里布。由此，与安达卢西亚东部的关系破裂。从此，哲学与深奥和神秘过从甚密，结果导致哲学在与现实的距离中迷失了自己。

哲学主题和视角的范围仍然有限。直到16世纪——根据伊斯兰学者侯赛因·孜（Hossein Ziai，1944—2011）的观点——宗教与古典阿拉伯哲学的和解才显现端倪。直到现代，伊斯兰世界才出现笛卡儿、斯宾诺莎、费尔巴哈甚至叔本华的身影。西方思想也与拉丁和希腊传统的敏感领域一样并未引起更多注意。毕竟，人们知道自己拥有"正确"的宗教，有了《古兰经》，他们就拥有了完美的、最终的上帝之书。《古兰经》称穆罕默德为"封印先知"（Chatam an-Nabiyyin），直到末日，他都是最后一位先知。那么，人们应该从那些否认绝对真理的文化中学到什么呢？伊斯兰世界认识的第一位欧洲哲学家是笛卡儿。1862年，他的《方法论》在法国领事的支持和倡议下被翻译成波斯文。康德和其他西方哲学家首先通过穆罕默德-阿里·福鲁吉（Mohammad Ali Foroughi，1877—1942）在1930—1940年翻译出版的三卷《欧洲哲学史》为伊斯兰世界所熟悉。这与阿拉伯科学的古典时代形成鲜明对比。例如，新柏拉图主义的著作《原因之书》在欧洲保存了237份拉丁文译本，而已知的阿拉伯语版本仅有三种。

宗教的至高重要性还体现在以下事实：在13世纪之后，只有那些专为宗教服务的科学才产出了新的东西：天文学比其他科学更早地通过阿拉伯语的翻译获得了一些西方知识——以及与之紧密相关的数学。天体运动的研究有助于确定祈祷和斋月的时间。因此，纳西尔丁·图西不仅是一位伟大的数学家，还是一位神学家。天文学家阿沙蒂尔（ash-Shatir，约1305—1375）在大马士革的倭马亚清真寺凭借计时员的工作谋生。穆斯林学者关于球面三角学的研究也在很大程度上归功于宗教动机，因为用它可以确定圣地麦加所在的方向。只有众所周知的天文学仪器在后来的时期得到了改进。这里或那里进行的对传统知识的修正却很难使整体情况变明朗。希拉西（ad-Din Ash-Shirazi，1236—1311）是一名伊朗医生和苏菲派成员，在马拉盖，他从图西（al-Tusi）那里学习了他的天文技艺。他最重要的成就是以法拉比传统尝试研究科学的分类系统。他还发现了彩虹的本质。他的学生法里西继续在这一领域进行研究。阿拉伯伟大科学中的另一位"后人"是阿里·库什吉（Ali al-Quschji，1403—1474），他先后在撒马尔罕和伊斯坦布尔工作。不管奥雷斯姆的见解如何，他都假设地球是在自转的。他试图通过将行星移到偏心位置来避免本轮。他的模型不仅基于数学，还基于观察。他的工作本可以开创一种独立于亚里士多德的物理学，但无论是库什吉的天文学，还是后来的继任者波斯人沙姆斯·阿德丁·夏弗里（Shams ad-Din al-Chafri）都没有拉开范式转变的序幕。这里的医学水平也始终停留在中世纪鼎盛时期。

与以往一样，学术的发展都与宫廷、清真寺和医院相联系。伊斯兰学校（Medresen）的规模大小不一，从个人到大型机构都有，一直是传统的传承者，而不是创新的实验室。他们致力于传授宗教和实践知识，尤其是伊斯兰法律。除逻辑学之外，希腊哲学在课堂上并没有扮演很重要的角色，偶尔会开设语法和历史课程。除了哲学和占星术之外，设拉子地区的伊斯兰学校还教授物理、化学和数学。然而，这种被误读的"伊斯兰人文主义"（studia adabiya），并无法达到具有西方特征的"人文主义研究"的广度，以实践为导向的研究——包括天文学和数学，主要是医学——占据着主导地位。有关印度穆斯林图书馆的信息也表明了这一点。

可以构想和探索的内容常取决于统治者们的异想天开和喜好。如果一位心思细密的统治者之后继位的是一个没有受过教育的呆瓜，而他唯一的乐趣就是猎狮，那么他周围的所有科学都将终结，许多学者的处境也因此时好时坏。他们不得不从一处宫廷跑到另一处宫廷，不断找寻新的赞助人，有的甚至只是为了保命。在一些最伟大的人的传记中，他们历经重大转折——因为他们的某些见解或卷入了宫廷的尔虞我诈中。金迪曾被施以鞭刑，伊本·西那被迫过着不安的流放生活，海瑟姆为逃离法蒂玛王朝古怪的哈里发哈基姆的加害而假装疯癫。迈蒙尼德作为一名犹太人是一个特例，他被驱逐出科尔多瓦后，不得不环游了半个世界，先是去菲斯，然后去了耶路撒冷和亚历山大港，直到在富斯塔特谋得生计。目前尚不清楚穆拉·萨德拉是否有过流放的经历。

当然，在拉丁欧洲也可以找到类似命运多舛的人物，只不过那里还有更多选择：更为密集的地区林立着更多宫廷、繁多的修道院和自由的城市、各类学院，之后还出现了人文主义团体、印刷工场、文法学校，以及大学独一无二的机构。这些地方为拉丁欧洲的对话赋予了持久性，是所有重要创新的不可或缺的前提——在伊斯兰文化中，这些条件则尚未形成。因此，阿拉伯天文学家可以证明托勒密的错误并修正亚里士多德的学说，但最终将地球从宇宙的中心移开的则是欧洲人。伊本·纳菲斯（Ibn al-Nafis，1210/1213—1288）可能发现了血液小循环，穆斯林的一些解剖学家直到19世纪都仍在不断引用他的见解，但伊斯兰世界却没有从他的见解中得出进一步的结论。从安达卢西亚逃亡的知识分子聚集在了开罗和福斯塔特，这里取代了遭到重创的巴格达，伊斯坦布尔和伊斯法罕之间不时涌现出几位智者。但是，更为重要的技术创新并没有盛行，也没有重大的发现。当欧洲人在积极寻求新的未知土地之时，阿拉伯的地理范围直到16世纪才勉强超越伊德里西绘制的地图。即使被视作开创性发明的紧固螺丝——阿拉伯人在19世纪就已经熟悉它了——似乎又被遗忘。因此，并没有"矮人"能够爬上像拉齐、阿布尔·卡西姆、伊本·西那或伊本·纳菲斯等"巨人"的肩膀。总的来说，相较于不断增加、不断产生新观点和新发明的拉丁欧洲的思想家和建设者来说，伊斯兰世界马拉盖时期及随后几个世纪出现的杰出学者依然只是很少的一群人。

大约在1400年，伟大的欧洲文艺复兴的可能性空间已经大大敞开。此时其从瑞典蔓延到波兰和莫斯科大门前，从匈牙利到达了西班牙、法国和英国。意大利仍然是其中心。马基雅维利将它赞美为"重新唤醒死去事物"的土地。如此，他的家乡便在世界史上占据了一席之地。

第三章

可能性的实现：1400—1600年

艺术家和人道主义者,
战争和议会:1400—1450年

20. 晨曦中的佛罗伦萨

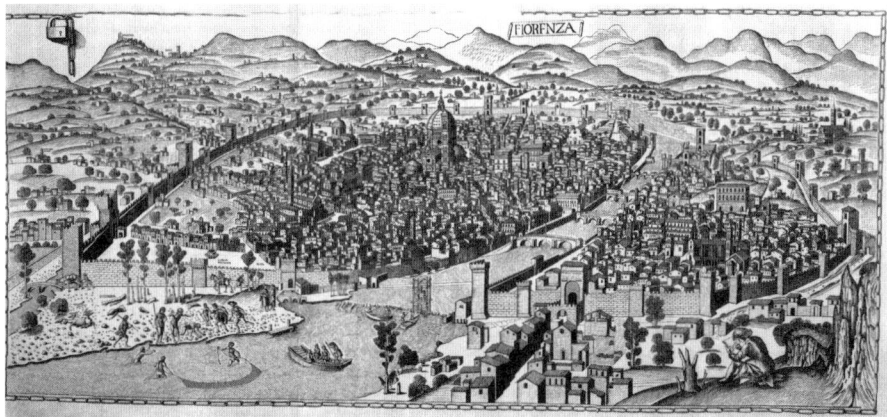

插图26：卢安东尼奥·德利·乌贝蒂（Lucantonio degli Uberti），《佛罗伦萨地图》（局部），约1500年，柏林，铜版画陈列室

不朽的文艺复兴的开端

长期以来，历史一直为绘画、雕塑和建筑所迷惑。很明显，一个新的古典时期在15世纪已经映入人们的眼帘，它表明：遵循布克哈特的时代划分方法，这一时期正是中世纪与现代之间的分界线。过于强烈的感观印象让人忽略了这样一个事实，即我们刚刚已经讲到的基于羊皮纸的文艺复兴早于其在艺术领域的发展。到了15世纪，艺术发展跟随着知识界的变革而到来，尽管这个过程有些滞后且并非面面俱到。佛罗伦萨为艺术重生提供了产房也就不足为奇了。在这里，变革找到了最好的先决条件：生动的人文主义氛围，大量的资助人，与欧洲艺术中心的联系，以及数学思维。即使在技术领域，阿诺河畔的人们亦是先锋。佛罗伦萨在为创新而探索的过程中，诞生了一项标志性的产品：专利。它的第一位所有者是菲利波·布鲁内莱斯基（Filippo Brunelleschi，1377—1446），议会于1421年保护了他发明的能节省成本的货运驳船。威尼斯紧随其后，于1474年开始推行专利制度。罗马的废墟和雕像为新风格提供了样式，古为今用对艺术的复兴具有重要意义。

这一突破还体现在广阔的战场上，并在接下来的几个世纪里征服了整个大陆。然而，黑死病暴发后，暴乱在人群中不断滋生。富裕的商人出于对未来的恐惧，为多明我会修女圣玛利亚·诺维拉修建了新的会堂，其间那巨大的壁画像是在为这个混乱的时代布道：教皇正在一座圆顶教堂建筑——作为普世教会的象征，它显然是人们正动工修建的佛罗伦萨大教堂的构想——前方登基，其左侧是查理四世皇帝，他与多明我会的枢机主教处于同一高度。中间是圣托马斯，他为由各阶层人士组成的丰富多彩的社会指明了通往天堂的道路。他们沉浸于音乐和舞蹈，陶醉在这世界的欢乐之中。在下方区域，簇拥着一大群斑点狗，它们是象征着正统地位的"主的猎犬"。这些"多明我会修士"守卫着一群虔诚的绵羊，驱赶并撕碎通行的狼——它是异端的象征。壁画传达的信息很明确：只有在尘世中最崇高者——教皇那里，以及在教会和圣托马斯的神学中才能得到救赎。

在绘制虔诚的壁画之时，佛罗伦萨也耸立起令人振奋的世俗建筑。始建于1374年的凉廊立于市政厅（旧宫）的对面，其规模和优雅度均超过了所有早期同类建筑。它为国家仪式提供了尊严，并保护其免遭风吹雨打。后来，由于内部安置了雇佣兵，它因而获得"佣兵"（dei Lanzi）之名。佣兵凉廊紧邻权力中心，是佛罗伦萨最著名的公共场所。在这里，"共和国"（res publica）在众人面前举行公共仪式。不久之后，古典风格也在雕塑和绘画中显现出来，初期还较为含蓄，而后便蔚为大观。真正揭开这一序幕的——我们已经来到了14世纪的最后10年——是一位不知名的雕塑家，他在佛罗伦萨大教堂北侧的杏仁大门边缘用叶状装饰花纹展示了阿波罗、赫拉克勒斯和裸体男子的背影。不久之后，雕塑中从未绝迹的"古典主义"方向的突破将开始蔓延至更广泛的领域。

"古典"显然提供了一种文化规范，体现了一种共和精神以及精英们的帝国自信。同时，许多"涓流"此时必须在开放的可能性空间中汇聚在一起。通常，变革急需具体的推动者，他们是受过良好教育且成熟的画家、雕塑家和建筑师，其中一位主角是年轻的金匠洛伦佐·吉贝尔蒂（Lorenzo Ghiberti，约1378—1455）。他为躲避瘟疫和吉安·加莱亚佐·维斯孔蒂的胁迫而流亡，并有意接受佩萨罗公爵潘多尔福·马拉泰斯塔（Malatesta di Pandolfo）的委托而为其服务。佛罗伦萨的朋友给他写信说，意大利各地都在为"一场考试和比赛"寻找学识出众的大师，挑选出能为圣乔瓦尼洗礼堂北门制作青铜浮雕装饰的雕塑师。

位于佛罗伦萨大教堂旁边的洗礼堂是城市最重要的神圣之所。佛罗伦萨人愿意相信编年史家乔瓦尼·维拉尼的观点，即它是一座保存下来的古老建筑，一座战神庙。这次选拔过程很复杂，由负责建造的洗染商人行会（Arte della Calimala）主办。据说这是历史上第一次举办这种竞赛，其显示了新事物得以出现的条件：不仅需要技能，还需要竞争、评议和公众参与。此外，还需要已经做好准备面对各种变化以及愿意为新艺术花费金钱的赞助人。一些宗教母题也为这项工程做出了贡献。从神学角度来看，这确实是一件"好作品"，尤其面对维斯孔蒂和瘟疫死亡天使的威胁，它力求获得上帝对佛罗伦萨的保护。

预先确定的浮雕图案主题是"亚伯拉罕的献祭"。吉贝尔蒂击败了强大的竞争对手，其中包括布鲁内莱斯基和锡耶纳人雅各布·德拉·奎尔恰（Jacopo della Quercia）。他获得了评审团的一致投票，他们认为吉贝尔蒂将生活故事、艺术史和理论融为一体。与布鲁内莱斯基的浮雕相比，吉贝尔蒂获胜的原因是他的作品在设计上更加完整，更加有生气。浮雕刻画了被祭献的以撒裸体，在最后一刻，他被上帝的天使拯救，看上去就像是古代的上帝。吉贝尔蒂获选后立刻被各类订单淹没。他为圣弥额尔教堂制作雕塑，设计坟墓，也为大教堂的玻璃窗绘制设计草图。他为洗礼堂创作了镀金浮雕《天堂之门》，米开朗琪罗称其为吉贝尔蒂的主要作品。在建造佛罗伦萨大教堂穹顶期间，他曾经与布鲁内莱斯基通力合作。

布鲁内莱斯基是佛罗伦萨早期文艺复兴时期最重要的建筑师。他的出身同样具有典型性，提醒着人们中世纪末期的普通市民文化的出现源自法律领域。他是公证人的儿子，这使他有机会获得扎实的教育和成为金匠学徒。他首先以建造佛罗伦萨大教堂穹顶而闻名，用莱昂·巴蒂斯塔·阿尔贝蒂一句经常被引用的话[1]来说，大教堂的穹顶的阴影至今仍笼罩着托斯卡纳人民。尽管当时他是一名没有经验的建筑师，但他的建筑设计还是占了上风，因为他懂得如何运用古代模型，并声称自己在罗马对此进行过深入研究。理论与实践得到了很好的结合。

这位大胆的创新者于1418年被任命为大教堂的主要建造者，他似乎还颇有外交技巧，一旦出现有助于实现"古典"的机会，他都能很好地抓住。机会之窗为他大大打开。丝绸织工行会委托布鲁内莱斯基建造一座育婴堂，为美第奇家族建造圣洛伦佐教堂，还为帕齐家族建造丧葬礼拜堂。最后，他代表城市公社在阿诺河另一侧设计了佛罗伦萨圣神大殿。同时代的一位年轻人安东尼奥·马内蒂（Antonio Manetti）为他撰写了一部个人传记，这也是欧洲第一本艺术家传记。

布鲁内莱斯基的建筑以其简洁明了和灰白相间的几何图形而引人入胜。他的艺术之所以离我们很近，与其说是因为它"现代"，还不如说是因为现代

---

1 阿尔贝蒂在《论绘画》的前言里提到"（它）高耸在天空之上，如此巨大，足以将所有托斯卡纳的人民置于其阴影之中"。

一次又一次地在沿用并更新他所创造的形式，而最近一次是在19世纪以新文艺复兴的形式表现出来。布鲁内莱斯基的教堂设计完美地契合了那个时代所追求的纯洁和明亮的灵性。它们更接近于在中世纪晚期开展的虔诚运动，而非现代理性的表达。一种柏拉图式的美学似乎正在出现。在这种美学里，光线和可用数学计算的比例关系扮演着中心角色。有人说，教皇尤金四世于1436年在佛罗伦萨大教堂举行祝圣仪式，他委托纪尧姆·杜法（Guillaume Dufay，约1400—1474）创作的圣歌和声，是大教堂完美比例产生的回响，甚至让黄金分割比例都化作了音乐。

布鲁内莱斯基繁忙的手工作业让他几乎从未涉足理论问题，但他依然站到了一个全新绘画时代的开端，或者说，他为我们打开了看待世界的新视角。当然，这对于已经被照片和视频淹没的我们来说是理所当然的，但在15世纪初布鲁内莱斯基为洗礼堂完成一幅画像的时候，却是左右颠倒的，更何况它还是建立在如此精准的几何造型之上。他从30厘米见方的画板背后钻了一个漏斗形的孔，这个孔使我们可以看到画作前面的镜子，镜子中以左右正确的方向呈现了洗礼堂，就像将镜子移开，眼前所看到的现实中的洗礼堂一样。现实与幻象是可以互换的。无论是看洗礼堂还是看这幅画的镜像，都没有什么区别。实验是基于当时盛行的一个观念，即物体发出锥形的"视觉射线"束，其尖端穿透眼睛并在此处产生图像。也有人说正好相反，是眼睛放射出真正捕捉物体的光线。或许布鲁内莱斯基是想检验，现实是否真的按照几何结构——通过一部分视线——反映在视网膜上。这次实验惊人地证明了，数学可以产生完美的三维幻象。

第一个使用该方法的人是年轻的托马索·迪·瑟·卡塞（Tommaso di Ser Cassai，1401—1428）。他因行为马虎而获名"马萨乔"（Masaccio），翻译过来就是"笨拙的托马斯"。他在新圣母玛利亚教堂的墙壁上描绘了三位一体，也许是世界上第一幅完全从中心视角构造的图像，距离布鲁内莱斯基实验的地方仅有几分钟的步行距离。这幅画完成于1425—1427年。大约在同一时间，马萨乔与他的工作伙伴马索利诺（Masolino）一起受商人费利思·布兰卡奇（Felice Brancacci）之托，负责装饰卡尔米内圣母教堂的礼拜堂，描绘圣彼得的生平，以及亚当和夏娃被逐出天堂和堕落的场景。新的透视技术打开了更多空间，由颜料、木材或帆布制成的看似坚固的表面变得透明。它们看起来就像一层精细的膜，在其背后则是一个逻辑构造的世界。人们会看到山景，看起来如同天上的云和加利利海上的浪一样逼真。许多壁画人物都会展现出自己的个人特征，恐惧、愤怒或悲伤。在宽大的长袍下，身体的动作仍然可被感知，以及投下各种阴影。而乔托的画作则缺乏这种真实感。马萨乔和马索利诺继续用色彩去描绘彼特拉克用墨水描绘过的风景。

"数学般"地作画为整个15世纪艺术家所痴迷。保罗·乌切洛对这一方法的喜爱无人能及。"哦，这个视角真是太可爱了！"据说当他的妻子唤他上床睡觉之时，他还在忙于解决一些几何问题，并且发出这样的惊呼。吉贝尔蒂通过天堂之门的浮雕，着重强调了中央视角的空间性。这一作品与卡尔米内圣母教堂中的壁画创作同时开始，首次以古典形式展示了文艺复兴时期的艺术，从哥特式四叶饰风格的束缚中摆脱出来——虽然它依然包裹着洗礼堂北门的浮雕——并以惊人的技术完美展现了约瑟夫的故事，从而表达了虔诚的主题。

中心视角是一种技术，是乔托和杜乔倡导的现实主义转向的结果。这一方法来自精于计算的商人世界，成为"时代精神"的一种表达。通过中心视角，图像变成了观看者的主观内容，因为它是根据一个人的视角精确计算出来的。值得注意的是，后来的哲学反映了所有人类知识都具有透视性。中心视角的发明似乎完全是意大利的创造。但是在随后的几个世纪中，这一模式遍及半个欧洲。中心视角也有助于满足要以自由形式模仿自然的美学要求，当然这点源于古代。琴尼诺·琴尼尼（Cennino Cennini）在1400年完成的《琴尼尼艺术之书》中对这一要求给予了回应，我们在当中可以读到："一个人可以拥有的最完美的指南、最佳的方向就是自然；描绘自然才是胜利之门。"模仿自然的信条为艺术提供了长期的标尺。那些怪异的棚屋——画家为了能看到其内部的情况，将挡在前面的墙壁扯掉——从壁画圈子中消失了，它们被统一的中心视角所构建的空间取代，甚至根据人物的重要性来描绘其大小的习惯也几乎完全消失了。艺术家和人文主义者穿越意大利破败的风景，将建造古代世界的知识一路带到了佛罗伦萨。从一些书面资料，尤其是维特鲁威（Vitruv）的建筑书籍中，人们可以确定古代建筑的外观，并且着手重建古代的剧院。

古代装饰元素在15世纪30年代的绘画中越来越频繁地出现。不久，它们还覆盖并构筑了雕塑，并找到了通往建筑的道路。纸张的复兴变为了色彩和大理石的复兴。雕塑也被吉贝尔蒂的学生、活跃于其他多个城市的多纳泰罗（Donatello，约1386—1466）带到了无人企及的高度。同吉贝尔蒂的艺术一样，他精湛的浮雕艺术也运用了中心视角，并开创了多个第一。他于1445年完成的青铜雕塑《大卫》是古代以来第一个独立的裸体人物，从各个角度来看都完美无缺。就铸造技术而言，其杰出代表作就是为雇佣军领袖埃拉斯莫·达·纳尔尼（Erasmo da Narni）建造的骑像纪念碑——他为威尼斯赢回了布雷西亚。这一雕像位于帕多瓦的圣安东尼奥大教堂广场，展示了"加塔梅拉达"（Gattamelata）[1]——意为"狡黠的猫"，它是15世纪将军和恺撒的混合形象。自罗马帝国时代以来，没有雕塑家制作过这种尺寸的青铜雕像。

新出现的情况是，所有这些发明都伴随着越来越多的理论讨论。直到16世纪，它们都仅仅现身于弥漫着人文主义的意大利。吉贝尔蒂已经是一位精通理论的人。他研究视觉的论文占据了现已提到的所有"评论"中很大一部分，其借鉴了中世纪作家的作品，包括伊本·海瑟姆的光学——他称之为"阿尔范特姆"（Alfantem），以及约翰·佩克汉姆（John Peckham）和维特洛（Witelo）的透视学。吉贝尔蒂阅读的海瑟姆的著述译本还是从错漏百出的拉丁文译本翻译成意大利语的。

如果"动身"前往新的艺术时代的说法合适的话，那么这就是14世纪头几十年的佛罗伦萨了。后来的乔尔乔·瓦萨里（1511—1574）也回顾了这一孕育了那些开端的时代。契马布埃是顺应上帝的旨意而降生，他为绘画艺术赋予了"最初的光芒"（i primi lumi）。瓦萨里继续解释说，这是一种自然的规律，如果一个人在自己的领域表现出色，就会出现另一个人成为其竞争对手，以便

---

[1] 埃拉斯莫的绰号。

通过竞争而达到相互提升。即使是后人，他们也要为获得这些先驱所拥有且被人们日日传颂的名声而热情奋斗。因此，在同一时代之内，佛罗伦萨就涌现了布鲁内莱斯基、多纳泰罗、吉贝尔蒂、乌切洛和马萨乔，他们每个人都是各自领域中的佼佼者。马萨乔消除了当时常见的原始样式——瓦萨里在这里指的是受拜占庭影响的绘画类型。此外，正是这些人绚烂的作品激励了后世的人们，也因此他们的作品发展成为"在我们这个时代"所见的那般宏伟和完美。瓦萨里的话也显示出一种在佛罗伦萨文化氛围中必不可少的竞争精神。

共和国的价值，古典的浪漫

在文艺复兴时期，手工艺、艺术和科学共生，工匠艺术家和学者之间有很多重叠之处。吉贝尔蒂和阿尔贝蒂就身兼双重身份。也有充分的证据表明，几何学老师布鲁内莱斯基，以及阿尔贝蒂和库萨的朋友保罗·达尔·波佐·托斯卡内利（Paolo dal Pozzo Toscanelli，1397—1482）也参与了中心视角的理论建构。托斯卡内利是知识界的杰出人物，他创造了一种向包括异教哲学在内的所有古典文化都开放的氛围。若没有他们，古代世界的古典形式和主题就无法得以展现，也就不存在复古的美学。

受过良好教育的公证人萨鲁塔蒂，是佛罗伦萨得以成为人文主义之都的一个关键人物。他希望自己的道路极尽"简陋"，没有老师，也几乎没有任何基础。他引以为傲的是只用4个弗罗林金币便学会了普里希安的语法。维吉尔、卢坎和贺拉斯也随之而来，这为图书馆打下了基础。萨鲁塔蒂抱怨说，有多少本书在过去六个世纪中没有被销毁！于是他开始四处搜集。他给了薄伽丘一本克劳狄安（Claudian）[1]的书，期望拿到马克罗比乌斯的《农神节》作为回报，而他父亲的朋友波焦·布拉乔利尼（Poggio Bracciolini）给他从罗马寄来

---

1 诗人，出生于埃及，母语为希腊语，是古典拉丁诗歌的最后一批巨匠之一。

了罗马铭文的手抄本。萨鲁塔蒂尝试恢复那些正确的文本，并与志同道合者分享。他意识到，他仍处于探索广阔的古代大陆的初期："我们没有发明任何新东西。我们就像裁缝师一样，翻新旧衣服的残余，再把它们重新交付出去。"他发现的许多手稿，例如卡图卢斯的诗歌、卡托关于农业的作品或彼特拉克发现的西塞罗"私人信件"的副本，都对其流传下来的版本至关重要。

萨鲁塔蒂作为共和国的总督，须精通文体，富于文采，因为他必须撰写和完善官方信函。在八圣王战争期间，他撰写了极具煽动性的宣传信件，其中充斥着罗马历史的论据，煽动了对教皇的抵抗，谈论奴役的黑暗和自由的甜蜜。从那个时期的信件所透露的信息来看，萨鲁塔蒂是君主制的追随者，也是世俗共和国的拥护者。但是，他当时并不发表个人的观点，而只是其领主的代言人，他的领主作为共和自由的捍卫者，在与米兰的战争中对抗维斯孔蒂的暴政。爱国主义也深深印刻在他的文学创作中，他深信以西塞罗作品为代表的经典的优越性，并以此打磨自己的风格。他认为历史具有现实意义：它敦促侯爵，并教导人民和个人应如何行事。萨鲁塔蒂坚持着自己积极的生活理想，而又不谴责宗教戒律。他膝下约有11个孩子，好饮美酒。我们甚至观察到他是如何在佛罗伦萨一个温泉浴场的蒸气浴中创作六音部诗。

他的作品《赫拉克勒斯的十二大功》后来的版本有600多页，但只有很短的篇幅涉及薄伽丘的异教诸神，并发展了基于亚里士多德的诗学。他认为，在古人的诗歌中，有可能解码出符合基督教世界观的深刻真理。与但丁、彼特拉克和薄伽丘一样，他认为这些作品有着神圣的灵感。因此，对古代神话的研究可以揭示出最终的真理。例如，他将大力神赫拉克勒斯的母亲阿尔克墨涅视为人类形态的象征，而半神人自身则是与之相联的灵魂的象征。寻找隐藏在古代文本中的"原始神学"仍然是文艺复兴的迷人之处。

佛罗伦萨的第一大臣权力很小，却也拥有足够的影响力去提拔包括莱昂纳多·布鲁尼（Leonardo Bruni，约1370—1444）在内的青年人文主义者。他刚被任命为执政官，就在城市中的"公共课堂"（Studium generale，即大学前身）中设立了希腊语教席。1397年，这一教席由希腊人曼努埃尔·赫里索洛拉斯

（Manuel Chrysoloras，1350—1415）获得。当这位"上帝的使者"带着他的书抵达阿诺河时，知识分子们振奋了：他们很快就能用自己的语言阅读荷马、柏拉图、德摩斯梯尼（Demosthenes）了！赫里索洛拉斯是第一部基础希腊语法的作者，还于1402年翻译了《理想国》。他拥有重要的手稿，包括迪奥斯科里德斯的《药物论》。他只待了三年，但他的出现为古希腊研究赢得了更广阔的天地。柏拉图，他所信仰的神似乎与基督徒的上帝是如此接近，由此他经历了第一次复兴。

晚年，萨鲁塔蒂显然怀疑自己是否将毕生的工作奉献给了正确的事情。在他的晚期作品《论命与运》中，他探讨了在布鲁图斯的暴虐行为中天意、自由意志和命运之间的张力。他的最后一封信捍卫了异教文本在语法学校中作为教学材料而被引入，而不顾多明我会修士以及随后的枢机主教乔瓦尼·多米尼奇的担忧，认为类似这样的行为会糟蹋青年。

在14世纪和15世纪之交，尽管有厄运的预言，但佛罗伦萨统治阶级还是让他们的儿子们接受了古代文学和历史的教育。因此，人文教育运动赢得了拥有职能的精英、富人和国家统治者的认同和支持。"研究所"（Studium）是佛罗伦萨的一个学习机构，它在1414年经历了彻底的改革。市政府任命了有影响力且资金雄厚的公民加入负责此事的委员会，并禁止雇用当地的教师和教授，以便为知名学者开路，包含越来越多希腊知识的古典教育成为一种地位特征。在佛罗伦萨、布鲁日及其他佛兰德斯城市，写作和图书贸易越来越多地由普通市民阶层所主导，并被纳入行会体系。

对于一个理想的统治者来说，重要的是受过更多的教育而非有多虔诚。古代的历史被视作经验的金矿，其中有很多例子都可以从中得出人们的行为准则，人们并未停留在阅读、写作和讨论上。随着对传统的深入渗透以及其中所包含的知识和神奇事物的好奇，"古代"对佛罗伦萨上层社会的生活方式产生了影响，形成了一种文化习性。如果可能的话，人们会通过接触具体物件去了解古人的文化。例如，波焦·布拉乔利尼收集了古代雕塑来装饰他位于阿诺河谷的别墅花园，其中包括雅典娜、赫拉斯和狄俄尼索斯的半身像，他把这些雕像视作希腊原作。多纳泰罗对此给予了恰如其分的赞许。文艺复兴时期的艺术"春天"——多纳泰罗的作品也是代表之一——之所以能够出现，先决条件就是这样一种"古代"的环境。

富裕的佛罗伦萨藏书家尼科洛·尼科利（Niccolò Nìccoli，约1364—1437）也为新的生活方式增色添彩。他是众多艺术家和学者的朋友和赞助人，诸如较为出名的布鲁内莱斯基、布鲁尼、多纳泰罗或吉贝尔蒂，以及不那么出名的书籍收藏家安东尼奥·科比内利（Antonio Corbinelli）。"在他的房子里，他保存了无数的铜牌、银牌和金牌。"佛罗伦萨书商维斯帕夏诺·达·比斯蒂奇（Vespasiano da Bisticci，约1421—1498），同时也是同时代著名人物的生平故事的作者，他在写到尼科利时如是说，"那些想表达谢意的人寄给了他静立的大理石像，古代人所作的墓志铭，出自大师之手的绘画或马赛克镶嵌画。"尼科利被誉为"最文明的佛罗伦萨人"：他始终身穿及地的红色长袍，坐在白色的餐桌旁用珍贵的古董盘子进餐，用水晶杯喝酒。他最重要的收藏是一颗精美绝伦的宝石，其中刻着狄俄墨得斯偷盗护城神像（Palladium）的画面。这颗宝石后来辗转到了"伟大的"洛伦佐（Lorenzo den Prächtigen）的手中。

对古代的热情渐渐将尼科利引向了对于地方白话语言的贬低。他甚至做出严厉的评价，认为但丁是"鞋匠和面包师"的诗人。到底是要用白话还是拉丁语写作，数百年来一直都是争论的焦点。"语言问题"（questione della lingua）要求人们在与"家园"——一个人自己的城市，然后一个人自己的国家——相关联的习语和令人敬畏的古代语言之间做出选择，在接下来的几个世纪中，人们意识到了这两种可能性。因此，拉丁语既是科学的语言，又是美丽文学的语言。

尼科利对古希腊的一切都怀抱激情——他似乎在教学和采购手稿上花费了很多钱——也为他招致批评。阿尔贝蒂讽刺他是一个不读书而只用书来装饰自己的犬儒主义者。他可能主要是通过他的个性来产生影响，这使其得以在许多人文对话中作为对话参与者。他将自己的书以"造福大众"之名留给了意大利第一家公共图书馆的中心——圣马可修道院，他本人只写过很少的学术作品。尽管如此，尼科利还是留下了深刻的印记：他被认为是人文主义斜体的发明者。此字体是所有斜体之母，它的书写速度比加洛林小写体还快。后者启发萨鲁塔蒂创造他的"古典字体"，它们的特征都是圆拱形，颇有古典铭文的风貌。最终对于考古传统极为热衷的布拉乔利尼完成了这一书写风格。这种清晰的古典字母（插图27）是随后几个世纪的标准字体。您现在所阅读的这本书中的字体[1]，就是以这种于1400年前后在佛罗伦萨创造出来的字体为原型的。

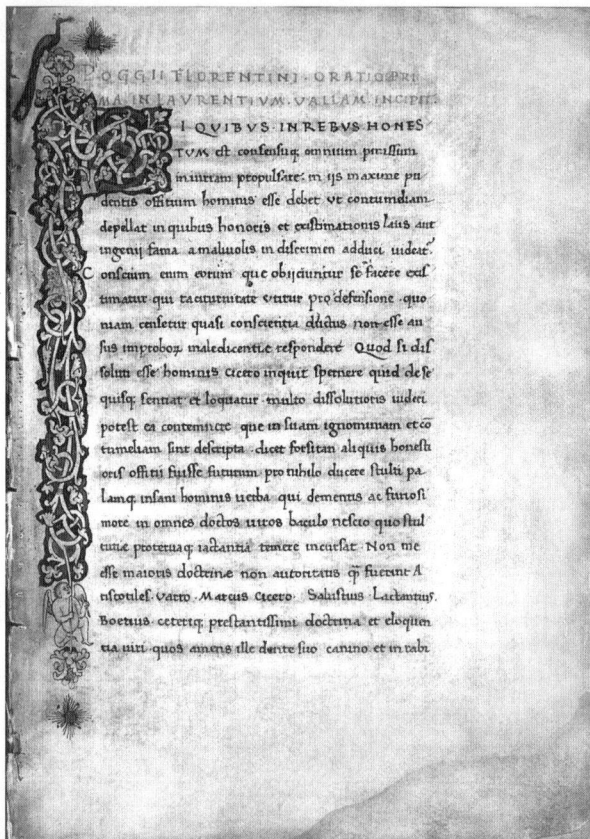

插图27：波焦·布拉乔利尼，《反对洛伦佐·瓦拉的演讲》，载于《手稿合集》，约1485年，芝加哥大学图书馆

---

1 指本书原德语版图书中的印刷字体。——编者注

赋予自己"古代风格"（all'antica）已成为一种时尚。如果我们可以相信诗人佛朗哥·萨凯蒂所说的，即使普通的佛罗伦萨人也会读懂他们的李维。吉贝尔蒂分享的故事表明，事态的发展没有遭遇任何阻碍。在锡耶纳，人们找到了一座由伟大的留西波斯（Lysipp）创作的雕像。画家、雕刻家、所有艺术鉴赏家蜂拥而至，前来欣赏这一作品，据说是一座维纳斯雕像。最后，它被隆重地摆放到锡耶纳坎帕广场的绝佳位置。但是，雕塑受到这样的尊崇只是昙花一现。人们开始将佛罗伦萨的战争失败归因于对人物的敬拜，有人更是在锡耶纳的议会上警告道："我们的信仰里禁止偶像崇拜。"战败被认为是上帝对偶像崇拜的一种惩罚。事实上，这样危险的事的确被"判了死刑"，不过是在敌人，即佛罗伦萨的土地上被"埋葬"的。一些记述表明，一个社会并不总是知道如何区分偶像及其表征。它像面对一个在自己国家造成破坏的恶魔那样来对待雕像。锡耶纳议会的虔诚信徒们难以想象，一个源自异教的雕像仅是因为其美丽就备受推崇。但是，显然还有其他的人对艺术作品单纯作为艺术品感到着迷，从而在其想象中将艺术作品转移到一个没有宗教信仰的空间中。锡耶纳的维纳斯事件发生将近一个世纪之后，我们那位编年史学家吉贝尔蒂的作品，他的天堂之门，赢得了对信仰的小小的胜利。事实上，那些源自基督生平的场景，迄今为止仍在装点着洗礼堂的北门，它们本该安在最尊贵的地方，即东门。但吉贝尔蒂的这部杰作却是"因为其美丽"而获得了特权。这也许最早地证明了，美学高于神学。哲学与艺术的关联姗姗来迟，但艺术在这世界的空地得以扩大，甚至深入了圣徒的魔幻领域之内。美赢得了自己的权利，尽管它出自异教，但就像枢机主教阿尔伯诺兹的外交官在佛罗伦萨一所私人住宅中看到的另一座维纳斯雕像那样，在他看来，它"很美"。意大利对艺术品的世俗化要领先北方很长一段时间，从发生在特里尔地区的骇人听闻的故事"被石头砸击的维纳斯"中，我们可窥见一二。在圣马提亚修道院附近立着的这座古老的雕像，作为"偶像"，它被虔诚的朝圣者按仪式捆绑了数百年，并被人们投掷石头。

　　文艺复兴在佛罗伦萨展开时，哥特风格仍然在其他地方蓬勃发展。自1386年以来，米兰大教堂就作为吉安·加莱亚佐·维斯孔蒂的纪念碑高耸入伦巴第的天空。博洛尼亚也为圣白托略（San Petronio）建造了世界上最大的哥特式教堂之一。人们在欧洲各处建立了宏伟的厅堂式教堂（Hallenkirche），这些教堂是展示经济实力和公共权力的丰碑，表达了人们对救赎和布道的渴望。大教堂正在越变越高。1439年，斯特拉斯堡大教堂的北塔达到142米的高度，取代了几年前建成的维也纳圣斯蒂芬大教堂塔，成为欧洲最高的建筑。英国和法国的石匠制作了"燃烧状的""华丽的"几何形窗饰样式，将哥特式风格的可能性发挥到了极致，昭示着奢华的萌芽，而这源自人们渴望创造不一样的（即使不是完全新的）东西的愿望。类似于后期经院哲学日渐微妙的辩论或对托勒密世界体系不断的修正，其并不能反映时代精神，而只反映了人类创造力的定律：它倾向于在已发现的范式框架内挣扎，直至穷尽一切可能。倘若成功创造了新的事物，那么颠覆便是无可避免的。哥特式风格往往和文艺复兴风格和平共处，有时甚至共存于同一座建筑中。米兰建筑师安东尼奥·阿韦利诺（Antonio Averlino，约1400—1465后）也被叫作"菲拉雷特"（Filarete），他赞扬了哥特式教堂，因为它以上升的形态将人的灵魂提升至上帝处。另外，他将尖拱贬损为"野蛮的现代风格"：如此，他便恰好介于艺术史的两个时代之间。

腐朽的共和国

1402年6月26日，吉安·加莱亚佐·维斯孔蒂与他的盟友在卡萨莱基奥击溃了一支由博洛尼亚人和佛罗伦萨人组成的联合部队。博洛尼亚是他的了。穿过亚平宁山脉进入佛罗伦萨的通道现已被开放，维斯孔蒂的雇佣兵军队团团围住。在阿诺河畔，恐惧在蔓延。然而，两个月后，疟疾在梅莱尼亚诺的城堡俘获了这位被布鲁尼描述为狡猾的怪物的征服者。夜空中的一颗彗星预示过这一事件。一些艺术史学家认为，正是佛罗伦萨从这一致命的危险中解脱出来，激发了洗礼堂浮雕的救赎主题——以撒在最后一刻被上帝救赎。人们甚至认为这一令人震慑的事件是早期文艺复兴在浮雕中闪烁的最初的火花。

萨鲁塔蒂的门生及其继任者莱昂纳多·布鲁尼在那时——伟大的建筑热潮中塑造如今举世闻名的文艺复兴大都市的前夕——向他的城市举起了一面金色的镜子。地球上再没有比这更辉煌灿烂的了，他在《佛罗伦萨颂》一书中如此赞叹到，此书是以古典为榜样，即效仿埃利乌斯·阿里斯蒂德斯对雅典的赞美而写就。它将与米兰的斗争置于更广泛的背景下。佛罗伦萨由罗马共和国的自由公民创立，一直是所有暴政最坚定的敌人。布鲁尼称赞了该市明智的外交政策及法律，在法律面前，每个人都是平等的，赞扬了城市的权力和由政府所施行的明智的宪法。宪法赋予所有人参与公共生活的权利。和许多其他人文主义者一样，布鲁尼的职业生涯实际上就是佛罗伦萨社会的公开度和透明度最好的证明。作为阿雷佐一位谷物商人的儿子，他曾担任过总督和其他要职。

他从未打算质疑他在自己的论文中分析论述过的关于"更好和更富足"的统治形式。远离别国的统治，让他更看重对自由的定义，而不仅仅是一种从事政治事务的自由。但是，他像萨鲁塔蒂或马特奥·帕尔梅里（Matteo Palmieri，1406—1475）一样宣传的罗马共和秩序，与贵族社会的价值观大相径庭。帕尔梅里通过要求城市官员"应该代表整个城市的所有人"时，激活了罗马的法制建构。所有这些都不是灰色理论。佛罗伦萨人文主义者支持的制度无疑比许多欧洲和非欧洲国家提供的自由更广泛。例如，某项法律若要执行，则必须通过人民议会和城市公社议会。最高官职"正义旗手"（Gonfaloniere di Giustizia），每次仅被授予两个月的任期。在抗击米兰的战争中，权力的重心已经转移到了小范围内。如同以往一样，危险加剧了纵向发展。那些想在城市政治中占据有利地位的人必须善于言辞，并有能力建立委托人网络。

布鲁尼的政府工作给了他充足的时间进行文学创作。因此，除了赞扬佛罗伦萨外，他还撰写了亚里士多德、西塞罗、但丁和彼特拉克的传记，并翻译了希腊经典作品。他还帮助西塞罗风格的对话——这也是批判理性的重要工具——获得了复兴。他比以前的人们更加坚定地主张积极的市民生活，而反对修道院生活。伯里克利为伯罗奔尼撒战争中的丧生者所发表的著名葬礼演说，启发他创作了《斯特罗齐葬礼演说》，这是一部对共和国的颂歌，颂扬了法律面前公民的平等和自由。

布鲁尼基于令人印象深刻的素材而写成的主要著作《佛罗伦萨史》，虽在为执政的寡头政权进行正当性辩护，却丝毫没有掩饰对中产阶级的同情。其中，《正义法规》的制定者吉亚诺·德拉·贝拉备受赞赏。

布鲁尼的历史学里充满了激进的创新，其指导思想包括修昔底德、利维乌斯、塞勒斯特、波利比乌斯和塔西佗，远远超越了维拉尼风格的年鉴，不满足于对事件本身的描述——布鲁尼试图查明原因，提供政治经验，而不是一味提及上帝的旨意。他坚决捍卫佛罗伦萨的扩张，并讴歌其从神圣罗马帝国获得了主权的自由。

维斯孔蒂死后，佛罗伦萨得以大幅扩展领土，获得了曾经统辖着第勒尼安海一半海域的比萨周边地区、科尔托纳，并在约1420年占领了通航便利的利沃诺地区。受到米兰雇佣军保护的卢卡，再次负隅顽抗。这一耗资巨大的行动之所以失败，原因要归咎于里纳尔多·德利·阿尔比齐（Rinaldo degli Albizzi），他是一个有数十年影响力的贵族家庭的后裔——其父亲马索·德利·阿尔比齐（Maso，1343—1417）曾是共和国最有权力的人。他之所以犯下错误，是因为阿尔比齐家族最危险的对手银行家科西莫·德·美第奇（Cosimo de'Medici，1389—1464）也参与了决定性的决策。通过流放来打败科西莫的尝试起初很成功，他不得不在1433年离开威尼斯。但是在阿诺河畔，支持美第奇家族的派系于次年上台执政，并召回了这位流亡者，让里纳尔多和他的盟友们反倒尝到了流放的痛苦。其中包括当时最富有的佛罗伦萨人帕拉·斯特罗兹（Palla Strozzi）。帕拉被放逐到帕多瓦，并于1462年去世，享年90岁，他再也没有回过佛罗伦萨。

迁入佛罗伦萨的科西莫，出身于一个中产阶层的"小"家庭，并没有拥有特别光荣的过去，其崛起的最重要原因是科西莫的父亲乔瓦尼·迪·比奇（Giovanni di Bicci）与教廷之间的生意往来。乔瓦尼最初只是做小额放贷的生意，后来在1393年收购了他叔叔的一家公司的罗马分部。这一步具有决定性的意义。如果没有银行家的周转，教廷机关甚至都无法将来自冰岛和格陵兰岛等遥远地方的税款凑在一起。乔瓦尼从教廷手里赚了不菲的几笔钱，得以在佛罗伦萨建立自己的银行，并发展迅猛。他与这座城市的财政巨头建立了业务联系。此外，他的儿子科西莫与巴尔迪家族的一位女性缔结了婚姻。当他在1420年将银行的领导权移交给后代时，他的银行在佛罗伦萨的货币体系中位居第二。

科西莫在威尼斯的流放时间甚至不足一年，这显示出了当时逐渐建立起来的美第奇家族的权力体系已变得多么稳固。在流亡期间，科西莫设法将自己的财产转移到了安全的地方。回国后，他是佛罗伦萨最有影响力的人，但还不是它的绝对主人。复杂的宪法以及横向势力的顽强力量阻止了赤裸裸的暴政。科西莫的权力网络是通过他的委托人关系编织起来的，将它们连在一起并拉到正确的一端需要一种可靠的本能。最重要的是，必须赢得影响力去主导政府部门的人员配置。就像在威尼斯一样，这是无数投票和淘汰的混合。谁的名字会进入那个从里面抽取执政者名字的皮袋之中，变成一场争先恐后的竞赛。因此，负责装袋的"选举官"（accoppiatori），字面意思就是把候选人"扔到一起"的那个人，占有决定性的分量。正是这样一个圈子被科西莫纳入他的控制之下。金钱总是有用的。和他同时代的教皇庇护二世评价他说："他比通常的商人受过更多的教育，对希腊文学也有所涉猎。"在意大利发生的一切都与他有关，因为是通过他的委员会来操控着大部分的城市和王侯。科西莫长达30年的"秘密"政权获得了大量的财富。1440年6月29日安吉里战役的胜利巩固了托斯卡纳和科西莫对佛罗伦萨统治的稳定。不久，权威的光环笼罩了这位幕后的操作者。在他死后，佛罗伦萨以古罗马的荣誉头衔"祖国之父"来纪念它的这位教父。

布鲁尼于1444年去世。新的统治者赋予他"共和国荣耀发言人"的头衔——这体现出上位之人的灵活变通，或是美第奇家族的厚颜无耻，抑或两者兼而有之。佛罗伦萨在圣十字教堂举行了国葬，以"古典的方式"纪念这位总督。葬礼由人文主义者詹诺佐·马内蒂（Giannozzo Manetti，1396—1459）

主持；他将诗人的桂冠置于死者的头上。布鲁尼的陵墓装饰着归尔甫派的狮子纹章，它是文艺复兴早期开创性的艺术品之一，莱昂·巴蒂斯塔·阿尔贝蒂可能参与了它的设计。这座纪念碑就像——它也为我们的记述画上一个句号——用大理石铸就的人文主义。头戴桂冠的布鲁尼躺在由两只鹰托举的棺架上，手里握着他的历史著作。墓志铭采用古典的字体，由新任总督卡洛·马苏皮尼（Carlo Marsuppini）撰写："莱昂纳多离开人世／历史在哀悼，言说变沉默／传言无论是希腊的还是拉丁的缪斯女神／都忍不住流下了眼泪。"布鲁尼付诸一生所捍卫的共和主义，却在美第奇家族为掩盖自己的统治而披上的光鲜外表下日渐腐朽。然而，佛罗伦萨已经确立了其在意大利的强大势力。

21. 从康斯坦茨到君士坦丁堡

插图28：皮萨内洛，《西吉斯蒙德皇帝》（*Emperor Sigismund*），1432/1433年，维也纳，艺术史博物馆

康斯坦茨

罗马自1389年起由卜尼法斯九世（Bonifaz IX）统治，他来自那不勒斯的托马切利（Tomacelli）家族，糟糕的乌尔班六世只给他留下了一片废墟。教皇国的大部分地区都隶属于阿维尼翁，早已落入贵族或不列塔尼人手中。雇佣军为阿维尼翁教皇克雷芒七世服务。在首都，卜尼法斯面对的是蠢蠢欲动的市民阶层。一时间，教皇国的世俗化兴起，甚至在法国的查理六世兄弟的统治下建立了"亚德里亚海王国"——这是克雷芒在法国长矛手的帮助下回归所需的代价。卜尼法斯成功夺回了部分教皇国，并最终在对抗罗马城市公社中获得胜利——直到现代之前，公民权利在台伯河畔再没有发挥过任何作用。不过，卜尼法斯盲目而好战的政治成本非常昂贵，其经费来源于各种费用、税收和赎罪券的销售。于是第一次出现了银行"经管人"（Depositarius）这一职务，主管筹措资金业务，同时作为回报，要将估计的数额预付给宗座财务院。换句话说，宗座财产管理局获得了永久性的贷款。谁能够从中获利最多，这是显而易见的。具体来说，主要是来自卢卡和佛罗伦萨的银行家，例如刚刚提到的乔瓦尼·美第奇，他们占据了西方最赚钱的业务。

在1400年，赦免罪恶已不再需要去罗马朝圣，只要有现金就足够了。克雷芒六世很好地证明了这一点，他向1350位马略卡岛的居民——相当于整个岛的总人数——出售了使他们免遭炼狱大火焚烧的赎罪券，换来大约3万荷兰盾。尽管如此，新的圣年里还是在台伯河畔看到了来自欧洲各地的朝圣者，这也使罗马教皇收获了声望。在罗马获得救赎的可能性始终比在罗讷河畔大。这位真正的政治家卜尼法斯倒没有作为宗教领袖出现，更多的还是他的家族以及支持者。在罗马居住了近半百个名声显赫的教皇托马切利家族的成员，更不用说与其他家族通过联姻而形成的庞大的人际网络了。卜尼法斯的叔叔将自己的亲戚在其很小的时候就送去成为无数受俸的神职人员，甚至尝试建立自己的托马切利领地。布拉乔利尼曾嘲讽说，这一定是一个巨大的肝脏，才会从它那儿冒出那么多的"托马切拉"（tomacella，意为"猪肝香肠"，和"托马切利"的发音近似）。

即使是在欧洲最森严的等级制中，也可以通过来激活横向机制和召开宗教会议"救赎"事业。身为那不勒斯的"猪肝香肠"卜尼法斯主教的一员，枢机主教巴尔塔萨·科萨（Baldassare Cossa）就是这个不断被讨论的议题的坚决拥护者。他在两个人去楼空的会议厅中，看到了举办宗教会议的可能。1409年在比萨召开的宗教会议就主要是他的功绩。实际上，该会议聚集了至少24位枢机主教和80位主教，废除了罗马和阿维尼翁的教皇，并将米兰的亚历山大五世选为新教皇。不到一年后，这位教皇就去世了，科萨的目的就算达到了。他现在当选为教皇若望二十三世——在罗马他仍然被视为纯粹的敌对教皇，因此教皇中还有另外一位若望二十三世，而不是若望二十四世。然而，由于在比萨被否决的两位教皇没有考虑服从宗教会议的裁决，而且两人都在世俗王侯中获得了支持，因此虔诚的西方那时拥有了并不神圣的三位一体作为所谓的统领。这与伊斯兰的情况似乎差不多。

这一转折点，使得匈牙利的西吉斯蒙德以帝国权力的形式予以干预。在尼科波利斯战役中失利后，他于1411年成为罗马人的国王，后来加冕为皇帝，捍卫匈牙利使其免遭安茹家族的统治，并赢得了对波斯尼亚的至高统治权。在波西米亚，他与哥哥文策尔四世一起统治。尽管西吉斯蒙德是一个挥金如土、精力充沛的狂欢者，但他受过良好的教育，并且在外交方面颇有能力。最后，他被证明是解决教会分裂这一复杂问题的合适人选。整顿教会有充分的理由，因为这是发动十字军出征，对抗奥斯曼帝国的先决条件，而奥斯曼帝国随时可能威胁匈牙利。稍施压力，他就让若望二十三世履行在比萨达成的协议，并且重新召集一个宗教会议，确定了德意志南部的帝国城市康斯坦茨作为合适的开会地点。1414年11月5日，会议如期召开。

这次宗教会议获得成功的关键在于西吉斯蒙德设法邀请到了欧洲最重要的各个王国前来共襄盛举，甚至法国、英国和勃艮第的使节送来了斗鸡。因此，康斯坦茨见证了一场真正的基督教欧洲大阅兵。斯堪的纳维亚帝国的参会者来自立陶宛、曾经荒蛮无序的瓦拉几亚、今天的俄罗斯地区、君士坦丁堡，甚至奥斯曼帝国，成千上万的人挤在这座小城。旅店老板、屠夫、面包师以及妓女在这里谋生，据说共计不少于1400名。说客们也来了，学者们在附近的修道院中寻找旧手稿。枢机主教纪尧姆·菲拉特（Guillaume Fillastre，1348—1428）将公元1世纪的地理学家庞波尼乌斯·梅拉（Pomponius Mela）撰写的《世界论》和托勒密对地球的描述各抄录了一份，然后一并寄给了兰斯的图书馆，放在了左边的第13个书架上，在那里等待着未来它的读者们。他还将一张在海象皮上绘制的世界大地图寄往兰斯，最终到了当时最成功的手稿收集人、时任若望二十三世秘书的波焦·布拉乔利尼的手里。有人给他钱，让他在当时还蛮荒的德意志地区四处旅行。在康斯坦茨附近的圣加仑修道院，他发现了维特鲁威建筑理论的早期副本，西塞罗的演讲内容和昆体良的修辞学说。大概是在加洛林时期的知识宝库富尔达修道院中，他发掘了马库斯·马尼留斯的《占星术》和西利乌斯·伊塔利库斯（Silius Italicus）的《布匿战争》，这是一部讲述第二次布匿战争的史诗。他最重要的意外发现是卢克莱修的《物性论》，此书是后来人们探寻伊壁鸠鲁思想的主要依据。

宗教会议召开期间，康斯坦茨是欧洲的政治中心。对卡诺萨来说，这是怎样的风云突变啊！与君士坦丁大帝时代一样，世俗权力牢牢抓住了这一机遇，它敦促教会统一和改革，并最终从所有异端中净化了基督教团体。人们不是根据人头投票，而是以国家和民族为单位。枢机团也奠定了自己的地位，这终止了意大利神职人员的统治，并彰显了世俗王冠的权力-政治意义。

若望二十三世也曾去过康斯坦茨，他希望在那里被确认为普世教会的唯一负责人，但很显然——与此同时，1415年的春天来临了——他的教皇任期阻碍了协议的达成。他与自己的枢机主教保持距离。因此，他利用争执期间的混乱，伪装成一个马夫偷偷溜走。西吉斯蒙德的死敌，哈布斯堡家族的蒂罗尔伯爵腓特烈四世（Friedrich Ⅳ）允诺要保护他，但是两者都棋差一着。最终宗教会议宣布自己为教会的最高权力机构，置于教皇之上。伯爵发现自己被施予惩罚，并被剥夺法律保护令，最后不得不背弃自己的这个门徒。哈布斯堡家族在施瓦本和阿尔萨斯的对手利用这一时机，以帝国战争的名义突袭了伯爵的土地。瑞士联邦赢得了最多的胜利，当时伯尔尼也保住了阿尔高的西部地区。

西吉斯蒙德彻底成为宗教会议的统领者。若望二十三世被罢黜，罗马教皇格里高利十二世（Gregor XII）则被劝说辞职。身为西吉斯蒙德的对手，阿维尼翁的敌对教皇本笃十三世（Antipope Benedict XIII），即西班牙人佩德罗·德·卢纳（Pedro de Luna）没有服从命令，却被颇具人格魅力的传教士温琴兹·费雷尔（Vincenz Ferrer）领导的西班牙人背弃。佩德罗·德·卢纳始终坚持自己是合法教皇，直到1423年他在阿拉贡的流亡途中去世。若望被囚禁在海德堡，后来美第奇家族用钱将他赎回。他被封为枢机主教，于1419年在佛罗伦萨去世。在洗礼堂中，多纳泰罗为他设立了陵墓，科西莫·德·美第奇再次为其埋单。宗教会议推选奥多·科隆纳（Oddo Colonna）上任。作为三位教皇的继任者，此时唯一的教会领袖，他是罗马最有权势的家族之一的成员，自称马丁五世（Martin V，1417—1431）。宗教会议结束后，他起初居住在佛罗伦萨的新圣母玛利亚修道院。街上的孩子们大声喊着："教皇马丁还不如豆丁。"（Papa Martino non vale un lupino.）这句子还颇为押韵。这位有美第奇家族银行及其自身庞大家族支持的科隆纳教皇，成为教皇国的改革者。渐渐地，法布里亚诺和此前提到的马萨乔等艺术家也找到了前往台伯河的路。

恢复教会统一是康斯坦茨宗教会议最重要的成就。然而，教会的改革并未认真地进行。它本应在接下来定期召开的宗教会议展开。相反，反对异端的斗争被重视起来。人们被禁止读威克利夫的书——宗教会议颁布法令，将其遗体挖出并焚烧。然而，1414年，他的追随者，布拉格神学家扬·胡斯（Jan Hus，约1370—1415）在能够安全通行的情况下被传唤。胡斯所教授的内容预见到了宗教改革的许多诉求，他也与威克利夫一起共同维护《圣经》的最高权威。他对于纯洁的热情追求是激进的。他反对圣人、圣像和圣物的崇拜，反对买卖神职和赎罪券。他不认为仅靠圣礼能产生任何效果，而是将其效果与捐助者和受助者的道德行为联系在一起。胡斯不认可教皇——《圣经》何处曾有提及？——和等级制度，在他看来只有原始的教会兄弟情才能统治教会。普通民众，只要是信徒并且思想纯正，就可以阅读《圣经》和公开布道。

一位编年史家记述说，胡斯的追随者只要见到神职人员，就会"像狗一样"狂吠。在宗教会议上，这位波西米亚人拒绝放弃自己的信仰。他最终以"违背誓言"的罪名，作为"异端领袖"（Haeresiarcha）于1415年7月6日被烧死，骨灰散落在莱茵河上。一年后，他的一位追随者，来自布拉格的教师希罗尼穆斯（Hieronymus）也被送上了火刑柱。西吉斯蒙德国王是合法还是非法地洗白了双手，我们不得而知。

烈火中，胡斯垂死的呐喊激起了人们强烈的抗争怒火。人们呼吁取缔教会的权力和教会财产，不再有教皇，而只留下贫穷的教士，他们唯一的任务是宣讲上帝的圣言。该运动的一致要求和象征是平信徒领受圣杯，这是康斯坦茨宗教会议明确禁止的。其间，还能听到人们对于国王和地方法官没有维护"共同利益"的指控。

1419年夏天在布拉格掀起了胡斯革命运动。胡斯派被剥夺了一些教堂之后，局势陷入紧张之中。在一个激进的传教士的煽动下，一群人去了新城的市政厅，要求释放被拘捕的信徒。最后，一些人冲进了大楼，将市长、议员和市政官员一起扔出了窗外。其中幸存下来的人也被杀死。这次仪式性的行动是一个信号，而后发展为一切群众运动，是"小人物与大人物的斗争，少数人与多数人的斗争，光脚者与穿鞋者之间"的斗争。对等级制度的批评与权力政治利益结合在一起，其间还夹杂着波西米亚人和德国人之间的古老矛盾。与半个世纪前的梳毛工起义的相似之处是，同样在布拉格，被排除在行会之外的人们成为起义的酵母。但在佛罗伦萨，宗教元素不见了，而它在波西米亚却加剧了冲突的残酷化。

随着国王文策尔四世于1419年8月去世，权力出现了真空。在三分之一的帝国城市中，胡斯派抓住了这一机会，这些激进的"被选中者"（Auserwählte）相信这个时代将终结。在南波西米亚的一座山上——他们根据基督显圣之地，将此山命名为"塔波尔"（Tabor）——他们建立了一个城镇，在那里过着早期基督教徒的纯洁生活，并作为胡斯运动的先锋，领导了圣战。因为同仇敌忾，温和的"饼酒同领派"（Utraquisten）〔或称作"圣杯派"（Calixtiner）〕很快也加入他们的行列：贵族和城市市民阶层要求得到两者（utraque），即饼和酒。多亏了他们的路障和首次投用的移动野战炮，胡斯派的军队才取得了一场又一场胜利。他们冲向威斯特伐利亚、波罗的海，再深入德意志南部。任何抵制净化运动的人都遭到了屠杀。

延迟的改革

如果要问在教皇国，谁的权威建立在世俗统治之上，而后又因此崩溃的，那就是卜尼法斯九世。在意大利南部和罗马，统治者是那不勒斯安茹王朝的雇佣兵首领穆齐奥·阿滕多洛·斯福尔扎（Muzio Attendolo Sforza），他以自己士兵的绰号"斯福尔扎"（意为"强者"）自称。在北部，穆奇奥的对手布拉乔·达·蒙托内（Braccio da Montone）——他是佩鲁贾、阿西西和其他城市的领主——也是一位凶残的雇佣军领袖。教皇马丁不得不进行协商：先是让那不勒斯的女王乔万娜二世（Johanna II）说服阿滕多洛从罗马撤军，从而为教皇进入他的城市铺平了道路，然后又与军事实力远超自己的布拉乔结盟。1419年，教皇马丁（可能是极不情愿地）任命布拉乔为教皇代理人，从而使他掠夺而来的权力合法化。作为感谢，布拉乔在1420年镇压了博洛尼亚的起义，从而为教皇国保卫了这座城市。同年，教皇马丁入驻罗马。

然而，布拉乔的统治野心并未得到满足。他向南挺进，在阿布鲁佐修建了城堡，赢得了卡普阿和福贾。最后，他开始进军那不勒斯王国的门户拉奎拉。在罗马和那不勒斯，当阿滕多洛率领一支强大的军队解救这座城市时，人们都屏息敛声。然而，决战并没有爆发，因为阿滕多洛在试图过河时溺水身亡。他的私生子弗朗切斯科接管了这支军队。1424年6月2日，弗朗切斯科在拉奎拉的城墙下击败了布拉乔的部队。布拉乔本人也受了伤，几天后死亡。在那不勒斯，统治者是安茹-杜拉佐王朝的乔万娜二世（或者说更主要是她的情人），而她的亲戚安茹的路易三世（Ludwig III）逐渐奠定了自己的地位——膝下没有子嗣的女王收养了他，现在，他似乎才是最有希望继承那不勒斯的遗产的人。

对于教皇马丁来说，那位过于强大的雇佣军首领之死是件好事。马丁创立了拉奎拉教区，与遗留下来的佩鲁贾城市公社达成共识，建立了有序的行政机构，并着手恢复失去之物。他挑选了一些枢机主教，来助自己一臂之力，其中有曾担任科隆纳及其继任者的得力外交官的尼科洛·阿尔贝加蒂（Niccolò Albergati）、人文主义者多梅尼科·卡普兰尼卡（Domenico Capranica）和游历广泛且兼具学识的律师朱利亚诺·塞萨里尼（Giuliano Cesarini）。虽然教皇根据康斯坦茨宗教会议所宣布的教令，在帕维亚召集了一次宗教会议，但该会议事实上已经名存实亡。当由于瘟疫肆虐而不得不改在锡耶纳召开宗教会议时，马丁却宁愿留在罗马。"宗教会议"对他和他的继任者来说其实是一个可怕的词，它意味着横向机制而不是君主制，这会威胁到特权经济利益和裙带关系，从而动摇教皇权力的古老支柱。就在去世前不久，马丁再次尝试履行康斯坦茨宗教会议所规定的教令，这次的会议地点选在巴塞尔。这次会议由塞萨里尼领导，但马丁授予了后者解散这恼人的宗教会议的权力。

与此同时，"守诚运动"（Observantenbewegung）的开展意味着教会内部出现了改革尝试的萌芽。该运动试图唤回对于严格遵守规则的重视（它也因此而得名）。康斯坦茨宗教会议以及当时世俗的王公都将此视为自己的职责所在，因而大力推进这次运动。来自意大利各地，以及不久后从阿尔卑斯山以北而来的造访者蜂拥而至，以敦促僧侣和修女们坚守贫穷、贞操和祈祷。改革后的修道院为人们树立了榜样。方济各会"守规派"的创始人之一，锡耶纳的贝纳迪诺·德利·阿尔比泽斯基等僧侣将改革的思想带到了城市。他鼓动群众，在广场上吸引了成千上万的人。他的传道可能会持续四小时之久，尽管其牙齿已经掉光。他的标志是一组光芒四射的代表基督的字母缩写"YHS"，即"人类的救世主耶稣"（Jesus hominum salvator）。演讲结束时，他还会呼吁人们捍卫耶稣的尊崇，这样的成功要归功于贝纳迪诺的演员潜质。他就像是薄伽丘或萨凯蒂，有着托斯卡纳的风格，其间不断用各种笑话为他那推崇节俭的道德汤料添油加醋。但不利的一面是，他像其他同类人一样，对犹太人、女巫和同性恋者都抱有愚蠢的偏见。之前时不时指控他为异端的官方教会，随后接纳了他，并在禧年1450年加封其为圣徒。

马丁的继任者、肯杜梅的尤金四世（Eugen Ⅳ，1431—1447年在位）宣布，独立于方济各会守规派分支的其余部分，即"住院派"。住院派因而受到保护，得以避开改革的热潮。尤金，这位威尼斯人，于1431年7月底在巴塞尔如期召开宗教会议，然后计划在11月解散宗教会议。但是，出乎意料的事情发生了：宗教会议参会者拒绝遵守教皇的训令。因此，横向与纵向之间的权力斗争达到了一个新的高峰。就像德国人和法国人之间的斗争那样，民族身份在偶然中得以巩固。

西吉斯蒙德没有闲着。尽管波西米亚发生了动荡，他还是去意大利挽救了宗教会议。他为争取意大利北部大国之间的和平而战，并效忠于教皇。在1433年的圣灵降临节这天，他从教皇手中接过了皇冠。皇帝亨利七世在意大利之旅中曾经听到过的怀疑和赞扬之声，也始终伴随着这位卢森堡王朝后人的旅程。艺术品作为纪念留给人们：皮萨内洛在费拉拉或曼图亚描绘了皇帝西吉斯蒙德的肖像（插图28），而在里米尼的一幅壁画中，皮耶罗·德拉·弗朗切斯卡赋予圣西吉斯蒙德以卢森堡同名者的特征。1433年，尤金四世做出让步，撤销解散宗教会议的训谕，然而这件事却与西吉斯蒙德的外交关系不大——皇帝急忙回到巴塞尔，但很快就感觉自己像是"马车上的第五个轮子"——与罗马的复杂性关系不大。尤金四世当选教皇时，他被要求剥夺科隆纳家族的部分战利品，而他的前任（马丁五世）给科隆纳家族带去了大量好处。这导致了罗马及其国家的最后一场战争，也使尤金陷入了最大的困境。他伪装成僧侣，藏在一袋龙蒿下，不得不登上橹舰逃亡。银行家之城佛罗伦萨接纳了他，此后近十年的时间里，他都离罗马远远的。

在教皇国，枢机主教使节乔瓦尼·维戴莱斯奇（Giovanni Vitelleschi）——一位像阿尔伯诺兹那样的战士，更加野蛮，但在政治舞台上不过是个小丑——开始清理阿尔巴诺山的科隆纳巢穴。与此同时，教皇重获至高无上的头衔。在东部，奥斯曼帝国重新进攻。1430年，威尼斯的堡垒萨洛尼卡沦陷。随着绝望不断增加，拜占庭皇帝几乎已经被视作只是拜占庭城市的统治者以及臣服于苏丹的附属，因此不得不四处寻求援助。在博斯普鲁斯海峡，人们做好了要与拉丁教会联合的准备。趁着拜占庭人的困境，尤金决定一石二鸟：取缔巴塞尔宗教会议的权力，自己则以东西方教会统一者的身份载入史册。其中的决定性举动是按照拜占庭的意愿将宗教会议迁移至意大利的领土。从1437年9月起，会议地点定为费拉拉，后来因为波河流域暴发瘟疫而改为佛罗伦萨。多亏了美第奇家族的银行，在阿诺河畔为宗教会议筹集资金变得容易起来。

拜占庭参会的代表团里都是高级官员，拜占庭皇帝约翰八世（John Ⅷ）、都主教基辅的伊西多尔（Isidor von Kiew）和君士坦丁堡的牧首巴希利奥·贝萨利翁（Basilios Bessarion，1403—1472）都在列。枢机主教塞萨里尼发挥了关键作用，他对局势做出正确的评估，并决定支持尤金和费拉拉，反对巴塞尔。拜占庭人不得不承认罗马的教条，基督因此获得"圣灵之父"的身份。教皇的至高无上的地位——即便仍然有些含混——也因此被确立起来。1439年7月6日，在布鲁内莱斯基刚完工的穹顶下的大教堂中，东西教会联合的消息被公开，震惊了佛罗伦萨的人们。对于东部的教会来说，这笔交易仅仅意味着一场失败。神职人员和民众都没有接受它，拉丁人也没有考虑要向奥斯曼帝国屈从并提供军事援助。巴希利奥拿走了一件罗马教会枢机主教的紫色长袍。而从拜占庭带来的近1000份羊皮纸文献给予了人文主义的古希腊分支以灵感，它们后来被捐赠给了威尼斯的圣马可图书馆。

然而，巴塞尔一方仍然固执。尽管他们的事业失败了，但大多数参加宗教会议的人仍在莱茵河畔坚持不懈。他们本可以取得积极的成果：在会议的间隙，本已显现了与胡斯派和解的契机。1431年8月，一支十字军在陶斯附近的失败就已经预示了妥协的临近。三年后，谈判结果在布拉格达成。饼酒同领派被授予平信徒的圣杯，但依然不被允许布道。激进派的顽固核心拒绝妥协并继续战斗，但他们并非立于不败。

血腥的"胡斯战争"就此结束。波西米亚变成了一个等级制国家，高级贵族是这场动荡的真正赢家，他们在选举国王时拥有重要的发言权。天主教神职人员仍然被排除在各阶层代表大会之外，一直到17世纪才出台了新的律令：布拉格的第二扇窗楣——1618年，叛乱分子模仿胡斯运动的模式——将引发"三十年战争"的灾难。但是当出现秩序失控或宗教狂热分子当权的情况时，人们看清了眼下发生的一切，减少了虔诚的热情。塔波尔派的遗产由他们的"波西米亚兄弟"接管，他们起初被包容，而后还是遭到了迫害，在东欧中部多样化的宗教环境中写下了浓墨重彩的一笔。教会改革仍未完成，在许多人看来，这场改革势在必行。

百年战争的转折与结束

1399年的英国，在面对由金雀花王朝改为兰开斯特王朝的王朝更替时，横向机制已显示出其实力：国王亨利四世是议会恩赐的君主。仅凭议会的裁决就罢黜了理查二世，并使继任者——其血管里流的贵族血液略为稀少——合法化。尽管如此，兰开斯特家族的前两位国王却被证明是颇有能力的政治家。亨利是一位受过教育且具有语言素养的书籍爱好者，常常与乔叟和克里斯蒂娜·德·皮桑相谈甚欢，他知道如何恢复王室的财政状况。在其儿子的协助下，他镇压了叛乱并扼杀了罗拉德派运动，避免了该运动像欧洲大陆上的胡斯运动那样发展出政治势头。

海峡另一侧的竞争对手暂时还无须担心。法国国王查理六世（1380—1422）是一位精神病患者，常常陷入疯狂之中。摄政者为争夺权力而斗争，他们分别是：国王的兄弟奥尔良的路易（Louis of Orleans），勃艮第的"大胆的"菲利普（Philipp der Kühne），以及菲利普去世之后，他的儿子和继承人"无畏者"约翰（Johann Ohnefurcht，1371—1419）。巴黎并没有什么变化，阴谋诡计横行，谋杀和纷争四起。当时，克里斯蒂娜·德·皮桑拿着她那本关于"国家政体"（Staatskörper）的书，积极主张建立强有力的受上帝认可的世袭君主制。但是，这样的解决方案还有很长的路要走。诗人尤斯塔什·德尚将自己的时代感叹为"穷途末路的悲哀时代"（aage en tristour）。他的赞助人奥尔良的路易于1407年在巴黎大街上被刺杀，暗杀的幕后主使是勃艮第公爵约翰。巴黎的法学家让·佩蒂特（Jean Petit）在一本著名的小册子中论证了此次血腥行为是弑君罪。这成为内战的开端，内战与百年战争的冲突交织在一起。为对抗控制巴黎的勃艮第人，一个贵族联盟在那位被谋杀者的14岁儿子奥尔良的查理（Karl von Orléans，1394—1465）周围组建起来。阿马尼亚克的伯纳德七世（Bernhard Ⅶ. von Armagnac）接管了军事领导权，以他名字命名的同盟"阿马尼亚克"将勃艮第人赶出了巴黎。重回在佛兰德斯的权力基地后，"无畏者"约翰正寻求与英格兰兰开斯特王朝的第二位国王亨利五世（Heinrich V，1413—1422年在位）结盟。

亨利的战争经验丰富，十几岁的时候，在一场战斗中差点被箭射死。他推行一种平衡政策，将理查二世的遗骨转移到威斯敏斯特大教堂作为和解的标志。他是英国第一位使用英语撰写官方信函的国王。然而，他的野心不是建立一个国家，而是继承前人的遗志重新征服大陆帝国。当亨利的一支远征军到达诺曼的哈弗勒附近时，"无畏者"约翰并没有插手干预。1415年10月25日，亨利的弓箭手在阿金库尔摧毁了数量上占优的法军。诺曼底向英国敞开了。年轻的奥尔良的查理被俘，直到25年后才被释放。他在这段时间内成长为法国的一位伟大的抒情诗人。

一本以"一位巴黎市民的记录"而闻名的日记以独特的民众视角描写了百年战争中那些糟糕的日子，其作者写道："人们可以看到士兵涌入，却不知为何。"他讲述了"像撒拉逊人¹那样"生活的雇佣军，描述了处决、流行病和物价疯涨等事，还讲述了一些高官的奇闻异事——他们也插手一些混乱的勾当。与匿名者描绘的恐怖形成鲜明对比的是讲述查理六世的妻子，来自巴伐利亚的伊莎贝拉（Isabella von Bayern，约1370—1435）的"宫廷爱情"故事。人们相

---

1 撒拉逊人（从公元613年开始）原指从如今的叙利亚到沙特阿拉伯之间的沙漠牧民，广义上则指中古时代所有的阿拉伯人。

识于诗歌比赛，比赛由女士和"处女"担任裁判。骑士求爱堂（Minnehof）[1]也有民众参加，这里原本是出于惩戒武士精英的目的而建，伊莎贝拉从中做媒。

1418年5月底，勃艮第人重新占领了巴黎。阿马尼亚克的伯纳德失败了，但王太子得以逃脱。彼时，他驻守在布尔日和普瓦捷的宫廷，而他的巴伐利亚母亲则与仇敌勃艮第联手，潜伏在特鲁瓦。1419年，在"无畏者"约翰和王太子于巴黎附近举行会晤时，这位勃艮第人——可能是王太子的授意——被杀掉了。这是对1407年谋杀案的报复，暗杀事件巩固了勃艮第-英国同盟，使其成为法国致命的威胁。

来自法国南部的法学家让·德·泰尔-维梅叶（Jean de Terre-Vermeille，约1370—1430）在为王太子服务期间从事罗马法工作，他对这场混乱做出了回应。他的《论文》，即三篇论文，起草了一套精确的继承规则，赋予了王太子作为联合国王的权力。饱经风霜的法国使其成了"神秘文集"，并因此不朽。他制定的那些永恒不变的基本法，甚至对国王也有约束力。继承不是根据私法，而是要符合惯例。国王是一位管理者，并不是王冠的所有者或受益人。就像许多试图寻求国家强盛或至少构建无懈可击的抽象概念的理论一样，泰尔-维梅叶的纲领诞生于例外状况之下。

通过外交来驯服战争的做法失败了。当亨利五世和查理六世两人于1422年逝世之时，那些广泛深入的协商都化作无用功，其原本可能促成兰开斯特王朝统治下的英法双重君主制。法国新国王查理七世（Karl Ⅶ，1422—1461年在位）在布尔日树立了自己"法国中心"（au cœur de la France）的地位。英国人和勃艮第人则共同统治法国的北部。兰开斯特的约翰（Johann von Lancaster），即已故英国国王的兄弟贝德福德公爵征战法国，一路打到了卢瓦尔河。1428年，他包围了奥尔良。正当这座城市即将沦陷之时，从历史的黑暗中脱颖而出的救世主，是一位来自洛林地区栋雷米村的农村女孩：名叫约翰娜（Johanna），即

---

1 中世纪骑士向贵妇献殷勤或求爱的处所。

著名的"圣女贞德"[1]。她同熙德、亚历山大·涅夫斯基一样，也是一位典型的虔诚教徒，是15世纪的锡耶纳圣女凯瑟琳。她声称自己能看见异象和听见神圣的声音，有来自戴着冠冕、浑身发光的凯瑟琳的声音，还有好战的大天使米歇尔[2]的声音，称自己肩负着将国家从英国人手中解放出来，并帮助国王加冕的使命。奥尔良见证了一个令人难以置信的画面：一个少女穿着闪亮的盔甲，出现在一群负坚执锐的士兵面前。约翰娜虽然负伤，但还是驱使他们冲入了围攻者的堡垒。

奥尔良解放后，法国军队在这位"少女"的带领下，为百合花旗赢得了一个接一个的胜利，为查理七世在兰斯大教堂加冕和涂抹圣膏扫清了道路。然而故事的悲惨结局终结了这个神话。在1431年初对抗贡比涅的敌人时，贞德落入勃艮第人的手中，勃艮第人将她交给了贝德福德公爵以换取一大笔钱。宗教法庭以异端和巫术罪判处这位"英国祸害"以死刑。在鲁昂的市场上，她如同胡斯和其他异教徒那样被烧死，连骨灰都被处理得一干二净。当时，那些当权者非常害怕这些圣洁的男女，因为这些人能够将宗教狂热变成战争般的能量，即使他们已经死去。重新赢回奥尔良和查理的加冕意味着伟大战争的转机。决定性的因素出现在1435年，《阿拉斯和约》打破了勃艮第与英国的联盟，并逐步将英国人驱逐出境，首先是从法兰西岛和巴黎，然后是诺曼底。他们的最后一次进攻是在1453年，但也以失败告终。在法国大陆上，他们只剩下加来这块地方了。"法国母亲"赢得了领土国家的轮廓，国家的权力主张超出了王室领地的范围，其统一在国王身上也得到体现。直至200年后，法国政治家黎塞留枢机主教在一份外交简报中将"陛下"（Sa Majesté）一词删去，并用"法兰西"（La France）代替。

有"胜利者"之称的查理七世，在百年战争中采取了进一步措施，巩固了国王的权力。在一个施政有道的政府的辅佐下，他通过从各阶层中向各种商

---

1 绰号"奥尔良的少女"（La Pucelle d'Orléans）。

2 圣米歇尔（又称圣米迦勒）是上帝的首席战斗大天使。人们相信在等待来世的过程中，圣米歇尔会在最后的审判日负责称人们的灵魂，并引导人们走向"彼岸"。在基督教中，圣米迦勒负责守护圣母玛利亚的灵魂。

品征税来筹集资金，而不仅仅向王室领地征税；他的"财政总管"雅克·科尔（Jacques Cœur）也在此期间变成富豪。查理与教会的关系也做出了新的调整：在佛罗伦萨宗教会议前夕，饱受折磨的教皇尤金四世对"布尔日国事诏书"[1]的声明感到惊讶，这为建立法国国家教会和世俗法国奠定了基础。通过利用巴塞尔宗教会议与教皇之间的冲突，王权对主教和修道院长的选举获得了影响力，流向罗马的税收也受到了遏制；如同英国长久以来那样，没有国王的许可，教皇就不能发表任何训谕和声明。

在法国，主张为国王争取权力垄断的意愿变得越发坚定，这也是现代国家的核心。内战结束后，雇佣军在阿拉斯被清剿，他们在这个国家里四处逃窜，最后合并为一支常备军，其余的在其帮助下逃至各地。邻近国家也遭受其苦。比如，在苏黎世与联邦其他地区发生冲突时，王太子路易领导下的一支阿马尼亚克大军在巴塞尔地区以掠夺方式攻打进来。在比尔斯河上，他们遭遇到了一支有1500个瑞士民兵的队伍。经过英勇的战斗，这支瑞士人组成的队伍最终被围困在一家医务室的花园中，被比他们的人数多20倍的军队打到几乎只剩最后一个人。路易不想再把他昂贵的雇佣军献给这样的对手，因此中断了此次进军。比尔斯河上的圣雅各布[2]对于瑞士人来说，就像温泉关[3]之于希腊人，阿拉莫[4]之于美国人一样，昔日这些牺牲的人甚至给予了人们勇气以"精神防御"去对抗阿道夫·希特勒统治下的德国。

战争的最大利益是由"无畏者"约翰的儿子"好人"腓力三世（Philipp der Gute，1419—1467年在位）攫取的。古老的洛塔林吉亚王国似乎已获重

---

1 1438年7月7日法国国王查理七世在布尔日颁发的诏书。诏书限制教皇权力，不承认教皇的绝对权威，主张国王有权对主教的遴选施加影响，主教原则上由教士会议选举产生；确认宗教会议高于教皇权威，废除法国教会的任职年贡制（又称首岁教捐，即主教任职首年须将当年本教区的收益献给教皇），以形成法国的自主教会。这体现了高卢派的主张。1461年为路易十一废除，1516年为《波伦亚宗教协定》所取代。

2 此次战役又称为"圣雅各布之战"。

3 波希战争中的著名战役，此役作为勇对强敌的战例而载入历史和文学作品。

4 阿拉莫之战发生于得克萨斯独立战争期间（1835—1836年），它在美国历史中的重要地位与象征意义堪比1941年的"珍珠港事件"。

生。在腓力三世统治期间，直到1467年，他的统治权力通过继承、联姻以及购买财产，从荷兰北部勃艮第延伸到林堡、卢森堡、布拉班特和佛兰德斯，直至皮卡第，还拥有一块在卢瓦尔河和日内瓦湖之间的勃艮第的古老土地。腓力三世从《阿拉斯和约》签订起，就摆脱了对法国国王效忠的义务，靠自己和上帝的恩典而统治。只是还缺少一顶王室的王冠，以及北部和南部地区之间的联系。

勃艮第仲夏：现实主义的游戏

勃艮第是一个年轻的大国，寻求形式和包装，不惜一切代价在各种荣耀中展现自己。腓力三世的图书管理员、书法家和微缩画家大卫·奥伯特（David Aubert）认为，他的统治者所收藏的丰富的古代经典书籍是这世界上最精美的。对于约翰·赫伊津哈而言，五光十色的勃艮第文化为他提供灵感来描述这一时期，布克哈特在其中则看见了现代性的曙光，他视之为秋天最后的成熟时节，正在郁郁葱葱的辉煌中逝去。的确，来自半个欧洲的各类影响与新旧事物走到了一起。勃艮第位于欧洲最重要的道路交会处，用加斯顿·鲁普内尔（Gaston Roupnel）的话来说，它在吞入吐出方面非常出色。蓬勃的经济为此提供了各种条件。大约在1450年，勃艮第公爵统治了欧洲一些最富有的城市，其中包括根特和安特卫普，它们即将超过布鲁日。

鲁普内尔所说的可以用作曲家纪尧姆·杜法的例子来说明，他晚年是康布雷主教堂的教士会成员。他一生都在宫廷和各种事件中度过，在那里，他是复调音乐的大师，他与人建立关系，并获得订单，赚得不少，最重要的是他不断地学习。马拉泰斯塔家族、埃斯特家族[1]和萨伏依家族在博洛尼亚和罗马的宫廷，在康斯坦茨、佛罗伦萨和巴塞尔的宗教会议中都能看到他的身影。他的音乐更加欧洲化，融合了佛兰德斯、意大利、法国和英国的影响，并成为后来作

---

1 埃斯特家族是一个显赫的意大利贵族家庭，名字来源于帕多瓦附近的埃斯特城堡，是费拉拉和摩德纳的统治者，文艺复兴时期著名的艺术赞助人。

曲家的典范。除了吉尔·班舒瓦（Gilles Binchois）之外，他和英国人约翰·邓斯特布尔（John Dunstable）也都是"好人"腓力三世宫廷管弦乐的成员，后者是法国-佛兰德斯音乐的重要作曲家之一，其音乐伴随着整个文艺复兴时期。皮耶罗·德·美第奇（Piero de' Medici）称赞"他是我们这个时代最大的珠宝"。

公爵加冕典礼和乔迁、宴会和节日、婚礼或葬礼游行，这些仪式彰显着勃艮第国家及其秩序，表明它是一个"政治团体"。统治者身穿价值不菲的黑色外衣，其与朝臣同普通人的穿着相区别，向观众展示了他们的尊卑。文字、符号和音乐所带来的奇妙神圣气息时刻提醒我们，统治权和国家并不是在这个世界上单独建立起来的。勃艮第的仪式很快就覆盖了欧洲一半的宫廷，反过来这也反映了法国和西班牙的风情。在仪式原则的最深层面，公爵个人所残存的神性余晖闪耀出来。违抗可能会消耗统治者的仁慈——尽管不是生命，就像那些敢于直视东南亚大城府统治者的人一样。

娱乐活动繁多，诸如比赛，颇具异国情调的辉煌庆祝，还要相互决斗以期得到看台上美丽的姑娘的喜欢和青睐。他们让古老的骑士战争演变为欢乐上演的运动项目。那个时代的战斗表明骑士战争已经失落：未来属于弓弩、火炮和雇佣军。骑士文化也在"金羊毛骑士团"等骑士修道会中幸存。它是由"好人"腓力三世创立的，其目的不是游戏和娱乐，而是出于对上帝的赞美和展现"美好的荣耀和崇高的声誉"。骑士团胸链一跃成为欧洲最负盛名的奖章，它是羊毛形状的徽章——可能是伊阿宋的羊毛，或者更可能是《圣经》中的基甸（Gideon）的羊毛——成为贵族的标志。勃艮第公爵先是被任命为骑士团的领主，后来领主权转移给皇帝和国王。

勃艮第王朝的纪念碑及其崇高的传统，一方面是丰富的史学，另一方面则是公爵们的墓地。"大胆的"菲利普（1363—1404年在位）下令，要求加尔都西会修士在第戎外的一块名为"尚穆尔"（Champmol）的土地上建造一座修道院。这个修会以最严格的纪律闻名，僧侣们保证尽职尽责地为创始人的灵魂救赎祈祷。菲利普任命克劳斯·斯劳特（Claus Sluter）作为他的雕塑家，其作品兼具纪念意义和现实意义。斯劳特为加尔都西会修道院创作了一出石质的神秘剧。它的主人公是注定要去髑髅山[1]的先知，他们都是现世的人，他们露出起皱的面孔，带着严肃的表情或平静的怀疑。这些"送葬者"的表达力——"哭泣着"的忧伤的僧侣们，它们是斯劳特以及其他几位大师为"大胆的"菲利普和"无畏者"约翰的陵墓打造的——打破了所有常规，还从未有过以如此现实的方式雕刻出丰富的感情。在某些人物中，痛苦的表达是含蓄的，他们掩住了脸。

在绘画方面，15世纪30年代也出现了与雕塑类似的现实主义。书籍上色也尝试了新的样式。此外——那时候文化潮流从南流向北——锡耶纳人的艺术提供了灵感。阿维尼翁，这个西蒙尼·马蒂尼曾经的创作地点，成为这股潮流中的重要角色。最终的结果令人惊叹：绘画中掀起了类似于斯劳特在雕塑领域中带来的颠覆的革命。曾经常被用来呈现圣徒的金色背景消失了，取而代之的是现实中的风景：山峦和宽阔的平原，蜿蜒曲折的道路纵横交错，以及远处的城堡和大海。比如，罗伯特·康平（Robert Campin，约1375—1444）就带领我们走进中世纪城镇的街道，邀请我们参观中产阶级的客厅和作坊。在近代艺术史上的第一批人物肖像画中，有两幅几乎完全相同的作品就出自康平之手——它们如今藏于柏林画廊和马德里的提森-博内米萨国立博物馆。画中呈现了一个肥胖而高贵的绅士，不具有任何神圣的背景，只是在展示这个人。像斯劳特一样，扬·凡·艾克（Jan van Eyck，约1390—1441）也是推动艺术领域话语革命取得突破的人之一。对于"临摹自然"这一绘画任务，他完成得令人难以置信。这位来自马斯特里赫特附近的马塞克市的人，在画板上创作出了这世上的一切：例如，根特祭坛上画的大幅亚当和夏娃裸像，穿着金织锦缎一起合奏的天使、圣人、圣父，以及这片土地上的风景。卢卡商人乔瓦尼·阿尔诺菲尼（Giovanni Arnolfini）的订婚照使人可以看到15世纪的房间样貌。后墙上的涂鸦既是画家的签名，又是画家亲眼见证这一切的体现——"扬·凡·艾克在这里1434年"（Johannes de eyck fuit hic 1434）。画家按原样描绘事物，甚至让

---

1 泛指建有朝圣的教堂和再现耶稣受难时十四处停留地点的朝圣地。

不真实的事物也变得真实起来。就像康平的肖像一样，这幅著名的画作是最早一批呈现世俗主题的画作之一，代表着一种对世界的征服。此前通过薄伽丘或乔叟的诗歌，以及后来马基雅维利的政治理论来展示的现实，绘画也能描绘得出来。

凡·艾克的作品甚至也令同时代的人着迷。在公共假日开放根特祭坛时，好奇的人们整天都在这个充满奇观的小教堂里摩肩接踵地观览。皇帝、国王和艺术同行，例如阿尔布雷希特·丢勒（Albrecht Dürer，1471—1528）都对此叹为观止。产生如此效果的原因是，扬没有按当时的惯例用蛋黄作为涂料的黏合剂，而是用油。这样的方式可以延长处理时间，并使颜色鲜亮，还可以处理微妙的过渡和用精细的笔刷轻添上几处高光。凡·艾克擅用这项技术，但他不是它的发明者，尽管爱国主义艺术作家希望如此。这项技术其实早已有之。

从他所处的时代来看，扬·凡·艾克不是现代意义上的"艺术家"，而是一位工匠，正如他本人在自己的一幅画作上所写的那样，他"竭尽自己所能"工作，精益求精。与杜法这样的音乐家不同，画家不被视作博雅艺术的大师。相反，他们练习"机械的技艺"（ars mechanicala）或"机械手工艺"（mechanical craftsmanship），连薪水都比作曲家低。"好人"腓力三世明白，像凡·艾克这样的杰出艺术家，"在艺术和学识上都是出类拔萃的"，早已经摆脱了行会对成员施加的各种束缚。凡·艾克还担任外交官，从而为统治者服务。公爵资助了凡·艾克的孩子，但碍于尊严不肯去他的工作室拜访这位大师。最重要的是，宫廷使得画家、雕塑家和建筑师能够自由发展。如果没有赞助人，那时及以后都几乎不会有重要的艺术和同样罕见的优秀科学出现。

自从1422年以来，北方地区最重要的赞助人之一是尼古拉斯·罗林（Nicolas Rolin，1376—1462），"好人"腓力三世的宰相大臣。他来自勃艮第省的欧坦，最初是在巴黎和第戎当律师。通过巧妙的婚姻，他成了大富翁；宫廷的职务令他获得了骑士头衔。他提供了晋升的典范：一名雄心勃勃、果断而坚定的改革家。冷酷无情的他将圣女贞德交由司法审判。直到他人生的最后几年，他的影响力才消失。他总有充分的理由来平衡自己与上帝之间的关系，并且非常出色地做到了这一点。罗林在博纳修建了自己的"王宫医院",罗吉尔·凡·德·韦登(Rogier van der Weyden, 1399/1400—1464)为该医院创作了大型的"最后的审判"。此前,罗林曾委托扬·凡·艾克为欧坦的一座教堂画圣母像,而他是这里的主保圣人。可以推断,他之所以聘请凡·艾克这样一位在当时首屈一指的大师,是想要以此来提高自己的声望。但不应忽视的是,即使是那个时代最美丽的艺术品——包括根据对表象细致入微的观察而创作的凡·艾克的《大臣罗林的圣母》——都主要是献祭作品,即好的作品。创办医院时,在尘世中一直积极追名逐利的罗林在资助事迹中写道,这是为了他的救赎,希望通过幸福的交易用尘世之物换取天堂的物品。

佛兰德斯人的产品在欧洲广受追捧,镶板画和挂毯常常由顶级大师设计。他们的画作被视为身份象征,因此价格不菲。佛兰德斯的画家们同音乐人一样,他们前往南部,因为那里有潜在的赞助人。有文献记录的第一批在意大利居留的人中就有罗吉尔·凡·德·韦登,他于1450年移居罗马。他深受人文主义者的尊敬,并在埃斯特的侯爵莱昂内洛·埃斯特(Leonello d'Este)那里获得了酬金非常可观的订单,甚至连跟他同时代的巴托洛梅奥·法齐奥(Bartolomeo Fazio)都认为他的故事值得写一本小传记。意大利人对佛兰德斯人精美的现实主义艺术印象深刻,并向他们讨教。他们学会了绘制微型肖像画以及复制金锦缎,它们自然逼真,似乎都能听见其沙沙作响。他们用柔和的笔触描绘模糊的风景,为远方蒙上蓝色雾气,从而发现了空气透视法[1]。多梅尼科·基尔兰达约(Domenico Ghirlandaio)的《牧羊人的礼拜》——为美第奇家族经理弗朗切斯科·萨塞蒂(Francesco Sassetti)墓葬礼拜堂的祭坛所作——受到来自为萨塞蒂的同事托马索·波尔蒂纳里(Tommaso Portinari)创作的画作的启发。波尔蒂纳里是美第奇家族在布鲁日的代表。意大利为基尔兰达约的画作贡献了古老的道具,例如背景中的一道凯旋门,以及用作牛和驴子食槽的大理石石棺。还是这位波尔蒂纳里,他委托汉斯·梅姆林——这位布鲁日的大师懂得如

---

[1] 空气透视法是透视法的一种,为达·芬奇创造。表现为借助空气对视觉产生的阻隔作用,物体距离越远,形象就描绘得越模糊;或一定距离后物体偏蓝,越远则偏色越重。

何画得逼真——为自己和妻子玛丽亚·玛达莱娜·巴伦切利（Maria Maddalena Baroncelli）作肖像画，这两幅肖像画很可能是三联画的一部分（附图8）。

因此，意大利文艺复兴时期的艺术是通过交流过程和成千上万赞助人的资助才得以实现的。艺术家总是循着商人的道路而去，正如前面所提到的阿尔诺菲尼和波尔蒂纳里，其中一些商人也作为客户出现。此外，看看这些画作就可以勾勒出赞助人的景观，科技和自然科学也在类似的景观中取得突破。

意大利的"王车易位"[1]

1455年前后，一位画家画了一幅表情严肃的自画像，完成了第一次真正意义上对各种艺术流派的综合——他就是让·富盖，《法国大编年史》的插画家。他为查理七世的财务大臣艾蒂安·谢瓦利埃（Étienne Chevalier）绘制的祭坛画，在以意大利透视视角描绘的建筑背景前向这位客户呈现了在北方习得的现实主义风格。实际上，富盖在意大利待了好几年。在罗马，他为密涅瓦圣母堂制作了栩栩如生的尤金四世画像，可惜未保存下来。

1443年，教皇返回他的城市。枢机主教维戴莱斯奇已经在入口铺就了血迹斑斑的地面。这座西方教会的首都并不算特别令人印象深刻，在太宽的围墙内点缀着布满藤蔓的田野和丘陵。大约有3万人居住在这座曾经的大城市。根据一位编年史家的说法，由于教皇的缺席，罗马已成为放牧的场所："绵羊和奶牛在今天商人的餐桌所在处吃草。"尤金在受朋友奥尔西尼的家族统治下的梵蒂冈宫定居。如遇凶险，他可以从这里到达一个有顶棚的走廊（passetto di borgo），直达已经装备好大炮的圣安杰洛城堡中。从现在开始，梵蒂冈将自己确立为彼得继任者的总部，就在彼得的墓地附近，那是他们统治的基础。这座城市及其圣髑的神话保留了神奇的力量。不可否认，罗马现在被认为是教

---

1 王车易位是国际象棋中一种特别的走法。在每一局棋中双方各有一次机会，可以同时移动自己的王和一个车，作为王执行的一步棋，叫作"王车易位"。这里隐喻时势英雄的命运沉浮。

廷的合法处所。巴塞尔反对派的最后一个分支选举萨伏依公爵阿梅迪奥八世（Amadeus VIII）为敌对教皇，即教皇费利克斯五世（Felix V），但几乎没有得到任何人的认可。他于1449年退位。

一个小型宗教会议在巴塞尔召开，后来迁至洛桑。在此期间，会议出现了分裂，那些还在坚守的教区以及神职人员都被遗弃了。但是，宗教会议还是为巴塞尔未来成为人道主义之都创设了重要的前提。一位足智多谋的雇主看准了这项活动的官僚主义需求，成立了一家造纸厂。他为巴塞尔崛起为拥有欧洲领先的印刷技术的城市奠定了基础，但是罗马教会的横向运动受到了遏制。此时已经决意进行的改革不可能从机构的顶层获得成功。意大利的政策主要注重的是教皇，而非教会的复兴。它无法遏制南部阿拉贡的野心。经过艰苦的战斗，阿拉贡的阿方索（1416—1458年在位）在与安茹王朝接班人的斗争中获胜，并被称为"慷慨者"。尤金四世别无选择，只能承认事实并为他举办授职礼。现在，阿拉贡人凭借其王冠便联合了"两西西里岛"王国。此外，阿方索统治了马略卡岛、撒丁岛和科西嘉岛的大部分地区，并试图在巴尔干半岛站稳脚跟。他用一座两层高的大理石凯旋门装饰了那不勒斯的新城堡，这是为了纪念他于1443年意气风发地进入这座城市。一大群艺术家和人文主义者涌入了这位崇尚古典的统治者的宫廷，他每年都要为此花费2万杜卡特金币。而这个国家各侯爵的努力还没有被阿方索瓦解。

在北部地区，威尼斯、佛罗伦萨和米兰不得不重新相互制衡。在威尼斯，一个主张建立自己的大陆国家的政党占据上风。基奥贾战争表明，像热那亚这样的强大对手与内陆领主联合反对威尼斯共和国时，是一件多么危险的事。同样，应该防止米兰重新获得优势。吉安·加莱亚佐·维斯孔蒂死后，他的国家陷入权力斗争，几乎丧失了国力长达10年，这给大陆上的势力带来了渔翁得利的机会。威尼斯共和国开始征战各领地，包括维琴察和维罗纳，而帕多瓦的卡拉拉氏族被连根拔起。百姓对处决毫不在意地评论道："一个死人就不会发动战争了。"大约在1430年，威尼斯的领土扩展到罗韦雷托和贝加莫。此外，包括格拉多的宗主教区的弗留利和曾经输给匈牙利的达尔马提亚城市，都归于圣马可的旗帜下。仅有杜布罗夫尼克市共和国还能够通过外交头衔维持一定程度的独立性，无论是面对威尼斯共和国还是苏丹。

在米兰，曾经辉煌的维斯孔蒂家族的统治在15世纪上半叶终结。让我们来详细说一下菲利波·马里亚·维斯孔蒂（Filippo Maria Visconti，1402—1447）吧！他是吉安·加莱亚佐的儿子。雇佣军首领法西诺·卡讷（Facino Cane）死后，他与卡讷的遗孀比阿特丽斯·迪·腾达（Beatrice di Tenda）结婚，与此同时，卡讷遗留下来的雇佣军和40万杜卡特金币则充当了嫁妆。菲利波的兄长和对手在同一天成为暗杀的受害者这一事实更是锦上添花，尽管这绝非偶然。然而，比阿特丽斯的幸福婚姻只维持了很短的时间。1418年，所谓的通奸罪为菲利波提供了杀死比他大20多岁的妻子的借口，嫁妆却留了下来。后来菲利波娶了一个肥胖、暴力、神经质的女人，她是萨伏依公爵阿梅迪奥八世（未来的敌对教皇费利克斯五世）的女儿。与卡讷遗孀的婚姻一样，孩子缺席了这场政治婚姻。为了性爱，或许也有爱情，一个情妇倒是给公爵的家族生下了后代，生下了具有继承权的女儿比安卡·玛丽亚（Bianca Maria）。

菲利波·维斯孔蒂最初聘用了卡马尼奥拉的弗朗切斯科·布索内（Francesco Bussone da Carmagnola）作为他的军队指挥官。布索内征服了热那亚，甚至让久经沙场的瑞士邦联军溃不成军，从而重新获得了贝林佐纳的统治权。然而，由于担心自己不被信任以及经受不住金钱的诱惑，他转投威尼斯。于是，拉奎拉的获胜者弗朗切斯科·斯福尔扎获得了机会。1425年，他告别了那不勒斯的争端，而与维斯孔蒂达成了一项雇佣军合同（condotta），内容是用金钱来组建一支雇佣军，凭借这支军队他对威尼斯开战。斯福尔扎是一个政治敏锐且意志坚强的人。尽管经历了挫折并面对一个诡计多端者众的世界，他还是赢得了菲利波的信任，菲利波终于将他的私生女比安卡·玛丽亚送给斯福尔扎作为妻子。布索内就不那么幸运了。在失败和犹豫不决的战争之后，他使自己在威尼斯背上了叛变的嫌疑，到底是公正的还是被陷害，我们无从知道。在传统的行刑地点小广场上的两根圆柱之间，他于1432年被斩首。另一方面，曾为教皇和佛罗伦萨服务的斯福尔扎在他的岳父1447年去世后，成了米兰军队的指挥官。

作为要恢复公共自由的"安布罗斯共和国"的军队指挥官，他为了自己的功绩继续与威尼斯进行战争。老狐狸科西莫·德·美第奇下注在他身上，这令他如虎添翼。佛罗伦萨的金钱为掌权铺平了道路。对于阿诺河畔的统治者来说，威尼斯人的扩张似乎比米兰的威胁更为危险。这导致了联盟的逆转。与斯福尔扎一起，佛罗伦萨站对了队伍。斯福尔扎取得了对威尼斯人的胜利，然后立即将军队转而对付自己的雇主。1450年，他以新统治者的身份移居米兰。因此，斯福尔扎这位农民出身的士兵的私生子，赢得了意大利最强大国家之一的王位。这是足以令同时代人钦佩不已的童话般的生涯。

早期现代国家的诞生历史，就是由那些像罗马法、公务员这类无聊的事情所组成，但正如读者会注意到的那样，它们有时会成为一出舞台剧。不幸的比阿特丽斯，菲利波·马里亚·维斯孔蒂的这位可怜的妻子，她的命运激发了文森佐·贝利尼（Vincenzo Bellini）创作歌剧的灵感，而不幸的布索内成了作家亚历山德罗·曼佐尼（Alessandro Manzoni，1785—1873）笔下悲剧的主角。通过文艺复兴时期自相残杀的战争，其向意大利复兴运动时期的意大利人展示了他们之所以落入外国统治处境的更深层次的原因。实际上，布索内之类的雇佣军是早期现代国家的建设者。他们帮助各统治者获得权力，划定界限，解决争端。他们中的许多人都梦想着建立自己的国家，获得公爵的头衔，甚至是王冠。一些成功的军团——比如霍克伍德和斯福尔扎，以及后来的费德里科·达·蒙特费尔特罗（Federico da Montefeltro，1422—1482）——面前都站着一支失败者大军。福特布拉奇（Fortebracci）仍然是其中最著名的人之一，而许多其他名字几乎都不像这个名字那样知名。许多人的生平将为小说提供素材：例如卡斯特拉卡尼或战士恩古兰·德·库西（Enguerrand de Coucy），他曾在三大洲奋战却在安纳托利亚布尔萨的骑士监狱里丧生。

任何通过不懈奋斗达至权力顶峰的人都首先需要一样东西：合法性。皇帝或教皇的一句话足以保护已经赢得的胜利并庇荫后代。因此，这些话语实际上比金子更重要。吉安·加莱亚佐·维斯孔蒂为他的公爵头衔支付了相当于一个城市的钱财。新贵们同样痛苦地怀念着古老的传统。同时代的诗人和史学家们以时代的风格赋予他们古代的高度。詹南托尼奥·德·潘多尼（Giannantonio de' Pandoni）提供了一个特别滑稽的例子：他把弗朗切斯科·斯福尔扎变成了汉尼拔，又把他的对手尼科洛·皮奇西诺（Niccolò Piccinino）变成汉尼拔的战胜者大西庇阿。

人们大可以热火朝天地去构建未来——过去即使对于最厉害的人来说，也还是会过去，除非他付钱给历史学家去改变它，甚至弗朗切斯科·斯福尔扎的纹章也是一个大胆的谎言。它在帝国之鹰旁边展示了维斯孔蒂家族的毒蛇，而实际上，他和他的家人与这蛇毫无关联。弗朗切斯科还利用科学和艺术来忘记他应得的背叛。帕维亚的维斯孔蒂图书馆是意大利最重要的图书馆之一，得到了他的进一步支持。对米兰大教堂和帕维亚的加尔都西会修道院，他也继续加以扩建。就像勃艮第大臣罗林一样，他通过让宫廷建筑师菲拉雷特建造医院来积累功德。米兰人很快将这座纪念性建筑物称为"福利医院"（Ca'granda）。即使在今天，城市中心阴暗的斯福尔扎城堡仍让人想起这位白手起家的公爵。城墙那钻石般的砌面，巨大的圆形塔楼和菲拉雷特设计的塔楼代表着纯粹的力量。最重要的是，这座建筑想要用共和国的可笑念头来教导米兰市民学会服从。

22. 话语革命释放出了它的孩子

插图29：乔尔乔内（Giorgione），《三位博士》，1508/1509年，维也纳，艺术史博物馆

教育学、修辞改革和文本批评

　　始于12世纪的学校教育改革，在意大利文艺复兴初期得以严谨施行。在课堂教学计划中，古代经典取代了所谓的"非主流"作品，即古典时代晚期和中世纪信奉异教和基督教的作家作品。与此同时，人文主义教育的方案也越来越有系统。一名来自卡波迪斯特里亚[1]的博学的法学家皮埃尔·保罗·韦尔杰里奥（Pier Paolo Vergerio，1349—1420），撰写了《论绅士风度与自由学科》，该书文采斐然，成为人文主义教育的奠基之作，其地位不亚于一门科学的诞生宣言。韦尔杰里奥主张健康的心智在于健康的体魄，体育、狩猎和钓鱼旨在训练身体，正如学习旨在训练理智，强调通过哲学和"自由学科"培养自由的人。这些学科之所以被冠以"自由"之称，正是因为它们是为自由的人量身定制的。个体对学习科目的选择，应基于自身的能力与天赋。他称赞诗歌和音乐——它们都是全新的声音——首先是快乐的源泉。天文学"从阴暗、混浊的空气中崛起"，并邀请人们进入一个更高的、充满光辉的新世界。总而言之，与同时代的其他教育理论家不同，韦尔杰里奥更注重自然科学知识的学习。他写道："实际上，它让我们了解包括生命体和非生命体在内的万物起源及变迁。我们可以找出曾被视为奇迹的现象背后的原因。民众的雄心抱负和贵族的争荣求誉在这里体现为积极上进的动力。"

　　加斯帕里诺·巴尔齐扎（Gasparino Barzizza，约1360—约1431）是西塞罗著作的鉴赏家，创作了许多指导写信艺术的书籍。作为语法和修辞大师，他在帕维亚、帕多瓦、费拉拉和米兰均有一定的影响力。其弟子维托里诺·迪·瑟·布鲁托·德·兰巴尔多尼（Vittorino di Ser Bruto de'Rambaldoni，1378—1446）生于费尔特雷，因此又叫费尔特雷的维托里诺。借助曼图亚本地侯爵的支持，维托里诺在明乔河畔建立了教育史上第一所寄宿学校"快乐之家"（Casa giocosa）。在这里，他培养了许多未来的诸侯、枢机主教和学

1　斯洛文尼亚西南部城市科佩尔的旧称。——编者注

者，并与他们一起过着修道院式的生活，指导他们学习自由技艺，与他们一起旅行，鼓励他们骑马并参加各种游戏。维托里诺没有提出什么教育理论，但他的人格魅力影响了很多人。他的学生费德里科·达·蒙特费尔特罗的工作室（studiolo）描绘了诸多伟大哲学家和诗人的肖像，其中就包括维托里诺。安德烈亚·曼特尼亚（Andrea Mantegna，1431—1506）在曼图亚宫的壁画《婚礼堂》（*Camera degli sposi*）中，展示了贡扎加朝臣中的教育家，这是该时期人文教育获得重要地位的最佳体现。教育家维罗纳的瓜里诺（Guarino da Verona，1374—1460）和尼科洛·佩罗蒂斯（Niccolò Perotti）的新型语法和百科全书，为雅致风格的形成提供了工具。乔瓦尼·托尔泰利（Giovanni Tortelli）的《正字法》（*De orthographia*）介绍了3440个希腊语术语的拼写形式，并且还推介了许多哲学家及其学派。

　　与教学法新方向紧密对应的，是所谓的"修辞革命"。这场革命酝酿于中世纪语法、修辞法与博洛尼亚法学家书房中的书写艺术（ars dictaminis）的蓬勃发展，由政治事务教授者主导，而其中最重要的开路人当数彼特拉克。"双边讨论"的论证技巧受到越来越多的关注，这可能反映了公众话语的重要性在意大利诸国和城市乃至整个欧洲与日俱增。从横向发展的角度来看，这是又一次繁荣的迹象。有关哪个教堂和宫殿更壮美的争议和论战，始终伴随着修辞上的天花乱坠。大使在原始文献中就是以"oratores"，也就是演说家的身份出现的。至此，修辞学进阶成为一门基础科学。它给出了艺术理论的标准和术语，为法学家和历史学家所用，而其本身——本书开篇引用的伽利略的对话就是一个鲜明的例子——也渗透到科学著作中。布鲁尼曾经借导师萨鲁塔蒂之口说："在众神那里，还有什么比从不同角度观察和探讨公众主题的方式，更能揭示可能被隐藏和掩盖的真相呢？"

　　最出色的修辞风格是西塞罗风格。这位雄辩家中的雄辩家，是议会和法庭上虽不可见但绝不沉默的代言人，他的方法一路畅行到瑞典城市隆德。这位顽固的共和国议员的信件和演讲中所包含的政治信息，并未阻碍他的修辞学在宫廷里广为流传。

洛伦佐・瓦拉（Lorenzo Valla，1405/1407—1457）是修辞学的另一位奠基人。通过担任教廷律师的父亲，他结识了古希腊语言学家乔瓦尼・奥里斯帕（Giovanni Aurispa，1376—1459），学会了雅典语。在枢机主教乔达诺・奥尔西尼（Giordano Orsini）身处的罗马圈子中，瓦拉结识了布鲁尼、布拉乔利尼和其他人文主义者。他讲述了人们身着节日长袍在奥尔西尼宫举行集会、体验古罗马生活的行为——这是一种人文主义者的浪漫。瓦拉所著的《拉丁语的优雅》后来成为拉丁语教材，在欧洲广泛发行。他将优美的拉丁语当作唯一能够表现真实的工具——用奥卡姆的话说，真实只存在于个体身上。

　　瓦拉才华横溢，他的对话语气奔放、嬉闹，修辞上颇有亮点。瓦拉同时还是一位批评大师，在四面树敌、激起舆情公愤方面可谓驾轻就熟。瓦拉曾于阿方索国王处短暂听差，也只有后者对他伸过援手，使其免遭那不勒斯的宗教裁判所的迫害。在严苛的语言学研究过程中，他的批判艺术大为精进，然后延展到逻辑、语言、道德和对罗马法律术语缺乏准确理解的法律实践等其他各个领域。瓦拉反对屈服于亚里士多德的权威，嘲讽阿维森纳和阿威罗伊为"野蛮人"，更不放过波爱修斯和托马斯・阿奎那。他认为后者虽具备崇高的美德，但对知识的理解是肤浅愚蠢的，而且只埋头于"辩证学家不足挂齿的推理"，却没有意识到这同时也阻碍了获取知识的更好途径。瓦拉的洞察力不止于此。他还将希罗尼莫斯翻译的《圣经》与希腊原文进行了比对，发现错漏频出，并推进了有关《圣经》的语言学研究。因此，他是路德和释经学家鹿特丹的伊拉斯谟的先驱，后者更是对《拉丁语的优雅》推崇备至。同时瓦拉也第一个意识到，备受尊敬的亚略巴古的狄奥尼修斯绝对没有听过保罗的布道。他的盛名（在一些人看来也可能是污名）源自其曾证实君士坦丁大帝的捐赠系伪造，这一发现导致他对教皇的世俗权力持批评态度。从1447年起，罗马教廷聘请瓦拉担任宫廷抄写员和秘书，直至其辞世。

　　瓦拉对尘世的现实生活感兴趣。他认为自由意志无法与神的绝对权力相协调，并总结了一段可上溯到波爱修斯的谈话。他关注的只有信仰，其余则依靠经验训练的理性。作为历史学家，他遵循修昔底德的分析方法，将修辞学置于哲学之上，称其为"万物女王"，能帮人们公正、无偏颇地洞察一切。他将其作为捍卫真理的武器，用来抵制被各种学派的教条所束缚的、毫无活力的哲学上的混沌呓语。他对许多学者的抽象理论提出批评，有助于打破获得"有用的知识"所遇到的学术屏障。简而言之，洛伦佐·瓦拉是启蒙运动的先驱。

意大利-希腊网络

然而，宽容在那个时代仍是外来词。拉丁欧洲国家的知识分子，似乎无法想象天主教之外的世界，更别说向往了。但是，亚美尼亚、北非、拜占庭和罗马还是发展出了各自的上帝和多样化的宗教信仰。十字军东征和异教冲突也无法改变这一事实。天主教一统"西方世界"不过是一段神话传说。

有关传统的继承，尤其是柏拉图关于上帝观念的讨论，开始出现不同的声音。各种宗教中难道不是都包含着有关人类起源的启示？上帝的"百种姓名"背后隐藏的难道不仅仅是无法表述的规律理念及言语统一吗？研究奥古斯丁的专家认为，柏拉图哲学中有一部分似乎与基督教的思想相容；但丁从《蒂迈欧篇》中摘抄引用；彼特拉克则认为柏拉图的著作是启示的关键。但至此时为止，只有拉丁语版本可供解读，而拉丁语版本又是从阿拉米-叙利亚语翻译过来的。为了理解纯正原版，必须学习希腊语。巴巴罗萨的某位专职教士已经意识到，拉丁人的所有科学都来源于希腊。

正如罗马帝国曾被希腊文化征服，意大利也屈服于希腊精神。首开先例的是拜占庭南部，该地名在诺曼国王时代就已经从希腊语翻译成拉丁语了。欧洲许多图书馆中都藏有希腊手稿，但只有少数人讲这种语言。贝里公爵曾在一本书中不无遗憾地注释道："这是用希腊语写成的；无法读懂。"通过来自东方衰落帝国的难民，关于荷马和柏拉图语言的知识在意大利传播开来。薄伽丘赞助了来自南意大利（也有说是塞萨洛尼基）的莱昂齐奥·皮拉托（Leonzio Pilato），他在佛罗伦萨教希腊语并翻译荷马的著作。从现存的几百本手稿来看，希腊语曾在半岛上流通。在威尼斯的帕多瓦（通往拜占庭的门户），处于流亡生涯中的帕拉·斯特罗兹继续搜集其他手抄本，包括托勒密的宇宙学著作的插图版——该书由斯卡尔佩里亚的亚科波·迪·安吉利（Iacopo di Angeli da Scarperia）翻译，是制图史上的一座里程碑。希腊文艺复兴的另一位先驱，是专注于翻译教父作品的嘉玛道理会修士益博罗削（Ambrogio Traversari，1386—1439），他曾得到过科西莫·德·美第奇的支持。

串联起希腊-意大利语之间联系的另一个重要人物是弗朗切斯科·费勒弗（Francesco Filelfo，1398—1481）。在君士坦丁堡逗留期间，他曾担任威尼斯商会代表（Bailo）的秘书，之后为皇帝服务，从而有机会接触手稿本。赫里索洛拉斯的一个兄弟——同时也是费勒弗的岳父——曾教授费勒弗学习拜占庭的语言。回国后，费勒弗先是在博洛尼亚找到了工作，后来又去了佛罗伦萨。在这里，由于他同情美第奇的反对者，因此在里纳尔多·德利·阿尔比齐战败后，他不得不逃至锡耶纳。他后来主要在米兰、帕多瓦和罗马等地工作，并与西奥多·加沙（Theodor Gaza，约1400—1475）成为终生挚友，后者致力于翻译提奥夫拉斯图斯（Theophrast）的《植物志》等著作，并撰写了希腊文语法。此外，费勒弗还与特拉布宗的乔治斯（Georgios von Trapezunt，1395—1472/1484）保持着联系，后者是曾卷入众多论战的挑剔难缠的人物，也是柏拉图哲学的死敌。乔治斯曾跟随维托里诺学习拉丁语，并协助他翻译希腊语。

另一个联络人是费勒弗的导师，来自西西里岛的乔瓦尼·奥里斯帕，后来两个人成为同事。洛伦佐·瓦拉学习希腊语也多亏有他帮忙。奥里斯帕是一位充满激情的手稿收集人，也是一位进取心极强的书商，在两次前往东方的旅程中，他收集到了价值极高的希腊著作。然而，当局禁止出口神学手稿，却对非基督教的手稿网开一面。奥里斯帕宣称收藏了柏拉图的全部作品。他一生的大部分时间都在费拉拉度过，正因如此，这里后来成了希腊研究的中心。他将西奥多·加沙带到了当地的大学。特拉布宗的乔治斯也曾在这里供职过几年。有这些关系密切的人充当先锋，希腊语尤其是柏拉图主义进入学术界的道路畅通无阻。加沙似乎是第一个在费拉拉阅读柏拉图教义的人。凭借精神本质、光的形而上学以及神秘的上帝形象，柏拉图提供了亚里士多德的"经院哲学"之外的另一种可能性。

费拉拉和佛罗伦萨的宗教会议给世人留下了深刻而持久的印象。当时，拜占庭帝国最后的荣耀深深触动了意大利。"希腊皇帝坐在教皇御座对面的一张丝绸面料装饰的椅子上，"作为该事件的目击者，比斯蒂奇回忆道，"他的着装是希腊风格的，身披锦缎织成的长袍，戴着希腊式的小帽，上面嵌着漂亮的宝石。"人文主义者被深深吸引，拜占庭人看起来像是古典主义的"幸存者"。比斯蒂奇认为，在1000年甚至更长时间里，他们似乎都不曾改变穿衣风格。因此，巴塞勒斯约翰八世成为那个世纪被效仿最多的人物之一。皮萨内洛用他那蓄着胡须、留着长发、头顶希腊帽的肖像制作了一枚奖章。佩内利诺（Pesellino）和皮耶罗·德拉·弗朗切斯卡将他的造型用作塑造当权者经典形象的模板。

智慧考古学

此时，拜占庭最负盛名的哲学家是乔治斯·格弥斯托士·卜列东（Georgios Gemistos Plethon，约1355/1360—1452）。他曾是希腊代表团的一名成员。他用一个无法翻译的希腊双关语"logikai archai"，表达了将思想的基本原则与古代史研究结合起来的意图，从而创建一种全新的考古学（archaiologia），其目的是依托上帝的清晨训诫以及被赋予新生的查拉图斯特拉，重建一种原初的神学。最有智慧的人难道不应该也是最年长的人吗？卜列东最大限度地满足了早期人文主义者对"古典的痴迷"和对纯正来源的渴望。对他而言，伊斯兰教和犹太教并不陌生。据说在奥斯曼帝国的宫廷，他曾师承卡巴拉主义者埃里萨奥斯（Elissaios），其作品的语言模糊隐晦，饱含深意，极富异国情调。就这样，他们推动了一种"神秘"的文艺复兴的发展，尽管他们仍属于启蒙、宽容以及一切现代普世主义之前的历史。

对基督教世界分裂的抗议，体现在人们对宗教根源的探究，智慧的考古学家因而进入遥远的东方和神秘的混沌世界。人们研究埃及的传统和印度婆罗门的教义，聆听被视为祭礼创始人的诗人俄耳甫斯对神、宇宙和自然的赞美。所有这些活动的核心人物则是柏拉图，因为他能同时给理性主义者和神秘主义者带来灵感。他的宇宙遵循严格的几何形状，恶魔穿梭其中；他眼中的神既不排斥知识分子，也不拒绝虔信者。历代神学家和哲学家都无法想象，这种级别的教义完全是通过思考而产生的。无论如何，这其中一定有神灵的参与。然而，柏拉图自己似乎都没有意识到，神的启示会降临到他身上，就像摩西、保罗和穆罕默德一样。由此，一个大胆的谱系被建构起来，即柏拉图教义出自遥远的过去，与神同在。

这些就是通过历史推测将人类本身与形而上学结合起来的奇特例子，俄耳甫斯也因此被视作毕达哥拉斯的老师。反过来，他又将神的启示转告给柏拉图。仔细翻阅《圣经》就能发现，柏拉图哲学早在公元前2世纪就已确立：希腊化的犹太人将耶和华的对话者摩西当作希腊人和柏拉图的老师。凯撒利亚的尤西比乌斯（Eusebios von Caesarea）视先知耶肋米亚（Jeremias）为直系血亲，宣称柏拉图在埃及见过先知，并通过他聆听了上帝的训诫。因此，这位希腊人（柏拉图）就成了"阿提卡的摩西"（attischen Moses）。这一回溯似乎揭示了一项宏伟神圣的计划：在地狱中短暂战胜死亡的俄耳甫斯，难道不是基督的先驱者吗？毕达哥拉斯，这位类似耶稣的精神领袖和预言家，更是预示了救世主的出现。

11世纪时，普塞洛斯首次试图调和柏拉图哲学、神话和基督教义。他使《迦勒底神谕》得以重见天日。这是一部有关中东传统的占星术和魔法实践的奇书。卜列东认为这本神谕是查拉图斯特拉的启示。在他的笔下，波斯的光明神阿胡拉·马兹达（Ahura Mazda）不着痕迹地化身为柏拉图之前的柏拉图主义者。因此，谱系可以一直追溯到远古时代。在卜列东看来，查拉图斯特拉生活的时间比那场标志世界历史开端的特洛伊战争要早五千年。

这一巡游之旅表明，柏拉图哲学的基督化，以及其在佛罗伦萨的"伟大的"

洛伦佐时期登台亮相（后文会再提及），已经酝酿了很长时间。如果柏拉图的神将《圣经》里的上帝从宝座上驱离，那么三位一体神学的基本问题，包括"和子说"的讨论都将变得毫无意义。当然事实并非如此，直到今天，人们依旧无法在各种宗教背后找出一个普遍认可的真理。事实证明，1450年前后的宗教纷争是把双刃剑，怪诞杂乱的"神秘教义"随之进入了欧洲主流话语体系。

当然，只要是参与者，就像柏拉图主义的狂热者，都容易被怀疑是异端。普塞洛斯以及400多年后的卜列东都受到了正统势力的批评。而在拜占庭，即使身为文艺复兴时期柏拉图主义的主要人物，卜列东也未曾受影响。彼时他已退居虽偏僻但如田园般的米斯特拉斯。特拉布宗的乔治斯将他、柏拉图和穆罕默德一道贬入三大异端。借助亚里士多德，他向卜列东提出异议，基督教必将成功驯服分裂与异端的挑起者柏拉图。特拉布宗的乔治斯尖锐地指出两种学说之间的差异，引发了两大哲学家针锋相对的思潮，并开创了以下这种错误的类比：亚里士多德对应旧时的中世纪，柏拉图对应当时的文艺复兴时期人文主义。为了厘清这位出生于斯塔基拉的学者与其导师之间或实际存在或子虚乌有的矛盾对立，无数学者付出了巨大的努力。

尽管引起论战无数，柏拉图的思想依然极具吸引力。他主张摒弃唯理智论，强调感觉的合理性、"直觉的智慧"和类比法。这一点与中世纪晚期的神秘主义是相通的，而神秘主义也借此走出了"莫测高深"的神学理论困境。卜列东的门徒贝萨利翁是支持柏拉图并试图将其学说基督教化的学者之一。卜列东本人的遗骨被放置于马拉泰斯塔教堂〔里米尼领主西吉斯蒙多·马拉泰斯塔（Sigismondo Malatesta）的家族教堂〕壁龛中的一座荣誉坟墓里，这象征着柏拉图主义的日渐复兴。

枢机主教尼古拉·克雷布斯（Nikolaus Krebs）的哲学也显示出雅典人经久不衰的吸引力。尼古拉来自摩泽尔河畔的葡萄种植村库萨，因此也被称为"库萨的尼古拉"。他研究的正是困扰卜列东的问题。两人相识于费拉拉-佛罗伦萨宗教理事会成立之际。库萨的尼古拉认为，他在赫尔墨斯·特里斯墨吉斯忒斯

（Hermes Trismegistos）的启示教义中，发现了"第一神学"的踪迹，该教义同时也奠定了伊斯兰教和犹太教的基础。这位"三重伟大"的赫尔墨斯，可能是同名的希腊神与象征魔法和智慧的埃及神托特（Thot）的混合体。柏拉图学派和新柏拉图学派的虚构文本以及犹太-基督教著作的合集，可能汇编于公元2世纪。赫尔墨斯（曾被视作三个同名的古埃及人）先是被阿拉伯人，后又在中世纪被拉丁人誉为集古老知识者、超强魔法师及神学家和文化英雄于一身的神。他的不朽促使拉克坦提乌斯将其归入基督教早期历史。一部被误认为是奥古斯丁所著的论文也将其视为三位一体的异教捍卫者。因此，由基督教神学家实际统治的"上帝之城"对赫尔墨斯主义的明确拒绝，并不能阻止其迈入文艺复兴时期。库萨的尼古拉将他的启示升华为伟大的哲学。

真理在小路上的呐喊：库萨的尼古拉的"对立统一论"

库萨的尼古拉生于1401年，作为一名教会政治家，他主张必须全力以赴消除谬误，并强烈反对胡斯派。平生以来，他一直仇视犹太人。然而，他认为在伊斯兰教、犹太教、印第安人的宗教，甚至鞑靼人的宗教中都能找到某种真理，这一观点意味着距离东方与西方、南部与北部地区的和谐相融又近了一步。尼古拉惊异于古典哲学，他曾经说过，古典哲学的一些代表人物仅靠反思就发现了"几乎整部福音"。

这名库萨人曾在代芬特尔市的现代艺术精神氛围中接受教育，后又在海德堡和帕多瓦研究教会法学，是中世纪神学在早期人文主义中最关键的对话伙伴。他于1433年创作完成《天主教的和谐》（*Concordantia catholica*），描绘了基于伪狄奥尼修斯的普世体系的图景。精神、身体及其混合体分别能生成九个等级、天使团和天体，将它们密切联系在一起的是无所不在、无所不能的上帝。库萨的尼古拉希望，兄弟会所达成的共识能使教会中的等级原则变得没那么森严。他认为宗教会议中关于言论自由的判断来源于上帝。决策的一致性能够确保事实真相。在信仰方面，只有统一的教会才绝对可靠。哲学上的推测演变成具体的政治理论。库萨的尼古拉用历史先例证实，宗教会议的地位在教皇之上。根据他的理论，由选帝侯、市民阶层、大学、神职人员和贵族共同参与和决策的集会，能够有效克服和弥补帝国制本身存在的缺陷，最终达成共识。

因此，自然法则为横向联合奠定了基础。主教的共识确立了教皇的地位，正如公民的共识使得世俗权力合法化一样。在帕多瓦学者马西利乌斯的基础上，尼古拉引用了如下观点：涉及整体利益的事，必须经过所有集体成员的同意。尼古拉曾设想过天使和魔鬼同在一个宇宙，是民主理论的前身。所有暴力，不管是宗教的还是世俗的，"都可能隐藏在民众中"。但是，随着时间的推移，这位热情洋溢的宗教会议至上主义者（他几乎与洛伦佐·瓦拉同时意识到君士坦丁的捐赠系伪造）成长为教皇的副手。宗教理事会是当时所设想的朝着宗教和谐迈出的最具体的一步，也促使尼古拉的思想发生了转变。这一转变在1448年将他推上了枢机主教的位置。在此之前，他能抽出更多时间创作关乎人类知识的局限性、所有世界性事件的意义和人性的哲学巨著。

任何对布克哈特的文艺复兴个体主义观点感兴趣的人，都会在尼古拉那里领略到其对人类主观、通透的洞察，并了解到人是第二位上帝，通过自身作品展现自我这一观点。亚当从给事物命名开始赋予它们灵魂，为它们二次塑型。上帝创造了现实世界的一切，而人类则创造了观念的宇宙，这些观念既是事物的标志，也是思想的观念。尼古拉将耶稣基督视为最伟大的人、最完美的自我实现。他认为，基督与神灵如此紧密地联系在一起，由此达成了人性与神性至高无上的统一。现实统一性的缺失，是由人类理性造成的。理性通过其创造概念的能力，对现实进行分门别类。因此，统一性被逻辑的泾渭分明、理性的条分缕析破坏殆尽，直至面目全非。人的理性虽然可以让人产生无所不包、无所不能的错觉，但人只能认识到上帝不是什么，而不能认识到他是什么。因此，哲学仅仅是"人类对上帝启示的虔诚猜想"，这便是"有学识的无知"（docta ignorantia）。

尼古拉的上帝不单单是柏拉图的神，但也相差无几。毫无疑问，他的信念来源是柏拉图-毕达哥拉斯精神，坚信掌握可靠知识的最佳途径是数学。就这方面来说，尼古拉是科学革命的思想先驱之一，并与其中一些思想先贤保持联系，如学生时代就在帕多瓦与其结缘的托斯卡内利，以及在维也纳任教的天文学家格奥尔格·波伊尔巴赫（Georg Peuerbach，1423—1461）。在拉蒙·柳利的影响下，尼古拉尝试计算圆的面积，发现无限的圆与无限的三角形趋向一致。另一个例子是他建议把时间视为一系列"当下"的点状排列，无数最小单位的点用这种方式集合在一起。这个思想实验揭示了困扰尼古拉一生的首要问题，即如何使理性无法解决的矛盾对立重归统一，这类哲学的经典挑战是三位一体问题：它既是三位的，也是一体的。

求知欲和好奇心驱使库萨的尼古拉成为难得一见的人类精神推手。作为一个对无限性和具体本质同样感兴趣的学者，他希望回归个体的经验感受。感受本身就是现实的体现。用眼睛捕捉到的、通过理性领会的宇宙研究，其最终结果都导向对上帝的认知。总而言之，找出至高的神圣存在，才是根本。真相并不是模糊难辨的，正如尼古拉在其临终时所说，"它在大街上尖叫"。不同于过去，当时的神学理论开始助推实证研究的发展，对其论证更深入更透彻。尼古拉曾在其被视为新科学宣言的著作《论称量实验》（*Über Wiegeexperimente*）中，阐明了其纲领。他要称重和测量，确定下降的速度，甚至将铃音和铃铛的重量联系起来。简而言之：理解所有可被理解的事物。通过探索所在的世界，人借此将自己当作万物的衡量标准，万物的可识别性源于善良的上帝通过万物不断传达着自己的事实。

对无限概念的推测，将尼古拉导向了一个戏剧性的论点：地球是运动的——在这种情况下，目之所见具有欺骗性。在无限概念中，所有对立面均被消除。只有上帝是集静止和运动于一体的。因此，只有上帝是绝对的，宇宙不是。宇宙只是无边界而非无限的。其中没有任何东西是真正静止的，无论是地球还是其他天体。尼古拉描述了这些奇思异想——我们处在一个上帝图像的时代，无论我们走到哪里，它的目光似乎都跟随着那些观察它的人，只有图像本身静止不动。他基于上帝的概念，而不是通过观察和计算，洞悉了所有运动的相对性，得出地球从未静止的论断。这一概念，超越了所有前人的思想，并且还是基于哲学的巧妙论证。尼古拉的宇宙论是由神学而非科学构成的。尼古拉神化的上帝是看不见的，又是无处不在的，因此也是一直在场、一直与人类同在的。但他的观点并不是人类与地球中心说地位丧失的直接原因。

有了尼古拉，话语革命取得了进一步的突破。他培养了苏格拉底式的怀疑。另一方面，他对亚里士多德发起了挑战：不仅对自然学者，甚至也对逻辑学家，对"矛盾律"的堡垒进行了大胆的抨击。他呼吁界定界限并延展界限，为新的宇宙论奠定了神学基础。他也是第一个打破水晶恒星天体的人，根据传统观念的理解，该天体禁锢了宇宙的空间。至关重要的是，尼古拉（不是某个路人甲，而是罗马教会的枢机主教）为前所未有的公正推理和研究开辟了新的视野，居心不良者认为他的话语涉及泛神论的立场，也是不无道理的。

认识事物的原因：伊壁鸠鲁的回归

在库萨的尼古拉看来，人是如此自由而伟大，完全不同于教皇英诺森三世曾批判的那样，认为人是罪恶中生出的不幸尘埃、粪便和"肮脏的种子"。在尼古拉的时代，有两位人文主义者针对教皇贬低和丑化人类形象，发出了自己的声音：一位是那不勒斯的阿方索宫廷文人巴托洛梅奥·法齐奥；另一位则是詹诺佐·马内蒂。马内蒂是一名出色的历史学家，同时也是令人不齿的反犹分子，这一点从他在莱昂纳多·布鲁尼灵柩旁的葬礼发言中便可听出。他的著作《论人的尊严与卓越》，呼应了法齐奥与教皇英诺森更偏爱的静心养性、忏悔祈祷的生活方式。这个佛罗伦萨人认为，身体绝不是酒囊饭袋，它从在眼睛间筑起一道墙的鼻子到大拇指，都是最为精妙的安排，因此其更多的是造物主精妙绝伦的艺术杰作，摘得了造物主所有作品中的桂冠。他认为，以上帝为形象创造出来的人，本身就是神，上帝为人创造了世界、自然和历史，而人是它们的第二个创造者，人是雕刻家、画家、建筑师、诗人、学者和圣贤——人的职责在于仰望上帝和天体。现在看来，文艺复兴时期的人，已经得到了全方位的发展提升。人生来是为了在这美丽世界体验幸福生活，而不是艰难地沿着圣地亚哥朝圣之路走向死亡。

然而，人类的庆祝活动并不仅仅是一种时代情绪的表达。事情往往比这要复杂得多。此外，蔑视世界的传统依然存在。波焦·布拉乔利尼创作了《妙语录》，这是一篇不仅滑稽还时常出现情色内容的短篇小说。此外他还有一篇关于苦难人生的长篇论文，将人的苦难归咎于命运的黑暗力量的肆虐。第一个聚焦于此的，是马萨乔创作的壁画《三位一体》，画中除了三圣外还有一副骷髅架，其后有一句表现人生短暂的格言："我曾是你们当中的一员，也是你们将来的样子。"令人振奋的自信、荣誉心、对美的沉溺以及求知欲，只是15世纪的一个侧写；而在这场伟大对话中不断向外延伸的视野，才是15世纪名副其实的标签。

当一些人在令人眼花缭乱的柏拉图精神世界遨游的同时，另一些人正在讨论一种向崇高的唯物主义致敬的哲学，这是欧洲文化区别于其他文化的地方。它的灵感来自布拉乔利尼在富尔达修道院的发现，即卢克莱修于公元前97—前55年创作的教谕诗《物性论》。一方面，它尽力摆脱基督教的世界学说，另一方面又升华了光的形而上学，并且第一次传授了对伊壁鸠鲁教义更深层的认知。此前人们只能通过西塞罗、塞涅卡和基督教神学家的零星摘抄和引用了解这些教义，而现在，伊壁鸠鲁的整个思想体系以诗歌的形式在人们眼前一一呈现。这种脱身于德谟克利特的自然科学、被视作希腊思想"最外沿"标志之一的哲学，究竟讲的是什么？

卢克莱修将近7400行的六音部诗，以极高的文学造诣传达了其核心思想。仅仅阅读其中的第一节，一首对爱神的赞美诗，就会让人想起桑德罗·波提切利的《维纳斯的诞生》和《春》：

维纳斯，生命的给予者，

在悄然运行的群星底下，

你使生命充满航道纵横的海洋，

和果实累累的土地——

因为一切生物只由于你才不断地被孕育，

只由于你才生出来看见这片阳光——

在你面前，女神啊，在你出现的时候，

狂暴的风和巨大的云块逃奔了，

为了你，巧妙多计的大地长出香花，

为了你，平静的海面微笑着，

而宁静的天宇也为你发出灿烂的光彩！

诗人认为，宗教用残暴的方式压榨民众生活，而伊壁鸠鲁战胜了宗教。可以想象，《物性论》如何影响了这样一个嘲讽僧侣，将罗马教皇视为人性耻辱化身的时代。而与此同时，触犯圣律的罪人，只能懊悔和畏缩地屈服于死亡和审判。尽管如此，伊壁鸠鲁和卢克莱修还是教导人们，诸神依然存在。它们是不朽的，并且生活在永恒的幸福之中，但是它们不会干涉人类事务。因此，对待它们，我们既不必心存希冀，也不必心怀恐惧。卢克莱修嘲笑了"算命先生"、牧师以及带有惊悚色彩的恐怖童话，宗教正是借这些无稽之谈来扰乱生活的。他想通过观察自然及其本质，将"人的精神从错综复杂的宗教中解放出来"。

这样一来，这首诗就转向了宇宙学。没有什么是无中生有的，只有真空和在感知阈值之下移动的原子。它的形式是有限的，但是每种形式的原子无限多，其运动也不受任何更高层级力量的掌控，这就是自然现象呈现多样性的原因。就像字母通过规则连接成单词一样，原子按照自身规律聚集在一起，原则上人类应该能推断并总结出这样的规律，但卢克莱修也承认，目前还无法做到。在他眼里，宇宙是无限的，充满生机和生命。也就是说，与尼古拉一样，他眼里的宇宙没有中心。卢克莱修似乎确定，宇宙不是神灵创造的：为什么原本开心幸福的神明会突然想放弃自己平静安宁的生活而去创造世界？这个世界如此残破和满目疮痍，野生动物云集，瘟疫横行，这种状态无法让人信服这是上帝的杰作。在这个远离神灵的世界，粒子在虚空中飘浮着，而人的意志是自由的。人类命运不由天意决定。卢克莱修将我们眼中的精神和灵魂，看作如同手和脚一样的身体组成部分，精神、灵魂与肉体是紧密相连、无法分割的。灵魂也会凋亡，死去并无意义，思想和感觉会随着身体一道陨落。人们对地狱的恐惧，在卢克莱修看来，纯粹就是恐怖童话的产物。死后的生活对他而言并不存在，最重要的是尘世生活：他的诗事无巨细地描写感官感受，尤其是爱情的痛苦和欲望。

在第五卷中，卢克莱修试图阐明人类社会、技术和城市是如何产生的。他消除了最初的文化英雄，以及恶魔和奇美拉或半人马之类的神话生物。因此，他解释说：为人带来火的并不是普罗米修斯，而是闪电。语言正如概念一样，都是在儿童牙牙学语的过程中产生和形成的。文化的凝练则需借助书面语言和生活经验来实现。有关强力神灵的想象，只能提供灾难出现的原因，以及帮助人们解释自然法则。卢克莱修认为，朱庇特以闪电的形式进行惩罚的说法是无比荒谬的，并利用自己的哲学长诗充当启蒙教材。他问道，为什么闪电在不毛之地是无差别袭击的？为什么它没有在罪犯实施犯罪行为后马上击中他？

伊壁鸠鲁的基督教反对者曾炮制了一篇恶意中伤他的传闻，传闻认定见过他沉溺于无所顾忌的贪食和肉欲中。卢克莱修在其广为人知的一段诗中写道：

> 即使在拥有的时刻，
> 激情也在恋人之间的不确定与疯狂中摇摆。
> 他们不知道，他们眼睛和双手能首先给谁带来愉悦。
> 他们会熟练压制，自身的渴求欲，却承受了身体的疼痛，
> 他们轻咬嘴唇，彼此亲吻。

他宣称，正是因为欲望从未得到彻底满足，人们才会一遍又一遍地重复。与柏拉图的思想一样，卢克莱修的哲学也认为不存在绝对，而认为"存在"在

于事物内部。历史是无止境的系列演变和消逝，没有目的。经历人间苦难，是为了生活的美好。伊壁鸠鲁认为，心灵平静安宁是一种理想的心态，并将这种状态称为"ataraxia"。这意味着没有激情、强迫、恐惧和痛苦。为了获得这种平静，他建议采取一种隐秘无闻、回避政治的生活态度。卢克莱修这样描绘这位哲学家：即使他站在安全的海岸上，也会观察在海浪中颠簸的人，不是带着幸灾乐祸的心理，而是为自己能与世界的混乱保持安全距离而感到幸运，"善守以智者教导为基础建起的殿堂，是世界上最美好快乐的事"。

从这一个点上，伊壁鸠鲁的思想与斯多葛主义和基督教发生了碰撞。洛伦佐·瓦拉还尽力尝试，将希腊人的教义与基督教道德联系起来。在他1434年前后完成的《论真善与伪善》的对话中，妓女的情欲最终征服了她们的德性。驱动人们产生强烈追求精神或肉体欲望的，是兴趣，而不是苍白的"美德"。最重要的是，它鼓励自我保护，宣扬虚伪的纯洁、贞操、殉道甚至自杀的所谓"美德"——在瓦拉看来都是可疑的。只有那些要求别人为祖国而死的人才将这些"美德"视为理所当然。死者无法从名誉中获得任何利益，但那些将他们推向死亡的人却未必。瓦拉认为，人们理应从生活中那些愉悦、美好、有益的事物里获得享受和快乐，与伊壁鸠鲁一样，他也提倡享受身体的愉悦。但是真正的善——此处他的谈话开始带入宗教色彩——只有在天堂才能实现。不存在完全自发的善。只有能带来永恒幸福的才是善。基督教的爱、善与乐，"心智的快乐律动和身体的甜蜜舒适"是一回事。不是哲学，而是信念，也只有信念才能为快乐设定标准和目的。只有在基督教爱的包围中生活，才能被称为幸福的，"充满喜悦的"。

瓦拉撰写对话时，布拉乔利尼的卢克莱修手稿可能还安稳地躺在尼科利的藏书阁中。他在后来的著作中再也不敢公开表达对伊壁鸠鲁的兴趣，这可能与布拉乔利尼的发现无关。显然是该展开针对伊壁鸠鲁教义的讨论了。在此之前，这名被视为持无神论的唯物主义者一直是被刻意忽略的边缘人。但丁将他弃置在专为异教徒打造的地狱火焰囚棺中。但是现在，随着意大利文艺复兴的发展，先是在基督教的核心地带——意大利，然后在半个欧洲范围内，人们都开始讨论伊壁鸠鲁和歌颂他的诗人卢克莱修。没什么比这件事更能说明，世俗的活动范畴在此期间变得多么广阔。令人惊讶的是，这首教谕诗甚至没有出现在16世纪宗派斗争的禁书名单中。

该书第一部副本是尼科洛·尼科利制作的，总共保存了超过50份手稿。印刷版快速跟进，而且书序中通常保留适当的提醒与免责声明。对虔敬者来说，它实在令人憎恶，但也激发了艺术家们的灵感，还对学者们发出了挑战。维吉尔在他著名的《农事诗》中言简意赅地写道："幸福啊，能够知道物因的人，能把一切恐惧、无情的命运和贪婪的阴河的嚎叫踩在脚下的人！"认识事物的成因，无惧复仇神灵、客观地看待世界——这一纲领是由卢克莱修带到现代欧洲的。他不仅启发了卢多维科·阿里奥斯托（Ludovico Ariosto, 1474—1533）、贝尔纳多·塔索（Bernardo Tasso）、蒙田和莎士比亚等人，还对尼采的哲学产生了影响。正如其教谕诗所暗示的那样，随着作为一切推动者的上帝及其使者的离去，因果关系的问题得以重提。但直到16世纪的最后几十年，在《物性论》中展开论述的宇宙论和原子学说才产生了更广泛的影响。

阿尔贝蒂：通往世界的窗口

卢克莱修和库萨的尼古拉这两个名字，代表的是两个互相对立的精神世界。如果说佩戴巨蟹徽章的枢机主教——青年时代曾是卢克莱修的仰慕者——认为人本身就近似于上帝的话，那么在伊壁鸠鲁的哲学中，两者则毫无关联。与库萨的尼古拉协调统一哲学中的宇宙观相反，伊壁鸠鲁认为我们所认为的"存在"，不过是一片深不见底的材料汪洋，一切皆处于流动之中，将"存在"凝聚在一起的，是无序随机的原子运动，而不是四处涌动的海底。把卢克莱修看作一位诗人，或者像瓦拉一样把他的思想纳入基督教世界观，可以帮助我们更好地理解他。虽然古代神学和亚里士多德学说的地位暂时仍未动摇，但欧洲思想界第一次转向现代物理学宇宙观，从最小的原子到恒星乃至更广阔的范围。此外，世界继续扩展着它的边界。土壤可能淫秽下流，如波焦的《滑稽故事》《妙语录》，充斥着性事、好色僧侣、被"戴绿帽"的阳痿丈夫以及专制强权的当权者。接着，疯长的灌木丛掩盖了这一切，就像罗马的情况一样，波焦同样也曾在这里考察古代铭文。

古迹化石吸引了越来越多的人文主义者。比如，据说波焦在他的考察过程中，遇到了罗马教皇秘书弗拉维奥·比翁多（Flavio Biondo，1392—1463）。这仍是一个贪求收集摹绘作品与书写记录的时代——不只有罗马宫殿才有古代雕像和浮雕、宝石和硬币。比翁多想要逐个区域搜寻罗马的古代遗迹及基督教教堂。在普林尼、斯特拉波和托勒密等名家的基础上，他创作出《意大利图志》（*Italia illustrata*），并借此将考古范围扩展到整个意大利。历史和地理相结合的想法很新颖。在他去世后，其未完成的从罗马衰亡直至1441年的意大利史使其声名鹊起。人们奉他为吉本的领路人，罗马伟大成就的记忆守护者，以及文艺复兴的先驱旗手。他的《胜利的罗马》（*Roma triumphans*）为广大读者呈现了一部史料丰富、充满思辨的文化史，内容涉及诸如行政管理、军队事务和日常生活等方面。面对异教徒时，他试着站在历史学家的角度，而不是用信徒的热情去看待他们。比翁多还被历史语言学家视为学科奠基人，他曾力图求证，是"野蛮人"的大举入侵，才催生了"Volgare"（意为"庸俗常见"）这个脱胎于拉丁语的词。他曾想考察葡萄牙人的大西洋航海史，但该计划终究未能实施。这一规划为人们打开了全新的视野。

同时，这也为那些着手在希腊探寻古文化的人打开了新的大门。佛罗伦萨教士克里斯托福罗·布隆戴蒙提（Cristoforo Buondelmonti，1386—约1430）是最早描述此事的人之一。他把印象见闻都写进《群岛录》以及寄给尼科洛·尼科利的报道克里特岛情况的纪实信里。有一次他说他遇到一个威尼斯人，这个人拥有一座古董雕像花园，并经常在那里阅读但丁的作品。他还讲述废墟和人物，并赋予它们各种各样的寓意。他还搜寻到了赫拉波罗（Horapollon）的手稿《埃及象形文字》，这是一部探讨埃及文字在古典时代晚期解读方式的著作。人们似乎找到了一把开启远古时代秘密的钥匙，这一发现使其成为文艺复兴时期的热门文献之一。

批判精神再度风靡。希俄斯岛上的墓穴是否真的属于荷马，布隆戴蒙提不置可否。很显然，这个地方是一个热门旅游景点；来自安科纳的商人佩兹柯里的西里亚克（Ciriaco de'Pizzecolli，1391—约1455）对此充满景仰。他与比翁多一样，也是一名考古学家和收藏家。虽然技法尚不纯熟，但他却乐此不疲地摹画并保留了很多古典历史文化，这些文化古籍原稿早已失传。在旅途中，他经常甘冒遭遇土耳其人的风险，足迹踏遍爱琴海群岛、君士坦丁堡、大马士革和开罗，沿途记录城墙结构，复制铭文碑刻，摹绘人物，收集宝石、小雕像和硬币，还曾为教皇尤金四世讲解罗马古董的背景知识。他的素描随笔为艺术家提供了创作模板。他是一个狂热的艺术爱好者，与古典相遇后，他经常将之与自己的好奇心搞混。比如，除了祈求上帝，他同时也祈求水星为自己的行程保驾护航，或认为在海上听到缪斯和海中仙女一起唱歌。这位安科纳的奥德修斯是新游历艺术的杰出代表，这种艺术形式不是或者说不是仅仅为商业利润或灵魂救赎而服务的，并于16世纪时发展为一种独立的文学类型："游历理论"（Apodemiken），提供从就医需求到系统参观等一系列有效建议，其实就是分享经验。

早在西里亚克的时代，文艺复兴伟人之一的莱昂·巴蒂斯塔·阿尔贝蒂就开拓了人文主义运动的新维度，对传统风俗进行理性思考和系统渗透。人文主义者拉波·达·卡斯蒂格里昂起奥（Lapo da Castiglionchio）如此描述他："我非常赞赏他的思想，没有人能与他相提并论。""他是这样一个人，无论他专注于哪个领域，都能轻而易举地超越所有人。"这样的评价并非空穴来风。如果有人能成为尼采笔下的"幽灵"（Golem），或者"全才"（Universalmensch），那么这个人一定是莱昂·巴蒂斯塔·阿尔贝蒂。他出生于热那亚，是一名佛罗伦萨流亡者的私生子，大学期间攻读法学专业。毕业后从事神职工作，后为负责起草教谕、通谕及其他书面材料的罗马教廷文书担任速记员，这两份工作帮他顺利度过危机。在一部很可能是自创的传记中，他自诩为全知全能者。凭借钢铁般的意志，他还想成为科学家、画家和雕塑家、标枪手、音乐家，甚至登山者。

作为骑手，最桀骜难驯的野马在他面前也要战栗。他甚至声称可以预言未来，还说起自己在刚满20岁时，为了不被法律学习彻底压垮，就跑去创作一部戏剧，并投入物理和数学研究。总之，这个托斯卡纳选区的人，确实有妙语连珠的才能。有关他生平的长篇累牍的记述中，有很多萨凯蒂和布拉乔利尼式的诙谐幽默。

阿尔贝蒂的容貌是通过一枚可能是其自制的勋章流传下来的。这一侧面画像是按照古代统治者肖像模板截取的，凸显了他自身的特质，一只从头骨上撕开来的长着翅膀的眼睛，盘旋在物体上。那是一只"不懈探索者"的眼睛，是所有精神、手工和艺术创作者的眼睛，它在观察事物的过程中汲取了独特而非凡的享受，阿尔贝蒂曾在《艺苑名人传》中这样说。那句神秘的座右铭"下一步是什么呢？"可以看作要求自己不断思考、不断阅读。阿尔贝蒂翻阅每本书时都是这样做的。他并不是一个封闭在自我世界里的单面形象，在我们眼前的，是一个被人文主义者克里斯托弗罗·兰迪诺幽默地戏称为"变色龙"的人。他的作品主题丰富，像彩虹一样七彩斑斓，无法套入某种特定的公式。阿尔贝蒂时而是一位闲谈者，时而是讽刺作家，时而是沉着冷静的顾问，时而又变成思想深邃的考古学家、孜孜不倦的收藏家、谨慎细心的秩序维护者。其创作题材涉及挽歌、田园诗、抒情歌谣、情诗和一首纪念琉善的《苍蝇赞》。受枢机主教普洛斯佩罗·科隆纳（Prospero Colonna）的委托，阿尔贝蒂着手从罗马南部的内米湖底打捞两艘古沉船。虽然这次冒险尝试最终失败了，但却激发他写就一篇探讨罗马轮船构造的学术论文《海军》。而他为刚刚亡故的狗所写的悼词《犬》，则是以古代君王赞歌为范本创作的讽刺文学。这条狗真是一只神奇的动物，出身尊贵、思维敏捷、尽责谦虚、受过高等教育且善于辞令；一天的工作结束后，晚上对着月亮唱歌，似一名圣僧，没有赌博恶习、滴酒不沾，无论冬夏总是赤足，穿着同样的长袍来回穿梭。

《论家庭》一书具有类似的优点。它展现了佛罗伦萨中产阶级和文艺复兴时期的文化思潮和未来走向，涉及生活日常、婚姻、友谊和家政琐事等。其中除论及简单平淡的市民生活之外，还前往自家农庄，前往被绿植、鲜花、香气和鸟鸣声环绕的心灵静地和精神故乡。这一休闲胜地，是在入世与出世之间犹疑挣扎、精神紧绷的知识分子永恒的心之所向。该议题长期以来一直广受关注。在兰迪诺的《隐士会谈话录》中，阿尔贝蒂倡导哲学反思，主张修身养性。

阿尔贝蒂的大部分著作都反映出一位惊叹于世间万物、旨在对其进行研究和测量的人文主义者形象。莱昂对古罗马的精确描述要早于比翁多，其所著的《论密码的构成》指导人们如何为文本加密，《数学游戏》也为曼图亚的宫廷带来娱乐消遣。像库萨的尼古拉一样，他尝试研究如何计算圆的面积，恣意评论牧马业和农业问题——他本人也是乡野村夫的守护者——并撰写了托斯卡纳文法。与对新事物的兴趣以及对如何实现静心养性的思考相矛盾的，是不安、怀疑、极度的悲观主义和刻薄的嘲讽挖苦。小说《莫摩斯》讲的是一个阴暗的英雄：亵渎之神、吹毛求疵、批评家中的批评家、人群中无神论和其他灾祸的策划者。这部作品通篇都在对自命不凡、装腔作势的哲学家进行冷嘲热讽，刻画了滑稽可笑的神灵和隐藏在假面背后的卑劣人性。最终，天神离开了这个失去道德和理想的世界。

为《餐桌谈话录》提供灵感和启发的，还是琉善。这本书与《论家庭》几乎同时完成，却展示了与《艺苑名人传》里爱慕虚荣、自信满满的创作者完全不同的形象。在其中一章中，刚刚死去的尼奥夫努斯的鬼魂遇到了老朋友波利特鲁普斯的亡灵，便询问他阳间的人都在做什么，得到的答案是"他们都疯了！"尤为心酸的是，当灵魂离开身体、最后一次飞向所爱之人时，尼奥夫努斯却发现，他所爱的人并没有表现出任何悲痛，反而都为自己的死感到高兴，妻子甚至已经与管家共赴爱巢了。伪善、贪婪和背叛无处不在。他对精神反复无常的人类对抗命运女神福尔图娜的能力存疑，这种不信任奠定了《餐桌谈话录》嘲弄讽刺和酸楚苦涩的基调，而在《论家庭》中还是另一番图景：在那里，美德是能克制天命的良药。正如欧金尼奥·加林（Eugenio Garin）所指出的那样，前者的悲观立场仍然是时代的典型主题。

对我们来说，作为一名时代的思考者，阿尔贝蒂无疑比之前所有的伟大先驱看得更清晰。他的写实自画像横空出世，画中没有上帝，这在之前是无法想象的。让阿尔贝蒂真正成名的作品，均着眼于完全世俗化的客体：它们是艺术理论专著、雕塑、绘画和建筑。《论雕塑》中他对雕刻艺术的见解前无古人，而《绘画艺术》更是系统论述这一主题的开山之作。《建筑十书》参照了维特鲁威的相关著述。它们均是有史以来最重要的关于建筑理论的文献。

他的绘画论著首次提出了中心视角理论。阿尔贝蒂接受了金字塔形视线学说，得出图像的新定义：图像表面应理解为一个视觉金字塔的切割平面，就像一扇开着的窗户，"我透过它观察所画之物"。阿尔贝蒂想表现客体的世界。他是坚定的亚里士多德主义者，依靠经验阅历而不是梦幻理念。

同时他也是古典主义者，信奉中庸之道。他认为，丰富性和多样性应该占上风，但不能太过。每幅画上的人物数量都不应超过9个或10个。地毯上的花团锦簇、秋日里的华美富丽，都与绘画理想背道而驰，艺术的修辞规则得以被"重新思考审视"。画家不应像以前那样言之无物，而是要培养从容稳重的言说方式。紧随修辞原则之后的，是他的建议：避免硬性过渡，并要求保持礼貌、得体和丰富多样性。阿尔贝蒂首次让造型设计赢得关注，即人们所称的"文艺复兴美学"。

欧几里得的几何学以及斐波那契的算术理论，能够辅助修辞学设计出黄金比例。阿尔贝蒂借自由艺术发展自己的理论，将画家和雕塑家的作品水平提升到了更高的层次，使它们变得更科学。他还发挥想象力。虽然模仿自然是可行的，但是一定要合理安置好目之所见，找出自然现象中的最优选并将其组成一个和谐的整体。因此，画家不仅仅是"自然界的猴子"。话虽如此，在《餐桌谈话录》中对人类能力感到绝望的阿尔贝蒂还是认为艺术家可以被视为"第二位神"，他们能够创造从未见识过的、自己的世界。

《建筑十书》的高含金量，并不只是因为作者本人就是建筑师和建筑顾问。建筑大师马修·德·帕斯蒂（Matteo de' Pasti）在设计里米尼的马拉泰斯塔诺教堂外立面时，阿尔贝蒂也给出了一些提示，构想了位于佛罗伦萨的鲁切拉宫和新圣母玛利亚教堂的外墙（插图30）。在曼图亚，他参与圣安德肋圣殿和圣塞巴斯蒂亚诺教堂的建造，并合作建造了乌尔比诺的公爵府。没有人比他更了解历史古迹的建筑风格，但他从来不会止步于简单重建，而是从这些流传下来的建筑遗迹中获取灵感，发展出独特的新风格。总的来说，文艺复兴时期的建筑师们都是如此，他们从未精确复制过任何古代建筑。

插图30：莱昂·巴蒂斯塔·阿尔贝蒂，新圣母玛利亚教堂，佛罗伦萨，正面，1456—1470年

这本建筑学专著提供了大量关于建造技术的实用指南，有史以来首次对古代圆柱排列秩序进行了精确记录。美的理论是全书的中心思想，其中最重要的是建筑物各个部分的对称性。部分与部分之间以及部分与整体之间的比例均要恰到好处。对阿尔贝蒂来说，"美"是各个部分"按照一定的数量、独特的比

例和殊异的排序"组成的和谐多重奏。这里的声音隐喻是有依据的，因为此时的阿尔贝蒂确实想到了音乐。如毕达哥拉斯意识到，它们的和声、八度音或第三音，可以用弦长，也可用数字表示。毕达哥拉斯的推测为阿尔贝蒂——以及其他更多的建筑师，从弗朗切斯科·迪·乔治（Francesco di Giorgio）到安德烈·帕拉第奥（Andrea Palladio）——提供了形而上的基础。悦耳动听的音调比例及其建筑对应物，最终反映出创造和谐托勒密宇宙的标准比例。她的美丽指的是苍穹中永恒的、从字面上说是"超自然"的音乐，因此也指上帝的艺术。

在阿尔贝蒂看来，美是讲究经济学的。他与维特鲁威都将美定义为符合规律的对称性和各组成部分之间的协调一致，建筑工程必须使亚里士多德的《尼各马可伦理学》的定义在无损愉悦度的前提下也适用于其他艺术类型，任何人都无法添加、删除或更改任何东西。阿尔贝蒂以圆柱排序阐明了什么是"多样性"与"丰富性"。排序规则与自然的多样性相对应，除了符合几何学，还要遵循其美学的第二准则。对本就具有结晶质般美感的建筑物而言，所有装饰都只是锦上添花。阿尔贝蒂的建筑和图片，绝非只是功能导向的。但是，如果不遵从方便实用的标准，那么它们也无法赢得青睐。对于旁观者而言，这种特殊的美是要唤起整个世界的情绪感受：洛伦佐·瓦拉从其伊壁鸠鲁式的根源中感受并同时散发出的内心活动和喜悦兴致。

方济各会修士卢卡·帕乔利（Luca Pacioli，约1445—1514/1517）在15世纪末延续了阿尔贝蒂的几何美学。他所著的《论神圣比例》一书，主要论述的是由欧几里得率先计算出来的黄金比例。在1494年出版的《数学大全》中，帕乔利第一次介绍了复式记账法，容易使人忆起商人理性与文艺复兴时期美学之间的联系。这种记账方式是1340年前后在热那亚发明的，但在北方，直到17世纪才将其运用到实践中。

一位对抗现代的骑士

1432年前后，意大利北部某个地方。奥斯瓦尔德·冯·沃尔肯斯坦（Oswald von Wolkenstein）聘用了一名可能师从安东尼奥·普奇的画家。他了解自己的专长并且知道如何"自然"地绘画，因此没有在画作中隐藏任何东西——例如肥厚的双下巴，以及遗传疾病导致的松弛耷拉的右眼睑（插图31）。沃尔肯斯坦让画家对象征动荡生活至高荣誉的勋章进行细致临摹：由阿拉贡的埃莉诺（Eleonore von Aragón）颁发的壶和狮鹫勋章，以及西吉斯蒙德皇帝在纽伦堡的帝国议会授予他的匈牙利龙冠勋章。这是一个50多岁的中年人，精心打理过的浓密卷发上戴着一顶珍贵的白边礼帽，身上的红金锦缎长袍也是镶了毛边儿的。画中人很富有，而且显然很注重自己的形象。他是德语国家中第一个拥有自己肖像画的诗人。

这个似乎穿越了500年向我们眨眼示意的人，是那个时代的见证。奥斯瓦尔德于1376年前后出生在蒂罗尔山谷的舍内克城堡，该城堡位于南北通道周围林木繁茂的山区。作为家中次子，他不得不外出谋生。战事频发的欧洲就是他的课堂。10岁时，他成为一名游侠骑士的随从，走遍欧洲，后来也涉足商业贸易。通过从一座城堡到另一座城堡、一个城市到另一个城市的旅行，他结识了很多诗人和歌手。这些人的言谈举止激发了他极大的模仿欲。奥斯瓦尔德风趣幽默，走到哪里都备受欢迎。他会"拉小提琴，敲鼓，吹口哨"，醉酒更是家常便饭——"来两升，我们口渴……拿酒来！拿酒来！拿酒来！"；他对女人格外迷恋，尤其对那些年轻姑娘和她们的"嫩白小手"。在一个不眠之夜，他备受煎熬，强烈思念自己美丽妻子格蕾的身体，"你的嘴不停地唤醒我体内的激情／令人牵肠挂肚地哀叹"。所以他希望她可以极尽功力，"令小床发出震天声响"，多么情欲高涨！"大嘴亲吻着小嘴，大舌缠绕着小舌，乳房紧贴着胸肌……"这些文字中的奥斯瓦尔德，抛却了所有的诗性自由与不知所云，活得如此生机勃勃，犹如他的肖像画一样。

插图31：意大利北部绘画大师，《奥斯瓦尔德·冯·沃尔肯斯坦》，诗歌手稿B卷的封面图片，1432年，因斯布鲁克，大学和州立图书馆

这幅肖像画还是诗歌手稿B卷的封面图片。该手抄本集是因斯布鲁克大学图书馆的藏书，内容包含了很多有关天堂地狱、流年易逝、春宵短暂的诗歌，还有对婚姻重负、爱情悲苦和内心欲望的倾诉，以及歌颂战争和美丽5月的诗行。最重要的是，这位掌握多种语言、能言善辩的骑士诗人宣称，凡曾所赴的"冒险之旅"，他都会在途中写下自己的经历。

如果他的诗歌可信的话，他的足迹遍及英格兰、苏格兰、瑞典，甚至抵达了耶路撒冷。他不仅曾身处鲁普雷希特国王对战维斯孔蒂的行军队伍，也作为一员士兵参与了航海家亨利王子征服北非要塞的休达战役。早先，奥斯瓦尔德与西吉斯蒙德国王建立了联系，受其委托出使葡萄牙、西班牙和法国，陪同后者参加康斯坦茨宗教会议。他赞美漂亮女人和抱怨城市昂贵的十字路面——

"因我想到了博登湖／此时想起钱袋令我心生隐痛"——贯串了一整首诗。他与胡斯派，也许还与威尼斯人作战。1432年，他的身影出现在伦巴第大区，这里也是他肖像画的诞生地，并以皇家参议身份列席巴塞尔宗教会议。

这种马不停蹄生活的下半场，在他的蒂罗尔的家中上演。在这里，奥斯瓦尔德饱受争议，对他的敌意也无处不在。他曾在布雷萨诺内的主教处短暂供职，在那里他拥有一处居所。1417年，通过与一位皇室直系后裔联姻，他实现了社会阶层跃迁。随后他又参与了同阶层人组成的"大象联盟"，共同反对其统治者哈布斯堡的腓特烈四世。这位公爵似乎是正在成形中的诸侯王国的化身，也是自由散漫的贵族的天敌。他居住在自己紧挨峭山坡而建的城堡和塔楼里，号令一方。那时，这位老牌精英正处于历史的夹钳中：雇佣军挤走了正规军，孩子越生越多，土地却并没有随之增加，现有土地不得不被一分再分。其拥有的田地和森林规模不断缩小的同时，却还不得不为比赛、狩猎、说唱集会和众多情妇筹措费用。

城市里的商人，有些早就比这位身居破旧漏风围墙里的骄傲骑士生活得更富裕。奥斯瓦尔德借一首沃尔肯斯坦的歌一针见血地指出了这一事实。歌中商人对朝臣说："（骑士的）马上比武和刺刀拼杀，／我从不知晓。／我有一个满满的背包，／我的手在里面触到了，／金，银，宝石／我抽取了足够的钱财……"实际上，马上比赛的能力在当时已经是贵族名流最后的压箱底技能了。为了凸显与一般富人的不同，许多贵族不得不负债累累。奥斯瓦尔德将放高利贷者诅咒至地狱的第六层，让他们在那里遭受蛇和蠕虫的折磨。还有另一种选择，那就是参与战事或在宫廷当职碰碰运气，或以抢劫为生。

暴力通常是首要而非最后的政治手段，有时它以仇恨作为掩护。直到16世纪，国家日渐强大，它才逐渐淡出。通过在内部建立法律保障、消除仇恨和死刑的方式，腓特烈四世还剥夺了一部分贵族特权。这个神压倒一切的国家当然还需要供养其士兵和官僚，于是税赋变得越来越高，土地缩水的贵族们出于自身利益，试图转嫁负担，榨干农民兜里最后一分钱。该机制被视为15世纪暴动频发的原因，它的致命影响还会延续很长一段时间。正是这些同时代人也看不清的相互关联，困扰折磨着这个沃尔肯斯坦人，并使他陷入了关于遗产、土地和金钱的激烈争夺中。有一次他从哥哥那里偷走一些金币和珠宝，为此差点在决斗中丧命。尽管父亲遗留的豪恩施泰因城堡他只继承了三分之一，他却将所有收入都敛入囊中，冲突再次爆发。被敌人抓住并饱受折磨后，奥斯瓦尔德落在了公爵手里，最终不得不妥协屈服。他不加掩饰地说："我可能已经生活了40年，或许还差2年，我在欢闹、肆意、创作、歌唱中度过。"

像其他人一样，奥斯瓦尔德也希望能得到国王以及公爵其他竞争对手的援助，但奈何他们鞭长莫及，无法使他免遭困苦。在菲默法庭（Femegericht），他以独立陪审员的身份走上了自己的法律道路。在他身上，可以窥见当时围绕国家形式，围绕君主制或等级制国家所展开的激烈争论剑拔弩张的一面。胡斯战争以及法国贵族组织和帝国城市联盟的背后都有各种冲突。

在当时的情形下，沃尔肯斯坦还在奋勇抵抗。但是，像他这样的人在国家政权日益巩固的时代——他认为这是"病态的时代"——越来越没有地位了。1445年，奥斯瓦尔德在布雷萨诺内附近的新施蒂夫特修道院与世长辞，终获安宁。作为诗人，他特立独行，但并不是最后一批在中世纪末期，与日渐强大的早期现代国家进行无望搏斗的骑士之一。

走出意大利：欧洲人文主义的开端

虽然奥斯瓦尔德曾在全球各地旅行，其掌握的众多语言中还包含拉丁语，但他的世界似乎并没有受到古典文化和文艺复兴的影响。总的来说，"人文研究"只是在缓慢地走出意大利的边界。最早的迹象出现在阿维尼翁和巴黎的神学中心，其开路先锋是14世纪巴黎大学最重要的学院纳瓦拉学院（Collège de Navarre），该学院位于巴黎拉丁语区，由腓力四世的妻子纳瓦拉的胡安娜（Johannas von Navarra，1273—1305）赞助修建。这个显赫的姓氏体现了该学院在知识界广泛的影响力。14世纪最具原创性的思想家之一的尼科尔·奥雷斯姆曾在此担任过一段时间的院长，其继任者之一是皮埃尔·德艾利（Pierre d'Ailly，1350—1420/1421），同样也是博学的思想家。皮埃尔从一名家境殷实的屠夫的儿子，一直做到了大学总务处长，最后成为一名枢机主教。他与自己的学生、继任者让·格尔森（Jean Gerson，1363—1429）一起被评为政治架构师，成功阻止了康斯坦茨宗教会议上的教派分裂。其神学著作围绕着如何平衡理性与信仰，不同的星体力量——他认为这种力量能对所有地上生命产生影响——以及自由意志之间的矛盾对立展开。当然，德艾利并不是完全世俗化的，在后来的几年中，他受到世界末日的感召，也写过一些神秘主义和和禁欲主义的作品。如他写于1410年的《世界形象》将地球的形状比作苹果，做出这种假设的依据是古典时期和中世纪的历史文献。该书的印刷版偶然落入哥伦布手中，自此成为世界历史的一部分。

德艾利和格尔森一样，很少被视为真正的"人文研究者"。但是，两人都对来自邻国意大利的新思想持开放态度。格尔森年轻时的诗歌带有彼特拉克风格，他认为法国缺少历史学家并落后于意大利的时代已经过去了。在《玫瑰传奇》引发的论战中，他站在了其"精神女友"克里斯蒂娜·德·皮桑的一边。他在教学方面的抱负似乎带有人文主义色彩。其将近500篇作品中，很多都是神学论著和道德行为指南，流传甚广。

大部分法国人文主义者为王室和贵族服务，也为主教或阿维尼翁的罗马教廷服务。他们想方设法掌握西塞罗式的拉丁语，有时还加上乱涂乱画的希腊字母。他们去意大利，或者向到法国求一份奉薪神职的意大利人学习——比如为奥尔良公爵路易（Herzog Ludwigs von Orléans）当差的米兰人盎博罗吉奥·德·米格利（Ambrogio dei Migli）。1388年，阿维尼翁枢机主教的内侍让·穆雷特（Jean Muret）在宗教宣传手册中发表了一篇关于《论鄙视死亡》（Verachtung des Todes）的论文，这是意大利境外最早的人文著作之一。薄伽丘和彼特拉克都鼓励人们模仿，随后又发起挑战要求提出异议——丝毫不失爱国基调。西塞罗、普鲁塔克、瓦莱里乌斯·马克西姆斯和塞涅卡等人的经典作品很快被翻译成法语。查理六世宫廷里一位痴迷收藏图书的法学家让·勒贝格

（Jean Lebègue, 1368—1457）翻译了撒路斯提乌斯的《喀提林阴谋》，并提供了如何描绘其中场景的详细说明。

曾在纳瓦拉学院接受教育的让·德·蒙特勒伊使法国人文主义更趋成形。他是"玫瑰之友"之一，也因此在那场论战中成为格尔森和克里斯蒂娜·德·皮桑的反对者。在前往意大利的一次行军途中——他卷入了安茹公爵路易在那不勒斯的皇位之争——蒙特勒伊在佛罗伦萨结识了萨鲁塔蒂，后来又遇到了莱昂纳多·布鲁尼。14世纪的最后10年，蒙特勒伊的身边聚集了一小批知识分子，他们一起谈论西塞罗、维吉尔和奥维德，对盖博罗吉奥口中的伊壁鸠鲁主义展开辩论。与很多同道中人一样，他不吝抒发对自己家乡法国的爱意，称赞人民的英勇，号召人们奋起反抗英国人。蒙特勒伊见证了这段历史，在这一点上，他是马基雅维利的先驱，命运注定多舛。1418年5月底，巴黎被攻占，蒙特勒伊成为被勃艮第人残杀的众多遇难者之一。

这是艰苦动荡的时期。人们很好奇，当巴黎饱经布尔吉尼翁人和阿马尼亚克人折磨蹂躏时，当地的文人们是如何平静地对翻译、谈话和诗歌进行润色修饰的。当时最重要的诗人阿兰·沙蒂尔（Alain Chartier, 1385—1430后）在其作品中多次反映了战时的困惑和动乱。诗中的沙蒂尔，是一个悲观的、渴望和平的爱国主义者。文学史认为他是《无情美女》的创作者。与此同时，"对所有追求者始终保持冷漠的美女"也成为一个被后世反复刻画塑造的女性类型。忧郁的沙蒂尔并非真正的人文主义者。尽管如此，他的诗歌还是深受古典文学的影响。后世将他视为修辞学先师和新时代的塞涅卡。

第一位西班牙人文主义者、高等贵族恩里克·德维尔纳（Enrique de Villena, 1384—1434）也讲到了西塞罗的修辞学。他是第一个将《神曲》和《埃涅阿斯》翻译成卡斯蒂利亚语和加泰罗尼亚语的人。他撰写了诗学、神学和医学等相关著作，对"邪恶之眼"（bösen Blick）以及雕塑艺术都有自己独到的见解。1417年，恩里克完成了一部探讨大力神十二项丰功伟绩的专著，这部作品与萨鲁塔蒂十年前的断片残简并无联系。恩里克以寓言的形式进行解释：在他的笔下，这位聪慧机智的半人半神遵循《圣经》的训诫，成为所有阶层的道德榜样。他对占星术和魔法的兴趣最终为他赢得了"献身于魔幻艺术的西班牙浮士德博士"的名声。恩里克过世后，卡斯蒂利亚的胡安二世（Johann Ⅱ. von Kastilien，1406—1454年在位）让一名多明我会的修道士负责清理满是异端邪说和魔幻读物的恩里克图书馆。

约翰的表兄弟那不勒斯的阿方索国王则与他完全相反。阿方索于同一时期颁布了一项法令，将输出未经授权的书籍定为犯罪——书籍教授古人的智慧和知识，延续其生命力，是获得艺术和科学宝藏的途径，它们能为一切与人类存在有关的事物指明方向。在墨西拿和那不勒斯的宫廷，人们围成一个小圈子，就着饮品糕点，开心地阅读和热烈地讨论维吉尔的作品。阿方索本人常常亲自过去为朗读者送上冷饮。即使在行军途中，书籍也是必备辎重。

同时，这股南风也吹到了英国。波焦·布拉乔利尼曾是这里的人文主义先锋。1418—1423年，他一直为温切斯特的主教亨利·博福特（Henry Beaufort）服务。这段经历并没有留下什么特别的印迹，但却对波焦在罗马教廷的事业大有助益。人文主义思潮之所以能在诺曼底广泛传播，枢机主教布兰达·卡斯蒂廖内（Branda Castiglione，约1360—1443）及其家庭成员功不可没，他们与意大利人文主义者过从甚密。布兰达的一个近交受格洛斯特公爵汉弗莱（Humphreys von Gloucester，1390—1447）之托，在巴塞尔逗留期间遍寻古典作家的书籍。此外，他还居间促成了那些帮他出资扩充图书馆的意大利人文主义者之间的交往联系。

格洛斯特公爵是皇帝亨利四世的儿子、亨利五世的兄弟和亨利六世的叔叔，同时也是莎士比亚三部皇家戏剧的配角，被视为英国人文主义的奠基者之一。格洛斯特公爵的身边围满了意大利内侍，他们负责担任意大利人文主义在英格兰落地生根的"经纪人"，翻译了薄伽丘的《论名人的故事》（*Über die Geschicke berühmter Männer*），以及柏拉图和亚里士多德有关国家的理论。此外，他还推进了罗马内战史、亨利五世传记和自己的英勇事迹的编撰。这些事关前朝的史实，应为后世王位继任者提供良言劝谏。一代人之后，另一位狂热的古典文学收藏家出现了，他就是伍斯特公爵约翰·蒂普托夫特

（Sir John Tiptoft，1427—1470）。但是这位"玫瑰战争"时代的人物，是那个至暗时刻最阴险的人物之一，一个真正的吸血鬼。在为金雀花王朝旁支约克家族的第一任国王爱德华四世效力期间，伍斯特公爵大力清剿兰开斯特家族，对他们施以穿刺、分尸、砍头等酷刑。在这之前，这个杀人狂曾在意大利学习，发现那里的带插图的手抄本无比精美。他精雕细琢的拉丁文演讲甚至给人文主义教皇庇护二世留下了深刻印象，回到英伦岛上后，他把恺撒和西塞罗的作品翻译成了英文。兰开斯特王朝短暂复辟期间，这位残忍血腥的书籍爱好者最终被送上了断头台。

比伍斯特公爵更早的书籍收藏家阿普伦纽斯·瑞丁（Amplonius Rating，约1365—1435）则要平和得多。他是一名医生、神学家和教士，其名下图书馆汇集了约4500部著作。书籍目录显示出瑞丁对古希腊罗马和阿拉伯经典的浓厚兴趣。除了阿维森纳的经典之外，瑞丁还藏有伊本·海瑟姆的光学论著。彼得·路德（Peter Luder，约1415—1472）是德国最早的人文主义学者之一。在海德堡完成大学学业后，这位出身平民的学者跨越整个意大利，来到费拉拉，在瓜里诺处安顿下来，随后于帕多瓦学习医学。威尼斯总督弗朗切斯科·福斯卡里（Francesco Foscari）不仅资助了他，甚至还帮他获得了贵族头衔。路德宣称，自己曾乘坐威尼斯橹舰一路抵达了希腊。最终，他响应海德堡大学的召唤回到了母校。在1456年7月15日的就职演说中，他概述了自己的人文主义教育计划，侧重点落在修辞学、诗歌艺术和历史编撰学上。该计划的关键词由瓜里诺提出。路德为自己申诉，是自己率先把意大利巅峰的缪斯女神带到家乡的。然而，继续推进的却是埃涅阿·西尔维奥·皮科洛米尼（Enea Silvio Piccolomini，1405—1464），即后来的教皇庇护二世。无论怎么高度评价其在德国逗留的经历，以及其与德国人频繁通信、探讨如何在"蛮夷之地"发展人文文化的行为，都不为过。他还曾为一个学拉丁文的人提出优化建议，对方不无感激地欣然接受了。

路德给他的儿子取名为维吉留斯（Virgilius），足以说明他对古典文学的痴迷程度。对他这样的人来说，最好的时代还没到来，这一点从他辗转流浪的经历就可以看出——他从海德堡出发到爱尔福特，然后前往莱比锡、巴塞尔、维也纳。但是另一方面，他总能不断地获得聘用和资助。他不缺能分享他对意大利现代化道路满腔热忱的学生和同僚，也不乏反对者。路德对待宗教的态度向来是不冷不热的。当一位神学家跟他聊起三位一体的笑话时，他打趣道，在自己被当成异教徒烤煳前，很乐意承认"四位一体"。在第二次逗留帕多瓦期间，他获得了医学博士学位，显然这只是谋生的基础。晚年，他搬到西格蒙德的蒂罗尔宫居住，保留了一大捆诗、书信、演讲和历史故事。

最初的学院，城市诗人

人文主义学者渐渐开始自己组织活动。例如，考古学家、语言学家朱利奥·波姆波尼奥·莱图（Giulio Pomponio Leto，1428—1498）创办了"罗马学院"（Academia romana），其成员通常会定期见面，就像枢机主教乔达诺·奥尔西尼和洛伦佐·瓦拉的聚会一样，活动包括古典喜剧演出、考古发现讨论等。那不勒斯的"蓬塔尼亚纳学院"（Accademia Pontiana）同样并非官方初创。一批公职人员、贵族和教士通常在公共场所——例如在安茹的菲利普的宫殿拱廊下——举行集会，他们谈论语言和文学的方式更偏向风趣幽默，而不是学院派风格。负责为他们作画的是法学博士安东尼奥·贝卡德里〔Antonio Beccadelli，1394—1471，又名"帕诺米塔鲁斯"（Panormita）〕，之前他曾尝试争取科西莫·德·美第奇的赞助，后来以失败告终。1425年，安东尼奥将《赫马佛洛狄忒斯》（Hermaphroditus，也译作《赫尔墨斯之子》）献给佛罗伦萨人，举世哗然。它呈现的完全是情色内容：醒目勃起的生殖器、圆润紧致的臀部以及排泄物是其核心表现主题，所有人都睡在一起。科西莫烧毁了收到的副本，尤金四世以逐出教会的惩罚来威胁读者。但是，阿方索国王还是提拔了安东尼奥，甚至让他成为外交政策的设计者。安东尼奥死后，他的门徒乔瓦尼·庞塔诺（Giovanni Pontano，1429—1503）接管了社团的组织工作，该社团遂以他的名字命名，后发展为"庞塔尼亚纳学院"。这个翁布里亚人与他的前任一样，是宫廷权贵、外交官，同时他还是历史学家、哲学家、占星学家和诗人，他通过将爱情的悲伤比作蝉的命运，为虐恋之苦写出绝妙诗句，"她的一生都在歌唱中度过，生得喜悦，死得幸福……"

德国城市中的人文圈子也在慢慢形成。这方面，奥格斯堡首开先河。起初，富商议员西格蒙德·高塞布罗特（Sigmund Gossembrot，1417—1493）周围聚集了一批学者。与路德一样，他通过旅行来了解意大利的精神世界。纽伦堡紧随其后。这个南德的帝国直辖市，最早对意大利诗歌和意大利启发下的古典研究展现出浓厚兴趣，并不是偶然的。那里的商人自中世纪以来就一直与南方保持着密切的贸易合作关系。许多人特地去纽伦堡游学。曾在埃斯林根和乌尔姆工作、后担任符腾堡公爵埃伯哈德一世（Eberhard Ⅰ. von Württemberg）的御用医生的亨利·斯坦豪威尔（Heinrich Steinhöwel，1412—1482/1483），也是帕多瓦大学的学生。他翻译了薄伽丘的作品和《伊索寓言》，还在其中加上了布拉乔利尼的一些色情故事，由此大获成功。稍显庄重一些的《人类生活的镜子》，是西班牙神学家罗德里戈·桑切斯·德·阿雷瓦洛（Rodrigo Sánchez de Arévalo）的作品，也是被亨利翻译成德语的。

在埃斯林根，他与瑞士的尼克拉斯·冯·怀尔（Niklas von Wyle，约1415—1479）志同道合，后者在当地的律师事务所谋生。尼克拉斯还是一名画家。有一次因为无聊，他在埃斯林格档案馆保存的一份文件上勾勒出一张肖像图，画中人很可能就是他自己。埃涅阿·西尔维奥·皮科洛米尼曾收到过他的两幅木版画，并与他一直保持书信往来。尼克拉斯将这位受过古典修辞训练的未来教皇视为榜样，他将埃涅阿的信件付诸印刷，作为最优雅的拉丁文范文努力推介给他的同胞。在1478年的《译作》中，尼克拉斯想模仿并同时保留拉丁文原著的灵韵，该书包含诸如薄伽丘和彼特拉克的作品、皮科洛米尼《两个恋人的故事》，以及由布拉乔利尼翻译的琉善的小说《驴子》（也译作《卢喀俄斯》），但是删减了琉善小说中对沉迷性欲的女人与一只四条腿动物性交场面的叙述。

同时代画家阿尔布雷希特·冯·艾伯（Albrecht von Eyb，1420—1475）是法兰克尼亚教区的教士，也是法学家，非常注重幽默，此外他还翻译了薄伽丘的短篇小说和普劳图斯的喜剧。与斯坦豪威尔一样，艾伯在意大利完成大学学业，他后来成为庇护二世的侍从。他对班贝格的赞誉，为德国风格的城市颂歌奠定了基础。其编撰的《哲学之珠》汇集了针对普通家庭的古典、人文主义和古基督教著作的研究，畅销一时。1472年，艾伯出版《婚姻小书》，引用很多古典作家的名言，主题涉及不忠、贞操、嫁妆、婚礼和教育，最后向婚姻和妇女表达赞美之情，因此吸引了很多读者。

路德和高塞布罗特，以及斯坦豪威尔、怀尔、艾伯是古典思想和意大利文化的开路先锋。此外也不应忘记，在德国城市中，也有很多像奥斯瓦尔德·冯·沃尔肯斯坦的诗歌一样未受古典思想和意大利精神影响的文学作品。巴伐利亚公爵的顾问、狂热的骑士史诗收藏家赖歇尔茨豪森的雅各布·皮特里希（Jakob Püterich von Reichertshausen，约1400—1469）挑衅地宣布他喜欢"旧书"，而对于"新书"——他指的是关乎意大利的、古典的、人文主义的一切——"我一刻都不会去关注"。所以很多人，例如皮特里希先生，读过英雄故事，对宗教演出充满热情，被滑稽戏剧逗乐。一位为城市中产阶级写作的诗人邂逅了来自纽伦堡的红铁匠汉斯·罗森普利特（Hans Rosenplüt，约1400—1460）。纽伦堡这座北方未来的文艺复兴大都市首次以诗人城市的面貌亮相。罗森普利特书写淫秽情色内容，讲述调皮的恶作剧，创作祝酒词、箴言诗以及狂欢节讽刺滑稽剧。其中一首诗的主题是对故乡的礼赞，另一首则借用《圣经》中的观点论证了罗森普利特式的行为——辛苦的体力劳动——是高贵的。同时期的意大利人文主义者波焦、庞塔诺、洛伦佐·波宁孔特里（Lorenzo Bonincontri）论述到尊严问题时，认为贵族的美德和成就要优先于血统。

话语革命最广为人知的核心人物之一是大城市作家弗朗索瓦·维庸，他对古典文学，尤其是新柏拉图式的爱情诗，有着不俗的鉴赏力，这与其作奸犯科的恶魔形象相悖。其作品中到处都有阿威罗伊和亚里士多德的身影，也包括帕里斯、海伦、泰伊思（Thaïs）。也许这是一位15世纪中叶不太知名的巴黎律师，借用化名以便能肆无忌惮地在民众面前针砭时弊、嬉笑怒骂。维庸著有《大遗言集》和《小遗言集》，他声称自己虽出身寒微，但却受过高等教育。事实上，也的确曾有一个弗朗索瓦·维庸与巴黎黑社会和抢劫偷盗犯罪团伙有关，这个团伙早在百年战争期间就已经存在。他因卷入纳瓦拉学院的一起持刀斗殴和入室抢劫而被逐出巴黎，在布卢瓦又因不明原因被判入狱。这名阿赞库尔囚犯能从绞刑架上逃脱，得益于奥尔良公爵查理（Charles von Orléans）的出手相救。在遗言集中，他对同时代人和制度风俗进行了辛辣尖锐的讥讽嘲笑。无论此人与诗人维庸是否为同一人，真正的维庸于1462年底被移交至巴黎监狱，遭到严刑折磨并被判处绞刑。一首著名的四行诗对他的未来如此评论道："我的喉咙会知道，我的臀部有多重。"最终死刑未能执行。这位被改判流放、时刻面临死亡威胁的悲剧主角，是何时、因何故去世的，我们不得而知。

作者的遗著中关于犯罪、肮脏的娼妓之爱、贫穷、衰老和生命脆弱的诗歌，直到20世纪都有人不断对其进行翻译和改写。维庸认为，"一种欢乐，要付出一千种痛苦"。生命顷刻化为乌有，华美转瞬飘散如烟："去年的雪在哪里？"他的诗歌用语经常显得玩世不恭，充满了淫秽影射和粗俗比喻，同时其形式局限在叠句诗或叙事诗。尽管如此，它们的光芒还是照亮了文艺复兴的另一面：瘦弱邋遢的老妪，悬在空中被喜鹊和乌鸦啄碎眼眶、随风飘摇的绞刑犯尸体，以及——听起来轻松一些的——巴黎女性的说话艺术。维庸在我们看来很现代，不是因为他离我们很近——我们不认识他，而且我们通常也不是持刀斗殴者或入室盗窃犯——更多是因为他能无所顾忌、力量感十足地歌颂某些主题，其中很多也是我们正在面临的，并且他的创作也常关注那些琐碎不足道、充满烟火气的生命时刻。既非彻头彻尾的傻瓜，也非贤哲，他是他所在时代的毕尔曼、贝利和布莱希特。

竞争力与创造力：1450—1500年

23. "时代重现"

插图32：安德烈·德尔·韦罗基奥（Andrea del Verrocchio）和奥尔西诺·贝宁滕迪（Orsino Benintendi），《洛伦佐·德·美第奇像》，1478/1521年，华盛顿特区，美国国家美术馆，塞缪尔·H.克雷斯藏品

君士坦丁堡决战

卢森堡王朝的最后一任神圣罗马帝国皇帝西吉斯蒙德于1437年去世，波西米亚的王位空悬。西吉斯蒙德没有子嗣，继任者是他的女婿、奥地利大公阿尔布雷希特二世（Albrecht Ⅱ，1397—1439年在位）。这位大公不仅娶了西吉斯蒙德的女儿伊丽莎白，在胡斯战争期间也是他的忠实盟友。这个哈布斯堡家族的人首先在匈牙利获得承认，德意志的选帝侯也愿意推选他为皇帝。但是波西米亚贵族强烈反对他的统治，因为阿尔布雷希特坚定地反对胡斯派。他虽然勉强把波西米亚纳入麾下，但很快就在1439年的一场与奥斯曼帝国的战斗中死于急症。接着，诸位选帝侯选举他的近亲腓特烈大公（即腓特烈三世）继任德意志国王。而匈牙利、克罗地亚、波西米亚和奥地利公国则要等待一个尚未来到人世的继承人：阿尔布雷希特的儿子拉斯洛五世（Ladislaus Ⅴ）。人们称他为"遗腹子"（postumus）。但这个时代并不欢迎年幼的统治者，"遗腹子"在风雨飘摇中艰难维系他的合法地位，而波兰雅盖隆王朝的瓦迪斯瓦夫三世（Władysław Ⅲ）对匈牙利的王冠觊觎已久。这片地区还有乔治·卡斯特里奥蒂（Georg Kastriota，1405—1468）的一股强大势力。尽管这个人曾经效忠奥斯曼土耳其，此时却成了威尼斯和那不勒斯的雇佣兵首领和军事强人，并从奥斯曼帝国手中夺回阿尔巴尼亚地区的统治权达20年之久。卡斯特里奥蒂的绰号是"斯坎德培"（Skanderbeg），令人联想到亚历山大大帝的伟岸形象：奥斯曼帝国的人称他为"İskender beğ"，意为"亚历山大大人"。

面对奥斯曼帝国的威胁，各方势力不得不停战和谈，枢机主教塞萨里尼也从中斡旋。斯坎德培在阿尔巴尼亚煽动起义反对奥斯曼帝国，其效果似乎颇有成效。然而在1444年，十字军在黑海附近的瓦尔纳几乎全军覆没。瓦迪斯瓦夫三世和塞萨里尼都"马革裹尸还"。接连获胜之后，面对已经遥遥在望的君士坦丁堡，奥斯曼人展开了一场声势浩大的围城之战，特别还使用了大口径火炮列阵。隐约有传闻说，一名信仰基督教的青铜铸工因为帮助奥斯曼人制造火炮而加官晋爵，但关于他的信息人们所知甚少，只知道他叫乌尔班。形势变得非常严峻，1452年末，一艘橹舰在穿越博斯普鲁斯海峡时被奥斯曼人的火炮击沉。决一死战的呼声逐渐减弱。

欧洲只有一小部分参与了君士坦丁堡的决战。数千名威尼斯人、热那亚人和加泰罗尼亚人坚定地站在拜占庭人一边，与他们对阵的是令人生畏的奥斯曼帝国军队，最终约有8万奥斯曼人参战。1453年初春，君士坦丁堡被围得水泄不通，炮火不息，城墙受击。第一次攻城战被击退。基督教舰队在金角湾[1]大败奥斯曼海军，让人们燃起最后一丝希望，但是4月底希望就灰飞烟灭。君士坦丁堡原本用锁链封闭金角湾，使得敌舰无法从外海攻入，但奥斯曼帝国的先遣队铺设一条涂满油脂的圆木滑道，在夜色掩护下从陆路翻山越岭，把船只拖进金角湾。城内军民再次抵御了进攻，但食物和勇气都在减少。5月29日晚上，一切都结束了。在一波接一波的攻城战中，奥斯曼帝国冲破了屹立千年的狄奥多西二世城墙。当太阳在金角湾上空升起时，君士坦丁堡已经落入奥斯曼人之手。有门路的人尚能挤上基督教的舰队，仓皇逃往西方。

征服者得到了丰厚的战利品。君士坦丁十一世殒命，是战死沙场还是自行了断，我们无从得知。人们曾预言，拜占庭的最后一个皇帝将与第一个皇帝同名，这下算是应验了。拜占庭人自己就处决过数百名奥斯曼战俘，因此也没指望获得苏丹的恩典。无数人被屠杀或被卖为奴隶。一位目击者用生动的比喻描述当时的场景：城中好像下了一场血雨，遍地黏腥，海上的尸体多如海藻。苏丹穆罕默德二世（Mehmed Ⅱ）身骑白马巡视他的新城，就连他都不禁感叹道："这座城市简直被我们掠夺一空，毁灭殆尽！"

今天的拜占庭被称为伊斯坦布尔，或者叫"伊斯兰布尔"（Islambul），意思是"伊斯兰教覆盖的地方"。这个名字可能也源于战场上的呼唤"进城！"（Eis tin polin!）——新上任的统治者为了强迫人们在这荒芜的城墙内安家，经常得用上武力。东正教徒可以继续信仰他们的宗教，但教堂的钟声不可再响起，犹太人也可以建造犹太会堂。威尼斯商人获得了特权，一个庞大的

---

1 金角湾位于博斯普鲁斯海峡南口西岸，从马尔马拉海伸入欧洲大陆，长约7千米，将伊斯坦布尔的欧洲部分又一分为二。

佛罗伦萨人的定居点出现在加拉塔。佛兰德斯和地中海周边的贸易中心很快又与这里建立联系。穆罕默德让威尼斯人真蒂莱·贝利尼为他画像（附图9），而佛罗伦萨人弗朗西斯科·贝林杰耶里（Francisco Berlinghieri）则把以托勒密的理论为基础的地理学著作献给苏丹。宏伟的宫殿在博斯普鲁斯海峡上方拔地而起，后来被称为托普卡帕宫。一些建筑构造——如中央大门和凉廊——都显示出文艺复兴的影响。古老的廊柱也出现在建筑中，暗示了征服者统治全球的野心。圣索菲亚大教堂被改造成一座清真寺，而不远处就是这座大都市的腹地——大巴扎。这样，伊斯坦布尔逐渐又变成那座"举世向往的城市"。奥斯曼超级帝国迅速扩张，囊括了东方和西方，伊斯坦布尔成为奥斯曼的中心。

君士坦丁堡之战几年后，加泰罗尼亚人统治的雅典也陷落。这里是欧洲文化历史的起点，城市的王冠帕提农神庙曾经被当作圣母堂，现在成为礼拜安拉的地方。1461年，随着特拉布宗[1]并入奥斯曼帝国，拜占庭的千年文化成为历史。佩戴双头鹰徽记的贵族逃到莫斯科大公伊凡三世（Iwan Ⅲ，1440—1505）[2]的庇护之下，君士坦丁十一世的侄女索菲娅·帕列奥罗格（Sofia Palaiologa）与伊凡成婚。同时，伊凡与东正教传统息息相关。莫斯科成为东正教的最后堡垒，自认是"第三罗马"，它对充满敌意的世界和现代化都非常反感。

1453年之后

1454年2月17日，在里尔的拉萨尔宅邸，勃艮第公爵举办了这次自古罗马衰亡以来就再没有在欧洲出现过的宫殿盛宴。宴会厅的墙上挂着大幅挂毯，描述了大力神的生活：古代神话早已渗透到北方；留着长发的裸女雕像可能代表

---

1 今土耳其东北部港口城市。

2 史称"伊凡大帝"，他是让俄罗斯独立的莫斯科大公，统一俄罗斯，灭亡金帐汗国，继承东罗马帝国的文化、理念、制度。

维纳斯，从这座雕像流淌出供客人自取的希波克拉（Hippocras）红酒[1]，这是一种略带甜味的香料酒，也是国王的饮品；一头狮子在旁边守护着这位美丽的女侍从，它的笼子上写着："别碰我的女士！"；有48种口感的葡萄酒供客人选择。宴会的主人"好人"腓力三世是个皮肤晒得深红的勃艮第人，他曾经自称"天主教界最佳葡萄酒之王"——镀金的水晶玻璃杯散发出光泽。此时的勃艮第就像克利福德·盖茨（Clifford Geertz）所说的"剧院之国"：权力为奢华服务，而非奢华为权力服务。

宫廷诗人奥利维耶·德拉马尔凯（Olivier de la Marche，约1426—1502）详细描述了这场奢靡的盛宴，就像扬·凡·艾克的写实画风一样。奥利维耶也很注重细节描写，没有哪个细节能逃过他的眼睛。马匹上的毯子由白色锦缎制成，还饰有金色条纹，鞍褥则是金色或深红色，天鹅绒长袍是勃艮第黑色，上面的金饰和珠宝闪闪发光。宫廷侍女成群结队，男人们则穿着紫色的貂皮长袍。高阶贵族的军服上镶满徽章，他们身着金色锦缎，也有蓝色或灰色。队伍中还有一个美丽的金发女郎，她穿着镶金边的紫色真丝连衣裙。贵族们用昂贵的颜色和高贵的材料暗暗较劲，也用这些强调他们与"低等"公民的差异。腓力三世为了向客人展示他的尊贵，没忘记在餐桌装饰上下功夫，光是这项费用就足够招买一个连的雇佣兵。奥利维耶还提到了马辔头的银铃叮当作响，香颂和赞美诗回荡在耳边，历经500多年依旧余音绕梁。乐师们躲在一个包厢里，用风琴和合唱团送上伴奏声。最后出现的是生动鲜活的画卷：一幅画描绘的是伊阿宋抢夺金羊毛的故事；另一幅画上则是神圣的教会之母（Mater Ecclesia），她端坐在大象驮着的高台上，一个撒拉逊人打扮的巨人牵着大象的辔头。这是在影射时代历史：教会之母抱怨自己的处境，最后命令骑士们出手相助。腓力三世设立的金羊毛骑士团此时也出现在现场，还带着一只被金链锁着的野鸡。金羊毛骑士团在上帝、圣母和野鸡的见证下宣读十字军东征誓言，不管出于何种原因，总之野鸡要在场，它在改编的伊阿宋传说中扮演着一个不起眼的角

---

1 该红酒是一种由混有糖和肉桂等香料的葡萄酒加热制成的饮料。香料装在名为"希波克拉底套筒"（manicum hippocraticum）的锥形布滤袋中，浸泡在葡萄酒里，因此而得名。

色。铃鼓、小提琴和竖琴叮咚作响，人们互相传递葡萄酒和胡椒饼。腓力三世曾向奥利维耶坦白，他全力以赴举办这一耗资巨大的野鸡节，都是为了侍奉上帝。

虔诚的宣誓并没有伴随实际行动，在其他宫廷，博斯普鲁斯海峡的消息也许一开始令人惊愕，但后来人们也见多不怪。枢机主教库萨的尼古拉因为外交事务和争端忙得不可开交，但他还是抽时间在博尔扎诺-布雷萨诺天主教教区举办了一场文化庆典：天使带领所有宗教中最聪明的人研读上帝的话语，智者就在这些话语中找到了所有人共同的宗教。库萨的尼古拉早在25年前就开始思考原因：只是因为时间流逝，宗教仪式出现很大差异，因此才出现不同的宗教。如果人们对这种智慧进行反思，得到一种通过理智构想出的宗教——说的当然是天主教——那么人们应该可以得到"永恒的和平"。然而这些都是空想。库萨的尼古拉于1464年去世，他的遗体安放在罗马圣彼得镣铐堂的一块大理石板之下。遵照他的遗愿，人们把他的心脏安放在库萨的医院教堂——该教堂是由他捐资修建的，以纪念那个时代一个杰出的灵魂。他是两个世界的人，既接触过北方的学院派文化，也沐浴过南方柏拉图哲学的阳光。

他曾哀叹说君士坦丁堡的陷落是荷马的第二次死亡，但事实并非如此。因为欧洲西部，特别是意大利从这一划时代的事件中得到文化上的好处，许多希腊学者带着他们的语言和知识在意大利寻求庇护。例如，约翰内斯·阿吉罗波洛斯（Johannes Argyropoulos）就加入了佛罗伦萨议会，受到阿奇亚奥里家族的庇护，在阿诺河畔广为人知。他开设有关亚里士多德的讲座，吸引了许多达官贵族，其中包括"伟大的"洛伦佐。

奥斯曼帝国的威胁滋生了人们的想象，认为基督教欧洲与穆斯林世界"不同"，一种由十字军精神塑造的欧洲的恐慌由此出现。君士坦丁堡陷落后的第二年，埃涅阿·西尔维奥·皮科洛米尼在法兰克福帝国议会上大声疾呼："在过去的某些时候，我们肯定在亚洲、非洲及其他地区被击败过，但现在是在欧洲，也就是说在我们的祖国，我们的故乡，我们自己的家中，我们在这里遭遇攻击而且一败涂地。"欧洲即"作为共同家园的欧洲"——他想把这一理念灌输给参加法兰克福帝国议会的人。"基督教堡垒"的沦陷都没能惊醒这些人，让他们一致行动，更不用说皮科洛米尼的建议。组建一支欧洲军队根本是空谈。他们更关心自己那个或大或小的国家何去何从，"基督教西方"的理想离他们太远了。长期以来，欧洲人都对自己国内的事情更上心，即使教皇敦促的大事也不如这些重要。人人都知道，希腊人更愿意摆弄自己的头巾，而不是屈从于着三重冕。而在意大利半岛，君士坦丁堡的陷落让岛上比较有影响力的国家达成一项脆弱的协定。威尼斯结束了与米兰的战争，并于1454年4月在伦巴第的洛迪缔结和平协议。不久，教皇和其他国王也加入该协议。他们的同盟，即所谓的"意大利同盟"是恐惧的产物：对彼此的忌惮，对其他国家的担忧，尤其是对法国和奥斯曼帝国。

然而，就权力政治方面而言，征服君士坦丁堡并没有带来多少改变。它的陷落只是为一个久负盛名的帝国钉上了最后一颗棺材钉。经济上的后果更为严重：东亚贸易往来最重要的中转地现在易主，它从基督教徒手中被夺走，而苏丹宫廷明显不是一个可以自由交易的场所。作为一种替代，人们暂时绕道马穆鲁克统治下的埃及，直到这里并入奥斯曼帝国后也被关闭。

从长远来看，奥斯曼土耳其的封锁反而鼓动欧洲寻求进入远东的新途径。热那亚失去了在黑海的据点，并逐渐从地中海东部地区完全撤退，仅在希俄斯岛上还有一家朱斯蒂尼阿尼家族经营的股份公司。热那亚典型的殖民模式是"毛纳"（Maona），指的是由投资商组成的财团要听命于热那亚，把岛上的经济开发与政治统治结合起来，同时还要向苏丹缴纳贡税。在大陆上，波斯尼亚和阿尔巴尼亚的大部分地区沦为奥斯曼帝国的领地。在东部，苏丹成功击败克里米亚汗国，分崩离析的金帐汗国的后裔也尽听命于苏丹的号令。

意大利的动荡

《洛迪和约》签订之后，威尼斯虽然得以集中力量对抗奥斯曼帝国对爱琴海和亚得里亚海的进犯——这场战争发生在1463年，让威尼斯的贸易特权沦为一纸空文——但是威尼斯海洋帝国的颓势已经不可挽回。即使在大陆上，环礁湖城也受到威胁。威尼斯人从钟楼上就可以望见浓烟四起，弗留利一带的村庄陷入一片火海：这是征兆，表明来自奥斯曼帝国的敌人就在附近肆虐。威尼斯买下屈辱的和平，割让了1470年陷落的埃维亚岛。剩下的除了一些达尔马提亚海岸的据点外，就是科孚岛。1500年前后，海外已经不能带来任何收益：入不敷出。而另一方面，大陆上的资产每年可以带来20多万杜卡特金币的利润。

在意大利大陆上，《洛迪和约》在过去的40年中确保了五大国之间的平衡：米兰、威尼斯、佛罗伦萨、罗马和那不勒斯。但这是一种严酷的和平，并非自然而然形成。这个"意大利平衡"（Italia bilanciata，马基雅维利语）一直通过外交和小规模战争调整平衡状态。蒙特费尔特罗和马拉泰斯塔等家族在洛迪的屋檐下卷入毁灭性的战争，寄希望于扩张自己的国家。在罗马，尤金四世去世后，人文主义赢得了教皇宝座。新任教皇是博闻强识的神学家托马索·帕努图凯利（Tommaso Parentucelli，1447—1455年在位），即尼古拉五世，他开启了罗马文艺复兴的历史。这位教皇让梵蒂冈图书馆如获新生，他命人抄写并翻译了成千上万本书，包括从荷马到修昔底德和泰奥弗拉斯托斯的经典著作。另外，他还扩建了梵蒂冈宫。

教皇的地位现在几乎没有任何争议。斯特凡诺·波卡里（Stefano Porcari）出身于罗马一个古老的家族，他沉迷于西塞罗式的共和国理想，本想于1453年1月策划一场谋反，但还未开始就被扼杀。一年前，罗马教皇为皇帝腓特烈三世加冕，这是最后一次加冕典礼：这个始于公元800年的圣诞节的传统，在此刻落下帷幕。

1458年，又有一位人文主义者当选为教宗，他就是埃涅阿·西尔维奥·皮科洛米尼，即我们熟知的庇护二世。他撰写了地理和历史著作，其书信颇具个人风格，《庇护二世闻见录》就是他的作品。这本书记载了他任期内的事件和经历，同时也有自我反思。这位埃涅阿，顾名思义，似乎从母乳中便汲取了经典知识。而他为自己选择的教名"庇护"（Pius），更强化了与维吉尔的联系——当维吉尔史诗中的英雄被要求报上姓名时，他说："我是虔诚的埃涅阿斯。"（Sum pius Aeneas.）

庇护二世是一位独特的教皇，他不仅头戴三重冕，而且之前已经戴上了诗人的桂冠。他的书信体小说《两个恋人的历史》——我们刚刚提到过把这本书改成德语版本的尼古拉斯·冯·怀尔——把薄伽丘的创意和奥维德的爱情诗结合在一起。当读者看到作者把爱情看作自然法则，甚至是命运的力量，一定非常惊讶：与以往禁欲式的爱情和苦行僧式对身体的恐惧截然不同。因此，作者并不一定热衷于教皇宝座。他甫一当选，就略带悔意地说："埃涅阿斯退后，庇护要登场了。"他就像是一位罗马帝国皇帝，为自己竖立了一个独特的纪念碑：他的出生地在锡耶纳以南的村子科里尼亚诺，他让这里发展成为一个小型的理想城市，称之为皮恩扎。人文主义的思想第一次被用在城市规划上，这个项目背后的思想源头可能是莱昂·巴蒂斯塔·阿尔贝蒂。

庇护的继任者保罗二世（Paul Ⅱ，1464—1471年在位）以反对人文主义为人所熟知；作为枢机主教，他是意大利最早收藏古代文物的人之一。他禁止在学校中教授异教诗歌，削减公职人员的人数，令学者和文人艰难维持生计。波焦·布拉乔利尼以前曾嘲笑教皇，说他的职权如此之大，以至仅靠他就可以抵挡奥斯曼人。另外，一场宏伟的复兴在保罗二世任内逐渐成形，其中包括威尼斯宫和罗马圣灵医院。德拉·罗韦雷家族的西克斯图斯四世（Sixtus Ⅳ，1471—1484年在位）继续加大对建筑方面的投入，致力于修复教堂和铺设道路。罗马为佛罗伦萨的文艺复兴提供了财力，而佛罗伦萨的艺术家则为罗马的文艺复兴提供人力。托斯卡纳的大师为西克斯图斯四世下令建造的西斯廷礼拜堂绘制了湿壁画，其中包括彼得·佩鲁吉诺（Pietro Perugino）、基尔兰达约和波提切利。

除此之外，在罗马的阳光下没有新鲜事发生。像一直以来那样，圣职买卖和裙带关系激增，西克斯图斯四世是这个领域最成功的人之一。他在任期内擢升了34位枢机主教，其中6位的徽章上都刻着德拉·罗韦雷家族的橡树。他一直努力为自己的亲属和国家谋求利益，这导致罗马与米兰及其盟友佛罗伦萨发生冲突，米兰与佛罗伦萨之间的同盟关系可谓互惠互利。1458年，在经济危机引起巨大争议的背景下，科西莫·德·美第奇的统治被动摇，斯福尔扎的军队蠢蠢欲动，八年后又卷土重来。1466年，原本效忠美第奇家族的金融巨鳄卢卡·皮蒂（Luca Pitti）煽动一些人试图结束科西莫的长子、人称"痛风者"（il gottoso）的皮耶罗一世·德·美第奇的统治。然而，"痛风者"成功镇压了这次谋乱，并把他的儿子洛伦佐（1449—1492）扶上宝座。

在"伟大的"洛伦佐的领导下，佛罗伦萨的人文主义发展至巅峰。但与此同时，美第奇政权的专制统治也有所加强。这个家族的野心已经是路人皆知，他们正在努力超越佛罗伦萨的城墙，并试图与封建贵族联姻。洛伦佐已与克拉丽丝·奥尔西尼（Clarice Orsini）商定了婚事，克拉丽丝的家族位于罗马北部富饶的布拉恰诺。杜卡特金币与这古老的氏族相见恨晚。当时佛罗伦萨人和贵族对这场联姻很是惊讶，但在美第奇家族的后代身上，这成为司空见惯的事。通往公国的道路已经隐隐显现，钱财就是铺路石。

美第奇家族也用自己的平民资产打造骑士的辉煌，但他们举办宴会的花费几乎不逊于"好人"腓力的野鸡盛宴。这些宴会使美第奇家族摆脱了市民阶级灰扑扑的身份，勃艮第是他们效仿的对象。洛伦佐与其新婚妻子于1469年在圣十字教堂前面举办了一场骑士比武。据称，美第奇家族的荣耀应有尽有，如同贵族一般。洛伦佐的珍珠长袍上绣有"时代重现"（Le tens revient）的字样。法语文字让人们想到，所有的骑士仪式都来自这个拥有香颂和骑士史诗的国度。美第奇家族的御用诗人路易吉·普尔西（Luigi Pulci，1432—1484）想用这寥寥数语表达一种想法：世界将革新，一个黄金时代将要回归。

至少洛伦佐的外交政策风格是新颖的。他调动一支庞大的雇佣军队伍，说动乌尔比诺公爵费德里科·达·蒙特费尔特罗担任指挥官，以共和国的名义将反叛的沃尔泰拉人[1]降伏。1472年的这场军事行动主要是为了保护美第奇家族对明矾的垄断，而该地区似乎存在威胁。在沃尔泰拉的暴风雨过后，事情变得

---

[1] 沃尔泰拉是意大利托斯卡纳地区的一座城镇，其历史可以追溯到公元前8世纪。该地区拥有丰富的矿藏，尤其是明矾资源。明矾是玻璃制造、制革和纺织等多个行业的重要原材料，其大部分都被奥斯曼帝国控制。因此，当明矾矿场在沃尔泰拉被发现时，这座城市的人们寻求美第奇家族的支持。但沃尔泰拉人很快意识到了明矾的价值，他们组织了一场叛乱，试图从佛罗伦萨赞助人那里分离出来。

一发不可收拾，雇佣军烧杀抢掠，这些事实让美第奇家族的声誉黯然失色。另外，银行也出了麻烦。美第奇家族向国王和王侯提供了丰厚的贷款，此时他们无法履行偿还义务。美第奇家族在布鲁日的账房先生托马索·波尔蒂纳里此时前途未卜，我们早就听过他的大名，他是画家梅姆林和雨果·凡·德·古斯（Hugo van der Goes）的资助人。波尔蒂纳里负责"大胆"查理的借贷业务，这位可是15世纪最大的政治破产者之一，他与查理走得太近，甚至担任查理的外交官。

似乎到了要与佛罗伦萨的美第奇家族结算的日子，但另一场风波突现。1478年，以雅各布·德帕齐（Jacopo de'Pazzi）和弗朗切斯科·萨尔维亚蒂（Francesco Salviati）为首的一群人试图谋反，他们只是西克斯图斯四世的牵线木偶。洛伦佐大开杀戒，肃清美第奇的敌人。他的祖父科西莫曾说"单凭祈祷不能统治一个国家"，洛伦佐深以为然。尽管美第奇银行深陷赤字危机，但一些法律修正案还是确保了其家族权力。如有必要，他们甚至从国家金库中借钱周转。

过度的报复行为引发了一场战争，那不勒斯与教皇结盟对抗佛罗伦萨。危急关头，洛伦佐独闯虎穴，孤身一人到那不勒斯拜访他的敌人。那不勒斯王位上端坐的是国王斐迪南〔Ferdinand，通常称为"费兰特"（Ferrante）〕，雅各布·布克哈特所说的典型怪物之一：据说他有一种令人震惊的癖好，他的敌人要么在地牢中等死，要么死后被涂上防腐香料，然后穿戴整齐地被放在国王身边。无论如何，洛伦佐说服了这个恶人脱离反佛罗伦萨的联盟。洛伦佐带着一身救世主的荣耀返回阿诺河畔，这是该世纪最壮观的外交行动。史学界称赞他保障了平衡。1481年，威尼斯试图占领费拉拉，佛罗伦萨与罗马和那不勒斯这两个宿敌并肩作战，三国同盟设法逼退了威尼斯共和国。意大利曾经略有动荡——现在又恢复了平衡。费拉拉战争结束的那一年，西克斯图斯四世去世。有位诗人在罗马写道："没有什么力量能杀死疯狂的西克斯图斯／只有'和平'这个词能让他立刻去见上帝。"

意大利土地上的联盟也有了全新布局。"伟大的"洛伦佐将一个女儿嫁给西克斯图斯的继任者英诺森八世（Innozenz Ⅷ，1484—1492年在位）的私生子。作为回报，当时年仅13岁的朱利亚诺·德·美第奇得到了枢机主教的紫袍。这些利益交换让佛罗伦萨与罗马紧密相连。在米兰，这座圣安布罗斯（heiligen Ambrosius，约340—397）[1]的城市，斯福尔扎的统治也摆脱不了仇恨和谋杀。弗朗切斯科·斯福尔扎的儿子加莱扎佐·马里亚（Galeazzo Maria）以奢侈和专制闻名，他后来死于一场暗杀。继任的吉安·加莱扎佐（Gian Galeazzo）尚未成年，受到严格管控，摄政的是他的叔叔卢多维科·斯福尔扎（Lodovico Sforza），因其深肤色而被称为"摩尔人"。他寻求与那不勒斯国王费兰特结盟，试图让他的被监护人吉安·加莱扎佐与这位阿拉贡后裔的孙女联姻。这次婚礼庆典也是奢华空前，由达·芬奇担任总策划。1494年，刚刚成年变为合法继承人的吉安·加莱扎佐英年早逝，告别了姻亲，也与同盟挥手作别。"摩尔人"立刻被怀疑是始作俑者，这种猜测可能并不假，他现在可以独享米兰大权。也是在这一年，国王费兰特去世。

在此之前，为争取——或反对——意大利平衡的小规模战争大多是小打小闹，充其量与大规模的骑士比武类似。1467年7月23日爆发的莫利内拉战役因大量使用火炮，成为15世纪最惨重的战役之一。硝烟散去，双方的军事领导人巴托洛梅奥·科莱奥尼（Bartolomeo Colleoni）和费德里科·达·蒙特费尔特罗商定停战。他们真的用握手来言和立约，就好像他们刚刚参加完体育比赛。雇佣军也是资本；人活着才有用。经济因素让所有战役的规模都缩小了：它们都变成克制有度的战争。另一方面，统一意大利的所有希望都是虚妄。没有哪个意大利国家可以调动所需资源来组建必要的大型军队，这可能需要一片辽阔的国土，或被征服的土地贡献所有资源。

1461年，受波西米亚国王波杰布拉德的伊日（Georg von Podiebrad，1458—1471年在位）[2]的委托，来自格勒诺布尔的商人、发明家和外交官安托万·马里尼（Antoine Marini）开始游说各国和平一统。这种想法早已有之，重点一直是建立抵御奥斯曼帝国的同盟。实际上，马里尼倡导的是一个由独立国家组成的欧

---

1 米兰主教，公元4世纪时基督教最著名的拉丁欧洲教父之一，天主教会公认的四大教父之一。
2 作为胡斯派中的饼酒同领派（"圣杯派"）首领，他在哈布斯堡家族治下的波西米亚成为权威人物，并当选为国王，推行民族主义政策，为教廷和天主教邻邦所不容。

洲，既不听皇帝指挥也不受教皇调遣。这是个很有远见的想法——尽管没打算让平民参与——但"祖国欧洲"已经初具规模。马里尼考虑的是一种国家联盟，它需要有自己的官僚机构。议会有几个常驻地，但会定期更迭，它应当具有最高管辖权，可以自由裁决。根据这一制度，高卢、德意志、西班牙和意大利——马里尼在这里点名提到威尼斯和其他城邦——各国的统治者各持一票，服从多数派决议。但事态的进一步发展表明，这样的设想丝毫没有实现的可能。

欧洲框架

意大利在《洛迪和约》签订后的40年中几乎未出现大的争端，这与当时国际政治局势不无干系。哈布斯堡王朝的腓特烈三世（Friedrich Ⅲ，1440—1493年在位）是神圣罗马帝国统治时间最长的皇帝，他几乎没有插手意大利半岛上的纠葛。他的名号从没出现在辉煌的胜利或大胆的外交行动中。腓特烈三世的最大资本是皇冠的合法性，因而拥有头衔和尊严。他的统治领域被局限在哈布斯堡王朝自身的领地，即世袭的内奥地利地区。尽管他以一种令人难以置信的毅力坚持自己的要求，比如对匈牙利王冠的主张，但通常都是徒劳无功。羊皮纸和纸张如潮水般——有3万到5万份文件——从他的办公室倾倒入这个帝国。腓特烈的行政人员约有500名，律师在他们当中的比例越来越高。占星师也为决策者提供帮助。几乎没有哪个皇帝像腓特烈一样，以这种方式将自己铭刻在帝国宪法中。

围绕哈布斯堡核心地带的国家都处于动荡中。年轻的"遗腹子"拉斯洛五世是两顶王冠的主人，又拥有奥地利大公头衔。1457年他英年早逝，这片地区重新洗牌。波杰布拉德的伊日宣布拥有对波西米亚的主权，他最初只是一个由腓特烈三世委任的代理官员。他信奉的是胡斯派底下的"圣杯派"——这个词来源于拉丁语中的"calix"，意为"持圣杯的人"，因为他们在圣餐礼中手握圣餐杯——所以他是欧洲第一个非天主教的统治者，并被罗马视为眼中钉。

腓特烈只拥有继承权。1462年，他被自己的兄弟大公"奢华的"阿尔布雷希特六世（Albrecht Ⅵ）和叛乱的市民围剿，被困在维也纳的霍夫堡皇宫。当大炮在墙外隆隆作响时，神圣罗马帝国的皇帝和他的家人不得不以狗、猫和鸟为食。但阿尔布雷希特在1463年暴毙，他死的正是时候，腓特烈因此得到阿尔布雷希特所有的领地，尽管白银之地松德高和福拉尔贝格等地仍未臣服。这些地区的统治者是腓特烈的表弟，蒂罗尔伯爵西格蒙德。

皇帝的大动作在西方，勃艮第局势的发展为他创造了独特的时机。现在，统治大公国的是腓力三世的儿子，勃艮第公爵查理（1465—1477年在位）。年轻的王侯没有把钱投资在馅饼和衣服上，而是投资在火药和大炮上。他想要实现两个伟大目标：首先，他想通过占领南北之间的桥梁统一勃艮第的南北两部分，很快他被人们称为"大胆"查理。其次，他为国王的荣誉和帝国的尊严而奋斗。查理自1474年夏天开始围攻莱茵河下游的诺伊斯镇，腓特烈三世为了反击，不得不在全国征兵。最终，查理不得不接受和谈。他与皇帝腓特烈缔结和平，并答应让自己的女儿勃艮第的玛丽（Maria von Burgund）嫁给皇太子马克西米利安（Maximilian Ⅰ），后来的神圣罗马帝国皇帝。勃艮第公爵查理虽然胆大妄为，但确实具有非凡的勇气，他超乎人们想象，不仅征服了阿尔萨斯，他的大军还直达洛林地区。查理的成功和残酷的压迫激怒了当地居民，他们奋起反抗。最终，反对派结成同盟，浑水摸鱼的路易十一（Ludwig Ⅺ，1461—1483年在位）[1]又长袖善舞，"大胆"查理的美梦被击碎。在1477年1月的南希战役中，瑞士雇佣军将查理的军队打得支离破碎。这位身上背着洛伦佐沉重债务的公爵头颅裂开，被人扔在结冰的池塘里。反对派同盟的自由最终得以保全。同年，马克西米利安和勃艮第的玛丽在根特结婚。未来会证明，腓特烈的王朝将上升到令人目眩的高度。

勃艮第的部分土地和其他地区被路易十一收入囊中。普罗旺斯地区也被瓦卢瓦王朝瓜分——路易十一是一个精明的权力政治家，"英明者"和"万能蜘

---

1 法兰西瓦卢瓦王朝第六位国王，法兰西国土统一的奠基人，他吞并了勃艮第公国、安茹公国、普罗旺斯伯国和曼恩伯国等，基本统一了法兰西全境。

蛛"这样的绰号放在他身上也名副其实。普罗旺斯逐渐从国王的私有资产转变为国家资产。那不勒斯曾经属于安茹，现在也让法国人浮想联翩。但是，当地贵族还没有甘愿称臣，而英格兰已经在加莱蠢蠢欲动。

百年战争之后，英国沦陷在约克和兰开斯特两大家族的玫瑰战争[1]中。对法国的失败加剧了人们的不满和叛乱；到战争结束时，习惯战斗的武士阶层也早已失去了野心。英格兰贵族间的互相争斗似乎已经过时，甚至像是自我毁灭。最后剩下的是约克家族的理查三世（Richard Ⅲ，1483—1485年在位），他的悲惨形象因为莎士比亚而闻名于世，"容貌尽毁，尚未完成，就被时代推进这个急切的世界"。真实的理查是一个勇敢的斗士，1485年他在博斯沃思的战斗中殉命。约克家族的太阳与他，这个家族的最后传人，一起隐没西山。胜利者亨利七世（Heinrich Ⅶ，1485—1509年在位）是里士满伯爵和兰开斯特的继承人，是最后一位用剑夺取王冠的英国国王，他开创了一个新王朝。他的妻子是爱德华四世的女儿约克的伊丽莎白（Elisabeth von York），这场联姻让约克的白玫瑰与兰开斯特的红玫瑰交缠相伴。议会确认了王室后裔的继承权，英伦岛上逐渐恢复稳定。

国家巩固，王国扩张：这是西方的趋势——像法国和英国一样，伊比利亚半岛的统治者也即将完成统一大业。这样一来，文艺复兴发展的可能性空间继续扩大。在欧洲东北部，波兰-立陶宛联军于1410年在塔能堡击溃了条顿骑士团的军队[2]，条顿骑士的势力从此急转直下。原本的十字军如今沦为给在他处无法获得养恤金的贵族后裔提供保障的组织，否则无法养活这支庞大的队伍。在立陶宛境内，各地的统治者自己布道，上帝的圣战士兵在这里丧失了职能和

---

1 指1455—1485年，金雀花王朝英王爱德华三世的两支后裔（兰开斯特家族和约克家族）的支持者为了争夺英格兰王位而断断续续发生的内战。"玫瑰战争"一名并未使用于当时，而是在16世纪莎士比亚在历史剧《亨利六世》中以两朵玫瑰被拔标志战争的开始后才成为普遍用语。此名称源于两个家族所选的家徽：兰开斯特的红玫瑰和约克的白玫瑰。战争最终以兰开斯特家族的亨利七世与约克的伊丽莎白联姻结束，也结束了法国金雀花王朝在英格兰的统治，开启了新的威尔士人都铎王朝的统治，也标志着英格兰中世纪时期的结束并走向新的文艺复兴时代。

2 这是欧洲中世纪历史上规模最大的一次骑士战争。

合法性。所以，这群人现在变得像是乌合之众，他们的圣战也变得平庸，他们与基督教的竞争者对阵，还与波兰和立陶宛以及丹麦人对抗。定居在骑士团领地的贵族和公民想要摆脱这种寄生统治，所以他们成为波兰王室的天然盟友。经过13年的小规模战争后，双方于托伦签订和约，骑士团领地的西部成为波兰王室的附庸，瓦尔米亚主教教区也成为波兰的领地。东部地区仍然是"普鲁士大公国"的保护区，但骑士团首领眼睁睁地看着自己成为波兰统治者的臣属而无力回天。在宗教改革期间，这一地区作为世俗化的新教公国并入波兰王朝的封建联盟。

波兰王国逐渐发展成为一个君主制国家，而贵族在其中享有广泛的自由，且从数据上看就很特殊，贵族占了这里约8%的人口，而在法国，这个比例只有0.3%。据称，波兰贵族有权选举国王。根据波兰《大宪章》的规定，不允许非法逮捕任何贵族，这是1430年谈判中达成的贵族特权。上议院原本是国王的顾问圈子，后来成为独立的机构，这也在一定程度上限制了王室的权力。天主教的主教要听命于它，各地领主和各行政区的主管机构也要臣服于它。国会召集上议院——只有但泽、埃尔布隆格和托伦等城市有权派代表列席——以及贵族和国王。

卡齐米日四世（Kasimir Ⅳ，1445—1492年在位）[1]是丧生于瓦尔纳的瓦迪斯瓦夫三世的弟弟和继任者，在他的统治期间，波兰与立陶宛的同盟仍然有效。雅盖隆的国君授予立陶宛贵族与波兰贵族同样的阶层地位。卡齐米日四世与哈布斯堡公主的联姻让他看到了波西米亚和匈牙利王冠的前景，实际上，他确实让他的儿子弗拉迪斯拉斯二世（Wladyslaw Ⅱ，1471—1516年在位）成了波西米亚的统治者。匈牙利的马加什一世（Matthias，1458—1490年在位）[2]登

---

1 雅盖隆王朝的立陶宛大公和波兰国王，最终降伏条顿骑士团是他统治期间最伟大的胜利，到去世时他的家族占有东欧的四个王位，成为首屈一指的大王朝。立陶宛大公国在他手上成为东欧头号强国。
2 生于特兰西瓦尼亚的科罗茨瓦尔（今罗马尼亚的克卢日）。12岁首次参战，13岁被封为比斯特里伯爵。1456年随父亲特兰西瓦尼亚摄政王约翰·匈雅提参加援救贝尔格莱德的战斗，被封为骑士，8月11日其父在前线感染黑死病死后，他的哥哥匈雅提·拉斯洛暗杀了哈布斯堡王朝的国王拉斯洛五世任命的首相，结果自己也被国王斩首，引发一场叛乱。国王逃往布拉格并于次年死去。一些地位较低的贵族和佩斯人民都支持时年14岁的马加什成为匈牙利国王。大贵族们认为年轻的国王便于控制，也支持他成为国王。

上王位，他的父亲摄政王约翰·匈雅提（Johann Hunyadi）是当时国内最强大的贵族，也是从奥斯曼帝国手中夺回贝尔格莱德的救世主。马加什又名科尔温（Corvinus），因为家族徽章上的乌鸦而得名，他像父亲一样也在与奥斯曼人的厮杀中赢得了声誉。正如他本人所说，他统治时手握钢铁做的缰绳，因此把疆域扩展到摩拉维亚、西里西亚和劳齐茨一带。他与雅盖隆王朝长期征战，后来通过1479年的《奥洛穆茨条约》与弗拉迪斯拉斯二世分享波西米亚国王的头衔。几年后，他甚至占领了维也纳。科尔温缺乏的是合法的继承人，无论是第一次婚姻，还是与那不勒斯国王费兰特的女儿阿拉贡的比阿特丽斯（Beatrice von Aragón）的第二次婚姻，他都没有盼来子嗣。匈雅提的所有荣耀都笼罩在科尔温和他那臭名昭著的"黑衣"雇佣军身上。

资助人之国意大利

出人意料，在饱受战争摧残的15世纪，高等艺术和科学并未消失。各城市与各国内部之间的政治局势和社会活力激发了各个层面的竞争，这是文化繁荣的强大动力。这种态势在整个欧洲都很明显，尤其是在富裕的意大利。雇佣兵的战争对文艺复兴时期文化的产生和发展有重要影响，它们使大量的资金流动起来：从各处流入雇佣军首领的金库，他们再拿去投资文化。例如，费德里科·达·蒙特费尔特罗和他的兄弟奥塔维亚诺（Ottaviano）为自己打造大理石雕像；他们二人都是站立着平视对方。奥塔维亚诺用书籍和月桂作为装饰，费德里科则手捧头盔。意大利这些小规模的战争带来一个附加效果，就是战争与艺术的交融，在许多艺术作品中都能看到这样的象征——比如佩德罗·贝鲁格特（Pedro Berruguete）在一幅画中画上了费德里科和他的小儿子圭杜巴尔多·达·蒙特费尔特罗（Guidubaldo da Montefeltro）。费德里科在银鼬皮长袍之下身披盔甲、腰挂长剑，同时正在专心地读一本书。

如果费德里科和他的对手科莱奥尼没有采取当时"大人物"的经典社交策

略，即对艺术进行大规模资助，那么像他们这样著名的雇佣军领导人，今天只有少数专家能够了解，普通人除艺术外没有别的途径认识他们。科莱奥尼在贝加莫的心脏地带修建了一座巨大的陵墓。韦罗基奥为科莱奥尼制作的骑马雕像如今陈列在威尼斯的圣马可广场，给人留下的印象最为深刻。骏马正踏步向前，而这个坚毅的青铜男子稳坐马背。他神情严峻，肘部展开，手中的剑似乎正在瞄准一个新世界。意大利那些较小的国家通常是五大国的卫星国，而这些小宫廷本身就是一个充斥着知识和艺术的宇宙。阿尔贝蒂在曼图亚建造城市，皮萨内洛和曼特尼亚则在绘制画作。在切塞纳，马拉泰斯塔家族的一个支系修建了藏有精美书籍和艺术品的图书馆。费拉拉大学拥有欧洲式的结构，它的庭院是意大利最光辉夺目的院子之一。大公博尔索·埃斯特（Borso d'Este）甚至在打猎时也经常穿着金边长袍。1470年前后，在费拉拉的斯齐法诺亚宫还出现了月份图，不仅印证了思想在广阔的空间和时代中的迁徙，也让人联想到埃斯特宫廷的文化氛围（附图10）。"行星组"的图像——每十天有一个统领者，一般起源于印度或巴比伦的占星术——依据的是波斯天文学家阿布·马沙尔的《伟大引言》，由彼得罗·德·阿巴诺（Pietro d'Abano，1250/1257—1316）翻译并流传到费拉拉。

古典元素越来越多地出现在当时的图像中。建筑还没真正开始建造，画家的想象力就创作出了具有经典装饰的透视建筑。这个艺术领域的国王是皮耶罗·德拉·弗朗切斯卡，在《被鞭打的基督》或《费德里科·达·蒙特费尔特罗》中，他用精确的数学来构造虚拟空间。从贡扎加的朝臣安德烈亚·曼特尼亚留下的湿壁画中，人们对与远古时代的历史距离有了全新的感受。皮耶罗·迪·科西莫（Piero di Cosimo，约1462—约1521）设计出神话般的主题，安东尼奥·德尔·波拉约洛自己成为描绘赤裸英雄的大师。他让狂躁的大力神与九头蛇战斗（附图11）。在后来者中，最负盛名的是桑德罗·波提切利，他那幅神秘的通常被称为《春》的画，以及《维纳斯的诞生》，都在虚构世界的艺术博物馆中占有一席之地。

任何对资助人心理感兴趣的人，都不能忽略佛罗伦萨商人乔瓦尼·鲁切莱的简单见解：花钱比赚钱更甜蜜。鲁切莱说这话时，考虑的是他的艺术使命：鲁切莱宫、新圣母玛利亚教堂的立面和圣庞加爵圣墓。艺术使人快乐，对艺术的沉思可以打发时间，但这也可以是一项敬虔的工作。科西莫·德·美第奇一世曾经是一个痛悔的罪人，他意识到自己有些赚钱的交易不那么干净，而且因此招致佛罗伦萨其他大人物的忌妒和贪婪，不能随心所欲地享受。然而，作为一名艺术资助人，即使无法获得正式的尊严，他也可以通过这些"明显的奢华"，自由地彰显自己的社会和政治地位。

资本主义精神总是在向基督教伦理致敬，对来生的恐惧使人们不得不做好今世的工作——在科西莫承建的修道院图书馆中，人们可以明确感受到这种严肃性。虔诚和自豪使他建造了修道院和整个教堂，在今天的加富尔街上建造美第奇家族的城市宫殿以及乡村庄园等。他最喜欢的艺术家包括安杰利科修士（Fra Angelico）和他的"家族雕刻家"多纳泰罗。美第奇的金币无论是变成大理石和色彩，还是被用来建房子，家族徽章上的六个药丸都印在上面。无论行会还是大亨，其他资助人的做法也类似，比如织工行会要求画上羊羔，斯特罗齐家族要求画上半月，托尔纳博尼家族要求画上狮子。

科西莫过着国王般的生活。除了慷慨、行善和好客之外，展现自己的"宏大"也是高级贵族的美德之一。另外，还要重视教育，书籍的收藏数量最能展现这一点。韦斯帕夏诺·达·比斯蒂奇被称为佛罗伦萨书商之"王"，他帮助美第奇购买了装满整个圣马可修道院图书馆的书籍。他在工作之初就说："我立即委托了45名抄写员，在22个月中，他们完成了220卷。"15世纪末，美第奇图书馆的藏书已经达到1000多册。

丰富的艺术资助帮助暴发户和篡位者用美丽的假象美化自己的崛起，而那本是一个阴暗的过程。成功令人不可忽视，谁能为整个教堂和宏伟的宫殿埋单，仿佛就可以让神的恩典笼罩着他的事业。事实和真实存在的东西证明上帝愿意赐予，因此其合理地存在于世界上。这些宏伟的建筑，既是永恒的纪念碑，同时也是由上帝建造的，促发并增强了民众的尊重——詹诺佐·马内蒂在他的《尼古拉五世生平》中记录了教皇说过的这些话。

胜利或失败在意大利的局势变动中意味着什么？看看亚平宁陡峭山脉中蒙特费尔特罗的国家便明白了。费德里科·达·蒙特费尔特罗血统不明，靠谋杀同父异母的兄弟奥丹托尼奥·达·蒙特费尔特罗（Oddantonio da Montefeltro）才上台。1465年，他终于击败了大敌西吉斯蒙多·马拉泰斯塔。在余下的15年中，他一直稳坐胜利之巅，并在此期间建造了超越乌尔比诺的宏伟宫殿。宫殿的西南方是一座凯旋门式的建筑，在其侧面还有两座纤细的塔楼，它们面朝罗马耸立，这些任务和工作都要感谢一位助理教士的辛勤劳动。在意大利，一时没有别的建筑可以与之媲美。古典风格的庭院及其优雅的科林斯式柱廊是有史以来最美丽的建筑结构之一，人们可通过华丽的宽大楼梯抵达一楼。费德里科的题铭出现在花纹繁复的镶金大理石门上，也点缀着墙壁上大大小小的装饰物，彰显着主人的骄傲："FE. DUX"，"FE"是费德里科名字的缩写，"DUX"指公爵。令人惊叹的宫殿让人想起一个世纪前可怕的帖木儿在他的白宫（Ak-Sarai，现称为"夏宫"）写下的话："如果您对我们的伟大存有疑问，请看一下我们的建筑。"

相比之下，被击败的马拉泰斯塔的灰暗小城堡就是衰亡的纪念碑，他在最后的日子里只是里米尼的领主。在十几年前，"伟大的"西吉斯蒙多是当时意大利最受追捧的雇佣兵首领之一，他自己也曾雇用意大利首批艺术家中的许多人。费德里科·达·蒙特费尔特罗不甘示弱，除了在战场上分高下，费德里科还雇用皮耶罗·德拉·弗朗切斯卡和莱昂·巴蒂斯塔·阿尔贝蒂来赞美自己的胜利。曾经"伟大的"西吉斯蒙多在艺术赞助人的锦标赛中也败下阵来。

在乌尔比诺，人文主义的宫廷以最纯粹的形式展现出来。500张"嘴"（boche）围绕在费德里科·达·蒙特费尔特罗家族周围，从马夫到理发师、医生、宫廷音乐家，再到占星家，他们的任务都被详细规定好，包括公爵如何在众人面前用餐这样的仪式。人们会在大斋节诵读宗教经典，平时则朗读李维的《罗马史》。每天的工作结束后，费德里科会聆听关于神学和自然科学的讲座，例如对亚里士多德主要著作的论述。他的图书馆拥有900多部典籍，是除梵蒂冈和美第奇家族的图书馆外意大利最重要的藏书地之一。如果想要使用某本书，只要有充分的理由，图书馆的大门随时为人们敞开。图书管理员负责书目整理，与破坏书籍的虫子作斗争并为访客服务。宫廷下令："如果来人是权威人物并受过教育，要带他仔细参观，向他展示那些美丽又精致的书籍并确保不要弄坏书页；如果来的是不识字的人或者普通百姓，只是出于好奇想来见识一下，那么让他们快速参观一下就够了。"公爵这种安排的新颖之处在于，他没有按照惯例把书放进修道院，而是放在宫殿里。此外，藏书也不像通常那样被一本本固定在读书台上，人们可以自由使用它们，这样就可以对几本著作进行比较研究，对语言学研究非常有利。

但是，图书馆不仅仅是服务于科学的实用机构。"这么多种文字！这么多的书！真是太壮观了！"比斯蒂奇曾这样惊叹道。封面涂成了胭脂红色还有银丝装饰，内里是最好的山羊皮做的羊皮纸，它们被装订成册。这所房子的主人在教育上的花销超越一切（附图12）。皮耶罗·德拉·弗朗切斯卡的一幅著名的肖像画就是以他为模特（附图13）。这个鹰钩鼻的战士和狡猾的现实政治家，头戴学者的红色贝雷帽，完全符合乔瓦尼·庞塔诺提出的理论：这个艺术和科学的赞助人想把自己也变成学者，而且是以艺术为家的学者。

艺术家用20年的时间为同一个资助人工作，有时候这是最佳选择，就像在乌尔比诺一样，艺术家可以为艺术修一座直到今天仍岿然不动的宫殿。比如，如果艺术资助人布兰达·卡斯蒂廖内没有建造宫殿，并且没有让马索利诺为礼拜堂绘制湿壁画，那么今天伦巴第的小城卡斯蒂廖内·奥洛纳会是怎样一副模样？没有庇护二世的皮恩扎会是怎样一番景象？图像和建筑物都流传至今，但那时的游行、节庆和歌剧表演最多只留下几幅画，或在编年史中仅仅留下一行记载。但事实上很多一流艺术家经常绘制布景、发明设备或策划这些活动，肯定曾有一些表演令人过目不忘。

就像费德里科在亚平宁山脉建造的魔幻城堡一样，文艺复兴时期的无数住所都把艺术关怀和科学促进融合在一起，两者早已成为统治者习惯的一种方式。整个欧洲出现了权力、艺术和科学的紧密联盟，这一重要联系昭显了科学革命的历史，宫廷在其中发挥了重要作用。最重要的是，在改革国家组织形式的背景下，自然科学和技术变得越来越重要。弗朗西斯·培根不是第一个认识到"知识就是力量"的人。交易所的代理商、书籍收藏家和古董收藏家、艺术家和知识分子的人数激增。交流网络的扩大，以及相互借阅手稿让这些人的联系越来越不可分割。贵族图书馆里（在这方面，蒙特费尔特罗家族和美第奇家族都很开明）有许多借阅卡上显示书籍已归还多年，又或是永远都没归还，这是有史以来最早的图书管理系统。有时，创意者们一起生活在国王宫殿或贵族官邸的屋檐下，他们激烈辩论、相互学习。他们设法得到统治者的青睐，或是为君主王侯书写颂词，或是怀揣着推荐信，但是一旦王位更迭或教皇换任，一切都会结束，比赛重新开始。他们编造故事，创作诗歌，书写历史，并把各种知识杂糅在一起，以此取悦某位尊贵的君主、阁下或圣人。

让我们以一个二流人文主义者、出生于帕维亚的彼得罗·坎迪多·德森布里奥（Pier Candido Decembrio，1399—1477）为例。他的父亲翁贝托·德森布里奥（Uberto Decembrio）是一位人文主义者和专业律师，在米兰供职，他与赫里索洛拉斯合译了柏拉图的《理想国》，一时声名大噪。彼得罗也被领进新文化的人脉网中，并结识了加斯帕里诺·巴尔齐扎——这位可是阿尔贝蒂、维托里诺·达·费尔特和弗朗切斯科·费勒弗的尊师。彼得罗为热那亚总督致献了一部作品——《论自由七艺的发明者》。他在米兰公爵菲利波·马里亚·维斯孔蒂的宫廷任职30年，以外交官身份行走欧洲，还把经典作品翻译成当地语言，比如恺撒的著作和库尔修斯·鲁弗斯（Curtius Rufus）的《亚历山大大帝史传》。与他保持通信的人中有一些著名人物：莱昂纳多·布鲁尼、洛伦佐·瓦拉以及格洛斯特公爵汉弗莱，他甚至把自己翻译的柏拉图著作寄给汉弗莱。有一次，他请求格洛斯特公爵资助他购买一座彼特拉克曾住过的别墅，但他的工作似乎没有得到一分钱报酬。

1447年，彼得罗·坎迪多犯了一个错误，他与短命的安布罗斯共和国纠缠太深，未能成功赢得强者弗朗切斯科·斯福尔扎的青睐。出于好感，尼古拉五世为他提供了一个薪资丰厚的教皇书记官的职位。但继任教皇没那么大方，彼得罗不得不寻找新的庇护人。他先是待在阿方索五世的那不勒斯，但阿方索去世后这里也陷入混乱，彼得罗最终辗转到达费拉拉。为了向大公博尔索·埃斯特表达谢意，他为其撰写了一本关于瘟疫的书籍。从1467年开始，彼得罗一直住在这个波河附近的人文主义小城。1477年，彼得罗在即将去世之前终于重返米兰。他的漫游生活表明，一个思想敏捷的人可以拥有无限的可能性，就像他在意大利寻找资助人的探险一样。他死后被葬在圣安布罗斯教堂，墓志铭中声称他写了127本书，其中最重要的是菲利波·马里亚·维斯孔蒂的传记。

正如一句谚语所说，伴君如伴虎，彼得罗和他的同伴对此深有体会。一句错误的话就能让人失去恩宠和金钱，但生命和肉体很少受到威胁。1433年，我们前文提到的漫游文人弗朗切斯科·费勒弗险遭科西莫·德·美第奇的暗杀——当以卢卡·德利·阿尔比齐（Luca degli Albizzi）为首的叛变分子似乎要获胜时，他曾激烈地嘲讽美第奇家族。从此，他脸上的疤痕时刻提醒他那次未遂的谋杀。第二次袭击——费勒弗此时已经前往锡耶纳——也以失败告终。由此出现了人文主义历史上的一次独特事件：人文主义者自己雇用一个刺客，以便杀掉前来行刺的刺客及其背后的始作俑者，包括科西莫·德·美第奇。但是，费勒弗在锡耶纳的计划遭泄露。他的影子杀手是一个来自雅典的希腊人，此人被锡耶纳人砍下了双手。如果他们抓住了费勒弗，他们可能会对这位口才大师施以严厉惩罚，割掉他的舌头！人文主义的春天确实有其野蛮的一面。费勒弗是个刺儿头，一个谋反者、可能的谋杀者，同时也是文风辛辣的作家和撰写道德哲学文章的作者。他的形象显示出这个时代典型的双面性，雅各布·布克哈特说从中能看到他生活的那个时代的雏形。

在柏拉图的天空

"主调是哀伤的，但展现的对象却狂野又崇高，"历史学家海登·怀特（Hayden White）对雅各布·布克哈特关于文艺复兴的书如此评价道，"这本书完全是'现实主义'风格，拒绝掩盖任何粗俗或暴力的内容，但读者却不断想到在人类的不完美之上生出的花朵。本书意图是具有讽刺意味的。整本书中，那个充满创造和辉煌的时代与历史学家自己的灰色世界形成不言而喻的对比，即19世纪下半叶的欧洲社会。"这个世界不仅因为工业化而变得灰暗，同时也是一个紧张的时代。布克哈特叙述的主要目标是剖析这种对现代化的不适。同时，《意大利文艺复兴时期的文化》是一本怀念之书，其作者知道自己已经被上帝抛弃。

除了艺术，文艺复兴中的柏拉图哲学也为布克哈特所用。在书的最后，布克哈特仔细研究了"伟大的"洛伦佐时代，此时柏拉图主义在佛罗伦萨复兴。这本巨著的最后几句话蕴含着布克哈特自己满怀温柔的哀伤："在此，中世纪的神秘主义与新柏拉图主义学说，以及一种独特的现代精神产生了共鸣。也许，有关世界和人类的知识的最高成就已经在这里结出硕果，单凭这样的成就，意大利文艺复兴就必须被看作我们这个时代的先驱。"实际上，在15世纪下半叶，对哲学的兴趣似乎在佛罗伦萨高涨。早期，柏拉图被看作喜欢进行批判性公开讨论的人，是一个修辞学的专家，其地位不如神学家。但人们忽视了《理想国》中一些危及道德的观点，比如共妻。一些似乎能够连接信仰和智慧的学说在这一时期实现突破。这样，一群学者逐渐聚集起来，以奥古斯丁的研究为起点展开研究。

哲学的伟大复兴由马尔西利奥·菲奇诺（1433—1499）发起，他的家乡在阿诺河谷的菲利内，这是一个略微驼背的瘦削男子，说话还有点口吃。他住在卡雷吉附近的一个庄园，科西莫·德·美第奇把佃租收益都转赠给他，他在这里可以无忧无虑地与朋友、恩主和学生高谈阔论。除了阿尔贝蒂，洛伦佐·德·美第奇的诗人安吉洛·波利齐亚诺（Angelo Poliziano，1454—1494）也加入了这个被称为"柏拉图学园"的圈子。路易吉·普尔西也在此列，他创作了一部模仿骑士诗歌的《莫尔甘特》（Morgante）。另外还有克里斯托弗罗·兰迪诺。菲奇诺对古人的热切敬意是如此之高，以至他过着毕达哥拉斯式的素食主义生活。当清晨的太阳普照托斯卡纳的山丘时，他会弹起七弦琴。他认为，要让音乐与天体和谐达成一致，这样便可以保持健康。灵魂和身体都是他写作的主题，这反映出他的双重职业：既是医生，又是神父。他在《人生三书》中开出一些处方，告诉人们如何才能长寿，尤其是健康且长寿。他把卜列东称作"另一个柏拉图"，并追随卜列东和库萨的尼古拉，试图从赫尔墨斯·特里斯墨吉斯忒斯的著作中破解出一种远古神学，从而克服真实信仰与虚假宗教之间的"马赛克式的细碎区别"。《圣经·新约·约翰福音》中创造世界的太初之"道"，即上帝，在不同时代或地点通过不同的仪式被崇拜，这在菲奇诺看来并不是缺陷，而是神希望看到更加美丽的宇宙。布克哈特对此深表赞同，认为这是"对知识最高的敬畏"。

1462年，科西莫·德·美第奇委托菲奇诺将从拜占庭流传到意大利的赫尔墨斯手稿抄本翻译成拉丁文。菲奇诺称赫尔墨斯是"最伟大的哲学家、最伟大的司祭和最伟大的国王"，他的智慧在菲奇诺看来是"远古神学"的巅峰。因此，菲奇诺尝试创建新的柏拉图主义和基督教。他对柏拉图著作的翻译直到19世纪仍无人能及。菲奇诺还把亚里士多德所谓的"激情的阴影世界"[1]和他的经验方法整合到自己的体系中。他将不朽的灵魂描述为精神与物质、统一性与多重性、停歇与运动之间的中介，称它为"世界的结"，把宇宙统一起来。因为灵魂是造物主的一面镜子，所以对自我的认知会引发对上帝的认知。

菲奇诺的宇宙是在托勒密和亚略巴古的狄奥尼修斯的理论基础上建立的一个有等级的结构，由天使守护，有恶魔居住，普罗提诺的"太一"也在其中发挥作用。菲奇诺的宇宙被神圣的真理和美德照耀，这光芒就是上帝本身。灵魂的所有渴望都旨在与上帝合一。理智和意志是"双翼"，帮助灵魂返回上帝身边，这是灵魂的起源。菲奇诺在1484年所著的《爱》中认为，让灵魂飞升的宇宙能量就是爱（eros），正是这种能量推动了荣耀事业的发展，滋养了对知识的追求，甚至创造了财富。爱能够将混乱化为有序，展现出对美的渴望，从而

---

1 柏拉图学派和亚里士多德学派都认为，美德是人们想要获得幸福生活的一个决定性前提。激情被视为阴暗的东西，人们必须掌控那些非理性的、"阴暗"的欲望和激情，激情和冲动应该被理智所驯服。激情与理智要保持平衡，这一观点也是亚里士多德的"中庸"（mesotes）学说的核心。

彰显对绝对善良的上帝的渴望，他的"光辉"或者说光芒是宇宙中最美丽的。在地球上，爱可能体现为"某种恩典，通常是多者的和谐结合"，或者体现在善良和正确的举动中。爱与观察有关，与触摸关联较少，与性几乎无关。这种学说在16世纪出现了多种形式的变体。

菲奇诺不仅视自己为语言学家或神学家，更是天意的工具，他的天职就是治愈灵魂和国家。有时，异象给予他启迪。他能够与死者交谈，例如刚刚去世的科西莫·德·美第奇。在他的作品中可以发现大量混乱和阴暗的内容。他宣称可以借助天上的力量来复活物品，比如雕像等。他还提出详尽复杂的恶魔学说。此外，以前从来没有人像这位诗意的哲学家一样用赞美诗般的语调描绘爱情与死亡的场景，以及自我如何飞升至最高境界。他的作品开始在欧洲流传。

乔瓦尼·皮科·德拉·米兰多拉（Giovanni Pico della Mirandola，1463—1494）[1]视菲奇诺为精神上的兄长，他也寻找所有共同的启示。一个卡斯蒂利亚神父曾提出独特观点，认为无论是天主教徒、犹太人还是穆斯林，都可以在自己的宗教信仰中得到救赎，皮科·德拉·米兰多拉对此深表赞同。他是人文主义者中最早学会希伯来语的人之一，而且在其不朽著作中援引了犹太人经典。他提出了至少900多个论题，列举了许多相互矛盾的观点，其中许多都能看出库萨的尼古拉对他的影响。这些论题总结了当时人们能够积累的哲学知识总和，包括经院哲学、希腊典籍、阿拉伯哲学、卡巴拉和赫尔墨斯主义的教义。皮科把其中超过一半的结论作为"自己的观点"：关于上帝和数学的论点，对神秘赞美诗、迦勒底神谕的看法，以及对魔法的态度。

皮科本打算在1486年前往罗马，邀请了一班学者对自己的观点进行公开辩

---

1 他曾在帕多瓦学习亚里士多德哲学，结识菲奇诺后成为新柏拉图主义者，并对希伯来神秘哲学产生兴趣，成为以神秘哲学的理论拥护基督教神学的第一位基督教学者。毕业后他周游各地，并参加了佛罗伦萨的柏拉图学园。皮科精通希腊语、拉丁语、多种欧洲语言和东方语言，熟悉古代文献和各种哲学学说，曾有"神童"之誉。他企图调和柏拉图主义和亚里士多德主义的对立，建立一个全人类的世界宗教，把希腊文化、犹太文化和基督教文化统一起来。

论，但被英诺森八世阻挠。[1]皮科被怀疑是异端者，不得不出逃。他在佛罗伦萨附近的菲耶索莱找到了避难所，这里是美第奇家族的领地。他雄心勃勃地想要融合柏拉图和亚里士多德的观点，作为初步尝试，他在这里创作了《论存在与一》（*Über das Seiende und das Eine*）。这是一本"否定神学"的作品，仅仅把上帝看作"一"，是"真实""善良""存在"。他同时还写下了《论创世记七日》（*Heptaplus*），该书对《圣经·旧约·创世记》进行了深奥的解释，试图破译《圣经》里的经文、字母和数字的隐藏含义。皮科还借鉴了卡巴拉这一神秘的学说——根据犹太教的说法，它起源于上帝在西奈山上对摩西所说的话。米兰多拉伯爵为基督教对卡巴拉学说的接受打下了最重要的基础。在生命的最后几年，他受到佛罗伦萨的政治舞台上一位新演员的启发，转而鄙视肉体和尘世。这位新登场的人物是圣马可修道院的先驱吉罗拉莫·萨沃纳罗拉（Girolamo Savonarola，1452—1498），他打算将佛罗伦萨纳入神权政治之下。

这个时代充斥着辩证法、批评和宗教怀疑，皮科的哲学满足了人们对和谐与真理的渴望。"伟大的"洛伦佐在他最美的一首十四行诗中写道："哦，上帝，至善之神，你怎么做到的／我只寻你，却从未找到？"有关如何面对这些这些不确定，菲奇诺、皮科和萨沃纳罗拉，就像之后的路德一样，给出了截然不同的答案。1520年，当德意志宗教改革的风暴开始出现时，乔瓦尼的侄子和传记作者吉安弗朗西斯科·皮科（Gianfrancesco Pico）谴责所有异教哲学，包括柏拉图的思想，认为它们都是感官和理智的不可靠产物，只有基督教的教义才能引导人们走向真理。这种可能性仍然是开放的。

形成于卡雷吉的对话可能表达了这些人的立场，他们想要通过自己的活动和双手与世界保持距离。当他们在凉爽的阳台上啜着冷饮——至少人们可以这样想象——谈论光和爱时，在附近的佛罗伦萨，科西莫·德·美第奇的木偶戏即将落下帷幕，在科西莫的孙子洛伦佐的统治下，佛罗伦萨共和国的外立面即

---

1 他为这次讨论会所撰写的开幕式讲演稿，在他去世后以《论人的尊严》为名发表，被称为"文艺复兴时代的宣言"。

将坍塌，战争和仇杀盛行。恐怖统治者洛伦佐的诗歌却与这种混乱的现实形成鲜明对比：爱情歌曲、幽默诗、如上面刚刚引用的宗教诗，还有描绘美丽自然的诗歌，水仙、牧神和牧羊人尽情嬉戏。这段逝去的历史留下的最著名的印记是一首传唱甚广的关于酒神巴克斯与美女阿里阿德涅的歌谣。从中可以看出，美第奇想要称颂田园，但对其脆弱却心知肚明："年轻的时光多么美好／却不断流逝。／谁想要快乐，就及时行乐！看啊：／明朝也无法确保。"

美好日子的终结

佛罗伦萨附近的卡雷吉，1492年4月8日。诗人、艺术资助人和凶手洛伦佐在他华丽的别墅中等待死亡降临。黄昏将至，暮光渐退，古董花瓶在架子上隐隐闪光；墙上挂着金色的挂毯。病弱的老者瘫坐在一张扶手椅上，被他的诗人和学者所包围：老迈的菲奇诺和皮科·德拉·米兰多拉，波利齐亚诺和普尔西，私人医生和占星家皮耶罗·莱昂尼·达·斯波莱托。洛伦佐的情妇，迷人的菲奥蕾（Fiore）特意请来另一位客人——即将统治佛罗伦萨的费拉拉人吉罗拉莫·萨沃纳罗拉来陪伴这位"伟大的"人度过生命中的最后几小时。萨沃纳罗拉曾经和菲奥蕾同床共枕，后来却因为被这个美丽的人儿抛弃，在绝望中变成了僧侣。洛伦佐已经陷入狂热，他预知到他的城市将遭到威胁。在绝望的高呼中，他捍卫开放的人文主义文化，为好奇心和对话、艺术与精神辩护，它们是生活巨大的双翼。"我要折断它们，这巨大的双翼。"僧侣宣布说。洛伦佐反击他："死亡就是你所宣称的精神，所有生命的生命是艺术！我要阻止你。我仍然是这里的主人。"但是这无济于事，生命在消散，洛伦佐咽下最后一口气。随他下葬的是文艺复兴初期的佛罗伦萨。菲奥蕾徒劳地要求这位修道院院长交出权力并继续回修道院修行。"听啊！离远点！你点燃的烈火将吞噬你，你自己也逃不过，它将会净化你和你的世界。"

刚刚描述的场景并未真正发生，它取材于托马斯·曼（Thomas Mann）的话剧《菲奥伦扎》（Fiorenza），该剧于1906年首演。菲奥蕾是美丽的情妇，她就是洛伦佐的佛罗伦萨城，此时将被交付与那个费拉拉人。洛伦佐的儿子和继任者皮耶罗·德·美第奇，也就是这部剧的主人公，与托马斯·曼的刻画完全相符：政治上的弱者和卑鄙的独裁者。他的兄弟枢机主教乔瓦尼·德·美第奇（Giovanni de' Medici）——后来的教皇利奥十世（Leo X，1513—1521年在位）——是一流的艺术爱好者。萨沃纳罗拉确实见证了"伟大的"洛伦佐的去世过程，这有据可循，尽管他只是以告解神父的身份前来，因为他是美第奇家族圣马可修道院的院长。

托马斯·曼的戏剧就像布克哈特的历史研究。他在创作这部话剧时，正好经常出入他的岳父阿尔弗雷德·普林斯海姆（Alfred Pringsheim）在慕尼黑的别墅，于是就以此为原型来描绘洛伦佐的宅邸。即使在一些比较不出名的作品（如《菲奥伦扎》）中，作家本人也有重要的创作思路。他通过洛伦佐和萨沃纳罗拉之间的对话渲染了一种紧张的局势，这不仅是欧洲过去几百年历史的写照，也反映了当时的宗教与世界、哲学与宗教之间对权力的激烈争夺，一方面是虔诚与禁欲主义的对立，另一方面是抑制不住的对俗世那些美丽恶习的喜爱。文艺复兴时期的佛罗伦萨是一个话语革命的大都会，这里的矛盾比任何地方都更加激化：佛罗伦萨是一座让人止不住嘴的城市（città di parlare avida），热爱嘲讽和污言秽语——但在圣人的祭坛面前人们能够做到默默祈祷。这座城市似乎同时具有理性和神秘，虔诚与不敬在这里共存。当菲奇诺和皮科飞升到天空时，路易吉·普尔西拒绝天主教的葬礼仪式，因为他否认奇迹的发生，并以伊壁鸠鲁式的口吻称灵魂是"一片热面包里的松仁"。萨沃纳罗拉是个热切的信徒，他要求绝对虔诚，而与他同时代的年轻的马基雅维利则把卢克莱修的教谕诗一字不漏地抄写下来，这一抄写工作是为进入冰冷的世界做准备。

但是，人们想到洛伦佐的佛罗伦萨时，并非只有那些伊壁鸠鲁式的享乐生活、谋杀和昂贵的小规模战争，更有这位"伟大的"人的神话，他已经成为艺术资助人的代名词。他不仅是一个残酷的权力人物，而且长相也有些丑陋——橄榄色的肤色、扁平的鼻子和青蛙一样的大嘴巴。阿拉曼诺·里努奇尼（Alamanno Rinuccini）在1479年一篇呼吁自由的檄文中把洛伦佐比作阿克拉加斯（今阿格里真托）残暴的君主，称他为"佛罗伦萨的法拉里斯[1]"；他能因为赞助艺术和带来和平而享有盛名，这首先要归功于马基雅维利。洛伦佐为佛罗伦萨准备了一场永恒的盛会，这里有古代风格的骑士比武、胜利和戏剧。然而，这是一种机会主义的观点，因为洛伦佐的侄子委托马基雅维利书写了这部赞美洛伦佐的《佛罗伦萨史》。

在"伟大的"洛伦佐死后，局势逐渐恶化。1494年，法国国王查理八世（Karl Ⅷ，1483—1498年在位）在"摩尔人"卢多维科·斯福尔扎和教皇的支持下，率领大军挺进托斯卡纳。他的目标是那不勒斯，查理八世打算支持他的族人在那里与阿拉贡作战。皮耶罗·德·美第奇继承了父亲的无情却没有政治手腕，得到一个名副其实的绰号"不幸者"。他打开城门迎接查理。是可忍，孰不可忍，皮耶罗和大部分的美第奇族人在"人民与自由！"的口号中被逐出佛罗伦萨，他们的银行也随之倒闭。在接下来不到20年的时间里，一个由1000多人组成的议院和一个由80名委员组成的理事会负责裁决这座城市的命运。但是，新成立的政权也无法阻止比萨向法国统治者甘心称臣。当查理率军南下时，阿诺河畔迎来了萨沃纳罗拉的时代。皮科·德拉·米兰多拉没有亲历这个僧侣的统治，他于31岁时英年早逝。他之前还曾写过一篇反对占星术的文章，他认为人类赢得与上帝的亲密关系的前提是自由意志，而占星体系与此相矛盾。

意大利的平衡伴随着法国的入侵永远消失了。意大利成为大国相争的竞技场。这里软弱的共和国和君主制几乎无法与那些大国抗衡。查理八世的军

---

1 法拉里斯最爱用各种酷刑杀人，公元前570年，一个雅典的铜匠佩里洛斯献上了一个铜制的公牛，牛肚子有个小门，能将受刑者关进牛腹，然后点火炙烤铜牛底部，将受刑者活活烤死。更加残酷的是，牛头精心设计了一套铜管系统，受刑者忍受痛苦不断发出高频率的尖叫，声音经过波纹管后转化成了公牛的哞哞叫声。同时，铜牛体内炙烤产生的高温气体，会从嘴边冒出烟——实施刑罚时，外表看上去就像一只正在吐气低吼的公牛。据说，暴君法拉里斯非常欣赏，但为了验证效果，将铜匠佩里洛斯第一个投入牛腹。

队拥有机动野战炮、重型骑兵和经验丰富的瑞士雇佣军，一切都预示着灾难即将来临。然而，在政治动荡之外，艺术渴望攀上新的巅峰。在意大利这个最黑暗的时期，所谓的"文艺复兴全盛期"却渐渐成形。同时，新事物不断催发更多的新事物来到这个世界。现代性这座巍峨的高山在峰回路转后陡然出现。

24. 媒介革命

插图33：菲利普·加勒摹约翰内斯·斯特拉丹努斯，《印刷工坊》，约1580年，柏林，德国历史博物馆

美因茨启程

意大利学者和艺术家虽然对古代进行了创造性的改造，但也把古代引入欧洲的视野。他们扩大了世俗的领域，开创了批判性的、开放的思维方式，话语革命也因为他们变得不可逆转。这时，世界历史的第一场巨变在欧洲大陆北部悄悄开始。第一个舞台是一个位于拉丁欧洲影响范围内的德国小城：美因茨。

美因茨始建于罗马时代，在15世纪中叶最多有7000名居民。小城的财务状况糟糕，而行会与家族之间的关系也很紧张，作为帝国宗教领域的三大选帝侯之一的美因茨大主教渔翁得利，顺利掌握大权，当时的公民因而失去了最后的自由权利。1462年，在"美因茨教区之战"（一场争夺主教宝座的战争冲突）之后，公民彻底失去了自由。美因茨是一座显而易见的宗教城市。这里有16个修道院、10个教会济贫院和1座主教座堂，还有数不清的教堂、贝居安会院，他们的祈祷声响彻云霄。朝圣者在古教堂中朝拜这座城市最珍贵的圣人遗物——基督的裹尸布。美因茨坐落于莱茵河和美因河畔，在这里中世纪晚期的城镇所需要的一切都应有尽有。最著名的出口产品似乎是"马延斯和巴荣讷的火腿"，这种火腿在文学中也享有美誉，拉伯雷在《巨人传》中也提过。

这个地方看起来有些狭隘和土气，却诞生了人类历史上最重要的两项发明：印刷机和活字，它们都与约翰内斯·古登堡这个名字联系在一起。古登堡来自根斯弗莱施（Gensfleisch）家族，这是一个富裕的贵族家庭，其姓氏来自古登堡宅院：1400年前后，他在那里呱呱坠地。古登堡的父亲曾为他提供资助，让他在隶属于美因茨选区的埃尔福特大学读书。古登堡之所以能有精湛的手艺，可能是因为他做过金匠的学徒。1434—1444年，出于未知的原因，他在斯特拉斯堡停留。在这里，他组织制作了当时非常流行的"朝圣镜"，朝圣者在前往亚琛的"救赎之旅"中都会携带。他们可以在镜中看到圣母的裙子或耶稣的褓褓布发出的光线，完成所谓的"与圣物进行目光接触"。这些用铅和锡制成的镜子，制作工艺可能与后来铸造字母的技术类似，即用83%的铅、9%的锡，其余为锑、铜和铁浇铸。古登堡肯定接触过活动的模具，这项工作也是在美因茨进行。他选择了一本绝对好卖的书作为尝试：埃利乌斯·多纳图斯的《拉丁语语法》，人们在生活中经常要用到。这本书的实际销量可能高达1万册。1454年底，古登堡印刷了呼吁人们对奥斯曼土耳其作战的倡议书，一年后的赎罪券也是用这项新技术制作的。

关于继文字和字母的发明之后的第三次媒介革命是如何开始的，人们知之甚少。一个重要的先决条件可能是繁荣的贸易——人们因此获得了金属、颜料以及最重要的纸，而这在当时是相对较新的材料。没有中国的发明，就不会有古登堡革命。算术可以证明这一点：15世纪有差不多2.7万本古版书出版，平均每本发行约400册，如果要在羊皮纸上印刷，就需要超过2.16亿张动物皮！此外，印刷术的发明还需要人们掌握各方面的精湛工艺，才能制造相关设备并精通铸造技术。所有这些条件都汇集在小小的美因茨。

媒介革命并不一定非得从这里开始。在欧洲广阔的探索空间中，许多地方都在实验这项白纸黑字的技术。通往新印刷技术的第一步已经迈出。凸版印刷是一项古老的技术，早就用来制作"费斯托斯圆盘"。最迟在公元9世纪，中国就掌握了木刻技术。欧洲也已经出现了活页本书籍，每一页纸上的插图和文字均由同一块木版印刷。但是在硬木上雕刻左右颠倒的字母自然是一件烦琐的事，人们通常只是用来印刷图片，并在图片间留出空隙进行手写。欧洲人很可能受到从中国进口的年历、日历或纸币的启发，但我们并没有准确的消息来源。一个西班牙人曾说，中国人似乎相信，古登堡看到了商人带回的书籍并受到启发，所以他绝不是新技术的发明者。

除了木刻和凸版印刷，另一项技术在1420年前后问世：铜版雕刻。这项技术最初的发源地不详，可能也是德国。15世纪20至50年代，阿尔萨斯的工匠可能就在金属上雕刻过纸牌并以此印制。不久之后，一位署名为"E. S."的纸牌大师在1450—1467年也开始雕刻金属板。他可能在莱茵河上游地区做活；他有100多张雕版流传至今。生活在博霍尔特的伊萨·冯·梅克内姆（Israel van Meckenem，1430/1440—1503）用铜板复刻了这位纸牌大师和其他工匠的雕版。伊萨的父亲老伊萨是一名雕刻饰物的金匠，他们父子二人让铜版雕刻艺术声名大噪。不仅艺术品在该时期进入了可机械复制的时代，铜版雕刻的出现可能与古登堡的发明也有直接联系。无论如何，前面提到的纸牌大师使用的样本书就来自美因茨，而古登堡很有可能借鉴了他的想法。想象一下，一场改变世界的头脑风暴可能是纸牌游戏引发的！和所有复杂的创新一样，古登堡的成就源自他成功地将不同的发展潮流汇集起来。

开发项目是一回事，而完善项目是另一回事。单独一个人很少能迈出决定性的好几步。印刷术有三大步：首先，制作每个字母的活体字块；其次，使用金属，这样每版印刷量就远超木制雕版；最后，使用印刷机，其原理就像美因茨的酿酒商使用的转轴榨汁机。这种机器的历史可以追溯到古罗马时代。

印刷机可以让涂料均匀地呈现在先前已打湿的纸上。为了制造这种机器，必须开发铸造机和模腔。模腔是先在钢棍上雕刻出左右颠倒的字母，再用它敲击铜板，这时铜板上的字母就是正确顺序，然后再浇铸出无数活字块，一般是铅质的，这时候字母又变成左右颠倒了。另外，人们还要制作角钩、框架、压机盖、印刷版和其他配件。剩下的工作就没那么复杂了：把字母排成文本。古登堡用的颜料是煤灰、清漆和蛋清的混合物：他可能是从一位美因茨画家那里得到了灵感。

起初，印刷机只能印刷单面文本。技术很快就有了突破，可以进行双面印刷。最终，印刷机可以将多达16页的内容放在一张大纸上，只要排版正确，在经过折叠、切割后可以直接装订成书。当古登堡决定印刷《圣经》时，这一技术已经成熟。《圣经》是可预见的畅销书。由于古登堡的计划已经发展到巨大的规模，一种对所有重大创新都不可或缺的燃料在这时必须投入使用：资本。《〈圣经〉武加大译本》共1282页，每页42行，需要约10万个活字块和108令（1令为500张）纸。在大约两年半的时间里，一共制作出180本《圣经》，投入工作的印刷机超过12台，还有4~6名排字工人和许多学徒。仅从意大利采购纸张和羊皮纸（这版《圣经》有些印在羊皮纸上）的成本就超过1000古尔盾[1]。

1 古尔盾（gulden），德语国家或地区的一种货币计量单位。14世纪，莱茵兰诸侯们统一了仿造弗罗林金币的标准，统称"莱茵盾"，简称"盾"，其音译即为"古尔盾"。

最终，古登堡在他的主要债权人约翰内斯·福斯特（Johannes Fust）那里欠下包括未付利息在内共2020古尔盾。为了抵债，古登堡不得不交出所有设备和已经生产的书籍。但是，似乎只要再多给他一点时间，就可以扭转破产的颓势。早在1454年秋天，《圣经》的第一批样品就在法兰克福博览会上出售。埃涅阿·西尔维奥·皮科洛米尼为我们留下记录，他惊叹于书中"最整洁和正确"的文字，即使不戴眼镜也很容易阅读。他还提到，所有的书都已售罄。这项发明简直令人难以置信，以至福斯特在巴黎出售《圣经》时，人们怀疑他与魔鬼订了约。如果不是魔鬼施法，怎么可能在这么短的时间内生产出这么多书呢？

福斯特联合古登堡的徒工彼得·舍费尔（Peter Schöffer）继续运行这个项目。1457年，他们二人推出了全部彩印的《诗篇》，后又出版了许多经典法律文本和另一版《圣经》。大师古登堡此时只能勉强度日，但最终，他赢得了大主教和选帝侯拿骚的阿道夫二世的青睐。他被免除税务和劳役，又得到赏赐的美酒佳肴和满屋的华裳，在美因茨安度晚年。1468年，他在这里去世。这个人对世界的改变超过任何一个在他之前和——直到今天——之后的个体，但他既没有留下肖像，也没有留下一块墓碑。

古登堡大陆

在古登堡那里受过培训的学徒首先把这项新艺术介绍给世界，甚至还出现商业间谍活动。据说，查理七世将他的铸币大师送到美因茨，以便了解古登堡工坊的情况。1460年前后，有关这项发明的知识已经传到班贝格和斯特拉斯堡。1464年，福斯特和舍费尔的一个学徒把它带到科隆、奥格斯堡和纽伦堡。两名德国印刷商又带着它翻越阿尔卑斯山，并在苏比亚科的一个本笃会修道院安顿下来。他们在这里首开先河，开始仿照古罗马典籍制作罗马体拉丁字母的活字。不久后，古登堡的艺术就出现在罗马——阿尔贝蒂对它的印象十分深刻——1469年又在威尼斯现身。在巴黎，撰写了修辞学教材的萨伏依人纪尧姆·菲谢（Guillaume Fichet）与德国神学家约翰·海因林（Johann Heynlin）合作开设了一家印刷厂。

美因茨的发明以惊人的速度占领欧洲。印刷机的用处及其带来的利润空间都显而易见。15世纪70年代，印刷机出现在索邦，然后到达那不勒斯和墨西拿，随后是佛罗伦萨和福利尼奥、里昂、阿尔比和图卢兹，以及更东边的布达[1]。1474年，瓦伦西亚也出现了印刷工坊。同年，英语书籍在布鲁日出版，两年后在伦敦也有英语书籍问世。威廉·卡克斯顿（William Caxton）身兼数职，他既是译者又是出版商，是商人也是外交官，游历甚广的他在科隆学会了印刷术。科隆的商人们反过来又投资威尼斯的印刷工坊。在这个潟湖城，法国人尼古拉斯·詹森（Nicolas Jenson，约1420—1480）继续设计罗马体拉丁字母，这种优雅的字体超越了以前的所有字体，从而树立了新的标准。威尼斯最重要的印刷工坊是阿尔杜斯·马努提乌斯（Aldus Manutius，1449—1515）[2]开设的，这家印刷工坊的专长是印刷希腊文书籍，两位来自克里特岛的希腊人是排版的中坚力量。威尼斯甚至印刷了西里尔字母的书籍。受泽塔[3]侯爵的委托，拥有圣职的修士马卡里耶（Makarije）在威尼斯购置了一台印刷机，1493年，他开始在黑山的家乡印刷礼仪著作、诗篇和福音书。

1500年前后，欧洲有250多家印刷工坊，它们永远改变了欧洲媒介的局面。古登堡印刷180本《圣经》所用的时间，一个抄写员仅仅能复制一本。由于发行量大增，每本书的成本下降，价格也随之降低。1470年前后，一本250页大开本的书跟一座小房子的价格相当。而在1495—1498年，阿尔杜斯

---

1 布达是以前匈牙利王国的首都，位于今天的匈牙利首都布达佩斯的西部，多瑙河西岸，后来和佩斯城合并为布达佩斯城。

2 又名阿尔杜·马努齐奥（Aldo Manuzio）。他创建了包括逗号、分号、冒号、句号和问号在内的标准化的标点符号系统，用于其创办的阿尔丁出版社出版的图书。他也是斜体活字的发明者，最早是为了在页面中排下更多的文字，减少篇幅。斜体后来传到法国，被称为"阿尔杜斯的意大利体"，斜体的英文就是"Italic"。

3 公元9世纪，黑山民族建立了名叫"杜克利亚"的国家。11世纪，"杜克利亚"改称"泽塔"，并在12世纪末并入塞尔维亚，成为其行政省。1389年奥斯曼土耳其人在科索沃战役中击败了塞尔维亚人，黑山重新获得独立。

印刷的五卷本《亚里士多德全集》只要15~20个古尔盾，相当于一匹好马的价钱，也就是大学教授一到两个月的薪水。印刷的书籍种类也越来越丰富。比如，如果一个人在君士坦丁堡陷落的那年出生，等到他50岁的时候，这些年欧洲出版的书籍比君士坦丁堡在博斯普鲁斯海峡建城以来出现的所有书籍还要多。换成数字来说的话：中世纪初期，每个世纪大约有1.2万本手稿出现，15世纪手稿的数值是500万，书籍则高达1250万；1600年前后，这个数字增长到1.5亿~2.3亿。销售地点包括威尼斯、里昂、安特卫普和法兰克福的博览会。人文主义者康拉德·策尔蒂斯（Konrad Celtis）说，现在德国印刷的书籍如此之多，以至每个小酒馆都能看到《圣经》。"一切都被送进印刷机；再也没有秘密了，我们知道朱庇特在天上做什么，以及普鲁托在地下做什么。"早在1474年，威尼斯就发现有必要颁布一项法律，从而让印刷厂主约翰·冯·施派尔（Johann von Speyer）得到五年的垄断权，由此他可以掌控书籍的印刷和销售。12年后，马尔坎通尼奥·萨贝利科（Marcantonio Sabellico）就他所著的关于威尼斯的史书获得了第一个印刷特权，这是版权的前身。很快，木刻版画的绿洲就在铅字的沙漠中蔓延。

古登堡的发明很快取得突破，其决定性原因是它的受众很广、市场有巨大潜力。话语革命为它铺好了道路，纸张和货币经济之间的相互作用也越来越密切——社会不仅有丰厚的资本，而且识字的市民阶级已经形成，还有很多受过教育的普通人。事实证明，人们对阅读的渴求日益增长。自14世纪开始，人们更习惯安静地阅读，这样阅读速度更快。乔叟的作品已经为大众熟知。

中世纪盛期，阅读和写作都实现突破，文献也变得越来越丰富。第一批印刷品的分类就反映出广泛而丰富的主题，自12世纪以来就出现了明确的主题之分。许多印刷商心如明镜，知道哪些书能够热销。宗教书籍，尤其是《圣经》，就是其中之一；热衷于赚钱的卡克斯顿出版了很多英语书，1483年就发行了《金色传奇》的译本，这绝不是偶然，这简直是中世纪晚期最流行的一本书，另外就是《坎特伯雷故事集》和一本象棋入门书。卡克斯顿最初的出版物包括拉乌尔·勒菲弗（Raoul Lefèvre）所著的《特洛伊历史记载》和《伊阿宋

传奇》，后者是勒菲弗为瓦卢瓦王朝的国王"好人"腓力三世所写的骑士小
说。有用的日历和草药书籍——其中包括迪奥斯科里德斯的书——还有寓言和
经典作品都能带来收益。西塞罗的《论义务》于1465年在科隆出版，他的书信
集不久后在罗马发行。1469年，一直深受读者欢迎的维吉尔的作品也有第一版
印刷品问世。《十日谈》和彼特拉克的《歌集》于1470年发行，紧随其后的是
但丁的《神曲》。1489年，维庸的诗歌受到热捧，阿尔布雷希特·冯·艾伯的
《婚姻小书》虽然没有那么经典，但很有趣，也受到读者喜爱。在斯特拉斯
堡，约翰内斯·门特林（Johannes Mentelin）把维吉尔和泰伦提乌斯的喜剧作
品推向市场。琉善和卢克莱修的作品都找到了出版商，普劳图斯和奥维德也
不曾落后，包括奥维德的《爱的艺术》。托勒密的作品也出现在印刷工坊并
传播到欧洲的每个角落。

数量庞大的消费者群体步入一个迅猛发展的市场：虔诚的人想要找感化
书籍并购买赎罪券，学者、受过教育的人和想要接受教育的人几乎覆盖了所有
阶层。大学里的学生渴求书籍，城市需要设立议会图书馆，国家行政机构需要
法律文本，要传达给民众的书面命令多得让人眼花缭乱。越来越多的人开始读
书，越来越多的上了年纪的人也变成读者。这样一来，对眼镜的需求也增加
了。意大利的供货已经不能满足人们的需求。在阿尔卑斯山北侧也出现了蓬
勃发展的眼镜行业，其重要的附带效应就是玻璃的产量和质量都显著提高。
1478年，第一个有记载的眼镜工坊在纽伦堡成立，店主是"眼镜制造商"雅
各布·普费迈耶尔（Jacob Pfüllmair），当地的印刷工坊已有近10年的历史。
到15世纪末，又有11名同行加入。没有眼镜制造商在车间里积累的技术知
识，后续的发明简直无法想象，尤其是望远镜和显微镜等精密机械设备。科
学革命的"深刻历史"可以一直追溯到中世纪盛期的话语革命和15世纪的这
场媒介革命。

大坝之所以不会崩塌，是因为根本没有大坝存在：审查制度这时才刚刚
萌芽，到16世纪，随着新的公共领域迅速壮大，它已经变成不受欢迎的客人。
1485年，美因茨大主教贝特霍尔德·冯·亨内伯格（Berthold von Henneberg）

颁布了第一条相关法令：法兰克福博览会上所有德语的出版物都要受到管控。第五次拉特兰宗教会议也对类似问题进行商讨，十字准星瞄准的主要是用口语化的语言书写的书籍。他们既恐惧民众，又想要救赎民众的灵魂。但总有一些地方可以买到美因茨或罗马的神父们禁止传阅的书籍。印刷工坊不仅成为排字工、校对者、木刻工匠和作家的工作室，也变成思想发展的空间和学术争议的地点。最著名的例子是阿尔杜·马努齐奥的威尼斯工坊和约翰·弗罗本（Johann Froben）的巴塞尔工坊。

古登堡的发明让西方文明史中文化生活的条件发生了最激烈的变革。没有这些条件，美洲就不会在1492年被"发现"，16世纪很可能也不会出现哥白尼式的革新，也不会有新的物理学、新的解剖学，更不会有工业革命。然而，书籍从过去到现在一直都有两面性。西班牙方济各会的阿隆索·德·埃斯皮纳（Alonso de Espina）的《信仰堡垒》收录了所有著名的反犹言论，就是书籍负面性的早期例证之一。这部作品是一本对抗穆斯林、异端分子——包括亚里士多德等理性主义者——和危险恶魔的战斗手册，在15世纪就多次再版。

对这项新技术几乎没有批评的声音。像韦斯帕夏诺·达·比斯蒂奇这样的人曾经通过制作手稿而赚钱，他对印刷机充满鄙夷，这毫不奇怪。抄写员拥有精湛技艺，就像阿格诺城堡的狄博特·劳贝尔（Diebold Lauber）一样，他能做出"漂亮的"书，可惜他们的世界即将逝去且无法挽回。大多数的评论都称赞印刷术是上帝的礼物，知识不再像手稿时代那样容易散佚。交流的进程得到保障——拉丁欧洲发展成一个独一无二的、庞大的实验室。得益于古登堡的发明，欧洲的发展空间里涌现出许多参与这场伟大交流的人，一开始是几千个，最终达到几百万人。

25. 新世界

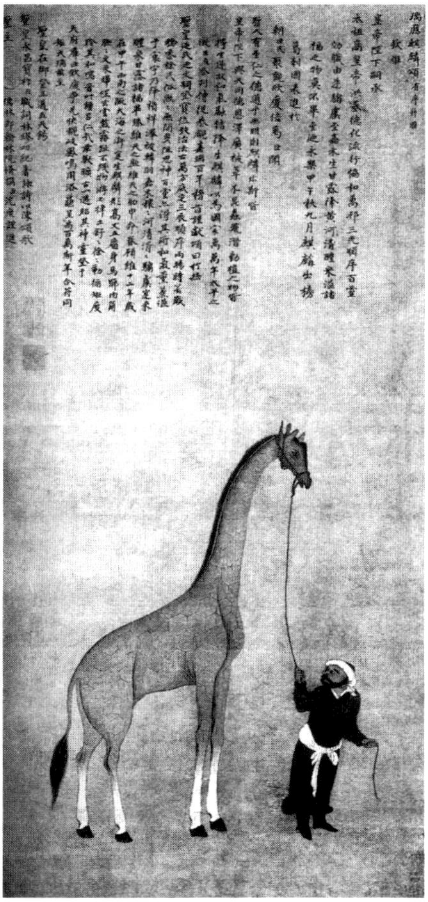

插图34：沈度，《长颈鹿》，1414年，费城艺术博物馆

南京、休达：世界史转折

南京，1405年10月。在永乐皇帝的命令下，“三保太监”郑和的舰队从南京出发驶向西方，这是有史以来最大的航海工程。为了建造船只，大片森林被夷为平地。这些圆木沿着长江顺流而下，在龙江造船厂里被用来搭建龙骨或被锯成木板，工匠们将其刷胶、上漆，然后仔细填缝。郑和的舰队共317艘船，其中包括令人叹为观止的长达85米的九桅船，以及2.8万名随行船员。成千上万的红色绸帆在仲秋的灰色季风中猎猎作响。大宝船上载有献给沿途国王的礼物和交易品：金子、瓷器、丝绸。除了士兵和马匹，船上还有占星家、医生和工匠。

这次旅程经过爪哇、苏门答腊和斯里兰卡，最后到达印度东南海岸。在此之后，舰队又进行了六次远航，远至马尔代夫、波斯湾、红海和东非的马林迪。一支中国使团抵达麦加，他们对克尔白天房汩汩流淌的散发着玫瑰香气的水惊叹不已，也见识到一群按照宗教信仰生活的幸福民众。这些有皇家龙纹雕饰的船只一般被命名为“纯和”或“永宁”，带有一定的政治目的：废黜当地令人不快的当权者，击退海盗并收缴朝贡品。舰队返回时，船上满载着奇特之物、珠宝和外来动物，其中两只来自非洲的长颈鹿尤其引发轰动。正使太监郑和在第七次出使西洋前夕，寄泊福建长乐等候季风开洋，在重修长乐南山的天妃行宫之后，他镌嵌《天妃灵应之记》碑于南山宫殿中。碑文有云：“涉沧溟十万余里。观夫海洋，洪涛接天，巨浪如山，视诸夷域，迥隔于烟霞缥缈之间。而我之云帆高张，昼夜星驰。”文中颇有自得之意。

明朝对海事的投入是当时世界上最大的，宫廷中附议颇多。永乐的后继者洪熙继续探险，但其在位时间很短；而永乐最喜欢的孙子，洪熙之子宣德则跟随了祖父的步伐，在1431—1433年再次派郑和远航。这是郑和第七次也是最后一次旅行。宣德皇帝去世后，中国在很长一段时间里放弃了海外活动。中国内陆的“黄土地”是肥沃的良田，且该区域的官僚机构完善，于是这里逐渐占了上风，压制了以个人主义、企业家精神和商人为代表的“蓝色”沿海地区。船只被拆除，甚至造船厂都被关停。大越、占婆等国趁机得利，将其产品出口到东南亚其他地区，例如数百万的杯碟。

在欧洲，时局进展完全不同。1415年8月——几个月前郑和舰队刚刚抵达非洲东海岸——在非洲大陆的另一端，一支葡萄牙海军兵临柏柏尔人的休达城下：这几艘船的指挥官是葡萄牙国王若昂一世的第三子，阿维什王朝的亨利王子。随船而来的是大批骑士，年轻的奥斯瓦尔德·冯·沃尔肯斯坦也在其中。他们以十字军的名义集结起来进攻穆斯林，所有的战士都得到了救赎的应许。8月24日，休达的风暴开始。据说只有八名葡萄牙人丧命，而基督教编年史家吹嘘说，数千穆斯林被屠杀。休达的捍卫者据说是用石头抵御欧洲人的进攻。除了救赎和加纳的黄金，胜利者还赢得了一处据点作为继续征服的基地。永乐皇帝的龙舰队看似是大航海的开始，实际上已经意味着终结，而直布罗陀海峡的这次事件却是一个贸易帝国起飞的序曲。休达自1580年开始由西班牙管辖，至今仍是欧洲国家在非洲的一处飞地。

欧洲国家的竞争——就像十字军东征时一样——已经超出了欧洲的边界。在接下来的几个世纪里，欧洲侵占了整个地球。随着休达陷落，世界历史的悲剧拉开帷幕，并在随后愈演愈烈。圣战与争夺世俗权力的斗争交织在一起。一开始只是西班牙人和葡萄牙人瓜分，后来其他国家的人也想染指，尤其是荷兰人、英国人和法国人。他们的目的是为国内获取战争资源，或至少不让资源落入竞争对手的口袋。这种想法对中国的决策者来说非常陌生。皇家舰队并不是为了征服和传教才扬帆远航。中国在宗教事务上是明智的，而不是狂热的。很明显，郑和的任务首先是展示实力。下西洋是大明帝国力量的展现，中国借此彰显它在东半球的西部地区的霸主地位。后来的闭关锁国可能也是源于一个帝国的自豪感，认为自己应有尽有，根本不需要外界的物品。直至现代之前，中国的船只再也没有到达过郑和探险的边缘地带。

休达陷落时，欧洲人的世界地图尚不十分明确。地图上仍然缺少非洲大部分地区、遥远的北方和西北方。欧洲人对两极和神秘的南部大陆一无所知。距马可·波罗的旅行已经过去一个多世纪，而亚洲依然笼罩在神秘的雾霭中。

人们对佛陀略有耳闻。无论如何，《贝尔拉姆与约瑟伐特》的传奇故事在中世纪的欧洲广为流传，向人们讲述印度王子皈依基督教的故事。对遥远地区的想象仍然取材于古代地理学家的著作、中世纪的百科全书和富有想象力的寓言故事，比如自称"约翰·曼德维尔爵士"的寓言作家。长期以来，人们对各种故事都深信不疑，例如据称由一位英国骑士讲述的祭司王约翰的故事[1]，以及食莲者——荷马声称他们以芬芳的花朵为食——还有独脚人、狗头人或重生的凤凰。曼德维尔的寓言极富娱乐性，能够用奇妙的事物、怪兽甚至塔坡巴纳岛的黄金山（麦加斯梯尼提到的神话般的岛屿）吸引善良的信徒进入广阔的世界。虽然大部分的故事只是作家在书斋中的奇思妙想，但有一些例外，比如博韦的樊尚所写的《大宝鉴》或方济各会托钵僧鄂多立克（Odorich von Pordenone）的《鄂多立克东游录》。

除了曼德维尔的童话故事之外，还有许多神奇故事激励着西方的人们远航，比如《圣布伦丹航海记》。这个传说大概写于10世纪，讲的是圣徒布伦丹与一些僧侣一起前往极乐之岛。冒险者要历经七年磨难。有一次，这些上帝的子民以为自己已经抵达，实际上却是来到了一只怪兽的脊背上——这是一条名为雅思科尼乌斯的巨型鱼，而不是一个香气缭绕的小岛。从这些充满文学性的叙述和游记中都可以推断出一点：在遥远的海洋中有一些岛屿，它们像天堂一样美丽，绝对值得一去。人们也听到关于维京人的"文兰"——美洲的纽芬兰或者拉布拉多地区——或图勒岛的传闻。公元前4世纪的马萨利亚的皮西亚斯声称，从不列颠向北航行六天，就可以抵达图勒岛，那里是世界的最北端。直到17世纪，这样的梦想之地仍然流传可能是冰岛、设得兰群岛或挪威的泰勒马克。

除了传说，地理知识也变得越来越具体。14世纪70年代，马略卡岛出现了《加泰罗尼亚世界地图集》，这是第一张以《马可·波罗游记》为依据的世界地图（附图15）。地图上勾勒出地中海和大西洋周围的海岸线，画上了加那利

---

1 据称，在遥远的东方有一片充满财宝和珍奇异兽的神秘国度，而统治者祭司王约翰是东方三博士的后裔，是一名宽厚和正直的君主。该传说曾在12—17世纪盛行于欧洲。关于这个王国的记载，见于中世纪流行的多部虚构作品中，甚至在马可·波罗的游记中也提到了他。

群岛、马德拉群岛和亚速尔群岛，不过也包括安提利亚岛之类的幻想。哥伦布甚至还信以为真，希望在前往印度的航行中找到此处。

但是，让我们回到葡萄牙，这里是一切开始的地方。1415年的胜者亨利王子在休达的胜仗中一战成名并赢得了维塞乌公爵的头衔。之后，他很少出海远航，但"航海家"的名号实至名归，因为是他为葡萄牙的海洋霸主地位奠定了基础，尽管这并非计划之内。当他将舰队驶向远方时，他想到的是十字军和骑士们的战斗。1421年，他们到达马德拉群岛，10年后又占领亚速尔群岛。这两个地区都成为亨利的领地，并由圣殿骑士团管辖。

在葡萄牙进一步扩张期间，宗教动机慢慢消失。葡萄牙人渴求非洲的土地、黄金和人民，他们把人变成奴隶，从而得到黄金；人文主义教皇尼古拉五世颁发教皇圣谕赐福葡萄牙。亨利还认识到制糖业的丰厚收益。他不仅是葡萄牙奴隶贸易的创始人，而且还是大西洋制糖业的奠基者。直到15世纪末人们才开始重视探索通往印度的海上路线，从而绕过奥斯曼帝国这个在丝绸和香料生意中获利巨大的中间商，并降低陆路贸易的危险。15世纪中叶，嘉玛道理会修士弗拉·毛罗（Fra Mauro）在威尼斯潟湖一个岛上的圣米歇尔修道院里绘制了一幅世界地图，这时他就暗示非洲是可以绕行通过的。他借鉴了"有经验的水手""值得信赖的人""目击者"等人的说法。直至那个时候，所有向南的探索都失败了。1291年，两艘热那亚橹舰曾试图绕过可怕的博哈多尔角，但最终下落不明。

这些在当时进入未知世界的人一定都非常勇敢：吉尔·伊恩斯（Gil Eanes）和若昂·迪亚斯（João Dias）——他们越过被称为"不归之路"的博哈多尔角；洛波·贡萨尔维斯（Lopo Gonçalves）和鲁伊·德·塞凯拉（Rui de Sequeira）——他们是第一批越过赤道的欧洲人；迪奥戈·卡奥（Diogo Cão）——他沿着刚果河逆流而上，坚信自己最终将到达东方的印度。但人们必须继续向南航行。葡萄牙的船长和他们的领航员——那些负责导航和组织航行的航海家——沿着西非海岸一直向南。他们的舰队在沿岸建立一些据点，其中一些后来成为与内陆进行贸易的市场。佛得角群岛是在1456年前后被偶然发现的：一场风暴将船只驱赶到那里。威尼斯商人阿尔维塞·卡达莫斯托（Alvise Cadamosto，约1432—1483）为亨利王子服务，也是当时葡萄牙远征活动的编年史家，他生动地描述了发现佛得角群岛的过程，也描写了非洲国家和人民，用他的话来说，那是"另一个世界"。被奴役的人迅速增加到成千上万。在佛得角和马德拉群岛，一些人被驱赶到甘蔗种植园——后来加勒比海沿岸就沿袭了这一模式——其他人被运往葡萄牙。1460年，亨利去世的那一年，葡萄牙人到达了今天的塞拉利昂海岸。远洋舰队的实力曾经短暂下滑过，因为国王阿方索五世（Alfonso V）把资源引向北非，命令舰队占领丹吉尔。但海洋探险项目早已各自为政。16世纪，远洋投资者成立了"印度之家"。富有冒险精神的商人为探险提供资金，他们期待可以在新占领的土地上巧取豪夺。

15世纪70年代初期，葡萄牙人占领了圣多美和普林西比两个岛屿。1482年，他们在加纳黄金海岸附近建立了一座堡垒，即圣乔治·达·米纳堡或简称为埃尔米纳奴隶堡[1]，为向南进一步扩展打下了基础。在被葡萄牙王室统治的区域，十字架和石碑成为其标志。"大西洋世界"的历史从此拉开序幕，随之而来的还有独特的克里奥尔化（Kreolisierungsprozeß）[2]进程。一种新的文化逐渐成形，它不单是由政府、资本、商人和奴隶推动的，而是非洲人、美洲人、各种文化背景的黑人白人、男男女女一起缔造的。

天主教帝国的诞生

葡萄牙海洋帝国的建立最初与西班牙王室的野心互不影响。卡斯蒂利亚国王胡安二世即位时不足两岁，长期由其母亲和叔叔摄政，卡斯蒂利亚因王位

---

[1] 殖民总督的官邸，建在本亚河口一块突兀的巨石上，地势颇为险要。底层多为关押奴隶的牢房，患病或受伤的奴隶则被活活抛进大海，幸存者一船船被运往美洲，终身从事奴隶劳动。直到1957年加纳获得独立以前，这个城堡一直是西方殖民主义掠夺加纳黄金最重要的据点。

[2] "克里奥尔"原意为"混合"，泛指世界上那些由葡萄牙、英国、法国以及非洲文化混合而生的文化，美国南部、加勒比地区以及西非的一些地方都存在这种现象。

斗争和起义而实力大减，海上冒险几乎是不可能的。胡安二世自1419年开始独立掌权，国内形势也是风起云涌。1433年，阴谋家甚至认为可以将塞维利亚变成意大利式的城邦共和国，30年后独立运动卷土重来，与阿拉贡结盟的贵族们也是蠢蠢欲动。敌对教皇本笃十三世的侄子、卡斯蒂利亚的重臣阿尔瓦罗·德·卢纳（Álvaro de Luna）殚精竭虑，才让国王保住王位。1453年，阿尔瓦罗被反对派贵族推翻，然后被送上断头台。一年后，胡安二世驾崩。继任的恩里克四世（Heinrich IV，1454—1474年在位）软弱无能，他对男人的爱慕饱受质疑。人们称他为"无能者"（el impotente），因为他在各方面都心有余而力不足。可以说，当时卡斯蒂利亚的历史简直是"一团乱麻"。

1410年，阿拉贡国王"人道者"马丁辞世，绝嗣的巴塞罗那王朝结束了统治，阿拉贡的局势也变得混乱艰难。在阿拉贡、瓦伦西亚、加泰罗尼亚等多地议会的协商下，特拉斯塔玛拉王朝的"正义者"费尔南多一世（Ferdinand I）最终继承大统。他在位六年后就离世，继承他的是阿方索五世，这个统治那不勒斯的王者把重心放在阿拉贡王国在地中海的扩张。后来阿拉贡的胡安二世（1458—1479年在位）通过婚姻得到了纳瓦拉地区，无奈他的继位并非人心所向。1462—1472年，加泰罗尼亚陷入混战，各阶层的民众为自由联手御敌。法国国王路易十一也来趁火打劫，他向资金匮乏的胡安二世提供大笔援金，以此换取了对鲁西荣和塞尔达尼亚地区长达几十年的统治权。

在这种情况下，两个最重要的伊比利亚帝国的和谈似乎是明智的举动。阴谋和联姻成就了一段世界历史。这一段需要好好讲一下，因为它影响深远！恩里克四世唯一的继承人是他的女儿胡安娜，但这段父女关系并不确定。据称，她的降生源自母亲葡萄牙的胡安娜与情人贝尔特兰·德拉库埃瓦（Beltrán de la Cueva）的苟合，因此她被嘲笑为"贝尔特兰的闺女"（la Beltraneja）。另一个王位继承人是卡斯蒂利亚的胡安二世的女儿、恩里克四世同父异母的妹妹伊莎贝拉一世（Isabella I）。恩里克四世为她选定的夫婿在成婚前暴毙，正好让她躲过了许多讨厌的联姻计划。伊莎贝拉成年后仍然忤逆国王，不肯嫁入法国瓦卢瓦家族。她最终选定的伴侣是她的表弟，阿拉贡王位的继承人费尔南多二世

（Ferdinand Ⅱ）。为了赶在恩里克四世指婚前行动，这个17岁的花花公子——虽然年轻但已经有两个私生女——假扮成马夫前往巴利亚多利德，1469年与伊莎贝拉在那里成婚。

随着恩里克四世撒手人寰，一切都亟须落定。卡斯蒂利亚只有一半地区承认伊莎贝拉的王权，她的竞争对手胡安娜不仅有葡萄牙做靠山，还得到法国的路易十一的支持。但伊莎贝拉和费尔南多的部队成功抵御强敌。1479年，双方签订《阿尔卡索瓦斯条约》，葡萄牙丧失了过去对加那利群岛的统治权，但它可以垄断更南部地区的所有贸易。伊莎贝拉成为卡斯蒂利亚的女王。她的丈夫在和约签订，也就是老国王胡安二世离世的那一年继承了阿拉贡的王冠。一个大国由此诞生，并在不久的未来将超越所有其他欧洲国家。在伊比利亚半岛上，只有葡萄牙和纳瓦拉保持独立主权。卡斯蒂利亚的羊毛商与北欧建立联系，又与阿拉贡延伸到东方的贸易关系交织在一起。为了限制旧氏族的影响，国王和女王故意提拔因功勋受封的“较低阶”贵族（hidalguía），在城市中通过与当地贵族结盟占据统治中心。在枢密院、法院和官僚机构中，博学多识的法学家逐渐超越高阶贵族的地位。贵族原本可观的俸禄被大幅削减，但还没到让他们揭竿而起的地步。教会也成为君主的可靠仆人和盟友。

伊莎贝拉是一个有权力意识的统治者，她既虔诚又受过良好教育，教皇加冕她为“天主教女王”绝对名副其实，而她的丈夫绰号“天主教徒”（rey católico）也当之无愧。西班牙的政策从双重意义上都是“天主教式的”“覆盖全面”。西班牙提出明确的宗教主张，并从宗教中获得合法性。从一开始，信仰的力量就被用来融合这两个王国，它们本来就是相互“臣属”的关系。

1478年，这对统治者夫妇获得教皇批准，建立了一个同时主管卡斯蒂利亚和阿拉贡的宗教裁判所。在其他欧洲国家，宗教裁判所隶属于罗马圣座，但西班牙的分支机构却发展成为直接听命于王室的组织。阿拉贡的各阶层和城市徒劳地反对裁判所的迂回举动，不管怎样，它已变成卡斯蒂利亚的工具，是巩固统治的先锋，是君主专制和压制阶层的帮凶。西班牙宗教裁判所的大法官由伊莎贝拉的告解神父、多明我会修士托马斯·德·托克马达（Tomás de Torquemada，1420—1498）担任。"最高和一般宗教裁判所委员会"（Suprema）关心灵魂，必要时以牺牲肉体为代价，它努力使人民恢复道德感，并让未受教育的人们找到真正信仰。它用酷刑和大火迫害所有非天主教徒、漠不关心的人和迷信异端的人。它把这些人送上火刑架，或流放到船上做苦役。宗教裁判所就像一只纠缠一切的章鱼怪，但实际上并非如此。它没有足够的资金支持，规模也不大，尽管有约2万"家人"充当眼线，人手还是不够。宗教裁判所不受欢迎、不被信赖，只能秘密运作，这是它的策略。这样，它看起来比实际上更有影响力。宗教裁判所的工作人员一般都是上了年纪的官员，很多是受过法律和神学教育的精英官员，他们是平庸的邪恶之人，而非疯狂的狂热分子。有时候也会出现一些明智之人的身影，例如阿隆索·萨拉萨尔·弗里亚斯（Alonso Salazar Frías），他在17世纪叫停了西班牙巴斯克地区的女巫审判，因为他相信那些被告者是无辜的。

宗教裁判所的贡献在于，让民众认识到他们生活在一个彻彻底底的天主教国家。尽管它的黑暗传说在很大程度上被夸大，但它确实让人明显察觉这里是文艺复兴的极端对立面，文艺复兴不仅欢迎争论，而且对世界持开放态度。宗教裁判所的形象非常阴暗。臭名昭著的信仰审判（Auto-da-fé）简直是一场恐怖表演，是城市主要广场上敬虔的民间节日。受害者赤裸双足，身披赎罪者长袍（Sanbenitos），被迫手持明烛参加悲伤的游行，还要公开忏悔。当神父向他们递上十字架作为最后的安慰时，火刑堆已经浓烟冲天。被这些行动波及最惨重的是"皈依天主教的犹太人"（conversos），他们被怀疑私下里继续坚持其"恶魔般"的信仰并诱使天主教徒皈依。还有许多常见的责难：犹太人可能玷污过圣体，甚至把一个天主教儿童钉上十字架。

西班牙的反犹主义很早就创造了一个有浓厚种族主义色彩的概念："纯洁血统"（Limpieza de sangre）。如果一个天主教徒祖上有犹太人或穆斯林血统，那他就处于不利地位，所有皈依天主教的人也一样。神圣的洗礼仪式因此失去效力，但人们不以为意。因为这条法规，不洁之人不能进入大学、大教堂咨议会、骑士团、行会和城市议会，甚至王室助产士都要被核查是否有古老的天主教血统。1449年，托莱多颁布一项规约，由此血统核验第一次成为正式的城市法规。

西班牙帝国坚定地想要清除所有非天主教的东西，可能是因为他们与穆斯林"他者"进行了长达数百年的对抗。这是另一个具有强烈纯洁观念的宗教文化，西班牙就像是在回应这一挑战。1462年，一本为"穆德哈尔"（Mudejaren）——天主教统治下的穆斯林——编写的手册问世，规定了所有违反道德的惩罚方式，有的非常野蛮：偷偷信仰异教者，死刑；渎神者、强奸犯和同性恋者，石刑；所有在斋月喝酒的人或未婚"通奸"的人，鞭刑。

除了14世纪后期的大屠杀之外，皈依天主教的犹太人长期以来一直与犹太人、传统天主教徒和穆斯林和平共处，这种局面是以实用主义为出发点的。只要有利，天主教的统治者们从不会因为与穆斯林强敌结盟而羞耻。天主教徒统治着穆斯林，穆斯林统治着天主教徒。犹太人也获得了基本权利。虽然不是平等关系，但大家相处融洽。在阿拉贡的塔拉索纳地区，穆斯林乐师在基督圣体圣血节上演奏音乐，而在饥荒中，他们还会一起举办祈祷仪式。也有从天主教皈依伊斯兰教的人和一些像穆斯林一样行事的随性的天主教徒。但是，这种"共存"（convivencia）的时代即将结束。

伊莎贝拉和费尔南多不仅决心带领他们自己的王国走向正统信仰，而且要让整个半岛成为天主教区。他们厉兵秣马，打算进攻格拉纳达，安拉最后一座屹立不倒的城堡。苏丹优素福三世（Yusuf Ⅲ，1376—1417）曾用煽动性的话语号召他的信徒前往"胜利之城格拉纳达，安拉注视下的城市"，并为圣战做好准备。到目前为止，双方只有一些小打小闹的相互抢掠，主要是争夺牲畜或新收成，而不是生存或毁灭的问题。民谣开始传唱圣战中的英雄。在威胁的阴影下，格拉纳达酋长国成为一个现代国家——宫廷发令、官员齐全，还有高效的税收制度。它的强大军事组织在《论骑兵装扮》或《论安达卢斯人民的才干》等作品中都有所体现，表明当时已经出现普遍的义务兵役和进驻兵营的迹象。

1481年，收复失地运动的最后一次战争开始——由十字军精神指引，由教皇资助，由宗教审判的火焰点燃。穆斯林的内讧让天主教徒的军队如入无人之境，城市一个接一个陷落。1487年，马拉加这一北非的补给站被攻陷；四年后，格拉纳达被围困；1492年1月1日，安达卢西亚的大都会移交至天主教徒之手。从那时起，阿尔罕布拉宫的景色对穆斯林来说只留在记忆中，正如诗人伊本·扎姆拉克（Ibn Zamrak）所描述的那样。"在萨比卡的露台上待一会儿，环顾四周，"他写道，"这座城市是一个女人，她的丈夫就是山丘 / 水流和花朵环抱着她 / 在她的脖子上闪闪发光 / 她被河流包围；看那里，树木丛生的小树林 / 就是他们的婚礼宾客，他们的口渴 / 通过河道被缓解。/ 萨比卡的红丘陵像格拉纳达前额的花环 / 星星点缀其间 / 阿尔罕布拉宫（安拉保佑它）/ 是花环上闪耀的红宝石。/ 格拉纳达是新娘，萨比卡是她的头饰 / 花朵是她的珠宝和饰物。"

哥伦布：向西到达东方

当伊莎贝拉和费尔南多那绣着狮子和城堡的皇家旗帜在阿尔罕布拉宫升起时，有一个叫克里斯托福罗·科伦坡（Cristoforo Colombo）的热那亚人正处在参加庆典的观众中。西班牙人称他为克里斯托瓦尔·科隆（Cristóbal Colón），我们叫他哥伦布（Kolumbus）。这个年轻人是当时众多碰运气的人之一，他们奔走于欧洲宫廷之间，展示自己的才干，宣扬自己的想法，希望皇家青眼相加——这些想法有时很不错，多数则过于激进。不久之前，他成功说服伊莎贝拉女王同意一个精彩的计划：前往西方去寻找印度，而不是像葡萄牙人那样沿着非洲摸索。

哥伦布出生于1451年，可以说是个充满海洋情怀的人：他如饥似渴地阅读游记，趴在航海图上研究，摆弄航海仪器。无论身在何处，他都会收集有关海洋的知识，研究风、洋流和星星的位置。十几岁时他就前往爱琴海的希俄斯岛（当时属于热那亚），获得了海上旅行的经验。有一回，他似乎在一艘船上找到了工作——这次旅行当然未被证实——前往伦敦和布里斯托，最后到达冰岛。他有可能听到传言，在遥远的西方还有更多的陆地。后来，他到达了盛产蔗糖的马德拉群岛。在这期间，他娶了一位葡萄牙没落贵族出身的年轻女子，并在圣港岛住了一段时间。他的妻子可能帮助他与里斯本宫廷牵线搭桥。哥伦布升任舰队指挥官，并到达埃尔米纳堡。他在那里闻到了新鲜黄金的味道，从此念念不忘。那时，他肯定在某个时候萌发了一个想法，沿着夕阳的方向，越过地球的另一边可以到达亚洲。

哥伦布能够严肃对待这次冒险计划并最终发现一块欧洲人未知的大陆——尽管不是印度——是许多"潮流"交汇的结果。星盘、指南针和四分仪等技术设备必不可少；在浅海沿岸航行时，测深锤非常有用；计程仪可以测量行进速度，从而估算出船舶行进的距离。在前往西方的路上，哥伦布应该日复一日记录航程，但他告诉船员时总是少报一些：这样，当他的船队开始丧失信心时，他总是说，现在走得还不够远，还要再走几英里。

适合大西洋航行的船只也至关重要。橹舰即使在更和平的地中海地区也只是沿海岸行驶，考虑到即将到来的冬季会经常出现暴风雨，橹舰并不适合远洋航行。葡萄牙的领航员在探索大西洋时总结出经验，轻快的三桅帆船更合适。三桅帆船便于操纵，并且载重量仍能达到上百吨。两到三个桅杆上可以悬挂三角形的拉丁帆，或根据风况换成方形帆。欧洲人用尾舵操控船只，这可能与中国式帆船有所不同。

哥伦布是一位经验丰富的水手，了解不同的航海文化。得益于欧洲出色的交流体系，他有机会获得了大量阅读书本的经验。古登堡的发明和人文主义者的工作第一次展现出对世界历史的直接影响。例如，皮埃尔·德艾利关于世界地图的论文自1480年就被印刷出版，这个热那亚人也有所了解。从越来越潦草的笔记来看，他一定多次细细研读。从笔记中也可看出，他相信马可·波罗对亚洲财富的描述。德艾利把地球比作一个苹果，哥伦布敢从这个苹果的背面搜索海路，是因为他觉得地球的海洋要比陆地小得多。

这与斯特拉波的主张一致。他的《地理学》被瓜里诺·瓜里尼（Guarino Guarini）翻译过来，自1469年以来一直流传。即使在今天，这套书中的批判精神也令人着迷，它总结了自基督降临以来所有关于地球形态的知识。哥伦布可能从中得出推论，认为地球呈球形。所有可居住的土地都是一个被海洋包围的岛屿。大西洋没有被地峡划分为两个不同的海洋，船只可以航行通过。但最重要的是，在斯特拉波对埃拉托斯特尼的批判性论述中，哥伦布得到一个令人振奋的结论："如果大西洋不是无限扩张的，只要一直向前航行，我们可以很容易地从伊比利亚到达印度。"它们之间的距离不是20万个竞技场，地理学家——当时以波希多尼（Poseidonios）为依据——认为只隔着7万个竞技场，大约1.3万千米。"这样一来，人们便可以随着东风'欧洛斯'，从西方驶向背面，到达印度。"相信古代权威产生的影响，很少有比这次更重要的。

其他古代资料以及马可·波罗的报告都增强了哥伦布对斯特拉波的信心。哥伦布与保罗·达尔·波佐·托斯卡内利通信，可能就是希望借助这个佛罗伦萨著名学者的权威游说潜在的资助人。托斯卡内利强调，前往印度的旅程是可行的。从加那利群岛到日本只有3000海里，从日本再到中国还有2000海里（实际上超过1万海里）。哥伦布的成功之处在于，他不仅是前往日落的方向，还决定沿西南方向行驶。他相信自己将会到达一片富饶的地区，而且那里可能住着怪物一样的人。他认为，奴役这些怪物是合法的。

一开始，几乎所有专家都否决这一项目。1484年，一个葡萄牙委员会审议了哥伦布的计划，他们认为这个看似完美的承诺根本不切实际，卡斯蒂利亚的伊莎贝拉也从专家小组那里得到同样的回复。哥伦布在里斯本又展开游说，还是无人买账，但他是个意志坚定的人。他曾考虑前往英国或法国，最终他在格拉纳达的攻城总部圣达菲再次觐见女王。这是1491年冬，现在所有迹象似乎更为有利。但是，当他要求女王任命他为新发现土地的总督和海军上将时，他被请出宫廷。

下面场景展示的是世界历史的转折点。在这一新篇章开始前的几周，我们看见一个满脸颓丧的哥伦布，他正骑着一头灰骡子前往法国。在圣达菲以北的村子皮诺斯，一位使者赶上了他，并告诉他女王改变了主意……哥伦布的宫廷社交网在最后一刻终于起效，并且他发现了对他漫长的成功至关重要的因素：一个国家，而且是欧洲最强大的国家之一。

促使伊莎贝拉做出重大转变的人，似乎是费尔南多国王的财政大臣路易斯·德·桑塔格尔（Luis de Santángel）。他提到很多方面，最打动女王的是宿敌葡萄牙在航海上的成功。在这方面他们不能落后。让女王动心的可能还有一点，即异教徒摩尔人已经被驱逐，那么应该考虑让亚洲的异教徒皈依天主，这是一项敬虔的工作。女王授予哥伦布非凡的特权——海军上将的职位、世袭贵族的身份和总督的头衔。此外，王室还为探险提供了资金。私人也投资了这三艘探险船只（毕竟他们要找的是通往印度的新路线）：两艘轻快帆船——"尼雅"（Niña，即"女孩"）号和"平塔"（Pinta，即"女人像"）号，以及旗舰"圣玛利亚"号，这可能是一艘克拉克帆船，哥伦布称它为"纳奥"号。

如果把哥伦布从这个事件中排除，可能会发生什么？例如，1476年他原本可能以一个水手的身份死于非命。当时，雇用他的热那亚舰队在拉各斯附近遭到葡萄牙-法国中型舰队的伏击。他拼命抱住一支船桨，才躲过一劫。即使如此，在哥伦布动荡的生活中也不乏威胁性的情况。毫无疑问，如果没有哥伦布，我们将失去一个关键人物，而没有他的影响，局势也会有变。当然，时机已经成熟。指南针和轻快的帆船都已经问世，在某个时候，另一个大胆的"奥德赛"可能也会成功找到西班牙和印度之间的那块大陆。但是，如果哥伦布真如假想的早逝，美洲之旅会推迟一到两代人，那么天主教国王夫妇将几乎无法维持他们的大国策略，也没能力一直维系统治，更没有精力遏制新教。也许今天从巴西到智利的地带都应该会说英语……而土著人民至少在几十年内都将免受苦难、剥削和压迫。

这种违反事实的脑洞让人们不得不考虑到时间因素。事件发生在何时，并不是偶然现象。只有通过许多个体的努力，一种可能性才成为现实。哥伦布的成功是无数因素共同作用的结果。这个热那亚人是一名非常专业的水手，也是一个严厉的指挥官。他的身上有固执、对上帝的无限信任以及同样无限的乐观，他富有感染力，让周围人也能保持乐观，甚至面对末日也不会颓丧。而且，他求知若渴、生性勇敢并对古代权威深信不疑。具备这样的素质才能反驳几乎所有专家对西方路线的看法，这样才能赢得东方。同时，他的冒险危机四伏，从这一点出发可能再也无法返回——缺乏饮用水和食物，干渴和坏血病就像随行的死神，直到暴风雨把所剩的一切抹去。以当时的知识水平，人们甚至无法排除世界最西端是一个深渊的假设，船上的一切都会被大漩流吞没。就连地球是球形这一观点，在当时也不是毫无争议。可以肯定的是，德艾利的苹果模型与古代阿拉伯学者的观点相符。权威的教会长老拉克坦提乌斯就抨击这种看法。这位先贤曾说，如果地球是一个球形，那么天空不仅在地球上每个点的上方，而且在其下方。结果就是，地球另一侧的人和物都要掉到天上去！这绝对不可能。哈特曼·舍德尔（Hartmann Schedel）在1493年出版的《世界编年史》中没有明确回答地球到底是平的还是球形的问题。差不多同一时间，耶罗尼米斯·博斯在画中把地球想象成一块平板。

此外，海洋深处可能潜伏着危险的生物：圣布伦丹提到的超级大鱼，巨大的章鱼以及像海胆一样的杂种动物；普林尼认为海胆拥有魔力，甚至可以让船只停滞不前；直到1600年，海胆仍是人们恐惧的对象。哥伦布在招募人手时也遇到困难。船员中有王室的代理人、一个公证员、几名医生，以及一个皈依天主教的犹太人，他熟练掌握阿拉伯语，可以充当翻译。为了欢送他们，人们在帕洛斯的圣乔治教堂举办祈祷仪式，在场的船员们一定心情复杂。1492年8月2日破晓时分，这支小型舰队起锚，开始了所有旅程中最伟大的一次航行。

1492年

10月初，目光所及之处仍然看不到土地。最关键的时刻到了。海中的每只鸟、每一团海藻都被哥伦布视为接近陆地的预兆。他费尽精力才阻止船员暴动。在起航两个多月后，1492年10月12日，他们终于迎来救赎。领航的"平塔"

号发射炮弹，划破了加勒比海黎明的宁静，人们高呼"陆地！陆地！"。舰队到达巴哈马的一个岛屿，哥伦布给它起名为"萨尔瓦多"，意思是"救世主"——以基督为名，是他引领西班牙进入他的新世界。海军上将与船长和其他一些船员一起登陆，他们竖起带有十字标志和天主教王室夫妇姓名缩写的横幅，以示占领该岛。他记录说，遇到的人都赤身裸体，"母亲生下他们时是什么样，就还是什么样"，他们在身上涂上鲜艳或灰色的色彩，体形健美。他们是一群崇尚和平的人，把这些陌生人奉若神灵，给他们献上鹦鹉、羊毛和长矛。他们愿意用便宜的小玩意儿作为交易物品。

哥伦布的舰队怀着对香料，尤其是黄金的渴求，从一个岛前往另一个岛。到目前为止，西班牙人只发现了烟草、乳香、芦荟、棉花和松木，这种木材对造船大有用处。他们看到未知的动植物，听说了奇怪的神灵和神话，见识了不曾见过的社会。哥伦布在他的航海日志中记录下哀伤的风景；他被这里的鸟鸣、诱人的香气、鹦鹉群和树木触动，这些树木在深秋仍然绿意不减，"就像安达卢西亚的5月"。他是第一个进入古巴的欧洲人，坚信自己终于找到古代地理学家许诺的"黄金之乡"，并最终到达海地岛。"圣玛利亚"号在这里触礁搁浅，舰队的木匠用打捞上来的木板搭建了一个小碉堡：哥伦布称之为"圣诞节城"（La Navidad，意为"圣诞节"），旨在纪念1492年的圣诞节。这一天，欧洲人在美洲建立了自维京时代以来第一个定居点。一些人自愿留在这里，舰队为他们留下一年的葡萄酒、面包以及种子。

舰队经历了艰难的旅程，一场暴风雨几乎将剩下的两艘船吞没，以至人们忽略了那个伟大的发现：1493年3月15日他们再次到达帕洛斯。现在，哥伦布确信自己已经找到了"东方的尽头"（el fin del Oriente）：一片尘世的天堂。他的客户们以最高的礼遇为他庆功，他承诺，那块美丽的土地很快就会开始赢利。"我们还要努力让所有当地人都皈依天主教——这可能很容易，因为他们既不是异教徒也不崇拜偶像。殿下将在那里建造城市和要塞并让那些土地皈依我主。"天主教世界，尤其是西班牙这个"所有人都必须臣服的国家"，将能够与那里的人民进行贸易。哥伦布的航海日志中对"印第安人"总是态度轻蔑，他认为这些人不会战斗，肯定很容易降伏。

哥伦布几乎刚回来就开始制订伟大的计划。他想将2000名定居者带到新近发现的岛屿，在那里建立城市并寻找大量黄金，而他的女王和国王则希望让新土地的人民皈依天主。一支由17艘船组成的舰队整装待发，装满了家畜、种子和工具。舰队带上了马匹和士兵，还有5名传教士。威尼斯橹舰在舰队从加的斯港起航时为它们领航：古代地中海的强大力量向西方海洋未来的世界霸主致敬。探险队再次发现了新岛屿，伊甸园般的土地。但食人族的残余势力时刻提醒人们，田园也有阴暗的一面。西班牙人到达圣诞节城时愤怒地发现：迎接他们的只有烧焦的木头，殖民者被当地人杀得片甲不留。此时双方的接触中出现越来越多的冲突，探索变成了征服。传说中的黄金山仍然难觅其踪，所以西班牙人打算聚集人手。他们将因犯拖到奴隶市场，建造许多堡垒——包括圣多明各，后来成为百万人的大城市——并开辟种植园。

1498年，哥伦布进行了第三次航海。当他在今天的委内瑞拉海岸登陆时，他第一次踏上美洲大陆。殖民者们悲哀地发现，即使在天堂里，树上也没有长着黄金，所以海地岛的局势开始动荡。哥伦布和他的两个兄弟无法平息叛乱，最终被王室派来的总督取代。西班牙新成立了一个"印度理事会"，由它掌控海外领土的行政和司法工作。之后又依照葡萄牙模式在塞维利亚设立了一个名为"贸易之家"的部门，负责监管货物流通和海外移民。现在，成千上万的普通人都有了自己的档案。王室希望新发现的土地保持纯洁，流浪者、罪犯，渐渐连血统"不纯净"的人都被禁止前往新大陆。

1503年，哥伦布进行了第四次也是最后一次旅行，王室批准了一支小型舰队跟随他。他的探险成就又增添了马提尼克岛和牙买加等地，然后，他沿着中美洲海岸驶向奥里诺科河口。一年后他回到西班牙，船上也没有堆积如山的黄金。他生命中的最后几年饱受痛风和贪婪的折磨，徒劳地请求王室补偿并确认他的总督头衔。

哥伦布于1506年5月20日去世。这个男人为西班牙打开通往新世界的大门，当他被安葬在瓦拉杜利德的方济各会修道院地窖时，宫廷没有派特使前往吊喑。直到咽气，他一直坚信自己在活着的时候就已经接近天堂的大门，也到达了中国和印度。哥伦布一直想要探究陌生的事物，并用自己熟悉的东西作为衡量标准，把陌生事物与西班牙的风景比较、与葡萄牙海岸线对比。普林尼的《自然史》帮助他定义未知事物，神话也给他灵感，他认为自己在海地岛海湾看到了塞壬三姐妹——可能是海牛。曼德维尔笔下的东方奇观也出现在他的笔记中。向他传递信息的当地人用"caniba"[1]形容那些食人族，他敏锐地从这个词中得出结论，食人族肯定指的是亚洲的狗头怪，古代地理学家及皮埃尔·德艾利都曾提到这种生物。"canibal"与拉丁语的"狗"（canis）同源……他曾在牙买加搁浅，但臆想自己已经到了亚洲，他一厢情愿地说："世界真小。"

西班牙，纯净之地

对费尔南多和伊莎贝拉而言，1492年是奇迹之年，发生的事似乎验证了他们的使命。他们攻占格拉纳达，富有的童话岛也臣服于王冠，那里住着许多将要皈依天主的人。执政的王室夫妇可能认为这种运气是上帝召唤他们继续进行净化和皈依工作。首当其冲的是西班牙的犹太人和皈依天主教的犹太人，后来是辛提人和吉卜赛人。最开始施压的并不是宫廷，而是来自各地区的议会和城市议会。格拉纳达酋长国如今已成为历史，费尔南多和伊莎贝拉开始显露出反犹立场。1492年3月，在宗教裁判所大法官托尔克马达的催促下，王室夫妇颁布了一项法令，犹太人必须在受洗或移民中选其一。大批犹太人皈依天主教，但是，当时卡斯蒂利亚和阿拉贡的8万犹太人中有1万人更愿意远离这个国家。

---

1 1492年10月12日，哥伦布和他的船员抵达了巴哈马群岛。他最先遇到的是一群友善的原住民泰诺人，泰诺人告诉哥伦布附近有另一个令人生畏的敌对部落Caniba（或者叫Canima），被他们抓走的人都被吃了。1492年11月23日，哥伦布在航海日志中写下"canibales"一词，用来记录那群好战尚武的Caniba部落的族人。而英文中的"食人族"（cannibal）一词则源自西班牙语的"canibales"。

暴徒从许多犹太人家庭中抢走他们的孩子，并将这些孩子送到西非附近的甘蔗种植园，在那里他们被迫皈依天主。1497年，葡萄牙在邻国西班牙的逼迫下也开始强制洗礼并驱逐国境内的穆斯林。清洗国家是葡萄牙国王曼努埃尔一世（Manuel Ⅰ）与西班牙公主玛利亚成婚的条件之一。

在接下来的几十年中，西班牙犹太人辗转于整个地中海沿岸寻求庇护。他们被称为"塞法迪犹太人"（Sephardim），在希伯来语中的意思是"西班牙"。他们随身带着的只有他们的信仰，在穆斯林统治过的安达卢西亚地区学到的用金丝编织地毯的手艺和风格，还有就是卡斯蒂利亚的母语；在希腊北部的塞萨洛尼基，1600年前后仍能听到卡斯蒂利亚方言。没有逃亡的皈依天主教的犹太人的处境也变得越发艰难。因为被怀疑是异端，许多人被卷入宗教裁判所的审查。直到1520年，被作为异端者处决的约有2000人，其中犹太人占了很大比例。除了清洗国境内的非天主教徒，王室还对教团和世俗神职人员进行改革。王室对教会事务的影响比西欧任何地方都要大，他们在其中发挥了积极作用。教会和王国几乎成为拜占庭式的共生体，有时与遥远的罗马教皇结盟，有时与他背道而驰，但始终得到宗教裁判所的支持。天主教信仰塑造了国家，也为战争辩解，还可以安抚民心。

西班牙天主教的蓬勃发展可以体现在左右逢源的弗兰西斯科·吉麦内兹·德·西斯内罗斯（Francisco Jiménez de Cisneros，1436—1517）身上，他是托莱多大主教兼大法官，最后当上了枢机主教。作为女王的告解神父，他有很大影响力并致力于神职人员的教育和道德清洗，他创办学校，还把阿尔卡拉·德·埃纳雷斯堡（Alcalá de Henares）的研究机构扩建成一座大学城。阿尔卡拉以罗马名字命名，这里后来被命名为康普顿斯（Complutense）。西斯内罗斯资助这里的学者把《圣经》译成四种语言，他因此闻名于世。西斯内罗斯的虔诚夹杂着神秘主义和改良主义思想的影响，但他的大学教学计划仍然以托马斯·阿奎那、邓斯·司各脱和奥卡姆的唯名论为导向。他阅读萨沃纳罗拉、锡耶纳圣女凯瑟琳的著作，也对伊拉斯谟的思想有所涉猎，甚至邀请他来到西班牙。他对哥伦布新发现的岛屿上的传教工作倾注了热情。他甚至自费组织一支雇佣军前往非洲，为基督的十字架征服奥兰城。

1499年12月，在格拉纳达被迫受洗的穆斯林发动起义，并引发其他城市效仿，王室开始对这些天主教统治下的穆斯林也采取强硬措施。西斯内罗斯认为必须让穆斯林受洗并接受奴役，这片土地才能永远安定下来。这样，在征服格拉纳达不到十年后，穆斯林的西班牙地区大限将至。大规模的洗礼后将产生更多的新基督徒。一些穆斯林被允许移居国外。清真寺被改建成教堂，阿拉伯书籍被焚毁。格拉纳达在1501年被"净化"。在随后的几年中，净化扩展到整个卡斯蒂利亚，而阿拉贡仍负隅顽抗。这里的贵族和议会遏制住了虔诚的热情。毕竟，穆斯林是廉价的农场劳动力。

格拉纳达的征服和新世界的发现标志着西班牙历史的转折点。枢机主教西斯内罗斯和他的同伴摧毁了一个独特的文化，也放弃了与伊斯兰的"他者"共存的机会。格拉纳达位于两个世界的边境，原本一直拥有自己独特的多重身份。这个城市既不属于伊斯兰教徒也不是天主教徒的，既不是阿拉伯传统也非西班牙文化。在一首关于格拉纳达的民谣中，国王胡安二世与争夺格拉纳达酋长国王位的优素福四世交谈，后者1432年成为卡斯蒂利亚的傀儡酋长。格拉纳达城在民谣中为自己发话，她不需要胡安赏赐一个勇士来解放她："我是已婚妇女，胡安国王，／一个已婚妇女，没有守寡，／环抱着我的沼泽，／它非常爱我。"

在格拉纳达的阿尔罕布拉宫前，人们可以直观地感受到湮灭的过往。玫瑰花园层层环绕，依稀可望见远处被白雪覆盖的内华达山脉的顶峰，奈斯尔王朝[1]的宏伟宫殿就坐落于此：外表平平无奇，像一座堡垒；内部则让人看到高度发

---

1 穆瓦希德王朝在1212年战败退出西班牙，基督教的各小公国和穆斯林的小王朝瓜分了安达卢西亚。约1230年，原麦地那海兹拉吉部落的后裔穆罕默德·本·优素福·本·纳斯尔（1232—1273年在位）与伊斯兰教泰法小王国结盟，重新组合穆斯林力量，集编军队，设法在哈恩周围建立穆斯林王朝。1232年，他率军攻占格拉纳达城，并定为首都，自称"嘎里卜"（Ghalib，意为"胜利者"），建立奈斯尔王朝。1492年，由于卡斯蒂利亚王国重兵包围和进攻格拉纳达，末代苏丹阿布·阿卜杜拉被迫投降，奈斯尔王朝灭亡，穆斯林统治西班牙的历史结束。奈斯尔王朝实行政教合一的中央集权制，苏丹掌握最高权力，设大臣会议协助苏丹管理国务。王朝在仅据格拉纳达一隅统治的250年中，成为西班牙穆斯林的避难地。

达的文明留下的痕迹，可能隐约已有颓势。在桃金娘中庭和大理石铺设的狮庭周围，细长的圆柱支撑着回廊，引人进入世界上最美丽的几个厅堂。天花板和墙上都是精美的装饰和阿拉伯字符，昭示着安拉和他的先知的荣耀，屋子里到处是斑驳的光影，令人目不暇接。几十年后，神圣罗马帝国皇帝查理五世和葡萄牙公主伊莎贝拉庆祝大婚的地点就是阿尔罕布拉宫的花园。

26. 女巫，金融寡头，国家暴力

插图35：《在德尔讷堡处决女巫》，1555年，约翰·雅各布·威克（Johann Jakob Wick）藏品，苏黎世，中央图书馆

地狱之火

"太初有道。上帝说有，就有。命立，就立。"《大卫诗篇：33》的这段引文正好为15世纪晚期耶罗尼米斯·博斯创作的《人间乐园》——这幅艺术史中最神秘的画作之一——赋题。这段文字见于这幅三联画的双翼外侧，双翼合拢则覆盖中间的画板（插图36）。在两翼外侧的画板上，画家用黑、白、灰三色描绘了《圣经·旧约·创世记》中的第三阶段的世界。光与暗、日与夜已经分开，苍穹"于水中"拱立而起。宇宙如玻璃球一般悬在混沌虚空中。博斯把大地想象成一张圆盘，放在玻璃球的正中。上帝端坐其上，身着王袍，和他的尘世代表一样，头戴教皇三重冕。他左手执卷，内中所著可能是创世的计划。下方大地尚无生机，但正如《圣经·旧约·创世记》所言，晨光熹微，贫瘠的大地上已萌发出第一丝绿意。接下来的一天里，上帝又造日月和众星，摆列在天空上。只有那来自遥远的上帝的光芒，依稀照亮这片最初的土地。

如遇特殊的节日盛会，外侧两扇灰暗的画板会被打开，画板内侧缤纷多彩的人间好戏便呈现在观赏者眼前，这幅画的第一批观众一定惊叹连连。博斯继续描绘《圣经·旧约·创世记》的场景，从上帝造人一直到他本人生活的时代。亚当与夏娃的故事场景里，有很多生动鲜活的独角兽、三头两栖动物、集结成军的铠甲鱼人，还有翱翔天际的鱼、水陆两生的物种、一头大象和一只惨白如鬼魅的长颈鹿。史无前例的还有喷泉、群山和伊甸园河水流经的山崖隘口。粉与蓝搭配成怪异的色彩组合，仿佛是另一个星球的画面。

插图36：耶罗尼米斯·博斯，《人间乐园》，闭合状态下，1500年前后，马德里，普拉多美术馆

　　中间画板（附图16）上也依然延续着圣经故事，"当人在世上多起来，又生女儿的时候，神的儿子们看见人类女子的美貌，就随意挑选，娶来为妻"。画面上确实出现了很多裸体欢愉的形象，姿态各异。一支狂欢的队伍围绕着池塘打转，池塘里有三五成群的黑白女人一起沐浴。凡人自由自在地享受丰盛的果实，而那第一颗果子曾经决定了人类的命运——分享神的智慧，必受苦楚与辛劳。这最初的人类纪元里充斥着罪恶，如《圣经·旧约·创世记》所言，人类应该被从大地上抹去。右边的内侧画板是一幅技艺精湛的夜景图，也是前所未有。画中有魔军列阵、烈焰滔天，隐约可见通往幽冥的拱门，门后是熊熊火光，炎炎逼人。门前是一处结冰的湖面，裸体的人密密麻麻，都被冻在冰上。

观众所有的感官都被冒犯。博斯画出地狱的旋律，让恶臭从粪坑里飘上来。他折磨人类的躯体，展现背负深重罪孽的人：赌徒，还有纵欲之人，这个裸体的美人正从镜子里端详着自己被地狱之火灼烧的脸庞。右下方是故事的尾声，一头戴着多明我会修女头巾的猪谄媚地搂住一个裸体男子，它是要劝说男子在立遗嘱时多考虑多明我会的利益吗？

《人间乐园》创作于本书所记述的时段的中期。博斯创作这幅令人着迷又错愕的画时，彼得·佩鲁吉诺正在遥远的意大利画着安详的圣母，而以马尔西利奥·菲奇诺为中心的圈子已迎来了"首次启蒙"的曙光。这一切都与博斯艺术观里阴暗的世界观相去甚远。艺术史学家恩斯特·贡布里希曾评价博斯的一幅地狱画作说，艺术家在这幅画里用具体又直观的手法，把中世纪人们所惧怕的那些折磨人的怪物都成功地表现了出来。实际上，博斯在这幅世界图景的右翼上画的地狱不能简单地视为对中世纪文本的阅读，比如1484年出版的《吞达尔见闻录》，这本当时流行的书讲的就是阴间旅行。若不是亲眼所见这样的烈焰和毁灭，谁也不可能画得出来，但这些困扰人心的幻象可不只是萦绕中世纪。达·芬奇的《蒙娜丽莎的微笑》让人觉得文艺复兴时期是祥和平静的，但真相远比这恐怖。

如果当时人们脑海中的"地狱"就如博斯所绘，那么人们灵魂深处的恐惧和对救赎的渴望就不言而喻了。人们追求虔诚的纯洁，这在佛罗伦萨的文艺复兴中也是显而易见的。萨沃纳罗拉在这里开始建立他的上帝之国。用印刷术推进宗教改革的第一人并非路德，而是这位来自费拉拉的修士，他出版了100多本意大利语的典籍。他要求信徒过简朴的生活，只有祈祷和忏悔。他力争废除看戏和赌博这两样当时最主要的恶习，甚至认为节日也不是欢庆的时候。1496年的狂欢节没有化装游行，他派孩子在城里募捐。他在布道中支持人们起义，反对人文主义在佛罗伦萨——这座艺术家、诗人、同性恋和放荡者的城市——的崛起。尽管他让世俗生活变得非常无趣，这个两颊凹陷的费拉拉人却是民心所向。他宣称自己是先知，把自己当作《圣经·新约·启示录》的信使。就跟以往的世纪之交一样，博斯的画作问世之际也是流言四起，大家纷纷传言末日审判、最后的战争就要来临。这些流言蜚语与理性背道而驰，虽然人们已经造出机械钟来认识时间，也发行了货币，发明了金融簿记，哲学领域还出现了马基雅维利这样的思想家，但这个特殊的时代已远远超越所有这些界限。当时的人懂得绝望、优雅和美丽，他们烧死异教徒，寻找最久远的智慧，对虔诚着迷，也会为陈旧的手稿和古代的雕塑发狂。这样看来，萨沃纳罗拉并不只是单纯地维护中世纪、反对新时代。这位布道者属于最彻底的那群人，在任何时代都是。他来自圣伯纳德和圣贝纳迪诺教派，追随教宗格里高利一世和圣格里高利七世的信仰，喜欢点火刑架的加尔文就是从他这里获得了灵感，我们身边冲动易怒的宗教狂跟他也脱不开干系。萨沃纳罗拉在《论宗教生活的简朴》中提到："整个宗教生活最主要的目标就是涤清尘世的浸染。"这样一来，拥有精神和肉体双重属性的人以及世界都能够成为上帝的神圣庙堂。萨沃纳罗拉还预言，佛罗伦萨作为天选之城将统治意大利。

但是人们迎来的不是更好的世界，而是恶习的死灰复燃。佛罗伦萨很快便又陷入不同势力的混战。跟300年后那个喜欢砍人脑袋的马克西米连·德·罗伯斯庇尔（Maximilien de Robespierre）一样，当萨沃纳罗拉失去革命信众和净化手段时，他求诸公开的火刑。1497年的狂欢节，他在领主广场上引燃"焚烧虚荣之火"，假发、香水瓶、脂粉、牌戏、名贵衣物、奢华家具、竖琴、半身雕像和画作都被付之一炬。古老的狂欢节传统跟文艺复兴所有的世俗生活一起化为灰烬。大火吞没的书籍里甚至包括薄伽丘和彼特拉克等文学大师的作品，普尔西的《莫尔甘特》也未能幸免，毕竟这首叙事史诗犀利地抨击萨沃纳罗拉和他的信仰。

但这场烽火并无燎原之势，萨沃纳罗拉内外交困。教皇亚历山大六世（Alexander Ⅵ）可不想有这么一个神授的超能先知与他平起平坐，更不能容忍佛罗伦萨与法国交好。教皇把萨沃纳罗拉开除教籍，但萨沃纳罗拉也不甘示弱，他试图抹黑教皇是重返人间的反基督者。1498年，这位先知又故技重施，搭起柴火堆要焚烧一些不值钱的小玩意儿，这次却引发了抗议。年轻贵族试图阻止这场虔诚的文艺演出。佛罗伦萨对这位布道者也渐生反感之心。

他拒绝接受上帝的判决——火刑验罪法，因此也与最后的生机失之交臂。1498年5月23日，他被处以绞刑，后又被焚尸扬灰。唯有领主广场上镶嵌的一块石板还能告诉人们，这位一度想把佛罗伦萨教化成神圣耶路撒冷的修士于此地被烧成灰烬。有一些人把他神化，认为他属于人民，他曾勇于对抗穷奢极欲的富人、信奉异教的学者、耽于俗乐的艺术和其他消遣。

时势造人，强者是大势所趋。时任佛罗伦萨修道院院长、同时在法国国王查理八世那里担任大使的皮耶罗·索代里尼（Piero Soderini，1452—1522）众望所归。人们选他担任教区大主教，任期长达十年。

女巫之槌

当时仍有许多佛罗伦萨人忧心末日来临，波提切利一幅神秘的画作就反映了这种情况。《神秘的耶稣诞生》顶部有希腊文的题词，说这幅画作于1500年末在"意大利的纷乱无序"中完成，遭受着末日和战争的二次折磨（附图17）。波提切利虽然创作了圣母画、美丽的维纳斯和呵气成花的花神克洛丽斯，但这位大师和地狱画匠博斯的思想世界并非看上去那样大相径庭。第三幅艺术品同样也与前两者刻画的场景（"天启"）有关：1499—1502年，路加·西诺雷利（Luca Signorelli）在奥尔维耶托主教座堂的一间祈祷室绘制了《最后的审判》，青绿色的强壮魔鬼对被诅咒的人施以酷刑。

实际上，"恶毒的敌人"又好像是在众人当中产生的。宗教审判是个费神的苦差事。世纪之交过后，仅在英格兰林肯教区就有300多人被指控为异教徒。尤其是奥古斯丁、托马斯·阿奎那还有新柏拉图主义者提出的"魔鬼学"，为辨认魔鬼提供了指点，魔鬼没有实体，可以伪装成任何模样，他们数不胜数、充斥人间。波提切利画中表现的人间纷乱，为魔鬼的存在提供了最佳佐证。

人们也相信，撒旦可以驱使无数男女听其号令——为虎作伥的女巫和男巫。异教徒引发的仇恨与恐惧交织在一起。1486年，离不祥之兆显现的1500年并不遥远，人类历史上最黑暗的书籍之一问世，这就是《女巫之槌》。数十万人因此书被投入监狱、卷入诉讼，其中约有6万人身亡，直至18世纪其余孽犹存。有人认为是这本书引发了如此恐怖的暴政，但该观点根本无法自圆其说：巫术信仰和个别的处决现象一直都存在。15世纪上半叶，阿尔卑斯山西部地区的居民就觉得有巫师异端兴风作浪。巴塞尔宗教会议上也提到了女巫的威胁。这部拙劣的作品正好触动了读者敏感的神经。它的意义在于把奥古斯丁、托马斯·阿奎那的学说和早先的女巫学说进行了杂糅和总结，恰好为15世纪后期的人们提供了想要了解的关于魔鬼和恶魔的知识。施派尔的印刷厂主彼得·德拉赫（Peter Drach）一定是慧眼独具才投资印刷这本大部头作品，其现今的版本差不多有700页。仅到1523年，这本书就再版超过13次。当时气候骤变，恶劣的天气导致庄稼歉收，并且又遭逢可怕的瘟疫肆虐，人们迫切需要一个解释，而猎巫行动就成了宣泄口。

《女巫之槌》的作者海因里希·克拉马（Heinrich Kramer，约1430—1505）来自阿尔萨斯地区的塞莱斯塔，是一名多明我会修士，他觉得当时的灾难预示着末日逼近，引用了《圣经·新约·启示录》中的一段文字，而波提切利的画中那段预示不祥的题词也影射了这一段。克拉马指出，所有灾祸都是末日到来前祸乱人间的魔鬼在作祟，而且魔鬼还让女巫的异端邪说发展成形。他这本证据确凿的书还提供建议，教人们如何对付敌人。在克拉马的推动下，教皇英诺森八世于1484年颁布了缉巫教谕《至高愿望》，《女巫之槌》的权威地位因此越发稳固。这道敕令以圣父之名全权委任女巫审判官进行审讯，以确保这场毁灭黑暗力量的战争能够大获全胜。

克拉马在数百页的书中沉迷于描写对魔鬼的恐惧、对暴虐的惧怕和对女性的仇恨，令人惊慌失措，展示出可怖的全景。读者听闻人与魔同房，一定毛骨悚然。他们还会了解到：接生婆用巫术残害生灵；女巫可操控天气，呼风落雹；女魔令男子绝育、牲畜暴毙。他们又获悉，女巫用油膏涂抹木头，在夜间骑着它飞行。女巫还会在安息日奏响刺耳的音乐，煮童尸为餐。她们与冥王淫乱便可缔结密约，这在后来无数审判中成了指控标准。《女巫之槌》对审讯女巫的法律程序和规则进行了详细的论述，与对异教徒的世俗审判不谋而合。刑讯是重中之重。它让善良的女人变成重罪的囚犯，平和的男子成为危险的巫师。被指控者四肢脱臼，拇指被碾碎，指甲下鲜血直流，谁经历这些都会拼命认罪，法官想听什么，他们就说什么。以往人们盯上异教徒和犹太人的时候，他们总会抱团结盟、密谋计策，这次人们也怕遇上恐怖的巫师教派，可这只是加害者自己脑中的想象。

许多受害人都是一贫如洗、年迈无依。可能只是一个身体上的特征，比如红发或者驼背，就被边缘化，被怀疑，被当成所有灾祸的替罪羊。人们觉得女巫会在安息日集会，这种糟糕的指控让审讯愈演愈烈、波及甚广，甚至儿童和少女都不能幸免。为了知道参加这种魔鬼节日的都有哪些人，审讯者对受害人施加各种酷刑，逼他们编造十人、二十人甚至上百人的名册。他们最深重的罪孽是毁誓。他们背弃上帝，胆敢对上帝不敬。为了让上帝的全能完好无损，《女巫之槌》竭力提供严密的神学论据。书中强调，女巫和魔鬼的猖獗肆虐都得到了上帝的许可，这样才方便展开有惩有恕的过程，这也是救赎史需要的情节。世上存在有血有肉的魔鬼、恶魔和女巫，如果人们接受这一前提，那么《女巫之槌》一点也不缺乏内部一致。书中展现的只是理性的一种反常变体，这种理性也正是文艺复兴时期科学的显著特征。

事实上，克拉马成功把女人送上了火刑架——他曾夸耀说约有200人。不管他是否推波助澜，他在期间，意大利和德国南部的猎巫运动愈演愈烈。这个力图纯净、追求圣洁的狂热的迫害者，应该是一个失意受挫的禁欲主义者。这或许可以解释，为什么他的书中自始至终贯彻着对所有女性的敌意。仅仅是对女性诱惑力的一次失神，就会让他良心不安。让女性成为替罪羊，而不用在自己的欲望中寻找原因，这让他如释重负。是撒旦让这些女人成为诱饵、让人脑子里有了淫荡的念头，克拉马对此深信不疑。女人总是贪淫好色，甚至对克拉马这样的老修士都觊觎不已——这种想法虽然古怪，却一直存在。

如果不敢与魔鬼及其在人间的傀儡战斗，就会激怒上帝。因此，克拉马和他的同僚以极大的热情布道，宣扬对女巫的迫害。就是这种信念，使宗教法庭不断对皈依基督教的犹太人进行驱逐和毁灭，鼓动人们屠杀犹太人，策划反对穆斯林的十字军东征，引导传道士们登上布道坛，误导整个世俗国家。世俗的人们爱享受生活、追逐享乐，原本已是堕落放荡，现在又坠入万劫不复之渊。

克拉马对犹太人的敌意并不会令人诧异。哪些拒绝皈依的犹太人被看作食古不化的蛮族，在意大利特伦托的血诬案中，犹太人被诬告为"杀婴魔"，他们杀死外族的婴儿，还喝婴儿的血。克拉马设法搞到很多类似"罪行"的材料，为这场控告添油加醋。从此以后，犹太人就成为最典型的替罪羊。人们把所有的罪责都推到犹太人身上，以便卸下自己肩上的重担。审讯官和女巫猎人架起无数火刑架，整个社会与之同流合污，受害者被焚烧的尸烟直冲云霄。人们希望借此免遭上帝的惩罚，毕竟他们曾与上帝的敌人为邻为友。

1500年，在这一大赦年前后的数十年里，号召起义和恐惧末日、幡然悔悟与妄想纯净同时出现。历史学教授克里斯托弗·塞拉里厄斯（Christoph Cellarius，1638—1707）在回顾中世纪与近代的交替时，认为《女巫之槌》虽然立即为民间传道士提供了讲道的素材，但这本书发挥最大的影响力是在16世纪后半叶。

伴随着这本书的发行，古登堡的发明最终丧失清白之名，第一次助纣为虐，成为恐怖和死亡的帮凶。

趋势转变：人口、经济

在探险家和知识分子未能抵达的地方，平庸的人们仍日复一日地劳作。他们在节日里祈祷、痛饮，日落时分便躺上干草铺，门外的夜则属于繁星、鸱鸮和魔鬼。他们的梦境略有流传，他们的日常交谈鲜有记载，他们对宇宙和自然的印象无从得知，虽然这种感知肯定既神秘又魔幻。一些山上的洞穴对他们而言是危险之地，女巫在那里庆祝节日，生有翅膀的龙和凶恶的魔鬼在那里胡作非为。精灵的家也一直都在暮色之中的丛林里，在树干上、石缝间、泉眼处，妖怪、巨人、非常现实的强盗和想要超脱凡尘的遁世者也大都隐匿此间。其中经典的丛林强盗是15世纪和16世纪民谣和诗歌中的罗宾汉。这个角色很虔诚，但——或许正因此——也是贪财修士不共戴天的仇人。罗宾汉占据舍伍德原始森林，这里是一片"世外之地"。他在昏暗朦胧的荒野中反抗中世纪晚期的国家，立下自己的规矩，连树木都要听从号令。就此而言，他确实是个法外之徒。大约从1600年开始，他才变成"侠盗"和撒玛利亚人[1]般的乐善好施者。

在幽暗的边缘地带，烧炭工人忙着看顾他们的炉火生意，这是一群被隔绝在社会之外的不可接触者。丛林意味着冒险、危机、匮乏和孤独。在人们眼里丛林是一片荒芜之地，以至袖珍画的画师在描绘《马可·波罗游记》或隐圣的传奇故事时总要画上旷野，就是简单画上几棵树而已（附图14）。丛林对平庸的男女来说也并非一无是处，他们可以在丛林里捡寻枯枝、收集草药、采集蘑菇和浆果。

文艺复兴对穷厄和贫困肯定不陌生，瘟疫和饥荒也定时来袭。亡者之舞是艺术的一大主题。吕贝克的贝尔恩德·诺特克（Bernd Notke）、巴塞尔的小汉斯·霍尔拜因和其他许多艺术家都有这样的作品，描绘死神如何冷笑着领人赴死。远在西边，霍赫·曼里奎（Jorge Manrique）写下这样的诗句："我们的生命是许多河流，它们都流向一片海，即死亡。"而他本人很快就在卡斯蒂利亚的王位争夺战中殒命。约从15世纪中叶开始，出生率重新超过死亡率，尽管当时并不是风调雨顺、粮食丰收的年代。在荒村废墟里，新生命呱呱落地。如同中世纪温暖期的盛景，在托斯卡纳等一些山区，人们又开始开垦荒田、复耕作物。除了粮田，长势良好的所有特殊作物也都被播撒在田间，比如纺织染料菘蓝和西洋茜草。

---

1 "好撒玛利亚人"是引自基督教文化中的一个著名俗语，意为好心人、见义勇为者。它源自《圣经·新约·路加福音》中耶稣基督讲的寓言：一个犹太人被强盗打劫，受了重伤，躺在路边，有祭司和利未人路过但不闻不问。唯有一个撒玛利亚人路过，不顾教派隔阂善意照应他，还自己出钱把犹太人送进旅店。

绵羊养殖业利润可观，它在人口短缺、谷物价格大跌的时期得到发展，最初是在西班牙，后来在英国得到大力推广。养殖业是如此繁荣，以至托马斯·莫尔略带讥讽地说，羊把百姓、村庄和城市都吃掉了。他最为恼怒的是，地主把耕地圈起来留给自己的羊群。同时，他影射臭名昭著的"圈地运动"，把至今一直共有的土地分隔成一块块牧场。冲突愈演愈烈，很快就爆发起义。这是早在《圣经》中就提及过的一个古老矛盾：一边是该隐，较为先进的、已经定居的农民，也是所有农业资本家的祖先；另一边是亚伯，仍是个游牧人，所到之处寸草不留。从中世纪起，牛群从斯堪的纳维亚和匈牙利、波兰、乌克兰等东部地区浩荡而来，被驱赶到南部和西部的大城市地带，单是它们就需要多少牧场养活！牛需要草场，因此农民就没法种粮食种甜菜，土地全用来养活奶牛、绵羊、马和小型家畜。

　　农民生活在不同的法律体系和统治方式之中。比如，欧洲从古代起一直实行半租赁的佃农制，这一制度在亚洲也很常见。地主提供农具和种子，佃户提供劳力，收成由双方分配。东部地区的田主跟上述的"地主"又略有不同，地主主要流行于西欧，比如德意志一些地区、英国和尼德兰。此外还有无数介于这两者之间的形式。

　　田主制是中世纪盛期垦殖运动的遗留，在15世纪导致国家内部出现很多割据势力。黑死病和人口迁徙让田主们有机可乘。他们不肯交出空闲的土地，转而据为己有。田主对他的农户来说就是田间地头的上帝：集法官、主教和雇主于一身，有时他们也会在困境中施以援手。田主的农业营生由他自己做主。农民要服劳役又总是顺从老实，只能扎堆成群地卖苦力，为田主充实粮仓，田主再把农民的收成拿去市场售卖。农民能有多少苟延残喘的份儿，主要取决于那些居庙堂之高的贵族或者国王有多强硬或者多软弱。只要他们愿意，便可以遏制这样的独断专横。但权力利益诱使他们与豪绅地主结盟，农民常常被视如草芥，弃如敝屣。很多农民在田主那里做牛做马，然后在接下来的一个世纪里他们的境遇却每况愈下，他们缄口不言、灰心丧气。当规模庞大的农民起义横扫英国全境时，东部几乎是一片死寂。

在西部和中部，至少上层农民的待遇得到了改善。很多地方的佃农都恢复了自由身，让仍被束缚的人也有了盼头。废除农奴制的呼声越来越高，在英国大规模农民起义时就已经成为其口号。通常来说，自由民在缴纳一笔特殊捐税后便可以把农场代代相传，可以用金钱取代人身依附和劳役。日常生活，包括与地主的冲突都由村庄公所负责召集协商。农民和地主目标一致，都是要把这些分散的小块田地物尽其用，这跟东部广阔的大庄园有天壤之别。深耕的办法是雇用劳工、技术革新及最大可能地提高土地产量，这些都需要一定的企业精神和资金。和亚洲一样，欧洲当然也有丧失土地的小农群体和广大的城市底层，在饥荒年很容易饿殍满地。小农和富农辛苦劳作、艰难收成，却被那些贵族子息、神职后裔或市民阶层出身的地主强夺大半。雇工起码要得到像样的报酬，才不会随意迁徙。

一开始，城市中特别缺乏劳动力。瘟疫对人口的打击越来越惨重，因为城市中人口居住太密集，传染的危险更大。据记载，15世纪晚期曾经有两名师傅同时争抢一个帮工。手工行业的繁荣尤其是得益于那些因为遗产和贸易日渐富足的上层阶级——除非常年征战让人口和资金都遭遇灭顶之灾，比如法国和英国。薪资节节攀升，而整个社会因为瘟疫肆虐和人口锐减获得了丰厚的遗产资本，利息与日递减。文艺复兴时期富丽堂皇的文化风格也与市场经济的进一步整合有密切关联。尽管如此，世纪之交时酬劳与物价的剪刀差已开始逐渐缩小，15世纪末，手工行业有了丰厚利润。进入16世纪，剪刀差又转而增大，手工行业因此深受打击。究其原因，主要是人口增长及农村到城市的人口迁徙。城墙内消费者越聚越多、人头攒动，粮食和其他农作物的价格都开始上涨。例如，16世纪上半叶那不勒斯的人口就增长了五倍。与百姓一起涌进城来的当然还有他们的困厄。其他城市的状况也类似，虽然人口增长不似那不勒斯这般剧烈。

尽管贫富差距逐渐拉大，但毫无疑问，整个欧洲或多或少都有一群强势富足的中产阶级在崛起。特别是他们对阅读的渴求，令图书出版业大获成功。此外，虔诚让他们慷慨解囊，弥撒和圣坛都得到了优厚的捐赠。为满足他们的口腹之欲，菜肴也琳琅满目，肉类、酒类和水果的消费量都达到了历史峰值。市民喜着华服，摇身一变如贵族行事。当局试图用一道道命令遏制这种挥霍，至少要把社会等级的外观表象固定住，可惜收效甚微。

银、铁、纸：巩固文牍国度

在以上几节里，我们讲述的是历史上看似相去甚远的几个领域：巫术信仰、人文主义语言学、大西洋扩张，外加印刷术的历史和高度发达的手工业的产生，连手动机械钟表和眼镜都能制作。如果不能人为划分这些领域，那这一切根本无从谈起。事实上，这些领域与其他重大趋势有着极其复杂的联系，包括人口统计学的发展、资本主义的传播和早期现代国家体系的巩固，这是其中最重要的三个。上述因素到底如何发挥作用，在15世纪繁荣的矿冶业上表现得尤为显著。

人口增多，对金钱的需求也扩大。商人和探险家需要船只，所以就需要钱，船只还需要铁钉和铁锚。国家需要铁管枪和青铜炮装备军队——兜兜转转又是钱。金属变得很紧俏：铁、铜、银、金。人们大力开展矿床勘探，1430年最早从蒂罗尔开始，后来扩散到萨克森、图林根和匈牙利等地。蒸蒸日上的矿冶业激发了发明家的热情，也迎来了生产分工的雏形，高度精细化的专业人员和干粗活儿的雇工一道参与协作。在加热时添加铅可以让银熔化，这项熔析技术的发明大大提高了采银业的效率，人们称之为继远古时期黄铜的发明后"矿冶业最重要且影响最广的革新"。

深层矿井排水需要昂贵的技术。水力自13世纪出现以来一直发挥作用，它可以让升降篮上上下下，让铁锤高速运作而不知疲倦，让风箱不停给熔炉鼓气。在进入"幽深又有暗光浮动的"地下世界之前，资金必须到位，人文主义者康拉德·策尔蒂斯曾如是评价盐矿业。远洋贸易的本钱是在船只上投注入股，采矿业也是通过买卖矿井股份筹措资金。矿业股票通常是小额发售，这样也平摊了风险。矿石冶炼需要大规模资金投入，纽伦堡人在造纸业中已经首开先河，在这个领域又拔得头筹。1419年，这个帝国直辖市的城门外建起了第一座熔析工坊，半个世纪后，图林根森林中的工场接手这项工作。他们所需的资金通常由城市显贵和商人联盟负责筹措。他们开采原料，进行冶炼，售卖提炼出的金属，利润丰厚得令人难以想象。为了适应市场需求，金属产量剧增。人们推测，欧洲银业在1450—1540年扩张了五倍之多，生铁年产量在15世纪下半叶从2.5万吨增长到4万吨。

采矿业的迅猛发展催生了诸多理论，而它们转而又推动实践。艾尔伯图斯·马格努斯（Albertus Magnus）关于矿物的著作后来演变出一系列的"人工手册"，对技术问题、矿井规划、矿产的冶炼和分解进行探讨。个中翘楚乃是格奥尔格·阿格里科拉（Georg Agricola）于1530年首版的十二卷本对谈录《论矿冶》，以及万诺乔·比林古乔（Vanoccio Biringuccio）于十年后出版的冶金学奠基之作《火焰学》。幸有阿格里科拉的大作，活塞泵从萨克森和波西米亚流传到了整个欧洲。但冶炼技术的细节还是秘而不宣，大家只能依靠实践摸索。冶金业通过"火试金法"这种"资格审查"积累了提取金子的经验。在这种情况下，资金需求、书籍印刷、技术革新、冶金和矿冶相互影响。此外还有一个因素，国家体制建设也处在进程当中。毕竟，各方势力中只有国家对金属的需求量最大。建筑施工、宫廷事务、外交往来、行政体制，以及最后和最重要的战争都需要资金支持，因此造币厂急需原料。

出于持续的借贷需求，国家与大型企业的结盟越来越常见。国家把矿山所有权和开采权在短期内或永久转让给债权人，以此偿还债务。矿藏的主权是一项经济特权，原本是国王和皇帝才能拥有。神圣罗马帝国的国家政权稳固，选帝侯、侯爵和其他领主把这项权力紧紧攥在手中。当时，这样的资本市场在欧洲之外根本闻所未闻，即便小规模市场也不存在，而这种专业运作的行政体制也是绝无仅有。在此期间，罗马法也开始在北部站稳脚跟，有它借力，经济也引入了越来越完善的规则体系。由此，矿冶业和远洋贸易中需要巨额借贷的大型项目即便无法实现也变得容易了。因为单单是法制和行政就可担保无虞，让经济发展有了安全的环境。随着法制系统的推广，案宗文件也堆积如山，这是国家"密集化"的标志，不仅是因为公职人员增多，也是因为便宜的纸张取代了昂贵的羊皮纸。

主权国家逐渐成形。但是皇帝还是没有固定的都城，也没有设立组织完备的固定公使馆，只有灵活的外交机构负责寻找同盟并协商和谈，此外还要源源不断地搜集情报——可以说：间谍活动。例如，皇帝马克西米利安一世就开展了广泛的外交事务，与英国、条顿骑士团和莫斯科大公国都结成紧密同盟。他执政期间派出约300名公使，这些公使在欧洲第一个世界帝国的早期留下了举足轻重的影响。

全球帝国的先尊：马克西米利安一世

哈布斯堡家族的马克西米利安生于1459年5月22日，他称自己命途多舛，希望凭借上帝的恩典摆脱厄运。1479年8月7日，在这个明朗的日子里，这位年轻的哈布斯堡家族的奥地利大公在吉内加特战役中一战成名。他身先士卒，令军队的士气大振，从而带领步兵击败了法国骑兵。这场胜利意义重大，他由此得到"大胆"查理的继承权。马克西米利安的娇妻玛丽是勃艮第公爵之女，虽然在三年后的一场巡猎中死于非命，但留下了腓力一世（Philipp Ⅰ）和玛格丽特两个幼童，未来可送去联姻并拥有勃艮第的合法头衔——这可是一处必争之地。这些年是哈布斯堡王朝历史中关键的时刻。1490年，债台高筑的外奥地利大公及蒂罗尔伯爵"富有的"西格蒙德被迫把统治权转交给他的堂兄马克西米利安，蒂罗尔也成了马克西米利安王冠上的明珠。同年，匈雅提家族的最后一任领主、国王马加什·科尔温（Matthias Corvinus，即马加什一世）于维也纳驾崩，他曾是哈布斯堡王朝危险的仇敌，几乎跟苏丹一样危险。马克西米利安出兵奔袭奥地利，但他无法占领匈牙利，因为当朝权贵更愿意扶持波西米亚国王弗拉迪斯拉斯二世。马克西米利安一世曾试图进攻雅盖隆王朝，结果铩羽而归。1491年战后不久，双方在布拉迪斯拉发签署条约，哈布斯堡王朝与雅盖隆王朝共治匈牙利，若弗拉迪斯拉斯家族绝嗣，哈布斯堡王朝享有继承权。

数不清的条约让未来的更迭扑朔迷离，《布拉迪斯拉发条约》只是其中之一。只有回顾往事时，人们才发现它是后来奥匈双元帝国的重要一环。在这个节点，东部边界的和谈是一个喘息之机，毕竟西边战事胶着，因为西边佛兰德斯地区的苛捐杂税已经引发了市民起义。叛军颇有燎原之势，最终根特也沦陷了。1493年的《桑利斯和约》规定，哈布斯堡可以统治勃艮第西部之外的地区，西部则由法国王室接管。神圣罗马帝国的疆土延伸到了前所未有的西部。但一对宿敌也从此结怨，他们在接下来很长一段时间里掌控了欧洲议程：哈布斯堡王朝与历任法国国王的对抗，不管是瓦卢瓦王朝还是波旁王朝。意大利这片古老的帝国土地越来越频繁地充当二者的决斗场。

1493年，腓特烈三世晏驾，马克西米利安加冕。一年后他娶了第二任妻子比安卡·玛丽亚·斯福尔扎（Bianca Maria Sforza），她是绰号"摩尔人"的米兰人卢多维科·斯福尔扎的侄女。这桩婚姻虽然有点井浅河深，但毕竟公国的统治权眼看着就在眼前。况且"摩尔人"给予了优厚惊人的陪嫁，据说有100万杜卡特金币，不仅买下了这桩与帝国的婚姻，还给自己弄来了公爵的头衔。

以现代标准来看，马克西米利安一世的帝国人烟稀少。15世纪的最后30多年里，又有1000万人死于瘟疫。这个帝国是君主政体、邦联和等级制国家的奇特混合体，但它越来越被限定为"德意志"，就像法兰西、英格兰和西班牙帝国一样。这个帝国没有首都，没有军队，甚至比意大利还要支离破碎。然而，如果把所有联邦国都聚到一起，这个帝国便拥有不可抵挡的经济实力，以及永不枯竭的卓越手工艺。帝国疆域内村庄繁多，城市密集，还有无数能人智者。真为帝国出谋划策的人，很少不受非议。胡斯战争烽烟不息，帝国困顿不堪，1422年在纽伦堡的一次会议上，帝国决定编定一本名册，登记所有有纳税义务的统治阶级：主教、修道院院长、诸侯、领主、伯爵和城主。后又有类似的名册问世。当时的帝国宪法只是法律、合约和风俗习惯的大杂烩，还在不断变化，每次会议都有新内容被列入。

"神圣帝国"的雏形初现，不仅体现在那些堆积如山的文件，还有加冕日或者帝国议会日那些色彩明艳、金光闪闪的游行队伍。象征帝国的双头鹰形象数不胜数，出现在旗帜、城门、市政厅外墙或是炉子的釉砖上。双头是意味着王权与皇权合一，还是在暗示帝国会像罗马帝国一样横跨东西？皇帝的特权都载入宪法，包括1356年的《金玺诏书》也成为最重要的"基本法"，还有马克西米利安一世的父皇腓特烈三世即位不久后与教皇尼古拉五世签订的协议。直到19世纪，与圣座的外交往来都一直依此协议进行，此外还有一些允诺，比如都主教和主教级别的座堂咨议会都可以自由委任大主教和主教。申诉权和任免权仍归教皇，都主教座堂和主教座堂如有空缺的法政牧师席位，将由教皇在奇数月份指派。帝国内部，市民在城市议政中的声音越来越受到重视。在15世纪的最后30多年里，市民代表仅仅需要对上帝和皇帝宣誓便可列席议会，参与讨论税收和立法等问题。

1495年的沃尔姆斯帝国议会上，尽管很多代表各执己见，尚未达成内部一致，但他们都要求改革。经过几个月的协商，最终通过了一项通行的《禁止复仇条例》，这个条例本应"永久"有效，最后却跟它的众多前身一样短命。更重要的决议是设立了帝国最高法院，后来被称为"御庭"。16位审判员当中的8人应由贵族担任，另外8人则是法学家。如此，罗马古老的法律被纳入帝国最高审判中。"法律文艺复兴"也终于登峰造极。御庭发展成为帝国联盟的有力佐理，连最平凡的底层人民都有了法律途径可依。但为了维持和平和法律，这些改革并没有继续深化。

奥地利成为世界强国并不是因为它是腐朽帝国的主人，而是通过新的联姻：1496年和1497年有两次结亲。面对瓦卢瓦王朝的威胁，特拉斯塔马拉和哈布斯堡两大家族联手御敌。一开始，因着马克西米利安与勃艮第的玛丽的结合，他的儿子"美男子"腓力一世娶了"疯女"胡安娜（Johanna die Wahnsinnige）。接着，玛格丽特也与阿拉贡和卡斯蒂利亚的王位继承人胡安王子（Johann von Aragón und Kastilien）缔结婚约，但半年后他不幸早逝，亡于

19岁。由于费尔南多二世和伊莎贝拉一世的其他子女也一个个撒手人寰，腓力一世和胡安娜的儿子查理成了唯一的继承人，即后来的皇帝查理五世（1519—1558年在位）。他最终成为半个地球的霸主。1500年前后，根本无人能有此料想。马克西米利安一世曾几次调兵遣将，想要吞并意大利和整个勃艮第，奈何总是无功而返。面对反对沃尔姆斯决议的瑞士邦联，他也束手无策。1499年，瑞士邦联在边境地带与诸侯、贵族、高级教士和城主等组成的施瓦本同盟发生冲突，随着事件升级并出现交火，瑞士邦联态度越发强硬。从形式上来说，这个市民团体和农民公所联合起来的松散邦联仍旧隶属于帝国。但这个精致的小团体为半个欧洲提供雇佣兵，想追求主权的它羽翼已丰。

奥斯曼大军已经逼近威尼斯，但哈布斯堡王朝还是没有底气进行十字军东征。马克西米利安曾一度被反对派贵族完全压制，不过他在战场侥幸取胜，又于纵横捭阖中遏制了对手。1508年，他获得了教皇的准许，在特伦托称帝。他周旋于不同的盟友中，游说他们共同进击威尼斯，威尼斯共和国岌岌可危。康布雷联盟便集结了法国、阿拉贡、神圣罗马帝国和教皇国。1509年，盟军在克雷莫纳附近的阿格纳德罗一战中摧毁了威尼斯的主力大军，他们已经兵临威尼斯潟湖。然而，他们没有舰队冲破威尼斯这道水墙。何况意大利大陆上的城市总归更喜欢自治权，所以仍旧忠于亚得里亚海的女王。另外，威尼斯外交手段巧妙，把罗马涅地区拱手送予教皇国，阿普利亚诸港则被西班牙收入囊中。威尼斯总算逃过一劫。而且教皇退出后，这一利益联盟很快分崩离析。

马克西米利安本以为能得到意大利北部，可惜这个丰厚的战利品泡汤了，但他还是成功让他的孙子查理攥紧了西班牙的继承权。东边对匈牙利的计划也在有条不紊地进行。看起来，只有哈布斯堡与雅盖隆两大家族结盟，才是抵御奥斯曼帝国的唯一途径。这样，又出现了亲上加亲的一幕：马克西米利安的西班牙皇孙斐迪南一世（Ferdinand I，1556—1564年在位）迎娶弗拉迪斯拉斯二世的女儿安娜（Anna von Böhmen und Ungarn）；弗拉迪斯拉斯二世的儿子，尚未出生的王子拉约什二世，这位未来匈牙利和波西米亚的国王，被指腹为婚，成了卡斯蒂利亚的玛利亚（Maria von Kastilien）的夫君。拉约什在摩哈赤一役中战死，斐迪南和他的哈布斯堡家族得到了雅盖隆家族的两顶王冠。

马克西米利安是有远见卓识之人，构想宏大又非凡。甚至有一次，他严肃地考虑过让自己当选教皇，这样三重冕和皇冠历时已久的分割便可以消失，转而变成拜占庭的方式。奥埃尔斯佩格亲王是三月革命前的一位诗人，他称马克西米利安一世为"最后的骑士"。皇帝本人也在一系列由宫廷文员协助完成的自传作品中这样打造自己的形象——《白色国王》《托伊尔丹克》《弗莱达尔》。他管辖境内的教堂不遗余力，尽可能多地搜刮杜卡特金币。帝国政治中最大的难题是接手那些继承来的国家，治理国家大部分靠的是市民出身的专家和勃艮第的经验。但帝国后来债台高筑跟治理上的失策无关，而要归咎于奢华之风和艺术资助的流行，而最主要的还是因为连年征战，这是马克西米利安的首要政治手段，而非他的最后一搏之计。战争的巨额花费几乎令马克西米利安破产，他的勃勃野心也不得不暂且搁置。1000个雇佣兵是无法征服西方的，可就连这笔佣金都常常令哈布斯堡王朝捉襟见肘。

首富：富格尔家族

奥格斯堡是马克西米利安最常停留之地，他甚至在这里修建了行宫。中世纪盛期的皇帝都是从这座施瓦本城市启程去罗马请求加冕，商人也是从这里出发前往地中海的大巴扎——威尼斯。奥格斯堡的商人和工匠可以满足一个皇帝所有的渴求，从锻金工艺、天文器材到艺术与图书，甚至还提供武器和装备，无论你是要参战，还是酷爱打猎，或是参加比武的骑士，都能得偿所愿。"奥格斯堡"——有身份的人听到这个词便会联想到宾客厅和舞会大厅里的音乐和"宫廷舞蹈"，主教城堡庭院中举办的骑士竞技活动或者城墙外的射弩大赛。这个词听上去还有远大世界的感觉。人们可以遥望布鲁日和伦敦、里斯本和布达佩斯，目光所及之处已经越过哥伦布发现的那些岛屿，更远处的一举一动也尽收眼底。罗马人建立的奥格斯塔变成了"真正的国王之城"，这句铭文被刻在市政厅上。当时，它是地球上最富裕的城市。

马克西米利安总是移驾奥格斯堡，不仅是为了休闲娱乐和议会事务，更是因为经济需求。奥格斯堡的财富来源除了贸易和作为关键行业的纺织业之外，还得益于采矿业和银行业。单单从1470—1500年，财富税的总额便增长了四倍。奥格斯堡的商人早早就投资了萨克森和蒂罗尔的银矿与铜矿，建造冶炼厂并生产黄铜，其中就包括后来将触手伸向全球的韦尔泽家族，他们很早便为国家提供金属银。格奥尔格·戈森布罗特（Georg Gossembrot，约1445—1502）曾经是蒂罗尔伯爵"富有的"西格蒙德手下的金融家，接着又为其继任者马克西米利安出谋划策。世纪之末，他与一家由很多商人组成的财团联手，想要在铜矿业建立辛迪加垄断集团。当时入局的还有一个家族，其在与戈森布罗特的角逐中最终获胜，成为因斯布鲁克地区宫廷银行家的领军人物：富格尔家族。

这个家族出身贫贱，他们的先祖曾经是纺织工，1367年离开奥格斯堡南部的小山村，在布匹贸易中迅速积累了可观的财富。分家后，"狍子"支系的富格尔家族陷入破产，有一段时间声名狼藉，但是"百合花"支系的富格尔家族却扶摇直上。家族企业的战略师是雅各布·富格尔（Jakob Fugger，1459—1525），人称"富豪"。他与马克西米利安建立了稳固的关系，通过贷款拿到了很多矿产合营权，近如图林根，远至哈布斯堡统治下的蒂罗尔和匈牙利之间的广袤地带，修建了很多熔析工坊和锻造车间。贵金属销售主要通过威尼斯进行，其中涉及的交易额令人头晕目眩。仅一项为期三年多的白银买卖，富格尔家族就有近100万杜卡特的销售额。而纺织贸易和意大利的生意也并未被抛诸脑后。1505年，富格尔家族用4000杜卡特参股了三艘远洋船，它们沿着已经开辟出来的好望角航线前往南印度。船队返航里斯本时，满载香料、珍珠和布匹。富格尔的公司在罗马与教皇牵上了线，从赎罪券的买卖中分得了一杯羹，最后还拿到了教皇的铸币生意。也是靠着富格尔的钱财，教皇的瑞士卫队才得以组建，雅盖隆与哈布斯堡两大王朝才能在维也纳举办奢华的婚礼庆典。16世纪初，半个欧洲的城市里都有了富格尔公司的分号。

富格尔的崛起与当时国际远洋贸易的大幅扩张密不可分。德意志南部的金融寡头们纷纷出手，想要争夺势力范围；在马克西米利安的时代，光是安特卫普就有50多家施瓦本的公司设驻点，但富格尔家族稳居首位。跟美第奇家族一样，他们也想要擢升自己的社会地位，以期最终获取田产和领地。富豪雅各布就给自己买了个伯爵头衔，他的继承人安东更是跻身帝国亲王的行列。坐拥森林和田产的宫殿，已经成为新贵们的身份象征。土地不仅让人变得尊贵，它还有利用价值，可以营利，在危急时刻又是一层保障。富格尔若想做什么，就会做得面面俱到。

富格尔家族在奥格斯堡的酒市旁边修建了一座宫殿。这里平日里是企业总部，很快又成为保管贵重藏品的地方，如有需要还可成为皇帝的寝宫。这一切都要围着钱转：铜顶，大理石，极尽奢靡的廊柱。1516年，"富豪"雅各布开展了一项史无前例的慈善事业。他在城郊建了一片住宅区，即所谓的"富格尔之家"，53套房子都提供给"正派的穷人"居住。只要他们为创办者的灵魂祈祷，租金无关紧要，每年只收一个古尔盾：这个大银行家通过捐赠的方式，让自己在上帝那里也可以收支平衡。阿尔布雷特·丢勒曾为他画像，这成为资本主义的象征：一头短发裹在金丝交错的威尼斯便帽之下，不禁令人联想到他与里亚托的关系，这位大亨曾在那里度过了他的学徒生涯。丢勒笔下的富格尔是个严肃、聪慧且五官端正的男人，没有人会希望与他为敌。

画作完成时正逢1518年奥格斯堡帝国议会，这位大企业主刚刚完成了他最大胆的一举。他把所需资金全部积攒起来，打算襄助皇帝马克西米利安的孙子——西班牙的查理登上皇帝宝座。这笔款项精确地记录在资产结算表中：851,918个古尔盾。就算是一个高薪的工匠，也要差不多3万年才能赚到这笔钱。这其中大部分的钱，有50多万都来自富格尔家族的金库，用来买通选帝侯们达成一致意见。无论结果好坏，这家奥格斯堡的公司从此与被债务压得直不起身的债务人捆在一起了。有一回，富格尔可能想冷静地提醒皇帝，是钱而不是上帝造就了他。"众所周知，显而易见，如若没有我的帮助，皇帝陛下您是不会得到罗马皇帝的皇冠的。"如果是在中国或者俄罗斯，这句话会让他人头落地。

雅各布还在世期间，富格尔家族的参政热情就带来累累硕果。当时有一场反对垄断的诉讼被提交至御庭，反对富格尔家族和奥格斯堡的其他大型商业公司，但在皇帝的干预下该诉讼居然被撤销了。富豪雅各布的继承人安东·富格尔（Anton Fugger，1493—1560）与哈布斯堡王朝及西班牙的往来更加密切。皇帝在统治期间总共贷款2800万古尔盾，其中三分之一都出自奥格斯堡。这笔交易对债权人来说风险很大，但是有各种形式的国家协议作为担保。其中最大的一块肥肉当数马埃斯特拉斯戈山区，富格尔家族接管了这片地区，从租约中获益颇丰。这里原本是三大西班牙骑士团的地产，在收复失地运动中落入西班牙王室之手。那里最有价值的是阿尔马登的朱砂矿，从中开采出的汞有着丰富的用途，比如镜面涂层、镀金，尤其是通过汞齐法提取银。伊比利亚半岛成为奥格斯堡大集团最重要的交易中心，富格尔从这里把施瓦本的布料运往美洲，开采的铜通过塞维利亚抵达新大陆，生产的铜器途经里斯本送至西非。

资本和国家联手——皇帝的弟弟、后来的斐迪南一世和其他无数王侯都用奥格斯堡的资本给自己捞过油水——起码一开始对双方都是有利的。多亏了这场联手，大量的金属被开采出来。对钱财的贪婪让人们继续致力于技术改进，并通过技术进一步提高采矿业的产量。大额贷款又反过来推进国家权力的扩张和发动战争的计划。哈布斯堡给人们带来一个帝国。但从长远来看，德意志金融寡头与国家的联手还是压制了冒险精神、阻挡了革新力量。未来属于更加敏捷的资本和企业家，那些眼界更广、能够联络尼德兰和英格兰的人。在富格尔所处的天主教环境中，已经出现了自由主义市场的思想领袖：个人的自身利益貌似就是共同福利的最佳理由。这样，贪婪也逐渐从罪大恶极的行列中悄悄退席。尽管如此，"富豪"雅各布·富格尔还是建造了他的穷人之城，对地狱的焦灼和恐惧驱使他这样做。古老教堂的魔力或者做一些善功，可以让这种恐惧得到些许缓解。

但是，让我们的目光再次越过阿尔卑斯山——在那一侧，富格尔赚取大量财富，德意志的古尔盾在资助世界一流文化上功不可没。

读客文化

附图17：桑德罗·波提切利（Sandro Botticelli，1445—1510），《耶稣神秘诞生》，1500年，伦敦，国家美术馆

附图18：拉斐尔（Raffael），《伊丽莎白·贡扎加》，约1505年，佛罗伦萨，乌菲齐美术馆

附图23：提香（Tizian），《荣耀》（*Gloria*），1551—1554年，马德里，普拉多美术馆

附图24：乔瓦尼·巴蒂斯塔·莫罗尼（Giovanni Battista Moroni），《米歇尔·洛皮塔尔》，1554年，米兰，安波罗修图书馆

附图25：保罗·韦罗内塞（Paolo Veronese，1528—1588），《勒班陀战役》，约
1573年，威尼斯，艺术学院美术馆

附图26：未知艺术家（乔治·高尔？），《伊丽莎白一世像》，约1588年，沃本，贝德福德郡，沃本修道院

附图27：未知艺术家，半人马，16世纪晚期，伊斯米基尔潘（墨西哥），大天使长米迦勒殿

附图30：提香，《雅各布·斯特拉达像》，1567/1568年，维也纳，艺术史博物馆

附图31：雅各布·利戈齐（Jacopo Ligozzi），《鹦鹉》（蓝黄金刚鹦鹉），
1580—1600年，佛罗伦萨，乌菲齐美术馆

附图32：伊藤圭介，海狮与塞壬

出自：《动物志》，约1850年，东京，国立国会图书馆

文艺复兴全史 （下）

[德] 贝恩德·勒克 著

向璐 高原 译

文匯出版社

目　录

现代之前

第四章 展望:"西方"与其他

附　录

"文艺复兴全盛期"

27. 国家利益至上之时

插图37：米开朗琪罗，《摩西》，1513—1516年，罗马，圣彼得镣铐堂

教会统治的胜利：文艺复兴教皇

15世纪下半叶，教皇对宗教会议至上主义进行持续打压，不断否决公会议提出的改革计划，其权力也得以继续扩张。1468年，以波姆波尼奥·莱图为首的小圈子策划了一场起义，这是共和思想的最后一次垂死挣扎。这次的计划跟先前波卡里的谋反一样遭人告密。教会统治盘踞在彼得和保罗两位圣徒的坟墓之上，现在更得到强化，令罗马换上了一副新面孔。通往权力中心的街道向大众开放，在神圣的日子里他们会到台伯河畔朝圣。自西克斯图斯四世以来，城邦完全从属于宗座财产管理局。长期以来，历任教皇都和诸侯一样行事，而且簇拥在他们身边的世俗随员比宗教随员更多。他们有数不过来的儿女，婚事不仅公之于众，还会举办奢华庆典。

教皇三重冕是罗马各贵族势力拼命争抢的对象，夺得冠冕意味着唾手可得的金钱、土地和受俸神职。枢机主教的一身紫袍，甚至圣座，都能成为许多罗马贵族婚事中许诺的嫁妆。教皇亚历山大六世的私生子切萨雷·波吉亚是所有教皇宠儿中最著名的一个，他靠着父亲便可公然尸位素餐。如果庆典策划大师约翰·伯查德（Johannes Burckard）所言非虚，那么梵蒂冈庄严的宫墙之内处处放荡无度。他描述过一场有50个交际花参加的狂欢夜：在教皇淫邪的目光中，她们裸身起舞，爬过切萨雷的居室，然后高级教士便和这些美人共赴巫山。哪位云雨最频，就能得到奖赏。

除了放荡和祈祷，政治头脑也是教皇必需的。查理八世进军意大利成为那不勒斯国王，让亚历山大六世的圣座岌岌可危，尤其是奥尔西尼、科隆纳、卡塔尼等罗马内部的几大家族本就与教皇为敌，现在跟法国人结盟更令他寝食难安。不过，欧洲方面的反攻也开始了。意大利各公国组成联盟回击查理，皇帝马克西米利安也加入进来。面对联军的进攻，查理只能迅速撤退以求保全。一个恐怖的敌人伏击了他的军队，让士兵失去了战斗力：梅毒吞噬着士兵的身体。法国的权力地位来也匆匆，去也匆匆。意大利的南部已经易主，最终于1502年再次落入西班牙人手中。

危险几乎还没有过去，教皇就又与法国修好。他的搭档是路易十二（Ludwig XII），1498年查理八世去世之后的继任者。这份协议是按照当时的风格签订的：切萨雷·波吉亚放弃了他的宗教职位，与一位法国公主结为秦晋之好，拿到了瓦伦蒂诺的封地和公爵头衔，意大利人因此用"瓦伦蒂诺"称呼他。在这之前，亚历山大六世为向他的法国伙伴献殷勤，宣布查理八世的无嗣婚姻失效。这样，路易就娶了他的前任的遗孀，布列塔尼的安妮（Anne von Bretagne），通过政治婚姻把布列塔尼公国的领地牢牢锁在法国版图内。威尼斯后来加入了罗马和法国的联盟，令法王在1500年前实现了对米兰的统治。米兰公爵"摩尔人"卢多维科·斯福尔扎在法国身陷囹圄。

切萨雷·波吉亚的兄弟胡安被人刺死，后来被人从台伯河里打捞上来，此后，切萨雷便毫无争议地成为他父亲麾下运筹帷幄的主角。作为教皇军队的首领，又坐拥一支路易十二提供的雇佣军，切萨雷公爵大显身手，诡计、谋杀、战争和利诱轮番上演。他在罗马的对手如今丧失了法国的庇护，被一一清理门户。罗马涅的领主们也个个俯首称臣，就像多米诺骨牌一样全都落入切萨雷的手中。而在这之前，这里的教皇势力没那么强大，自治程度曾让当地领主倍感自豪，是权力式微、文化昌盛的大本营。这片沦陷区还囊括了弗利、佩萨罗、里米尼、法恩莎等地，连乌尔比诺也未能幸免。1502年，切萨雷曾领导法国军队进攻那不勒斯，并征服了托斯卡纳的皮翁比诺。在罗马涅的战争中，他是御赐的教皇军队指挥官，还担任法国王室的封臣。实际上，像他的圣父一样，他关心的是如何建立"波吉亚的统治"。

但亚历山大六世于1503年溘然长逝，一己之国的美梦也随之破裂。德拉·罗韦雷家族的代表尤利乌斯二世（Julius II，1503—1513年在位）登上教皇的宝座，他可是波吉亚家族宿敌的后人。瓦伦蒂诺的权力是靠着他的教皇父亲和法国扶植，这一点很快就得到证实。他逃离意大利，最后成了纳瓦拉国王的臣属。1507年，当时他因身患梅毒而容貌尽毁，意大利已经没人记得他这号人物，在一次围攻堡垒的战役中，他死在离潘普洛纳不远的地方。对后世来说，他像个阴魂不散的幽灵，其卑鄙无耻简直无人能出其右，为达目的不择手段。马基雅维利从这个政治破产者身上吸取经验，构建出理想的王侯形象；尼采对布克哈特的误读令他收获甚丰又与之相去甚远[1]，但他由此创立了"超人说"，用这一荒谬的反驳对抗19世纪末人们苍白无力、深入骨髓的平庸。

切萨雷的征服者尤利乌斯二世继续执行他的"土地清理"策略。他果断夺回波吉亚家族的战利品，并占领长期纷争的博洛尼亚。米兰臣服于他的武力，并于1512年被他转赠给了斯福尔扎家族的继承人马西米利亚诺（Massimiliano Sforza）。热那亚摆脱了法国的统治。时人称他为"恐怖"教皇，但更多是出于尊敬而非贬低。人们见他肩披铠甲、跨坐良驹，身边军队如众星拱月。当米开朗琪罗准备为他雕像时，他可能曾提出希望自己手持利剑而不是手执书卷。他可能还说过"我对知识一点都不了解"这样的话。他曾试图限制圣职买卖，偶尔以谦虚和蔼的样子示人，但这对这位罗韦雷教皇的形象几乎没有改观。

他知道如何提防罗马贵族。出于防备，他把宫廷卫士当中的贵族亲信都解职，围绕他身边的都是可靠的瑞士雇佣兵团，即前面提到的瑞士卫队。康布雷同盟虽然大胜威尼斯，但他和他的同胞都没有分到多少好处。最迫在眉睫的是阻挡法国势力对意大利北部的扩张。政治也遵循化学反应模式，于是教皇又与康布雷同盟中最重要的盟友们联合起来，毫无芥蒂地组成新的"神圣同盟"，一致对抗他们曾经的盟友法国。路易十二试图反击，在比萨召集宗教分裂会议想要废黜教皇，却被尤利乌斯二世轻易化解，后者于1512年召集了第五届拉特兰公会议与之抗衡，以压倒性的人数优势瓦解了教会分立论者的阴谋。

尤利乌斯二世对艺术的资助是空前的。梵蒂冈宫殿的庭院里处处是古代雕像，包括1489年出土后很快闻名于世的阿波罗像。他亲手为圣彼得大教堂的重建工作奠基，如若不是他下令，西斯廷教堂的穹顶上也不会有米开朗琪罗的壁画；在一定程度上这也是教皇的作品。他去世时，那里的脚手架都还没拆掉。

---

1 布克哈特和尼采在巴塞尔大学曾做过一段时间的同事，尼采还听过布克哈特的课。布克哈特对文艺复兴的研究兴趣影响了尼采，后者因此放大了文艺复兴时期人的启蒙和解放，尤其是少数天才对历史进程的积极影响。在尼采看来，在传统价值全面崩溃的时代，必须呼唤出一种"超人"来挽救人类自身可悲的退化。"超人"的出现，是尼采"重估一切价值"和英雄道德观的必然结果，也是他最高的道德理想人格。

教皇的陵墓同样也交由米开朗琪罗设计，这是世界艺术中一项具有传奇色彩的规划，可惜很多雕像都有始无终：比如"胜利者"的雕塑，半途而废的"奴隶"群像，还有收藏于罗马圣彼得镣铐堂的发怒的摩西像——其面孔是按照可畏又可敬的教皇本尊来创作的（插图37）。

与此同时，法国和西班牙的意大利战争继续如火如荼地展开。1515年，从未打过败仗的瑞士雇佣军在米兰南部的马里尼亚诺被法国炮兵击溃，声名一败涂地。此后的十多年里，米兰不得不臣服于法国新任国王弗朗索瓦一世；斯福尔扎的统治成为历史。这期间，美第奇家族的利奥十世成为罗韦雷教皇的继任者，开始统治罗马。利奥十世在7岁时就被任命为宗座总书记官，13岁时被擢升为枢机主教，他通往罗马的大路早早就已经铺就。他同时也是一位支持文艺复兴的教皇：在加冕典礼后，他乘坐游行车队前往拉特兰宫，就有一位枢机主教在路上布置了阿波罗、狄俄尼索斯、墨丘利、赫拉克勒斯和维纳斯的雕像对他夹道欢迎。1517年，一场反对利奥十世的密谋失败，教皇随即扩大了枢机团，其中包括值得信任的美第奇家族的追随者。在这之前，他还下令终止拉特兰公会议。改革本应是时局所需，但是宗教会议至上主义的支持者们并没有大动作。他们唯一重要的教令就是确认个人灵魂不朽。在拉特兰公会议的最后一年，路德发布了他的"95条论纲"。

利奥十世于1521年去世，当时德意志陷入骚乱。意大利的形势也变得动荡不安，其命运交予西班牙、尼德兰和法国的宫廷来裁定。在米兰遭到法王路易十二多次不成功的进攻之后，意大利南部最终落入哈布斯堡家族之手。北方局势未定，威尼斯在阿格纳德罗一役中吃了教训：战争留下了不会褪去的创伤记忆，让更多的冒险家望而却步。威尼斯共和国的艺术家却罔顾现实，美化外交上的胜利，把危急时刻的总督列奥纳多·洛雷丹（Leonardo Loredan）塑造成欧洲的裁判。洛雷丹的财富无可估量，威尼斯被装点成文艺复兴时期的大都市，甚至能与佛罗伦萨相提并论。菲利普·德·科米纳认为，威尼斯如画般的大理石建筑让它成为"我见过的最令人欢欣鼓舞的城市"，他称大运河是"世界上最美丽的街道"。

马基雅维利

阿诺河畔，一切都朝着有利于美第奇家族的方向发展。一开始，索代里尼管辖下的共和国在外交方面举棋不定，之后在关键时刻又选错队伍，站在了法国那一边。1512年仲夏，那不勒斯总督率领一支西班牙军队入侵托斯卡纳，占领普拉托之后大肆抢掠，最后在佛罗伦萨安营扎寨。西班牙雇佣兵为美第奇家族开启了佛罗伦萨的大门，索代里尼不得不仓皇出逃。1513年2月，谋反的计划不幸泄露，这正好让新政权找到了借口，对敌人进行大清洗。曾经的共和国只剩下韦奇奥宫的"五百人大厅"可供缅怀。

那场密谋有很多嫌犯，其中一人后来闻名于世：尼可罗·马基雅维利。他遭到监禁又饱受折磨，幸运的是他没有被处决，而是被流放到佛罗伦萨南部的基安蒂。马基雅维利生于1469年，父亲是一名律师。家中的小型图书馆给予了他正规的人文教育。萨沃纳罗拉的尸首几乎还未被烧成灰烬，人们就推举这个聪明的年轻人担任佛罗伦萨的"第二秘书厅秘书长"。这个部门负责管理内部事务，同时与主持外交工作的第一秘书厅密切配合。作为机关秘书，他人微言轻，但他在这里洞悉了政治的秘密，又能够钻研权力炼金术。马基雅维利曾这样写道："秘书厅不仅是收集资料转达信息的地方，它更是一个核心空间，在这里对佛罗伦萨和国际政治的讨论活跃又热情。"他参加过与关键人物接触的外交使团，比如路易十二或者马克西米利安皇帝。他在切萨雷·波吉亚那里目睹了"塞尼卡利亚的谋杀之夜"：当时公爵邀请了四个有二心的雇佣兵队长共同进餐，说是要和解，却下令扼死了其中两人，又将另外两人投入监狱，以便之后暗杀他们。

马基雅维利被流放到基安蒂，隐居在圣卡西亚诺附近的小镇贝尔古西纳的圣安德雷亚，在这里他有大把时间可以自由支配。他创作了剧本和乐曲，还有他的主要作品《佛罗伦萨史》和《论李维》，尤其是《君主论》。这本单薄的小书言辞清晰，讲授获得权力、维护权力和扩张权力的技巧。以往也有很多谏言献策之书，指导君主如何进行道德无瑕的基督教统治，而这个"世俗化的剧烈实验"〔波科克（Pocock）语〕和它们没有任何共同之处。马基雅维利之前的理论家们认为统治是上帝的"深不可测的决定"，而他认为这是大幸，是命运，就像驯服一个喜怒无常的女人，必要时可以棍棒交加，为了成为其主人，需要"美德"。对于马基雅维利来说，这意味着智慧和勇气、意志力和耐力。然而，在危急情况下所有美德都不能冲破命运的力量。因此，君主总是要考虑到所有情况、各种可能性和压力。君主要看清必要性，并且知道抓住机遇。在命运展现它无法逾越的力量之前，在那个痛苦的时刻到来之前，君主只能靠自己。君主应该既是狐狸又是狮子，狡猾而坚强：狮子不能防御陷阱，狐狸不能打败豺狼。

马基雅维利的《君主论》包含一些实用的论点：比如对待叛乱分子，要么施以恩惠，要么彻底消灭。民众的惧怕比爱戴更能稳固统治。良药需及时使用才见效，所以遭遇祸事也要立即行动，必要时可以发动战争。想让自己掌权统治国家的人，应该把所有必要的暴行一举实施。君主绝对不能觊觎臣民的财产，人们可以平复丧父之痛，但丧失遗产必定念念不忘。作为一个佛罗伦萨人，马基雅维利对世界大事冷眼旁观。历史可能给人希望，也可能让人陷入绝望——马基雅维利爱读卢克莱修，对他来说，历史并不掌握在好心的、最终会审判一切的圣父手中。这是马基雅维利的思想中真真切切的革命性观点：政治脱离了宗教羁绊，上帝也从历史中退场。宗教只被看成统治工具：对上帝的敬畏很有用，因为可以规训民众，帮助维护国家。统治者自己是否相信他起誓的上帝，根本无关紧要。统治者的权杖不是来自上帝的恩典，而要通过智慧、狡猾、谎言和谋杀才能握在手中。历史并不是从坏到好，更像是在一个永久循环中不断重复自己的状态：从有序到混乱，从混乱到有序。

马基雅维利没有被萨沃纳罗拉的布道所蒙蔽，他看透了这位"新摩西"的真实意图，最后还作了一首诗来嘲讽他。他激烈地批判教皇统治，认为是它让自己的故国分崩离析。教皇国虽然没能力让整个意大利臣服，但却有足够的实力阻止其他势力蠢蠢欲动。宗教改革发现了宗教机构的缺陷并得出结论：人们应该让宗教恢复本初的纯净，相信彼岸的东西，恳求上帝的恩典，而同时期的马基雅维利却提示人们关注自身能力。人，且只有人，才是世界的创造者，同时也是被野心吞噬的嗜血豺狼。"他们是忘恩负义、狡猾善变的伪君子和骗子，他们避开危险并且贪得无厌。"

马基雅维利的作品反映出，衰落的佛罗伦萨联邦激情尚在，它眼下的任务不是向这边或向那边扩张，而是一场生死攸关之战。它曾是文艺复兴的国度，虽然法国和西班牙在周围虎视眈眈，但它还是成长为中世纪共和国的死敌。马基雅维利政治理论中的最后一条道德缘由便是危急情况下的道德。一旦国家陷落，其他一切都化为乌有。不管是共和国还是君主制，国家的稳固是第一要务。马基雅维利从未说过目的可以神化手段这种话，但是他的书始终灌输着一个危险的论点：如果能够阻止事态恶化，必要时刻可以允许犯罪。不过，什么时候算是"必要时刻"，算是例外情况，却是由明智而又定义模糊的国家思想家来决定，也就是统治者本人。

马基雅维利认为，维护国家的唯一可靠手段是一支强大的军队。"如果没有自己的武器，那没有哪个侯国是安全的，只能完全接受命运的摆布。"在《论李维》和他的对谈录《兵法》中，他详述了细节。除了经验，这里列举的是历史上的例子，它们多数发生在久远的古代，当然从原则上说经验也是承袭古人的遗产。马基雅维利试图通过这二者来得出普适性的结论。所以，他坚信征兵可以带来爱国情感与和平，与之相反的是雇佣军又昂贵又不可靠——甚至会反噬喂养他们的那双手。马基雅维利的这本对谈录是一部兵法经典，跻身经典之列的还有中国古代最著名的战争理论著作《孙子兵法》，以及修昔底德、维盖提乌斯（Vegetius）和克劳塞维茨等人的著作。

然而，马基雅维利的理念在实践中却惨败。因为坚信家园最好的守卫者是自己的人民，当1512年西班牙人步步逼近时，马基雅维利号召市民和农民组成了一支军队。在与训练有素的专业军队进行的第一场试探性的战斗中，这些人就像没头苍蝇一样四散而逃。除此之外，马基雅维利的分析能力也未能让他洞悉明显的误判，他没有认识到日益崛起的世界大国西班牙有什么样的军事实力。他对古代一切事物的无穷热情让他一叶障目，无法意识到炮兵的重要性以及令人恐惧的机械化战争的发展趋势。然而，他以实际效果为目标的思想，比之前所有人文主义者都更为清晰地展现出，对古代思想的探究能够为现代化释放出多大的活力。自己的公民比雇佣兵能更好地保卫家园，这种想法本身影响深远，它为普遍兵役制提供了理由。

集古董商和记录员身份于一身的马基雅维利是行动派人文主义的代表。对他来说研习古人意味着学习政治和兵法。罗马教人如何建立帝国、统治人民。不过，马基雅维利希望通过追本溯源治愈堕落的国家，尤其是意大利，从这一点来说，他还是一个彻头彻尾的文艺复兴的拥护者。在《君主论》的结尾，他激情澎湃地呼唤意大利的"新君主"把这片土地从野蛮人手中解放出来，最后几句话引用了彼特拉克《歌集》中的诗句："勇敢的人啊，就要拿起刀枪，反抗那暴虐的力量，战斗不会很长，因为先人的勇气从未在意大利人心中消亡。"

少有人知的是，这个佛罗伦萨人也捍卫平民权利。如果每个人都可以拥有自己的观点并且捍卫它，这就是马基雅维利期待的黄金时代。在《佛罗伦萨史》中，他借一个胆子最大、最有经验的梳毛工之口说出了一系列看法，这些看法在贵族读者那里一定非常不中听又万分离谱，但却激发了一个关于佛罗伦萨的古老讨论：所有攫取了巨额财富、掌握大权的人，都是要么通过欺诈，要么凭借武力。为了掩盖这种不当获利的丑陋真相，他们试图用"荣誉的利益"来美化它。"不要上当，以为他们祖先的古老血统会使他们比我们高贵。所有人类都出于同一祖先，都是同样古老；而大自然（而非上帝）也把所有的人都塑造成一个模样。把他们所有的衣服都脱光：你们就会看到，他们跟我们长得差不多。假如我们穿上他们的衣服，他们穿上我们的：我们肯定就显得高贵，他们就显得卑贱。由于贫富不同才使我们有贵贱之分。"把马基雅维利视为暴政的机械师是很不公平的。16世纪末的法学家阿尔贝里科·真蒂利（Alberico Gentili）称他是一位"光荣的民主发言人"，甚至社会主义的宣言可能也引自马基雅维利。

马基雅维利的政治经历使他成为共和党人。在《论李维》一书中，他认为相比于君主和支持君主统治的贵族派系，民众发挥了更加积极的作用。当然，他曾经把民众贬损为"丑陋动物"。他认为美第奇家族毁灭了佛罗伦萨的自由。不过，他可是个够格的马基雅维利主义者，所以才会把他的《君主论》献给当时佛罗伦萨最有权势的人"伟大的"洛伦佐二世·德·美第奇。即便这样，这个流亡之人还是无法返回他的城市。受另一个美第奇族人朱利奥，即后来的教皇克雷芒七世的委托，马基雅维利书写了其家族的历史。

对于马基雅维利这样既有政治头脑又忠诚的佛罗伦萨人来说，被流放到安逸的基安蒂简直像是身处灵薄狱（Vorhölle）。他给时任外交官、美第奇家族的知己弗兰切斯科·维托里（Francesco Vettori）写过一封信，在这封文艺复兴时期最著名的信件之一中，他向维托里描述了他那里的日常生活：在晨光中起身，猎鸟，散步，管理林中工人，其间读一会儿但丁、彼特拉克、提布鲁斯或奥维德的书，或者去小客栈跟人闲聊。在简单的午餐之后，他又回到小酒馆，和屠夫、磨坊主和砖窑工人一起玩双陆棋，不然就为了一点小钱打牌。"就这样，我被这些虱子团团围住，把脑子里的霉菌都挤出来，把自己从邪恶的命运中解放出来，它把我推到那里，我也没什么可抱怨的，我倒要看看它会不会惭愧。"

但他随后又写到了一个关键场景，而且不仅仅是有关文艺复兴时期。这个场景肯定是一个预设的自我塑造，但同时也刻画了一种心理状态，这种状态对每一个文学家或者学者来说都不陌生，不管他在何时何地生活。"当夜晚降临，我回到家走进书房。我在门口脱下那件沾满泥土和粪便的日常外套，换上宫廷华服。这样穿着得体了，我便走进古人的古老庭院，在那里受到他们热情的款待，接受佳肴的滋养，这些佳肴唯我独有，而我也为它而生；在那里我不怕跟他们交谈，我会询问他们行事的动机。他们和蔼地回答我的问题。四个小时，我一点也不会觉得无趣，我忘记一切苦恼，不惧贫苦，无畏死亡：我完全沉浸在他们之中。"在这一刻，马基雅维利这位兄长带领我们步入人文主义工坊的最深处，主要是通过对谈在丑陋的世界中营造出美学场景，同时也在逃避这个世界。彼特拉克也深有同感。每当他想要忘却现状时，就会给李维写一封虚构的信，在他看来，自己在阅读时就仿佛和大西庇阿、盖乌斯·莱利乌斯（Gaius Laelius）、费边·马克西姆斯（Fabius Maximus）、布鲁图斯和德基乌斯等人一起交流；他在这些伟大人物那里寻找慰藉，以求安抚自己悲惨的生活和糟糕的时刻。

马基雅维利可以自由思考的空间越来越小，仅限于佩萨和格雷韦之间的农庄。但作为最喜争论、最具争议的现代思想家之一，马基雅维利借助古登堡的媒介找到了大批交谈对象，并很快达到军团般的规模。他在死后得以返回佛罗伦萨，最终被安葬于圣十字圣殿。"没有什么墓志铭能配得上这样的人"（Tanto nomini nullum par elogium）——这句悼词直到18世纪才被镌刻在大理石上。

28. 前往乌托邦，艺术世界

插图38：未知艺术家，《理想城市》，约1480年，乌尔比诺，公爵宫，马尔凯国家美术馆

美丽城市

曼图亚的萨比奥内塔，年代不详，8月中旬。乔治·德·基里科（Giorgio de Chirico）用他的画作向我们展示了想象中的城市：无尽的拱门，正中间是廊柱环绕的圆形庙宇，背景是黄绿色的地平线，空旷的广场；纪念碑，无名雕像，人迹稀少，不过却有一个孩子，他心不在焉地滚着他的铁圈。如果你待在萨比奥内塔，并在三伏天的周日中午出去溜达，这幻境般的梦幻场景便会有一点现实感。十字路上盘踞的热气让空气闪闪发亮，就算站在树荫下也呼吸困难。教堂、宫殿和酒吧都关门了。广场上一片沉寂，阴影是唯一的主角。时间仿佛停止了流逝，而寂静世界的另一边还有一个喧哗繁忙的世界。

曼图亚附近的小镇似乎就是德·基里科的形而上学画作之中的地点之一。这里的建筑轮廓并非那种令人生厌的千篇一律，看似不规则分布的堡垒构成了一个垂直交叉的道路网，并被多个阴影打乱。然而访客会发现自己置身于一件艺术品中。整个区域似乎是根据古罗马的标准详细规划的。这些堡垒组成了一个方形，而城市的主轴正好与12月6日的光照一致。这一天是城市创始人韦斯帕夏诺·贡扎加（Vespasiano Gonzaga，1531—1591）公爵的生日，他希望用这种方式把星辰的能量引入他的城市。1554年开始兴建萨比奥内塔时，占星术、炼金术和古典时期的几何学都为测量师提供了参照标准。韦斯帕夏诺曾是军中如日中天的人物，他先后效忠过西班牙的腓力二世及瓦伦西亚总督，被层层提拔，并将自己看作新的恺撒。对金色罗马的影射在城市中处处可循，在公爵宫陈列雕塑藏品的狭长画廊里，抑或是在按照古典蓝本建造的剧院里。城里也修建了学院。尽管韦斯帕夏诺千方百计想让他的城池繁荣昌盛——他还试图强迫臣民在萨比奥内塔定居——但这座城市在他死后便湮没于世。太多的几何对生活不会有好处。

今天，在巴尔的摩、柏林和乌尔比诺的博物馆里有三幅神秘建筑画作（插图38），画家似乎完全没有考虑人的因素。这些画作可能是为乌尔比诺公爵费德里科·达·蒙特费尔特罗所作，展示了文艺复兴时期理想的建筑样式——这也是它们一直以来的功能所在。画中是严格按照中轴线修建的宫殿、圆形建筑物、喷泉、凯旋门和刻有雕像的高大廊柱。这一切美则美矣，却罕有生活气息。这种建筑理念与一个世纪前莱昂·巴蒂斯塔·阿尔贝蒂宣扬的理想城市简直相去甚远。阿尔贝蒂的建筑论著大力反对荒凉的几何城市，抛出了一个很吸引人的论点：它赞美"多样性"（varietas），提倡柔和弯曲的街道，不断为人们提供新的建筑景观，从而丰富多样性。在教宗庇护二世的皮恩扎城，这个想法可能已经得到实现：那里的主街确实略有弯曲。阿尔贝蒂这种观念其实是人文主义的想法，在那时却非常罕见。文艺复兴时期的城市规划者通常都想要严格对称，把圆形、八边形或矩形作为规划的基本形式。他们可能是在援引维特鲁威，他的理想城市就是根据几何和占星原则进行的理性规划。萨比奥内塔这样的几何造型的纯粹整体象征着政治，甚至可以说是宇宙的秩序。这种整体也昭示着创始人的荣耀，毕竟建城是古代皇帝和教皇才能下令施行之事。菲拉雷特把自己设计的理想城市——其实是建筑师的游戏而非实践——命名为"斯福钦达"（Sforzinda），向他的资助人弗朗切斯科·斯福尔扎致敬。冷酷的对称性在规划中比比皆是，考虑到的只是单个建筑的多样性，人的需求完全被无视。这种多样性本来应该反映出个体的多样性。和斯福钦达一样，文艺复兴时期大多数的理想城市都是纸上谈兵。

其他文化中的筑城者也有这种对几何的喜爱和象征意义的倾向——想想北京城和库斯科城的棋盘结构，或者阿拔斯王朝哈里发曼苏尔建造的巴格达城所拥有的圆形规划，其本身是对波斯样式的影射。城市的基本构造应该也反映宇宙的样子，既是建筑师又是城市规划师的弗朗切斯科·迪·乔治就把自己的理想城市称为"小世界"（piccolo mondo）。当他超越这个范围——再一次借鉴维特鲁威的模型——把建筑与人物形象联系在一起，就会体现出当时典型的整体思维的想法：宇宙、人类甚至城市都有相类似的关联。

文艺复兴时期，在意大利出现的城市主义是一个全新的概念，需要理论阐释——这也是推进话语革命的另一个事件。这种阐释所处的文化环境，同时也催生了当时追求尽善尽美的建筑法则，以及通过撰写编年史来确立公共身份，或者用歌功颂德的文字来赞美自己的城市。欧洲发现，城市可以是"美丽的"，同时也是值得描绘的。

自15世纪末以来，城市景观成为独立的艺术流派。很长一段时间里，人们不再把城市单纯看作象征性的缩微模型，城市的地理位置有隐含意义，建筑物有辨识度，城市是具体的个体。但神圣地点和其他"历史"还是需要参考"现实"意义。备受称赞的佛罗伦萨——这个但丁眼里的"美丽的阿诺河上的伟大城市"——所呈现的第一个自治的城市景观，就是一个"有项圈的城规图"（插图26）。这个规划可以追溯到15世纪晚期的风潮。正是在1500年，雅各布·德巴尔巴里（Jacopo de' Barbari）创作了威尼斯的鸟瞰图，接着很快就出现了数以千计的类似的城市画。一般是彩色木刻画，后来也出现了铜版画，大型出版公司也发行相应的城市书籍，让人们在脑海中就可以环游世界。

城市乌托邦、城市颂词和城市鸟瞰图主要是欧洲南部的地区特色。其他文化中也有城市景观图，但欧洲出品的庞大数量是它们望尘莫及的。而且，欧洲之外的艺术家似乎也很少会"逼真地"描绘他们的城市。这些区别是否可以反映"西方城市"的独特观点？反正很多欧洲作品都表现出对自己那个城市——多半是自治城市——如爱国般的自豪感。这些景观图经常是由市政府委托绘制的。它们的生产者和消费者往往来自同一个市民圈子，这些人通过抗争才摆脱了主教和君主的掌控——这个阶层在别处也是不存在的。不过，体现君主的城市景观图同样比比皆是，这种图主要是昭示君主的统治权。重要的是，这些文字和图画把相当世俗的大众作品搬到舞台中央。可以说，它对欧洲绘画界的祛魅也尽了一份力，明显促进了更多艺术流派的传播。

与此同时，画家和雕塑家也越来越重视城市和建筑的历史性。他们洞悉了时间的力量，便选择废墟作为象征物，废墟的残缺正好与理想城市相对，后者可以消解一切时间。废墟神秘又隐蔽，它的城墙还在低声诉说逝去的节日、没落的昔日荣光和灾难，现在成了美丽又哀伤之地。伴随着逐渐萌发的历史意识，废墟滋养了爱欲与死亡的浪漫情感。其中最令人印象深刻的例子是《寻爱绮梦》，它是有史以来最精美的书之一，据称创作于1467年的特雷维索附近，由阿尔杜斯·马努提乌斯于1499年在威尼斯将其出版。作者可能是住在威尼斯的多明我会修士弗朗切斯科·科隆纳（Francesco Colonna）。只有少量书籍反映了当时的文化对古典的热爱和梦想，这部作品便是其中之一。

梦萦阿卡迪亚

插图39：《荒野中的普力菲罗》，弗朗切斯科·科隆纳，《寻爱绮梦》，1499年，威尼斯

《寻爱绮梦》用清晰的罗马体拉丁字体印刷，讲述的是一个爱情故事。文本中穿插着令人惊叹的精美木版画（插图39）。这个有关"梦中之爱的抗争"的故事是这样开始的：普力菲罗（Poliphilo，意为"热爱很多事物的人"）因为情人宝莉拉的离开而度过了一个不眠之夜。旭日东升，他却沉沉睡去，梦见

自己来到一片荒芜的树林，让人联想到但丁的地狱；他迷了路，又一次陷入沉睡。现实层面被推延，梦中的普力菲罗又做了一场梦。在寻找宝莉拉的途中，他漫步迷人的山谷，遇见了水中仙女，还在富丽堂皇的宫殿中觐见她们的女王艾洛特里德（Eleuterilide）——她是自由意志王国的统治者。在水中仙女的引导下，他最终找到了爱人。他们在维纳斯神殿中举行订婚仪式。这对爱侣穿过一个安葬了许多不幸爱侣的坟墓之城，最终到达了一个港口。他们从那里乘船到神秘的爱之岛屿——基西拉岛。抵达目的地后，他们被允许在维纳斯的喷泉前面结为夫妻，一支爱神之箭在高潮时刺穿"处女膜"之幕，这段隐语可算不上非常隐晦。维纳斯现身这一场景，华丽夺目。在植物之神阿多尼斯的墓前，普力菲罗想把他的宝莉拉拥入怀中，他的爱人却在此时飘散于玫瑰色的薄雾中。普力菲罗从梦中醒来，哀叹睡梦的短暂，但这其实是在暗示死亡最终会侵袭这对情侣。

《寻爱绮梦》最初被视为爱情罗曼史，令人联想到之前的典范，如《玫瑰传奇》或薄伽丘寓意深刻的长诗《爱情的幻影》。同时，《寻爱绮梦》内容繁多，也降低了它的可读性。该书作者对古代建筑学有着近乎情欲般的痴迷，每一页都有对古代遗迹、宫殿、墓葬和废墟的描写，还有对设计精妙的机器的叙述。科隆纳广博的学识从中可见一斑。他在通俗拉丁语中混合了拉丁语片段和仿希腊语的词汇，再加上希伯来语、阿拉伯语的文字，以及象形符号。一段段读下来，这个故事越来越像是对维特鲁威建筑理论的评述。无论如何，作者一定对阿尔贝蒂的《建筑十书》有所耳闻。古建筑的壮丽最终让讲故事的人无以言表、缄口不语。在这样无比宏大和美丽的建筑作品面前，他深受触动，只能热泪盈眶。

在书中巧妙地融入新知，对符号和图像进行精美的排版，用精湛的手法加密文字，同时穿插着需要费心破解的象征物、预言和含蓄的隐义，这些不仅体现了1500年前后典型的知识文化潮流，也流露出《寻爱绮梦》中特有的对所有古典文化的狂热热情。这种热情对世间的事物同样持开放态度，对异教文化的怪物也毫无成见。故事的讲述者打造了一个有水仙、各种动物和诸神的珍奇物品陈列馆。半羊半人的萨提尔神得到了嬉戏的草场，维纳斯可以建造她天堂般的王国——而且是在一个基督教信仰越来越普遍的社会中。毕竟一切都只是一场梦，而且还是梦中的一场梦。精妙的文学技巧应该有助于这部作品通过审查。

"梦中之爱的抗争"是文艺复兴时期的重要主题。宝莉拉——可能是以雅典娜的一个旧称来命名——似乎是古代智慧的化身。她摆脱了修道院的管束，重生的女神密涅瓦引诱她进入一个由感性的爱情女神所统辖的王国之中。小说的第二部分揭示，宝莉拉在"现实生活"中是一个年轻的贵族：卢克雷齐亚·德·雷列斯，她在瘟疫年岁仍然坚守对女神狄安娜的崇拜。然而，在异教徒的女神背后其实隐藏着上帝之母。卢克雷齐亚-宝莉拉无须重生，她继续寄生于玛利亚体内。这样，这个年轻的女人就进入了圣母修道院。事实上，在文艺复兴时期的象征语言中，救世主的母亲就是智慧的守护者雅典娜，即"智慧处女"。作为一个真正的文艺复兴时期的男子，普力菲罗渴望通过他的意志得到智慧——这是这部小说的解读方式。小说结尾处智慧的化身消散在紫色的雾霭中，仍然无法企及。据此来看，《寻爱绮梦》无非是一幅文艺复兴文化的图景，从内容来看也的确如此。

谁觉得这一时期令人愉悦、崇尚尘世，那就应该通读这本好书。这本书以两个墓志铭结尾：其一是"活着的你埋葬了幸福的宝莉拉"；而另一个则用死者自己的口吻回应她的爱人——那个想用自己的泪水复活她的男子："哦，普力菲罗，就这样吧；一朵干枯至此的花再不会盛开。好好活着。"矛盾的爱情与诀别不是在文艺复兴晚期才出现，即使在阿卡迪亚，死亡也如影随形。

文艺复兴时期创造了诸多文学避难所，遥远的梦境之地是其中最重要的一个。奥维德、忒奥克里托斯、荷马，当然还有维吉尔都创作了很多文学场景与人物：潘神、水仙、半羊神萨提尔、牧羊女和牧羊人。这类文学体裁中最成功的作品并非迷宫般的《寻爱绮梦》，而是1504年确定终稿并付梓的《阿卡迪亚》，作者是那不勒斯人雅各布·桑纳扎罗（Iacopo Sannazaro，1458—1530）。故事是关于一个情路坎坷的年轻诗人（桑纳扎罗本人），他离开繁华的那不勒斯，退隐到阿卡迪亚，想在牧羊人那里寻求安慰。小说为无忧无虑并与自然和谐一体的存在而欢呼，大自然中清澈的泉水汩汩喷涌，明亮的溪水潺潺奔流，是一曲对自由纯洁的爱情和欢快庆典的礼赞。那不勒斯的灾难，查理八世大军的入侵，让"爱的朝圣者"返回首府，不得不面对爱人的死亡。对失去的黄金年代的怀念超越全部。"我们的缪斯都已死去，"诗人在结尾处对自己的牧笛悲叹道，"我们的桂冠已经枯萎，我们的诗坛已被摧毁。我们的森林静默不语，谷地和群山都因疼痛而麻木，森林里再也没有水仙和萨提尔神。"

桑纳扎罗的书触动了整个欧洲的诗人。16世纪晚期，菲利普·西德尼的同名小说延续了这本书的风格，这本书也引领着画家的画笔。乔尔乔内就是其中之一，提香还创作了桑纳扎罗的肖像。其持续的成功可能是因为这一文学模式表现出的追求极具代表性。这本书为反对几何形状的城市和政治的丑恶呈现出自然和简单的生活，为反对学术争议中的知性主义而呈现出纯洁无辜和对天真的笛声的赞美，为反对历史的重负而呈现出梦幻的永恒。桑纳扎罗因此在他那个时代功成名就，甚至让拉斐尔在《诗坛》（又名《帕那苏斯山》）一画中为他留下一席之地。他把异教和基督教交织在一起，《阿卡迪亚》中并不缺乏对宗教价值观和圣经故事的影射。

早在桑纳扎罗写下他的《阿卡迪亚》之前，美丽的风景和迷人的自然就已经被纳入文艺复兴。很长一段时间以来，当偷窥者为远处的风景欢欣鼓舞时，他们的背囊中都没有"神之国"的存在。教宗庇护二世在皮恩扎修建的宫殿，展示了自彼特拉克著名的登山之行后发生的改变：在豪华的二楼有一个宏伟的凉廊，这样修建的目的仅仅是从这里远眺乡村。目光所及之处，掠过松树、银色的橄榄树和葡萄园，阿米亚塔山柔和的三角形轮廓依稀可见。庇护二世喜欢野餐时走进大自然享受户外生活，仅此而已，没有虔诚的私心。他知晓如何表达自己田园牧歌般的情感，他抒写西米尼山黄色的金雀花、维泰博附近的蓝色亚麻、叽叽喳喳的鸟鸣，也不会忘记古老的遗迹和柱列。自在地休憩，远离日常生活和工作——这种田园诗般的风景不仅对教皇有益，还能让人们体验阿卡迪亚的一方土地。丰富的理论层面的文字给人们提供指引，有办法有手段的人，都会按照经典模型给自己建一个亲近田园的漂亮别墅，依样学样地享受"乡间生活"，如西塞罗的《图斯库卢姆辩论》和薄伽丘的《十日谈》中所写的那样。

早期的现代国家拥有可以使国土更安全的官员和士兵，那些对外可发号施令、入内有宾客满座的建筑，越来越失去了类似堡垒的功能。科西莫·德·美第奇在佛罗伦萨附近的卡雷基修建的防御工程就是旧式建筑的代表。相反，"伟大的"洛伦佐在阿诺河下游的波焦阿卡亚诺修建的乡间私产则是一座开放式的庄园。在大城市周边地区，贵族的田产中点缀着一座座别墅，环绕着精致的花园。最壮观的是威尼斯共和国内陆的乡间度假府邸。另外，这同时也预示着日趋黯淡的政治局势。地中海地区奥斯曼人的大举挺进，使得通过贸易赚钱变得越来越艰难，做生意的风险也越来越高，人们找到的替代方法就是投资土地和田产。威尼斯精英就是这么做的，而且大肆修建别墅。这些纪念物展现了其所有者的辉煌地位，这里曾经有过多少高深博学的交谈，举办过多少次仿古怀古的闭门比赛，都随着同时代见证人的记忆消散而难以寻觅。不过，我们还是可以想象那些永恒的瞬间，远离一切日常、走近阿卡迪亚，毕竟，阿卡迪亚最终总会在某处存在。

无处之所

阿卡迪亚可以被描述为一个充满古典精神的尘世天堂。它滑稽的变体就是"极乐之地"。当桑纳扎罗埋首润色他的《阿卡迪亚》时，阿尔萨斯的塞巴斯蒂安·布兰特（Sebastian Brant，1457/1458—1521）已经通过他的作品《愚人船》让阿卡迪亚在文学中占据了一席之地。游手好闲之徒的极乐之地就是民众的阿卡迪亚。它之所以"另类"，并不是反衬了充满人文主义精神的吟游诗人或被过度文明教化的廷臣，而是与饿殍遍野的艰难时日形成对比，这样的日子里可没有铺满桌面的烤鸡、烤鹅和烤鸽。这些游手好闲之徒的共同梦想在一些人身上得到了实现——想想这一时期的起义和动荡。

社会面临的问题，在英国人托马斯·莫尔〔Thomas More（拉丁文为

Morus），1478—1535〕那里也得到了最令人惊诧的解决方案。他提出了描述一个尘世中完美之地的概念："乌托邦"。莫尔的父亲是伦敦的一名律师，他自己也是非常专业的法学家，有一段时间他曾考虑去做僧侣，但后来还是过上了市民生活并结了婚。1516年当他发表《乌托邦》时，一段飞黄腾达的人生及最后的悲惨结局正在等候他。这部他最著名的作品问世时，欧洲正面临着严酷现实，充斥着马基雅维利推崇的战争、阴谋和谎言。在引诱读者进入尘世幸福之岛前，莫尔使用了框架式叙述——一场在安特卫普进行的对谈，作者本人的确曾在此地担任过一段时间的特命全权公使——以此勾勒出一张时间关系的草图。明暗对比鲜明：一边是数量越来越庞大的穷人群体，其中包括因为战争致残的人群；另一边则混合了威严逼人的贵族、尸位素餐的僧侣和游手好闲之徒，当然还有发动昂贵的征服战争的国家。莫尔心知过高的税负只会激发骚乱和颠覆，也知晓贫困与犯罪之间的联系。

乌托邦里一切都更美好。莫尔让见多识广的远航家拉斐尔·希斯拉德（Raphael Hythlodaeus）作为报告员登场，他声称自己在一次航行中流落到了乌托邦。乌托邦中的私产之少见，如同柏拉图的《理想国》（莫尔的小说里最重要的范本）中所描述的情况。那些反对共产主义社会秩序的经典论点在这本书中也有迹可循，作者本人和第一人称叙述者都有所提及：丧失了对利润的渴求，结果就是普遍的懒惰。尽管如此，乌托邦的社会主义模式还是能够运行。警察的监视可以确保无人偷懒。既然每个人都工作，那每个人都可以少点工作，这样就可以维系这个福利适度的国家。谁证明自己适合做研究，在匿名的民众表决之后就可以摆脱体力劳动。乌托邦经济的基础是农业，包括工匠在内的所有人在都市的职业工作之余都必须交替从事农业生产。集体的组织形式就像是共和国，由贵族领导。如果出现专制倾向，可以废黜领导人。

乌托邦的城市看起来像一个理想城市，城市规划非常合理，与伦敦这样的混乱暴力之城正好形成鲜明对比。在乌托邦，房子稳固并且能够防火，幢幢相同。这里的男男女女都穿同样的衣服。跟柏拉图的理想国里一样，他们也一起用餐。他们不识钱为何物，和美洲纯洁无辜的野蛮人一样，他们鄙视黄金。

为了表示对贵金属的唾弃，他们用它给奴隶打造锁链，给孩子制作玩具，或拿去造夜壶。性道德是严苛的：通奸的人要被奴役，累犯将被处决。与柏拉图的理想国不同，乌托邦可没有一夫多妻制。旅行需要上级官方批准，一切都要绝对公开。希斯拉德对乌托邦人宗教的报道听起来更令人好感倍增。在别处是严肃、悲伤和苛刻的宗教，在乌托邦人那里却只是消遣的来源——这一观点令人联想起洛伦佐·瓦拉的立场，莫尔对瓦拉可谓熟稔于心。这里的宗教让人们安心享受这一世幸福生活的欢乐，作为回报，人们将在彼岸得到嘉奖。乌托邦的神与柏拉图笔下的神类似，是一种"未知、永恒、不可估量又捉摸不透"的力量，倾泻至整个世界。乌托邦人心地宽容，厌恶宗教战争和狂热分子。一个热情传教士想让他们皈依基督教，结果却被他们流放。没有人会因为他的宗教信仰而处于不利地位，这是乌托邦人最古老的宪法规定之一。只有伊壁鸠鲁式的一味享乐的唯物主义——必须提及这个魔鬼哲学家的名字——才受制于禁令。此外，乌托邦人会在没有摆放神的造像的空旷庙宇中进行崇拜仪式，这种崇拜大概可以证明，上帝是不反对这种宗教多样性的。

即使《乌托邦》有多处可以被看作《共产党宣言》的草案，但它绝不是号召行动的政治宣言。更应该说，莫尔提供的只是一篇敷衍的、悬而未决的文章，人们经常能从中读出反讽的语气。莫尔才华出众的思想游戏是针对知识分子的，他们能理解文中的春秋笔法，也清醒地知道，愿望并不足以改变现实。在结语中，莫尔本人甚至与叙述者希斯拉德的观点保持距离，但也没有具体指明是哪些。其实"希斯拉德"这个名字就暗含了距离感："Hythlodaeus"中藏着希腊语的"hythlos"，意为"瞎说"或"空话"。

乌托邦认定的价值来自更遥远的过去。罗马共和国的著名演说家们就提出，一个好的国家的基础是农业、军事技能和简单生活，而早期天主教教会就已经很重视维持财产共同体和博爱价值观。另外，乌托邦人充满好奇心，简直是"文艺复兴时期的人"。希斯拉德几乎还没把印刷术和纸张详细介绍给他们，他们就掌握了这些发明。

自古以来，从没有能与"乌托邦"相提并论的想法出现：它试图描述尘世的理想国家，为这个国家配备了幻想的、尚不完善的经济基础，并以此发展出一种社会模型。莫尔的书创造了一个概念，并奠定了一种文学体裁。这种文学的任务是想象不可想象的事物，超越可能的边界，从而拓宽可能的空间。乌托邦有无数的变体，持续为当下的社会形式提供参照物，而乌托邦就脱胎于这些社会形式。它们展示社会应该是何种样子，并声称社会也可以变成这样，同时质疑社会当时的形势，还要求社会改变。它们建议的举措通常都无比激进。仅仅因为这个，这种文学体裁就在一些国家繁荣发展，至少在那里还有一点自由，审查不会扼杀一切。拉丁欧洲就享有这种自由，这里已经掌握印刷术，有受过教育的广泛受众，对这种形式的文学非常赞赏，并在这一新的文学领域获得了特殊地位。没有哪个地区像拉丁欧洲一样产生了如此多种多样的乌托邦构思。在其他地方，乌托邦仍然存在于人们虔诚的幻想中，如藏传佛教中的香巴拉[1]、阿弥陀佛的极乐净土，或伊斯兰文人想象的天堂和安拉之国。

欧洲的乌托邦有其所处之所——或者更应该说"无处之所"，因为莫尔的诙谐概念就是这个意思——首先肯定是个遥远的地方，主要是岛屿。但在接下来的几个世纪中，随着地球一直被探索到最后一个角落，童话王国的空间越来越狭小，乌托邦人躲到了未来。他们用最难以置信的技术把自己包围起来，并搬到了以光年为计的遥远星球上。除了阿卡迪亚传统中快乐的天性和舒适的无政府状态，人们根据柏拉图和莫尔的范本构思出一个个几何布局、组织严苛的国家。他们想描摹的是理想城市，也就是同一时间正在规划和建造的城市。

列宁曾经坚定地反对把马克思的愿景归为乌托邦。众所周知，他认为，历史必将走向共产主义社会，这是自然法则的必要性。乌托邦并不排斥严格的秩序，而共产主义抵达其最终状态时，国家是完全多余的，这也是莫尔的岛屿国与列宁的天堂之间的一大区别。不无讽刺的是，在乌托邦变成一丝现实的地方，却更符合和平基督徒莫尔的理念，而不像是共产主义的设计。

---

1 香巴拉王国是传说中青藏高原雪山深处的一个隐秘地方。"香巴拉"是藏语的音译，又译为"香格里拉"，意思是"极乐园"。

乌尔比诺乌托邦：卡斯蒂利奥内和文明的进程

乌尔比诺，公爵宫，1506年9月25日。"在亚平宁山脉的山坡上，在意大利中部，朝着亚得里亚海，坐落着人尽皆知的乌尔比诺小城。虽然它被群山环绕，此地的群山可能不像别处那样可爱，但近似天堂，因为整片土地都非常肥沃，水果繁多。除了健康的空气，人们生活所需要的一切，也都异常丰富。"外交官巴尔达萨雷·卡斯蒂利奥内这样描述这个文艺复兴最重要的中心之一。这一年，教宗尤利乌斯二世先是成功组建瑞士卫队拱卫教皇国，又在9月25日这一天征服此地，卡斯蒂利奥内正是见证者。尤利乌斯二世接管了城市的钥匙，并拆除两扇大门，这意味着这座城市现在完全听命于他。

教皇任命乌尔比诺的旧城主继续担任新城主：与他结盟的圭杜巴尔多是伟大的费德里科·达·蒙特费尔特罗的唯一子嗣和继承人，作为回报，尤利乌斯二世确保他背后的罗韦雷家族拥有对乌尔比诺的占有权。圭杜巴尔多在1506年只有35岁，尚无子嗣，饱受严重痛风的折磨，留给他的还剩下两年的痛苦岁月。乌尔比诺宫廷文化赠给罗韦雷家族的最后繁盛，伴随着无尽的悲叹。人们还能想起费德里科公爵治下的更美好的时光，弗朗切斯科·迪·乔治设计的一圈堡垒让这片土地非常安全，意大利贵族还能够处理好相互之间的敌对情绪。

巴尔达萨雷·卡斯蒂利奥内就是在这种略显阴郁的背景下写出了文艺复兴时期另一部重要作品：《廷臣论》。这本书也有乌托邦的特征，作者殚精竭虑地想要描绘一个完美的国家、完美的国王和完美的特使。卡斯蒂利奥内和托马斯·莫尔一样都生于1478年。当他于1513年动笔时，已经有近10年的乌尔比诺外交官生涯。他的故事发生在费德里科公爵的宫殿——他称之为"更像是宫殿样子的城市"。他对这里了如指掌。书中聚集了一群参加晚宴讨论的女士、人文主义者和廷臣。其中一些人的模样通过肖像画流传下来，一些画还是乌尔比诺人拉斐尔的手笔，如今可以看到的有女主人伊丽莎白·贡扎加（Elisabetta Gonzaga）、朱利亚诺·德·美第奇和人文主义者彼得罗·本博（Pietro Bembo，1470—1547）。

《廷臣论》是言语的游戏。人们讨论很多古老的问题，比如拉丁语和意大利语诗歌哪种更好，或者讨论理想的贵族应该具备哪些品质——讨论结果是他必须使自己的臣民能够在自由中享受平静安全的生活——还会提到爱情和女性。谈话的气氛是平和放松的。每个人都可以发言或谈笑，卡斯蒂利奥内写道，这样人们既享有最大的自由，也要表现出最好的举止。存在还是不存在，这不是讨论的话题。人们发笑，但不可太喧闹，这是不文明的；人们辩论，但不可激烈。谈论的最后——此刻太阳已经隐入乌尔比诺山丘的背后——是一场舞会。

文艺复兴时期的对谈文化与卡斯蒂利奥内的作品相得益彰。《廷臣论》多次谈及何为适宜的表达。不仅事关谈论的内容，而且涉及谈论的方式。《廷臣论》刻画了最高级文明的图景，把可能的对立联系起来，又避免极端：严肃和轻松，博学和机智，统治和自由。廷臣要对歌咏、诗歌和绘画有所涉猎，他会战斗也会跳舞，他是一名顾问，是贵族的老师，也要求得贵族恩宠。他行事自然而不粗鲁，文明而不做作。他掌握了高雅的艺术，知道如何自然流露自己的优雅风度。他既不过分抢眼，也非庸俗市侩；既非粗俗之徒，也无甚高造诣。他让自己的才智闪耀，却不炫目。他颇具分寸感，既有斯多葛派的沉着，又有高尚的道德观，从不发牢骚或抱怨。在卡斯蒂利奥内看来，理想行为中最重要的关键概念是"sprezzatura"[1]，这个词无法翻译。但我们可以解释他想说的不是什么：不是随意，也不是完全的冷淡或漠然，当然也不是意大利语中的"disprezzo"，即蔑视，而应该是一种平和又不费力的行为。这其中隐含了古老的骑士美德，如"克制""适度"，还有西塞罗的"都市礼仪"：文雅教养、美丽、优雅和精致举止。

如果每个人都这样，世界就井然有序。卡斯蒂利奥内本人不得不经历当时混乱无序的世界。1527年发生了罗马之劫，哗变的雇佣兵把罗马抢掠一空，成为一场野蛮的闹剧。卡斯蒂利奥内当时被派驻到神圣罗马帝国皇帝西班牙的查理五世处担任信使，他被判为这场灾难的共犯，因为他与皇帝太过亲近，没

---

1 可以理解为隐瞒所有努力，让自己所做所说看上去似乎毫不费力。

有向教皇细致通报皇帝的计划。1528年，马努齐奥发行了《廷臣论》。又过一年，卡斯蒂利奥内离世。但是这本书被译成多国语言，流传了整个欧洲。此外，这本书还出现了很多变体，不再局限于对宫廷举止的指导，而是想为良好举止提供一个普适标准。卡斯蒂利奥内的想法走出宫殿和别墅，为指导"交谈艺术"提供了灵感，并走入普通市民的家庭。1574年斯蒂法诺·瓜佐（Stefano Guazzo）的一本特别成功的书就以此为名。即便不需要宫廷礼仪，人们也想恭敬礼貌地行事。

由于印刷术的流传，餐桌礼仪和举止指导类的书籍在德语国家也传播甚广。《廷臣论》的世纪也是礼仪书籍的世纪。最著名的是1549年才首版的《粗俗之神》，作者是德意志传教士弗里德里希·狄德金（Friedrich Dedekind）。他用花哨的漫画描画了懒散的行为，想要动员那些穿着邋遢、蓬头垢面的粗鲁之人。他还用大量篇幅展示了酗酒、贪吃、喝醉和呕吐的洋相百出，放屁和打嗝儿的丑态，手势夸张、高声喧闹和刺耳大笑的粗鲁行为。狄德金勾勒的是廷臣的反面——并给民众奉上一本类似的《廷臣论》。"常读多读这小书／做事千万别学它"，1553年德语版的扉页还写着上述警告。

卡斯蒂利奥内的作品和无数的类似图书包括《粗俗之神》都被诺贝特·埃利亚斯（Norbert Elias）看作"文明的进程"的证据。"教化"成为一项原则。它应该让社会群居成形，并让这种群居成为一件愉快、体面和美好的事。但是这个进程跟埃利亚斯在书[1]中所写一样，从看似滑稽无耻的中世纪到绝对主义的文明宫廷社会，并不是线性发展。比《廷臣论》更早的鼻祖之一是托马辛·冯·齐尔克莱尔（Thomasin von Zerklaere，约1186—约1238）的《罗曼国来客》。这本创作于1215年前后、用中高地德语写成的作品是为"虔诚的骑士、好女人和明智的神父"所著，展现的是贵族的美德和精致的宫廷礼节。这些先例中可以提及的另一部作品是1265年卡斯蒂利亚国王阿方索十世撰写的《法典七章》。书中建议统治者应当自我克制，举止稳重，不要指手画脚。虽

---

1 指《文明的进程：文明的社会发生和心理发生的研究》。该书已有中文译本。——编者注

然进餐时还是用手，但不是五指并用，且饭前饭毕都要清洗。乌尔比诺代表了一个高度发展的公国及其提供的脆弱的平衡，卡斯蒂利奥内的作品也预示着世俗化进程。在廷臣的对谈中，宗教彻底被边缘化。朱利亚诺·德·美第奇也曾参与交谈，有一次他为自己开脱，说他不想把神圣的东西与"我们愚蠢的喋喋不休"混为一谈。《廷臣论》也给双方提供了平等的开明对话的可能性，只需把病弱的圭杜巴尔多公爵送去安寝，便可得逞。这样，女主人伊丽莎白·贡扎加和她的姐娌艾米莉亚·皮娅（Emilia Pia）便可以引导谈话。乌尔比诺与第戎强调尊卑秩序的勃艮第宫廷形成完美的对比，即便是200年后的凡尔赛宫与乌尔比诺也大相径庭，那里所有人都众星捧月般围着国王团团转。卡斯蒂利奥内的乌托邦与严格的几何秩序相去甚远，几何布局不仅在莫尔及其众多的追随者那里得到拥护，还有一批不想受限的人也推崇这种秩序：理想城市的设计师、独裁者和宗教狂热分子。

艺术市场

在肖像画中，伊丽莎白·贡扎加身后是一片诗意的风光：乌尔比诺周围被最后的夕阳余晖所照耀的山丘（附图18）。公爵夫人的眉毛经过精心修饰，眉毛上方的额头饰带用一只蝎子来装饰，可能是贡扎加家族徽章或幸运物，她想以此来逼迫群星，给她送来日思夜想的后嗣，但我们都知道这是徒劳。依照传统观点，天蝎座统治着生殖器官。对于文艺复兴时期这种喜闻乐见的影射，或者画作中的隐喻，受过良好教育的艺术资助人和他们的客人跃跃欲试，想要破译其中奥妙，并引发高谈阔论，带来一晚消遣。"每个人都有不同意见，而且没有人赞同别人的意见，"一位人文主义者对这种艺术讨论如此评价道，"这比画作本身更有趣。"

文艺复兴时期，大多数比较重要的艺术作品一直都是因为正式的订单才问世。有时甚至会举办竞赛，比如佛罗伦萨圣约翰洗者洗礼堂订购"天堂之门"

时就这样操作；再比如1490年，人们在米兰斠酹给主教座堂加盖圆顶时也是这样。在客户与艺术家之间，常有想从中分一杯羹的经销商、代理商和顾问的身影。干涉创作过程的艺术资助人不在少数。因此，完成后的作品也包含了他们的想法。

合同往往都规定了最微小的细节，订购画像的尺寸和交货日期等等都包含在内。最重要的是，合同对珍贵材料的使用制定了精确的规则，如大理石、黄金或由青金石磨成的深蓝青色。镀金框架比装裱其中的画作更昂贵，这种情况并不少见。如果画中人的衣服是用贵重稀有的颜色上色，单凭这个就说明这是位举足轻重的大人物，当然也会吸引当时人们的目光。

和以前一样，画家和雕塑家被认为是工匠，仅此而已。他们将自己视为行会的一员，行会在意大利和其他地方都为提高工资水平和作品价格而奔走。当艺术家和客户发生争执时，有时会举办仲裁庭。只要合同规定，大师需"用自己的一双手"完成作品（偶尔会出现这种情况），那么作品就完全取决于创作的质量，而非大师的名头。就连丢勒也曾陷入争执，法兰克福的商人雅各布·哈勒（Jakob Heller）对祭坛画的款项提出异议，丢勒只能抛出一个干巴巴的论点，就是他画了差不多100颗人头。他这样不过是想强调，画这么多人像耗费了很多精力和时间，作品的美学质量则未提及。

在中世纪晚期，民间已经出现专售圣象的"艺术市场"（Kunstmärkte）。商人手头有古董雕塑或者著名雕塑的石膏复制品，还有陶土圣母像、手稿、镜子和灵修图片。1480年前后，内里·迪·比奇（Neri di Bicci）出售古朴的家用小型神龛，里面有用彩绘石膏做出的圣徒浮雕。大众商品使他成为当时佛罗伦萨最富有的画家。卢卡和安德烈亚是罗比亚家族最出众的工匠，他们的家族产业生产了大量的釉面陶土浮雕，有白色、蓝色和彩色，如今四散在意大利和世界各地的教堂和博物馆中。其中大部分浮雕因为是量产，可能会被人们贬为媚俗，但这不代表佛罗伦萨的文艺复兴。伟大的艺术经常为珐琅装饰盘、砖砌炉壁砖或小型青铜器的制造商提供模板。这样，文艺复兴也渗进资产者的客厅。流传下来的艺术工艺品有限，但其存量仍然不容忽视。

因为可以提升社会阶级，宫廷对艺术家充满了吸引力。一些画家得到了贵族头衔和财富，或者像扬·凡·艾克一样出席外交活动。一旦得到了希冀的闲职或渴望的宫廷画师、宫廷作曲家的地位，新的限制也随之而来。这种身份一般不能再接受外国订单，旅行通常也需要许可，还要忍受贵族的脾性，画戏剧布景、设计节日活动这种低贱的活儿也不能拒绝。每一次王位更替都可能把他们刚坐稳的椅子抽走，在这一点上，西方艺术家——和学者——的境遇跟他们很多亚洲同行并无分别。然而，是在教皇麾下，还是驻留米兰或者巴黎，又或是在切塞纳、弗利还是德意志某个小国的宫廷，这其中有很大区别。

北方和南方形势也不同。丢勒在逗留威尼斯期间说过一句后来经常被人引用的话："哦，日落之后我将会冻成什么样？"这句精辟的描述是他写给纽伦堡的一位朋友的。"我在这里是一位绅士，在家里是寄生虫。"这可能是幽默的夸张，但不可否认的是，我们所说的"艺术家"起源于意大利。在这里率先出现了一群不遵从市民传统的怪人，人们应该把他们当作瓷俑一样小心对待，创造力让他们超乎寻常的天才想法喷薄而出。文艺复兴三杰——列奥纳多·达·芬奇、拉斐尔和米开朗琪罗——分明是三位投胎凡间的创造之神。文艺复兴全盛时期〔拉布·哈特菲尔德（Rab Hatfield）语〕的"超级明星"对后续艺术文学和文艺复兴主义的作品产生了如此广泛的影响，以至人们几乎无法在美学家和小说家的浓墨重彩中辨认出这些历史人物的真实轮廓。但这群为艺术家塑假像的设计师中最具影响力的是一位后来者，即瓦萨里。他用许多凭空捏造的逸事和"趣闻"打造了一个虚构人物，其很快就获得了自己的生命力：现代艺术家。

无神论者：列奥纳多

《廷臣论》塑造的人物无人能比，唯一可与之比肩的艺术作品只有世界上最著名的肖像画《蒙娜丽莎》。围绕这位画中的夫人有无数的传说，她的微笑独一无二，同样独一无二的是大师的绘画技巧。为了画出近处的女人像和远处的风景，他把无数釉面叠加在一起。他为两者之间的过渡殚精竭虑，就像库萨的尼古拉竭力解决对立矛盾：此处的矛盾在"尚未出现"与"不复存在"之间，是靠近虚无处一道无尽的细腻线条。轮廓在模糊中延续。

《蒙娜丽莎》的画者列奥纳多·迪·皮耶罗·达·芬奇，1452年出生在佛罗伦萨附近的芬奇，他的父亲是公证人，母亲可能是一个农家女。达·芬奇在雕塑家和画家安德烈·德尔·韦罗基奥（1435—1488）的工作室里学到了手艺，很快他就声名鹊起。一开始在美第奇的圈子里，从1482年开始则在斯福尔扎的公国。1499年，法王路易十二夺取米兰，达·芬奇不得不寻找新的资助人，他先后辗转于威尼斯、曼图亚和佛罗伦萨。有一段时间，他追随切萨雷·波吉亚，最后又回到米兰——当时法国的领地。他也曾逗留罗马，并在此地拿到了最大的订单，但这也只是一段人生插曲。列奥纳多在法国度过了人生的最后几年。1519年，他在昂布瓦兹王家城堡附近的克劳斯·吕斯城堡去世，远离故土。他的一些作品被他晚年的资助人弗朗索瓦一世及其身后的法国所继承。因此，《蒙娜丽莎》、《圣母子与圣安妮》及展示达·芬奇最完美过渡手法的《施洗者圣约翰》今天都悬挂在卢浮宫。

用"天才"这个词称呼达·芬奇最合适不过。从今天来看，他比其他所有同时代的艺术家和学者都更能代表"文艺复兴"。这不仅是因为列奥纳多精湛的画技，同样还因为他大胆的、远超时代的发明和思考。比起人们熟知的那些事，人们无从了解、只能猜测的那些事，让他更具传奇色彩。他的画作都是艺术史上最美丽的作品。除了刚刚提到的那些，还有一些画作也让一代代人心生钦佩、灵感闪现，包括米兰圣玛利亚感恩教堂饭厅里那幅损毁严重的《最后的晚餐》。从那些失落或从未完工的作品中也能看出他的想法，如弗朗切斯科·斯福尔扎的骑马铜像，或指挥官吉安·贾科莫·特里武尔齐奥（Gian Giacomo Trivulzio）之墓。韦奇奥宫"五百人大厅"的湿壁画则是以安吉里之战为主题。1504年，达·芬奇受共和国统治者索代里尼的委托，用这幅画来纪念佛罗伦萨战胜米兰的荣耀。当时列奥纳多可能正在实验古代的蜡画法，用蜡作为颜料的黏合剂，这样便可以保留色彩的鲜艳。但他努力了两年，还是没能掌握这项复杂的技术。色彩最终还是从墙上脱落，实验以失败而告终，遗留下来的是关于一幅杰作的神话。

这位来自芬奇的画家是一个独特的混合体，集神经质的手工爱好者和天才、完美主义者和实验者于一身。他脑海中喷涌着耀眼的奇思妙想，一个难题还未解决，第二个难题还在进行，他就开始苦苦思索第三个，同时他还摆弄机械玩意儿。有一些成功的案例：他为斯福尔扎的一次节庆制作了一个可以运作的机器人。但最终，宏大的百科全书计划被搁浅，飞行器、巨大的弹射器、弩或潜水服等技术幻想都没有实现，教堂和堡垒也没有建成。列奥纳多肯定是一个非常有说服力的卖家，只有这样才能把他那些激动人心的项目推销出去，比如通过大型运河让阿诺河改道，让竞争对手比萨因缺水而亡国。这个失败的行动仅仅让佛罗伦萨的资金枯竭。

列奥纳多把理论反思与工艺技能融会贯通，无人能敌。比如，他通过摩擦实验意识到，这个所有机器在工作时都会面临的恼人阻碍，并非源于相互作用的表面的大小，而是因为施加其上的压力。列奥纳多是他那个时代最好奇的人。他研究过植物和动物，还有地质构造、水流和漩涡。他的解剖学研究也远远高出画家工作室的需求，他给尸体剥皮、切开身并将其肢解。他为人体及内脏做的笔记，在技术质量和精度方面远超以往的所有记载。他经营这个人体肉铺不只是为了研究人体比例，这些比例他计算得最为准确，对这些器官的功能和形状、人体的内在他也非常感兴趣。古代知识于他没有任何突出的参考价值——不是因为经典可能会失去作为所有艺术衡量标准的重要性，而是因为它的权威已经被视为理所当然，或者说被内化了。这样一来，列奥纳多的比例说如果不是源于对"真实"的人的测量，那就是以维特鲁威或者可能以波利克里托斯（Polyklet）的《荷矛者》为基准，《荷矛者》是文艺复兴时期所有有比例的艺术的标准。

作为一名科学家，列奥纳多相当于欧里亚克的热贝尔（教宗西尔维斯特二世）、罗杰·培根和马姆斯伯里的埃尔默的继承人。他可谓伽利略的先驱。他一生中研究和打造的东西在生前并未公之于世，仅因为这个，他在科学革命史中就没有什么影响力。他的这些发明秘不示人、不为人知，并不是因为他像魔法师一样可能惧怕公众的视线，而是因为他可能知道自己的工作是临时性的、不完备的。他只完善了少量图纸，单是这些就会让当时的人屏息凝神。他的笔记中也有笑话和谜语，可能旨在为宫廷社交圈子提供消遣，他独特的漫画或许也具有这种用途。

列奥纳多一定是个天性亲和的人。坐下给他当模特的人，可以聆听卢特琴演奏。他的工作室里，如同卡斯蒂利奥内的乌尔比诺圈子一样，有"美妙作品的创作者"在愉快地交谈，但列奥纳多用薰衣草香氛精心维持的毫不费力（sprezzatura）的背后是他深刻的思想。他卖弄风趣，假装自己一无所知，装成一个"目不识丁的人"，这当然不是真的。他通晓古老的神秘书籍，对前苏格拉底的自然哲学也有所涉猎。他遗留下来的最详细、最精心的文字是一篇关于绘画的论文，表明他对当时的透视理论和阿尔哈曾等人的光学著作都有所研究。他是亚里士多德主义者，信赖经验。柏拉图的理念王国他不曾涉足。而他笔记中留下的研究，可以被比喻成柏拉图的洞穴。他一直在探索黑暗，虽然满心畏惧，但在深处寻得某种奇妙之物的期待一直驱使着他。这篇著名的文章看起来像是对柏拉图寓言的逆转，后者想要在洞穴外面的耀眼光芒下认知自我：与洞穴比喻相反，列奥纳多在地球的最深处探寻自我，这是更坚硬，也是人类经验更容易接触的物质。他也不相信无实体的灵魂的存在。对他来说，人通过思想和工作而成为人，除此之外仅仅是一个粪便生产者，只是一种特殊的动物。然而，人可以通过艺术获得神性。画家的一双手塑造了自然——列奥纳多认为，其比诗歌或雕塑能创造得更好更完美。借用但丁的话来说，他把画家看作上帝的子孙。

创作最美丽的宗教图像的人却不是虔诚的基督徒，这是件很奇怪的事。对达·芬奇来说，存在的终结处并非永恒的幸福或者审判。他援引前苏格拉底时期的哲学家阿那克萨哥拉（Anaxagoras）的话说，"一切来自一切，一切变为一切，一切归于一切"。他想象的世界末日受到奥维德的启发，而不是约翰的

《启示录》。但形而上学的渴望让他动摇，他在世界变化中观察到一股持续更新而又期待自身死亡的力量。谁是它的创造者？"看看光，观察它的美丽。把眼睛闭上几秒再看一遍。你看到的是之前没有见过的，而之前的已不复存在。如果它的创造者持续死亡，那么是谁创造了新的它？"

类神者：米开朗琪罗和拉斐尔

佛罗伦萨，1504年1月25日。这可能是艺术史上最尊贵的聚会。教堂石匠行会和羊毛纺织业公会的负责人邀请了二十几位艺术家和工匠前来，其中包括科西莫·罗塞利（Cosimo Rosselli）、桑德罗·波提切利、菲利普·利皮（Filippino Lippi）、洛伦佐·迪·克雷迪（Lorenzo di Credi）和彼得·佩鲁吉诺等一批画师，建筑师的代表是桑加罗家族的两兄弟朱利亚诺（Giuliano da Sangallo）和安东尼奥（Antonio da Sangallo），还有安德烈亚·德拉·罗比亚和列奥纳多·达·芬奇。这次聚会主要讨论一座雕像的安放地点，它的创作者米开朗琪罗·博纳罗蒂尚不及而立之年，一直把这座雕像称作"巨人"（插图40）。他说的是《大卫》。在两年半的时间里，米开朗琪罗把一块五米多高的大理石块雕刻成形。佛罗伦萨人惊叹不已，他们看到的不是一个平日所见的把歌利亚头颅踩在脚下的胜利者。米开朗琪罗展现了英雄一决胜负的投石一刻，他完全赤裸，与《圣经》相符。他的目光严肃而坚毅，搜寻着想象中的敌人。如果仔细观察可能会发现，他的头部有点过大。人们最初计划把这个雕像安放在主教座堂的高处，所以在雕刻时考虑到了仰视它的角度差。艺术家委员会在漫长的争论之后决定把雕像放在索代里尼政府的所在地韦奇奥宫前面。《大卫》是一个政治宣言：他把共和国的敌人尽收眼底。当时最主要的敌人是美第奇家族，索代里尼一直很担心他们回来夺权。

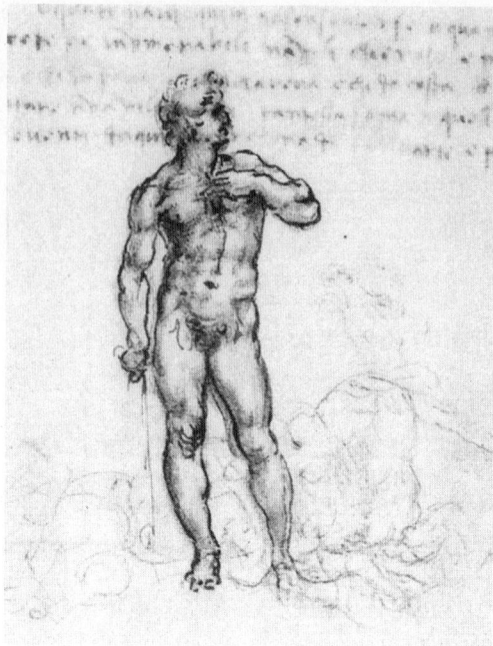

插图40：列奥纳多·达·芬奇，《大卫》，1504/1505年，温莎堡，皇家收藏

　　米开朗琪罗于1475年出生在阿雷佐附近的卡普莱斯，《大卫》这座"巨人"雕像让他一跃成为佛罗伦萨乃至整个意大利首屈一指的雕塑家。在这之前他是美第奇家族的宠儿，而此时就是他的《大卫》用致命的投石机威慑着同一个美第奇家族。他曾在佛罗伦萨接到大量订单，后来在博洛尼亚和锡耶纳也小有所成。甚至在15、16世纪之交之前，他就凭借《哀悼基督》的雕像在罗马名噪一时。他本应该紧挨着列奥纳多的《安吉里之战》，在韦奇奥宫的大厅创作一幅湿壁画，为1364年佛罗伦萨在卡希纳附近战胜比萨谱写另一曲颂歌。可惜这个计划与为教堂订制的使徒雕像一样，最终未能执行。米开朗琪罗更喜欢在资助人中的头号资助人那里谋求订单，这个资助人就是教皇。

　　尤利乌斯二世及其继任者利奥十世让台伯河畔的艺术达到了巅峰。1506年，一处古罗马时期的葡萄园中出土了一组无与伦比的古代雕塑，激发了几代雕塑家的创作，引发了几个世纪的赞叹：拉奥孔群像。"即便是艺术品位高雅的古人也不可能见过更高贵的作品，"人文主义者雅各布·萨多莱托（Iacopo Sadoleto）写道，"现在它挣脱黑暗，再次环顾新罗马四周耸立的城墙。"当时，这座教皇城正试图从佛罗伦萨手里夺取文艺复兴大都市的地位，这就从大兴土木建造宫殿开始，比如尤利乌斯二世的侄子、权势逼人的枢机主教拉斐尔·里亚里奥（Raffael Riario）为自己建造的住所"文书院宫"。世纪之交，多纳托·伯拉孟特（1444—1514）开创了革新。他接受西班牙皇室夫妇资助，在蒙托里奥圣彼得修道院的庭院中建造了"坦比哀多礼拜堂"，以古典圆形寺院为模板：一个完美的中央建筑，据传圣彼得就在此地被钉上十字架。几年后，这位建筑师收到了当时最负盛名的订单：新建圣彼得大教堂。

随着拉斐尔（1483—1520）等人声名鹊起，新一代艺术家掌控了罗马的艺术。作为宫廷画家乔瓦尼·桑西（Giovanni Santi）的儿子，拉斐尔来自乌尔比诺的天才群体，伯拉孟特也在此地为领主费德里科公爵的御用建筑师卢西亚诺·劳拉纳（Luciano Laurana，1420—约1479）担任助手，逐渐领会了门道。伯拉孟特向教皇推荐了这位当时已经崭露头角的年轻同行。1509年，拉斐尔被召唤至罗马，开始在梵蒂冈宫廷的一个房间绘制壁画；尤利乌斯似乎预先指定了壁画内容。在"署名室"里，拉斐尔在《雅典学派》的对面绘制了《圣礼的争议》，旁边还有《诗坛／帕那苏斯山》：九位缪斯和古代及近代的诗人围绕在阿波罗周围，其中包括荷马——画家赋予了他《拉奥孔》人像的容貌神色——还有维吉尔、但丁和桑纳扎罗。这个空间把异教科学与诗歌同基督教信仰的宇宙融合起来，同三位一体、圣徒和神学家结合在一起。

伯拉孟特、拉斐尔和米开朗琪罗是罗马"文艺复兴全盛期"的设计师。这个概念并不意味着一个最美妙、最完美的顶峰的来临，如同所有风格或时代的命名一样，它是一种标记。坦白来说，它能表达的只是艺术家、作家和学者这一精英群体近乎完美地掌握了古代的词汇、语法和知识。米开朗琪罗的雕刻工艺可以媲美波利克里托斯或留西波斯，伯拉孟特的建筑在古代建筑面前也无须露怯。重生的过程已经完结。现在，艺术领域也越来越注重持续创新。相应地，市场竞争也变得异常激烈。人们追逐的是声望和金钱，大笔的金钱。尤利乌斯二世委托米开朗琪罗为他修建陵墓，愿意为此掏出1万多个杜卡特金币。实际上，米开朗琪罗可能是他那个时代最富有的艺术家。仅仅是西斯廷穹顶的壁画，报酬就有3200个杜卡特金币之多。

尤利乌斯二世因性情暴躁而臭名昭著，但现在却要面对一个敏感、缺乏信任感又冲动的艺术家，而且他实力非凡又恃才傲物。曾有一次，米开朗琪罗盛怒之下逃离罗马，原因无从得知。尤利乌斯二世当时正因为他的罗马涅计划而在博洛尼亚停留，两人在此地又和好如初。教皇命令米开朗琪罗暂时推迟修建陵墓，先去为西斯廷的穹顶绘制壁画，米开朗琪罗也是万般不情愿。尽管他是在佛罗伦萨画家多梅尼科·基尔兰达约的工作室里接受了职业培训，但他更看重雕塑艺术，而且觉得成为雕塑大师才是引以为傲的事。绘制壁画的任务让他陷入与拉斐尔的直接竞争之中，后者可是当时罗马最受追捧的艺术家，并且雄心勃勃。

在艺术史中，这两位巨匠之间的竞争可谓史无前例。在1508—1512年持续四年的工作中，米开朗琪罗借助复杂的透视结构，用明艳的色彩在潮湿的灰浆上绘制了先知、女巫和创世记的故事。他对湿壁画这门困难的艺术没有任何经验，却在短短的时间内取得成功，这绝对是一个奇迹。即使对那些复杂的神学内容知之甚少，人们也会被壁画流露出的非凡创造力所折服。顺便说一句，米开朗琪罗在没有助手的情况下从容应对，这也是一个传奇。拉斐尔把这位天才对手也画进了《雅典学院》，画中神情阴郁、倚坐在大理石块边上写写画画的赫拉克利特就是以米开朗琪罗为原型。

1520年耶稣受难日，拉斐尔因病去世，这场角逐也画下句点。这个乌尔比诺人生前也因订单如山而不堪重负，作为伯拉孟特的继任者，他承接了圣彼得大教堂的施工任务。他还要为银行家阿戈斯蒂诺·基吉的宫殿绘制湿壁画并设计随葬礼堂。尤利乌斯二世命他为皮亚琴察的圣西斯托教堂绘制神龛上的圣像：《西斯廷圣母》。这是拉斐尔无数圣母像中最著名的一幅。在一支训练有素的团队的协助下，他为教宗利奥十世绘制了宫廷壁画。同时，他还要为悬挂在西斯廷礼拜堂的十幅大挂毯设计图样：都是圣徒彼得和保罗生活中的场景。

教皇、枢机主教和美妇人都希望拉斐尔为自己画像。与其他艺术家一样，他也采用了古典测量标准。私下里，他正在把维特鲁威的建筑著作翻译成意大利语。人们越来越敏锐地感受到罗马古遗迹的重要价值，教皇任命拉斐尔为古代罗马纪念碑的策展人，便是一证——拉斐尔将它们称为"美丽的古董"。很长一段时间里，人们不假思索地把所有的大理石都送到石灰厂磨成建筑材料。而渐渐地，人们开始从垃圾中寻找藏品，由此为罗马贵族提供奢侈的生活装饰品。

人们为拉斐尔安排的葬礼是独一无二的。他的遗体被安放在他的工作场所，当时他的最后一幅画《主显圣容》几乎已经完成。他最后的安息地是万神殿，他沉睡在了以古代维纳斯雕像为模板的圣母雕像脚边。"此处是拉斐尔，"他的墓志铭这样开头，"伟大的自然惧怕被活人击败／又惧怕，与亡者一同死去。"

他的对手米开朗琪罗尚在人世。得益于出色的能力，他历经所有政治动荡仍可毫发无损地留在佛罗伦萨，他的热度在教皇宫廷依旧不减。他为美第奇家族设计了圣洛伦佐教堂的外立面，并负责建造老楞佐图书馆。美第奇家庭陵寝上的人物雕像，则耗费了他十年光阴。他勤勤恳恳致力于完工，而教堂外的佛罗伦萨已经几度春秋，1527—1530年，最后一段共和国插曲也于不知不觉间落下帷幕。从1534年到他去世，米开朗琪罗又在罗马停留。除却别的订单，他还接受教皇任命，重新设计卡比托利欧广场并扩建圣彼得大教堂。在他的设计中，人们重新考虑在永恒之城上方修建教堂圆顶。

米开朗琪罗在雕塑、绘画和建筑中成就相当，留下了许多杰作。此外，他也是一个天才诗人。从他的十四行诗中，人们可以窥见菲奇诺哲学的思想世界。美与爱合一，对他来说反映了上帝的真理和爱："爱是美的理念／在心中可想可见／是美德与优雅的女伴。"对美的渴求即对上帝的追寻：文艺复兴时期意义最非凡的科学是这一时期最伟大艺术的基础，而另一块奠基石就是这种渴求。米开朗琪罗想要提出理念，而非仅仅描绘自然。这样，他对尼德兰画派的贬低就说得通了，他说那些画家的意图只是欺骗"外部的眼睛"。一定不能让他们实现目标：理念不能被僵化。最美丽的作品也只是理念的投射。

在米开朗琪罗的一些未完成的雕塑作品中，我们可以明确看到这种面对物料时的犹豫不决，比如《囚犯》（又称《奴隶》）和《圣马修》，它们可以算是有史以来最重要的艺术品。在它们的"未完成"中我们能再次体会到罗丹的"完美的未完成性"，但可能会忽略一点，雕塑家不过是因为时间紧张和超负荷工作才未完成的。无论什么原因，它们都是雄心壮志的象征。我们可以自由想象，去触及物料遮掩下最美的东西——又如米开朗琪罗的一首十四行诗所述："最好的艺术家想象不出还有什么／是一块未经雕琢的大理石不曾包含的……"

艺术作品现在已经提升到形而上学的高度。菲奇诺在艺术作品中看到了创造者闪耀的灵魂和智慧——艺术作品也反映神性。他的学生克里斯托弗罗·兰迪诺把诗歌从纯粹的知识和劝导性的游戏转变为对最终真理的揭示，由此为诗歌开辟了一个新的层面。诗人的灵感来自柏拉图的"神圣的疯狂"，诗人作为宣告真理的人而现身。紧随诗人之后的是雕塑家和画家，阿尔贝蒂就已经看到，他们可以成为"另一个上帝"。偶像现在堆积如山。但丁和彼特拉克，同时代的提香也成为"圣人"，但所有神性中的神性都归于米开朗琪罗。卢多维科·阿里奥斯托称他为"米迦勒（Michael），超乎凡人，神性的安琪罗（Angelo）"，即天使安琪儿。

意大利主流文化

就艺术、文学，甚至科学或灌溉系统等技术而言，16世纪仍旧是意大利的世纪，尽管这个半岛曾落入外贼之手。与建筑和雕塑一样，意大利的绘画也保持最高水准。即便是当时的评论家，也称赞威尼斯人是色彩大师，而托斯卡纳在视觉艺术（即绘图）方面脱颖而出。新的类别也逐渐成形。自16世纪20年代开始，第一批独立的风景画加入城市景观画的阵营，风俗画也紧跟其后。艺术之间相互影响，比如音乐中的和声规律就可以在建筑和绘画中留下痕迹。

　　尽管富有创造力的精英们多在大城市展开自己的艺术生涯，但他们不仅仅在罗马、佛罗伦萨、米兰和威尼斯这样的庞大中心出尽风头。乌尔比诺的光环并未散去；曼图亚迎来了这个世纪最具想象力的建筑师和画家当中的一人——拉斐尔的助手朱利奥·罗马诺（Giulio Romano）。在附近的费拉拉，埃斯特家族的宫廷也像磁铁一样吸引着艺术家和人文主义者。这座城市的辉煌文化和著名的大学在15世纪已经超越了它的政治意义。记录下传统的杰出音乐的不只有法国作曲家纪尧姆·杜法，还有荷兰学者鲁道夫·阿格里科拉（Rudolph Agricola，1443/1444—1485），后者在研究音乐之余，还写了一本影响深远的辩证法教科书。若斯坎·德普雷（Josquin Desprez）使得这些音乐继续传承，但由于波河流域暴发瘟疫，这位当时最重要的作曲家仅仅于1503年6月—1504年4月在这座城市停留过。德普雷享受与贵族同等的薪资待遇，尽管此人很难相处，而且有朝臣抱怨说，德普雷总是在愿意写曲子时才写曲，应该写曲子时不写曲。这昭示着音乐领域也出现了现代气质的艺术家。

　　在16世纪，埃斯特家族的宫廷是欧洲文化中心之一。伊莎贝拉·埃斯特（Isabella d'Este，1474—1539）野心勃勃，除了收藏礼服、珠宝、古董和珍贵的花瓶，她还想把一等大师的绘画作品悬挂在自己的展室里。在威尼斯，她经过漫长的讨价还价，买到了扬·凡·艾克的一幅画。她也曾徒劳地试图说服列奥纳多·达·芬奇为她画像。1499年，当这位无比忙碌的画家从米兰经曼图亚前往威尼斯时，他终于着手作画，最后留下的是一幅着色的绘图。卡斯蒂利亚的伊莎贝拉从切萨雷·波吉亚手里买到米开朗琪罗的《丘比特》，她的御用肖像画师是提香。在这个过程中，她尝到了每一滴快乐和痛苦的滋味。老乔瓦尼·贝利尼为伊莎贝拉的弟弟费拉拉公爵阿方索一世作画，这幅《神圣的节日》如今收藏在华盛顿。对经常描画温柔圣母的伟大画师贝利尼来说，这是一个很不常见的主题。1514年贝利尼去世后，这幅画作背景中的茂密森林由年轻的提香补齐。

　　埃斯特宫廷款待阿里奥斯托，他可是当时最重要的诗人之一。1505—1532年，他的《疯狂的罗兰》出现了三个不同的版本。阿里奥斯托把年久蒙尘的骑士史诗裹进了人文主义的外衣。他摆弄古老的形式，通过对古典和新时期文学的影射突出作品中的精彩部分，受过良好教育的宫廷读者绝对能读出其中的深意。作者下笔如行云流水，用特洛伊群英——意大利那些小国统治者对这个故事最爱不过——当中貌似意大利庄园主出身的人物们打造了一个文学性的、或许也有讽刺性的游戏。《疯狂的罗兰》时而风趣好笑，时而像是一首探究表象与存在、历史真相与虚构之间关系的练习曲，多个情节支线共同编织了一个查理大帝时代对抗撒拉逊人的战争故事。巫师、竖琴、有翅膀的飞马和其他幻想中的动物在战斗、围攻和爱情困惑中发挥他们的本性和恶性。

主角罗兰是世界文学中最伟大的疯子之一。当他发现他仰慕已久、令人心痴的美丽公主安洁莉卡——一个中国国王的女儿——委身于一个普通骑士梅道罗时，他撕掉身上的衣物，沉陷在尖叫和沉思、仇恨、愤怒与暴力中无法自拔。当理智——从储存着地球上一切遗失之物的月亮上——再次降临到他身上时，他才得到治愈，这样他才能够继续与穆斯林作战，并与其他基督徒一起取得了胜利。这一狂野的叙述是用完美的十一音节三韵句写成的，用的是托斯卡纳的意大利方言。"罗兰"的影响非常深远，提埃坡罗（Tiepolo）、布歇（Boucher）和德拉克洛瓦等画家，维瓦尔第、亨德尔和海顿等作曲家都从中得到启发，从洛佩·德·维加（Lope de Vega）到莎士比亚，很多诗人也都从中借鉴。

阿里奥斯托意图巩固通俗拉丁语作为文学语言的地位，他的友人皮埃特罗·本博也为此奔忙，我们在《廷臣论》的对谈中已经知晓此人。本博笔下最著名的作品是用对话形式写成的《阿索洛的人们》，此书于1497—1502年在费拉拉问世。书中的对谈发生在意大利北部阿索洛的一座城堡的花园里，此书因此得名。城堡女主人是威尼斯人凯瑟琳·科尔纳罗，她在阿索洛修建了一个小型的文学殿堂，而她之前的足迹远及地中海。事实上，凯瑟琳的丈夫是塞浦路斯吕西尼昂王朝的国王雅克二世，他以私生子的身份继承王位。在他死后，凯瑟琳回到阿尔卑斯山脚下的这个庄园，她资助诗人、向画家订购画作。阿索洛是威尼斯的回赠：1489年凯瑟琳把她的塞浦路斯岛卖给威尼斯共和国。她的慷慨是因为威尼斯派出一支舰队，在塞浦路斯岛周围游弋。

回到本博上来。菲奇诺使得人们对爱情的讨论达到顶峰，而本博的《阿索洛的人们》则让讨论继续。对话的一个参与者哀叹其"欲尝爱情，必经痛苦"；另一个人称赞爱情是所有快乐的源泉；第三个人又提出综合观点，认为低等的性欲与崇高的柏拉图式的爱情相左；这样在随意的对话中就形成了一种关于情欲的理论。这个理论家能够从丰富的实际经验中得出结论，他风流成性，跟年轻的卢克雷齐娅·波吉亚应该也有过床笫之欢。这个议题中关于肉欲的问题在彼得罗·阿雷蒂诺（Pietro Aretino，1492—1556）的《理性对话》中也有详细的阐述，此书于1534年出版，在1536年被禁。书中两个罗马妓女之间的对话可谓无耻又直白，此书参考的是琉善的《花魁对话集》。版画家马尔坎托尼奥·雷蒙迪（Marcantonio Raimondi）曾为阿雷蒂诺的这本书绘制充满淫欲的插画。

16世纪第一个十年间的意大利文学除了着重描写爱情主题，对风格、修辞、美学等都有广泛兴趣，还包括《廷臣论》之后对文明举止的标准的重视。本博自己曾在乌尔比诺写下《论通俗拉丁语》一书，书中推崇彼特拉克为诗歌大师，而薄伽丘是散文的标杆。意大利文学最先在佛罗伦萨和费拉拉征服了剧院，如围绕爱情、欺骗和金钱的喜剧，以及关于权力、罪责和命运的悲剧。来自维琴察的詹·乔治·特里西诺（Gian Giorgio Trissino）创作的《索福尼丝巴》[1]在文学史上占有一席之地，因为这个剧本是首次以亚里士多德的《诗学》为基准。

普通人的软弱和困境很少有机会被搬上舞台，贵族观众最青睐的是羊倌的田园游戏和堕落的阿卡迪亚。少有的例外是帕多瓦的安杰洛·贝奥尔科

---

1 出版于1524年的悲剧《索福尼丝巴》表现了强烈的爱国思想和真诚的爱情，为欧洲悲剧开辟了一条新的道路，被誉为文艺复兴第一部典范悲剧。索福尼丝巴是努米迪亚的国王西法克斯的妻子。在一次战争中，西法克斯被古罗马首领马西尼萨俘虏，索福尼丝巴也落入虎口。马西尼萨见索福尼丝巴年轻美丽，就强迫她和自己秘密成婚，随后他恳求古罗马最高统治者斯西皮奥让索福尼丝巴获得自由，以便他独自占有。斯西皮奥因妒忌不允，宣布索福尼丝巴永远是他的战利品。为了保持名誉，索福尼丝巴服毒自尽。

（Angelo Beolco，1496/1502—1542），他被人们称为"卢苍特"，这其实是他的乡村喜剧中的一个农民角色。在两部对话体剧作中，他写下了雇佣军和贫苦农民的苦难生活，可谓流浪汉小说《托美斯河上的小拉撒路》（又名《小癞子》）[1]和《痴儿西木传》[2]的鼻祖。

意大利与欧洲其他地区之间的交流越来越深入。纽伦堡人阿尔布雷特·丢勒于1494年和1505或1506年两次前往意大利，这只是一长串艺术家队伍中最著名的两次旅行，这些艺术家可以一直追溯到现代，包括歌德、托马斯·曼、约瑟夫·布罗茨基和赛·托姆布雷（Cy Twombly）。反过来，越来越多的意大利人来到北方，这里有大量的艺术订单，也让人灵感迸发。只要有个意大利名字，哪怕是才能平庸之人，也能得到举荐。

---

1 长篇小说，作者不详，出版于1554年。西班牙第一部流浪汉小说。小说以第一人称叙述托美斯河上的穷孩子拉撒路因家计艰难，离家给一个狡猾世故的瞎子引路，从此开始流浪生涯。为了生存，他先后为吝啬的教士、落魄的绅士、推销赎罪券的骗子等帮佣，历尽世态炎凉，同时学会以机智手段对付一个又一个主人。

2 作者为格里美尔斯豪森，德国小说家。出身贵族，但他早年便成为孤儿，从未受过正规教育，晚年创作了十卷本的流浪汉小说《痴儿故事集》，其中第一至五卷《痴儿西木传》最为有名。该书出版（1668年）后广受欢迎，被誉为17世纪德国文学的顶峰。这是发生在德国三十年战争时期一个小人物的故事。主人公西木是个孤儿，从小被一位农民收养，思想极其单纯。战乱中他逃入森林，夜遇隐士，隐士对他的愚钝无知感到非常惊讶，便教他种种知识。隐士去世后，西木离开森林，进入人间社会，他屡建战功，成为一名智勇双全的猎兵，风光一时。后来，他受骗到了巴黎，陷入"爱神之堡"。在逃离巴黎回国途中，他不幸得了天花，丧失了美貌和财物，最后沦为卖假药的人、骗子、兵痞和强盗。经历了今日天堂明日地狱的种种曲折之后，西木终于万念俱灰，厌倦人生，决心返回森林，重过隐居生活。

29. 南风：文艺复兴征服欧洲

插图41：卢德格尔·汤姆·林（Luder tom Ring），《维吉尔》，约1558年，明斯特，LWL州立艺术与文化博物馆（威斯特代利亚州立博物馆）

艺术与思想之路：西欧、东欧

前往北方的旅行者中有一位成功者是来自达尔马提亚扎拉地区的雕塑家弗朗切斯科·劳拉纳（Francesco Laurana，约1430—1502），他曾在法国南部为那不勒斯前国王安茹的勒内一世（René Ⅰ. von Anjou）工作。两座文艺复兴风格的墓碑均出自他手：一座献给安茹公爵查理四世（Karl Ⅳ. von Anjou），如今保存在勒芒主教座堂；另一座尚不能确认是否出自劳拉纳之手，矗立在塔拉斯孔的圣玛尔达教堂的墓穴里。长眠此地的是乔瓦尼·科萨（Giovanni Cossa），他曾是一名高官，与劳拉纳的旧东家那不勒斯宫廷相交甚密。在法国北部，佛罗伦萨的文艺复兴最早出现在圣奥梅尔附近的圣伯丁修道院。修道院院长纪尧姆·菲拉特是一位枢机主教的私生子（这位枢机主教也叫纪尧姆·菲拉特），曾在康斯坦茨大举搜寻孤本善本。院长菲拉特在1467年前后向罗比亚家族的瓷雕工坊订制了一座镶嵌彩色陶瓷的墓碑。这个如今只有残片可见的艺术品，本是一座人文主义的纪念碑，用以追思亚里士多德和欧里庇得斯，以及哲学与诗歌。这两位修辞学者和作家在那里找到了安息之所。

在奥尔良、安茹和贝里等几个公国中进行的古代研究安全地避过了百年战争，它们得以在这里继续进行。格雷戈里奥·蒂凡纳特（Gregorio Tifernate，1414—1464）在巴黎擎起人文主义的火炬。他在索邦教授希腊语和修辞学，是洛伦佐·瓦拉的朋友、德森布里奥父子的笔友，以及尼古拉五世的宠儿。他出色的语言能力得益于其在达达尼尔海峡逗留的经历。南北之间的协调人除了他，更著名的是阿尔比枢机主教和大主教吉恩·茹弗鲁（Jean Jouffroy，死于1473年）。作为一名外交官和朝臣，茹弗鲁为勃艮第、罗马教廷和法国服务，跟人们所能想象的文艺复兴人一样，他有受俸神职，终日酩酊，饕餮美食，沉浸女色，还曾是军事领导人。他专横又暴躁，如有需要又会非常顺从，而且博学多识。他曾跟随瓦拉学习，他的口才甚至给意大利人留下了深刻的印象。

神学家雅克·勒菲弗·戴塔普勒（Jacques Lefèvre d'Etaples，约1460—1536）算是新一代的人文主义者。莫城主教委任他改革教区，但雅克并没有成为法国的路德。不提别的，单是他编辑出版了菲奇诺充满"古老智慧"的晦涩文集，就可以被看作一个温和的福音派人士。他是人文主义评论的发明者之一，可谓先驱，将传统的冗长问题和思考用简洁的阐释取而代之，时不时加上几句古典作家的引言。与勒菲弗同时代的纪尧姆·比代（Guillaume Budé，约1467—1540）是一位法学家，可能也是那个时代最伟大的希腊学家，被视为"高卢风格"的创始人之一，即用批判的眼光接受《查士丁尼法典》，跳出历史语境来理解罗马律法。从批判的、历史的角度复兴古代法学也符合当时欧洲的趋势，这种趋势的代表人物除了比代和洛伦佐·瓦拉，还有德意志的乌尔里希·察修斯（Ulrich Zasius，1461—1535）和意大利的安德烈亚·阿尔恰托（Andrea Alciati，1492—1550）。

在法国的文学领域，话语革命也在与意大利的交流中继续。从15世纪的最后十年以来，一群诗人掌控了局面，后来的19世纪称他们为"修辞学家"。其中之一是让·勒迈尔·德·贝尔热（Jean Lemaire de Belges，约1473—1515年后），他因为对《伊利亚特》的改编和《绿色爱人通信集》而闻名。躲在"绿色爱人"后面的是一只鹦鹉，它是尼德兰摄政女王、奥地利的玛格丽特女大公（Margarete von Österreich）的宠物。这只鹦鹉被一条狗吞噬，让它的主人非常沮丧。诗人以这一悲惨事件为契机写就了两封诗歌体书信，这种文学体裁很快就成为时尚。他借用亡故的鸟儿的口吻诉说，鸟儿是因为女主人离去而悲痛欲绝，于是自己请求猎狗将它吃掉，用这种英勇的方式自杀。鹦鹉从冥界给玛格丽特写了两封信，吐露它的爱意，承认自己在女大公梳洗打扮时贪婪地窥探她的美貌。最后，鹦鹉把自己当成长了羽毛的但丁，向女大公讲述了地底冥界的恐怖和怪物以及幸福之岛的天堂般的美景。"话语革命"在此处意味着轻松的幽默和文学游戏，但也带有色欲的弦外之音。

另一场"地狱之旅"出自克莱芒·马罗（Clément Marot，1496—1544）笔下。可能是因为吃肥肉而违背了禁食法——这是宗教改革留下的阴影——他在1526年被关进巴黎的监狱。他颇具古风的作品《地狱》用讽刺的口吻描述了这次体验。马罗是意大利风格在法国的先驱之一，他写了法国第一首十四行诗并推动罗马诗人马提亚尔的箴言诗融入文艺复兴。他优雅闪光的风格开创了诗歌的一种新风格——"马罗风格"。马罗是一位老资历的朝臣。他一直深受弗朗索瓦一世的青睐，但他的新教倾向总让他陷入麻烦。在国王的姐姐、纳瓦拉王后玛格丽特（Margarete von Navarra，1492—1549）那里他寻得庇护之所，玛格丽特在南法的内拉克宫廷聚拢了一批诗人和学者。此外，王后自己也热爱文学创作，她的《罪恶灵魂之镜》能让人读出她对路德宗思想的亲近。受薄伽丘的启发，她还写了《七日谈》，当然她的这一版比《十日谈》更强调道德，且有点冗长沉闷。我们离题有点太远了。

插图42：《赫克托耳、阿喀琉斯、阿伽门农和墨涅拉俄斯》，图尔奈，1475/1490年，萨莫拉，大教堂博物馆

勃艮第与意大利风和古典风格这两者都保持较远的距离。勃艮第宫殿的大厅仍旧装饰着讲述古老神话的挂毯（插图42），但上面画的神灵和英雄都身着当代服装，既非古代打扮也没有赤身裸体，只有南方是允许裸露的。不过薄伽丘，这位"乔瓦尼·薄伽丘大人"，在这里还是受到欢迎，人们对其作品口口相传，有人伏案翻译。编年史家借用了提图斯·李维的风格，葡萄牙人瓦斯科·达·卢塞纳（Vasco da Lucena）为查理五世将勇敢的库尔修斯·鲁弗斯所著的《亚历山大大帝史传》翻译成法文。直到16世纪30年代，尼德兰南部的建筑才因为"古代工艺品"出现了装饰物。

　　与勃艮第类似，西班牙的人文主义也游离在边缘。骑士小说仍然在文学领域占主导地位。朱亚诺·马托雷尔（Joanot Martorell）于1490年在瓦伦西亚出版的《骑士蒂朗》被塞万提斯盛赞是"世界上最好的书"，因为书中的骑士是真人而不是傀儡。就像这片土地上的诗歌，文学作品也未被人文精神所滋养。与意大利不同，对经典的研究在这里依然是高贵精英的工作。柏拉图和佛罗伦萨的柏拉图主义作品虽然在1480年前后被图书馆收藏，但跟所有异教书籍一样，它们很快被正统观念所质疑。当伊比利亚的土地终于感受到宗教改革的冲击时，它的时代已经落幕。不过，一些重要的人文主义者仍然将伊比利亚半岛向前推进，除安东尼奥·德·内布里哈之外，还有翻译了塞涅卡的布尔戈斯[1]人阿方索·德·卡塔赫纳（Alfonso de Cartagena，1384—1456）以及卡斯蒂利亚人阿方索·德·帕伦西亚（Alfonso de Palencia，1424—1492），后者撰写了西班牙的历史和一部拉丁语-卡斯蒂利亚语词典。他的史书借鉴了丰富的古代史料，阐释了阿拉伯人统治之前的西班牙的地理概念。最后，供职于格拉纳达的神职人员皮特·马特·德安吉拉（Pietro Martire d'Anghiera，1457—1526）也可被归于西班牙人文主义者之列，他的《新世界八十年》是现代人类学的一部奠基之作。值得一提的是，他认为对不同肤色的评价只是品味问题，根据当时的潮流，也是一会儿"有胡子"好，一会儿"没胡子"好："埃塞俄比亚人认为

1　西班牙北部的一个城市，建于公元9世纪，10世纪时这里成为教区，11世纪时成为卡斯蒂利亚王国首都。

黑皮肤比白皮肤更漂亮，而白人想法则不同。"

　　尽管人文主义传播到西班牙的时间较为滞后，但文艺复兴的建筑和雕塑从1480年就已经"入侵"这片由天主教国王统治的疆土。最重要的"开门人"是"伟大的西班牙枢机主教"佩德罗·冈萨雷斯·德·门多萨（Pedro Gonzáles de Mendoza，1428—1495）。不管是他的家乡瓜达拉哈拉，还是巴利亚多利德和托莱多，这些地方的文艺复兴风格的建筑都与他的名字，以及在意大利受训的建筑师洛伦佐·巴斯克斯（Lorenzo Vázquez）的名字联系在一起。在托莱多大教堂里安放着门多萨的陵寝，据推测出自托斯卡纳的安德烈·桑索维诺（Andrea Sansovino）之手，他于1492—1501年在附近的葡萄牙工作。而在伊莎贝拉一世和费尔南多二世治下的其他地区，处处可见的仍是银匠式风格（Platareskenstil）——这是哥特式风格晚期的一种变体，外立面雕饰花样繁复，跟银匠（platero）的掐丝手艺类似——它与穆代哈式[1]的装饰风格不相上下。直到这对天主教王室夫妇离世后，这些地区才终于接触到文艺复兴。国王夫妇的陵寝由塞提涅亚诺雕塑家多梅尼科·凡切利（Domenico Fancelli，1469—1519）在1517年设计出来，如今停放在格拉纳达主教座堂的王家礼拜室内。1527年，查理五世开始在阿尔罕布拉宫边上修建一个罗马建筑风格的宫殿。相比于奈斯尔王朝留下的花纹繁复的穆斯林建筑，象征皇权的罗马风格纪念碑略显粗陋。不过信奉基督教的征服者们还是不敢将阿尔罕布拉宫完全夷为平地，这座石头宫殿是穆斯林文化的象征，也令人回忆起昔日的荣光。

　　在拉丁欧洲之东的匈牙利，人文主义和新艺术通过王朝的联系早就落地生根。卢森堡王朝的神圣罗马帝国皇帝西吉斯蒙德任命韦尔杰里奥担任他的秘书，并委任佛罗伦萨人菲利波·斯科拉里（Filippo Scolari）〔又名皮波·斯潘诺（Pippo Spano）〕担任军队指挥官。在科尔温（马加什一世）和他的妻子阿拉贡的比阿特丽斯治下，文艺复兴终于抵达这里。在布达，国王建立了一个

---

1 西班牙的建筑有很多都带有阿拉伯风格，这种现象叫"穆代哈"（Mudejar），意思是基督教建筑中融进阿拉伯风格。

收藏有2000本手稿的图书馆，即著名的科尔文纳图书馆。这些华丽的古文手抄本有很多是在意大利制作的。柏拉图与菲奇诺的学生弗朗切斯科·班迪尼一同来到这个国家。即使是想法古怪的思想家也被介绍到匈牙利，比如把自己看作伊壁鸠鲁的加莱奥托·马尔齐奥（Galeotto Marzio）——他有个闻所未闻的想法，觉得奥斯曼人和犹太人、异端分子和异教徒都可以在没有受洗的情况下得到赐福。一群托斯卡纳的大师将科尔温的宫殿和他的避暑行宫维谢格拉德城堡，变成了一块文艺复兴的飞地。正如一位当时的人写道，他们把匈牙利变成第二个意大利。当然，还有很多事情要做。匈牙利最资深的人文主义者是佩奇城主教雅努斯·潘诺尼乌斯（Janus Pannonius），他在维罗纳的大师瓜里诺那里接受教育，所以曾不无讥讽地说，如果维吉尔或西塞罗来到匈牙利，他们听到当地人的拉丁语一定会沉默不言。

科尔温的文化政策也遵循一般策略，用教育和学识来装饰权力。他让愿意效忠的历史学家把自己所属的匈雅提这一支包装成血统高贵的家族，这也符合他想要青云直上的野心。他的宫廷史学家安东尼奥·邦菲尼（Antonio Bonfini）把科尔温的家谱追溯到古罗马科尔维尼家族，为他奉上一个光荣的帝皇谱系。这样东拼西凑的家史如果成立，能让黯淡的权力光芒变亮吗？可能真的有用，就连俄国沙皇也使过这种手段。虽然应该没有受到人文主义的影响，但沙皇在1555年前后也曾拼凑过一本《君主宗谱登记册》，给自己和最重要的贵族们包装出一个根植于古老的恺撒帝国的先祖，尽管这有些姗姗来迟。

匈牙利的文艺复兴遗存很少。科尔温的图书馆化为废墟，许多古本在历次与奥斯曼土耳其的战争中被摧毁。今天能见到的只有陵寝礼拜堂，1506年前后，大主教托马斯·巴科茨（Tamás Bakócz）在埃斯泰尔戈姆[1]大教堂补建的一处建筑。随着礼拜堂竣工，佛罗伦萨的文艺复兴也来到了多瑙河畔。它的独特之处在于，偏偏是通过墓地让"复兴风格"融入了许多地区的建筑！在德意志

---

1 埃斯泰尔戈姆是匈牙利最北端的城市。

也一样：第一座文艺复兴风格的建筑是1512年竣工的位于奥格斯堡圣安娜教堂的富格尔家族墓地。

16世纪初，文艺复兴在波兰也拉开序幕，最早出现的是弗朗切斯科·菲奥伦蒂诺（Francesco Fiorentino）为国王约翰一世（Johann Ⅰ）设计的墓碑，如今安放在瓦维尔主教座堂。它以布鲁尼在佛罗伦萨的墓碑为模板。不久之前，来自德意志的维特·施托斯（Veit Stoß，约1450—1533）为克拉科夫圣母教堂创作的祭坛雕刻刚刚把晚期哥特式雕塑推向顶峰。因为这个壮观的作品，他在纽伦堡得到很多订单，后来也选择在此地终老。

最初，维斯瓦河畔的文艺复兴仅仅在国家统治者、王冠和高级主教的顶尖小圈子里流行。波兰人文主义的创始人是萨诺克的格雷戈尔（Gregor von Sanok，1403—1474），他曾在意大利度过两年光阴，并建立了一个重要的图书馆，后来担任伦贝格（今利沃夫）大主教。传播意大利文化的有学者洛伦兹·拉贝（Lorenz Rabe），又名劳伦修斯·科维努斯（Laurentius Corvinus）——他与青年哥白尼的关系引发后人兴趣——还有格雷戈尔的门徒菲利波·博纳科尔西（Filippo Buonaccorsi，1437—1496），人称"卡利马科斯"（Callimachus）。博纳科尔西按照人文主义的思路对克拉科夫大学进行了改革，它与1519年在波兹南成立的学院共同发展成为"人文主义研究"的两大要塞。克拉科夫大主教彼得·托米奇（Piotr Tomicki，1464—1535）则是当时除意大利和贵族宫廷之外一个罕见的醉心于收藏绘画和雕塑作品的人物。波兰第一位文艺复兴风格的画家西多会修士斯坦尼斯瓦夫·萨莫斯特策尼克曾为他绘制一幅肖像（附图19）。意大利风格以其宏伟的规模赢得青睐，瓦维尔城堡拱廊环绕的会客庭院（插图43）和瓦维尔主教座堂的齐格蒙特礼拜堂都采用了这种设计风格。这两座建筑都是波兰本地艺术家和意大利艺术家共同合作的成果。

插图43：弗朗切斯科·菲奥伦蒂诺和巴托罗缪·贝勒奇，瓦维尔，1519—1536年，克拉科夫，内庭

波兰国王齐格蒙特一世（Sigismund Ⅰ）的妻子波娜·斯福尔扎（Bona Sforza，1494—1557）把深受意大利影响的宫廷文化（包括精致的美食）带到了立陶宛和波兰，宫廷中甚至会上演泰伦提乌斯的喜剧。文艺复兴从罗马和托斯卡纳来到克拉科夫，来自意大利北部和瑞士南部的建筑大师又把文艺复兴传播到西里西亚，远至梅克伦堡和瑞典。基于一名在西里西亚工作的德意志建筑师的设计，一位葡萄酒商人在今乌克兰的利沃夫建立了一个家庭礼拜堂。该建筑于1615年完工，是"混杂文艺复兴"风格的典范，在南美和北德也可寻见。

一般来说，文艺复兴的实践应该比人文主义的思想更难在拉丁欧洲地区传播。16世纪的第一个十年里，它通过独特的变体进入法国，首先到达卢瓦尔河畔。1536年开始，在兰茨胡特建造的巴伐利亚公爵官邸是德意志第一个文艺复兴风格的宫殿。如果不算乔瓦尼·达·迈亚诺（Giovanni da Maiano）在1520年为枢机主教沃尔西（Wolsey）的汉普顿宫制作的装饰品——比如画着罗马皇帝的圆形陶土雕饰——那么意大利的影响直到16世纪末才在英格兰逐渐显现。在许多情况下，都是枢机主教等阶层擢升的人最先接受前卫的设计，并把它当作成功的标志——可能终于手握大权，可能赚得盆满钵满，比如国王马加什一世、枢机主教门多萨或者富格尔家族。这种风格让人联想到岁月和帝国的辉煌。它的运用见证了人们对最新时尚的认识和了解，要用"仿古物件"来装点自己，需要挣脱哥特式传统的束缚，并且要对人文精神持开放态度。新旧风格的建筑经常比邻而居，不管是在克拉科夫，或者布雷斯地区布尔格附近的布鲁王家修道院。1526年，奥地利女大公玛格丽特命令德意志人康拉特·迈伊特（Conrat Meit）为她和她已故的丈夫雕刻了一座宏伟的墓碑：在最华美的晚期哥特式风格中，裸体的小天使欢笑嬉闹，容貌栩栩如生；棺椁上平躺的是一个近乎裸体的卡拉拉大理石雕像，可能是以已故的萨伏依公爵菲利伯特二世（Philibert Ⅱ）为原型，也可能是一位古代英雄。

波西米亚的建筑长期以来都拒绝人文主义和文艺复兴风格，可能是因为缺乏上述先决条件。伏尔塔瓦河畔，胡斯派中的温和派和爱国主义者共同阻挠开放式的古典研究。尽管查理四世时代这里就已经开始与意大利文化进行接触，但仅仅是昙花一现。胡斯派影响下的布拉格大学对意大利文化关上了大门。与邻近的波兰不同，受经典作品启发的戏剧从未在此地上演。出生于哈森施泰因城堡的政治家博胡斯拉夫·洛布科维茨（Bohuslaw Lobkowitz von Hassenstein，1462—1510）是一个人文主义者，他被自己严格的天主教信仰所束缚，他的诗歌风格缺乏对古典拉丁文的理解。通过在博洛尼亚和费拉拉学习，他对意大利有了深入了解。他继承了大笔财富，可以给自己修建一个图书馆，并游历了五年之久，甚至到达过突尼斯。

为了反对这位"波西米亚的奥德赛"（洛布科维茨）所推崇的新拉丁语，胡斯派中的温和派维克托林·科内尔（Viktorin Kornel，约1460—1520）创立了捷克语的人文主义。他翻译了很多经典，并为其中的共和国理念所振奋，当然对他来说最重要的是信仰自由。除此之外，波西米亚地区的人们很少翻阅原始文本：异教思想看上去令人生疑。只有柏拉图的《理想国》（菲奇诺的译本）和塞涅卡的斯多葛哲学得到推广，当然这要归功于他们的学说接近天主教的理念。波西米亚人自己的史书中最令人印象深刻的一本不是其同胞所著，而是出自"波西米亚史学家"庇护二世的笔下。薄伽丘《十日谈》的精选故事集可能是经由萨克森公爵小海因里希（Heinrich der Jüngere，1452—1492）的翻译才得以在波西米亚流传，他的父亲是波西米亚国王波杰布拉德的伊日。小海因里希的译本参考的是一个德语版本，该版本对原文有曲解，非常推崇传统骑士理想。这一时期，就连学术性的研究论文都援引中世纪的自然哲学家，而非古代权威。1480—1526年在波西米亚出版的文章只有8%是关于世俗的内容。就连经常思绪纷繁的德意志人文主义者都能享受自由自在和肆无忌惮，因而灵感迸发，波西米亚的知识分子却从未经历这种时期。

与波西米亚不同，人文主义研究在德意志土地上越来越坚定地渗入大学生活，尽管还要面对多方阻力。大师还是来自意大利。德意志大学会练习彼特拉克的抒情诗和十四行诗，诵读薄伽丘的诗，以及研究菲奇诺。个体的相遇推动了交流，比如约翰内斯·罗伊希林（Johannes Reuchlin）和勒菲弗·戴塔普勒就在意大利的旅途中遇见了菲奇诺和米兰多拉。这次会面分别在这两位德意志人和法国人的作品中都留下了深刻的烙印。约翰·科利特和威廉·格罗辛（William Grocyn）等英国知识分子也赴意大利研习希腊语并把知识带回英伦岛。医生托马斯·林纳克尔（Thomas Linacre，约1460—1524）在佛罗伦萨师从批判语言学创始人之一的波利齐亚诺，与乔瓦尼·德·美第奇同窗。林纳克尔把盖伦的著作和据说是普罗克洛斯所著的《天体论》翻译成拉丁语。

像他这样的古代医学知识渊博的医生，或者能在《查士丁尼法典》的迷宫中闲庭信步的律师，都有很大机会能在宫廷谋一个职位。他们可以担任教育者、顾问和外交官，既能治愈贵族的凡人之躯，又可为国家的不死之身配上罗马律法。他们为国家撰写传记，从而给予国家一个身份：马里亚诺·斯库诺（Mariano Siculo）笔下的阿拉贡王国，乌尔比诺人波利多尔·维尔吉里奥（Polidoro Virgilio）笔下的英格兰；扬·德乌戈什用李维的口吻诉说"闻名于世的波兰王国"的历史，保罗·埃米利奥（Paolo Emilio）和罗伯特·加甘（Robert Gaguin）写下了法国的历史；克劳德·德·塞瑟尔（Claude de Seyssel，约1450—1520）在他效忠路易十二的那段职业生涯高峰期里，出版了

《法国君主制度》，这是一本集行政手册、政治理论和贵族行为规范于一体的混杂之书。每个国家都想让各自的辉煌历史和古老帝国的名家史论沾亲带故，整个欧洲共享这个古帝国的遗产。

"哦，时代！哦，道德！"：神圣帝国的人文主义

康拉德·策尔蒂斯那个从未完工的描绘德意志的项目——《日耳曼图史》，也是在类似情况下开展的。作者希望从古老的精神中重建他的家园。在他最著名的颂歌中，他敦促阿波罗离开意大利，如同他曾经离开希腊一样，阿波罗应该带着七弦琴迁居德意志。这样，德意志人粗野的言论和一切黑暗都将消散。策尔蒂斯于1459年生于法兰克，父亲是个酿酒师，他的一生都在游历学习。他曾在科隆和海德堡学习，在多所大学任教，在意大利从帕多瓦漫游到罗马，探访过克拉科夫和布达。他遇到过一些当时的大人物和最高明的大师。他拜访过菲奇诺和波姆波尼奥·莱图，他在威尼斯寻访阿尔杜斯·马努提乌斯，并赢得两位皇帝的青睐。腓特烈三世在纽伦堡的皇家城堡中将他加冕为桂冠诗人，马克西米利安传召他去维也纳担任教授。1508年康拉德·策尔蒂斯去世后，他在圣斯蒂芬大教堂享有一块碑文，这足以证明，一位受过人文教育的学者此时在北方也会受到重用。

在当时的德意志，策尔蒂斯是最重要的古代思想和诗歌的传授者。他编纂了塞涅卡的悲剧、塔西佗的《日耳曼尼亚志》和阿普列乌斯的《论世界》，也曾研究过希腊语语法。他的颂歌、挽歌和讽刺诗都流露出对柏拉图和其他经典作家的深入了解。此外，他还试图复兴古代的音乐和戏剧，为丢勒和其他画家设计作品的主题顺序。策尔蒂斯还是个不知疲倦的游说家。海德堡、维也纳和克拉科夫共同成立的"宗教会社"——一个组织松散的协会——也可以追溯到他身上。他编纂甘德谢姆的赫罗斯维塔的作品集，并为纽伦堡编史，这些都让人意识到，爱国主义在德意志也逐渐开始觉醒。他受贺拉斯启发而创作的同名

诗作《世纪之歌》，处处可见由数字符号和占星学所产生的联想：反对虔诚信徒宣扬的世界末日的情绪，欢庆圣洁的1500年，赞美上帝和功勋之人。全诗在对一个不可想象的上帝的祈求中达到高潮。诗中，他称赞他的资助人马克西米利安皇帝是黄金时代的统治者。

在这一时期，策尔蒂斯的同胞也有了自己的考古发现。终于，人们在日耳曼尼亚的土地靠近罗马界墙的这一侧找到了丰富的帝国遗迹遗物，从帝国的传统中看到的是家园。热衷于考古的最早一批人包括奥格斯堡书记员康拉德·波伊廷格（Conrad Peutinger，1465—1547）博士。他是马克西米利安皇帝手下的法学家和顾问，曾在博洛尼亚和帕多瓦接受教育，他收集古董，复制并出版铭文。和他的名字连在一起的是一份罗马帝国晚期交通地图的中世纪副本，策尔蒂斯在一个修道院图书馆中偶然将其寻得并捐赠给了这位奥格斯堡的书记员，所以这本长达6米多的地图册被称为《波伊廷格地图》。

在纽伦堡，人文主义者和城市医生哈特曼·舍德尔（1440—1514）出版了一本内容丰富的铭文集。他的城市在当时也已经是北部文艺复兴的中心地带之一。纽伦堡最著名的市民是阿尔布雷希特·丢勒，阿尔贝蒂和菲奇诺给他的美学思想打下了深深的烙印。与南方艺术的接触对丢勒的绘画产生了决定性的影响。1506—1519年，彼得·维舍尔（Peter Vischer）和他的几个儿子在纽伦堡的圣塞巴尔德大教堂修建了塞巴尔德（Sebaldus von Nürnberg）家族墓园，为世人展示了文艺复兴在北方的独特变体。与此同时，晚期哥特式雕塑再次达到一个无与伦比的高峰：纽伦堡有维特·施托斯，在附近的美因-法兰克地区有提尔曼·里门施奈德（Tilman Riemenschneider）。

科学界似乎也借了这一股东风。"哦，这是什么时代，这是多么博学！活着真令人快乐！"1518年，人文主义者乌尔里希·冯·胡腾给纽伦堡贵族和人文主义者维利巴尔德·皮尔克海默（Willibald Pirckheimer）写下这样的句子。这个感叹号肯定不是反映这位骑士个人的心理状态，当时他贫困交加，梅毒缠身，但他记录道，人文主义在当时的德意志也已经发展成宏大的潮流。它在宫廷、城市和大学都占据重要一席：海德堡、维也纳和埃尔福特脱颖而出。

在1484年出版的论文《如何开展一项研究》里，鲁道夫·阿格里科拉向北方地区展示了第一个系统性的教育计划，此后涉及这一主题的文章层出不穷。阿格里科拉对道德哲学、神学和修辞学等特意提出指导建议，与之相反，自然科学则不入他的法眼。阿格里科拉忠诚地追随"现代虔诚派"（Devotio moderna）宗教改革运动，自然科学的用处对他而言似乎很受局限。策尔蒂斯则持不同意见。1501年，他在维也纳建立了一个独立的"学院"，教授诗学、修辞学以及与数学相关的自然科学学科，即几何、建筑和天文学。毕业生应该都成为桂冠加冕的诗人。

随着宗教会社的集结，一个"人文主义联合社"也在城市之间兴起，直到宗教改革时期才销声匿迹。志同道合的人聚集在中心人物身边——奥格斯堡的波伊廷格、纽伦堡的策尔蒂斯和皮尔克海默。他们聚到一起，高谈阔论，同享美食，演出话剧。从一座城到另一座城，人们相互书写高雅的信件，促成学术论文和文学文本的出版。像意大利人一样，德意志人也颇有怀古之意。他们粗犷的名字也被拉丁语涂抹遮盖："亨特"改称为"卡尼修斯"，"克拉亨贝尔格"改称为"格拉古斯·皮耶芮乌斯"，策尔蒂斯的本名是比克尔。除了策尔蒂斯所写的富有爱国主义色彩的史书，还有两个阿尔萨斯人也是其中的佼佼者：雅各布·温菲林（Jakob Wimpfeling）和比亚图斯·雷纳努斯（Beatus Rhenanus）。他们为"至高自由"和祖先的军事才干高唱颂歌。

经典作家在德意志找到了读者。1536年《奥德赛》的一版译本在扉页的木版画上概括了欧洲两千年的文化：荷马，"所有诗人的父亲"，把他的诗人灵感传递给伟大的罗马人维吉尔、奥维德和贺拉斯（插图44）。而威斯特伐利亚画家卢德格尔·汤姆·林将维吉尔画成一名戴着眼镜的学者（插图41）。希腊人把他们的文学理念传播到欧洲，罗马人将其继续推进，现在它到达北方，甚至工匠们也不会对古老的精神无动于衷。例如，温菲林的同乡约尔克·维克拉姆（Jörg Wickram）写了很多戏剧和闹剧，并以1200年前后的译本为基础（他本人不懂拉丁语）出版了一版奥维德作品集。当时最著名的"歌唱大师"汉斯·萨克斯（Hans Sachs，1494—1576）在他的作品中也涉及很多人文主义经典和古典素材。这个纽伦堡鞋匠断断续续写下6000多首诗歌，还有戏剧和嘉年华剧，从中我们能看到无数古典印记：他是从阿里斯托芬、普劳图斯和泰伦提乌斯那里汲取灵感，对阿普列乌斯、普鲁塔克和普林尼都有所了解。但什么是半人半兽的萨提尔神，他认为还是有必要向纽伦堡的读者解释一下。

插图44：《荷马向维吉尔、奥维德和贺拉斯输送灵感》，封面木刻画：西蒙·塞登海瑟尔，《奥德赛》，1537年，奥格斯堡，州立市立图书馆

人文主义全盛期：鹿特丹的伊拉斯谟

我们要感谢小汉斯·霍尔拜因为那个年代的伟人们绘制肖像画。霍尔拜因曾经活跃在人文主义之都巴塞尔，后又前往伦敦，他为思想家、富商和权贵作画，商人和贵族、外交官和廷臣都出现在他的笔下。1523年，他创作了一幅鹿特丹的伊拉斯谟的侧面肖像，这幅象征一位全神贯注的知识分子的画本应该

送给巴塞尔的好友博尼法丘斯·阿默巴赫（Bonifacius Amerbach）。它完全是学者的写照：执笔运墨，身着高雅的黑灰两色，左手戴着珍贵的戒指。霍尔拜因创作这幅画时，伊拉斯谟简直是知识分子的代言人。从英格兰到西班牙，从宫廷到大学，处处都想要悬挂伊拉斯谟的肖像。他的书信成千上万，和他通信的有历任教皇、各国国王和皇帝。他印制了自己的书信，其个人魅力也得以传承。伊拉斯谟在学者中间的地位就如同米开朗琪罗在艺术界一样，是一颗明星。他的墨宝让人兴奋，与他的一次匆匆邂逅则让人怀念良久。

在幼时的伊拉斯谟身上，人们并不能看出什么飞黄腾达的前景。1466或1469年，他在鹿特丹或高达附近出生，是一个教士的私生子。他在共同生活兄弟会的一所文法学校接受教育，然后就被送入修道院，1492年当上神父。当声名如日中天时，他才成功地在教皇处被豁免义务。滋养他的精神世界应该是"现代虔诚派"运动中温和的虔诚。这种对信仰的虔诚与研究古典学说并不矛盾。在"现代虔诚派"运动的中心代芬特尔，异教图书馆的所有书籍都被允许印刷，甚至能找到轻浮的普劳图斯的作品。

像大多数人文主义者一样，伊拉斯谟也有个绰号——"德西德里乌斯"（Desiderius）[1]。人如其名，他一辈子笔耕不辍，获得了资助人的庇护，自身也得利颇丰。在巴黎学习时，他了解到经院哲学，且对之不屑一顾。他曾经写道，邓斯·司各脱的全集可以失落，其他一些观点相同的著作也可佚失，但西塞罗和普鲁塔克的著作如果流散，他绝对不能平静地接受。他刻苦钻研，成为当时最好的拉丁学者，同时也是最令人瞩目的希腊主义者之一。他与托马斯·莫尔和约翰·科利特结下了友谊，他们相识于巴黎和英格兰，这两处是他早期停留之地，后又多次回访。伊拉斯谟在意大利度过了三年，他在威尼斯与阿尔杜斯·马努提乌斯一同工作。这意味着他在整个欧洲开始青云直上，因为现在他的论著由欧洲大陆最受尊敬的出版商付梓并流传开去。他在别处也开启了更大的生活圈子，比如他的家乡尼德兰，最后又去了巴塞尔。从1514年起，

---

[1] 该词从拉丁语的动词"desiderare"衍生而来，意为"渴望、渴求、想要得到"，与英文中的"desire"意思类似。

他就一直居住在巴塞尔，直到1536年去世之前，他很少离开此地。教皇保罗三世（Paul Ⅲ，1534—1549年在位）曾属意于他，要赐他紫袍，但他拒绝了枢机主教的职位，如同他对路德的那一套也敬而远之。

从《箴言录》中，我们可以看出拉丁文化对他有多大的影响，这是一本集结了古代谚语和习惯用语的书。这本书问世后一时洛阳纸贵，传道士、外交官和作家人人争抢，因为这本书对挑选引文可是大有用处。1533年的第三版中有4000多句箴言，解释详尽且附有例证。其中很多谚语都传进了平民大众耳中：贺拉斯的"火上浇油"，西塞罗常说的"往雅典送猫头鹰"，普林尼的"鞋匠别管画匠活儿"，还有伊拉斯谟最爱的诗人琉善所说的"用一只蚊子捏个大象"。

对僧侣和教皇的辛辣批判让伊拉斯谟成了一个向古老的教会堡垒进攻的地雷手——这自然出乎他的意料。他撰文讽刺过好战喜功的尤利乌斯二世：教皇在享受完尘世幸福之后想进入天堂，却只是徒劳；天堂的入口向这位基督的代理人紧紧关闭。著名的《愚人颂》里充斥着讽刺僧侣布道的漫画。《基督教骑士手册》也是类似风格，它教导人们虔诚奉神，劝诫人们要与腐败的世界和腐败的自我斗争。伊拉斯谟版的《圣经·新约》是基于瓦拉的前期工作，包含拉丁文翻译和评注的校勘本，也是神学革新的基石。

伊拉斯谟提出的是一种风格明确的折中式宗教信仰，要人们看轻肉体，但不要求禁欲；推崇放空感情的仪式和圣髑崇拜，但不要过度迷恋。他的基督教理念不会争论三位一体的教义，而是期待维系和平。伊拉斯谟从不会怒发冲冠。他"虔诚信仰的艺术"处处点缀着他的箴言，更适合用拉丁风格来实践，而不是要让人心潮澎湃。不过，如果是像他这样的人决定教堂的建造和装修，那么"伟大的文艺复兴"肯定是一个没那么富丽堂皇的艺术时期。在书中的一次"宴会"上，他把帕维亚的加尔都西会修道院这样的世界奇迹称为"野心勃勃""爱慕虚荣"。书里的主人公尖刻地说，人们本来应该把这些钱都送给穷人的。

他以"德谟克利特式的笑声"迎击贵族的狂妄自负。最崇高的贵族像基督一样可以重生，真正的贵族鄙视思想空洞的贵族。但伊拉斯谟并没有呼吁人们起义，而是指出教育的高贵力量。他确信能够通过教育改善人类。拉丁语说得越好，人就越好，瓦拉已经下过定论：只有顽固的语言学家才敢提出这样大胆的期望。伊拉斯谟的《基督教贵族教育说》与马基雅维利的《君主论》针锋相对。两位作家几乎生活在同一时代，却得出完全不同的结论：一个强调冷静的国家利益至上，另一个的建议是和平政策、慈善、正义和道德。

伊拉斯谟最著名的作品是之前提到的《愚人颂》。它成书于1509年，当时伊拉斯谟暂居在托马斯·莫尔位于伦敦的家中。这本著作可以追溯至琉善的书写传统，是一篇对自我欺骗、自负虚荣和错误的讽刺性演说词。愚人是富人的女儿，是国王们的女王，她在演讲中为自己大唱颂词。沽名钓誉，是一种愚蠢，但它又是所有文化的强大驱动力，是国家和帝国崛起的先决条件。战争，是愚蠢至极，却让英雄主义得以出现。虚荣，是愚蠢的姊妹，却创造了音乐和诗歌。如果没有多种多样的情感、不理智及大大小小的愚蠢行为，那么人类生活和共存以及所有文化都不可想象——所有这一切都只是为了取悦众神。一切生命的开端不就是愚蠢的爱情、愚蠢的婚姻，还有最最愚蠢的造人行为吗？愚蠢的巅峰是爱侣的战栗销魂和虔诚的心醉神迷：从这个意义上讲，最大的幸福只不过是最大的愚蠢。

伊拉斯谟从高高在上的朱庇特视角端详他的世界。他看到了人生的痛苦，从诞生的痛苦到死亡的痛苦，看到了贫穷、折磨、背叛。简而言之，不幸一个挨一个，就像海边的沙砾。单单愚蠢就给人们带来幻象，让人希冀、让人遗忘。傻子比智者更幸运。此外，《愚人颂》也赞美怀疑，称颂对无知的自知之明。愚蠢的神学家整日嘟嘟囔囔，一脸笃信、不可动摇，不都是在宣扬什么宇宙和耶稣神子，什么身体变面包、血变酒，什么上帝全能，什么本质特性！连使徒自己都没弄明白。后来，伊拉斯谟的《愚人颂》与他的其他著作一道都上了禁书名单。在蠢蠢欲动要进行宗教改革的波西米亚，他的著作早早就得到被翻译传播的殊荣。

在信仰方面，伊拉斯谟是登山宝训[1]的追随者，他的作品中处处可见对容忍和平衡的辩护。就连他对奥斯曼人的看法也异于常人：他们怎么说也是人，再说一半都是基督徒。伊拉斯谟唯一的污点就是他对"有罪的"犹太人群体的攻击。而与之相反，他的《哀和平》是一部超越时间的和平主义文献，绝对可跻身欧洲思想史的荣耀之列。在这部文献中，战争是一种失常行为，违背了基督诫命和宇宙规律。毒蛇不会相互撕咬，猞猁不会相互攻击，就连恶灵——启蒙者伊拉斯谟对当时的恶魔学并不陌生——都会联手协作建立他们的暴政，而基督徒却用"地狱般的机器"互相进攻。文中提到跟瓦拉相似的观点，认为那些一边鼓吹和平一边穷兵黩武的人尤其该被鄙视：教皇和布道坛上披着僧衣的战争贩子。伊拉斯谟觉得最荒谬的是，基督徒与基督徒之间发生战争，而且是在十字架的和平标志下开战。战争延续战争，复仇紧随复仇。但现在，他希望仁慈带来仁慈，怜悯引发怜悯。"人们更应该把这个世界当作所有人的共同祖国。"

伊拉斯谟之所以撰写这篇令人信服的论战文章，起因是人们计划1517年初于康布雷召开会议，许多人都希望这次会议能带来普遍和平，从而为进攻奥斯曼帝国的十字军东征创造条件。教皇已经颁布战争训谕，但这次会议并没有召开。受强权政治利益的制约，皇帝与法国及其同盟国之间宿怨已久，人们对和平的期待也随之化为泡影。同样是令人受挫的1517年，德意志经历了戏剧性的动荡局面，基督教地区的和平更是遥遥无期。

---

1 登山宝训（亦作"山上宝训"）指的是在《圣经·新约·马太福音》第五章到第七章里，由耶稣基督在山上所说的话。登山宝训中最著名的是"八种福气"，这一段话被认为是基督徒言行的准则。

新王国，新知识，信仰分歧

30. 帝国和世界霸主

插图45：马丁·贝海姆、格奥尔格·格洛肯登等人，贝海姆地球仪，约1491—1494年，纽伦堡，日耳曼国家博物馆

奥斯曼帝国全盛时期

　　一个群体如果没有敌对方，貌似是行不通的。他们必须找到一股异常醒目的邪恶势力，通过与其对比，可以很好地或者更好地认清自我。敌对方可以巩固一个群体的共同身份，它们为控制体系的设立，军队的维持，时而出现的迫害、折磨和谋杀提供了合法性。16世纪，人们在社会各方面暗暗提出了许多假想的邪恶势力，比如女巫、犹太人、异教徒等，奥斯曼帝国也是位列其中的敌人之一。自从君士坦丁堡陷落，它就一直在危险地逼近，也成为恐惧和偏见的投射对象。奥斯曼土耳其人的胜利很难为基督教文化所接受：当上帝之国在西欧和大洋彼岸拥有诸多皈依者时，东欧却沦为失地。君士坦丁堡之战不仅可以看作上帝的惩罚，许多人认为它是即将来临的末日审判之前的最终决战。教皇之所以无数次尝试促成和平、组织十字军东征，是因为在永恒的阴影中，基督教世界必须互相靠拢才可以抵挡非信徒的冲击。

　　拉丁欧洲也面临着一个强大的对手。早在"征服者"穆罕默德二世统治时期，克里米亚汗国[1]就已臣服，导致整个黑海沿岸都落入土耳其人之手。到了1468年，斯坎德培离世，阿尔巴尼亚也成为奥斯曼的附属，安纳托利亚半岛东部一并沦陷；现在帝国的边境已经扩张到幼发拉底河。统治叙利亚和里海之间地区的部落联盟"白羊王朝"[2]一开始还能抵御奥斯曼的冲击，但在一场抵抗穆罕默德的鏖战失利之后，他们又经历了领导者乌宗·哈桑（Uzun Hasan，1453—1478年在位）的离世，整个王朝分崩离析。威尼斯本来与其敌人的敌人结盟，此时该联盟也烟消云散。奥斯曼的进军看起来势不可当。1480年，随着攻占阿普利亚的奥特朗托之后，通往罗马的大路似乎已经铺就，这可是历代苏丹觊觎已久的"金苹果"之一。前沿阵地不断失守。穆罕默德的儿子和继任者

1　克里米亚汗国，又名可里米亚汗国、克里木汗国，是蒙古帝国四大汗国之一的钦察汗国分裂后建立的诸多独立汗国之一。1430年，哈吉·格来正式建立克里米亚汗国，在巴赫切萨拉伊定都。1783年，克里米亚汗国被归并于俄罗斯帝国领内，最后一位可汗被送至罗德岛遭突厥人斩首。

2　土库曼族游牧部落在波斯建立的封建王朝，信奉伊斯兰教逊尼派。1378—1502年统治土耳其东部、波斯中西部、阿塞拜疆、亚美尼亚和伊拉克北部一带，因旗帜以白羊为标志，故名。

巴耶齐德二世（Bayezid Ⅱ，1481—1512年在位）攻占了伏尔塔瓦河上的两座港口城市契尔贾和阿克曼。波兰对伏尔塔瓦河的野心暂时抵挡了他的军队。

1499年，奥斯曼舰队在爱奥尼亚海的佐奇奥地区大败威尼斯舰队。在接下来的数年中，威尼斯共和国在其希腊领地连番丢城失地，其中包括科农和莫东。在此之前，"共和国的双眼"可是一直密切注视着亚得里亚海和爱琴海。巴耶齐德二世本是一位热爱和平、多愁善感的男子。此外，他的对外政策也比较克制和稳重。巴耶齐德用火器装备军队，提高货币冶炼纯度，又让经济得以发展，之后数位继任者都坐享其成。艺术方面，一座座壮丽的清真寺在伊斯坦布尔拔地而起，这是巴耶齐德作为苏丹的职责。后来他退位让贤于儿子塞利姆，但很快便撒手人寰，可能还是惨遭非命。

在乌宗·哈桑的孙子、沙阿伊斯玛仪一世（Ismail Ⅰ，1487—1524年在位）的治下，萨非王朝[1]崛起，成为奥斯曼帝国新的对手。伊斯玛仪一世在这场以"红头军"为代表的伊斯兰教苏菲派神秘主义运动中成为神授的领导者，他凭借白羊王朝的遗留，以伊朗为据点建立了一个大国。这个新王国发现自己深陷在与中亚乌兹别克人的战争中，与莫卧儿王朝的统治者也不断发生冲突。宗教分歧在每一条战线上都成为权力政治的分歧所在，萨非王朝是什叶派，印度莫卧儿王朝则是与奥斯曼苏丹一样的逊尼派。萨非王朝的边境线战火冲天，而伊斯坦布尔的欧洲敌人正好可以喘口气，毕竟庄严朴特（Hohe Pforte）[2]里如坐针毡的苏丹可不想看到多线作战的局面。1560年，一位皇帝的使者曾下结论说，单单波斯的威胁就让欧洲免于被征服的命运。

新世纪的第二个十年里，"冷酷者"塞利姆一世（Selim Ⅰ，1512—1520年

---

1 伊朗萨非王朝（Safavid dynasty，1501—1736年），波斯第四帝国，是由波斯人建立统治伊朗的王朝，是继阿契美尼德、帕提亚、萨珊以来第四个完全统一伊朗东西部的王朝。萨非王朝将伊斯兰教什叶派正式定为波斯国教，自萨珊王朝之后首次完全统一了伊朗的东部与西部各个省份，由此重新激起了古代波斯帝国的遗产，是伊朗从中世纪向现代过渡的中间时期。
2 庄严朴特是指苏丹的对外宫廷，由大维齐尔领导，"庄严朴特"一词取自伊斯坦布尔托卡比皇宫大维齐尔总部的门户，苏丹会在那里举行欢迎仪式接待外使。在城门及皇宫大门集合是古老的东方传统。

在位）重拾奥斯曼帝国的对外扩张政策。在一轮大规模的征战过后，马穆鲁克王朝[1]四分五裂。叙利亚、巴勒斯坦包括圣地麦加和麦地那的阿拉伯半岛地区都落入奥斯曼苏丹的手中，这一地区的王侯也对苏丹俯首称臣。最重要的收益是富饶的埃及，精神上的战利品则是哈里发的头衔：迁至开罗的、最后的阿拔斯王朝向胜利者交出这一早已失去实际价值的头衔。至此，奥斯曼帝国成为地中海和印度洋的中间人。它经历了自己的大发现时代，阿里·阿克巴尔于1516年写就的《中国纪行》，对中国明朝的精确描写在当时首屈一指。1517年，海军上将皮里·雷斯在航行后为苏丹绘制了一幅世界地图，不仅把目光投向东方，地图上对中、南美洲海岸线的标注也让人们了解到一次相当于"哥伦布的大发现"（附图20）。

"立法者"苏莱曼一世（Süleiman Ⅰ，1520—1566年在位）是奥斯曼帝国最举足轻重的统治者之一，他作为塞利姆一世唯一成活的儿子登顶王座。在位期间，他按照"征服者"穆罕默德二世的指令，遵循奥斯曼家族内部的风俗，用野蛮的方式确定继承人：新上任的苏丹要杀掉所有的兄弟和侄子。这件事通常是以一种雅致的方式进行，即用丝绸的绳子把他们勒死。这样一来，应该就不会产生内战和分裂。17世纪中叶，这一风俗被长子继承权所取代，每一朝最年长的后嗣会继任苏丹。

一朝大权在握，苏丹的统治几乎不可撼动。除了穆拉德一世创建的骁勇善战的骑兵，耶尼切里军团（yeniceri，意为"新军队"）也是历任苏丹的核心军队，当时他们中的大部分来自欧洲。这支精英队伍是从年轻的基督教俘虏以及安纳托利亚和巴尔干半岛的基督教农家之子中招募的。后者是被当作贡物从家中掳走的，但是也不会让他们与家人完全断绝音信。这一臭名昭著的"德夫希尔梅"制度（儿童税制度）把它的牺牲品，即那些基督教男孩送进穆斯林农家，使其学习他们的语言，慢慢皈依伊斯兰教。他们组成的军团在宗教上深受苏菲派拜克塔什教团的影响，是一支宣誓效忠的部队，国家管理和宫廷也会传

---

[1] 即马穆鲁克苏丹国（Mamluk Sultanate，1250—1517年）。"马穆鲁克"在阿拉伯语中意为"被占有的人""奴隶"，故该王朝又称奴隶王朝，是埃及历史上一个伊克塔制封建制的国家。

召耶尼切里军团。他们是苏丹的奴隶，没有效忠部落的意识，所以是苏丹维系权力的可靠力量。

奥斯曼帝国是一个文牍之国，它下辖一个高度分化、公文堆积如山的官僚体系。国家财政来源于战利品分成，所有掠夺来的财富的五分之一都要上缴国库，被俘的奴隶也要被估价。大部分土地都是苏丹的财产，苏丹可以分封土地作为奖赏，或者收缴土地作为惩罚。靠政府薪俸供养公职人员、军人——尤其是骑兵，这样他们也有资金购买装备——有时也包括宗教学者和法学家。这些人如果去世，他们的"铁饭碗"就要交还国家，苏丹再继续分配赏赐他人。

一个哈布斯堡特使曾经记载，差事和职位都由苏丹本人分配。当特使回到家乡或者别处时，他又补充说："他做这件事时不关注财富，不看重捉摸不清的贵族称号，不关心某人的声誉或众人的评价，而是考虑一个人的优点，他的举止、天赋和能力。"如果这一观察并非完全失真，那么苏丹帝国在政治上取得非凡成功，该举措功不可没。跟其他帝国一样，苏丹安排当地的领导团体来统治被征服的地区。

苏莱曼一世和他的先祖一样是一位伟大的征服者。他的军队所向披靡，贝尔格莱德曾经久攻不下，却不得不臣服于他，他于1526年在摩哈赤附近大败匈牙利人。年轻的拉约什二世在溃逃途中淹死，这对哈布斯堡王朝来说是不幸中的万幸，这位雅盖隆王朝国王的死让他姐姐安娜的丈夫斐迪南一世继承了两个王国：匈牙利和波西米亚。10年前亲上加亲的两场王室婚礼早早收获了成果。然而，新得的疆土受到最严重的威胁。苏莱曼的军队远征维也纳，但没有攻下这座防守严密的城池。哈布斯堡只能维系匈牙利的西部地区，驻扎匈牙利的军队需要大笔军饷，它们来自富格尔家族的贷款。乌兹别克斯坦和萨非王朝为抵御奥斯曼的进攻而集结军队，终于让西线阵地能够放松一下长期紧绷的神经。萨非王朝与拉丁欧洲有贸易往来，是中东权力博弈中的一张王牌。这样，就连哈布斯堡的基督教宿敌们，尤其是法国，都远赴奥斯曼帝国说情，一个个候在托普卡帕宫等待召见。

在地中海地区，奥斯曼帝国兵力大盛，从医院骑士团手中夺取罗德岛，骑士团不得已撤回马耳他。1538年，伊斯坦布尔战胜"神圣同盟"的舰队，把普雷韦扎海域牢牢控制在手中——威尼斯、西班牙和教皇给同盟输送了大部分的船只，指挥官安德烈亚·多里亚（Andrea Doria）更是由皇帝直接任命的海军上将。威尼斯在爱琴海、伯罗奔尼撒半岛和达尔马提亚的最后基地业已沦陷，圣马可狮子旗只能飘扬在克里特岛和塞浦路斯。与此同时，萨非王朝连连败退，苏莱曼还成功夺取了幼发拉底河以东包括巴格达的大片土地。苏莱曼一世在位很久，到他统治末期，奥斯曼帝国的疆域从里海一直延伸到喀尔巴阡山脉，从也门到北非的海岸，两千多万人对他俯首称臣。克里米亚鞑靼人的可汗与特兰西瓦尼亚公国和瓦拉几亚地区的王公躬身让位，1538年后摩尔多瓦也陷落了。

只有征服东方之后，这个帝国才成为一个以穆斯林人口为主的国家。穆斯林在巴尔干地区仍然是少数。国家颁布规定，基督徒如果不肯皈依，以后也享有信仰自由。只不过，他们普遍要缴纳特殊税，并不得不面临一些法律上的不利情况。其他宗教少数群体也享有很高的自治权，多样性是帝国的一个标志。谁说自己是先知，在行政机构或军队中的职业生涯也不会受到干扰。在巴尔干地区和从前的拜占庭，不少曾经信仰基督教的贵族在皈依伊斯兰教之后可升任大维齐尔。但是，异教分子一旦为政治目的集结，那么就会遭到当局严酷打压。国家的基调仍是伊斯兰教，宗教学者掌控着高等学校和立法机构。如同神圣罗马帝国皇帝的臣民可以到御庭诉讼，奥斯曼帝国的农民如果有冤要申，苏丹的国务会议厅也为他敞开大门。这个最高民事法庭同时也是为苏丹提供政治咨询的顾问团。

苏莱曼喜欢用穷奢极侈吓倒其他宫廷的来使，拉丁人将其视作"奢华的王"。跟其他新贵国家一样，历代奥斯曼苏丹喜欢搜罗艺术、推崇博学。他们用各种语言称颂自己的帝国。希南（Sinan，约1490—1588）是他们慧眼识得的一个极具才干的建筑师，因为儿童税他才进入宫廷当差。希南建造经学院和宫殿，修建陵墓和清真寺，还有高架引水渠、学校和医院等功能性建筑。没有希南的手笔，伊斯坦布尔会截然不同，也不会如此美丽。希南自己称赞他的苏莱曼尼耶清真寺是"纯洁爱好者的聚会场所，一个天堂般的、令人愉悦的逗留之地"。

苏莱曼被其同胞尊称为"立法者"（Kanuni）。实际上，他的确重拾了"征服者"穆罕默德二世已经着手的编纂工作。他修订法律，规范税收和金融行业，又制定了土地法。统治者制定的"法律"（Kanun）第一次凌驾于沙里亚法[1]之上。苏丹认为自己是罗马世界霸主的继承人，是"罗马的恺撒"（Kayser-i Rum），并非完全没有道理。他们是麦加和麦地那"两大圣地的仆人"，又在反对异教徒的战争中身先士卒，所以备受赞誉。在铭文中，他们被尊为逊尼派伊斯兰教的捍卫者和什叶派的战胜者。

伊斯坦布尔的人口超过60万，成为地中海地区遥遥领先的最大城市，是政治、经济和文化的中心。喜好藏书的统治者把被征服国的文字宝藏都带到博斯普鲁斯海峡，并通过敦促或强迫的方式把艺术家、学者和工匠迁居到首都。奥斯曼帝国掌控的香料贸易从东南亚途经埃及直到威尼斯，在15世纪下半叶达到巅峰。

莫斯科：帝国转折前夕

也是在这一时期，莫斯科公国从交易场所变成了大陆农业国，从此靠土地田产积累财富，而不是靠商品交易和贡品。莫斯科大公管辖着人烟稀少的土地，周围没有自然边界，一直绵延到与草原游牧民族接壤的地方。这迫使大公积累资源，供养大量军队：一开始是阻止入侵者，后来是为了扩张。

中世纪晚期，俄罗斯统治者最看重的政策就是如何与竞争对手进行战争和权力斗争。通过灵活的政策，甚至做好战争准备，俄罗斯让立陶宛的强大军队望而却步。15世纪晚期，立陶宛开始衰落。眼见有机可乘，莫斯科人想从鞑

---

1 即"伊斯兰教法"，是伊斯兰教宗教法的总称。

鞑人的分歧中坐收渔翁之利。俄罗斯的活动空间不断扩张，而钦察汗国分崩离析，且相互间内讧不断。但大公瓦西里二世（Wassili Ⅱ，1425—1462年在位）环顾邻国，却四处无援，被喀山汗国[1]的鞑靼军队击败。虽然在这场手足之战中他被刺瞎了双眼，但他还是成功压制了对手。"失明大公"在教会和大地主的支持下，手段冷酷，维持住莫斯科的领导地位和长子继承权，后者是莫斯科公国崛起和巩固的前提之一。他的反对者被切断双臂、剁去双腿，斩首示众。他的儿子伊凡三世（Iwan Ⅲ，1462—1505年在位）顺利即位，没人敢提出异议。这是一个艰难的时期，跟几个世纪前的意大利形势相同。

国家和大公的头衔已经被德米特里·顿斯科伊看作私人财产，被视为"父辈遗产"；伊凡也是如此。莫斯科贵族渐渐把所有土地田产都与徭役捆绑在一起，私有财产与国有土地之间的区别变得模糊。腐朽的钦察汗国再也无力阻止这个前附庸国的崛起。1480年，被围困在乌格拉河畔几周后，他们的铁骑不战而降，屈从于俄罗斯的大军。鞑靼人完全放弃了征服莫斯科的打算。波兰-立陶宛对钦察汗国进行了另一场毁灭性的打击，这支曾经令人敬畏的力量在世界历史的舞台上黯然退场，但"挣脱鞑靼枷锁"仍是俄罗斯创建民族身份的叙事中一个重要篇章。

很久之前，莫斯科人就认为他们的幸运主要归结于《弗拉基米尔圣母》，一幅拜占庭的希腊正教圣母像，据传出自圣路加之手。她奇迹般地从基辅来到弗拉基米尔，1395年，又从这个大都会被带到莫斯科。她很快就在此处证明了其神奇的力量，因为帖木儿决定不进犯莫斯科。这幅圣像500年的历史之旅映衬了俄罗斯的漫漫长路。这幅画的最终抵达，也象征着国家的统一。

伊凡三世绰号"大帝"，不仅是因为他征服了蒙古，更是因为他占领了很多土地，打下了很多城池。立陶宛失去了东斯拉夫大部分的公国。最丰厚的战利品是诺夫哥罗德，领旨攻城的那支莫斯科军队简直不费吹灰之力就占领了该域。这座城邦以往享有的有限自由现在成为历史。教堂大钟曾经用来召集公民

---

[1] 喀山汗国（1438—1552年），15世纪中叶伏尔加河中游的封建国家。原为金帐汗国的属地，1438年为鞑靼贵族兀鲁·穆罕默德所建，首府喀山城。

议会，既是通信工具，又是权力象征。这口钟被伊凡带到莫斯科，从此融入一曲多声部的合唱之中。诺夫哥罗德设在汉萨同盟的海外事务所被关闭，让处在竞争中的俄罗斯贸易终于能够缓口气。特维尔本是莫斯科长期以来一个势均力敌的对手，也于1485年并入莫斯科公国。这些征地运动的资金应该是用教会地产筹募的。

在15世纪和16世纪之交，莫斯科跟拉丁欧洲一样被末日情绪所笼罩，1492年恰好是上帝创世以来的第7000年，对东正教来说意味着大祸临头。出人意料，生活居然平静地继续，至少预示着一个新的永世的到来。伊凡三世化身为新纪元的君士坦丁大帝。"沙皇"（Zar）这个称号来自"恺撒"（Caesar），瓦西里二世已经使用"皇帝"（Kaiser），而现在首次使用了双头鹰的标志，莫斯科同伊斯坦布尔一样，也融入罗马和君士坦丁堡的传统。在基督教拜占庭灭亡之后，人们希望莫斯科能继续履行上帝的使命，从此开始维护真正的信仰并把它传播出去。大公将自己视为东正教教会的世俗保护者，在波兰-立陶宛则逐渐形成了一个独立于它的教会统治集团。

异端被镇压。几经犹豫之后，伊凡三世听从大主教的要求，追随虔信的天主教国王们，肃清那些据说有犹太教倾向的"异教徒"。第一个罗马是因为它的异端邪说而灭亡的；第二个罗马——拜占庭——因为与第一个罗马结盟而灭亡；"第三个罗马，莫斯科，将永存于世。而第四个永远不会出现"，普斯科夫僧侣斐洛菲斯（Filofei von Pskow）写道。他把沙皇感受到的世界历史使命付诸笔端。

伊凡三世的儿子瓦西里三世（1505—1533年在位）在位期间，"俄罗斯疆域的聚拢"暂时告一段落，这话用来形容莫斯科的扩张既委婉含糊又尖刻嘲弄。1510年，普斯科夫的公民议会大钟也被送走，迎来的是一位来自莫斯科的总督。原先的领导层整整有300个家庭，他们眼睁睁看着自己被驱逐出境，并被诺夫哥罗德来的仆人取而代之。莫斯科又将斯摩棱斯克从其竞争对手立陶宛的手中夺过来，然后征服了梁赞公国。外交政策的成功增强了莫斯科的力量，把贵族宫廷变成社会和文化的磁铁，这个策略又帮助瓦西里驯服了精英。沙皇手中紧紧握住分封大权，阶层和头衔都精细划分，朝臣们不得不与统治者走得更近，或者敬而远之。这种方式迫使人们为了邀宠而互相竞争，对君主制非常有利。如果一个贵族太有影响力，他要么被送上断头台，要么被送进修道院。沙皇又从草原领主那里偷偷借鉴了金融系统的基本要素、信使服务、礼仪庆典和军事策略。在其他方面，专制政府则遵循自身规则不断演变。它并非"东方专制政体"的一个简单萌芽。

自古以来，莫斯科公国只有几座大城市，能与西方大都市相媲美的更不存在。据估计，只有4%~7%的俄罗斯人是城市居民。毕竟，与罗马不同，莫斯科的基石不是古老的高度文明。它在丛林、沼泽和草原的环绕中慢慢崛起，只有莫斯科、诺夫哥罗德和其他几个城市达到了现代早期科隆城的规模。莫斯科没有护城墙，跟所有俄罗斯的联邦一样，城市里几乎全部是木制建筑：一旦被闪电击中、因为粗心大意或遭遇突袭的鞑靼人肆虐，都是大火的助燃剂。在农庄、木屋、仓库和棚屋的一片灰色木建中偶尔会矗立几座石头建筑，大多数是教堂。无数花园和广场让城市延伸无际，所以从远处看去它们会比实际上更大。铺就的道路和自来水几乎无处可寻。俄罗斯人把厚木板称为"桥梁"，可以铺在淤泥上，因而也容易让火势愈加蔓延。所以，俄罗斯人旅行到西方城市，见到铺路石都会大吃一惊。

首都的领主不会畏惧市民反对派。城市自治是不受欢迎的，议会更不存在。俄罗斯的城市承担捐税，还要想办服劳役，没有谁有特权。只有平信徒建立的东正教兄弟会勉强算是一个集体组织。自治的渴望仅在第聂伯河西岸的一些城市时不时掀起热潮。16世纪下半叶，沙皇任命越来越多的大商人担任顾问，特别是在经济问题上。他把行政职务移交给他们，派他们出使别国，给予他们经济让利，为的是以后像榨柠檬一样榨干这些"上宾"。

尽管拥有像彼得大帝这样的伟大统治者，在管理智慧、技术和学术等方面，俄罗斯直到近代仍然无法追上拉丁欧洲。艺术、知识和武器主要都是从拉丁欧洲进口的。哈布斯堡外交官西格蒙德·冯·赫伯斯坦（Sigmund von Herberstein，1486—1566）就曾记录过一位名叫尼克拉斯的枪械匠人，他跟帮助奥斯曼帝国获胜的青铜匠乌尔班一样，都是德意志人。事实上，斯摩棱斯克的城墙在大约140门大炮的轰炸之下坍塌。要找医生也得请德意志人，不管是医生还是药剂师。自1462年以来，从事城建的都是意大利人。博洛尼亚的工程师兼建筑师阿里斯托泰莱·菲奥拉万蒂（Aristotele Fioravanti），能浇注大炮又会铸造钱币，莫斯科克里姆林宫新建的圣母升天大教堂也出自他手。他设计时没有坚持文艺复兴风格，而是以弗拉基米尔的那座教堂为模板：能带来幸运的《弗拉基米尔圣母》将被放置在这座大教堂里，这样设计是希望这幅圣像有宾至如归的感觉。不过，文艺复兴很早就传入莫斯科，比如多棱宫（插图46）和献给大天使米迦勒的教堂都是代表建筑，也都是由意大利移民兴建的。塔楼高耸的克里姆林宫的红墙是米兰建筑大师设计的，让人想到斯福尔扎城堡的防御工事。莫斯科现在成为东方新风格的前哨站。

插图46：多棱宫，1487—1491年，莫斯科，克里姆林宫

征服者

当西班牙的宗教裁判所燃起熊熊火堆，并把船只驶向加勒比地区时，在德意志地区南部的纽伦堡，人们开始总结当时的地理知识：这是对已经要落伍的世界地图的最后一次抓拍。哈特曼·舍德尔（Hartmann Schedel）与大出版商安东·科伯格（Anton Koberger）和商人泽巴尔德·施赖尔（Sebald Schreyer）合作印刷了一版世界编年史，想用大开本图册展示一幅完整图像。出身商贾之家的马丁·贝海姆（Martin Behaim）在移居里斯本之后，也回到纽伦堡组织了一支工匠团队制作地球仪，于1494年前后完工，被称为"贝海姆地球仪"（插图45）。他依据的地理知识涵盖了斯特拉波、普林尼和15世纪初出版的托勒密的地理著作。布伦丹群岛与安提利亚和其他虚构地点一起都被放在最西边，但佛得角已经记录在案，西非海岸甚至标注了今天安哥拉的卡布莱杜。大陆的南端在这里终结。在印度海岸，他把岛国斯里兰卡放大数倍，并按古希腊的传统把此处命名为曼德维尔所说的黄金国度塔坡巴纳岛。在最远的东方，马可·波罗命名为"齐潘戈"的日本也未被遗漏。如题词所说，这里遍布黄金和香料。对亚洲内陆的绘制也是以马可·波罗的记述为基础，美洲仍然无迹可寻。

随着哥伦布的探索和葡萄牙人的旅程，1502年，人们才从一张地图上认识到新的地理知识，这张地图是费拉拉外交官阿尔贝托·坎蒂诺（Alberto Cantino）从葡萄牙带回意大利的：图上的非洲已经相当精确，并绘上了伊斯帕尼奥拉岛，又称"伊莎贝拉"，即古巴，还标注了佛罗里达和巴西海岸的部分地区。德意志地区南部的加尔都西会修士格列高尔·赖什（Gregor Reisch，约1470—1525）没有借鉴这张地图，而是自己绘制了一幅，并收录在他1503年的著作《博学之珠》内。在地图底部、印度洋南部的位置注有题词，表明他已经认识到了传统世界地图里的裂痕："此处没有土地，只有相当庞大的岛屿，托勒密未曾知晓。"

在哥伦布去世的那一年，两名德国制图师马蒂亚斯·林曼（Matthias Ringmann）和马丁·瓦尔德泽米勒（Martin Waldseemüller）画出了著名的世界地图。他们二人得到了佛罗伦萨人阿美利哥·维斯普西（1451/1454—1512）的书信体游记，其中有一封信是写给洛伦佐·迪·皮尔弗兰切斯科·德·美第奇（Lorenzo di Pierfrancesco de' Medici）的，题为"新世界"（Mundus novus）。作者认为，在西方发现的不是岛屿，而是一片大陆，那里人口繁盛、动物成群，比欧洲、亚洲或非洲都更加富饶。据此，两位制图师在绘制世界地图最左侧时没有遵循惯用的托勒密的观点，而是画了一条狭长的地带，比非洲和欧洲加起来还要长，并于1507年完工。只有东海岸轮廓初现，而另一边，如制图师所言，是"一片未知之地"（terra incognita）。为了致敬阿美利哥·维斯普西，他们称这幅地图为"阿美利加"，这个新世界因此得名"美洲"。

　　阿美利哥可谓两位制图师的教父，作为美第奇家族在加的斯和塞维利亚的代理人，他从西班牙人的航海世界中获得了知识。他所讲述的那些旅程，哪些是他真实经历的，我们无从得知。自我表现的天赋让阿美利哥更上一层楼；莫尔甚至在《乌托邦》的叙述框架里给他安排了一个角色，让他在世界文学中也有了一席之地。他的信件不断再版，庞大的读者群都为他的讲述着迷，也由此对南美的国家和子民有所了解。在维斯普西的笔下，他们是裸体的野蛮人，鄙夷金钱，排斥贸易。他们满足于自然的馈赠，财富对他们来说一文不值。当然，维斯普西认为他们在宗教方面比异教徒更糟糕，他们像伊壁鸠鲁一样根本不信神，甚至他们会把敌人杀死并吃掉。这样，维斯普西的书信中不仅描述了一个洁白的美洲，也传播了许多黑暗传说。维斯普西曾经自夸是一个绝妙的导航员，尽管这与事实有出入，卡斯蒂利亚的女王还是任命他为"高等领航员"，相当于大发现的总会计师。收集新知识并绘制新发现的土地，现在正是时候。阿美利哥的信件和越来越多的报告让美洲深深刻在欧洲人内心的世界地图上。1504年美洲可能就已经出现在地球仪上，到了1510年则绝对可见，此时做成球体的地球仪也越来越多。

　　1494年，即哥伦布第一次航行两年后，强国西班牙和葡萄牙开始着手瓜分世界。葡萄牙的若昂二世（Johann Ⅱ）和西班牙王室夫妇订立《托尔德西里亚斯条约》，在南极和北极之间画了一条线。葡萄牙人成功地将这条线推向很远的西边，把南美洲的部分地区囊括在手，再往西的地方则都属西班牙的资产。他们的仲裁人是教皇亚历山大六世，他自认是圣彼得的传人，掌管全球。教皇的判决也让后来西班牙所谓的"声明"有据可循。这一"声明"由西班牙皇家法学家帕拉西奥斯·鲁比奥斯（Palacios Rubios）起草，宣告了罗马教廷对全球所有人的统治权。一份相应的"占领声明"也会在西班牙人上岸时宣读给"被发现"地区的居民：圣彼得把海洋里的岛屿和大陆都赐给天主教国王，当地居民必须归顺，否则将迎来战争和被奴役的命运。土著居民应该一个字也听不懂，甚至当时的人都认为这是一场闹剧。

欧洲人一点也不在乎受波及的人们的命运。在他们心里，黄金、香料和上帝依次排序。就像饥肠辘辘的猪一样，西班牙人一直在寻找黄金，这是一个阿兹特克人充满鄙夷的记述。他们还搜寻毒品和药用植物。香料的珍贵不可名状，它们对贸易的重要性超越了有史以来大多数商品，当然不仅仅是因为它们的味道。当时的人认为，香料应该生长在天堂附近，所以也散发着天堂的芬芳。消费香料代表一种特权，证明一个人属于贵族或上层市民阶级。

不过，《托尔德西里亚斯条约》可没考虑到其他的东道主——英国、法国、荷兰。它们都不承认这一条约，最早有所动作的是英国人。从1496—1500年，威尼斯人乔瓦尼·卡波托（Giovanni Caboto）手持英王亨利七世的保护信，怀揣在伦敦经商的意大利同胞的资助，从布里斯托出发三次驶往西方。最后一次，他到达了格陵兰岛、纽芬兰，然后沿着北美海岸向南抵达委内瑞拉。返航不久，他便去世了。他的探险没有什么收获，葡萄牙人也一样，尽管他们可能也到达了纽芬兰。

美洲殖民伊始，既有国家的征服战争，也有私人企业横插一脚。胆子大的尤其是经济实力强大的人都在西印度事务院购买执照，然后就有权征用某些地区，收益的五分之一必须上交王室。大多数执照都给王室留了把柄，在执照到期时再从征服者手里榨取一笔钱财。美洲实行监护征赋制，类似于奥斯曼的军事贷款，以体力劳动作为要缴纳的贡金，实际上和奴隶制别无两样：作为效忠王室的报酬，王家官员从殖民者手中分享他们土地上的土著居民。土著本应是自由民，无论是在种植园或田间，在矿山或珍珠养殖场，他们都应获得适当报酬——还要皈依天主教。而事实上，无论是西班牙还是葡萄牙的殖民地，监护征赋制都把他们当奴隶对待。原本对这些土著劳力的分配只能是暂时的，而实际情况却大相径庭。

想做生意的、想碰运气的人随发现者蜂拥而至，商业资本在大洋的这一侧嗅到了营利的机会，它们吸引着破产者和骗子，摆脱故乡的官司。在移居新世界的人群中能发现这些"流浪汉"的踪影，这些圆滑、狡诈的小男人在城市丛林中偷奸耍滑，随着流浪汉小说的崛起，他们也成为一派文学人物。整个16世纪，几十万流浪汉移居新世界。

作为地理大发现的桥头堡，加勒比地区让西班牙人能够逐步探索新大陆。1509年，他们抵达哥伦比亚北岸。很快，他们就把目光投向太平洋。远望的第一人是富有传奇色彩的瓦斯科·努涅斯·德·巴尔沃亚（Vasco Nuñéz de Balboa），一个加利西亚小贵族。为了寻找贵金属——据说金子遍流成河——他带着一支小队穿越巴拿马海峡。1513年9月，当他们穿越丛林和沼泽筋疲力尽地抵达海岸时，一定是个无与伦比的时刻。从山上远眺，巴拿马静静等待着西班牙人，坐落在一片蓝色海湾中，他们称之为"圣米格尔"。以上帝的名义，巴尔沃亚宣布"南海"及所有相邻的海岸和土地都臣服于卡斯蒂利亚王室。这个发现者之后的命运却非常不幸。他的岳父佩德罗·阿里亚斯·达维拉（Pedro Arias Ávila），本是继任的达连地堑[1]及周边地区的长官，在1519年巴拿马建城时将他处决，终结了一段郁结已久的权力斗争。

两年后，胡安·庞塞·德莱昂（Juan Ponce de León）从波多黎各起航到达佛罗里达，他渴望找到传说中的"青春之泉"。在与当地人战斗时，一支利箭让他的梦想戛然而止。墨西哥湾的探索由他的同胞继续完成，此刻法国人按照英国的先例，也向北美进发——他们最初的计划也是抵达亚洲。受法国王室委托，托斯卡纳人乔瓦尼·达·韦拉扎诺沿着美洲东海岸航行。他最早记录了

---

1 达连地堑位于巴拿马达连省东部与哥伦比亚交界处，是南美洲与北美洲之间相互连接的桥梁。

哈德逊河口，后来纽约在此崛起，但巨大的收获正在南方向他挥手致意。

1519—1522年，来自麦德林的小贵族埃尔南·科尔特斯（Hernán Cortés，1485—1547）征服了阿兹特克帝国。在伊斯帕尼奥拉和古巴，他攫取了相当多的财富，为他进军有利可图的大陆提供了资金。科尔特斯性格复杂，既懂得笼络人心又冷酷残暴、雄心勃勃、勇敢无畏，是个会博人好感的外交官，又是精明的企业主，在危急情况下他与魔鬼没什么两样。他本质上是一个赌徒，就其付出与回报来看，他肯定是有史以来最成功的赌徒之一。因为冲突，他和他的上司、古巴总督迭戈·委拉斯开兹（Diego Velázquez）分道扬镳。1519年，他在韦拉克鲁斯建立定居点，后来该地发展成墨西哥最重要的大西洋港口。这里是他进入大陆腹地的基地。他把身家算得清清楚楚：要么赢得一个帝国，要么被枭首示众。

此时是世界历史最不同寻常的一个时期，而其开端是黄金，它驱使科尔特斯去冒险。如果理智地考虑一下，他肯定就会发现成功的希望非常渺茫。一小撮人生地不熟的雇佣军想去挑战一个拥有数百万人口的帝国，而且这个帝国城池密布，行政系统和道路网都高度发达。但科尔特斯对帝国的罅隙也了若指掌。阿兹特克帝国其实是三个城邦的联盟，特诺奇提特兰是其中的主导者。被贡税剥削已久的民众早就梦想摆脱压抑的枷锁，而王位争夺战又削弱了统治者蒙特祖玛的权力。这就让西班牙人有机可乘，他们成功与霸权的反对者结盟。这种局面经常反复出现：比起入侵者，当地势力在人数上遥遥领先，但他们内部争论不一、相互内讧。许多部落在加入科尔特斯的军队时，就为自己铺好了黄泉之路。

头几次与"印第安人"的交锋令西班牙人极为惊讶。文艺复兴与青铜时代相对抗。身披铠甲、手牵猎犬的欧洲勇士骑马前行——当时的美洲土著还没见过马——一直打到大陆腹地，又得到了当地民众的支持。在波波卡特佩特火山脚下的大城市乔卢拉，发生了一个戏剧性的事件。因为害怕被人偷袭，科尔特斯的人谋杀了当地数千人，包括高等贵族。阿兹特克人从来没有经验，无法理解发生了什么。蒙特祖玛向神请示但没有得到回应，他几番踌躇，不知是否应该与西班牙人商谈，甚至当乔卢拉大屠杀的消息传到特诺奇提特兰，他还是无法下决定。

也许阿兹特克国王把这些陌生来客当成了羽蛇神（Quetza lcoatl）和它的随从。西班牙人到来的这一年，天象也显示带羽毛的蛇神将要回归。冥冥中，仿佛一切都有其轨迹。人怎么能对抗宇宙？是否就是土著人对征兆不容置疑的信仰，将他们自己亲手断送？或者他们编造了这些故事，说科尔特斯利用神话让他们轻易投降，以此来解释他们的失败吗？无论怎样，特诺奇提特兰的城门向征服者打开。一个目击者说，当他第一次看到这座城市的时候，他想到了当时流行的骑士小说《高卢的阿玛迪斯》中的神奇故事。而如今，不仅小岛上的特诺奇提特兰湮没于尘土，就连四周的特斯科科湖也干涸无踪。城中的神庙、宫殿和花园对他来说就像是梦中的场景，但祭祀场所飘来阵阵尸体的恶臭，每年都有成百上千的年轻人被祭司献给天神。

蒙特祖玛用最高的敬意接待了科尔特斯及其部下，但这些征服者肆无忌惮地将他俘虏，又摧毁神庙，砸掉神像并杀死了几百个阿兹特克人。科尔特斯当时正巧不在城内，他正快马加鞭地前往韦拉克鲁斯，去击退一支委拉斯开兹派来试图降服这位大胆的征服者的叛军，战斗中的幸存者都转投他的麾下。

1520年6月，他回到特诺奇提特兰时，整座城市正在动荡之中。西班牙人不得不激烈抵抗，蒙特祖玛在战斗中被杀，西班牙人也损失惨重——大屠杀成为他们记忆中的"悲痛之夜"——他们不得不撤退。然而，科尔特斯很快建立了新的联盟并招募了增援部队。他的军队把大地变成了修罗场。特诺奇提特兰被围城断粮，后被征服和摧毁。这些远方来的人所带来的天花疫情也意外发挥了影响，受害者人数总计数万人。西班牙人把他们的胜利与罗马人占领耶路撒冷相提并论，把自己看作罗马的继承者。科尔特斯似乎是新的亚历山大和恺撒，他为中美洲基督教的传播也肃清了道路。1523年，十几个方济各会僧侣开始他们虔诚的传教生涯，人们称他们为"墨西哥十二使徒"。

希望更远处

在世界的另一端，葡萄牙人已经抵达印度。1488年，巴尔托洛梅乌·迪亚士（Bartolomeu Dias）第一次绕过了悬崖峭立、风雨如磐的好望角。但受国王曼努埃尔一世之命寻找印度的人不是这位好望角的征服者，而是瓦斯科·达·伽马（Vasco da Gama，1469—1524）——1498年，他接受了这一伟大的使命。在最后阶段指挥船只方向的，是一名阿拉伯领航员。1498年5月，他们在马拉巴尔海岸[1]附近的卡利卡特（今科泽科德）登陆。第二年，两艘满载着胡椒和肉桂的船只返回里斯本——另两艘船于途中沉没。大概有180名船员前往印度，只有不到三分之一的人返回故土。曼努埃尔一世也称自己是"蒙上帝恩典的海洋此岸和彼岸的葡萄牙和阿尔加维国王，非洲几内亚领主和埃塞俄比亚、阿拉伯及印度的贸易征服者"，这种名号现在好像成为统治者的传统。

很快，佩德罗·阿尔瓦雷斯·卡布拉尔（Pedro Álvarez Cabral）率领另一支舰队带着13艘船和1200多名船员起航。1500年复活节后，他们抵达巴西，哥伦布"尼雅"号的指挥官文森特·亚涅斯·平松（Vicente Yañéz Pinzón）在他们之前就途经这里。根据《托尔德西里亚斯条约》，这片土地属葡萄牙王室所有。当时能成功"发现"巴西，可能要归功于一个巧合：卡布拉尔原本计划前往非洲南部，但他的舰队为了摆脱盘踞于几内亚湾的无风天气，不得不向西航行。在好望角以南的旅途中，他们遭遇了大风暴并与四艘船失去了联系。溃逃的船员中约五分之一的人到达了毛里求斯和留尼汪岛，欧洲人第一次看到马达加斯加。9月，卡布拉尔也抵达了印度。

葡萄牙人的远航从一开始就与哥伦布的远征不同。葡萄牙的船长们不是在未知世界横冲直撞，他们在印度洋上可以沿着繁忙的航线行驶，他们知道自己的目的地，知道那里有什么利益可图。"那里处处售卖玫瑰，"15世纪一位驻

---

1 马拉巴尔海岸是一条长而狭窄的海岸线，位于印度次大陆的西南部。

派在毗奢耶那伽罗帝国[1]的波斯外交官曾这样描述，"那里的人离开玫瑰就没法活，他们觉得玫瑰和食物一样是必需品……珠宝商在集市上公开叫卖珍珠、红宝石、祖母绿和钻石。"欧洲商人和传教士越来越倾向于描写土著居民的生活习惯、财物和神灵，或者也提及流传的烧死寡妇的"娑提风俗"，即强迫女性追随亡夫投火自尽。印度与欧洲之间的联系有多紧密，从游历甚广的威尼斯旅行家尼科洛·达·康提（约1395—1469）的记载中可见一斑，他说印度有大量的威尼斯杜卡特金币流通于市。

瓦斯科·达·伽马进行第二次印度探险的船只与卡布拉尔一样装备了武器。在卡利卡特附近，他们用大炮击退了来犯的印度和阿拉伯船只。葡萄牙殖民政策只看重贪婪获利，又受十字军精神的影响，此时展现出巨大的力量。卡布拉尔幸存的舰队尚未返回里斯本，其他受奥格斯堡和佛罗伦萨商人资助的探险队就扬帆起航。1507年控制霍尔木兹海峡之后，波斯湾的贸易也落入葡萄牙人手中。

印度的政治分裂让欧洲人轻而易举地盘踞在其海岸线。在印度次大陆的北部，穆斯林的德里苏丹国已经无力控制周边臣属。1398年，帖木儿南下，衰亡也随之加速。早在马杜赖、孟加拉和巴赫曼尼分裂时，德里苏丹国的颓势已成定局。自15世纪末，巴赫曼尼又在激烈的厮杀中分裂成五个苏丹国，德干高原由此分裂。更南部的地区一直由印度斯坦的毗奢耶那伽罗帝国统治，直到16世纪下半叶。胡椒成丛、南姜繁盛的沿海地区，则有无数小邦的统治者坐镇。

葡萄牙人没有受到任何大国的阻挠，就在此地和斯里兰卡停泊。1509年，他们在印度西部附近的迪乌岛海域击退了一支马穆鲁克舰队，给马穆鲁克提供资金援助的可能是威尼斯天主教，他们希望消灭这个葡萄牙对手。这场胜利让葡萄牙人得到了整个印度洋。后来，他们又从印度中部、好不容易摆脱巴赫曼尼统治的苏丹国比贾布尔手中窃走了果阿周边地区。果阿成为一系列据点的行政中心城市，这些据点现在组成一个印度国，即"葡属印度"。1511年，当

---

1 毗奢耶那伽罗帝国是印度历史上最后一个印度教帝国，建于1336年，直至1565年被德干高原的伊斯兰教苏丹国侵略。帝国的名称来自其首都毗奢耶那伽罗城，意为"胜利之城"。

地行政长官阿方索·德·阿尔布克尔克（Alfonso de Albuquerque）夺取了马六甲。这里是贸易路线的中继站，连接了中国和印度两个香料产地。学识渊博的药剂师托梅·皮雷斯（Tomé Pires）是第一个描述这片地区的欧洲人。他说，谁拥有马六甲，谁就扼住了威尼斯的咽喉。不过几年之后，葡萄牙人就被赶出了这片被称为"西南海波斯"的苏木都剌国。亚洲的商人并不打算向新政权屈服，他们退到苏门答腊岛北部。亚齐地区[1]由苏丹及其王妃统治，他们很快与奥斯曼结盟，接管了马六甲，并与欧洲人分庭抗礼。中国的统治者在此期间没有出手，而是坐观其变。

葡萄牙人参与到广泛的经济关系中，向西延伸到开罗和威尼斯，向东与中国和日本联系。皮雷斯写道，古吉拉特邦的商业中心坎贝长袖善舞，一只手伸向亚丁湾，另一只手紧握着马六甲。开罗商人接收来自威尼斯的货物，而来自麦加和亚丁的鸦片、玫瑰水、珍珠和更多其他货品也源源不断。1517年，皮雷斯率领一支葡萄牙使团到中国觐见皇帝，伺机开辟贸易道路，但几年后形势急转直下，这次尝试以失败而告终。欧洲人不愿遵照神圣的中国礼仪，觉得无法忍受。在珠江三角洲，葡萄牙人与中国人爆发了军事冲突。此外，侵占马六甲也引发了中国人的愤慨。又有传言说，被葡萄牙海盗绑架的孩子们都被一个基督徒吃掉了。使团的几个成员或遭受酷刑，或被处决，另一些人在地牢丧命。皮雷斯可能也在受害者之列。16世纪中叶，葡萄牙人才被允许在澳门设立贸易站。

在海上，唯有奥斯曼帝国能与葡萄牙人抗衡。虽然不乏劝诫之声，庄严朴特背后的苏丹宫廷还是决定放弃太平洋舰队的组建——可能是出于经济原因。奥斯曼对现状很满意，它囊括了波斯湾沿岸堡垒，牢牢掌控着红海和附近的吉达——这可是通往麦加和麦地那的门户。不过，也不可高估葡萄牙人在太平洋地区的影响力。统治印度洋周边贸易的是穆斯林商人和穆斯林统治者，他们和中国人的地位一直都比欧洲人更高。

---

1 位于苏门答腊岛的北部。

葡萄牙一边渗入亚洲，另一边也没有忽略巴西。1502年1月1日，贡萨洛·科埃略（Gonçalo Coelho）率领三艘船只驶入一个大海湾，他们一开始误以为是某个河流入海口，就把它命名为里约热内卢，即"一月的河"。接下来的几十年里，葡萄牙人在这片地方和其他地区设立很多据点和传道所，后又慢慢发展成为城市：除了里约还有累西腓、萨尔瓦多和圣保罗。此处最主要的经济分支是染料树木交易，后来是制糖业。

如果还需要证据证明地球是圆的，那么现在最后的疑虑已被消除。斐迪南·麦哲伦（Ferdinand Magellan，1480—1521）船长对印度了解深入，也经历过战争的考验，他发现了从大西洋到太平洋的航道，这条航线因此以他的名字命名。麦哲伦的目标是香料产地马鲁古群岛，他认为从东方比从西方更容易到达这里。他可能看过马丁·贝海姆的地图，上面标注了一条西南航道，这让他信心倍增。他没能说服葡萄牙国王曼努埃尔资助他，国王粗暴地拒绝了他，但是西班牙的竞争对手已经跃跃欲试。1519年9月，麦哲伦率领一支拥有五艘船的舰队起航。他们一直小心翼翼避免与葡萄牙船只接触，所以这支舰队在南美洲大陆东海岸摸索前行。为了找到一条航道，他们对每个入海口、每个海湾都进行了勘探。他们看到了奇怪的动物：海豹、企鹅、飞鱼，同行的威尼斯人安东尼奥·皮加费塔（Antonio Pigafetta）在航海日记中写道，他们遇到过巨人，一些神秘的土著。如这个记录者所言，他们崇拜群魔，其中的魔王被他们称为"塞特波斯"（Setebos）。

第一次环球航行的故事就像一本冒险小说。随着搜寻的时间不断增加，食物越来越短缺，人群中的不满情绪开始发酵。麦哲伦坚决地镇压了一场哗变，两个船长被处决，国王派的巡视员和随船神父被流放到巴塔哥尼亚沿岸的荒地，慢慢等待死神来临。从西班牙起航一年后，1520年10月底，他们终于找到了盼望已久的穿行航道。诗人斯蒂芬·茨威格（Stefan Zweig）为麦哲伦写过一本诗意的传记，我们都应向他致谢，因为这些文字让我们能想象出这些三桅帆船前往世界尽头的旅程。沿着荒凉的海滩、风吹拂的苔原和幽暗的山脉，在最南端陌生的星空下，航海家在面朝大陆的海滨捕捉到隐约的光亮，这是远处的篝火，陌生的土著正围拢在火堆旁。这绝对是人类最远的前哨站，人们给这个岛屿起名为"火地岛"。

一个月后，开阔的海面再次出现在水手眼前。据皮加费塔记录，他们在要命的太平洋上航行了三个月之久，这是一次地狱之旅，饥饿、坏血病和死亡如影随形。烤面包干爬满了蛆虫，又沾上了老鼠尿，面包吃完了只能吃牛皮，渴了只能喝污水。抵达菲律宾一个岛屿的时候，原本的270人只有100人幸存。麦哲伦本人在与菲律宾土著的战斗中受了致命伤。越过婆罗洲，他们到达了马鲁古群岛上的蒂多雷，也终于到达了最初的目的地。他们从这里经好望角返回西班牙。1522年9月6日，仅存的一艘"维多利亚"号带着18名船员，满载着香料在西班牙桑卢卡尔登陆。从这个时候开始，我们所谓的"全球化"进程在残酷无情的欧洲流浪者的推动下变得势不可当，与其他人不同，他们不满足于自己的世界。

哈布斯堡的全球君主制

在现代早期形成或进一步崛起的伟大帝国都是一些特例，它们通过官僚和军队巩固国家统治，其他地方则不会这么大规模地使用这些手段。权力的逻辑要求国家扩张——正如在奥斯曼帝国的某些历史阶段——只要有机会就想掌握全球霸权，并构建相匹配的意识形态。在欧洲，城邦和城市共和国已经走到了终点，不断攀升的权力像星系一样吸引较小的天体进入它的引力场。当两个帝国的势力范围彼此重叠，就会发生动荡。17世纪的最后30年里，俄罗斯和奥斯曼帝国就直接对峙，因为奥斯曼已经逼近德涅斯特河在黑海的入海口。与此同时，奥斯曼的另一个对手在西方崛起，与奥斯曼纠缠了几百年后才令其俯首称臣，它就是哈布斯堡王朝。

据载，哈布斯堡的崛起是通过联姻，影响最深远的婚姻是马克西米利安与胡安娜——后者是勃艮第的玛丽的儿子"美男子"腓力一世迎娶卡斯蒂利亚的继承人。他们两人的长子、勃艮第公爵查理（查理五世），继承了可能是有史以来最丰富的一笔遗产。到1516年，他从父母和外祖父母（阿拉贡的费尔南多和卡斯蒂利亚的伊莎贝拉）手里继承了西班牙王冠。1519年1月，一生志存高远、痛忍失望又大获成功的皇帝马克西米利安永远闭上了双眼，查理公爵得到了他的领地，包括奥地利、勃艮第和其他地区。伟大的希望降临在这个哈布斯堡贵族身上，他面色苍白，表情木讷，还有个令人瞩目的突出的大下巴，一般会用胡子或者靠画家的高超技艺遮掩起来。

1520年10月23日，在安放着查理大帝灵柩的亚琛大教堂，查理五世隆重加冕，1500年出生于根特的他给世界带来了光明。他的母语是法语，但他渐渐学会了西班牙语，后来又学了一点德语和意大利语。他的青年时代没有父亲在其身旁，也远离母亲的陪伴，因为"美男子"腓力一世死后胡安娜被精神疾病击溃。她一直在托尔德西里亚斯附近的孀居之地浑浑度日，人称"疯女"，直到1555年底去世。尽管这样，卡斯蒂利亚的王冠仍然戴在她头上。

查理的姑母玛格丽特女大公，即后来尼德兰的摄政王，一直守护着这位未来的皇帝，并用骑士艺术教育他。青少年期间，查理可能是在现代虔诚派信徒聚集的梅赫伦变成虔诚的教徒，他坚定的信仰对后来还会有深远影响。当他成年接管勃艮第地区时，一个宫廷人文主义者为他想出了著名的座右铭"更进一步"，拉丁语为"plus ultra"。这一"超越"或"一直前行"与大力神赫拉克勒斯的神话里写在世界尽头的柱子上的"不再前进"（non plus ultra）正相反，但未来证明这句座右铭是正确的。赫拉克勒斯柱子的另一边，直布罗陀海峡的另一侧，查理五世在统治期间吞并了一个又一个国家，他迅速批准的科尔特斯的征服行动和中美洲的臣服都只是开始。皇帝超越可能的局限，尽力争取，不仅是为了国家利益，其强大动机之一是赢得名声和荣誉。有时，他遵循骑士的马上比武的规则，甚至某天真的邀请他的对手法国的弗朗索瓦——就像阿里奥斯托笔下的"疯狂的罗兰"邀请撒拉逊国王阿格拉曼特——进行决斗。查理意识到，贵族在英雄举动中不宜考虑金钱，事关荣誉时应该把个人和财富都投入进去，这似乎成为他每一次作战时的原则。这条原则让西班牙军队在接下来的几百年间获得胜利、遭遇失败，让国家破产、帝国衰落。

查理五世是"查理"这个名字的第五世继承人，他是"罗马国王，永远崇高的未来的罗马皇帝"。尽管"耶路撒冷之王"不过是一个空头衔，但作为西班牙、两西西里岛王国、巴利阿里群岛、加那利群岛、大洋彼岸的大陆的国王，他手握实权，也是奥地利大公、勃艮第和布拉班特公爵、佛兰德斯和蒂罗尔伯爵，还有其他不胜枚举的头衔。他称自己是"亚非之主"，这有点不切实际。奥地利被他交给自己的兄弟斐迪南一世治理，后者是未来的匈牙利和波西米亚国王。查理是第一个签署"降书"的皇帝：这份合约是和选帝侯签订的，用来限定查理的统治，让他遵循帝国的法律和风俗，尤其是不能把帝国变成一个世袭制王国。关于战争或和平的决定，都要由帝国议会议员投票决定，至少要征询选帝侯。根据"降书"的内容，未经选帝侯同意，皇帝不得结盟。查理当然没有遵守这些协议内容。

尽管人们费尽心机想让这只帝国双头鹰难以翱翔，加冕仪式还是以极尽奢华的方式欢庆新政权的成立，为查理五世大呼万岁。历史的舞台迎来了一个新的统治者，并且是最后一个想要严肃地建立全球天主教统治的君主。宰相马可里诺·加提纳拉（Mercurino Gattinara）鼓动查理争夺世界霸主之位。这个皮埃蒙特人想的肯定不是俄罗斯或者奥斯曼那样的专制政体，他勾勒出的帝国图景，并不是要征服所有地区，而是博得世界上其他统治者的尊重。当查理在亚琛加冕时，西班牙雇佣兵刚刚征服了遥远西方的广袤地区，此刻这里还不是加提纳拉考虑的重心。从墨西哥开始，查理应该以救世主的形象出现，他的天职就是拯救这片新世界，而不是成为阿兹特克人的皇帝。尽管如此，征服者的伟大故事中还是流传着经典的古代传说。征服者以史为鉴，觉得自己比那些已经很伟大的罗马人更加伟大。美洲作为一片被占领的土地并入卡斯蒂利亚的统治疆域，应该被看作重生的罗马帝国的一个省份。加提纳拉的世界秩序让人想到但丁的"帝制论"，那是奥古斯都式的和平皇帝的理想。作为教会的庇护人，为加冕准备的庆典装饰中皇帝被置于教会的从属地位，查理五世也欣然接受。不过，他和教皇谁拥有优先权这一古老的争论在这个横跨欧洲的帝国终于有了定论，世界帝国的统治者并不惧怕十字架带来的权力政治的后果。加提纳拉觉得成功的关键是他的故国意大利，查理在此地应该推行宽松的统治政策。

查理帝国内部的和平有多么脆弱，在他从加冕庆典动身前往德意志地区时就显现出来。在瓦伦西亚和马略卡岛上的工匠组成了民兵团，他们本来是为抵御海盗袭击才建立的兄弟会，现在把矛头也对准了贵族和穆斯林少数民族。同时，在卡斯蒂利亚爆发了"城市公社"[1]起义，贵族和市民团体都投身其中。查理离开前本已与卡斯蒂利亚和阿拉贡的人民议会商定了协议，此时事与愿违，起义军占领重要的办事机构，当地人掌握大权。此外，作为大国政策的后果，沉重的纳税负担也引发诸多不满情绪。第一次军事行动的成功让这场运动变得更具威胁，甚至农民都投奔了义军。直到1522年，帝国才艰难平定叛乱。第二年，马略卡岛上兄弟会的最后一次哗变也被扼杀。失败的起义巩固了君主制。这个等级系统不是横向组织起来的，它掌握了西班牙的未来。

帝国徽章上双头鹰背身而立，加提纳拉的设想却没有这样稳定的支柱。查理五世的统治不像沙皇那样平稳，在西班牙和意大利不是，在东方国家不是，在德意志肯定也不是。他的疆土中，没有一块土地是他自己打下来的。统治者的意愿处处受到原有传统、特权家族和特赦阶层的掣肘，无法大展拳脚。金融家的势力表面上看似风平浪静，实则暗潮涌动，令查理深陷泥沼。贵族、上等阶级和教会则不加伪装，凶相毕露，就连组成"梅斯塔荣誉会"的西班牙牧羊人都桀骜任性，不服管辖。想在这个多样化的国家混杂体内建立统一的管辖体系，真似痴人说梦。然而，查理的谋士却不乏奇思妙想。埃尔南·科尔特斯曾夸下海口，他愿为查理五世征服中国，使之成为世界帝国的统治者，"宇宙的君主"。

查理不像苏丹或中国的天子那样与臣民保持遥不可及的距离，但他身边也有烦琐的礼节，这样能创造距离感，让他笼罩在神圣的光环里。人们心怀畏惧，看着皇帝一言不发、旁若无人地享用馅饼、牛头或猪肉，对身边的奴仆几

---

1 西班牙的城市公社起义，是指1520—1522年西班牙卡斯蒂利亚城民反对国王查理五世的专制统治而发动的起义，起义原因为查理五世任用外国人，加重税收，加强专制统治。

无正眼。只有宫廷小丑的笑话才能让他微微一笑，围绕他而产生的艺术将他捧到了古代世界霸主的高度。这位哈布斯堡的恺撒恰恰也是统治但丁家乡的最后一任皇帝，这样说来也是一位真正的文艺复兴时期的贵族。在他即位为帝时，有些人寄希望于这个强势的新皇帝，以为教会改革终于要实行了。在亚琛加冕几个月之前，有人写道："上帝让年轻的、高贵的血液来统治我们，让许多人心中燃起伟大的美好希望。"写下这句话的人叫马丁·路德，而后来，他彻底失望了。

31. 宗教改革

插图47：汉斯·巴尔敦·格里，《奥古斯丁会修士马丁·路德》，约1520年，《马丁·路德博士的行动与成就》扉页，柏林国家博物馆

路德

维滕贝格，1517年10月31日。不，路德教授应该不可能自己带着锤子和钉子走到小城的诸圣堂，在北门钉上一张大纸，贴出95条论纲让人们辩论。这件事应该是校舍管理员去做的。张贴论纲的场景在许多画作和电影中出现，但只是一个传说。关于那一天的画，画的是一个手拿锤子的僧侣，他的敲击声穿越了深秋时节的维滕贝格——路德说这里处于"文明的边缘"——传向远方的萨克森，甚至传响整个欧洲。让我们想象一下这个熟知神学著作的大师，他决心瓦解罗马教廷千年的统治，他是一个启蒙者，是让中世纪摆脱宗教束缚的第一人。但事情比这更复杂。

1483年，路德出生于艾斯莱本的一个中产家庭。他的母亲出身于受人尊敬的市民阶级，他父亲汉斯的祖上是自由农民，种田之余赶上了当时蓬勃发展的铜矿业大潮，当起了铜矿主，最终在皇家城镇曼斯费尔德做了议员。他供儿子进大学读法律，但路德在1505年进了维滕贝格的奥古斯丁修道院，转而学习神学。路德很快就获得了上级的信任。为了为修会服务，他曾花了几个月时间前往罗马；对文艺复兴全盛时期的文化却无动于衷。返回后不久，他被擢升为会长副助理。1512年，他在10年前成立的维滕贝格大学获得博士学位并担任释经教授。

1517年10月31日事件之后，现实依旧平淡，路德博士——他根据希腊人名，称自己是"埃莱夫塞里奥斯"（Eleutherios），意为"自由者"——发表论纲是希望引发辩论，但他不是以"民众"为对象，而是希望引起一些同僚的注意。他的论纲是用拉丁文所写，当时还贴在维滕贝格好几个教堂的大门上，主要是关于赎罪和赦免。要被拿来辩论的不只是神学概念，更是一门将来能长期繁荣的生意。人们可以通过购买赎罪券摆脱炼狱或缩短被炼烤的时间。至少对那些思维较为简单的人来说，牺牲金钱可能就让真正的忏悔和痛悔变得多余，尤其是教皇西克斯图斯四世敕令宣布赎罪券对已经死去的人也有效。清醒地来看，赎罪券的生意绝对有积极效用，捐款的信众得到"对生者和死者的全面照顾"〔托马斯·考夫曼（Thomas Kaufmann）语〕，类似于一张天堂的通行证——这样也得到一丝安心。而罗马教廷创收颇丰，华丽的艺术应时而生。例如，圣彼得大教堂就主要靠赎罪券的筹资得以竣工。

奇怪的是，这座象征着教会万能权力的纪念性建筑，也给教会带来最严峻的危机！罗马教廷让人联想到一场非常可怕和恐惧的交易。勃兰登堡的阿尔布雷希特（Albrecht von Brandenburg，1490—1545）刚刚被推举为美因茨大主教，但他在资金上却捉襟见肘。可是，因为他已经管辖其他主教管区，这是教会法律禁止的，他必须向罗马教廷支付很高的税款——换算成杜卡特金币也是不小的开支。教皇利奥十世为阿尔布雷希特的教区提供赎罪券买卖权，以此帮他筹集税款。富格尔家族向他提供了过渡性融资。为了安抚罗马，阿尔布雷希特不得不接受这笔贷款，并用赎罪券一半的收益偿还这项贷款，另一半的收益都被圣彼得大教堂吞没。在富格尔家族代理人的陪同下，传教士蜂拥而出并试图劝说世人改变死后的命运。正是这种人与上帝之间关系的商业化，促使路德高呼改革。很长一段时间里，他一直批判那些兜售赎罪券的人动机不纯。掌管多个教团省的美因茨大主教又放任赎罪券买卖，终于让路德愤而起笔。

在长期的内心斗争后，路德从神秘的虔诚和奥古斯丁的悲观思想中得到了信念。奥卡姆是路德神学的教父之一，他同样惧怕死亡。在论纲的第一条，路德就开宗明义，当基督说"忏悔！"时，他想表达的是整个生命就是忏悔。这样，路德就开辟了另一条救赎之路，不是机械地诵念天父，也不是仅仅买一张纸，而是劳其心智，进行自我探索和悔悟。只需要文字，"唯独《圣经》"，就能触及信仰。仅此一点，"信仰"——而非针对亚里士多德的《伦理学》过多争论——就是一切美好的起源。仅仅依靠上帝的恩典，人们最后就可以摆脱罪责：在这个堕落、混乱的世界，他仍对恩典充满信心。"唯独恩典"，就是说绝不是出于善行，当然也不是因为赦免。路德所呼吁的争辩最终因为未知原因而偃旗息鼓，但他的纲论如星火燎原，很快被印刷出版、再版并不断再版，激励着许多读者。

罗马就没那么振奋了。多明我会强烈要求异端审判，他们同时也希望用路德打击对手奥古斯丁会。核心问题一直以来都不是教皇有多少权威。奉命评审路德的论纲的其中一位神学家大胆宣称,教皇的管辖权已经扩展到炼狱。这场审判没有马上如火如荼地开展,路德要感谢他的国主"英明者"腓特烈三世(Friedrich Ⅲ,1486—1525年在位)。由于继承权被分裂,腓特烈三世仍是萨克森选帝侯,是韦廷王朝"恩斯廷系"分支的领主,而韦廷王朝"阿尔伯廷"分支则管辖着王城设在德累斯顿的另一个大公国。

选帝侯腓特烈是一个非常虔诚的人,他精选收藏了许多圣徒遗物。比如,最后的晚餐中使用的桌布,以及还剩下的面包屑。圣物能给人免除超过10万年的炼狱折磨。正是腓特烈具备的这种超乎当时标准的深刻宗教信仰,使得他认真考虑年轻释经教授路德的想法。这些需要讨论的问题,也关乎他自己灵魂的救赎。

另一种情况也有利于宗教改革讨论的继续传播:帝国皇位更替。他们都需要争取萨克森选帝侯的支持。不管是青睐法国国王的利奥十世,还是哈布斯堡的查理,都不想在此时与选帝侯腓特烈发生龃龉。因此,路德的论纲仍被允许继续出版。在争辩和后续的文章中,神学虽然因赎罪券备受抨击,但轮廓越来越清晰。在一次奥格斯堡议会期间,路德曾在罗马教皇的使节面前为自己辩护,使节也只能徒劳地命令他撤销论纲。海德堡大学的辩论为路德在艺术学院的硕士和大学生中赢得了许多支持者。后来,其中的一些人也成为德意志地区南部的帝国直辖市的改革者。

1519年6月底到7月中旬,莱比锡的普莱森堡遭遇了一场路德和教廷之间的激烈争论。代表教廷的是约翰内斯·艾克(Johannes Eck)博士,他是因戈尔施塔特大学的神学教授,无论智力上或体力上都是一个强者,他强有力的声音令他的论点掷地有声。反对教廷禁收利息的决定已经让他大名鼎鼎,而作为最睿智机敏的德国神学家之一更让他声名大噪,最后因为鼓动反对犹太人并参与编造犹太世界阴谋的灾难性传说而臭名昭著。在年轻同僚路德面前,艾克更胜一筹。他成功地诱使路德说出危险的想法,如宣称不能从《圣经》中证明炼狱的存在,或者教皇的权威仅仅取决于信徒的认同而非神授。最后,艾克甚至唆使他的同行抛出定论，说就连宗教会议也会犯错。路德恰恰用康斯坦茨宗教会议和它对胡斯的一些判决为引证，因为路德认为胡斯派确实是清清楚楚的新教教徒。这样一来，艾克成功地把他的对手塑造成一个近乎异教徒的形象。从那时候开始，路德身上散发出浓烈的异端气味。旁听了这场座谈会的阿尔伯廷分支大公格奥尔格因为争议给其留下的印象，成为路德坚定的反对者，而他本来是主张支持教会改革的。

莱比锡争议的结果标志着路德与罗马教会的裂隙继续扩大。鲁汶和科隆两地的大学与路德观点划清了界限。从列日到美因茨，路德的文章都被付之一炬。这场争论继续升级，路德发现自己的文字反响巨大，备受鼓舞，笔耕不辍，大部分论文都用德语书写，因而为民众所熟读。与胡斯派一样，他要求教众在做完弥撒后也有权利分享圣酒。在1520年发表的三篇檄文中，他对古老教会进行正面攻击：《致德意志基督教贵族书》《教会被掳巴比伦》《论基督徒的自由》。它们勾勒出一幅宗教生活改革和国家与社会的转型的草图。这三篇宣言在出版商那里简直供不应求。它们的传播范围远远超出知识分子的圈子，流传甚广。

1517年论纲的目的还是修复教会、拯救教会，而对"基督教贵族"的呼吁则与这个目的背道而驰。路德把"罗马的吝啬鬼和强盗"拖上审判席，并强烈谴责罗马从德国土地上攫取巨额资金。他希望把教皇降格成一名《圣经》学者，并剥夺他对释经的垄断权。还有两面墙要推倒：一个是他召集宗教会议的权利；另一个也是最需要取消的是教会权威对世俗权力的凌驾。罗马不应该对世俗事务有影响。"向教皇行吻脚礼"这样以示尊重的仪式，在路德看来却是"恶魔般的傲慢"。他攻击朝圣之旅和圣人崇拜——"我希望人们不要去打搅亲爱的圣徒"——反对托钵修会扩大规模，要求废除将教徒逐出教会的做法，甚至废除所有的教规法。他想在等级制度瓦解坍塌的废墟上推行普遍的圣职：每个受洗的人都是牧师。这意味着，以后不需要神职人员，教区把教会取而代之。所有的提议旨在改革教会系统，针对的是社会的道德化。路德反对高利贷、卖淫甚至过节——节日只能给各种罪孽提供温床。此外，他还呼吁废除独身主义。没过多久，他自己就娶了从西多会修道院逃脱的修女卡塔琳娜·冯·苞拉（Katharina von Bora）。

《教会被掳巴比伦》一文认为婚姻不是圣礼，那不过是世俗约定，只有受洗、圣餐和忏悔才能归于圣礼。仅仅这些是《圣经·新约》中有迹可循的"记号"[1]，只要有信仰就能让面包和葡萄酒成为基督的身体和血液。这样，教士的萨满长袍被扒掉，他们的法术也被剥夺。教士接受圣职的仪式，还有坚信礼和临终涂圣油仪式都是罗马的骗局，都是为了让"童话"显得逼真，让人们相信教士阶层是救赎的必要之物。普通教众只能领圣餐，不能分享圣杯，这是对上帝不敬的专制举动。

第三篇檄文《论基督徒的自由》直接针对教皇利奥十世，路德之前对教皇的抨击足以令人惊诧，现在又称他为"最神圣的父上帝"。教皇在艾克的建议下，同时颁布了《斥马丁·路德谕》，威胁路德如果不在60天内撤回他的异教宣言，就将他逐出教会、开除教籍。路德说教皇是"狼群中的绵羊"，想说服教皇进行彻底改革，或者解散教廷，这当然是幻想，或者纯粹是一种战术。路德向教皇呼喊，因为信仰，基督教教众的内心是自由的。而从外在来看，人愿意顺从周围人只是出于博爱。这样，人对周围人来说就是耶稣基督，而在世界秩序中是一个奴仆，臣服于当权者。

动荡的1520年以路德的一场疯狂表演告终，他在维滕贝格埃尔斯特城门前的剥皮场当众焚谕，这里本来是城市为了市容丢弃动物尸体的地方。他的同

---

[1] 所谓的"记号"（或"印证""印记""标志"）指的是耶稣所设立之事，与之相对应的是应许。每一个应许中都包含话和记号，话是所立的约，记号乃是圣礼。例如在圣餐中，基督的话就是约，饼和酒就是圣礼。在这里，路德攻击了罗马教廷的立场。罗马教廷认为圣礼有七个：圣体（圣餐）、圣洗（洗礼）、圣膏（坚振）、告解、圣秩、终傅和婚姻。一切恩典都由此七圣礼而来，唯有教士才有权执行；路德却认为，只有由基督自己借有形之物赐无形之恩所设立的才是圣礼，而合此条件的只有圣洗和圣餐。这两项圣礼都是耶稣亲自设立的。可以这样理解，路德虽然和罗马教会一样以洗礼和圣餐为圣洗，但路德驳斥罗马教会忽略了圣礼的应许和对应许的信仰，而专注于圣礼的记号，以为有了记号，便有了救恩。其实使人得救的并不是记号，而是应许和对应许所发的信仰。此外，路德在此书开始处把忏悔礼归为圣礼，但在结论中还是把它排除在圣礼之外，因为此礼虽有耶稣所赐的赦罪应许，却缺少耶稣所设立的有形记号。路德说："严格说起来，上帝的教会只有两个圣礼，即圣洗与圣餐，因为仅在这两个圣礼中，我们找着神所设立的记号，和赦罪的应许。"

僚和战友、希腊学者腓力·墨兰顿（Philipp Melanchton，1497—1560）张贴布告，宣扬12月10日的这次行动。学生和一些教授目睹了一场焚书运动，扔进火堆的还有教规法大典、艾克的著作和方济各会修士安吉洛·卡莱蒂（Angelo Carletti）的"总集"——一部包含659篇文章的道德神学全面指南。路德本来很想把托马斯·阿奎那和邓斯·司各脱的论著也付之一炬，但图书管理员可能是心疼大开本的古籍被烧毁，不肯交给路德。当火焰呈熊熊之势时，路德把教皇通谕也扔了进去。

这个轰动壮举发生后不到一个月，教皇利奥十世就把这位"马丁努斯"（Martinus）和他的追随者及保护者逐出教会。他本想把这个牙尖嘴利的僧侣烧死了事，但因为路德的演说和著作已经有了广泛的影响，他本人又受萨克森大公的庇护，只好作罢。后来，路德被传讯到沃尔姆斯召开的帝国议会。他决定出席，必是怀着非凡的勇气、对上帝的信任和坚如磐石的无罪确信。

1521年4月18日，路德站到了皇帝和帝国面前，此时他只不过是一个小僧和普通教授。他解释说，他不会收回自己的言论，只有用《圣经》才能说服他。这一场景深深地印在德意志民族记忆中。他著名的结语——"我无话可说了，悉听尊便。愿上帝保佑我。阿门。"——不是真的，但符合路德在议会演讲的简短基调。皇帝查理五世一天之后的回应也举世闻名，他在议会面前宣读了声明，是他亲笔手书。皇帝说："区区一个僧人要反对一千多年的整个基督教界，那他一定是错的。而我，查理，将奉献我的国家、朋友、我的血肉之躯和我的全部身心去捍卫天主教信仰。"

作为一个深受西班牙征服者文化影响的统治者，他这么说并不出人意料。几个星期后，查理颁布《沃尔姆斯敕令》，剥夺对这个反叛者的法律保护。选帝侯腓特烈把路德绑架到艾森纳赫附近的瓦特堡，给予他安全的"保护性拘留"。在这里，路德有大把时间在武加大的通俗拉丁译本基础上着手用德语翻译《圣经》。1534年，路德翻译的《圣经》首次全文出版——一部充满语言创造力的作品，从此成为一本新教徒的家庭必备书，比以前所有的版本都更成功。每个人都应该可以读懂上帝的话语。"我生为德国人，"路德曾写过，

"我为德国人服务。"而在图林根城堡之外,已是一派山雨欲来风满楼的景象。"整个德国都陷入暴乱",教廷大使向罗马通风报信。民众开始崇拜新圣,在各式各样的铜版画里,他浑身散发圣光,头顶是圣灵的鸽子在盘旋(插图47)。

德意志的发展空间

路德的演讲和写作正好出现在一个万事失控的社会里,编年史家记录下当时的农民起义和城市动荡。他们的发言人反对税赋压力,要求消除经济弊端。鉴于当时宗教在德国社会中引人注目的影响力,不难想到教会将受到攻击,但人们只想净化教会,而不是颠覆它。大多数批判教会现状的人,同时也是失落的早期教会最热心的追随者。

在巴塞尔宗教会议期间,一个匿名者就发表意见,希望重新建立早期教会。为了强调他的论点,他援引了神圣罗马帝国皇帝西吉斯蒙德的权威观点。他所写的论战性小册子,也因此命名为《西吉斯蒙德改革》,让人们认识到社会和教会弊端与经济困难的关联——这是成功改革的前提。作者抱怨法律被无视,特别希望消除猖獗蔓延的仇隙情绪。他援引基督终究是为世间所有人而牺牲的典故,试图开展社会改革,如废除农奴制。他要求保护普通人远离货币经济的弊端,免遭垄断商、中间人、海关和高利贷的威胁。他的宣言生硬粗暴:"教会权力病入膏肓;皇权和属于它的其他一切都是错误的。人们必须质疑并打破这种局面,且必须这样做。如果大的睡着了,小的必须清醒。"他所说的"小的"是指"圣洁"的帝国直辖市,而不仅仅是人民。他看到的主要问题是神职人员及他们拥有的权力和财产。"损害是神职制度造成的。"所以他呼吁将教会和国家分开,"精神和世俗的生活应该明确区分,且处处有别,与最初一样明确,我们的祖先就曾提出,而今天的各种权力却断然拒绝这种区分。"这个匿名者书写的论战手册留下约17本手稿和8个不同的印刷版本——这表明,他所持观点确实一呼百应。

社会亟须教会改革，并提出问题、抛出疑虑，皇帝马克西米利安一世应该算是一位关键的见证者。他没有向神学家咨询，而是求助于施蓬海姆的本笃会修道院院长约翰内斯·特里特米乌斯（Johannes Trithemius，1462—1516），希望得到与健康的人类理性紧密相关的答案：为什么人信仰上帝，为什么人不能像天使一样辨认上帝？为什么《圣经》充满谜团？上帝真的关心人类事务并且无所不知吗？新艺术的现实主义给人们提供了最确切的例证，比如马蒂亚斯·格吕内瓦尔德（Matthias Grünewald）于1515年在科尔马完成的《伊森海姆祭坛画》。饱受折磨、被钉上十字架的耶稣无疑已经死去，而他又容光焕发地复活，战胜一切顷刻无常之物。

　　在改革之前的欧洲，人们对于灵魂救赎的渴望有多么强烈，在我们之前已经提到的虔诚的千花地毯上可见一斑——朝圣者、布道人和朝觐之旅，神奇信仰、神秘主义和遗物崇拜，从中我们看到一个既陌生又令人着迷的起源世界。怎样才能过"正确"的生活？人们可以翻阅《遵主圣范》等著作，或听取锡耶纳的圣贝纳迪诺等所作的有说服力的个人演讲，接受他们的感化，从罗马却得不到任何答案。教皇为他们的私生子举行奢华的婚礼，枢机主教为自己兴建宫殿，这些都与效仿基督和使徒的贫穷没有多大关系。许多被托付给普通信众主持的修道院落入贪婪的贵族手中，他们剃发不是出于虔诚，而是为了舒适的生活体验。有些人还是半大孩子，就被强行送入修道院。不少教士偷养情妇，他们对人体构造的了解远远超过《圣经》，因为他们连拉丁语都看不懂。

　　这些消息来源可能夸大其词；丑闻居多，而日常生活则不太常见。盛行的反教条主义也为改革添柴送炭，但它本身没有可疑。几个世纪以来，人们就诋毁淫荡的僧侣和恶臭的僧衣，批评贪婪的教会或买卖圣职的教皇。从但丁的佛罗伦萨到乔叟的伦敦，处处回响着对僧侣的嘲弄。例如，巴黎的早期人文主义者尼古拉·德·克拉芒热（Nicolas de Clamanges）就写了一篇论文，谴责教廷贪婪的世俗欲望。教廷的上层等级中也有人拍案而起，比如库萨的尼古拉就曾反对庇护二世："如果你能听到真相，这个教廷里发生的一切都令我厌恶。一切都腐化了，没有人履行足够的职责。你和枢机主教们都不关心教会。"所有人都野心勃勃，贪欲横行。"如果我在枢机主教会议上提出改革，肯定会被耻笑。我在这里是多余的。请允许我离去！"

可能是因为几个世纪以来就一直遭受攻击，罗马对"路德事件"并没有足够的重视。肯定有人警告过他们，怨言不只出现在诗人的笔下。1311年维埃纳的宗教会议上，教廷就听到了"彻头彻尾"的改革的呼声。不久之后，奥卡姆斥责若望二十二世为异教教皇。作为路德之前的路德派人物，威克利夫也持有改革观点：建造教堂的基石不是教皇，而是基督本人；人类的命运已经预定；《圣经》是最高权威，一切都关乎上帝恩典。他认为好的经典当然也要发挥作用，这一点与路德不同。

由于无法从上到下改革教会，运动的失败让"德国民族的控诉"这一潮流高涨。人们在教会会议、等级会议和帝国会议期间举办论坛，抨击的重心是买卖神职、赎罪券交易和随之而来的金钱流失。德国在回绝贪婪的罗马教廷时，找到了一部分身份认同。"自由万岁！"这是乌尔里希·冯·胡腾写给路德的一封信的开头，他指的是脱离罗马的自由。这个改革派用措辞出彩的抨击表达出许多人的想法，他的教诲播撒在这片被仔细耕耘过的土地上：授职权之争主要出现在德意志公国，公民和贵族与他们的主教争夺权力。在德国之外，神职人员绝对不会这样深陷在世俗政治的纠缠中，并因而经常与世俗权力角逐。一些出身于贵族支系的主教甚至修道院的院长都拥有对小国的统治权——这种悠久独特的历史前文已经有所提及。在一些地区，教会持有一半以上的土地，市民和神职人员之间的摩擦在城市中也司空见惯。他们就税收问题斡旋，争论教士神职的任命，或市议会是否可以设立学校。神职人员很容易处处被人责骂。改革前的德国已呈现黑云压城城欲摧的景象，而其他不得不向神职人员纳贡的国家，还感受不到这样涌动的暗潮。西班牙教会已经"从上至下"进行了改革，不可能出现另一个路德。比如，城市公社起义中几乎没有对教会进行批判，他们只单独提出取消宗教裁判所。

1511年一场轰动的争论可以让人感受到，改革前的德国局势已经一触即发。一位受过洗礼的犹太人约翰内斯·普费弗科恩（Johannes Pfefferkorn），现在变成完完全全的基督徒，皈依了多明我会，他想要烧掉犹太人的书。他遭到法学家兼人文主义者约翰内斯·罗伊希林（Johannes Reuchlin，1455—1522）的反对，后者还编写过希伯来语的语法。罗伊希林发问：如果不懂《圣经·旧约》的语言，如何实践基督教神学？如萨鲁塔蒂等人文主义者一样，他坚信在《塔木德》和卡巴拉中隐藏着古老的智慧。他认为犹太人的经文是上帝的见证，基督徒和犹太人一样崇拜上帝。他援引皮科·米兰多拉的话，说最能证明基督神性的科学就是魔法和卡巴拉。当科隆审判官对这位人文主义者展开异端审判时，形势变得危险，但罗伊希林得到了德国人文主义精英的支持。他们选择了反对狂热最锋利的武器：幽默。1515年，他们发表了用蹩脚拉丁语写的虚构信件，并把普费弗科恩和在科隆担任教授的审判官冠为作者。这些"蒙昧主义者"把自己看成是"懒惰淫荡的公鸡"，喜欢饕餮大餐又爱酩酊大醉，为荒谬的神学辩论花费精力。这场风波在宗教改革的风暴中渐渐平息，但它显示出，知识分子圈会迅速为反对僧侣、大学神学和"罗马"做出反应。

对路德的成功起到至关重要作用的是印刷机，其让学者之间的争论演变为人民运动。1520—1526年投放于市场的传单数以百万计，路德的通告也在不安的德国市民世界中找到了最早的读者群，他们是识字的中产阶级，还有熟知批判性争论的人文主义学者。从一开始，宗教改革的反对者和追随者都全力以赴。例如，匿名的"庄稼汉"把一个淳朴的农民塑造成一个明智的圣经专家，与反对改革的方济各会修士托马斯·穆尔纳（Thomas Murner，1475—1537）进行争论。穆尔纳是受过人文主义教育的天才辩论家，他1522年发表了极具讽刺的《伟大的路德派傻瓜》用以反击。这次争辩让我们看到，路德的反抗已经释放出强大的社会力量。穆尔纳在标题《路德派打着"自由"大旗的非法要求》一节中抨击路德教会无视一切人类诫命。在他看来，除了上帝，他们可能不听从任何人，他们希望主会允许他们的一切行为。"如果牛不肯套轭／马不愿上颈圈／农夫不想犁田／地肯定耕不好。"

末日阴影：农民起义

路德在城市中得到很多支持，此外还有贵族圈子，特别是在帝国的骑士阶层——他们觉得自己被挤在越来越有钱的市民资产阶级和亲王侯爵之间，饱受压榨。王侯现在不再需要骑士，而是依仗雇佣兵、枪炮和法律来统治国家。大多数骑士都不得不融入这种环境，只有马上比武能让人匆匆一瞥他们昔日的荣光。但有一个人试图抵抗这种时代，他是莱茵河中游地区的一个富人，名叫弗兰茨·冯·济金根（Franz von Sickingen，1481—1523），他为许多王侯领导过雇佣兵，也算比较成功。路德最早的支持者、与他地位相同的诗人和辩论家乌尔里希·冯·胡腾让他接触到令人振奋的新学说。济金根为受迫害的改革者提供庇护，在他的一座城堡中，教士可以用德语布道，并与普通教众分享圣杯。复仇欲、掠夺欲以及拥有自己的公国的欲望，这些都融汇成了更高尚的目的，让济金根想从罗马的暴政当中解放自己的"祖国"。他曾袭击特里尔选帝侯，但他高估了自己的能力。一支贵族联盟的军队击溃了这支骑士队伍，并攻入济金根藏身的堡垒。这位雇佣军将领失去了生命，也让特里尔地区失去了宗教改革的所有机会。早期现代国家又一次赢得了一场战斗。

宗教改革的焦点维滕贝格也展现出路德的学说中一些隐藏着的一触即发的东西，而且它们不仅仅威胁着教皇和他的各地神父。路德离开的日子里，一些追随者占了上风，他们在这里对教会和社会进行更彻底的净化。神学院院长安德烈亚斯·博登斯坦（Andreas Bodenstein，1486—1541），又称卡尔施塔特（Karlstadt），对路德来说是亦父亦友的存在。他也加入了激进分子这一方。他发表反对独身主义的演讲，后来自己付诸实践举行婚礼。教士们受到攻击，僧侣们离开修道院，圣像画和雕像堆成柴火堆并被付之一炬：一场革命的成功总是首先在摒弃旧仪式和废除旧崇拜物中得到实现。卡尔施塔特和他的追随者净化教堂是为了拯救灵魂，正如他们所想的那样，他们要以"正确"的方式尊崇天父。即便对圣像画和雕像的崇拜最终也不过是偶像崇拜，这是魔鬼乐于见到的。此外，艺术可能会妨碍人们专心致志地虔诚敬神。

路德呼吁的思想宗旨被这般滥用，他人虽在瓦尔特堡，忧虑却越来越重。他马上意识到，激进分子如此利用他的计划，让他的规划受到了威胁。他先是向世人发表了一篇论文，警告他们面临的动乱和愤怒；1522年春，他回到维滕贝格并成功地平息了局面。不管在当时还是后来，他一直保持谨慎，并顾及弱者，而不是用胁迫达到目的。他坚信上帝的话语是不言而喻的。他一再强调，世俗权威应该服从上帝。卡尔施塔特现在和路德一样被逐出教会，他逃离维滕贝格，然后逃离萨克森公国，等待他的是颠沛流离的辛酸生活，但他在去世前在巴塞尔度过了一段平静的教授生涯。他不是左派，人称"茨维考先知"的三位从故乡被驱逐到维滕贝格的牧师也不是左派。受牧师和神学家托马斯·闵采尔（Thomas Müntzer，约1490—1525）的影响，这三位牧师找到了一种神秘的不需要牧师和圣经学者的信仰。他们也拒绝婴儿洗礼。路德在他们身上看到了魔鬼的诞生，他们侍奉魔鬼，企图摧毁刚刚开始的改革。因此，他拒绝了"假兄弟"的教诲，并确保他们不得不离开维滕贝格。

当时苏黎世发展出另一种改革方式，俗人教士乌利希·茨温利（Huldrich Zwingli，1484—1531）深受人文主义和苏格兰经院哲学的影响，他传播路德思想，称路德是"归来的以利亚"。1522年斋戒期刚开始时，茨温利目睹一群人食用香肠，他的在场就意味着这种行为的合法性，他因而与罗马传统决裂，这被看作基督徒自由的征兆。通过两场争论，茨温利说服苏黎世议会通过了他的计划：教会改革，征用教会财产，废除圣体圣事、圣像画和独身主义。议员和牧师组成了一个婚姻法庭，很快就负责监督所有风俗和道德事宜。这个法庭得到越来越多的授权去反对淫乱、过度饮酒、赌博、跳舞等烦心事，支持路德的许多城市也这样折磨市民阶层。宗教改革提供了手段，让市民的救赎变得更神圣一些，通过这些方式来获得上帝的赐福，避免遭受瘟疫或饥饿等惩罚。

茨温利和路德推崇的释经原则在信仰问题上也未带来新的确定性。不过，经文与传统、宗教会议决定和教皇谕令之间不再有什么联系。路德从《罗马书》的第十三章得出结论，权威也需要顺从。权威的王国和上帝是两回事，奥古斯丁如是说。路德只允许人们从狭义上反抗世俗政权，而路德为自己的良心所留的这些余地，也敌不过更仔细的阐释。他自己怎么去反对皇帝、帝国和教皇的呢？答案是：路德误以为末日将临。在《致德意志基督教贵族书》中，他就批判教皇是末世的敌基督者，这一观点很快在新教教徒的出版物中广泛传播。"基督教世界共同的敌人和毁灭者"表现得像是使徒的继承者，而他的统治与新教徒之间就如同基督与路西法、天堂与地狱。如果真把罗马教皇确认为基督的最后一个敌手，那么通往永恒之门必须大开，由此引发了不同教派之间无惧生死的争论。再者，哪怕所有的权威都要遵令服从，人们也可以对敌基督者发动战争，不需要任何理由。

不仅路德看见了世界末日，另一位末日的先知是闵采尔。"茨维考先知"事件让他不得不出去游历避风头，直到来到布拉格。最后，在图林根小城阿尔斯特，他终于找到了宁静的居住之地。闵采尔最初是路德的追随者，他对礼拜进行了改革。他引导德国人进行礼拜仪式并唱他自己创作的德国圣歌。他的虔诚根植于神秘思想中，他曾把这种思想传递给"茨维考先知"。像路德一样，他希望说服权威当局同意他的净化计划，而路德对这个叛教者怒不可遏。1524年7月13日，闵采尔在阿尔斯特的城堡为萨克森大公约翰（Johann von Sachsen）和其子布道，讲解《圣经·旧约·但以理书》。与先人菲奥雷的约阿希姆一样，闵采尔认为当下摇摇欲坠的神圣罗马帝国就是但以理预言的世界帝国序列中的最后一个王国。他呼吁贵族保护被选定的受迫害之人，把那些无神论者——他们应该没有权利活下去！——从世界上消灭，让教会回到起源时的样子。如果贵族不付诸行动，他们将被剥夺佩剑。

这是一个几无掩饰的威胁。正当闵采尔与志同道合的人结盟，想在地球上建立神之国度时，教会权威出手了，他又一次逃离。他在传单里诅咒路德是"无德博士"和"维滕贝格软弱之躯"。他公开抨击贵族，称他们是"高利贷者、抢劫和偷窃的汤底"，想把一切据为己有，包括"水里的鱼，空气中的鸟，地球上的植物"。现在它不再关乎教会改革，如托马斯·穆尔纳所预言的那样，社会秩序将被重置。

随着德国"农民战争"的爆发，几十年前就在德国南部和匈牙利之间爆发的起义达到高潮。欧洲自人类记忆以来最重要的一场地震的"结构性"根源是不断增加的赋税压力和马尔萨斯陷阱导致的不断收紧的现状困境。此外，文盲无法理解广泛传播的书面法律，这也激化了矛盾。宗教改革增添了一些新内容：他们感受到新教中宣扬的自由福音，所以认为对神圣权利的诉求是使命，超越一切人类法律和古老传统。1524年，威胁人类的大事是行星交会，可能会引发充满恐惧和痛苦、血流成河的"大洪水"——这是"抢掠"的后果，纽伦堡一个修女院的院长写道。

从一开始就可以看出，宗教改革点燃了火苗。即使在1523年和1524年爆发的第一次骚乱中，呼声已经清晰可闻，人们想要在布道时听见未经篡改的上帝之语。1525年1月，德国西南部孤立的起义已经变成一场广泛的运动，最终席卷了成千上万人。3月，农民起义者在帝国直辖市梅明根起草了《十二条款》，该文本涵盖了他们的诉求。他们首先希望由整个教区自由选举牧师，布道中讲述"未经人类补充"的纯正福音，并要求废除农奴制——毕竟基督拯救了所有人，"牧羊人和最高阶级的人都一样"。另外，《十二条款》并不想完全推翻当前局势。"我们想要自由，并不代表我们不想要权威的监管"，作者强调过这一点，这与穆尔纳预言的凶兆不符。他们关注的只是公正和公平，以及停止滥用权力。他们想废除非法征税和徭役，并可以重新使用森林和共有地——这些资源在违反旧风俗的情况下都被领主没收了。他们也要求自由狩猎和捕鱼，并要求法律程序不可因为优待和专横跋扈而偏离。决定这些要求是否有合法性——听起来像路德的口吻——只需遵循《圣经》中的文字。

《十二条款》指明了今后起义的方向，起义关乎上帝的荣誉、上帝的权力、上帝的言语：这些是让起义合法的口号。人们不会再像以前那样对抗个别领主，整个村庄和地区都投身其中。在很短时间内，起义覆盖了上施瓦本和阿尔萨斯地区，蔓延到蒂罗尔和萨尔茨堡。它波及弗兰肯和普法尔茨，一直渗透到德国中部，进入路德的大本营。1525年4月，图林根陷入混乱。在帝国南部挣扎度日的闵采尔匆匆赶回家乡并宣战："向前，向前，趁火正旺……向前，向前，吾辈正逢时！上帝引领我们，跟上，跟上！"修道院被冲击，城堡被摧毁，而另一些地区则幸免于难，如巴伐利亚、德国北部和几乎整个东部。

参加起义的除了农民，还有矿工和一些像闵采尔这样的神职人员。许多城市之所以会改旗易帜屈从于革命只是迫于农民压倒性的人数。作为真真切切的帝国贵族，符腾堡的乌尔里希（Ulrich von Württemberg）加入农民义军有其特殊理由：因为他先前试图强行占领皇家城市罗伊特林根，所以1519年施瓦本同盟的一支军队将他从自己的公国驱逐出去。农民军似乎对他有些用处，他们可以与瑞士雇佣兵一道助他从哈布斯堡手中重新夺回自己的领地。

在大多数地区，革命只是几个月的插曲。农民军虽然人数众多，但战术上缺乏经验，武力装备又不足，内部还经常意见不一。到了夏天，施瓦本同盟和贵族的军队已经肃清了大多数的叛乱武装，屠杀了大批义军。符腾堡的乌尔里希的冒险在3月就宣告失败，德国中部的农民战争于1525年5月15日以弗兰肯豪森战役而告终。这场人民战争的威胁让路德的追随者黑森的菲利普（Philipp von Hessen）和路德的反对者萨克森的格奥尔格走到了一起，他们的军队对农民武装力量造成沉重打击。闵采尔被俘获，在遭受酷刑后被斩首。他是否真的全心全意认同共产主义般的早期基督教原则"一切皆共有"，或者是折磨让他这样呐喊，我们不得而知。可以肯定的是，他被认为是一个"同情劳苦百姓大众，不与汉萨权贵为伍"的人。他的想法不是共产主义的先期萌芽，而是来自神秘主义和末世情结。

路德最初呼吁双方和平谈判。当图林根被革命席卷时，他还是冷静地与闵采尔保持距离，如他自己所写，闵采尔是"撒谎的魔鬼"和"世界的吞并者"。现在他撰文反对"掠夺成性、杀人如麻的农民帮派"，并呼吁人们把叛乱分子用刀刺死、用棍打死、用绳勒死。他很清楚，他的宗教改革只能与世界保持协调，且依靠萨克森的势力其才得以幸存。闵采尔的想法隐秘地传递下去，尤其是在再洗礼派。在茨维考的前奏之后，再洗礼派运动于1524年前后在茨温利所在的苏黎世发端。他们以《圣经》的名义拒绝给婴儿施洗，人们应该在自愿、有意识的情况下决定是否皈依基督。他们很快就与卡尔施塔特搭上了线，后者已经在维滕贝格表达了对给婴儿施洗的反对。虽然再洗礼派是和平的，他们仍然遭到无情的迫害，甚至出现了第一批被执行死刑的信徒。

农民战争提醒着人们德国历史的渺茫机会。有一段时间，它开启了不可思议的前景：虽然革命事业在军事上几乎已经完全失败，但在海尔布隆召开了农民议会，人们希望起草一部新的帝国宪法。为宪法提供了框架的是曾担任德国南部某伯爵的大臣的文德尔·希普勒（Wendel Hipler），他的政治经验丰富；另外一位是美因茨选侯国的公职人员弗里德里希·威甘特（Friedrich Weygandt）。根据他们二位的计划，除了农民之外，学者和市民与皇帝、王侯和贵族都应该共同参与到帝国转型当中。可惜一切都是一纸空文，蒂罗尔农民领袖米夏埃尔·盖伊斯迈尔（Michael Gaismair）的计划也有同样遭遇。他规划的国家秩序已经预见了法律面前人人平等，以及废除教会的世俗权力。盖伊斯迈尔认为在更远的未来会出现农民和矿工的共和国。1526年，施瓦本同盟终结了这一场民主的遐想。盖伊斯迈尔在多年逃亡后途经帕多瓦，一群搬运工为了获得赏金将他刺死。

据说这场起义有7万多名牺牲者，胜者从叛乱村庄收取了大笔罚金，把叛乱头目割舌剜眼，但农民的血并没有完全白流。在一些地区，不公平的税金被取消，徭役被废除，一些农民联盟成为受认可的农民代表公会。战争的经历仍然深深铭刻在集体记忆中，单单是贫苦大众可能会重新起义，就让国家和领主不敢施以太多高压。事实上，接下来的几个世纪中，无论是在德国还是在其他欧洲国家，动荡的锁链从未停止摆动。路德的宗教改革取得了广泛的根基，其中一个原因就是国际政治的发展，查理五世的战争的胜利和失败影响了德国为净化和改革而进行的斗争。

罗马的混乱和夜莺的歌喉

1520年6月，加莱附近的"金衣会"，此时路德正在维滕贝格校对关于"善行"的布道书。在阿尔卑斯山另一侧，针对他的驱逐圣谕已经颁发，而在加莱的阿德尔和吉尼斯之间则是辉煌的景象。在广阔的天空下，法国和英格兰的年轻国王于此地会面，弗朗索瓦一世（Franz Ⅰ，1515—1547年在位）和亨利八世（Heinrich Ⅷ，1509—1547年在位）。他们身后是一座文艺复兴风格的城堡，只用木椽和彩绘帆布搭起一座外墙；城堡前面是一座小型的红酒喷泉。帐篷挤得满满的，像一整座金丝绒搭建的城市，为一万名宾客提供住宿。6月7—24日，在观赏过精心编排的舞蹈之后，两位君主最终会晤，马上比武、丰盛宴会、假面舞会和祈祷仪式令人应接不暇。

这次会晤显示出，欧洲古老的战士之国已经接受了许多精致的文明熏陶。随行人员——一个编年史家记载单是英格兰一方就有超过3000匹马——可以毫不费力地击溃几支农民军队，但战争只以马上比武的游戏形式进行。有一次，弗朗索瓦曾经无视礼节偷偷溜进了亨利八世的寝殿，但他没有杀死亨利。这是权力、温柔和高贵的体现。我们此时在《廷臣论》的时代，不是在莫斯科或萨莱[1]，距离那些"天性难驯"的国家也很遥远，毕竟游牧民族的首领可是会摸进对方的帐篷亲自进行暗杀的。人们可能有过片刻幻想，觉得法国和英格兰联盟可以带来普遍的和平。同时，通过这个节日人们也感受到了当美丽被当作武器时所呈现的微妙的较量。他们争夺威望，这可是国王在任何时候和任何地方最重要的资本。观众看到的不仅是两个当时英俊年少的统治者，还看到了代表不朽国家的王冠的荣耀：从玫瑰战争的灰烬中浴火而生的都铎王朝和统治法国的瓦卢瓦王朝，现在似乎都已经坚定而稳固地占据领地。

除了皇帝查理，这两位君主在接下来几十年的宗教改革中都发挥了重要作用。亨利与弗朗索瓦一样，符合人们对文艺复兴王侯的设想：马基雅维利式的统治者，艺术的资助人，所有女人的恋人。他们二人的肖像在画家的画中也有相应展示：小汉斯·霍尔拜因笔下的英王亨利两腿叉开，手肘挑衅似的叉在腰间（附图21）；让·克卢埃和弗朗索瓦·克卢埃给法王画的是四分之三侧像，他身着闪闪发光的丝绸，面带微笑。然而，统治者之间的协议就跟"金衣会"

---

1 金帐汗国首都，"萨莱"在波斯语中意为宫殿。

的假宫殿一样稍纵即逝。这个庆典并不是美好友谊的开始，而是出于权力的要求。在自己的岛上，亨利不得不警惕苏格兰人。苏格兰人向来对英格兰的王冠充满敌意，而他们历来与法国交好。而不列颠的统治者仍然拥有法国国王称号，提醒人们一段并不遥远的过去，也意味着不间断的挑衅。亨利先于弗朗索瓦投靠皇帝查理，毕竟他们之间已经有共同的商业利益，哈布斯堡治下的尼德兰有压倒性的纺织业，是英国羊毛出口最重要的客户之一。尽管计划宏大，他们并未达成更加重要的军事合作。

查理皇帝与弗朗索瓦国王之间有久远又深刻的对立。查理在加提纳拉拥有各种合法头衔——如西班牙国王、皇帝、哈布斯堡君主——让他拥有法国南部的一半地区，包括勃艮第、米兰、热那亚和阿斯蒂。1525年，在胶着的几场战争后，查理的军队在帕维亚成功击败法国军队，并俘虏弗朗索瓦国王。弗朗索瓦把他的骑士荣誉排在了国家利益之后：在获释后，他并未遵守被囚时立下的誓言，继续率军作战。他与美第奇家族的教皇克雷芒七世、米兰大公、威尼斯和佛罗伦萨一起组成干邑同盟，现在连亨利八世也加入其中。国际政治再次遵循通常规则：一方权力太大，这次是哈布斯堡，导致对手纷纷结盟。帕维亚胜利的影响就在于此。1526年，皇帝查理与葡萄牙公主伊莎贝拉成婚。一年后，这对夫妇迎来一个儿子，他就是未来的西班牙国王和葡萄牙的继承人腓力二世。

而在意大利，神圣罗马帝国和干邑同盟之间的战争则是另一番模样。皇帝的仆人最终赢得了这场没有胜者的战争，但却无法支付佣金。1527年春，群龙无首的雇佣军前往罗马洗劫财富。5月初，2万或更多的人涌入奥勒良时期建造的城墙，瑞士卫队掩护教皇逃往圣天使城堡并战斗到只剩最后一人。异国雇佣兵把可见的一切掠夺一空，强奸妇女，勒索赎金。他们自己人之间也为赃物互相争斗，如狼群一般。一些人呼吁路德现在应该成为教皇，而有的人将这位改革者的名字刻在礼拜堂拉斐尔的壁画上。罗马陷入九个月的混乱，街上遍布横尸，瘟疫帮助雇佣兵继续杀人。克雷芒七世逃到了奥尔维耶托，西诺雷利曾在这里为他绘制了一幅描绘世界末日的湿壁画。在附近的佛罗伦萨，美第奇政权瓦解，教皇失去了庇护人。共和国再次等到了机会。

有些人在"罗马之劫"中看到了对文艺复兴之都的末日审判，罗马就像是一座巴别塔，在混乱中有花魁争奇斗艳，还有远离一切神学的缤纷庆典和人文主义讨论。一位目击者认为这次事件是"路德风暴"。许多人都想知道，现在末日真的要来了吗？况且奥斯曼人正威胁着东方，曾经在马加什一世的统治下兴盛起来的匈牙利的文艺复兴文化被彻底摒弃。

哈布斯堡一边抵御奥斯曼土耳其人的进攻，并在意大利北部作战；另一边不得不承认无法阻挡宗教改革在德国步步推进。虽然有一批人很快组成方阵反对路德和他的事业，但宗教改革也已经深入许多坚固的城堡，尤其是维滕贝格和萨克森公国。有时民众暴乱夺得决定权，有时邦国阶层（Landstände）抓住主动权。重要的是修道院的态度，它决定了领主的选票或市民团体的态度。理事会机构大多数时候是被驱动的力量而非驱动力。宗教改革在某些地区——例如巴伐利亚，哈布斯堡治下的某些地区或某些政教合一的国家——并没有得到推行，但它不仅渗透进了萨克森、黑森和其他领地，近三分之二的帝国直辖市也纷纷响应。即使在德国以外，它也经常先赢得市民阶级的支持。在波兰，宗教改革征服了那些德国人居多的城市；在挪威，一个没有大学和印刷厂的国家，它在商业城市卑尔根站稳脚跟，在这里它也得到了强盛的德国商人公会的支援。

很早就决定支持路德的纽伦堡工匠们如今是何态度，从汉斯·萨克斯的一首长诗中可以看出。他让"维滕贝格的夜莺"，即路德，在阳光灿烂的清晨歌唱吊嗓，然后与天主教教士激烈辩论。在一些地方，天主教作为少数派而幸免于难，如奥格斯堡，反宗教改革的哈布斯堡的金钱盟友富格尔家族仍旧坚守古老信仰，并以此捍卫他们源源不断的进账。1525年，随着普鲁士条顿骑士团转变为世袭公国，首次出现了不隶属于名义宗主罗马教廷的国家，其公爵有义务效忠波兰国王，并改信路德宗。

另外，效忠罗马的人也聚集起来。1529年，施派尔帝国议会决定采取措施阻止宗教改革的蔓延态势。而与他们相反，新教王侯正式提出诉求。这就是他们被称为"抗议者"（Protestanten）的原因。当然，尽管奥斯曼的压力不减，他们却不得不重新考虑皇帝的意图。克雷芒七世于1529年6月与查理达成和平协议，此后不久，法国也止戈休战。弗朗索瓦一世的母亲，萨伏依的路易丝（Luise von Savoyen）与查理五世的姑母奥地利的玛格丽特在坎布雷缔结"夫人和约"，巩固了哈布斯堡在意大利的统治地位。1530年2月24日，教皇在博洛尼亚为皇帝查理加冕，这是欧洲最后一次举行这种加冕仪式。

克雷芒七世期望的回报是查理支持佛罗伦萨回归美第奇家族之手，西班牙雇佣军再一次进军托斯卡纳。尽管人们任命米开朗琪罗监督佛罗伦萨的防御工事，但并没有起到作用。1530年8月12日，佛罗伦萨陷落。它的新主人是亚历山德罗·德·美第奇（Alessandro de' Medici），美第奇家族的教皇让他成为家族的第一位公爵，但七年之后就被谋杀；凶手是他的一个亲戚，他称自己是共和国自由的捍卫者。但是，这个用药丸装饰徽章的家族别无选择。来自较年轻家族支系的科西莫二世·德·美第奇（Cosimo Ⅱ. de' Medici，1537—1574年在位），深谙政治手段且有军事天赋，成为新任公爵。教皇和皇帝都赐予他大公头衔。狂热的佛罗伦萨终于决定把纵向联姻作为补救措施，教皇将他的侄女凯瑟琳·德·美第奇（Katharina de' Medici，1519—1589）嫁给弗朗索瓦一世的儿子，未来的亨利二世，以此为自己赢得政治上的活动空间。这个曾经的银行家家族一直都能够让欧洲高等贵族满意。

分裂与再分裂：维滕贝格，苏黎世，明斯特

当皇帝查理于1530年6月中旬抵达奥格斯堡时，佛罗伦萨的围攻仍在进行中，帝国议会也被照会此事。除与奥斯曼土耳其人的战争之外，宗教再次成为协商重点。新教阶层向皇帝递交了忏悔书，从中首先能看出，他们的观点和罗马教义之间有许多相似之处。文件的第二部分则是关于差异，但当时是否有任何相互理解的真正前景，非常值得怀疑。无论怎么选择，都会带来惊人的经济

和政治利益，他们或者进行强有力的改革——或者相反，他们愿与皇帝结盟，但皇帝必须给予他们同样的报答。

反之，他们也一直认为路德运动已经自行瓦解。在维滕贝格和苏黎世之间出现了不可调和的教条差异，争议的原因是对圣餐的不同观点。路德宗认为，根据基督之言，面包和酒实际上就是享用他的血肉，而茨温利熟读柏拉图教义，物质对他来说什么都不是，他把圣餐仅仅看作象征性地表达忏悔。他们唯一一致的是拒绝天主教理念，即圣体可以神奇地转变为另一种物质。路德和茨温利等人都参加了马尔堡的一次宗教讨论，最终还是没有结果。因此，除了路德宗的"告白书"，帝国议会上还出现了茨温利个人的信仰声明以及林道、康斯坦茨、梅明根和斯特拉斯堡等帝国直辖市的宗教自白。皇帝和帝国议会大多数人都重新转向《沃尔姆斯敕令》的严苛处理方式，并将证词视为异端邪说。现在，帝国已经注意到了这群新教徒，令他们处在威胁中。连皇帝也希望一次宗教会议就能带来和睦相处，可惜希望渺茫。但是在当时和后来都可以清楚地看到，宗教追求的是绝对的、永恒的东西，通常不会在教条问题上领会妥协的艺术。在圣餐的争论中终于涉及一个千年问题：关于上帝本质的问题。为了保护他们认为的真理，神学家们自己也置宗教改革的统一性于不顾。

在巴伐利亚、萨尔茨堡和尼德兰，宗教改革已经出现了第一批殉道者。第一次宗教战争发生在瑞士联邦，追随茨温利的苏黎世与效忠罗马的瑞士人相对峙。1529年的第一次交火本来是可以避免的，不用出现肉搏。另一场冲突以苏黎世的失败告终。这时，茨温利也去世了。1531年达成的和平可以为欧洲提供典范：人们达成一致，联邦可以自由决定他们的信仰。当时的人很清楚，如果战争持续，强大的邻国可能会出手干预，从而导致国家垮台。这种和平不是出于宽容，而是人们对政治的制约和危险洞若观火。

在德国，走瑞士路子的时机还不成熟。战争的第一步意味着新教王侯和城市结为"施马尔卡尔登联盟"，其政治目的是阻挡哈布斯堡的霸权，从而捍卫自己已经取得的宗教改革成果。由于皇帝需要帝国出手相助，共同对抗奥斯曼帝国，并希望让他的弟弟斐迪南一世成为继承人，所以并没想对路德宗动武。

但很明显的是，强权政治和信仰问题正在成为一个难解之结。

在许多方面，路德的维滕贝格的规定都为教会的具体构架树立了榜样。在新教地区，旧的祈祷方式让位于圣体圣事的魔法剧，在庆祝活动中沿袭拉丁式的规定和言谈方式，虽然也有祈祷和唱诗，但重点是以德语布道。与路德最初的意图不同，国家和城市市政府在所有宗教事务，特别是在神职人员的授职仪式中，扮演着越来越重要的角色，取代了教会的地位。主教不再出席等级会议。新引入的"公共钱柜"——铁质柜子——装满了被没收的教会财产的收益，这些钱被用来支付牧师的薪水、支援教区的开支，并用来救济穷人——至少在理论上是这样。但筹集的资金一般都进了当权者的腰包。

宗教改革覆盖了中小学和大学，影响了家庭与婚姻生活。很快，新教的意象世界、赞美诗和宗教建筑等新的文化环境出现了，这些都是因为礼拜仪式的变化和对布道的重视。德语版《圣经》的书写准则以及路德在奥格斯堡帝国议会之前就撰写的两份教理问答都激发了人们阅读的兴趣，从而鼓励人们识字。宗教改革还与纸张、眼镜和凸版印刷相互作用。非文盲的人数大幅增加，特别是在新教国家。

随着宗教改革的推进，越来越多的人受到更好的教育，这意味着欧洲出现了现代化和宗教的多元化，连宗教改革的导火索路德都为之震惊。游荡的牧师穿越德国和欧洲，继续推广改革思想。有些人，比如路德本人，大肆渲染即将到来的世界末日并要求转变。先知们一个个站出来，描述他们看到的幻象。他们想要更彻底地进行净化，比国家同盟和路德宗或茨温利派还要彻底。一位特别著名的"绝对派的梦想家"是来自施瓦本的皮衣工人梅尔基奥尔·霍夫曼（Melchior Hoffmann），他曾在波罗的海国家、瑞典、德国北部和尼德兰工作。他最初是路德的信众，后来发展成一个激进的再洗礼派教徒。他宣扬上帝国度的到来，根据《启示录》，它会在末日之前来临，他和之前的闵采尔一样宣讲与无神论者的最后一战。信仰路德宗的斯特拉斯堡议会将他收监，但他的想法得到很多人的追捧。

这些追随者在德意志地区的西部城市明斯特发挥了极大的影响力。1534年，一群激进的再洗礼派教徒成功接管城市，他们拥立一位熟练的裁缝——莱顿的约翰（Jan van Leiden）加冕为王。他希望建立一个《圣经·旧约》中的乌托邦，引入财产公社和多妻制。他的新耶路撒冷将迎来众多人口，能够把整个世界变得焕然一新。再洗礼派国王拥有广阔的宫廷，又喜爱异国情调的庆典。据称，在他的16名妻子中，有2人因为不肯温顺从命而被他亲自斩首。当明斯特大主教派一支军队围攻城市时，虔诚的原教旨主义者开始恐怖的统治手段。谁敢违反基于十诫的道德法则，都会被莱顿的约翰赐死。教堂中的圣像画被清理一空，雕像被砍得面目全非（插图48）。再洗礼派国王派出传教士，命令他们改变世界，几乎所有人最终都被送上断头台。

插图48：某贵族女性的纪念雕像，约1290年，1534/1535年在再洗礼派占领期间被毁坏，明斯特，圣保罗大教堂，圣坛回廊

在明斯特，这出荒唐的闹剧持续了一年多。1535年6月，这座城市因叛徒被攻陷。为了恫吓百姓，遭受审问、饱受折磨的反叛分子的尸体被放置在铁笼中，直至腐烂。直到今天，高高挂在教堂塔楼上的笼子仍然警醒世人，统治的欲望如果和宗教的非理性结合起来会有什么后果。尽管再洗礼派声名狼藉，遭到罗马的信徒和新教徒的纷纷谴责，但还是在地下偷偷得以延续。与此同时，梅尔基奥尔·霍夫曼在斯特拉斯堡的地牢中饿得奄奄一息，直到1543年咽气。

在结束明斯特闹剧的部队中就有天主教徒和路德教徒指挥下的特遣队。在捍卫社会秩序面前，宗教差异也可暂且搁置，就像他们在农民战争期间所做的那样。早期的现代国家在明斯特城墙下也取得了胜利。在前一年，符腾堡的乌尔里希在黑森的菲利普和施马尔卡尔登联盟雇佣兵的帮助下成功夺回了他的公国，至关重要的是战胜哈布斯堡派来的总督及其占领军，符腾堡发展成为路德宗的堡垒。

无论是明斯特战争，还是10年前的农民战争，皇帝和帝国都没有插手。这场信仰和权力的争端中，胜利者是主权邦领，无论是支持路德的还是反对路德的邦领都扩大了它们对教会事务的影响力。当菲利普的骑兵在符腾堡长驱直入，以及明斯特再洗礼派的锡安山崩塌时，查理五世远离欧洲所有的纠缠，正身处遥远的北非。他率领强大的军队扑向突尼斯，在阿拉贡的费尔南多时代，这里就已经是西班牙虎视眈眈的目标。1535年7月，帝国军队攻破城墙。这次成功被大肆宣扬，举行了胜利大游行，传单满天飞，扬·弗米尔（Jan Vermeyen）还为此创作了珍贵的系列挂毯，今天仍在马德里和维也纳备受赞赏。突尼斯的奥斯曼统治者是一名海军上将，曾经的海盗巴巴罗萨·海雷丁（ad-Din Barbarossa），他是一个睿智的战略家，很快又去侵袭西边地中海沿岸的天主教城市，眼见大军到来就及时撤退。几年后，帝国又对巴巴罗萨·海雷丁的大本营阿尔及尔采取军事行动，却惨遭失败。北非的征战就像博洛尼亚的皇帝加冕一样，是中世纪帝国历史的终结场景：这是神圣罗马帝国皇帝最后一次在进攻"异教徒"的行动中御驾亲征。

英国式离婚：亨利八世的改革

对于宗教改革的历史而言，比明斯特事件更为重要的是欧洲边缘发生的事。自1527年韦斯特罗斯帝国议会以来，瑞典一直走在路德宗的道路上，丹麦——路德的知己约翰内斯·布根哈根（Johannes Bugenhagen）一直在此地推进改革——和挪威紧随其后。这两个国家的"最高主教"自1537年由丹麦国王担任，他利用占有的教会财富巩固他的权力。在匈牙利看来，这还不是奥斯曼式的政教合一，但这种做法是引路德为经、据维滕贝格为典。

在英格兰，亨利八世因为想要离婚便发起改革。一方面，亨利的王后，阿拉贡的凯瑟琳（Katharina von Aragón）未能诞下男性子嗣；而出生的孩子中，只有后来的女王玛丽长大成人。另一方面，国王垂涎于凯瑟琳的女侍官安妮·博林（Anne Boleyn），而安妮要求先结婚再圆房。只有教皇才能解除现有的婚约，但谈判进展不顺。迄今为止无所不能的大法官沃尔西枢机主教成为第一个牺牲品，国王将会谈的失败归咎于他，幸好他很及时地自然死亡，使他免于被送上绞刑架。托马斯·克伦威尔（Thomas Cromwell，约1485—1540）这时成为最有影响力的大臣，在他的建议下，亨利试图向教皇施加压力。即使这会导致两人关系破裂，他也做好了心理准备。1532年，神职人员被迫批准一项文件，即教会颁布法令必须获得国王的首肯。此外，下议院起草了一项法案，要夺走教皇在英国最重要的收入来源："圣职首年收入"——这是神职人员在任职第一年的薪俸。如果罗马不让步，国王就威胁要执行此项法律。然而，克雷芒七世仍然不为所动，结果教廷失去了一个王国。1533年1月，亨利无视罗马而娶了安妮·博林，她已经有孕在身，说明她接受了国王的求爱。

国王的后续措施都经过深思熟虑，为了避免任何异议，议会通过了克伦威尔起草的《限制申述法令》。接下来的100多年里形成了一个传统，英国的法律判决不受外国上级势力的管辖，正是这一法令有效地阻止了教廷的命令。在新任命的坎特伯雷大主教托马斯·克兰麦（Thomas Cranmer，1489—1556）的主持下，教会法庭宣布亨利与西班牙人的婚姻完全无效，而与安妮·博林的婚约是正当的。9月7日，他们的女儿伊丽莎白名正言顺地呱呱坠地，有一天她会戴上英格兰的王冠。她的继承权——在亨利长女、她同父异母的姐姐玛丽之前——有《继承法》可依。随着新女人和新生儿进入亨利的生活，整部法律未能持续其效力，但它的核心内容是，"罗马任命的主教和圣座本人"绝对不应该干涉王位继承权。

直到1534年，反罗马法典才在《至尊法案》之后变得无以撼动。《至尊法案》虽然短小，但它使国王成为英格兰教会的领袖，并授权他可以决定什么是正确的教义。这样，亨利成为哈布斯堡皇帝马克西米利安所期待的那样：集教皇和国王于一身。因为另一项法案，反对这项新法规可以被判处最严重的罪行——叛国罪。因为拒绝对《至尊法案》宣誓，前大法官，同时也是《乌托邦》的作者托马斯·莫尔被送上断头台。他曾经身体力行地以国家利益为名反对异教徒，亲手判处六名异教徒火刑，现在却成了这种同样无情的国家利益至上原则的牺牲品。

与此同时，"首席大臣"克伦威尔继续切断对罗马的供养。教会的法律自由和神职人员的特权消失，朝圣和圣物崇拜也销声匿迹，中世纪晚期丰富的欢乐庆典被取消。税收不再流向罗马，而是流入王家财政部。1536年10月，英格兰北部爆发了一场亲天主教的起义，该起义同时反对王权扩张，而亨利诡计多端，用外交手段便平息暴动。叛乱分子的军队还没有解散，他就砍下叛军首领的脑袋。这次主要由修道院院长们资助的"格雷斯朝圣"（又称"恩典朝圣"）让亨利有借口大规模关闭修道院。不久，英格兰的修道院生活就此消失。雕像被粉碎，圣像画被毁，修道院成了采石场。

克伦威尔被认为是英国宗教改革的建筑师。他是普特尼一个手工艺人的儿子，对许多人来说，他是英国民族的缔造者之一，"议会中的国王"就宣示着英国的主权。这位学识渊博的律师通过行政改革赢得了名声。克伦威尔的前任创立了"枢密院"，现在这个国王最核心的顾问圈子里也出现了中产阶级的身影。贵族仍然有重要地位，尤其在军队中。通过无数次对下等阶层的提拔，亨利拥有了与旧贵族抗衡的力量。

英国宗教改革是一场自上而下的革命，它通过法律且以法权为武器赢得了胜利。1529—1536年的这次横向合作在英伦岛的历史上有举足轻重的作用，以前从未有哪一场横向合作可与之相提并论，国王和议会通力协作，深刻地改变了国家的面貌。"清扫教会"相对顺利地取得了成功，因为驱逐教皇势力符合议会多数派的意愿。英伦岛上的宗教改革从未发展成德国式的好战的民众运动，但由于市民和神职人员之间的争议，英国城市中的动荡看起来比其他所有地方都更加频繁。再洗礼派和罗拉德派的组织在英格兰改革期间没有起到什么作用，这个王国也与路德宗相去甚远。就教条和学说而言，亨利仍然保守，路德宗和归尔甫派都受他迫害。例如，他甚至下令放逐神学家威廉·廷代尔（William Tyndale），后者曾在维滕贝格把《圣经》译成英文，却被监禁在布鲁塞尔附近的城堡，后被处死。在改革党领袖克伦威尔垮台后，罗马神学又短暂地站稳脚跟。1543年，老百姓甚至被禁止读《圣经》。国王对《圣经》经文释义的灵活多变心知肚明，也非常清楚，如果社会抗议和宗教信念混合起来，就是危险的爆炸物。这个道理不仅教育了德国，也教育了英国农民起义者。

亨利受过神学教育，他赞助人文主义者、历史学家和剧作家。他也喜欢作曲，他的歌曲《好伙伴一起消磨时光》在伊丽莎白时代风靡酒吧，今天仍然可以听到。他通过法律谋杀上帝的恩典，又患有躁狂症，但他还是拥有阴郁的名声。他从安妮·博林那里也没有盼来期待已久的男性子嗣，于是就把她送上了断头台，他后来的爱人凯瑟琳·霍华德（Catherine Howard）也有相同的命运：因为被指控与别的男人幽会，她不得不赴一场与刽子手的约会。亨利与德意志公主克莱沃的安妮（Anna von Kleve）离婚，因为安妮对他来说太难看了。在缔结婚约时，他只在宫廷画家小霍尔拜因的一幅画里见过他未来的夫人，这幅画明显非常讨人喜欢。克伦威尔促成这次联姻，希望借此与安妮在莱茵河下游的强大家族建立联盟，他于1540年失去了职位，也掉了脑袋。此前，亨利的第三任妻子珍·西摩（Jane Seymour）生下了王位继承人爱德华。她不是死在斧子底下，而是在分娩时身亡。第六任也是最后一任王后凯瑟琳·帕尔

（Catherine Parr）交了好运，亨利于1547年离开人世。这个蓝胡子[1]国王费尽心思，想让他的王国有一个正当继承人；玫瑰战争的记忆仍然鲜活。单是因为这个，他的行为就可以通过国家利益至上得到解释。

英国宗教改革完成了14世纪以来历任强大的国王开辟的事业：教会必须臣服于王冠。亨利比同时代的其他所有统治者都更加坚定地要把国家主权浇铸成一块"青铜之石"。克伦威尔重新更订的《限制申述法令》的序言就是这条路上的一块里程碑。文中模糊地引用了"古老但可信的不同时期的历史和编年史"，简明扼要地得到结论，"英格兰这个王国是一个帝国，世界公认，由有史以来最高的首脑和国王统治……有完整的、全面的和所有的权力"。1538年，托马斯·贝克特在坎特伯雷的坟墓被砸毁，这象征着教会与国家之间关系的转折点：国家王冠向世人展示，就连一位圣人都无法拯救圣格里高利七世和卜尼法斯八世统治过的高傲自负的罗马。

在外交方面，都铎王朝的国王心知他与哈布斯堡和法国势如水火，令他纠结的是选择在英伦岛上完全隔绝，还是发展有利可图的同盟。1542年，哈布斯堡和法国之间再次爆发战争，亨利这次选择站在皇帝的一侧，他的筹码是查理必须承认他是英国教会的首领。此外，他的统治也喜忧参半。苏格兰人在索维莫斯战役中惨败，但又无法将他们彻底消灭；威尔士进一步融入了王国；爱尔兰在恩威并施之下，基本上处于英国掌控之中。亨利现在称自己为爱尔兰"国王"，不仅仅是"领主"。尽管有大规模的军队部署，但法国北部的战役只是让他短期占领了布洛涅。再加上另一场针对苏格兰的战争，一共花费了超过200万英镑，大约是王室年收入的10倍。亨利曾经梦想与法国国王结盟，共同成就"伟大事业"，这时也失去了所有可能。

直到亨利去世，王冠和议会之间的权重一直都未平衡，宗派问题似乎也悬而未决。继任者爱德华六世（Eduard Ⅵ，1547—1555年在位）是一个9岁的孩

---

1 "蓝胡子"是法国诗人夏尔·佩罗（Charles Perrault）创作的童话故事的同名主角，他连续杀害了自己的妻子们，因胡须的颜色而得名。这个故事曾经收录在《格林童话》初版里，但是第二版之后被删除。

子，在严格的新教环境中长大。大主教克兰麦周围拥簇的改革者现在终于有几年时间可以大展拳脚，反对新秩序的起义则仍然没有任何机会。然而，罗马的拥护者对玛丽·都铎（Mary Tudor，1553—1558年在位）翘首以盼，希望在英格兰迎来一位未来的天主教女王，而且又能得到西班牙的庇护力量，这支庇护军似乎已经准备对这个异端岛国进行十字军北征了。1550年，英格兰与法国达成和解。作为补偿，布洛涅回到瓦卢瓦王朝之手。现在，与苏格兰人进行清算的道路也铺平了。

弱化的改革

文艺复兴全盛期及晚期正值繁荣的顶峰，而对教条和教会争论不休的竞技场却远离这一切。路德论纲诞生的同一年，贡扎加的廷臣马里奥·伊里科拉（Mario Equicola）出版了一本对女性进行赞美的书。朱利奥·罗马诺在曼图亚建造的得特宫和朱利亚诺·达·桑加罗在罗马修建的梵蒂冈宫渐渐成形。在威尼斯，提香作为新星正在缓缓升空。1517年，他正在为弗拉里教堂的主祭坛绘制《圣母升天》。同年，拉斐尔完成了在梵蒂冈宫殿的工作，安德烈·德尔·萨托（Andrea del Sarto，1486—1530）在佛罗伦萨为他的《在鸟身女妖宝座上的圣母》（又称《阿庇埃圣母》）签上了大名。1521年，米兰建筑师塞萨尔·切萨里亚诺（Cesare Cesariano）出版了内附大量插图的维特鲁威的著作。1525年——德国的农民军队刚刚被屠杀时——他在威尼斯出版了《论爱情的本质》，其中不仅涉及古代作家，还把目光投向了普罗旺斯民谣歌手那些温柔的爱情诗。

世俗性渗透到意大利的艺术和文学中，但这不应该掩盖一个事实，即如果仅仅统计标题的数量，那么宗教文献仍占据市场的主导地位。在艺术领域，情况也类似。虽然在1480—1539年，根据对署有日期的画作的统计，"世俗画"的比例从5%上升到22%。反过来，还是有近80%的画作与圣人圣物有关，不过它们比以往任何时候都更美丽，技术上更加完美，也更加富有想象力。在帕尔马及周边地区，科雷乔（Correggio，1489—1534）创造了那些香气扑鼻、光线和色彩都拿捏得很准的神圣场景、神话和因为大胆的平面构图而灿烂夺目的湿壁画。在佛罗伦萨，天才的蓬托尔莫（Pontormo，1494—1557）开始了他的职业生涯。他在圣费利奇塔教堂所作的壁画《基督下葬》是一幅跨世纪之作。

意大利既不是异教所，也不是圣地。即使当时意大利文学生活的中心明星阿雷蒂诺，一个狂放不羁的、商业化的作家，在书中除了描写房事生活中的愉悦体位，还要穿插一些圣母玛利亚和圣凯瑟琳（Katharina von Alexandrien）的爱情逸事。宗教改革和天主教对宗教改革的回应刺激了宗教的文艺复兴，然而，它似乎也让一些诗人的情绪发生了变化。例如，阿里奥斯托在《疯狂的罗兰》的最后一版中增加了五首虔诚又严肃的歌咏，而这部书其他多处都是毫无道德可言的娱乐。

意大利的贵族、知识分子和艺术家与教廷联系最为紧密——这是因为通过裙带关系、受俸神职或者司库大臣分发给他们的金钱，他们没有任何兴趣要将教廷变成一个虔诚的、苦行僧式的修道院。当深受"现代虔诚派"影响的荷兰人哈德良六世（Hadrian Ⅵ，1522—1523年在位）试图严厉打击买卖圣职和裙带关系，也不过是命人宣读了对教皇罪过的忏悔书，为他喝彩的人寥寥无几。罗马人聚集在帕斯奎诺雕像——罗马市中心一尊古老的躯干雕像——前表达对这位北方来的嘟嘟囔囔的教皇的愤怒，人们平日里也会在这里粘贴字条，经常挑衅式地对政治事件评头论足。人们只忍受了他一年的教诲，之后他就被召唤到上帝的怀抱，意大利终于可以喘息。在地方宗教会议和教团内部，改革热情不减，其中包括新成立的教团修会，即所谓的德亚底安修会。

彼得罗·本博的职业生涯是一个很好的例子，可以让我们看到教廷与文化的衷心结盟，几乎有些可怕。在费拉和乌尔比诺工作多年后，我们发现他为教廷服务，并且还拥有很多受俸神职。为了从虔诚的哈德良教皇那里挽留这些俸禄，他很快就承诺遵守修会誓约。尽管如此，他仍然和一个女人藕断丝连。这个女人虽然与另一个人结婚，却给本博生了三个孩子。作为作家，他也硕果累累，他创作十四行诗、书写优雅的信件和威尼斯历史，讲述了1487—1513年的故事。他喜爱古典和神圣之物，把圣母玛利亚比作"闪闪发光的仙女"。尽管他的生活不是完全遵循神圣的规定，1539年他还是被提升为枢机主教。这样一位教会高层对神学问题兴趣不大，对路德完全没有兴趣，这一点也不奇怪。

精英与教廷的纠缠以及精英们所受的人文主义理想的浸染是路德宗思想在意大利传播的主要障碍之一。一位意大利人在宗教改革前曾游历德国，当他看到当地人对礼拜和教堂建设的重视时，他非常震惊。"我们那里贫乏的宗教信仰"让这种震惊久久不能散去。意大利宗教改革无法立足的另一个原因是城邦的弱势，它们缺乏公共权力。如果没有这种权力，大概德国的改革既不会出现，也不可能幸存：大家都公开通过市民阶级推动它，城邦机构会容忍它，并且它还有对救赎的渴望，帕斯奎诺也无法取代这种公共权力。虽然意大利也分发过传单，然而就标题数量和副本数量而言，这种传播度与德国的形势不可同日而语。

除此之外，还有压制。因此，许多人伪装他们的宗教倾向，他们被称为"尼哥底母"[1]。有些人被迫逃离。1525年出生于翁布里亚的彼得罗·比扎里（Pietro Bizzarri）想要通过历史学家的身份保命，却被英国国王当作间谍。他曾在热那亚、萨克森、奥格斯堡、安特卫普和海牙等地露面。1586年后，他销声匿迹。有些人不得不为他们"异端"的观点付出生命的代价，其中包括罗马教廷掌印官皮耶罗·卡内塞奇（Piero Carnesecchi）。当他1567年在罗马登上火刑架时，据说他穿着纯白的衬衫，戴着白手套，如同一场宗教热情对民间人文主义的处决。

卡内塞奇在那不勒斯加入了一群固执任性之人中，他们簇拥在胡安·德·巴尔德斯（Juan de Valdés，1490—1541）身边。这个卡斯蒂利亚人受他的故乡西班牙的一场思想运动的影响，在那里被称为"光照派"

---

1 尼哥底母是一个法利赛人，同时也是反对耶稣的犹太公会的成员，根据《圣经·新约·约翰福音》的记载，他赞成耶稣。

（Alumbrados）[1]运动。早在中世纪晚期，我们就已经遇到过类似这种"光照派"的虔诚组织。人们希望过着充满爱的谦卑生活，勤奋地阅读《圣经》，和神秘主义者约翰内斯·陶勒尔一样在自己内心寻求上帝。伊拉斯谟和路德神学的思想带来心灵的亲和力，也与柏拉图的哲学有关。由于改革进展，西班牙宗教裁判所更加严酷——约有130名"光照派"成员被处死——巴尔德斯本人也避居到依旧宁静的总督辖区那不勒斯。

因为他的孪生兄弟阿方索（Alfonso de Valdés）是查理五世的亲信，巴尔德斯本人受到严密保护，而他圈子里的其他成员与比扎里一样，不得不在半个欧洲大陆辗转逃亡。他们当中包括前嘉布遣会将军贝尔纳迪诺·奥齐诺（Bernardino Ochino，1487—1564）和遵循奥古斯丁学说的修士彼得·马蒂尔·菲密格理（Pietro Martire Vermigli，1499—1562），后者也在教团担任高级职位，两人后来都参与了宗教改革。菲密格理在苏黎世找到了停留之地，而奥齐诺在那里也引发了反感，不得不向摩拉维亚的奥斯特里茨行进，结果在途中死于瘟疫。最后，受巴尔德斯圈子的灵性影响的还有16世纪最著名的女性之一维多利亚·科隆纳（Vittoria Colonna，1492—1547）——根据保罗·吉维奥（Paolo Giovio）的描述，也可以判定她为当时最美丽的女性之一。她的诗歌深受柏拉图启发，在当时就受到赞扬。米开朗琪罗的一些十四行诗可能就受到她的影响，所以才有虔诚、痛悔的基调。

仍然忠于旧信仰的欧洲国家主要用两种方式来应对宗教改革所带来的挑战：一种是暴力、驱逐，可能还会处决新教异教徒；另一种则是通过自身的改革在宗教改革中占据上风。巴伐利亚在兰茨胡特的继承权之战后通过对长子继承权的一致承认联合起来，很早就决定双管齐下。早在1522年3月，反对新学说的授权就已经颁布，新学说的追随者都将会被驱逐。五年后，路德宗神学家被当作异教徒施以火刑。与此同时，公爵们和主教们商定，废除教会弊端。与新教一样，最重要的手段是巡视教会。因为神职人员本身缺乏热情，国家开始

---

1 "光照派"主张唯有默观祈祷方可寻得光照而与神合一。

展开巡视督导。

而我们刚刚已经提到的西班牙则走了自己的路。对伊拉斯谟，甚至柏拉图、菲奇诺或皮科·米兰多拉的研读都是危及生命的事。伊比利亚国家固若磐石的天主教传统深受征服者文化、早期的宗教改革——以西斯内罗斯为代表——和深深的虔诚的滋养，这种虔诚是基于神秘体验和对基督之爱。阿维拉的圣特雷莎（Teresa von Ávila，1515—1582）可谓一例，显然她的虔诚甚至能够让她产生性体验。

西班牙天主教的杰出代表是出身于巴斯克贵族的依纳爵·罗耀拉（Ignatius von Loyola，1491—1556）。1521年，法国、西班牙战争的一段插曲发生在潘普洛纳围城，依纳爵遭受了严重的战争创伤，长期卧病在床，让他面临生活危机。这个士兵把骑士小说放到一边，开始阅读《金色传奇》和西斯内罗斯的《精神生活练习》等著作。启蒙终于让他虔诚地悔悟，这些书引导他去耶路撒冷朝圣，最终专注于神学研究。依纳爵成为路德的天主教兄弟，他的虔诚可能与他的同胞巴尔德斯有着相似的精神前提。不管怎样，他有时被怀疑是一个"光照派"，可能是路德的追随者。

像改革者一样，依纳爵渴望纯洁。他用自己的罪折磨自己，并寻求仁慈的上帝。和路德看法相同，虔诚对他来说不是一种态度，而是一个需要不断剖析自我的过程。他的《精操》一书让人想起中世纪晚期的圣像组图，其通过启发性的场景，将耶稣的生活呈现出来，以便帮助人们谦卑而怜爱地模仿这种生活。它的目标是帮助人们把一切自我的东西都上升为上帝的旨意。与路德不同，这个巴斯克人在一开始转向内心时找到的是满足。在依纳爵看来，这种转向并不属于对"纸基督"的批判或当局机构的缺陷，相反，这个终生跛脚的矮小圣人建立的修会后来发展成为一股最强大的力量，窘迫的教会也被迫让位。

法国也保持着天主教传统。索邦从一开始就谴责路德学说，改革派的一名追随者甚至被送上火刑架。但是宫廷让整件事情不断推进，整个国家处处都有亲改革派的圈子。一起被称为"海报事件"的丑闻让局势愈演愈烈。1534年10月18日清晨，巴黎和其他一些城市的市民吃惊地看到一则宣言，即反对滥用教皇弥撒。这是一次前所未见的对公共领域的征服，弗朗索瓦一世也感到头顶的王冠岌岌可危。25名嫌犯被处决，从这时开始，王室颁布一系列敕令禁止新教活动。信仰哪一种宗教成为关乎性命的大事。审讯异教徒的法庭——人们称为"火焰法庭"，提到它就瑟瑟发抖——有堆积如山的工作，越来越多的新教徒离开了这个国家。例如，克莱芒·马罗就发现自己不再受玛格丽特王后的庇护。他不得不逃离，在费拉拉（他遇见拉伯雷的地方）、威尼斯和日内瓦寻找避难所。1544年，这位当时最重要的法国抒情诗人在萨伏依王朝统治下的都灵去世。

上帝的牧犬：加尔文

皮卡第人约翰·加尔文（Johannes Calvin，1509—1564）也有类似的逃亡经历——从玛格丽特的宫廷逃往费拉拉。他的父亲在努瓦永的大主教手下为座堂教士咨议会担任高级官员，让他有条件接受完整的法律教育，也受到人文主义的熏陶。约翰很早就对改革思想着迷，甚至因为其异端立场而差点被捕。1533年底，他不得不从巴黎蜿蜒而出，这里是字面意义的蜿蜒：密探把大门敲得砰砰作响，而他在住所里把布接成一条绳子蜿蜒爬下。他放弃了一直以来维持生计的在努瓦永的受俸神职，在"海报事件"后彻底背弃法国。1535年，他出没于巴塞尔，一年后，他的《基督教要义》出版，这本书很快使他声名鹊起。直到他去世前，他一再修订，让这本书成为一部不朽之作。一开始只有6个章节，最后却有80多章。他的神学教父包括奥古斯丁和邓斯·司各脱，尤其是"基督最出众的使徒"路德和斯特拉斯堡的改革者马丁·布塞尔（Martin Bucer，1491—1551）。加尔文蔑视神学的吹毛求疵是出于人文主义的想法，主要探究的是赐予人恩典和亲近的上帝之子基督与超越一切理解范围的上帝形象之间的紧张关系。作为传教士，加尔文必须用简洁明了的句子和日常话题来说服众人。

加尔文神学的核心是宿命论。从出生到生活或死亡，人都是被预先设定的，他对这一点坚信不疑。为什么一个堕入地狱，另一个成为天选的上帝之子，对他来说是一个谜；在他看来，似乎就连这个问题都不该被提出来。他和路德一样，觉得要指引人们找到纯粹的信仰。但和他的一些追随者不同，他不认为生活的成功或失败能让人们推断上帝的审判。

即便把人降格为等候上帝判决的芸芸万物，他也不认为这是被动的存在。相反，他要求与罪恶持续斗争，并呼吁慈善、友爱和热心来赞美主，生活中的一切包括食物和饮品都应该为此服务。至于获取利息，他又与路德观点一致，倡导人们共同遵循西塞罗的公平原则。就圣礼来说，他认为只应该包含洗礼和圣餐。

加尔文把他对世界历史的影响从日内瓦扩散出去，这座商业城市自1536年以来一直支持宗教改革。1541年，他在此处定居。他是一名富有魅力的传教士，被看作"新教的萨沃纳罗拉"，成为这座城市的代言人。他没有在日内瓦湖畔建立拜占庭式的神权统治，而是打造了一个追求虔诚和纯洁的共和国。上层当局必须为教会和神圣使命服务，并且不能辜负教区信任，要监督人们的生活是否合乎道义。教会事务的最高权力机构是教会监理会，最初由城市的牧师和12名普通信徒组成，即理事会选出的"长老"。根据加尔文教义，世俗权力在教会中没有任何影响力。如果上层当局无视上帝诫命，那么基督徒有权利抵制这种当局。这不是呼吁革命，相反，实行抵抗运动的人应当是被选出的人民代表，"较小的当局"。这一学说为未来反对渎神君主的庄严运动提供了理论支持。这样就出现了一件稀罕事，追求纯洁和建设道德国家的思想在民主思想，尤其是美国式民主出现之前的历史时期发挥了不可小觑的作用。加尔文认为贵族和民主元素的结合堪称完美，这是日内瓦宪法的雏形。从神学上看，加尔文主义建立在普遍圣职的理念之上。

加尔文希望成为"上帝的牧犬"，他在日内瓦设立的学院很快吸引了来自半个欧洲的神学家。在三座教堂，每日都有布道，但如教会监理会所愿，圣餐——有面包也有葡萄酒——每年只分发四次。在外部局势紧张和欧洲大陆日趋阴暗的背景下，加尔文主义的道德政治变得越发严苛。同性恋者被送上火刑架；通奸者，即使是沉溺于无害的舞蹈消遣，也遭受公开羞辱。牧师和长老们对市民进行家访，以检查他们的生活方式。即使是受洗的名字也不再是自由选择，而是根据一张列表分配：有一次，一个教士不顾父母的怒火，坚持给他们受洗的孩子起名"亚伯拉罕"，而非他们期望的"克劳德"。有几个星期，监理会甚至关闭城中酒吧，并在原址开起"修道院"，以此来监督人们是否正确进行餐前祈祷。然而，这根弦绷得太紧了。世代居住在日内瓦的人们开始反抗加尔文和涌入城市的法国流亡者，他们的反对声如此响亮，让这位改革者似乎与萨沃纳罗拉一样受到命运的威胁，但这个皮卡第人坚守阵地。尽管他在道德上非常严厉，但他不是一个顽固的拘泥于原则的人，他与苏黎世人民在圣餐问题上最终达成一致。

凭借他的思想，这个法学家的冷酷理性开始为纯洁的理想服务。像路德一样，加尔文把职责和工作神圣化，如同生活中的一切，它们也是对上帝的服务。甚至连他自己非常欣赏的音乐艺术，如果仅仅为了消遣，也不允许被演奏。寺庙变得贫瘠，被剥去了所有世俗的金色光泽。加尔文甚至想要比路德更严格地根据《圣经》建立新世界。

马克斯·韦伯（Max Weber）在一篇极具影响力的文章中得出结论，加尔文主义通过呼吁"内心世界的禁欲"为特定的资本主义强制性道德提供了有利条件。他在文中指出加尔文教徒的身份与资本主义思维倾向的相近之处，论文最准确的一个核心观点可能在于，改革的所有变体形式以及天主教会的反击运动通过相互竞争，共同推动了欧洲社会的纪律化。不是加尔文主义，而是一个不断改革的基督教促进了拉丁欧洲"资本主义精神"的产生。

欧洲相对开放的竞争团体都有强大的构造力量，团体内出现的思想空间也有很大的影响力——抵制宗教改革带来的宗教升级同样也为思想创造了空间。加尔文主义在世界范围内取得的成功与这样一个事实有关，即他的学说可以抵挡随着即将到来的现代一起出现的不确定性和威胁，它们甚至能够让全能的上帝重新有所动作。加尔文的上帝甚至比柏拉图的抽象概念更加伟大，但他也把个人命运看在眼内。由于这种矛盾性，加尔文主义也成为一种现代宗教。加尔文的神学转折点到底是从他的哪些个人经历和创伤中获得了动力——母亲的早逝，还是与努瓦永座堂咨议会的小小冲突而拒绝以基督教仪式为父亲下葬？——我们永远都不会得到答案。显然，加尔文一生都是一个流亡者。可能正因为如此，他的神学才如此直率生硬：这是对生活的回答，就像所有宗教一样。

战争和宗教会议

加尔文曾经徒劳地想要赢得弗朗索瓦一世并让他成为支持改革的另一位"'英明者'腓特烈"，《基督教要义》就是献给这位国王的。然而，在法国仍然是天主教独大。国王的名望不是源于战争，而是他对艺术和科学的扶持：他资助列奥纳多，建造香波堡和枫丹白露宫，这是出自一队出色的佛罗伦萨艺术家之手。他设立图书馆、赞助"三语学院"，即希腊文、拉丁文和希伯来文，后来发展成为法兰西学院；除了拉伯雷和依纳爵·罗耀拉，加尔文也是这所学院的知名校友。所有艺术和科学的辉煌，枫丹白露"终极之所"的游行和节庆标志着国王的绝对权力。当时就已经有人意识到，这样的活动不过是毒品，用适当的方式让人们顺从。

在四场对抗皇帝的陆地和地中海战争之后，政治版图的变化却微不足道。自12世纪起，法国国王就拥有"基督教全境之王"的荣誉称号，弗朗索瓦继承先祖头衔，就连与奥斯曼人立约，他也无所畏惧。1544年，克雷皮和平谈判为他和查理五世两位统治者之间——如前文所说，与哈布斯堡结盟的亨利八世也在场见证——的决斗画上了休止符，弗朗索瓦把他对意大利的野心远远抛下。为此，皇帝放弃了对勃艮第西部的野心。然而据载，法国王太子在签署和约后说，一旦他即位为王，他并不打算容忍和约中的损失。

查理五世可不只是想成为在各方之间斡旋调停的主持人，他的野心不止于此。如果皇帝的权力不足以保护真正的宗教，那皇权还有什么价值？把政治和信仰分割开去，这不属于他的价值观。1524年，一个城市议会会议就提出类似提案，要求保证皇帝在世俗事务中的话语权，但如果涉及神之言语、救赎和良知，就不是皇权所能及了。查理不仅把路德宗看作宗教上的敌人，也将其看作国家的公敌。毫无疑问，当他现在计划对新教徒发动战争时，他深信是以上帝的名义在行动。他的目标是迫使异教徒现身宗教会议，让他们促成教会改革、重新统一信仰。根据《克雷皮和约》的一个秘密的补充协议，弗朗索瓦一世有义务支持这一行动。

与很多前任一样，时任教皇保罗三世似乎也不是注定的改革者，他不想净化教会身上的世俗污垢，也不想向新教徒伸出和解之手。他能在罗马教会中青云直上，要感谢法尔内塞家族的后人。他的妹妹朱莉娅人称"美人"，曾让枢机主教罗德里哥·波吉亚，即后来的教皇亚历山大六世着迷不已。事实证明，枕头风对原名亚历山德罗·法尔内塞（Alessandro Farnese）的保罗三世的事业非常有帮助。教皇为表示友好，让他美丽情妇的哥哥当上枢机主教。亚历山德罗不仅攫取大笔薪俸，甚至还得到了帕尔马教区。帕斯奎诺雕像上贴满了小纸条，嘲笑他是"小裙子主教"（Kardinal Röcklei），如果音译的话，这位法尔内塞主教被笑称为"妇人哥内塞主教"（Cardinale fregnese）。他旺盛的精力让他的后代成群。当上教皇后，他对自己的后代和有裙带关系的人恩惠不断，这种偏爱甚至堪称丑闻。在今藏于那不勒斯的一幅画中，提香描画了保罗，这幅画已成为裙带关系的点睛之作。画中间是倚在靠背上的年老体衰的保罗三世，他打量着衣着考究的孙子奥塔维奥（Ottavio Farnese，1524—1586）——帕尔马公爵，虽然奥塔维奥毕恭毕敬、躬身屈膝，保罗的眼神仍然略带怀疑之色。保罗的右边是奥塔维奥的哥哥，"伟大的枢机主教"亚历山德罗（Alessandro Farnese，1520—1589）。他14岁时就通过祖父之手紫袍加身，并被赠予阿维尼翁和蒙雷亚莱的教区。在文艺复兴晚期的罗马，他应该是伟大的艺术赞助人之一。

保罗对教会亟须改革的形势自然心知肚明，如往常一样，净化从修道院开始。教皇也让一些公开支持改革的人担任枢机主教。外交手段高明的威尼斯人加斯帕罗·孔塔里尼（Gasparo Contarini，1483—1542）主持成立了一个委员会，旨在为"改善教会"提供建议，但只起草了一份总共12页的文件，四开大的纸张，仅此而已。与此同时，罗马的策略已经转向其他方向：巩固自己的教条并消灭异教徒。只需稍稍改变，以便一切都保持不变。那不勒斯枢机主教季安·皮埃德罗·卡拉法（Giam Pietro Carafa）、后来的教皇保罗四世建立了负责传播教义、保护传统的信理部，这一举措，让人们感到风向有变。1542年，信理部作为最高审讯机构被设立，对"阿尔卑斯山南北两侧"的整个世界负责，也包括德国。一件一流的艺术作品也预示着教会的宗教性越发严苛：米开朗琪罗恰好在西斯廷教堂完成了《最后的审判》。这幅世间剧的委托人还是克雷芒七世这位经历"罗马之劫"的教皇。它提醒人们，世间一切所作所为都要面临最后的审判。

在外交政策上，保罗绝不寻求与皇帝及其身后的天主教超级大国西班牙结盟，尽管这可能会符合他的宗教政策，他想从查理和弗朗索瓦一世的冲突中获得渔翁之利。"全世界都知道，只有教皇才让您陷入过去和当今的困境，"查理驻威尼斯的大使曾如此评判，"哪位王侯比他造成的损失更大？连瞎子都能看出，法国人对您所做的一切，他都是始作俑者。"查理争取教皇的手段是，通过家庭政策讨他欢心。保罗一意孤行，想任命他的儿子皮埃尔·路易吉·法尔内塞（Pier Luigi Farnese）为帕尔马和皮亚琴察的公爵，皇帝使这一行为合法化。作为交换，教皇允许为皇帝召集宗教会议。事实上，会议确于1545年12月在特里安举行——这里是神圣罗马帝国的领土，但接近意大利，属于阿奎莱亚宗主教管辖区。没过两个月，路德离世，以王侯之礼被厚葬。

与此同时，维滕贝格上空阴云不散。查理五世成功阻挠弗朗索瓦一世，赢得教皇的支持并召开宗教会议。这是巨大的胜利却又有些微不足道，因为新教的王侯根本不打算把他们的神学家送到特里安。皇帝的特使弗朗西斯科·德·托莱多（Francisco de Toledo）是普通教徒，但参会者寥寥无几反而让他一言九鼎，以至人们嘲笑特里安宗教会议是"托莱多理事会"。路德宗信徒对这样的会议没有任何期待，他们30年来为之奋斗的一切都遭到拒绝。

皇帝决定诉诸武力。由于经济、传统和局势的限制，查理此次动武才智惊人、策略丰富。在第一颗炮弹落地之前，他已经从外交上赢得了蓄势待发的施马尔卡尔登战役的胜利。事实上，1547年4月下旬，当施马尔卡尔登联盟的军队在易北河畔的米尔贝格尔面对皇帝的人马缴械投降时，一切就已经尘埃落定。萨克森选帝侯约翰·弗里德里希（Johann Friedrich）沦为阶下囚；阿尔伯廷支系的萨克森领主莫里茨勉强可与查理谈判。作为奖赏，他接替身陷囹圄的堂兄成为新任选帝侯。奥格斯堡的帝国议会依旧于9月召开，将宣布这场胜利的合法性。八个月来，这个施瓦本的城市成为事件的中心，甚至提香都从威尼斯远道而来。在他笔下，查理高坐骏马之上、右手紧握圣枪，一副天主教勇士的模样。自中世纪中叶以来，没有哪个皇帝像他一样让帝国拥有这样至高无上的权力。一位西班牙编年史家把他的皇帝主子捧到恺撒的地位，并假传皇帝之语："这就是罗马人经常提起却很少亲见的易北河！"战斗开始前的清晨，雾气消散，驻扎河对岸的敌人也终于看清了面前的急流。

在帝国议会上，皇帝既专横又傲慢。帝国直辖市乌尔姆一直是宗教自由的先锋战士，也派使者前来，而这位使者在默不作声的皇帝面前站了整整半小时，垂下眼睑，不敢抬头。皇帝计划的不只是一场保守的革命，他想把帝国按照联邦组织起来，让它更接近于真正的君主制。在宗教理事会的帮助下，新教徒应该变得明智，同时教会也会被革新。

然而，即便有米尔贝格大捷，这个解决方案还是前路漫漫。宗教理事会绝不是包罗一切，更像是一个效忠罗马的框架议会，会后便立即开始建造教条主义的城墙。这还不是教会统一的全部障碍，1547年3月，教皇保罗以瘟疫的威胁为借口把会议移到博洛尼亚，他的直接管辖范围内。这是否如研究宗教会议的历史学家休伯特·杰丁（Hubert Jedin）所言，是与新教徒摒弃前嫌的最后机会，是一个仍需商榷的问题，但政治和神学已经紧密地交织在一起。罗马的权威被降低，帝国权力也因为信仰之争被大大削弱，皈依各种教派的德国王侯则都从中获益。1547年9月，保罗的私生子皮埃尔·路易吉公爵惨遭谋杀，查理五世就算没有亲下命令，也不可能不知情，这一事件让教皇和皇帝的关系终于无法挽回。博洛尼亚的会议没有取得任何实质性成果。

同时，在奥格斯堡的帝国议会上，查理展现出组建外交网络和赢得战争的实力，但他还未懂得如何适度利用这场胜利。新的帝国联邦应该也覆盖了奥地利、尼德兰和意大利等地，可能造成这些地区的复天主教化，而且让联邦成员国承受新的税收负担，并丧失了所有政治独立性。由西班牙人来统治德国，即使对皇帝的盟友来说，这也是一场噩梦。帝国的计划遭到了广泛拒绝。联邦计划只有少许遗留。此外，新教徒也对帝国给予的让步表示不满。作为宗教会议决议前的过渡方案，帝国议会允许牧师结婚、普通教众可分享圣杯，但下令恢复罗马的"古老仪式"并肯定了教皇和主教的权威。

查理的第一个具体措施并不顺利，近30个叛乱的帝国直辖市不得不开展深刻的宪法改革。同业公会团——帝国议会鄙夷地称他们是"公牛和暴民"——由贵族当局所取代。在很多地方，教堂和修道院都必须返还给原来的占有人。1550年后续的奥格斯堡议会上，查理筹划让他的儿子腓力继承皇位和财产，这回如临大敌的不仅仅是路德宗的新教教徒。腓力是一个切切实实的西班牙人，比他的父亲更虔诚。德国王侯之间盛传，查理的目的是破坏自由选举原则，把帝国变成一个世袭君主制国家，让外国人腓力来当皇帝。查理的弟弟斐迪南一世忠心耿耿，但他希望自己的儿子马克西米利安能够得到继承权，但哈布斯堡的形势走向了坏的一面。尽管有停火协议，科西嘉战争再次在地中海爆发。在匈牙利，奥斯曼帝国攻陷了蒂米什瓦拉。

在这种情况下，新加冕的萨克森选帝侯莫里茨利用帝国议员的不满情绪有所动作。1552年，他与一些新教徒权贵和法国新国王亨利二世（Heinrich Ⅱ，1547—1559年在位）结盟——弗朗索瓦一世于1547年驾崩——冒险起义反对皇帝。尽管法国人在自己的土地上把改革派的教徒送上火刑架，但并不妨碍这次结盟。正如香波堡的秘密和约所宣称的那样，此次事关"德意志民族的祖国父亲"的古老自由，要将其从"野蛮"的西班牙奴隶制中拯救出来。查理显然大为震惊,此时他刚刚巡游到因斯布鲁克,不得不仓皇逃离。这位两个世界的统治者饱受痛风折磨,被塞进轿子里运往克恩顿,作为人质被捕的施马尔卡尔登联盟的领袖纷纷获得自由。在皇帝未到场的情况下,叛变者于1552年在帕绍与斐迪南一世会盟,同意对不同的皈依教派相互容忍,直到在帝国议会上达成最终和解,这是他们虔诚的愿望。但查理并没有坦然接受失败,他再一次调动了可用的力量并对法国采取行动。然而,他甚至没有成功夺回梅斯——这个帝国直辖市在香波堡条约中被交于法王亨利之手。

1551年,在战争的背景下,宗教会议经过博洛尼亚小插曲后第二次在特里安召开,可惜又一次分崩离析。在教皇的暴力统治下,妥协是不可能的,更不用说教会改革。保罗三世的继任者尤利乌斯三世(Julius Ⅲ,1550—1555年在位)痛恨有关新教的一切东西,同时也仇视犹太人,但他对艺术、狩猎、美食和年轻男子倾注心血。萨克森公爵莫里茨在皇帝的弟弟斐迪南一世身上看到了政治前景,他是可以阻挡西班牙奴役"德国"的替代品。但是,年仅32岁的萨克森选帝侯莫里茨在与勃兰登堡-库尔姆巴赫的藩侯阿尔布雷希特二世对阵时英年早逝。这个不太幸运的赌徒有时与新教教友结盟,有时与皇帝缔约,几次试图建立一个法兰克公国。欧洲的权力政治秩序似乎一直对建立新国家持开放态度,而事实上,这个藩侯的接连失败表明,这种可能性越来越小。

在权力鼎盛时期,查理的军队在不同地点开展行动,总人数达到15万人。这个数字昭示着奥斯曼帝国以西最重要的军事部署,但要同时对奥斯曼土耳其人、法国人和新教徒发动战争,这个规模还远远不够。皇帝为统一和净化而发动的战争在现实中失败了。查理在帕绍议会上不再露面,1555年议会再次在奥格斯堡举行。在神圣罗马帝国,他的继任者是奥地利的斐迪南一世,在西边则是西班牙的腓力。早先所有的计划都泡了汤,哈布斯堡家族被分为奥地利和西班牙两个支系,这已是不争的事实。

路德的遗产，人文主义和文艺复兴

1548年5月中旬——西班牙威名远播的步兵在当时刚刚占领维滕贝格——皇帝查理步入城中的城堡教堂，并来到路德墓前。狂热者敦促皇帝，既然路德活着的时候没遭到惩罚，那么至少要把这个异教徒挖坟焚尸——第五届拉特兰宗教会议要求在死后进行这种古老的惩罚。无论出于何种原因，皇帝回绝了这个请求，他对这个伟大的命中宿敌的些许尊重是否起到一丝作用？无论如何，新教徒的圣人之墓得以保全。

这位昔日勇敢的僧侣在晚年渐渐僵化，活成了自己的纪念碑。佩服年轻的路德很容易——比老年路德容易：他后来教唆人们反对农民起义，写下反犹论著。在1543年出版的小册子《论犹太人和他们的谎言》中，路德用奥古斯丁学说为"犀利的怜悯"辩护，这是一份令人失望的文件。在早期文章里，他还曾表露希望，认为尽管犹太人至今一直被腐败的教皇恐吓、诽谤，但通过理性的辩论他们终将皈依。而现在，他呼吁人们摧毁犹太人的家园，烧掉犹太会堂，夺走他们的经书，禁止拉比布道，违令者将被体罚甚至处死。他号召人们把犹太人驱逐出境，这在实践中大获成功，被波及的犹太人痛苦不已。像之前的艾克一样，路德把犹太人与一个庞大的阴谋联系起来，认为他们准备伤害基督徒并谋杀基督教王侯。多亏了他的权威，这种胡言乱语产生了深远又广泛的影响，远超其他犹太人的反对者。因此，路德在反犹主义出现之前扮演了一个尤其灾难性的角色。如果谁说他的反犹主义是与当时的背景相符，想以此减轻他的罪责，那么你一定不能忽略，文艺复兴也带来了皮科·米兰多拉和罗伊希林这样的人物，后者的伟大名句"犹太人和我一样都属于我们的主上帝"，肯定不可能从路德口中听到。

路德也是宣扬净化的无数传教士之一，基督教和其他宗教当然都想持续净化，他也是克吕尼改革派教宗圣格里高利七世、克莱尔沃的圣伯纳德和圣方济各的手足。他想要清除多余的话语、虚假的仪式和无效的典籍，寻求纯朴的信仰和对上帝恩典的信赖。但他明白——这一点让他区别于其他净化派的使徒——人们的生命短暂，不是为最终的绝对而生，而且他很清楚，从人们身上剥夺太多日常习惯是不好的。正如成功的宗教创始人佛陀——据说他曾试图遵循严苛的禁欲主义，但后来避免了走极端——虽然路德想要洗涤自我，但他并非净化的狂热分子。他爱美食、喜饮酒，人很幽默又时而粗俗，和他的妻子卡塔琳娜生了六个孩子。作为教士，他着教授装，这后来成为新教牧师职业服装的典范。在庆祝圣体圣事时，他甚至穿上无袖礼袍。他认为圣像画是次要的，但也不要求毁坏画像，为了教导和铭记圣事是可以悬挂圣像的，确实是他把忏悔提升为基督徒生活的主旨。尽管如此，他还是认为此岸，即世俗生活的"粪屋"，是有权利存在的。他和家人的生活方式，即所谓的"新教牧师之家"，后来创造了一个传奇般的文化群落生境。他的社会学说并不倡导僧侣的理想目标，而是从非常普遍的意义上把这一职业神圣化：每个人都应该在上帝给他安排的岗位上尽职尽责地工作。这更多意味着他呼吁人们保持自我谦卑、维持等级秩序，而非意味着庆祝取得的成就。正因为路德的改革理念保留对世俗人性的坚守，其才得以幸存。

因着西西弗斯般的经历，现被尊为新教教皇的路德博士和早年间的马丁已经有了明显区别。他眼睁睁看着自己满怀激情所开辟的宗教改革在谋杀和战争中日趋衰落，深陷在内部分裂和分裂后的再分裂中。他处处都感觉到撒旦的阴谋，有时候还以为自己在和撒旦搏斗。自改革的全新觉醒以来，世界并没有变得更好，路德曾坚信上帝之言有战无不克的力量，而此时却屡屡碰壁——对犹太人没有效果，对教皇和皇帝肯定也不起作用，必须得借助暴力进行最后的战斗。

路德的内心充满矛盾对立，这一形象的轮廓自农民战争以来已经很明显。在对贵族的诉求中，他还曾辩称，人们应该用经文战胜异教徒而不是火。现在，1529年施派尔帝国议会认定对再洗礼者执行死刑是合法的行为，他没有提出异议。他的奥格斯堡供述在噩兆般的第十六条中严厉诅咒再洗礼教徒，在现代版本中则经常对这一条刻意删减。路德在半个天主教世界中被认为是异教徒，现在他自己与迫害者同流合污，一切激进的、无法控制的东西都威胁到他与国家的联盟。

在新教城市和国家中，中世纪已经很常见的巡视现在更频繁地进行，它是上层当权者维护正统和道德的手段。神学家和官员组成的委员会访问教区，以便控制那里的局势。他们检验牧师的学识，控制财务状况，监督人们的信仰是否坚定，并寻找异端、巫术和魔法的迹象。尽管最初的理念是建立普通的圣职，但路德宗内部也形成了僵硬的等级制度。神学家们对《圣经》的剖析一如既往，他们受过人文主义教育，从新文学角度对经文做出不一样的解读。在新的思潮中，各种思潮都遵循自己独特的解读方式，其中加尔文主义是最重要的。路德派的正统渐渐崛起，与它们对峙，同时将自己看作正统观念的禁卫军："我们不是在柏拉图的学校，而是在教堂里！"审查绝不是天主教的特色。即使在氛围宽松的巴塞尔，1559年，再洗礼派的大卫·乔里斯（David Joris）也被掘坟暴尸，并与书籍一同被焚烧。

与所有的困难时期一样，人们一直在伟大教派的边缘寻求通往上帝之路，有时候甚至背离伟大教派。欧洲中世纪的神秘主义者、追寻神秘虔敬的希腊或俄罗斯的静修士，以及伊斯兰教苏菲派神秘主义运动或南亚的印度教虔诚派运动都曾踏上这条路。后者以这种方式反对婆罗门，欧洲改革派以这种方式反对罗马神父，再洗礼派以这种方式反对改革派，周而复始，循环往复。他们都渴望接近上帝，或仅仅是为了进入世界彼岸的无以言表的状态。

基督教神秘主义者寻找神圣的灵魂深渊和陶勒尔、闵采尔都提到的宁静，他们的继承人包括16世纪的灵性主义者。塞巴斯蒂安·弗兰克（Sebastian Franck，1499—1542/1543）是其中最重要的人物，他提倡摆脱一切教条的自由宗教，认为宗教是在圣灵普照下的光芒中寻求自我。宗派间关于异端的争执和辩论被他称为"鸽粪"，异端对他来说只不过是偏离多数人尊崇的东西。不管是谁，只要真诚地寻求上帝，并且不要求"掌控他的头脑"，无论他是天主教徒、路德宗、再洗礼派、奥斯曼土耳其人或犹太人，他都是一个"亲爱的兄弟"。人民的智者，赫尔墨斯、摩西、柏拉图和其他人，可能说的都是同一个神。当时，天主教一方也持同样的观点。1540年，克里特岛上基萨莫斯的主教奥古斯丁·斯图科（Agostino Steuco，1496/1497—1548）写出了极具影响力的《长青哲学》一书，他后来跻身于特伦托的理事会长老之列。这本书也对一个古老的论点进行研究，即神谕、《启示录》和哲学著作中透露出的所有智慧都是唯一的天主教真理的变体。

在塞巴斯蒂安·弗兰克的思想中，人文主义的个人主义与宗教完全契合，同时从宗教的统治权中解脱出来。弗兰克曾经说过，"我对众人来说不过是一个人"。和他一样，西里西亚贵族卡斯帕·冯·施文克菲尔德（Caspar von Schwenckfeld，1489/1490—1561）与他的追随者也关注对上帝的个人经验，而不是神学家的"纸上基督"。对于施文克菲尔德和后一代的约翰内斯·阿恩特（Johannes Arndt）来说，他们的首要目标不是净化国家和社会，而是自我内在的净化，并为追随基督而努力。当人们质疑宗教官员作为救赎的中间人的垄断地位时，他们不以为意，这一点都不奇怪。跟西班牙的那些神秘主义的基督教实践者一样，施文克菲尔德派和其他偏离正确路线的人，如博学家纪尧姆·波斯特尔（Guillaume Postel，1510—1581）和德国最原始的神秘主义思想家兼鞋匠雅各布·边谟（Jakob Böhme，1575—1624）都遭到迫害，被逼屈服。

纪尧姆·德·佩里埃（Guillaume de Périer）所著的《世界的定音鼓》可能是对时代形势的个人回应，他从琉善那里学到了讽刺基调。作者身处纳瓦拉的玛格丽特的庇护之下，他的嘲讽是针对各宗各派所有神学家的争论。在一章中，他用换音造词法创作了赫图鲁斯（Rhetulus）和苏贝库斯（Cubercus）这两个隐晦的人名，以影射路德（Luther）与布塞尔（Bucer），他们二人声称自己知道如何找到"贤者之石"的碎片。结尾是两只狗之间的对话，它们无疑比它们的主人更聪明，并且抱怨人类多么容易受骗。

这样遭受嘲讽的路德留下了一种神学，它位于崇尚仪式的天主教和神秘主义者的心灵宗教之间。跟随他的人都被引向《圣经》和布道，这些人比追随古老信仰的兄弟姐妹更直接地接近上帝。无须圣徒引导，好的经典没有效力，甚至祈祷也没有用。如果雷暴逼近，那么游行和天气祈福都没用，古老信仰中负责对付恶劣天气的紧急援助人圣维特也没用。人们甚至都不能确定上帝的恩典，而是发现自己要投入永久圣战，如穆斯林可能会提及的那种——这一概念也意味着在内心中与善和真正的信仰进行斗争。意志自由眼睁睁看着自己被送上祭坛，成为令人恐惧的必然性、神圣的无所不能和无所不知的牺牲品。

可以想象，路德所描述的人之形象与大多数人文主义者相去甚远。这引发了此前的改革派与伊拉斯谟的激烈争论。1524年，在宗教改革的关键时期，这个尼德兰人发表了他的《论自由意志》。更确切地说，关于在许多可能性之间的自由"选择"。这是两个世界的对决。一个和平派的事件评注人与一位一呼百应的先知唇枪舌剑，这位先知可是把自己看作上帝在末世斗争中的工具。在这场生死攸关的战争中，需要的是尘世的仆人，而非文人。路德从《圣经》中引经据典，并坚信自己的解释非常可靠，伊拉斯谟对这种自信表露出苏格拉底式的怀疑，他熟知释经的边界和局限。伊拉斯谟为宽容辩护，因为他敏锐地看到，宽容可以替代骚乱与战争。剥夺人类的意志自由，那么人将不过是上帝手中的一块黏土。更有可能的是，人借助上帝的恩典——也不会——无所不能了，这样上帝所有的作品可能也都是好的。如果上帝从一开始就任意惩罚他自己创造的生物，那他可能是个残酷的暴君，因为原罪对整个人类动怒，而路德把原罪无限夸大。假如功劳不被奖赏、罪责不被惩罚，那么最后的审判究竟有什么意义？再者，假设一切善的背后只是上帝，那他不也是所有恶的缘由？推断可能是，人类的罪到底在哪里呢？

路德撰写了《论意志的捆绑》予以反击，他将伊拉斯谟那极富修辞手法的论证比作"金银碗中的垃圾或粪便"。如何走出神义论[1]问题的迷宫，他的对策是拒绝理性，这个"魔鬼的妖姬"——起码不能在理性难以掌控时拥抱她。他承诺一切矛盾在末日荣耀的照射下都会迎刃而解。像许多试图揭开"上帝"之谜的人一样，路德也利用理性，用言辞机敏的释经来创立自己的神学。但是，一旦在理性的帮助下也无法再解决矛盾，同样的理性就可能是撒旦的妓女。伊

---

1 神义论（theodicy）是神学和哲学的一个分支学科，主要探究上帝内在或基本的至善（或称全善）、全知和全能的性质与罪恶的普遍存在的矛盾关系，这个术语来源于希腊语"theos"（表示"上帝"）和"dike"（表示"义"）。

拉斯谟也看出，路德为保持他巨大的悖论，需要借助更多的悖论。他援引洛伦佐·瓦拉的话指出，被造物没有资格评判造物主的决定。因此，伊拉斯谟在论证的更早期阶段就回归到信仰上，比路德更早。

路德对自由意志和科学的态度与中世纪晚期的氛围并不一致，当时对科学讨论的态度更为开放。路德的著作并不是新开端的标志，相反，这个维滕贝格人投身于这场宗教和世界、信仰与理性之间的战争，与无数战士一起拼杀，这场战争没有历史发端可循，它延续了上千年，并一直持续到今天。

伊拉斯谟和路德之间冲突不断，可能会引出这样的推论，一方面文艺复兴和人文主义之间的分歧不可调和，而文艺复兴与宗教改革之间也一样。事实并非如此，这两种思潮都想为同一个神学挑战寻找答案。人们不禁要问，假如不是因为在路德之前人文主义者为了反对一切权威而发动了论战，那么路德的计划有可能成功吗？许多改革派接受了人文教育。然而，他们与人文主义者的共同兴趣首先在于语言学。"回到源头！"（Ad fontes!）——他们一个接一个把这句话写在旗帜上。谁想要通过上帝的言语建立自己的神学，最后都必须尽可能精确地了解主到底说了什么。例如，洛伦佐·瓦拉对《圣经》的考证就是改革派在进行语言学工作时不可缺少的工具，路德在翻译《圣经》时也借助于伊拉斯谟翻译的《圣经·新约》。

墨兰顿倡导的教育改革旨在将人文主义的教育学和教育与宗教改革的原则结合起来。文理高中的设立——1526年在墨兰顿大力推动下设立于纽伦堡，1531年在奥格斯堡，1538年在斯特拉斯堡——在这个方向上迈出了重要一步，课程包括从数学到拉丁语、希腊语、修辞学、辩证法和罗马文学的各项科目。在这个过程中，古希腊罗马时期丰富的异教传统被融入基督教世界观，先前已经存在的观念有时候也发生了独特的变化。柏拉图是半个基督徒，维吉尔成为天主教徒。奥维德的诗歌，确实算不上清教徒式的，也史无前例地被纳入基督教思想。丢勒的看法尤其代表了受过人文教育的艺术家的观点。"艺术庞大、沉重而又美好，我们怀着伟大的敬意，希望能用艺术来赞美上帝。"他这样写道。人们可以把古代衡量阿波罗的标准用在基督身上，因为他是"世界上最美丽的"。维纳斯是玛利亚的原型,同样赫拉克勒斯与参孙很相配。在1500年的自画像中,丢勒在一幅严格测量的正面像中把自己描画成基督一样的造物主。还没过30年,氛围就发生了变化。伊拉斯谟的非宗教狂热原本毫不令人生疑,但他在《西塞罗主义》一书中转而抨击罗马对古希腊罗马时期异教的宽松处理方式。他认为这其中暗含着信仰的世俗化,同时也嘲弄人文主义者的努力,讽刺他们想要符合"圣西塞罗"的风格理想。就这样,伊拉斯谟在文学领域为个性化递上了一根长矛。模仿古老的东西并不重要,重要的是创造自己独特的东西。

路德对艺术和科学的态度是虔诚的,对他来说,与上帝的关系事关重大,其他都可有可无。他从不会想着单纯欣赏"美丽"的画作;他认为音乐是最伟大的神赐之一,因为魔鬼最讨厌音乐,而且音乐可以驱散许多诱惑。他知道,一切知识都保留在宗教经典中;在这一点上,他与博纳文图拉或艾尔-加扎利观点类似。他坚定地远离希腊哲学,只有柏拉图偶尔能让他青眼相加。他鄙视亚里士多德是一个"盲目的异教大师",他认为,上帝为了惩罚人类的罪恶,在人类的裘皮大衣里放进一只虱子,这只虱子就是亚里士多德。他连托马斯·阿奎那的圣餐礼也敬谢不敏。他致力于区分一件事物的实质与其不断变化的"偶然"的特质,即"意外",希望借此用"自然科学的方式"解释圣餐的奇迹。

路德能提出的最严厉的指责之一就是称某人是"伊壁鸠鲁派"的享乐主义者,这样的标签被贴在伊拉斯谟和教皇、奥斯曼土耳其人,以及意大利枢机主教身上,甚至只要是意大利人都不能幸免。但这个维滕贝格人对伊壁鸠鲁学说可能并不十分了解,虽然他在青年时代的教育中有所接触。对他来说,艺术和博学如果想要合法存在,必须——像音乐一样——保护人们免受邪恶的侵害,帮助传播上帝的话语或有利于上帝的统治。他的自然科学世界观受到了《圣经》经文钢铁般的禁锢,太多的好奇心和理智的自由会让人们远离重要的初衷,他对此无比确信。

那么伊拉斯谟呢?他一直是罗马教会的子民。1536年,他被安葬在新教的巴塞尔大教堂，这也象征着他在两条阵线之间的处境。事态灾难性的进展更多印证了这位持怀疑论的人道主义者更正确，而不是那位完全相信自己和自己事业的改革者。然而，最后路德的音调也变得更柔和。"不要试图探究这本神圣的《埃涅阿斯纪》，你应该躬身弯腰，敬拜它的踪迹。"他在一篇布道中如是写道。这是流传下来的路德最后一张手稿。

32. 天界革命

插图49：皮耶罗·迪·科西莫，《普罗米修斯》，1510/1520年，慕尼黑，老绘画陈列馆

普罗米修斯

德国哲学家格奥尔格·威廉·弗里德里希·黑格尔（Georg Wilhelm Friedrich Hegel，1770—1831）对宗教改革的解释在很长一段时间里是最权威的。在他的《哲学史讲演录》中，他将宗教改革称为继文艺复兴之后"将一切美化的太阳，是中世纪末的曙光"，它确实标志着人文主义进程中的突破。在许多欧洲国家，世俗的空间在100多年里持续压缩，信仰问题和神学争执成为伟大对谈的中心，彼此间的迫害和战争有时几乎完全把对谈淹没。无论教皇还是皇帝的大一统都遭到宗教改革的反对，改革成为一种有助于形成民族意识的力量。然而，它呼吁用普通民众可以理解的语言来解读《圣经》，这就产生一种趋势，在天主教的欧洲地区也引发热议：在意大利和法国，古典拉丁语或者母语到底哪个优先成为学辩论中的热门话题。人们应该还记得，弗朗索瓦一世于1539年颁布法令，在司法机构中用法语取代拉丁语。

宗教改革没有创造出"现代人"，只有在与基督有关的论题中，主体性才有一点生存空间。改革让个人获得信仰自由，但把他们囚禁在上帝的话语中。与设想相反，它没有挣脱超验的束缚。假如把个人主义看作新时代的标志，那么人们甚至可以说，天主教传统和与之联系的特伦托宗教理事会的长老都比路德更"现代"，因为与这位改革者不同，前者还为自由意志提供了一些空间。路德对人的设想与库萨的尼古拉和鲁道夫·阿格里科拉的大胆构思相去甚远，后者二人把人看作事物和概念的创造性造物主。与路德不同，彼特拉克、马内蒂或莱昂·巴蒂斯塔·阿尔贝蒂等都认为人是"第二位上帝"。列奥纳多对人的设想也有异于常人，他用来取代上帝的是作为发明者的自然，它创造了灵魂和身体，同时还有因果定律，"奇妙的必要性"。是谁颁布了这一定律，他没有下定论。

然而，文艺复兴时期的人类学从来不只是乐观地庆祝平凡之人的诞生，文艺复兴主义创造的艺术人物想要知晓一切，几乎无所不能。乍一看，这似乎与皮科·德拉·米兰多拉的观点相矛盾，他笔下的上帝对第一个诞生的人类说：

"我们没有给你固定的住所，亚当……也没有给你自己的外表或者某个特殊天赋，这样你就可以按照自己所愿、根据自己决定、依照自己想法给你自己住所、外表和天赋，并且能够拥有它们。其他生物的天性都是限定好的，它们只能在我们规定的法律范围内完善自己。你的天性——摆脱一切限制、根据你的判断、通过我给你的双手——由你自行决定。我把你放在世界的中心，你从这里能够更方便地环顾四周，看看世上都有什么。我们既没有把你创造成天神，你也不是世间物，既不是凡胎也不是仙人，这样你就是自己尊贵又自由的创造者和雕塑家，你将按你喜好塑造自我。你可以退化成较低级的、动物性的生物；但你也能够重生为更高尚的、神圣的生物，由你的灵魂自行决定。"这听起来确实像新时代主体主义的征兆。如果人们继续读下去就会发现，最高目标好像并不是掌控世界，而是灵魂与上帝的交融合一。比照天神而创造出的人类在尘世就要开始努力，成为一个天使。在道德教导的帮助下，他要约束自己的激情，用辩证法驱散理智的黑暗，"这样我们马上就能清除灵魂中一切无知和恶习的污垢"。最后，我们将"不再是我们自己，而恰恰成为创造我们的人"。伴随着死亡之吻，即"binsica"，人在脱离躯体后会经历第二次死亡，让自己消散在上帝的美妙中。这一切都与此岸的尘世生活毫不相干。尽管皮科的讲话援引了希腊典籍且召集了一支由众神和学者组成的军队，但它只是一个表面上的人文主义宣言。

当路德开始改革时，人可以想要什么和知道什么的问题也触动了皮耶特罗·蓬波纳齐（Pietro Pomponazzi，1462—1525）。在1516年的一篇论文中，反对一年前拉特兰宗教会议见解的他捍卫自己的论点，认为灵魂的不朽无法合理地证明。不朽的说法只是凭空捏造，为的是让人们良善且顺从，这样才能维持社会秩序。上帝不能对自然直接发挥影响，他需要很多行星作为介质；看起来是奇迹的事件其实是自然原因造成的。蓬波纳齐曾将哲学家比作现代人的原型，即普罗米修斯，并用普罗米修斯的形象自比。"这就是催促我、吓唬我、让我失眠的东西。它是对普罗米修斯寓言的真正解释，他力求从朱庇特那里偷偷地盗取火种，因此被朱庇特放逐到高加索山脉。"在蓬波纳齐笔下，普罗米修斯就是哲学家的写照，因为哲学家也想参透天神的秘密，所以被担忧和思虑啃噬。哲学家"不口渴，不饥饿，不睡觉，不排泄，不咽唾沫；他被所有人嘲笑，虽然他被当成渎神的蠢货，但是宗教审判者仍要迫害他。他为普通民众制造了一个轰动事件。这就是哲学家的财富，这是他们的功绩"。蓬波纳齐是一个苏格拉底式的怀疑论者，他后来的其他文章也可以印证，他明白自己眼中的科学不可以再被看作臆测。"在哲学中必须有一个异端者，他渴望找到真相。"他曾这样说。面对死亡他表现出斯多葛式的淡泊平静，而绝没有流露出坚定的基督教信仰。"我愉快地继续前行"，据称他这样安慰身边的亲友。"你要去哪儿，大师？"有人问道。"所有的凡人都会去哪里？"蓬波纳齐这样回答，"我要去所有的人都去过的地方。"他试着用最后一句话让人们更理解他："放我走吧，我要去了。"他的学说在生前遭到激烈的抨击，但它在哲学和神学真理之间划出了界限，这一学说影响了各宗派内持不同意见者和拥有自由精神的人。本博曾经保护他免受宗教裁判所的侵害。"小彼得"——这是人们对矮个子的蓬波纳齐的称呼——总是老练地强调，人类的知识是有限的，因而人们必须在所有方面都遵守由圣灵引导的教会制定的规约。

我们现在进入了浮士德的时代，这个"奇妙的招魂术士"首次亮相是在1507年约翰尼斯·特里特米乌斯的一封信中。他提到，有一位名叫乔治·萨伯里库斯的学者逗留在格尔恩豪森，他称自己为小浮士德。事实上，这位浮士德似乎代表着"另一种文艺复兴"：他是魔法、占星术和炼金术的大师，掌握了死灵招魂法术。根据特里特米乌斯的报告，他表现得比所有学者更像学者。他声称自己能够背诵柏拉图和亚里士多德的所有作品，是炼金术最完美的术士，他甚至可以超越基督的奇迹。尽管他大肆吹嘘，但各种消息来源显示，他过着贫穷的生活。他一会儿被放逐到某个城市，一会儿因为绘制星座图得到几个古尔盾的报酬。他为容易受骗的僧侣们驱逐死灵，把它赶出修道院。他可能在一次炼金术实验的爆炸中死于非命。尽管如此，很多人怀疑是撒旦亲自终结了他的仆人的性命。但真正的浮士德博士为了知识居然会与魔鬼缔结契约，不是一个"纯正德国人"。他是一个骗子，可能通过杂耍把戏维持可怜的生计。他活着的时候只被当作骗子，而没有被当作巫师遭受迫害，这是他的大幸。

　　像蓬波纳齐还有皮科或罗伊希林这样的思想家和浮士德这样模糊可疑的形象之间的界限有多狭窄，浮士德博士历史登场的主要见证人、我们精力充沛的改革派修士特里特米乌斯会用他生命中的一个篇章为我们解答。这位修道院院长因为对速记和秘密作品充满热情——人们认为特里特米乌斯发现了一篇用蒂罗（Tiro）[1]发明的符号写下的手稿，这是一篇古老的速记稿——他差点因为喜好巫术被送上法庭，因为这些速记符号被当作魔鬼的魔法。他的《隐写术》记载了主导世界的思想大师，可惜被收录进天主教会的《禁书索引》里。同时，特里特米乌斯也出版了一本反对"女巫泥沼"的书，这本书名为《巫术的敌人》（*Antipalus maleficiorum*）。他的学生阿格里帕·冯·内特斯海姆（Agrippa von Nettesheim，1486—1535）一直保留这本书，而其本人创作了《论神秘哲学》，为饥渴的市场奉上了一本白魔法的标准论著。他谨慎地与一切巫术保持距离，而掌握白魔法的大师则拥有无限可能。阿格里帕的宇宙与菲奇诺一样，充满了天使和恶魔，他还添加了一些阿拉伯和犹太配方。他也知道如何在曼德拉草的催发下造出一个霍尔蒙克斯（Homunculus）[2]，即泥人（Golem）[3]的表亲。这个想法让歌德受到启发，灵感的来源还有阿格里帕的黑狗：这就是那只卷毛狗的内核，浮士德和瓦格纳在复活节散步时，它就在旁边跑来跑去，而浮士德的真正内核就是阿格里帕。不过，阿格里帕在一部晚期著作中认为所有知识都是不确定的，只有研读《圣经》和对基督的信仰才能把人们引向真理。

　　佛罗伦萨人皮耶罗·迪·科西莫把普罗米修斯作为画作的主题（插图49），

---

1 生于约公元前103年，是发明速记的人。

2 即拉丁语中的"Homunculus"，原意是"小矮人""侏儒人"，现指的是中世纪欧洲的炼金术师所创造出的人工生命，也指这种创造人工生命的工作本身。值得一提的是，基督教认为这种创造人工生命的技术属于作为创造主的神耶和华的领域，人类不应随意涉足，因此忌讳这种传说。

3 也可以翻译为"魔像"，是传说中用巫术灌注黏土而产生自由行动能力的人偶。"Golem"一词曾在《圣经·诗篇》中出现过一次，本意是"原料"、"胚胎"或"未成形的体质"，这里指上帝未塑造完全的人类。

而蓬波纳齐把普罗米修斯看作刻苦钻研的哲学家的写照，这样一人分饰二角绝对不是巧合。蓬波纳齐心中想的是薄伽丘的解读，它赋予普罗米修斯双重身份：一个是代表自然和神圣的造物主，另一个是给人类送来精神火种的学者。薄伽丘认为，这位英雄并没有被束缚在一座山上，而是在高加索地区漫游，以参悟大自然的秘密。而神话里那只在普罗米修斯动弹不得时啄食他肝脏的鹰，不过象征着崇高的思想在折磨这位智者的内心。

普罗米修斯与奥德修斯都是文艺复兴时期的经典英雄，但无论如何普罗米修斯是一个矛盾的人物。他创造了人，是他们的光明使者；同时，这个"路西法"也是忤逆神的反叛者。他带来的火焰让人们温暖、给人们启发，但它也有毁灭性的力量，因为知识可能是危险的。"伟大的"洛伦佐二世曾经抱怨说，普罗米修斯对世界的好奇心毁掉了幸福的黄金时代。作为权力大师，他意识到"太多的知识会导致动荡"。几十年后，医学的伟大创新者之一的帕拉塞尔苏斯（Paracelsus）回应他说："平静比动荡要好，但动荡比平静更有用。"

范式转换

追求科学、醉心研究、发现新事物——这项工作可谓"路漫漫其修远兮"，需要相当程度的努力才能搜集一个一个的知识碎片，解决一个一个开放的问题。然而，历史学家和哲学家托马斯·S. 库恩（Thomas S. Kuhn, 1922—1996）在一本引发激烈争论的书中提到的"范式"，即被科学界接受的根本假设、方法和解决问题的途径，在这一时期并未发生改变。不过，也会出现确定的事实无法被分类的情况。此时，人们通常会尝试以某种方式把异常之物与旧系统协调一致，从而"拯救现象"。可是随着时间的推移，矛盾会逐渐累积。精神大厦之间的桥梁崩塌，人们也无法达成共识。面对充斥的矛盾，只有暴力才有效，毁灭者袭击的时刻来临。旧范式变得无可救药，只有全新的范式能发挥作用。旧范式的捍卫者将被推挤到边缘，尽管可能需要很长时间，还会伴随着愤怒的冲突。"范式转换"最终完成，它们曾经屹立一千年不倒，转眼却成为无用之物。事实都被归入新模式，而这种新模式又反过来解释事实的含义。

哥伦布坚持他最初的假设，觉得自己到过亚洲，这就可以向人们展示没有办法达成共识的困境。他的远征给热那亚人送上了颠覆性的真实见解，尽管如此，他脑海中一成不变的仍然是对世界的旧观点。如果古代关于海洋延伸范围的知识是正确的，那他们应该是到达了印度。与哥伦布不同，维斯普西意识到将西方"群岛"视为一个大陆的重要性。"我们发现了许多国家和几乎数不胜数的岛屿（通常有人居住），我们的祖先绝对没有提及这些地方，"他报告行程时如是说，"我可以得出结论，古人不知道它们的存在。"

新时期早期最著名的范式转换是"哥白尼转向"，这一概念将在以下几页中详述。日心说世界观的出现属于社会学范畴，当时不仅有对社会学相互关联的追问，还有许多类似问题，如文艺复兴时期的新艺术是如何产生的，哲学领域和技术创新的新想法是怎样起源的，以及古登堡的发明，甚至人类创造力的谜题。它们都在探究，新事物是如何产生的。

知识史的呼吸漫长而悠远。例如，格列高尔·赖什虽然也注意到有一些国家是托勒密无从得知的，但他没有得出任何结论。在《珠玑智慧》一书中，他坚定不移地接受古代和中世纪、阿拉伯和欧洲权威认定的世界图景，甚至在1583年的第二版中也不动摇。赖什援引"神圣的奥古斯丁"的观点，否认地球上存在着在相对两点居住的对跖者。在希罗多德和其他人的支持下，他相信非洲有一些怪异民族：无头人，他们的脸长在胸部（附图14），或者吃蛇的"穴居人"，他们不会言语，只会发出咝咝声。对他而言，地球当然位于宇宙的中心。地狱应该在地球的夹缝中燃烧，地球之上的苍穹中是天堂。这些权威组成的军队反对任何触及传统的人，他们还会续写这样的作品。

在赖什和维斯普西勇敢地打破托勒密地理学几年之后，可能位于拉丁欧洲控制范围的东部边缘地带出现了一位更加伟大的人物：尼古拉·哥白尼。1509—1514年，他写下一本《短论》，对天文问题做出短小的评论。其论点是：所有的行星运动都发生在太阳周围，太阳处于这些运动的中间，而非地球。满天星斗和太阳看似在运动，其实源于地球的运动。地球本身每天围绕其不变的极点转动，包括地球外界的水和周边的空气。固定的星空和最外面的天空是静止的。这些说法似乎与所有的经验相矛盾：人们双腿牢牢站立着的地球，其实是一颗处于高速双重运动中的活动行星？每天都可以观察到的东升西落的太阳，竟然是静止的中心点？

永恒之乐：古老的天空

格列高尔·赖什和当时几乎所有受过教育的人都同意建立对宇宙的新设想，这些想法都要追溯到我们经常提及的希腊人克劳狄乌斯·托勒密。他的宇宙哲学是有史以来最成功的科学范式之一，他的《天文学大成》对地球周围的太阳、月亮和行星的——看上去的——轨道提供了精确的数学描述。这本著作的书名指明了道路和弯路，在中世纪的欧洲摸索前行。这个书名在希腊语中叫"mathematike"，也叫"megiste syntaxis"，大致意思是"数学"或"最伟大的汇编"，阿拉伯人翻译成《至大》（al-madschisti），拉丁语又弄巧成拙把"al-"直接借用，译成"Almagestum"。自从克雷莫纳的杰拉德翻译此书，后来便有很多对这本书的摘录和点评，其中最重要的是霍利伍德的约翰（John of Holywood）于1230年前后在巴黎撰写的《天体论》。

中世纪和文艺复兴时期，人们都以为地球是天界中心的一个小点，太阳、月亮和行星都被固定在天界里，当时的马克罗比乌斯和波爱修斯都持这种观点。在固定的星空里，它们不停地沿着自己的圆形轨道运行，由此发出天体之声，根据毕达哥拉斯的学说，这是永恒的音乐。与他们之前的思想家一样，当时的宇宙哲学家都相信，宇宙肯定是一个完美的设计师根据完美无瑕的条件构建的作品。人类世界必须在中心位置，这样才符合亚里士多德的圆满原则：每一种物质都有与生俱来的目标，它的能量催促它成形并实现目标。这种能量让树木生长，让叶子落下，让一切都回归自己本源之地。沉重的地球"想"下落到中心，而轻飘飘的东西——空气和火——要向上飞升。月球之上的自然法则与月球之下的不同。根据古代物理学家及其后继者的说法，天上的东西包括恒星和行星，都由五种元素组成，即神秘的"精华"（quinta essentia）。精华既不重也不轻，既不稀薄也不致密，让人无从描述。但人们相信，天上的一切都是完全纯洁和不朽的。混乱和变化，短暂和死亡，还有尘世中时而快乐、经常令人沮丧的混乱局面，都只在月轮以下的世界中占有一席之地。在"天界革命"历史中有一条重要法则，即地球上所有的运动都是沿着直线进行，朝向中心；而在天空中，根据自然哲学家的观点，圆周运动占了上风——这与星球的完美球形相吻合，人们相信它们都是球形。

究竟是什么力量移动了天体，让太阳、月球和行星运动，关于这个问题人们争论不休。有一种观点非常奇特，比如柏拉图的《蒂迈欧篇》就提到，天体也有灵魂和智力，所以能够在茫茫宇宙中找到自己的道路，这种观点慢慢消失了，透露出一丝当时的祛魅趋势。取代这种想法的是亚里士多德的"第一推动者"（primum mobile），布里丹就认同这一观点。人类思想总在找寻开端。中国人认为开端是一个"原始原则"，现代宇宙哲学认为是"大爆炸"。一些人认为，天空中的持续运动是天使在推动。由于这些有翅膀的生物几乎完全是由空气组成的，他们完成这项工作只是通过意念。直到17世纪，人们还在讨论，他们是否会疲倦，究竟是否需要能量来保持天体运转。大约在1650年，一位耶稣会神学家计算出参与这种工作的天使的数量，应该有1000多个。

天文学家认为恒星固定在行星上方的空间里。一些行星的上方还有一片"水之天空"，它的存在虽然与亚里士多德的物理学不一致，但这是从《创世记》演化而来的。"第一推动者"的彼岸是上帝的住所和国度，即"火之天空"（Empyreum）：一片无法丈量的广阔地区，处处是纯洁之光。如神秘主义者海因里希·苏索所称，灵魂在这里把从前所有暂时性的俗世生活抛诸脑后，让自己融入三位一体。在尘世中恣意放松的时刻，即便是加尔文这样头脑清醒的人，也能够和路德进行轻松的交谈，或者与墨兰顿一起庆祝节日。当然，上帝的天堂到底是不是一个固定的地点，路德和一些天主教学者都持怀疑态度。

根据托勒密的世界模型，有八个或九个球体围绕地球，但人们并未轻易信服。人们面临一个困难：这个系统越是清晰且美观，就越不符合人们在天上看到的场景。如果太阳在地球周围均匀地转动，为什么一天的时间长短不一？为什么行星的亮度会发生变化？而且，假设天上确实有环形运行轨道，那些离地球很远的"上面"的天体——土星、木星和火星——在继续运行之前，在天空中好像是静止的，看起来就像是在后退，这又如何解释呢？实际上，背后的原因可以追溯到地球的运行，地球在太阳周围较近的轨道上运行，超越了外侧的行星，而金星和水星从地球旁边掠过，但这一现象超出当时人们的想象力，他们也无法想象地轴向黄道的倾斜，这是四季交替的原因。

如果要保留圆周运动和均衡性的教条学说，需要许多辅助假设的观测数据，只有这样才能"拯救这些现象"。佩尔格的阿波罗尼乌斯、尼西亚的希帕科斯和后来的托勒密为了解释一天的不同时长，都将地球从太阳轨道的中心移开了一些。虽然这与亚里士多德设想的完全中心式的天体排列相矛盾，但是通过这种方式太阳可以保持其圆形轨迹。另外，人们猜想有"均轮和本轮"[1]的存在。根据这一理论，行星不仅在"均轮"轨道上围绕地球运行，而且总是围绕它们的"本轮轨道"不停转动。夜空中可见的行星轨道似乎在向后偏移，看上去还会滑行，这些都可以借助这种假设得到解释，因为有重叠的圆周运动。流传下来的法则获救了！为了解释星体似乎存在的节奏变化，托勒密引入了"偏心均速点"，这是一个用数学构建的点，从这里开始，均轮和本轮中心的轨道速度是完全均匀的。

这一切并不是真的美好。哥特式的构想得以幸存，原因在于，通过反复与

---

1 本轮-均轮系统，又称本轮-均轮模型，是由古希腊天文学家阿波罗尼乌斯提出（也有人认为是希帕科斯提出）的宇宙结构理论。阿波罗尼乌斯认为地球在宇宙中心，天体在不同的位置绕地球运转，但天体并不是位于以地球为圆心的轨道上，而是在其称为本轮的轨道上匀速转动，本轮的中心在以地球为中心的轨道（也称为均轮）上匀速转动，由于天体在本轮与均轮上运动的组合，天体到地球的距离是变化的，这样就维持了古希腊人以圆形、球形、匀速、和谐为最的美学观点。随后由于不同观测数据的出现，模型需要不断地更新和改进，随后的托勒密及其天文学体系下的不少人对该模型进行了改进和调整。

观察结果进行对比和细化，人们可以对行星运动进行相当准确的预测。然而自古以来，日历年的推迟相比较太阳年呈增多态势。克服这种差异成了亟待解决的事，因为教堂的节日和圣徒纪念活动必须在正确的日子举行，甚至占星家也需要尽可能准确的数据。可能是这些小小的偏差，以及过于复杂的系统，引发了第一次质疑，它真的是正确无误的吗？一个无所不能的世界建筑大师的作品怎么会出现分歧呢？为什么它如此不经济，甚至不美观？可能的结论就是，亚里士多德和把地球放在偏心位置的托勒密，肯定有一个人是错的。而人们在很长一段时间里都不会意识到，可能两个人的结论都是错误的。

阿威罗伊是最早怀疑数学构建的宇宙是否与物理现实有关的人之一。"今天的天文学真的没有提供任何知识给我们，让我们可以从中推导出存在的现实，"他写道，"我们这个时代开发出的模式与计算结果相符，但与现实不一致。"事实上，如果人们相信存在着固定的、水晶球般的天体，若他们想象计算出的模型如何在自然中运行，就是非常复杂的事。为了构建不同轨道上的运行天体，还有围着这些天体旋转的天体，需要50多个才行。医生吉罗拉莫·弗拉卡斯托罗（Girolamo Fracastoro，1476/1478—1553）试图避开这些不美观的偏心性，结果却乱七八糟，他的模型中有不下于77个天体。阿威罗伊蛮横地想要取消圆周运动、均轮和本轮，让天体重新变得整洁，就按照亚里士多德的观点以地球为中心，可惜他的尝试也失败了，因为人们肉眼可见的天空完全不是这样。

在阿拉伯世界里，几个世纪以来一直存在批判托勒密的声音，阿拉伯人试图把数学天文学和自然哲学结合起来。安达卢西亚的天文学家努尔·艾德丁（Nur ad-Din al-Bitrudschi）认为最外部的球体推动了其他天体的运动，他的思考已经转向机械方向。他试图让本轮成为主角，认为太阳和行星都是螺旋运动，但这种想法同样需要复杂的辅助结构。纳西尔丁·图西借助巧妙的几何结构提出自己的模型，一个圆周运动在另一个圆周运动内进行，两个圆周运动产生一种呈直线的振荡运动。这种"图西配对法"终于摆脱了托勒密模型的所有线性运动，它似乎是两大系统的"伟大统一理论"的关键。天文学家阿沙蒂尔感谢真主给他的指引，他借助于一个额外的本轮，终于消除了令人烦恼的偏心匀速点。他设想的月亮轨道模型类似于哥白尼的——只有一点不同，地球在正中间。

直到15世纪末，欧洲南部的天文学家才达到穆斯林大师的水平，毕竟他们现在对希腊语原始文本有更准确的拉丁语翻译可以参考。例如，特拉布宗的乔治斯之前受尼古拉五世委托翻译了《天文学大成》，但缺陷不少，枢机主教贝萨利翁促成了重新修订。他找到了维也纳天文学教授格奥尔格·波伊尔巴赫和他的学生约翰内斯·缪勒（Johannes Müller，1436—1476）。因为家乡在法兰克的柯尼斯堡（Königsberg，意为"国王的山"），缪勒给自己起了个笔名叫"雷吉奥蒙塔努斯"（Regiomontanus，该词为拉丁语，意为"统治者的家"）。他是那个时代最重要的数学家，作为贝萨利翁手下一名重臣，他对意大利进行了深入了解，结识了人文主义者，其中包括托斯卡内利和阿尔贝蒂。有几年，他在马加什一世的布达皇宫工作。在纽伦堡时，商人伯纳德·瓦尔特（Bernhard Walther）资助他开设印刷工坊，伯纳德本人也是一名小有名气的天文学家。

赞助和交流让欧洲天文学在接下来的几个世纪里有了革命性的创新空间，创造了诸多可能性。雷吉奥蒙塔努斯的印刷工场出版了马尼留的《占星术》和波伊尔巴赫的《新行星理论》，传播最新的天文知识，后者到16世纪中叶再版了50多次。同样成功的还有《天文学大成摘录》，是雷吉奥蒙塔努斯和他的老师波伊尔巴赫共同编订的。他的《星历》预测了1475—1506年的行星位置，不仅被收入哥白尼的藏书室，哥伦布也珍藏了一本，这位海军上将的旁注证明他有过深入研读。

书籍印刷使文化以史诗般的速度传递。例如，波伊尔巴赫的《新行星理论》传播了穆斯林天文学家的学说，包括巴塔尼斯（al-Battanis）从印度获得的知识。通过纽伦堡和其他城市，东南亚、哈兰斯、巴格达和维也纳的所知所得传到整个欧洲，甚至进入偏远的普鲁士。如果没有东方天文学家的初步工作，哥白尼的天界革命将是不可想象的。这个波兰人从他们的著作中借用了哪些，还尚无定论；他是否知道其中一些著作，也无从得知。

哥白尼

哥白尼的《短评》在他生前一直未发表，只有他的一个学生约阿希姆·雷蒂库斯（Joachim Rhetikus）发表了一份关于《短评》的报告。他的老师几十年来一直在寻找日心说的证据，观测星体并计算观测数据。直到1543年，这些结果才成书出版，这是一本绝对会改变世界的书：《天体运行论》。批评家皮埃尔·德拉拉梅（Pierre de la Ramée）曾问，是谁做了这些"巨大工作"，把地球从宇宙中心抛出去？

尼古拉·哥白尼于1473年出生在当时属于波兰王室的汉萨城镇托伦，他的父亲老尼古拉·哥白尼（Niklas Koppernigk）是一位富有的商人。尼古拉关于造币的研究报告比托马斯·格雷欣（Thomas Gresham）更早提出了货币价值理论的原理，这也反映了他的生长环境。他在克拉科夫大学学习期间可能接触到了波伊尔巴赫和雷吉奥蒙塔努斯的著作，了解到当时最先进的天文学。1496年秋天，他前往意大利，一直待到1503年，中间可能短暂离开过。他在博洛尼亚学习法律，在帕多瓦研究医学。他跟随多梅尼科·玛利亚·德·诺瓦拉（Domenico Maria de' Novara）学习数学，这位是雷吉奥蒙塔努斯的高徒。哥白尼在费拉拉大学获得宗教法博士学位。不过，他大部分时间都生活在波兰的弗劳恩堡，这里是瓦尔米亚侯国的主教辖区。一个叔父帮他在教堂弄了个教士职位，他以此谋生。作为神职人员，他为挣薪水必须履行的职责似乎很有限。他就住在弗劳恩堡教堂城堡的塔楼里，这里有钻研科学需要的一切条件：饭钱、自由、安静和时间。此外，他还有庞大的交流网络。如果没有克拉科夫大学的图书馆，他将无法推演自己的天文学。

他在工作一开始就发现了混乱，哥白尼在他的主要著作的序言中意味深长地提到这点。他可以确定，他这样写道，天文学家的研究互相不一致。他们未能从观察中得出确切结论——"与现象相对应"的那些。他们可能无法解释最重要的问题——"世界的形状和世界各部分的某种对称性"。"他们的工作，就像是一个人想要把双手、双脚、头和其他部分拼在一起，它们虽然单看每个都很好，但并不是同一个躯体上描摹下来的，这样，没有哪个部分能和别的拼在一起，这样拼出来的不是人而是怪物。"他已经阅读了能找到的所有学者的论著，为的是找到比那些僵化的数学家更好的另一个解释。

这篇序言针对的是保罗三世，而其他人针对哥白尼的著作也发表了很多争论，修辞学因此成为一种讨论风格。那个时代伟大的天文学家和数学家的著作——其中伽利略的修辞术人们已经品读过了——有繁复精致的引证、神话般的图像和古代的美丽文学，这些书简直熠熠生辉。哥白尼序言中的每一页也闪现着我们称之为"文艺复兴"的灵光。他在与托勒密的争辩中首先援引的是西塞罗转述锡拉丘兹的希塞塔斯（Hiketas von Syrakus）的假说，称地球绕其自身的轴线转动。哥白尼引用的另一位古代作家是乌尔提亚努斯·卡佩拉。这位非洲人认为水星和金星——而不是地球和其他行星——围绕太阳转动。哥白尼提到的最重要的权威人士是毕达哥拉斯学派的菲洛劳斯（Philolaos），他猜想地球与日月一样是围绕着一团中心之火在转动。蓬杜斯的赫拉克利德斯和毕达哥拉斯学派的艾柯潘托斯（Ekphantos）最终提出的观点是，地球像轮子一样围绕其自身的中心从东到西转动。"因此，我自己有时候也开始思考地球运动的可能性。"

哥白尼没有满足于假设，而是试图计算地球绕自身和绕太阳的双重运动的后果。后来，他创建了一个世界模型，在某些重要的点上与托勒密天文学和亚里士多德物理学相悖。尽管如此，这一范式转换并未完成，因为哥白尼不打算完全抛弃旧系统，而是试着通过——尽最大可能的——修正来"拯救"它。他努力想要构建一个优雅的世界机器，通过对地球运动的假设更容易解释行星看似逆行的运动。同时，他通过这一手段剔除了偏心匀速点，而且让小小的地球转动起来不是比让太阳和所有的巨大恒星转动更容易吗？

当《天体运行论》最终付梓时，这一理论显然已经不那么时髦了，被"拯救"的是行星运行的圆形轨道；开普勒首次证明，轨道实际上是类似椭圆锥形截面。而哥白尼计算出的行星轨道的中心并没有与太阳的位置重合，相反，天体现在围绕地球轨道的中心旋转。这样，太阳的中心位置又被挪开了一点。

哥白尼再一次提出本轮围绕本轮的运行方式——但现在比旧的宇宙中少了五颗——地球的地轴因而要以锥形不停转动，这样哥白尼的运算结果才与观测数据相一致，但他随后着重强调了他思考出的最重要的结果。"在一切正中间的是太阳。在这种最美妙的圣洁中，这个发光体还有什么更好的位置，还有哪个位置可以让它同时照亮一切？特别是人们都说它是'世界的灯'，这一表述非常恰当，其他人称太阳是他们的'意义'，还有一些人说太阳是他们的指挥者。赫尔墨斯·特里斯墨吉斯忒斯称它是'可见的上帝'，索福克勒斯在《厄勒克特拉》中说太阳是'旁观一切的'。太阳确实操控着周围运行的群星，就像是一位坐在王座上的国王。"在新系统中，所有行星之间的距离都以地球到太阳的距离为衡量标准。水星比其他任何行星都更接近那颗中央恒星，土星在离太阳最遥远的轨道上移动。"我们在这种排列中发现了一个令人钦佩的世界对称性，以及轨道运动和范围的安全和谐的关系，在其他任何地方都看不到。"

在许多同时代人的眼中，哥白尼的设想要取代托勒密的世界观，他的企图虽然不太现实，但也引发了对托勒密的争辩，不过仅此而已，反对意见遮天蔽日。例如，人们可以说，根据公认的亚里士多德学说，所有重的元素都要下沉——迄今为止地球也是其中之一。太阳明明是火这个较轻元素的生发场所，怎么忽然就成了一切重物的家园？甚至托马斯·阿奎那的神学也支持这种观点。他的宇宙观结合了物理中和道德中的等级，他的阶段顺序是从重的、邪恶的开始，顶端是精神的、最完美的，这些才能到达上帝身边。地狱怎么能在太阳上方浮动，太阳看起来可是纯洁无瑕、光芒闪耀的呀？观测中还会出现另一个问题，恒星的光芒看起来淡泊又镇静。如果地球绕着"所谓的"轨道运行，离恒星一会儿近，一会儿远，那恒星不应该有时更大更亮，有时更小更暗吗——怎么肉眼观察到的根本不是这样？

托勒密——当初为了反对阿利斯塔克的日心说思想——就已经引入了另一个有力的论据：如果地球在飞速移动，那所有不固定的东西都要往西边飞！哥白尼反驳说，云彩、鸟群、人类和其他所有自然物质都属于地球，所以也在地球的自然运动中。至于有人提出异议说观察不到恒星视差——这一现象的存在直到1838年才被证明——哥白尼试图用一个很好的理由进行反驳：地球和恒星的距离实在太远，人们无法感知到恒星体量的变化；如果从恒星上观察地球，整个地球轨道也不过是一个点。

然而，哥白尼的计算让围绕在恒星周围的宇宙体量剧增：从托勒密推测的2万个地球半径升级为120万个，换算一下，就是从9000万千米变为74亿千米。令人不快的是，此时在当时已知的最外侧的行星土星到宇宙的边界之间出现了无比巨大、空旷的空间。它的"无用"与新的理念相悖，因为人们相信上帝绝对不会创造多余的东西。如果人们还是把宇宙想象成一片透明的但不知为何却固定的区域，那么天体的运行——康拉德·策尔蒂斯称这种美丽的图景是"摩里斯科人[1]的舞蹈"——依赖的是何种机械原理，一如既往没有得到解答。哥白尼也无法为自己的模型提供证据，他用来取代证据的是对修辞的强调，如"简单""和谐"，同时还利用经济学中的成本-效益原则，给自己想出一个宇宙建构原则。这个弗劳恩堡人支持亚里士多德的观点，后者曾断定："上帝和大自然不会制造任何无用的东西。"

哥白尼自己很明白，教会的抨击不可避免。"愚蠢"的胡言乱语可能会出现，他在书的前言中写道，人们可能"为了自己的目的故意曲解《圣经》的一些片段"，并据此来攻击他。就连那个"著名作家、一知半解的数学家"拉克坦提乌斯，都用"非常孩子气的方式"嘲讽那些认为地球是球体形状的人。纽伦堡神学家安德烈亚斯·奥西安德（Andreas Osiander）为哥白尼的书写了另一篇序言，大概是为了保护哥白尼，他将新世界模型简化为单纯的假设。他遵循的是1277年巴黎判决对微妙观点所持有的思路：把一切与信仰不和谐的科学立场都当成思想实验来探讨。当奥西安德写下他的序言时，外面的世界中，施马尔卡尔登战役在帝国的疆土已呈黑云压城之势，谨慎是非常可取的。

哥白尼于1543年5月24日去世，他是否接触过这本完整的革命小书，我们不得而知，所以他是否支持神学家最后添加的序言，也是谜团。绝大多数学者

---

1 一支改宗基督教的西班牙穆斯林及其后裔。

仍然倾向于托勒密的传统观点。哥白尼的《天体运行论》到1600年只有两个版本——总共应该不超过一千册——而与之相对的是支持托勒密观点的书至少有一百个版本。牛津大学的数学教授亨利·萨维尔（Henry Savile，1549—1622）爵士曾评论说，地球应该是以圆圈轨道运动。1577年皇帝鲁道夫二世刚刚加冕时，维也纳也展出过一个被标为"移动"的地球，但这两者都是当时的特例。

上帝之书

新教界接受日心说的一个障碍在于，路德本人表达过对日心说的拒绝态度。他称其为"糊涂天文学"，认为这种观点就如同一个人坐在船上或者在马车里，他自己静止不动，就认为大地和树木自己在动。"我相信《圣经》，"他写道，"因为约书亚命令太阳站定，而不是地球。"路德这里援引的是一个经常被用来驳斥哥白尼的典故，上帝听到军队首领约书亚的祷告，命太阳停住，让以色列把亚摩利人完全击溃。路德的同伴墨兰顿补充说，明君应该让"萨尔马提亚星象师"等一些人臣服，禁止他们的恶作剧，不然他们就会让地球转动、太阳定住，其他改革者包括加尔文也都拒绝接受新的世界观。

哥白尼的挑衅让人们把古老的天文学和亚里士多德派的物理学根据另外一本"书"进行调整，其作者并不比造物主本身渺小多少：自然。里尔的阿莱恩（约1128—1202）把这个比喻简单明了地表达出来："世界上所有的生物／像一本书，一张图片／是我们的镜子。"库萨的尼古拉说，这本书是上帝"亲手所书"，阅读这本书意味着接近上帝的启示。正是出于这个原因，圣奥古斯丁似乎早已接纳了自然科学。

为了能让《圣经》和自然这两本书变得协调，需要运用许多人的智力。从《圣经》中提取隐藏信息的基础是古代晚期的"《圣经》三重义"的教义，即字面意义、道德意义和寓意。这些教义也可以用来解释维吉尔或荷马的作品。亚历山大学派的奥利金（Origenes）在公元3世纪时迈出了第一步，他区分出针对普通人的"躯体"意义、针对较有思考力的人的"灵魂"意义和针对完美的人的"精神"意义。此后，释经开辟出广泛的新空间。加尔文就深谙其道，他把第九行星上方预示不祥的水之天空变成简单的云朵。他断定，这样符合人类常识。

在上帝的第二本书中，即自然中所发生的事情同样可以得到解释。上帝是生物、石头、动物、植物和行星的主，他制定了规则，也预留了例外。他可以遏止太阳，创造奇迹，制造怪物，并用戏剧性的星座警告和威胁人类。就像安拉或中国的众神一样——直到18世纪，中国人仍然认为天象反映出州府的工作做得好不好——基督教的上帝对他所创造之物的所作所为可不会冷眼旁观、不置一词。一切物和所有事件从根本上都是被怀疑的，它们不是单纯就这样存在，就这样发生，同时也一定意味着什么。在完美的、全能的造物主所建造的自然界中，没有任何东西可能是毫无意义的。甚至对于面部皱纹来说也是如此，连皱纹都有自己的科学，即"面相学"，它把对额头的释义和对星象的释义结合起来。面相师把额头分为不同区域，每个区域都应该在一颗星星的统治下，然后面相师试图从皱纹的走向推导出人物的性格和未来的命运。即使是疣或痣也可能透露出一个人的信息。16世纪，当学者开始将直接来自上帝的符号与其他超自然原因产生的符号区分开来时，世俗化也同时出现。

历史也可以被当成上帝的作品解读，被认为是这位伟大作者的第三本书。在这一点上，"西方"历史学家与欧洲之外的编年史家看法一致。对基督徒来说，历史的开始与终结都是规定好的：因为原罪被赶出伊甸园是一切的开始，审判是一切的结束。如果你阅读《圣经》、观照自然，那么这两个点之间发生的事都可以解读出意义。上帝的三本书互相评论，地震或"令人震惊"的事件可能有助于人们认识到这些事件的意义；洪水是《圣经》里大洪水的再现，这是上帝在批评人间道德腐朽或异端邪说的盛行；彗星是凶兆，意味着战争和反叛的到来。最重大的历史事件，即基督之死伴随着一场日食，对此也有了注解。

阐释学艺术在释义时经常使用日常化的类比，如彗星的尾巴被解释为一根荆条，所以是上帝愤怒的威胁。再加上这个天空里的流浪汉似乎没有遵循固定的路径，这就很容易把彗星看作混乱和灾难的预示。"如果行星／糟糕地混成一团，毫无秩序地游荡，／这是什么祸事，这是什么征兆！兵变！／大海这般肆虐，地球这般震动！／风暴这般肆虐！"莎士比亚在《脱爱勒斯与克莱西达》中如是写道。

比彗星更不显眼的现象也激发了人们诠释的热情。1525年5月15日，参加弗兰肯豪森战役的军队看到头上出现一道彩虹，闵采尔说这意味着上帝站在农民这一边。根据《圣经·旧约·创世记》记载，在大洪水后上帝也曾挂起一道彩虹，以此表明他与诺亚立约。流产和"硫黄雨"——可能是5月间飘洒在各地的花粉——甚至是血红色的日落或形状奇特的云都可以被阐释。"奇迹之书"的版本越来越多，销量越来越大，也帮助人们解释这些自然现象。尽管如此，只有等到世界大戏的最后一幕，当上帝把天空这本最大的书卷起，一切的哲思才会被揭晓。从这个角度来说，人们可以理解所谓"终结的意义"，弗兰克·克默德（Frank Kermode）认为这是西方思想的基本常量。

33. 伟大的存在之链

插图50：特奥多雷·德·布里，《微观宇宙、人和宏观宇宙》，铜版画封面：罗伯特·弗拉德，《两个世界的历史》，1617年，奥彭海姆

文艺复兴的魔法：言语和事物的力量

魔法是一种人类实践。在任何时候和任何文化中，魔法都应该帮助人们躲避痛苦和危险，或者得到好处。萨满、佛教僧侣和道士身处魔法的圈子里，就跟犹太教的创造奇迹者或欧洲的治疗者、探宝人和"智慧女人"一样。对相似性进行思考，探究邻里、友谊和亲和力是一种好方法，可以让人们在刚刚来临的新时期里为世界面貌重塑秩序，揭开现象的寓意。人类将自己视为反映宇宙的微观宇宙——在拉丁欧洲是这样，在中国或印度也是这样。"世界自己转动，"福柯这样说道，"地球是天空的重复，脸庞映射在繁星上，青草的草茎里藏着为人类服务的秘密。"对相似之处的探究，即菲奇诺所谓的"叠合一致"（Kongruenzen），成为认知的中心。外观被视为内在的标志，形式应与特性和效用相对应。象征和被象征物并非两样，人们更相信它们被精神力量联系在一起。因此，谁找到一座原始崇拜的偶像，那他同时也找到了偶像本应反映的形象。文艺复兴时期的学者意识到自己正面临挑战，要分析相似之处，揭开隐藏之物并让它发挥用处。菲奇诺认为，魔法结合了"恐惧、数字、图形和质量"：无非就是基于自然知识和几何创造的科技。

魔法师或牧师使用的词语的效果也是基于这种"野性逻辑"。词语似乎与它所指代的东西不可分割，这种共生进入现代才消失不见。单单词语貌似就有巨大的可能性，甚至是无限的。词语的能力从《圣经·旧约·创世记》中就可以清楚地看出：上帝仅仅用"道"就创造了宇宙，而这个高度复杂的概念可以被翻译成"词语"。皮科·德拉·米兰多拉相信，人可以赢得上帝的造物力量，只要他破译《圣经》或卡巴拉中数字和词语的含义，就能发现上帝的秘密。只要他知道如何使用大自然的力量，那么词语、标志和行为就能使他掌握宇宙。皮科认为，这样人类将是"自然的王侯和主人"，只有上帝的无所不能才能限制住他。

也是出于对主导世界的词语的崇敬，约翰内斯·罗伊希林为拯救犹太书而抗争，他的著作《论卡巴拉艺术》和《论奇妙之语》都试图向基督教人文主义介绍犹太著作。基督教的祈祷词尽管是不合逻辑的套话，也属于仪式的一部分，即便在祈祷中，语言也是一种魔法般的方式，有着至关重要的意义。通常人们还需要一些稀有的、难以获得或令人作呕的东西——如被处决之人的身体部位、蛇或蝙蝠。

圣事可能带来益处，却又非常危险，因而需要人们的敬畏之心。魔法仪式要求最大的精确度，只有这样才能保证魔法释放的力量不会变成破坏力。最轻微的偏离可能就会让仪式无效，就像"寻常"祷告中的错误会冒犯神灵。如果说错一个词，那么恶魔可能就会从用粉笔绘制的、起保护作用的圆圈[1]里挤进去，从而扭转召唤者的脖子。错误让界域不再固若金汤。尽管魔法仪式经常施行，但它们有些强迫的意味，而祈祷只需要请求上帝。虽然魔法师可以申明自己只调动自然力量，与医生的行为没有区别，但他很容易被怀疑和魔鬼做过交易。无论如何，教会怀疑魔法师的所作所为。但是，天主教神父手里有圣体、圣物和仪式，这些都是有巨大力量的魔法道具。16世纪，神父越来越热衷于削弱魔法师的竞争力，以免他们与自己抗衡。

石头和星星的力量：炼金术士和占星家

文艺复兴时期，"神秘"与拉丁语中"occultus"的含义一致，并不是什么超自然或恶魔的力量，而是事物中"隐藏"的力量。这些力量根据相似的模型——或如菲奇诺所言，在用爱促进生命的原则下——被激活，圣体施展力量时就像一块磁铁、一株植物或一颗宝石。例如，红玉髓本身是红色，应该对身体的汁液（也就是血）产生效果——淬去怒火，在流鼻血或月经不适时发挥影响。许多著作都把关于这些力量的知识汇集起来，如艾尔伯图斯·马格努斯的《秘密》（*Secreta*），其中的素材除了来源于中世纪，还包括古代和阿拉伯流

---

1 在传统巫术仪式里，施法者会用盐、面粉或粉笔等材料绘制出一个圆圈。该圆圈被认为包含能量，并形成一个神圣的空间，能够为他们提供魔法的保护。——编者注

传下来的资料。一本丰富的"秘密"之作对出版商来说是高销量的保证，最成功的此类作品之一是1555年的《秘密》，作者是化名为阿莱西奥·皮耶蒙德斯（Alessio Piemontese）的意大利炼金术士。这本书被翻译成多种语言，它为所有的解药——肥皂、颜色甚至果酱——提供了配方，到1700年已经有超过100个版本。

文艺复兴时期的炼金术在骗术、实验和经验之间摇摆不定，这一领域的奠基文件是《翡翠石板》。它的神话起源于阿拉伯，后来传到欧洲。根据一版改编的传说，它在赫尔墨斯·特里斯墨吉斯忒斯的墓中被发掘出来，人们传言说他的墓藏在胡夫金字塔里。石板上的文字应该涵盖了原始智慧的所有知识。"奇迹的效用是通过一个东西激发的，就像各种物质的东西通过唯一一种过程生成，"12世纪的西班牙语译文中这样写道，"让土远离火，然后火会照耀你！"无数学者都试图阐释这些句子。炼金工艺——粉碎、蒸馏、熔化——的目的都是净化原材料，并用获取的绝对纯净物质影响自然界中隐藏的过程。

幸有马尔西利奥·菲奇诺的翻译，赫尔墨斯的石板文字在15世纪就已经流传，希腊传统炼金术很晚才为人知晓，即多梅尼科·皮奇蒙蒂（Domenico Pizzimenti）在1573年翻译的《伟大艺术》。有了这些和许多其他文本，炼金术的时代终于降临，在接下来的一个世纪里达到顶峰。为了实际目的，人们要通过实验得到一切可能的解药，不管是金子还是"魔法石"。这一"贤者之石"应该是一个融合所有元素之属性的完整的微观宇宙。如果触摸了这块奇迹石，那么根据圆满法则，人就会触发渴望，拼命想要完善自己。银会变成金，病人会变健康。罗杰·培根把动物血看作"贤者之石"的重要组成部分，而公元8世纪的阿拉伯人贾比尔·伊本·哈扬（Dschabir ibn Hayyan）更青睐汞，他写过一本畅销的炼金书。

对炼金术来说，宇宙中的任何东西都不是为自己存在，一切事物都直接或间接相关。"上层来自上层，下层来自上层"，这是《翡翠石板》的低语。它也知道："精致比粗俗更高贵——谨慎、聪慧。它从地上升到天空，从高处带来光；它再次降到地上，兼具上层和下层的力量。"在亚里士多德看来，宇宙被视为"一个互相关联的整体"。伟大的存在之链从地球、泥土和人类到达天使直至上帝，社会等级就是从中找到范例和合法性的。天使和恶魔是中间人：理性、热情和不朽的生物。因为宇宙的秩序预见到，更强大的、更高的会对不那么强大的、不那么高的产生影响——如博纳文图拉所言——所以星星影响元素，并影响这些元素构成的躯体。文艺复兴时期就已经流传一种信念，认为更高的天体上的能量是可以被引到地球上来的。因此，人们需要在医药和哲学的帮助下开拓世界上各种元素的未知力量，精神的力量通过宗教仪式，天空的力量通过数学和占星术。炼金术与后者息息相关，一个穆斯林学者称之为"尘世占星术"。哥白尼抨击托勒密的世界观，但并没有削弱占星术的意义，甚至这个波兰天文学家一开始做研究的目的可能就是反驳皮科·德拉·米兰多拉对占星术的大肆批评，前者在博洛尼亚时对此曾有所涉猎。

对于占星家来说，人是所有天体运行过程的参考点。行星运动就像一出道德剧，人是唯一的观众。行星劝告人类，威胁人类，做出承诺，但它们也引发变化。宣布和影响人类命运应该就是它们的目的。星体散发出力量，目标就是这些月球下的微小生命。这些力量对自然影响深远，对人体也一样。托勒密就曾指出，人类不同的身体特征与出生时不同的行星位置有关。借用汉斯·萨克斯的话，这个"天文学家"知道，"接下来是丰收年／还是物价上涨、战争逼近／或是许多疾病蔓延"。

像魔法实践一样，"星体辐射"的效果遵循类比和同感的规则。例如，如果魔法护身符上有太阳标志，那么一旦它正式进入太阳的"能量域"，就应该有效。一个关键因素是，在天空游荡的行星相对于黄道十二宫处于什么位置，这时形成的象征符号就有多强大的力量。整个城市的居民的性格特征都来自行星星座的力量，曾经国家就是基于这一力量建立起来的。在一些思想家看来，甚至整个历史进程都受到星星的影响。例如，彼得罗·德·阿巴诺将世界历史的高度与天体的和谐形势联系起来。与之相对应，衰退应该和与夜晚相关的天体的前移有关，在古代人们就已经观察到这种天体秩序的变化，并猜想它有干扰作用。公证员塞科·达斯科利（Cecco d'Ascoli，1257—1327）

与彼得罗·德·阿巴诺生活在同一时代，他惨遭厄运，因为据审讯者称，他让"一切"都臣服于星体的权力。他甚至相信，星座的创造者基督也被行星决定了命运。塞科最终被判为异教徒而送上火刑架。

占星家的思维模式一直存在争议。乔叟认为，他们的行为连苍蝇都比不上。而神学担忧的是，人们太信服于星体的影响，便会质疑上帝的全能。赞成占星术能让人们获取知识的人纷纷为之辩护，他们的论点简明扼要，星星可能会统治人类，但指挥星星的可是上帝。行星可以"引导"，但它们不能强迫。蓬波纳齐同样如此辩称，开普勒也持类似观点。如果是这样，那么占星术的推测和对天体运行的简单观察一样，最终都指向对上帝决议的认定。在这当中，虽然逃不开宗教信仰，但有一个更深层的动机不容忽视，甚至在一些科学革命史中它扮演着主角，即追问和不断继续追问。

学者、骗子、科学

因为占星术允诺多方面的好处，甚至包括未来的统治地位，所以多数时代和许多文化中的统治者都推动了占星术的发展。在欧洲南部，占星术或者说天文学——当时这两个概念可以互换——自中世纪后期开始成为大学的专业。例如，1459年克拉科夫大学设立专业，拿到教席的人每年必须占星一次。这里还开设了关于阿布·马沙尔的《伟大引言》的系列讲座。16世纪初，由于有更准确的托勒密译本可供参考，占星体系经历了另一次扩张。连领军带兵的将军都被建议掌握占星知识，因为在占星的帮助下可以更好地评估对手的优势和劣势，并认识到发动战争的有利时机。

从一开始，哥白尼想找到一个有说服力的世界模型，主要是为了给预测和历法计算提供新的基础。许多人虽然抨击他的主要论点，但很看重他的著作，因为它们确实提供了比其他书籍更准确的数据。相信星星会传递信息和产生影响并不代表预言一定是正确的。无论如何，这个复杂的占星系统只有专家能看透。如果预言被证明是错误的，那么基础数据肯定也不太准确。不过，即使预言没有兑现，雷吉奥蒙塔努斯也不把错误归咎于占星术思想模式本身，他认为要让观察方法更加精确。为占星目的而获取的天文数据在制定日历和远洋航行中也发挥作用。同时，人们积累了"严肃"知识，这有助于打破一千年来的世界观，尽管这些知识积累不在计划之内，且是顺带而得的。

占星学能够持续存在下去是因为很多因素，而魔法系统同样因为这些因素幸免于难。魔法提供的程序也同样非常复杂。错误的时间点、错误的词语和缺失的物质可以解释一切失败，如有必要还可以推测是上帝的干预。人们也不知道痛苦来自何处，也不确定人类行动在其中有多大影响。人们永远不能排除，一种疾病可能有道德原因或源自上帝的惩罚。这样一来，人们很容易就撇开魔法本身的缺陷，而在具体应用及其实证基础中查找错误。

炼金术是占星术和魔法的姊妹，在14世纪被教会禁止——但这只是徒劳。炼金术像魔法仪式一样也许诺强大效果：财富、健康和青春，也许还有永生，前提是如果能成功地完成炼金杰作并找到"贤者之石"。此外，炼金术还把自己与基督教的神秘主义联系在一起，比如康茨坦茨宗教会议期间出版的《神圣三位一体之书》就为他们提供依据。政府，甚至高度理性的企业家如富格尔家族都在炼金术实验中进行"风险投资"，当然很少得到回报。像浮士德博士一样的神秘大师不知道如何制作黄金，只知道怎么从资助人的钱柜里骗取金币。像人们经常说的，他们在绞刑架底下干活：这是他们最后的利润。金属提炼的先驱万诺乔·比林古乔在他的《火焰学》中说，他无法理解怎么会有人相信炼金术士承诺的东西。

尽管如此，炼金术在科学革命出现之前一直拥有合法地位。与占星术一样，从蒸馏和尝试中也能获得真正的知识，对"贤者之石"的找寻和对事物神秘特性的追问让人们孜孜不倦地进行实验。炼金术士的厨房为创建科研实验室做出了贡献。集伊丽莎白一世的占星师、数学家和地理学家、魔法师、天使的交谈伙伴、不拘一格的亚里士多德派人士以及受柏拉图灵感启发的神秘主义者等身份于一身的约翰·迪（John Dee，1527—1608）认为，魔法是一门实验科学，而不是"艺术"或魔鬼的实践。事实上，顺带也可以发现一些有用的东西。在处理汞时，人们揭示出它与其他金属结合的快乐意愿，这是对银或金冶炼的重要见解。炼金实验中最著名的偶然发现是18世纪初萨克森黄金生产商约翰·弗里德里希·贝特格（Johann Friedrich Böttger）对瓷器的再造。当然，炼金术士走过的弯路也数不胜数。

通过试验和错误而不断进步、反复练习，炼金术士的实践开拓了未来。在"试验和错误"中学习，是迄今为止科学活动的基本原则。最终天使与魔鬼、类比思维和对上帝神迹的信仰都从科学话语中被驱逐，现代科学尤其是医学才得以发展，但当时还远远没达到这种程度。

34. 人类解剖

ANDREAE VESALII
BRVXELLENSIS, SCHOLAE
medicorum Patauinæ profefforis, de
Humani corporis fabrica
Libri feptem,

BASILEAE.

插图51：扬·史蒂芬·冯·卡尔喀，《维萨里解剖女性尸体》，木刻画封面：安德烈·维萨里，《人体的构造》，巴塞尔，1543年

医学起航

印刷术的出现使得越来越多的医学知识成为常识。我们再次以迪奥斯科里德斯的经典之作为例，它在科尔多瓦的图书馆中不见天日已有700多年，直到人文主义者胡安·派斯·德·卡斯特罗（Juan Paéz de Castro，1510—1570）将它唤醒。这位追寻失落书籍的"猎手"让医生安德烈斯·德·拉古纳（Andres de Laguna，1499—1559）摸到了"远古希腊的手稿"。后者是手稿一直期盼的真正读者。因为德·拉古纳是一个皈依者，不仅是植物学家和药剂师，还是语言学家。他将这本书译成卡斯蒂利亚白话，并添加了关于新发现的亚洲和美洲植物的知识。1570年，这本书付梓。在西班牙，迪奥斯科里德斯也终于走下拉丁语的象牙塔，并走到那些只会说"粗俗卡斯蒂利亚语"的医生中间。这本流传历史极其复杂的草药学书籍也提供了一个例证，让我们看到人文主义的精英文化如何使更广泛的阶层也发挥作用——以及印刷术这个新媒介如何传播民间医学的秘密。这项工作和它的从业人员——草药妇人、"聪慧的女人"、会处理伤口的人，以及外科医生和助产士——经常比学院派医药的艺术更有效果，但只有"民众"才明白学习这些的重要性。

医疗康复的基本规则仍旧来自古希腊罗马和阿拉伯文化，但文艺复兴在亚里士多德派认为的凡人身体中植入一个柏拉图式的不朽灵魂，就像在贝壳中放入一颗珍珠。一直以来，最重要的权威都是盖伦，他的"体液病理学"可能深深地植根于印度的阿育吠陀医学，创造了一种心理唯物主义。它假设人体与月球之下的世界中的所有物质一样，由空气、火、土和水四种元素组成。在人体内它们对应四种液体：空气对应血液，火对应黄胆汁，土对应黑胆汁，水对应黏液。这些体液具有某些特性，即冷、热、干和湿。它们以不同的方式相互混合，从而创造出不同的气质。称一个快乐的人是"乐天派"（Sanguiniker），这就是体液病理学的遗留，该术语指促进生命、引发活力的血液有些过量。

根据盖伦学说，健康是体液混合物的和谐，疾病则表明平衡失调。所有医生的努力都是为了恢复平衡，例如通过放血，这是治疗武器库中的必杀技。当久病不愈的身体排出体液，不管是血液、脓液、汗液或呕吐物，都表明自然在努力自愈，医生只是从旁协助。排泄物必须仔细检查，尤其是尿液。"小便检查法"是典型的医学行为，以至当艺术家想要在作品中表现医生时，通常会在他们的手中放置一个尿液玻璃瓶作为识别的标志。

文艺复兴时期的医生相信，体液的混合比例受到许多环境因素的影响。即使是一个可怕的景象都可能会导致平衡失调，比如一个丑陋的孩子的诞生。专业人士相信，气候、饮食还有星星的力量都可能让混合物震荡，让身心失去平衡。因此，占星学知识不仅对医生有用，而且是必要的。随着梅毒的传播，人们把它归咎于行星交会的灾祸：人们怀疑邪恶的火星和土星交织成蝎子的形状，这是生殖器官的统治，并共同击败了良善的木星。解毒剂是跟水星能挂上钩的汞，它能使一些症状消失（但用处不如害处大）。

根据微观身体与宏观宇宙之间的关系，每个器官及其生产出的东西各有其神圣的教父教母。例如，肝脏中产生的血液应该属于空气，属于天秤座、水瓶座及双子座。此外，身体中的体液都与木星息息相关，木星是锡的伙伴。阴暗的土星被看作天才和忧郁之星，艺术家和发明家之星，在神话中土星代表的农神是吃掉自己孩子的食人族。它是忧郁和创造力之父。它从高高的天体上把体液稀释或者积聚体液，并确保脾脏会让黑色胆汁沸腾，这样会带来忧郁的感觉。在这一邪恶事业中，其盟友是地球，它的金属是铅，它的首选季节是灰色的秋天。魔法师和医生都必须考虑这些情况。

这两类人在各个层面上都能够干预"伟大的存在之链"，以恢复人们的健康。治疗必须在合适的时间进行。他们可以动员行星的权力和事物的隐藏力量，以此激活草药、宝石、金属或护身符的效果。效果最好的是哪一种，尚不明确。盖伦已经明智地提出建议，认为预防胜于治疗。他提倡人们生活要有节制、要洗澡、要做运动，也要听音乐或欣赏宜人的色彩。阿尔贝蒂认为，有一次他的发烧就是这样治愈的。

盖伦的建议，即气质学说，以及作者自身的经历都为丰富的咨询资料提供了关键词。这样的"健康指导"为身体提供了关于"死亡的艺术"（ars moriendi）的指引，这是灵魂需要的。通过翻译，这些书越来越普及。斯福尔扎的医生贝内德托·雷瓜达蒂（Benedetto Reguardati，约1398—1469）书写的《关于保护健康的非常有用的论文》是意大利最早的此类白话文著作，早在1481年就已印刷出版。在英国，是托马斯·伊利奥特（Thomas Elyot，1490—1546）的《健康城堡》及其丰富的有关如何保持长寿的建议。在德国，则是医生和植物学家莱昂哈特·福克斯的插图版草药学书籍（附图22）。

医学知识和学说不再被局限于拥有图书馆的医院里，在大学中也能找到。"现代的"——有学识的——医药工作者开始了他们的职业生涯。因为意识到阶级感又渴望交流，受过学术训练的医生们联合起来建立行会一样的学院。例如，1518年伦敦成立了"王家医师学院"，由医生和人文主义者托马斯·林纳克尔发起。外科医生和处理伤口的医生组成的新型医生有一些明显的不同，他们要处理血液、化脓性肌肉和黏液。医生用纤细的手指握着尿杯，面露谙熟于心的表情，从黄水的颜色和质地中得出结论，可能说的是拉丁语。解剖时他优雅地站在一边，肮脏的工作由帮工完成，这意味着他有很多书本知识，但几乎没有临床实践经验。

生命精神，整体医学：费尔内尔，帕拉塞尔苏斯

16世纪，医生与理论派的自然哲学家之间不同的职业形象也逐渐趋于分明，但还有一些人在实践工作之外仍然探寻能够决定生命和苦难的更大的关联性。从让·弗朗索瓦·费尔内尔（Jean François Fernel，约1497—1558）的作品中我们可以看出，这一时期对缘由的探究是在怎样一种朦胧的状态下进行的。他是法王亨利二世和王后凯瑟琳·德·美第奇的私人医生，他对于疾病的"隐蔽原因"的追寻引发一个大问题：像精神这样的"火物质"需要食物，来自哪里呢？灵魂和身体必须以某种方式连接起来，通过什么方式呢？生命是如何产

生的？魔法能实现什么？

费尔内尔是一位有能力的解剖学家，同时也是热情洋溢的数学家。1542年他出版了《生理学》一书——他发明了这个术语——从此踏进了一片新领域。他是第一个描述椎管、心脏泵血机制和心内膜炎临床表现的人。另外，他推测，"精神"（spiritus）是在体内起效——这是最精细的材料之一，亚里士多德认为精神是温暖所在，是一切生命的创造者，甚至拥有神性。费尔内尔相信，肝脏中的"自然精神"在静脉中游走，而"生命精神"从心脏通过动脉输送全身，负责感知和运动的精神通过神经从大脑和脊髓向下传递。而身体和灵魂的黏合剂，费尔内尔推测是一种油性的"基础体液"，它应该既油腻又透气，而且不可见。它如果耗尽，死亡就会乘虚而入。

费尔内尔的想法甚至影响了17世纪的医生。不仅柏拉图和亚里士多德，盖伦也为他的生理学提供了基础。为了解释生命的奥秘，盖伦的医学除了"灵魂"之外，还借用了斯多葛发明的概念"气息"（pneuma）：一种精妙的、鼓舞人心的气息。盖伦还创造了理性模型来解释疾病。与当时东方的治疗师不同，他没有借助神学模式，而是寻求自然原因。盖伦也将其授予像费尔内尔这样的追问者。法国人费尔内尔和其他人都想要通过摸索，用"自然"来解释身体功能和生命。通过那些与神性相关的崇高物质，人们似乎找到了一种途径，可以把思想转化为运动并促进遥远的天体在人体内发挥效用。

与古代医学坚决决裂的第一人绝对是一个烈性子：特奥夫拉斯图斯·博姆巴斯茨（Theophrastus Bombastus，1493/1494—1541），也就是那位传奇的帕拉塞尔苏斯。他声称自己在意大利学习过，也许是在费拉拉。他的性格让他一直游荡，有时还要逃亡，任何地方他都没有久待。1527年，他计划在巴塞尔大学前面焚烧阿维森纳的医疗著作，这也意味着把盖伦派的医学思想扔进圣约翰的火焰中。为此，他自己的书也被反对者付之一炬。这位医生虽然出身于施瓦本贵族，他可不是理性主义者。他的医学深深植根于时代的整体思维，在柏拉图式和诺斯替教义中。他试图把这些书籍翻译成笨拙的德语。如果一切事物都是为了我们而存在，那么上帝的旨意是，我们作为"星星的学生"不应该有知识盲点。帕拉塞尔苏斯把"创世记"视为一个巨大的炼金术工坊，他认为物质世界不过是从上层天体清澈水域中产生的天空的灰烬。他想要参透世界，像读书一样读懂它。他也认为人类是一个微观宇宙，人类有一个肉体和一个星躯（Sternenleib），后者是灵魂的介质。他相信，人的个性、人的成长、人的性别都是由"灵力"（archeus）决定的——在进入世界之前，一切都在这种生命精神中。帕拉塞尔苏斯认为它的力量就是疾病的成因，疾病不再是盖伦所说的体液混合物的失衡。例如，痛苦可能是毒药、恒星或不健康的环境造成的，并且——根据广泛流传的观念——还有道德原因。在这种情况下，就是上帝的惩罚。根据帕拉塞尔苏斯的观点，罪恶的想法将变成挥发性的物质，飘升到其所属的行星：忌妒去土星，谎言去火星。根据这一思维模式，它们在那里唤醒疾病的种子，然后行星感染空气，最后引发瘟疫。

16世纪上半叶，可能只有路德笔耕不辍的勤奋度超过了帕拉塞尔苏斯。对于后者本人而言，很多作品没有出版是他的大幸。虽然一些与帕拉塞尔苏斯立场相同的人很支持那个维滕贝格人的想法，但帕拉塞尔苏斯本人在宗教领域却是非正统的。他轻蔑地称茨温利、教皇和再洗礼派为"沆瀣一气"。他居然敢臆想上帝是一个女性形象，这样才能造出三位一体的第二号人物，这种想法可能会让他上火刑架。他晚年主张平和的基督徒生活，撰文反对战争和死刑，并请求公平分配劳动收入。在他迷宫般的著作中，还有一个多次出现的要求也极具现代感，即相信经验和实验。他是第一个描述职业病的人，以及痛苦，他认为痛苦是由于"酒石"造成的，酒石指的是血管和器官的沉积物。他提倡伤口的抗菌治疗，发明治疗手段、草药疗法和水疗并开展外科手术。后来他又一次胆大妄为，提出生产人造人的配方，然后人造人反过来再创造出巨人和侏儒这样的野人。在他看来，世界的第一块基石不是希腊自然哲学中的四个元素，而是另外三种与星座相关的物质：油腻可燃的硫黄，烟雾状可挥发的汞，最后是结晶盐。帕拉塞尔苏斯认为，为了正确处理这些物质，人们需要炼金术的药物，通过析出可以获得。因此，他被视为医学化学和现代药学的创始人。

这个备受尊敬和饱受争议的人是多么矛盾——他的同胞托马斯·埃拉斯图斯（Thomas Erastus）说他是一头野兽，一头哼哼叫的小猪——我们要了解一下他对精神疾病的态度。他认为精神疾病不是由撒旦引起的，而是有自然原因，好言相劝、禁食和祈祷都应当有所帮助。这听起来很合理，但他另一项建议就不怎么样，他觉得如果治疗失败就应该把疯人烧死，这样魔鬼就没有机会得到他们的灵魂。相似物，同时也是标志——心形东西治愈心脏疾病，蒺藜和刺可以缓解胸部刺痛——被帕拉塞尔苏斯的因果关系所取代。他的世界观让他可以提出深奥的推想，同时也为理性科学开辟了道路，希望寻找一种自治式自然的统治。帕拉塞尔苏斯和他的医学让系统性实验发生逆转，就像接下来伽利略对物理学的颠覆。帕拉塞尔苏斯尚在庆祝他时而不透明时而发光的宇宙医学时，专家的时代已经到来。

解剖学革命：维萨里

这些专家中最重要的一团火焰是费尔内尔的得意门生安德烈亚斯·维萨里（Andreas Vesalius，1514—1564）。在大部头著作《人体的构造》的木刻画封面上，维萨里就把自己刻画成与相信盖伦的书本医生不同的另一种替代形象（插图51）。他被一群观众团团围住，正在向他们解释一个死去的女人的子宫——他自己也很引人注目。他将自己描述为一名经验主义者，虽然他是帕多瓦大学医学博士和教授，但他却亲手解剖而不是让别人动手。在人们探究宏观宇宙的同时，也进入了微观世界的内部，即人体内部。当时还没有显微镜，因此，维萨里和他最重要的前辈之一的贝朗加里奥·达·卡皮（Berengario da Carpi，约1470—1530）观点一致。看不见的东西——那些太小的事物——从一开始就被排除在他的推理之外。他的巨著逐渐偏离帕拉塞尔苏斯风格的整体医学，开始客观描述身体和器官的功能。700多页的文字都在反思一个高度专业的专家的经验，他描述、测量，并且不再寻求精神和灵魂，至少不是首要任务。维萨里的书以清晰的排版和先进的图形技术而备受瞩目，作者因此也成为皇帝查理五世的私人医生。多亏了一本摘录，它对实践也产生了持久的影响，它被看作教学和手术的指南。《人体的构造》把解剖学史划分为两个时代：维萨里之前和之后。

与传说相反，中世纪晚期的教会没有完全否决对人类尸体的解剖。一开始在萨勒诺，人们只是解剖猪，但蒙迪诺·德·鲁兹（Mondino de' Luzzi，1275—1326）已经在博洛尼亚解剖人体，也未受阻挠。在维萨里之前他写出了最重要的解剖著作，而且熟知阿拉伯医学。就像天文学家们希望破译夜空中的上帝之语，对许多解剖学家来说，切割人体就如同追寻上帝和他的奇迹。令人惊讶的是，身体的"精神"构造并未阻止欧洲医生——不像印度的阿育吠陀医生——对身体进行切割。

到了15世纪，对尸体开膛破肚的现象越来越多，作为医学圣地的帕多瓦在15世纪末甚至开设"解剖剧院"。就像圆形剧场一样，在大厅中间一张凸起的桌子上摆放着尸体。艺术家，特别是雕塑家，也把手伸向解剖刀。虽然列奥纳多受到科学好奇心的驱使，但对于米开朗琪罗来说，雕塑家和画家对人体结构的专业兴趣却是最大驱动力。获得研究对象并非易事，尤其是尸体要尽可能新鲜。维萨里四处搜罗被处以绞刑的人和自杀者，他们本来也不会被妥善安葬。在帕多瓦，他的学生从墓地偷走一个僧侣的情妇的尸体，并削去她的头皮，这样即使偷盗的秘密泄露，她的情人也认不出这个死者。

当哥伦布远航世界以及哥白尼反对地球上一切传统时，维萨里开始探索目前几乎一无所知的身体大陆。他想亲自钻研，而不仅仅盲目相信前人之言。维萨里在他伟大著作的前言中主要针对的是查理五世，他批评当时人们对盖伦等早期作家的奴隶般的依赖。盖伦经常自相矛盾，并且他的所有知识都不是来源于人体解剖，而是从猴子身上得来的。维萨里的目的并不是颠覆整个已有体系，他帮助古代的解剖学实践进行复兴，并肯定它们对教学和研究的重要性。

维萨里的解剖工作，和哥白尼的"革命"同样发生于1543年，它直观地证明，文艺复兴时期绘画的技术成果对医学进步有重要意义。除了列奥纳多当时尚未发表的图纸之外，艺术从未给某一科学对象贡献这样大的精确度。作为对详细文字的补充，还有约200张木刻画，可能是由提香的学生扬·史蒂芬·冯·卡尔喀（Jan Stephan von Kalkar）创作完成。它们展现出解剖刀揭示的世界：骨骼、肌肉、血管和器官。有一些图上的骷髅被摆放成多愁善感者的典型姿势：肘部弯曲抬起，其他图上是剥掉皮肤的肌肉男性，但却是兴奋欣喜的姿势。有一些看起来几乎像是超现实主义艺术。

尽管维萨里的工作极具开创性，但新医学仍然任重道远，甚至与他同时代的弗拉卡斯托罗都仍然遵循盖伦范式。弗拉卡斯托罗的书和费尔内尔的著作一样，只是在细节上指向未来。他反对古代观点，以往人们认为地缝中飘出的蒸气导致疾病暴发，弗拉卡斯托罗提出一个聪明的理论，说传染是因为"小颗粒"，他把这些命名为"seminaria"，即病菌。但是他一如既往地认为人悬置在一个宇宙中，穿透一切的世界灵魂让宇宙生机勃勃，并且这个宇宙由星星统治。弗拉卡斯托罗写过关于梅毒的说教诗——用一首形式完整的诗歌描写一种可怕疾病的所有症状，让说教诗的技巧得以完善——他把可怕的感染理论与占星猜想相提并论：后者认为1348年的瘟疫是火热的火星和黑暗的土星带来的。

在盖伦派的医学领域，人们也试图"拯救现象"，例如"奇迹网络"（Rete Mirabile）的命运。盖伦在解剖动物时发现了这一"奇迹网络"——浑身遍布精细分布的血管脉络，他认为它的作用应该是为大脑提供赋予生命的气息。维萨里并不是第一个注意到人类缺乏这种网络的人，这是他指责盖伦犯下的二百个错误之一。之后，雅克·杜布瓦（Jacques Dubois，1478—1555）也成为权威的捍卫者。这位巴黎的解剖学家对自己的工作了如指掌，不可能没有认识到维萨里的观察是正确的。他的出路是，推测人类在退化堕落。古代的人兴许更完美，因为那时候人体内还有这种"奇迹网络"！杜布瓦可能想到了古代雕塑家用大理石雕刻的理想躯体。他这种观点不是一人之见，1485年出现了一段独特的插曲。在罗马附近的阿皮亚古道发掘出一具奥古斯都时期的女性尸体，因为用香料保存，这具尸体完好无损。人们把古尸运到元老院城堡大厦，民众争相朝圣并为之惊叹：终于真真切切地看到了一个古人！编年史家评论说，这具女尸是如此美丽，令人无法名状、无以言表。在面对备受推崇的黄金时代的人时，这些文艺复兴时期的人唯一的感受就是壮丽，别无他想。

冰封时代

35. 欧洲图景一：西欧——教派、战争、未来之国

插图52：老彼得·勃鲁盖尔（Pieter Bruegel d. Ä.），《雪中猎人》，1565年，维也纳，艺术史博物馆

气候变化、饥荒、女巫恐慌

随着16世纪向前推进，不仅是欧洲，整个世界都渐渐变冷。大约从1540年起，平均气温一开始逐渐下降，然后从大约1560年开始急速降温。泰晤士河和博登湖等大型水域都冻结了。1573年，人们经历了该世纪最冷的冬季，也是近500年来最寒冷的冬季之一。1587年在编年史中被记录为"无夏之年"[1]。冰川蔓延到山谷，谷物在雨中腐坏，冰雹从黄云中倾盆而下。洪水泛滥，狼群在冰冻的城市和村庄中肆虐。欧洲艺术史上出现了第一批大画幅的冬季场景，展现了当时的气候剧变，如老彼得·勃鲁盖尔在1565年创作的《雪中猎人》（插图52）。与此同时，占星术的书籍数量激增。人们害怕未来，想知道会发生什么。医生米歇尔·德·诺特达姆（Michel de Nostredame，1503—1566），即诺查丹玛斯（Nostradamus），用他著名的神秘预言吸引到大批信众。

这一系列的天气灾害都发生在地球气候长期降温的极寒时期，即"小冰河时代"，大约始于1300年，一直持续到1850年。直到18世纪，天空才略为变亮。这次大降温很可能是全球性的。今天，人们推测这是由于太阳活动的减少以及剧烈的火山喷发造成的。温暖的日子和美好的夏天虽然仍然存在，但问题是，持续两三年的糟糕天气可能导致歉收和减产。城市的粮仓里通常只储存九个月的粮食。如果粮食匮乏持续的时间更长，面包——不提价的话——就只能做得更小更薄。波罗的海国家对农庄经济的抑制使谷物的产量得到了提高，可以往南出口谷物，但这还不足以弥补供应缺口。柴火也变得稀缺。

小冰河时代产生了极其剧烈的影响，因为欧洲的人口一直在增长，几乎达到了可能的极限。马尔萨斯的理论在此时得到了验证。饥荒又随之而来，且这一次比以往波及范围更广、更具威胁性。饥荒让人均寿命急剧缩减，比流行病和战争的影响还要大。一些人简直成了行走的骷髅。据一名目击者观察，食

---

1 "无夏之年"一般指1816年，这一年因为受1815年印尼坦博拉火山爆发的影响，北半球的天气出现了严重反常。但有许多天气寒冷、降雪异常的年份，也被称为"无夏之年"，如1529年、1587年、1628年、1639年、1675年等。

物短缺使皮肤呈深灰色，有时几乎是黑色，幻觉会在人们面前伸手召唤，死亡则在人们背后等待偷袭。死亡的另一个帮凶是通货膨胀，除了美洲贵金属的泛滥，人口增长也是推波助澜的力量之一。而实际工资远远落后于物价增长。在16世纪的最后30多年里，人口曲线再次下垂，而手工行业根本无法对需求下降立刻做出反应。特别是在产能出了名不稳定的纺织部门，生产大大超过了需求。结果就是，从事布料和服装制造的大量织布工和其他工匠陷入贫困。

国家对资金的渴望加剧了社会紧张局势。国家要求征税，而且首先对那些几乎连饭都吃不上的人下手，通货膨胀对这些贫民来说更是雪上加霜，他们原本为后面更糟糕的日子所储备的一点积蓄，现在也被搜刮一空。国家扩张、战争和气候形成了一个险恶的同盟。16世纪下半叶开始，国家崩溃、革命和叛乱变得越来越频繁，都跟这个同盟脱不了干系，一开始发生在半个欧洲，后来扩散到全球，从墨西哥到日本，从菲律宾和印度到巴西。大多数时候，这些动荡并不是为了彻底改变体系，而只是对抗饥饿和物资匮乏，也许是想恢复旧日的、更好的生活。

当时的人并不能理解这些苦难的复杂背景。但法国法学家让·博丹（Jean Bodin，1529/1530—1596）已经意识到，新世界带来的泛滥的银子对货币贬值的神秘现象有重要影响。与他同时代的英国商人托马斯·格雷欣爵士同时也是女王伊丽莎白一世的顾问和伦敦证券交易所的创始人，他制定出一项后来以他的名字命名的法则：如果硬币的价值远远高出用来制作硬币的贵金属的含量，那么这些劣币会把实际价值更高的货币（即良币）驱逐出市场。良币会逃离该国或被藏在贵金属储备中。但认可这种理性解释的人在当时寥寥可数，相反，大多数人怀疑气候剧变及其后果的最终原因是上帝的惩罚。

当时的人总是认为贫困的首要原因就是穷人自己，肯定是他们所谓的懒惰、懒散引发了上帝的愤怒。16世纪末的传教士在布道时说，假如上帝是"工人行会"的一名成员，那么他的对手撒旦代表的就是闲人行会；照顾这群闲散之人的是他们自己的恶魔助手，即"懒惰魔鬼"。很多宗教宣传册也提到对抗懒惰的斗争。工作长期以来仅仅被视为原罪造成的令人讨厌的后果，现在却成为一种公民美德。在这次由气候变化引起的危机中，逐渐形成了一场名副其实的"催人勤奋的运动"〔保罗·明希（Paul Münch）语〕，在当时市民社会日趋成形的过程中，一直盘桓着这种伴奏。

人们对待小冰河时代的态度既有理性也有妄想。自16世纪下半叶以来，天气观测的系统记录不断积累，所以人们也开始尝试预测天气。有一种观点普遍流行，认为破坏性天气是由巫婆引起的。随着气温的降低，对黑魔法的信仰逐渐升级到疯狂的程度。长期以来，人们都认为天降冰雹伤害人就是巫师们所做的恶事之一，即使是最近再版的《女巫之槌》一书也提到了这一犯罪行为。此外，人们试图像以前那样，用邪恶女人和危险的魔法师的魔力来解释所有的灾祸，比如瘟疫、牲畜死亡、婴儿早夭或阳痿。迫害风潮早就出现过，而此时爆发的大恐慌，与小冰河时代的气候震荡几乎出现在同一时间：二者的高峰时间都是1560—1630年。

拉丁欧洲在神学家、法学家和施刑者的帮助下创造恶魔，让社会从内疚感中解脱出来。像犹太人一样，这些假想出来的罪大恶极的女性罪犯和她们的男性同行都是替罪羊。为了让那些迫害和杀害他们的人内心不再恐惧，这些不幸之人发挥了核心作用。他们帮助解释不幸，并且他们总是为各种行为提供契机，即使没有太多事情要做——无论是为了抵御寒冷，还是洪水、疾病或死亡。为了让民众信服，说法都是精心组织的，比如天父准备了可怕的惩罚，无论是基督徒还是其他宗教的信奉者，都知道类似的奖惩体系。事实上，巫师和女巫都来自人类心灵的最深处，他们在世界的任一尽头，以及在任何时间都可能出现。在美国的纳瓦霍人、东非的切瓦人、澳洲原住民和阿兹特克人，或者被称为"西太平洋的航海者"的特罗布里恩群岛居民中都可以找到他们。拉丁欧洲的猎巫运动与其他地方的区别在于，它们是由拥有或多或少较为发达的法律体系、"专业文献"（例如《女巫之槌》）和监察部门的国家主导实施的。

告发和检举通常直接来自这些被害人的社交圈子，最终造成数百人伤亡。就那些欠发达的小国家及小村庄而言，其迫害行为特别暴力。这些地方经常忽视正规的程序规则，他们的审判过程往往非常短暂。另外，一些政权利用猎巫行动来验证监管权力的效率。

没有哪里的猎巫受害者能比欧洲更多。保守估计，有5万～6万人被处决。当然，也有一些批判性的论述认为对女巫的恐惧完全是空洞的妄想，甚至质疑魔鬼的真实性，比如约翰·维耶尔（Johann Weyer）1564年发表的《论恶魔幻象》、托马斯·纳舍（Thomas Nashe）1594年出版的《夜之恐慌》，或贝尼托·佩雷拉（Benito Pereira）的《反对欺骗与迷信的艺术》。但也有例外，比如1631年印制的著名的《法律思考》，作者是耶稣会神父弗里德里希·冯·施佩（Friedrich von Spee）。几乎每个人都相信好魔法和坏魔法的效果，不管是菲奇诺和让·博丹这样的知识分子，抑或是一个熟知草药的农妇，她喃喃自语念着咒，想让一个身患痛风的男人不再被痛苦折磨。

与犹太人等真正的少数民族不同，女巫的数量可以任意猜测。事实上，为了解释16世纪下半叶席卷人类世界的各种灾难，相关恶人的数量要比亚洲人口还多。1589年，一位奥格斯堡编年史家计算出参加女巫安息日聚会的人数为29,400。同时，一部神学专著称，现有魔鬼的精确数量为2,665,866,746,664。此外，当时的人在脑海中也想象出了狼人的邪恶形象——在奥斯曼帝国的边境——还有吸食血液和蜂蜜或吃谷物的吸血鬼，他们都要对匮乏和困厄负责。伟大的"教育家"上帝怒气冲天，降下惩罚和训诫。

执政者认为自己有义务清洗一切巫术和恶魔的污垢，净化国家和社会。后宗教改革时代的宗教亢奋激发了民众对道德教化的热情。人们关闭妓院，反对淫乱、赌博和饕餮狂饮，并向魔鬼本人及其差役和喽啰开战。火刑场堆起柴垛，净化必须彻底地进行：女巫、巫师和异教徒一样被送上火刑架，仿佛他们是城市、国家和教会的神圣躯体上的溃疡（插图35）。刽子手会先扼杀这些犯人，这样在火舌舔上来之前，至少能减少他们的煎熬，或者在他们的脖子上挂上一袋面粉，让他们早点断气。这场女巫之火可能最终是被一个古老的想法点燃的：向复仇的上帝献上牺牲品，应该能让他消气。上帝摧毁生命是为了带来生命，并重新设定宇宙秩序。

在小冰河时代，教会垄断了魔法，这种坚定的垄断可能是因为，仅仅是宽容异端和巫术就已经冒犯了上帝的尊严。上帝希望被"正确"地崇拜。宽容那些违反规则的人可能激起上帝的愤怒，使寒冷、饥饿和疾病遍布尘世。在不太困难的时期，那些可以被接受的东西，比如白魔法，越来越成为迫害者关注的焦点。它关乎的一直是治愈灵魂。上帝的战士、巡访者和审讯者，甚至是最普通的牧师，都致力于使这个世界变得纯洁，从而被上帝喜爱。

从奥格斯堡到特伦托

文艺复兴时期，没有哪个人可以平和地安享宁静的生活。即使在正常时期，每个年龄段都会受到死亡的威胁。一个小的感染就能使得一切结束。就算考虑到婴儿的高死亡率，当时的平均寿命也就在18～21岁之间。因此，人们无论做什么都要考虑另一个世界。最后还要考虑到关乎永恒的问题，毕竟，1000年的地球岁月只不过是一息之间。与女巫和异教徒斗争的原因和坚定信仰的原因相同，都是为了捍卫"纯粹的教义"。各类宗教派系都在强化自我，不再相信有妥协的可能，行事方式变得更加激进。

西班牙医生米格尔·塞尔维特（Miguel Servet）对三位一体有着自己独到的观点，他不皈依任何派系，因而敏感地意识到这种激进所在。他参考《圣经》经文和阿拉伯语资料，认为历史上的基督只是一个人，而不是一个神。他遭到路德宗和天主教徒的迫害，在日内瓦逗留期间被认出并被捕。加尔文多番奔走，确保他于1557年10月27日在日内瓦城门外被处决。塞尔维特被活活烧死，上帝的荣耀得到确立，就连平日里很平和的墨兰顿也拍手称快。只有塞巴斯蒂安·卡斯特利奥（Sebastian Castellio）——他曾是加尔文的弟子，现在是加尔文的反对者——一针见血地说："杀死一个人并不意味着捍卫一条教义，这意味着杀死了一个人。"在一个更黑暗的时期，1936年，作家斯蒂芬·茨威格称赞他是反对暴力捍卫良心的英雄。然而，加尔文继续进行他的火焰布道：反对一切偏离正确路线的人，反对反三位一体论者，反对再洗礼派，反对灵性论者，反对犹太人，反对不坚决的温和派还有那些热爱俗世的人文主义者。1564年他去世后，勃艮第的泰奥多尔·德·贝扎（Théodore de Bèze，1519—1605），一位神学家和杰出的希腊学家，成为他的继任者。

加尔文主义被证明是宗教改革最强大的传承。这个来自皮卡第的人的教义比路德学说传播得更加深远。它在一些德意志国家赢得支持，并进入尼德兰、苏格兰和英格兰，并在每个国家都建立了独立的教会组织。法国受迫害的新教徒用加尔文修订的《高卢信纲》武装自己。瓦勒度派信徒也决心追随日内瓦。而另外，西班牙仍然对加尔文主义保持免疫。这里只有两部加尔文著作得到译介，法国的译本已经有200多个。尽管做过一些努力，加尔文主义者和路德宗之间的敌意并不比他们两派对天主教徒的敌意少。争议的原因仍然是关于圣餐性质的不同意见。

内部纷争不断的德国人在1555年举行的奥格斯堡帝国议会上谈判并达成宗教和平的决议。这项和平决议表明帝国从法律上承认路德宗，也就自然排除了其他教派，而这为后来的冲突埋下了隐患。每一块领土的宗教信仰则由其王侯决定。"教随国定""谁统治，就随他的信仰"，这类说法在后来频繁出现。如果有哪些臣民因为良心不肯皈依"国家教派"，那么他们仍享有些许人权，可以移居国外。对于一些帝国城市而言，和平为天主教徒和路德信众的共存开辟了道路。但国王斐迪南一世无视皇帝查理五世，单方面发布了"教产保留"（Geistliche Vorbehalt）宣言，为冲突埋下种子。斐迪南要求，假如一个王侯决定改变宗教信仰，他必须放弃自己的世俗权力并放弃教会财产的所有收入，然后选举一位天主教徒取代他的位置。而另一方面，国王的一项声明（即《斐迪南宣言》）保护了新教徒的信仰，这种信仰在城市和骑士团体精神领地中已经推行很久了。就财产而言，1552年达成的《帕绍条约》中的条件设定了标准。

教皇保罗四世是一个符合精神病症状的狂热分子，他拒绝认可这项和平协定。他威胁要将皇帝逐出教会，甚至在法国进攻西班牙的战争中冒险与法王亨利二世站到一边。这不是一个好主意。阿尔瓦公爵的部队占领了教皇国，保罗不得不爬上十字架。而帝国重新迎来和平。1555年这一易碎的"玻璃和平"到

1618年都未被打破，并且它具有前瞻性的意义，因为它把政治考虑放在优于宗教顾虑的位置。双方都用它折磨自己。国王斐迪南曾经说过，他心中天主教徒的良知和荣誉感与新教徒的良知和荣誉感一样多，他不想让这两者在他心中交战。尽管如此，他还是签署了协定。但查理五世并没有在和约上落笔。和约签订后，皇帝立即退位，他将西班牙的土地和王冠转交给他的儿子腓力，帝国则由斐迪南继承。

这位退位的统治者在西班牙荒芜的西南部一个名为"圣哲罗姆·德·尤斯特"的耶柔米派修道院中度过了生命中的最后三年时光。他没有被困在牢房里，而是住在一座为他建造的文艺复兴风格的豪宅中，60名宫廷仆从在其周围，为他供应精美的食物。他临终前的最后一眼望向提香的《荣耀》，画中查理本人身着忏悔者的白色长袍，也可能是荣升极乐的礼服，被他的家人和天堂合唱团围在身边（附图23）。这个强大而又无力的男人向三位一体高举恳切的双手，皇冠被他放在身边。几乎没有其他任何艺术作品能够像这幅画一样，向观众展示16世纪的人内心的最深处。查理让那个时代最伟大的画家为他展现出未来生活的愿景。1558年9月23日当他离世时，他肯定坚信自己已经在上帝身边获得了一席之地。

作为查理的接班人，新任西班牙国王腓力二世（Philipp Ⅱ，1556—1598年在位）刚一即位，就仿佛受到幸运女神的青睐：两次迎击——1557年在法国北部的圣昆廷和1558年同样在法国北部格拉沃利讷——法国人都大获全胜。这让宿敌也不得不做好和谈的准备。此外，英格兰似乎也可以融入西班牙的帝国体系。腓力于1554年与亨利八世和阿拉贡的凯瑟琳的女儿玛丽·都铎完婚，玛丽比他年长11岁。这位未来女王接受了伊拉斯谟的教导，但并未阻止她在宗教改革的环境中成长为一个好战的天主教徒。1553年，在她同父异母的兄弟爱德华去世后，她成为继任者，并粗暴地背离了前几年对新教的友好政策。英格兰应该再次成为天主教国家，教皇应该再次成为教会领袖。中世纪的异端法再次生效，近300名新教徒被送上了处决台。其中包括大主教克兰麦，他曾经让玛丽女王的父母离婚，使她成为一个私生女。与"血腥玛丽"的联姻让哈布斯堡家族有望成为英格兰王室的继承人，但女王一直没有子嗣。她与查理五世同年去世。玛丽的继任者是她同父异母的妹妹伊丽莎白，亨利和安妮·博林的女儿。她拒绝了腓力的求婚，她已经有一个有合法婚约的伴侣，她说这个伴侣是英格兰。新教徒臣民终于从噩梦中解脱出来。与此同时在塞维利亚，有50多名路德的信徒被扔进火焰。

玛丽还没被葬入威斯敏斯特的坟墓，腓力就向法王亨利二世寻求补偿，但两位国王的金库都空空如也。1559年，他们在卡托-康布雷齐签署和平条约，紧接着法国破产，和谈也结束了意大利和法国东北部已经略显疲态的战争。它标志着英格兰放弃加来，这是安茹帝国的最后残留。这样，英国历史上一个血腥的篇章，中间包括百年战争，终于告一段落。英格兰赢得了宝贵的几十年用来扩大其船队，开辟新的航线和市场。领土整合的间接后果是，英国和西班牙各有目的的联盟结束，这本来是为共同反对法国而成立的。

在法国，权力斗争现在也与宗教分歧纠缠在一起。在亨利二世去世后——1559年，他在一次为庆祝《卡托-康布雷齐和约》的骑士比武中受伤不治——法国的君主制陷入了一个不稳定的阶段。亨利的儿子弗朗索瓦二世与玛丽·斯图亚特（Maria Stuart，1542—1587）成婚，因而加冕为苏格兰国王，他于1560年去世，甚至没有活到17岁。在他之后登上王位的是10岁的查理九世（Karl IX），亨利的遗孀凯瑟琳·德·美第奇成为摄政王。她要安抚相互争斗的政党：一边是以吉斯家族的弗朗索瓦和查理兄弟为首的复杂家庭网络，兄弟俩一个是公爵，一个是洛林的枢机主教；另一边是新教的高等贵族，波旁、孔代和沙蒂隆等几大家族。他们都想保留自己虔诚的宗教信仰，但同时都觊觎法国王冠。即将到来的灾难已经投下巨大的阴影：1560年初，新教贵族的阴谋，即"昂布瓦兹骚乱"被镇压，涉及此事的1000多人都被绞死。

摄政王凯瑟琳暂时保持了均衡。同年，她力保米歇尔·德·洛皮塔尔（Michel de L'Hospital，1503—1573）被任命为掌玺大臣，后者是一位法学家，同时也是深受伊拉斯谟影响的人文主义者。在强硬派人士眼里，他和其他的宽容派都是马基雅维利派。他们被称为"政治家"（politiques），这不是一个友好的称谓。然而当时的海军上将加斯帕尔·德·科利尼（Gaspard de Coligny，1519—1572）是胡格诺教徒的发言人，他很乐意妥协，大清洗暂时被推迟。

在这片"最信奉基督教的国王"的土地上发生的许多大事，让欧洲的天主教徒团结起来。在艰难的谈判之后，主要大国摒弃它们的政治分歧，同意恢复暂停的宗教会议。1562年1月，会议又一次在特伦托举行，这是第三次也是最后一次会议。没有新教徒到场，但有200多名枢机主教、主教、兄弟会领袖和修道院院长现身。意大利人占绝大多数。他们不再想为新教徒牵线搭桥，以前不会，现在也不会。相反，罗马想明确界限，巩固自己的学说，最后可能也进行改革。1563年12月4日，特伦托大教堂通过了会议决议，理事会的长老也回顾了过去18年的艰辛。

天主教会重新找回自己的身份。这种身份在《特伦托信条》[1]和罗马教理问答手册中几乎没有显示，问答手册与路德纲领成相反的一对。天主教紧紧围绕着七圣礼，并宣称基督真实地存在于圣体中。教会长老和宗教会议旧时决议的教义被赋予有效性，这与路德学说的原则相矛盾。现在天主教会以《特伦托信条》为教令替自己辩护，反对路德的恩典学说。首先确立的是，信徒需要上帝的恩典。然而与路德不同的是，信徒可以通过自己的行为让恩典增多，只要那些行为是在自由意志的指导下并且总是伴随着恩典，如果有罪，那么恩典又会消失。这篇论文是一部神学杰作。关于神的全能、恩典和人类意愿相互之间如何协调的问题，仍然辩论不休。

---

1 《特伦托信条》（以下简称《信条》）是原新教信徒皈依天主教时必须宣认的内容，故又有《皈依者的信条》之称。《信条》中肯定天主教的基本教义和圣礼制度，宣称恩典能透过七个圣礼传给信徒，并且谴责路德对圣礼的不同主张，因为新教只保留洗礼与圣餐礼两项。《信条》宣布马丁·路德所谓因信仰而获赎罪（唯独因信称义）之说为异端，反对"信徒皆祭司"的观念，指出只有主教和神父有能力宣布一个人得赦罪与否。天主教认为，我们得救，除了靠上帝的恩典之外，还需要依靠悔罪和善行所积累的功德，以及以前信徒为我们所积累的额外功德。路德则认为，世人得救只有靠上帝的恩典，没有其他。《信条》中还有一些为整肃天主教会而做出的决定。这次会议被称为"反改教运动"（Counter Reformation），颁布了针对路德的各种"反改革"议决，很大程度上却改革了罗马教会本身。

宗教会议坚称存在炼狱而且人类身上带着原罪，同时坚定地维护教条，认为玛利亚是"纯洁无污的"。同时，会议想要废止很多滥用权力的行为。议会要求主教必须在自己的教区居住，宣讲布道，并进行巡访。此外，会议还打算建立神学院，这是一种人文主义的教育精神。禁止私下结婚，婚姻只有在教士三次公开宣告后才算缔结。偷养情妇被严厉禁止。无数法令都涉及教会内部秩序的改革，比如修道院院长和主教的选举以及修道院内部等级。传统礼仪应该继续保持有效，拉丁语仍然是弥撒用语，而武加大译本是标准版的通俗拉丁语《圣经》。后续法令允许圣人祭祀和圣像崇拜。

改革总体上并不成功。高级教士一如既往地为自己敛财，他们中的一些人仍然像世俗王侯一般行事。情妇为神父生下的孩子对假正经的教会来说是一个麻烦。但买卖赎罪券的神职人员，仍然要面对被逐出教会的威胁。神父的队伍达到了更高的级别，罗马礼拜仪式和天主教教义已经有了清晰的轮廓。保罗四世发起的禁书目录由理事会修订，并于1564年重新出版。现在，一个自发成立的宗教团体监管所有出版物。更多的黑名单，如反对人文主义的宣言、异端书籍、幽默类和宽容类的书也都紧随其后。

特伦托宗教会议对教堂的建造和装修也制定了规则，但并不十分具体。其目的是实现更严格的监管。大教区的宗教会议制定了更精确的规定。天主教的艺术理论逐渐占据统治地位，要求放弃多余、轻浮的内容，而完全是福音主义、以《圣经》为指向的主张。后特伦托时期的第一条举措就是针对米开朗琪罗《最后的审判》中出现的裸体人像：达尼埃莱·达·沃尔泰拉（Daniele da Volterra）不得不刮去那些令人尴尬的裸露部分，并画上庄重的长袍。1573年，画家保罗·韦罗内塞曾在教会为自己辩护，因为他在给威尼斯一个修道院创作的《最后的晚餐》中画上了几条狗、一只鹦鹉和一个矮人——《圣经》中从没有提到过这个人。"我们画家有自由，"他大胆辩解，"就像诗人和傻子也都有自由。"然后，他就把这幅画改名为《李维家的盛宴》。

特伦托不仅吹拂着改革的微风，而且带来了灵感，这种灵感从天主教文艺复兴的精神中形成了新的建筑风格。1568年，罗马开始建造耶稣会教堂，这种风格后来起到很大的表率作用。枢机主教亚历山德罗·法尔内塞是委托人，这个教堂是欧洲第一个综合艺术品，就像坚如磐石的特伦托宗教会议。今天，如果你步入该教堂，就会感受到天主教将引领人们走向哪里。教堂内部空间广阔，黄金、大理石、青金石处处可见，淹没人们的感官。它的桶形拱顶是詹巴蒂斯塔·高利绘制的湿壁画，直抵圣徒和天使云集的天空。在这幅费心耗神的精美作品里，天主教徒的攻势变成一场神圣的庆祝。信徒们不必在此作任何超验的思考。天界就在眼前，就像上帝在圣餐中似乎也切实在场。特伦托把上帝所住的圣所也放在教堂内部的中心位置。

天主教文艺复兴

在天主教文艺复兴历史上，耶稣会教堂有着特殊地位，因为它是耶稣会最古老的教堂。在某一个祭坛下，珍藏着耶稣会创始人依纳爵·罗耀拉的遗骨。追随他的团体于1540年被保罗三世认定为合法修会。到该世纪末，耶稣会的信徒已经发展到8500多人。和德亚底安修会一样，耶稣会的成员也不是过着隐居和定时祈祷的修士生活。除了普通誓言之外，耶稣会的精英们对教皇尤其言听计从。教士们走入民众中间，前往亚洲和美洲，并执行传教任务。作为告解神父，不少耶稣会士得以偷听到权力的秘密。这种运动源于对上帝显灵的渴望和追随基督的意愿，后来成为宗教理性的缩影，在面对新教徒挑战时也做出迎接战斗的反应。这种转折的标志在《神操》中就已经出现。依纳爵以前参过军，他将基督看作一位军事领袖，使徒就是他的士兵，他们一起走向战场对抗撒旦的势力。与之相应，耶稣会的语调也是军事般的粗粝声音。1554年，依纳爵写信给后来的德国修会大主持、英戈尔施塔特的神学教授彼得·德·洪特（Peter de Hondt），他有个更高雅的名字"卡尼修斯"，这封信十万火急，讲的是改革派"糟糕学说的毒药"。耶稣会应该保持健康信仰，治愈病态信仰。依纳爵认为最佳手段是开办学校、发放简洁的宣传手册，在民众之间传播真正的信仰，以此防止新教的"癌性溃疡"进一步扩散。

天主教教育，即"学习虔诚"，似乎是反对宗教改革和异端学说诱惑的神药。耶稣会士于1542年在帕多瓦设立神学院，1548年又在墨西拿，后来扩展到整个欧洲。他们最初的目的是培养新的门徒，很快就吸引了来自不同背景的学生。他们成功与新教神学院分庭抗礼，有些神学院甚至有了大学的特征。课程的首要内容是道德教育，陆续又加入了哲学、数学和自然科学。在拉丁语和修辞学的练习文本中，西塞罗的著作脱颖而出。即使在教派冲突升级时，古典精神也未被埋没。直到近代，世界各地的耶稣会学校仍然深受《教育章程》（*Ratio studiorum*）的影响，这是一本组织安排"研究"的指南。耶稣会的灵魂之战有许多竞技场，方式也多种多样。他们在舞台上上演神圣的戏剧，积极传道，建造装饰华丽的建筑。为他们工作的作曲家还包括乔瓦尼·皮耶路易吉·达·帕莱斯特里纳（Giovanni Pierluigi da Palestrina）这样伟大的人物。即使是海外传教地区的人，他们也想用音乐感召人们，使之跪倒在十字架前。

这种竞争让所有教派的后人受益，因为竞争激励着他们争取高水平。在罗马的世界中出现了越来越多的圣徒和圣徒一般的人物。当庇护四世靠裙带关系被选为枢机主教时，嘉禄·鲍荣茂（Carlo Borromeo，1538—1584）严肃又冷酷地想把他治下的米兰大主教管区变成特伦托式的模范教区。人称"好人菲利波"的菲利波·内里（Filippo Neri，1515—1595）对穷人、病人和失败的罗马朝圣者充满怜悯。当他在罗马地下墓穴祈祷时，他的心脏充盈着太多太多神圣的爱，以至肋骨都无法再将其包住。据说他有时候还能在空中飘浮。

罗马认识到眼前必须抵制这种过度神圣化。1588年，一个独立的权威机构，即礼仪部成立。它可以决定谁能拥有圣人头衔光环，谁不得拥有。1622年，菲利波成为圣徒，和他一批的还有依纳爵·罗耀拉、远东传教士弗朗茨·克萨韦尔（Franz Xaver）[1]和阿维拉的圣特雷莎。在教会历史中，菲利波·内里是司铎祈祷会的创始人。比他年轻一代的圣方济各·沙雷氏（Franz von Sales）也

---

1 即圣方济各·沙勿略（Francisco de Xavier，1506—1552）。

是一位耶稣会创始人，作为教区主教的他依照特伦托规定对日内瓦教区进行改革。许多虔诚的新型教区出现，比如圣母访亲女修会，还有一些遵守禁欲主义、献身慈善事业的人也成为表率，他们也加入天主教会正在进行的战争并成为先锋队。神圣的科学也在不断推进。博洛尼亚的大学是世俗法学的古老据点，在1550年时，这里只有一个神学教席；百年之后，则有九个教席并立。

在天主教国家，中世纪晚期的各式场景似乎卷土重来。人们在宗教兄弟会中热衷社交、寻求灵魂救赎，比以往任何时候都更加热情。奇迹堆积如山。朝圣和游行将上帝的恩典传遍这片土地。圣人遗物发送出神奇力量，圣水润湿了教众的额头。教堂里处处挂满了圣像画，比以往任何时候都更大、更丰富多彩。一个新的时代，巴洛克时代，宣告自己的到来。欧洲形成了忏悔文化。从耶稣堂到德国南部的巴洛克式修道院宫殿，天主教教堂与加尔文主义的祈祷厅形成鲜明对比。路德教派文艺复兴的风格典型是诺伊堡城堡礼拜堂的内饰，这里是一个信仰新教的小领地王侯的住所。天花板和墙壁上都画有圣经故事，中央湿壁画上是基督升天，大胆地使用了平面图（sotto in su）。如果没有见识过意大利的风格，肯定不可能画得出来。

随着时间推移，信仰的差异塑造出各种生活方式，从起名、典籍选定直到性行为。欧洲的多样性由此在丰富程度上更进一步。人们习惯所称的"教派化"不仅是教会和当权者所强加的，也是延续世代的过程。通过学习、内化和界定，各教派获得了自我身份认同。他们经历过备受争议的传道、火刑架上的烈焰，个个都坚不可摧，尤其严酷的是宗教战争，从现在开始又将灼烧欧洲一百年。

法国之夜：胡格诺战争

莱博镇，1633年4月8日。这个小镇建在阿尔皮耶山的陡峭山壁上，在前一年还抵挡住了路易十三（Ludwig XIII，1610—1643年在位）军队的围攻。而现在，村民寄希望于国王士兵的怜悯，打开了城门。但国王的首席大臣、枢机主教黎塞留想拔去帝国南部的这根刺，他下令将城堡及其堡垒拆除。4月8日，炸药被最后一次引爆。伴随着爆炸的白烟，莱博镇的力量永远消失了。在中世纪全盛时期，这个地方是一个富裕贵族家庭的所在地，他们的宫廷以游吟诗人而闻名，现在也跪倒在王冠之下。后来，路易十三把莱博镇赐给摩纳哥王侯格里马尔迪家族。自法国宗教革命以来这里就像个鬼城，不断衰落，统治这里的是地中海北岸干冷的密史脱拉风[1]、普罗旺斯的太阳和浪漫主义诗人。

灰褐色的废墟提醒着君主国家的胜利，五年前，这个君主国征服拉罗谢尔城，占领了胡格诺派最重要的基地——胡格诺的意思是"阴谋者"，自1560年以来这个概念一直在被使用，可能是对"同盟者"（Eidgenossen）一词略带贬义的改写。对胡格诺派的战争现在进入最后阶段。受迫害的教徒希望"黑暗过后就是光明"，可惜只是徒劳。这一表述来源于拉丁语的铭文"Post tenebras lux"，这句话和年份"1571"一起被刻在莱博镇废墟中一扇文艺复兴风格的石窗上。这句话也曾经被铸在日内瓦城邦的硬币上，当时为的是摆脱主教大人的统治，后来这句《圣经》引文成为法国受迫害和受压迫的新教徒的座右铭。莱博镇是胡格诺派战争的最后纪念地之一。胡格诺教徒受到两件事的指引：首先是信仰，然后是与大家族争夺权力。他们想要修改法国宪法。

1562年，凯瑟琳·德·美第奇在圣日耳曼昂莱颁布了一项由洛皮塔尔起草的宽容法令。但3月，吉斯大公的士兵屠杀了60多名参与改革派祷告的教徒，让该法令成为一纸空文。暴力又引发了反抗的暴力，吉斯大公于次年被谋杀。内战之路已经铺就。加尔文一开始就警告过这种局面。他主张被动抵抗，如果需要则可以舍身殉教。他在写给科利尼的一封信中就预测说，如果不这样做，可能会血流成河，淹没整个欧洲。这一敏锐的警告并未受到重视。强硬派的代表在宫廷占据多数席位，洛皮塔尔无以发声。他退隐到巴黎南部的贝莱斯巴特城堡，在那里过着学者的生活。乔瓦尼·巴蒂斯塔·莫罗尼为他画过一幅肖像画，上面

---

1 法国南部从北沿着下罗讷河谷吹的一种干冷强风。它一次能持续几天，风速经常超过100千米／小时，高度可达2～3千米。

引用了贺拉斯的一句话，从这句话可以看出，洛皮塔尔很清楚自己生活在灾难的阴影之下（附图24）："即使世界破碎、崩塌／被废墟击中的他也处变不惊。"

事实上，不仅瓦卢瓦王朝陷于水火，在尼德兰另一场战争也已经被点燃。其原因是西班牙霸主干涉贵族的传统特权，远程战争带来了税收负担，再加上宗教镇压。1566年，佛兰德斯地区毁坏圣像画，预示着对古老教会的公然抗拒。腓力二世派遣阿尔瓦公爵费尔南多·阿尔瓦雷斯·德·托莱多（Fernando Álvarez de Toledo, 1507—1582）前去镇压反叛的省份并企图恢复秩序。这支残酷而傲慢的军队速战速决。经过装模作样的审判，托莱多将数千人送上了断头台。1568年，他在布鲁塞尔的集市广场上处决了拉莫洛·埃格蒙特（Lamoral Egmont）和菲利普·霍恩（Philipp Hoorn）两位伯爵，这一行为颇为失策。刽子手的斧头砍下了这两颗效忠于西班牙王室的脑袋，他们只是想达成妥协。这种司法谋杀带来的战争持续了80多年。各种危机交织在一起——毕竟尼德兰具有重要的战略意义。从这里可以制衡德国、胁迫法国、约束英格兰，人文主义者贝尼托·阿里亚斯·蒙塔诺（Benito Arias Montano）曾这样进谏国王腓力二世。

1571年，当工匠在莱博镇雕刻石窗时，西班牙权力扩张达到顶峰。在帕特雷海湾附近的勒班陀，查理五世的私生子胡安·德·奥斯特利亚（Juan de Austria, 1547—1578）指挥天主教强国的大型舰队击败了奥斯曼帝国的进犯。天主教的欧洲地区用诗歌和绘画来庆祝这次胜利，苦苦支撑的教会也迎来了一次荣耀。这次胜利应该归功于圣母玛利亚，大家都同意这一点。保罗·委罗内塞的画作中，圣徒聚集在圣母身边，她身处云层之上，云中的天使向土耳其橹舰投掷火箭（附图25）。

在法国，天主教徒也主动发起攻势。勒班陀大捷后一年，胡格诺教徒经历了他们最黑暗的时刻。摄政女王身边的谋臣已经制订成熟的计划，要将改革派的叛乱者斩首示众。这次阴谋的契机是凯瑟琳的女儿玛格丽特·德·瓦卢瓦（Margarete von Valois，即后来的法国王后玛戈）与纳瓦尔的亨利（1553—1610）举行婚礼，新郎带领许多信奉新教的大人物来到巴黎。8月24日正巧是圣巴塞洛缪日，在这一天日出之前，科利尼和其他新教领袖就死于非命。对胡格诺派精英的清算只是一个开始，它引发了一系列暴力。天主教徒占大多数的巴黎人和改革派的少数群体之间长期被压抑的紧张局势终于失控。恐怖主义统治了这座城市整整三天。在这里和各省份，数千人成为暴徒的牺牲品；令人尊敬的公民也忘记了一切文明并加入屠杀。腓力二世表示满意，教皇下令举行感恩祈祷，并通过一系列壁画把这一事件永久地记录在梵蒂冈皇家大厅内。

虽然经历了痛苦的巴黎噩梦，但新教徒的反叛并没有因此中断。战争再次爆发。有时因为缺乏武器，也出现过短暂的和平时期，但跟理性没什么关系。外国势力也插手干涉，西班牙站在天主教一边，德意志王侯、英格兰和尼德兰支持胡格诺派。直到16世纪的最后十年，洛皮塔尔遗留下的政治态度才被普遍接受。所有人都意识到，信仰必须在政治之外拥有自己的一席之地。长期以来，这对欧洲来说都是陌生的新思想。另一个新颖之处在于，在1579年的匿名宣传册中，良心自由被视为一种不可侵犯的基本权利。

第八次也是最后一次胡格诺战争始于1585年，漫长而又血腥。哲学家蒙田（1533—1592）如此评判这场战争：它将会被自己的毒药吞噬和分解。血腥婚礼的新郎纳瓦尔的亨利解决了这一危机，他得到了"政治家"的支持，越来越多的部队被他收入麾下，并在艰苦的战斗中驱逐了西班牙人。最具决定意义的一步是，他之前一直担任胡格诺派的首领，但在1593年宣布皈依天主教信仰。亨利在信仰上是一只变色龙，这是他第六次改变信仰。第一次皈依是在圣巴塞洛缪之夜后，虽然这是在胁迫下进行的，但亨利这次皈依是出于对国家利益的考量。无论如何，他是一个不错的基督徒。他用柔和的方式处理宗教问题，这是政治世俗化的信号，也意味着他与旧观点告别，以往人们总认为不能控制信仰的权力就不是权力，统治者要担保臣民在上帝面前得到救赎。克雷芒八世很快赦免了这位皈依者，并承认他是掌管法国的第一任波旁国王。1598年，教皇从中斡旋，使得《韦尔万条约》签订。病榻上沉疴缠身的腓力不得不接受现实，《卡托-康布雷齐和约》中已经谈妥的法国占领区现在基本上都成为法国的领地。

莱博镇石窗上的那句承诺似乎是在一个漫长夜晚的前夕被刻于石头上的，在这一年也终于兑现。亨利四世在南特颁布了著名的宽容诏书，授予新教徒合法的平等权利，虽然还是有所限制，但新教徒被允许公开做礼拜。此外，高等法院（parlement）还设立了囊括各教派的委员会，如对诏书的阐释引发争议，最终由委员会裁决。胡格诺派甚至得到了100多个军事基地，以确保这道宽容诏书并非一纸空文。

"贤明王"亨利一直有条不紊地重建受损的国家，他知道如何扩大国王的权力并建立官僚机构。由此，他为君主制的崛起奠定了基础，当然也为很快变得猖獗的买卖官职的恶行奠定了基础。和其他地方一样，平民开始跻身国家管理阶层。他们中的许多人都购买了贵族头衔，"官僚贵族"（noblesse de robe）成为国家最重要的支柱。亨利在某种意义上也是建筑大师，他大兴土木，建筑作品包括太子广场和呈现完美四方形的孚日广场——"王家广场"。塞纳河沿岸的大画廊连接了卢浮宫和杜乐丽宫，也是他的纪念碑。在他余生的那些年里，他也为积极的外交政策指明了方向，这一政策现在转而反对一切宗派团结，回到了反对西班牙的旧路。首先，他从战略位置重要的萨伏依拿走几块土地。邻近的德意志正酝酿着一场继承权之争，他也觊觎犹利克-克里维斯公国，但1610年5月14日，一位狂热的天主教徒用匕首刺死亨利，由此他尚未染指便撒手人寰。两周后，刺杀国王的罪犯在格雷夫广场上被分尸，这里经常发生这样恐怖的热闹场面。莱茵河下游的冲突本来很容易引发一场大战，却因为此事被推迟了八年之久。

南特并没有给这个好国王带来好结局。"伟大的枢机主教"黎塞留成为实际领导者，他命胡格诺派臣服并解除他们的武装，让法国走上了专制主义的道路：通过攻陷当时已成为逃亡者堡垒代表的拉罗谢尔城，以及夷平莱博镇这样的抵抗巢穴。等待法国新教徒的是严酷的时代，他们将再一次渴求那古老而沉重的纯洁梦想。伟大的西班牙此时已成为过眼云烟，法国接过了权杖。

西班牙之夜

马德里，1616年4月23日，赤足三一会修道院。在经历了冒险又悲惨的生活之后，他终于得以安息。他曾是欧洲最伟大的诗人之一。人们把他葬在虔诚修女所住的修道院（圣三一修道院）的某处，虽然没有大排场。他的名字是米格尔·德·塞万提斯·萨维德拉（Miguel de Cervantes Saavedra）。400年来，人们徒劳地想找到他的遗体，没有哪幅画能被证实是他的肖像。就像同时代的莎士比亚，他几乎只通过他的作品与我们对话。

塞万提斯于1547年出生于阿尔卡拉的德埃纳雷斯镇。他的父亲出身贵族但家道中落，成了一位外科医生，但还是尽其所能让他接受教育——不乏人文主义色彩。米格尔22岁时动身前往罗马——也许是因为他在决斗中伤害了对手。1571年，他进入了历史画面：在勒班陀的战舰上服役。他的战友似乎认为他是个勇敢的士兵；一颗子弹击中了他的胸部，另一颗击中了他的左手。从那时起，他颇自豪地称自己为"勒班陀独臂人"（el manco de Lepanto）。四年后，他在返乡途中遭遇阿尔及利亚海盗，尽管西班牙海岸线已经远远在望，船只还是被劫持，塞万提斯也成为人质。他在监狱中四次企图逃跑，想逃离阿尔及尔的"牢狱"（bagno），但无一成功。五年后赎金才送到，让他得以重获自由。他当过税务官，做过各种各样的生意，好几次被送进监狱。在塞维利亚的地牢里，他开始写一本将让他不朽的书：《拉曼却的机敏堂吉诃德传》。可惜凡人塞万提斯从中获益甚微，在生命的最后，他重病缠身，几乎穷困潦倒。

《堂吉诃德》的第一部于1605年问世，第二部于1615年出版。人们可以将这部小说看作史书。因为书中描绘了作者生活的时代，这被认为是西班牙的黄金时代。这部小说展示了这一时代隐藏的一面，街道、农民、妓女、官员和酒馆老板的世界。杜尔西内亚，这个在《堂吉诃德》中商人们都确信其貌美如花，尽管实际上他们都不认识的笨拙的农妇，竟是但丁笔下的比阿特丽斯的西班牙姊妹——这是对宗教的隐喻，胆敢怀疑就让你掉脑袋。这部小说的主角是"乡绅"（hidalgo）。这个阶层起源于贵族中的"无产阶级"，几个世纪以来一直为土地而战；但在理性国家权力越来越大的时代，他们失去了所有的影响力。现在他们得自己养活自己，日子过得时好时坏，比如靠投军入伍为生。堂吉诃德似乎是沃尔肯斯坦、济金根和胡腾的远房亲戚，是骑士消亡时代的一个悲伤骑士。他的故事滑稽地模仿了当时仍然流行的小说元素：高贵的骑士、向贵妇人献殷勤、巫术和英勇的战斗。但这部小说被看作世界文学并不是因为这个，也不是因为它的结构包含令人难以置信的艺术技巧，它令人着迷的更重要的原因是它可以被看作人类生活的寓言。愚蠢的堂吉诃德充满幻想，率领他纯朴的仆人桑丘·潘萨进行一场每个时代都会出现的战斗，这个小人物在角落里追求幸福，与高大而血腥的公鸡一样，和西班牙的统治者也没有区别。

如果回想查理五世和腓力二世净化和摆布世界的尝试，那么会发现，这些行为好像也是堂吉诃德式的。这两位统治者都想在突尼斯和米尔格获胜，在圣昆廷和勒班陀凯旋，但最终这一切毫无结果。他们的多线作战就像对抗羊群和风车的战斗。西班牙应该保持天主教信仰，欧洲应该皈依天主教。皇帝和国王一次又一次把他们的国家卷入信仰和权力的战争中，然后一次又一次失败。然而，对于欧洲的进一步发展，失败可能比成功更有用，历史学家詹姆斯·特雷西（James Tracy）如是说：欧洲大陆在政治上保持多样性。一个西班牙化的欧洲——这种可能性就连同时代的天主教徒都觉得是噩梦。

在大规模强制受洗之后，穆斯林在腓力国王的国家应该已经绝迹。但这只是官方看法，穆斯林继续偷偷崇拜他们的信仰并保留他们的传统，在安达卢西亚部分地区他们是当地人口中的大多数。许多人找到了一种融合方式，同时信仰基督教和伊斯兰教。对宽容的辩护仍然得不到回应。1568年，格拉纳达爆发起义，胡安·德·奥斯特利亚经过两年的战斗平叛成功。数千人被卖为奴隶。直到1609年腓力三世（Philipp III，1598—1621年在位）下诏驱逐穆斯林，穆斯林与西班牙天主教徒不稳定的共存关系才告一段落。约30万人被波及，他们在北非找到了新家园。

天主教巩固统治与西班牙国家意识的进一步发展密不可分。最明显的表现是，宫廷自1561年以来一直建在马德里。查理五世依旧像中世纪的皇帝一样，一边四处出巡，一边锤炼自己的统治手段。"在所有上过的战场中，有的是为了发动战争，有的是为了带来和平，"他退位后曾在布鲁塞尔总结说，"九次在德国，六次在西班牙，七次在意大利，四次在法国，两次在英格兰，两次在非洲……八次在地中海，两次横渡西班牙海。""只有马德里是宫廷所在"（Solo Madrid es Corte）这句话如今广泛流传。

但腓力二世统治的真正象征是首都西北部的瓜达拉马山脉的埃斯科里亚尔。这个建筑物于1584年竣工，遵照严格的几何结构建造，既是城堡也是修道院：这个形似算子的平面结构是为了致敬被长方形格子刑具折磨致死的圣劳伦斯（Laurentius von Rom），他的纪念日那天，腓力的军队在圣昆廷取得大捷。埃斯科里亚尔的建筑师是胡安·德·埃雷拉（Juan de Herrera），他是否在修建城堡时偷偷借用了鲁尔哲学中的"立体主义"，相当令人生疑。这个冷峻的建筑似乎是为祈祷和工作而修建，不是为了华丽、招摇、引人注目，但外交官和请愿者走近这座宏伟建筑时，在步入世界帝国中心的那一刹那一定屏息凝神。国王如果没有出巡，就在这里工作，身边围绕着许多官员，他运筹帷幄，不知疲倦地阅读和写作，上年纪后还戴上了老花镜。这位"智慧国王"（rey prudente）——人们这样称呼他时明显没算上他那些灾难性的政策——同时也是一位"纸堆国王"（rey papelero），他连最小的细节都要过问，还下令对王国各地进行综合统计调查。他在埃斯科里亚尔的图书馆有1.4万册藏书，是那个世纪最重要的图书馆之一。

腓力二世在他那个时代是欧洲最有权势的人，但他的旨意执行起来都非常迟缓。消息传递速度的极限，就在于马的肌肉有多少力量。从马德里到威尼斯，一道命令要走22～85天。让消息穿越陆地、横渡大海，代价也非常昂贵。正如费尔南·布罗代尔（Fernand Braudel）所言，消息是奢侈品。但与其他欧洲统治者一样，腓力最激烈的一场风车大作战是为了反对经济学。根据弹道计算而修建的堡垒使围攻越来越旷日持久，也越来越昂贵。步枪和火炮的生产需要大量的青铜。铁、火药和铅也大幅涨价。昂贵的还有如何维持最重要的武器类型——由雇佣军组成的步兵，更贵的是骑兵，最贵的是舰队。所以，哈布斯堡王朝在权力鼎盛时期能够调动的军队，从规模上根本不能与宋朝、明朝时期的中国或奥斯曼帝国相提并论。战争融资因为另一个因素变得更加困难：通货膨胀。它不只影响了西班牙的经济。英国的亨利八世就痛苦地得知，第二次对法国开战的成本可能是第一次的10倍。

罗马帝国末期与哈布斯堡集团都因为"战略上的过度扩展"而失败。腓力的君主制国家继续发动战争：在地中海东部反对奥斯曼帝国，在大西洋对抗海盗和伊丽莎白一世的海军，在佛兰德斯镇压尼德兰叛军，在巴黎对抗法国国王，在自己国内对抗起义的穆斯林。这是一个恶性循环。多线战争增加了税收负担，民众本来因为宗教压制而起义，现在在税收又成为反抗的主要原因。镇压暴民总是需要更多的钱。1557年、1560年、1575年和1596年，腓力统治期间王国四次陷入破产。当然，竞争对手们也没有好日子过，尤其是法国。

战争把西班牙拖进财政泥潭，使其再也无法抽身。百姓一手挣钱一手买粮，根本没有结余。来自热那亚或奥格斯堡的资金可能让王国有钱多派遣几千士兵；战斗可能有输有赢，结果都一样，债务的大山又增高几米。但即使物资已经到了最匮乏的地步，欧洲各国之间的大型战争及其人民的灵魂之战一直持续，几十年从未停歇。佛兰德斯军队扩张为一个拥有6.7万人的大怪物，吞噬着帝国四分之一的收入。这样一来，资金匮乏成为和平最重要的同盟，在危急时刻国王也被迫进行和谈。经济比任何政治阴谋都更能影响"欧洲各竞争对手"能否存活。

西班牙衰落的第一个原因是查理五世及其子在意识形态上愚蠢的霸权政策。军队从国内经济中抽走了大量资金，剩下的白银很少被用于投资，而是成桶成箱地通过菲律宾运到东亚。此外，西班牙缺乏在国际上活跃的银行体系，也没有充满活力的商人和企业家。要产生这种经济组织，需要一定程度的政治自由和社会开放。在拥有"共和"环境的德意志南部、意大利北部、佛兰德斯和英格兰都为这两种要素提供了土壤，但在西班牙这两者完全都没有可能产生。在多明我会修士、美洲征服史的编年史家迭戈·杜兰（Diego Durán，1537—1588）看来，西班牙明显僵化的国家结构在其内部也是混乱不堪的。人们几乎无法分辨，谁是骑士，谁是赶骡子的仆人。他反而认为，阿兹特克人最重视等级关系，秩序严格，堪称典范。

马德里未能制定一个适用于王国所有地区的经济政策。内部关税阻碍贸易，又没有通用货币。政府几乎不关心农业。一些地区依赖粮食进口，因此不得不承受越来越高的物价。货物产量下降。驱逐犹太人，以及那些已经皈依了天主教的犹太人和穆斯林的做法不仅不人道，而且愚蠢。由于大量移民外迁，已经人烟稀少的国家失去了精神、金钱和商贸活动。外国债权人因他们的大胆而得到了丰厚的回报。例如，富格尔家族无耻地巧取豪夺。西班牙授予富格尔银矿的勘探权作为担保，在秘鲁和墨西哥每获得一公担[1]白银，富格尔的债权获利高达百分之百。查理和腓力都是头戴皇冠的堂吉诃德而已，他们的政策带来了长期致命的后果，这个帝国把自己同欧洲其他地区隔绝起来。腓力的间谍甚至在国外绑架那些皈依新教的流亡者。他想吸引学者和技术人员，但艺术领域又必须保持严格的天主教信仰。

塞万提斯的作品充满怀疑论，西班牙黄金时代（Siglo de Oro）的其他文学虽然是以亚里士多德为基础的革新后的经院哲学，但也能找到种种怀疑的迹象，西班牙的大学也对这种怀疑主义做出回应。在信仰分裂的困惑时期，经院哲学从古代权威和《圣经》典籍中寻求确定性。西班牙经院哲学辐射甚广，影响了17世纪德国的学院派哲学。其中最重要的代表是多明我会修士弗朗西斯科·德·维多利亚（Francisco de Vitoria，约1483—1546）和耶稣会修士弗朗西斯科·苏亚雷斯（Francisco Suárez，1548—1617）。两者都为"萨拉曼卡学派"声名远播打下基础，该学派奠定了国际法的繁荣。胡安·路易斯·维韦斯（Juan Luis Vives，1492—1540）的身份复杂，他兴趣广泛，而且写下许多教育学著作——包括关于女童教育的论文——但西班牙没有他的容身之所，因为他出身皈依天主教的犹太家庭，他的父亲被活活烧死。当又一位人文主义者被捕时，一位同胞写信给维韦斯说："我们的国家是充满傲慢和怨恨的土地"，每一种文

---

1 一公担等于一百公斤。

化都被怀疑是异端、错误或犹太化的，"学者们被迫缄口不语"。

上帝应该保佑伊比利亚的土地不受那些危及灵魂救赎的书籍影响。然而宗教裁判所并未成功地把所有可疑文学都销毁，审查在实践中经常松懈。国外书籍仍旧少有人知。宗教改革期间及之后，时代沉重灰暗，但印刷物的苛税被免除。可惜，一开始广为流传的伊拉斯谟的著作和其他一切跟路德相关的书籍现在都被压制。本国文学也很难找到出版商。平均下来，16世纪每个西班牙城市只有三个印刷工坊在开工，而威尼斯就有约200家。有时候，甚至纸张也需要进口到西班牙——欧洲的第一批造纸厂可就是在这里出现的。反之，在法兰克福的博览会上几乎没有西班牙文学参展。

伴随着洛佩·德·维加的作品，戏剧创作达到顶峰，但它既没有批评作用也没有教育意义，而更像是对当前局面的辩护。在科学领域，除了对在美洲新发现的动植物的描写和有关导航和船舶建造的知识，发展也几乎处于停滞状态。大学主要充当了为官僚机构培训官员的角色。杰出的人文主义者塞巴斯蒂安·福克斯-莫尔西略（Sebastian Fox-Morcillo，1526/1528—1560）——主要致力于将柏拉图与亚里士多德的哲学融合起来——是腓力二世为他不幸的儿子唐·卡洛斯（Don Carlos）钦定的教育家，但当他要上任时，却在海难中丧生了。

就个人而言，腓力受过很高的教育，是提香和耶罗尼米斯·博斯作品的鉴赏家和收藏家。他人生的最后几年饱受痛风、发烧和腹痛的折磨，只能瘫坐在一个构造巧妙的轮椅中（插图53）。这位曾经统治世界的王者现在成了一个秃顶的小个子，须发斑白，只是一个令人怜悯的病人。痛风使他关节僵硬，甚至无法签名。他那派头十足的落笔"我，国王"（Yo el Rey）一直是他的标志，从1596年9月开始由秘书代为执笔。两年后——这一年塞万提斯正在塞维利亚创作他的世纪之书——腓力移驾前往埃斯科里亚尔修道院，等待告别人世。他的父亲就被安葬于此，这里也收藏着许多非凡的圣人遗物，即便不能治愈他，也应该能带来救赎。目击者称这是一场苦难：国王满身脓疮，轻轻一碰都让他遭受地狱般的疼痛，他瘫坐不起，饱受腹泻和脓性分泌物的折磨，身上还有裸露的创口，医生切开表面放血还要给他割掉脓肿，被传召而来的僧侣高声祈祷。最后，人们开始担心这个病人会被圣饼噎住，虽然他每天都期待着分饼仪式。欧洲最有权势的人就这样在千厦之殿里日渐衰弱，在满是排泄物的病床上与虱子为伴，饱受折磨、浑身恶臭。1598年9月13日清晨，这一切在这个星期天结束。

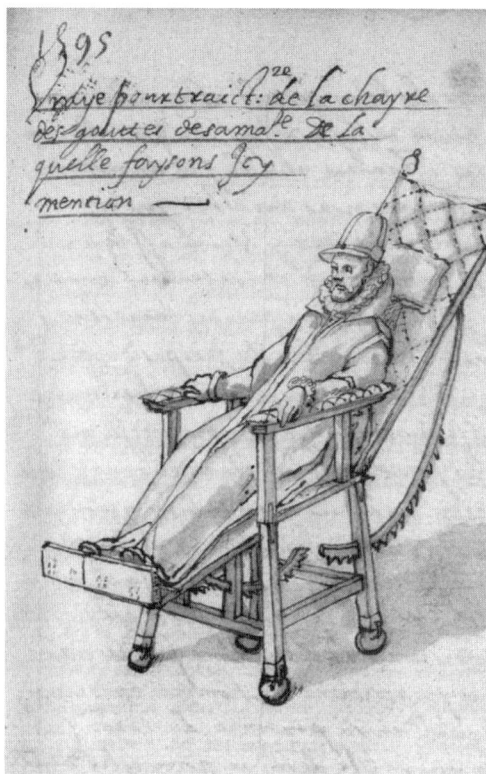

插图53：《轮椅上的腓力二世》
出自：若望·莱赫米特，《往昔》，1595年，布鲁塞尔，皇家图书馆

腓力留下的是一个被搜刮一空，但仍然坚守天主教信仰的国家。神职人员的特权没有受到任何挑战（而且承担着卡斯蒂利亚三分之一的税负）。尼德兰各省陷入混乱，即使在西班牙国内也发生过骚乱。勒班陀的胜利未能撼动土耳

其在地中海东部的统治。塞万提斯回忆起自己在阿尔及尔的人质经历时说，这支骄傲的西班牙舰队即便在自己的海岸附近也无法确保安全。1580年，随着阿维斯王朝绝嗣，葡萄牙及其海洋王国全都落入哈布斯堡家族之手，最重要的尝试是通过最大规模的舰队行动击败英格兰，可惜铩羽而归。腓力在生命的最后几个月与法国签订了如同投降的《韦尔万条约》。后来法王亨利四世的首相蓬波纳·德·贝利埃夫尔（Pomponne de Bellièvre）称这是法国500年来签署的最有利的一项和约。如果不是西班牙多线作战，法国的稳固将不可想象。

巴塔维亚的清晨

同样，战争也让尼德兰的独立运动受益，使它们能够成功。比起霍恩和埃格蒙特被斩首的日子，对自由的渴求现在更加深入人心。这个国家已经出现很多富裕的大城市，就算与勃艮第公爵会面也非常自信，而阿尔瓦公爵却试图强迫这个国家。起义不仅有传统，而且有燎原之势。现在领导抵抗的人变成了威廉·范·奥兰治（Wilhelm von Oranien，1533—1584），他出身于德意志拿骚-迪伦堡的伯爵家族，曾在布鲁塞尔刑事法庭免于一死被流放。他最初是查理五世的宠臣，后来以腓力二世代理者的身份担任三省总督，这让他成为"祖国之父"。与亨利四世一样，他推崇均衡平等。他在路德宗的环境中长大，接受天主教教育，在第四次婚姻中迎娶胡格诺派领袖科利尼的女儿，最后他转向加尔文主义，但不是激进的教徒。直到今天他的王朝仍然代表荷兰。

在公开战斗中，他们无法对付西班牙军队。"小的"不对称的战争一直都是弱势一方对抗压倒性的敌人的经典战术。自称"海上乞丐"（Watergeuzen）的海盗们在海上与尼德兰人并肩作战，而威廉给他们提供劫夺敌方商船的特许证。这一称谓中包含法语的"乞丐"（gueux）一词，是这些自由战士颇具讽刺意味的自我定位。贵族和商人也为独立战争的筹资做出贡献。1572年4月，尼德兰人从西班牙人手中攻下第一座城市布里勒，这在心理上对尼德兰人具有重大意义。泽兰和荷兰逃出西班牙魔爪，最后莱顿也获得独立。威廉在这里促成一所大学的成立，后来将成为最重要的新教大学。此后，残酷的阿尔瓦归天，他的继任者和叛乱分子都没有取得军事上的最终胜利。

瓦隆和佛兰德斯仍然是天主教徒的省份。考虑到敌人的强大，它们于1579年在阿拉斯组成同盟。作为反击，北方的新教省份形成了"乌特勒支联盟"。1581年，北方大胆地迈出一步，宣布废除腓力二世的统治者身份，他的肖像从硬币和签章中消失。人们援引许多论著来证明这次决裂的合法性，其中一本是《反暴君刑事法庭》，这是一部匿名出版的胡格诺派著作。如果统治者已经违反了神圣和世俗的法律并要毁灭国家，书中赞成对其进行反抗。正义之王在这里作为人民的仆人出现，民众作为一个整体高于王者，但又信任王者委托其进行统治。

南北之间的分裂变得不可逆转。1580年，西班牙与奥斯曼帝国的停火为政策打开了新的施展空间。帕尔马的玛格丽特（Margarete von Parma）是查理五世的私生女，如今她的儿子亚历山德罗·法尔内塞（Alessandro Farnese）成了军队指挥，先后攻打佛兰德斯和布拉班特，把城市逐个收入囊中；在围困之后，这些城市或是自愿投降，或因为内奸背叛而陷落。1584年7月，威廉·范·奥兰治成为袭击的受害者。次年，法尔内塞夺取安特卫普。反叛分子的事业似乎宣告失败，特别是法尔内塞比阿尔瓦更聪明，他允许加尔文主义者离开，对他们来说安特卫普已经不值得救赎。但他无法重新占领北方，遍布湖泊、溪流和运河的"欧洲沼泽"用地理环境抵御了当时欧洲最强大的军队。奥兰治亲王莫里茨（Moritz von Oranien, 1567—1625）在父亲去世后成为北方省份的决定性人物，他最终成功驱逐了那里的西班牙人。

除地理外，军事教育和战略方面的改革也是成功的先决条件。定期训练、增加枪支数量和其他一些原则在整个欧洲都很常见。随着"奥兰治军队改革"，"文艺复兴"也有了军事元素，尽管罗马人曾经忽视了一些举措——例如把军队分割成较小的、移动更敏捷的单位。此外，反叛军的队伍也在壮大，军队的数量约1600支，超过5万人。城市之间守望相助又拥有强大驻军，使这个新的国家得到有力保护，后来形成北方七省联盟。南方仍然属于西班牙并且信仰天主教，大致相当于今天的比利时一带，而北方的尼德兰已经普遍获得独立并成立联省共和国，两者之间的边界一直存在争议，直到1648年才最终确认。任何一方都不可能再引发重大变化。

北方试图建立王国，但一直未能如愿，他们想获得的合法性也迟迟没有降临。这样，北方只是一个组织分散的共和国。虽然各省自行管理其内政，但有关战争与和平的决议必须在代表会议上做出，即自1594年以来一直持续的"联省议会"。对应原来各省分别设立的总督，现在最高领袖是联省总督，他是陆军和舰队的总司令。特别是在战争时期，他拥有最高决策权。总督职位不是世袭的，但总是在奥兰治家族之手。荷兰是共和国最重要的省份，这里的领导职位原本属于国家律师，现在在这个基础上出现了大议长一职，他作为联省共和国的总统和总理拥有强大的政治话语权。但决定性的力量是城市和城市中的富裕商人。他们统治了各省的阶层会议，并因此列席海牙的联省议会。其中有2000名成员后来都成为政治精英，在国家和城市担任要职。在瑞士邦联之外，尼德兰共和国在全世界首开先例，向世人展示了一种更像是阶层和城市的联盟而非联邦制国家，在这种政体当中，不只市民，甚至某些省份的农民都可以参政议政。它们的机构比邦联松散的网络更加稳固，仅凭《议会章程》就形成共同的运行规则。能与总督或大议长相类比的职位在瑞士根本还未出现。

虽然"尼德兰合众国"将自己视为加尔文主义的共和国，但是教会并不是国家教会，而只是隶属国家的教会。拥有其他信仰的人也可以维护自己的宗教，即使一开始不能公开进行。从葡萄牙移民而来的犹太人可以在阿姆斯特丹市中心建造一座犹太教堂。印刷从业者克里斯托弗尔·普朗坦（Christoffel Plantijn）在1585年写道，莱顿大学的天主教学生也没有遭到任何打压。关于预定论的争论——追随莱顿神学家雅各布斯·阿米尼乌斯（Jacobus Arminius）的荷兰新教抗议宗成员反对加尔文派强硬的说法——只是一个插曲。可是，许多阿米尼乌斯的追随者不得不寻求流亡。他们的首领，法学家约翰·奥尔登巴内费尔特（Johann Oldenbarnevelt）于1619年被处决，但他的死与信仰关系不大，反倒是与他和加尔文派总督奥兰治亲王莫里茨的神学争论演变成的一场权力斗争有关。奥兰治的胜利同时也标志着尼德兰在海上军事领域转为主动攻势。

在宗教问题上，商贸从来不会过于狂热。即便宽容（Toleranz）非常有限，也被证明对处境非常有利。这个大写的"T"又吸引来两个有利因素：人才（Talent）和技术（Technik）。最重要的是，尼德兰因此在欧洲有了更大的活动范围。许多在意大利很难出版、在西班牙根本不可能出版的书都在这里找到出版商，如伽利略的《关于两门新科学的对话与数学证明对话集》或是笛卡儿的《方法论》。相比之下，西班牙人统治的南部地区根本没有得到"Ts"系列的输血。安特卫普发挥了作为经济中心的作用。克里斯托弗尔·普朗坦的出版社生意大好，他的工坊里总共有80台印刷机，经常有16台同时嘎吱作响。多亏他的"努力和坚持"——这也是出版社的座右铭——普朗坦买得起城市宫殿，还附带观赏花园。

直到19世纪，荷兰人封锁了斯凯尔特出海口并切断了安特卫普与公海的联系。难民从被法尔内塞夺回的地区拥入北部省份。那里的城市急剧增长，如阿姆斯特丹从1570年的约3万居民增长到17世纪的约14万居民。北方的城市化程度是绝无仅有的，一半的居民住在城市，经济也迅速增长。荷兰织布工的数量甚至超越了竞争对手印度。代尔夫特烧制的闪闪发光的蓝白色瓷器让欧洲的餐桌更显高贵，在欧洲的一半地区，人们吞云吐雾时用的陶质烟斗都是来自豪达镇。福禄特帆船大规模生产，这些船只的货运费用低廉，根本没有对手。且只需要10名船员就可以操作——因为使用滑轮来升降风帆——而其他船则需要三倍的人力。汉萨同盟丧失了西边的贸易。尽管战火不断，尼德兰的船只从家乡一直航行到非洲，在那里他们与葡萄牙人同台竞技。他们环行地中海，也到达过纳尔瓦[1]北部和斯瓦尔巴群岛[2]。

尽管尼德兰的平均工资水平远高于欧洲其他地区，对于普通人来说，生

---

1 爱沙尼亚东北部城市。在纳尔瓦河左岸，距河口14千米，是波罗的海的门户。

2 斯瓦尔巴意为"寒冷的海岸"，因此该群岛也可意译为"冷岸群岛"。它位于北极地区，是挪威最北界国土范围的属地，它坐落在欧洲大陆北方，处于挪威大陆与北极点两者之间，位于北冰洋上。

活仍然艰辛。他们是被繁荣遗忘的一群人，眼看着穷人义厨、孤儿院和救济所日趋增多，不禁让人对新教伦理产生疑虑。1595年成立的阿姆斯特丹济贫院对住户进行严格的风纪管教。高税收或物价上涨会引发骚乱，尽管这种事非常罕见，而且伤亡也不多。

社会顶层由摄政王、海运企业家和商人组成。贵族的重要性远低于邻国，而市民议会即"burgerij"更为强大。社会被分为士兵协会和行会等组织，各教派的诗人都聚集在文学会"Rederijkerkammer"——这是一个文人的行会。陆续新成立的大学为人们提供受教育机会：弗拉讷克、格罗宁根、乌得勒支和哈德韦克。植物学家卡罗卢斯·克卢修斯（Carolus Clusius，1526—1609）和数学家鲁道夫·斯内利厄斯（Rudolf Snellius，1546—1613）在莱顿大学任职。尤斯图斯·利普修斯（Justus Lipsius，1547—1606）是莱顿大学杰出的语言学家、哲学家和政治思想家，他的继任者约瑟夫·尤斯图斯·斯卡利杰尔（Joseph Justus Scaliger，1540—1609）也非平凡之人，他编辑了许多经典作品，同时精通东方语言。他的年薪是不可思议的1200荷兰盾，证明人文主义教育确实有其价值。

许多农民也分享到海洋贸易带来的福利，他们大多是自由身，自己也拥有田产和牧场。谷物主要从波罗的海地区进口，这样他们就有钱有力，可以饲养牲畜，生产乳制品和奶酪。茜草和亚麻是纺织工业的基本材料，也得到大面积种植。通常城市市民会进行投资，资本主义通过这种方式征服了农村，帮助改善农业技术，促进堤防建设和土地复垦。这个新国家在经济上是如此欣欣向荣，以至国家能够负担反对西班牙的解放战争并免于破产。

女权：伊丽莎白一世

在运河的另一侧，马德里当局曾经寄希望于伊丽莎白女王会找到真正的信仰并重拾天主教徒玛丽的政策，可惜希望落空。女王的顾问、法学家、伯利勋爵威廉·塞西尔（William Cecil Lord Burghley，1520—1598）是一个精明的实用主义者，他进谏女王，请其重新恢复国家教会。宗教界必须向女王宣誓，承认她是"所有世俗和宗教事务的至尊摄政女王"。克兰麦曾经编订的第一本《公祷书》也明确了礼拜仪式，现在经过轻微修改继续沿用。不过，伊丽莎白反对一切激进的要求，教会净化的狂热分子这次发动清教徒运动，又提出类似要求——他们就像是周而复始的西西弗斯，只不过推动的是毫无乐趣的道德和无休止的说教，梦想回到早期基督教的状态。苏格兰的宗教改革领袖约翰·诺克斯（John Knox，1513—1572）也因此名誉扫地，他是一个清教徒，1558年出版了一本宣传手册，不仅反对天主教女王，而且引用《圣经》奏响"反对违背自然法则的女性统治的号角"。

伊丽莎白的教会保留了一丝天主教的微光。无论如何，女王从未被教条问题困扰。她个人绝对虔诚，作为统治者她首先关心的是王权的权威。定期开会的"枢密院"负责做出关键决议，同时已经变成一个官僚机构。无数法院为国家提供了理性判例法的框架。政府和司法部门之间的最密切联系是"星室法庭"——因为他们的会议室在威斯敏斯特王家宫殿，天花板上有星星装饰——列席"星室法庭"的大多是枢密院的成员。监管出版物的是一个缺乏系统性的审查机构，主要出于政治原因而不是宗教考虑。1570年，庇护五世（Pius V，1566—1572年在位）将伊丽莎白逐出教会，之后她的步伐更加坚定。即使是流行的罗宾汉游戏也被禁止，罗宾汉传奇中快乐的塔克修士成为不复存在的民间修道院生活的代表，可能会引起不受欢迎的怀旧情绪。

在伊丽莎白统治期间，议会仍然保持前人争取到的地位，成员拥有宝贵的财富，即他们的"自由发言权"（free voice）。一次，下议院甚至敢提出，调拨财政支持的权力应该与王位继承的规则分割开来：脱离"处女女王"婚姻的掌控。当然，这一举动太过大胆。伊丽莎白反驳道："虽然我是个女人，但根据我的地位，我父亲曾经有过多大勇气，我也一样。"这段话后来广为流传。"我是你们涂过圣油的女王。我永远不会被迫做任何事情。我感谢上帝赐予我的所有身份，即使穿着衬裙"——她说的是"petticoat"——"被赶出我的王国，我也能够在信仰天主教的任何地方生活"。

伊丽莎白是一个聪明的女人，她有时报复心很强而且脾气暴躁，但作为统治者她总是抓住任何可能性。她自己政治手腕灵活，虽然外部世界屡屡带来威胁，但这种局势的首要好处就是，宪法问题不会成为危机。当时情况很复杂：法国陷入内战，阿尔瓦在尼德兰不受任何约束。更糟糕的是，玛丽·斯图亚特是天主教的宿敌——这位弗朗索瓦二世的年轻遗孀于1561年开始统治苏格兰。1567年，一场贵族阴谋将她废黜，玛丽1岁的儿子詹姆斯·斯图亚特继承王位。遭遇政变的女王不得不在英格兰寻求庇护。她在英格兰中部的城堡中被囚禁了19年，这是天主教徒的诉求。伊丽莎白想除掉玛丽，但因为担心合法性，迟迟未敢下手。"苏格兰女王"是一个危险因素，1569年就出现了一次贵族起义，想让玛丽重新掌权，伊丽莎白的雇佣兵平定了叛乱。

伊丽莎白对自己王国的局势进行了真实评估，因此不敢与世界强国西班牙为敌。当下只有小小的摩擦，也不会很激烈，伊丽莎白也为腓力的敌人和海盗活动提供劫夺敌方商船的特许证，对他们进行财政援助。作为对策，马德里实施经济制裁。这个"西班牙的格列佛"深陷欧洲大陆的战场无法抽身，所以针对英国的最终决战一再推迟，这场战争不仅关系英国，还关系到宗教和谁是真正的海洋霸主。然而，1585年，埃斯科里亚尔已经制订了结束英国异端运动和肆虐的海盗活动的具体计划。舰队的规模在欧洲历史上前所未有，本该能够入侵英伦小岛并恢复苏格兰玛丽的统治。伊丽莎白的高效情报机构——由法学家弗朗西斯·沃尔辛厄姆爵士（Sir Francis Walsingham）组建——在马德里和欧洲的一半地区都有耳目，它发回预警消息。

对决现在进入决定性阶段。伊丽莎白奉行的政策后来成为一种学说：通过纵横捭阖和必要时的战争让欧洲大陆处于分裂状态，以此赢得海洋。她向尼德兰派出军队，也派向法国，但这些军队在各处都没有大动作。损失最惨重的军事行动发生在顽固反叛的爱尔兰，它们本是一个家族的不同支系，现在互相撕咬。如果这个绿色岛屿能够成为天主教入侵的基地，那么战争在那里就不可避免。西班牙和教皇的雇佣军与叛乱分子合作，想在这里建立天主教进攻的桥头堡，这些企图必须被扼杀。

出于对国内"第五纵队"[1]的恐惧，伊丽莎白对偷偷混进来的天主教传教士采取强硬手段，为他们提供庇护的人也不能幸免。数百人为了信仰不得不流亡，或身陷囹圄或身首异处。玛丽·斯图亚特的命运也最终降临。谋反者想刺杀伊丽莎白，玛丽也涉案，沃尔辛厄姆的间谍及时揭露了这一阴谋；1587年，玛丽被斩首。当西班牙大战爆发时，苏格兰阵线至少保持平静，因为对玛丽的儿子詹姆斯而言，英格兰王冠已经遥遥在望，伊丽莎白没有子嗣，她死后将由詹姆斯继位。与此同时，腓力将全部精力都集中在入侵计划上。如果成功，就意味着恢复英格兰的天主教传统，还能确保大西洋航线，并可能在尼德兰赢得最终胜利。

当时的力量对比非常不平衡。英格兰的陆军中有很多是从伯爵领地新招入伍的小兵，他们的军事实力实在令人怀疑，这支军队不太可能抵挡西班牙入侵的军队。然而，在经验丰富的海盗头子约翰·霍金斯（John Hawkins，1532—1595）的领导下，英国舰队目的明确，规模不断扩张。这支装备精良的敏捷舰队的任务是，在加勒比海和亚速尔群岛袭击西班牙的宝船，切断腓力帝国的银脉。这种打劫敌方商船的行为，无论是否拥有特许证，从来都不是因为心中澎湃的国家情怀，而只是为了利润。例如，霍金斯接受伊丽莎白私人小金库的资助，不仅在葡萄牙奴隶贸易中分得一杯羹，还在西非抓捕奴隶。他将受害者运往海地，在那里转售给西班牙买家。

他的表弟弗朗西斯·德雷克（Francis Drake，约1540—1596）甚至被誉为英雄，声名远播到德意志南部。这个来自德文郡的农民的儿子一步步学会了水手技术和海盗业务，给霍金斯当帮凶：先是在英吉利海峡，接着是在加勒比地区。德雷克在1577—1580年环游世界，因此成为传奇，他是第一个全程参与并幸存的船长。在途经厄瓜多尔海岸时，这个英国人顺手打劫了一艘西班牙大帆船，尽管船身上写着令人恐惧的"喷火者"，还抢走了他们的白银。这次旅行

---

1 "第五纵队"（fünften Kolonne）一词源自西班牙内战，指在内部进行破坏，与敌方里应外合，不择手段意图颠覆、破坏国家团结的团体。

的最终利润是15万英镑。这让德雷克得到了爵士头衔。这个发迹的暴发户给女王献上了无数杜卡特金币和珠宝，女王甚至还去他船上参加宴会。当时的一幅肖像画描画了这位新当选的爵士，他面色通红、饱经风霜。他右手紧紧抓住地球仪，仿佛这个世界就是他的王国。

这种打劫商船的行为在最终决战的准备阶段愈演愈烈，从本来就比较紧缺的王室财政中抽取巨额资金。德雷克奉行前瞻性的战略，他把加勒比地区的西班牙基地夷为平地；1587年，他甚至大胆奇袭，率领一支强大舰队突袭加的斯港并摧毁了30艘西班牙船只。他在回程途中还厚颜无耻地绕道亚速尔群岛，捕获一艘满载非洲珍宝的葡萄牙克拉克帆船。战利品琳琅满目，为这次行动的资助者带来丰厚的利润。英国就这样以战养战。

这场战争对西班牙意义重大，对英格兰则意味着全部。英格兰岛屿只有舰队拱卫。战争关乎何事，从船名上可见一斑：英国方面的船只被命名为"公牛""老虎""复仇""金狮""无畏"，西班牙人的船只叫"圣母玛利亚恩典""圣约翰""玫瑰花冠的圣母"。伊丽莎白委托经验丰富的船长发号施令，在海上战争中对抗西班牙人经验丰富的战士——包括德雷克和霍金斯——都听令于海军上将埃芬汉的查尔斯·霍华德伯爵（Lord Charles Howard of Effingham，1536—1624）。西班牙舰队的指挥官是梅迪纳-西多尼亚公爵阿隆索·佩雷斯·德·古兹曼（Alonso Pérez de Guzmán，1550—1615）。海上经验不足的他不情愿地接受了任命，但他周围的军官都颇具才干。就这样，新发迹者和古老贵族之间的决斗爆发。西班牙船只上的贵族身着华服、色彩缤纷，仿佛是去参加舞会，而不是赴死亡之约。

西班牙舰队于1588年5月底从里斯本向北起航，并于7月抵达英格兰，它们聚集成半月状，船只并行向前，以便结成一条更宽的防线。这支舰队像一个漂浮的堡垒，慢慢靠近英吉利海峡，但它们被英国灵活的加利恩帆船包围并遭遇猛烈的炮火。8月8日晚，在加来海岸战事已成定局。西班牙人未能及时找到安全的港湾，不得不在海岸附近抛锚，将自己完全暴露在敌人的视野。这支舰队目前已经接近西班牙在佛兰德斯的军队，它们本应把军队送上英格兰岛。英格兰的命运悬于一线。但海军上将霍华德抓住时机，派火船在休眠的巨型船队之间流窜。混乱席卷而来，人们惊慌失措地切断锚链，保护性阵容瓦解。第二天，主战在格拉沃利讷附近爆发，当时霍华德的加利恩船队已经掌握了所有优势，因为他们面对的是分散的船只。西班牙的四艘船沉没，其余的大部分都遭到严重损害，不可能继续战斗。剩下的事只能交给老天。这支"无敌舰队"在风暴中漂来荡去，经过英格兰和苏格兰沿岸被吹向大西洋，然后又回到爱尔兰布满礁石的西部海岸，只有少数船只返回拉科鲁尼亚。在一幅肖像画中，伊丽莎白女王身着珍珠刺绣和镶有宝石的连衣裙，背景中就展示了这次战斗的关键场景（附图26）。女王的手也放在地球仪上，更确切地说是在美洲——这是英国扩张的目的地。

1588年的胜利并不意味着战争的结束。第二年，英国在里斯本海岸进行大规模反击，却铩羽而归。之后又有两支西班牙舰队企图北上，但都被风暴阻止。海盗行为并不能决定实力较量。许多英国的亡命之徒没有得到金子，而是拿到了一根绳索，他们最终赢得的是绞刑而不是黄金。德雷克想征讨巴拿马，但战役陷入了僵局，他于1596年在船上死于感染。

与抵达西班牙国土的大量贵金属相比，天主教帝国因为海盗而蒙受的损失微不足道。然而，战争的经济后果严重。西班牙的贸易公司遭受损失，随着税收减少，政府收入也持续下降。舰队在大西洋沉没，让西班牙损失了约1000万杜卡特金币。所有这些都导致前面所说的财政崩溃。腓力的继承人继续这种堂吉诃德式的行为。尽管西班牙军队在许多战场取胜，也无法掩盖事实，这个曾经令人敬畏的大国现在面临着经济基础的崩溃。

英格兰仍然站在法王亨利四世一边，也没有从尼德兰昂贵的战争中抽身。爱尔兰的冲突仍在酝酿。在伊丽莎白的王国，现在大多数人信仰的是温和的新教，它的礼拜仪式庄严隆重，符合不列颠大教堂的威严，与欧洲大陆的新教有明显区别。理查德·胡克（Richard Hooker）的著作《论教会组织的法律》（1585年出版）为逐渐确立的英国圣公会教会提供了神学基础。腓力二世让岛上所有与天主教相关的事物都彻底丧失信誉。此外，与西班牙的战争强化了议会权力，伊丽莎白也被迫不停地申请纳税申报表。

在威斯敏斯特宫的圣史蒂芬礼拜堂，即下议院的会议厅，议员的辩论异常激烈，经常喧闹嘈杂。自从罗马共和国最好的时代以来，世界上很久没有出现这样的民主实践了。在威胁的阴影下，议会一般会忠诚与王室合作。当时的人认为它似乎是英国"最高、最绝对的权力"。为了促进整个王国的利益，13世纪的议会就已经开始为自己申诉。1601年11月30日，女王发表了著名的《黄金演讲》，向下议院致敬。"就算价格再昂贵，也没有哪颗宝石像这一颗一样令我喜爱：我是指你们的爱，"她面对下议院的代表团如是说，"如果上帝对我赞许，这王冠的荣耀有一项不可或缺，你们的爱伴随了我的统治。"她向这些先生致以最深的喜爱之情，并请所有列席的议员围拢过来亲吻她的手，这应该是她最后一次列席议会。

直到今天，不少艺术都让人们回想起这位老妇人的世界：约翰·道兰（John Dowland）忧郁的歌曲，威廉姆·伯德（William Byrd）的宗教音乐和尼古拉斯·希利亚德（Nicholas Hilliard）的细密画中含情脉脉、面色苍白的情人，埃德蒙·斯宾塞（Edmund Spenser）的"仙后"让女王的荣耀得以永恒，尤其是莎士比亚享誉世界的戏剧。在木框结构的建筑和乡间贵族及大臣的城堡里，时不时就能在显著的哥特晚期风格中看到意大利文艺复兴风格小心翼翼的试探，这也反映出那个时代的经济繁荣，尽管有过于神化之嫌。

36. 欧洲图景二：北欧、东欧、中欧和意大利

插图54：阿德里亚恩·德·弗里斯，《鲁道夫二世》，1609年，伦敦，维多利亚和阿尔伯特博物馆

爱国者

1603年3月，伊丽莎白一世去世，享年70岁，她留给苏格兰的继任者詹姆斯一个稳定的国家。这里的精英们可能已经觉得他们和苏格兰是同一个民族。对战西班牙的成功使人们能够庆祝战争胜利和新的繁荣，并坚信上帝的恩典覆盖一切，而且他们是被选中的子民。这简直是最荒唐最危险的想法之一，直到今天一些宗教和国家还抱有这种想法，无论是因为胜利，或者是帝国权力达到顶峰，甚至是因为压迫——他们认为这是上帝的"测试"。然而人们宣称，英格兰逐渐萌发的民族情绪就是英国经济增长背后起作用的"精神"，这种说法令人生疑，就如同有些人认为，在中世纪早期的侵袭之前岛上就已经出现了"共同的英国民族情感"。

关于信仰、自由和王位的战争在英格兰和法国造就了许多有共同经历的团体。在"祖国"（patria）这个词出现之前，这些团体就已经滋养了爱国主义。祖国可以指城市、"家乡"，甚至包括整个国家或王国，它的利益拥有越来越重要的政治和道德价值。法王亨利四世曾在高等法院面前为他的宽容政策辩解，他的这一讲话非常具有前瞻性。他在自己的党派中结识了很多人，这些人不管是出于野心还是为了西班牙的利益，一直想发动战争，同时还有一些人，他们只想顺手牵羊，并没有什么值得尊敬的动机。"我们不应该区分天主教徒和胡格诺派，我们都应该成为好的法国人。"他的结论如上。亨利的话表明，曾经那个王朝和爱国者的欧洲、天主教和新教的欧洲逐渐变为一个各民族的欧洲。

欧洲大陆的人民用各自的特点互相辨认，渐渐出现了很多民族成见："骄傲的西班牙人""满嘴谎言的意大利人""阴郁、爱酗酒的俄罗斯人""德国猪"。作家试图打破占据主导地位的拉丁语经典，彼特拉克和其他意大利人的诗歌让其他人黯淡无光，他们想用自己的母语书写，从而与之抗衡。托马斯·伊利奥特把皮科·德拉·米兰多拉的经典著作译成英语：他承认想为自己的国家书写，因此用母语动笔。1532年，约翰·高尔（John Gower）和乔叟的宏伟著作得以编辑出版，最终可能要归功于出版商的考量，但也表明，人们开始反思本土文学传统。在该世纪中叶后，维吉尔的《埃涅阿斯纪》、奥维德的《变形记》和塞涅卡的悲剧被译成英文。在法国，克莱芒·马罗出版了《玫瑰传奇》的现代版本，并重新发行弗朗索瓦·维庸的诗歌。此外，米歇尔·德·龙萨（Michel de Ronsard，1524—1585）是马罗诗歌的崇拜者，以他为首的七星诗社致力于让法语诗歌达到古典诗歌和意大利诗歌的水准。法国人才刚刚开始想凝聚民族文化，内战就打响了，所以他们非常反对国家分崩离析。

其他国家也有类似举措。葡萄牙第一位考古学家是多明我会修士安德烈·德·雷森德（André de Resende，约1500—1573），他为祖国发掘悠久的历史，并拼出几块身份的碎片。路易·德·贾梅士（Luís de Camões，约1524—1580）的《葡国魂》成为民族史诗，类似葡萄牙的《埃涅阿斯纪》：为瓦斯科·达·伽马和其他伟大船长探索世界的航行谱写了一曲赞歌。"波兰的贺拉斯"扬·科哈诺夫斯基（Jan Kochanowski，1530—1584）是龙萨的笔友，也熟知意大利典籍，他模仿薄伽丘风格创作了一些诗歌和故事，但用的是波兰语。在荷兰，与其对应的人物是亨德里克·斯皮赫尔（Hendrick Spieghel，1549—1612），他认为自己是母语的捍卫者。直到17世纪，神圣罗马帝国才出现了有一定规模的学者圈子，他们致力于推广德语——他们也反对三十年战争对祖国的分裂和破坏。

爱国情怀在意大利也正式萌发。乔尔乔·瓦萨里的《杰出画家、雕塑家和建筑师的生平描写》（又名《艺苑名人传》）于1550年在佛罗伦萨首次出版，是艺术史上的一座纪念碑。这本传记的字里行间都在诉说意大利，更算是托斯卡纳自我意识的展现。这是个有天赋的民族，想象力闪亮、创造力无限，为世界开辟了无与伦比的艺术时代，能够成为这个民族的一员，作者深表自豪。佛兰德斯画家卡雷尔·范曼德（Karel van Mander，1548—1606）也以同样方式来描绘尼德兰的杰出大师。从扬·凡·艾克和胡伯特·凡·艾克两兄弟的传记开始，范曼德在1604年出版的《画家之书》中讲述了他们的人生故事。他的许多同胞都在起居室里挂上刚刚抗争而来的新国家的地图。正如所论证的那样，这也是爱国主义的体现。

16世纪，一种我们现在很熟悉的划界方式逐渐流行起来：用精细的线条来界定国家边境，定义国家的区域和形状。权利和特权相互交融，构成一块地区。故土的救星和英雄的古老族谱继续被书写，但信仰、王位和自由的战斗带来新的英雄。法国的亨利四世、英国的德雷克、威尼斯的马尔坎托尼奥·布拉加迪诺（Marcantonio Bragadino），以及为了保卫塞浦路斯而被土耳其人活活剥皮的人，这些英雄得到前所未有的尊重，人们在著名的教堂里安葬他们，或为他们竖立纪念碑。例如，尼德兰人将威廉·范·奥兰治安葬在代尔夫特的"新教堂"，用一首"威廉之歌"称颂他"忠于祖国直到死亡"，后来这首歌成为荷兰国歌。布拉加迪诺的墓位于威尼斯的圣乔瓦尼·保罗堂，亨利四世在圣丹尼斯安息。不是所有的伟人都在死后回归故土。人们在巴拿马附近某片海域为德雷克举行海葬，路易·德·贾梅士一生喜好冒险，后死于瘟疫，他的遗体被埋葬在一处乱坟岗。

波罗的海沿岸和西伯利亚

瑞典的民族英雄是古斯塔夫·瓦萨（Gustav Wasa，1496—1560），他在短暂的战争后瓦解了卡尔马联盟，让他的国家摆脱了丹麦的统治。古斯塔夫死后虽然纷争不断，但并没有改变这一事实。铁、铜、木材、沥青和焦油为进一步发展打下了基础，这些材料让瑞典得以保持海上实力。出口到荷兰和英格兰的货物所带来的利润填补了新王朝的金库，外国企业家——尼德兰人、德国人和瓦隆人——为这个国家带来了资本和信贷。

在内部，瓦萨王朝与教士、市民和农民合作，对贵族利益非常不利。相比较来说，瑞典的阶层之间有很高的流动性，国家也主动扩展教育体系，瑞典因此成为欧洲"先驱国家"的一员。跟所有邻居一样，它也想寻找古老的身份。别的地方追寻的身份有特洛伊人、条顿人或巴塔维亚人，瑞典认定的是曾经统治半个欧洲的哥特人。15世纪中叶，他们被发现是瑞典人的祖先。在这个午夜王国，对考古学的兴趣出现得比较晚。直到三十年战争期间，国王古斯塔夫二世·阿道夫（Gustav Ⅱ. Adolf）才意识到这一点，并在随后任命魔法师、神秘主义者和符文研究员约翰内斯·布罗伊斯（Johannes Bureus，1568—1652）为"王家古董商"，让他掌管所有的符文和废墟。事实证明，布罗伊斯是一位略显神秘的哥特主义的宣传员，他为瑞典的外交政策提供了意识形态上的掩护。瑞典的主要目标是争夺波罗的海地区的霸权，成为"波罗的海之主"（dominium maris Baltici）。在汉萨同盟失去实力后，它的障碍是丹麦和俄罗斯，以及波兰。

自1587年以来，波兰王冠一直在瓦萨家族之手，新上任的是齐格蒙特三世（Sigismund Ⅲ，1587—1632年在位）。雅盖隆王朝最后一任国王在1572年去世，1573—1574年瓦卢瓦王朝的亨利也来横插一脚，后来特兰西瓦尼亚的王公斯特凡·巴托里（Stephan Báthory，1576—1586年在位）当选为国王。他执掌了十年的王权之后，国王之位才轮到齐格蒙特三世。波罗的海的争霸让王朝纷争越来越激烈，但齐格蒙特三世和他的继任者一直牢牢把持瑞典。教派斗争让局势更加紧张，因为出身波兰的瓦萨王朝与其瑞典分支不同，他们听命于罗马。

波兰-立陶宛仍然是一个大国。鉴于邻国俄罗斯的威胁，波兰-立陶宛贵族在雅盖隆统治的最后几年中已经聚集起来，让这个古老的共主邦联（Personal union）合并为一个统一的国家，建立"真正的联盟"。这个王国规模庞大，在巴托里的领导下取得了一些军事上的成就，但也仅是将将掩盖这个贵族共和国内部的弱点。现在首都设在华沙，1526年一直在马佐夫舍统治波兰的皮亚斯特王朝绝嗣，华沙和整个波兰才并入共主邦联。

整个欧洲都被宗教战争折磨，而波兰-立陶宛直到巴托里统治前都是一个宽容之岛，是"没有火刑架的土地"。罗马天主教徒和东正教徒、路德和加尔文教派、穆斯林鞑靼人、犹太人、再洗礼宗、胡斯派的波西米亚兄弟和苏西尼派——他们拒绝天主教三位一体的教义——不同的人生活在同一片土地上，互不干扰。在瓦卢瓦的亨利当选之前，贵族联盟制定了章程，他们从法国局势中吸取经验并让亨利承诺，在签署章程后必须维护宗教事务的和平。这是为了保持国家统一。瓦萨王朝统治时期，这片"异教徒的沼泽"干涸。一个天主教-东正教联合教会成立——它遵从斯拉夫仪式，但承认教皇的统治地位——导致东正教内部出现裂隙，正好让罗马外交使团省了不少力。波兰发展成为旧信仰的堡垒，反对信仰新教的瑞典、推广东正教的俄罗斯和奥斯曼帝国。强势的波兰王室总理大臣扬·扎莫伊斯基（Jan Zamoyski，1542—1605）试图抵制宽容思想的侵蚀，却只是徒劳。他曾担任帕多瓦大学的校长，也是波兰文艺复兴的赞助人之一。一位意大利建筑师在扎莫希奇为他竖立了纪念碑，这是一座类似萨比奥内塔的理想城市。

人称"恐怖伊凡"的沙皇伊凡四世（Iwan Ⅳ，1547—1584年在位）远在莫斯科，也是波罗的海权力游戏的一个参与者。他的外交政策最初针对的是南部和东部陷入动乱的鞑靼国家，成功征服了喀山汗国。鞑靼强大汗国的后续继任者，甚至包括西伯利亚的汗国，都不想冒险作战，而更愿意俯首称臣。1556年，阿斯特拉罕[1]被吞并，几年后，南面的切尔克斯汗国也归顺伊凡。

扩张势头正劲。16世纪初，瓦西里三世统治初期，莫斯科统治了约43万平方千米的土地；现在有540万平方千米——自然是地广人稀。扩张政策的动机很复杂。莫斯科控制了广大的经济区域，东正教会希望增加基督徒的数量。伊凡最初的成功也鼓励他前往西方试试自己的战争运气，他的目的地是立窝尼亚，这里曾经是条顿骑士团的领地。这里的港口城市利润丰厚，还可以开辟从波罗的海沿岸到里海的贸易路线。波兰和斯堪的纳维亚国家都反击沙皇，这次的扩张运动很快就陷入停滞状态。

失败、歉收和瘟疫都让人们开始祈祷。但伊凡到处设下圈套，用恐怖来稳固统治。真真假假的叛徒都被处决，即使是来自高等贵族圈子的人。沙皇宣布

---

1 阿斯特拉罕汗国是金帐汗国的一部分，建于1466年，是由钦察汗库楚克·马哈麻的孙子（也叫卡西姆的宗王）创建的。该国定都于阿斯特拉罕城，疆域包括伏尔加河下游及南高加索草原地带，北临喀山汗国，西接克里木汗国，东与诺盖汗国为界。

王国的一半土地都是他的"边远特辖区"（oprichnina），并剥夺这些地区封建贵族的财产。沙皇身边有1500个骑兵担任近身侍卫，又被称为特辖军。狗的头盖骨从他们的马缰绳上垂下来，干树枝束缠绕着他们的鞭子，就像古罗马刀斧手的统治标志——这是俄罗斯文艺复兴的一个奇特时期。被划定为特辖区的地方整片整片被烧毁，平民在屠杀和驱逐中丧生。最后，沙皇下令洗劫诺夫哥罗德。2000多人受到折磨，他们被钉上柱子、被剥皮或肢解，以此威慑所有敌人。伊凡命令他手下身着黑衣的特辖军像修道院院长一样在修道院城堡中举行几个小时的弥撒，甚至要遵守僧侣的规则，这是俄罗斯历史上最离奇的事件之一。只有当克里米亚的鞑靼人放火焚烧莫斯科时，伊凡才仓皇逃走。如果没有当地人的支持，鞑靼人的进犯几乎不可能。沙皇阻挡了死神的镰刀，并开始对国内的恐怖分子实施恐怖主义。与此同时，在1572年夏天，俄罗斯军队在奥卡河南部的莫洛迪击败了鞑靼人，莫斯科终于有了喘息之机。所幸古老的精英阶层已被消灭，特辖区强化了沙皇的力量。立窝尼亚战争于1583年结束，但沙皇没有捞到任何好处，不过他在亚洲取得了骄人的成功。帖木儿的毁灭性的战争已经为沙皇奠定了基础。除了金帐汗国的首都萨莱外，这个"跛子"摧毁了中亚的重要商业城市，沉重打击了汗国的经济命脉。

在"整个宇宙的正统基督教之主"沙皇的领导下，俄罗斯国家向斯拉夫之外的世界扩张，征服说其他语言、崇拜陌生神祇的民族，越进了帝国的门槛。对于欧亚大陆的历史来说，这是一个划时代的事件。并不是说沙皇可能确立了宏伟的计划，而是说他抓住机遇，权力使人渴望更大的权力。沙皇成为蒙古世界统治者的真正继承人。他的帝国继续向外延伸，走向乌拉尔以东的草原和森林，拥有无穷无尽的自然资源和森林果实。最热门的商品是毛皮，这是东方的真金。

征服西伯利亚的先锋来自斯特罗加诺夫家族，他们垄断盐业，家产日丰，成为一个大商人家族。伊凡四世授予他们贸易特权，为此他们雇用了一支私人军队，以500名哥萨克人为核心。在1582年的一次速战速决中，他们击败了西伯利亚汗国。后来西伯利亚反击，一开始节节胜利，甚至杀死了领导雇佣军的哥萨克酋长埃尔马克（Ermak）。俄罗斯人不得不撤退。但莫斯科现在主动出击，派出增援部队。占领这片广大区域的关键是在此地修建基地据点，并用木栅栏围起来，这样遇险时可以提供保护。草原仍然是双方苦苦争夺的重点。在征服了喀山和阿斯特拉罕后，俄罗斯人来到这里定居，把最肥沃的土壤据为己有。克里米亚鞑靼人目前仍处于不败之地。他们在奥斯曼人的保护之下，沙皇没有与他们继续较量。双方都想要通过亚速和卡法（今天的费奥多西亚）进行有利可图的贸易。

伊凡留下的是一个贫穷分裂的国家。许多农民被驱赶离乡，整个村庄都荒芜一片，国家缺乏税收。解决这一问题的方式又非常粗暴，那就是采取土地约束的方法，把人口和土地相绑定：原本非常自由的农民阶层又向农奴制迈进一大步，受到越来越多的束缚。沙皇死后，王位空悬。先前易怒的伊凡在一次争吵中杀死了自己的长子，只有他那智力有缺陷且膝下无子的儿子费奥多尔（Fedor）尚在人世，后者于1598年去世。留里克王朝最后一任君主咽气，全俄缙绅会议（Zemskij Sobor）接受大主教的建议，宣布沙皇之位由省级贵族鲍里斯·戈东诺夫（Boris Godunow，1598—1605年在位）继任，他曾在费奥多尔一世手下担任摄政王。

新任沙皇对普希金戏剧和穆索尔斯基（Mussorgski）歌剧的热爱比他的政策更出名。同时，戈东诺夫的举措一开始并未遇挫。他击退了鞑靼人，并收回部分被瑞典占领的地区。但他遇到了一个久负盛名的巨大敌人：小冰期。伊凡四世就已经受其所困。它连续摧毁了两年的收成，数千人死亡，叛乱也随之而来。这场斗争是为了面包，也是为了反对农奴制。戈东诺夫生前，帝国就陷入"混乱时期"。虚假的沙皇也一一登场，瑞典和波兰又趁火打劫。1610年，波兰军队占领了克里姆林宫。在俄罗斯历史上，这是外国势力第一次渗透到俄罗斯权力的核心。但现在危机把所有能拿起武器的人都聚拢在一起。教会忙着赐福，希望他们能战胜虎视眈眈的外国力量和天主教的入侵，解救莫斯科。缙绅会议又到了做决定的时候。1613年，他们选择米哈伊尔一世（Michael I）成为新任沙皇，他是大地主罗曼诺夫家族的后裔，他的大主教父亲曾被波兰人逮捕和拘禁。

在接下来的一个世纪里，俄罗斯在波罗的海地区崛起成为霸权国家。丹麦不得不放弃在波罗的海的全部野心，而尚能在大国角逐中扮演一个角色的瑞典，则苦苦支撑到大北方战争（1700—1721年）。俄罗斯在"混乱时期"暴露了自身弱点，使得波兰还可以欢庆几场最后的胜利，但这跟它自己的实力无关。波兰这个曾经最强大的欧洲国家之一，现在沦为沙皇国的附庸。在华沙，人们唯一可以期盼的沙皇的对手就是奥斯曼土耳其。博斯普鲁斯海峡战火不熄，维斯瓦河上就能保持和平。

神圣罗马帝国

神圣罗马帝国的皇帝是世界的主人，身居所有王侯和国王之上，这种想法长期以来一直只是幻想。在莫斯科，这种想法是一种异国情调。1488年，皇帝腓特烈三世为了感谢莫斯科大公共同抗击奥斯曼帝国，向他许诺一项王冠，大公粗暴地拒绝了这位哈布斯堡王朝君主，说他和他的祖先从一开始就是神赐的统治者，不需要任何人给他们任何的任命。直到皇帝马克西米利安二世（Maximilian II，1564—1576年在位）掌权期间，维也纳和俄国贵族之间才重新出现比较密切的交流。1576年，伊凡四世向雷根斯堡帝国议会派出使团，这是俄罗斯人第一次出现在皇帝和帝国面前。他们带着大量的随行人员来到这里，作为礼物他们奉上了满满"一屋子"的貂皮——每包40件——打包成箱。配备了500匹马的骑兵队表明，那里有一股强大的力量。

俄国人在雷根斯堡觐见了这位在哈布斯堡王朝统治者中不那么亲近天主教的皇帝。"另一个"马克西米利安明确表露出对路德学说的偏好。他不赞成把英格兰的伊丽莎白逐出教会，巴塞洛缪之夜发生的事让他胆战心惊。但他娶了一位西班牙公主——查理五世的女儿玛丽亚，也同意他的儿子们在马德里接受天主教的教育。他是音乐爱好者和书籍收藏家，也对科学感兴趣。他似乎是一个优雅可亲的人，也没有表现出对僵化的宫廷礼节的喜爱。他真正相信的到底是什么信仰，他一生都将其藏得很深。王朝的——这意味着天主教的——团结高于他的私人宗教信仰，这毫无疑问。

马克西米利安看到了自己所受的制约，也对自己身为主持人的角色了然于心。他的举动一直考虑到奥格斯堡的宗教和平，非常明显地顾及帝国宪法的平衡。这是国家利益至上原则的诫命。西班牙模式的严格宗教政策在德国是行不通的。如果必须进行战争并需要筹集资金，那么皇帝需要让议会进行投票；奥斯曼帝国虎视眈眈，迫使他无视贵族的抗议，逼迫他们交出自己的世袭土地作为妥协。1568年，帝国用数额巨大的贡品买来埃迪尔内[1]的和平，在此之后的25年里，帝国总算可以放下绷紧的神经，并赢得时机扩建防御工事，以确保哈布斯堡和奥斯曼之间的军事边界。然而在德意志内部，宗派和权力政治的紧张局势已经危及和平。在宗教自由摇摇欲坠的瓦楞下，新教仍然一点点站稳脚跟，在世俗和精神两方面赢得人心。据巴伐利亚称，人们驱逐非信徒来净化天主教的领土。在宗教改革运动内部，加尔文主义者——不受宗教和平的庇护，所以没有合法权利——与路德宗相互竞争。教派的关系网络远远超出了帝国的边界，这是非常危险的。冲突可能会迅速演化成国际事件，外国军队入侵帝国领土，后来的三十年战争使这种担忧成真。

和平的意愿仍然占上风。施文迪的拉撒路（Lazarus von Schwendi，1522—1583）在反击土耳其人时是一位战功赫赫的将军，他在1574年写过一本备忘录，支持皇帝保守的政策。这本备忘录深刻解释了宗教改革的历史正当性。施文迪和他的主子一样，终生信仰天主教，他认为改革的起因是教皇那僵化又无力改革的统治。正如法国和尼德兰的局面所示，暴力之路毫无希望。如果一阵风在德意志重燃余烬，那么外国和奥斯曼绝不会错失入侵的良机。这个王国很可能葬身于它们的"咽喉和双手"。所以，施文迪建议与西班牙和教皇保持距离，他们总是喜欢火上浇油。对于德意志人来说，很不幸这个建议没有受到重视。

马克西米利安去世后，德意志的紧张局势也有所加剧。1582年，选帝侯和科

---

1 土耳其西部城市，古称阿德古安，曾为奥斯曼帝国首都。

隆大主教瓦尔德堡的格布哈特·特鲁赫泽斯（Gebhard Truchseß von Waldburg，1547—1601）违反宗教和平约定皈依了新教，但又不愿放弃头衔，原因是他打算娶一个出身贵族的女牧师。天主教教会勃然大怒，并用武器作答。巴伐利亚和西班牙的军事力量驱赶了这位多情的教会贵族，帮助一位维特尔斯巴赫的王子获得科隆权杖。只有奥兰治支持那个爱江山更爱美人的大主教。莱茵河畔的冲突拉响警报，很快就成为尼德兰独立战争的第二战场：预示着即将到来的复杂纠葛。

在"科隆骚乱"期间，天主教徒和新教徒自己也失去了共同的时间。教皇格里高利十三世（Gregor XIII）接受天文学家和数学家组成的委员会的建议，开始推行新历法。它将取代恺撒时代制定的"儒略"历，后者明显地偏离太阳年。1500多年来堆积了太多的小偏差，比如，满月要比日历上的时间早很多天出现。现在有了天文观测数据，可以进行更精确的调整。最重要的措施是，有10天被删除了。具体来说，1582年10月4日之后就是10月15日。这样，春分日重新回到了3月21日，人们终于可以在正确的圣诞节和复活节时间庆祝圣诞节和复活节了。这项举措意义重大，其动机纯粹是技术性的。但它的缺点是，这是教皇的命令：确定正确的时间本质上是一个权力覆盖面大小的问题。在一些城市，如里加和奥格斯堡，实行新历法时发生了骚乱。新教地区仍旧遵循儒略历，比如英格兰和苏格兰一直保留到18世纪中叶，而一些东正教教会甚至至今未改。

马克西米利安的继任者鲁道夫二世（Rudolf II，1576—1612年在位）和他的父亲一样，得到了褒贬不一的评价，甚至与之相去甚远。这位皇帝是土星的婴儿：忧郁又羞涩，当然也很情绪化——有时快活，有时暴躁，同时又有高智商，这对于抑郁没有什么帮助，对于统治也只有阻碍作用，但他绝不是官僚主义者。从1583年开始他就住在布拉格高耸的城堡中，一辈子没有移居他处。他的身边有很多信奉异端的人——路德教徒、加尔文主义者，也有一个温和派的胡斯教徒和一个皈依天主教的犹太人，也有不怕惹怒罗马教皇的使节。他还让耶稣会士远离布拉格大学。面对复杂的现实，他逃进自己的奇迹房间，一个塞满宝藏、艺术品和奇特玩意儿的博物馆。数百名炼金术士、占星家和魔法师，既有骗子也有伟大的学者，将他团团围住。鲁道夫与拉比犹大·勒夫（Judah Löw）进行长时间的交谈，传说中他创造了泥人哥连。

当时，布拉格聚集了文艺复兴晚期一切崇高、古怪和技艺高超的艺术。皇帝特别偏爱珍贵的钟表，也许是因为它们精确的自动生活正好是混乱的世界局势的反面。他在世袭土地上反对顽固的社会阶层，想强化自己的权威，并且试图恢复旧信仰，虽然没有过度的热情。他对神圣帝国的复杂事务一直不感兴趣。1593年，土耳其战争重燃炮火，匈牙利贵族利用这个机会想争取独立。人们称之为"漫长的战争"：13年中，堡垒和城市被占领，然后又被再次夺走。皇帝小胜几场，就用宏伟的艺术品来夸耀。在他统治期间，哈布斯堡王朝的东部政策远远延伸，他再次把目光投向莫斯科，说不定他们可以结为同盟对抗奥斯曼帝国。甚至波斯使团也到布拉格觐见。

17世纪初，庄严朴特遭遇内乱，萨非王朝又想执行扩张政策，因此来与鲁道夫商谈。哈布斯堡资金匮乏已经尽人皆知，皇帝也想赶快结束战争。当时遭遇了税收压力，流民失所，瘟疫蔓延，匈牙利、摩拉维亚和奥地利都出现骚乱。反叛的地区宣布拥有自治权，也催促着皇帝与庄严朴特和谈。1606年，双方在吉托瓦托洛克附近的一个多瑙河小岛上签订和平条约，和平将持续75年之久。要不是平息了东方战火，哈布斯堡几乎无法继续在中欧推行强权政策。如果伊斯法罕没有间接提供武器援助，那么德国天主教徒的未来将不堪设想。

吉托瓦托洛克和约虽然颇具成效，但从此皇帝不再行使其意志，他躲进城堡中的梦想世界无法自拔，越来越不负责任。他的兄弟们默默地架空他的权力。由于没有合法的后嗣——鲁道夫还是个单身汉——叛变者中最年长的马蒂亚斯（Matthias，1612—1619年在位）继任了皇位。鲁道夫二世于1612年在城堡中去世，除了一个空洞的头衔和欧洲最美丽的艺术藏品之外别无他物。帝国权威的衰落发生在微妙的形势中，这些事件都在把德国推向战争。

支持强硬对抗的人对这里的基调产生了越来越大的影响。人们对宗教和平的阐释持有争议，违法行为也在增加，帝国司法最终瘫痪。1608年，帝国议会在没有通过决议的情况下解散了。没有了可供讨论的论坛和裁决机构，冲突无法得到平息。结果就是，宗教党派无视帝国宪法而组成联盟，新教联合体和天主教同盟都纷纷涌现。维也纳枢机主教克莱施徒劳无功地想通过均衡政策缓和局势，当时皇家宫廷又迁到维也纳，他在宫廷担任首席政治家。1618年，波西米亚的新教贵族起义——跟法国一样要求宗教自决和政治特权——终结了一切为和平所做的努力。叛乱很快就被镇压。1619年，波西米亚人推举普法尔茨选帝侯腓特烈五世（Friedrich V）称帝，然而这顶皇冠他只戴了一个冬天。胜利者对思想进行严格控制，没收反叛者的财产，让这片地区天主教化。由于新教王侯和西班牙干涉这次事件，哈布斯堡的欧洲对手也都纷纷插手，德国陷入一场混战，持续了30年之久。

神话史：意大利

哥伦布的美洲之旅和好望角周围航线的开发给世界格局带来巨大变化，人们最早在里亚托感受到了这一点，这里是欧洲最重要的信息交流中心之一。早在1499年，贵族吉罗拉莫·普利欧利（Girolamo Priuli）就曾记述，葡萄牙派出船只去寻找"哥伦布统治"的香料岛，他们可能已经到达"印度的褚洛褚特和雅登"。他敏锐地评价道："如果是真的，这个消息对我的影响似乎很大。"然而，胡椒价格直到16世纪末才开始下跌。葡萄牙无法压制丝绸之路上的驼队贸易，航线的开发再次受到重视。在绝望中，威尼斯人设想了一个梦幻般的计划，即在地中海和红海之间挖掘水道，一条超前的苏伊士运河。该项目从未得到认真实施。

在地中海东部，"最尊贵的"人（威尼斯共和国全称"最尊贵的威尼斯共和国"）发现自己深陷在抵御奥斯曼帝国的战争泥沼中。乌斯克[1]海盗让塞尔维

---

1 乌斯克人是克罗地亚哈布斯堡王朝的士兵，在欧洲奥斯曼帝国战争期间居住在亚得里亚海东部沿海及周边地区。从词源上讲，"uskoci"在克罗地亚语中意为"跳进去的人"。乌斯克人与奥斯曼帝国进行游击战争，他们组成小型单位并划着快艇。

亚和克罗地亚出现大批难民，他们大多在大国之间扎根定居。勒班陀大捷那一年，塞浦路斯失陷，克里特岛在下个世纪也将在绵长战火中沦丧。荷兰人和英国人挤进土耳其人的贸易团伙，德国销售市场随着三十年战争而崩溃。威尼斯作为国际贸易中心的地位逐渐成为过眼云烟，就像以城市经济实力为基础的商业帝国的时代已经结束。汉萨同盟的衰落与威尼斯-黎凡特贸易的崩溃同样意义重大。从此，以往那些从里亚托运抵东方的精美但昂贵的羊毛裙被尼德兰和英格兰的廉价产品所取代。许多人不再投资高风险的贸易，更倾向于把资金转移到地产投资。随着人口增加，在威尼托和伦巴第，种植谷物都被证明是有利可图的。几乎没有一颗谷物能够从奥斯曼帝国及其饥饿的大城市伊斯坦布尔抵达意大利北部，它们都被用来填补粮食空缺，并尽可能从中获益。

在四国同盟的旧日势力范围中，里亚托河畔的共和国是唯一一个还留有贸易空间的同盟成员。它成功地反抗了罗马教皇。原本神职人员拥有自己的管辖权，在一场影响深远的争端中，威尼斯从罗马教廷手中夺走了这一特权并制止教会财产的进一步扩张。保罗五世（Paul V，1605—1621年在位）将威尼斯逐出教会并下达禁令。作为回击，威尼斯人对出版教皇法令的人处以死刑，并驱逐耶稣会士和其他教团信徒，最后罗马不得不屈服。中世纪的教皇主权臣服于新时代的国家主权。然而，当时在圣彼得大教堂穹顶上镶嵌马赛克的工匠还是拼出足足两米高的《圣经》经文，昭示着教皇的绝对地位："你是彼得"——拉丁语的单词也意味着"磐石"——"我想在这磐石上建立教会；我会给你天国的钥匙。"一个极具象征意义的行为是，保罗在1606年将卡诺莎的教皇格里高利七世宣为圣徒。不久之后，苏亚雷斯和其他西班牙学者便证实，在教会中拥有绝对统治权的从来都不是宗教理事会，而是教皇。

罗马现在的人口已经超过10万。教皇是统治他们的牧羊人，而围绕教皇的官僚机构已经杂乱无章。教皇权力一如既往受限于旧阶层的影响力，他们拥有特权、封建财产和关系网。贸易对教皇国的首都来说无足轻重，各种行业也影响甚微。罗马的运行仍然靠现金流，它们从周边地区的庞大地产流入贵族的珍宝箱，还有朝圣者、谋求职位者和游客随身携带的芬尼——但最重要的是从欧洲一半地区搜刮而来的杜卡特金币，它们在教廷的财政库房和枢机主教的账房里堆积成山。虽然特伦托宗教会议废除了一些弊端，但旧的裙带关系仍屹立不倒，在1600年前后不比宗教理事会的权力小。切萨雷·波吉亚的时代已成为过去。要在这个政治体系牢固的半岛上再建立自己的国家，就连最强大的雇佣军首领都不敢想。不过，教皇国仍旧得以扩张：16世纪末得到了费拉拉，因为埃斯特家族没有合法的男性继承人；1631年吞并了乌尔比诺，因为德拉·罗韦雷家族绝嗣。

佛罗伦萨尚能宣示主权。亚历山德罗·德·美第奇被暗杀是美第奇家族的最低谷，但这个家族与欧洲一半的贵族攀亲，此时其权势已经上升到新的高度。阿诺河另一边的皮蒂宫已经扩展到如今的庞大规模，科西莫的妻子托莱多的埃莉奥诺拉（Eleonora von Toledo）在这里建造了一座华丽的庭院。从那时起，人们把城市中心的旧政府所在地称为"旧宫"。像威尼斯人和伦巴第人一样，佛罗伦萨人也返回乡间，依靠地租生活，橄榄树、葡萄酒和谷物是他们的收益来源。技术创新也停滞不前。

佛罗伦萨不再需要大型战争。大公科西莫在一生中只进行过唯一一场比较重要的战役：1554年8月2日基亚纳河谷的马西亚诺战役。在西班牙的支持下，美第奇战胜了锡耶纳人和法国人的同盟，开启了前往锡耶纳的道路。经过一年的围攻，宿敌投降。法国失去了最重要的意大利堡垒。乔尔乔·瓦萨里在"五百人大厅"中绘制了一幅巨大的壁画以示庆祝，这里可谓美第奇家族和佛罗伦萨的万神殿。1569年，庇护五世将科西莫的国家擢升为大公国。几年前，美第奇刚刚为他的儿子弗朗切斯科一世·德·美第奇（Francesco Ⅰ. de' Medici）买下与皇帝斐迪南的一门婚事，待字闺中的是皇帝的小女儿胡安娜。

当时所有佛罗伦萨的荣耀都要归于全能的西班牙盟友的恩典，这个托斯卡纳地区的公国一直航行在西班牙的航道中，后来科西莫一世的继任者也未偏离。腓力在半岛上的权力如铅一般沉重。西班牙统治米兰、那不勒斯、西西里岛和撒丁岛。托斯卡纳海岸和厄尔巴岛上的堡垒防范着土耳其人、海盗和本地居民的进攻。萨伏依因为阿尔卑斯山通道具有重要战略意义，不得不听命于马德里，而热那亚在海上英雄安德烈亚·多里亚的领导下也加入了西班牙。《卡托-康布雷齐和约》让热那亚共和国得到了科西嘉；1566年，它将爱琴海的殖民地希俄斯输给了奥斯曼帝国。装备精良的萨伏依军队是动乱的根源，其领导者是雄心勃勃的卡洛·埃马努埃莱一世（Karl Emanuel Ⅰ，1562—1630）。埃马努埃莱一世在西班牙和法国之间的摇摆不定收效甚微。他企图在政变中夺取异端化的日内瓦，也宣告失败。1628—1631年曼图亚爆发了继承人战争，这只是哈布斯堡与波旁在欧洲中心的漫长角力的一个次要战场，并未让萨伏依在蒙特费拉托得到很多利润。

西班牙统治下的意大利国家如同西班牙一样，没有具有政治影响力的资产阶级，经济上也没有太大的动力。这个霸权国家将意大利视为货币来源——最重要的金融中心是热那亚——而且是一道防御墙：南部和西部地区抵御奥斯曼帝国，北部地区则与法国对峙。梅佐乔诺（Mezzogiorno）[1]在中世纪全盛时期曾是欧洲最富有的地区，现在却持续衰落。西班牙为了在法国、佛兰德斯和英吉利海峡进行战斗，从西西里岛调动大批船只，并且不得不放弃驻军。结果，来自北非的柏柏尔人海盗频繁侵扰沿海地区。在其内部，较强大的阶层只能自助。在这里和大陆上，土匪用暴力掠夺，腐败的国家用其声称的权力抢夺，贵族用其所坚信自己拥有的权力豪夺。贵族有些时候甚至利用强盗团伙，用他们的武力自卫并恐吓自己国家的农民。底层民众在田地间劳作，寄生的贵族阶级才能在城市中过上奢侈的生活。这里的人口也在增长，尤其是奥斯曼帝国征服巴尔干地区后导致大批移民的到来。然而，残酷的瘟疫一直让人口与资源维持新的平衡，比如1575年的墨西拿、1624年的巴勒莫。

西西里岛的议会只不过是总督的傀儡。城市代表由主管当局选出，他们和教会一样，没有政治上的影响力，而教会也在王权监管之下。教皇的采邑权力在西西里岛上几乎已经消失殆尽。例如，马德里决定由谁来担任主教并控制宗教裁判所，只有耶稣会学院和萨勒诺、那不勒斯的古老大学可以推行高等教

---

1 意大利语，意为"正午阳光"，泛指意大利南部地区。

育。1547年爆发了一次起义，学院被怀疑是革命的滋生地，总督彼得罗·阿尔瓦雷斯·德·托莱多（Pedro Álvarez de Toledo）下令关闭学院。在乡间，街道和桥梁年久失修，只有首府得到城市化的系统修葺。在那些遥远的、国家难以保护民众的地方，人们逃入家中并藏匿在熟人中间。社会形势僵化，时间在意大利南部仿佛也停止了。为了打造桅杆和甲板，树木被滥伐滥采，而无处不在的山羊把土地啃噬一空，侵蚀土壤。河流任意改道，在夏天渗入尘土飞扬的土地，春天洪水泛滥；湿地越来越多，疟疾也随之而来。作家卡洛·李维（Carlo Levi）曾被法西斯主义者驱逐到巴西利卡塔[1]的一个村庄，他在小说《基督停留在埃博利》中描述了一个亘古未变的农民世界："我认为，人们应该写这个关于意大利的故事，如果有可能的话，写出一个没有随时间发展的地区的历史：永恒和不变的唯一历史，一个神话。"

---

1 意大利南部自治区。大致分成西部的山区和东部的低矮丘陵及宽阔谷地，首府波坦察。奥尼亚海沿岸有狭窄沿岸平原。中世纪初由伦巴第联盟统治。

37. 赫拉克勒斯之柱的彼岸

插图55：《巴西的食人部落》

出自：让·德·莱里（Jean de Léry），《巴西旅途报告》（1578年）。收录于：特奥多雷·德·布里，《美洲第三部》，美因河畔法兰克福，1592年，温森斯，航海档案馆

上帝之怒

哥伦布的美洲冒险经历让世界经济的轴线开始推移，地中海的伟大时代即将结束。欧洲的新地中海是大西洋。卡洛·李维笔下的消逝之地是这一变化中的输家：这里本就在西班牙帝国的边缘，随着多极化的新全球经济的出现，这里同时成为双重边缘，因为地中海不再是中心之地了。

到1550年前后，西班牙的美洲殖民地几乎扩张到19世纪以前的范围，从试探性的接触变成了统治主导。腓力二世的一个朝臣认定，世界历史历经6000多年后似乎来到了终点。天主教与西班牙帝国合为一体。征服者弗朗西斯科·皮萨罗（Francisco Pizarro，1471/1476—1541）领头的财团用区区300人设法降伏了印加帝国，并敲诈了成吨的黄金和白银。而在征服者到来之前，秘鲁土著人当中刚刚爆发了争夺王位的战争，这样的分歧令他们的企图更加轻而易举就得逞，西班牙人兵刃上的血都无法凝结。被劫为人质的印加统治者阿塔瓦尔帕（Atahualpa）死于非命。在遥远的北方，突击部队已经进军至今天的得克萨斯州地区。尤卡坦的城邦对西班牙人展开激烈抵抗，最后一个城邦奇琴伊察直到1697年才陷落。

想迁居美洲的人聚集在塞维利亚——这里被称为"吞没一切的海洋，所有河流的终点"——从此处踏上前往充满期许的不明之地的旅程。1564年，一个裁缝从普埃布拉给他留守西班牙的妻子写信："我们可以在这里随心所欲地生活。如果你在我身边，你会非常满意的，我会很快变成富翁。"1552年的同名小说《托梅斯河上的小拉撒路》中——那可怜的小拉撒路狡猾地谋生——他的许多真正的兄弟都想在新世界碰碰运气。好奇的人希望有所发现，银行家和商人期待获利，科尔特斯或皮萨罗那样童话般的事业成就在遥远的土地上招手。一些征服者是西班牙小贵族，他们想在不断变化的社会环境中寻找新的角色。格拉纳达的战争已经结束，在故乡那个半岛上已经不可能倚仗砍杀摩尔人的骑士行为得到荣誉和财富。除了希塔尔戈（Hidalgo）[1]外，工匠和商人，水手、士兵和所有市民阶层出身的人也成为征服者的主力军。到1800年前后，八九百万人移民海外。其中女性是少数，她们占美洲移民的四分之一。

碰运气的人越来越多，如狼群般成群结队。许多人都在遍布疟疾的沼泽地、丛林，大海上的某个地方或安第斯山脉的冰冷高地上失去了踪影。无数人死于饥饿，许多人因毒箭倒地不起，或者死在竞争对手的枪口下。其中一人是洛普·德·阿奎尔（Lope de Aguirre，约1510—1561），他留给后人的只有令人厌恶和黑暗的神话。他被塑造成一个极度渴望权力的疯子，这当然与党派斗争有关，这个疯子为了杀人而杀人，他将其船长任命为秘鲁国王，只是为了之后谋杀他。阿奎尔——号称"陌生人洛普""至死方休的反叛者"——向腓力二世写了一封回绝信，它可能是从古至今西班牙统治者从臣民那里收到的最怪异的一封信件。他凭借"人头"在委内瑞拉近海的一个岛上建立了恐怖统治，后来也未能逃脱同类人的命运：谋杀、分尸、遗体遭亵渎。他自己可能说过："我是上帝之怒，是自由的统治者，是大陆王国和智利各省的侯爵。"

印加城市库斯科的征服者想得到黄金简直易如反掌，但对阿奎尔和几乎所有拥入新世界的人而言，这是空虚的幻想。迭戈·德·阿尔马格罗（Diego de Almagro，1475—1538）曾经是科尔特斯的先遣队长，参与过秘鲁战役，也不得不痛苦地接受这一现实。得到总督和总队长的称号后，弗朗西斯科·皮萨罗和他的兄弟埃尔南多·皮萨罗（Hernando Pizarro）成了秘鲁的主人，阿尔马格罗只能眼巴巴地看着。他避免与合作伙伴进行对决，率领一支强大的武装力量向南行军，一直到达伊塔塔。在这里，一群马普切的土著战士抵抗他们的侵袭。阿尔马格罗军团的大部分人都死于翻越安第斯山脉途中，或者倒在沙尘四起的阿塔卡马沙漠中，他们甚至不知道西班牙人已经在北部的查纳西约地区发掘出世界上最富有的银矿之一。尽管他们筋疲力尽，带着可怜的战利品回到库斯科，却成为第一批看到智利的欧洲人。"在南极附近的富饶而著名的土

---

1 葡萄牙封建时代的骑士，属于没有世袭头衔的贵族。塞万提斯笔下的堂吉诃德便是其在文学中的典型形象。

地"，随军的诗人阿隆索·德·埃尔西利亚·伊·苏尼加（Alonso de Ercilla y Zúñiga）亲眼见证了这次远征，并在史诗《阿劳卡纳》中这样描绘智利。

在接下来的几十年里，西班牙人通过堡垒和定居点一直占据太平洋沿岸地区。最先建立的城市是圣地亚哥——该城以征服者的主保圣人（Schutzheiligen）命名——后来则是康塞普西翁和瓦尔迪维亚。阿尔马格罗最终还是试图从弗朗西斯科·皮萨罗手中夺权，最后被送上了绞刑架。这次密谋导致征服者之间内讧，阿尔马格罗的追随者和弗朗西斯科的支持者之间展开厮杀。在这个过程中，皮萨罗也被谋杀。他的兄弟贡萨洛·皮萨罗（Gonzalo Pizarro）继续战斗。直到世纪中叶，总督佩德罗·德拉加斯卡（Pedro de la Gasca）才平息秘鲁动乱。

南美其他地区的欧洲人对黄金国的传言越来越深信不疑，相传那里的国王身上曾被一遍又一遍地撒上金粉。韦尔泽家族在今天的委内瑞拉派遣雇佣兵开发大量土地，也慢慢吸引了西班牙王室的注意。16世纪30年代中期，拉普拉塔河被探明。1546年，波托西附近的"富饶山"矿藏被发现——不久之前在墨西哥也发现了沉积地——引发了淘银热。采矿的定居点扩张成为拥有10多万居民的大都市。同时，从安第斯高地传来了探明亚马逊河的消息。人们在报道中幻想如何躲过敌对的土著铺天盖地的毒箭，在丛林中行军并沿河而上，黄金国却一直未被发现。直到17世纪末，人们才在巴西米纳斯吉拉斯州发现了黄金和钻石。在这期间，葡萄牙人已经宣示其在巴西沿海地区的主权。他们成功扼杀了法国人的计划，这些进犯者还打算建立"法国的南极地"。1565年，西班牙的火枪让胡格诺派止步不前，使其无法在佛罗里达定居。

一些征服者攫取了权力，就想寻求合法性：总督头衔、军事指挥权，或者像弗朗西斯科·皮萨罗那样两者兼得。科尔特斯在这方面也打破了一切壁垒，不仅赢得了侯爵的头衔，在第二次婚姻中还娶了一位贵族小姐。然而，在征服者最初的动荡岁月之后，这种平步青云的生涯戛然而止。美洲的形势也逐渐僵化，日趋接近于西班牙国内的等级制度。由于王室没有足够的资金招募专业军队，为了筹措资金，殖民者们抓捕大批奴隶并勒索贡品。边境战争发展成为一项利润丰厚的生意，土著中的高等贵族被彻底清洗。

让广大的殖民领地臣服于一个统一的行政机构，这是一个巨大挑战，是独一无二的举措，从世界历史的角度来看也非常新颖。西班牙皇室野心俱现，他们投入巨大的精力，渴望"完全了解"这片征服地。美洲的国家建设进程快速推进，中世纪的欧洲为此已花费数百年，但这一进程在各单独区域以不同的速度进行。西班牙王室最重要的举措是在利马建立第二个总督辖区，利马是皮萨罗为秘鲁选定的首都。直到总督弗朗西斯科·德·托莱多任职期间（1569—1581年），秘鲁才有了稳定的官僚机构。他的统治手段强硬严厉，人们借用古希腊的立法者梭伦的名字称托莱多为"总督梭伦"（Solón Virreinal），因为他为西班牙后来的殖民统治奠定了法律基础。1572年，他征服了土著居民的避难所比尔卡班巴，处死了年轻的印加国王图帕克·阿马鲁一世（Túpac Amaru Ⅰ），但一位烈士也因此诞生，甚至现代的游击队组织还以他为名以示纪念。印加帝国的最后堡垒被夷为平地，成为丛林的猎物。

18世纪，随着许多总督辖区的进一步设立——新格拉纳达和拉普拉塔联合者纷纷从秘鲁独立出来——西班牙在新大陆的主要结构也大致完工。西班牙为新大陆管理机构的设立提供了模板。在许多行政区，州级官僚机构都相应地设有上层"听证会"，负责多个州的管辖，这一高级别当局拥有极大权力的上级主管机构以及上诉庭。但这种管辖权延伸到地方乡镇一级时，发号施令的声音也变得微弱。领导市议会是皇室官员的职责，而只有正式公民才能参选进入市议会。

西班牙殖民地的人逐渐构建出自己的身份。此外，还出现了很多混血儿，他们是当地妇女与欧洲人的后代，更少数人则是土著男性与欧洲女人的子嗣，他们觉得自己既不属于父亲的文化也不认同母亲的文化。从非洲贩卖来的男女奴隶也与当地人结合，他们的孩子被称作"桑博人"（Zambos）。非洲人与欧洲人的后裔则被称作"黑白混血儿"（Mulatten）。西班牙人和混血儿有时也会住在"印第安共和国"和因多层建筑样式而得名"普韦布洛"（Pueblo）的印第安人村庄中，他们享有最低限度的自治权。然而，因为监护征赋制的推行，即便居住在这些保留地的"印第安人"也要被迫为保护他们的西班牙人卖苦力。大多数情况下，印第安土著要忍受西班牙人和己方贵族的双重剥削。相比较来说，生活条件相对可以忍受的应该是在耶稣会创建的30个印第安"集合教化村"，位于今天的阿根廷、巴西和巴拉圭一带。土著人在这些秩序井然的村庄里生活和工作——每个村子约有几千人——他们也要接受神父严苛虔诚的统治。他们在这里差不多是安全的，不会受到奴隶猎人的威胁。他们本来以狩猎、捕鱼和耕种为生，或过着游牧生活来回迁居，现在都成了欧洲人。这种"教化村"（reducciones）在17世纪达到了繁盛阶段，但在18世纪就宣告失败。

马德里想把教会事务也掌控在手。西班牙国王就像是美洲的一位"副教皇"。他决定主教的任命，甚至有权批准教省宗教会议的决议。在利马、墨西哥城——这座城市建立在特诺奇提特兰的废墟上——以及卡塔赫纳均设立了宗教裁判所，其需要调教的对象首先是"犹太教徒"、新教徒和本土的"异教徒"。托钵僧最先四处云游传教，后来耶稣会士也开始传福音，教区神父蜂拥而至。到1520年，美洲被分为35个教区。圣母玛利亚在劝人皈依时发挥了很大作用，她现身于世——最早在瓜德罗普——特别是让女性找到了榜样和身份认同的典范形象，就像在欧洲一样。

要消灭古老的偶像崇拜还需要很长时间。"他们相信上帝，同时也保留自己的旧习和恶魔的仪式。"迭戈·杜兰如是说。1560年前后，在尤卡坦半岛的教堂中似乎还有用人类献祭的迹象。迭戈·德·兰达（Diego de Landa，1524—1579）是尤卡坦的方济各会大主持，他宣称曾在最后一刻阻止一个男孩被杀。为了揭露秘密的"偶像崇拜者"圈子，他曾对4500名土著施以酷刑，没有哪条法律能为他的行为辩护。其中158人没有经受住这场严刑拷打，有些人因害怕而自杀。1562年，兰达组织了一场信仰审判，鼓励异教徒和异端者进行公开忏悔，其间有数千"崇拜偶像的人"被送上火刑架。尤卡坦主教弗朗西斯科·德·托拉尔（Francisco de Toral）曾经进行一项调查，发现这一轰动事件的受害者"非常简单和听话，是善良且没有恶习的人"。兰达不得不回西班牙接受质询，但很快官复原职，1571年托拉尔去世后，兰达继任了他的职位。

1585年，墨西哥宗教议会对"印第安人"颁发新的禁令，不准他们吟唱"关于他们的古代历史或虚假宗教的歌曲"。

西班牙人认为他们给原住民带来的灾祸是上帝在惩罚这些"恶劣和腐败的"异端者，这一观点要归咎于固化的欧洲世界观。"谁想否认，"贡萨洛·费尔南德斯·德·奥维耶多（Gonzalo Fernández de Oviedo，1478—1557）写道，"用来对付异教徒的火药，对我们的主来说只是一捧熏香？"人们甚至反问自己，皈依的"印第安人"是否有资格接受圣餐。毫无疑问的是，无论是在种植园当牛做马，还是在4000米高的波托西"富饶山"上，西班牙世界帝国的重担沉沉地压在他们的肩膀上。随着贵金属的大量开采，西班牙终于获得了一种交易商品，亚洲市场对白银尤为感兴趣，特别是中国的纸币系统已经在通货膨胀的火焰中付之一炬。银成为正在生成的"超级世界经济"的黏合剂，也是天主教国王的帝国政治的燃料。

皇帝在欧洲领土四处巡游，而埃斯科里亚尔修道院的国王埋首审阅堆积如山的公文，他们几乎已经没有能力控制自己派遣的征服者征服何地，以及进攻何方敌人。涉及剥削、奴役和压迫时，宗教诫命几乎没用。比欧洲人的剑锋更危险的是他们携带的病毒和细菌。土著居民的免疫系统根本无法抵挡，他们在大陆和岛屿上大批大批地死去。1585年，一名英国船长在佛罗里达记述道："野蛮居民很快就死了，他们相互传言，是英国的神让他们这么快丧命。"这些人力空缺由进口的非洲奴隶补上。每年仅从圣多美就有多达1万名奴隶被运送到美洲。16世纪末，他们在美洲的人口可能达到25万。在接下来的一个世纪里，这一数字几乎增加了五倍。

跨大西洋的三角贸易就此成形。欧洲向非洲运送纺织品、武器、工具和小玩意儿。作为交换，奴隶被送到加勒比海和美洲大陆。然后种植园的果实被运往欧洲，后来还被带到北美市场，包括："无产者的"可可，被怀疑是魔鬼的产物的烟草，棉花，以及最重要的——糖。糖很快就征服所有社会阶层。一位德意志旅行者在英格兰逗留期间注意到，伊丽莎白女王的牙齿特别黑。他断言，英国人吃的糖太多了。

交流让两方都发生改变，旧世界和新世界都一样。阿基尔·姆本贝（Achille Mbembe）所谓的"黑人境遇"（conditio nigra）已经超越国界。疫情在全球蔓延。16世纪初，在淫欲弥漫的广州，梅毒就在情人间传播。在接下来的一个世纪，烟草随着欧洲的船舶漂洋过海，到达日本、韩国，经过西伯利亚传到中国北方，默默杀死许多人。从安第斯地区，豆类和西红柿被运往欧洲。一种非凡的植物马铃薯于1600年前后抵达日本，在欧洲，它可能哺育了整个工业化。作为回报，旧大陆送上小麦、酒、美利奴羊、猪、马和牛。堂吉诃德的仆人桑丘·潘萨就曾夸耀墨西哥人的马术。

美洲文艺复兴，忧郁的热带

一些推崇文艺复兴的欧洲人以及阅读了希罗多德和其他古代地理学家著作的人，从人类学的视角看待美洲。但是他们常常缺乏词汇来描述其面对的新事物。因此，他们就用自己熟知的事物来强行解读未知的事物——美洲驼（Lama）被称为美洲大山羊，阿兹特克金字塔被称为清真寺（Moschee）；或者把未知融入人们熟知的故事里。印第安土著的做法相同，他们把马叫作"卡斯蒂利亚的貘"。多明我会修士迭戈·杜兰认为美洲居民是流落海外的以色列人的支系，秘鲁突然变成《圣经·旧约》中的产金地俄斐。美洲也可能是柏拉图提到的海中大岛亚特兰蒂斯，本来应该由于地震而沉入海底。普林尼的观点在描述自然时大有帮助。殖民城市的规划与维特鲁威的建议相符，遵循棋盘格样式。圣多明各的老城区就是一例。这里有一座1521—1540年修建的大教堂，外立面的中间是查理五世的徽章，酷似罗马一处凯旋门。西班牙统治的美洲地区处处可见画像、雕塑、挂毯和公共仪式，都昭示着哈布斯堡统治者的存在。

如何描述印加帝国——它的城市、它雄伟的街道和它的历史？罗马帝国为此提供了典范。人们寻找二者之间奇特的相似之处：在库斯科一座房屋的前庭有一幅1600年前后绘制的湿壁画，恺撒和庞培在马上交战，这可能是在影射皮萨罗和阿尔马格罗之间的秘鲁"内战"（插图56）。壮观的亚马逊河也因人文主义教育而得名：1542年书写的一本游记中记载，一群女人在河岸边与西班牙人战斗，游记的作者把她们与希腊神话中纯女性部落的"亚马逊人"联系在一起。这些骁勇善战的女性总是能激起男人的幻想，类似的记述也出现在中亚，非洲和印度洋的岛屿上的女人也被这样称呼。

插图56：作者不明，《恺撒和庞培在马上交战》（细节图），16世纪下半叶，库斯科，加尔西拉索大街265号

美洲的文艺复兴颇具个性，混合了西班牙过去的文化和基督教的当代文化。欧洲画家的作品向土著居民生动地展现了基督教，比如迁移到墨西哥的佛兰德斯画家西蒙·佩里恩斯（Simon Pereyns，约1530—约1600）。为了向刚刚去世的查理五世致敬，墨西哥城的圣弗朗西斯科修道院为他举办了一场葬礼并修建了衣冠冢，让神祇、英雄和统治者以奇特的方式聚集到一起，当中包括朱庇特、

阿波罗和阿兹特克战神慧兹罗波西特利〔Huitzilopochtli，后来突变为魔鬼"维齐利普齐利"（Vitzliputzli）〕、恺撒和科尔特斯、亚历山大六世、"天主教徒"费尔南多二世、蒙特祖玛和阿塔瓦尔帕。而与蛇妖许德拉搏斗的赫拉克勒斯要表现的应该是与路德宗异端战斗的皇帝伟像。

如果想寻找令人印象深刻的"混合文艺复兴"，要到"银路"（Silberstraße）上的伊斯米基尔潘附近的奥古斯丁修道院看一看，这里有一幅16世纪最后20多年中绘制的湿壁画。创作这幅画的是土著画家，即"在石头或木头上工作的人"（tlacuilos），这一概念最初意味着石壁画工。经过这么长的时间，他们的图像语言也已经受到欧洲文艺复兴模式的影响，而这些艺术家并未完全放弃自己原有的传统。受过古典教育的僧侣可能给他们提供了这些主题。一匹极富异域风情的半人马也混入这一战争场面（附图27）。珀尔修斯的出现意味着僧侣们已经读过奥维德的《变形记》。

这位古代伟大诗人的作品在大西洋彼岸续写它的成功。1577年，美洲第一版《变形记》在墨西哥城出现。1536年，方济各会修士在特拉特洛尔科[1]创立"圣克鲁斯学院"，经历短暂的繁荣后它就被废弃，但这个学院拥有一个藏有诸多拉丁文经典的图书馆。该世纪中叶成立的墨西哥城大学，在土著贵族子嗣的教育中也扮演了一个角色。他们对教育的渴望很快就让西班牙人疑窦丛生。有人警告说"阅读和写作与魔鬼一样危险"。每天都会出现更多熟练掌握拉丁语的"印第安人"，他们与西塞罗一样谈吐优雅。伊索的寓言被翻译成当地的纳瓦特尔语，同时把狐狸翻译为土狼、寒鸦翻译为鹦鹉。维吉尔甚至被传播到南美洲的世界尽头，毕竟是维吉尔的《埃涅阿斯纪》激发了阿隆索·德·埃尔西利亚·伊·苏尼加创作《阿劳卡纳》的灵感。这部史诗为马普切人的勇气竖立了纪念碑。在他笔下，当马普切人的首领考波利坎（Caupolicán）以无与伦比的勇气接受刺刑慷慨殉难时，他身上混合了高贵的野蛮人和圣人的气质。与之相反，阿隆索把他的西班牙同胞描绘成残酷野蛮的形象。

---

1 墨西哥城北边一块区域。

欧洲人拼命想为他们的罪行寻找理由，因此刻画了许多扭曲失真的形象，而欧洲人的游记则充当了背景。例如，德国人汉斯·施塔登（Hans Staden，约1525—1576）曾为巴西的葡萄牙殖民者担任雇佣兵，他笔下的"历史"充斥着"野蛮的、赤裸裸的、凶猛的食人魔"。书中还提到会飞的鱼和海面上会放电的火球，用羽毛做饰品、睡在吊床上的印第安人，以及印第安人的仪式、食物和住所。游记的高潮是作者描写自己被图皮南巴人[1]俘虏的经历。读者跟随作者的目光，惊恐不已地见证了食人仪式的全过程（插图55）。

许多作家都编造陈词滥调来描写这群没有受到文明教化的异教徒，其中影响力最大的一位是瓦隆人特奥多雷·德·布里（Theodor de Bry，1528—1598）。他编纂了一套游记全集——施塔登的报告也收录在内——其中一卷的扉页以一座"古代样式"的建筑为背景，前面站着一对赤裸的土著夫妇，他们正在享用人类的手臂和大腿，旁边的几个男人正在对偶像祈祷。基督徒难道没有义务，把这些可能与自己的女儿甚至母亲乱伦的野兽征服在脚下并让他们皈依真正的信仰吗？许多人都提出相应的论点，其中包括西班牙神学家胡安·吉恩斯·德·塞皮尔韦达（Juan Ginés de Sepulvéda，1490—1573）。他援引奥古斯丁、亚里士多德和托马斯·阿奎那，把"印第安人"置于西班牙征服者的"自然秩序"中，以此把侵略者的不人道行为合法化。

然而，并不乏批评之声。早在1511年，多明我会修士安东尼奥·德·蒙特西诺斯（Antonio de Montesinos）就在一次基督降临节的布道中向他的同胞讲述了利未支派的故事，试图警醒这些人，"由于你们对无辜的人施以酷刑和暴政，你们所有人都犯下了滔天大罪"。他反对强加给印第安人的强迫劳动，尤其是在没有足够的食物和医疗物资的情况下。"为了每天掠夺黄金，你们在杀人！"弗朗西斯科·德·维多利亚甚至提出法学依据，他强调"印第安人"作为国际法主体的地位。教皇绝对不是教皇国境外的天主教徒或异教徒的统治

---

[1] 南美印第安民族，操图皮诸语言，居住在巴西东部北起塞阿拉（Ceara）、南至阿雷格里（Alegre）港的沿海地区。包括波蒂瓜拉人（Potiguara）、凯特人（Caete）、图皮南巴人、图皮尼金人（Tupinikin）及瓜拉尼人，统称为图皮南巴人。

者。因此，用战争来降伏"野蛮人"并抢夺他们的财产，这没有法律依据。

维多利亚的多明我会兄弟巴托洛梅·德·拉斯·卡萨斯（Bartolomé de Las Casas，1484—1566）曾经发表过的一次煽动性讲话最为著名。这篇"非常短小的报告是关于惨遭蹂躏的西印度群岛国家"，描写了征服者各式各样的暴行。相对于善良聪明的土著居民，西班牙人成了真正的野蛮人，他们谋杀土著，把土著集体毁灭。1542年终于颁布了为"印第安人"制定的保护法，这部法律的出现离不开拉斯·卡萨斯的巨大贡献。查理五世的《新法》（*Leyes Nuevas*）禁止推行新的监护征赋制度，现有的监护征赋区域在其所有者去世后归国家管理。这部法律还禁止将赋税转变为劳务，以结束对土著居民的奴役。然而，种植园主群起反抗，甚至谋划起义，这部法规不得不迅速失效。但拉斯·卡萨斯从未厌倦为人权而战，直到其生命结束。不过，他认为"印第安人"是无辜的、孩童般的存在，这又是一种歧视性的观点，也是错误的。西班牙人残酷对待土著，但阿兹特克人对待被俘的西班牙人也没好到哪儿去。

方济各会修士贝尔纳迪诺·德·萨阿贡（Bernardino de Sahagún，1499/1500—1590）的著作为人们提供了一个不同的视角去接触"印第安人"的生活世界，他在墨西哥生活了将近60年。他从人种学的角度看待阿兹特克人，也没有把他们理想化。他所著的《新西班牙诸物志》用纳瓦特尔语和西班牙语向读者展现了一种宏大的日趋衰亡的文化的全景。萨阿贡的书保留了一项流传下来的传统——编年史书写，它能够回溯阿兹特克失落已久的历史。历史的书写者和画家可能都参与过编纂，"手握好奇之笔"，用生动和层次繁多的色彩描述那些勇敢的"骑士和老爷"如何生活、有过什么丰功伟绩，这样他们的名望与日同辉、远播四方。萨阿贡辩称，基督教化使阿兹特克人的境遇变得更糟。人们夺走了他们的神祇和风俗，社会的整个伦理框架已经失衡。塞皮尔韦达认为"印第安人"不如欧洲人，萨阿贡对此并不赞同："不管怎么说，肯定的一点是，所有这些人都是我们的兄弟，他们和我们一样都是亚当的后人，是我们的近邻，我们应该像爱自己一样爱他们。"

萨阿贡并不否认他的文化背景。他将阿兹特克神祇与古典神话中的众神等同起来，七蛇神（Chicomecoatl）就相当于农业与丰收女神克瑞斯，洁净女神（Tlatzolteotl）如同维纳斯。同样——就像穆斯林认可耶稣先知的地位——托里比奥·德·贝纳文特·莫托里尼亚（Toribio de Benavente Motolinía，1482—1568）创造出"墨西哥的十二使徒"。他从蛇神和神话中的统治者羽蛇神身上演化出可敬的苦行僧和自然法则的布道者——和其他神祇一样，古老的骗子撒旦也溜进了印第安人的众神之列。萨阿贡也为人牲准备好了理由："印第安人"认为神祇都是真实的，他们用人牲献祭，就是为神祇奉上对他们来说可能是最宝贵的东西。对土著来说，新颖的和难以理解的圣经故事都通过本土化的方式被他们接纳。这样，《最后的晚餐》中的羔羊，在18世纪的绘画中——例如在库斯科大教堂——变成土著熟悉的动物，即一只鼠海豚。

拉斯·卡萨斯、萨阿贡及其同盟者提出了批判性的自我反思，这些为西班牙的敌人提供了弹药。这些"黑暗传说"描述了阴险的天主教力量，它焚烧异教徒，把"印第安人"赶尽杀绝。欧洲用这些故事逐渐演化出一种新的思潮，这是欧洲第一次出现超越国界的反帝国的意识形态。同时，关于"高贵的野蛮人"的陈词滥调也开始萌发，在未来造成了巨大影响：无耻的裸体变成无辜，荒野变成天堂，"野蛮"的生存变成与自然和宇宙和谐相处的生活。欧洲探险家的"第二次人类发现"——在加那利群岛他们遇到了14世纪的石器时代——又带来了第三次。戴维·阿布拉菲亚（David Abulafia）把这些发现与布克哈特所描述的对自我的认知归为一类。这样就出现了奇怪的颠覆。除经典文本外，加那利群岛原始居民的生活情况也影响了人们看待新世界土著的目光；另一方面，他们的皈依过程非常平和，显然是上帝预先确定并通过奇迹促发，这与美洲暴力的基督教化过程形成鲜明对比。

"黑暗传说"绝不只是一个糟糕的童话故事。西班牙人确实奴役和谋杀土著，他们摧毁土著的崇拜场所，烧毁他们高度尊崇的古代著作，磨灭他们的记忆。尤卡坦半岛上出现的《先知巴兰之书》搜集了16—19世纪的玛雅文本，记载了遇见西班牙人所带来的时代断裂。"真正的上帝，真正的迪奥斯

（Dios）[1]，意味着我们的苦难开始。这是税收的开始，教会赋税的开始，不和谐的开始。"书中如是说。以前没有疾病，没有骨骼疼痛，没有高烧，没有天花，没有灼烧的胸部，也没有头痛。是东方来的强大的男人"把第一种疾病带到我们国家，带到我们的土地，玛雅"。这本书的作者相信，他们自己的神祇都陷入沉默，也不会再承诺未来。在西班牙人到来之前，玛雅人称尤卡坦是"火鸡和雄鹿"的美丽领土，现在已不复存在。克洛德·列维-斯特劳斯（Claude Lévi-Strauss）说这里是"忧郁的热带"，忧郁的历史就始于哥伦布踏上圣萨尔瓦多岛的那一刻。

如果在陌生文化中度过数十年，绝对不能不受其影响，人们会开始理解。即使是钢铁般的科尔特斯，在看到特诺奇提特兰城时也满怀钦佩，虽然可能更多的是胜利的骄傲之情，而不是彼特拉克面对罗马废墟时的惆怅之感。他的同伴贝尔纳尔·迪亚斯·德尔·卡斯蒂略（Bernal Díaz del Castillo）在看到阿兹特克人的偶像崇拜时觉得自己已经堕入地狱，但其中一些美丽的画作让他联想到贝鲁格特和米开朗琪罗。就连想消除一切异端事物的杜兰在听到阿兹特克人的赞歌时也深受感动。"我想在我的这个故事里说说他们的荣耀，"他写道，"这样他们就可以永远留在备受祝福的记忆中，因为他们会被上帝和人类喜爱，之后会和荣耀的圣徒一般，而且这是他们理应得到的真实的怀想。"特诺奇提特兰城的美丽甚至让丢勒着迷。在设计理想城市时，他借鉴了刻画阿兹特克大都市的木版画，随着埃尔南·科尔特斯呈送查理五世的信集结成册，信中所附的图画也随之出版并传播开来。

很少有土著居民在历史上留下直到今天仍然可以听到的声音。瓜曼·波马·德·阿亚拉（Guaman Poma de Ayala）写下了一部编年史，内中包含近400张图画。这本书虽然谴责西班牙人的进攻和强占，但同时试图用基督教的历史形象美化印加人的命运。他将这些安第斯山脉的居民回溯到诺亚，并以基督的名义宣布第五世界纪元的开始——"君主尤利乌斯·恺撒"是统治者，

---

1 "Dios"在西班牙语中意为"上帝"。

"亚里士多德"和"图留斯"（即西塞罗）展开哲思，而在安第斯山脉中君主辛奇·罗卡（Sinchi Roca）统治印加。那时，据说是使徒圣巴塞洛缪就向安第斯的居民传播了关于基督的消息，就像他自己认为的那样（其他人觉得应该归功于游历甚广的圣多默）。对阿亚拉来说，西班牙人的到来标志着当时的最后一个时代的到来。一张插图上画着赫拉克勒斯之柱，这来自查理五世的徽章上的图案，柱子高高耸立于波托西的山上：背负柱子的是印加统治者和"辖区"（suyu）的国王，他们统治着王国的几个行政区（插图57）。查理以支持他们的皇帝的形象出现，而不是征服者。

插图57：瓜曼·波马·德·阿亚拉，《富饶的帝国之城波托西》，选自：《第一本新编年史与善政》，1600—1615年，哥本哈根，皇家图书馆

其他书中也使用了类似的模式，例如白种人和印第安人的混血儿费尔南多·德·阿尔瓦·科尔特斯·伊斯特利尔索奇特尔（Fernando de Alva Cortés Ixtlilxóchitl）1625年出版的《奇奇梅克民族史》[1]。加尔西拉索·德·拉·维加（Garcilaso de la Vega，1539—1616）书写了印加帝国和西班牙人征服秘鲁的历史，被视为"印第安文艺复兴"的代表：他把印加帝国塑造成南美帝国，库斯科相当于"另一个罗马"（otra Roma）。人们可以把罗马帝国看作与印加并立的古老帝国，随着它的衰亡，印加帝国也要分担奥古斯都的帝国所承担的功能：为基督准备统治的土地，现在在新世界也一样。救赎史的逻辑发展迫使印加帝国的文化遭到破坏，这对作者而言是一场悲剧。

加尔西拉索几经改名最终决定叫自己"印加"（Inca），他身份繁多。加尔西拉索出生在库斯科，他的父亲是一个征服者，他的舅舅是印加统治者，在父亲去世后，他凭借遗产在安达卢西亚扎根定居。他翻译了莱昂·赫布里阿（Leone Ebreo，1460/1465—1535）的著作《爱的对话》作为其文学处女作。莱昂·赫布里阿是塞法迪犹太人，他对神秘的新柏拉图主义学说很感兴趣，曾在那不勒斯和威尼斯长期居住，而他的译者是一个受洗的拉丁美洲裔混血儿，将他的作品翻译成卡斯蒂利亚语。加尔西拉索·德·拉·维加是全球化开启之后的第一个真正的继承者。

西班牙挺进东亚

西班牙试图包抄世界的野心并不局限在中美洲和南美洲，北方的零星进攻已经越过了佛罗里达。一次远征甚至到达埃尔帕索地区，那里的传教据点很

---

1 奇奇梅克人是几个半开化的印第安居民集团，12—13世纪曾自北方入侵中墨西哥。奇奇梅克人可能原来是半游牧部落，逐渐在墨西哥文明中心的北部边缘地带定居下来，改务农业，最后南移占取这些文明中心。学术界一直把奇奇梅克人在墨西哥文明中心的出现，与公元5世纪蛮族入侵西欧并灭亡西罗马帝国相提并论。阿兹特克人即是奇奇梅克诸部落之一。

晚才建成。埃尔南多·德·索托（Hernando de Soto）率领一支装备精良的部队前往今天的孟菲斯地区并抵达密西西比河。1542年他在这里去世，没有发现任何值得一提的东西。另一支探险队从加利福尼亚湾出发，在同一时期到达了埃斯塔卡多平原。人们在这里既没有发现传说中的黄金七城之一的希波拉，虽然土著居民对此深信不疑，而且也没有发现贵金属，探险家的热情熄灭大半。直到世纪之交，探险活动才再次推进到得克萨斯。胡安·德·阿纳特（Juan de Oñate）是征服者阶层中一个特别残暴的晚期代表人物，1598年，他为国王占领了格兰德河周围地区。因为阿纳特对定居河畔的普韦布洛印第安人进行了野蛮的屠杀，西班牙长期以来一直为人憎恨。10年后，圣达菲建城。但"新墨西哥"仍然是一个长期被争夺的边远省份，有时候甚至被放弃。

这些初步探险的结果令人失望，所以马德里对于北美太平洋沿岸地区几乎丧失了兴趣。1542—1543年，一支部队越过了今天的旧金山地区，他们的目的也是寻找黄金城镇希波拉，以及一条从太平洋到大西洋的北部通道，即传说中的"亚泥俺海峡"[1]。这次旅程仍然没有结果。等到把一路上的基地和传教据点串联起来，并在后来发展成为加利福尼亚海岸的主要城市——从圣地亚哥和洛杉矶到旧金山——还要很久的时间。尽管如此，人们不仅把目光投向北方，也远眺西方：向太平洋出发，自巴尔沃亚开辟航道以来西班牙王室一直把太平洋看作自己的属地。科尔特斯就曾经请求查理五世下旨，允许他组织探险队从墨西哥前往香料群岛，以打破葡萄牙在那里的贸易垄断。由于损失太大，该计划从未成功，在当地甚至还与葡萄牙的岛屿主人发生冲突。查理五世最终决定，把马鲁古群岛拱手让给竞争对手。1529年签署的《萨拉戈萨条约》是对《托德西利亚斯条约》的补充。现在边界线略向西方推进，亚洲分界线也进入双方的商讨范围。除巴西外，西班牙保留对美洲的管辖；非洲和亚洲大部分地

---

1 亚泥俺海峡（Strait of Anián）是欧洲地理大发现时代一个半神话性质的海峡，当时的欧洲地图学家们相信这是一条分割东北亚洲和西北美洲大陆、连接北冰洋和太平洋的狭窄航道，因此也成为当时欧洲探险家们为向西前往亚洲而苦苦寻找的西北航道中的重要一部分。有关这条神秘海峡的存在早在16世纪就已在欧洲地图家和探险家之间流传，后也有过数次试图寻找它的远航，直到1728年丹麦探险家维他斯·白令终于发现了白令海峡，终结了有关亚泥俺海峡的猜想。

区被视为葡萄牙王室的势力范围。若昂三世（John Ⅲ，1521—1557年在位）为此向皇帝支付了35万杜卡特金币。皇帝的这一决定让他损失惨重，这些钱甚至还弥补不了一半损失，但足够维持几个月的战争。在哈布斯堡想象的世界地图中，当时意大利的堡垒地位可能比半个亚洲都重要。另外，当时的人手也不够，那时的一位王室官员估计，新世界里的西班牙家庭总共不会超过2.5万个。

然而，越来越多的探险队起航。1565年，一支舰队从墨西哥出发，成功到达菲律宾——在早先的旅行中，这个群岛就被冠以查理儿子的名字"腓力"，他也是未来的国王。西班牙人从一个岛屿到另一个岛屿蹒跚而行，时刻提防着土著居民和中国海盗，还要建造桥头堡。1571年，他们征服了苏丹统治下一处富饶的定居点，该地的本名被他们弄巧成拙称为"马尼拉"。这个中国、暹罗、马来西亚和日本的商品集散地，成为新殖民地的中心。传教士成功地让许多土著居民跪拜十字架，这主要是因为，受洗的人希望借新来的信仰兄弟之手与国内的竞争对手抗衡。但西班牙在这里的建国过程远比美洲平和。

欧洲人获胜不仅归功于他们的步枪和对手的分裂，还因为他们面对的不是一个坚定的国家。"描笼涯"（Barangay）是一个由几百个家庭组成的集体，在苏丹的统治下组成松散的联盟。棉兰老岛、苏禄群岛和巴拉望岛的苏丹国抵制了征服者的企图。与葡萄牙人不同，西班牙人并没有在海边建造防御基地，而是建立一个领土国家，随着时间的推移，在这一框架中传教士建立了1000多个定居点。马尼拉成为一位仍然担任墨西哥总督职位的官员的官邸所在地。自1579年以来，它也是主教管区所在地。随着伊比利亚王冠的统一，这个城市渐渐与葡萄牙人的商业网络相连，已经延伸到日本。

"南方野蛮人"在长崎找到贸易联络点。通往中国的门户是位于珠江口的澳门港，它于1557年被转交葡萄牙人。在一段自给自足时期之后，永乐年间中国海上实力大大提升，北京对外贸易的态度逐步开放，伊比利亚人也受益于此。当然，内陆地区仍然封锁，对他们来说征服中国是个荒谬的想法。欧洲人心知肚明，他们要对付的是一个庞大的帝国。遥远的事物听起来往往比实际更庞大，多明我会修士加斯帕尔·达·克鲁斯（Gaspar da Cruz，1520—1570）写道，但这次情况相反："中国比听上去更加庞大。"奥古斯丁会修士胡安·冈萨雷斯·德·门多萨（Juan Gonzáles de Mendoza）的报告于1587年出版，很快就被译成多种语言，书中描写了一个富有又干净的国家，宫殿里的宝石闪闪发光，军队庞大威武。门多萨对中国的礼节和餐桌礼仪也有提及，并认为这是最高文明的场景。他看到人们使用彩绘瓷器做餐具，筷子上也镶银镀金，还有音乐助兴。

传教士试图将基督教带到东亚。后来被封圣的耶稣会士圣方济各·沙勿略是依纳爵的同伴，他在印度和马六甲、马鲁古群岛和日本传教。然而，葡萄牙人的努力和他们的战争经常产生意想不到的后果，受威胁的当地人在先知的旗帜下团结起来。美洲的神祇架构可能被基督教的上帝击败，上帝在日本也能找到追随者，但安拉却不是那么容易能被战胜。

由于北京终止与日本的贸易——其中一个原因是日本海盗造成的危险——欧洲人钻了一个空子得以获得丰厚的利润。他们将中国的奢侈品、黄金和其他商品运往长崎，并在船舱里填满中国和印度急需的日本白银，在前往果阿之前还能在澳门捎带上中国的黄金。反之，中国商人和日本基督徒也纷纷来到马尼拉。菲律宾的这个大都市是第一个真正的全球化城市。

在1565年登陆菲律宾后，西班牙舰队的指挥官立即派遣他的领航员奥古斯丁派修士安德烈斯·德·乌达内塔（Andrés de Urdanetas）起航，他的任务是探索便利的回程路线。乌达内塔是一位杰出的天文学家和数学家，他善用季风和日本暖流。三个月后，他到达加利福尼亚海岸的一处地方，这里是后来洛杉矶的所在地，然后继续航行到阿卡普尔科。这样，他发现了世界上最重要的航道之一，直到今天重要性仍不减。之后在马尼拉和墨西哥之间有了定期航运。每年，一艘载重量高达1000吨的船舶，将西班牙的新世界与整个新世界联系起来。美洲的白银通过马尼拉和澳门涌入亚洲。欧洲人则得到了丝绸、瓷器和茶叶。西班牙人从墨西哥出发，甚至将欧洲的建筑形式也带到菲律宾。

在南美洲和太平洋地区，伊比利亚人起初几乎完全不受其他欧洲大国的干扰。后来首先出现的是尼德兰人，他们经过非洲航线前往东亚，英国人紧随其后。在那之前，英国人曾经试图在西班牙巨人的势力范围之外寻找黄金，打通贸易关系并建立殖民地。他们前往北美洲的海岸，寻找便利的港口和麦哲伦航线的替代品。英格兰王室对这些活动的监管不像西班牙人那么严格，私人资本在其中占据很高份额。同一个伦敦商人联盟既推动了对东北通道的搜寻，也为几内亚的贸易航行提供资金。此外，俄罗斯帝国现在也插手全球贸易关系。

海岬的魔力

1553—1554年的冬天，俄罗斯沙皇的宫廷迎来一位出人意料的访客——英国船长理查德·钱塞勒（Richard Chancellor）——和一些随行人员。沙皇满怀敬意地接见他们，并慷慨赏赐。一支小型舰队沿着挪威海岸航行，绕过北角并到达白海，而他们的船是唯一幸存的一艘。钱塞勒不假思索，从那里直接前往莫斯科，途经1000多千米。这次探险的直接成果是英国成立了一家贸易公司"莫斯科公司"，汉萨同盟和斯堪的纳维亚几大王国用单桅高舷帆船把持波罗的海，而英国现在直接与俄罗斯做起了生意。沙皇伊凡授予伦敦商人特权，通过这种方式驱赶汉萨同盟的商人。

钱塞勒开始这场寒冷之旅的最初目的是寻找东北通道，即沿大陆海岸到达太平洋的海上通道。尽管付出了相当大的努力，还是一无所获。阿尔汉格尔斯克市位于德维纳河口，自1584年以来只有一座修道院和一座堡垒，多亏了与英国人的贸易以及很快到来的荷兰人，这个城市才有了起色。皮草、蜂蜜、鱼油、钾肥和类似物品被运往西方。作为回报，俄罗斯人获得了武器、布料、糖和香料。

尽管在俄罗斯的贸易利润微薄，英国对海洋的热情有增无减。第一次探险背后的动力是追求经济繁荣，这也影响了荷兰的贸易，另一种动力是令人恐惧的竞争和不可阻挡的欲望，这股精神力量驱使欧洲人前往美洲。这种繁荣表现在农村布料生产的大规模扩张或纽卡斯尔的煤矿开采大幅增加。低工资也有利于资本积累，大商人不仅寻找投资机会，也在海外项目中尝到甜头。然而，持续的通货膨胀导致国家预算失衡，吞噬业已储蓄的资本并引发食品价格和租金上涨，因为全球气候危机局势又进一步激化。遭受冲击的不只是英格兰。

葡萄牙人抗议他们的势力范围缩小，而伊丽莎白女王对此不以为意。毕竟，《卡托-康布雷齐和约》没有明确表明它也适用于加那利群岛以西和北回归线以南的地区，那里的冲突不应该在欧洲带来后果。它是加勒比地区和太平洋海上战争的许可证。弗朗西斯·德雷克曾经用一句强势的措辞总结这一原则："越过线后就没有和平。"

寻找北方通道不仅是希望开辟更短的太平洋航线，而且还是为了避开西班牙人和葡萄牙人的势力范围。一开始人们把目光投向东北方，现在也试图在西北方找到通道。第三种可能性是遥远的南方。托勒密就曾勾勒出对"南部大陆"的想象；在地理学家奥特柳斯（Ortelius）的世界地图上，今天智利领土的南边还有一大片土地，一直延伸到印度尼西亚下方。詹姆斯·库克（James Cook）的探险之旅才让人们知道，那里主要是海，零星散布着一些岛屿，但还有广袤的澳大利亚，它的名字直到今天仍然让人联想到幽灵般的"未知的南方大陆"（terra australis）。早在16世纪，欧洲航海家们就已经望见第五大洲的海岸。

英格兰人向北航行，与意大利航海家乔瓦尼·卡波托（Giovanni Caboto）和布列塔尼人雅克·卡蒂埃（Jacques Cartier）并驾齐驱，卡蒂埃在弗朗索瓦一世的旗帜下探索了圣劳伦斯河的大片地区。钱塞勒前往北冰洋的探险打通了通往东北的航道。越来越多的人深入这个迷宫，围绕极地冰封的岛屿打转。想寻找文艺复兴气质的人，在这里肯定能找到：功成名就的人和一败涂地的人、碰运气的人和海盗、聪明的导航员和鲁莽的赌徒。比如训练有素的海盗马丁·弗罗比舍（Martin Frobisher），他在1576—1578年多次登陆加拿大东北部，但只找到黄铁矿，于是就把一家因纽特人绑架到英格兰，后来还参加了无敌大型舰队的战斗。其他先驱者还包括约翰·戴维斯（John Davis），他勘探了格陵兰岛西北部，还有威廉·巴伦支（Willem Barents）和亨利·哈德逊（Henry Hudson），他们跟随钱塞勒的脚步一直航行到新地岛。1596年北极经历了一个食物匮乏的凛冬，巴伦支在那里丧命，哈德逊则长眠于詹姆斯湾的冰面之下。

这些探险的传奇故事成为欧洲人内心骚动不安的幻想，他们用健康和生命冒险，任何事或任何人都无法阻挡：北极的极夜漫长无休、风刀霜剑严相逼，等待他们的还有饥饿、坏血病、北极熊和看似无法穿越的冰层。他们被海岬的魔力吸引，当他们逐渐靠近海边耸立的峭壁，不由得心潮澎湃，即使他们尚不确定现在是否到达了陆地的边缘，而在海岬后面是不是真的还有浩瀚的大海，可以为他们打开渴望已久的航道——或者，这些美好的希望会不会落空，或许他们不过是到达了一个大海湾或一条大河的入海口。法国船长雅克·卡蒂埃把米斯库岛北部海岸的一块地区命名为"希望角"（Cap de l'Espérance）；勇敢的巴伦支把新地岛的北端命名为"渴望角"（Hoek van Begeerde），但他不知道，这个海角背后只是一片小小的海域，绝不是期待已久的通往远东的航线。

许多以航海家的名字命名的地点一直流传到今天：巴伦支海、弗罗比舍湾、戴维斯海峡、哈德逊河、巴芬湾。有些人记录下自己的经验或出版地理著作，激发人们踏上新的征程。例如汉弗莱·吉尔伯特（Humphrey Gilbert，约1537—1583）爵士发表的关于新的"契丹航道"的猜想让弗罗比舍大受鼓舞。吉尔伯特本人曾是爱尔兰的总督，因为大肆屠杀叛乱分子而臭名昭著。1583年，他到达了纽芬兰并让此地成为英格兰的臣属。在返程中，船只途经塞布尔岛[1]附近海域倾翻，吉尔伯特葬身鱼腹。他是个加尔文教徒，对神谕天命

---

1 塞布尔岛（Sable Island）位于加拿大新斯科舍省西南300千米处的北大西洋中。"塞布尔"一词在法国语言中的意思是"沙"，意即"沙岛"。几百年来，有500多艘大小航船在该岛附近神秘地沉没，丧生者多达5000余人。因此塞布尔岛被称为"大西洋公墓"。

深信不疑。吉尔伯特乘坐的是一艘名为"小松鼠"的三桅快速战舰。面对狂风暴雨他岿然不动，站在后甲板上镇定地读书，还一遍遍地引用书中的一句话："我们在海上就如同在陆地上一样接近天堂！"午夜时分，附近一艘帆船上的目击者眼见这艘战舰消失了踪影。可怜的"小松鼠"被大西洋吞没，连同它的主人也不能幸免。

1600年前后，人们尚不能预知，将来英格兰的移民几乎成为整个北美的主人。在这里，他们不会遇到南美洲那样组织严密的国家。唯一的例外是定居在詹姆斯河和约克河周围的波瓦坦人，他们有一个强大的部落联盟。英格兰最大的挑战是恶劣的自然环境和移民的缺乏。1585年，他们在北卡罗来纳海岸边的罗阿诺克岛上开始尝试建立殖民地——为了向"童贞"（virgin）女王伊丽莎白一世致敬，这里被命名为"弗吉尼亚"（Virginia）——一开始却以失败告终。四年后，100多个殖民者全都活不见人死不见尸，他们的下落到今天仍是一个谜团。1607年成立的詹姆斯敦也经历了艰难的开端才逐渐稳固。

跨洋冒险家中出现了越来越多编年史家的身影。法国人中最杰出的一位是萨缪尔·德·尚普兰（Samuel de Champlain，约1570—1635），他详细记述了今天加拿大地区的情况。书中内容丰富，比如安德烈斯·德·乌达内塔如何穿过麦哲伦海峡到达香料群岛，也收录了真实的信件，比如船长亚瑟·巴洛（Arthur Barlow）曾经给他的资助人同时是伊丽莎白一世亲信的沃尔特·雷利（Walter Ralegh，1552/1554—1618）爵士写过一封语气冷静的长信，向他报告罗阿诺克的首次探险经历。1550年，威尼斯人乔瓦尼·巴蒂斯塔·赖麦锡（Giovanni Battista Ramusio，1485—1557）开始出版关于非洲和亚洲旅行的笔记，让许多人深受启发，其中就包括地理学家理查德·哈克卢特（Richard Hakluyt，约1552—1616），他出版了12卷的汇编，收录了"英国民族最重要的航海、旅行和发现"，具有不可估量的价值。

历史与真相

为作家提供灵感的不光是远方充满异国情调的经历，还有故国的大事件，它们令作家文思泉涌、不能罢笔。文艺复兴晚期的史学已经达到相当高的水平，这不仅是因为大事件频发——其实，事件一直在发生。更主要的原因是印刷术让人们可以更容易读到无数古代作家的著作，他们自身的作品质量也有所提高，各国民族意识觉醒也让竞争变得激烈。哈克卢特不仅是为英国书写，更是为了对抗西班牙。

伊丽莎白时代的塔西佗是古董商人威廉·卡姆登（William Camden，1551—1623）。他接受了伯利勋爵下达的任务，为"处女女王"和苏格兰国王詹姆斯立传。他的编年史罗列出年复一年的大事件，详细记录了女王和国王如何抵御天主教的进攻。在此之前，威廉还写了一本《不列颠尼亚》（*Britannia*）献给伯利勋爵，梳理古英格兰的历史，弗拉维奥·比翁多和其他一些意大利学者用这个拉丁语词指代北方群岛。这本书涉及地理和历史之间的相互关系，详细讲解了英国。

大部分的史书还是会寻求上帝指示并模仿前人著作，只有少数例外。西班牙征服者中的编年史家试图把前所未闻的土著居民纳入古老的救赎史，天主教徒和新教徒也都坚持自己的真理。这样就出现一种观点，认为新大洲的利润是上帝要补偿路德叛乱造成的损失。与之相应，颇具争议的神学家马蒂亚斯·弗拉齐乌斯·伊利里库斯（Matthias Flacius Illyricus，1520—1575）带领几位路德宗学者编写了教会史书《马格德堡世纪史》，打算以使徒的纯洁为开端一直写到教会的沉沦，但可惜只写到1298年就搁笔了；路德本来可以成为其中的一位英雄。

在全球史的背景下，新教徒和天主教徒都分别发展出务实的历史书写方式，努力追本溯源。其中影响最为深远的是约翰内斯·施莱登（Johannes Sleidan，1506—1556）关于宗教改革的政治史，委托人来自施马尔卡尔登。施莱登认为四大帝国的最后一个在查理五世治下达到鼎盛，同时路德让宗教更加完善。作者自己很清楚，新教徒和天主教徒都不会喜欢这本书。法王亨利三世和亨利四世的近臣雅克-奥古斯特·德·图（Jacques-Auguste de Thou，1533—1617）为了书写法国宗教战争的历史，仔细核查了每个事件。这本书为合法性、宽容以及对国家对外扩张的诉求辩护——德·图认为这些因素相互依存。罗马把这本书列入禁书目录，以此"表彰"这项工作。在天主教一方，作为对《马格德堡世纪史》的回应，枢机主教切萨雷·巴罗尼奥（Cesare Baronio，1538—1607）于1588年发表了《教会年鉴》，这本史书涵盖了广泛的信息来源，其中不乏一些批评性的记载。另一位一流的历史学家是巴勃罗·萨尔皮（Paolo Sarpi，1552—1623），他是一位践行禁欲主义的圣母忠仆会修士，但受过良好的教育。特伦托宗教会议本是受上帝感召的教会长老聚集在一起议事，在他笔下成为接地气的外交官集会。要写出这样的作品，必须像萨尔皮一样生长在威尼斯，对罗马的一切都有与生俱来的厌恶。

佛罗伦萨曾经出现了萨鲁塔蒂和布鲁尼这样伟大的先驱，这里的史学家一直都是世俗化的，其中优异的代表是马基雅维利和弗朗切斯科·圭恰迪尼（Francesco Guicciardini，1483—1540）。他们二人的作品都反映了意大利的灾祸和人们的经历，与一切更高意义上的事物毫无干系。圭恰迪尼是坚定的路德宗教徒且拥护共和国，对他来说，马基雅维利所预言的衰落已经成为事实。"罗马之劫"让圭恰迪尼亲历历史的低谷，当时他正在撰写20卷本的意大利历史。这套史书从查理八世的入侵一直写到1534年。意大利的"灾祸"是诸多原因造成的，他只在第一页简要提到上帝之怒，这是个微不足道的因素。圭恰迪尼不认可天体的征兆，他清醒地描述发生的事情。他写史虽然是出于对祖国的热爱，但其中不乏批判的口吻，因此他的《意大利史》和《佛罗伦萨史》都成为历史学的里程碑。

《马格德堡世纪史》记述了几百年间的事，在这种以世纪为单位的时间划分中终于出现了一个世俗化时期。这一纪年方式也流传开去。1583年，约瑟夫·尤斯图斯·斯卡利杰尔制定了新的年代计算法，主要是对历史事件的批判性分析，而不是把《圣经》的框架作为出发点。这位斯卡利杰尔也参与了对以往胡拼乱凑的史书的销毁，比如15世纪末的多明我会修士维泰博的安尼乌斯（Annius von Viterbo）就这样瞎胡闹，他想证明意大利的文化是人类最古老的文化，比希腊更先进。安尼乌斯的论证根本站不住脚，他的依据是，神话中意大利的第一位国王雅努斯就是人类的祖先诺亚。

许多作者的目的一直是要把自己的国家和自己的民族引到正确的路上。例如，威尼斯的国家历史学家保罗·帕鲁塔（Paolo Paruta，1540—1598）在他的《威尼斯史》中把共和国描述成帝国制的罗马的反面：这个集体中有贵族阶层，内部保持平衡，对外也采取和平政策。人们经常从起源神话和建国传说中推演出"再创辉煌"的想法。巴塔维亚人让尼德兰人获得灵感，"日耳曼人"被德国人挪用，波兰人重拾萨尔马提亚的概念，而所有人都想从罗马人身上追本溯源。

历史学应该让读者通过例子理解历史，让他们接触人类经验，了解那些负有盛名的事件；其目标可能是要让当下的行为具有合法性，或者传播古老的法律。16世纪所有的历史学家都不认为写书只是为了读者消遣。但彼特拉克和马基雅维利曾说，史书至少能让读者在闲暇的幸福时光中暂时忘却当下的悲惨。来自科莫的保罗·吉维奥（Paolo Giovio，1483—1553）属于当时意大利第一批书写历史的作者。他的史书中有大胆的评判，而且文风活泼，能达到消遣目的。锦缎在他的笔下微微闪光，他描写威尼斯的婚礼庆典，讲述古代和当代的罗马人都吃什么鱼酱，就连维多利亚·科隆纳的胸脯也让他颇费笔墨，他形容维多利亚的酥胸"比白银更加光泽洁白"，是"一对沉睡的斑鸠"。这种风格很少是出于个人观察或者接触——吉维奥把触碰权留给维多利亚的丈夫——只是一种起源于薄伽丘的文学传统。

插图58：约翰·怀特，《塞考坦"印第安人"》（《飞翔者》），1585—1593年，伦敦，大英博物馆

除了古老的传统，中世纪现在也越来越频繁地出现在史书中，并且与重新繁荣的世界史流派联系在一起，从创世记开始讲起。人们发掘出数量惊人的素材，为各种历史都奠定了基础。从1560年起，艾蒂安·帕斯基（Étienne Pasquier）陆续出版了大量有关法国中世纪历史的书籍，这些资料带来突破性的进展。人们对中世纪史有着不寻常的感情，这一点从画家约翰·怀特（John White，约1540—1593）身上就可以看出。他定居在沃尔特·雷利爵士所谓的"失落的殖民地"，绘制过"印第安人"的水彩画（插图58），并以此为依据重构史前皮克特人和英国人的长相。他笔下的塞考坦"印第安人"借用了非常现代的文艺复兴造型，即乔瓦尼·达·博洛尼亚（Giovanni da Bologna）在五年前创作的墨丘利雕像（插图59）。

插图59：乔瓦尼·达·博洛尼亚，《墨丘利》，1580年，佛罗伦萨，巴尔杰洛博物馆

　　像医学和数学一样，史学也渴望被视为科学。墨兰顿想让历史成为大学学科，他援引西塞罗，说如果没有历史，人类永远只是孩子。卡姆登在牛津大学成功拿到第一个历史学教席，这个教席今天仍然存在。西塞罗为历史学研究提供了指导方法——历史是时代的见证，是生活的老师和真理之光——此外，塔西佗的理论和天主教界推崇的李维理论也一直在博弈中。文艺复兴时期的史学与传统编年史最显著的差异在于，新的史学不是简单地记录事实，一切历史书写还要具备修辞素养。但这也是一个不确定的时刻，因为本想成为科学的东西仍然与诗歌保持联系。二者之间关系密切，诗歌既为史学提供灵感又危及它的客观性，这种亲密曾是（且现在仍是）历史学经常想追寻的，这一点众所周知。人文主义者玛菲奥·维吉奥（Maffeo Vegio）是列奥纳多·布鲁尼的学生，他明确了两

者间的差异。诗人的灵感来源于"上帝之怒",而历史学家毁灭"低级的奴隶生意"。人文主义者弗朗切斯科·罗博泰洛（Francesco Robortello）在1548年就指定了历史学家的任务,直到今天都没有改变:讲述发生了什么、怎样发生的。

16世纪终于为历史理论提供了丰富的文献。弗朗索瓦·博杜安（François Baudoin, 1520—1573）建议历史学家沿用法学家的方法——考虑证人证词的可靠性、追查动机、调查事情的前因后果。让·博丹在1566年的《简单了解历史的方法》中强调了"人文历史"、"神圣历史"和"自然历史"的区别。博丹认为历史事件的最终目的是建立政治秩序,让人们过上"好日子"。政治的最高形式是君主制,体现了神圣的统一。博丹也希望人们在讲述、阐释"人文历史"时把它看作"赤裸"的历史,保持距离感并且不加任何修辞。与博杜安一样,他知道要考虑地理和气候对事件的重要影响,并将历史与法理学结合起来。同时,他明白历史阐明的都只是可能而不是真理。

弗朗西斯科·帕特里齐（Francesco Patrizi, 1529—1597）和同为塔西佗崇拜者的博丹提出了一个疑问:到底何为"历史真相"（veritas historica）? 在1560年出版的《历史对话》（*Dialoghi della historia*）中,帕特里齐将真理定义为主观理解和实际事件的对应物。历史学家是事件的解剖学家。他应该讲述事物本身的内容,不能添油加醋也不应刻意隐瞒。帕特里齐还是坚信,历史叙事中有很多是正确的,因为他相信,"他的灵魂之书"——再次出现了有用的比喻!——可以与外部的历史书籍进行参照,因为灵魂之书是上帝自己所写。和它一致的都是真实的,不一致的都是假的。上帝通过历史学家发声,他们的理智和良知就可以确保历史叙事是可靠的。而外面世界发生的事则留给它们自己,在这里,真理本身是具有历史性的。这种真理与哲学家或神学家的真理不同。"历史是上帝的作品吗?"帕特里齐问道。"不。它是大自然的作品吗?也不是。是人的作品吗? 当然,它是人的作品。"真理不再是某个标志或一系列的例证,而是人类自由所在。用菲奇诺的话说,人类在这里成为"自己的创造者",未来的主人——一切都有可能,一切又都无法预料。

38. 文艺复兴之秋

插图60：地狱之口，1564—1580年，波玛索

忧郁之园

维泰博附近的波玛索，1580年。维奇诺·奥尔西尼（Vicino Orsini，1523—1585）的"神圣丛林"刚刚竣工。这个丛林位于罗马北部西米诺山脚下的一片旷野中，波玛索的主人耗时30年为自己建造了一个到处是雕像、长椅和建筑的花园：一个剧场，伊西斯石窟，狮身人面像、灵异雕塑、塞壬、巨龟和其他怪物，一座似乎要倾倒的房子，一处喷泉，中间是飞马珀伽索斯的雕像。花园里的雕塑曾经色彩艳丽，现在都风化成灰色的石头，长满青苔，几乎成为大自然的猎物，仿佛要在自然与艺术之间达成和解。龟背上曾有一尊赞美女神欧斐墨的雕像，她曾经翩翩起舞，现在只有躯干的残留，而飞马的翅膀也不见踪迹。一尊巨大的罗兰雕像仿佛正在与敌人战斗，仍然是一副桀骜不驯的表情。这里有无数铭文，但时间从中抹去了许多词语，现在读起来好像马拉美（Mallarmé）的诗："你们且仔细看哪……谁好好地……眼睛……塔楼……天空……我是……秩序""源头的洞穴……每一个黑暗的想法"。花园里还有个一人高的地狱之口，每个进入其中的人都似乎要被吞噬，门上方本来雕刻着一段来自但丁的铭文，日晒雨淋磨平了许多字符，只剩下"一切思想都在飞翔"（Ogni pensiero vola）这句。洞穴里面有一张石桌，曾经是为野餐准备的。

所有这些奇迹般的景观是由王侯维奇诺·奥尔西尼构想出的，他在回到波玛索之前，并没有立下过什么赫赫战功。他曾是罗马教皇麾下的士兵，在查理五世推翻施马尔卡尔登联盟时出过一份力，后来又与法国并肩作战对付查理的儿子腓力。在法国小城埃丹沦陷后，他身陷囹圄，两年不见天日，直到《卡托-康布雷齐和约》将他解放。促使他下决心退出战场回到家乡的，可能是一次令人震惊的经历：听命于保罗四世时，维奇诺见证了一场大屠杀，教皇雇佣军于1557年在叛军大本营蒙泰福尔蒂诺大肆屠杀百姓——这只是教皇与西班牙在边境进行的荒谬战争中的一个小插曲。20年间，维奇诺的主要工作就是在波玛索建造花园、修建宫殿，以此来打发百无聊赖的时光，摆脱恶魔般危险的抑郁情绪。

这个满是意象的迷宫是否有一把万能钥匙，无人知晓。神秘就是原则，破解深奥的秘密就是乐趣所在，这个魔法花园的发明者和骄傲的主人想与他的朋友和观众共同分享，除非小冰期的气候提醒他如此下去会入不敷出。在美丽的夏天，当日间的炎热逐渐散去，一轮明月缓缓升空，人们便会聚集在这里举办文艺晚会：伴随着喷泉的潺潺之声、蝉鸣和异域动物的叫声，他们纵情交谈、享用美食或者进行情欲的嬉戏。维奇诺与时代背道而驰，他追随伊壁鸠鲁式的享乐主义。从他的信中可以看出，这个逐渐老去的波玛索的主人痴迷于性爱、文学和令人振奋的美酒。这样看来，他的花园布局就是对文艺复兴的总结。就算在这个偏远的地方，古代和现代的文学作品也汗牛充栋，为神秘的故事提供脚本，并且反映出对古老世界的了解和对新世界的认知——现在人们对待知识不再严肃，也不会考虑惯例风俗。树林中的雕塑让人想到埃及，并唤起人们的记忆，毕竟波玛索附近这片地区是遥远的伊特鲁里亚文明[1]的所在地。一些雕塑造型揭示了主人对印度和美洲艺术的涉猎。维吉尔、普鲁塔克、阿普列乌斯都闪现在人们的脑海，还让人联想到桑纳扎罗的《阿卡迪亚》《寻爱绮梦》和阿里奥斯托的《疯狂的罗兰》。占星术也没有缺席。

如果注意到奥尔西尼对提亚纳的阿波罗尼乌斯的推崇，人们可能更容易理解奥尔西尼的精神和想法，阿波罗尼乌斯在文艺复兴晚期被认为是魔法师、骗子和魔鬼的盟友，有些人认为是他发现了"翡翠石板"。维奇诺对当时激烈的教派争端完全无动于衷。他的小树林是一个避世之所，文艺复兴时期许多人都这样做。这个梦想中的花园有点像是泰勒玛式[2]的密教组织，以及弗朗索瓦·拉伯雷（François Rabelais，约1494—1553）的《巨人传》中乌托邦式的"特来美修道院"。这个修道院配备丰盛的物品，与单调的、苦行僧式的隐居生活唱反

---

1 伊特鲁里亚文明是伊特鲁里亚地区（今意大利半岛及科西嘉岛）于公元前12—前1世纪发展出来的文明。该文明的全盛时期为前6个世纪，其后因古罗马的强盛而衰落，最后更被同化。

2 泰勒玛（Thelema）是古希腊单词"θέλημα"的音译，意为一个人的真实意志，区别于一般意义上的表层意愿。泰勒玛常被视作一种衍生于西方神秘主义的社会性或灵性哲学，且更常被视作一种宗教——尤其是一种新兴宗教——此外它也被视作一种哲学。泰勒玛背后最根本的法则，即"泰勒玛法则"，就是"行汝意志，即为全法。爱即是律法，爱在意志之下"。16世纪，拉伯雷用这个词的法语形式"Thélème"来作为他小说《巨人传》中一个虚构的修道院的名字。

调。这里唯一的院规是"行汝意志"（Fay ce que vouldras）——饮酒、读书、演奏音乐、散步。在奥尔西尼这个远离尘世事务的丛林里也是一样。

这里的时光仿佛静止在快乐的一刻，而在外面的欧洲——起码同时代的人都已经感受到——步伐越来越快。若阿基姆·杜·贝莱（Joachim du Bellay）在十四行诗中哀悼罗马"曾经是世界的珠宝，现在是世界之墓"；也是在该世纪中叶，加尔文的友人皮埃尔·维雷（Pierre Viret）写道，世界已到末日。"我看这个世界，就仿佛看到一个摇摇欲坠的旧屋，沙砾、灰泥和石子都在飞散，砖石也一块一块坠落。对这样的建筑，除了突然坍塌，我们还能期待什么，至少此刻我们还有所期待？"类似的论调也出现在意大利和英格兰。"愉快的岁月，似乎很快就过去／欢快的日子已结束，这么快，飞逝／快乐的夜晚……一切都逝去／仿佛阳光下的雪，／死亡，它终结生命曾经开启的一切……"这些句子出现在1557年英国出版的诗歌集《托特尔杂集》中。在小冰期的灰色阴云下，"该死的恶习"——忧郁——找到了它的分析师。此人就是蒂莫西·布莱特（Timothie Bright），一位研究各种忧郁的学者，他在圣巴塞洛缪之夜大屠杀中侥幸逃脱。1621年，罗伯特·伯顿（Robert Burton）发表了备受热捧的《忧郁的解剖》一书，满满都是注脚，从希波克拉底提出的土星所致的痛苦一直到当下所有的知识都囊括其中。莎士比亚通过哈姆雷特的形象把所有忧郁者中最忧郁的一位展现在舞台上。

著名的忧郁者已经涵盖了彼特拉克、法国的亨利三世、鲁道夫二世等人，现在托尔夸托·塔索（Torquato Tasso，1544—1595）也加入他们的行列。塔索出生在索伦托，曾在大学里学过一段时间的法学，他想成为诗人，所以辗转于各国宫廷，见识过许多意大利资助人的宫廷景象。他的骑士戏剧《里纳尔多》让他成为费拉拉的埃斯特家族的座上宾。1573年7月的一天，他的《阿明塔》在波河的一个小岛上首演，这个以牧羊人为主题的宫廷戏剧情节生动，还出现了仙女和半人半兽的萨提尔神。这出戏剧是一曲挽歌，哀叹曾经战无不胜的爱情，哀叹失落已久的黄金时代的自由——那时候的"人们喜欢做什么就可以做什么"。桑纳扎罗为了反对人口拥挤的那不勒斯和法王查理八世的战争，创作描绘了阿卡迪亚的田园生活，塔索的戏剧也与各国的钢铁世界和日渐堕落的宫廷生活形成鲜明对比。《阿明塔》与文艺复兴时期的高度文明相悖，同时也是文艺复兴最美的文学见证之一。塔索于1575年完成了杰作《被解放的耶路撒冷》，正触动了经历勒班陀战役的那一代人的神经。这首叙事长诗讲述的是第一次十字军东征时的爱欲和战争，这是一部雄心勃勃的作品，可与维吉尔、荷马和阿里奥斯托的史诗相提并论。

可能是由于超负荷工作和对宏伟巨著的挑剔，塔索失去了平衡。因为被自身的艺术创作折磨，他无法扮演朝臣的角色，出现暴力倾向，最后不得不逃离。他内心的恶魔驱使他到处游荡。在费拉拉的一家疗养院里，他被囚禁了七年，出院后他依旧居无定所，漫无目的地四处奔波。他试图在信仰中寻求慰藉，却无功而返。1595年4月25日，他在罗马去世，而第二天就是教皇克雷芒加冕他为桂冠诗人的日子。他最后的避难所是在圣奥诺弗里奥修道院，今天在修道院附近还能看到一棵枯萎的橡树，据说塔索曾坐在它的树荫里冥想天上的事物。

自画像：蒙田

1580年11月，即可怜的托尔夸托·塔索去世前15年，他和哲学家米歇尔·德·蒙田在费拉拉相会。这位法国人曾在圣安娜医院的地牢里拜访过塔索，前者是当时最重要的哲学家，后者是当时最伟大的诗人之一，但这次会面却令人失望。蒙田尊称塔索是意大利长久以来最智慧的一位诗人，塔索主要受纯粹的古老艺术精神的熏陶，但他并不了解自己或自己的作品。这位访客更多感受到了厌恶而非怜悯。在他的日记中——该世纪最好的游记，处处都是对礼仪和日常生活的机敏观察——没有提到对病人的拜访。他对费拉拉的回忆是关于一枝玫瑰，那里的花丛居然终年绽放，人们为他摘下了奇妙的一枝。

蒙田出身的贵族家庭并不是很古老，但非常富有。他的父亲是天主教徒，母亲似乎出生在一个受洗的塞法迪犹太人家庭，她应该倾向于加尔文宗。在宗教问题上，蒙田的家庭不会很严格，这就决定了蒙田成为一位劝导宽容的伟大教师，而他一生都与天主教信仰密不可分。他一辈子都很喜欢待在佩里戈尔地区其家族城堡的塔楼里，这个地方就像神圣丛林之于维奇诺·奥尔西尼、图斯库伦之于西塞罗、沃克吕兹之于彼特拉克。蒙田很少走出城墙。1570年，他在波尔多议会卖了一个席位——买卖公职如同买卖货物，是当时常见的做法——但后来他确实在波尔多市长的位子上坐了数年。他与雅克-奥古斯特·德·图私交甚好，并且曾陪同法王亨利四世巡猎，这表明他的性格平易近人，喜好和平与宽容。他习惯在图书馆的书架间走来走去，放任自己的思想驰骋，他读书没有计划、没有顺序，信手抽出一本就读，然后把"他的梦"写在纸上。他日复一日写他的《随笔》（又称《习作》或《尝试》）。1588年，他生前的最后一版《随笔》付梓，即便到这时候，这部随笔集仍然是"正在进行中的工作"。随笔集——顺序松散，从容地在怀疑中反思自我——创立了一种文学流派，也让作者名垂青史。这种风格提供了一种联想式的哲学思考方法，似乎有后现代的特征，无论如何它远远超越了当时那个严苛的时代：作者与他自己和我们交谈，有时充满矛盾，经常略带讽刺。人们评价他的哲学如同高加索的岩石，到处都有微微震动。

蒙田风趣地宣称，他最重要的愿望不是成为哲学家，而是探索复杂的、崎岖的自我。这一目标跟宗教没有关系，尽管此时距离奥古斯丁的《忏悔录》才1000多年。文艺复兴自12世纪以来的主论调"认识你自己！"被继续向前推进，人类想研究自己的心理、身体和自己的性。正如随笔家蒙田自己所言，他将自己的骨架都肢解，想研究整个人类物种，即"人类条件"（condition humaine）。但这样做并不是为了装模作样弄出一套自信的个人主义。《随笔》写作的背景是毁灭性的时代经历，文中观点是，宏大的文艺复兴让人拥有了神一般的能力，但带给人类的只有战争和宗教冲突。在蒙田眼中，这种艺术创造物只是一个影子，而真正的自我有很多身份，随时都可以改变。"我不是描述存在，我描述的是消逝。""我说的不是科学，而是无知的科学。"蒙田的座右铭"我知道什么？"（que scay-ie?）并没有得到解答。

在这位哲学家眼里，世界历史就是关于人类状况的报告。历史从大的方面展现出它的短暂易逝、可转可变且不可预测，这些特征在个人命运中也有所体现。蒙田以罗马帝国为例，他在台伯河畔的城市中看到了令人惊讶的帝国的废墟。他记录了那些宽厚的地层，它们在几百年间扩张到整个古老的城池，又把一座座完整的建筑掩埋起来。蒙田观察到的遗迹就像卢克莱修著名的论断，蒙田也引述这句话："没有什么能一直保持不变：一切都在迁移／大自然改变一切，迫使一切改变。"

蒙田根本不需要援引神学家，只是偶尔提及《圣经》。他的哲学是真正意义上的人文主义，主要来源于古代的哲学家、斯多葛主义者和怀疑论者：塞涅卡、普鲁塔克和危险的卢克莱修，尤其是怀疑论者的首领厄利斯的皮浪。1562年，亨利·艾蒂安（Henri Estienne）刚刚在日内瓦出版了塞克斯都·恩披里珂一系列阐释皮浪主义的书籍，传播怀疑论。蒙田并没有把这些注释本奉若神祇。这些书似乎只是激发人们进行轻松的思考，观点清晰而犀利。蒙田试图在宗教战争中，在"我们人类集体的令人难忘的死亡场面"中保持斯多葛式淡泊的姿态。他想"属于自己"，坚定且冷静。他已经无法阻止这场衰亡，但至少想从中吸取教训。他反对当时盛行的大量知识的堆积，因为会导致立场冲突，在他看来，一切认知都有局限。"你是不懂知识的研究者，"他借德尔菲的神祇之口呼吁人们，"你是没有管辖权的法官，还是滑稽剧里的小丑。"这样，蒙田成为一种思潮的先驱，他拒绝教条主义和经院主义，将自我作为衡量知识的标准。

他在《为萨文德的雷蒙德辩护》（Verteidigung Raymond Sebonds）一文中与加泰罗尼亚神学家论战，后者认为上帝的两本书——《圣经》和自然——是一致的。乍一看去，这篇文章似乎赞同把信仰与知识统一的托马斯主义学说[1]，但读下去就会发现，蒙田反对一切声称自己拥有绝对真理的做法。这篇随笔是文

---

1 托马斯主义是指中世纪神学家和经院哲学家托马斯·阿奎那创立的基督教神学学说，是一种将亚里士多德哲学中的消极因素与基督教神学相结合的神学唯心主义体系。1879年，教皇十三世正式将其认定为天主教的官方哲学。托马斯以万物应有"第一推动力"的说法，推论出上帝的存在，认为世界是上帝从虚无中创造出来的，有时间的开端，并不永恒存在，并把它描绘成由下而上递相依属的等级结构，每一低级的存在都把较高级的存在作为自己追求的目的，天主是最高的存在，也是万物追求的最高目的。

集中最长的一篇文章，为"理性的意见分歧"和宽容辩护。宗教战争似乎成为丑闻，"最假惺惺的就是颠倒黑白的宗教，用上帝的诫命作为犯罪的借口"。

蒙田是现代初期最坚定的相对主义者。"狂野"对他来说不是狂野，只是与众不同。只要是国内不常见的，人们就称之为野蛮。在《辩护》一文中，蒙田展现了所有可能的神祇形象，他认为这些只是反映了人类自身思考的结果。他认为自己的信仰来源于自己所受的天主教教育，在讲到桀骜的色诺芬尼时以雏鹅为例，反对把神祇拟人化：它将自己视作宇宙的中心和目标，充满骄傲地把喂养它的人类看作自己的仆人。蒙田认为人类就像这只"鹅"，他们的信仰受限，理智也有限，人类只在自己那一片被理性王国限制的区域内享有自由。顺便说一句，蒙田是哥白尼学说的支持者。蒙田是苏格拉底的法国崇拜者，他推崇公开讨论，称赞它能够"通过最富有成果、最符合天性的实践锻炼我们的思维"，所以他身边逐渐形成了一个类似苏格拉底时代的雅典学派。他明白，虽然死亡是生命的尽头，但不是生命的目标。生命的意义在于其本身，这在当时是一种非常不同寻常的洞察。

蒙田式非正统思想给世人留下的最深刻的印象可能就在塔楼图书馆的房顶木梁上。主人在木梁上用拉丁文和希腊文写下他的座右铭和自白，下面还有经典作家的引文和《圣经》经文。看到的人就会明白，蒙田也是我们的一员。"我是一个人，而且我相信没有什么人类举动对我来说是陌生的，"上面写道，"我不作任何决定。我什么都不懂。我放弃评判。我斟酌良久。我什么都没有领会。"

"矫饰主义"：世界艺术

蒙田的"自画像"似乎让经历了漫长历史的主观性到达了顶峰。与之相对的是，随着提香、丁托列托（Tintoretto）和托比亚斯·施蒂默（附图28）等人的自画像的出现，画家对自我的质疑也达到顶峰。越来越多的传记问世，很快还出现了传记字典和自传，包括直到17世纪都被看成怪人的威尼斯犹太人摩德纳的利昂（Leone da Modena，1571—1648）。这些传记和自传告诉读者，人们比以往任何时候知道的都要多，但又相信自己比以往任何时候知道的都要少。在这个飘摇的世界中，如何探寻自己内心的黑暗？不仅知识分子——除了蒙田，博学的帕维亚人吉罗拉莫·卡尔达诺（Gerolamo Cardano，1501—1576）也脱颖而出——工匠和艺术家也开始剖析自己的生活，比如奥格斯堡画家老约尔格·布雷乌（Jörg Breu d. Ä.）或更为知名的本韦努托·切利尼（Benvenuto Cellini，1500—1571），他是所有金匠中最好的那个。在《生涯》一书中，这个烈性之人把自己塑造成"罗马之劫"中守卫罗马的勇者，他是战士也是谋杀犯，但首先是一个天才工匠和技工。歌德非常随性地把这部自传翻译成德语，向读者展现了一个只能让自己信服的牛皮大王。切利尼讲述了自己被囚禁及其逃亡的经历，还说自己曾为历任教皇、许多公爵和弗朗索瓦一世效力，弗朗索瓦还参观了他在卢浮宫附近的工坊，让他倍感荣幸。据称，他60多岁时仍然能繁衍子嗣，对同性也颇有喜爱之情。单凭技艺，他就曾多次幸免于难。

现代艺术家们时而直爽，时而敏感，时而离奇古怪，经常会有天才般的想法而且总是很风趣，他们的形象——虽然不是有血有肉，但也在纸张和油墨上日趋丰满。这一类虚构人物的头号代理人是乔尔乔·瓦萨里。他创作的艺术家传记中有无数趣闻逸事，即使不是真的，也是很好的故事。他夸夸其谈，说雕塑家西尔维奥·科西尼（Silvio Cosini）——一个"头脑睿智的男人"，而且行事"奇特"——将一个被绞死的人剥皮并缝制了一件有魔法的皮夹克；而画家伊尔·索多马（Il Sodma）总是衣着奢华，终日与一只獾、一头矮驴、一只会说话的乌鸦和其他牲畜为伴，圣奥利维特的修士称他是一个大傻瓜。这种滑稽的笑话改变了画家和雕塑家的形象，他们想成为艺术家，但一直都在手工匠的阶层徘徊，现在他们隐隐有了轮廓，有时甚至被天才的光环笼罩。艺术家的怪癖也流行起来，直到今天都是他们的一大标志。

摆脱行会世界的限制和约束的最好方法是"在宫廷"找到一份工作。另一个策略是，让艺术家的作品贴近自由艺术，这实际上是一种较低级的机械艺术，阿尔贝蒂已经这样做过。画家、金匠和建筑师是熟悉几何的人，他们借助尺规在肖像画上展示自己。不少人开始撰写理论书籍。在瓦萨里的建议下，科西莫大公于1563年设立绘画艺术"学院"，20年后又在罗马设立圣卢卡学院，艺术学院的时代自此降临。艺术工作成了一项智力活动，赢得人们的尊重。人们探究艺术的先决条件，即想象力的奥秘。画家的成就越来越大，表明人们开始注意到想象的新价值，在当时的诗歌理论和历史理论中想象力都受到重视。作为闪念的直接迹象，绘画从工坊中的助手变成一种自有的艺术形式，作为创作者的遗存被神圣化。罗马学院的第一位"贵族"是画家费德里科·祖卡里（Federico Zuccari），他专门为绘画写了一篇文章。在文中，他把外在的绘画，即物质的、纸上的东西，与内在的绘画区别开来。他称后者是"灵魂的太阳"，认为它有一个神圣的起源，这又是非常柏拉图式的观点。祖卡里一开始认为它不仅体现在所有艺术作品中，而且存在于一切人类活动中。

原创性成为评判艺术作品的最重要标准，所以艺术家和作品成为不可分割的统一，这一观点在我们当前的语境中非常流行。今天，人们通常不会仅仅欣赏一幅画，而是"一幅毕加索"。前文提到的艺术猎人伊莎贝拉·埃斯特希望贝利尼为她画一幅"异教风格的幻想"，她得到的只是一幅基督诞生图——但毕竟是"一幅贝利尼"的作品呀。这样，16世纪签名画作的数量也急剧增加，这是主观性扩张的另一个迹象。艺术也有相同趋势，"眼睛的审判"以它的模糊性、它的"感觉"夺走了客观几何的优先地位——尽管圆形和三角形的艺术让艺术家披上了学者的光环。例如，米开朗琪罗并不欣赏严格的数学精神，而丢勒在创作中非常推崇比例。

在泰坦巨人还活着时，"文艺复兴的转折"就已经出现，或者用海勒姆·海顿（Hiram Haydn）的话说，出现了"反文艺复兴"。这场运动的主角是人文主义者、神职人员和医生弗朗索瓦·拉伯雷。他的小说《巨人传》在1532—1552年出版，讲述巨人父子的出生、教育和生活。第三部用大量篇幅探讨一个问题，即小说中的狡猾人物巴汝奇是否应该步入婚姻。第四部是关于寻找"神瓶"的航行，即决定此事的神谕。第五部——在这一部里终于找到了神瓶——

于1564年出版，已是作者的遗著。无论怎样，这一部应该也遵循着拉伯雷的基本思路。但情节只是托词，作者想点燃想象力和无拘无束的虚构的烟火。

这部狂野的小说是情节怪诞的讽刺文，是乌托邦小说也是对骑士小说的讽刺。文中到处是诙谐滑稽的语言，既有趣又严肃，有色情描写，有智慧之言，也有很多蠢话。拉伯雷攻击在巴黎大学可以学到的愚蠢，反对僧侣、罗马教皇、律师和狂热分子。作者对一切与人有关的，尤其是与身体有关的东西了如指掌。他让主人公尿出一片海，大量进食然后拉屎，没有任何不适感；光是《擦灰艺术》就写了很长一章。拉伯雷的故事是对秩序、和谐和纯洁的掷地有声的抗拒——这是狂热的"多彩弥撒"，让人们放纵身体的欲望并庆祝无政府状态。所有的衡量标准都被摧毁。庞大固埃（Pantagruel）的舌头就有几英里长，他的嘴里能放下几座城市。他与一支由4.2万根香肠组成的军队开战，并将一只黑色跳蚤视为宠物，为了饲养它要花60多万荷兰盾。巴汝奇略施计谋，让600,014条奔跑的狗追随一个冷静的美人……这部小说充满了人文主义的教育理念，就像贪得无厌的主人公塞满了食物和饮料。序言以对苏格拉底的讽刺开始，这在之前任何时代都没有先例。叙述中夹杂着无数经典名言，有真的也有作者自己编的。古代也没有得到应有的尊重，亚历山大成了裤子制造商，薛西斯一世在出售芥末，女王克利奥帕特拉掌管洋葱交易。小说中讲到佛罗伦萨，提到那里的大教堂和宫殿。"古代雕像制作精良，我想应该是这样，"一个人插话道，"但是，在阿布维尔附近的圣费雷奥！家里的年轻女孩更值得崇拜，比这高出一千倍。"

从更大范围来看，"推翻"毫无节制的古代偶像崇拜以一幅讽刺画为象征，这幅画在1550年前后开始流传，可能是提香为讽刺拉奥孔群像而画的草图（插图61）。画上没有祭司和他的两个儿子，取而代之的是与蛇缠斗的三只猴子。诗人安尼巴莱·卡罗（Annibale Caro，1507—1566）在评价对米开朗琪罗那种"泰坦艺术"的庄严崇拜时，语气也是一样的嘲讽，他用隆重的礼节来庆祝一个朋友的鼻子：如果阿佩莱斯画这个鼻子，波利克里托斯把它凿出来，然后米开朗琪罗用这种或那种方式让它不朽，一点都不奇怪。"完美的鼻子、王侯的鼻子、神的鼻子，这是所有鼻子中被祝福的那一个鼻子，让你长出长鼻子的妈妈也应该被祝福，你嗅到的一切都应该被祝福。"

插图61：尼科洛·博尔德里尼（Nicolà Bioldrini），《猴子拉奥孔》，威尼斯，约1540—1545年，苏黎世联邦理工学院版画收藏室

在现实中，完全符合新型艺术家的第一人也正是米开朗琪罗。在瓦萨里的眼里，各种艺术在米开朗琪罗手中都达到了孤独的高峰。1564年，人们把这位"神"安葬在佛罗伦萨的圣十字圣殿，他的葬礼是一场空前绝后的盛事。当他的棺材再次被打开时，据说散发出阵阵香气，这一般只会出现在圣人身上。

小冰期时代的艺术市场人才济济，在诗人、科学家和发明家的群体中竞争也很激烈。例如，丁托列托用精明的营销策略获得大型订单。对专业细化的需求不断增长。在一个需要精湛技艺和知识分子的市场中，没有别的成功的办法。有的人只画风景，有的人只画冬季图景，有的描绘海上的惊涛骇浪与船舶，有人专供拼贴图或静物画，有的只画博斯风格的地狱场景。米兰画家朱塞佩·阿尔钦博托（Giuseppe Arcimboldo，约1526—1593）大获成功靠的是独一无二但同时也是非常原始的念头：他把蔬菜和水果、花卉、珊瑚、贝壳等物品精妙地组合起来，站远点才可以认出是一幅肖像。

人们也希望通过作品获得创作者本人的一部分精神。"个人气质"似乎与个人手法同样重要，或者更重要。它们与伊拉斯谟对诗人个性化风格的辩护有诸多相似之处。当然，想保护自己的作品不被模仿，几乎是不可能的，根本没有版权一说。在这个世纪初，关于版权的纠纷就经常在威尼斯爆发：马尔坎托尼奥·雷蒙迪把丢勒的版画分毫不差地复制下来，就连他的标签"AD"都一字不少。丢勒曾向威尼斯领主投诉此事。

一位大师的"风格"可以成为商标。一些大师培养团队，完全按照其自身的风格创作。最有名的例子是彼得·保罗·鲁本斯（Peter Paul Rubens，1577—1640）的安特卫普工坊，这个绘画工厂生产出无数作品，但都具有高品质。这位伟大的佛兰德斯艺术家所做的贡献，除了草图之外，可能只是寥寥几笔。一般情况下，根本不可能将他的手法与许多工坊工人的手法区分开。乍看之下，所有的画可能都是"鲁本斯"创作的，签名变成多余。

文艺复兴的郁郁之秋在枫丹白露宫和布拉格拉开帷幕——包括阿尔钦博托在内的很多人都在这里接受过资助——秋天也来到慕尼黑和佛罗伦萨，进入市政厅和贵族的宫殿，从波玛索的花园掠过枫丹白露到达阿兰胡埃斯[1]。大自然受到不可抑制的创造力的挑战，并为艺术服务——不管是在热那亚石窟粘上贝壳和珊瑚，为鹦鹉螺镶金，或者让水流跳跃欢腾，比如在埃斯特家族的蒂沃利别墅或巴格内亚的兰特庄园。艺术在与自然的竞争中是赢家：现在它与战败者游戏，塑造出熊熊燃烧的、如蛇般扭动的形象或造出如普拉托利诺公园中以亚平宁巨人为原型的巨型雕像，可与庞大固埃比肩。艺术让神祇悬浮在水光潋滟的喷泉上，而风信子和黄水仙的芬芳从花圃隐约传来。

画家以大胆的姿势、重叠和前缩透视作答。他们寻找难题，以证明他们有

---

1 阿兰胡埃斯小城属于西班牙中部马德里自治区的马德里省，位于马德里以南48千米处，濒临塔霍（Tajo）河畔，曾是西班牙波旁王朝的夏宫。由于历史上伊比利亚半岛曾被阿拉伯人占领统治过很长时间，故而此地充满异域风情。

能力解决。裸体，甚至淫秽的东西都不成禁忌。大师们将怪物堆叠在一起，玩起了隐晦影射，低声诉说其中的秘密。在威尼斯，提香创作了一幅令人惊叹的晚期作品。保罗·委罗内塞用丰富的色彩点缀宴会图、神话场景和宗教画。埃尔·格列柯（1541—1614）从克里特岛来到这里寻找机会。后来他在表现主义画家那里备受推崇，但现在他正沿着地中海一步步发迹。他在威尼斯跟随丁托列托学习，然后去了罗马，后来又前往西班牙。

威尼斯逐渐成为自己的博物馆，这个城市发展成为欧洲的消遣大都市。从克劳迪奥·蒙特威尔第（Claudio Monteverdi）时代起，它就是欧洲的歌剧中心。在大陆上，贵族在自己的地产中大兴土木修建别墅，从古代建筑风格中变幻出新的样式。它们让居住者能够感受到一些"古典"生活气息。意大利北部最重要的建筑大师是帕多瓦人安德烈亚·帕拉第奥（1508—1580）。请他设计别墅的人中有许多人文主义者，比如诗人詹乔治·特里西诺，即前文提到的《索福尼斯巴》的作者，还有阿奎莱亚教祖管辖区的主教达尼埃莱·巴尔巴罗（Daniele Barbaro，1514—1570）。巴尔巴罗与帕拉第奥通力合作，后者绘制插图，二人共同出版了意大利版的维特鲁威建筑理论，而且现在已经付诸实践。帕拉第奥在威尼斯北边的马塞尔为达尼埃莱和他的兄弟马尔坎托尼奥修建了一座别墅，宽广的两翼延伸出去，这在高级统治阶层很流行，这样他们就可以俯视统治下的土地。别墅内部处处可见壁画装饰，都是委罗内塞的手笔。这样，这个建筑就把艺术史上最伟大的两位大师的绘画和建筑艺术结合为一体。

帕拉第奥于1570年出版了《建筑四书》，这部理论著作中有丰富的木刻画，让帕拉第奥的艺术走向世界。帕拉第奥风格征服了欧洲，特别是英格兰，抵达美国和古巴殖民地。帕拉第奥建造的一些建筑是纯粹的美学作品。他在维琴察附近修建的"圆厅别墅"符合一切对称性和几何学的实际要求。威尼斯朱代卡岛上的救主堂是瘟疫过后为了感谢上帝而兴建的，向人们展现出古代寺庙建筑精致的演化。维琴察的"奥林匹克剧院"建于1580—1585年，它将"古代样式"的剧院变为现实，它和文森佐·斯卡莫齐（Vincenzo Scamozzi）在萨比奥内塔修建的剧院都属于文艺复兴时期第一批非临时性的剧院。在这之前，戏剧一般在教堂、宫殿或广场临时上演；而在1600年前后，建造剧院成为一项建筑任务：新的公共建筑，且前途一片光明。

在罗马，人们也大肆兴建别墅、喷泉和宫殿。1602年，圣彼得大教堂的穹顶竣工，10年后卡洛·马代尔诺（Carlo Madernos）设计的外立面也完成。卡拉瓦乔（Caravaggio，1571—1610）用轰动的明暗对比效果和几乎不加掩饰的情欲刺激吸引观众，让他们驻足不前，把文艺复兴所有的风俗公约都抛诸脑后。同时，教皇也把大笔资金投入城市规划。庇护四世和西克斯图斯五世（Sixtus V，1585—1590年在位）——后者是一个充满活力、从小贵族阶层发迹的男人——都很关心街道扩建，希望把罗马的主要教堂连接起来，为朝圣人群提供方便。直到今天，人们看见埃及方尖碑就会想到西克斯图斯，他命人在重要的广场都竖起方碑。人们用十字架为它们加冕；彼得和保罗的雕像被安放在图拉真和安东尼·庇护的圆柱上。信仰天主教的罗马人以此将自己视为异教帝国的战胜者，从某种意义上说也是文艺复兴的胜者。

佛罗伦萨英勇地对抗这个宿敌。切利尼创作了"珀尔修斯"雕像，并陈列在佣兵凉廊。瓦萨里着手建造乌菲齐宫，巴尔托罗梅奥·阿曼纳蒂（Bartolomeo Ammannati，1511—1592）在距离米开朗琪罗的大卫不远处用大理石块堆砌一座海神喷泉。这是在影射佛罗伦萨海军力量的扩张，其基地设在利沃诺。水神的相貌以大公为原型。音乐史上的第一部歌剧，雅各布·佩里（Jacopo Peri，1561—1633）的《达芙妮》在皮蒂宫上演，歌谱一直保留到今天。音乐、建筑、绘画和诗歌交织成一种新的艺术类型，似乎提供了一种解决问题的方案，把失传已久的源自古代的"情感特质"统统在戏剧中展现出来。佩里的《欧律狄刻》的序幕让观众霎时间进入另一个美妙的世界："水仙，你们美丽的金发 / 在微风的游戏中欢快地飘散，/ 而你们，你们把心爱的宝物 / 藏在火一般的漂亮红宝石之下，/ 你们也是如此，你们拿走天空中黎明的荣耀，/ 大家都过来，亲爱的牧羊女！/ 在那片繁花盛开的美丽土地上 / 再次响起明朗的声音和愉快的歌声。/ 今天，神圣的颂歌融为 / 极致的美丽和极度的勇气。/ 快乐的俄耳甫斯，快乐的欧律狄刻，/ 上天让你们结合：哦，美好的一天！"

尽管政治上萎靡不振，意大利的文化却是整个大陆上最璀璨的明星。除了帕拉第奥的《建筑四书》，意大利的建筑学论文有丰富的图例，也得到广泛传播。尤为成功的是博洛尼亚人塞巴斯蒂亚诺·塞利奥（Sebastiano Serlio, 1475—约1554）的"建筑七书"，其中六本于作者在世时出版，一册是遗作。在意大利之外也一直涌现出文艺复兴艺术的混合体。建筑师和画家创作出混杂的作品，但他们也不否认其作品的哥特风格起源，如尼德兰人兰斯洛特·布隆德尔（Lancelot Blondel）或德国的文德尔·迪耶特林（Wendel Dietterlin）。城堡和市政厅的墙壁和天花板拱顶上出现了怪诞的装饰：罕见的杂交物种和植物藤蔓都成为饰物，灵感应该来源于尼禄的"黄金屋"，即15世纪末在罗马发现的一处废墟。这样的"画家之梦"令虔诚的艺术作家感到憎恶，不管他们是天主教徒还是新教徒。当时另一种典型的艺术类型是徽章。人们常常把神秘的文本和图像组合起来，可以推导出一层又一层的含义。数以百计的徽章被设计出来，并通过印刷传播——无数例子中的一个就是法学家安德烈亚·阿尔恰托于1531年首次出版的《徽章》——后来也出现在油画和壁画中。

艺术家是一群注重原创、有点疯狂又有点学识的人，他们大都技艺精湛。时代高速发展、一刻不停，他们也努力适应这个分裂成两半的艺术世界。在宗教改革前图像完全不受争议，神圣和世俗的领域之间没有严格划分。这样，整个世界似乎或多或少都是神圣的，又或多或少是世俗的。就连教堂里也有买卖的摊子开张，或者颁发证书，或者召集议会。现在，教派争端致使人们在所有领域都开始思考，在神圣的核心区什么可以做，什么不可以。在神圣的禁区的另一边，世俗的空间慢慢出现。

然而，在宗教与世俗的边缘仍然存在着许多小规模摩擦。值得一提的是，天主教徒拉菲罗·博格尼（Raffaello Borghini）在1584年发表的艺术对话录中让一位谈话者评价阿格诺罗·布龙奇诺画的天使，这个天使一副"淫荡"的模样似乎不太合适（附图29）：这幅画绝对不能出现在教堂里，但人们肯定很愿意摆在家中。他认为这个上帝的信使是"人们可以看到的最乖巧、最优雅的人物之一"。但即使是世俗的私人领域的艺术偶尔也会遭受抨击。枢机主教奥托·特鲁赫泽斯·冯·瓦尔德堡（Otto Truchseß von Waldburg）就招致批评，因为他在奥格斯堡附近的迪林根城堡中存放着"无耻的雕像和画作"，"令庄重的目光遭到侮辱"。

知识的充盈与秩序

矫饰主义艺术的多样性并不是单纯由市场趋势所致，无论是创作歪曲失真的变体画——对各种主题进行扭曲变形，但又遵循精确的透视原理且富有艺术性——还是画怪物，或者运用视觉陷阱的作画技巧，这些狂野的游戏不单单反映了那个迷宫式的时代。丰富多彩的技巧、古怪的念头、任性执拗的创作和优雅的作品都标志着一种风格将要终结，接下来通常会出现新古典主义的矛盾。画家和雕塑家搜集了丰富的形式和概念，从中找寻创作的灵感，而现在这个仓库已经堆得满满的。文学领域也是如此。在拉伯雷的小说中，高康大曾经称赞当时达到的教育水平：这个世界到处是学识渊博的人，"我看到，劫匪、刽子手、冒险家和马夫现在比同时代的医生和传教士更有学问"。

事实上，欧洲学者的数量已经无法估量。有些人尚能留下这种或那种观点，其中大多数人——比如1600年前后在欧洲崭露头角的炼金术士亚历山大·塞顿（Alexander Seton）——留下的只是一张讣告。他们当中有很多胡思乱想的人，还有追随约翰·迪伊或罗伯特·弗拉德（Robert Fludd）的神秘主义者，也有一些牛皮大王把自己包装成自然的主人。卡尔达诺声称自己在一生中解决了24万个问题。大人物和小人物经常通信；1550年前后甚至出现了这么一种观点：人们属于一个"学者共和国"（respublica literaria）。

幸亏有印刷行业，现在人们可以获得数不胜数的知识。一个当时的人说，现在已经出现了太多前所未知的发明，如果把它们都统计起来，一本书都写不下。出版物的总量变得越来越庞大，越来越多的书汇集成卷。1543年，罗贝尔·艾蒂安（Robert Estienne）出版了《辞典》，用964页的篇幅收集了30多位古代作家的引文。他的儿子亨利于1572年出版了四卷本《希腊语宝藏》，苏黎世医生康拉德·盖斯纳（Conrad Gessner，1516—1565）的动物学著作《动物史》不仅插图丰富，篇幅更是达到了惊人的4500多页。传奇国王米特拉达梯（Mithridates）[1]通晓多国语言，有一本关于语言的书就以他为名，书中对约130种语言进行对比，甚至收录了许多习惯用语，比如德意志南部和瑞士的秘密团体使用的罗特韦尔施黑话（Rotwelsch），也涵盖了一些虚构的语言，比如莫尔发明的乌托邦语。

盖斯纳与其他一些作家的出现预示着博学家的时代到来。这个瑞士人是植物地理学的奠基人，也是语言学家。卡尔达诺撰写了约200本书，涉及医学、占星学、物理学、哲学和政治；他研究梦、牙齿、闪电、海怪、音乐和化石，并描述了一些古代伟人的生活和工作，从提奥夫拉斯图斯到西塞罗。因为接触过魔法，而且宗教信仰又不太正统，盖斯纳晚年不得不与宗教裁判所狭路相逢。另一位博学者是乌利塞·阿尔德罗万迪，这位"博洛尼亚的亚里士多德"写下了13卷本的自然科学著作。他是帕多瓦植物园的园长，因此成为杰出的植物学家。在意大利的众多博物馆中，阿尔德罗万迪博物馆位居博洛尼亚最著名博物馆之列，藏品可能有1.8万件之多，此外还有一个拥有7000多个标本的植物标本馆。

藏品陈列室、博物馆和珍奇屋——这一过渡非常自然——现在无处不在，甚至市民都沉迷于收藏。在巴塞尔，律师巴西利厄斯·阿默巴赫（Basilius Amerbach，1533—1591）和医生费利克斯·普莱特（Felix Platter，1536—1614）把藏品向公众开放，满足人们的好奇心，让观众惊叹又细细研究。藏品形式多样，有怪胎和勋章、真真假假的古董、曼德拉草和星盘，也有各类机械、鸵鸟蛋和大象的骨骼、化石、宝石和艺术品陈列其中，异国情调和情色之物也可见踪影——这些物品有的历史悠久，有的起源遥远，有的人间罕见，有的因出自艺术大师之手而享有盛名，它们散发出奇妙的光芒。一些收藏家野心勃勃，有志于将自己的博物馆打造成一个微观宇宙，反映出整个世界。

此时，古董商和艺术代理商也变成一个庞大的群体，他们提供了许多古老

---

1 黑海东岸本都国的国王。

的原材料，向世人介绍图画和雕塑，展示稀有和古怪的东西。曼图亚贵族雅各布·斯特拉达（Jacopo Strada，1507—1588）是个中翘楚，因此而积累了大量财富。他有钱雇用提香为自己画像（附图30）。这些古董并不便宜：公元2世纪的两枚勋章在1588年要卖75个斯库多（意大利旧制银币），差不多是大学讲师一年的收入。一个同时代的人认为，阿佩莱斯的画值拉斐尔的两倍价钱。

在王侯圈子里，这种珍奇屋的规模继续扩大，还要包括植物园、鱼池、图书馆、工坊和炼金室。骄傲的主人想展示他们的经济实力，用细微差别凸显他们与市民阶层的对手是不同群体。珍奇屋是宝库的变体，是圣人遗物教堂在世俗世界中的对应物，也是科学研究收藏的前身。16世纪，陈列室细分为艺术品、自然品、异域品和科学品几类：艺术品和手工艺品、自然奇迹、从遥远国度得到的物品，最后是钟表、自动机械、星盘，等等。藏品目录渐渐出现，最早可能出现在保罗·吉维奥设在科莫的"博物馆"。

这些古老的出土文物早就被认为是史料来源，阿尔贝蒂和波伊廷格最早对它们进行编辑并加以分析。在1542年出版的著作中，阿尔德罗万迪清点了罗马别墅、花园和宫殿中收藏的所有古代雕像，直至今天仍然是艺术史和考古学的重要依据。与他同一时代的那不勒斯人皮罗·利戈里奥（Pirro Ligorio，1513/1514—1583）是建筑师兼画家，他把罗马古迹都描摹下来，整理出一本意义重大的图集。利戈里奥的兴趣在于审美。他认为，只有完全了解古代世界，才能创造出美好的艺术。1553年，威尼斯出版了单卷本，而保留下来的丰富的插图手稿和素材超过了40卷。

不仅物品需要秩序，知识也普遍需要秩序——或者用弗朗西斯·培根的话说：要从蚂蚁的盲目收集阶段上升到蜜蜂的有序工作。最重要的工作就是让人们可以概览书籍内容。在书中编写页码的原则最终在16世纪得以推行，越来越多的书开始添加索引，参考书目的数量和质量都有所提高。1545年，盖斯纳出版了《通用图书馆》，这是书目汇总的里程碑之作。书中涵盖了一万本希伯来文、希腊文和拉丁文著作。因为大受欢迎，很快又有了扩展版。

知识泛滥刺激了助记符技术的复兴，这种记忆的艺术由来已久，备受推崇。它也引发了一项奇特的发明："书之轮"，1588年阿戈斯蒂诺·拉梅利（Agostino Ramelli）的机器之书中还有图示（插图62）。这个装置把10或12个阅读架装在一起，可以调节并一直保持平衡。它让人们可以同时阅读许多大开本书籍，复杂的齿轮结构借鉴了天文钟的结构。

"创建秩序"最终成为方法讨论中的主题，这场讨论在中世纪发端时就已经出现，在16世纪得到扩散。一群学者着手搭建框架，思考能想到的所有领域的工作方法，从植物学到数学。彼得吕斯·拉米斯（Petrus Ramus，1515—1572）的哲学大获成功，也是因为它承诺能够缓解人们对秩序和系统的渴求，他本人不幸在圣巴塞洛缪之夜中丧命。拉米斯认为哲学应该以实际应用为导向，重点完全在于世俗生活，要让人们能够理解。拉米斯制定的知识秩序都以寻常物为出发点：主导概念有精确定义，如"政治"或"音乐"，并继续划分为更细致的从属概念。拉米斯的教育学也遵循这些原则，产生了很大影响——尽管在旧式大学的反响不如文法学校，但影响更为广泛。

其中也不乏反对吹毛求疵和争论不休的论战，它在许多大学已经变成日常生活的一部分。1480年前后建造的蒂宾根的寄宿舍甚至为"老"路子和"新"路子的支持者、"唯名论者"和"现实主义者"分别设立一个入口，用墙隔开交战的两个王国。高校与传统的灰色堡垒不同，这里可以对势如水火的各种理论展开公开论战，也可以拼命说服对手达成共识。尽管争论最频繁出现在大学里，但把大学作为象征物是一种欺骗。几乎所有科学革命的主角都拥有大学文凭，或者是教席教授。而且大学和大学也不一样，例如，小型的德国贵族高校与帕多瓦大学简直不可同日而语，后者凭借其尖端医学和国际氛围遥遥领先。

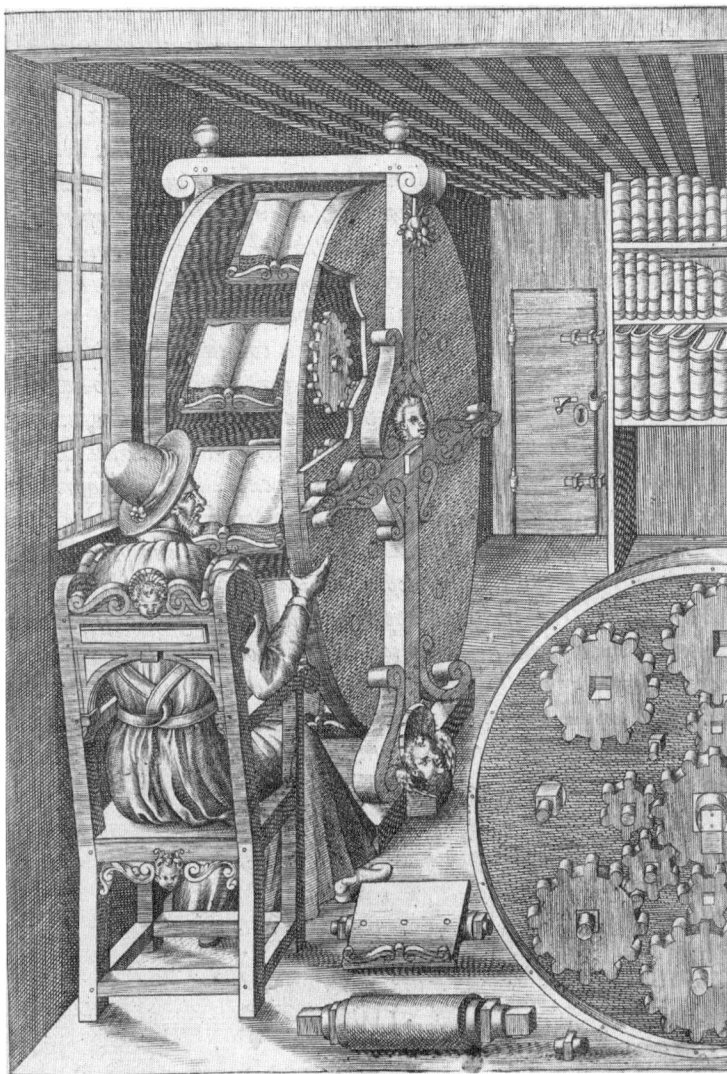

插图62:《书之轮》

出自:阿戈斯蒂诺·拉梅利,《阿戈斯蒂诺·拉梅利上尉的各种精巧的机械装置》,巴黎,1588年,华盛顿,史密森图书馆

此外，学识广博的交谈也发生在科学院。1583年，"小研究院"在佛罗伦萨成立，这个机构致力于净化语言。1603年，猞猁之眼国家科学院在罗马成立，这是一个自然科学研究中心，但并不是所有这类机构都可以被视为科学实验室。它们提供了逃离世界的机会，是艺术家和知识分子的避难所——这些浪漫的地方让人想起古代雅典的先例。"我将坐在一个绿树成荫的庭院中，或者在乡间某处种满梧桐的别墅里，与人们舒适地讨论学术"，这是《图像学》（1593）的作者切萨雷·里帕（Cesare Ripa）的梦想，这本著作经常被人提及，是一部有关象征和譬喻的辞典。

文艺复兴时期的研究院或许起源于意大利南部。1560年前后，那不勒斯似乎就出现了一个"自然神秘学院"（Accademia segreta），目标是发现大自然的秘密。他们的研究成果应当向社会公开，以此唤起"每个国家的真正统治者和贵族与每一种美丽高贵的精神之间最崇高的较量"，吉罗拉莫·鲁谢利（Girolamo Ruscelli）这样写道，据推测是他创立了这个学院。这个学院是否真实存在，没有定论，但鲁谢利至少展现了文艺复兴时期研究院的理想构造。如他所述，"自然神秘学院"有一个植物园、一个实验室和一支由专业人员和助手组成的团队，如金匠、药剂师和调香师。可以肯定的是，16世纪中叶一个松散的圈子已经出现在那不勒斯，他们以乔瓦尼·巴蒂斯塔·德拉·波尔塔（Giovanni Battista della Porta）为中心，这位中心人物既是一个研究成果丰硕的自然科学家，也是戏剧家。

德拉·波尔塔这一类型的学者对自然的认识依旧是以亚里士多德、柏拉图和普林尼的观点为依据，他们的看法深受阿拉伯人和欧洲中世纪思想的影响：这个世界充满了同情、类比、标志、鬼魂和神秘的力量。根据他的"植物图谱"，外在形式，即"符号"，反映出内部属性及其影响。他那众所周知而又臭名昭著的相面术也遵循同样逻辑：看起来像牛的人也就是一头牛。此外，德拉·波尔塔还践行巫蛊之术。当然，巫蛊的逻辑也遵循相似之物间的关系法则。依照某人长相扎一个布偶，如果你给布偶扎一针，那个人即使在很远的地方也会感觉到刺痛。

德拉·波尔塔的科学与前人著作的区别在于，他试图在魔法话语中建立秩序，并想通过实验找出隐藏的力量是如何生效的。他撰写了20卷本的《自然魔法》，第二版于1589年问世，让迄今为止所有的魔法书籍都黯然失色。咒语、祈祷和仪式行为变得不再重要。事物的力量应该是上帝所赐，但它们发挥出的效果并不是奇迹，魔法师也绝对不是萨满——更像是人文主义者、炼金术士、占星学家和数学家，同时也是熟练运用手术刀和蒸馏瓶的工匠。德拉·波尔塔创立的是一种新式自然科学，它已经起航，前往新的海岸，但还未远离旧港口。

在乌利塞·阿尔德罗万迪的科学思想中也能看到类似的过渡，在古老模板的框架中出现的"狂野"想法逐渐转变为秩序井然的系统化工作。这种过渡体现在他奇特的文章里，一本怪物的自然史——根据当时人的理解，就是动物和人的混合体，其身体各部位似乎来自不同物种。有翼的龙与蝙蝠或飞鱼一样，都可以计入其中。阿尔德罗万迪的作品有一个先驱，即皮埃尔·鲍埃斯杜（Pierre Boaistuau，约1517—1566）于1560年出版的《奇妙物语》，这本书也曾大受热捧。布列塔尼人鲍埃斯杜把怪物当作上帝之怒的不祥产物，而乌利塞用沉着的理性赋予它们血肉之躯。他在每一页中都试图定义到底什么是怪物，然后把它们明确分类，根据它们变形的身体部位排序，从双头怪到尾巴分开的怪物。他把禽类按照栖息地、饮食或喙的形状分类。这样做不可能不出错。在牛津执教的爱德华·沃顿（Edward Wotton，1492—1555）是另一位动物学先驱，他从亚里士多德那里就已经认识到，蝙蝠是哺乳动物，而阿尔德罗万迪仍旧把它归为鸟类。他的作品因为丰富的插图而令人印象深刻，与他合作的画家中最著名的是博洛尼亚人雅各布·利戈齐。杰出的技巧——里戈兹色彩晦暗的丹配拉画法[1]几乎像照片一样逼真（附图31）——与科学交织在一起，无数这样的结合物出现在拉丁欧洲的科学革命中。

---

1 丹配拉颜料是用蛋黄、水和颜料合成的，这样制成的颜料能在特别白又特别光滑的底上形成特殊的光泽，显得金光灿烂。这项技术由拜占庭艺术家首先采用，是从最冷的深色调或中间色调到最暖最亮的色调一层层地涂抹，这种方法能使形和明暗产生特别强烈的效果。

德拉·波尔塔和其他像他一样的学者一直在探寻未知的阴暗之地，这种活动时而摸索前进，时而充满活力和对自己的溢美之词，不仅带来了令人好奇的知识，也指向未来。德拉·波尔塔凭借《相面术》与死后出版的《额头纹占卜术》成为外貌心理学的先驱，以及种族主义和优生学的鼓吹者。盖斯纳研究人头狮身的怪物、半人半兽的萨提尔神、狗头怪和长爪子的森林人（插图83）。但把他看作动物学研究的开拓者，无可非议。卡尔达诺不仅把蚊子——考虑到相似的鼻子——当作大象的近亲，还建立了概率演算模型，并且是第一批能够运算负数、三次方程和二项式系数的数学家之一。在技术史中，他被视为轴悬和万向轴等巧妙装置的发明者，或至少是第一批理论家。

巨人陨落

不同时代的同时性逐渐变得明显，其中令人印象尤为深刻的例子是阿尔德罗万迪的《龙族学》。教皇格里高利十三世的徽章就是一条双足龙，这么巧，他当选的那一天在博洛尼亚附近正好发现一只怪异的两栖动物。阿尔德罗万迪在众目睽睽之下把它解剖，围观的观众都是爱看热闹的人。他把这个奇迹物开膛破肚，通过这种方式把一个上天的预兆变成自然科学所好奇的对象。这个怪物的遗骸被收藏在他的珍奇屋里（插图63）。对龙的祛魅标志着新旧之间的裂缝又加深了一道。另一个例子是菲利波·内里被封圣的过程：解剖学家研究他的尸体并得出结论，死者折断的肋骨和其他迹象毫无疑问都是超自然的原因。这样，解剖的新艺术也为虔诚的奇迹信仰服务。

插图63：《博洛尼亚的龙》

出自：乌利塞·阿尔德罗万迪，《龙族学》，博洛尼亚，1640年，博洛尼亚大学图书馆

帕拉塞尔苏斯或费尔内尔的医学理论既有传统又有创新。在他们和同时代的人眼里，人体绝不仅仅是骨骼、血肉和肌肉组成的机械，而是与宇宙相连。他们推测在身体内有生命精神，这种观点与中国学者的生命哲学模型类似，中国医者试图用针灸、推拿和艾灼法促进体内气的循环。和他们一样，大多数欧洲人相信巫术、天文和探地术或"风水"。甚至地球上的不朽理念，欧洲人也不陌生。然而，与中国人不同，一些欧洲顶尖思想家推动了双重范式转换。通过借鉴希腊罗马哲学，他们破坏宗教模式；通过摧毁古代体系，他们为现代科学打开局面。

欧洲学者在古代纪念碑前没有因为惊讶就畏首畏尾，而是敢于摧毁它们，这是科学史上最令人惊讶的事件之一。然而，他们在决裂中需要的技术也同样来源于希腊，在苏格拉底的对话和亚里士多德的逻辑中一起承袭下来。新时期怀疑论的一位奠基人赫伯特·冯·切尔伯里（Herbert von Cherbury，1583—1648）甚至利用亚里士多德哲学寻找答案，他想知道如何感知真理。亚里士多德本人不就拒绝对权威的敬畏吗？他这句评论常被引用，"吾爱吾师，但吾更爱真理"。

中世纪堆积起来的等级制度现在面临崩溃，自然的力量也摆脱了形而上学的束缚。一种重要的认识开始出现：真理从未掌握在人类手中，重新找到真理更像是一个遥远的未来目标，可能无法实现。现在人们数千次演练如何明确描述事物，解剖躯体并收集物品，逐渐剥去了真理身上未知的魔力。

旧体系也遭到全方位的攻击。在植物学领域，早在15世纪人们就开始怀疑普林尼是否正确翻译了希腊植物名称。就草药而言，这不仅是一个语言学问题。人们着手观察比较，把经验和实验当作依据，并走进大自然。"普林尼或翻译帕拉塞尔苏斯的西奥多·加沙真有那么权威吗，难道我们宁可相信他们也不能相信自己的眼睛？"医生尼科洛·莱奥尼切诺（Niccolò Leoniceno，1428—1524）就提出这样的问题，他也是当时最重要的植物学家。阿维森纳是一个残忍的"暴君"，追随他的人完全信任这位领导者，并断言自己获得了从经验中无法获得的知识。解剖学家雷尔多·科伦坡（Realdo Colombo，约1516—1559）简明地说，"古人和现代人"都是他反驳的对象。即使亚里士多德——整个欧洲理性的最伟大导师——也遭到攻击。人们批判亚里士多德的观点不甚明确，表述令人费解，把自己像墨鱼一样隐藏在自己的笔墨中。彼得吕斯·拉米斯甚至攻击亚里士多德哲学的坚固核心——他的逻辑学。

航海家的旅行也为抨击古代权威的学说提供了有力依据。格列高尔·赖什的地图上就已经标注裂隙，据航海家报道，传统地理世界地图上的那些裂缝正在逐渐变大。生活在果阿的医生加西亚·德·奥尔塔（Garcia de Orta）在植物学著作中写道，现在，在一天之内从一个葡萄牙航海家那里学到的知识，比罗马人在百年里获得的知识还要多。船长们确实带来一场"经历的革命"。古人认为赤道上的热气足以杀人，与之相反，葡萄牙人穿越赤道时毫发无损。何塞·德·阿科斯塔（José de Acosta，约1540—1600）于1571年前往南美洲，在那里冻得瑟瑟发抖。"除了嘲笑亚里士多德的《气象学》和他的哲学，我在那里还能干吗？"他写道，"按照他的规则，那时候的那个地方应该酷暑难耐，但我和我的同伴只觉得冷。"所以他得出结论，托勒密和其他人显然连半个地球都不甚了解。

古代知识和古代艺术堆积而成的钻石山已经崩塌，现在人们可以看得更远。人们用文学中的爱国主义反抗拉丁语和意大利语的统治，在政治上反对西班牙的帝国主义，在宗教上反对教皇，古代权威和他们在中世纪的继承人也面临挑战。与神学的联盟让这个摇摇欲坠的亚里士多德学派帝国尚未倾覆。新思想并没有完全取代亚里士多德主义，而是在它身边生根发芽。16世纪中叶，威尼斯的琼塔（Giunta）搜集编纂了阿威罗伊的所有著作并翻译成拉丁文。1597年，让·博丹用《自然的戏剧》一书捍卫以《圣经》为基础的古老哲学。它反对自然魔法和享乐主义的无神论，驳斥一切对灵魂不朽的疑虑，维护亚里士多德认为世界永恒的观点。就连牛顿也是在一本以亚里士多德学派为出发点的教科书中获得了科学知识。

哲学话语是监测时代形势的地震仪，其中也有蒙田的疑虑萌芽。医生弗朗西斯科·桑切斯（Francisco Sanches，1550/1551—1623）在1581年的文章《人一无所知》中提出，三段论没有用，只有精确观测能让人们获得知识，而且最好是单独解决每个问题。在哪里能得到确切答案？波纳蒂特·特勒肖（Bernardino Telesio，1509—1588）认为要靠感官感知，只有感官是权威的衡量标准。走向知识的第二条道路是通过数学的引领。在文艺复兴晚期的自然哲学家中，卡尔达诺最青睐数学，他本人就集大胆的思想家、能工巧匠和天才数学家于一身。他认识到，能够被人获得的知识是有限的。但数学能够突破被感官限定的界限，甚至能够掌握永恒。不过，卡尔达诺很清楚，观察、实验和计算的相互作用也不会通往对世界本质的绝对了解。他的自传表明他是一个深刻的悲观主义者。

天文学家强硬地抵抗一切新事物。绝大多数人都不屈不挠，对哥白尼学说充耳不闻，他们只关心"现象的拯救"。宇宙中出现越来越多的新天体，可能有12个、14个、77个甚至79个。有人提出奇怪的想法，认为行星——像兔子在洞穴里一样——在天空的"运河"里移动。天界的另一边是什么，仍然无从得知。无限？虚空？但是有人问道，如果宇宙的另一边是"虚无"，这种虚无如何限制"存在"呢？哥白尼对此未作评价。"但是，世界是有限的还是无限的，这个问题应该由物理学家来解释。"思维复杂的约翰·迪伊有一个弟子叫托马斯·迪格斯（Thomas Digges，1546—1595），他在哥白尼之后指出，宇宙可能是无限的。迪格斯于1576年发表了一篇关于天界的论文，扉页的木版画呈现了无边无垠的星空，他依然把星空看作古老《圣经》中"选民的居所"和"伟大神祇的宫廷"，尽管这里没有边界。大约在同一时间，弗朗西斯科·帕特里齐驳斥亚里士多德，提出"绝对空间"的观点，认为其超越一切存在。帕特里齐还曾提出"绝对时间"的概念，这两种观点都与感官的感知没有关联。特勒肖也曾有类似观点。这样，无限宇宙的模型所需要的哲学预设都准备就绪——也是在这一时期，宇宙学开始讨论宇宙极限的问题。

走进无限的冬之旅：乔尔丹诺·布鲁诺

罗马，1600年2月16日。一群蒙面人出现在暮色中。这里是托尔迪诺纳街区的教皇监狱，距离罗马的圣天使城堡不远，对于那个蹲在暗无天日的地牢里的男人来说，这群人的出现不是什么好消息。这些人把脸藏在黑色兜帽下，他们是临终时刻的天使，是安抚生命与残酷死亡之间的可怕时刻的撒玛利亚人：这些人都是"被斩首的圣约翰兄弟会"的成员，到此地是为了陪伴那个被判处死刑的男子。这个留着赤褐色胡子的男人个子不高、身形瘦削，长时间的囚禁让他面色苍白。整个晚上，兄弟会的成员们费尽口舌说服这个囚犯，试图劝阻他的异端观点。据一位消息人士说，"但他直到最后一刻都冥顽不灵、倔强不屈"。现在剩下的只有为死刑犯进行常规祈祷。最后，这位男子被带到清晨第一缕阳光下，这束光从贾尼科洛山后缓缓升起，驱散了阑珊夜色，让罗马教堂的塔楼和穹顶都沐浴在阳光之下。

这群人上路前往鲜花广场，从托尔迪诺纳过去不是很远，如果悠闲踱步，不到半个小时就能到达。对于这个垂死之人来说，穿越城市街道就像是耶稣受难之路，因为他很清楚等待自己的是什么。在那个四方形广场上架起了一个木桩，柴火也已经铺好——处决他的这个广场上，今天为他竖立了一座纪念碑。那个青铜男像从他的基座上严肃地打量着过往行人，他的名字举世闻名：乔尔丹诺·布鲁诺。

埃托雷·费拉里（Ettore Ferrari）于1889年创作了这座雕像，当时意大利历经复兴运动[1]于不久前艰难统一，教皇长期占据的罗马城也刚刚回归意大利人之手，此时立像就是意大利人的一次宣言。青铜打造的布鲁诺对新国家来说，是真理的殉道者，是公民社会的英雄。这虽然有些夸大；乔尔丹诺肯定算不上自由派市民阶级的先锋，但他的人生中有一个愈演愈烈的冲突，我们在卡诺莎的书中可以详细了解。这个冲突事关一个问题，谁享有更多权利和自由：是宣称自己掌握一切真理的教会，还是这个为科学和哲学也保留一席之地，并允许批判性话语传播的世俗世界？

1548年，布鲁诺出生于坎帕尼亚的小镇诺拉，是一个士兵的儿子。布鲁诺加入了多明我会，接受了全面的人文主义教育。他是一个不安分的天才，一个满腹经纶的庞大固埃。很快，他就被赋予了异端的名声。他的生活轨迹就是在文艺复兴晚期阴沉的欧洲展开一场冬之旅。他寻找并找到了恩主——其中包括亨利三世和鲁道夫二世——和资金。每一次告别都不是和平地进行。"我就这样到来，在你们的城市穿行。"1588年他在维滕贝格这样说道，而且很快又前往下一座城市，"一个外国人，一个流亡者，一个叛逃者；一出命运的喜剧，身材瘦小，一个一无所有的人，幸运不再垂青，被众人的仇恨所排挤，被

---

1 意大利统一（意大利文为"Risorgimento"，意为"复兴"，故中文文献将意大利统一过程称为"意大利复兴运动"）是19世纪至20世纪初，将意大利半岛内各个国家或分裂的政权统一为意大利王国的政治及社会过程。意大利统一运动是随着1815年的维也纳会议及拿破仑政权的结束而开始，亦随着1871年的普法战争而结束，分三个阶段。第一阶段自1815年拿破仑一世入侵、烧炭党形成开始，至1831年青年意大利党提出"政治改革"的口号。第二阶段为1848—1849年意大利独立战争时期，反对封建分裂和奥地利帝国统治。第三阶段以撒丁王国为中心，依靠加里波第的红衫军，解放西西里和那不勒斯，于1861年建立意大利王国，并先后从外国统治下收复各地，最后完成了意大利统一。

一切傻子和俗人鄙夷……"在此期间,布鲁诺已经退出多明我修会。他笔耕不辍,撰写关于记忆艺术、宇宙学、物理学、魔法和几何学的书籍,创作十四行诗、教育诗,甚至还有一个剧本。许多人认为他是异教徒,有些人把他看成魔法师、先知或革命者。他曾三次被逐出教会:在罗马,在追随加尔文主义的日内瓦,还有信奉路德宗的赫尔姆施泰特。他曾透过天主教监狱的小窗户仰望天空,也曾隔着新教监狱四四方方的栅栏寻找阳光。

但是这个诺拉来的男人到底被判处何种"错误和虚荣"?他的第一个攻击对象是托勒密,并激烈地反对亚里士多德,在一篇文章中他说亚氏是一头驴。布鲁诺认为自己完成了哥白尼的宇宙学,把自己看作带来光明的普罗米修斯。他称赞自己比建造了"阿耳戈"号英雄船的阿耳戈还要伟大,哥伦布也不能与他媲美,他把人类思想和知识从束缚中解放出来。他已经探究上天,超越了世界的极限,"让仅凭想象建立的第一、第八、第九、第十和其他天体去除相互之间的隔绝,而头脑空空的数学家和盲目无知的哲学家还想重新隔开它们"。布鲁诺的文章手法高超,充满反讽、嘲笑和挖苦。他熟练引用古代神话,讽喻艺术也尽在掌握之中。

在1584年出版的《圣灰星期三的晚餐》一书中,他既有无神言论又很虔诚,语气时而轻快时而愤怒,娴熟如大师又青涩如学徒,既严肃又蠢笨。这个故事发生在弗路克·格雷维(Fulke Greville)爵士的家中,这个著名人物在现实中就生活在伊丽莎白女王的英国,是诗人菲利普·西德尼(Philip Sidney)和弗朗西斯·培根的好友。客人们穿过伦敦的夜色去参加圣餐礼,这是在隐喻学术辩证法给人带来的困惑。人们想抄近路,在一艘缓慢的渡轮上浪费了许多时间,在一条泥泞的小路上停滞不前,还迷了路。布鲁诺评论道:"啊,善变的辩证法,纠结的疑问,恼人的谬论,虚假的曲解,晦暗的谜语,混乱的迷宫,妖魔化的斯芬克斯,你们都瓦解吧,或者让人们来解决你们吧!"这些漫游的人最终到达了目的地,一个专题讨论会。幸运女神翩然而至,在理智的帮助下打开了精神的大门并向他们下达自由的决议,同意他们继续这段旅程。布鲁诺也是这样看待自己的思想。理智的决定和精神的自由应该战胜吹毛求疵的经院哲学，说服反对者，让黑暗被照亮。布鲁诺认为，人幸有理性，因此能变得自由和强大。就算是无法体验的永恒，在他看来都是可以思考的。

《圣灰星期三的晚餐》宣告了布鲁诺的中心论点。宇宙是无限的，宇宙中的恒星和行星也是无限的。所以，宇宙没有中心。一些看上去相近的恒星实际上比太阳和地球之间的距离更远。"想象出来的"天体没有移动，是行星本身在运动。地球与这些天体以及星星一样，并没有被固定在天上，而是在24小时内自西向东旋转，并围绕太阳运行。1584年同时发表的檄文《论无限、宇宙和世界》和其他一些著作加深了这种观点。布鲁诺曾写道，土星另一边持续闪耀的恒星实际上是其他的太阳，它们也被别的行星，即很多"地球"所环绕。

宇宙中可能存在着各种各样有生命体居住的世界，这一论点早在古代以及苏格兰神学家约翰·梅杰（John Major，1469—1550）那里就有提及，直到今天也没有定论。但之前从没有人明确坚定地表述这一观点，它的基础是起源于柏拉图和神秘主义的上帝概念。布鲁诺的上帝是一个无限界限的悖论，"因为他为一切设限，又不被任何东西所限制"。上帝是宇宙中"无限的无限，在一切事物中无处不在"，上帝既包容宇宙，又在宇宙中展露自己，就像是照镜子，他自己一直存在于宇宙中，不只是一张图像。布鲁诺还说，在宇宙的远方应该也有别的世界，那里的居民比地球上的人类更幸福。上帝的卓越不是通过一个太阳闪耀，"而是有无数的太阳，不是在一个地球、一个世界上，而是几百万个世界中——以我所见：多得数不胜数……"但在无限的宇宙的另一边什么都没有，既没有空间，也没有实物，没有虚空也没有时间。

在布鲁诺的无限中没有中心，没有从肉体到精神最后到神圣的等级划分，没有元素的秩序。"但这样一来，那种美丽的秩序，美丽的大自然的阶梯在哪里？"《论无限、宇宙和世界》中谈话者之一的布尔基奥这样问道。与他谈话的弗拉卡斯托罗回答说："你们想知道秩序在哪里吗？哪里有梦想、幻想、愚蠢，哪里就有秩序。"弗拉卡斯托罗是一个现实中的人物，布鲁诺为表敬意把他写进书里。布鲁诺的宇宙学似乎激烈地反对"神曲"中的宇宙，反对神学家在宇宙中加入天界、天使合唱团和一群群死后升入天堂的人。这个诺拉人认为，上帝创造了永恒的宇宙，他的创造物和造物主的自我创造一样，都将永恒。这样，宇宙只是存在，宇宙遵循一定的原则，甚至作用于最小的部分，这种原则和宇宙一样也是永恒的，它们合为一体。只有形式可以改变和重生，而物质是永恒的。因此，没有什么可以真的消逝，没有什么会真的死亡。这种看法来源于一段《圣经》经文，布鲁诺被迫从维滕贝格大学离职时，在纪念簿里写下了这段标题为"所罗门与毕达哥拉斯"的经文："已有的事必再有；已行的事必再作；日光之下并无新事。"[1]

与布鲁诺对哲学的深远影响相比，他在新天文学的历史中没有扮演特别的角色，因为他的猜想既不是源于观察也不是以计算为基础。他所持的宇宙扩张论只是对应他的超神构想，也向人们展示了哥白尼宇宙学的可能后果。如果地球不是中心，那么世界的中心可能无处不在或者根本不存在。

很明显，在布鲁诺抽象的全能上帝面前，虚妄说完全黯然失色。布鲁诺在《圣灰星期三的晚餐》中轻蔑地认为，犹太人、基督徒和穆斯林是"三个相互敌对的不同教派，每一个教派中又有无数相互敌对的不同组织"。他在审讯中说，路德、墨兰顿、加尔文和"其他山那边的异教徒"根本不配被称为"神学家"，只算是"学究"。布鲁诺不是因为大胆的宇宙论被送上火刑架，而是因为他对宗教的攻击。他的论战文章《驱逐趾高气扬的野兽》是尼采之前对基督教——布鲁诺甚至称它为"驴教"——最激烈的檄文之一。基督被神秘地包装成"神圣的创造奇迹的俄里翁"，让"天空吓得屁滚尿流"。这个诺拉人讽刺基督是神的智慧下一只傲慢的猴子，他耍花招、变戏法，演出一些奇迹，但没一件好事。布鲁诺指责那些宗教狂热分子，也反映了当时的社会情况。"当他们向你致以和平的问候时，无论他们走到哪里，都带着分裂的刀子和驱逐的火把。"他这样写道，"你看，他们说自己是耶稣的仆人，说耶稣能使死人复活让病人痊愈，但比起那些大地养育出的杀人致残的人类，他们难道不是更坏

---

[1] 这段内容出自《圣经·旧约·传道书》1:9，其主要内容是指出凡日光之下的劳碌尽皆虚空，只有信靠日光之上的神才是人生的满足。相传执笔者是大卫的后代所罗门，耶路撒冷的王。布鲁诺认为这段警语既来源于所罗门，也出自毕达哥拉斯。

吗？虽然他们手里没有火焰和兵器，他们的舌头就能毁灭人……"

从今天来看，这位哲学家的生活似乎直接通往火刑架，但当时不是那样。他在各处都能找到支持者和援助金。他那些遭人唾骂的论战文章也在伦敦成功出版；在接下来的几年中，他在巴黎、马尔堡、维滕贝格、布拉格和赫尔姆施泰特等各地任教，在帝国直辖市法兰克福短暂停留，也去过苏黎世和帕多瓦，他在帕多瓦的教席很快由伽利略接任。威尼斯贵族乔瓦尼·莫塞尼戈（Giovanni Mocenigo）向他发出邀请，他欣然赴约，这才大祸临头。两人间发生争执，这本来很常见；但主人向宗教裁判所告发他，布鲁诺被移交罗马，这在威尼斯的自由氛围中实属罕见。这样，他最终的命运终于到来。在他生命中的最后几个月，人们仍在为他建造金桥，而他最终没有踏上桥面。在一群刽子手的注视下，他居然断言摩西是一个魔法师，自己发明了诫命。他称《圣经》不过是"遐想"。有消息称，当他得知死刑判决时只是回答："这个决定对于来处决我的你，可能比我能感觉到的更让人惧怕！"接着，就是最后一刻。当柴火噼里啪啦、火焰席卷而上时，布鲁诺为了对抗这种施加于他的可怕暴力，脑海中是否还曾冒出无限宇宙的想法，因为在他的宇宙中不应该有死亡，只有转变和重生？据说他的最后一句话是：他很乐意成为殉道者，他的灵魂将与烟雾一起升入天堂。

一种始于前苏格拉底时代的传统在布鲁诺这里得以终结。这种传统观点中包括卢克莱修，他认为一切都是飞行的原子；也包括柏拉图，是他创造了布鲁诺学说中掌管宇宙的上帝；还有亚里士多德——是的，也包括他，虽然布鲁诺对他无限嘲讽——但他提出了宇宙非创性的学说；最后是库萨的尼古拉，他认为宇宙无限，尽管不是永恒。这样说来，布鲁诺是一位文艺复兴时期的思想家，他也承认这一点，把自己的科学看作"古老科学的归来"："这些都是断裂的根源，带来新的萌芽，古老的东西重新回来，隐藏的真理揭示自己：他是一道新的光亮，在漫漫长夜后出现在我们的洞察力的地平线上，照亮苍穹，并渐渐来到中天。"

人们不应该把布鲁诺塑造得过于现代化，应该实事求是。人们试图将他刻画成一个博学多识的矫饰派艺术家，他的观点把事物颠倒，就像16世纪晚期的艺术家一样行事。这虽然不假，但描述的只是布鲁诺创造性的想象力，而不是他的思想风格。布鲁诺从"中世纪"般的猜想中（事实上来自12—13世纪的文艺复兴）获得了知识。在他的一些作品中，他时而是一个幽灵般的神秘主义者，时而是一个欣喜若狂的柏拉图主义者。他的世界观具有生命力和魔力。他将恒星和行星视为有生命的生物，这种看法流传甚久，在今天却只是一种滑稽可笑的观点。另外，他提出了革命性的想法，所有生命形式——从牡蛎到人类——从实质来看都是一样的。布鲁诺和古老的结论都有一个传统，它们并不是以数学和经验为依据，而更像是哲学家的观点。他在这个领域触及了限制欧洲发展的边界，虽然方式完全不同，但伽利略也想探究这一边界。布鲁诺在探讨无限的最后向自己提出挑战："摧毁那些向内向外拱起的表面，它们把那么多的元素和天空限制在内部或外部，让本轮轨道和恒星也变得荒谬。盲目的暴徒在第一批移动之物和最后一些凸面之间修建了金刚石一般的高墙，现在让我们用生机勃勃的喧嚣和风暴砸向它，把它夷为平地。接受这个地球，它是唯一的和实际的中心。"伽利略、开普勒和牛顿等其他伟人也都接受了这一挑战，迎难而上。

冬日童话：莎士比亚

伦敦，1600年前后。这座城市的居民数逐渐达到18.7万，成为欧洲最大的五个城市之一，它现在充满期待，可能成为未来的世界贸易中心，成为大陆的港口。克拉斯·维谢尔（Claes Visscher）在1616年绘制的长达2米的城市景观画上记录了微微转弯的泰晤士河的两岸风光，河上有大帆船、驳船和其他各种船只熙熙攘攘，"圣凯瑟琳码头"上桅杆耸立，密布如林。后面的城市背景中是紧密相连的山墙和教堂塔楼，圣保罗大教堂是当中最令人瞩目的一座。中间也能看到备受赞誉的伦敦大桥，就像里亚托桥一样，桥上也有许多房子，一楼可以购买针线和其他小玩意儿。旅行者如果从南华克桥走来，便能看到刚刚被砍掉的人头在向他咧嘴致意——维谢尔连这个细节都没忘——这也在提醒旅行者扰乱城市和平的下场。画上还有远处的哈罗山丘，地平线上是哈克尼和斯蒂普尼的村庄，一片葱郁中依稀可见汉普斯特德的风车。画家在最中间着重凸显出伦敦市政厅，这里是公社所在地，还是一个交易所，伊丽莎白女王在1570年为它赐名"王家交易所"。维谢尔在河滨画上庄园、伯利勋爵的宫殿还有萨默塞特宫，这是16世纪中叶文艺复兴风格在伦敦的第一个桥头堡。越接近市中心，就越繁忙。泰晤士河畔的"斯蒂利亚德"（The Stilliarde）是一个客栈，因为附近堆积钢材的码头而得名，这里是强盛一时的汉萨同盟在伦敦的会馆，现在已经闭门停业。离这里不远的上游是鱼贩子的行会所在地。

人们可以听见船夫的叫喊、起重机的呻吟、造船厂里的锤击，还有渡船上传来的"向东！""向西！"人们可以想象一下那渴望的眼神，目送帆船沿泰晤士河驶向远方，返乡者被阳光和海盐灼伤的脸上则是不耐烦的表情，他们几个月来魂牵梦萦的就是大都市的妓院、小酒馆和赌场。许多清教徒在那时候就把这个城市视为新的巴比伦，而人文主义学者一直称它是特洛伊的女儿。

"教皇"手下的田产以荒谬的价格被出让。约克主教的官邸曾经落入大肆敛财的沃尔西之手，扩建得富丽堂皇，现在成为王家资产，它被改名为"白厅"，是女王的住所。奢华的伦敦人纷纷在附近定居，如金匠或丝绸商人。廷臣则对其他地方下手，从中攫取财富。萨伏依本是济贫医院，此时被改成玻璃工厂，穆拉诺的玻璃吹制工从威尼斯来到这里淘金。以前僧侣们祷告、主教居住的地方，此时出现了军火库、糖厂、网球场，甚至为船员提供食物的面包店。修道院被剥夺了城市管辖权，它名下的地产成为一项特别有吸引力的投资。伊丽莎白时代的伦敦编年史家约翰·斯托（John Stow）嘲笑新富的宅邸，他写道，这些塔楼和烟囱就像"仲夏游行"，毫无用处，只是为了炫耀和消遣，它们泄露了人类思想中的虚荣一面。

像所有美丽的城市风光画一样，维谢尔也掩盖了伦敦的夜晚和贫困，在肮脏的郊区，屋顶上的灰烟与秋天的雾气混成一团。木头、黏土和石膏搭建的小屋为新来者提供应急住所。没有哪个画家记录过这些没有阳光照射的狭窄街道，半木结构的房屋把楼上几层向外扩建，让街道像隧道一样黑暗。纽盖特街圣尼古拉斯附近的屠宰场和肉店行气味熏天，污水和腐烂的肉散发阵阵恶臭，黑鼠在这里安家，到处散播鼠疫。1592—1593年，瘟疫再次侵袭这个人口过剩的城市。但伦敦也有博学的人、爱读书的人，有许多教授医学、数学和法律的学校。托马斯·格雷欣爵士于1597年创立了一所大学，不仅让商人学习法律，还给他们提供了古典教育。书商为所有读者服务，主要书市在主祷文广场和圣保罗公墓附近。在附近的舰队街，印刷工坊已经开设了100年，这里后来成为伦敦的报社一条街，1585年有24家印刷厂，1650年有60家。

一位来自乡下的诗人可能曾在这里来回奔走：威廉·莎士比亚，祖籍埃文河畔斯特拉特福。有段时间，他就住在离这里很近的克里普门。由于对莎士比亚1585—1592年的踪迹一直缺乏史料——研究者把这段时间忧郁地称为"失落的岁月"——出于对研究的怀疑，我们不敢说莎士比亚当时人在意大利。无论如何，他对意大利的地理似乎不是很熟悉。但他的创作以意大利诗歌为源泉，他对南方的诗学熟稔于心。这样，《威尼斯商人》中的一些情节可以与14世纪的诗人乔瓦尼·菲奥伦蒂诺（Giovanni Fiorentino）的小说雷同。不管怎样，莎士比亚从出身来看确实算是博学多识——他的父亲是农民的儿子，后来成了工匠，还当上了斯特拉特福市长。从他的作品中，人们可以读到普劳图斯、奥维德和普鲁塔克、薄伽丘和乔叟；对编年史家和同时代的诗人，他也有所借鉴。这个在斯特拉特福只上过文法学校、在那里学过"少量拉丁语、更少的希腊语"的农民之子，他的知识，如果不是从伦敦的书商那里获得，还能来自哪里？

对于像他这样的人来说，整个世界是一个舞台，舞台就是他的世界，除了前往首都没有别的选择。每天下午都有两三场喜剧在某处上演，一位旅行者这样记载。这里有最好的机会找到一位身居高位的赞助人，然后组建一个演员剧团，别的任何地方都不会有更多的剧院。维谢尔在画中特意画上了最著名的两处：可以容纳3000人的"天鹅"剧院和"环球"剧场，仅从名字就能看出这个剧院包罗世界的特质。人们不需要把这里想象得特别精英化。莎士比亚的艺术来自边缘地带，那里的娱乐场所臭名远扬，妓女叫卖肉体，梅毒寻找受害者，为了维护安全还准备了监狱。剧院与动物狩猎具有相同的用途，"全球"剧院旁边的"熊园"天天都有上演。人们在观看表演期间吸烟，咀嚼水果，痛饮啤酒和葡萄酒。剧院经理和他们的演员——野狗、可怜的恶魔和一些绞刑架——必须在严酷的市场中求生。他们可以做很多事，只是不许让人无聊。如果有布景的话，就是那些吸引人注意力的寒碜的服装和烟花。演员在舞台上互殴、跳舞、谋杀、召唤魔鬼，讲下流笑话。众所周知，莎士比亚的剧中会出现巫婆、仙女和恶魔，在几乎所有的悲剧中都有一个疯子在舞台上插科打诨，疯狂是这个忧郁时代的时尚。但是，这位语言大师的话在观众脑海中将唤起何种画面！

　　来看莎士比亚戏剧的主要是伦敦的市民阶层，而且绝对不只是富足的上层市民。毕竟，一便士的入场费人人都付得起。让外国访客惊讶的是，女人也出现在剧场。早在17世纪，更富有的阶层为了表现与民众的不同就在私人包厢看戏，票价要高出不少。尽管如此，伊丽莎白时期的剧院仍然昭示着一个新的公共场合的开端，与公开的布道相去甚远。清教徒的牧师和特别正派的市民都把剧院看作非道德和动荡的温床。政治敏感的人不止一次要求引入审查。事实上，当时的剧院似乎是现代早期和现代之间的社会实验室。莎士比亚的戏剧经常反映出这种矛盾。

　　不是所有人都向这个斯特拉特福人张开怀抱，竞争对手约翰·格林（John Greene）在临终前还诬蔑莎士比亚是"发迹的乌鸦"，但这样的判词实属罕见。这个新来的人在第三任南安普敦伯爵那里找到了靠山，他开始根据潮流撰写十四行诗。1593年，莎士比亚的史诗《维纳斯和阿多尼斯》成为畅销书，赢得宫廷青睐。次年，他跻身"宫务大臣剧团"，这个剧团在伊丽莎白女王之后由詹姆斯一世统治，作为"国王班底"创作戏剧。经济上的成功逐步显现：莎士比亚能够享受奢华，为自己定制族徽，在斯特拉特福买下许多地产，包括果园和田地。这样，他现在也成了"乡村贵族"。后来，他陆续成为"环球"剧场和另一个剧场"黑衣修士"的合伙人。他在斯特拉特福度过了晚年。1616年，在塞万提斯去世10天后，他也与世长辞。本·琼森（Ben Jonson）为莎士比亚剧本集"第一对开本"撰写序言，他称赞这位老对手和朋友的话后来经常被引用："他不属于这个时代，而是属于所有时代。"

这是事实，又不是事实。少数保存下来的文献让浪漫的崇拜者对莎士比亚倍感陌生，他不是一个巨人，而首先是一个忙着赚钱的企业家。如果看过斯特拉特福圣三一教堂里莎士比亚的半身肖像，你就会相信，这个《麦克白》和《仲夏夜之梦》的作者绝不是罗密欧，而是一位额顶秃发、留着八字胡、长着双下巴的杰出绅士。他的巨著可能很少是出于狂热的创作欲望，而是因为经纪人的需求，整个剧团"嗷嗷待哺"，他不得不每天都提供新素材。但是，莎士比亚有时候可以赢得一些聚精会神的时刻，他远离现实世界专心写作，让自己"遗失在梦里寒冷的大雪中"。

莎士比亚对权力分析透彻、对人性观察敏锐，他曾把人性描述成从第一个童真到最后一个童真的道路——到达"彻底的遗忘，／没有牙齿，没有眼睛，没有味道，没有任何东西"。他对欲望和激情非常了解，也清楚爱欲带来的幸福和深渊："一开始只有喜悦，然后有梦想。／世界太了解这一点了；但没有人知道要逃离／天堂，成为地狱。"他创作高度复杂的人物——布鲁图斯、赫克托耳和哈姆雷特——和坚强的女性如泰坦妮亚、痛苦的麦克白夫人和脆弱的丹麦王后乔特鲁德。其中一些人物在今天仍像400多年前一样生动鲜活，例如托比·培尔契爵士或放浪形骸的福斯塔夫。莎士比亚的喜剧直到今天仍让人发笑，悲剧场景仍然让人们屏息凝神。马基雅维利笔下不知廉耻的贵族在英国人的戏剧中找到一些代表，最臭名昭著的一位是爱德蒙，他通过阴谋和暴力抢夺李尔王的王冠。在这出剧和其他历史剧中，事情是怎么发生的一般来说不重要，重要的是能学到什么。

从今天的眼光来看，莎士比亚的戏剧也以批判态度反映了国家逐步成形的过程，王国不再被看作像婚礼蛋糕一样可以被分配的私人财产。这是个极富争议的主题，詹姆斯一世就把王冠当成家庭财产。他认为——如他在1610年的一次演讲中所说——议会是一个顾问机构，是国王和国王决策的附庸。詹姆斯认为自己是天选之王，是神一样的统治者，他的一切行为具有天然的合法性。几十年后，他的儿子查理一世因为类似看法被送上了断头台。

莎士比亚在王家戏剧中展现的英格兰和苏格兰的中世纪是一个阴暗的时代，没有辉煌的场景，辉煌会带来无聊。观众可以接受所有的谋杀和暴行，这些剧情让他们愉快得战栗。15世纪的伟大战争已经成为过去。他们在对阵西班牙时取得胜利，刚开始一切都很顺利，民族的雏形初现——用冈特的约翰的话说，"这个很贵很贵的国家，在世界上有贵重名望"——似乎正在驶向新的海岸，其内部平静，在海上所向披靡。莎士比亚在舞台上展现的历史画面似乎与马基雅维利的设想相近。是人类创造了历史，而不是上帝。历史的导演是盲目的幸运女神，时而是人类的对手，时而是人类的女友，只在很偶然的情况下才会显露宏大的主题，比如罪责和恩典、宿命、必然或意志自由。在历史进程中，人类——即便也能反映伟大的宇宙——只不过是"尘埃的集聚"。对于众神来说，《李尔王》中的葛罗斯特伯爵说，我们就像苍蝇之于自负的男孩。"他们为了好玩而杀我们。"这些句子是否反映了当时人的经历，抑或只是戏剧化的演绎？

莎士比亚的戏剧是一种征兆，预示着当时古老的、坚固的世界观在1600年前后即将崩溃。一切都由自然法则决定，这种观点让命运、自由或天命的旧观念都失去影响。考虑到地球上飘忽不定的不公，一种令人沮丧的想法逐渐被人们接受：无神世界的可能性。让我们再次引用《李尔王》："如果不是上天派可见的神祇／降临，以遏制这些可怕的暴行，"奥本尼公爵说道，"那么人类就会成为自己的猎物／就像深渊里的怪物。"不会有机器之神现身并调节事物。爱德蒙确实得到了应得的命运；李尔死于悲伤，他的王国衰败。这个悲剧以一场丧礼落幕。

莎士比亚知道很多问题，但却没有简单的答案。《仲夏夜之梦》以浦克的独白结束，观众可能会感到不安，不知道现实和真理到底应该是什么样子——《堂吉诃德》的读者，在维奇诺·奥尔西尼的花园中漫步的人或玩阿尔钦博托发明的解谜游戏的人，也都有同样感觉。《仲夏夜之梦》的戏剧框架嵌套了一个现实层面，同时在戏剧中还有另一场戏，这稍稍让人回忆起100多年前普力菲罗的漫游之旅。与《寻爱绮梦》不同，在《仲夏夜之梦》里回到圣母修道院也不会让事情走向圆满结局，甚至死亡也不能改变事情走向。一切都悬而未决。小精灵浦克最终的建议是，必要时把这一切都当作一场梦。

莎士比亚和蒙田一样，心中埋藏着深深的怀疑，《暴风雨》中的奴隶卡列班（Caliban）还能让人联想到蒙田关于"食人者"的随笔。毫无疑问，他是精通模糊多义、矛盾和反讽手法的大师。他当然知道波西米亚在哪里，但他在《冬日童话》中称之为"海边失落之地"。他想表达什么？让我们把解读留给作家英格褒·巴赫曼（Ingeborg Bachmann）。每个时代伟大的诗歌中都会出现一些寓意，就连作者本人也不一定会意识到。巴赫曼曾在《波西米亚在海边》一诗中写道："而且你们错了一百次，／就像我出错，从未通过试炼，／但我通过了，一次又一次。／就像波西米亚通过试炼，在一个晴天／获赦走向大海，现在就在水边。"

科学革命

39. 观察、实验、计算

插图64：西蒙·德·帕斯，卷首插画：弗朗西斯·培根，《伟大的复兴》，1620年，伦敦，大英博物馆

1600年：火山之下

那不勒斯，新堡，1600年春。那不勒斯海边城堡的囚犯是否已经听说乔尔丹诺·布鲁诺在附近罗马的可怕结局？不久之前，多明我会修士托马索·康帕内拉（Tommaso Campanella）被囚禁在此地。尽管原因不同，同样的结局也威胁着他。他参加了反对西班牙统治的起义——不是出于冷静的政治理性，而是因为他坚信剧变即将到来。他，托马索，是上帝任命的先知。他的计划比较偏激：他想建立一个共和国，传授新的宗教；他认为自己就是真理的救世主，因为出生在卡拉布里亚大区的斯蒂洛，他计划把斯蒂洛的山重新命名为"肥沃之山"。"自由，自由！"他在高山上不断呼喊。1630年将会出现基督之敌。但是反抗很快就被镇压，天启仍须等待。

旧世界依然不变，而且不是一个好世界。在绞刑架下的审讯中，康帕内拉向刽子手咆哮，向上帝和圣母起誓，诅咒"神圣的魔鬼"，乞求上帝，恳请垂怜。审讯记录中有几处可以看到现代早期审讯的可怕现实："叛徒、王八蛋和妓女的儿子……放我下来，你们想知道什么我都会说……啊，好疼啊，浑蛋，啊，你们杀了我……我要撒尿，兄弟……我拉在裤子里了，让我拉屎……我受不了了……"他在审讯中结结巴巴语无伦次，开始唱歌，喃喃自语："教皇一定要来，如果能治愈一切的教皇不来，就要坏事……"

地牢中的囚禁岁月简直是一部卡夫卡式的小说草稿。"我在黑暗的坟墓中为自己的痛苦哭泣，"康帕内拉在纸上涂鸦，"我的控诉只得到铁链和石头的回响。"人们可以想象这幅画面：外面是从波西利波到维苏威的海湾，南方微热的天空下是碧蓝的大海、船的风帆、渔民的呼唤、棕榈树、大都市喧闹多彩的生活；在一米厚的墙壁后面，囚犯则是另一番模样，沉思折磨着他，让他几乎发疯，或者他只是假装发疯以逃避绞刑架。

实际上，康帕内拉活了下来。他可能在那不勒斯城堡中至少度过了四分之一个世纪，资助人向他提供笔墨和书籍。作为一个疯子，或者至少打着疯子的幌子，他在火山下得到了最大的内心自由。身体完全被困住，他却臆想自己非常自由，他曾这样说过。而且他笔耕不辍：思考神学、形而上学、占星术和魔法，赞同西班牙普遍君主制——被监禁后立刻改变的政治观点——反对无神论、亚里士多德和马基雅维利。他也造出一个幻象般的乌托邦，即"太阳城"，以哥白尼体系为模型，建立了一个实行农业共产主义和计划经济的极权国家。

康帕内拉是现代最伟大的地牢文学家之一。智慧的人必须拯救这个因为罪孽变得疯狂的世界，他在一首诗中流露出这样的意思，智慧的人像疯子一样说话、生活和行事，尽管他们私下里有截然不同的想法。"自由且受限，有陪伴又孤单，／尖叫又安静，我让残酷的众人困惑，／下层世界凡人的眼睛是疯狂的，／高高的天界中神圣的精神是智慧的……"他的结局好得令人出乎意料。1626年，康帕内拉的一些有影响力的崇拜者为他说情，使他被释放出狱，并被安置在罗马一处修道院受监护。后来他逃到法国，后续的政策变动没有波及他，在那里，伟大枢机主教黎塞留成为他的庇护者。1639年，他在巴黎一处修道院的监护下去世。

康帕内拉的故事是一出关于妄想、现实和科学的戏剧，就像是一面反射镜，展现了文艺复兴晚期的趋势。一切都在转型，人们长期以来一直确信的事物被重新编排。到处弥漫着不安。如果说康帕内拉的作品中的关键概念是"改变"（mutazione），在莎士比亚的戏剧中就是"易变"（mutability）。天文学在观测数据和数学的发展中剧变，让世界飘忽不定。地震、新星、血雨、蝗灾和怪物的出生不是什么好兆头。在这种背景下，菲奥雷的约阿希姆的历史神学重新进入人们的视野。在教皇身边，土耳其人现在成为敌基督者的候选人，敌基督者将在末日前降临。1598年，科英布拉的耶稣会修士甚至提出一种理论，解释世界末日从"技术上"来说如何发生。上帝会命令天界的智慧停止推动天体。这样，所有的运动都会结束，末日也将到来。尽管如此，康帕内拉还是寄希望于净化和普遍改革，鉴于末日逼近，现在抱有这种希望的也不止他一人。事事悬而未决不仅仅因为信仰冲突造成的混乱。全球危机也出现：在基督教世界之外也出现了末日情绪，例如在南亚和西亚以及北非。

科学的繁荣让乐观的心态出现，就连康帕内拉在昏暗地牢里设想的末日也有了一个充满希望的注脚。康帕内拉是特勒肖——1593年他的书也被列入禁书目录——的弟子，作为一个自然哲学家，他信奉经验说，推崇哥白尼。在被监禁之前，他曾加入德拉·波尔塔的圈子。因为相信新时代即将来临，所以新世界、新星、新系统、新国家的消息都让他信心倍增。

实验科学，大规模研究

自然科学的道路越来越像是哥伦布的远征：现在思想也超越了所有的地平线。这段旅程并不是一帆风顺。在布鲁诺和女巫带来巨大恐慌的时代，科学能做什么的问题变得越来越严肃。1580年，让·博丹出版了《巫师的恶魔》，这是该世纪最可怕的有关女巫的书籍之一。1588年，浮士德博士获得新生。《浮士德博士的悲剧》由印刷厂主约翰·施皮茨（Johann Spies）出版，很快被翻译成英语和其他语言。在这本书中，浮士德把灵魂卖给魔鬼，魔鬼供他驱使24年，并带着他在天体间旅行。浮士德制定了最精确的日历和预测，是大自然的主人，每天都和不同的女人纵情声色。只有一条，结局很可怕。地狱之旅标志着平步青云的终结——这个德国的伊卡洛斯真的曾经平步青云之间。

浮士德的艺术形象已经成为现代性的代表人物。在克里斯托弗·马洛的笔下，这位学者为了毫无价值的魔法把戏牺牲了自己的灵魂，接下来的几百年中，人们为了追求知识和自由越过边界，想成为神，最后都不得不以惨败收场。16世纪即将过去，对这一时期的作家来说，这个故事的寓意更为简单。它说明，善良的基督徒必须防范魔法的邪恶力量。

人们试图学习理性，然后借此来接近想象中的秘密，这种行为并非没有风险。敢于冒险的其中一人是詹巴蒂斯塔·德拉·波尔塔[1]，他探索女巫药膏的

---

1 Giambattista della Porta，即前文提到的乔瓦尼·巴蒂斯塔·德拉·波尔塔的另一个名称。

功效。他把蝙蝠血、婴尸身上提炼的脂肪、芹菜、杨树叶和龙葵、乌头等致幻的植物混合起来，但他并不想把这个可怕的混合物用于魔法。他更想做的是，证明女巫所谓的夜间飞行完全是想象出来的，自然中的材料就能让人产生幻觉。德拉·波尔塔的冒险行为让人们开始质疑女巫学说的核心内容，差点让他丢了脑袋。事实上，布拉班特医生约翰·维耶尔（约1515—1588）在1563年出版的《论魔鬼的假象》一书中也支持德拉·波尔塔的观点。维耶尔试图证明，所谓的女巫实际上是一些忧郁的女性，她们是精神病患，绝对不是火刑架的候选人。这样，他的论据可能足以否认所有不洁之物的现实，并停息对撒旦的战争。虔诚的人们感到震惊：这样的话，魔鬼的地狱大军就可以肆意作恶，这对魔鬼来说是多么大的胜利！博丹的《巫师的恶魔》与他唱反调，维耶尔的书上了禁书名单。世纪末，耶稣会修士马丁·安东·德里奥（Martin Anton Delrio，1551—1608）在三卷本的著作中为魔鬼学说正名，所有"温和派"和维耶尔这样的怀疑派提出的疑惑和迷惘都被拨乱反正。他的著作在新教徒那里也备受推崇，他批评将女巫斩首而不是烧死的决定，在他看来这太过温和。德拉·波尔塔的魔法书后来再版时删除了有关女巫药膏的段落，他自己觉得这是非常理智的做法，但他仍然是宗教裁判所的重点关注对象。他写的所有东西都要提交审查。

受到真正危险威胁的是"启蒙者"德拉·波尔塔，而不是浮士德式的研究者。他们可以毫不引人注意地继续从事研究，而他们探索的区域通常更加广泛，远远超出德拉·波尔塔触及的那片极具威胁性的暮色原野。其中一位研究者是帕多瓦的雅各布·扎巴雷拉（Jacopo Zabarella，1533—1589），他是另一个伟大的知识"排序人"。他的方法论基于亚里士多德，为当时越来越现代化的自然科学设立了逻辑预设。扎巴雷拉想知道，人们如何能更确切地了解新事物。他青睐分析和综合方法的结合，即"regressus"：观察现象，分析原因，最后解释效果，三者相互作用。伽利略熟知这种工作方法。物理学的发展是否需要扎巴雷拉的准备工作，仍须商榷。数学对于伽利略而言具有决定意义，但没有引起扎巴雷拉的兴趣。

扎巴雷拉的建议是收集和观察，自然学者长期以来一直这样践行。系统性的实验意味着科学向现代化迈出又一步。在中世纪的记载中实验几乎踪迹全无，但16世纪下半叶有越来越多的证据表明，实验成为一种方法。例如，佛兰德斯的数学家西蒙·斯蒂文（Simon Stevin，1548—1620）通过系列实验发现，液体底部的压力与容器的形状无关，仅与容器中水的高度相关，他因此创立了流体静力学。

伊丽莎白一世的私人医生威廉·吉尔伯特（William Gilbert，1544—1603）是第一个有据可查的进行过系列实验的学者。1600年，他在《论磁》中阐述了自己的研究，远远超越了曾经由皮埃·德马立克奠定的基础。《论磁》是实验科学史上的一个里程碑。吉尔伯特指出罗盘针偏离地理北极——在中世纪这被归因于亚洲和美洲之间存在的神秘磁山——并观察到磁铁的力量如何在"力圈"中减退。这样，吉尔伯特已经预知了人们所谓的"物理场"。然而，他仍然认为地球有灵魂，并认为在"磁场强度"中存在一个有生命的东西。他最重要的发现是认识到磁力和电力是不同的力量，后者可以通过摩擦琥珀产生。他还发明了一种装置用来测量这种效果："静电验电器"，即验电器的前身。吉尔伯特由此开创了一个全新的研究领域。

这种科学风格不再从一般理论中得出结论，而是通过观察个别案例并进行实验来证明猜想，越来越多的支持者涌现。这种风格因为最重要的一位倡导者而被称为"培根式"风格。这个人就是博学多识的律师、伯利勋爵的侄子、议会议员弗朗西斯·培根（1561—1626），他职业生涯的巅峰是担任詹姆斯一世的大法官。他是实验派自然科学的先驱，拒绝以"年纪"、"权威"或"普遍认可的观点"作为衡量标准，而是认为证明某一事物的唯一方法就是展示它是如何被发现的。他对同时代大学的行事方式不甚认可，对古代学者也没有多少敬意。古人对过去的了解建立在纯粹的寓言之上，他们对地理的了解少得可怜，对印刷、火药和指南针一无所知。但总的来说，培根没有谴责亚里士多德和柏拉图。哥白尼的世界观在他看来非常"荒诞"；他的宇宙观仍然是托勒密式的，也认为精神气息让宇宙生机勃勃，这一观点倒是来自柏拉图。

他在1620年的《新工具》一书中强调，自然本身就以其最真实的形式向人们提供知识，呼吁人们确信这些知识。他想按照自然的特性理解自然："只有服从自然，才能战胜自然。"人类精神通过梦想和幻象带来很多欺骗，这些都要被排除在外，同样要剔除的还有因为模糊的语言和错误的思想导致的错觉。培根把古老的书籍和教条比作崇拜偶像，智慧殿堂中的那些"偶像"会混淆人类的思想。他将自然视为客观事物，是可以通过人类理智被认知、被解释的。他试图通过条理清晰的一系列实验寻找巧合的根源，在他看来巧合是中世纪所有伟大发明之父。"实验"迫使自然缴械投降，但在逐条逐项的观察中不一定会显现出来。

与德拉·波尔塔一样，培根把魔法看作实用的自然科学。他对魔法最主要的反对意见在于其伦理性质：如果信赖精神的效用和想象的力量，那么工作和努力都变成多余的东西。类比模型和帕拉塞尔苏斯式的"梦"不在他的研究范围内。古代自然哲学追寻的最终目标是认识到"最终原因"，他称之为"不能生育的处女"。与博丹等人试图解释已知现象不同，培根深入未知领域，想取得新发现。他认为，所有自然科学的开端都是理性、最准确的观察和有规律的比较。唯一的例外，一个"负面的权威"，就足以让他反驳规则，这意味着彻底反对奇迹信仰。培根的出版商，同时也是他的第一个传记作家威廉·罗利（William Rawley）特别强调了这一态度："培根所信奉的原则是，让人们理解奇迹，而不是把可以理解的东西变为奇迹。"

罗利编辑出版了培根未完成的乌托邦小说《新亚特兰蒂斯》（*The New Atlantis*）[1]，其中由政府主导的大型研究机构既令人印象深刻又让人心怀恐惧。康帕内拉先于培根就在《太阳城》中想象出这样的技术奇迹，例如以风为动力的速度飞快的车子和飞行器。培根提到人工合成的新金属和物种、人类研发出的植物变异和技术引发的气候变化。他在虚构的亚特兰蒂斯王国中建造了一个"所罗门之家"，有不少于18个团队持续工作，他们的实验室在地下洞

---

1 亦译为《新大西岛》。——编者注

穴、数英里高的塔楼、花园和房屋里：实验、蒸馏、修补。

培根本人虽然提出了精妙的实验建议，但他只完成了一个，而且这个实验其实最好没做过。他想知道，一只埋在雪里的鸡是否比没有冷却的家禽分解得更慢。这次行动让这个好奇的人患上肺炎。培根因此而死——这样，实验研究的第一位理论家也成为第一个受害者。1621年，他在政治阴谋中被赶下了掌玺大臣的宝座，但头衔和财产都可以保留。随之而来的空闲时间使他得以创作科学著作，包括《伟大的复兴》。这本书也提供了很多新自然科学的体系和方法论。他只完成了《新工具》的那一部分。他下笔如有神，为抛开理论单纯收集观测数据而辩护，为系统实验摇旗呐喊，产生了极大影响。《新亚特兰蒂斯》中想象的场景仿佛是一张设计草案，1662年，英国皇家学会[1]正式成立，这个学会的唯一任务就是进行自然科学研究。1666年，巴黎也设立对应的机构，它们都促进了自然研究的推广，科研成为专业学者开展的自主活动。研究人员因而能够或多或少地摆脱意识形态的枷锁，独立进行实验和发表研究结果。在伦敦，人们看到它对国家和社会的有益作用，在巴黎更是如此。

"知识就是力量"的观点可以追溯到培根。他写道，隐藏某些东西是上帝的荣耀，国王的荣耀就是发现它们。所有研究的最终目的都是改善人的生活。科学为人们提供了机会，使其摆脱罪恶的后果，并为人类准备了一个美丽的新世界，打造了一个真正的天堂，它在世界末日之前就将确立。培根的方法论革命是无与伦比的，可谓亘古未有。培根让古老的理论遭受很大冲击。从实践的角度来看，天文学、物理学和医学方面都取得了令人印象深刻的进展。

---

1 该学会全称为"伦敦皇家自然知识促进学会"（Royal Society of London for Improving Natural Knowledge），简称"皇家学会"（Royal Society），是英国级别最高的科学学术机构。——编者注

反对盖伦

培根时代典型的医疗实践就如同一位"淑女"——格蕾丝·米尔德迈（Grace Mildmay，约1552—1620）夫人——在图书馆和药店中保留下来的东西。这些收藏在彼得伯勒附近的乡间别墅爱普索宫，除了宗教文献和阿维森纳、詹巴蒂斯塔·达·蒙特及帕拉塞尔苏斯等人的著作外，还有分类甚广的药物：24种根茎和68种药材、花卉、泻药、最烈的酒和醋、杏仁和紫罗兰糖浆、治疗梅毒的汞和治疗臆想的鸦片。还有一个从未被埋葬的人类头骨，也有助于治疗。然而最重要的是祈祷，因为格蕾丝夫人认为罪是疾病的根本原因。

专业医生仍然根据盖伦的体液病理学治疗病人。但一种前卫的思想已经蓄势待发，它延续了维萨里的解剖学，唤起对盖伦体系的更多质疑。解剖刀剖出了一个接一个的分歧。一个特别明显的区别是人们对于心脏的仔细观察。盖伦教导说，血液在肝脏中产生，然后通过心脏和肺部流入大脑。与此同时，它应该用生命力——"气息"——来滋养身体并最终耗尽。根据这个模型，肝脏永不停息地补充供给。但维萨里就已经注意到，与盖伦学说相违背的是，在心脏的两个腔室之间没有开口，血液又怎么从一个流到另一个？此时，维萨里和他的继任者处理这一问题的方式显露出了医学领域新旧自然科学之间的细微界限。起初，这个佛兰德斯人试图找到一种符合旧学说的解释，能够为这个不存在的开口自圆其说。为了解释这一现象，他的论点是，人类感官尚不能感知到这样的孔隙。然而，1555年他的著作再版时，维萨里已经开始严肃地质疑这种解释的正确性。雷尔多·科伦坡是维萨里的学生，后来反目成仇，最终又承袭维萨里，他提出的猜想算是走上正路——与300多年前伊本·纳菲斯的观点不谋而合，但他对其并无了解——他认为血液绕过肺部，但是问题目前仍未得到解决。实验也在其他医学领域带来新见解。

科伦坡是活体解剖的倡导者。他建议用狗作为实验动物，而不要用猪，"因为猪的尖叫令人心神不宁"。为了验证亚里士多德的观点，证明声音事实上来源于心脏，他把一条狗的心脏活生生割下。即便如此，这只可怜的动物在死前还喊叫了几秒钟。在这一点上，亚里士多德被狗赶下了神坛。

扬·巴普蒂斯塔·范·海尔蒙特（Jan Baptist van Helmont，1580—1644）的书交织了沉着理性与异想天开。这个佛兰德斯人是盖伦的反对者，也是一个紧张兮兮的信徒，他相信自己受到幻象的启示。为了得到幻象，他可能给自己服用过致幻的乌头。宗教裁判所将他视为异教徒，并把他囚禁在其家乡布鲁塞尔的监狱里，他由此数年不见天日。海尔蒙特研究的另一个新颖之处在于，他虽然把帕拉塞尔苏斯当成启明星，但他敢于通过实验检验帕拉塞尔苏斯的药方。他认识到特殊比重原理，是第一个研究酸碱之间关系的人，并在鸡身上测试了酯的麻醉作用。他认为有"野灵"存在，比如从烧焦的煤炭中散发的精细物质，他称为"气体"的东西——这个术语可以追溯到他——就是一种"野灵"。尽管有神秘主义的影子，但海尔蒙特的方法中蕴含着理性的潜能，对后来的一位开路先锋产生了深远影响，即爱尔兰人罗伯特·玻意耳（Robert Boyle，1627—1691）。

威廉·哈维（William Harvey，1578—1657）带来了最终的突破并创立了新生理学，他在英国国王詹姆斯一世和查理一世的宫廷如鱼得水。通过测量和称重，哈维发现心脏的主要工作是收缩而不是扩张，而且半小时内通过血管输送出去的血液比整个人体内的血液都多。如果这个量没有消除——显然没有发生——它必须以某种方式在体内移动。因此，哈维意识到从人出生到死亡，血液都在人体内持续循环。他相信自己找到了一个普遍原则：就像行星通过运行维系世界，血液循环运动维系生命并因此造就个体。心脏是人类"微观宇宙中的太阳"，哈维并没有把心脏单纯看成一个泵。它更像是古代有灵魂的宇宙的一部分，在这里所有的自然都被普遍的生命力渗透。哈维的老师是静脉瓣的发现者、胚胎学的创始人吉罗拉莫·法布里修（Girolamo Fabrizio），与法布里修一样，哈维也坚定地支持亚里士多德的自然哲学。尽管如此，他的药学仍然代表着世俗化的推进。像培根的自然科学一样，哈维的解剖学没有形而上学的目的。他不在人体内寻找伟大造物主上帝的踪迹，相反，他只是想知道心脏是如何工作的。

血液循环发现的历史为医学范式即将发生的变化提供了更多的契机：时代和话语。后者在学院和大学中上演。在1628年出版主要著作《论心脏和血液的运动》之前，哈维把20年间的系列实验都搬进了讲座，供听众讨论——就像哥白尼在他的扛鼎之作前先出版《短论》。人们嘲讽哈维，叫他"循环者"，他的论点引发争论，让各种论据越发尖锐。血液循环的想法最终被接受不是因为它是"真"的，而是因为它被接受了，所以它应该被当成真的。在罗马工作的解剖学家阿尔坎杰洛·皮科洛米尼（Arcangelo Piccolomini，1525—1586）是一个重要的权威人士，他也强调争辩是科学进步的先决条件。尽管哈维在他的研究领域非常领先，但他和培根一样，对哥白尼的天体革命持怀疑态度，他认为血液循环与亚里士多德的猜想一致，亚氏的天文学观点中天体循环围绕地球进行。与此同时，决定性的证据已经出现，表明那个波兰人确实无可指摘。

40. 西方黎明

插图65：尤斯图斯·苏斯特曼斯，《伽利略·伽利雷》，1636年，佛罗伦萨，乌菲齐美术馆

第谷·布拉赫：庇护的幸福

《天体运行论》的序言为世界史上最重要的科学动荡之一提供了先决条件。哥白尼写道，正是对古代天文学的研究激发了他的灵感。他阅读古老而纯粹的文献资料，研究古代宇宙学并继续思考。通过这种方式，他的模型中保留了均匀的宇宙和天体的循环运动。人们可以把他的计划看成在亚里士多德物理学的基础上借助托勒密的数学来拯救托勒密，并通过上述二者拯救古代的宇宙观的一次尝试。这样看来，哥白尼可能是文艺复兴时期天文学家的典范。但如果仅仅将他看成是一个复兴过时理论的人，并不能公正地评价他的贡献。从数学角度来看，他改变的那些前提可能只是为"拯救现象"服务的一些小小伎俩，但从神学和哲学的角度来看，情况却大相径庭——它们意味着大规模的颠覆。对一个虔诚的天主教徒而言，如此颠覆世界绝对需要勇气和激进的思想。所以人们可以明白，虽然哥白尼的先驱只有萨莫司的阿利斯塔克一人，但哥白尼却从未援引他——因为据记载，这个希腊人在当时因为无神论的观点被起诉。

哥白尼的理论导致了可怕的后果：人——创造物中的王者，上帝按照自己的样子创造出的生物，神圣救赎计划的对象——突然发现自己被抛弃到太阳和土星之间的虚无之地。从这一点来说，这个把地球赶出中心的弗龙堡教士遗世而独立，与除阿利斯塔克之外的所有天主教前辈、阿拉伯宇宙学和其他所有已知的世界观都不一样。在伊斯兰世界中，地球的优越地位甚至继续保持了几个世纪。中世纪晚期的伟大天文学家在伊斯兰世界没有找到拥护者。哥白尼的太阳升起的地方不是东方的伊斯兰世界，而是西方的拉丁欧洲地区。欧洲要完成范式转换，还有艰难的路要走。"争议"原则对新理论产生的重要意义在对哥白尼世界观的讨论中最明确地展现出来。哥白尼的门徒雷蒂库斯将这场争论比喻成希腊人和特洛伊人争夺美丽的海伦。印刷术让新行星理论的知识广泛传播，从而也让越来越多的人加入讨论。哥白尼的书在1616年被教会禁止，但这几乎没有阻碍欧洲天主教地区的辩论，在新教地区更是如此。在拉丁欧洲的每个角落都可以对这一理论进一步思考、进一步润色。

突破之前的一个关键人物是丹麦贵族第谷·布拉赫（Tycho Brahe，1546—1601）。他是16世纪哥白尼之后一代中最重要的天文学家之一，他信赖仪器，对天空进行有规律的细致观测。布拉赫曾在哥本哈根和德国的多所大学学习。他云游四方、博览群书，与很多学者进行广泛的通信并整理出版——这是科学史上的一个新奇事物。在奥格斯堡，钟表匠克里斯托弗·席斯勒（Christoph Schißler）为他打造了铜质天球仪和其他设备。在卡塞尔，他得到了天文学爱好者黑森-卡塞尔的威廉四世（Wilhelm Ⅳ. von Hessen-Kassel）的支持，后者将他推荐给丹麦的弗雷德里克二世。国王给了布拉赫贵族待遇，把汶岛赏给他作为封地，并拨款建造两个天文台。除了许多封地带来的收入，布拉赫作为罗斯基勒大教堂的教士会成员也领俸禄。他的庇护人甚至给他一艘王家舰队中的船。如圣谕所说，它应该"像新的一样，不能太旧"。

在现代早期的欧洲，可能没有哪个天文学家有布拉赫那么多的研究设备可供调用。国王选了一个通过占星得出的好日子为天文台奠基，四年后一座异乎寻常的建筑在乌拉尼堡竣工，又过了四年，建在地下的星堡天文台封顶。据第一批为布拉赫写传记的作家称，他的随从像王侯一样多，只不过围绕他的不是骑士和士兵，而是相当聪明的数学家、观察员和仪器工人；他的武器不是矛和弓，而是仪器和印刷机。乌拉尼堡似乎实现了培根对大型研究机构的设想。布拉赫在这里一直研究到1596年，他最重要的职责是每年为王室提供星座运势。

他想依靠强大装置消除计算与夜空观测之间的矛盾。他注意到木星和土星交会的日期要比预计提前一个月。所以他着手修改哥白尼的行星图，并使用自己精心改进的仪器。他在《机械学重建的天文学》一书中绘制了赤道圈，书中附有布拉赫与哥白尼的肖像，这意味着他认可新天文学，并证明他对自己很有信心。布拉赫属于第一批使用机械钟为天文观测精确计时的人。这样，欧洲中世纪的另一个传家宝为人类历史上最伟大的科学革命之一提供了重要工具。

1572年在仙后座发现了一颗"新星"——这一事件在整个欧洲，甚至在中国都引发剧烈反响——布拉赫认为，这颗行星一定是在月球上空，而根据亚里士多德的说法，在那片天体领域本应该一成不变。斯塔基拉的纪念碑上又有一块石头掉落。布拉赫最重要的贡献是天体图和行星运动模型，它们比之前所有天文学家的观测结果都更精确。哥白尼的学说在许多方面都优于托勒密，但布拉赫认为，把地球从中心移除与造物主的智慧相矛盾。此外，土星与恒星之间"毫无意义的"巨大距离让他心烦。因此，他设计了自己的世界模型，将地球留在中心位置。太阳和星星都要围绕地球运行，但其他行星围绕太阳转动。观测数据又让他做出让步，太阳可以成为行星轨道的中心，这样土星另一侧就不必存在浪费的空间。但这一模型有个缺点，太阳轨迹必须两次交会火星轨道，水星和金星的轨道也会如此。布拉赫得出一个激进的结论：目前的行星分布不支持这样的双重交会，所以应该放弃这个观点——关于行星如何产生、天空中的物质是否与地球类似等问题，依旧是众说纷纭——相对应的，他提出天体悬浮在"以太"[1]中的观点。布拉赫的妥协宇宙论仍然非常复杂，但是许多人愿意接受，因为他们更愿意与《圣经》的说法保持一致，厌恶哥白尼的模型，而且这种天体运行论是基于最精确的观测，比托勒密的模型更有说服力。

布拉赫是欧洲庇护人体系中最经典的受资助案例。1596年，他失去了丹麦国王的支持，此后辗转多处，最终来到热爱天文学的皇帝鲁道夫二世身边。他被允许在布拉格附近的贝纳茨基设立一个天文台。但他没有多少时间了，因为1601年就是他的大限之时。去世前，他曾请求他的同事约翰内斯·开普勒完成他未竟的观测工作。

---

1 "以太"一词是英文"Ether"或"Aether"的音译。以太是古希腊哲学家亚里士多德所设想的一种物质，是物理学史上一种假想的物质观念，其内涵随物理学发展而演变。古希腊人以其泛指青天或上层大气。在亚里士多德看来，物质元素除了水、火、气、土之外，还有一种居于天空上层的以太。在科学史上，它起初带有一种神秘色彩，后来人们逐渐增加其内涵，使它成为某些历史时期物理学家赖以思考的假想物质。

开普勒战胜火星

1571年，开普勒生在符腾堡的威尔德斯达特镇。1600年他逃亡到布拉格时几乎身无分文，布拉赫接纳了他。在此之前，他曾是蒂宾根神学院的数学家，后来在施泰尔马克担任占星家并制定日历。内奥地利大公斐迪南，未来的皇帝斐迪南二世（Ferdinand Ⅱ）肆无忌惮地反对宗教改革。例如，开普勒以新教仪式把他的女儿安葬在邻近一处地方，那里甚至都不归这个哈布斯堡的宗教狂管辖，但他还是不得不支付罚金。天主教徒斐迪南智力有限，统治相对严苛，与他相比，皇帝鲁道夫在宗教事务上相对宽容，宫廷的气氛也比较轻松，为开普勒提供了大展身手的空间。

开普勒把布拉赫数不胜数的遗作进行排序。在接下来的200年里，他制定的《鲁道夫星表》一直为计算行星和月球轨道提供基础。这个施瓦本人具备以往缺少的东西：数学天赋。但思考只是基础之一。另一项则是艰苦的工作，并且还要经常对自我进行批判性的反思。

开普勒不仅是天文学的先驱，也是物理学的开创人。他发现光度学的基本定律——光强度的测量标准——并发展出一种视觉理论，首次超越了阿尔哈曾。例如，他认识到眼睛就像一个镜头。但他最大的妙招是确定了行星围绕太阳运行的规律，他的出发点是火星那令人捉摸不透的环形轨道。开普勒确定，布拉赫和他的同事们观测到的这颗红色星球的一些轨道位置与他本人假设的那些点偏离了8角分——约等于360度的轨道的1/2700。实际上，这是一个微小的差异，在古代天文学允许的范围内。但是开普勒不接受这一点，他认为这点微不足道是"上帝的礼物"。他后来指出，就是这预示不祥的8角分将会指引整个天文学走向变革。对造物主的精密的信赖战胜了希腊的理性主义。

这种重构开启了知识"思潮"的时代，并带来第一批以数学为基础的自然法则。开普勒自己曾说，历经"极其复杂"的运算，以及一遍遍地与观测数据对照，他终于通过一个蛋形模型确立了火星轨道的椭圆形状。另外，与布拉赫和哥白尼不同，他的出发点是地球不断移动，只有通过这两个假设才能够解释火星明显的旋转轨迹，开普勒把它比作椒盐卷饼。以前假设的本轮和其他庞大的设想，比如行星可能存在的横向运动（又称"纬度"），现在都变得多余。1609年6月4日，开普勒骄傲地向皇帝鲁道夫宣布他战胜了火星，这也意味着战胜了亚里士多德："我向尊贵的陛下呈上一个狂妄的俘虏，我经过一场艰苦而漫长的战争将他俘获，承蒙陛下庇佑……这就是那个可怕的战神。"他为了解决这个运算任务耗费了10多年，尝试了70多次，而一台现代计算机在几分之一秒内就可以完成。

阐明火星的椭圆轨迹以及后来其他行星的轨迹是与古代天文学及其教条的真正决裂，从前人们以为天上只有圆形轨道。通过确定火星轨道，开普勒确立了他的三条法则，其中前两条都出现在他1609年发表的《新天文学》（又名《论火星的运动》）中；10年后，他出版的《世界的和谐》中又提到了第三条。这三条法则是：所有行星分别是在大小不同的椭圆轨道上运行，太阳是它们的焦点；在同样的时间里行星向径在轨道平面上所扫过的面积相等；行星公转周期的平方与它同太阳距离的立方成正比。

开普勒是第一个从物理学角度解决行星运动的人，并总结了行星运动的规律。其做法的全新之处在于，他不仅推导数学方程，还要确认运算结果是否与观测到的现实一致。吉尔伯特的《论磁》让他想到，天体运动背后有可预测的其他力量。开普勒仍然用传统说法来解释这种规模巨大的力，它们来自移动的"灵魂"或智慧，但在其他方面他都使用了抽象的物理概念。在他看来，轨道的椭圆形状是由吸引和排斥的对抗力引起的，还要考虑到太阳和行星的轴旋转。距离中心星越近，运行越快，距离远的行星运行更慢，如吉尔伯特所言，磁力随着距离的增加而减弱。开普勒还提到，太阳的轴旋转会引发一个"旋涡"，将行星引向自己的轨道，其中可能包含着对引力概念的认识。

开普勒划时代的《世界的和谐》是一本独特的书，数学证据链与上帝和有灵魂的宇宙形成鲜明对比。作者这一次并没有充分尊重观察数据的权威，而是试图挽救旧时论点，认为天体的安排完美和谐。他的宇宙依然回响着超世俗——确实在地球的尘世之上——的天体之乐，人耳是听不到的。既然现在证明了行星轨道的椭圆形状，这个奇特的理由让曾经推动星体的天使变得无所事事：谁让他们坚信轨道必须是完美的圆形呢？行星智慧也逐渐从新的天文学中隐去。

像培根一样，开普勒将自己与晦暗神秘的赫尔墨斯主义者和推崇帕拉塞尔苏斯的人区分开来。在开普勒看来，他们的行为有悖于数学清晰的光亮。在浮士德时代神奇的魔法猜想中，他将类比和因果关系之间、象征和被象征物之间的思维分开。"我实际上是与符号做游戏，但我玩的时候永远不会忘记自己是在玩。因为仅仅通过符号不能证明任何东西。"这样，信仰和天文物理之间的界限也日趋明确。开普勒曾经写道，他想证明宇宙的机器不是像一个有神性的东西，而是像一个钟。除此之外，他从古代汲取经验。佩尔盖的阿波罗尼乌斯在公元前3世纪下半叶已经开始研究圆锥曲线，为开普勒计算行星轨道提供了不可或缺的基础，而生活在公元前3世纪的亚历山大的帕普斯（Pappos von Alexandria）留下了《数学宝典》，让开普勒获得灵感并成为微积分的开拓者。

数学家上帝

作为科学革命的关键学科，数学在很长一段时间里都是大学的影子学科。它的主要作用是作为音乐或天文学的技术辅助，帮助画家确定透视结构，帮助水手确认方向，商人做买卖时要用到它，炮兵瞄准时需要它。直到15世纪下半叶，它才开始涉足科学领域。在接下来的世纪里，大学里设立了第一批数学教席。欧洲的算术艺术家现在能与印度和阿拉伯的大师平起平坐，这一切都始于新教德国。在天主教的欧洲地区，耶稣会士扮演了一个先锋角色，其中就包括克里斯托弗·克拉乌（Christopher Clavius，1538—1612）。他曾参与格里高利十三世的历法改革，是耶稣会中的领军人物。他为数学进入罗马耶稣会大学的课程作出了重要贡献。这所大学成为其他学校的标杆。大学应该着手研究经验事实，这是很新颖的看法。欧几里得的几何学中就包含数学原理，用数学证明的方法堪比亚里士多德的三段论，两者具有同样的价值。自然科学和数学相辅相成。

数学研究的兴起得益于15世纪下半叶柏拉图学说的复兴。柏拉图和毕达哥拉斯的传统有一个出发点，即宇宙是按照衡量和数量建立的，而且神性就表现在宇宙的规律性和它的美丽之中。世界的建筑大师上帝突变为数学家。自然科学，尤其是天文学，最终就像是在寻找等式，造物主就是根据这些等式构建了存在。这个想法让当时最伟大的一群思想家灵感迸发。柏拉图学园的门楣上雕刻的铭文被哥白尼借用改换，他的代表作的扉页上写着一句希腊文："不识几何者不得入内。"（Meteis ageometretos eisito.）开普勒坚信自己被"神圣的愤怒"控制——柏拉图认为这是一种上帝的启示——他因而才认识到宇宙构建的原则。事实上，在所罗门的智慧中就曾提到，上帝把一切按照衡量、数量和重量排列。开普勒和其他人埋首计算的最深动机就是希望在宇宙的显现中破译造物主的语言。托勒密这个异教徒没能得到理解上帝伟大设计的钥匙，在开普勒看来，就是因为古代宇宙论与他的宇宙观之间的区别。

有时，对了解上帝几何学的渴望会驱使开普勒走上岔路。在当时已经众所周知的六颗行星之间存在着五个中间地带，这一发现让开普勒很激动：不是正好存在五个完美的柏拉图体，即正四面体、立方体、正八面体、正十二面体和正二十面体？开普勒当时是一个25岁的初学者，他试图证明每个行星轨道可以准确地归为某一个柏拉图体，彼此间都可以和谐相处。他在《宇宙的奥秘》中认为宇宙和谐、优雅又美丽。这种天文美学与阿尔贝蒂的标准不谋而合，虽然阿尔贝蒂的美学观是应用于一个完全不同的领域。人们无法在不丑化的前提下对一个美丽的建筑进行添加或删减，宇宙也是一样，在构建宇宙时不应该出现任何没有意义的东西。世界建筑显然与文艺复兴时期的建筑相似，它的经济学有美学原因，而美学又是基于宗教信仰。自然界中任何事物都不应该是无所事事的或多余的。意义无处不在，纯粹理性生效。

然而，数学的铁律甚至限制了神圣的创造力，上帝无法统治数学中的不可能。因此，宇宙结构在开普勒眼中似乎也不是随意的。"我差点要说，上帝创造他能创造的，"他写道，"他不能创造的就不去管。"他的这句话触及了一个引人入胜的谜团，当时意大利的人文主义者激烈探讨，宇宙学也受它驱使：不管人们的观察和实验多么先进，自然现象怎么可能是根据数学定律运行呢？也许上帝不是数学家，但宇宙是数学？就像后来的爱因斯坦，开普勒也确信"上帝"不会掷骰子。归根结底是造物主给人类机会去了解真相并使其明白何为完美，因此允许人类理解他的作品，包括自然和《圣经》，这种信念在文艺复兴时期仍然让人深信不疑，他们把这个当成答案。

开普勒的新宇宙确实比较清晰。本轮和均轮变得多余，行星运动的均匀性和圆形轨道也被抛弃。然而，他的宇宙比托勒密的宇宙扩大了2000倍。哥白尼的宇宙延伸到2470亿千米。1245年前后，梅茨的高苏昂（Gossuin von Metz）在书中写道，第一个男人亚当以每天25英里的速度，用713年的时间到达了恒星，也就是说天空的直径约650万英里。伽利略计算出的从地球到恒星的距离是49,832,416千米，开普勒认为是142,746,428千米。布鲁诺认为宇宙无限的观点被开普勒否决，布鲁诺一直援引的库萨的尼古拉也不受开普勒待见。不仅是因为无限宇宙是不可见的、无法衡量的，也因为它是无法被证明的。更重要的是，无限因而无形的宇宙设想与开普勒的美学相矛盾。

他的《梦月》更加轻松欢快。这是有史以来第一部科幻小说，是新世界观的彰显。书中已经预想到后来可能出现的崇高一刻，1968年圣诞节，人们第一次从环绕月球的太空舱观察哥白尼的宇宙。开普勒还描写了虚构的宇航员经历的最盛大的奇观，地球从月亮后面升起。母星的形状不断变换，有时像一把镰刀，有时像一个球，"因为同一个原因，太阳能照到的和不能照到的地方"。

望远镜的发明

1609年7月的一个晚上，人类第一次接近月球，这个日期非常精确。当时在帕多瓦担任数学教授的伽利略·伽利雷将望远镜转向我们的夜月。大约在同一时间，英国人托马斯·哈里奥特（Thomas Harriot，约1562—1621）也在刚刚发明的望远镜的帮助下勾勒出一个令人震惊的精确的月球地形，但他从未公布过这一发现以及其他的发现。伽利略则不然。"我的这个小论文将展现一些伟大的事情，供各位进行研究调查和观察。"他1610年的《星际使者》这样开场，"我说是伟大的事情，首先是因为事物本身的重要性，其次是因为闻所未闻的新奇，最后是因为这个设备，在它的帮助下我才感知到这些事情。"这本书献给了托斯卡纳大公科西莫二世·德·美第奇，伽利略在他的宫廷任职。

伽利略所说的"伟大的事情"，是发现了无数颗以前从未见过的恒星，并且是迄今已知的"十几倍的数量"；是看到了月亮粗糙和不平整的表面，就像"地球的外表，有巨大的凸起、深深的凹陷和弯曲"；也是新的"行星"——木星的卫星，伽利略为致敬他的资助人称之为"美第奇星"。更多压倒性的发现接踵而来：土星环（最初伽利略以为它是卫星），还有金星变幻的形状。伽利略计算了金星和木星的直径，其精确度在很长时间里无人能及。望远镜让这个"宇宙的哥伦布"意识到，天空的物理学并不像古人所说的那样与地球的完全不同。他看到了月球表面的裂缝，他和同时代的哈里奥特及巴伐利亚耶稣会神父克里斯托弗·沙因纳（Christoph Scheiner）都观察到太阳上的黑点。月亮上的斑点即便肉眼也很难忽视，这让中世纪又回归曾经的观点，即月亮是天空与地球之间的卫星。13世纪的英格兰的罗伯特[1]说，月球兼具两者的属性，所以同时展现出纯洁和黑暗。太阳黑子其实是最纯洁的精髓——伍斯特的约翰在1128年就观察并记载了下来，可惜被遗忘了——这一发现摧毁了古代自然哲学的另一个公理。"你让我们睁开眼睛，向我们展示了一个新的天空和新的地球！"康帕内拉从那不勒斯的地牢里这样赞美伽利略。毕竟在《星际使者》开头几页，伽利略就描述了一种可以让自己在天空"翱翔"的新仪器。

这是共生的标志，没有它们就没有科学革命：高度发达的工艺与学识相互作用。很多"细流"交汇起来，最终导致望远镜的发明。望远镜的史前史可

---

1 英格兰的罗伯特（？—1240），生于英国赫特福德郡，在巴黎学习期间加入西多会，后在波西米亚普热米斯尔王朝的国王奥托卡一世的宫廷中担任皇家牧师，后成为奥洛穆茨教区的主教。

以追溯到很久远的过去，包括眼镜的漫长诞生过程，没有对光学原理的认识就不会出现望远镜。最早是眼镜工匠学会了打磨向内向外弯曲的镜片，并致力于改善玻璃质量。人们注意到，在某些技术前提下可以放大远处的物体。第一个考虑伸缩系统的人可能是弗拉卡斯托罗，而决定性的想法可能来自米德尔堡的镜片制造商汉斯·利伯希（Hans Lipperhey，约1570—1619）。他得出的结论是，要想得到清晰的图片，遮光物不可或缺。同样重要的是屈光力——至少两到三个屈光度——以及玻璃的质量。实验表明，在可追溯到16世纪的57个镜片中，只有5个适合制作望远镜。难怪最后达到突破的是一个工匠，毕竟他的工坊拥有相当不错的镜片库存。

像之前的印刷术一样，欧洲对望远镜投入极大的热情。它的用途——如航海或战争——太显而易见了。伽利略本人继续致力于这项发明。他改进后的望远镜可以放大20倍，而前代模型只有3倍。当"施瓦本的西西弗斯"开普勒一遍又一遍地演算时，伽利略已经能够凭借望远镜"奇袭旧观点"。

望远镜是一项突破性的发明。几千年后，天文学终于进入历史的新阶段，至今尚未完结。望远镜带来的图景对人们接受日心观至关重要。它让迄今为止只能用数字解释的东西变得清晰可见。直到1603年，伽利略一直以托勒密为基础开展天文学讲座。而望远镜的质量很快就有了突飞猛进的提高，哥白尼的观察和运算得到了证实。木星及其卫星就像是太阳系的缩影，金星也加入了绕太阳运行的轨道运动。伽利略的观察被人质疑，他反驳说：如果太阳上能看到不纯净的斑点，那人们也只能实事求是地说明。不是事物的本质要符合名称，而是名称要符合本质。伽利略骄傲地说——他从不缺乏自信——自己的发现不啻对亚里士多德的"伪科学"的埋葬，或者说末日审判。开普勒在第一次通过望远镜观测后欢呼道："哦，望远镜，多种知识的工具，比权杖更有价值！把你握在手中的人难道不就是上帝作品的国王和主人？"

尽管有着字面意义上的新视角，哥白尼的世界观不乏反对者。切萨雷·克雷莫尼尼（Cesare Cremonini）是坚定的亚里士多德派，他甚至拒绝透过望远镜看一眼。克拉乌说，如果能证实本轮和偏心圆存在的方法现在被质疑，那么整个自然哲学都将衰亡。事实也确实如此。

我们曾经提到的一些圈子正在逐渐关闭。随着伽利略到美第奇宫廷任职，1610年又拿到比萨教席——他早期就曾在这里教授数学——托斯卡纳，这个古老宏大的理性和新事物的风景区，又一次成为改变世界的各类发现的舞台。

伽利略的新物理学

伽利略于1564年出生于比萨，科学很早就向他敞开了大门。他的父亲文森佐是个布商，祖上出身高贵，对音乐、科学和数学都有浓厚的兴趣。伽利略后来能够引发物理世界的革命，可能是文森佐的老师吉奥塞弗·查利诺（Gioseffo Zarlino，1517—1590）给他播下了第一颗种子。查利诺在自己领域从事的工作与伽利略在物理方面的类似：把理论和实践结合起来，又让两者互相校准。和谐音乐的数学之美并不能让查利诺满足，他想知道计算出来的东西是否也会听起来很美，而事实经常不如他所愿。因此，即使毕达哥拉斯的体系有高度一致性，还是被他抛弃，他开发出另一种替代品。

相反，伽利略一开始汲取知识时就研究亚历山大的数学。他在佛罗伦萨求学时的老师是奥西蒂利奥·利奇（Ositilio Ricci），而利奇则师从伟大的数学家尼科洛·塔尔塔利亚（Niccolò Tartaglia，1499/1500—1557），塔尔塔利亚编辑出版了阿基米德的著作，而阿基米德的物理学又对伽利略研究有重要意义。阿基米德已经制定了一套方法：分析自然过程并从中推导出规则。他通过实验推导出一个后来以他为名的定理：将物体浸入静止流体，如水中的物体受到一个浮力，其大小等于该物体所排开的流体重量。伽利略在此基础上继续深入，用来处理比重的问题。

伽利略将数学家横溢的才华、观察者的才干与实践者的技能结合起来。实用价值从未离开过他的视线。他自己设计了指南针，每个叫卖35里拉，卖出了100多件。除了望远镜，他还开发了静力天平、温度计和泵。即使在晚年，他也致力于摆钟的制作。他早年在比萨时就曾探究钟摆定律，为摆钟提供了第一个先决条件。

伽利略的视野远远超出物理学家和发明家的界限，他对诗歌、绘画和雕塑都感兴趣。他为佛罗伦萨人举办关于《神曲》中地貌的讲座，用几何方法重建场景——现代科学与中世纪宇宙学于此交会。作为学者，伽利略是一名专家，因而绝不是杂而不精之人。他对阿里奥斯托倍加推崇，曾用一个比喻来抬高阿里奥斯托，贬损托尔夸托·塔索，从中也能看出他作为科学家的自我理解。他讽刺塔索的诗歌是"任何一个好奇的小男人"的珍奇室，收藏的都是大杂烩：螃蟹的化石、风干的变色龙、琥珀中的蚊子和苍蝇、埃及陶俑、巴乔·班迪内利和帕尔米贾尼诺（Parmigianino）的素描。相反，阿里奥斯托的博物馆则是一个皇家艺廊，有古代雕像、绘画和珍藏。与之对应，伽利略自己理性的科学风格就像是经典的文艺复兴全盛时期，远离一切神秘主义和矫饰主义。

这个比萨人令人惊讶的成就与同时代的开普勒一样，他们二人都摧毁了屹立两千年的范式。与克拉乌那些人不同，他们并不是一开始就明确地知道，自己生活和研究的世界是如何被创造的，他们必须去发现。他们就像是苏格拉底之前的人、雅典人和亚历山大人，入侵了一片未知领域。科学革命的两位英雄甫一现身，就预示着新的局面，最广阔的发展空间需要"伟大的个人"，他们能实现发展：二者都是激进的思想家，把"思潮"汇合起来并从中得出深远的结论。几个世纪以来，人们一直在思考行动所遵循的规则，但伽利略是第一个进行系统实验的人，并且尽可能地让实验接近理想的数学层面。例如，他尽量减少运动过程中的干扰力，以此验证观察与数学阐明的原理是否一致。他单纯想知道，当人们扔下一块石头或一根羽毛时发生了什么，为什么石头比羽毛更快落地。如他认识到的那样，这仅仅是因为空气阻力。1971年，宇航员大卫·斯科特（David Scott）在几乎完美的条件下，在月球上重新演示了伽利略的实验：他让一根猎鹰羽毛和一个锤子掉落。在真空中，两者毫不受阻地同时落在他脚边的灰尘中。"伽利略先生的发现是正确的"，斯科特从太空中总结道。同时，这也惊人地证明了伽利略的假设，天上的物理学与地上的世界遵循同样法则。

　　伽利略先生没有问为什么实验对象总是落下，什么力量把它向下牵引。他一直未能解答。伽利略记录、演算并重复他的实验，直到达到满意的结果。他的新物理的宣言是《试金者》，1623年出版的一本论战小书，内容是关于五年前的一颗彗星。伽利略攻击耶稣会的天文学家的观点，他们以奥拉齐奥·格拉西（Orazio Grassi）为代表。伽利略认为彗星是地球大气层阴霾的映射，而格拉西的看法更接近真理，这只是一个讽刺的注脚，而这场争论则是欧洲伟大对话的一个亮点。伽利略和开普勒及哥白尼一样都认为宇宙是按照数学原理构建的。他写道，科学（filosofia）不像《伊利亚特》或《疯狂的罗兰》那样是人类的幻想。为了读懂这本名叫宇宙的书，人们要学习它的语言。"它是用数学语言写的，字母是三角形、圆形和其他几何形状。不学会这些，人们可能一个字也读不懂。没有这些，人们只能在黑暗的迷宫里徒劳打转。"这些句子让人联想到哥白尼，他曾禁止那些不懂几何学的人进入他的天文学。

　　数学定律绝不是伽利略心中那个可感知世界的理想构成。对他来说，它们更像是事物的本质。伽利略和开普勒的开创性成就在于，他们让数学在现实世界的构造中获得了中心地位〔弗洛里斯·科恩（Floris Cohen）语〕。精于运算的知识分子可以发现那些通过感知无法获得的信息，并纠正感知的错误。这就是为什么伽利略对哥白尼的成就钦佩不已。"我的崇拜之情滔滔不绝，"他评判道，"就像理性为阿利斯塔克和哥白尼带来源源不断的力量，它对感官造成极大的冲击并取而代之，成为观点的统治者。"在伽利略的宇宙中，唤起磁性并让行星吸附在夜空的智慧变得多余。与开普勒不同，伽利略的宇宙不再是人类中心主义，但他的模型仍然是根据数学定律设计的并且同样优雅。

　　亚里士多德的理论湮灭于尘土，天空的物理规则和地面上的世界现在没有什么不同。在这个明确的基础上，伽利略研究下落和运动规则，并最终建立一个新的世界模型。热或冷不再存在于物质中。在伽利略看来，它们和味道、气味或颜色一样都只是人类赋予事物的名称。恒星从他的宇宙中被驱逐，因为它们与观测和计算结果不相容。宇宙对他来说是一个独特、真正和实际的存在，它就是显现出的这样。至于是否无限，伽利略也认为无法判断。

深入了解现实——对伽利略来说，这意味着追问且继续追问，意味着质疑、确定概率、探索可能性。如果你想知道什么是云，并得出蒸汽组成云的结论，那么就必须知道什么是蒸汽。事实证明蒸汽是通过加热水而产生的，那么什么是水呢？通过提问和观察，遥远的物体如行星和最微小的组织单位（corpicelli minimi）的特性都能够为人所知。《试金者》以此为基础提出了一个令人注目的假设：作者认为"可以相信"，我们感受到的"温暖"只是移动的小火苗。他在论文的最后一章提出，"真正不可分割的原子"是物质的最小组成部分。伽利略以这一定论结束了他的文章，他不再试图理解物理现象的最后核心。尽管如此，他也承认自己按捺不住对答案的好奇。现代粒子物理学仍在为此付出巨大的努力。

伽利略对古代物理学的正面攻击绝不是没有威慑力。对于当时的人来说，他关于原子的论述听起来像是无神论的卢克莱修在发言。布鲁诺的火刑架的焦味还弥漫在罗马的鲜花广场上；1619年，蓬波纳齐哲学的追随者朱利奥·切萨雷·瓦尼尼（Giulio Cesare Vanini）在图卢兹被处决。刽子手一刀割下他的舌头，这样他永远也不能再大放异端厥词，当时他咆哮大叫，就像一头屠宰架上的公牛。据说瓦尼尼异想天开，大不敬地回答了让人们痛苦不已的问题，为什么有"苦难与不幸"——"我为什么要受苦？"——因为根本没有上帝。

审判

当时的局势差点让伽利略也成了异教徒，尽管不会把他送上断头台。罗马一直对他关注有加。1616年，第一次审判主要是讨论他的做法，试图让释经与对自然的认识达到一致。切萨雷·巴罗尼奥曾经提出，圣灵是要教导人们"怎么去天堂"——而不是"天堂里面什么样"，这种区别现在也变得模糊。伽利略大胆的一致性让特伦托宗教会议上刚刚确立的释经专家的垄断地位受到威胁。难道数学家或天文学家有权根据他们的发现解释《圣经》？这次审判有惊无险地结束。根据1277年设定的传统，伽利略被允许假设太阳位于中心，涉及数学模型也没问题。但如果认为这种思想游戏是物理现实，那就是异端学说。这场审判能够完结，主要归功于枢机主教圣罗伯托·贝拉明（Roberto Bellarmin，1542—1621），他同时也是那个时代最有争议的神学家之一，以对托马斯·阿奎那的评述而著称，并且参与编写了耶稣会的教义。

直到1632年，宗教裁判所才开始严肃看待伽利略。可能是眼见德国宗教战争不断升级，且当时优势逐渐倒向新教徒一方，罗马教廷的态度越来越强硬。此外，多明我会和耶稣会之间的竞争也为伽利略带来不利的影响，这两个修会在涉及宗教热情时僵持不下。触发新一轮审判的，正是我们这本书开头提到的《关于两大世界体系的对话》，它也许是有史以来最重要的科普著作。书中的傻瓜辛普利西奥很容易就被认出是以教皇乌尔班八世为原型，他原本是伽利略的资助人，伽利略这样写并没有多少恶意。

即使是现在，这个物理学家的对手也不是一队晕头转向的傻瓜，而是一群博学多识的人。他的法官根本不愿放弃现有的科学风格，它已经在共识中被接受，而且与普遍被人认可的宗教教条和谐共存。所以，伽利略的粒子理论令人厌恶，因为这与圣餐礼的天主教观点不兼容。假如所有的事物都是由不变的微粒组成，那么面包就是面包粒子的组合，葡萄酒就是葡萄酒粒子的组合，怎么变成基督的血肉呢？这样的物理学使得神圣的转变成为不可能，如果不把它看成是奇迹，这就中了新教徒的计了。

然而，这次审判也安然结束，至关重要的是伽利略对哥白尼的看法。法庭认为他对异端学说的态度很可疑，因为他把一个与《圣经》相矛盾的虚假学说看作有效的，"太阳才是世界的中心而且不会从东向西移动，而地球要自己转动并且不再是世界的中心"。判决书不仅仅是针对伽利略，这是对现代化的时代精神的示警信号。罗马利用他的学说来规范罗马的知识界，对哥白尼的追随在这里已经成为一种态度；更糟糕的是，他们的斧头已经砍向亚里士多德体系，从而危及以亚氏为基础的经院哲学。最重要的代表人物托马斯·阿奎那——

特伦托反抗精神的代表——于1567年正式被宣布为教会导师。

1633年6月，伽利略的判决在托马斯·阿奎那的注视下生效，在罗马的多明我会修道院和密涅瓦圣母堂举行。教堂一个侧边礼拜堂里是菲利普·利皮的系列壁画，歌颂上帝战胜一切异教徒的荣耀。在这些"反对所有异教"的壁画中，上帝手中掌握着最有力的武器，这是中世纪为了反对犹太人、穆斯林和其他"无信仰者"锻造的。十几年后的另一幅画则正好相反，拉斐尔在《雅典学院》中画上了阿威罗伊，在此之前他只能匍匐在托马斯·阿奎那脚下被尘埃淹没，而此时的《雅典学院》让异教徒和天主教徒和平地聚集到一起。那时，文艺复兴全盛时期温暖的风正吹拂过梵蒂冈的大厅。伽利略被审判时正值这个不容撼动的世纪的严寒之期，神学再次战胜了现代科学——不仅在利皮的画中。伽利略不得不宣誓放弃自己的"异端邪说"，跪倒在地，头颅低垂，刽子手的绳索套在他脖子上。在这个阴沉的仪式后，他一边站起身一边嘴里嘀咕着，"但它确实在动啊"（eppur si move），后来这件事成为这位科学悲剧英雄的传说。有据可考的是他在《对话》的某一版中自豪地写道："论如何介绍新知。有没有人严肃地考虑过，让上帝自由创造的精神被其他人的意志所奴役，这种愿望简直是最糟糕的烦人事？同样，怎么能让人否认自己感官所感知的东西，而被别的独裁者统治？还有，人们可以对自己一无所知的科学进行评判吗？"

密涅瓦圣母堂的悔改行为意味着这个朝臣的坠落，他本已经上升为一颗智慧明星。这个比萨人曾在宫廷任职，他举止亲切又很有幽默感，曾经如鱼得水。现在，他想逃脱死亡的厄运。圣公会将他逮捕并禁止他进行"公开或秘密的谈话"，流亡的地点是佛罗伦萨附近的阿切特里。学生围绕着他，访客也接踵而来——包括托马斯·霍布斯（Thomas Hobbes，1588—1679）和约翰·弥尔顿。他的女儿弗吉尼亚在附近的修道院找到出路。在生命中剩下的十余年里，他写出了物理学的扛鼎之作——《关于力学和位置运动的两门新科学的对话》。

1630年，开普勒在雷根斯堡逗留期间——他想向皇帝斐迪南二世申请丰厚薪俸——去世。他最重要的追随者伽利略从来没有对他做出过公正的评价。

伽利略自己在《关于两大世界体系的对话》中捍卫的错误论点，认为地球的运动可以通过潮汐变化证实，但他把开普勒的精确猜测贬低为"幼稚的童言"，其实开普勒认为的月球引力是潮汐起源才是正确的。尽管对开普勒的行星椭圆轨道学说还不甚了解，但伽利略拒绝接受这种观点。鲁道夫二世去世后，开普勒辗转来到天主教的林茨。1626年，皇帝斐迪南的将军阿尔布雷希特·冯·华伦斯坦（Albrecht von Wallenstein）成为他的庇护人。开普勒为自己写的墓志铭是："我曾测量天空，现在测量幽冥。灵魂飞向天国，肉体安息土中。"

他和伽利略一起推动世界从"或多或少"的世界发展成为"精确宇宙"。越来越多的画中出现了钟，这就是证据。伽利略比以往所有的天文学家都看得更远，晚年却遭遇厄运，不幸失明。他于1642年1月9日去世，自始至终被怀疑是异端分子。教会禁止任何形式的公开致敬，所以他被悄悄安葬在圣十字教堂，很久以后才为他竖碑。他的遗体现在安息在那里：这是佛罗伦萨的先贤祠，也是文艺复兴的纪念堂，我们历史中的一些大人物都长眠于此。列奥纳多·布鲁尼在旁边等待重生，马基雅维利的尸骨在对面腐烂成灰，米开朗琪罗就在几步之遥。

欧洲之凤

开普勒和伽利略的真正成就不仅在于他们将数学和可观察的现实联系起来，事实上，先于他们的大师，包括托勒密，都曾有过尝试。然而具有决定性意义的是，在1600年前后，这些尝试成功了。直到今天，物理学还依赖于这些由他们奠定的基础：经验、实验和计算。话语革命继续升级。耶稣会士保鲁斯·霍法厄斯（Paulus Hoffaeus）评论说："这些问题和这些伟大思想家的天性就在于，他们不会别的，只会一直讨论新的事物。"一个向另一个学习，第三个人又从这两人身上找到灵感。人们互相通信，争论一切事物，世纪末甚至在墨西哥也出现这种潮流。只有这样，思想才成为工具，猜想成为方法。一些发现几乎重复或者同时发生。人们在以撒·贝克曼（Isaac Beeckman）的日记中发现了笔记，可见他于1613年前后发展出和伽利略的理论非常相似的动力学，他是笛卡儿的好友和鼓动者。10世纪的波斯学者伊本·萨尔（Ibn Sahl）发现了光的折射定律，后来被笛卡儿、威里布里德·斯涅耳（Willebrord Snell）和托马斯·哈里奥特三人同时重新发现。到底谁对一个新发现拥有"长子权"，争议越来越多。德拉·波尔塔声称自己最先制造出望远镜，而荷兰人扎哈里亚斯·扬森（Zacharias Janssen）毫不让步。出版物要求拥有版权保护，表明人们意识到知识产权的重要性，但这种做法并没有特别见效。维萨里就曾抱怨说，写书的纸和书的内容没有同样的价值。

数学也可以回应宗教冲突和哲学怀疑主义，且变得越来越重要。几何形状成为时尚，防御工事、外立面或巴洛克公园都呈现出显而易见的几何美学，波玛索公园的模糊和神秘、超现实的镜子世界和苍白的忧郁都消失无踪。大自然被切割成圆形和直线，几何精神在仔细排列的舞蹈和绘画中都留下痕迹。在卡拉瓦乔奏响罗马巴洛克全盛时期的序曲后，英国建筑师伊尼戈·琼斯（Inigo Jones，1573—1652）和法国画家尼古拉·普桑（Nicolas Poussin，1594—1664）也表达了他们对经典思潮的偏爱。普桑认为颜色可以与音色的情感价值进行比较，他引用了文森佐·伽利略的老师查利诺的"和谐说"。这样，数学甚至与绘画的色调联系起来。康帕内拉在《太阳城》中想象的圆形布局出现在意大利的理想城市和符腾堡的弗罗伊登施塔特中，这个正方形规划的小城于1599年开始建造。神学家约翰·瓦伦丁·安德烈埃（Johann Valentin Andreae）的国家乌托邦"基督城"（Christianopolis）也借鉴了这种布局，而琼斯的经典建筑不仅受到帕拉第奥艺术的影响，也与勒内·笛卡儿（1596—1650）的几何哲学相呼应。

之前的思考主要是——主观的、看重经验和意义的——意识哲学，其中最杰出的先驱是蒙田，而现在出现了哲学思考的其他可能性。就算是徒劳，笛卡儿也希望他思想体系中的理性能够终结神学家和哲学家之间道德败坏的争论。哲学的基础应该是"明显而有区别"的论据和确定的原则。在1637年出版的《谈谈方法》一书中，他把对所有确定性的系统质疑作为结论提出，帕尔马的布拉休斯作为第一人早就提出这一观点：人们思考时，就能确认自己的存在。思考证明存在，存在是一种可以感知的思考。笛卡儿体系把"广延之物"（res extensa）和"思维之物"（res cogitans）区分开来，前者是需要空间的物质，后者是一种有思想和意愿的精神实质。他剔除了物质所有的心理承载，即物质通过精神和超自然的能量获得活力。空间和物质相同，可以无穷无尽地分割；空虚不存在。笛卡儿的世界就像一个机制般运作，人体就像一台机器。自然法则为所有事件定下基调。物质世界的最小组成部分是不同形式的粒子，它们被空间包围，而空间被最精细的物质填满。笛卡儿把天体的运动解释为填充世界空间的"以太"中出现的旋涡。它们的产生是因为粒子位置的改变，因为在笛卡儿的自然哲学中没有空虚，所以粒子会相互推挤并相互吸引。

与开普勒和伽利略一样，笛卡儿的宇宙也是完美的几何结构。他认为自然的第一推动者和立法者是造物主上帝，他相信用自己的方法可以证明上帝存在。上帝肯定不会撒谎，所以他以上帝为担保，认为通过人类的理性，的确可以获得真理。但上帝不再出现在他的被创造物中，最多只有天使降临，他们是上帝的使者。

笛卡儿的物理学总是提到相互碰撞的粒子和相互作用的旋涡，他的观点从流派上来看与伊壁鸠鲁的思想最为接近，相似度超过所有其他自然科学模型。只还差一步，它就可以让这个完美构建的世界钟自己运行，从而质疑上帝的存在。加尔文主义者和天主教的狂热分子已经开始对此产生怀疑。真是世事多变！亚里士多德的学说在1277年被教会谴责，现在教会为了对抗笛卡儿这样的"现代思想家"又把亚里士多德奉若神明。笛卡儿已经预知到这样的情形。他费尽心机想证明，圣餐礼的奇迹与他的物理并不违和。可惜笛卡儿最重要的几部著作还是都被列入禁书目录。当他听说伽利略被审判时，他不敢再出版自己的《世界》一书，这本是他的哲学思想的集大成之作。因为加尔文宗的正统派一直与他激烈争辩，1649年他迁居瑞典。一年后，他溘然长逝。

现代之前

41. 利维坦时代

插图66：亚伯拉罕·博斯，封面：托马斯·霍布斯，《利维坦》，1651年，伦敦，大英博物馆

文艺复兴与巴洛克之间的生活：光束

对于普通男女来说，生活在寒冷僵化的17世纪实属不易。每次遇到饥荒，他们都遭受死亡的严重威胁，在城市穷人中这一比例特别高。例如，莎士比亚、培根和牛顿等人所在的伦敦，对成千上万移民来说，不过是一个恶臭拥挤的死亡陷阱。起义、骚乱和革命越来越频繁出现——不仅是在欧洲，而是在全球范围内。穷苦大众当中的强者都被关进监狱，或者被送进劳教所。这样的强制性机构越来越多，是对抗闲散和无序的手段。在这个即将终结的时代，映入人们眼帘的还有边缘人物：居无定所的人、疯子、残疾人和剥皮工人，以及处在社会边缘的不法之徒。巡回演出的喜剧演员使普通人有机会一瞥大型舞台艺术。在大半个欧洲来回穿梭的英国剧团，在演滑稽剧时少不了被戏称作"腌鱼"的小丑，甚至偶尔也上演莎士比亚和马洛的剧本。机械钟帮助人们越来越精确地把休闲时间——自由时间——和日常工作区分开来。到了17和18世纪，市民阶级也越来越想"征服夜晚"。显而易见，一些人会花上几个小时读书解闷，而更普通的百姓依然过着日出而作日落而息的生活。

宇宙学家已经让宇宙不再神秘——而古老的等级观仍然坚定地反对一切解放的努力，反对对民主的褒赞，反对废除奴隶制，反对公民自由。它也为压迫妇女提供了理由。在等级观中，女人是男人的不完美版本，而男人是人类的衡量标准。但是在某些地方，现实总是能克服这种歧视。事实上，人们已经见过重要的"国家女性"，如伊丽莎白一世和凯瑟琳·德·美第奇，还有伊莎贝拉·埃斯特或纳瓦尔的玛格丽特，她们是资助艺术家并庇护受迫害的人。除此之外，女性在文艺复兴文化的图景中只占很小的份额。大学、学院以及科学话语仍然不对女性开放，就连行业公会也是如此。在日常生活中，女性的活动地点就是家，她的工具通常是木勺、扫帚和纺车。哲学史中没有女性的身影，建筑史或科学革命也一样。诗人中有稀缺的几位女性：除了纳瓦尔的玛格丽特和维多利亚·科隆纳之外，还有奥林匹亚·富尔维亚·莫拉塔（Olympia Fulvia Morata）、路易丝·拉贝（Louise Labé）或伊莎贝拉·惠特尼

（Isabella Whitney）。但与男性的成就相比，这些女诗人的作品微不足道，而且数量也很少。这当然与缺乏天赋完全无关，而更多要归咎于社会环境，从今天的角度来看，要怪荒谬的角色定义。在女性艺术家身上发生的事情也是如此，如女雕塑家普洛佩兹阿·德罗西（Properzia de'Rossi）、女画家索芳妮斯贝·安古索拉（Sofonisba Anguissola）和凯瑟琳娜·梵·赫姆森（Catharina van Hemessen）。其中最重要的是阿尔泰米西娅·真蒂莱斯基（Artemisia Gentileschi，1593—约1653），她已经算是"光和影的魔法师"卡拉瓦乔之后的一代了。

崛起的巴洛克国家的自我形象仍旧是新世纪的风景之一。它们拥有主权、学者和军队，似乎不可撼动。巴洛克国家用占领、狩猎、游行和节日展现自己，用舞蹈、音乐、戏剧、晚餐和烟花为自己助兴。早在公元前4世纪，亚里士多德就在《尼各马可伦理学》中为这种行为辩护：多明我会修士罗杰·迪莫克在一篇献给理查二世的文章中说，贵族老爷让普通百姓看到这种奢靡，这样百姓就会尊重他们，对手也会被吓退。

庆祝统治者的荣耀在巴洛克时代达到极致，耗资空前巨大。贵族在修建宫殿时相互攀比，一个比一个宏伟，一个比一个华丽，这种建筑上的骄奢之风终于触及了财政的神经：这种文化风格毫无节制地扩散，最早出现在中世纪晚期的西欧和文艺复兴时期的意大利。像以前一样，利维坦通过公开处决彰显它的权力，法律行动成为展现献血和尸体的热闹场面。强盗和土匪被拖到行刑场，还有同性恋者，据称也有女巫和巫师。即使在开明的时代，打桩、燃烧和分尸仍然是保留节目。爱看热闹的人不仅得到警示，也得到消遣。死尸对活人有吸引力，不管是因犯被绞死时的可怕模样、圣人的木乃伊还是解剖室里被剖开的尸体。它们在文学和艺术中发挥了重要作用，提醒读者所有尘世事物的短暂性。

各宗教教派对欧洲的面貌产生了巨大影响。牧师之家、宫廷和大学成为新教知识文化的聚集之处。在路德、茨温利和加尔文的土地上，圣徒已经离开天堂，圣人遗物也失去了魔力，圣母的宝座空悬。这一变化反映在当时的艺术中，世俗主题变得更加普遍。在新教地区，世俗作品占据统治地位，最令人印象深刻的是在荷兰。据估算，荷兰到1650年前后一共创作了约250万幅画作，简直令人难以置信。艺术家用缤纷的色彩绘制盛大的节日和欢快的狂欢场景。他们展现出市民的整洁，城市房屋的大理石地面就是印证，他们也在油画中画上一望无垠的大海，记录辉煌的海战。荷兰风车，实际上是技术型的、完全不浪漫的建筑，也被搬进了风景画——这是这个年轻国家现代化的标志。它们主要分布在广阔的土地上，白色、灰色和粉红色的云彩飘浮在空中。云彩中间的光线——如雅各布·范·鲁伊斯代尔（Jacob van Ruisdael，1628/1629—1682）在《阳光》中所绘——意味着，他们明白自己得到上帝的恩典。这样，绘画本来已经完全臣服于世俗的美丽，宗教又以隐蔽的形式回到绘画艺术中。往昔的回忆以及世界的浮华隐藏在静物画或玩肥皂泡的儿童身上。很久以来，荷兰的艺术一直与意大利的人文文化进行深入接触，意大利人熟知如何在图像中影射典故，是这一领域的前辈。

对广大民众来说，伟大的信仰体系和它们的工具一直是为彼岸准备的。在各处，在瑞士联邦或在德国的一些帝国直辖市，混合的教派团体逐渐发展壮大，而他们都严格维系和平。与新教的对手不同，天主教的欧洲已经建造了上千座巴洛克式教堂，它们受特伦托启发，经常以罗马耶稣堂为模本，成为"神圣戏剧"的舞台。这些教堂是镶金的彩色机器，让人们皈依天主教或让异教徒皈依古老信仰。西班牙在政治上已经疲惫不堪，经济跌到谷底，陷入了一段很长时间的衰退状态。只有绘画和诗歌取得了胜利，我们可以把这个世纪称为委拉斯开兹（Velázquez）[1]和卡尔德隆（Calderón）[2]的世纪。

---

1 迭戈·罗德里格斯·德席尔瓦-委拉斯开兹（1599—1660），是17世纪西班牙最伟大的画家，也是西班牙黄金时代最重要的画家之一。他是巴洛克时期的个人主义艺术家。除了众多具有历史和文化意义的场景，他还画了许多西班牙王室的肖像、其他著名的欧洲人物和平民。

2 卡尔德隆·德·拉·巴尔卡（1600—1681），西班牙剧作家、诗人。他是西班牙黄金世纪戏剧两大派之一的代表人物。他所开创的戏剧新风格，一直影响了从17世纪中叶至18世纪初的黄金时期后期文学。他的戏剧作品共约120部，其中宗教剧80余部。卡尔德隆的剧作多以人的命运和人的荣誉为主题，同时带有浓厚的宗教色彩。他的剧作结构严谨，富于深刻的心理探索，其雕琢而讲究的语言以及定型化的人物塑造，还表现出巴洛克风格的特色，影响远及法国戏剧和德国的浪漫主义文学。

政治祛魅

许多人已经厌倦了教派争端。作为解决方案，政治理论建议增强国家意识，这似乎是唯一能结束这场群狼厮杀的办法。让·博丹写于1579年的《国家六书》就是开端。博丹生活在宗教战争的时代，亲历了国家权力被侵蚀的过程，因此坚决抵制这种趋势。他提出了具有划时代意义的主权概念。主权被认为是最高的、不可分割的力量，在时间上永不受限。博丹认为，只有国家才拥有这种力量，没有主权就不是一个国家。主权君主的权力来自上帝的无限权力，他能够决定战争与和平。他对立法有垄断权，但本人不受法律约束："legibus solutus"。这个拉丁语表述中隐含着专制主义（Absolutismus）一词，符合罗马法律中对贵族的定义。但博丹所谓的君主不是暴君。无论如何，他都必须遵守自然法则，即上帝的律法。他也要尊重家庭和财产。

时代在呼唤一种不是由宗教热情决定，而是由冷静的几何学决定的政治。马基雅维利清醒的分析处处被妖魔化又被审查压制，现在却激发出丰富的论述。意大利人乔瓦尼·波特罗（Giovanni Botero，1540—1617）总结了这个佛罗伦萨人提出的政治行动必须遵循的原则，提出"国家利益"（ragione di stato）的概念。这一学说是关于如何获得、维持和扩张权力。跟其他作家一样，波特罗在书中也把声名狼藉的"马基雅维利主义"隐藏起来，他在书中没有引用这个佛罗伦萨人，而是援引塔西佗。塔西佗的史学书写是丰富的论著，探讨了共和自由在何种机制下会过渡到暴政，或者从更积极的方面看，如何从混乱到有序。

当国家披上闪闪发光的主权金甲，配备了马基雅维利的思想，就应该着手解决宗教战争和宪法斗争的混乱局面。在国家内部，沉重的时代可能就要开始，什么结果都比完全瓦解秩序更好。尤斯图斯·利普修斯本身是和平的斯多葛派，也认为教派统一绝对必要。他在《政治六书》中建议，危及和平的离经叛道之人都应该被从集体中"烧掉"。而他的同胞，鹿特丹大议长雨果·格劳秀斯（Hugo Grotius，1583—1645）则要求，只承认一个超越教派的宗教。他的话语真的触及本质，应该受国家保护，他说只有一位上帝，而这一位上帝掌管人类事务。格劳秀斯在1625年出版了《战争与和平法》，把国家理解为一个机构和权力的体系，而不再是一个与宇宙相连的组织。自然法则的戒律源自理性和对集体的考虑，必须强制执行，就连上帝也无法改变它。它甚至适用于假设的情况——上帝不存在或与人类事务无关。战争的目的只能是捍卫或执行正当要求，或是为了惩罚犯罪行为。这样一来，宗教理由就不能再把战争合理化。

像博丹和那些荷兰人一样，托马斯·霍布斯也提议建立一个强大的国家，从而制止"所有人反对所有人的战争"。他的国家学说是例外情况下的产物。"我的母亲生了双胞胎，"他写道，"我和恐惧。"他回忆起他出生的1588年，大型舰队的厮杀染红了海面。他的母亲因为担心即将到来的西班牙舰队，不幸早产。

霍布斯使用了几何方法，认为人、社会和国家都臣属于数学政权。与博丹不同的是，他提出了信约概念，为一切国家政权的开端都备好了协定。社会的"粒子"，即个人，共同成立一个政治机构——"政治体"——并将其权力转交给某个个人或集体。他1651年出版的《利维坦》中没有提到专制主义理论。不管他写了什么，都更像是一个国家理论。霍布斯称之为"有朽的神"。扉页上写着"地上没有强权可与伦比，这就是'利维坦'"，这其实是对《圣经·旧约·约伯记》（41∶33）的改写（插图66）。与遥远的上帝不同，它可以保证和平。它拥有无可估量的力量，所以能让人民过上安全舒适的生活。尤其是，它应该凌驾于宗教之上。人们只需要服从世间主权，否则就会导致暴力和内战。对霍布斯而言，和平比宗教真理更重要。真理是什么，由君主决定。那自由呢？"在卢卡的塔楼上至今刻着'自由'（Libertas）这个词。但是没人可以断定，这里的人比君士坦丁堡的人享有更多的自由或者更少的对国家的义务。"个人自由和国家自由是两回事。如人文主义所示，积极为国家服务和"美德"与个体的公民自由没有多大关联。霍布斯用这些嘲讽的字眼埋葬了文艺复兴时期的政治理论理想——如昆廷·斯金纳（Quentin Skinner）所言——

也为它写好了墓志铭。

在政治现实中，早期现代国家仍然需要继续装备自己。即便在重要职位上，当局机构和受过司法培训的官僚人数都继续增加。例如，法国路易十四（Ludwig XIV，1643—1715年在位）时期的大多数王室议员都来自"长袍贵族"（Noblesse de robe）。雇佣兵将领和按需购买雇佣兵部队的时代一去不复返，常备军部队开始成形。"常备军士兵"最早的缔造包括三十年战争，这是那个时代最后一次欧洲的国家战争，宗教在其中产生了重要影响，至少在某些阶段。

宗教战争的结束极富戏剧性。混战让每个国家都大唱死亡赋格，战争最终将自己扼杀。它吞噬了贵族们的最后一块金币，让城市奄奄一息，让土地杂草丛生，军队几乎无以果腹。在德国土地上，受害者的人数比以往和之后的任何战争都要多。这又一次证明了这一精辟的观点：在地球上建造天堂的企图总是以地狱的降临而告终。火枪和大炮，再加上饥饿和疾病让几乎三分之一的人死于非命。1648年签订的《威斯特伐利亚和约》是欧洲外交史上的最佳成就，荷兰和瑞士联邦得到主权，法国和瑞典获得土地和补偿，德国的主权邦国享有高度自治权。和约以关键的1624年为准规定了各教派辖区，并确立了宗教冲突情况下公平的处理方案，教派之间一触即发的局势逐渐缓和。臣民无须因为统治者改换信仰就被迫追随。具有讽刺意味的是，只有教皇英诺森十世（1644—1655年在位）的特使拒绝签署和约，而教皇的徽章是一只和平鸽。

西班牙与法国的争端继续延续10多年，1659年的《比利牛斯和约》才结束了这场世纪对决。很长时间以来，这个骄傲的帝国就被看作世人皆可取而代之的世界强国。"西班牙的君主政体是一个无能的怪物，"一个意大利人在三十年战争前就提出这种见解，"一个巨大的、松弛的、脆弱的身躯，秸秆做的巨人。"1640年，葡萄牙已经分裂出去，国家内部骚乱四起。在德国战争进入最后阶段时，腓力四世的首相和宠臣、奥利瓦雷斯公爵加斯帕尔·德·古兹曼（Gaspar de Guzmán）得出一个忧郁的结论："这就是世界，即使我们相信我们能让奇迹发生、能让它变成它永远不会成为的东西，它也一直都是这样。"

世界角逐

英格兰已经开始接管西班牙的角色。伊丽莎白一世留下了统治海洋的手段：一支远洋舰队和"蓝水"[1]政策。哈克卢特第一个系统性地提出殖民扩张的理由，并为帝国意识形态搭好布景。1584年他出版了《论向西拓殖民》一书，既提到传播真正基督教信仰的机会，又强调了遏制西班牙权力和海外种族灭绝的必要性。通过剥削新地区并向当地出口英国产品，国家可以获得高额利润，还能创造就业机会，为人口压力打开泄压阀。沃尔特·雷利爵士也警告说，如果西班牙国王占领美洲，他将所向披靡。

霍金斯和德雷克的舰队像是轻骑兵，只是这场全球力量角逐的前奏。古老的骑士比武大赛升级为世界大战。由于对经济增长一无所知，人们普遍认为，想自己获益只能牺牲其他人的利益。人们担心，无论是大草原还是海湾，即便是找不到金粒的地方，将这些领地留给敌人也可能会让他们在欧洲陷入劣势。资金经常流入战争中。如果没有战争，就不会有贸易，没有贸易就不能发动战争，一个当时的人在1614年简明扼要地总结道。人们以为利润是为了增强军事力量，这种政策的反面就是高税负。而保障殖民活动和基础设施的军事力量，通常是要国家自掏腰包——1650年葡萄牙王室就因此破产——但大部分利润都进入私人口袋，这就是另一个话题了。

竞争的动力进一步推动了欧洲国家的全球扩张并点燃了一场"经济革命"。除了莫斯科公司外，英国为西班牙、葡萄牙、斯堪的纳维亚和地中海东部地区的贸易都成立了公司。1600年，东印度公司随之而来，王室授予它与主权相当的特权。两年后，荷兰的回应是成立了世界上第一个联合股份公司"联合东印度公司"，并为之建立了一个商品交易所。联合东印度公司得到的收益是650万荷兰盾，比竞争对手当时可用的资金多出9倍。它的权力使它成为国中

---

1 主要指如下的战略：（1）在欧洲大陆，尽力避免投入大规模陆军，而让欧陆盟国承担主要的陆上作战任务并向其提供财政支持；（2）在海洋和海外，依靠海军对法国搞海上封锁，打击其海外贸易和夺取其殖民地。这种侧重于海洋的战略也时被称为"蓝海战略"。

之国。一个公司也能够发动战争，与外国统治者签署条约并建立堡垒。相互作用力开始发挥强大作用。公司用利息极低的借款寻找投资方，又拥有造船的技术能力，而且企业家非常具有开创精神，这些共同推动了新的投资。设在阿姆斯特丹旧市政厅的"交易银行"允许以各种货币进行无现金交易。荷兰人的雄心和资本远远超越他们的一方小小国土。

早在1596年，荷兰船只在与西班牙的战争中就已经到达富饶的爪哇。联合东印度公司在这里建立基地和工厂的网络，从波斯湾延伸到日本，包括苏门答腊和东帝汶，还有1616年登陆的苏拉特——莫卧儿帝国最富有的港口，可能也是当时全世界最富有的港口。1619年荷兰人最终赢得一处码头，它被新主人称为"巴达维亚"，即今天雅加达的一个城区"查雅加达"。联合东印度公司冷酷无情地追逐利润。1621年，总督简·皮特斯佐恩·科恩（Jan Pieterszoon Coen，1587—1629）在马鲁古群岛的班达谋杀了土著居民的整个统治阶层，其他人则被逼为奴。两年后，公司管理者在附近的安汶岛上把21名涉嫌密谋的男子送上绞刑架，其中包括10名英国商人。对联合东印度公司来说，暴力的报酬就是对令人垂涎的肉豆蔻贸易的霸主地位，他们与英国人在价格上长期有分歧。

在随后的几十年中，公司在东亚的势力范围不断扩大，成为一个味道稀有、气味醉人的无边王国：斯里兰卡是肉桂帝国，马拉巴尔是胡椒之地，1660—1669年征服的苏拉威西源源不断地提供肉豆蔻和丁香。这个公司把香料岛的一些土地和爪哇变为自己的领土，但这只是一种获取垄断的手段。毕竟，建立国家耗资巨大而且令当地人反感。荷兰人就像牡蛎一样，一般只在海岸活动，他们建造堡垒并确保自己通过宽松政策在某片区域垄断资源。他们通常会建立工厂，一开始在海边，然后进入内陆。葡萄牙人在果阿、澳门——这里曾抵御过荷兰人的进攻——东帝汶等亚洲的殖民地逐渐失去了主导权。

雨果·格劳秀斯为荷兰的贸易帝国主义提供了法律掩护。1609年，他为联合东印度公司量身定制了《公海》一书，为势不可当的资本公司提供了自然法则依据。这本书的目的是，"简明地"证明"航行到印度并与他们做生意"对荷兰人来说是合法的。他发展出一套基本原则，即海是公共的，不可能是某个王国的一部分。他的书正面攻击《托德西利亚斯条约》，驳斥教皇和西班牙所有的全球原则。但是，他的同胞们寻求垄断丁香和肉豆蔻的贸易，这一行为违反了其自身的意识形态，所以亚齐的苏丹说："上帝创造了陆地和海洋，土地分给人类，海洋分给所有生物。从未有人听说过，一个人被禁止越过海洋。"

1621年，即班达大屠杀的那一年，这个国家又设立"西印度"公司，负责非洲和美洲业务。它的目的是在大西洋和太平洋地区与西班牙作战，还要在非洲西海岸到新几内亚之间设立交易中心并占领定居点。1652年，开普殖民地成立，这是后来荷兰亚洲航线的重要一站，也是后来的国家的萌芽。西班牙宣布对古巴和波多黎各的主权，而英国人则定居在百慕大、牙买加和巴巴多斯——当时世界最重要的糖产地。荷兰人分到的是亚马逊河和奥里诺科河之间的"野蛮海岸"，大约在今天的圭亚那和苏里南。当时，这个200万人口的小国拥有世界上最强大的商船海军，世界一半以上的海上运载都由荷兰人把持。

但事实证明，英格兰是世界各地战争中一支更强大的力量。东印度公司在印度、今天的泰国以及苏门答腊岛、苏拉威西岛、婆罗洲岛和爪哇岛经营工厂。1613—1623年，英国一直在日本的平户岛上拥有基地。与此同时，公司在1622年派出一支舰队帮助萨非王朝的阿拔斯一世（Abbas Ⅰ，1571—1629）从葡萄牙人手中夺取霍尔木兹海峡。这样一来，英国巩固了在附近的阿巴斯港的地位，这里是丝绸之路岔道和波斯湾之间的枢纽。1641年，英国在科罗曼德海岸建造了一座防御工事，即圣乔治堡，在印度土地上建立了一座强大的桥头堡，从这里发展出马德拉斯市，即后来的钦奈。自1660年以来，由王室支持的英国公司也挤进了西非的黄金业务和奴隶市场。

英国的野心暂时停留在大西洋世界。"弗吉尼亚公司"和负责百慕大的"萨默斯岛公司"一直对这里虎视眈眈。1620年，一群激进的加尔文主义者，"清教徒前辈移民"（Pilgrim Fathers）与"五月花"号一起抵达今天的马萨诸塞州。他们的殖民地普利茅斯是第一批定居点，后来发展成为新英格兰在美国的城市。这些定居点中包括弗吉尼亚和1634年建立的圣玛丽（马里兰的发源地），在这两地之间一开始还隔着荷兰的土地："新尼德兰"在曼哈顿的定居点"新阿姆斯特丹"，哈德逊河上的一个小岛。

英国内战的结束使英格兰有能力迎接北美的挑战。1651年，英国颁布了一系列航海条例，后来又陆续增加，这为抵抗荷兰的垄断地位奠定了基础。在一开始的几次海战中，荷兰人无法强迫死敌英国对其政策进行修改。教派团结现在成了空谈。

1655年，荷兰总督彼得·史蒂文森（Peter Stuyvesant）还成功夺取了特拉华地区的瑞典殖民地；但10年后，这群土匪成了别人手中的猎物。一支英国舰队迫使他们在1664年的另一场战争中屈服，新阿姆斯特丹和新尼德兰变成纽约市和纽约州。不久前，荷兰在与葡萄牙的漫长战争后不得不归还巴西殖民地，在与中国明朝的郑成功交战后又失去了台湾的安平古堡。后来成为美国东海岸的土地都落入英国之手，范围从今天的缅因州到南部各州。1672—1677年的第三次动武也没有改变这一局势。

那时，英国商人的想法越来越成熟，他们意识到战争掌控的交易成本太高了。"我们的业务是贸易，而不是战争"，东印度公司的董事如是总结。但这一观点并没有被广泛接受，接下来几十年里印度内部一直爆发权力斗争，甚至撼动了英国的地位。1687年，公司总督约西亚·查尔德（Joshia Child）爵士得出结论，有必要资助"国家"拥有民事和军事力量，从而确保英国对印度"所有未来"的统治。次大陆是否从此成为不列颠殖民帝国，仍有争议。

法国的扩张曾被宗教战争拖累，现在它也加入全球竞争。塞内加尔和几内亚湾遍布法国据点，这里大兴奴隶贸易。法国占领加勒比海一些岛屿，包括马提尼克岛和瓜德罗普岛，后来还拿下了印度洋上的留尼汪岛和圭亚那东部。在东印度群岛的海岸，法国以联合东印度公司为模本，取两个泰米尔单词"Putu"（新）和"Ceri"（村庄），建立了一个名为"本地治里"（Pondicherry）的组织，这是设立保护区的起点。但与北美洲新法兰西的成立相比，这些地点算是小巫见大巫。雅克·卡蒂埃和塞缪尔·德·尚普兰的先驱伟业为法国殖民北美打下基础，他们二人是魁北克的创始人。传教士和皮毛商人从圣劳伦斯河的据点出发，探索这片广阔无垠的土地，沿着密西西比顺流而下一直到达墨西哥湾。自号"太阳王"的路易十四宣布对一切拥有主权，但是缺乏定居者。最开始建立殖民地的几十年里，只有区区几千人，到1770年前后也不超过10万人。而在"清教徒前辈移民"到达北美之后，英国的殖民人口急剧增加。第一批侦察队已经启程前往西部，不断探索新的边界。

莫斯科想渗入人口贫瘠的东部。17世纪中叶，沙皇完成了对西伯利亚的征服。士兵身后随之到来的是农民、猎人和商人。基督也降临这片宗教的荒野，原住民原本信仰的是远古传统和邻近的"高级宗教"的奇怪混合体。堡垒发展成为定居点，定居点又扩张为城市。1689年，俄罗斯帝国与中国清朝签订了《尼布楚条约》，确定两国边界。这个有约束力的条约是用拉丁语写成的，这要归功于耶稣会修士从中斡旋。早在1700年，俄罗斯人和其他"白人"就成为西伯利亚人口中的大多数。俄罗斯是全球角逐的最后一个主要参与者。

利维坦的胜利

回望欧洲，宫廷和城镇仍然是政治和文化的重心。1648年之后，国家形象丰满的德意志王国成为一个活跃的法律同盟，为文化提供了蓬勃发展的空间。在北方，在三十年战争中，除法国之外的另一个赢家瑞典维系了半个世纪的霸主地位。波兰瓦萨王朝的国王约翰二世·卡齐米日（Johann Ⅱ. Kasimir）终于放弃其对瑞典王冠的觊觎。普鲁士是衰亡的条顿骑士团的残余势力，迄今为止一直依赖邻国，现在也获得独立。这是迈向王权的又一大步，1701年霍亨索伦家族加冕为王。

路易十四从路易十三的枢密院首席大臣黎塞留手中继承了丰厚的成果，可惜他是个败家子。当时哈布斯堡家族的势力衰退，而法国成功镇压了贵族发起的投石党运动[1]，在几十年中手握霸权，但荷兰人依然是它的眼中钉、肉中刺。在法国内部，胡格诺派的最终命运已经来临。路易十四于1685年颁布《枫丹白露敕令》，标志着"一神一王一信一法"原则的胜利，亨利四世的宽容政策最终失败。太阳王的国家越来越趋于严格遵循几何形状的纯粹君主制，只有天主教信仰被允许。

在东部，奥斯曼人于1683年最后一次兵临维也纳。随着卡伦堡山大捷，奥地利在接下来的几十年中转为攻势。为争夺西班牙哈布斯堡王朝的继承权，1701—1714年，中欧陷入混战，原本已经趋于和平的意大利北部也感到焦虑不安。英格兰与哈布斯堡结盟，反对路易十四的霸权政策。大屠杀让法国暂时被遏制，欧洲大陆的力量达到平衡，这一结果符合英国的战争目的。不列颠人的兴趣在于海洋。只有伦敦在跨大西洋奴隶贸易中获得垄断地位，并占领了梅诺卡岛和直布罗陀。

西班牙的继承战争不仅让路易十四在欧洲大陆上铩羽而归，还让法国失去了部分加拿大领土。法国在北美的势力最终因七年战争（1756—1763年）的失败而衰落，同时也浇灭了法国对印度的野心。三大洲的胜者是英格兰。不列颠尼亚在海上所向披靡，如有海神襄助——海神的形象出现在约翰·塞尔登（Johann Selden）的某一版《闭海论》（1635年首版，插图67）——为英国的海军势力辩护，并已经成为现实的一部分。

---

1 投石党战争，亦称"投石党运动"。路易十四未成年期间，在法国发生的一场反对专制王权的政治运动。投石党以巴黎儿童无视当局的禁令在街上玩耍"投石器"而得名。这场旨在限制国王权力的投石党运动的失败为路易十四亲政后的专制独裁铺平了道路。

插图67：皮埃尔·隆巴特摹弗朗西斯·克莱恩，《不列颠尼亚战胜海神》
出自：约翰·塞尔登，《闭海论或海洋主权论》封面，伦敦，1652年，牛津大学，博德利图书馆

　　欧洲人的决定性优势在于，在他们的海外项目背后有永恒不变的官僚机构和上层国家。遇到技术落后的公司和松散软弱的国家，他们要取胜简直易如反掌。据报道，他们很多时候并不是靠自己的力量取胜，而是因为对手内讧。私人想追求盈利，财政大臣想发号施令，他们发现自己殊途同归：赚取利润并开发新的税收来源。只有这些条件才能积蓄足够的资金，用于资助舰队和士兵。可迅速调动的资金帮助荷兰人战胜了葡萄牙人。优越的经济资源促使英国人在印度和美洲击败法国人并夺取孟加拉。

　　矛盾的是，欧洲的政治分裂在海外却成为有利条件。如果只有一个大国从欧洲向东或向西扩张，那么统治者的每一次更替——正如郑和下西洋之后在中国发生的事——都可能使殖民热情陷入停滞状态。在欧洲没有哪个皇帝或苏丹可以用一道敕令闭海锁国。勃兰登堡和瑞典在艰难尝试后放弃了海上冒险，这对大趋势没有什么影响，而葡萄牙的衰落也无关痛痒。其他人趁机取而代之，先是荷兰人，然后是英国人。

因此，全球战争的真正胜利者是早期的现代欧洲国家。除了欧洲国家，拥有强大国家政权的日本在亚洲经济圈的角逐中也一直非常成功，这并不是巧合。获得"御朱印"贸易许可的船只在海上航行并与暹罗进行贸易。日本在东南亚维系着密集的商业代理网络，甚至在距长崎1.6万多千米的阿卡普尔科[1]设立分行。除了白银，在岩美町和生野町开采的铜也涌入中国，直到1635年因为供给过剩价格开始下跌。虽然大量白银刺激了亚洲经济，但国内出口让欧洲通胀放缓。如果没有出口，哈布斯堡很难在这么长的时间里一直推行强权政策——相反，需求的终结削弱了国家财政。这样一来，西班牙不仅在三十年战争中在罗克鲁瓦惨败，而且失去了澳门和长崎。

世界霸主从来都不是欧洲人。欧洲在亚洲的势力主要基于一些船只和意大利式样的堡垒，其中一些——如在马尼拉——扩建到空前的规模，此外还基于官僚结构和外交政策。全球其他地区随着扩张都变得有些像欧洲，无论是好的方面还是坏的方面。欧洲的武器和战略、欧洲的口味、欧洲的思想、基督教和资金侵入各大洲。塞拉利昂海岸附近停泊的一艘英国船只上正在上演奇特的关于哈姆雷特的戏剧，这可能就是一个象征。水手们演出戏剧，其他船员和非洲人一同坐在观众席，有翻译为他们讲解。此时，他们可能是通过当地语言泰姆奈语了解到丹麦的情况有些不对劲。

从另一个角度看，欧洲不仅把莎士比亚带给世界，还推广了种族主义、危险的民族梦想以及——更令人喜爱的——民主理想。反之，陌生事物大量涌入欧洲，至少让更明智的那些人意识到，他们的标准不是唯一适用的。

---

1 墨西哥太平洋沿岸的良港和世界最佳天然锚地之一。

公民社会的黎明

现代民主最直接的前身和工业化的开端都是大不列颠统治的卡姆登地区[1]，其中很大一部分可能都在受保护的岛屿上。莎士比亚的历史戏剧《理查二世》中，冈特的约翰就在这里生活，他称赞他的土地是"自然为自己建造的堡垒"，并称此地是"珍贵的石头，从银湖中打捞上来 / 为这片土地修砌城墙"。这里的人们可以撤回到"完美的隔离地带"，奉行务实的外交政策。哈克卢特在他的殖民政治概念中大肆宣传自觉给予，也没令人反感。作为国家利益的好处当然不会一直符合共同利益，但从结果来看，利润对于自己的人民来说总比战争要好，在贵族的旧价值观里战争高于一切。查理五世、腓力二世或路易十四这些政治上的破落户都渴求荣誉、名望和纯粹的宗教，但最终赢得的只有死亡、毁灭和债务。

有很多迹象表明，北美和拉丁美洲在经济和生活水平上的巨大差异与其不同的殖民历史有关。西班牙人想要附庸国，英国人想要土地。因此，伊比利亚王室在南方采取压迫手段：欧洲精英采用监护征赋制的旧模式对土著和自然资源进行剥削，在这片土地上没有形成中产阶级。奴隶制虽然也在北方发展，但是许多殖民者自己也投入生产，并设立持久和行事相对客观的机构。詹姆斯敦的定居者成功打破"北弗吉尼亚公司"的绝对权威——这是一家由王室授权的股份公司，目的是利用殖民土地。1618年，弗吉尼亚的《大宪章》给总督安插了两个顾问机构："国务会议"（Staatsrat）和"居民代表会议"（Generalversammlung），它们可以商讨"特殊和重要"的事务。居民代表会议应该代表殖民地的所有定居点，一年召开一次并须由多数人决议。这一过程是"北美历史上最重要的进程之一"〔沃尔夫冈·莱因哈德（Wolfgang Reinhard）语〕，为美国的民主宪法遥遥指明了方向，普利茅斯的定居者也纷纷效仿。1620年，人们在科德角签订了《五月花号公约》并成立以"公正与平

---

1 卡姆登区是英国英格兰大伦敦内伦敦的自治市。

等的法律"为基础的社区，以避免殖民者之间出现的战争。霍布斯曾说过"人对人是狼"，他虚构的这种原始状态，即野蛮的狼群就这样被非常现实的社会契约驯服。由于北美殖民地距离祖国很远，这种契约得到进一步巩固，尤其是中央政权被内战和革命持续削弱：大部分的殖民地都发展出混合宪法，鼎立的三足分别是总督、理事会和"议会"——下议院在殖民地的对应物。权力制衡各不相同。在罗得岛和康涅狄格，议会能够选举总督和他的理事会，而总督通常由王室任命。此外，伦敦声称对立法机构拥有否决权，并且在关于法律问题的争执中仍然拥有最高裁决权。就像在祖国一样，投票权取决于财产，只有土地所有者才可以投票。

北美的民主公民社会前路漫漫，尚须等待。大多数印第安土著死于流行病并陷入战争泥沼，数万人被奴役。自1620年以来大量涌入的定居者除了带来病毒和细菌，也带来众所周知的欧洲顽疾：贪婪、不宽容和狂热。在这片未经耕耘的土地上，是不是可以严肃考虑一下，在这里建立一个纯粹的基督教教区，让它成为天堂耶路撒冷的尘世图景？然而，在移民中有各种信仰的追随者，其中一些人——如再洗礼派和追随施文克菲尔德的西里西亚新教徒——在欧洲受到迫害。尽管如此，宗教热情在这里也找到牺牲品：1659—1661年，三名贵格会男教友和一名贵格会女信徒在波士顿被绞死。王室不得不插手干涉，才结束虔诚教徒的狂热。1692年，在马萨诸塞的一个教区塞勒姆出现猎巫行动，这也是源于对纯洁的妄想。19名受害者在这一过程中蒙难，背后的驱动力量包括波士顿教士科顿·马瑟（Cotton Mather，1663—1728），他错误地妄想有魔鬼作祟，清教徒正统因此被世俗化、被侵蚀。

天堂耶路撒冷在尘世的另一个替代是宗教事务和市民事务的分离，创立普罗维登斯定居点——罗得岛的核心——的罗杰·威廉姆斯（Roger Williams，1603—1683）对此深表赞同。在世俗事务中，一切宗教包括土著的崇拜，甚至"敌基督者"都不应干涉，而应当让良知自由裁定。威廉姆斯本人是一个顽固的清教徒和美国浸礼宗运动的先驱之一，他拒绝所有机构化的宗教。1791年通过的美国宪法第一修正案确立了政教分离的基本原则。法案禁止指定国教，并规定人们可以自由选择宗教。此外，言论和新闻自由以及和平集会的权利也都得到保障。

在祖国英国，"光荣革命"取得了广泛胜利。议会传统、大宪章和"人身保护令"（habeas corpus）都可以追溯到中世纪早期，它们是这个国家与欧洲其他国家最显著的区别——而非人们宣称的那些，如早早萌发的个人主义、灵活性或以市场为导向的经济理性。自中世纪晚期以来，没有哪位国王能够一直在抵制议会的同时统治这个国家。早在15世纪，这个岛上生发出的君主制和"共和国"的共生就被誉为财富和对外扩张的基础。资金需求，尤其是持续战争导致的资金缺口，让王室被迫一次又一次与市民阶层和谈。此外，"普通法"限制了君主权力。1600年前后，农奴制被废除。随着"平等派"运动，在革命过程中首次出现了世界历史上最激进民主的党派，既有群众基础，又有宣传工具。"生而自由的英国人"，其代表人物是约翰·李尔本（John Lilburne，约1614—1657），开始登上历史舞台。他们是公民，不再是臣仆。

1688年英国通过最终决议，议会将一直拥有政治核心权力。被处决的查理一世的外孙，也是被废黜的詹姆斯二世的女婿奥兰治的威廉三世（Wilhelm Ⅲ. von Oranien，1689—1702年在位）加冕为王，但他没有多少实权。光荣革命后，议会的无上地位通过《权利法案》被确立。《权利法案》期望新君主放弃对宗教、权利和自由的管辖。除了请愿权外，这是唯一通过武力——清教徒的武力——取得的公民权利，可以通过催生《权利法案》的历史形势得到解释：反对斯图亚特王朝。公民权利后来在美国宪法中一直延续到今天。《权利法案》将王权视为一个可信赖的机构，而非理所当然的可继承的遗产。1692年，在巴尔夫勒和拉霍格附近的海战中，法国人企图让斯图亚特复辟的阴谋流产。

即使在英格兰，宽容也有限制。许多草案未能公布于世，因为它们的作者担心被守护信仰的人迫害，清教徒的狂热在北美已经演变为猎巫运动。但是宗教冲突掀起的波澜越来越小。约翰·洛克（1632—1704）从1683年到光荣革命期间一直是争取议会主权的前锋，后来流亡荷兰，从他身上便可看出英国知识分子的态度：对经验派的批判态度和反国家思想家的反专制态度，这些都与洛克倡导宽容相一致，尤其反映在他1689年的作品《论宽容》中。

虽然事后看来，英国从大宪章和议会开始就走上了一条一以贯之的道路，其实中间有许多曲折。妇女一直没有投票权。此外，大城市在议会中也没有得到应有的话语权。下议院在1695年决定废止关于图书出版的《许可法案》——这是一部复辟初期制定的审查法律——迈出了走向民主的重要一步。但是，如果与其他国家相比，英国社会在16世纪已经成为最接近"开放社会"的一种组织类型。马洛在《帖木儿大帝》中就提出，牧羊人可以成为世界统治者；外交官托马斯·史密斯（Thomas Smith，1513—1577）爵士说，绅士已经变得"廉价"。只要学过法律，上过大学，能够闲适生活的人，都可能被看成绅士。而且他认为，社会金字塔被侵蚀对国家来说是一个好处，他这么说不无道理。

社会的开放性和商业资本的利益促使人们勤于创新。在更广泛的圈子里，科学都成为"时髦"，实验成为一种新的文化表达方式，研究和发现变为一项运动。高级访客为皇家学会展示壮观的实验。纽卡斯尔公爵夫人玛格丽特·卡文迪什（Margaret Cavendish）就是一位文学家和自然哲学家，是第一位步入格雷欣学院神圣殿堂的女性，她边走边惊呼："我充满敬佩之情！"新的经验科学在苏格兰获得优势地位，苏格兰的许多大学很快跻身世界领先的智库之列。

正如荷兰一样，英伦岛屿上——苏格兰已经在1707年与英格兰合并为大不列颠联合王国——举办各类公开讲座，向工匠、水手和士兵传授数学和天文学方面的知识。18世纪，以物理现象和技术成就为导向的期刊如雨后春笋般出现。甚至在女子学院，力学也成为一门学科。企业家试着用同一种语言与机械师和工程师交谈，后两者的社会地位在岛上似乎比其他地方都要高。这种唯科学主义的心态渐渐蔓延到大陆，一开始似乎是在新教徒社会中出现，毕竟他们更加开明。

英国的可能性空间为科学革命提供了一系列有利条件，从而为工业化也提供了条件。现在回顾起来，在现代性的早期，英国就是工业化可能出现的地方。然而，议会宪法、公共性、宽容、日趋扩张的资本主义或者单单竞争本身，并不能像利润激发殖民活动那样促发工业化。仅仅因为科学和商业的密切关联，或早在工业化之前就开始增长的经济是远远不能促发工业化的。如果没有发明，工业化几乎不可想象，尽管发明可以出现在欧洲其他地方。

42. 世界机器

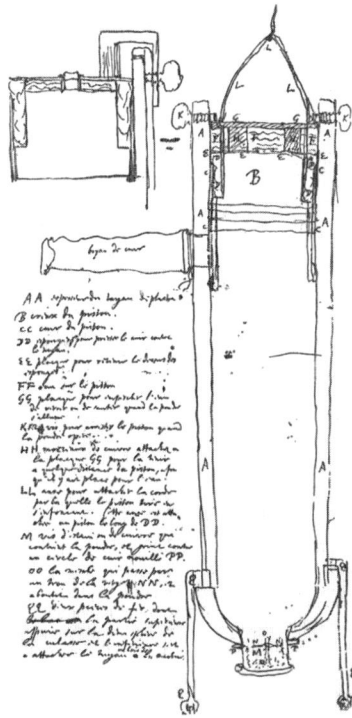

插图68：克里斯蒂安·惠更斯，《粉末机》，1673年，莱顿，大学博物馆

发明热

在大陆上的许多国家，现在都有新的发现和发明不断涌现。罗伯特·玻意耳和不久后的法国人埃德姆·马略特（Edme Mariotte）分别得出新发现，在一定条件下空气的压强和它的体积成反比，这就是著名的玻意耳-马略特定律。玻意耳还与扬·巴普蒂斯塔·范·海尔蒙特一起为分析化学奠基。

另一位先驱是荷兰人克里斯蒂安·惠更斯（Christiaan Huygens，1629—1695）。他第一个发现光具有波动性特征。同时代的丹麦人奥利·罗默（Ole Rømer）试图证明光速是有限的。惠更斯对他的方法进行改进并得出了估计值，但这仍比实际的30万千米/秒低了近三分之一。惠更斯有许多发现，其中包括碰撞定律，而且他把笛卡儿模糊的粒子波动理论与伽利略的方法结合起来。此外，他还是一个杰出的实践者。他思考发动机的构造并发明了一架摆钟，其准确性长期无人可敌。他借鉴笛卡儿和威里布里德·斯涅耳之前提出的正弦定律，对望远镜进行改进。借助新版望远镜，他甚至能看到土星的卫星泰坦星和它的星环，以前只能看到模糊褪色的凸起。在欧洲东部边缘，但泽市长，同时也是啤酒酿造师的扬·赫维留斯（Jan Heveliusz，1611—1687）借助一个47米长的望远镜探索月球的"地理"。他的《月面学》以前所未有的精确度展示了这颗地球卫星的表面。

望远镜展现了数以万计的卫星和星星，16世纪晚期——仍是在荷兰——发明的显微镜让人们可以观察奇妙的微小世界。该领域的先驱在池塘的水中发现原生动物，研究苍蝇的眼睛和细菌或者毛细血管系统，从而解释了血液如何从动脉流到静脉。罗伯特·胡克（Robert Hooke，1635—1703）不仅发现了一些非常大的物体，比如木星上的红斑，还探寻了些微小物体。他用显微镜来研究昆虫的复眼，甚至针尖的精细结构。1665年他出版了《显微图谱》一书，书中的铜版画精细得令人难以置信（插图69）。物质的最小单位，卢克莱修称之为原子，伽利略称之为粒子，显然在新仪器中还不可见。因此，关于古老理论的争议越来越激烈。

托勒密的世界观丧失了权威地位，其他旧的公理也被质疑。阿雷佐的医生弗朗切斯科·雷迪（Francesco Redi，1626—1697）驳斥了亚里士多德"自发生成"的观点，即苍蝇、蛆或水蛭应该是腐肉在被"精神"赋予生命力并加热的情况下自行生成的。雷迪指出，如果用纱布包裹住一块腐肉不让苍蝇靠近，就不会生出蛆虫。所以，它们应该是从昆虫下的卵中爬出来的。而安东尼·列文虎克（Antony van Leeuwenhoek，1632—1723）在显微镜下首次观察人类精子，他意识到，生命只能来源于生命。

鉴于知识储备的急剧增加，博学家的数量越来越少。阿塔纳斯·珂雪（Athanasius Kircher，1602—1680），一位终身在罗马学院任职的耶稣会士，是其中一个独特的代表人物。他被誉为"本世纪的俄狄浦斯"，孜孜不倦地做实验，出版大开本专著，设计机械并解密象形文字。他把魔法、宗教和现代实验编织在一起，使其成为一个令人困惑的丰富多样的混合物。他发明了会说话的雕像和一个魔法灯笼，设计了一种通用语言并重现诺亚方舟的图纸。他为此进行语言学和地质学研究，探究磁力，并在一本巨著中描述了地球内部以及生活在那里的恶魔。

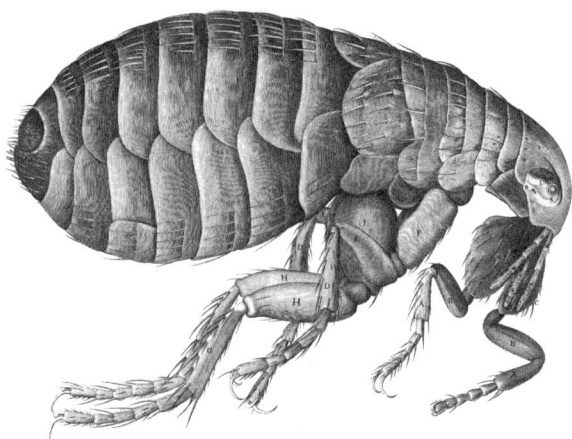

插图69：据称为克里斯托弗·雷恩（？）所作，《跳蚤》

出自：罗伯特·胡克，《显微图谱》，1665年，伦敦

遗失的中心

人们曾笃信地球享有特权，位于宇宙的中心，这种观点在哥白尼的宇宙观中已然被摒弃。开普勒已经感觉到，把宇宙看作无限的观点改变了一切，在他的时代人们已经可以想象这种可能性。这种观点带着一种"我不知道怎么表达的秘密的隐藏恐怖"，他继续写道，"人们确实会在这种浩瀚无垠中迷惘徘徊，这里没有边界也没有中心，因此没有任何牢固的地点"。人们可以说，他感受到的是欧洲现代主义凛冽的寒风，它不仅帮助建立新宇宙，也在新宇宙中呼啸。它在这个宇宙中只看到自己，孤苦无伴，就像处在帕特里齐所谓的自由王国中。曾经人类秩序要依附于宇宙秩序，现在似乎已经解放。"新哲学怀疑一切：／火元素完全熄灭／太阳和地球也遗失，"同时代的约翰·邓恩（John Donne，1572—1631）这样写道，"一切都成了碎片，每一种联系都消失了。"

科学声称知晓一切，质疑的声音已经开始出现。奇迹，这么说吧，已经成为过去——莎士比亚《皆大欢喜》中的勒波曾如此评价；现在的学者可能都很清楚，如何使超自然和没有缘由的东西变得"现代"且可信。"我们把自己藏在伪知识中，而我们应该顺服于未知的天命。"星星的力量——至少有《李尔王》的一个场景为证——比以往任何时候都可疑，自然之书的语言让人无法理解。上帝似乎遥远得令人奇怪，恺撒上方的天空沉默不言。笛卡儿在关于"陨星"——"空气幽灵"——的文章中剔除了云彩的古老功能，它们曾意味着神圣的旨意。一些哲学家试图迫使魔鬼退场。在法庭、议会和内阁充斥着怀疑和批判的声音。除了马萨诸塞的余波和18世纪极个别的一些案例，猎巫的火刑架已经慢慢倒塌。即使是《圣经》，也要接受批判语言学的试炼。1659年，一个匿名作家援引"古代哲学家"——他指的是伊壁鸠鲁和亚里士多德——提出的论断：神不存在。世界是永恒的，灵魂是会死的，地狱是一个童话。

但人们无法彻底远离造物主，米开朗琪罗在西斯廷教堂的天花板上把他画成一位精神矍铄的老者。如果没有他，如雅克·莫诺（Jacques Monod）所言，留给人类的不过是一个寒冷的宇宙，人类听不见自己的音乐，对希望、痛苦和罪恶都漠不关心。人类敬畏上帝，但更害怕没有上帝的世界。再者，地球只是微不足道的存在。从宇宙体量来看，地球只是一个点，康帕内拉从他的地牢中喊道。但他固执地认为："对我们来说它不是一个点。"他生活在文艺复兴晚期，对他来说人仍然是衡量世界的标准。而培根也认为有必要捍卫人类中心观。"如果人类被世界禁锢，那么剩下的就会完全混乱，没有目的或目标，"他写道，"而且会一无所获。"

如果亚当真的只是我们称作"存在"的戏剧中的一个偶然呢？贝尔热拉克的塞拉诺（Cyrano de Bergerac, 1619—1655）在他乌托邦式的月球和太阳之旅中嘲讽地球人的信仰，因为他们居然认为自然是单单为自己而创造的："仿佛太阳这个如地球430倍大小的巨型天体被点亮，只是为了让地球上的枇杷成熟，让卷心菜发芽，怎么可能！"惠更斯和丰特奈尔（Fontenelle）——后者在《关于宇宙多样化的对话》一书中——与前人布鲁诺一样提出一种可能性，恒星不过是很遥远的太阳，也被行星围绕。

尽管如此，这样的思想游戏还是在减退。它们代表理性主义的辩证法：人们越是热切地迎合培根的要求并积累知识，他们的立场就变得越不确定。标准终被打破。望远镜和显微镜中看到的景象让人类变得渺小，同时又很伟岸。布莱士·帕斯卡（Blaise Pascal, 1623—1662）证明了"真空"的存在，从而驳斥了"自然厌恶真空"的传统观念，人们曾认为自然害怕"无意义"的虚无。与笛卡儿不同，他更加明确地划分信仰和知识、感觉和理性之间的界限。理性必然依赖于有限的知识。理性无法理解无限的大和无限的小，因此也不存在最终理由。与理性不同，"心灵的逻辑"展现出对事物的认识，这是"几何精神"永远无法掌握的。帕斯卡认为无法证明上帝的存在，但他建议人们相信上帝。他提出著名的建议，为上帝打赌，其中没有任何风险。如果你赌上帝存在，将来可以获利颇丰；如果上帝不存在，人们也没有任何损失。但是，否定上帝的人没有任何好处。帕斯卡集两种逻辑于一身，既有情感逻辑也有理性逻辑。作为神学家，他是保守派；作为一名科学家和技术人员，他是该世纪最重要的创新者之一。他发明了计算器并构建了一个简单的气压计，他还继续进行气压和真空的实验，这些是伽利略的学生、发明水银气压计的埃万杰利斯塔·托里拆利（Evangelista Torricelli）最先发起的。帕斯卡与皮埃尔·德·费马（Pierre de Fermat）一起创立了概率演算，惠更斯也曾经涉足这个领域。

从巴鲁赫·德·斯宾诺莎（1632—1677）提出的上帝概念中可以看出，距离一个没有仁慈天父的宇宙已经越来越近了。斯宾诺莎认为，上帝也就是自然，只不过是没有来由的、永恒的、无限的物质，是它创造一切。和布鲁诺一样，斯宾诺莎的上帝与《启示录》里的基督也没什么关系。斯宾诺莎的上帝概念甚至与当今宇宙论也不抵触。斯宾诺莎的父亲是一个葡萄牙籍的犹太人，斯宾诺莎在他生活的那个世纪及后来都被妖魔化，被看作泛神论者、无神论者——至少这一点是事实——或者唯物主义者。他的故乡阿姆斯特丹的犹太人社区拒绝接纳他；他的著作在除英格兰以外的其他任何地方都被禁止。100年前，他很可能会被送上火刑架。只有启蒙运动的知识分子才发现他是现代哲学的创始人，并坚决拥护自由——对他来说这是国家的最终目的——以及宗教宽容。他的思想和他的追随者在欧洲发起一项运动，让所有的君主制、贵族阶级、女人对男人的从属地位、教会权威和奴隶制都失去了合法性。

当时也不乏将新内容引入传统《圣经》世界观的尝试。扬·斯瓦默丹（Jan Swammerdam，1637—1680）的"物理神学"把显微镜所揭示的最微小的奇迹看作上帝的证明。1726年，瑞士自然科学家约翰·雅各布·施赫泽（Johann Jakob Scheuchzer）认为蝾螈化石是在大洪水中丧生的罪人的遗骸。新的物理学被调动起来，从自然角度解释《圣经》中的奇迹。保拉纳神父皮埃尔·伽桑狄（Pierre Gassendi，1592—1655）是捍卫伊壁鸠鲁原子论的重要人物，他提出，小号声音引发的空气振动是导致耶里哥[1]的城墙崩塌的原因。方济

---

1 耶里哥城墙倒塌的故事来自《圣经·旧约》。以色列难民渡过约旦河后即将占领的第一座重镇就是耶里哥，但耶里哥坚如堡垒，城门紧紧关闭，实难攻破。若苏厄将司祭们召来，对他们说："你们应抬着约柜，七位司祭带着七个羊角号，走在上主约柜的前面。"第七天，围绕城转七周，司祭吹号角。当羊角号吹起长声时，众百姓应当高声喊叫，那时城墙即刻坍塌，天主的选民轻而易举地拿下这一坚不可摧的重镇。考古学家挖掘出当年的古城墙，权威人士一致认为耶里哥是因地震而灭亡的。

各会修士巴塞洛缪·马斯特里（Bartolomeo Mastri，1602—1673）和博纳文图拉·贝鲁提（Bonaventura Belluti，1599/1600—1676）居然试图重新引入精神智慧，以便解释行星的螺旋运动。他们提供了希腊、阿拉伯和经院的权威著作作为证据，其中包括迈克尔·司各脱翻译的努尔·艾德丁的作品。艾德丁和其他可援引的古代权威脱离旧轨道，却又迷失在岔道上。这些人在伽利略的《关于两大世界体系的对话》中被无情嘲讽：亚里士多德没有遭到蔑视，伽利略很尊敬他，但追随他的那群画虎不成反类犬的学者无一逃脱。

德国人戈特弗里德·威廉·莱布尼茨（1646—1716）反对笛卡儿的物理学和斯宾诺莎的神学，提出了另一种与之前都不同的思想模式。他将笛卡儿的固定粒子变成有生命有灵魂的"单子"，想以此把上帝重新引入世界。"单子"是永生的，不会扩展也没有形状，它们能够感知并渴望改变状态。上帝把"单子"设定为永恒的，这样在"单子"和物体运动之间就出现一种平行关系，就像精确调整的同步机器，这就是他著名的"前定和谐"理论。优秀完美的造物主从无数可想象的宇宙中只选择了"所有可能世界中最好的"一个并帮它成为现实。在这个世界中发生的一切肯定都是为一个好的结局服务——甚至包括邪恶，没有它的存在就无法想象善良。与笛卡儿一样，莱布尼茨对理性的力量充满信心。他孜孜不倦地想发明一种通用语言，这种语言可以跨越国界让人们相互理解，同时寻求政治和宗教平等。

"理性"成为即将来临的启蒙的神奇咒语。另一个是"批判"，它是皮浪和蒙田的遗产。莱布尼茨同时代的皮埃尔·培尔（Pierre Bayle，1647—1706）沿袭了批判的传统，他也是莱布尼茨的对手。一个试图构建一种似乎能与基督教世界观兼容的宇宙学说，另一个则对"前定和谐"概念深表怀疑。培尔对神义论问题的回应不仅激进，而且近乎异端。他的观点似乎与摩尼教和清洁派有联系，认为恶与善一样必须是首要强势原则。但培尔和莱布尼茨都看到，关于真正和纯粹的信仰的争论已经升级为危机，走出危机的唯一出路就是理性和泛基督教主义。

在所有哲学推测的另一边，艾萨克·牛顿（1643—1727）已经完成自然科学革命。1697年，他出版了《自然哲学的数学原理》，并在第二版中添加了"总释"，经典物理学以此创立，直到相对论和量子力学时代依然被认为是完全有效的。对于牛顿来说，方法就是怀疑一切在实验和观察中无法确认的东西。然而他与笛卡儿不同，他完全依靠数学创立了自然科学。他构思的空间是无限的，就像时间一样绝对，而且是空洞的。驱使粒子运动和粒子形成的物体的力，被牛顿总结成为简单定律。他的宇宙如哥白尼和开普勒的宇宙一样，按照经济原则运作。上帝是秩序的神，不是混乱的主人，他曾经这样写道。他彻底否定了亚里士多德的圆周运动和笛卡儿的以太旋涡，因为这两者需要一个外在的力才能驱动，而且它们与开普勒定律不相容。

来自施瓦本的天文学家开普勒在牛顿这里找到了知音，这个英国人第一个认识到开普勒"战胜火星"的重要意义。这样，开普勒在《世界的和谐》中的预言成真："骰子已经落下，我写了这本书，是现在的人读它还是后世读它，对我来说无所谓。它可能在一百年后才迎来读者，上帝都等了六千年才迎来观众。"

为了找到理解天体力学的钥匙，牛顿假设有一种远程力量，即引力。他认识到，引力的影响取决于两个物体的质量以及它们彼此之间的距离。谁才是第一个发现这种力的人，牛顿和罗伯特·胡克争论不休。牛顿成功地创造出数学公式并通过观察数据找到了引力存在的初步证据。至于这股不祥的引力是什么以及它来自何处，牛顿没有妄加揣测。笛卡儿和莱布尼茨的追随者们提出异议，争辩说这是一种神秘的力量在发挥作用；这样一来，人们又退回刚刚被笛卡儿粉碎的经院宇宙。牛顿冷静地指出，虽然他不知道万有引力的性质和原因，但他能够计算出这种力量的效力并推算出规律。

牛顿用简单公式解释世界力学，让旧模型丧失了所有魅力。行星智慧和天使已经让位于离心力和重力，彗星也不再被看作狂野的混乱和灾祸的预言。培尔在两篇文章中都提到了一颗1680年出现的彗星，并尽力揭开它的神秘面纱。尤其是有一颗彗星的轨道对应了18世纪初计算出的轨道路径，于1758年在预测的时间出现在英国上空，这是最后的证据，证明彗星轨道遵循开普勒定律。人们以驯服它的人埃德蒙·哈雷（Edmund Halley，1656—1742）把它命名为哈雷彗星。卡马尔·丁·法里西和弗赖堡的迪特里希早就开始对彩虹祛魅，哈雷的"光学"推动这一过程顺利完结。

科学史学家理查德·S.韦斯特福尔（Richard S. Westfall）认为，100多年前西方文明的核心是天主教信仰，现在焦点转变为现代自然科学。无意间一个宇宙就出现了，它像时钟一样运行，不再需要上帝。这样激进的结论连牛顿都不敢提出。他认为，一个聪慧强大的物体仅仅通过计划和统治就可以让这个太阳、行星和彗星构成的"美丽系统"运行，这是毫无疑问的。然而在牛顿看来，为了消除不规则、让世界时钟保持运行，总是需要小修小补，就算神圣的机械师上帝也避免不了。

牛顿似乎是一个神经质的人，被研究的恶魔追杀。奇怪的是，就是这个把天空的神秘剧用数学规训的头脑，私下里却深入研究炼金术和赫尔墨斯主义的秘教，并犹犹豫豫地相信末日启示。他坚信，必定有能够通晓一切并预知一切的古老的"原始智慧"，他现在必须重新发掘它们。这些都是"其他文艺复兴"的传家宝。他边思考边写下数千页的想法，但没有发表任何内容。作为结论我们可以说，他就像欧洲现代时期的普罗米修斯，也是最后一位文艺复兴的伟大魔法师。

43. 新时代考古

插图70：弗朗切斯科·迪·乔尔吉奥·马尔提尼，《支柱架设机》

出自：《建筑论》，约1480年，伦敦，大英博物馆

大分流

某处，今天。你阅读这本书时，不会冻得发抖。也许你在一个温暖的房间或夏天的花园里。你的公寓里有自来水和电灯，从洗衣机到冰箱的技术设备让你的生活更轻松。生病了有有效的药物；如果陷入困境，社会系统会救助你。你享受过正统的教育，会写字，当然也识字。此外，你可以公开表达你想说的，只要不违犯刑法。你的世界中，媒体不会受到审查。为了解决争议，有合法渠道。你可能会皈依符合你内心的宗教，或者当个无神论者。每隔几年你要投票。通过选票决定你所在国家的政府类型，而不是子弹。如果有人对你施暴，他就变成你的国家、强大的利维坦的敌人。在你的世界里，人的尊严应该不可侵犯。

如果所有这些对你来说或多或少都是真实的，那么你就生活在"西方"。但谁也不会否认，你的世界也不是完美无瑕的，这里也有贫穷和不公。繁荣的很大一部分要归功于肮脏的武器交易、对"其他人"的剥削和对环境的破坏……"西方"的罪行簿很厚，而且可以随意添加。尽管如此，绝大多数生活在这个民主公民社会的岛屿上的人比其他地方的人生活得更好。饥荒、苦难和战争驱使成千上万人流离失所，宗教狂热主义滋生暴力，让人回想起16—17世纪的欧洲。在非洲和亚洲许多国家，窃国者和独裁者压迫他们的人民，借助更先进的技术，这种压迫比以往任何时候都更高效，早期的加冕帝皇甚至帖木儿的庞大军队都比之不及。

你的世界和"其余地区"之间的差异最终要被视为基本力量增强的后果：工业化。19世纪中叶，这种"大分流"已经显而易见。最富裕的那些经济体在此时要比前工业时代富裕数倍，而其他国家变得贫穷。虽然工业化减弱了整个西方社会内部的不平等，但它显然加剧了工业化国家与那些未能跟上工业化的国家之间的差距。

对"大分流"的经典解释是：欧洲特殊的经济和文化条件以及它的法律制度和资本让17世纪以来的差距变得更大。而一些历史学家已经驳斥了这种观点，因为直到1800年前后，全球经济状况和生活水平并没有明显区别。而且，人们在亚洲——如日本和中国——发现了一种现象的痕迹，即欧洲经济史所称的"辛勤革命"。在现代早期，劳动投入大幅增加，而工资却没有跟上。对糖、烟草和其他美好物品的渴望让很多人将空闲时间换成工作时间。这为消费品创造了新的市场——反过来又使工业生产极具吸引力。18世纪的中国、日本和其他繁荣的经济体难道没有面临工业化的起步吗？西方帝国主义是不是"扼杀"亚洲工业化的罪魁祸首？

对这些论点当然不乏反对的声音。在19世纪才产生的"大分流"论点常常受到质疑。中世纪的非洲、亚洲甚至欧洲社会中的生活条件、人均收入或国内生产总值如何，近代早期又是什么状况，我们对此有多少确切了解？经济学家安格斯·麦迪森（Angus Maddison，1926—2010）就此发表过一篇论文并被广泛引用，其中的数据可以相信也不能相信。例如，18世纪的中国在富裕程度上与拉丁欧洲最繁荣的社会相当，这是非常不现实的。仅看增长率或生活水平，根本无法解释为什么"西方"的经济在19世纪简直如生双翼。

我们无法在这里一一呈现为工业革命提供潜在发展空间的所有条件。关键词众所皆知。首先，在小冰河时代结束后，气候再次回暖，为人口增长提供有利条件。农业改革有助于养活更多人。人口多了，粮食供应就要增加，这导致农业产量的上升。他们需要上衣、裤子和裙子，这样更多的纺织品也被生产出来。人们有稳定的食物供应，衣着也更加体面，所以有更多人投入生产。他们将组成工业工人的庞大队伍。自中世纪晚期以来人们也持续观察到一些发展，它们可以被归纳为——很受热议的——关键词"原始工业化"。这指的是农村地区也出现了工业，不再仅仅局限于城市中，或必须由行会组织。商人和企业家提供资金、设备和材料，组织生产并接管产品的销售。自17世纪开始，作为摩洛克[1]先驱的手工作坊变身为工厂。但所有这些都不足以解释"伟大的工业

1　"摩洛克"（Moloch）原意为"王"，也有"泪之国的君主""涂上了母亲的血和孩子们的泪的魔王"的称呼。在古老的闪族文化中，摩洛克是一个与火焰密切相关的神祇，因而常被翻译为火神。现代人更多地将之翻译为炎魔。进入工业社会之后，摩洛克的火神形象经常与火焰熊熊的工厂联系起来。比如在弗里茨·朗（Fritz Lang）的电影《大都会》中，机器就变身为巨大的摩洛克吞噬工人。

化"的核心和导致"大分流"的原因：用蒸汽动力驱动、用化石能源滋养的机器取代肌肉。经济增长与人口增长分离，毕竟人口增长只是通过更多肌肉力量带来生产收益。

如果没有把蒸汽作为能源，就不会有工业化——这个等式非常正确。最初是把蒸汽用于泵和织机。当人们发现蒸汽转化为驱动力的原理能够被用于实践时，蒸汽简直势不可当。创新、生产扩大，而后增加投资并带来更多创新，这个螺旋运动成为不停歇的循环。最终，欧洲人比其他任何人都能更好地应对18世纪以来人口增长所带来的挑战。除了土地改革，包括大规模种植马铃薯以及铁路也有助于战胜饥荒。火车比马更快也更便宜，能够把过剩地区的食物运送到匮乏地区。如果不算爱尔兰、西班牙和芬兰等"后来者"，大规模的饥荒在1846—1847年最后一次侵袭欧洲。

在工业化早期，企业家掌握的大量资本，包括从殖民活动和奴役中攫取的利润都是次要因素。决定性的发明能够问世，与钱没有关系，主要是因为知识、想法和它们之间的交流。只有交通和生产领域大规模改换蒸汽设备时，大量资本才变得至关重要。

像指南针、机械钟、眼镜、凸版印刷机或望远镜的发明一样，蒸汽机的诞生也有久远的历史。早在埃及的亚历山大港就有人着手这个项目，经过漫长的实验才最终完成。"工业"现代性——社会学家什穆埃尔·艾森施塔特（Shmuel Eisenstadt）所谓的"多元现代性"之一——的强大基础都深深植根于文艺复兴时期，也是这本书的主题。

螺丝和人：亚历山大项目完工

亚历山大的海隆一直敲敲打打，他的"机器"在中世纪的拜占庭和文艺复兴时期广为流传，至少向人们展示出蒸汽的巨大能量，并给后人留下了一条通向未来的路。直到14世纪，随着让·布里丹对真空的思考，气泵的新历史才开始。气泵在前蒸汽机的历史中不可或缺，也属于文艺复兴时期"机器剧"的一部分。

托里拆利和帕斯卡的实验表明"空气之海"环绕着我们。马格德堡市长奥托·冯·格里克（Otto von Guericke，1602—1686）殚精竭虑想制造出第一个活塞泵。1654年的一项著名实验向观众展现了压力的惊人力量。实验者把两个半球体合在一起抽成真空，16匹马从两边拉扯这个"虚空"的球都无法成功把它分开。花园工程师萨洛蒙·得·高斯（Salomon de Caus，1576—1626）继续进行研究。他可能是第一个模仿海隆的人，想创造出一个由蒸汽驱动的泵。大约在1650年，伍斯特侯爵爱德华·萨默塞特（Edward Somerset）成功打造出一个喷泉，借助新能源它能够喷到40英尺高。30年后，佛兰德斯的耶稣会传教士南怀仁（Ferdinand Verbiest）可能在中国的宫廷也展示过一个蒸汽车模型。

在这一时期，荷兰人惠更斯读到了冯·格里克的实验，他和英国人培尔都开始研究这种能从空气和真空中生发出来的力量。培尔与罗伯特·胡克一起制作了一个空气泵，它的发动机应该可以通过金属气缸运行，1673年惠更斯描绘了这一设备（插图68）。粉末的爆炸会迫使空气通过皮革阀门排出气缸，由此产生的真空应该将活塞向下拉。惠更斯的一个学生同时也与胡克和培尔共事的丹尼斯·帕潘（Denis Papin）也认同这一原理，他又开始试验水蒸气。事实上，这位法国人成功地建造了一台蒸汽泵。后来托马斯·萨弗里（Thomas Savery，约1650—1715）和托马斯·纽科门（Thomas Newcomen，1664—1729）都是以此为基础进行改进。而他们又为詹姆斯·瓦特（James Watt，1736—1819）的突破奠定了基础。

瓦特的专利于1800年到期，人们立即展开了一场设计竞赛。从这时开始，这一进程不间断地迅速发展下去。与工业"起飞"同时，蒸汽机在与工业的相互作用中被推向更加完美的状态。蒸汽机首先应用在采矿业，功能是抽出进入井筒的地下水。萨弗里把他的——尚不是非常有效的——产品起名为"矿工之友"，主要是为了广告效果。

"潮流"不仅促进蒸汽泵的发展，也与纺织业的扩张和机械化联系在一起，新的局面随之到来。人们几千年来一直埋首苦坐在织机前，手里拨弄着纺锤，这是史前时代以来所有文明的基本标志；13世纪欧洲就出现了纺车。300年后，威廉·李（William Lee）发明了织袜机。这一机器在18世纪也得到改进。1733年，约翰·凯（John Kay）发明了"滑轮梭"，让纺织机加速好几倍。30年后，詹姆斯·哈格里夫斯（James Hargreaves，1721—1778）的"珍妮机"彻底改变了棉纺业。最初靠水力驱动的机器变得越来越精良，不断刺激织造业，也敦促人们继续思考。多亏新的生产模式，现在纺纱速度急剧加快，那怎么才能快速织布呢？1785年，牧师埃德蒙·卡特莱特（Edmond Cartwright，1743—1823）发明一项专利，他制造出一种动力织机，一开始靠水力，后来由蒸汽驱动。可以说，这是一曲工业现代性的合奏。

在接下来的几十年里，这项创新逐渐取代手工织布，后来势不可当。19世纪初在英国约有2400台织机。30年后，这一数量增长到10万台。现在人们对机械发明的热情不减——不管是冶炼技术还是蒸汽机，它们同时得到强势的后续支持：机车和蒸汽轮船在运输业掀起革命，也改变了空间和时间。然而，大量创新并未立即影响经济增长和生活水平。从更长时间段来看，它们改变了一切。1700—1900年，英国棉花产量增加了700倍，生铁产量增加了300倍。

蒸汽几乎就是一切。在其他发明的推动下，许多关键创新为人们接受并得到进一步发展。其中一些主要发生在欧洲大陆，另一些主要在英国。英国拥有一个高度分化的、受法律保护的信用体制和严格的产权保护法，其他欧洲国家也是一样，但欧洲之外的大多数国家情况则不同。这一切早已应用在殖民活动中并强化了自由，现在又融入工业化进程。专利保护对发明的保护好过其他任何地方——1624年英国通过了《垄断法案》——从而降低投资的风险，但有时也降低了改进发明的概率。激发创新并实现具有突破的市场条件在英国尤为适宜。

这样，蒸汽机的成功也间接促进了搅拌精炼法的推广，该项技术在1800年前后被广泛使用。通过这个方法可以生产出特别优质、适合锻造的铁，但需要大量的能源。木材价格昂贵且相对难以获得。这种情况反过来又加剧了煤炭的开采，毕竟相比建造水轮机，投资建造蒸汽泵更加有利可图。这样，人们必须考虑到另一个确确实实接地气的选址因素。因为，英格兰的煤层很深，排出不断渗透的地下水相应地更加耗费时间。但这样一来机械变得更具有吸引力，就连效果较差的"矿工之友"或者更有效的改良版本也大受欢迎，通过它能够解决繁重的工作。

人们在分析长期处于领先地位的中国为什么没有进行工业化时，偶尔会提到一个原因，即与英国不同，中国的"地下森林"都在离地表比较近的地方。中国人根本没有遇到挑战，也就不需要制造蒸汽泵。但是，即使在这里或在附近的印度，蒸汽动力不是也可以用在其他领域吗，比如纺织工业或水稻种植？早在中世纪晚期，中国就发明了一种水力纺纱装置；印度把这项技术推广，直到17世纪末都是世界领先的纺织品出口国。但没有人想到用蒸汽取代纺织所需的人力。这些人口稠密的地区能够提供廉价劳动力，可能是寻找新技术的另一个障碍，但这些都是次要因素。煤炭危机、印度纺织品进口造成的竞争，这些挑战可能偶尔推动发展，没有这些挑战确实会让创新延迟。但是单凭这些刺激远远不能解释发明的出现，人们为何能生产出类似蒸汽机的设备。

这种创造了机械织机和蒸汽机的潜在空间是非常独特的，时下的需求与古老的潮流融合在一起。革新的设备并非因长期规划而出现。16世纪之前，欧洲的眼镜制造商都没有制作出望远镜，而他们一直在研磨镜片。像萨默塞特和萨洛蒙·德·高斯这样的先驱者在设计他们的"机器人"时，也没考虑到英国的煤井被淹没在地下水中。他们的计划旨在驱动喷泉，制造出一些技术型的娱乐设备，而格里克的实验来源于当时关于亚里士多德的争论，即是否存在真空。他的发现直到后来才被证明是"有用的知识"。泵的发明是否需要以他的实验为基础，或者其实得益于技术人员自己的苦思冥想，这是另一个话题了。

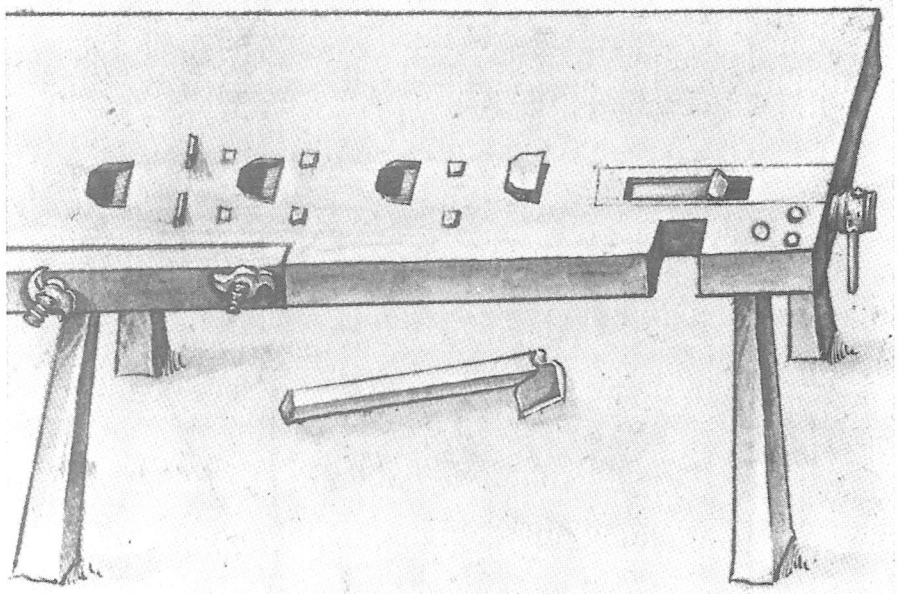

插图71：马丁·吕弗霍茨，《工作台》

出自：《吕弗霍茨手抄本》，纽伦堡，1505年，克拉科夫，雅盖隆图书馆

人们很容易忽视一个事实：光是开发出那些对机器来说不可或缺的部件就需要一些时间。学者们对于"虚空"（真空）争论不休，因而推动了气泵的发明，而机械钟以及随之而来的欧洲机械时代则完全独立于这种争论之外。高度专业化的工艺——在现代早期，单单一个欧洲较大城市中就有50多个行业致力于加工某些金属——锻造和抛光那些配件，如果没有它们，"工业革命"这场绝对宏大的戏剧就无法上演。这些配件包括齿轮或万向轴。一件在机器时代不可或缺的、特别有用的物件在错综复杂的15世纪早期也经历了一次欧洲复兴：固定螺栓。很长一段时间里，螺丝首先是奢侈品配件，用在胸针或手镯之类的珠宝上面，一颗一颗手工打磨。大约从1490年开始，螺钉越来越多地出现在盔甲上，取代了之前的皮带和铆钉。虽然枪械的胜利让骑士装备慢慢退出舞台，但这个小物件却是不朽的。它被用在医疗器械、望远镜和显微镜上，德国"机械师"雅各布·利奥波德（Jacob Leupold，1674—1727）称赞它是"世界

上最有用的发明之一"。新的职业应运而生：螺丝匠。18世纪末，亨利·莫兹利（Henry Maudslay，1771—1831）打造了一台车床，可以批量生产精密螺钉（插图71）。

最后，我们不要忘记，蒸汽机的生产需要耐用的材料。为了应对经济繁荣和工匠的需求，冶炼和铸造技术在文艺复兴期间进一步发展。欧洲的铸造技术非常先进，以至威尼斯人在勒班陀大捷后把缴获的奥斯曼枪炮全部熔化，因为合金的质量并不能满足他们的要求，从回收的金属中可以生产出性能更好的新大炮。世界上有哪个地方的铁产量能与文艺复兴全盛时期的意大利相比？

结论是，18世纪"西方"获得的各方面的知识已经堆积到关键点。仅仅掌握这些知识，就可以实现技术突破，没有这些突破就没有工业化。用卡尔·马克思的话来说，拉丁欧洲的旧社会长期以来一直孕育着新生命。但光是蒸汽机，这个工业化的战争机器，它的孕期和产褥期就长达500多年，而且还不包括可能对这项发明有重要意义的古代史前阶段。不是詹姆斯·瓦特一人创造了这个令人难以忘怀的设备，而是整个欧洲境内的古老的话语，它最终通过印刷品广为传播并出现在各种各样的圈子、大学和学院中，有很多路径，也经历过更多的迷途。大多数这样的机构都不为其他文化所知。在欧洲，它们负责延续和传播，让谈话能够一直继续下去。

蝴蝶振翅

人们有时候不会只衡量或比较欧洲、中国和其他国家的长期经济数据，也会关注文化上的成果和创新。这种做法在细节上肯定很成问题，但就大趋势而言并无不妥。从那不勒斯和马赛到格拉斯哥和哥本哈根，从法国西部到西里西亚，中世纪后期与19世纪之间的真正重要的科学范式在这一范围里完成了转换。所有比较重要的发明也出自这一地区。这里发明了大部分对蒸汽机最重要的组件，这里开启了工业化。工业化最早出现在英国，主要是因为在这里，

"创意流"有非常有利的，同时具有挑战性的环境——资本、纺织业，或推动蒸汽机大规模普及的地底煤矿开采。详细看来还有许多有利条件，例如专利法或议会通过的《印花布法案》。在18世纪开始的几十年里，这一法案阻止纺织品进口，从而促进国内纺织产业的上升并成为工业化的关键部门。

所有先决条件并非仅在英伦岛上出现，英国也不是那些影响深远的创新出现的唯一地方。当英国人发明蒸汽机时，瑞典人卡尔·冯·林奈（Carl von Linné）创立了植物和动物分类规则，法国人布丰写下了不朽的动物学著作并进行地质研究，而阿尔布雷希特·冯·哈勒（Albrecht von Haller）在伯尔尼创立了实验生理学。1783年，在里昂和巴黎附近开展的热气球飞行开创了航空时代——同一年，安托万·拉瓦锡（Antoine Lavoisier）在巴黎证明水和2500年来人们设想的不一样，可以被分成氢气和氧气。我们可以一直列举，或者穿越到晚些时候，到电话、汽车或细菌学刚刚出现的那些日子。所有这一切和数不胜数的其他发明都是欧洲这片小小地区留下的科学大遗产。

为什么科学革命以及工业化出现在拉丁欧洲地区，这是一个非常宏大的问题，永远无法得到确切答案。方法上的问题是，我们不可能从历史过程中人为地剔除那些相关事件或行为人，比如实验中的化学物质。没有必要再去探讨"如果……那么可能会……"的假设，物质A为什么会产生物质B也无法再得到证实了；哪种情况会明确产生某一个特定的结果。我们只知道现实如何，知道此地和此刻。"即使我们发现自己在这一刻聚集在这里，发现自己处于这种程度的民族文化中，使用这种语言，沿袭这些风俗，拥有这些市民优势，享有这种程度的良心自由"，席勒（Schiller）这样说道——恰巧在划时代的1789年，法国大革命爆发前数周——"结果也许就是之前世界上发生过的所有事件：整个世界史至少需要解释当下这一刻"。如混沌理论所言，巴西的一只蝴蝶扇动翅膀，甚至都与得克萨斯的龙卷风脱不开干系。有什么事情不是在这个或那个根本无人所知的巧合中因为好事或坏事而发生？当一件事情发生时，既不能排除那些有长期深远影响的决定性情况，也不能忽视那些看似无关的情况，它们对系列缘由或系列影响的开端产生了惊人的影响。如果没有1215年在布汶射出的那支箭[1]，英国会发展出议会民主制吗？如果没有螺丝——或者没有马克斯·韦伯所说的新教伦理，当然螺丝更重要一些——英国会成为世界第一个"工业国"吗？相反，一个重要因素，即缺乏原材料，可能把荷兰的工业化推迟到19世纪末，购买和建造蒸汽泵在这里没有直观的利润前景。而没有蒸汽机制造的"初始火花"，荷兰显然缺乏进一步发展科技的必要条件。

蝴蝶振翅可能真的与飓风有关，但人们强烈地感到，它并不是主要原因。科学革命和工业化的历史可以证明，许多因素比蝴蝶效应更重要。欧洲现代性还需要走过很长的路才能变为现实。科学、企业家精神尤其是"天才"在所有重要发明中达到顶峰。

正如蒸汽机的历史中不能抹去螺钉，人们也不能忽视那一小群发明家，他们让转折真的成为现实。他们艰难辛勤地工作、运算、修改部分解决方案，还要观察和检查。在某些时候，他们会面临超脱所有重构的一刻：在这一刻，思考改变了方向，真正的新事物出现——当古登堡开始把玩字块时；当哥白尼让太阳停止时，应该是1514年前后；当瓦特在1784年发明了以他命名的巧妙机器时。意外发现就产生了：一个幸福的巧合，从中继续得到结论。但如果太看重这种观点，就会忽视历史中可以找到的发明的基础。艺术和科学的创造力在历史中有紧密联系。在决定性的时刻之后，各种关联都变得清晰，事物在另一道光线中展示出来。说得稍微复杂一点：我们观察结构复杂、相互干扰的思潮，它们汇聚到潜在的发展空间并为新事物的出现打下基础。

用大卫·兰德斯（David Landes）的话说，伟大的进程需要伟大的缘由。经济优势——如果存在的话——并不能解释，为什么微小的拉丁欧洲几个世纪以来一直有新事物涌现。这样旺盛的需求和蓬勃发展的经济在18世纪的中国也不可能导致蒸汽机的发明。这样的事情不会在一夕之间发生。在耶稣会修士引

---

1 在布汶战役中，奥托四世的坐骑被一支箭射中眼睛，奥托四世不得不撤退，法国完胜。布汶战役对西欧的政治格局产生了重要的影响，许多西方历史学家都将这场战役视为"法兰西诞生之战"。假如法军战败，英格兰的金雀花家族可能会收复他们早先丢失掉的诺曼底领地以及安茹领地。法国的胜利让英国国王"无地王"约翰在国内的威望跌到最低点。1215年，英格兰贵族在国内造反，迫使约翰颁布了《大宪章》。

进螺丝之前，中国人根本不知这是何物。有些人认为中国在宋朝末年曾差点完成工业化的突破，但这个观点不太能站住脚。在中国以及拉丁欧洲以外的其他地方显然缺乏这里所拥有的条件——少了这个或那个因素，或者一个因素都不具备。通过比较我们可以更明确地认识到，这个大西洋和地中海之间的地区与世界其他地方的差异在哪里，是什么决定了它的现代性。我们要特别关注拉丁欧洲国家政权的表现形式。因为，如果没有最低限度的国家秩序，技术进步和科学简直无法想象。统治秩序不够强势的地区，已经沦丧他人之手。相反，仅靠一个强大的国家当然不足以为优秀的科学和技术进步提供温床。步履迟缓的巨人俄罗斯，就是一个最明显的例子。

第四章

展望：“西方”与其他

44. 阶级统治，上达苍穹

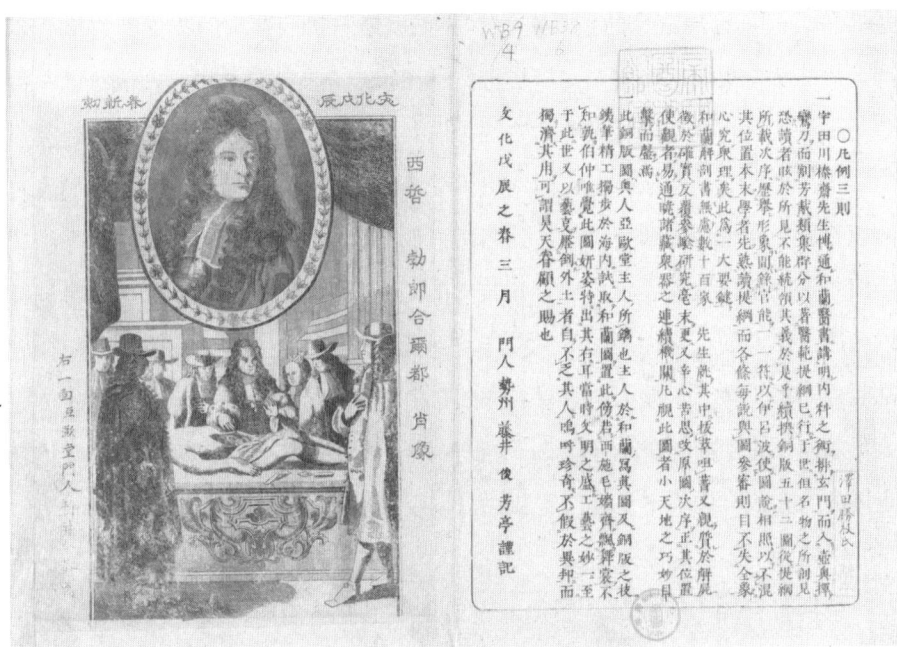

插图72：宇田川玄真（心斋），《和兰内景医范提纲》卷首插画，1808年，永田善吉摹史蒂芬·布兰卡特及其他，《新订解剖学》卷首插画，1678年，阿姆斯特丹

俄罗斯：沙皇和大主教

"我们相信，您是您王国的女王，自己统治它，您为自己追求荣誉、为您的国家追求利润"，1570年沙皇伊凡四世在给伊丽莎白女王的信中这样写道。这就是为什么他想与女王取得联系。但他认为，女王并不是一个势均力敌的伙伴："不过也有（正如我们现在看到的）一些人，站在您身边参与统治，不只是这群人，还有寻求交易的民众，他们不仅与我们的主权安全和我们国家的收益有关，而且也觊觎您的贸易利润。"俄罗斯与伊丽莎白的英格兰有多么不同，无法从中更明确地看出。事实上，平民议政在莫斯科公国是很困难的一件事。一些人能在杜马中得到一席之地，总共席位也不超过24个，而且封建大地主居多。他们必须听从沙皇，但沙皇不受他们的约束。俄罗斯沙皇国平民议政的短暂历史在全俄缙绅会议中达到高潮，他们有权选举鲍里斯·戈东诺夫和米哈伊尔·罗曼诺夫为沙皇。一方面城市市民受邀参加，另一方面甚至农民也可以出席。但即使在这种情况下，贵族和神职人员仍有决定性的影响。人们在战乱时代不堪重负，也无力争取对农庄的自由继承权。曾生活于不同环境的英国人贾尔斯·弗莱彻（Giles Fletcher）在16世纪末观察到："公民和其他可以代表集体的人在议会中根本没有位置：民众仅仅被看作仆人或被奴役的奴隶，他们只能服从，不能制定法律或在公共事务决议前了解这些事务。"

莫斯科公国的人只能从图像故事中了解他们的信仰，这些图像向他们讲述了偶像的故事。贵族和民众基本上都是文盲，甚至很多神父也不会写不会读。虔诚无知的人总是很容易被统治，沙皇正是利用了这一点。仅仅在14—16世纪，公国就修建了250个修道院，这表明东正教在这个扩张的帝国得到进一步推广。此外，和拉丁欧洲一样，魔法在各地都广为流传，让教会领袖非常恼火的还有迷信甚至恶魔的风俗；魔法师和巫师在圣约翰节的前夕积攒致命的毒草，撒旦在城镇和乡村连连取胜。

插图73：伊万·费奥多罗夫/彼得·米斯迪茨拉维茨，《使徒圣卢卡斯像》，1563/1564年，莫斯科

改革的倡议已经变得毫无意义，古登堡还需要一个多世纪才到达莫斯科河。第一部印刷品是1564年的《使徒》：《圣经·新约》中关于使徒的故事和信件（插图73）。印刷商副主祭大人伊万·费奥多罗夫（Iwan Fjodorow）最初由沙皇资助，很快又被驱逐，也许是僧侣们担心丧失对复制书籍的垄断所以排挤他。伊万在奥斯特罗格印刷了一部西里尔文字版本的《圣经》，它对东正教的意义很快就变得像德国新教徒手中的路德版《圣经》一样。"古登堡星系"的扩张也显示出西方和东方之间的文化边界。波兰在这条界限的西边，克拉科夫在15世纪末就开始印刷书籍。而另一边的莫斯科则是遥不可及的东方。同时，在费奥多罗夫的《使徒》中，福音传教士被最美丽的文艺复兴风格装点。

俄罗斯帝国认为自己受到上帝的保护，只要他们服从上帝的命令、听从牧首的话并支持教会，历代统治者就会让俄罗斯走向繁荣昌盛。直到革命时期，教会和国家的联盟都坚不可摧。沙皇随身携带《圣经》。但西格蒙德·冯·赫伯斯坦惊讶地记述道，神父要服从世俗判决。沙皇只需寥寥几笔，便可以让不顺从的牧首卸任。1551年，同君士坦丁大帝一样，伊凡四世主持了一个宗教会议，他禁止修道院接受遗产捐赠，以遏制庞大的教会资产进一步扩张。

伊凡走向极致的独裁统治，这给俄罗斯留下了未来统治者的典范，同时也留下了沉重的负担。他甚至把贵族看作自己的"仆人"。他的继任者们像他一样统治这个多民族的国家，这里就像一个庞大的庄园。他们与贵族结盟共同对付人民，最终，民众更习惯于对人进行严酷剥削的机构和它们钳制众生的秩序，也没有动力追求不可估量的混乱的自由。这样一来，罗曼诺夫王朝统治的这个帝国，在思想上不懂变通，又没有产生任何值得注意的世俗科学，更谈不上实现技术创新的能力。直到18世纪才出现"现代"的知识分子。困扰拉丁欧洲的信仰与理性之间的争论完全没有出现在莫斯科公国，古老的典籍几乎完全不为人知。像外交官费多尔·卡尔波夫（Fedor Karpov）这样懂得鉴赏荷马、西塞罗、奥维德和亚里士多德的人物，就像白色的乌鸦一样少见。俄罗斯文学遵循拜占庭传统，几乎全是学识渊博的僧侣的著作，它们讨论宗教主题并用精致的修辞手法讲述圣徒、英雄和王侯的生活。能与拉丁欧洲标准相当的批判史学完全不见踪影，俄罗斯的编年史家在莫斯科的崛起和王朝的辉煌中找到撰写史书的目的和顶峰。1550年前后修订出版的《治家格言》——一本写给家长的书，指导东正教徒的家庭生活——是独一无二的特例。绘画领域也保留拜占庭风格，显示个人特征的肖像到17世纪末才出现。对西方的开放则缓慢进行。尽管莫斯科渐渐从半个欧洲获得了技术和学识，对外贸易在增长，人口也在增加，但经济模式几乎没有变化。即使在中世纪晚期，人们的货币仍是皮毛而不是硬币。

广袤的土地让俄罗斯人对土壤不甚珍惜。有人说，农民就像候鸟一样从一个地方搬到另一个地方，放火烧林然后安顿下来，如果土地不够肥沃，就迁居别处。根据一位俄罗斯历史学家的观点，俄罗斯的农民具有"让土地荒芜"

的独特才能。俄罗斯很晚才犹豫不决地实行农田的三年轮种法，比欧洲中部晚了几百年。因为缺乏富饶的牧场，加上冬季太漫长，动物得不到充分的喂养，所以俄罗斯畜牧业的发展一直很受限。如此一来，肥料也非常匮乏。俄罗斯没有大城市，也几乎没有需要养活的市民，所以这里也无法刺激市场生产和新设备、新技术的开发，不然土地产量本可以得到提升。磨坊是拉丁欧洲经济繁荣的引擎，在16世纪末才辗转传入莫斯科帝国，比遥远的西方晚了500年。这里缺乏资本和自由劳动力，几乎找不到大胆的企业家和开明的知识分子。这个国家在彼得大帝（1689—1725年在位）的驱使下才开始寻找解决方法。他的需求，也就是说财政部的需求——决定了所有经济政策的基本原则。这个帝国跌跌撞撞地进入现代，而且身无长物。因此，我们要谈谈拉丁欧洲边缘的第二个大国：奥斯曼帝国。

博斯普鲁斯海峡边的病躯

就像莫斯科公国一样，奥斯曼帝国的普通民众也要为统治者的荣耀付出代价，他们被精英阶层轻蔑地称为"乌合之众"（reaya）。上层的"行政官"（Askeri）阶层——为国家服务的公职人员——主要由军人、律师、宗教学者、高级神职人员和拉比组成，他们不需要缴税。普通人想获得这种地位也不是没有可能，苏丹有权力擢升一个人的阶层。但在18世纪之前，工匠和商人几乎没有被纳入考虑范围，就连首都也不存在一个受过良好教育、具有政治影响力的市民阶级。

苏莱曼一世的征服和希南的建筑也不能掩盖一个事实，即帝国的基础在鼎盛时期就已经开始崩溃，尽管起初几乎无人察觉。奥斯曼的阿喀琉斯之踵[1]是

---

1 阿喀琉斯之踵（Achilles' Heel），即阿喀琉斯的脚跟，是阿喀琉斯身上唯一没有浸泡到神水的地方，因此是他唯一的弱点。后来阿喀琉斯在特洛伊战争中被人射中脚跟而丧命，"阿喀琉斯之踵"后引申为致命的弱点。

经济。从经济上来看，帝国在竞争中远远落后于西方，这是一个古板的巨人。想发展出一种以贸易和工艺为基础的资本主义经济，在现实实践中根本没有可能，因为奥斯曼的土地都由中央政府赏赐，在授予土地的同时要求获授者无条件地效忠。土地租金在很大程度上被实物取代，这可能也是价格革命的后果，在博斯普鲁斯和萨非王朝都能明显感受到革命浪潮。几乎没有多余产品能供应市场。

事实上，在1500—1800年，奥斯曼帝国的国内生产总值一直处在较低水平。前任首都所在地布尔萨是波斯丝绸的贸易枢纽，无论香料生意还是始于17世纪的咖啡生意都很繁荣，但整体情况变化不大。与其他伊斯兰国家一样，这里的文牍工作和法律保障一直远不如"西方"。拉丁欧洲地区，比如香槟地区、法兰克福和其他许多地方经常举办大型博览会和市场，但奥斯曼帝国对此一无所知，也不了解股份公司、证券交易所、保险和明确受法律保护的私有财产。直到19世纪中叶，稳定的银行体系才得以发展。

法律制度对生产者、金融家和商人非常不利。法律既不鼓励公司发展，也不提供保护。只有"瓦合甫"（waqf）——为宗教目的而发起的捐献，但这种基金会也资助各种重大项目——具有公司特征。如果把中世纪盛期的伊斯兰世界和热那亚的贸易公司对比，就会发现意大利人有非私人化的机构和抽象的法律作为支撑，因而发展出日益复杂的贸易结构，而穆斯林一直封闭在自己的民族和社会网络中。以《古兰经》为基础的继承法加剧了财富的分裂。很少有资本可以流传几代人，例如美第奇或富格尔那样的家族信托。此外，田产在"西方"是积攒大量财富的最重要的源泉之一，在奥斯曼帝国却并不能随意出售或购买，再说这里的土地几乎完全掌握在国家手中。简而言之，伊斯兰世界的企业无法迎接日益复杂的市场的挑战，因为其要求出身和信仰都不同的交易者要聚到一起。

国家的经济政策最看重的仍然是财政和佣金，优先考虑的事项是尽可能高的收入和供给，以便安抚群众。这是一种普遍做法——但奥斯曼帝国严格反对重商主义。低关税促进进口贸易，出口难度则增加，帝国内部的关税也阻碍了贸易交换。地中海的远洋贸易由外国人把持。外商出于政治原因可享受贸易特权——1536年法国人拿到特权，因为他们与奥斯曼联合反对哈布斯堡——这就导致廉价的进口商品充斥市场，损害了本国手工业。从长远来看，这种局面也打击了手工业的多样化，这是劳动成果和经济发展的重要标志，而国家官僚机构中专家的数量在中世纪到近代之间增长了两倍。总而言之，奥斯曼帝国的经济政策仍然又"聋"又"哑"，在拉丁欧洲的主要大城市都没有派驻长期代理机构，直到18世纪才有所改观。

因为占领了严格遵循伊斯兰法律的穆斯林生活地区，法律系统也失去了弹性。苏莱曼一世死后，历任苏丹都比较软弱，眼见困难丛生。在勒班陀惨败后——尽管苏丹的大维齐尔想要轻描淡写——重建舰队耗资巨大，对财政造成很大负担，与哈布斯堡王朝和萨非王朝的领土争夺战也让财政不堪重负。

1596年，奥斯曼军队在迈泽凯赖斯泰什之战[1]中大败哈布斯堡军队，这是他们在公开战斗中的最后一次胜利。新征服的土地不会被分割。苏丹赏赐给军人的封地，即蒂马尔（Timar），必须被划分得更小。因为缺乏白银，效忠国家和军队的士兵无法得到军饷，而只能得到受俸职位，田产和土地进一步短缺。为了满足货币需求，田主们开始增税并掠夺国库，但资金还是不够。16世纪末，安纳托利亚因雇佣军的骚乱而遭到重创；在一些地区，国家甚至征不上税。行政机构和军队的花费都只能开具空头支票，就连耶尼切里军团也甘心为钱卖命。军队失去了强大力量，也丧失了战斗力。尽管违反传统和法律，逃亡或负债的农民的土地落入当闲差领俸禄的人、上缴包税的商人、放贷者或公职人员之手。

发展畜牧业的代价则是无法大量种植谷物。绵羊已经摧毁了英国和意大利南部的农业结构，现在开始蚕食奥斯曼帝国的未来。普遍后果在这里也会出现：农村人口外流、帮派林立、骚乱和政变。曾经忠心耿耿的耶尼切里军团只

1　1596年10月，奥斯曼帝国的穆罕默德三世率领土耳其军队向马克西米连大公与特兰西瓦尼亚的西吉斯蒙德亲王率领的帝国军队和特兰西瓦尼亚军队守卫的阵地发起猛攻，击败帝国军队和特兰西瓦尼亚军队。战斗中，双方均伤亡2.3万余人。

听令于自己。只要不是内宅发号施令，他们的领导人"阿迦"（Aga）就可以一呼百应。科普鲁律（Köprülü）父子在1656—1678年担任大维齐尔，连他们这样的能臣都无法扭转局面。

与地中海地区其他邻居一样，奥斯曼帝国也面临着一个无法解决的问题，即世界贸易流入大西洋。奥斯曼帝国的水域红海和波斯湾原本连接了两大"世界经济"，现在逐渐衰落。奥斯曼试图应对变化的情况，但计划偏偏落空。1568年，博斯普利斯海峡边有一个计划引发热论，人们想用一条运河贯通苏伊士地峡，以前威尼斯就有此打算，可惜这次也未能实施。

像所有深受官僚机构和宗教影响的国家一样，只有带来有用效果或能够装点宫廷的科学才能得到庄严朴特的青睐。政府几乎不关心对创新的促进。此外，奥斯曼也没有愿意支持创新并提供资助的世袭贵族。土地是奥斯曼最重要的权力来源，不可能被集中起来，因为蒂马尔封地只供收租，不能交易。因此，对科学的资助几乎完全出自苏丹和少数大臣之手。西方的技术和发明几乎没有被伊斯坦布尔接纳，数千件18世纪保存下来的文物中只有12副眼镜和5本书。甚至武器制造技术也多是购入，而非自行研发。不过，伊斯坦布尔自17世纪下半叶一直开展针对天花的疫苗接种，这一做法非常值得赞扬。"接种"在拉丁欧洲则遭遇了各方阻力，直到其效果得到普遍认可。

宗教当局偶尔也反对过多的研究。1580年，5年前设立的伊斯坦布尔天文台迫于宗教界压力被夷为平地。25年后，人们才可以再次进行天文观测。博斯普鲁斯海峡或其他任何地方的穆斯林都没有接触望远镜。拉丁欧洲的天空革命——决定性的基础就是他们的天文学——很晚才被介绍到伊斯兰世界。1732年，外交官易卜拉欣·马特费里卡（Ibrahim Müteferrika，约1674—1745）撰写了一篇关于哥白尼体系的文章，他也是从二手渠道获知的。尽管如此，他立即宣布日心说是假的，并呼吁穆斯林学者反对这一观点。这一时期，一个安纳托利亚的偏僻地方的学者请求得到一张"法特瓦教令"（Fatwa，意为"教法新解"，即伊斯兰教法学家对于争议问题的处理意见），他想探究的问题是，传统中预言太阳从西边升起意味着末日审判即将到来的现象在天文学中到底能否出现。

同时代的牛顿可能已经给出了明确答案。

不久前，马特费里卡在伊斯坦布尔设立了一家印刷厂，而之前的印刷工坊都是亚美尼亚人和犹太人开办的。但人们不能出版任何宗教文本，上帝的话不能被放到印刷机上。宗教学者从一开始就反对引进新技术，1485年，苏丹巴耶齐德二世甚至用死刑威慑阿拉伯语出版物。宗教中的丰富典藏本应影响深远，毕竟长期以来都是神圣典籍和宗教小册子帮助印刷有所突破——在韩国和日本，以及中国和德国都是这样。在先知的国度，《古兰经》理应是先驱——偏偏是这本最重要的伊斯兰之书不被允许印刷。

这项禁令也是出自政治考虑。国家认为自由传播知识是非常危险的，只有专家才被允许讨论科学问题。无论如何，奥斯曼帝国的潜在读者远远少于拉丁欧洲地区。大约10多年后，马特费里卡的印刷工坊就迎来悲惨的命运，一共只出版了17本书，这个欧洲的超级媒介在世界大都会伊斯坦布尔甚至都没有市场。30年后，英国大使馆秘书詹姆斯·马里奥·马特拉（James Mario Matra，1746—1806）的尝试也以失败收场。

奥斯曼帝国仍然与西方伟大的知识潮流隔绝。例如，马基雅维利的著作在1825年被翻译，但没有出版商出版。当欧洲积累了数以百万计的书籍时，穆斯林文化中的一些学者还在研读1000多年前的手稿——抄写员和微雕师很幸运，他们还能用安逸的工作继续养活自己。在所有不接受印刷艺术的地区，不管是奥斯曼土耳其还是伊斯兰世界的其他国家，对科学和技术造成的长期后果都是灾难性的。

聪明的想法如果很隐秘，那仍然只是想法。在拉丁欧洲，这种典范就是列奥纳多·达·芬奇。他博学多识，灵感甚多，但从没有将他的想法用文字出版，所以他的想法没有任何后续效果。在伊斯兰世界中许多观点都不为人知，比如伊本·赫勒敦的史书，或者阿布·穆萨·花拉子密革命性的论点，他认为行星轨道是椭圆形——或者伊斯坦布尔博学家塔居丁（Taqi ad-Din），他是安萨里的后裔。1551年，他想象出一个由蒸汽驱动的旋转烤叉，但他的想法也未发表。没有人继续推进这些革命性的项目，没有任何企业家认识到这一设备的潜力并投资研发。

开创一个大胆的项目并在几十年甚至几百年中持续改进它,这种事情在拉丁欧洲出现的概率要比在奥斯曼帝国高出千倍,因为拉丁欧洲有高度发达的传播媒介。科学史学家爱德华·S. 肯尼迪(Edward S. Kennedy)曾经说过:第谷·布拉赫可能有一个土耳其的名字。这样说虽然没错,但土耳其的第谷能找到一个土耳其的开普勒作为读者,这个土耳其的开普勒又能被一个土耳其的牛顿接受吗?与之相反,使用水蒸气作为能源的想法在欧洲已经得到进一步发展。1804年,威尔士造出第一台成熟的机车,几年后,蒸汽轮船已经在苏格兰一条运河里航行,也出现在纽约和奥尔巴尼之间的哈得逊河上。1830年,英国皇家海军的第一艘蒸汽动力战舰下水。

45. 牧领权力：国家、社会、宗教

插图74：《1618/1619年海德堡上空的彗星》，出自：马特乌斯·梅里安，《欧洲舞台》，1635年，美因河畔法兰克福

痛苦的分离，停滞的联络

一直到18世纪下半叶，教派纷争仍然是为战争辩护的挡箭牌，但殖民主义和帝国主义要寻找新的理由。欧洲各国为了争夺权力和人民、名誉和资源而发动战争，并且比以往任何时候都更不加掩饰。"净土"的旧乌托邦被染上民族主义的色彩，然后是种族主义，这些幽灵似最漫长的黑夜，直到20世纪仍然笼罩欧洲。但是，驯服宗教这一千年巨作，为即将到来的重大变革准备了最重要的先决条件，这次变革是由科学和工业两场革命引发的。

16和17世纪的宗教战争——更确切地说，主要由宗教分歧引发的战争——是"西方"为实现现代化必须付出的高昂代价。改用塞缪尔·亨廷顿（Samuel Huntington）一句著名的话：基督教世界也有流血的边界，甚至可能比伊斯兰的还要血腥。疯狂的相互屠杀是转变的先决条件，宗教在拉丁欧洲引发了越来越强烈的政治中立性，并推动了教会和国家分离、科学与宗教划界。当然，宗教并没有从人们生活中消失，对许多事情仍然有影响力。尽管如此，基督教的"牧领权力"（Pastoralmacht）[1]——以福柯使用的这一概念的狭义上来看——已经被打破。18世纪，一本书是不是被教会禁止，就算在法国也变得无关紧要。神职人员认为自己主要的关注点在于灵魂。"启蒙"——将理性和讨论作为接近真理的手段——在文艺复兴中发端，现在又重新获得机会。

在信奉东正教的莫斯科公国，以及奥斯曼帝国和其他伊斯兰教国家，这种痛苦的政教分离没有出现，在信奉佛教、湿婆或孔子的地区也没有契机。宗教改革是第一次启蒙——它的漫长历史植根于文艺复兴时期——第二次"伟大"的启蒙仍然是拉丁欧洲的特殊产物。在别的地方，没有上述进程的哲学基础，也不会把宗教和政治分离当成一项由法律确立的国家项目。

过剩的牧领权力和内化的宗教传统对科学有多大的阻挠，不仅表现在拜

---

1 "牧领权力"指的是上帝如同牧羊人带领其羊群那样带领民众，上帝施加于世人的权力如同牧羊人施加于羊群那般起着带引的作用。

占庭和西班牙的历史中，还有犹太教。阿拉伯和希腊的科学和哲学能够传到天主教的欧洲，犹太学者做出了卓越贡献，除此之外，他们对科学革命中决定性的范式转换几乎毫无帮助。马克斯·韦伯认为，"西方"转向理性看待世界，其中犹太教有相当大的贡献，唯一能佐证韦伯观点的只有犹太人在资本主义经济发展中的作用。其中一个原因是犹太人的社会边缘化，高校和学院一般都不对犹太人开放，行会也是如此。此外，和其他宗教一样，犹太拉比的正统学说对世俗哲学持怀疑态度。例如，所罗门·伊本·盖比鲁勒（Solomon ibn Gabirol，1021—1058/1070）的新柏拉图学说主要在天主教欧洲流传下去——能流传也是因为读者不知道盖比鲁勒是犹太教徒。

亚里士多德学派的莱维·本·热尔松（Levi Ben Gerson，1288—1344）是数学家、神学家和十字测天仪的发明者，他的著作《上帝的战争》让虔诚的教徒对他恨之入骨。他们气急败坏地抨击他把犹太教法典（《塔木德》）与亚里士多德的逍遥派哲学融合在一起，这分明是"反上帝的战争"。在14世纪的布拉格和16世纪下半叶的波兰，偶尔都会迸发出理性主义的潮流，它们似乎是由外部激发的，尤其是通过与意大利文化的接触。克拉科夫的拉比摩西·以瑟利斯（Moses Isserles，1525—1572）本身就是一流的天文学家，仅仅因为研究了古希腊的科学，他不得不为自己辩护。唯一一部用阿拉伯语书写的理论天文学著作出自安达卢西亚的犹太人之手，即约瑟夫·伊本·纳米亚斯（Joseph Ibn Nahmias）于1400年完成的《世界之光》。根本性的创新在书中无处可寻。

现代早期，几乎没有犹太天文学家支持哥白尼。布拉格犹太人大卫·甘斯（David Gans，1541—1613）不仅撰写了一部系统性的天文学著作，还与布拉赫和开普勒保持通信，但即使是他也不认同哥白尼。唯一的例外是下一代当中的医生约瑟夫·德尔美迪戈（Joseph Delmedigo，1591—1655），他曾在国际化的克里特岛居住并在帕多瓦接受教育，但布鲁诺和伽利略的学说仍被他视作假设。他说，绝对真理只在上帝之手，在《启示录》中。

只有等到犹太式的启蒙和解放运动哈斯卡拉[1]之后，犹太人才参与到伟大智慧的对谈中。众所周知，他们为科学讨论贡献了卓越的力量。

蜡之语

有些人对科学持敌对态度或公开反对高深的知识交流，但他们并不能仅倚仗《圣经》经文就令人信服。《圣经·旧约》、《圣经·新约》以及《古兰经》中，有许多相互矛盾、几乎可以随意阐释的表达。上帝在《圣经》中威严地说"让大地臣服于你们！"但摘取智慧树的果实又带来灾难性的后果，这两者相互抵触。"如果我们无视上帝的应允进行太多的研究，我们对事物的认知就会变得混乱，这样我们就会失去真实的判断，去触摸那棵被禁止触摸的分辨善恶树，就像魔鬼曾经设下的圈套"，方济各会主教博纳文图拉在13世纪就这样劝诫世人。一边是宗教启示录，一边是人类追逐利润、渴望新知，想挣脱神秘的虔诚和信仰，它们之间的局势非常紧张，这种矛盾主要是因为，宗教从一开始就全部知晓，而科学想知道不知道的东西。皮特·马特·德安吉拉提醒道：为了追寻真理走得太远，可能会像伊卡洛斯一样折翼坠落。但是认知的界限到底在哪里，危险的"太多"又从何处开始——神学、教会、虔诚信徒和怀疑论者的答案截然不同。他们并不是一定要反对科学。

天主教学者在自然中搜寻上帝的标志，伊斯兰教中的"伊尔姆"（Ilm），即"知识的渴望"，也被理解为探究自然，这是真主安拉所写的书。但《古兰经》第27章强调，只有安拉知晓隐藏的知识。这样的论断为反对钻研科学的人提供了弹药，这些人拒绝提倡理性精神的穆尔太齐赖派，也拒绝阿威罗伊式的观点，如一条圣训所言："最好的话是真主的话，最好的意见是

---

1 希伯来文"haskalah"的音译，意为"智慧""启蒙"。指18世纪犹太教的启蒙或改革运动。源自德国，逐渐向东欧传布。运动旨在吸收启蒙运动的价值，推动社群更好地整合进入欧洲社会，并借此增加世俗内容、希伯来语和犹太历史教育。

穆罕默德的意见。""最糟糕的是创新,每一次创新都是一次误导,每一次误导都会点燃地狱之火。"

但是,人们并不能认为伊斯兰教教义可能为所有自然科学设下了难以逾越的障碍。先知自己就呼吁人们进行钻研:"搜寻各处的知识,即使它在中国。"他这样鼓励他的追随者。帖木儿的孙子兀鲁伯(Ulugh Beg,1394—1449)在撒马尔罕设立伊斯兰学校,并在墙上写道:"追求知识是每个穆斯林的义务。"兀鲁伯本人就是一流学者,他命人建造天文台,让撒马尔罕一度成为数学和天文学的世界中心。

直到今天,依然有人想要证明《圣经》和《古兰经》与现在的自然科学知识是一致的,这种行为往往显得滑稽。例如,穆斯林释经学者认为,《古兰经》里经常强调安拉的一个特质就是"不可改变的神圣习惯",这其实就是在阐述自然法则。因此,真主每时每刻都创造特定的状态。一个物体燃烧,不是因为它被火点燃,而是如安萨里的教诲,因为安拉不断创造燃烧。似乎有因果关联的事,都是安拉让它们起效,实际上都要追溯到安拉的意志。每一种现象,无论多么微不足道,都是由他引发。一些天主教学者在涉及上帝的事务上也持类似观点。

我们可以总结说,经文的话似乎是蜡制的。乔尔丹诺·布鲁诺曾一针见血地指出:"所有人都能在《圣经》中找到自己喜欢的和最适合的言语,他们对同一句话的解读不仅千差万别,甚至相互矛盾,他们能从是中得出否,也能从否中造出是。"最终取决于谁拥有对《圣经》的阐释权以及推行其观点的权力。伊斯坦布尔观测台的毁灭或审判布鲁诺和伽利略都是明确的例子,告诉人们宗教警察在什么情况下会出手抑制人们的求知意愿。就是为了防止宗教警察的干涉,人们在自己头脑中先进行"沉默的审查",有多少聪明的想法因而被扼杀——或者有多少代人坚信不疑,在《圣经》、《摩西五经》(希伯来圣经最初的五部经典)或《古兰经》之外根本不存在别的知识?

"牧领权力"——不管主使者是天主教裁判所的审判者、伊玛目还是无比顽固的拉比——都需要社会和政治环境,以便让阻挠起效。不过,单凭灵活的经文或宗教系统并不能解释，为什么科学自中世纪晚期以来就在那些先知的国度停滞不前，技术突破也并未实现。决定宗教领袖影响的先决条件也同样阻碍了自由思想的发展：无比强大的等级，因而根本不会出现中等阶层，也就没有掌控权力的"市民"公众。

康德未到巴格达

人们在钦佩阿拉伯大师的博学多识时，很容易忽略他们不感兴趣的那些知识。拉丁语资料几乎完全被忽视，少数例外主要分布在安达卢西亚地区，其中尤以拉丁语的农业资料最受重视。卢克莱修和伊壁鸠鲁，还有皮浪的怀疑论完全不为人所知。修昔底德和塔西佗从一开始就被穆斯林史学家忽略，还有西塞罗的国家理论、塞涅卡的禁欲主义和奥维德或维吉尔的诗歌，连亚里士多德的《政治学》也找不到译者。穆斯林对古代悲剧非常陌生，对喜剧也不甚了解。路易吉·普尔西这样的作家在《莫尔甘特》中让主人公说出亵渎神祇的话——他信奉黄油、啤酒、果子酒尤其是葡萄酒，谁信奉葡萄酒就能得到救赎——这种人能出现在巴格达或伊斯坦布尔吗？

一个"伊斯兰"以前不存在，现在也不存在，它的形式多种多样，其中既有矛盾也互相关联。欧洲的教条、教会法和祭祀或多或少牢牢掌握在教皇手中，直到宗教改革和宗教战争将一切摧毁。与天主教的欧洲不同，伊斯兰教没有最高祭司这样的神职人员，只有伊朗的什叶派在16世纪发展出神职人员的阶层，还有奥斯曼帝国的逊尼派。穆罕默德的教义受"乌里玛"（Ulama）的监护，这是一个主要由地方权威人士组成的群体。他们的影响力无论曾经还是现在一直都很深远，其局限性很不明确。他们效忠于苏丹和哈里发，创造了法特瓦教令，诠释《古兰经》和圣训并向民众传播道德。

毫无疑问，伊斯兰教从来不是单纯的宗教"上层建筑"。它曾经是并且现在依然是一种生活形式。中世纪的伊斯兰社会不能被简单理解为"教会"，它不是一个由国家保护的教徒团体。伊斯兰世界并没有把宗教和日常生活割裂开，穆斯林商人与天主教商人一样也知道如何回避放贷的禁令。伊斯兰的法律规则是在很久远的时代产生的，因此必须或多或少进行人为调整以适应每个时期，但这仍然是一个很严重的缺点。

宗教的影响可以促进政治稳定，但不会促进言论自由和探索研究，除非它服务于宗教目的。批评统治者，甚至只是发现别人的错误和弱点，就与根深蒂固的社会和宗教惯例相悖。批评可能会让人掉脑袋，所以很少有人敢开口。

伊斯兰教经历的一些改革尝试也是为了寻求纯洁的信仰，类似小型的宗教改革。但如天主教一样，改革的结果是分裂和教派的形成。因为太看重传统，伊斯兰教没有一个至高无上的权威教义，所以无法决定信仰是什么、异端是什么。这样一来，宗教警察热切地反对一切新事物。如果一个人一直被迫为自己寻找论据来支持已经存在的真理，那么他肯定不容置疑，也不欢迎自由言论。尽管希腊哲学已经准备好了批判所需的工具，使用它却是危险的举动：这些古典文献再加上可以任意解读的经文让所有的真理都被摧毁。逻辑论证可以被质疑，信仰和感觉却不容怀疑。这种不可估量、不可置疑可能导致人们鄙视阿威罗伊的学说，毕竟他信赖理性，不服从任何权威。

拉丁欧洲世俗的"空地"和科技对话的空间不断扩大，参与对话的人简直数不胜数，而伊斯兰教界从来没有为公民社会的秩序创造任何机会。在19世纪之前，西方语言中的"世俗"在阿拉伯语中甚至没有一个对应词。欧洲经历和遭受的深刻世俗化可能会动摇整个伊斯兰社会制度。许多穆斯林——也许是大多数穆斯林——直到今天也拒绝接受世俗化。摩洛哥人穆罕默德·阿比德·贾布里（Mohammed Abed al-Jabri，1935—2010）这样的知识分子反对一成不变地用中世纪早期的阐释模式解读经文和哲学传统，支持世俗化的科学，赞成自我思考、理性和批判，他这样的人绝对是凤毛麟角。阿拉伯世界中从未出现过一个能推动伊斯兰启蒙运动的、有批判意识的公众群体。权威统治体系对私人财产缺乏尊重，阻止了市民中产阶级的出现。在拉丁欧洲，正是中产阶级首先追求自由科学并捍卫其权利，因而带来了宗教改革和启蒙运动，并建立公众社会。

据世界银行估计，在新千年的第一个十年里，如果不算石油，所有阿拉伯国家的出口量甚至比不上一个芬兰。在科学领域，小国瑞士有22人获得诺贝尔奖，美国约300人，而至今只有两位穆斯林获此殊荣，巴基斯坦人阿卜杜勒·萨拉姆（Abd lam）是其中之一，他说，"伊斯兰国家的科学毫无疑问是地球上所有文明中最薄弱的"。联合国在2002年的一份报告指出阿拉伯世界的三个不足：知识获取，自由和"良政"，最后是女性权利。这一诊断也大致与现代早期相吻合。一些穆斯林知识分子认为，摆脱僵局的出路是回归纯净的、全面的伊斯兰教。是否可以解决这个问题，尚不确定。

没有市民阶级，无处可寻

在现代之前的伊斯兰世界中，能够为城市提供政治意见的市民议会在任何地方都不存在，也没有城市共和国。穆斯林城市并未形成欧洲城市那样的"政治机构"，但在详细的编年史中偶尔可以读出本地自豪感。从德里苏丹国到被游牧骑兵威胁的北非政权，几乎所有哈里发和苏丹的领地都采用了类似军事独裁的统治形式。

欧洲的市民团体凭借其庞大的公共领地已经明确表现出对先知城市的反对。交谈的经典论坛——广场、市场、集市——是人民讨价还价或聊天的地方，也是公众发布宣言的地方，在穆斯林城市里通常不会出现。穆斯林城市也没有市政厅，它们的中心是巴扎集市和清真寺。与宽阔大街形成对比的死胡同不对外开放，没有窗户的房屋外墙和外面无法观望的庭院确保人们的隐私。建筑物不仅诉说着建筑师的天才、经济和宗教，也展示了残酷的政权，只要有足够的石头，它们从石头中也能榨出血来。这些建筑外观美丽又充满威慑力，它们窥探民众、监视民众。

哈里发或苏丹通过与城市显贵，也就是商业精英结盟来统治人民。这些要人扎根于当地团体，比如关系时好时坏的各所律法学院，深入邻里社区，有时甚至渗透到部落联盟。他们通常担任国家权力的管理者，而不是公民团体的代表，如果有必要，他们在冲突中会捍卫自己的独立性。他们绝对不是欧洲城市中那些王侯与市民的"中间人"。只有在中央权力式微时，或者在帝国的边缘地带，才会出现地方自治的萌芽。

然而，情况似乎从18世纪开始变化。一个例证就是奥斯曼的阿勒颇发展出了城市文化，这与伊斯兰教的传统价值观并没有很大干系，而且经常与之对立。在的黎波里和其他城市中，地主、商人和尊贵行会的成员宣布他们拥有相对的自治权，敢顶撞中央权力。自治机关是一个理事会（jama'al-bilâd），它也有权任命城市领主。未来的研究可能对这种"东方之城"的传统形象有进一步的了解。

当地人对城市持保留意见，很大程度上是因为城市活动和对物质品及俗世欲望的追求完全违背了阿拉伯哲学家所设想的幸福生活的理想"自由"不是一个积极的价值观。在"集体之城"——法拉比创造的这个术语最接近民主社区的概念——自由意味着无法无天。"居民的目标是获得自由，"他写道，"这样每个人都可以做他想做的事而不受任何限制。"阿威罗伊认为，城市社会缺乏一个共同努力的目标，即最高幸福。每个家庭都有自己的意图，通常是物质性的。一些巨头瓜分权力和收入，而人民——在伊朗，并如他所说，"在我们的许多城市中"——被掠夺一空。

伊本·赫勒敦的一些观点让我们了解到先知的一些国度到底有多大区别。在他的主要作品《历史绪论》中，他以非洲西北部马格里布地区的情况为例，分析了伊斯兰文化衰落的原因。他用社会学家的风格进行论述，他认为巴努·希拉尔人（Banu Hilal）[1]的入侵带来了最深的撕裂，这个部落联盟自11世纪中叶以来一直侵扰文明化的伊斯兰国家。正如伊本·赫勒敦所想，巴努·希拉尔人的优势是

---

1 贝都因人中的一支。

他们稳固的价值体系"阿萨比耶"（asabiya），即强调群体意识和共同目标的社会团结。赫勒敦指的是血缘和宗教构建的忠诚，对部落联盟的忠诚以及由此而来的荣誉感。被贝都因人征服的阿拉伯人可能失去了这些价值观，他们的城市生活拥有奢侈品，城市生活习惯也破坏了所有部落和家庭关系。对法律和惩罚的恐惧削弱了勇气和力量。贫穷、堕落、背离真正的信仰都是糟糕的后果。相反，权力、军事成功与赫勒敦所谓的社会团结紧密相连。他看到了一种布登勃洛克效应[1]：从父亲到儿子和孙子再到曾孙，家族后裔越来越习惯于拥有那种神奇物质，这就是失败的原因。兴盛和衰败、统治的全新开始和重新衰落可能都来自这种力量，甚至可以说是弱点，赫勒敦也是这样看待对"命运之轮"的西方隐喻。

赫勒敦的普遍历史猜测表明，游牧部落是理想，现代化是问题。最初的纯净世界将会被盘踞在城市中的颓废的邪恶吞噬，他认为这一点不可逆转。早在中世纪，市民化的拉丁欧洲可能就开始转变观点。方济各修士雷根斯堡的贝特霍尔德（Berthold von Regensburg，1210—1272）赞美城市，说城市的安全和便利让市民享有一切祈祷的自由。在赫勒敦一个世纪之后的马基雅维利也提出政治理论，这两位最重要的区别在于，赫勒敦不仅信任部落联盟的道德规范，而且认为宗教在权力的维持和扩张中扮演核心角色。他在《历史绪论》的每一页中都赞美真主，哲学、逻辑学、自然科学对他来说似乎很危险。这种论证有深刻的根源。早在10世纪，倭马亚王朝的支持者就抨击他们痛恨的阿拔斯王朝，指责他们居然推广希腊科学，并认为这是伊斯兰衰落的原因。奥斯曼帝国苏丹穆罕默德二世公开支持希腊科学，到中世纪晚期，像他这样有文化的统治者越来越罕见。

伊本·赫勒敦的分析是否正确？"颓废"的城市被看作阿拉伯人衰落的原因，在他的时代就被证明是不正确的，要是阿拉伯的高墙之内能够钻研技术

---

1 布登勃洛克效应（Buddenbrooks effect），指在家族企业中，第三代传人丧失了动力，也流失了能力，导致一种对投资和创新的保守态度，最后将企业带往下坡路，就像德国作家托马斯·曼的小说中布登勃洛克家族的衰败一样。

并锻造武器，他们本可以征服草原和沙漠。今天人们可以冷静地反驳赫勒敦，恰恰是贸易和商业、技术和科学——我本人对后者并无异议——使一个国家强大，而不是血脉、部落荣耀或简单的农业生产。正是希腊人的思考铺垫了欧洲的技术突破。

最后，在荷兰人和意大利人手中臻于完美的表现现实的艺术并非没有意义，当然我们说的是除了古代之外的艺术，它也是绝对的欧洲特色。绘画艺术很早就与印刷技术一起为科学和技术服务。与"其他"地区相比，差异也很明显，特别是在解剖学领域。这些差异常常又明确体现在宗教领域。

阿波罗只到犍陀罗国[1]：宗教、艺术、解剖学

德国人约翰·亚当·库尔穆斯（Johann Adam Kulmus）的解剖图表经荷兰人再版，1771年辗转到达一位日本学者之手，他不禁瞪大了眼睛。这本书远远超过这个日本人了解的一切，尽管他对中国的资料早已烂熟于心。他立即着手翻译，即使伊斯兰国家的解剖学著作也无法与拉丁欧洲质量精良的文献相提并论。例如，波斯医生曼苏尔·伊本·伊利亚斯（Mansur ibn Ilyas）在1390年前后完成了一部解剖学著作（插图75），其中的图例几乎无法用于实践目的。即使到17世纪，这本书还一直被沿用，因为显然没有更好的作品问世。但至少有一位穆斯林解剖学家舍姆瑟丁·印塔基（Schemseddin Intaki）曾经复制了维萨里著作中的插图。

---

1 古印度列国时代（公元前6—前4世纪）的十六大国之一，核心区域包括今巴基斯坦东北部和阿富汗东部。

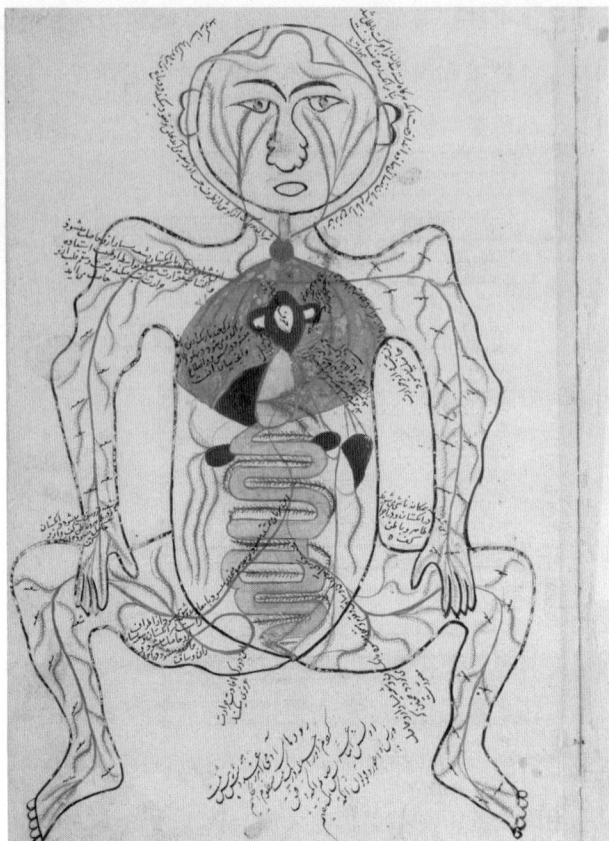

插图75：曼苏尔·伊本·伊利亚斯，《人体解剖图》，伊朗，约1390年，1488年复制图，贝塞斯达，国立医学博物馆

长期以来，自然主义艺术主要是欧洲的事情。如维萨里的《人体构造》这样的卓越成就有漫长复杂的前史，可追溯到希腊古代和天主教早期的几个世纪。相应地，技术能力也并非一蹴而就。其他地区没有或者很少有这种逼真的表现方式，这可能要归咎于不同的审美观念以及不同的图像概念。

伊斯兰社会和犹太教一样都遵循十诫中的图像禁令——准确来说，其实只是禁止雕塑。虽然不可能完全排除图像的存在，但穆斯林本来对图像也没有什么热爱，人像雕塑也极少。圣训中对石头或色彩描摹出的东西一直都持不友好态度，可能是因为早期传统，那时候穆斯林与异教的"偶像崇拜者"发生很多冲突，《古兰经》对这一问题没有多言。圣训中说，图像和狗一样都不纯洁。图像导致偶像崇拜，分散了祷告的注意力。谁敢描绘活着的人或动物，这样的画家是创造者真主的敌人，小心要下地狱。事实上，伊斯兰教艺术更倾向于呈现真主纯洁的话语。阿拉伯文字镶嵌在花纹繁复的掐丝装饰中，与它们要传达的《古兰经》经文一样美丽。人类肖像画很少见，如果有的话，几乎都是在私人空间内。

相比之下，天主教很早就放松对图像的管制，特别是对上帝的描摹。早在公元4世纪，基督和圣母的肖像就取代了以前君主崇拜时期所使用的肖像，并继续承担保卫国家的任务。但是人们一直在思考，如何能用颜色、木头或石头表现造物主这样的庞然大物。远东的宗教与拜占庭的想法类似，他们把偶像与基督这个"念头"融合起来或者——如埃德萨的曼迪罗圣像（Image of Edessa）[1] 所示——宣称这些圣像画是"天成的"而非出自人手。一部道家著作也为艺术家提供了闪电般的幻象，认为神仙和圣人都是无形的、无色的，艺术家以此为据创造他们的雕塑。

无论如何，如果考虑到基督的人类本性，就可以绕开《圣经》中的造像禁令。人们不能描绘上帝，但是可以描绘一个人。值得注意的是，对图像持欢迎态度的、精通神学的拜占庭人只绘制了人类之子，从未触及上帝。上帝和基督是父子，本来就应该容貌相似。然而，只有少数几人坚定不移地践行这一想法，包括法国人恩格兰·奎顿（Enguerrand Quarton，约1410—约1466），他的《圣母加冕礼》如今保存在阿维尼翁新城。它从神学角度无可指摘，画中的上帝与基督一模一样——不像米开朗琪罗的上帝。米开朗琪罗用流行的传统方式

---

1 这幅画全名为《手持基督自印圣像的阿布加尔圣像画》，现在保存于10世纪修建的西奈山的圣凯瑟琳修道院中。埃德萨的国王阿布加尔是最早的基督徒国王之一，传说他患上了一种不治之症（可能是麻风病），所以写信给耶稣，信函中表达了对耶稣神性的承认和对耶稣帮助的渴求，并承诺在自己的国家为耶稣提供庇护。相传耶稣给阿布加尔写了回信，随着传说的广泛传播，耶稣真人画像开始被提及，人们坚信有人见过耶稣本人，据称一位法院档案员汉南在访问耶稣时画下耶稣的真实面貌，后来埃德萨主教厄伐克声称耶稣的画像是"天成的"（divinely wrought）而非出自人手。在这幅画中就出现了耶稣。

把上帝描绘成拥有一个大胡子的老者，让他戴上了众神之王宙斯的面具。天主教艺术愿意描绘上帝，可能是因为希腊人和罗马人都可以为神造像。换句话说，上帝反映的是古代，天主教徒的绘画和雕塑就是依靠古代遗产而创作的。而且《圣经》也告诉人们，上帝按照自己的形象创造了人。为了把上帝表现为一个人，至少需要——丢勒也有过相应的论证——把上帝尽可能美丽地展现出来。

我们可以得出结论，拉丁欧洲的宗教从未从根本上反对真实的肌肉，即人性的呈现。"希腊基督"没有否定裸体形象。身体和赤裸的躯体进入拉丁欧洲的图像世界，尽管也遭遇了零星的批评。亚当和夏娃一直是无可争议的裸体形象。系列大型雕塑和绘画的开端是班贝格大教堂的"亚当门"（Adamspforte）上首次出现的人的形象，甚至早于1237年。文艺复兴时期，大理石和色彩刻画出的裸体成千上万。雕塑家和画家本身并没有进行解剖学研究，古代雕像为他们提供了丰富的模本。

在公元1世纪，希腊雕塑的压倒性力量甚至成功唤起了佛的造像。以前，印度的艺术家们避免用木头或石头造佛。最早的智者雕塑出现在阿富汗和巴基斯坦之间的边境地区犍陀罗国，亚历山大大帝死后，互相竞争的承继人曾在这里建立继业者[1]王国（插图76）。印度、波斯、希腊和罗马的影响融合成一种迷人的综合体。如果没有异域配饰，如额头上的宝石和极具风格的相貌，有些雕塑看上去就像罗马的神。

---

1 继业者在泛希腊历史中专指亚历山大大帝死后互相竞争的承继人。

插图76：《佛陀》，犍陀罗国，公元1—2世纪，东京，国立博物馆

　　阿波罗只来到犍陀罗国。在这里，他的影响也随着公元5世纪"白匈奴"[1]
的入侵消散在风中。莫卧儿时期的逼真绘画艺术很晚才繁荣起来，在阿克巴和
贾汉吉尔（Dschahangir，1605—1627年在位）的时代达到高潮。在印度的艺术
中，解剖图也非常罕见，那里写下了成千上万张医学手稿，却几乎没有图示。
1700年前后绘制的彩图"阿育吠陀[2]男子"——现由英国的一家图书馆收藏——

---

1 嚈哒人（Hephthalite）是古代生活在欧亚大陆的游牧民族，公元5—6世纪一再侵入波斯和印度。
根据中国史书记载，他们原来居住在长城以北，是中亚塞种人游牧民族与汉代大月氏人的后裔，西
方史学家称之为"白匈奴"。
2 阿育吠陀是梵文"Ayurveda"，由两个字合成："Ayur"意指"生命"，"Veda"意为"知识"，
因此阿育吠陀一词的意思为生命的科学。阿育吠陀医学不仅是一门医学体系，而且代表着一种健
康的生活方式。

似乎受到西藏风格的影响。桑耶·嘉姆索（Sangye Gyamtso，1653—1705）罕见的卷轴画可能就是在拉萨绘制的。画中展示的是《蓝琉璃》，一本传统藏医的纲要，由五世达赖喇嘛的博学多识的"摄政王"第司·桑吉嘉措（Ngawang Lobsang Gyatsho）所著。

就美学价值而言，大多数"其他"文化拒绝"现实主义的游戏"〔克莱格·哈贝森（Craig Harbison）语〕是无关紧要的——但却对科学或技术类插图的历史有深远影响。正如尤金·S. 弗格森（Eugene S. Ferguson）所言，要发明高度复杂的装置更需要借助图像进行思考和交流，对数学知识反而要求不高。人们用语言就可以描述一个水力驱动的管风琴的构造，就跟萨洛蒙·得·高斯设计的一模一样！

追随穆罕默德、佛陀或湿婆的土地上的人们放弃绘制解剖学发现，其原因在很大程度上深深植根于他们的社会秩序和精神性中。阿育吠陀就是一例。印度数千年的治疗方法并没有将身体视为封闭的整体，相反，印度人认为身体一直与自然和社会环境相互渗透。根据阿育吠陀学说，健康可以简短地总结为，每个个体的三种"督夏"（doshas）能量——首先是水和土，其次是火，最后是空气和以太——与宏观宇宙保持平衡及和谐。治疗师知道马尔曼穴（marman），神秘的能量中心；他知道受损会带来危险，触摸或按摩它们会带来积极效果。因此，阿育吠陀不仅仅是医学，而是梵语概念所指的"生命周期的知识"。它不仅让人得以生存，还有助于人们过上"美好生活"。这个概念包含了物理、心理和道德方面，例如对待周围人的"正确行为"。解剖学知识对于其应用完全是可有可无的。显然，英国殖民政权才把印度医生赶到解剖台前，他们的第一次尸体解剖手术于1836年在加尔各答进行。西医没有取代阿育吠陀，而是与它并存。印度医生在阿育吠陀体系内以理性的科学精神实践，曾经是这样，现在仍然是这样。从远古时代起，他们就依靠观察和经验。他们的理性是另一种形式的，但并不比欧洲人差。

46. 飘散的文化，顽固的国家

插图77：《戴王冠的国王》，伊费，尼日利亚，12—15世纪，私人藏品

利维坦王国的另一边

蒙田本可以写出类似的句子："活在当下，尽情享受月光、白雪、樱花和鲜红的枫叶，纵情歌唱，畅饮清酒，忘却现实的困扰，摆脱眼前的烦恼。不再灰心沮丧，就像一只空心的南瓜，漂浮于涓涓细流中——这就是所谓的'浮世'。"这种看待历史的永恒角度来自德川诗人浅井了意（约1612—1691）。他表达的是古老的佛教信念，即世界不断处于变化和消逝中，人们必须抓紧时机。这是很好的想法，尤其是想到世界各地消逝的文化，有一些几乎没有留下任何记忆：遗址，一些城墙残垣，墓葬，土地枯荣。也许复活节岛上神秘的摩艾石像或北美"筑丘人"（Mound Builders）[1]曾为它们见证。玛雅人的城市、文字发明者和数学家的故乡，如今只剩一片废墟。特诺奇提特兰几乎没有留下任何东西。印加的遗迹寥寥可数，但马丘比丘先进的灌溉系统仍让人惊叹。

内部冲突、流行病或外国征服者的入侵通常会导致崩溃。气候变化、过度开发环境、脱离经济区域或自然资源的枯竭都可能导致衰落或灭亡，还有国家机构的缺失，一般是几个因素的共同作用。当然，玛雅文化有700多年的生命，但即使这样也太短了。要知道一些关键材料，比如"纸"花了1000多年的时间才从中国传到欧洲。与欧洲人相比，美洲居民无法从任何古代文化中汲取经验，包括亚洲的遗产。

科学和以新技术为基础的——用经济学家迪帕克·拉尔（Deepak Lal）的话说是"普罗米修斯式的"——增长得以出现，"长期延续"和国家政权都是必要条件。这两种基本条件在世界上许多地区都不存在。

让我们先来看看前殖民时代的非洲，虽然接下来的几百年中这片大陆被蒙上蔑视和种族主义的黑幕，但之前又是什么样子呢？伊斯兰获胜之地会建立国家并组织起城市生活。正如天主教的土地一样，在伊斯兰的土地上，文化和科学教育也非常受限。例如，加纳的黄金城在11世纪就有浴场和12个清真寺，让

---

1 指公元前1000年前后密西西比河东部林地的北美原住民，因为他们习惯生活在一种土堆式的屋子里，因此被称为"筑丘人"。

学者安居，让法学家乐业。但伊斯兰化经常以肤浅的方式进行。推崇圣战的奥斯曼·丹·福迪奥（Uthman dan Fodio，1755—1817）在豪萨城邦[1]观看对树木和岩石的崇拜仪式，参与占卜和魔法仪式，并了解如何配制魔法药剂。

1000年前后在撒哈拉和林波波河[2]之间出现了一些统治政区，它们极少可以与越来越文书化的欧洲各国相提并论。以16世纪在中非的疏林草原上逐渐扎根的隆达王国为例，可以看出一些非洲国家有多么"固执"。这里实行的政治制度很巧妙：每个统治者，无论他的血统如何，都可以获得前任统治者的身份，并融入前任的亲属关系，被看作一家人。他能够超越所有兄弟姐妹的亲情纽带，赢得众人之中的权威地位。

对于一些国家来说，枪支具有政治分量，而同样有用的则是大量的马匹。一位葡萄牙的编年史家记载，塞内加尔西北草原地区的沃洛夫王国可以调遣10万名步兵和1万名骑兵，这个数字肯定被严重夸大了。在前伊斯兰时代出现的桑海帝国[3]是15和16世纪非洲最大的国家之一，皇帝桑尼·阿里（Sonni Ali，约1464—1492年在位）和阿斯基亚王朝的穆罕默德一世率领骑兵沿尼日尔河大肆扩张。尼日利亚西南部的奥约帝国也是一个马背上的国家，它们的疆域在今尼日利亚的西南部。骑兵在这里止步不敢南下，再向南他们的坐骑就会遇上致命的舌蝇。

仅仅在维多利亚湖、基伍湖和坦噶尼喀湖[4]之间的所谓湖间地区，1500年前

---

1 豪萨城邦是公元1000—1200年在非洲西部陆续建立的一批豪萨族小王国，位于中苏丹西部（今尼日利亚北部和尼日尔东南部地区）。它们通常以其主要城市作为国名，各邦不相隶属，始终没有形成一个统一的国家，彼此之间常有战事，只有在大敌当前才偶尔结成松散的联盟。

2 林波波河（Limpopo River），非洲东南部河流。又称鳄河，发源于约翰内斯堡附近的高地，最终流至帕富里附近入莫桑比克境内，从东南方向流入印度洋。

3 桑海帝国（Empire of Songhai），西非古国，萨赫勒地区最后一个黑人土著大帝国。桑海最盛时期领土西至大西洋，东至豪萨人区域，北至摩洛哥南境。桑尼·阿里死后国家陷入内乱，1590年，摩洛哥军队入侵，占领加奥、廷巴克图等地，桑海帝国瓦解。

4 维多利亚湖位于东非高原，大部分在坦桑尼亚和乌干达两国境内，一小部分属于肯尼亚，是非洲最大的湖泊、世界第二大淡水湖；基伍湖是中部非洲最高的湖泊，处于东非大裂谷中，艾伯丁裂谷的西部；坦噶尼喀湖是非洲中部的一个淡水湖，位于东非大裂谷区的西部裂谷部分，是世界第二深湖、世界第六大湖。

后就有200个国家，而到1850年变成了100多个。在这些国家，国王在臣仆面前几乎没有什么威慑力。安达卢西亚人哈桑·瓦赞（al-Hasan al-Wazzan，约1494—1532后）在1526年出版的游记中生动地描绘了北非。瓦赞在罗马受洗并成为教皇利奥十世的养子，他称自己为"非洲人列奥"——"那个柏柏尔人"。他宣称，任何一个意大利贵族的举止都好过所有非洲的统治者。而另一边谢哈布·乌马里（Ibn Fadl Allah al-Umari）却说，走进马里国王曼苏·穆萨（Mansu Musa）的房间必须赤脚，胆敢违抗的人都要被处决。谁出现在桑海帝国皇帝的视线中，都要用灰尘涂满身体，只有大元帅（djina-koï）被允许涂抹面粉。

天主教在埃塞俄比亚以及中世纪晚期的努比亚都有据点。在西部和南部，传教士很难获得成功。1534年，第一个教区在圣多美建立。中非大陆上的刚果王国是天主教的少数几块飞地之一，统治者在葡萄牙传教士的感召下皈依天主。上帝在这里被称为"Nzambi a Mpungo"。阿方索一世在1506—1543年统治着刚果，他一直与里斯本通信，其国王身份也被认可，他还试图从葡萄牙引进教师和工匠。欧洲时尚成为上流社会的地位象征。尽管军队有段时间配备了枪械，刚果王国还是在葡萄牙"朋友"的指引下解体。储存在地下的铜矿激发人们的渴望，也让招募奴隶成为可能；1530年前后，每年有4000～5000人被贩卖"出口"。内讧让征服变得更容易。1665年，随着葡萄牙-非洲军队打败刚果军队，这个拥有300年历史的王国烟消云散。但在中非西部，有一种"大西洋-克里奥尔"文化幸存下来，并催生了非洲化的天主教——奴隶就来自这一文化，他们被出口到加勒比海和北美殖民地，并成为当地非裔美国人的第一代祖先。

非洲各国也有横向联盟，例如长老会、青年兄弟会和秘密社团。最重要的社会形态通常是根据出身形成的群体，即世系渊源。这种家族谱系帮助国王登基、保护他的地位，能让一个人成为国王也能阻止他上位。许多个人的决定，例如婚姻，都需要得到家族的批准。一些非洲社会允许阶层跃升，如果一个人证明自己是战士、猎人或通晓宗教仪式，就可以跃升。但另外一些社会中，只要继承了一种职业就无法逃脱其阶层。非洲几乎没有任何货币经济，银行、汇票或类似物根本不存在。非洲经济从未取得任何显著的生产力增长，也没有因此变得效率低下。农业在奴隶的帮助下大幅度推广。除了黄金和盐,奴隶是非洲最有价值的"商品"。土著精英也是买家之一。毕竟,拥有物质产品可不如拥有奴隶更让人受到尊敬。

在殖民时代之前,只有很少的非洲语言有书面记载,包括斯瓦希里语。即使在宗教已经渗透的地区,识字的人也仅限于小圈子。直到19世纪,传教士开办的学校才开始为当地人提供少量阅读和写作方面的指导。甚至在1850年之后,还有一些非洲政要拒绝这种艺术。在没有接触到伊斯兰教或天主教的地方,不会出现基于书面公文的统治模式。当非洲人列奥评论在"黑人之国"中城市秩序不佳、宫廷礼仪不精时,他显然是以欧洲为标准。

非洲经济保守,生产力也低,更复杂的国外技术很少被引进。人们虽然接受了织机和火枪,但对轮子毫无兴趣。这样一来,除了稀缺原材料、奢侈品和奴隶,不可能以有竞争力的价格把商品运输到更远的地方。纺车也无人理睬。欧洲人和印度人都大幅提高了纺织品产量,非洲本地产品不能取代进口,只能作为进口商品的补充。

在非洲大陆的许多王国都出现了伟大的、独立的艺术与建筑——从埃塞俄比亚的拉利贝拉山壁上开凿的岩石教堂、摩洛哥小镇阿伊特·本·哈杜的黏土建筑和摩洛哥古城菲斯宏伟的布·伊南古兰经学校,到多贡族[1]或库巴王国[2]的面具。从非洲艺术中推导出的"拟人禁令"[3]并不成立。如果愿意,非洲的雕塑家完全可以创造出逼真的雕塑,比如15世纪在西非的古城伊费出现的令人惊叹的青铜头像(插图77),说它来自佛罗伦萨文艺复兴时期雕塑家的工作室,也会有人当真。

早期欧洲旅客的描述后来成为广泛流传的陈词滥调。热那亚人安东尼

---

1 多贡人居住在尼日尔河河湾处,以耕种和游牧为生。他们没有文字,只凭口授来传述知识。

2 库巴王国位于开赛河和桑库鲁河之间,是班图族库巴人的国家,兴起于15—16世纪,繁荣于17—18世纪。在宫廷的倡导下,库巴人的雕塑艺术达到较高的水平,一些国王的雕像迄今仍为世界著名博物馆的珍藏文物。

3 非洲的人像艺术品都非常抽象,非洲艺术家在创作时避免勾勒出任何与活人相似的特征,他们的艺术品只会表现一些典型的人类面部特征或夸张的生理特征,因此一些研究者提出"拟人禁令"的推想,认为非洲艺术中禁止对形象具体的人类特征进行模仿。

奥·马凡特（Antonio Malfante）在1444年穿越撒哈拉沙漠，他把非洲人描绘成淫乱纵欲的野蛮人，连乱伦都不会羞耻；他们是伟大的魔法师，用熏香祭拜恶魔。非洲人列奥说他们"非常野蛮"，像动物一样生活，没有法律也没有规矩，只有大城市的人能"多一点理性和一丝人性"。而且他们一直都很开心，跳舞作乐、大吃大喝。荷兰商人彼得·德·马里斯（Pieter de Marees）在1602年发表的报告中描述了黄金海岸周边区域，西非的居民很会学习而且理解力强——可见不是所有欧洲人的文章都充斥着种族主义！但如果非洲黑人被画得像欧洲文艺复兴时期的君主一样，威仪赫赫、表情严肃，那只不过是例外情况，就像胡安·拉蒂诺（Juan Latino，1518—1594）也罕见地平步青云。作为一个被释放的黑人奴隶，他最终成为格拉纳达大学的拉丁文教授。

1600年前后，整个非洲只有30多个城市的人口数超过2万。在接下来的两个世纪里，人口继续下降。马里斯提到黄金海岸的城镇时，只说它们很丑。人们在几英里外就能闻到从垃圾堆里不断散发出来的动物尸体的恶臭。在撒哈拉以南的非洲，通过贸易，也多亏了自然资源、农业耕地和牲畜牧场，定居点的范围越来越大。有时候，当一个宗教场所吸引人们聚集时，众神也会出手相助。在中世纪，大津巴布韦是南部最重要的城市之一，居民人数多达1.8万人。它与印度洋沿岸的港口城市进行贸易，附近又有得天独厚的金矿，因此积累了大量财富。统治阶级以牛肉和啤酒为食，使用中国瓷器，生活在宏伟的花岗岩建筑中。大津巴布韦的定居点仅分布在少数地区，其中包括位于今天马里的迪亚、伊斯兰学术中心廷巴克图，以及印度洋沿岸的一些地方，比如蒙巴萨。基尔瓦引人注目的是"美丽的石头房子"，木门都是雕刻精美的艺术品。葡萄牙的干预让这里的文化繁荣和城市自由戛然而止。在17和18世纪，蒙巴萨和基尔瓦与非洲东海岸的其他城市一起变成阿曼的领地。

非洲大多数政权都无法做到"长期延续"。加纳在13世纪解体；作为西非大国，黄金国的传承国马里在14世纪末王朝冲突中分崩离析。北非柏柏尔人建立的穆瓦希德王朝（1147—1269）的后嗣、孱弱的马林王朝（1213—1554）自13世纪下半叶陷入权力斗争。随着苏丹阿卜杜勒·哈克二世（Abd al-Haqq Ⅱ，

1421—1465年在位）的垮台，马林也成为历史。与此同时，鼎盛的大津巴布韦也是气数已尽，也许要归咎于对自然的掠夺，也许是因为黄金贸易地点的迁移。当第一批欧洲人到达时，伊费的地位已经被贝宁取代。贝宁周围环绕着宏伟的城墙，中间端坐的是一个小国，国王只有一处宫殿和一个基本管理机构。17世纪，贝宁国势渐微。葡萄牙人在此前已经击败了大津巴布韦的继承国穆塔帕王国。1591年，摩洛哥萨阿德王朝的苏丹艾哈迈德·曼苏尔（Ahmad al-Mansur）挥师南下，因为王位斗争实力大减的桑海帝国不得不屈服于苏丹的火绳枪部队。

更和平的局势只出现在非洲内陆，伊斯兰教和奴隶猎人都没有侵入此地。在外围暴露区，也有少数几个王朝支撑了更长时间。比如埃塞俄比亚的一直延续到1974年的所罗门王朝，位于今天突尼斯的柏柏尔人的哈夫斯王朝（1228—1574），或者从11世纪开始统治加涅姆、后来又统治博尔努的乍得湖畔的伊斯兰王国赛法瓦王朝。奥斯曼的顾问帮助赛法瓦苏丹建立了一支配备火枪的部队。得益于此，伊德里斯·阿拉玛（Idris Alauma，1564—1596年在位）成功守护着对国家非常重要的撒哈拉沙漠的路线并让邻国俯首称臣，其中包括乍得湖东南部的一些科托科族"自治城邦"。1846年，赛法瓦王国最终衰亡。

非洲不同社会遵循各种各样的游戏规则，这让人们看到了在没有西方模式的国家秩序时社会是什么样子。在现代早期，欧洲在这片广袤大陆上的存在感仅仅局限在沿海据点，总而言之，影响力微乎其微。直到19世纪，非洲才陷入西方现代化的"旋涡"之中。非洲大陆从奴隶供应商转变为欧洲的商品市场，这一地带先是被"西方"剥削，而后被军事征服。人口直到现在才开始显著增长，并成为今天非洲大陆的一个主要问题。以前，情况完全相反。直到1750年，非洲每平方千米只有2.3～5.8个人居住，而欧洲约有27人。非洲在前殖民时代之所以城市化程度很低，就是因为人口稀少，这也是造成其他一切后果的最重要的原因：缺乏教育基础设施，知识储备太少，再加上书面办公几乎没有发展或发展很慢，因为既没有官僚机构也没有明确的法律制度。

现代早期的欧洲国家及其核心，即城市，当然不能成为衡量一切的标准。

但只要抬眼看看"其他"地区就能发现，"凝聚的国家政权"对于"西方"科学技术的发展有决定性的意义，而且它还提供了最低限度的安全——这是研究和探讨不可或缺的框架。这种政权在许多亚洲国家也不见踪迹。

并行，分歧：中亚、东南亚

中亚和中东地区与非洲一样，在整个工业化进程中都是被动的接受者，在世界经济的变化过程中没有主动给予。亚欧大陆的中心一次又一次遭到入侵和战争的摧残。图书馆、档案馆和创作室都毁于战火，知识和记忆也被付之一炬。阿夫里格王朝的统治者在公元305—995年曾把首都设在柯提城（Kath），后来这里被一个地方统治者摧毁，比鲁尼称这是"对旧文化的犯罪"。人口超过50万的大都市内沙布尔位于伊朗东北部，曾是世界上重要的科学阵地之一，在王朝最后一任苏丹赛贾尔（Sanjar，1084/1086—1157）统治末期，和梅尔夫以及这个摇摇欲坠的帝国的其他城市一样，被土库曼游牧民族洗劫一空。蒙古人和黑死病才让这些城市得以苟延残喘。最近的研究表明，这里也没有出现什么"蒙古治世"（Pax Mongolica）的局面。成吉思汗和帖木儿遥望东方，把目光投向印度和中国。欧洲的文化和穆斯林的西部对他们来说仍然遥不可及。眼见乱世横祸，许多地方对知识的推崇都让位于火热的伊斯兰教苏菲派神秘主义运动——而同一时期，拉丁欧洲正在设立大学，世俗的空地正在逐渐扩大。

帖木儿的后代之间发生激烈的势力争夺，让奥斯曼和白羊王朝这样的部落联盟渔翁得利，蒙古大军在伊朗东部和河中地区止步不前，这一地区的秩序变得更加松散。帖木儿帝国的统治者设立关税壁垒，以便用收益来填补金库。他们被称为第一批"文艺复兴的君主"：他们掌管世俗政府，有精明能干的行政人员，允许人们通过功勋提升阶层，并开始布局一条远至埃及和中国的外交线路。古老的辉煌偶尔也会再次闪烁。天文学中产生了重要人物，尽管大不里士的天文台在蒙古人第一次入侵时就被夷为平地。在前文提到的兀鲁伯统治时期，撒马尔罕的科学又一次繁荣。苏丹侯赛因·拜卡拉（Husain Baiqara，1470—1506）用文学——波斯语和突厥语——和艺术为自己博得名望，他让赫拉特[1]再次经历了一个伟大的时代。随着苏丹拜卡拉的死亡，帖木儿帝国势力急转直下。帖木儿的孙子巴布尔前往印度，在那里为这个王朝的历史写下了后记。剩下的就是北方的游牧部落和东、西部的"绿洲政权"。有些人选择了草原上无拘无束的生活——比如住在俄罗斯帝国边境地区的哥萨克民族——并且尝试摆脱中央权力的制约，叶卡捷琳娜大帝（Katharina Ⅱ. die Große，1762—1796年在位）才最终征服了乌克兰的哥萨克人。

叶卡捷琳娜大帝统治期间，曾经显赫一时的萨非王朝也失去了最后的辉煌，它本是奥斯曼土耳其和印度洋之间贸易路线的"驿站"（Karawanserei）。在"大帝"阿拔斯一世的统治下，它曾找回旧日的辉煌。虽然首都伊斯法罕的巍峨建筑拔地而起，细密画、艺术品和文学都熠熠生辉，但科学仍然被什叶派神职人员怀疑，所以依旧处于无关紧要的地位。1722年，这座拥有60万人口的城市在长期遭受围困后落入阿富汗的吉尔扎伊人之手。在叶卡捷琳娜大帝时代，这里只剩下区区5万人。

"长期延续"——这里指的是比几百年更长——在东南亚大多数政权都没有得到实现，在中亚、近东和非洲也是一样。唯一的例外是强大的高棉王国，它在大越国和马来半岛之间日趋壮大，并于1200年到达顶峰。一个世纪之后，一名中国特使对高棉国王周围的奢华惊叹不已："这里的人知道什么是统治者。"当然，那时候王国的未来已经渐渐暗淡，干旱期的到来成为一个严重的问题。暹罗人压制了高棉的影响。15世纪，曼谷北部的阿瑜陀耶王朝逐渐崛起，统治了这片区域，高棉人迁居到金边地区。吴哥窟这座镀金的寺庙让人回想起它逝去的权势，曾经它是世界上最大的宗教复合体的一部分。时光飞逝，许多其他政权也出现在这里，或旷日持久，或昙花一现——其中包括素可泰、勐卯和阿瓦王朝。掸族先民建立的阿瓦王朝取代了原本统治缅甸的蒲甘王朝，

---

1 赫拉特是中亚历史名城，在帖木儿第四子沙哈鲁统治时期成为帖木儿帝国的首都，现位于阿富汗西北部。

后者在13世纪下半叶之前一直坚不可摧。

在这片被城市人鄙视的"野蛮的"东南亚根本感受不到利维坦的铁腕，有些人还生活在石器时代。葡萄牙历史学家若昂·德·巴罗斯（João de Barros，约1496—1570）提到暹罗北部神秘的山民"食人族"，他们文身遍布全身并有烙印，在马背上与邻国人民开战。这里有水稻文化和河流，并且非常靠近大海，很容易建立可发展出自己特点的小型权力中心体系"曼陀罗国"，这一体系中有一个中央政权，还有许多围绕其周围的附属国。这些附属国在各自的圈子里又是更小的曼陀罗国的统治中心，它们不得不一直维护自己的影响力。一旦中央政权显出疲态，较小的附属国就会寻找新的可依附对象。就像欧洲一样，通婚有助于加强联盟和集中统治力，凭借人口增长和贸易增强中央政权的吸引力。在某些情况下已经出现了"国家"身份。明代永乐皇帝试图侵占并吞并这片土地，但这些小国于1428年成功地抵御强敌，当时有人说道："土地仍然是南国的土地，人民仍然是越南的人民。"当时的获胜者黎利（Le Loi）创立了一个新王朝，从此成为民族英雄。此外，越南人在13世纪末击败过一个超级大国：蒙古。永乐皇帝本可以从中吸取教训。

缅甸西南沿海的阿拉干王国在孟加拉湾站稳脚跟，即后来的若开邦，它的主要城镇是妙乌。16世纪，它从孟加拉苏丹国赢得独立。它的佛教统治者推行的是世界主义文化。他们保留穆斯林称号，推广波斯文学并且允许婆罗门举行庆祝仪式。和东南亚的某些地区一样，当时这里的形势让人联想到文艺复兴时期的意大利，一些沿海国家发展出高度的自治水平。远距离贸易或农业的利润提供了装备军事力量的资金。火器最初来自中国和伊斯兰世界；进入16世纪，欧洲的炮手和雇佣兵，包括他们技术优越的武器都很受欢迎。"世界统治者"莽应龙（Bayinnaung）可以被看作亚洲的吉安·加莱亚佐·维斯孔蒂，他是缅甸东吁王朝的后裔，这位"许多白象的主人"利用西方大炮建立起一个权力综合体，他不仅接管了前任国王莽瑞体打下的勃固城，还远远扩张到缅甸以外的地区。1581年莽应龙死后，国家很快就土崩瓦解。就连刚刚被征服的阿瑜陀耶也摆脱了东吁王朝的统治。

暹罗的民族英雄是胜利者纳黎萱（Naresuan，1555—1605）。这位战场之王再次击败阿瑜陀耶，让柬埔寨和兰纳王国（意为"百万稻田"之国）的中心清迈降服。国际化的阿瑜陀耶就像是泰国的威尼斯。它位于三条河流的交汇处，运河纵横交错，国际贸易带来大量财富——甚至连荷兰人也在这里建立了一个分公司——城内有三座皇家宫殿、近400间寺庙；暹罗的太阳在这里也被黄金层层反射。在若昂·德·巴罗斯看来，它的统治者是所有土地的主人，似乎是地球上最无拘无束的人。

　　权力把自己伪装在宗教、图像和建筑中，如同它在欧洲那样。从吴哥窟到妙乌的九万尊佛像塔，宏伟的宫殿、寺庙或清真寺既在诉说统治者的庄严、神的伟大，也在展示国际贸易的利润。神祇、圣迹和圣像保护着欧洲，掌管东南亚的则是保护神、佛陀的佛牙或白象——它们在暹罗被奉若神祇，同时也是重要的统治象征。塑像能创造奇迹，比如老挝澜沧王国的皇家佛像"勃拉邦佛"，或在艰难险阻后达到曼谷玉佛寺的"帕佛陀大摩尼宝玉佛"。

　　意大利的海上王国在这个遥远的地方也有其对应者，即苏门答腊岛上的三佛齐王国和爪哇岛东部的满者伯夷国这两个中世纪的王国。意大利共和国的总督将一枚戒指抛进环礁湖水域，宣布他与海洋缔结婚约；三佛齐的大君——梵语中称为摩诃罗阇——则向穿越国土的穆西河里投掷金条。"看，那边"——在水中——"是我的财富！"他呼喊道。

　　东南亚的画面中也出现了岛国，比如苏拉威西的戈瓦苏丹国，此外还有无数微不足道的政权和拥有制海权的小国，这些小国分布在印尼最北端的特尔纳特岛或蒂多雷岛上，它们或者已经统治了几个语言、宗教和文化各异的小岛，或者试图夺取统治权。一个中国人鄙夷地评价帝汶土著人：他们几乎赤身裸体地走来走去——这太丑陋了，几乎让人不堪直视。这里和其他岛屿的淡水稀缺，近海无处供大船停泊，无法运送香料或硫黄，因此没有出现交易场所。与此同时，一些组织完善的苏丹国家日趋强盛，如马京达瑙、苏禄、亚齐或柔佛。意大利人安东尼奥·皮加费塔看到文莱苏丹的宫殿时震惊不已，他仔细地记录说，这个宫殿堡垒有五十六门铜炮和六个铁制"轰炸机"。

在17世纪初，大越、后来的缅甸和阿瑜陀耶统治整片大陆。大越已经分裂为两个互相敌对的国家，尽管黎朝的傀儡皇帝名义上仍拥有最高主权。到世纪末，大越南部的交趾支那夺取了占城国的领土，一直扩张到湄公河三角洲。文化上的认同被强化；泰国人、爪哇人和其他民族逐渐意识到各自的身份。

东南亚和"西方"的差距是出现在此时——小冰期和全球危机时期——还是出现在1750—1850年，这个问题仍有很大争议。17世纪对东南亚意味着一个转折，这一点是毫无疑问的。自然灾害和干旱期、战争和起义让这里的统治体系变得脆弱。1645年，马尼拉大地震终结了这个伟大时代。15年后，亚齐遭遇一场大规模海啸。饥荒一次又一次侵袭这片土地，被自然或战争摧毁的地区长期无法恢复。由于人口减少，群岛的港口城市实力大减，也失去了对腹地的控制，河流边上的首领和部落酋长逐渐获得影响力。葡萄牙雇佣军的指挥官菲利普·德·布里托（Filipe de Brito，1566—1613）像每个指挥官一样梦想着建立自己的国家，他攻陷若开邦，在缅甸南部港口沙廉加冕称王，但他的春秋大梦也就做了几年。东吁王朝的继承人阿那毕隆（Anaukhpetlun）将他擒杀，这个冒险家死于非命。

但还有一些国家没有走下坡路。例如，越南人在17世纪70年代达成了停火协议。澜沧王国直到该世纪末一直处于和平富裕时期。阿瑜陀耶在专制的国王那莱（Narai）的统治下一直保持稳定，直到其于1688年去世，这得益于不久前刚刚登陆的法国人提供的帮助。但国王去世前几周发生暴动，不受欢迎的欧洲人被扫地出门。因此，之前已经离开金边的荷兰人想尽办法要渗入这些群岛。他们从葡萄牙人手里抢走了马六甲，1660—1669年占领了望加锡，并在很大程度上控制了爪哇和爪哇海。因为内部纷争，1699年国王又被谋杀，强大的柔佛一蹶不振。因为相互敌对的政权，巴厘岛仍然处于分裂状态，特尔纳特岛沦落为荷兰联合东印度公司的附庸。由于维持统治和军事力量的成本巨大，东印度公司的影响力在接下来的一个世纪减弱，并最终因英国的大规模竞争而日趋衰落。但这个曾是世界上最强大的贸易公司直到第四次英荷海战（1780—1784年）的惨败才最终破产。

在历史学家维克多·利伯曼看来，上述提到的有些国家的建国历程与欧洲的发展有着"奇怪的相似之处"：小服从大——印度人管这个叫"大鱼吃小鱼"（matsyanyaya），即通过谋杀和暴力集中权力；建立雇佣军和官僚机构；建造外观奢华的辉煌宅邸并借此展现国家实力。精心策划的联盟体系和敌对联盟都是非常"欧洲式的"。还有文化融合，比如通过宗教或历史书写建立身份。然而，当人们考虑到欧洲接受过大学教育的公职人员，想到欧洲的阶层集会和议会时，欧洲与东南亚就变得大相径庭。所有这一切都没有在东南亚出现，也许苏禄的"发言屋"（rumabechara）是个例外，这是地方部族首领和其他有影响力的人物碰面的地方。要找到与欧洲有文化的市民阶层和学者类似的人，绝对非常困难。像印尼戈瓦苏丹国的首相卡拉恩·帕廷高洛昂（Karaeng Pattinggalloang）这样的人凤毛麟角，他可以被视作一个"文艺复兴时期的人"。他说一口流利的葡萄牙语，至少能听懂西班牙语和拉丁语，他收集书籍并钻研欧洲数学和天文学。尽管如此，望远镜、钟和其他精密机械都依赖进口。所有这些东南亚高级文明想要实现技术突破，甚至想凭一己之力实现工业化，简直比登月还难。投资新事物，或者说风险投资的借贷成本高得令人咋舌，年利率可能高达400%，而欧洲直到16世纪年利率也就保持在5%~6%。此外，货币经济在各区域的发展非常不统一，资本所有权也不明确。传教士带到大越的印刷术几乎无人问津。今天仍然能看到的传教士的遗产大概就是一些东南亚国家保留了拉丁字母。

欧洲的王朝和稳步增强的统治力一般持续很久，但东南亚大陆上各国在内战中互相厮杀，比如缅甸和暹罗就在两百年的角逐中争夺地区霸权。从小处看，国际秩序在文艺复兴时期就出现在意大利，18世纪则在整个欧洲大规模发展，东南亚对此却闻所未闻。这一地区的主要王朝没有一个幸存下来。清朝的经济扩张影响深远，东南亚在1740—1840年出现了一个"中国世纪"，这也标志着本土国家的没落。

印度

在这片"第伦桃之地",一个新的大国崛起:莫卧儿。这个词让人联想到它的蒙古根源。[1]帝国创始人是之前提到的扎希尔丁·穆罕默德·巴布尔(Zain ad-Din Muhammed Babur,1526—1530年在位),他祖上是接受波斯文化熏陶的河中地区的帖木儿帝国。当时萨非王朝扩张,昔班尼汗又建立乌兹别克帝国,他决定前往阿富汗,后来在印度北部寻找机会并占领了富饶的德里和阿格拉。他的自传为其带来了名声,该书以第一人称"我"的角度讲述,既有自我批评,也有对自己的戏剧化包装,以及田园诗般的花园场景和风景图。巴布尔最重要的后裔是他的孙子阿克巴(Akbar,1556—1605年在位),阿克巴13岁即位时,连首都德里都处于阿富汗的苏尔王朝的统治下,他收复失地,被认为是莫卧儿帝国的第二个创始人。在他去世时,帝国的疆域从喀布尔和古古拉特延伸到孟加拉。阿克巴在军事精英、下属官僚和百万军队的帮助下统治这片广袤的土地。他的统治并不是依赖随意的"苏丹"敕令,而是结交各地的上层阶层并任命总督帮他治理。阿克巴有好几座皇城,其中最美丽的是世界奇迹法塔赫布尔西格里古城,他的多处居所展现出一种统治观念,即把国家视为统治者的扩大版住所,甚至是宇宙的反映。基于宗教价值观和仪式的纯洁程度,以及家族结盟的重要性所建立起来的种姓制度,导致这里的公民显然很难有什么自由。城市自治只是纸上空谈,自治权只存在于村庄一级。

只要关税和税收能够流入国库,无论与谁进行海上贸易,印度的统治者通常都不在乎。他们最重要的权力基础是农田的产量。一直到殖民时期,印度都是一个世界贸易中心,它受益于资本的流入,但渴求财富的贪婪统治者把所有资金囊括在手。印度和中国商人在沿海城市中处处可见。与他们相比,欧洲人的数量仍然少得可怜。产权慢慢开始出现。在莫卧儿帝国末期,城市居民、商人和世袭贵族组成的中产阶层开始出现。东南部乌木海岸的许多贸易中心,

---

1 "莫卧儿"即波斯语中"蒙古"一词的转音。

商业资本主义发展起来，似乎为过渡到工业化生产模式铺平了道路。需要的资本——美洲白银锻造的卢比——可能也已经准备就绪。然而，印度并没有出现任何"普罗米修斯式的"增长的迹象。

印度天文学和数学的伟大传统早已中断。因为自然研究对宗教没有贡献，所以只有工匠和下层阶级的人研究自然。亨德里克·范·莱德（Hendrik van Rheede）——荷兰联合东印度公司在印度沿海省份马拉巴尔派驻的总督——在当地人的帮助下，于1678—1693年出版了《马拉巴尔花园》一书，这是一本植物学经典。斋浦尔的大君杰伊·辛格二世（Jai Singh Ⅱ，1700—1743年在位）命人建造天文台进行天文观测，但对大局没有多少改观。莫卧儿时期的细密画却有令人瞩目的成就，还有建筑——只消想想沙贾汗（Shah Jahan）妃子的陵墓，阿格拉附近的泰姬陵。

印度的工艺水平令人印象深刻，例如漆工、陶瓷和高品质的纺织品。但这里和欧洲之外的所有地区一样，都无法与拉丁欧洲城市中的规模相提并论。试图引进欧洲技术的人很少，18世纪在印度西部的一处宫廷供职的拉玛希哈·马拉姆（Ramasimha Malam）就是其一。他在东非海域遭遇海难，后流落到荷兰并在那里待了近20年，他孜孜不倦地学习西方工艺，从玻璃吹制到钟和枪支的制造。但马拉姆的技术似乎没有广泛传播。复杂的设备——手表、望远镜，甚至眼镜——在印度都依赖进口，和亚洲其他地区没什么两样。人们不知道如何制作玻璃，这一点都不奇怪。当时的一幅小画向我们展示了莫卧儿年迈的皇帝奥朗则布（Aurangzeb，1658—1707年在位）——印度北部、阿富汗部分地区的统治者，德干苏丹国的征服者——阅读《古兰经》的样子：莫卧儿皇帝驼着背蜷缩成一团，把头凑近《古兰经》（插图78）。如果有眼镜，他的姿态可能可以更加威严一些。

插图78：《奥朗则布阅读〈古兰经〉》（画面前方坐着的是他儿子卡姆·巴克什），18世纪初，柏林，伊斯兰艺术博物馆

在奥朗则布的王国里，也没有投入时间和金钱去促进创新的激励。成就和经济成功只能在有限的程度上推动社会进步。只有下一次重生时才能期望阶层的提升，而平心静气地接受当前形势比改变形势更能积攒好的业力。甚至聪明的阿克巴在看到波斯字母活字时，也没有认识到印刷术的重要性。因此，印度直到19世纪都处于手稿时代。这样也就不具备传播有用知识的基本先决条件。

东亚其他国家也大多拒绝印刷术。耶稣会士在16世纪下半叶就在果阿和澳门开设印刷工坊，多明我会修士则在马尼拉，但他们出版的西方书籍几乎可以忽略不计。在果阿，截至1679年一共只有三本。在天主教教区外，宗教传统似乎一直阻碍着印刷技术的传播，直到20世纪，这一情况才有所改观。对古登堡的技术不感兴趣是一个很重要的阻碍因素，所以印度继承的欧洲科学遗产少得可怜，就像"风下之地"沙巴和波斯一样，后者在1739年征服了新德里，终结了莫卧儿帝国。

日本：德川文艺复兴？

日本，马可·波罗在游记中称为"齐潘戈"的神秘之地，它的近代历史与欧洲有非常奇特的相似之处。到了15世纪，足利氏开创的室町幕府逐渐衰落。1467年，由于实力强大的地方大名相互征战，这个国家陷入100多年的动荡。在这个"战国时代"（sengoku），地方大名的政权就像意大利出现的"新诸侯"国家一样，几乎实现了自治。村庄和城市的自治权力也不断增强。它们互相盟誓——就像中世纪晚期的城市联盟和邦联——组成覆盖整片区域的联盟，商定延期偿付债务和税收减免的制度。在联盟会议中发展出"共同商讨模式"（shuchu dango），多数人的投票决议须得到认可。

与德国农民战争一样，宗教动机也点燃了反叛分子的热情。例如，佛教净土真宗（一向宗）本愿寺派信徒发起一向一揆同盟（ikko ikki）。直到室町幕府晚期，他们的军事力量一直持续扩张。一向宗门徒坚信，如果他们在战争中捐躯，会在纯净之地再次"诞生"，那是一个充满欢乐的天堂。工匠、商人和乡村领主都加入"一揆"，这个词意味着"共同行动""统一想法"。1485年，山城国整片地区的36个武士领主结成同盟，直到几年后分崩离析，这个联盟被一位日本历史学家称为"人民议会"。这种集会是政治文化的体现，可能也意味着联邦的开端。城市中仍然享有一些自由，比如武家和商人统治的堡垒城市金泽，以及被一位耶稣会士视作"日本威尼斯"的自治城市堺市。日本甚至出现了市政厅（kaisho）。政治竞争刺激了很多有钱人，他们大方地资助各种文化活动。京都银阁寺周边的仙境，以及诗歌和戏剧、精致的茶道和水墨画都让人回想起"战国"的狂野时代。

日本自1543年就获知火器的存在。著名的枪械编年史著作《铁炮史》就以此为开端，记载了亚洲文化与西方武器技术的第一次接触。书中提到两名葡萄牙商人，他们因为暴风雨流落到萨摩以南的种子岛。他们可能携带了一个由"重物"制成的东西：一根三日尺长（总长约一米）、一侧被封口的管子。"它一侧有一个开口，可以喷出火。它的形状和任何东西都不一样。人们使用时添加一些神秘的药粉，再塞进一颗铅珠。"这个东西对战争和狩猎的效用是立竿见影的。"从这件东西里射出的东西可以粉碎一座银山，还能穿透一堵铁墙。"种子岛岛主时尧想知道这是如何做到的，葡萄牙人很乐意向他演示。当他们在晴天再次开火时，旁观者起初感到惊讶和震惊，但是最后所有人异口同声地说："我们想学习！"他们仿制了这个喷火的"万象之奇迹"（Wunder aller Wunder）。火枪自1558年开始在战场上使用。有趣的是，日本这个后来的亚洲先锋似乎是唯一信赖自主生产而不肯依靠进口的国家。

然而，日本也没有出现技术突破。1552年，传教士弗朗茨·克萨韦尔观察说，在日本没有人知道地球的形状及其运动。同时代的路易斯·弗洛伊斯（Luis Fróis）注意到，在欧洲由水力、风车或动物进行的生产活动在日本都由人来完成。

1580年，一向一揆的武装起义被击败，本愿寺信徒受到严格的监视。意大利在地方自治的时代后迎来强大的君主统治，17世纪初的日本也一样，德川幕府的建立意味着平民的狂欢结束。在国内局势紧张的背景下，皈依基督教的人受到迫害，一些传教士成了殉道者。17世纪30年代，德川幕府逐渐将日本塑造成一个封闭的贸易国家——一些欧洲经济学家对类似理念很熟悉。在恐惧和骄傲的驱使下，它发布了一系列法律。除少数例外情况，日本人被禁止离开家园，威慑他们的是死刑。所有对外关系此时都受到政府的严格控制。在国外生活过很长时间的人不准再进入日本，贸易航行也受到限制。具有"十字军心态"〔安东尼·瑞德（Anthony Reid）语〕的葡萄牙人不得不在1639年收拾行囊。中国人接替了他们的角色，荷兰人也很乐意分一杯羹，但他们不得不在长崎附近的人工岛上进行交易。幕府害怕西班牙人从马尼拉发动袭击。传教士经常为雇佣兵打头阵。

在不稳定的世界中，日本寻求更安全密切的东亚关系。它成功实践了东亚其他国家的战略：加强内部凝聚力，打造传统，从国际贸易的波动中获得更多独立。此外，还有意识形态上的动机。在与中国的竞争中，德川幕府幻想能够成为亚洲的中心。随着清政府的建立，日本人认为现在执掌北京的是北方的野蛮人，因此，世界秩序的中心必须从北京转移。所谓的"众神之地"，不是应该自动转移到日本吗，难道还要去争取？

耶稣会士在1591年前后将一台印刷机从澳门运往九州。随后不久，侵略者又把韩国的印刷机和活字作为战利品带走，并且一位从1610年开始就一直在京都经营印刷工坊的日本人还出版了日语版的《伊索寓言》，但这项技术并没有流行起来，也许是因为一开始出版的大多数是天主教书籍。这样一来，虽然这项技术在日本的历史差不多和中国一样长，但雕版印刷之外，传播最广的仍然是烦琐的手稿和手绘。本可以传播"外国"科学的著作在文献典籍中的地位也是微不足道的。

闭关锁国的政策并不意味着完全隔绝与其他人的接触。相反，日本与亚洲邻国有了新的联系，带来了长期的外部和平。幕府将军定都江户，即今天的东京，每年接见荷兰联合东印度公司的长官，接收关于世界政局和科学发展的汇报。儒家学说的传播则促进了内部和平，也成为德川家族的治国理念。与中世纪的欧洲类似，日本的等级制度以幕府将军和贵族为首，这源于宇宙的理性构造。与欧洲一样，尽管城市和地区统治的秩序都要服从高高在上的幕府和法律，但这种秩序中隐含着竞争，为市场经济的持续发展奠定了基础。

日本社会在18世纪进入转型期。在儒家观念中很受鄙夷的商人阶层发展成为国家最重要的贷款人，市场和资金越来越重要。虽然江户和大阪这样的中心城市自该世纪中叶以来人口不断减少，但海港城镇和堡垒城市繁荣起来。与非洲相反，日本是世界上城市化程度最高的国家之一。12%的人口居住在城市，日本潜在的智力和知识就在这些城市人口当中。与19世纪后期的亚洲所有其他国家相比，日本已经具备了迅速现代化的先决条件。

如同拥有莎士比亚的伦敦，日本的剧院里各阶层的观众——和女观众！——也爆满。独有的艺术流派"浮世绘"是一种以彩色木刻画为主的绘画形式，反映了城市丰富多彩的文化，展示妓女、相扑手和风俗场景：这一市民文化在亚洲独一无二。识字的人可能比欧洲还多，因为佛教寺庙开设的学校面向所有阶层的人，男孩和女孩都可以入内。但是就图书出版的数量而言，仍然比欧洲落后许多。荷兰每百万居民拥有538册书，英国则是198册，而日本只有7册。不过有无数印刷有文字和图像的宣传册在民众当中流传。它们主要是用来报道重大事件、战争和灾难，但首要目标是娱乐读者。此外，市面上还可以看到佛教和儒家典籍、算术书和指导手册、戏剧、趣味书，也有《源氏物语》等经典作品。

日本一直在与中国的古老文化对话，现在这场对话越发深入。私人学院和学校接收成百上千的求知若渴的人，他们都想通过教育提升阶层。像人文主义者和宗教改革派一样，"旧学"运动——类似邻国清朝——努力从那些中文的评注回归最纯净的经典文本。17世纪，日本第一次出现了受社会尊重的专业学者形象。他们对动植物进行归纳和分类，编制百科全书；给大自然祛魅。他们的著作让好奇者钦佩不已，成为人们竞相追求的藏品。就像阿尔德罗万迪对怪物进行归类和解剖，日本人也开始从理性角度研究怪物，如人鱼（ningyo）——甚至19世纪仍有类似研究（附图32）。此外，苏格拉底式的怀疑主义也开始萌芽。德川时期的哲学家可以援引宋朝的新儒学大师朱熹的一句话："大疑则大进。"

1720年，历时90多年的对中国图书的进口禁令得到放宽。日本还设立了"兰学"（Oranda gaku，简称"rangaku"）。直到19世纪，日本对广大世界的认识确实一直来源于荷兰。宇田川玄真发表于1808年的著作《和兰内景医范提纲》（插图72）为两种文化的交流提供了一个美丽的佐证。卷首插画画的是荷兰解剖学家史蒂芬·布兰卡特，他于1678年在阿姆斯特丹出版的《新订解剖学》为玄真提供了模本。

荷兰的船只不仅带来欧洲的天文学、植物学、化学、数学和解剖学，还在

1783年带来了矿用泵。受第一次鸦片战争的冲击，日本人意识到荷兰语并不是欧洲的"通用语"，他们因而开始学习英语、法语和德语。

日本探索自己的道路，没有出现西方模式的科学革命，也没有出现以数学为基础的物理学。他们对"自然"，甚至对现实的理解和西方完全不同。在日本或其他东亚文化中，万事万物皆由一种自发的、无处不在的力量生成。我们在这里无法深入讨论，但这样粗浅的总结也描述了一种生成理念，欧洲的弗朗切斯科·雷迪和安东尼·列文虎克通过系统的实验已经对此提出质疑。

传统的力量似乎无法战胜。涩川景介（1787—1856）在推广日心说时，还要援引中国的耶稣会士的讲解。尽管地球仪和世界地图在日本已经流传很久，儒家以阴阳为发端的宇宙观仍然广为人接受。人们仍然相信天空是圆的，而且会转动；天空之下是方形的地球。志筑忠雄（1760—1806）在作品中翻译介绍了牛顿的理论，却找不到出版商，所以对牛顿的讨论局限在一个小圈子中。值得注意的是，这个在德川时期就发展出先进的自然科学并仿制了火枪的社会世界，早早就接纳了西方视角。文化俱乐部和圈子向不同阶层的人开放，这与人文主义和启蒙运动时期的欧洲社会有些类似。

人们曾经确信，德川的统治将持续万代，但这被证明是错误的。美国准将马修·佩里（Matthew Perry）的炮艇在1853年打开日本的国门。同时代的人把随后的明治维新与意大利的文艺复兴进行比较。日本比其他亚洲国家更早开辟了通往西式现代化的道路，这要归功于高水平的教育——经济稳定发展所带来的附带效果。学校和学院成立，铁路铺就，电报出现，科学文本的译著问世。随着幕府的结束，阶层也被废除，随之而来的是对进步和创造力的渴望的释放。幕府被推翻半个世纪后，日本已经可与欧洲强国平起平坐。急剧现代化的"另一面"是对自身优势的盲目自信，它将这块日出之地卷入19世纪致命的帝国主义冒险之中。

而在遥远的南方，在中国，人们仍然沉浸在世界中心的幻想中。比起富有活力的日本，通往现代的道路在这里更为曲折漫长。

47. 为什么不是中国

插图79：景德镇碗，明朝，1540—1560年，德累斯顿，国立艺术展览馆

宁静的梦想，繁忙的贸易

永乐舰队探险结束后，远洋支持派在北京已经彻底落败，即使建造大型船舶也会遭到惩罚。一切出海贸易都必须在政府的控制下进行。除了一些短期的宽松外，这项政策一直持续到16世纪下半叶，尽管它导致走私和海盗猖獗，商人的贸易活动也受到很大阻碍。这背后的原因，我们只能推测。主要动机可能是蒙古人对北部边境的持续威胁，这是仅次于饥荒之外的第二大噩梦。所以更迫切的任务是将可用资金投入巩固防御工事，而非昂贵的舰队探险。1470年前后，中国开始建造著名的明代长城，并于17世纪初完成。这是地球上最大的建筑，也是中国与外界隔离的象征，一座恐惧的纪念碑——但在军事上毫无用处，是一项无比糟糕的投资。长城从来没有足够的守卫军，北方强敌很容易绕道而行或突破长城。只有清朝才以强大的攻势最终解除"从草原而来的危险"。

永乐皇帝是文艺复兴时期的人，他之后的皇帝有很多是技艺高超的书法家和画家，但往往缺乏权谋。他们把政事交给太监和大臣，或耽于女色沉溺床第，或饮酒作乐聊以度日。尽管儒家和道家都反对暴政，也知道如何限制权力，如通过传统和仪式，但平民百姓没有任何发言权。地方官员逐渐"自下而上"改革，成功推行了一套以货币支付为基础的、完善的税收制度，取代了之前混乱的税赋。除此之外，明朝没有能力进行任何改革，技术突破根本不存在。只有几个屈指可数的例外，如伟大的科学家、"药师之王"（李约瑟语）李时珍（1518—1593），或拥有开放的批判性思维的谢肇淛——他质疑古代的知识和女人缠足这样的传统。从百姓身上搜刮的钱财养活了一个庞大而腐化的官僚机构，还要养活1万个贪婪的太监并维持宫廷的奢华风气。明朝军队一度达到400万人，但他们训练不足，技术落后。

全球危机让局势更加激化。严寒和雨水破坏了农业生产；饥饿和税收引发叛乱。贸易陷入瘫痪，统治者想进口白银又没有足够资金。在16世纪末的万历朝鲜战争中，明朝为增援朝鲜被卷入与日本的战争，甚至不能按时发放军饷。资金匮乏也让明朝的实力渐弱。随着满洲人的袭击和几十万饥民的起义，明朝灭亡。反叛分子踩躏北方，最终攻进北京。明朝的最后一位皇帝于1644年自缢。一名将军在危难之际不得不向满人求助，他们确实镇压了起义，但政权也被这些胜利者夺走了。经过数十年的残酷镇压，所有反清复明的抵抗都被扼杀。随着满人统治的开始——这个王朝自称为"大清"——中国对外来影响的反感和抵制越来越强烈，包括天主教的传教活动。

让我们回到李约瑟的那个大问题：为什么曾经充满活力、渴望创新的中国没有走上西方现代化的道路？为什么没有进一步的科学突破和工业化？一些人认为，要回答这个问题必须探究中国人的精神。佛陀和孔子为发展设下了拦路石——而欧洲的新教徒则服从他们的工作伦理，迫切想在地球上找到自己是天选之人的迹象，因而追逐金钱和成功？这样的论点似乎说得通。竞争、忙碌和贪婪在佛陀和孔子看来是一种恶行。司马光在熙宁变法中用孔子的话——君子喻于义，小人喻于利——反驳王安石的改革思路。贸易和金融交易被看作贪婪和暴利，儒家学者认为只有农业是必要的。诗人陆游（1125—1210）曾描绘过这样田园般的场景："诸孙晚下学，髫脱绕园行……爷严责程课，翁爱哺饴饧。富贵宁期汝？他年且力耕。"

但是中国从未把自己单纯看作节俭的农民之身，与诗中所述并不完全符合。北京、杭州或苏州等大都市都不是探究自我的宁静之地。一位15世纪末前往杭州的韩国人说，市场上的金银堆积如山，人们穿戴漂亮的衣服和饰物；来自外国的商船像梳齿一样鳞次栉比，街上的酒肆旁边就有各种各样的杂耍。中国经济正处于充满活力的发展时期。手工匠拉坯并绘制瓷器，这些瓷器远销欧洲，被斐迪南一世·德·美第奇（Ferdinando Ⅰ. de' Medici）当作礼物送给德累斯顿（插图79）。油漆让家具闪闪发光，茶和丝绸抵达日本或通过马尼拉到达西班牙人之手。甚至出现多样化的定制需求：穆斯林用来喝中国茶的瓷杯上不会出现人物肖像，而日本人和欧洲人的品位也在考虑范围内。依照欧洲人的喜好，他们收到的物品上面会有他们的徽章和基督教图案。中国的对外贸易到底达到何种规模，目前尚无定论；但中国人是雄心勃勃的巨贾，他们想把生意覆盖整个东南亚，这是毫无争议的。佛陀、孔子以及道家都向人们灌输宁静的梦想，显然并没有减缓他们的忙碌。明朝中期一个家族的首领曾经哀叹，城市生活腐蚀了古老的价值观，这种忧郁的情绪也可能出现在马格里布的伊本·赫勒敦或那不勒斯的桑纳扎罗身上，他们都曾为"现代化造成的损失"而惋惜。

有一种观点可能可以解释这种矛盾，只有精英才有能力遵从儒家的价值观。和世界上其他地方一样，不为司马光所关注的底层人士需要微薄的利润才能够生存下去。作为中国社会的重要组成部分，他们关注经济增长，而不像官员闲来练习书法，也不像贵族为消遣收藏古物。明朝尚书张瀚（1510—1593）撰有《松窗梦语》，他在《商贾纪》中云："财利之于人，甚矣哉！人情徇其利而蹈其害，而犹不忘夫利也。故虽敝精劳形，日夜驰骛，犹自以为不足也。夫利者，人情所同欲也。同欲而共趋之，如众流赴壑，来往相续，日夜不休，不至于横溢泛滥，宁有止息。故曰：'天下熙熙，皆为利来；天下攘攘，皆为利往。'"张瀚对此非常了解，因为他来自繁华的杭州，出身于一个富裕的纺织商家庭。

宗教规范和生活现实总是两回事。印度的婆罗门有着厌恶商人的传统，但这也没有挫败他们的经商热情，就像儒家思想也不是什么阻碍。《圣经》也绝不是资本主义的宣言——《圣经》中提到，富人上天堂比骆驼穿过针眼还难。耶稣把商人和放贷者赶出圣殿，而人类的苦难从食用知善恶树的果实的那一刻就开始了。然而，欧洲的现代性主要是资本家和学者造就的，尽管有起有落。事实上，宗教经常只是回应世界的混乱，而无法驯服世界。在快节奏的时代，宗教让人们可以歇息，从喧闹的日常生活躲进一个安静的角落。否则，欧洲中世纪只会有爱好和平、虔诚和谦虚的人群，而不会出现资本家。人们不应高估宗教教义对辛劳大众日常活动的影响。

中国的贸易在17和18世纪蓬勃发展。在长江三角洲，近代早期的农业生产力可能比其他任何地方都高，附近的景德镇成为世界瓷器制造之都。但是经济仍然以小规模家庭生产和由国家组织的税收经济为特征。中国的利维坦以税收、垄断和关税为食。与欧洲国家对资金的渴求相比，中国对信贷的需求仍然远远落后。与欧洲不同——想想富格尔家族与哈布斯堡的艰难同盟——中国朝廷与资本主义没有任何联络。此外，这个发明纸币并且制定了第一套货币理论的国家并没有出现银行系统。

当然，所有这些都不应妨碍科学进步或新技术的发展。工业崛起的一些条件并不缺乏：勤劳的人、制造业、煤炭，还有维持秩序与和平的国家。尽管信贷体系不发达，但可调动的资本非常丰富。缺少的就是技术创新。可惜中国只出现了种植技术的改进和传统发明的微小调整。与几千年前一样，中国经济主要靠数百万人的力量发挥作用。普罗米修斯仍被绑在高加索的岩石上，他没有到达长江江畔。

傲慢的巨人

印刷术的命运就展现了中国的技术停滞。这种停滞不仅能在中国观察到，韩国和日本——这些最早认识到印刷术基本原则的国家——在技术上同样停留在中世纪的水平。在中国和韩国，都有人试验过活字印刷，最晚在13世纪还出现了金属活字，但是，由于没有人想到印刷机，人们不得不一直从染色的木块上把纸张从背面揭下来。坚持使用木材源自中国人对书法的喜爱，柔软的毛笔让人们可以随意挥洒泼墨。他们逐渐开始使用青铜活字，但仍然没有印刷机。

当时的访客清楚地观察到了中国的"大迟缓"。1602年访问中国的耶稣会士迭戈·潘托亚（Diego Pantoja）写道："这里能找到许多好东西，但都没有付诸实践。"为什么会这样？首先一个原因便是，国家的目光落在政治和社会局势上。科举制度在明朝后期成为通往高等官职的独木桥，自然只有极少数人能够分一杯羹。

欧洲体系肯定不如中国、越南和韩国那么理性，但它更开放。年轻时曾是一名雇佣兵的梵蒂冈图书馆馆长官巴塞洛缪·普拉提纳（Bartolomeo Platina，1421—1481）和列奥纳多·布鲁尼在这个中心帝国根本没有发展机会。据说布鲁尼之所以能在教皇宫廷得到秘书职位，仅仅因为他手写的教皇口谕比另一个竞争者的更漂亮。如果布鲁尼没有在罗马或佛罗伦萨获得成功，对他这样的高素质人才还有上百种其他的选择。毕竟意大利有很多相互竞争的宫廷和城邦，它们都会提供一份薪酬，而且还有丰富多样的大学、学院、修道院、博物馆，以及炼金术士的厨房、讨论圈子和图书馆，它们都反映了拉丁欧洲的政治局势，也持续提供研究和学术对话的场所，这样的环境在中国不可能找到。

缺乏资助机会无疑是中国没有重大突破的重要原因之一。欧洲从大量地产中获得了资金，用来资助科学和艺术，这种事在中国和奥斯曼帝国几乎不存在，因为这两个国家都没有拥有地产的世袭贵族。所有耗资比较大的研究都由朝廷最终拍板。朝廷的话语权有多大，在关于哲学问题的争论中就可见一斑。比如朱熹，这位博览群书的"中国的亚里士多德"，伟大的儒学家。在半个世纪的时间里，他的学说先是遭到猛烈抨击，后来又成为治国理念。如今，朱熹已经享祀孔庙，位列大成殿十二哲者。他将《大学》《中庸》《论语》《孟子》一起合称"四书"，直到20世纪都是科举考试的内容。

阻碍创新发展的还有僵化的社会结构。工匠手艺通常是父传子、师传徒。这对创新而言是巨大的障碍，因为该制度不利于更专业的新行业的扩张，与欧洲情况相反：例如那些生产精密机械设备，甚至只是螺钉生产和螺纹加工的行业。在中世纪晚期的英格兰，有三分之二的人口都是"自由"劳动，但在中国这个比例最多只有5％。许多知识只在当地传播，虽然在田间流传的手册也传授了农业知识，并宣传甜瓜、甘蔗、棉花和其他水果的种植方法。明代后期的书籍产量有所增加，然而，每年不到50册的增量还是远远落后于欧洲。其中几乎找不到任何学术文献。1637年出版的技术百科全书《天工开物》是专为业余爱好者或朝臣的消遣所著，而不是为了向大众传播技术。在这种情况下，书籍媒介尽管有各种缺陷还是能够发挥影响，而且识字的人也越来越多。但是，在欧洲导致翻天覆地变革的消息在中国不存在。中国大型图书馆中只有少数对广大受众开放，第一个公共图书馆直到1905年才建立。

古代科学的小规模复兴背后通常是中央政府的推动。天文学和历史学的核心都在各自的官方场地内，一般是宫廷的官僚机构，还有少数几所书院。想找到一本批判性的史书简直是白费力气，没有哪本史册能考虑到历史进程的复杂性和中断。在中国参与科学讨论的人数微乎其微，这与欧洲不同，与伊斯兰的堡垒类似——不仅是从国家规模来衡量。书院最初是文人和官员会面和交谈的地方，也是保存知识的地方，直到18世纪末一直在国家监督下运行。书院最重要的功能是为僵化的科举考试提供了培训的场所。

整个社会一直处于"被困住"的状态。16世纪，明朝博学多识的大臣提出，皇帝要尊重某些仪式的自然秩序，这只是迈向君主立宪制的一小步。城镇自治只是口号而已，村庄只有在国家的"仪式保护伞"下，才能获得一定程度的自由。与其他非欧洲文化一样，宗族间铁链般的纽带阻碍了社会流动，直到明末才能观察到更多的流动性。然而，与欧洲以外的其他国家一样，这里也没有形成资产阶级社会。如果说实现工业化的突破需要先进的机械技术，那么它直到18世纪在中国都无处可寻，在东南亚、日本、俄罗斯或非洲也一样。向欧洲人学习本来可以让中国实现"巨大的飞跃"。但他们没有做这样的尝试。

中国对待外国人以及当时已经非常可观的"西方奇迹"一直非常保守，其中有一个原因，这种态度同样出现在日本：中心位置的傲慢，以及错误地认为自己不需要周围世界，因为自己远比周边优越，就像太阳凌驾于月亮之上。此外，中国和其他亚洲国家一直缺乏探路者。对于东亚的商人来说——除了商人还有谁能为文化交流铺平道路？——在白银盛行的时期之前，欧洲除了木材、毛皮和奴隶，什么也没有提供过。

相应地，云游西方的人也寥寥可数。一群年轻的日本人曾经在1584—1586年巡游葡萄牙、西班牙和意大利，这次旅行是耶稣会士安排的。不久之后，一个波斯使团在1599年前往拉丁欧洲。一位随行人员在呈送阿拔斯一世的报告中描绘了一个在东方难得一见的欧洲，他讲述了佛罗伦萨、马德里和被称为"世界第九大奇迹"的阿兰胡埃斯花园。直到此时，波斯只有这份报告和其他少数作品，而拉丁欧洲的文献可以装满整个图书馆。长期以来，欧洲的地理学家已经绘制出整个地球的形状。根据格哈德·墨卡托（Gerhard Mercator，1512—1594）的方法，人们可以将地球投射到圆柱体上。单在1472—1500年制作的地球仪和地图就多达5.6万件，至16世纪时甚至达到数百万。

与之相反，曾经充满好奇的中国将自己封闭在狭隘的知识体系中，对世界尤其是"远西"的想法非常独特。中国学者知道非洲的三角形形状，明朝的一张地图上还把德国标记为"阿鲁曼尼亚"。但中国学者认为地球是扁平的，而中国"最伟大的探险家"、号"霞客"的徐弘祖（1586—1641）曾经深入游览中国各地，却从未越过边界。一些中国人直到19世纪还认为，所有的知识，甚至欧洲的知识都起源于中国。亲历"西方"，并以中国人自己的视角所写出的第一份真实报道，可能来自林鍼的《西海纪游草》，他于1847年从厦门启程前往纽约，在美国待了一年半后回到自己的家乡。对西方技术的了解让他热切提笔，用抒情的语言记录所见所闻。"技夺天工灵活，集版印书，以及舟、车、春、织、锤、铸等工，均用火烟轮，运以机器，神速而不费力。"他叹服道，"应心得手，创一技便可成名。其俗不尚虚文，凡人能首创一艺，足以利世，特加奖赏。"

斯多葛，而非戏剧

在中国人的日常生活中，逐利的心态，或者仅仅是为了生存和养家糊口而奔忙，都可能导致儒家理想被置之不理。在科学领域，情况大相径庭。意识形态的束缚在这里很强大，往往是压倒性的。中国的科学家和技术人员大多都通过了科举考试，他们熟知儒家教义，早已内化儒家自然哲学的原则。他们对自然和宇宙的看法与欧洲人矛盾的思想世界完全不同。与西方概念的一个本质区别就是，在中国自然法则的主人不是全能的上帝。"不是某个众王之王在天上传令'要有！'，就会出现普遍和谐，"李约瑟说，"和谐来自宇宙中所有物的自发合作；它源于对自我天性中内在必然性的追随。"中国思想并不相信自然法则的代码可以被破译——到底是不是比我们更加理性的神创造了这些代码，答案尚不明确。中国人从未有过与库萨的尼古拉类似的观点，即人就是"自然的目标"，或者帕拉塞尔苏斯认为的"上帝希望我们知道一切"，中国人也不认为人是存在的中心。中国的自然哲学家将自己视为宇宙的一部分，宇宙中天地相连并悬浮在最高端，阴和阳相互对立，合而为一，推动着万物的变化。中国的科学思想是整体式的考量，或者用李约瑟的话说是"有机的"。对自然的分析和剖析不是它的首要目的，也不是对自然的统治，而是要与自然和谐。最重要的是，在出生与重生的永恒循环中经受考验。中国古代的物理学以相互影响为出发点，而不是因果律；可以追溯到墨子（前479—前381）的"墨家"思想研究了逻辑、几何光学、经济学和力学等，后来却被遗忘，是科学的大不幸。

对于道教来说，理性研究和经济活动根本不是应该考虑的问题。道家用深奥的学说满足人们在佛陀智慧中无法满足的渴望。道教徒通晓神迹，供奉神明以求得升天成仙，长生不老，并一直追寻与那能够包容一切的、不可言说的"道"——"道路"——的和谐。在许多远东宗教中，开悟从来不依靠逻辑和辩证法，而是要依靠仪式、冥想和身体技术。儒家感兴趣的是家庭、社会秩序以及个人的教育和教化，后者是秩序良好的国家的基础，技术和科学几乎没什么地位，只有偶尔的例外。但儒家和佛教一样，并未给科学设置不可逾越的障碍。儒家格言"温故而知新"很少被人牢记。此外，中国科学想要的是实际用途，构建科学体系对它来说很陌生。

与欧洲思想史的一个不容置疑的差异在于，中国长期以来一直不了解希腊传统及其中蕴含的批判方法。虽然中国的知识分子与欧洲思想家有相似的想法——比如他们也会权衡优劣，提出类比并引用古籍。但他们不熟悉证明和论证的概念，也不了解反驳和反证的辩证游戏。例如拥有批判思想的新儒家学者王阳明（1472—1529），虽然他在对话中喜欢用内心生出的"良知"反对照本宣科，却也是以学生的姿态充满敬畏地向聪慧的老师提问，而不是讨论。像李贽（1527—1602）和耿定向（1524—1594）这两位知识分子之间的激烈辩论，实属罕见。李贽反对古人权威和儒家权力，捍卫知识分子的自主权。他因为这种非传统的观点而陷入困境，最终自杀。

理想的儒家学者与欧洲的学者不同。儒生就像一个友善的本笃会修士，最想远离的就是高声辩论。他在学生的拥戴下生活在乡间小屋，靠自己的双手养活自己，没有什么需求能打扰到他。朱熹与他的弟子一起在清晨祭祖，然后走进大自然，安排野餐活动，也会适度饮酒。他背诵经典，以及历史学家和哲学家的著作。他衣着整洁，对人都很恭敬。他小心谨慎地遵从礼俗。人们应当牢记一些经典并沉思，对经典中的内容进行批判是不合时宜的。

如果说儒家理想就是中国人很少有真知灼见的争论欲望、丧失创造热情的原因，这种观点未免过于片面。儒家思想植根于严格的父系社会，并反过来巩固了父系社会。最明显的表现就是几千年来的祖先崇拜，有时可能以奇特的形式出现。例如中世纪时，中国人有孝子割肉济父母的风俗，失祜要守孝三年。在明朝，官员也要放弃仕途回乡丁忧。儒家与佛教和印度教一样崇拜祖先，制定了详细的礼仪规则。只有在家乡祭祖才是合乎礼法，祖坟和祭祀场所都在那里，所以人的迁徙很受限制。对先人过度的尊重妨碍了新事物的发展，阶层和"儒家"对和谐的追求也为新事物设置了钢铁般坚硬的阻挠。欧洲对国家形式、世界模式或宗教的争论，从来没有出现在中国，而且审查无处不在。

中国科学在13世纪显然已经触及边界，即使没有入侵和政治动荡，这些局限也难以克服。形而上学的泛滥与物理学发展的微弱形成鲜明对比。中国哲学从来没有欧洲文艺复兴哲学那样的跨度。我们之前已经详细展示了欧洲的知识集市，这里的摊位从唯物主义到光的形而上学和迷失自我的神秘主义，从深刻的怀疑主义到理性信仰，这里的理念令人眼花缭乱，在世界上是无与伦比的。

中国的思想转变过程非常缓慢，新的想法一直要通过古代典籍为自己正名，毕竟没有人敢质疑经典的权威。中国学者计算日食，推算准确的星图，为皇帝献上观星的预言；他们没有想过要去质疑长期以来相信的世界观。他们观察岩层、动物和植物，甚至设立分类学。但他们仍然没有迈出在"西方"具有决定性的那一步，即没有发展出基于数学、系统观察和实验的物理学。

另一个例子是中国的医学。明朝的医学和五千年前一样专注于精神实践、呼吸训练和针灸。"经络"——传统学说认为这是生命能量奔流的渠道——的发现是否能引发解剖学研究？应该不会，因为古代中国从未尝试过维萨里那样的解剖医学。中国的医学手段是温和的，考虑的是精神体质和社会环境。医师们感兴趣的是永恒的宇宙周期，并希望在炼丹术的实验中证明它的存在。他们寻求的东西与他们最深刻的精神价值观有关。要想理解混乱表象背后的统一与和谐，就必须把渺小的尘世结局和有限的认知目的抛诸脑后。西方-希腊式的科学是戏剧，而中国遵循的是斯多葛主义。是否如中国人所言，从先进科学过渡到古老传统的复位是在王阳明之后才出现的，该观点的准确性还有待观察。

当希腊精神——最初是欧几里得的几何著作——真正到达中国时，一开始根本找不到愿意详读的读者。1572年在欧洲发现的超新星激发了第谷·布拉赫的深远结论。中国人也没有忽视该现象，他们记录了这一事件，但没有对此评论。1607年，耶稣会士利玛窦（Matteo Ricci，1552—1610）促成了对《天文学大成》的翻译，欧几里得和托勒密的理论才得到更多关注。欧洲天文学是由基督教僧侣介绍到中国的，这也是中国长期蔑视哥白尼体系的主要原因。明朝的钦天监多由穆斯林把持，为了与他们抗衡，中国人更愿意接受第谷的宇宙观而舍弃哥白尼。他们承袭托勒密，认为地球是中心。他们简单地把第谷看成错误模型的战胜者。而且，中国人对西方的了解越多，就越发现西方理论之间的矛盾。很长一段时间里，他们都试图挽救自己的"现象"。"东海西海，心同理同"，南宋学者陆九渊曾经这样总结。耶稣会士蒋友仁（Michel Benoist）曾向乾隆皇帝（1736—1796年在位）解释哥白尼体系，皇上镇静地指出："汝等夷人怀妙策以解天象之惑。吾自有吾之法，毋使地星转。"

一个世纪之后，西方的理念才逐渐在中国站稳脚跟。在那之前，中国一直置身于欧洲关于古代世界模式的争论之外，坚持自己和谐的宇宙论。李约瑟说："欧洲人患有灵魂的精神分裂症，永远在天堂主人和'原子与虚空'之间被不幸地撕扯，而中国人一直都非常有智慧，他们发展出宇宙的有机理论，涵盖了自然与人类、教会与国家，包容了一切过去、现在和未来。"中国人想通过这样变得幸福。他们完全不明白那种非常欧洲式的"精神焦灼"（inquietudo），菲奇诺却在这种焦灼中看到神性和人类灵魂的证据。

我们可以得出结论，自13世纪以来缓慢出现并在工业化期间迅速扩大的与"西方"的差距，其根源在于中国的社会、精神和统治方式。仅仅关注经济或分析欧洲工业时代前的情况并不能给出太多解释。

20世纪初，帝国的法律体系很大程度上以源自唐律的律法为基础，也就是说已有一千多年的历史。中国是没有火枪的火药发明地、没有印刷机的印刷术发祥地，以及没有移动帆的大型船只起源地。虽然望远镜在发明十年后就从欧洲传到了中国皇宫，但它被视为宫廷秘术。和印度或土耳其一样，这里也没有比较重要的技术改进。最后还要注意到，工匠和学者之间从未产生富有成效的合作，而欧洲科学革命期间合作层出不穷。造成这种情况的一个原因是，工匠的数量自宋代以来急剧下降。康熙皇帝试图仿制欧洲钟表，但由于缺乏技术专家，愿望落空。17世纪晚期，眼镜还要从欧洲进口。这里没有玻璃原料，也没有生产和加工所需的工艺。孔尚任在《试眼镜》中云："西洋白玻璃，市自香山嶴。制镜大如钱，秋水涵双窍。蔽目目转明，能察毫末妙。暗窗读细书，犹如在年少。"

中国土地的价值高昂。有时，肥沃的土壤必须物用其极，以养活成倍增长的人口。在收成欠佳的年份，粮食供应很困难。贫穷的农民为了限制子女数量，可能会杀死"过多"的后代——这种现象绝不仅限于中国。早在公元前3世纪的中国，人们就讨论过子女太多的问题，直到今天仍然没有停息。马尔萨斯的人口定律被无情地证实。"治平之久，天地不能不生人，而天地之所以养人者，原不过此数也。治平之久，君、相亦不能使人不生。"经学家、诗人和官员洪亮吉于1793年就在《治平篇》中下此定论，"一人之居以供十人已不足，何况供百人乎？一人之食以供十人已不足，何况供百人乎？此吾所以为治平之民虑也。"

1796年爆发了一场农民起义，清政府用了近十年才平定。饥荒、苛税和困窘让其他地区也很快陷入动荡，这个多民族国家有可能分崩离析。自19世纪中叶以来，起义的频率有所增加，被腐败拖累的政府几乎无法平叛。虽然白银出现短缺，但英国把另一种"黑银"——鸦片——从印度源源不断地输入中国，它的毒害作用慢慢显现。当中国政府开始通过严厉措施打击鸦片贸易时，英国人认为这笔利润丰厚的生意处于危险之中。1840年，一支英国的蒸汽炮艇舰队登陆中国，他们几乎没有遭到抵抗。1840—1842年和1856—1860年的两次鸦片战争迫使清政府签署一系列条约，其中包括允许自由的鸦片贸易，开放通商口岸并割让香港岛。当时，其他欧洲国家和美国也获得特别有利的贸易条件。旧中国对世界秩序的想象被坚船利炮炸到九霄云外，荡然无存。当时中国还笼罩在另一层阴影之下：受宗教启发的太平天国从19世纪中叶到1864年撼动了整个国家，有两三千万人因此丧生。

接受西方知识似乎势在必行。中国人走遍海洋彼岸的国家，考察并目睹了难以置信的民主社会。书籍和杂志将"西方"自文艺复兴以来积累的文化、科技和科学运送到中国，它现在就像其他东亚国家一样失去了"自己的现代"。欧洲人像殖民势力一样用铁路覆盖中国，并与日本一起剥削这个国家。1912年，随着最后一任皇帝退位，中华民国成立，世界历史上最古老的帝国气数已尽。

48. 深层故事：回声测深仪

插图80：汉斯·乌尔里希·弗兰克（Hans Ulrich Franck），《铠甲骑士》，1643年，柏林，铜版画陈列馆

信仰冲突之幸

让我们再次回到象征世界历史冲突之地的卡诺莎遗址，这里曾有各方轮番登上竞技场：不仅有皇帝与教皇之间的争执，还有纯洁与污秽、宗教与世界之间的永恒矛盾。该事件在发生时可能令同时代的人无比震撼，但在教会与国家、宗教和科学之间长期的分离过程中，它不过是转瞬即逝的一刻。"卡诺莎"代表教会的巩固和崛起，也意味着神权的扩张：从亚平宁的城堡一直扩散到阿维尼翁、维滕贝格和日内瓦，甚至到达教皇庇护九世的避难地加埃塔城堡——这位频繁犯错的教皇还坚持把他的错误决定当成教义。事实上，引发宗教改革和宗教战争的正是教会——它插手世俗事务，带着政治目的和金钱欲望，犯下的许多错误都与宗教至高无上的道德准则形成鲜明对比。"西方的崛起"必须经历宗教纷争之火的试炼，然后才能慢慢成形。浴火重生的正是这只名为"现代"的凤凰——它美丽得令人着迷，同时又带来恐怖的死亡。

西方不仅与拜占庭、伊斯兰和——可能——美洲古老的社会体系差异明显，与那些信奉佛陀、道教或者印度教诸神的社会也有很大区别。他们对十字军东征这样激进的虔诚举动完全无法理解。16世纪中叶，一位暹罗国王宣称他是身体的主人，但不能驾驭灵魂，因此他无法皈依。亚洲主要宗教团体分散的组织形式几乎总是给予世俗势力更多重要性。出于宗教目的而集结的军事力量非常罕见，比如日本"战国时代"的教徒起义总是局限在某个地区。亚洲的神职人员从来没有动摇过帝国的统治。远东宗教及其首领都受到国家权力的监视，拜占庭是这样，莫斯科东正教更是如此。只有接近世俗权力的中心，他们才能得到一些影响力。因此，婆罗门教徒——古代吠陀经的祭司、学者和托管人——在宫廷中担任政治教师和亲密顾问。他们要维护各地百姓的利益，但不是以神职人员的身份，而更像是贵族。就像宗教改革时期的欧洲，东亚也出现过迫害佛教徒和摧毁寺院的运动，但欧洲的君主在与教皇争夺任免圣职的叙任权时，会把僧侣看作统治者的强大对手；而在东亚，僧侣仅仅被看作这些行动的受害者。

在第三大一神论宗教——伊斯兰教的土地上，宗教和世俗权力似乎也是纠缠不清、不可分割的。哈里发被认为是信仰的保护者、通往麦加的朝圣之路的守护者和正义的守护者。作为先知的追随者，他们把皇帝和教皇的权力集于一身，随着时间推移，不太重要的权贵也可以扮演这一角色。因此，宗教与世俗之间不可能发生战争。"幸福的亚洲，幸福的东方统治者，他们不怕臣仆的武器，也不担心主教的阴谋！"——霍亨斯陶芬家族的腓特烈二世曾经痛苦地见证教会的无法无天，因此发出这样的感叹。

伊斯兰教不会为了强迫"异教徒"皈依而发动战争。此外，伊斯兰教也远远不像基督教那样疯狂地迫害异端者。除了几次例外，这一论断绝对符合事实。穆斯林征服者的克制从一开始就与国家利益至上原则有关。容忍被征服的"异教徒"继续他们的信仰，是为了顺利统治赢得的土地。一个伊斯兰国家是否纵容其他信徒，取决于权力掌握在温和派还是怪物手中。被蔑称为"卡菲尔"（kuffār）的犹太人、基督徒，以及琐罗亚斯德教徒、印度教徒和佛教徒都可以得到一个"受保护民"（Dhimmi）的身份，这样他们的生命和财产都有所保障。"受保护民"必须缴纳特税，这让皈依有了强大的吸引力——结果就导致许多人受到资本利益的钳制。非穆斯林在信奉其他宗教时自然有不少限制，衣着打扮常常就让他们格格不入。无论如何，他们的处境要比天主教欧洲的宗教少数群体好很多，也好过美洲及非洲的"异教徒"。同时代的阿尔贝里科·真蒂利就将奥斯曼帝国视为宗教宽容的典范，他认为宽容对权力政治大有裨益。

印度经历了两种处理宗教多元化以实现融合的方式：宽容，以及强硬的伊斯兰化。在莫卧儿皇帝治下，伊斯兰教在这里出现了一个独立的变体，吸纳了印度教传统。阿克巴免除了对"异教徒"通常会收取的特税，他提出了一个美丽的口号："普遍和平"（Sulh-i kul）。阿克巴的继任者贾汉吉尔虽然是一个坚定的穆斯林，却仍然延续了这一方针。王朝后期，"印度的腓力二世"奥朗则布转而推行严苛的宗教政治，例如他下令摧毁印度教寺庙。他无法将征服的土地融入他的帝国，可能就是因为这种严厉的宗教政策。在他去世之前，莫卧儿帝国的崩溃就已经开始。

在拉丁欧洲天主教地区之外，很少出现精神与世俗力量的角逐，也很少出现宗教战争，原因之一是在其他任何地方都没有这样的精神力量：它既无所不能，又要求掌握政治霸权。哈里发、苏丹和以前被古希腊人尊称为巴赛勒斯的国王都把世俗统治与祭司职能集于一身。莫斯科的沙皇也根本不听从宗教长老的命令。

拉丁欧洲的皇帝和国王也不完全属于这个世界。他们中的一些人被涂抹过圣油，这让他们超越了通常意义上的死亡；法国和英国的国王通过触摸治愈了病人颈部的疮。但这少量的神职工作完全不能与远东许多统治者的萨满角色相提并论。有些皇帝喜欢说自己是天神后裔，比如罗马皇帝；日本天皇也宣称自己是太阳女神天照大神的传人。他的主要工作就是崇拜神祇并通过传统仪式保持天界与尘世的平衡，还有一个专门负责神圣事务和国家崇拜的部门从旁协助。

中国天子的权力也是基于他们对仪式的掌管。蒙古帝王甚至清朝皇帝都有点像基督，他们扮演着菩萨的角色：这是一个善良的神，他想成佛所以致力于参悟，但他迟迟没有涅槃，而是行走人间普度众生。哈奄·武禄（Hayam Wuruk，1334—1389）是爪哇岛上满者伯夷国最重要的统治者，他甚至被看成湿婆和佛陀的化身，同时也是世界的主人。

在亚洲的天空下，诸神之间的共存——单单印度教就有三亿三千万神祇——通常就像统治者与神职人员之间一样平和。例如，中国的金朝不仅推广佛教，也容忍道教甚至犹太教的流行。开封古老的犹太社区直到今天依然存在。一个道教徒可以同时信奉佛陀和湿婆，而日常行为又遵循儒家。不同宗派的僧人也可以生活在同一个佛教寺院内。亚洲神祇的居所类似欧洲远古天神的邻里关系，而后来一神教肆虐整片大陆。为此付出代价的第一批人是天主教传教士，他们在遥远的亚洲拼命要把自己的上帝推上唯一的统治宝座。印度的印度教徒和穆斯林之间的暴力冲突或者破坏圣像运动虽然偶有发生，但只是罕见的插曲。

就像罗马和希腊一样，亚洲的天神在穿越时空时也经历了温和的转变。例如，一位印度教的母神可以变成佛教中象征无私慈悲的多罗菩萨。她是阿缚卢枳低湿伐逻（Avalokiteshvara）的化身，这位男女同体的神在中国被称为观世音，在日本被称为菩萨，在其他国家又有别的化身。人们偶尔会试图建立一个统一的体系。中央帝国长期以来一直泰然自若地看待伊斯兰教这个"小宗教"，中国商人最早在中亚的绿洲城镇接触到它。1307年，大汗甚至允许在元大都建立一个大主教管区，伊本·白图泰在几十年后走访广州时注意到，这里有犹太人、基督徒和琐罗亚斯德教徒。日本的佛教徒从古老的神道教信仰中寻求指引并庆祝神道教节日，印度教徒也受到神秘的伊斯兰教的启示。14世纪，印度尼西亚一个神秘主义者把亚洲理性的宗教和平总结为一个公式（这不禁令人想到莱辛的"戒指寓言"）："耆那（佛陀）的真理与湿婆的真理是同一个；它们在行为上不同，但仍然是一体，因为真理无二。"

亚洲的天空之下宗教和平几乎不受任何干扰，这对于贸易和变革来说当然是一种优势。亚洲没有经历过教会和世俗之间的战争，宗教之间也几乎没有屠杀——但这样就不会引发改革，也很少出现启蒙，教派时代的混乱与宗教现状之间的矛盾就是改革和启蒙在欧洲胜利的首要原因。在"西方"，和平的生活与真理的生活是分开的。就是在这一前提下，才出现了欧洲公民社会，也为科学理性的发展提供了自由空间。

人口统计制度：生活、幸存、死亡

如果人们想把一种强大而持久的力量当作"大分流"出现的更重要的原因，不一定要陷入生物决定论：还有人口统计学。统计数据中隐藏着整个社会的记录。它不仅能反映流行病和饥饿、经济繁荣和衰退、生育和避孕，还能呈现心态、信仰或无神论。

欧洲的人口数量一直远远低于东亚，但是我们依赖的是粗略估计。印度直到19世纪后期才有更准确的数据。绝对数字——中部地区约1200万～1400万人口，伊斯坦布尔约40万人口，1600年前后的日本约1800万人口——不能说明很多情况，因为我们对家庭规模了解甚少。无论如何，中国的家庭规模似乎比欧洲的大。欧洲家庭到现代早期平均不过3～5人，而在中国金朝平均每个家庭就有6.33～6.71人；1380年人口普查显示为7.5人。这证明约翰·哈纳尔经常被引用的论点是正确的。

各种迹象都表明亚洲的人口众多，这种情况似乎可以一直追溯到古代。百万雄师、超大城市和宏伟建筑就是亚洲庞大人口数量的证明。比起伊拉克萨迈拉复杂又华丽的建筑或者中国皇帝的宫殿，同时代的查理大帝的亚琛大教堂简直相形见绌。中世纪的神圣罗马帝国皇帝前往罗马朝觐时只有几千骑士护驾，他们怎么比得过加兹尼王朝苏丹马哈茂德麾下的十万金戈铁马或者哈伦·拉希德在攻打拜占庭时可轻易调遣的13.5万名将士？宋朝的军队有时达到100万人，而明朝甚至有400万人，这样的数字在近代欧洲的军队中简直无法想象。

17世纪，东南亚拥有5万～10万人口的大城市大约有15个或更多，其中包括勃固城（今天缅甸勃固省首府），以及阿瑜陀耶、金边和升龙（今天的河内）。公元9世纪，在新罗王国（后来成为韩国）的首都庆州，当时曾有人精确统计，城中有178,396间砖砌房屋，以及许多精美的别墅。中世纪没有哪个欧洲聚居地能接近当时中国城市的规模。唐朝的长安城像后来的南京一样有100多万居民，而宋朝首都开封有40万人之多。11世纪末，中国人口多达9500万，1600年前后为约1.5亿，1800年达到3.13亿，而整个欧洲才只有2亿人。中国发动战争的次数远远少于欧洲国家，这一点应该有利于人口增长。

供养特大城市必须通过巨大的贸易网络，需要数百万被奴役的人开凿运河，但首先要归功于大米经济。大米的亩产量超出谷物很多。米的热量是小麦的四倍，且更容易储存，因此更易于长距离运输。稻米是数百万人的食物，大米的供应是东亚人口众多的原因之一。通过开辟新的农田、使用肥料和栽培以前未知的美洲水果，即便人口呈指数增长，也都可以生存下来，比如中国、印度和日本。但食品供应链仍然很薄弱，饥荒经常出现。

人口统计学所显示的差异对于"大分流"的产生有多重要？据一篇饱受争论的论文称，中国可以获得大量廉价劳动力，所以没有面临挑战，不需要寻找替代的生产方式，例如开发机器和使用蒸汽动力。中国式的勤劳经济无法转型为资本密集型经济也是因为这个原因，这里根本不需要工业化。这一系列原因可能确实导致了中国的"惰性"和亚洲其他国家工业革命的"失败"。

根据另一种更深入的且不无争议的理论，养活几百万人口的急迫性可能强化了自上而下的阶级统治——专制政权必须解决一些复杂的组织任务，如迫在眉睫的农田灌溉或运河开凿。此外，饥荒是一个危险的炸弹，它的威胁不单体现在中国。如果无法养活百姓，就要准备好军队和武器，在必要时将民众镇压。事实上，中国皇帝的数百万雄兵经常要肃清境内叛乱，而不是抵挡野蛮的入侵者。专制国家既无法为科学和研究提供长期有利的环境，也不能让百姓生活富足，否则他们也不会投身起义和革命。通常情况下，只有对权力有利的事才会得到手段严酷的统治阶级的许可和促成。私有财产受到国家的支配，而成就——以及发明——在这里的价值，比不上那种权利与权力相抗衡的更加开放的社会。

非洲则证明了相反的情况，即"人口不足"也可能产生不利影响。从前殖民时代的北美到中亚地区的俄罗斯，类似的例子在全球范围内处处可见。"人口不足"和"人口过剩"一样必须始终放在一个语境中考量——我们之所以提及"人口不足"，主要是为了分析它是否为城市化以及形成不同国家秩序的一个必要条件，如果没有国家秩序，科学讨论和重大的技术进步也就无从谈起。无论如何，农耕地区和游牧地区——不管在世界何处——在史前时期都曾出现过重大创新。伊本·赫勒敦已经认识到这一点："只有文明伟大、文化高度发达的地方才会产生数不清的科学。"

公民力量

没有城市就不会出现欧洲那些国家，而且也不会出现对"西方的现代"有决定性意义的社会形态：中层阶级。亚里士多德就称赞"中层阶级"是可以平衡极端的担保人。正如他所写，中层的基础是自由公民，既不贫穷也不富裕。他认为，这个中心延伸得越广，相应的集体组织就越好。中层阶级的显著特征是他们对上对下的开放性——过去是，现在仍是。经济上的成功最有可能让一个人获得擢升。有钱人可以变成贵族：可以购买头衔，培养高尚的生活方式，可以与蓝血贵族[1]通婚——林鍼游历纽约时也注意到了这种有异于中国的社会情况。另外，中层也很担心变成底层穷人。欧洲中世纪工作伦理的产生绝不是巧合，一些人率先提出这一概念，后来通过新教传播。令人惊讶的是，在很多文章中都认为成就或"美德"所滋养的灵魂贵族比世袭贵族更加高贵。

欧洲公民基本都受过教育并且会对事物的合理性进行评估和计算，他们向宫廷和教会上缴税收并输送人才。商人几乎是所有市民阶级的起源，欧洲的经济通过商人成为世界经济；通过他们，欧洲的文化成为世界文化——有时对被波及的国家有利，更多时候是有害。"中层阶级"有无穷无尽的创造力。修昔底德和柏拉图都对他们百般推崇。公民打破了教会对教育的垄断，他们是人文主义者的最大来源，因为人文主义，古人和阿拉伯人的知识才在近代得到广泛传播。没有市民阶层的话，经济、技术和科学的发展都会出问题。

本书中提及的大多数诗人、艺术家、学者和发明家都出身城市，或者在城市环境中受教育。欧洲雄心勃勃的市民阶层对后代的教育的重视程度超过了拉丁欧洲之外所有的阶层。训练有素的专业人员似乎也远远超过其他任何地方。比如英国的"技能红利"——经济学家用这一概念区分"工艺"带来的效益和另外那些不需要培训的工作——远低于世界上其他大多数国家。但因为这个就为欧洲公民高唱颂歌，也未免有些夸张。他们当中有奴隶贩子和残杀犹太人的凶手，有肆无忌惮的军事家、施虐者、狂热者、剥削者、投机者和寄生虫——人群中常见的野兽也潜伏在他们中间，"善"与"恶"与阶层并无直接关联。

市民阶层拥有各种自由，而且具有流动性，他们一心向上攀升又害怕堕入底层，这样的城市只能出现在拉丁欧洲所提供的权力政治环境中。19世纪后期

---

1 人们常用"蓝血"来修饰欧洲贵族。古老的西班牙人认为贵族身上流淌着蓝色的血液。那时古老的卡斯蒂利亚贵族宣称自己的血统最为高贵、纯正。

印度也出现了勉强可与欧洲相比的市民阶层，但它几乎没有政治影响力。

马克斯·韦伯已经认识到"西方城市"和它"理性的"、有购买力的、重视教育并富有创造力的中产阶级是世界历史的一次"纸牌接龙"。但为什么会如此尚不明确，这种特殊性的原因之一会不会是前面经常提到的拉丁欧洲人的通婚风俗？他们经常合并成核心家庭，而在其他地方，部落氏族常常更加重要，部落成员紧密联系在一起。历史学家迈克尔·米特劳尔认为，社会流动在部落世界中非常困难。内部通婚——在自己家族联盟内部和极少数近亲圈子里寻找结婚对象——让这种结构更加稳固，也让同盟关系可以一直延续下去。相比之下，拉丁欧洲的核心家庭更有可能通过巧妙安排的婚姻来促进阶层上升。

"大分流"之前早就存在许多分歧，一个刚发现的证据就是，在欧洲之外很少会出现为实用目的而建立的同盟。只有欧洲才有众多的联盟和城邦，再加上数不胜数的大学和学院，议会、行会、协会、骑士团、宗教团体、兄弟会等等——甚至在中世纪就已经开始涌现，其他地方根本不可同日而语。历史学家奥托·格哈德·奥克莱尔（Otto Gerhard Oexle）甚至认为这完全是一个"团体社会"。无论如何，这个特征虽然乍看上去不明显，但却是平民力量的清晰体现，也在很大程度上昭示了自由。

罗马皇帝就已经把这些同盟看作权力的绊脚石。他们会不会密谋策划，组织起义或煽动罢工？关于公会——罗马日常生活中常见的文化团体集会和职业行会——的最古老的法律就非常重视掌控措施。奥古斯都为防止人们利用行会从事政治斗争颁布了《优流斯行会法》，要求所有行会全部自行解散，然后根据官方批准重新组建。行会因此分为：获批准的和非法的。

中世纪的统治者对逐渐扩大的平民阶层也持怀疑态度。主教弗莱辛的奥托认为伦巴第的公社非常令人不安，它模仿古罗马的方式又无比热爱自由，以至那里的人们更喜欢每年选举行政长官而且允许所有阶层的人参选，他们拒绝臣服于统治权。奥托还提到，他们完全不会阻挠年轻人，不管是出身底层的人，还是令人鄙夷的甚至从事机械劳作的工匠，都可以投军参战，最后扬名立万、受人敬仰。最后，这个傲慢的贵族主教略带惊讶地发现，伦巴第出现阶层上升就是因为这个："所以伦巴第在财富和权力上远远超过地球上的其他城市。""公会"在当时是个"新潮"词汇，一个法国人认为这完全太"糟糕"了。当英国国王"无地王"约翰为了得到伦敦的支持，认可当地的公民协会时，也能听到类似的论调。一个编年史家评价说，公会是"人民的溃疡，帝国的恐惧，让神职人员高烧不退"。公会和行会及其他团体一样，很难被取缔或压制。13世纪，借助罗马法律体系，由多人组成的团体所抽象出的人格"法人"（Persona Ficta），成为一个法律概念。

并不是说欧洲以外没有平民阶层。修道院的修士集会就要遵循绝大多数选民的决定，这种形式在半个地球都可以找到。15世纪，在印度农村或大越也出现了乡绅会议，与欧洲乡村公社的自治组织非常类似。商会和行会组织不仅可以在东亚找到踪迹，在拜占庭帝国和奥斯曼帝国也可以看到，但在中国比较晚才出现。但它们既没有成为法律认可的组织，也没有任何政治影响力。

"中层的力量"仅限于拉丁欧洲。阿兹特克帝国在选举特拉托阿尼（Tlatoani，纳瓦特尔语中意为"统治者"）时，城市联盟的代表也有权参议，但这似乎只是例外，就像在日本"战国时代"出现过"人民议会"。中国的皇帝和伊斯兰世界的苏丹，当然还有莫斯科的沙皇都不会为这样麻烦的阶层机构伤神，他们都不需要——像查理五世或威尼斯大公那样——签署一份限制其权力的文件后才能掌权。12世纪博洛尼亚的耶稣会士约翰内斯·巴西亚努斯（Johannes Bassianus）曾经认为，只有人民的意志可以限制法律和风俗的力量，欧洲之外的地方可能出现这种观念吗——或者乔治·布坎南（George Buchanan，1506—1582）那样的学说，认为法律是由人民制定的，而国王臣服于法律？

当然，我们不可能准确衡量公会的存在和公民集会或议会的政治影响力对欧洲社会的发展和创新能力发挥多少作用。无论如何，人们都能惊讶地发现，公民势力在荷兰和英格兰这两个现代早期的成功国家中非常强大。

通常，他们的施压会促进政治变得更合理。行会、商会和其他组织可以比个人更有效地捍卫政治权利和经济利益。公民的势力越强大，君主打劫自己的百姓、发动无意义战争的危险就越小。尽管行会可能对革新怀有敌意，它们与外界隔绝，因而常常阻挠人才的发展，但行会确实保证了工艺质量。欧洲的工艺达到如此优异的水平，行会的教育体系发挥了举足轻重的作用。它们训练出一支上百万人的队伍，为科学革命和工业革命提供潜在的帮助。如果没有这些"看不见的技术人员"，无论是古登堡的印刷机，还是望远镜或蒸汽机都不可能出现。

各类公会团体的出现使"民主时代前的民主"演练成为可能，这一事实对未来将产生影响：人们对议题进行讨论和反驳，尊重投票时的多数派决议，并学习协商妥协。早在1222年前后就有一种政府学说提到，真理如果能被许多人一起发现会更好，尤其是如果还能有"许多建议"。伊斯坦布尔禁止咖啡的消费，因为政府害怕喝咖啡会带来不受控制的社交，而在遥远的西方，信息网络变得越来越密集。新的"公众"出现了，俱乐部和阅读圈子像雨后春笋般涌现。如果我们对经济史学家乔尔·莫基尔（Joel Mokyr）的话稍稍进行一些改动，可以这么说：文艺复兴和启蒙运动带来了经济增长。正是这种变化让人类历史上迄今为止唯二的精神运动已成不可逆转之势。

历史悠长的呼吸

16世纪，所谓的"国家精神"被认为是由星辰决定的，后来它变成"民族精神"，再后来又成了模糊的"大众心理学"，今天它被称为"特定文化的社会行为"。它经久不衰的力量与其他因素共同决定了一个社会的经济实力、技术水平和创新能力。要想在一个腐败暴力的环境中幸存，就必须同流合污；而在安全和秩序普遍存在的情况下，如果有人公开违反它们，很快就会吃到苦头。不同的态度决定了人们是以公共利益还是个人利益为导向，功劳和独创性是否能得到回报，在儿童出生率下降的地方人们是否重视教育。政治或经济上的行事方式有时会持续几百年——即使只留下某些痕迹——并经历剧烈变化。

由此，我们一次又一次非常具体地认识到，自己在很多方面其实沿袭了遥远的过去，这些时期在本书中都有提及。例如，后特伦托时代的宗派地图直到今天仍然依稀可见：意大利、西班牙和巴伐利亚的天主教徒比瑞典或英格兰更多。经济实力雄厚的城市带——意大利北部和英国南部之间的地区，在经济地理学上被称为"蓝香蕉地带"——在中世纪就已经很繁荣。非洲经济的"保守主义"很明显也有悠久的历史。人们可以用一些关键词总结伊凡四世统治下的俄罗斯，它们反映出的特点在今人看来仍然非常精辟。伊凡的帝国就像是一个与东正教密切捆绑的专制国家，在经济上不怎么欢迎创新，它出口原材料、进口技术，虽然是一个巨人，但其西部地区饱受饥荒之苦。

　　"西方"成功故事持续之久特别引人注目（"成功"仅仅是指经济数据、技术创新和科学进步）。承袭自古老的、逝去的文艺复兴的各个欧洲国家，再加上其继承者美国、加拿大和澳大利亚，现在约占世界人口的12%，而产值则是世界生产总值的一半还多，在人类进入第三个千年纪元之际仍然拥有遥遥领先的专利。直到最近，情况才有所变化。在眼下这个时代，最成功的国家在民主和意识形态上或多或少保持中立。

　　但欧洲各地的情况也各异。因为在17世纪，欧洲内部出现了明显的裂痕：在欧洲北部——特别是英格兰——经济越发繁荣，社会重视创新；而南部则有所衰落。一个重要原因可能在于，由于好望角航线的开辟，地中海地区丧失了重要性。另一原因可能是，欧洲的联姻模式在南部地区不太明显，因此社会流动性较低。这里的腐败和管理不善的现象明显比北方更广泛，经济实力和创新能力也较低。在现代地图上，国家之间的关联用不同颜色标注，这能看出什么深刻的过去？即便在今天，曾经被异国统治者压迫和贬低的南方仍然深受腐败和贫穷的困扰。在现代早期，这里的文盲比意大利北部更多。此外，北方似乎比较富足，可以说很富裕，而且腐败程度较低。远的来说，这是否与延续到15世纪的公社传统有关？布鲁内托·拉蒂尼就曾指出，能选举议会的城市比实施君主专制的城市要更加清廉。即使在现代的意大利，曾属于古老城邦共和国的地区也有着相对更高的市民参政热情。这片地区一直紧跟欧洲大发展的步伐。这里在科学革命中也扮演了重要的角色。医生路易吉·伽伐尼（Luigi Galvani，1737—1798）在博洛尼亚做电的实验，詹巴蒂斯塔·贝卡里亚（Giambattista Beccaria，1716—1781）也在都灵研究电。后者的实验由科莫的亚历山德罗·伏特（Alessandro Volta，1745—1827）继续进行，他制造出第一个有效电池并奠定了电报的基础。伦巴第和威内托——"蓝香蕉地带"的南端——至今仍然是世界上最发达的经济区域之一。

西班牙是第二大拉丁欧洲国家，孕育了沐浴在正午阳光中的梅佐乔诺地区，此刻却酣睡不起，一直到18世纪都处于停滞阶段。西班牙拥有大量美洲贵金属，虽然这是终将带来不祥的特洛伊木马，却在很长一段时间里让人们有钱进口所需的东西，因而削弱了本土制造的雄心。用一个当时人的话说，这个国家之所以很贫穷，是因为它很富有。四分五裂的管辖权、区域性和地方关税及税收也阻碍了内部贸易和市场融合。北方的科学革命如火如荼地开展，而伊比利亚半岛却一片死寂。医生和学者胡安·德·加布里亚达（Juan de Cabriada，1665—1714）抱怨道："我们像野蛮人一样，欧洲其他国家已经拥有的创新和知识，我们直到最后才能得到。"这既可悲又可耻。开明的改革试图促进经济增长并巩固王冠的绝对权力，但民众并没有变得更聪明。据粗略估计，18世纪英国人均拥有书籍的数量是西班牙的6倍多，荷兰人则是西班牙人的17倍。

在拿破仑时代，西班牙曾经的世界地位几乎没有留下任何影响。在1805年的特拉法尔加海战中，英国确立了海上霸主的地位。在拉丁美洲的总督辖区内涌现出许多独立运动。到1824年，马德里几乎失去了整个美洲大陆。在加勒比地区，只有波多黎各和古巴的西班牙殖民地得以持续到该世纪末。西班牙的未来是君主制、民主执政还是军队独裁，在当时尚不明确。

在拉丁欧洲其他地区，全球危机和宗教战争促成了强大君主制的出现。许多平民在战争中死于非命。但平民的力量重新崛起，这也许是欧陆政治分裂最重要的后果。他们在荷兰、英国的势力日趋强大，瑞士平民也团结起来，马基雅维利就曾惊讶于他们"自由的自由"。德意志许多邦国的君主试图削弱平民的权力——但也不是全部。《威斯特伐利亚和约》中规定帝国直辖市在议会中享有席位和投票权，这也与长期以来的事实相符。在斯堪的纳维亚的各王国，冠冕虽然是权力的重心，但国王无法像俄国沙皇一样统治。瑞典首相阿克塞尔·乌克森谢纳（Axel Oxenstierna，1583—1654）曾经回忆说，未经议会同意，国王无权制定或修改任何法律，甚至不能征税，议会议员包括神职人员、公民和农民，还有贵族首领。在法国，君主制暂时获胜。众所周知，这是一场殊死的胜利。然而像大多数"北方国家"一样，法国拥有一个强大而富有创造力的"第三等级"，区别于第一等级教会僧侣和第二等级世俗贵族的市民等级，他们的存在有利于繁荣和创新，也增强了平民的力量。

49. 结语

插图81：阿尔布雷希·阿尔特多费尔（Albrecht Altdorfer），《亚历山大战役》，1529年，慕尼黑，老绘画陈列馆

在巨人的肩膀上

欧洲之路分布在温带地区，总是靠近海洋，经常被牧场、森林和田野环绕。从神话到逻各斯，它迈出丛林、进入城市又跨越海洋，终于挣脱封闭的世界，投入无限的宇宙。从呼吸的空气中变出了可以征服世界的蒸汽。伟大的对话为"西方"开辟了道路，并一直伴随左右，它不仅是在自然和地理中产生的。用沙特尔的伯纳德流传甚广的话来说，12世纪的思想家就已经认识到自己是巨人肩膀上的矮子。牛顿也用了同样的比喻：1676年，他在写给胡克的信中说，他能比笛卡儿看得更远，是因为他"站在巨人的肩膀上"。他称赞这些巨人，较新的有哥白尼、布拉赫、开普勒、伽利略，但也有两千年前的伟人：毕达哥拉斯、菲洛劳斯、柏拉图和亚里士多德、欧几里得和阿基米德、托勒密和亚历山大的帕普斯。

欧洲用几千年才搜集到信息社会的所有配料：书写、字母表、拉丁语、数字、纸张、印刷术——更不用说眼镜或描摹自然的绘画艺术！电脑在今天已经成为日常用具，它的先驱是算盘和计算尺，后者由约翰·律劳卑（John Napier，1550—1617）发明。属于电脑鼻祖的还包括建筑师威廉·西柯哈特（Wilhelm Schickhard，1592—1635）的"计算钟"、布莱士·帕斯卡设计的计算器和无数其他设备。一些配件是真正由欧洲人开发的，例如有机械摆轮的钟。而钟表的历史也持续了几个世纪，直到其工作原理在完全不同的领域中——例如机械——被人们发现。

欧洲的世界地位已经非常明确，但如果只关注17世纪以来的发展或者仅仅分析经济数据，是无法解释这一地位的。文化、政治和社会环境对技术创新至关重要。人文主义和启蒙运动都非常欢迎交流，它们对科学、经济、教育的热情为研究策略的系统化和有用知识的指数级增长提供了有利条件。与通常所认为的不同，欧洲的扩张不是其"崛起"的条件。创意爆炸推动了科学革命，引发并一直伴随着工业化，而在无数创意的背后是"竞争促发的动力"，几百年前欧洲的船只驶向世界也是受竞争的激励。如果没有专业知识、相对开放的社会、野心和贪婪，古代几乎不会成功地融入对它而言的"新世界"。最终，扩张和科技创新都与工业化进程形成了动态的对应关系。新发明的机器伴随着工厂的出现，加速了工厂的传播；所有这些调动了资本，带来更多的创新和资本。

所有科学和技术革命的开始，都是对远近过去的知识遗产的利用。如果仅仅依靠遗产，社会只能在短时间内拥有创造力，这种现象被技术史学家唐纳德·卡德韦尔（Donald Cardwell）命名为"卡德韦尔定律"。欧洲的发展空间中巨人云集，欧洲人——早就不是矮子了——站在他们的肩膀上眺望：希腊人，他们保存了丰富的东方传统思想，让欧洲拥有了现代科学不可或缺的思想方式；然后是罗马人，他们为欧洲贡献了法律、工程艺术、对世界的理性认识以及国家智慧；旁边站着的是拜占庭人和他们的神学、偶像崇拜以及装满古老手稿的书架；最后是阿拉伯人，他们的哲学、翻译出的鸿篇巨作、医学、数学和天文知识令人大开眼界。还有带来算术的印度人，提供了千年发明纸张的中国人……也不要忘记中世纪的大师们，他们的著作流传甚广，让欧洲人学到犀利的逻辑学，他们敢于迈出走向新科学的第一步，并发明了一个机械世界。

欧洲以外的其他任何地方都没有这样"开明"的文化，它既扶植科学又能培养许多学者、技术人员和发明家。自中世纪晚期以来，世界上没有任何其他地区有密集的交流网络，因此也无法传播有用知识。多亏古登堡的发明，可用的知识增长到无法估量的规模。其他人苦思冥想、艰难探索，很多被遗忘的东西要重新被发现，而欧洲人可以方便地获取知识：白纸黑字，明明白白。为了继续思考，他们可以创造性地摧毁旧者，也不用担心佚失。

拉丁欧洲的特殊地位来自很多单独的潮流和因素，而它们各自发挥了多少重要性，当然无法准确衡量。"巧合"和"路径依赖"也无法明确区分。自文艺复兴以来，对于理论的好奇无疑推动了科学变革，而这种好奇对新技术的实现有多大影响，一直都备受争议。理论与实践经常分道扬镳。例如，拿破仑的炮兵从伽利略的观察中得出结论，向上抛出的物体的轨道会形成一条抛物线。在天文观测望远镜刚出现时，既有詹巴蒂斯塔·德拉·波尔塔和伽利略这样的学者，也有像扎哈里亚斯·扬森和汉斯·利伯希这样的"普通"工匠。亨利·贝顿（Henry Beighton，1636—1717）设计出巧妙的阀门，同时也为皇家学会撰写理论文本。技艺精湛的乐器制造商詹姆斯·瓦特是一个博学多识的人，而纽科门只是一个铁匠，但也是业余传教士并且读过一些书。前机器时代的历史难道要略去钟表匠，甚至略去那些费力给盔甲拧制螺丝的忠厚老实的工人吗？

如果说得复杂一点：我们观察到彼此独立出现但随后相互干涉的因果链，还有个别想法和成就，它们在某个时间点一起涌现。哥白尼、开普勒、伽利略或牛顿不是每个时代都能产生，甚至第谷·布拉赫也不常见。仅仅为了造就这五位大师，显然就需要一个广阔的发展空间：从波兰的托伦到德国的威尔德斯达特，从比萨到林肯郡的伍尔索普村和现在瑞典境内的克努斯特鲁普城堡。创新者何时何地出生是巧合，但他们全都出生在欧洲，这绝不是巧合。

仅仅观察这个地区的情况并不能解释开普勒如何成功地计算出火星的轨道，但可以解释这里为什么不仅有出现"开普勒的可能性"，其他伟人、几百名推动者、取水人和博学思想家也层出不穷。与阿基尔·姆本贝的观点不同，真正的"现代性的洗礼盆"并不是（或首先不是）在大西洋奴隶贸易地区。这个洗礼盆覆盖了整个拉丁欧洲，为了契合这个比喻，它的水尝起来有爱琴海的咸味，还承载着亚洲和非洲的知识。这并不是说奴隶贸易和殖民主义对欧洲的经济优势没有任何意义——但如果把这些因素看作拉丁欧洲科学技术取得巨大成功的最重要甚至唯一先决条件，未免太过浅显。成功的基础更加深刻。

追溯"大分流"的遥远的起源并不意味着推卸"西方"的责任，也不是为帝国主义、殖民主义和种族主义及其后果辩护。隐瞒"自家"对其他文化造成的问题，只能让腐败的精英、血腥独裁者和心胸狭窄的宗教卫士等罪魁祸首逃脱惩罚。地理的硬性条件、人口统计学的阴暗权力、社会结构的力量以及顽强保持的心态或文化转移的基本重要性都被置若罔闻。我们追问那些促进欧洲发展但在别处没有出现的先决条件，肯定不是要推动"遗漏版的历史"。如果这些条件最终衍生出文明甚至种族优越感，那么批判它们绝对是合理的。此外，如果一位作家相信，欧洲进步的最终原因是危险的"远古印欧语系的人""热爱自由"，那么他的立场就很接近上述危险的观点。

希望我们已经足够明确地警示读者，不会再有人可能产生误解，认为有些极端化的作者只是把西方模式当成唯一，认为这种模式无可指责。好奇心一旦离开理论游戏并挣脱束缚，它可能会带来好处和用处，也可能会带来危险和杀气，这在历史中已经被多次证实；同样不言而喻的是，欧洲的创造力不单纯是"好的"。很明显，创造力不仅能带来解药、促进民主，它也能制造出《女巫之槌》或集中营毒气室的齐克隆-B毒气。培根就曾指出："享乐和死亡的工具出自同一来源。"在这些条件的基础上，我们现在做出总结。

起初，国家除了地理条件外还拥有专业的、有文化的官僚体系和机构，以及相对客观的法律体系。我们描述在遥远的过去出现的国家雏形，也记录下国家在现代如何成长为可朽的上帝，并演变成一个由统治者管辖的抽象体。国家的存在是现代特定"西方"形式的条件之一。国家提供最低限度的安全和自由，比其他集体形式更有效地保护物质财产及精神财产，在欧洲的创造力中无疑发挥了绝对重要的作用。

竞争社会、由受过教育的普通信徒所组成的强大的中产阶级以及"平民的力量"应该也巩固了拉丁欧洲的先驱角色。没有这些条件，"工业启蒙"简直难以想象，尤其是英国。对创新持欢迎态度的中国宋朝间接证明了这一观点。宋朝社会似乎比元朝更开放——尽管元朝涌现许多发明，包括水力驱动的纺车——比起明朝也更加开放。明朝期间，水力多轴纺纱机的设计原理——奇怪的是，只纺苎麻不纺棉花——再次被遗忘。1065年，宋代历史学家司马光甚至进谏皇帝，让他听取多数人的意见，毕竟身担要职的朝廷大员商议出的结果都是上天的旨意。一个独立于朝廷之外的教育系统也慢慢成形。但中国始终处于初级阶段，中产阶级也没有出现在中国。世界上任何地方都没有出现欧洲那么多的功能各异的社会。

如李约瑟所言，对欧洲"起航"更重要的是政治分裂，但又没有过于分裂，国家只在较短的一段时间内失去它的统治功能。这种分裂也推动了各种各样市场经济的出现。如果没有经济收益，科学和文化就会枯萎。但有人反驳说，亚洲毕竟也分裂成无数相互进攻的国家。没错，但是在地中海和太平洋之间的广阔地区，伟大的帝国和短命的草原帝国占主导地位。只有文艺复兴时期的意大利和神圣罗马帝国——1648年前后的疆域甚至不到哈萨克斯坦面积的一半——充斥着几百个或多或少独立的政治体，它们通过金钱、武器和外交手段维持新的平衡或相互战斗，对文化和科学投入大量资金并资助学者和发明家。

从彼特拉克开始，修辞学越来越普及，这反映出欧洲文艺复兴时期知识争论的氛围。在保留下来的超过1000本的古籍手稿中，没有哪本著作能超过《献给赫伦尼厄斯修辞学》（*Rhetorica ad Herennium*）。我们可以看出，谈话艺术即使在自然科学中也有非凡的重要性。在欧洲之外，没有哪个社会能够以相似的热情钻研修辞理论。修辞学在中国的影响力比在欧洲小得多，几乎没有出现在公共场所。在穆斯林社会也是如此。修辞学——伊本·西那曾经如此评论亚里士多德——不是为争论提供指导，相反，它更应该用于传播已知的真理。在阿尔·法拉比的模范国家中，统治者是先知、哲学家和伊玛目集于一身的人物，他是美德的化身。因此，他首先要掌握修辞能力，因为他的任务是向普通百姓传播他的智慧。与之相反，波利齐亚诺强调修辞学在政治往来中的用处："用语言说服你的同胞为国家的利益行事并避免去做对国家有害的事情，还有什么比这个更有用和富有成效吗？"

因为拉丁欧洲政治上的分裂，人们总能在某个地方找到资助人。而且，谁想出版一些敏感棘手的书，总能找到一个避难所。如果在一个小国或一个城邦无法安身，总能找到另一个宫廷或另一座教堂塔楼，往往需要不到一天的旅程。布鲁诺最后也只是运气不好，当时他前往以自由闻名的威尼斯，但却在错误的时间出现并找错了赞助人。伽利略可以在阿切特里高枕无忧继续研究，并在莱顿出版了《关于两门新科学的对话与数学证明对话集》，那里是许多前卫学者的避难所。政治分裂、多元化和创造力这三者似乎与创造力、中产阶级和强势的平民三者一样，都有着密切关联。

自西罗马帝国衰亡以来，拉丁欧洲再也没有经历过整个国家和社会的崩溃，货币经济和私有财产保护驯服了战争。与非洲、美洲和许多亚洲国家不同，拉丁欧洲自10世纪以来一直没有遭到入侵。只有欧洲体系内部的变化，例如，一些国家扩张，相应地另一些国家萎缩。永久的竞争迫使它们不惜任何代价维护复杂的多样性——昂贵的机构、官僚体系和更昂贵的军事，即使边际收益下降。欧洲人拥有对真正重大的创新不可或缺的东西：时间——非常多的时间。研究和推动范式转换需要时间。多元化的拉丁欧洲总有某个地方能保持创造性，积累知识并将其代代相传。

虽然欧洲在政治上支离破碎、在宗教方面分歧明显，但多亏了超级语言拉丁语和超级媒介印刷术，欧洲已经形成了一个庞大的对话空间。在古登堡之前，技术知识已经在半个欧洲传播——波西米亚从威尼斯学到如何生产优质玻璃——但知识的传递从没有这样令人目不暇接，而这种速度一旦开始就不断加快。在这里要重申爱因斯坦的强烈观点，如果没有印刷术，那么引发工业化的创新潮根本无法想象。17世纪初，报纸成为聚拢公众的新形式：先在斯特拉斯堡，然后从1631年起《宪报》在巴黎发行，在接下来的一个世纪报纸处处可见。通过书籍和期刊，大陆上的知识文化兴起，如果没有它，科学革命和工业革命都不可能诞生。例如，正是因为格奥尔格·阿格里科拉在1556年出版的关于采矿业的新书，才使得活塞泵的构造从萨克森和波西米亚传播到整个欧洲。在这套书和之前许多著作中都提到了"矿井狗"——一辆从矿井向外运输废料和矿石的车子，它是后来铁路的雏形（插图82）。它让人们懂得在轨道上牵引车辆的原理。虽然阿格里科拉的著作只有德语和意大利语的翻译版本，但如何把数不清的技术术语用通俗的话表达出来，这个难题几乎无法解决。不过，书中的木刻版画大多是不言自明的。只有密集的交流网络的存在才可以解释，为什么欧洲自15世纪以来积累知识的速度越来越快，而创新也一个接一个出现。虽然中国自1730年以来也一直都有定期呈送的奏折，但与欧洲期刊没什么共同之处。

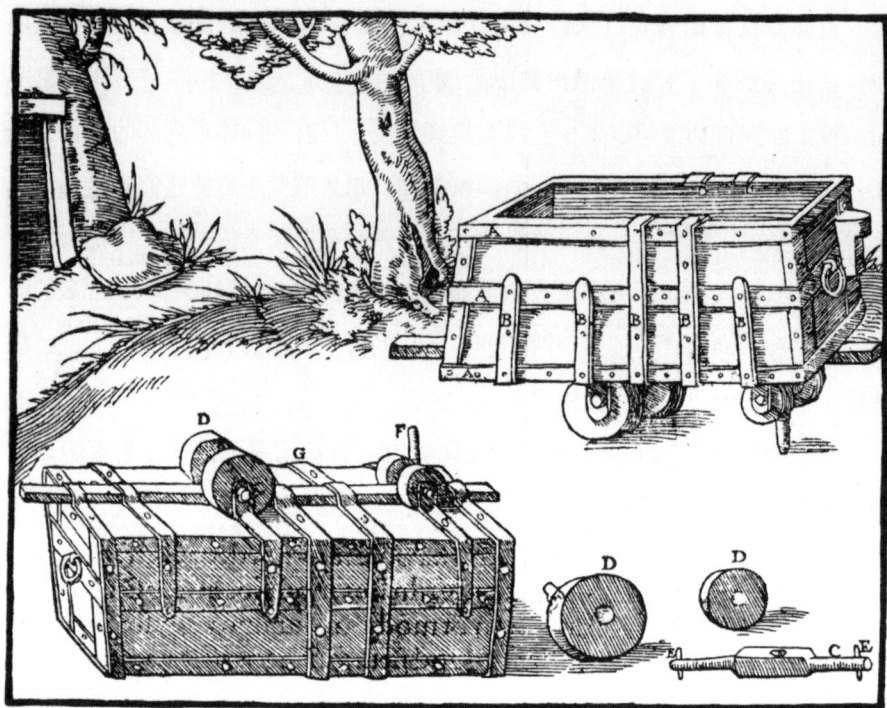

插图82：《矿井狗》

出自：格奥尔格·阿格里科拉，《论矿冶》，巴塞尔，1556年，伦敦，英国皇家学会

　　中世纪之后的东亚甚至是奥斯曼帝国都很难列出一张重要创新者的名单，更不用说在医学、天文学和物理学等重点学科领域。与之相反，拉丁欧洲在13—20世纪的发明和发现几乎数不胜数，包括真正的范式转换。成千上万人参与到跨国和跨学科的交流中，他们使用信件和书籍作为媒介或者通过口头争论。在"大分流"前几百年，欧洲已经储备了来自社会各阶层的大量的知识分子和学者，高度专业化的工匠和发明家，特别是"第三等级"的民众，他们是为欧洲积蓄想法的"水库"，而当时世界上没有哪个文化可与欧洲相媲美。这些数不清的人才就是先驱者的起源，他们为纺织和采矿的机械化迈出关键一步。他们当中有绅士爱德华·萨默塞特，他只是个蒸汽驱动的业余爱好者；

有研究活塞泵的议长奥托·冯·格里克；还有发现光波的克里斯蒂安·惠更斯，他的父亲是外交官兼诗人。我们也会遇到织工詹姆斯·哈格里夫斯和约翰·凯、牧师埃德蒙·卡特莱特和铁匠托马斯·纽科门。詹姆斯·瓦特是一个苏格兰商人的儿子，理查德·特里维西克（Richard Trevithick）制造了世界上第一台可运转的机车，他的父亲是一个工程师……越来越强大的创新动力也表现在司空见惯的关于"长子权"的争论和堆积如山的专利纠纷上。

瓦萨里在谈论佛罗伦萨的艺术时就曾强调，竞争有利于激发创造力，这一观点在古代就为人所知。维莱伊乌斯·帕特尔库鲁斯（Velleius Paterculus）也支持这种观点，某些时期杰出科学家和艺术家层见叠出，大师尤其多，就是因为"竞争心"、嫉妒和钦佩。古希腊经历了"文化繁荣"，11世纪初西班牙的科尔多瓦哈里发国家解体后分裂出的20多个泰法政权引发了穆斯林文化复兴，15世纪印度-伊斯兰文化辉煌夺目，这些都可以证明竞争的优点，文艺复兴时期形式各异的欧洲国家也是一例，还有英国工业革命，它展现出世界史中独一无二的活力。

正如我们所见，另一个关键因素是遏制宗教，但我们经常能够看出，宗教在欧洲的发展中绝不仅仅是阻碍。开普勒像伽利略一样用他的科学去寻找上帝。神职人员一直在研究自然科学，教会首领也一直提供资助。正如英国的例子所示，即使是新教后来也没有遵循路德的做法，并未对科学敬而远之。社会学家罗伯特·K.默顿甚至认为，科学革命的真正动力就是为上帝荣耀服务的清教徒的功利主义。它催促整个世界渴求利润、为利润奔走，也让方法研究和科学工作变得高尚。这一论点可能适用于个别案例。但是，欧洲的发展空间太过复杂，这种解释不足以让人们理解引发欧洲现代化的过程。文艺复兴科学史中也有许多著名的、渴求知识的天主教徒——耶稣会的克里斯托弗·克拉乌和阿塔纳斯·珂雪，还有伽利略、笛卡儿、托里拆利、伏特和安培（Ampère）等普通信众。天主教在法国出版的专门探讨技术主题的期刊甚至比英国还要多。但在以《圣经》为宗的新教国家中，识字的人更多，潜在创新者的圈子也就更大。有一条是放之欧洲皆准的：科学革命中的英雄，无论他是天主教徒还是新教徒，都不是无比虔诚之人。艾萨克·牛顿可能是他们当中最伟大的人物，就很难被人看出他的基督教信仰。

欧洲的发展是否有"路径依赖"，如果有的话是从何时开始的，这些很难回答。非专业人士可以参与对话并最终主宰话语权，这样的批判性的公众群体最早从12世纪开始萌发。14世纪出现了戏剧性的技术进步，随着印刷术的发明，技术进步变得不容忽视。"锁定"的标志最迟应该是古登堡的发明，从而强化了路径。但这种观点仍有争议。

没有人知道是否有"路径断裂"的可能性以及何时会出现。我们再次回想一下蝴蝶振动的翅膀——或者1690年在博伊恩战役中击中奥兰治的威廉三世肩膀的那颗子弹。它如果再低几英寸，就会杀死未来的英国国王。杰克·戈德斯通（Jack Goldstone）认为，如果这种情况真实发生，那么英国仍然会是天主教国家，法国将成为欧洲的霸权国家，工业革命可能也将失败，但我们永远无法证实。

欧洲文艺复兴的独特性

在阿诺德·汤因比（Arnold Toynbee）的通史中，"复兴"这个概念不是指某个时期，而是一种历史中经常出现的现象：为了达到某种自觉追寻的目标，一个巫师将死者从沉睡中唤醒。复兴可以出现在政治秩序、哲学体系、法律、语言和艺术中，就像复仇者一样，在任何时候和任何地方都会出现。半个世纪之后，人类学家杰克·古迪（Jack Goody）也提出类似观点。复兴可能会出现在任何有文字的文化中，因为这样的复古必然与书面文本的本质相符。然而，这一概念主要指的是对中心的"回顾"，试图翻译古代文本并将其作为当前改革的工具。从这个非常有限的角度来看，"复兴"实际上无处不在：印度教在笈多王朝时期得到复兴，还有阿拔斯王朝、法蒂玛王朝或布韦希王朝式的复兴[1]；19世纪末，在埃及和其他阿拉伯语地区出现了奥斯曼帝国的复兴（al-nahda），还有"毛利复兴"[2]和1920—1950年拉丁美洲出现的"殖民复兴"。他当然也知道，中国"真正的"复兴是宋代发明了火药。而通过翻译和概述，当时中国对欧洲文艺复兴的了解已经非常充分。而在21世纪的"全球化"时代，复兴这一概念已经与历史基础完全割裂。

所有真正的复兴都出现在相似的情况下，这一点非常令人惊讶，但是欧洲形式的复兴却有着完全不同的维度。它持续了很长一段时间：如果沿用汤因比的比喻，用咒语唤醒古代的第一批人是加洛林王朝，奥托王朝举棋不定，而霍亨斯陶芬家族更为坚定；最晚在12世纪，古代的复兴在欧洲几乎已经无所不在，扩张到庞大的规模。亡灵巫师当然也知道如何把古代亡灵圈禁在白垩圈中，他们从亡灵身上释放出千年的知识并开始研习。与穆斯林不同，欧洲人走得太远，想砍掉宗教的强大双翼。

文艺复兴最重要的特征，也是其身份的核心是思想的巨大张力。世界上没有其他地方的教育和研究机构拥有类似的大量学科和成千上万的学生——印度的大学没有，智慧之家和伊斯兰学校也都完全没有可比性。今天人们已经忘记，在欧洲的大学里曾有一支教授、博士和硕士组成的队伍，他们把知识库堆积起来，最终为对话提供了起点。与更古老的观点不同，中世纪——以奥卡姆，甚至亚里士多德等人为代表——继续沿袭古代的批判性、怀疑性态度，并传承到现代。几乎科学革命的所有伟大人物都受过高等教育。这样看来，埃里克·琼斯的"欧洲奇迹"根本算不上奇迹。无数次尝试解决问题的结果就是最终取得重大突破。突破时不时出现——一开始是以几百年为维度，后来越发密集——这是一个统计学问

---

1 笈多王朝（Gupta Dynasty，约320—约540年）是中世纪统一印度的第一个封建王朝，疆域包括印度北部、中部及西部部分地区。笈多王朝是中世纪印度的黄金时代，大乘佛教盛行，印度教兴起。布韦希王朝（Buwayhid Dynasty，945—1055年）是统治伊朗西南部和伊拉克的伊朗封建王朝。阿杜德·道莱统治期间，在巴格达和设拉子设立图书馆、学校和医院，奖励诗人和学者，使设拉子成为当时的文化中心。

2 毛利复兴指的是从20世纪下半叶开始的新西兰毛利人命运的复兴，对毛利人的看法已从"濒临灭绝的种族"转变为在政治、文化和艺术上均占上风。复兴的根源在于两次世界大战期间的发展以及毛利人在第二次世界大战中的表现，为他们赢得了许多战斗荣誉和勋章。

题。就算在宋朝，受过教育的"士"甚至不到人口的5%。

不是单纯复制古代，而是继续发展古代遗产——这一意图从一开始就为欧洲文艺复兴的文化创作奠定了基调。彼特拉克写道："单纯信赖古代事物，简直一无所成，发明那些事物的也是人。没有什么事物如此值得崇拜、如此完美，以至无法再改进。"布鲁尼强调，人们必须接纳古代，但同时要进行改造，古为今用。安吉洛·波利齐亚诺嘲讽道："在我看来，只会模仿的作家就跟长尾小鹦鹉或喜鹊似的，他们说的都是自己不理解的东西。"事实上，拉丁欧洲的文艺复兴不仅仅是一次转世，其中奠定了它在世界历史中的特殊地位。因此我们也坚持这一概念，反对关于它的激烈争议，也反对单纯地划分时期。穆斯林和拜占庭的学者也是文艺复兴的"共同继承人"，与他们不同，拉丁欧洲完全开发了古代思想和形式的理性和美学的潜力，并从中造就全新的风格。拉丁欧洲之外的国家可能从"西方"获得这样或那样的工具，但它们很少对进口物再进行改造。想法在各处闪现，但没有出现长期效用。16世纪，意大利人已经在浇铸阿拉伯字母活字了，而在阿拉伯语的起源地，人们还依赖手抄本。

欧洲社会的活力在快速变化的服装风格中得到清晰展现。用费尔南·布劳岱尔的话说，欧洲是时尚大陆。"我们几乎每年都会发明一种新的衣着风格。"16世纪的葡萄牙人路易斯·弗洛伊斯如是说，"在日本，穿着永远一样，一成不变。"文艺复兴晚期的艺术展现出辉煌的多样性，在欧洲之外很少能找到对应，欧洲人庆祝想象的方式也一直推陈出新。在这些想象中，文艺复兴时期的艺术家和学者有他们的共同点。想象是一切创意的开端，无论是《仲夏夜之梦》，还是用水果巧妙排列出的鲁道夫皇帝像，抑或是火星的椭圆轨道。所有这些以及更多的想象都出现在欧洲。这个空间为阿尔钦博托、莎士比亚、开普勒和其他一些伟人以及无数小人物提供了实践想法的机会。有时，科学天才和艺术天才就在同一人身上闪现，比如阿尔贝蒂和列奥纳多。

用日本文学家的话说，文艺复兴是一个分界模糊的"流动的世界"。中世纪盛期语言和书写的变化就是文艺复兴的发端，这些变化也被称为"话语革命"。布克哈特把它看作"个体的诞生"，实际上这是一场关于内心世界主观性的对话。早在12世纪，人们就越来越多地讨论世俗问题。对谈成为"西方"的标志之一，比如与印度教文化就可以形成鲜明对比。在相互作用中，人们逐渐观察到市民文化的形成。一开始是法学家，后来越来越多的行业和阶层都发表意见。这样就出现了一个群体的前身，他们后来在文艺复兴的历史中和前工业化的历史中发挥了显著作用：受过教育的、经济上强大的市民阶级，他们要求获得政治发言权，有时候也得偿所愿。

古代思想的催化作用——我们不能简单把它看作一种"起因"——对于拉丁欧洲的理性和知识的发展来说，怎么高估都不过时。希腊人留下的批判性对话技巧的确激发了持续的疑问和质疑，塑造了文艺复兴时期的科学文化，但对于重大突破来说，拉丁欧洲驯服远古巨人的计划更是至关重要。人们开始拆除古老的圣殿，不仅是因为他们在亚里士多德等伟人身上辨认出一些错误和矛盾。事实上一些别的"潮流"对此也有贡献：船长的亲身经历，观察和系统实验，超出亚历山大港水平的数学知识，还有很多地方蓬勃发展的爱国主义，这些都是竞争的结果。与此同时，爱国主义也让人们燃起雄心壮志，誓要超越雅典和罗马。

许多政治上和社会上的平民联盟在欧洲各国飞速蔓延，其他地方根本无法相比——这些联盟中最令人印象深刻的代表是英国议会——它们也让实验、讨论和出版变得更容易，它们让人们有更多可能去思考"不纯洁的事物"。法国哲学家奥默·塔隆（Omer Talon，约1510—1562）精辟地指出"西方"精神丰富的多样性，以及它对古代遗产肆无忌惮的挖掘："如果柏拉图的著作中有什么适合我、对我有用的东西，我就接受它；如果伊壁鸠鲁的花园里有什么好东西，我不会轻视它；如果亚里士多德提供更好的东西，我一并带走；如果埃利亚的芝诺的商品比亚里士多德的更畅销，我就离开亚氏并献身于芝诺；如果哲学商店里的一切都空洞无用，我就不会买任何东西。"

造就科学革命和工业化的各种因素可能有不同的重要性。可以确定的是，欧洲发展的可能性空间在文艺复兴时期变为现实，为创新提供无数机会，甚至民主思想也被接纳。城邦和罗马共和国的实践提供了榜样，柏拉图、亚里士多德、修昔底德和西塞罗奠定了理论基础。哲学话语对西方民主的起源到底有多重要，主要取决于人们如何看待观念对历史进程的影响。马克斯·韦伯指出，直接支配人们行为的不是思想而是利益，但随后又补充说："尽管主导人类行为的是利益，但通过思想建立的世界观经常是这条轨道上的扳道工。"想想看，亚历山大·汉密尔顿（Alexander Hamilton）、詹姆斯·麦迪逊（James Madison）和约翰·杰伊（John Jay）发表的《联邦党人文集》——其中包含了一些令人神往的充满政治智慧的论文，这些文章帮助美国宪法和现代代议制民主铺平了道路——他们用"普布利乌斯"的笔名发表。这里指代的是普布利乌斯·瓦雷列乌斯·普布利库拉（Publius Valerius Puplicola），李维之后罗马共和国早期的执政官，也是共和国的创始人之一。

人文主义为欧洲和世界的未来准备了丰厚的遗产。人文主义向人们展示了活跃的和沉静的生活、善与真、特殊和普遍；把人们的目光从彼岸引到此世，让哲学成为生活艺术的老师。人民掌权的模式在中世纪晚期也重新回到世上，而没有被驱逐。在同一片理性的空间内不仅产生了公民社会，先前还诞生了民主理论——在欧洲和欧洲的殖民地美洲——一开始只出现在这里，这绝对不是一个巧合。因此，如果把马基雅维利和其他前辈如布鲁尼或萨鲁塔蒂的推论都归结为一个传统，并不完全是错误的，而且从这个传统中还产生了英国和美国革命的思想世界，以及西式的现代民族国家。马基雅维利的共和党计划只是纸上谈兵。如果真的实现，就像前面所说，它将是文艺复兴时期最宏伟的建筑。

牧神黄昏

为一个时代命名必然会让一些不属于此的东西变成此时代的事物。时代名称要能概括数百万人的生活，还要显现每个个体和团体的日常行为，而他们又各有各的特征。我们所描述的时代也变得多种多样，令人困惑。文艺复兴与异教神祇嬉戏。它让理性和经验上升为新科学的征兆，而知识和信仰终结之地，魔法师和"智慧女性"就大展身手。文艺复兴时期教堂的湿壁画见证了数学上无比正确的中心视角；离壁画不远，壁画的捐赠人所崇拜的偶像就悬在教堂顶上，它们是为那些男女捐赠者制作的还愿蜡像，大小和真人一样，还穿着衣服。神秘主义和数学精神是这个时代的体现，还有宗教狂热分子，他们想用火净化一切。文艺复兴以古典风格庆祝辉煌的胜利。它和伊拉斯谟一起微笑，与拉伯雷一起放声大笑。它怀有热切的虔诚，也被土星型疾病忧郁所困扰。学者和技术人员完成了雅典和亚历山大港开始的项目。它的表面遍布一道道崎岖的沟壑，这些曲折中包括古登堡、菲奇诺和富格尔、波提切利和博斯、路德、米开朗琪罗和莎士比亚。作为他们的象征人物，我们可以搬出普罗米修斯、奥德修斯和浮士德博士，以及堂吉诃德和登上伊拉斯谟之船的所有愚人。顺便说一句，尼采提到的文艺复兴时期的人，或者说"超人"并不在内，只有其中一些——用时代的行话来说——"独特"的人像时代苍白的阴影一样漫步整个时期，如阿尔贝蒂或列奥纳多。号称要用锤子砸碎一切偶像的哲学家也让文艺复兴变得越来越异教化，是异教传说最强大的助产士。但是指责一个人是无神论者通常只是为了在信仰争议中取消对手的资格。被末日恐惧笼罩的宗教改革者皮埃尔·维雷热切想找到"无神的怪物"，可能很难如愿。如果一个狂热分子抱怨说，所有基督教国家都被"该死的无神论"传染了，那么他只是在简单解释当时悲惨的时代环境。列奥纳多和马基雅维利是少数被怀疑为无神论者的知识分子。

文艺复兴的历史最迟开始于12世纪，12世纪迅速累积的古代典籍为此提供了最有力的论据。这些"复兴"的传统对科学、技术和文化创作有最广泛的意义，这样至关重要的意义证明，不能将这个备受讨论的概念单纯作为一种艺术风格的标题，而是当作一个时代的总称。然而，意大利的建筑和绘画自15世纪开始才显示出古典形式持续而深远的影响。人们从木刻画的时期划分中就能看出这种困难，当文艺复兴风格在北方某些地区刚刚展现时，意大利已经在努力摆脱巴洛克盛期风格的影响。

插图83：《森林人》

出自：康拉德·盖斯纳，《动物史》，1551或1669年，苏黎世

　　我们想让文艺复兴在何时结束？半人半兽的萨提尔神的变形给予了我们提示。17世纪，他从一个堕落的天使变成一个时而冷漠、时而友好的牧神。布鲁诺用他来比喻苏格拉底，一个有着美丽灵魂的丑陋的人，而自然学者认为他是一个人类和野兽交媾创造的怪物。启蒙时代把他看成是一个原始人种，最终却采纳更古老的说法，把他变为一只猴子。在同样的旋律中，龙萎缩成蜥蜴，诱人的塞壬成了海猴子，东方的怪物也从世界地图上消失。长期以来如此强大的说辞甘心落败，同时也丧失了它们在哲学中的经典地位。随着笛卡儿主义的吸引力不断上升，形式逻辑变得越来越重要。

　　17世纪，山脊另一侧的余脉已经变得平缓——尽管那不勒斯人詹巴蒂斯塔·维柯（Giambattista Vico，1668—1744）还可以被算作是文艺复兴时期的思想家，他是以修辞学为本的人文主义的最后一个代表人物，也是亚里士多德所谓的历史真相的代表。甚至"中世纪"也幸免于难，例如，1627年，博韦的樊尚的《大宝鉴》在天主教重镇杜埃再版——不是被当作奇特的历史素材来源，而是作为教材。第谷·布拉赫模型在18世纪还抵达了葡萄牙和法国，更不用说"民众"的世界观。盖伦和希波克拉底像以前一样被尊为医学权威，但实验和解剖刀让他们的观念逐渐被更新。古老的想法逃离躯体，并成为机械般的装置。直到19世纪，化学才成为无可争议的大学学科，并开始剥去炼金术、魔法和占星学的外衣。

萨沃纳罗拉虔诚的政变和路德的宗教改革并不意味着这一时期的终结，尽管有一些同时代的人这么认为。在欧金尼奥·巴提斯蒂（Eugenio Battisti）看来，特伦托宗教会议是"反文艺复兴"的信号，海勒姆·海顿认为"反文艺复兴"在17世纪达到高潮。宗教战争炮声隆隆，暂时淹没了伟大的对谈，即赫尔德所说的"呼吸的空气"，但并没有让对谈从此沉寂。对谈的话题从对知识的热忱、对古代的欢欣和12世纪的世俗化一直延续到经历启蒙又古典的18世纪，文艺复兴时期"公民自由"的概念在1651年被霍布斯埋葬，在18世纪也复活。人文主义的教育也幸存下来，它在19世纪比以往任何时候都势头强劲。另一方面，教派争端失去了重要意义。在英格兰，1688年后新教徒不再受迫害。世俗的空间继续扩大。例如，在信奉加尔文宗的多德雷赫特，1620—1680年摆放在家中的宗教图像的数量减少了四分之三。从科学史的角度看，开普勒和伽利略是一个重大转折。观察和经验能够成为一切知识的来源，经历了一个长期的发展过程，最后的胜利顶峰是牛顿1687年的《自然哲学的数学原理》和洛克1690年的《人类理解论》。

1660年前后，欧洲遭遇了最后一次女巫大恐慌。弗朗西斯·耶茨（Frances Yates）认为文艺复兴终结于1614年，这一年，日内瓦语言学家伊萨克·卡素朋（Isaac Casaubon）让《赫尔墨斯秘籍》失去神秘色彩，他通过考据认定这本书真正的创作时间比人们此前相信的时间要晚很多，因此证明这是一本伪作。但牛顿还是援引赫尔墨斯，他认为赫尔墨斯见证了上帝意志在重力中的影响，这种想法与安萨里的观点有奇特的相近之处。

地中海地区也经历了深刻的变化，经济持续衰退。经过20多年的战争，威尼斯在1669年失去了克里特岛，这是它在爱琴海的最后堡垒。未来之海是大西洋，未来权力属于英格兰。罗曼诺夫王朝在俄罗斯拉开序幕，清朝开始统治中国，这些事件都与全球危机有关，即便不是唯一的原因。与欧洲一样，全球危机也动摇了东南亚的秩序。因此有理由将它和17世纪看作一个划时代的鸿沟。

也许密涅瓦的猫头鹰已经悄悄地又展翅欲飞。从文艺复兴开始的这段世界历史可能已经完结，而在东半球有一个新的时代已经徐徐出现。不过，在历史的"流动的时代"中，每个夜晚都有即将到来的黎明熠熠生辉。希腊人的胜利是否暗示了西方的曙光或者东方的黄昏，无法下定论，而且也不重要（插图81）。要讲述一个时期的结局或开端，总是意味着同时看见暮色和曙光。即使布鲁诺也不能确定，他是活在新一天的清晨还是活在旧一天的夜晚。也许文艺复兴和随之而来的"大分流"也不过是当前"大融合"的先决条件——只是一个独一无二的进程中的某一阶段，这个进程就是全球现代化。

世界一梦

从彼特拉克开始，文艺复兴偶尔会把自己看作"现代的"。正如艺术极度推崇想象力和原创性，在中世纪时经常被贬低的进步和新事物变得越来越有吸引力。一些人文主义者坚信，一个科学和艺术的新时代已经到来，这样也就定下了基调。"骰子已经落下""我敢做！"乌尔里希·冯·胡腾以此为座右铭。1499年，波利多尔·维吉尔的《论物之发明》出版，预示着新的技术史的开端。书中总结了古代所有新事物。现在的关注点不再是"过去"，尽管"改革"都是以过去为参照物。伽利略上一代的学者——例如特勒肖、康帕内拉等人——就被冠以"创新者"的名号，这是赞誉，也有辱骂。帕特里齐承诺一种"新哲学"，约翰·迪伊应允一个"新学科"，费尔内尔创建一种"新医学"。培根有志于科学的"伟大创新"，哥白尼和开普勒想要一个"新天文学"。最后是笛卡儿，他要求认定他生活的世纪和他自己的数学方法都具有现代性，他的方法是为了获得绝对真理。他明确把现代与以前的思想区分开来，以前只有平平无奇的观点问世，它们的"历史"只是关于已经发现并保存在书中的东西。

在笛卡儿生活的时代，古代仍然给予人们许多令人惊叹的启发，为艺术、文学和科学提供了主题和人物。但它的"重生"现在已经完结，字面意义上的"文艺复兴"结束了。雅各布·纳尔迪（Jacopo Nardi）于1568年翻译的李维的著作已经是第五个译本，但直到19世纪才又有新译本问世。其他经典作家的境遇也是如此。拉奥孔群像所代表的"无比伟大的古代"成为嘲讽的对象，亚里士多德、托勒密和其他人也变成语言学或历史研究的对象，就像是干瘪的木乃伊。

科学仍然坚定地追寻培根。没有维萨里和哈维就不会有我们熟知的医学，没有机械表和蒸汽机也就没有汽车；没有开普勒的天文学，没有伽利略和牛顿的物理学，太空旅行只能出现在虚构文学中。文艺复兴甚至延续了希腊人的计划，探索磁力和电力。后者在16世纪由威廉·吉尔伯特命名为"电"（vis electrica），成为一个固定概念。然而，被锁链束缚的普罗米修斯必须以自己的肉体为代价才能获得知识。亚里士多德的译者路易斯·勒·罗伊（Louis Le Roy，1510—1577）就持这种观点。大自然没有向人们展示进步和腐朽是如何交织在一起的吗？空气用雷电和风暴让大地翻腾，火焰摧毁大地，水流让土地分开，辟出海湾，冲击出河谷和海盆；山脉被侵蚀……创新把欧洲带入现代，但勒·罗伊和蒙田一样都看到了创新的矛盾之处，他认为印刷术的发明是神启的馈赠，而火炮的发明则是魔鬼的诱惑。

虽然理性和数学承诺安全，但存在的基础被撼动。帕斯卡意识到，存在在无限和虚无的两个深渊之间摇摆。怀疑论哲学和笛卡儿的质疑让人类成为他的世界中另一种意义上的造物主，这种形象渐渐浮现在文艺复兴人文主义，甚至笛卡儿本人的面前。在事物的特性和感官与理智展露出的东西之间，一道不可逾越的鸿沟慢慢生成。如果把上帝排除在存在的游戏之外，那么人类对自然和宇宙的看法就是唯一的可能性。现在人们越来越怀疑，人类只能把自己所有的想法和要求传播到全世界，别的什么也做不来。世界是按照人类设想创造出来的，从这个意义上来看，完全就是人类的创造物。因此，"现实"也就只是头脑中的一个形象、一个梦想。

普洛斯彼罗在《暴风雨》中向那不勒斯国王的儿子所说的话经常被引用，这些话就像是这个我们称之为文艺复兴的时代的终曲。"你看起来似乎有点惊讶，吾儿，高兴起来吧。我们这场小小的狂欢已经结束。我们的演员们——我早就说过——都是精灵，他们已经在空气中消散，在稀薄的空气中。如同这虚无缥缈的幻象中的海市蜃楼，那些高耸入云的楼阁、华丽辉煌的宫殿、肃穆庄严的庙堂，甚至地球以及地球上所有的一切都将消散，就像这一场幻景，连一丝云彩都不曾留下。同样的材料建造出梦，也构成我们，我们短暂的一生被酣睡环绕。"这种令人激动的自信听上去很不一样。事实上，文艺复兴的时代与文艺复兴主义打造出的戏剧般的局面没有什么共同之处；舞台上有夜色中闪着寒光的匕首，毒药涓涓流入水晶高脚杯，而最后的夕阳红得像提香的着墨，给欲望和死亡镀上一层光芒。冰冷的逐权者拥有"巨大的梦想"——这些梦想在1900年前后曾引发"歇斯底里的复兴"——但他们只不过是一群因为缺乏现代性而生出的幽灵。正如尼采所说，文艺复兴并没有那么伟大、强硬和清晰；相反，它像所有历史一样既矛盾又复杂。

文艺复兴给我们留下了一些简单的教训。宗教应该在心中而不是在政治上占有一席之地，纯洁的使徒是一种致命的危险。如果没有相互交流，文化就不会出现，更不会繁荣。蒙田和培尔等怀疑论者开启了怀疑的深渊〔理查德·H.波普金（Richard H. Popkin）语〕，我们从深渊中得到结论，宽容是无可替代的。它提供了战略优势，因此具有政治和经济效益而且符合登山宝训的道德规范。如果一个社会能够促进竞争，而且人们无论种族、宗教或性别都有阶层上升的机会，那么它就有利于科学和技术进步。有序的政府、"良政"，也有积极作用，机构可以成为自由的堡垒。如果没有长期积累的有用知识，西方版本的现代性是不可能的（是否值得期待，则是另一个问题）。资本的意义重大，精神就是一切。一般是创新促进增长，而不是增长促进创新。突破传统需要自由、安宁和交流。"人们可以孤独地播撒下知识的种子，"塞缪尔·约翰逊（Samuel Johnson）说，"但必须在公共场合栽培它。"

关于什么是自由，什么是人类尊严，文艺复兴时期的讨论比以往任何时候都更深入。诗人约翰·邓恩在1624年——三十年战争刚开始时——回忆说，每个人都是一个更大的整体的一部分。"没有谁是一座孤岛，在大海里独踞；每个人都是大陆的一部分。如果一个碎块被海洋冲走，欧洲就会失去一角……每一次人类的死亡都让我缺少了一部分，因为我属于人类。因此，不要问丧钟为谁而鸣，丧钟为你而鸣。"文艺复兴时期一些最重要的思想家为一个伟大的想法铺平了道路：人权既不是基督徒的也不是穆斯林的，既不是欧洲的也不是亚洲的，而是适用于所有人。人权的历史包括16世纪关于良心、自由和宽容的讨论，也包括如何对待美洲和非洲土著人民的思考。启蒙思想家德尼·狄德罗（Denis Diderot）惊讶地观察到，所有文明中最傲慢的那个同时也是自我批判最彻底的。这或许就是"西方"最大的优势，直到今天。

附　录

后　记

　　苏黎世，2017年7月22日。就此搁笔。最后一次校稿也结束。虽然进行多次勘误，但还有不少——令我担心的——漏网之鱼。现在，是时候告别这个反复无常又令人着迷的伴侣了，它陪我走过穿越时空的漫长旅途。如无意外，今天上午它将从这里前往慕尼黑的出版社，开始全新的生活。我多年来的苦思冥想和斟词酌句，在未来几周将付梓成书，字字分明、插图精美。我熟悉的这位善变的女伴将变成一个实体：一本书。它现在将独自踏上旅程。

　　十多年前，当C. H. 贝克出版社与我签订书写17世纪历史的合同时，今天这场短暂的告别就在那时开始。其他项目——包括一本关于皮耶罗·德拉·弗朗西斯卡的《被鞭打的基督》的书——也随之而来。我的研究兴趣的转变导致主题的变化：我们决定探讨文艺复兴时期的文化历史观。这一项目最重要的推动者是戴特勒夫·费尔肯先生，他既友善又坚毅，对笔者的良心发出颠覆性的呼吁，为本书脱胎成形做出重大贡献。沃尔夫冈·贝克先生和他的继任者乔纳森·贝克先生都伴随着这本书的书写过程，就像以前的众多联合图书项目一样，他们有浓厚的兴趣和善意。负责审校工作的史蒂芬妮·霍施勒女士语感敏锐，在语法和专业知识等方面对这部手稿全权负责。碧亚特·桑德和克里斯塔·沙沃尔两位女士满怀热忱与激情，完成了这本书的美编工作。索引表由亚历山大·格勒先生负责。在此，我要真诚地感谢他们。此外，我也要向格尔达·汉高基金会致谢，感谢他们把本书收入著名的"历史图书馆系列丛书"中。

我在研读相关文献时发现，雅各布·布克哈特、彼得·伯克和约翰·海尔斯等前人已有精彩论述，如果我续写一本简明史，只是班门弄斧、毫无新意。所以我决定大胆地开辟新的角度，从比较视角分析拉丁欧洲的文艺复兴，以期彰显文艺复兴在世界史中的意义。叙述与分析杂糅，既要考虑理论性又要兼顾趣味，这绝非易事，本人的尝试是否算是成功，全凭读者定夺。书中引文都是尽可能从原文译出，因此可能与一般参考文献中的表述略有出入。

　　这个项目涉及许多伟大的文化，繁杂的工作如同走钢丝。我努力征求各领域专家的建议，在很大程度上取得了成功。得知要帮我审阅部分章节，无数同事都欣然应允：赖讷·巴贝尔（巴黎），安德烈亚斯·拜耶尔（巴塞尔），弗洛伊思·科恩（阿姆斯特丹），亚历山大·德曼特（柏林），马丁·杜桑贝尔（苏黎世），乌里克·弗莱塔克（柏林），亨讷·富蒂希（汉堡），卡斯滕·郭尔克（苏黎世），亚当·琼斯（莱比锡），罗伯特·朱特（斯图加特），安妮·科尔布（苏黎世），格西恩·克鲁格（苏黎世），托马斯·林考夫（明斯特），克里斯蒂安·马利克（苏黎世），格尔特·梅尔韦（德累斯顿），谢尔盖·米歇尔斯基（蒂宾根），曼乌斯·莱茵考夫斯基（巴塞尔），迪特玛·罗特蒙德（海德堡），赫尔维希·施密特－格林茨（沃芬伯特），路德维希·施穆格（罗马），塞巴斯蒂安·邵尔茨（苏黎世），彼得·施赖讷（科隆），彼得·舒特斯（苏黎世），拉吉·施泰因内克（苏黎世），西蒙·图伊舍（苏黎世），斯温·特拉库温（康斯坦茨）和皮尔·弗利（阿姆斯特丹）。他们提出许多宝贵的批评意见，让我受益匪浅。我对以上同人表示感谢，但书中观点仍由本人立场决定。再者，文中如有误，全因笔者不慎。文中出现了大量汉语、阿拉伯语、波斯语或斯拉夫语的名称和术语，感谢萨比娜·赫尔曼（慕尼黑）、彼特拉·雷德（慕尼黑）和蕾娜特·施特凡（因河畔罗特）三位女士的认真审校。

　　我还要感谢在写作过程中为我提供各种指点和帮助的朋友们。他们是大卫·阿布拉斐亚（剑桥），巴勃罗·布里特施泰因（海德堡），彼得·伯克（剑桥），保罗·卡斯特罗（库斯科），切萨雷·德·希达（那不勒斯），约翰内斯·弗里德（美因河畔法兰克福），托比·霍夫（剑桥），尼古拉斯·亚斯波特（海德堡），克劳斯·约纳斯（苏黎世），蒲田安雄（东京），克里斯蒂安·利尔曼（洛韦诺／都灵），罗伯特·慕尚布兰德（纽约），格拉多·奥塔利（威尼斯），乔治·萨利巴（纽约），曼弗雷德·G.施密特（海德堡），玛蒂娜·施得肯（苏黎世）和约瑟夫·泰特（盐湖城）。安德烈亚斯·童勒芒（1953—2014）和艾伯哈特·韦斯（1925—2013）多次拨冗与我详谈，这些谈话也在书中留下印记。

我曾应邀举办过一系列讲座，把本人对文艺复兴文化的历史与展开的思考呈现给听众并进行探讨，这对本书大有裨益。在此我要向这些活动的主办方——所附机构为他们举办讲座时的工作地点——表示衷心致谢：沃尔夫冈·贝林格（萨尔大学，萨尔布吕肯），约瑟夫·康纳斯（意大利文艺复兴研究中心，哈佛大学），乌韦·弗莱克讷（瓦尔堡之家，汉堡），安德烈亚斯·盖斯特里希（德国历史研究所，伦敦），李淑钟（中世纪与文艺复兴研究中心，首尔大学，首尔），海因里希·迈耶尔（卡尔·弗里德里希·冯·西门子基金会，慕尼黑），马丁·穆索夫（哥达研究中心／埃尔富特大学），汉斯·奥托迈耶尔（德国历史博物馆，柏林），朴宰宇（汉阳大学，首尔），海因茨·施林（柏林洪堡大学，柏林），塞巴斯蒂安·舒茨（女王大学，加拿大金斯敦），格尔特·施韦尔霍夫（德累斯顿工业大学，德累斯顿），谢淑贞（台湾大学，台北），阿尔多·文丘利（意大利文化协会，柏林），马丁·万克（瓦尔堡之家，汉堡），杨圣敏（中央民族大学，北京），虞和芳（南华大学，台北）。

马丁·鲍迈伊斯特先生不仅邀请我在罗马的德国历史研究所开展关于"文艺复兴"的讲座，还为我提供机会，与亚历山大·科勒一起举办了主题为"全球文艺复兴？跨文化比较下的欧洲文艺复兴"（2016年10月13—14日）的研讨会。我要感谢马丁·鲍迈伊斯特和亚历山大·科勒两位先生的通力合作。我不禁回忆起两个久远的跨学科项目：一个是波恩研究生院的课题"意大利文艺复兴及其在欧洲的接受"（1996—2002），另一个是欧洲科学基金会的项目"欧洲文化交流，1400—1600年"（1999—2003）。因为与文艺复兴时期的一些杰作有"亲密接触"，我得到特权为两个重要展览担任联合策展人，分别是"佛罗伦萨！"（州立艺术馆，波恩，与卡塔琳娜·克鲁巴斯克、安娜玛利亚·吉乌斯蒂和格哈德·沃尔夫合作，2013）和"文艺复兴时期的欧洲：变形，1400—1600"（瑞士国家博物馆，苏黎世，与丹尼斯·托内拉合作，2016）。

感谢我在苏黎世的同事娜奥米·贝尔斯、罗斯玛丽·博尔、荷西·卡塞尔斯、雅妮娜·格鲁那、塞缪尔·哈夫纳、托马斯·马奈驰和斯蒂芬·桑德尔-费斯，他们为我搜集了庞大固埃般体积的文献资料，并审读书稿。荷西以他对家乡的了解，为我指出一些关于南美洲历史的错误。罗斯玛丽和雅妮娜让当前局面也以严谨的方式出现在这本书稿中，两位女士严肃又亲切，效率极高。

我最亏欠的是与我成婚整整30年的太太，现在她坦然接受了我和文艺复兴的这段私情。这本书当然是献给她和我们的孩子塔西洛、马丁和普莉希拉。感谢嘉比对我所有的爱意和宽容，一切尽在不言中。

缩略表

AK Renaissance Europa in der Renaissance. Metamorphosen 1400–1600,
Ausstellungskatalog, Berlin 2016

Br/G Bruno/Gentile

DBI Dizionario Biografico degli Italiani

E. Erasmus von Rotterdam/Welzig

EdN Jaeger 2005/2013

NDB Neue Deutsche Biographie

RIE Giovanni Luigi Fontana/Luca Molà (Hg.), Il rinascimento
italiano e l'Europa, 6 Bde., Treviso 2005/2010

RIS Rerum italicarum scriptores

SEP Stanford Encyclopedia of Philosophy

WA D. Martin Luther's Werke, Weimar 1883–1929

参考文献

经典著作或《圣经》《古兰经》等未在此列

Abu-Lughod, Janet L., Before European Hegemony. The World System A. D. 1250–1350, New York 1989.

Abulafia, David (Hg.), The French Descent into Renaissance Italy, 1494–95. Antecedents and Effects, Aldershot 1995.

Ders., The Discovery of Mankind. Encounters in the Age of Columbus, New Haven 2008.

Ders., The Great Sea. A Human History of the Mediterranean, London u. a. 2011.

Ders., Trade and Crusade, 1050–1250, in: Michael Goodich u. a. (Hg.), Cross Cultural Convergences in the Crusader Period, New York 1995, 1–20.

Acemoglu, Daron/Robinson, James A., The Persistence and Change of Institutions in the Americas, in: Southern Economic Journal 75, 2 (2008), 282–299.

Dies., Why Nations Fail. The Origins of Power, Prosperity, and Poverty, New York 2012.

Aceto, Francesco, Nicola Pisano, in: DBI 78 (2013), 453–460.

Acosta, José de, Historia natural y moral de las Indias, hg. v. José Alcina Franch, Madrid 1987.
Adams, Tracy, The Life and Afterlife of Isabeau of Bavaria, Baltimore 2010.

Adamson, Peter/Taylor, Richard C. (Hg.), The Cambridge Companion to Arabic Philosophy, Cambridge/New York 2005.

Adang, Camilla u. a. (Hg.), Accusations of Unbelief in Islam. A Diachronic Perspective on Takfir, Leiden 2015.

Adas, Michael, Machines as the Measure of Man. Science, Technologies and Ideologies of Western Divergence, Ithaca 1989.

Adcock, Fleur (Hg.), Hugh Primas and the Archpoet, Cambridge 1994.

Adolphson, Mikael u. a. (Hg.), Heian Japan. Centers and Peripheries, Honolulu 2007.

Agricola, Georgius, De re metallica (1556), übers. v. Herbert Clark Hoover/Lou Henry Hoover, New York 1950.

Aguirre, Lope de, Crónicas 1559–1561, hg. v. Elena Mampel González/Neus-Escandell Tur, Barcelona 1981.

Ahmed, Shahab, What Is Islam? The Importance of Being Islamic, Princeton 2015.

Åkerman, Susanna, Rose Cross Over The Baltic, Leiden 1998.

al-Azmeh, Aziz, The Times of History. Universal Topics in Islamic Historiography, Budapest/New York 2007.

Al-Fārābī, Abū Naṣr, Die Prinzipien der Ansichten der Bewohner der vortrefflichen Stadt, hg. u. übers. v. Cleophea Ferrari, Stuttgart 2009.

al-Jabri, Mohammed Abed, Introduction à la critique de la raison arabe, Paris 1995.

Alberti, Leon Battista, Della Pittura/Über die Malkunst, hg. v. Oskar Bätschmann/Sandra Gianfreda, Darmstadt 2002.

Ders., Intercenales, hg. v. Franco Bacchelli/Luca D'Ascia, Bologna 2003.

Ders., Momus, hg. v. Sarah Knight/Virginia Brown, Cambridge MA/London 2003.

Ders., Opera inedita et pauca separatim impressa, hg. v. Girolamo Mancini, Florenz 1890.

Ders., Vita, hg. v. Christine Tauber, Frankfurt a. M. 2004.

(Albertus Magnus) Sancti Doctoris Ecclesiae Alberti Magni … Opera Omnia, hg. v. Paul Simon, XXXVII, 2, Münster 1978.

Alexander, Manfred, Kleine Geschichte der böhmischen Länder, Stuttgart 2008.

Alföldy, Géza, Römische Sozialgeschichte, 4Stuttgart 2011.

Allen, Michael J. B./Hankins, James (Hg.), Marsilio Ficino. Platonic Theology, 6 Bde., Cambridge MA 2001–2006.

Allen, Robert C., The British Industrial Revolution in a Global Perspective, Cambridge/New York 2009.

Allés Torrent, Susanna, Alfonso de Palencia y el humanismo italiano, in: Cuadernos de Filologia Italiana 19 (2012), 107–130.

Allmand, Christopher, The New Cambridge Medieval History, VII, Cambridge u. a. 1998.

Allsen, Thomas T., Culture and Conquest in Mongol Eurasia, Cambridge u. a. 2004.

Althoff, Gerd, Die Ottonen. Königsherrschaft ohne Staat, Stuttgart u. a. 2004.

Ders., Otto III., Darmstadt 1996.

Amabile, Luigi, Fra Tommaso Campanella, la sua congiura, i suoi processi e la sua pazzia, 3
    Bde., Neapel 1882.

Amin, Samir, Eurocentrism. Modernity, Religion and Democracy. A Critique of Eurocentrism
    and Culturalism, 2New York 2010.

Analayo, Bhikkhu, The Genesis of the Bodhisattva Ideal, Hamburg 2010.

Anderson, Benedict, Imagined Communities. Reflections on the Origins and Spread of
    Nationalism, London/New York 1991.

Andrews, Frances, The Early Humiliati, Cambridge 1999.

Andrews, Kenneth R., Trade, Plunder and Settlement. Maritime Enterprise and the Genesis of
    the British Empire, 1480–1630, Cambridge 1991.

Angenendt, Arnold, Geschichte der Religiosität im Mittelalter, 2Darmstadt 2000.

Ders., Reinheit und Unreinheit. Anmerkungen zu ‹Purity and Danger›, in: Peter Burschel/
    Christoph Marx (Hg.), Reinheit, Wien u. a. 2011, 47–74.

Ardito, Alissa M., Machiavelli and the Modern State. The Prince, the Discourses on Livy and
    the Exten-ded Territorial Republic, New York u. a. 2015.

Argenti, Philip, The Occupation of Chios by the Genoese and their Administration of the
    Island, 3 Bde., Cambridge 1958.

Armitage, David/Braddick, Michael J. (Hg.), The British Atlantic World, 1590–1800,
    2Basingstoke 2009.

Armitage, David, The Ideological Origins of the British Empire, Cambridge u. a. 2000.

Arnim, Hans von, Stoicorum veterum fragmenta, 4 Bde., Leipzig 1904–1924, ND Stuttgart 1968.

Arnold, Klaus, Johannes Trithemius (1462–1516), 2Würzburg 1991.

Aronson, Elliot u. a. (Hg.), Sozialpsychologie, 8Hallbergmoos 2014.

Ashtor, Eliahu, A Social and Economic History of the Near East in the Middle Ages, London 1976.

Ashworth, William B., Jr., Emblematic Natural History of the Renaissance, in: Nicholas

Jardine u. a. (Hg.), Cultures of Natural History, Cambridge 1996, 17–37.

Ders., Natural History and the Emblematic World View, in: Lindberg/Westman 303–332.

Asmussen, Tina u. a. (Hg.), Theatrum Kircherianum. Wissenskulturen und Bücherwelten im 17. Jahrhundert, Wiesbaden 2013.

Assmann, Jan, Die mosaische Unterscheidung oder der Preis des Monotheismus, München/ Wien 2003.

Asta, Matthias dall', Philosoph, Magier, Scharlatan und Antichrist. Zur Rezeption von Philostrats Vita Apollonii in der Renaissance, Heidelberg 2008.

Atiyeh, George N., The Book in the Modern Arabic World. The Cases of Lebanon and Egypt, in: Ders. (Hg.), The Book in the Islamic World, New York 1995, 233–253.

Auerbach, Erich, Mimesis. Dargestellte Wirklichkeit in der abendländischen Literatur, 9Bern 1994.

Augustynowicz, Christoph, Kaiser Maximilian II. als electus Rex Poloniae und der Regensburger Reichstag von 1576. Implikationen des Nationenbegriffs im 16. Jahrhundert, in: Marija Wakounig u. a. (Hg.), Nation, Nationalitäten und Nationalismus im östlichen Europa, Wien u. a. 2010, 47–68.

Aung-Thwin, Michael, A History of Myanmar Since Ancient Times. Traditions and Transformations, London 2012.

Austen, Ralph A., On Comparing Pre-Industrial African and European Economies, in: African Economic History 19 (1990/91), 21–24.

Austen, Ralph A./Headrick, Daniel, The Role of Technologies in the African Past, in: African Studies 26 (1983), 163–184.

Autrand, Françoise, Christine de Pizan, Paris 2009.

Avrin, Leila, Scribes, Script, and Books. The Book Art from Antiquity to the Renaissance (1991), Chicago/London 2010.

Bachmann, Ingeborg, Letzte unveröffentlichte Gedichte, Entwürfe und Fassungen, Frankfurt a. M. 1998.

Bachtin, Michail, Rabelais und seine Welt. Volkskultur als Gegenkultur (1965), Frankfurt a. M. 1987.

Bacon, Francis, Meditationes Sacrae (1597), in: Works, hg. v. James Spedding u. a., Bd. 14, Boston 1860/64.

Ders., Novum Organum, London 1620.

Ders., The New Atlantis, London 1628.

Ders., Works (1857/74), Stuttgart-Bad Cannstadt 1963.

(Bacon, Francis) The Philosophical Works of Francis Bacon, hg. v. John M. Robertson, London 1905.

Bacon, Roger, Opera hactenus inedita, hg. v. Robert Steele, 16 Bde., Oxford 1909–1940.

(Bacon, Roger) The ‹Opus majus› of Roger Bacon, hg. v. John Henry Bridges, London u. a. 1900.

Baechler, Jean, The Political Pattern of Historical Creativity. A Theoretical Case, in: Bernholz/
    Vaubel 18–28.

Baharuddin, Azizan, The Significance of Sufi-Empirical Principles in the Natural Theology and
    Discourse on Science in Islam, in: Iqbal I, 223–242.

Bailey, Gauvin Alexander u. a., Spain and Spanish America in the Early Modern Atlantic
    World. Current Trends in Scholarship, in: Renaissance Quarterly 62,1 (2009), 1–60.

Bakar, Osman, Classification of Knowledge in Islam. A Study in Islamic Philosophies of
    Science, Cambridge 1998.

Balbiani, Laura, Della Porta, Giovan Battista, in: Lexikon zur Geschichte der Hexenverfolgung,
    hg. v. Gudrun Gersmann u. a., in: historicum.net, URL: https://www.historicum.net/
    purl/45zov/(12. 11. 2016).

Dies., La ‹Magia naturalis› di Giovan Battista Della Porta. Lingua, cultura e scienza in Europa
    all'inizio dell'età moderna, Bern u. a. 2001.

Baldwin, Barry (Hg.), Timarion, Detroit 1984.

Barbaro, Ermolao, Epistolae, Orationes, Carmina, hg. v. Vittore Branca, Florenz 1943.

Barber, Charles/Jenkins, David (Hg.), Reading Michael Psellos, Leiden u. a. 2006.

Barbey, Jean, La Fonction royale. Essence et légitimité d'après les Tractatus de Jean de
    Terrevermeille, Paris 1983.

Barfield, Thomas J., Tribe and State Relations. The Inner Asian Perspective, in: Khoury/
    Kostiner 153–182.

Barker, Peter, Copernicus and the Critics of Ptolemy, in: Journal for the History of Astronomy
    30 (1999), 343–358.

Barkey, Karen, Empire of Difference. The Ottomans in Comparative Perspective, Cambridge 2008.

Barnes, Robin B., Prophecy and Gnosis. Apocalypticism in the Wake of the Lutheran Reformation, Stanford 1988.

Barnhart, Richard u. a., Three Thousand Years of Chinese Painting, New Haven/Beijing 1997.

Baron, Frank, The Beginnings of German Humanism. The Life and Work of the Wandering Humanist Peter Luder, Berkeley 1966.

Barrera-Osorio, Antonio, Experiencing Nature. The Spanish American Empire and the Early Scientific Revolution, Austin 2006.

Barton, Simon, The Aristocracy in Twelfth-Century León and Castile, Cambridge 1997.

Battisti, Eugenio, L'antirinascimento, Mailand 1962.

Battuta, Ibn, Travels in Asia and Africa, 1325–1354, hg. v. H. A. R. Gibb (1929), ND London 1983.

Baur, Otto, Bestiarium humanum. Mensch-Tier-Vergleich in Kunst und Karikatur, München 1974.

Baxandall, Michael, Bartholomaeus Facius on Painting. A Fifteenth-Century Manuscript of De viris illustribus, in: Journal of the Warburg & Courtauld Institutes 27 (1964), 90–107.

Ders., The Limewood Sculptors of Renaissance Germany, New Haven/London 1980.

Ders., Painting and Experience in Fifteenth Century Italy. A Primer in the Social History of Pictorial Style, Oxford 1972.

Bayly, Christopher, The Birth of the Modern World. Global Connections and Comparisons, 1780–1914, Oxford 2004.

Beaujard, Philippe, Les Mondes de l'océan Indien, 2 Bde., Paris 2012.

Beck, James H., Three Worlds of Michelangelo, New York/London 1999.

Beckert, Sven, King Cotton. Eine Globalgeschichte des Kapitalismus, München 2014.

Behringer, Wolfgang, Im Zeichen des Merkur. Reichspost und Kommunikationsrevolution in der Frühen Neuzeit, Göttingen 2003.

Ders., Witches and Witch-Hunts. A Global History, Cambridge 2004.

Bellitto, Christopher, Nicolas de Clamanges. Spirituality, Personal Reform, and Pastoral Renewal on the Eve of the Reformation, Washington DC 2001.

Bellwood, Peter, First Farmers. The Origins of Agricultural Societies, Oxford 2005.

Belting, Hans, Bild und Kult. Eine Geschichte des Bildes vor dem Zeitalter der Kunst, München 1990.

Ders., Florenz und Bagdad. Eine westöstliche Geschichte des Blicks, München 2008.

Ders., Hieronymus Bosch, Garten der Lüste, München u. a. 2002.

Ben-Shammai, Haggai, Jewish Thought in Iraq in the Tenth Century, in: Norman Golb (Hg.),
Judaeo-Arabic Studies, Amsterdam 1997, 15–32.

Bendix, Reinhard, Max Weber. An Intellectual Portrait (1960), Oakland 1977.

Benedictow, Ole J., The Black Death 1346–1353. The Complete History, Woodbridge 2004.

Benešovská, Klára, Forgotten Paths to ‹Another Renaissance›. Prague and Bohemia, c. 1400,
in: Lee u. a. 2010, 289–310.

Benson, Robert Louis/Constable, Giles (Hg.), Renaissance and Renewal in the Twelfth Century,
Oxford 1982.

Benton, John F., Consciousness of the Self and Perceptions of Individuality, in: Benson/
Constable 263–295.

Benz, Wolfgang, Die Protokolle der Weisen von Zion. Die Legende von der jüdischen Weltver-
schwörung, München 2007.

Benzoni, Gino, Paolo III, in: Massimo Bray 91–111.

Berg, Dieter, Die Tudors. England und der Kontinent im 16. Jahrhundert, Stuttgart 2016.

Ders., Heinrich VIII. von England. Leben – Herrschaft – Wirkung, Stuttgart 2013.

Bergdolt, Klaus, Der Schwarze Tod in Europa. Die Große Pest und das Ende des Mittelalters,
München 1994.

Ders., Die Pest in Italien. Fünfzig zeitgenössische Quellen, Heidelberg 1989.

Ders., Leib und Seele. Eine Kulturgeschichte des gesunden Lebens, München 1999.

Bergerac, Cyrano de, Voyage dans la lune, hg. v. Maurice Laugaa, Paris 1970.

Bergmann, Werner, Innovationen im Quadrivium des 10. und 11. Jahrhunderts. Studien zur
Einführung von Astrolab und Abakus im lateinischen Mittelalter, Stuttgart 1985.

Berkey, Jonathan P., The Formation of Islam. Religion and Society in the Near East, 600–1800,
Cambridge 2003.

Ders., Tradition, Innovation, and the Social Construction of Knowledge in the Medieval
Islamic Near East, in: Past & Present 146 (1995), 38–65.

Berlin, Isaiah, Der Verfall des utopischen Denkens, in: Henry Hardy (Hg.), Das krumme Holz der Humanität. Kapitel der Ideengeschichte, Berlin 2009.

Bernal, Martin, Black Athena. The Afroasiatic Roots of Classical Civilization, I, New Brunswick 1987.

Berndt, Guido M./Steinacher, Roland (Hg.), Arianism. Roman Heresy and Barbarian Creed, Farnham 2014.

Bernholz, Peter/Vaubel, Roland (Hg.), Political Competition, Innovation and Growth in the History of Asian Civilizations, Cheltenham 2004.

Berns, Jörg Jochen/Neuber, Wolfgang, Ars memorativa. Zur kulturgeschichtlichen Bedeutung der Gedächtniskunst 1400–1700, Tübingen 1993.

Bernstein, Eckhard, Die Literatur des deutschen Frühhumanismus, Stuttgart 1978.

Bertelli, Sergio, The King's Body. Sacred Rituals of Power in Medieval and Early Modern Europe (1990), University Park PA 2001.

Bertling Biaggini, Claudia, Giorgione pictor et musicus amatus – Vom Klang seiner Bilder. Eine musikalische Kompositionsästhetik in der Malerei gegen die Aporie der Norm um 1500, Hildes- heim 2011.

Beschorner, Andreas, Untersuchungen zu Dares Phrygius, Tübingen 1992.

Bevington, David, Shakespeare, Malden MA u. a. 2002.

Beyer, Andreas, Das Porträt in der Malerei, München 2002.

Bezold, Friedrich von, Konrad Celtis, ‹der deutsche Erzhumanist›, in: Ders., Aus Mittelalter und Renaissance. Kulturgeschichtliche Studien, München/Berlin 1918, 82–152.

Bhattacharya, Jayanta, The Knowledge of Anatomy and Health in Āyurveda and Modern Medicine. Colonial Confrontation and Its Outcome, in: Revista de humanidades médicas & estudios de ciencia y la tecnologia 1 (2009), 1–51.

Bhattacharyya, R. K., Brahmagupta. The Ancient Indian Mathematician, in: B. S. Yadav/Man Mohan (Hg.), Ancient Indian Leaps into Mathematics, New York u. a. 2011, 185–192.

Biagioli, Mario, Galileo, Courtier. The Practice of Science in the Culture of Absolutism, Chicago/London 1993.

Bialas, Volker, Johannes Kepler, München 2004.

Bianca, Concetta (Hg.), Coluccio Salutati e l'invenzione dell'umanesimo, Rom 2010.

Dies., Gaza, Teodoro, in: DBI 52 (1999), 737–746.

Bianchi, Massimo Luigi, The Visible and the Invisible. From Alchemy to Paracelsus, in: Piyo Rat- tansi/Antonio Clericuzio (Hg.), Alchemy and Chemistry in the 16th and 17th Centuries, Dordrecht 1994, 17–50.

Bieri, Hans, Der Streit um das kopernikanische Weltsystem im 17. Jahrhundert, Bern u. a. 2007.

Biersack, Manfred, ‹... umso gefährlicher ist es, sie zu kennen›. Die kontroverse Aufnahme des Florentiner Renaissanceplatonismus im spanischen Humanismus (1486–ca. 1530), in: ZHF 40 (2013), 558–592.

Biggi, Maria Ida, Il teatro italiano e l'Europa, in: RIE VI, 159–173.

Biggins, Michael/Crane, Janet, Publishing in Yugoslavia's Successor States, New York u. a. 2000.

Billanovich, Guido, Il preumanesimo padovano, in: Storia della cultura veneta. Il Trecento, Vicenza 1976.

Bisaha, Nancy, Creating East and West. Renaissance Humanists and the Ottoman Turks, Philadel-phia 2004.

Bisticci, Vespasiano da, Große Männer und Frauen der Renaissance. Achtunddreißig biographische Porträts, hg. v. Bernd Roeck, München 1995.

Bitterli, Urs, Die Entdeckung Amerikas. Von Kolumbus bis Alexander von Humboldt, München 1999.

Black, Jeremy, The Atlantic Slave Trade in World History, New York 2015. Black, Robert, Le scuole e la circolazione del sapere, in: RIE II, 287–307.

Ders., The Renaissance and the Middle Ages. Chronologies, Ideologies, Geographies, in: Lee u. a. 27–44.

Blair, Ann, The Theater of Nature. Jean Bodin and Renaissance Science, Princeton 1997.

Blake, Stephen P., Shahjahanabad. The Sovereign City in Mughal India, 1639–1739, Cambridge 2002.

Blanck, Horst, Das Buch in der Antike, München 1992.

Blankinship, Khalid Yahya, The End of the Jihād State. The Reign of Hishā, 'Abd Al-Malik and the Collapse of the Umayyads, New York 1994.

Blastenbrei, Peter, Die Sforza und ihr Heer. Studien zur Struktur-, Wirtschafts- und

Sozialgeschichte des Söldnerwesens in der italienischen Frührenaissance, Heidelberg 1992.

Blaut, James M., The Colonizer's Model of the World. Geographic Diffusionism and Eurocentric History, New York 1993.

Bleichmar, Daniela u. a. (Hg.), Science in the Spanish and Portuguese Empires, 1500–1800, Stanford 2009.

Bleienstein, Fritz, Johannes Quidort von Paris. Über königliche und päpstliche Gewalt, Stuttgart 1969.

Bley, Matthias u. a. (Hg.), Discourses of Purity in Transcultural Perspective (300–1600), Leiden 2015.

Blickle, Peter, Der Bauernkrieg. Die Revolution des Gemeinen Mannes, München 2011.

Ders., Kommunalismus. Skizzen einer gesellschaftlichen Organisationsform, 2 Bde., München 2000.

Ders., Von der Leibeigenschaft zu den Menschenrechten. Eine Geschichte der Freiheit in Deutschland, München 2003.

Bloch, Herbert, The New Fascination with Ancient Rome, in: Benson/Constable, 615–636.

Blondus, Flavius, Roma ristaurata, et Italia illustrata, Venedig 1542.

Blum, Paul Richard (Hg.), Philosophen der Renaissance, Darmstadt 1999.

Blumenberg, Hans, Aspekte der Epochenschwelle. Cusaner und Nolaner (Die Legitimität der Neuzeit, 4), Frankfurt a. M. 1976.

Ders., Der Prozeß der theoretischen Neugierde, 4Frankfurt a. M. 1988.

Ders., Die Genesis der kopernikanischen Welt, Frankfurt a. M. 1975.

Ders., Die Lesbarkeit der Welt, Frankfurt a. M. 1981.

Ders., Schiff bruch mit Zuschauer. Paradigma einer Daseinsmetapher, Frankfurt a. M. 1979.

Blusch, Jürgen, Rudolf Agricola als Pädagoge und seine Empfehlungen De formando studio, in: Wilhelm Kühlmann (Hg.), Rudolf Agricola, 1444–1485 …, Bern u. a. 1994, 355–385.

Boas Hall, Marie, The Scientific Renaissance, London 1962.

Böckenförde, Ernst Wolfgang, Geschichte der Rechts- und Staatsphilosophie, 2Tübingen 2006.

Ders., Die Entstehung des Staates als Vorgang der Säkularisierung (1967), in: Ders., Der säkularisierte Staat. Sein Charakter, seine Rechtfertigung und seine Probleme im 21. Jahrhundert, München 2007, 43–72.

Bodde, Derk, Chinese Thought, Society and Science and Technology in Pre-Modern China, Honolulu 1991.

Bodin, Jean, Six livres de la République, Lyon 1593, ND Paris 1986.

Bol, Peter K., ‹This Culture of Ours›. Intellectual Transitions in T'ang and Sung China, Stanford 1992.

Bolgar, Robert R., The Classical Heritage and Its Beneficiaries, Cambridge 1954.

Bonaventura, Collationes in Hexaëmeron, in: Opera omnia …, V, Quaracchi 1891.

Bonoldi, Lorenzo/Centanni, Monica, Catena d'onore, catena d'amore. Baldassarre Castiglione e il gioco della 's', in: Engramma 126 (2015), www.engramma.it/eOS2/index.php?id_articolo=1666 (18. 5. 2015).

Bordt, Michael, Platons Theologie, Freiburg 2006.

Borge, Francisco J., ‹We (upon peril of my life) shall make the Spaniards ridiculous to all Europe›. Richard Hakluyt's ‹Discourse› of Spain, in: Daniel Carey/Claire Jowitt (Hg.), Richard Hakluyt and Travel Writing in Early Modern Europe, London 2012, 167–176.

Borgolte, Michael, Europa entdeckt seine Vielfalt, 1050–1250, Stuttgart 2002. Börm, Henning, Westrom. Von Honorius bis Justinian, Stuttgart 2013.

Bornstein, Daniel E., The Bianchi of 1399. Popular Devotion in Late Medieval Italy, Ithaca/London 1993.

Borst, Arno, Die Katharer, 2Wien 2012.

Ders., Lebensformen im Mittelalter (1973), Frankfurt a. M. u. a. 1980.

Boshof, Egon, Europa im 12. Jahrhundert. Auf dem Weg in die Moderne, Stuttgart 2007.

Bosl, Karl/Weis, Eberhard, Die Gesellschaft in Deutschland I. Von der fränkischen Zeit bis 1848, München 1976, 143–146.

Bosworth, Clifford E., Ašʿarī, Abu'l-Ḥasan, in: Encyclopaedia Iranica, II, 7, 1987, 702 f.

Bouwsma, William J., The Waning of the Renaissance, 1550–1640, New Haven 2000.

Ders., Venice and the Defense of Republican Liberty. Renaissance Values in the Age of Counterreformation, Berkeley 1968.

Branca, Vittore, Boccaccio medievale e nuovi studi sul ‹Decameron›, 7Florenz 1990.

Brandi, Karl, Kaiser Karl V. Werden und Schicksal einer Persönlichkeit und eines Weltreichs,

München 1937.

Brandt, Hartwin, Das Ende der Antike, 4München 2010.

Braudel, Fernand u. a., Die Welt des Mittelmeeres. Zur Geschichte und Geographie kultureller Lebensformen (1990), 5Frankfurt a. M. 2000.

Ders., Civilisation matérielle et capitalisme (XVe–XVIIIe siècle), I, Paris 1967.

Ders., La Méditerranée et le monde méditerranéen à l'époque de Phillippe II, 9Paris 1990.

Braun, Karl-Heinz u. a. (Hg.), Das Konstanzer Konzil, 1414–1418. Weltereignis des Mittelalters, Darmstadt 2013.

Bray, Francesca, Technology and Society in Ming China (1368–1644), Washington DC 2000.

Dies., The Rice Economies. Technology and Development in Asian Societies, Berkeley u. a. 1994. Bray, Massimo (Hg.), I papi da Pietro a Francesco, III, Rom 2000.

Brecht, Martin, Martin Luther, 3 Bde., Stuttgart 1981–1987.

Bredekamp, Horst, Vicino Orsini und der heilige Wald von Bomarzo. Ein Fürst als Künstler und Anarchist, 2Worms 1991.

Brendecke, Arndt, Die Jahrhundertwenden. Eine Geschichte ihrer Wahrnehmung und Wirkung, Frankfurt a. M./New York 1999.

Ders., Imperium und Empirie. Funktionen des Wissens in der spanischen Kolonialherrschaft, Köln u. a. 2009.

Brennan, Tad, The Stoic Life, Oxford 2005.

Brentjes, Sonja, The Prison of Categories – ‹Decline› and Its Company, in: Felicitas Opwis/David Reisman (Hg.), Islamic Philosophy, Theology, and Science, Leiden 2012, 131–156.

Bresc-Bautier, Geneviève, I marmi, in: RIE IV, 283–308.

Bretone, Mario, Geschichte des römischen Rechts. Von den Anfängen bis zu Justinian, 2München 1998.

Brett, Gerard, The Automata in the Byzantine Throne of Solomon, in: Speculum 29 (1954), 477–487.

Briggs, Asa/Burke, Peter, A Social History of the Media. From Gutenberg to the Internet, 4Cambridge 2010.

Brincken, Anna-Dorothee von den, Die universalhistorischen Vorstellungen des Johann von

Marignola OFM. Der einzige mittelalterliche Weltchronist mit Fernostkenntnis, in: Archiv für Kulturgeschichte 49 (1967), 297–339.

Bringmann, Klaus, Römische Geschichte. Von den Anfängen bis zur Spätantike, 10München 2008.

Brochlos, Astrid, Grundherrschaft in Japan. Entstehung und Struktur des Minase no shô, Berlin 2001.

Brömer, Rainer, The Nature of the Soul and the Passage of Blood Through the Lungs. Galen, Ibn al-Nafīs, Servetus, İtaki, ʿAṭṭār, in: Manfred Horstmannshoff u. a. (Hg.), Blood, Sweat and Tears. The Changing Concepts of Physiology from Antiquity into Early Modern Europe, Leiden 2012, 339–362.

Brook, Timothy, The Confusions of Pleasure. Commerce and Culture in China, Berkeley 1998.

Ders., The Troubled Empire. China in the Yuan and Ming Dynasties, Cambridge MA 2013.

Brooks, Philip, The Mayflower Compact, Minneapolis 2005.

Brower, Jeffrey E./Guilfoy, Kevin (Hg.), The Cambridge Companion to Abelard, Cambridge u. a. 2004.

Brown, Alison, The Medici in Florence. The Exercise and Language of Power, Florenz 1992.

Dies., Philosophy and Religion in Machiavelli, in: John M. Najemy (Hg.), The Cambridge Companion to Machiavelli, Cambridge u. a. 2010, 157–172.

Dies., The Return of Lucretius to Renaissance Florence, Cambridge MA 2011.

Brucker, Gene Adam, The Civic World of Early Renaissance Florence, Princeton 1987.

Brückner, Wolfgang, Bilddenken. Mensch und Magie oder Magie oder Missverständnisse der Moderne, Münster u. a. 2013.

Bruni, Leonardo, Opere letterarie e politiche, hg. v. Paolo Viti, Turin 1996.

Brüning, Alfons, Unio non est unitas. Polen-Litauens Weg im konfessionellen Zeitalter (1569–1648), Wiesbaden 2008.

Brunner, Otto u. a. (Hg.), Geschichtliche Grundbegriffe, 8 Bde., Stuttgart 1979. Bruno, Giordano, Cabala del cavallo pegaseo …, hg. v. Sergius Kodera, Hamburg 2009.

Ders., Das Aschermittwochsmahl, übers. v. Ferdinand Fellmann, Frankfurt a. M. 1969.

Ders., De l'infinito, universo et mondi …, hg. v. Angelika Bönker-Vallon, Hamburg 2007.

Ders., Gesammelte Werke, hg. v. Ludwig Kuhlenbeck, 6 Bde., Leipzig/Jena 1904/09.

Ders., Iordani Bruni opera latine conscripta, hg. v. F. Fiorentino u. a., Neapel/Florenz, 3 Bde., 1879–1891, ND 1981/82.

Ders., Le opere italiane, hg. v. Giovanni Gentile, 2 Bde., Bari 1925.

Ders., Spaccio della bestia trionfante, hg. v. Elisabeth Blum/Paul Richard Blum, Hamburg 2009.

Ders., Vita di Giordano Bruno con documenti editi ed inediti, hg. v. Vincenzo Spampanato, Messina 1921, ND Paris 2000.

Bucaille, Maurice, The Bible, the Qu'ran and Science. The Holy Scriptures Examined in the Light of Modern Science, Indianapolis 1978.

Bucciantini, Massimo, Galileo e Keplero. Filosofia, cosmologia e teologia nell' Età della controriforma, Turin 2003.

Buck, August, Machiavelli, Darmstadt 1985.

Ders., Einleitung, in: Ders. (Hg.), Zu Begriff und Problem der Renaissance, Darmstadt 1969, 1–36.

Buck, Thomas Martin (Hg.), Chronik des Konstanzer Konzils 1414–1418 von Ulrich Richental, Ostfildern 2010.

Bücking, Jürgen, Michael Gaismair, Reformer, Sozialrebell, Revolutionär. Seine Rolle im Tiroler «Bauernkrieg» (1525/32), Stuttgart 1978.

Bullegas, Sergio, Angelo Beolco. La lingua contestata, il teatro violato, la scena imitata, Alexandria 1993.

Bulliet, Richard W., Conversion to Islam in the Medieval Period. An Essay in Quantitative History, Cambridge/London 1979.

Bullough, Donald A., Carolingian Renewal. Sources and Heritage, Manchester/New York 1991.

Bumke, Joachim, Höfische Literatur. Literatur und Gesellschaft im hohen Mittelalter, 2 Bde., 2München 1986.

Buonarroti, Michelangelo, Rime, hg. v. Noè Girardi, Bari 1960.

Burckhardt, Jacob, Die Cultur der Renaissance in Italien. Ein Versuch (1860), Basel 1930.

Burgdorf, Wolfgang (Bearb.), Die Wahlkapitulationen der römisch-deutschen Kaiser und Könige, 1519–1792, Göttingen/Bristol 2015.

Buringh, Eltjo/van Zanden, Jan Luiten, Charting the ‹Rise of the West›. Manuscripts and Printed Books in Europe. A Long-Term Perspective from the Sixth through Eighteenth Centuries, in: Journal of Economic History 69 (2009), 409–445.

Burke, Peter, Culture and Society in Renaissance Italy, 1420–1540, London 1972. Ders., The

Art of Conversation, Ithaca 1993.

Ders., The Fortunes of the Courtier. The European Reception of Castiglione's Cortegiano, Cambridge 1995.

Ders., Hybrid Renaissance. Culture, Language, Architecture, Budapest/New York 2016.

Burkert, Walter, Anthropologie des religiösen Opfers, München 1987.

Ders., Die Griechen und der Orient. Von Homer bis zu den Magiern, München 2003.

Burkhardt, Johannes, Das Reformationsjahrhundert. Deutsche Geschichte zwischen Medienrevolu- tion und Institutionenbildung 1517–1617, Stuttgart 2002.

Burmeister, Karl Heinz, Georg Joachim Rhetikus, 1514–1574. Eine Bio-Bibliographie, 3 Bde, Wiesbaden 1967.

Burns, Dylan, The Chaldean Oracles of Zoroaster, Hekate's Couch and Platonic Orientalism in Psellos and Plethon, in: Aries 6,2 (2006), 158–179.

Burns, Howard, Castelli travestiti? Ville e residenze di campagna nel Rinascimento italiano, in: RIE VI, 465–545.

Burns, James H., The Cambridge History of Medieval Political Thought, c. 350–c. 1450 (1988), 7Cambridge 2010.

Burns, Robert I., Paper Comes to the West, 800–1400, in: Lindgren 2001, 413–422.

Bury, Richard de, Philobiblon, hg. v. Michael MacLagan (1960), New York 1970.

(Busbeq) The Turkish letters of Ogier Ghislain de Busbecq, Imperial Ambassador at Constantinople 1554–1562, hg. v. Edward Seymour Forster (1927), Baton Rouge 2005.

Busch, Jörg W., Die Herrschaften der Karolinger 714–911, München 2011.

Busche, Hubertus, Leibniz' Weg ins perspektivische Universum. Eine Harmonie im Zeitalter der Berechnung, Hamburg 1997.

Buswell, Robert W. u. a. (Hg.), Encyclopedia of Buddhism, New York 2004.

Butler, Elizabeth M., The Fortunes of Dr. Faust (1952), University Park 1998.

Butterfield, Herbert, The Origins of Modern Science, 1300–1800 (1949), London 1973.

Buzás, Ladislaus, Deutsche Bibliotheksgeschichte des Mittelalters, Wiesbaden 1975.

Cabanel, Patrick, Histoire des protestants en France (XVIe–XXIe siècle), Paris 2012.

Cadamosto, Alvise, Navigationi, in: Giovanni Battista Ramusio (Hg.), Primo volume delle navigationi et viaggi, Venedig 1550.

Caferro, William, John Hawkwood. An English Mercenary in Fourteenth-Century Italy, Baltimore 2006.

Cameron, Alan, The Latin Revival of the Fourth Century, in: Treadgold 42–58.

Cameron, Averil, The Mediterranean World in Late Antiquity AD 365–600, London/New York 1993.

Camerota, Michele, Galileo Galilei e la cultura scientifica nell'età della controriforma, Rom 2004.

Campanella, Tommaso, Apologia di Galileo. Tutte le lettere a Galileo Galilei e altri documenti, hg. v. Gibo Ditadi, Este 1992.

Ders., Articuli prophetales, hg. v. Germana Ernst, Florenz 1977.

Ders., La Città del sole, hg. v. Adriano Seroni, Mailand 1979.

Campbell, Ian C., The Lateen Sail in World History, in: Journal of World History 6,1 (1995), 1–23.

Camporesi, Piero, Il pane selvaggio, Bologna 1980.

Canizares-Esguerra, Jorge, Iberian Science in the Renaissance. Ignored How Much Longer?, in: Perspectives in Science 12 (2004), 86–124.

Capelle, Wilhelm (Hg.), Die Vorsokratiker, Stuttgart 1968.

Cappelli, Guido, ‹Pandoni, Porcelio›, in DBI 80 (2014), 736–740.

Cardano, Girolamo, Il Libro della mia vita, hg. v. Serafino Balduzzi, Mailand 2013.

Cardwell, Donald L. S., The Fontana History of Technology, London 1994.

Caroti, Stefano, Nicole Oresme's Polemic Against Astrology in his ‹Quodlibetica›, in: Curry 75–93.

Carreiro, Daniel, The Dao Against the Tyrant. The Limitation of Power in the Political Thought of Ancient China, in: Libertarian Papers 5,1 (2013), 111–152.

Carrier, Martin, Nikolaus Kopernikus, München 2001.

Carroll, Stuart, Martyrs and Murderers. The Guise Family and the Making of Europe, Oxford u. a. 2009.

Caspar, Max, Kepler, New York 1959.

Cassiodorus Senator, Einführung in die geistlichen und weltlichen Wissenschaften (Institutiones divinarum et saecularium litterarium), hg. v. Andreas Pronay, Hildesheim 2014.

Cassirer, Ernst, Mathematical Mysticism and Mathematical Science (1940), in: Ernan McMullin (Hg.), Galileo. Man of Science, New York/London 1967.

Castiglione, Baldesar, Il libro del Cortegiano, hg. v. Giulio Preti, Turin 1965.

Castillo, Bernal Díaz de, Historia verdadera de la conquista de la nueva España, hg. v. Miguel Léon Portilla, 2 Bde., Madrid 1984.

Catani, Marco/Sandrone, Stefano, Brain Renaissance. From Vesalius to Modern Neuroscience, Oxford 2015.

Caterina di Siena, Le lettere, hg. v. Pietro Misciatelli, Florenz 1939.

Ceccopieri Baruti, Maria Vittoria (Hg.), Braccio da Montone e Fortebracci, le compagnie di ventura nell' Italia del XV secolo, Narni 1993.

Celenza, Christopher S., Piety and Pythagoras in Renaissance Florence. The Symbolum Nesianum, Leiden u. a. 2001.

Ders., Renaissance Humanism and the Papal Curia. Lapo da Castiglionchio the Younger's De curiae commodis, Ann Arbor 1999.

Celtis, Conrad, Oden, Epoden, Jahrhundertlied … (1513), hg. u. übers. v. Eckart Schäfer, 2Tübingen 2012.

Cerman, Markus, Villagers and Lords in Eastern Europe, 1300–1800, Basingstoke 2012.

Chaffee, John W./Twitchett, Denis (Hg.), The Cambridge History of China, V, 2, Cambridge 2015.

Chakrabarty, Dipesh, Europa provinzialisieren. Postkolonialität und die Kritik der Geschichte, in: Ders., Europa als Provinz. Perspektiven postkolonialer Geschichtsschreibung, Frankfurt a. M. 2010, 41–65.

Chambers, Edmund K., William Shakespeare. A study of facts and problems, Oxford 1930.

Chandler, David, A History of Cambodia, 3Boulder 2000.

Chang, Pin-tsun, Work Ethics Without Capitalism. The Paradox of Chinese Merchant Behaviour, c. 1500–1800, in: Karl Anton Sprengard/Roderich Ptak (Hg.), Maritime Asia, Wiesbaden 1994, 61–73.

Chang, Carsun, Wang-Yang Ming. Idealist Philosopher of Sixteenth-Century China, New York 1962.

Chaplin, Joyce E., Round about the Earth. From Magellan to Orbit, New York u. a. 2012.

Chartier, Roger, L'Ordre des livres. Lecteurs, auteurs, bibliothèques en Europe entre XIVe et XVIIIe siècle, Aix-en-Provence 1992.

Châtelier, Louis, The Europe of the Devout. The Catholic Reformation and the Formation of a New Society, Cambridge 1989.

Chaudhuri, Kirti N., Trade and Civilization in the Indian Ocean. An Economic History from the Rise of Islam to 1750, Cambridge 1985.

Ders., Asia before Europe. Economy and Civilization of the Indian Ocean from the Rise of Islam to 1750, Cambridge u. a. 1990.

Chenu, Marie-Dominique, Die Platonismen des XII. Jahrhunderts, in: Werner Beierwaltes (Hg.), Platonismus in der Philosophie des Mittelalters, Darmstadt 1969, 268–319.

Chia, Lucille, Mashaben. Commercial Publishing in Jianyang from the Song to the Ming, in: Brokaw, Cynthia/Kornicki, Peter (Hg.), The History of the Book in East Asia, Abingdon/New York 2013, 117–173.

Chow, Kai-Wing, Publishing, Culture, and Power in Early Modern China, Stanford 2004.

Chrétien de Troyes, Cligès, hg. v. Ingrid Kasten, Berlin 2006.

Chua, Amy, Day of Empire. How Hyperpowers Rise to Global Dominance – and Why They Fall, New York 2007.

Church, Sally K., The Colossal Ships of Zheng He. Image or Reality?, in: Claudine Salmon/Roderich Ptak (Hg.), Zheng He. Images and Perceptions …, Wiesbaden 2005, 155–176.

Ciggaar, Krijnie N., Western Travellers to Constantinople. The West and Byzantium, 962–1204, Leiden 1996.

Ciriacono, Salvatore, Trasmissione tecnologica e sistemi idraulici, in: RIE III, 439–456.

Ćirković, Sima, The Serbs, Malden u. a. 2004.

Clark, Gregory, A Farewell to Alms. A Brief Economic History of the World, Princeton/Oxford 2007.

Clarke, Angus G., Metoposcopy. An Art to Find the Mind's Construction in the Forehead, in: Curry 171–195.

Classen, Peter, Die geistesgeschichtliche Lage. Anstöße und Möglichkeiten, in: Peter Weimar (Hg.), Die Renaissance der Wissenschaften im 12. Jahrhundert, Zürich/München 1981.

Ders., Res Gestae, Universal History, Apocalypse. Visions of Past and Future, in: Besson u. a. 1982, 387–417.

Clauss, Manfred, Konstantin der Große und seine Zeit, 3München 2007.

Clavelin, Maurice, La Philosophie Naturelle de Galilée, Paris 1968.

(Clavijo, Ruy González) Clavijos Reise nach Samarkand 1403–1406, hg. v. Uta Lindgren,

München 1993.

Clegg, Cyndia Susan, Press Censorship in Elizabethan England, Cambridge u. a. 1997.

Clendinnen, Inga, Ambivalent Conquests: Maya and Spaniard in Yukatan, 1517–1570, 2New York u. a. 2003.

Clewing, Konrad/Schmitt, Oliver Jens (Hg.), Geschichte Südosteuropas. Vom frühen Mittelalter bis zur Gegenwart, Regensburg 2011. Clucas, Stephen (Hg.), John Dee. Interdisciplinary Studies in English Renaissance Thought, Dordrecht 2006.

Coby, Patrick J., Thomas Cromwell. Machiavellian Statecraft and the English Reformation, Lanham 2009.

Cochrane, Eric, Historians and Historiography in the Italian Renaissance, Chicago 1981.

Cohen, Floris, How Modern Science Came into the World. Four Civilizations, One 17th-Century Breakthrough, Amsterdam 2010.

Ders., The Scientific Revolution. A Historiographical Inquiry, Chicago/London 1994.

Cohn, Norman, The Pursuit of the Millennium. Revolutionary Millenarians and Mystical Anarchists of the Middle Ages, New York 1970.

Cohn, Samuel K., Jr., After the Black Death. Labour Legislation and Attitudes Towards Labour in Late Medieval Western Europe, in: Economic History Review 60 (2007), 457–485.

Ders., Lust for Liberty. The Politics of Social Revolt in Medieval Europe, 1200–1425, Cambridge MA 2006.

Ders., Popular Protest in Late Medieval English Towns, New York 2013.

Cole, Michael W., Cellini and the Principles of Sculpture, Cambridge MA 2002.

Coleman, David, Creating Christian Granada. Society and Religious Culture in an Old-World Frontier City, 1492–1600, Ithaca/London 2003.

Colish, Marcia L., Medieval Foundations of the Western Intellectual Tradition, 400–1400, New Haven/London 1997.

Collard, Franck, Paulus Aemilius' De rebus gestis Francorum. Diffusion und Rezeption eines humanistischen Geschichtswerks in Frankreich, in: Helmrath u. a. 2002, 378–380.

Colón, Hernando, Historia del Almirante, hg. v. Luis Arranz Márquez, Madrid 1984.

Colonna, Francesco, Hypnerotomachia Poliphili, hg. v. Marco Ariani/Mino Gabriele (1998),

Mailand 2010.

Commynes, Philippe de, Mémoires, hg. v. Joël Blanchard, Genf 2007.

Compagnon, Antoine, Un été avec Montaigne, Paris 2013.

Conermann, Stephan, Das Mogulreich. Geschichte und Kultur des muslimischen Indien, München 2006.

Connah, Graham, African Civilizations. Precolonial Cities and States in Tropical Africa, 2Cambridge 2001, 22016.

Connors, Joseph/Dressen, Angela, Biblioteche. L'architettura e l'ordinamento del sapere, in: RIE VI, 199–228.

Cook, Theodore A., Old Provence, New York 2001.

Cooke, Nola u. a., The Tongking Gulf Through History, Philadelphia 2011.

Copenhaver, Brian B., Magic in Western Culture. From Antiquity to the Enlightenment, New York 2015.

Ders., The Greek Corpus Hermeticum and the Latin Asclepius, Cambridge 1992.

Copernicus, Nicolaus, De Revolutionibus libri sex, hg. v. Heribert Maria Nobis/Bernhard Sticker, Hildesheim 1984.

Cordes, Christian, Emergente kulturelle Phänomene und ihre kognitiven Grundlagen, in: Greve/Schnabel 346–371.

Corwin, Lucille, Le Istituzioni Harmoniche di Gioseffo Zarlino, I, Ann Arbor 2008.

Costambeys, Marios u. a., The Carolingian World, Cambridge 2011.

Cotroneo, Girolamo, I trattatisti dell'ars historica, Neapel 1971.

Cottingham, John (Hg.), The Cambridge Companion to Descartes, Cambridge 1995.

Couliano, Ioan Peter, Éros et magie à la Renaissance 1484, Paris 1984.

Crane, Howard/Akin, Esra, Sinan's Autobiographies. Five Sixteenth-Century Texts, Leiden 2006.

Crone, Patricia, God's Rule. Government and Islam, New York 2004.

Dies., Medieval Islamic Political Thought, Edinburgh 2004 (= Crone 2004a).

Crosby, Alfred W., The Measure of Reality. Quantification and Western Society, 1250–1600, Cambridge MA 1997.

Ders., Ecological Imperialism. The Biological Expansion of Europe, Cambridge MA 2004.

Ders., The Columbian Exchange. Biological and Cultural Consequences of 1492, Westport 1972.

Cross, Richard, Medieval Theories of Haecceity, in: SEP, Summer 2014 Edition, http://plato. stanford.edu/archives/sum2014/entries/medieval-haecceity/(15. 1. 2017).

Crouzet, Denis, La sagesse et le malheur. Michel de l'Hospital, chancellier de France, Seyssel 1998.

Crummey, Robert O., The Formation of Muscovy, 1304–1613, London 1987.

Csikzentmihalyi, Mihály, Creativity. Flow and the Psychology of Discovery and Invention, New York 1996.

Cunningham, Andrew/Grell, Ole Peter (Hg.), The Four Horsemen of the Apocalypse. Religion, War, Famine, Death in Reformation Europe, Cambridge 2000.

Cunningham, Andrew, The Anatomical Renaissance. The Resurrection of the Anatomical Projects of the Ancients, Aldershot u. a. 2003.

Curry, Patrick (Hg.), Astrology, Science and Society. Historical Essays, Woodbridge VA/ Wolfeboro NH 1987.

Cursi, Marco, Il Decameron: scritture, scriventi, lettori. Storia di un testo, Rom 2007.

Curta, Florin, Southeastern Europe in the Middle Ages, 500–1250, Cambridge 2006.

Curtius, Ernst Robert, Europäische Literatur und lateinisches Mittelalter, Bern 1948.

Cusa, Nicolaus de, Idiota de sapientia/Der Laie über die Weisheit, hg. v. Renate Steiger, Hamburg 1988.

DaCosta Kaufmann, Thomas, Astronomy, Technology, Humanism, and Art at the Entry of Rudolf II into Vienna, 1577, in: Ders., The Mastery of Nature. Aspects of Art, Science, and Humanism in the Renaissance, Princeton 1993, 136–150.

Ders., From Mastery of the World to Mastery of Nature. The Kunstkammer, Politics and Science, in: Ders. 1993, 174–194.

Dahm, Bernhard, Handel und Herrschaft im Grenzbereich des Indischen Ozeans, in: Dietmar Rothermund/Susanne Weigelin-Schwiedrzik (Hg.), Das afroasiatische Mittelmeer als Kulturund Wirtschaftsraum, Wien 2004, 105–143.

Dale, Stephen Frederic, The Garden of the Eight Paradises. Babur and the Culture of Empire in Central Asia, Afghanistan and India, 1438–1530, Leiden 2004.

Dandelet, Thomas James, The Renaissance of Empire in Early Modern Europe, New York 2014.

Darling, Linda T., Revenue-Raising and Legitimacy. Tax-Collection and Finance Administration in the Ottoman Empire 1560–1600, Leiden 1996.

Darlington, Oscar G., Gerbert, the Teacher, in: American Historical Review 52, 3 (1947), 456–476.

Darwin, John, After Tamerlane. The Global History of Empires since 1405, London u. a. 2007.

Daston, Lorraine/Park, Katherine, Wonders and the Order of Nature, 1150–1750, New York 2001.

Daston, Lorraine, The Empire of Observation, 1600–1800, in: Daston/Lunbeck 81–113.

Dies./Lunbeck, Elizabeth (Hg.), Histories of Scientific Observation, Chicago/London 2011.

Davidson, Basil (Hg.), The African Past, Boston 1964.

Davies, Norman, Im Herzen Europas – Geschichte Polens, 4München 2006.

Davis, Richard W. (Hg.), The Origins of Modern Freedom in the West, Stanford 1995.

Dedekind, Friedrich, Grobianus. Von groben sitten/und unhöflichen geberden …, Frankfurt a. M. 1553.

Delogu, Daisy u. a. (Hg.), A Companion to Alain Chartier (c. 1385–1430), Leiden 2015.

Delumeau, Jean, La Peur en Occident (XIVe–XVIIIe siècles). Une cité assiégée, Paris 1978.

Demandt, Alexander, Das Erbe der Antike, in: Pim den Boer u. a. (Hg.), Europäische Erinnerungsorte I. Mythen und Grundbegriffe des europäischen Selbstverständnisses, München 2012, 89–100.

Ders., Die Spätantike. Römische Geschichte von Diocletian bis Justinian, 284–565 n. Chr., 2München 2007.

Ders., Philosophie der Geschichte. Von der Antike bis zur Gegenwart, Köln u. a. 2011.

Ders., Ungeschehene Geschichte. Ein Traktat über die Frage: Was wäre geschehen, wenn …?, 2Göttingen 2011 (= Demandt 2011a).

Dembek, Arne, William Tyndale (1491–1536). Reformatorische Theologie als kontextuelle Schriftauslegung, Tübingen 2010.

Deng, Gang, Maritime Sector, Institutions, and Sea Power of Premodern China, Westport 1999.

Dent, Chris, ‹Generally Inconvenient›. The 1624 Statute of Monopolies as Political Compromise, in: Melbourne Law Review 33,2 (2009), 415–453.

De Pace, Anna, Le matematiche e il mondo. Ricerche su un dibattito in Italia nella seconda metà del Cinquecento, Mailand 1993.

Deppermann, Klaus, Melchior Hofmann. Soziale Unruhen und apokalyptische Visionen im Zeitalter der Reformation, Göttingen 1979.

Descartes, René, Œuvres, hg. v. Charles Adam/Paul Tannery, 12 Bde. (1897/1913), Paris 1971.

Deutinger, Roman, Vom Amt zum Lehen. Das Beispiel der deutschen Herzogtümer des Hochmittelalters, in: Spieß 2013, 133–157.

Diamond, Jared, Collapse. How Societies Choose to Fail or Succeed, New York 1997.

Ders., Guns, Germs and Steel. The Fates of Human Societies, New York/London 2005.

Des Périers (?), Bonaventure, Cymbalum mundi, hg. v. Peter Hampshire Nurse, 4Genf 1999.

Dicke, Gerd, Heinrich Steinhöwels Esopus und seine Fortsetzer. Untersuchungen zu einem Bucherfolg der Frühdruckzeit, Tübingen 1994.

Dickens, Arthur G., The German Nation and Martin Luther, London 1974.

Diels, Hermann/Kranz, Walter, Die Fragmente der Vorsokratiker, I–III, 5Berlin 1934.

Dijksterhuis, Eduard Jan, The Mechanization of the World Picture. Pythagoras to Newton (1951), Oxford 1961.

Dinzelbacher, Peter, Europäische Mentalitätsgeschichte, 2Stuttgart 2008.

Ders., Das fremde Mittelalter. Gottesurteil und Tierprozess, Essen 2006.

Diop, Cheikh Anta, Precolonial Black Africa …, New York 1987.

Dioscórides, Pedacio Anazarbeo, Acerca de la Materia Medicinal …, Salamanca 1570.

Dirlik, Arif, Revisioning Modernity. Modernity in Eurasian Perspectives, in: Sven Trakulhun/ Ralph Weber (Hg.), Delimiting Modernities. Conceptual Challenges and Regional Responses, Lanham u. a. 2015, 143–177.

Disney, Anthony R., A History of Portugal and the Portuguese Empire, Bd. I, Cambridge u. a. 2009.

Djebbar, Ahmed, L'Âge d'or des sciences arabes, Paris 2005.

Dodds, Jerilynn/Shaffer, Jenny H., Die karolingische Renaissance, in: Eduard Carbonell/ Roberto Cassanelli (Hg.), Von Mohammed zu Karl dem Großen. Aufbruch ins Mittelalter, Stuttgart 2001, 171–190.

Dohrn-van Rossum, Gerhard, Die Geschichte der Stunde. Uhren und moderne Zeitordnungen, München/Wien 1992.

Dollinger, Philippe, Die Hanse, 4Stuttgart 1989.

Dolza, Luisa, Utilitas et delectatio. Libri di tecniche e teatri di macchine, in: RIE III, 115–143.

Donne, John, Devotions Upon Emergent Occasions (1623), Ann Arbor 1959.

Donner, Fred M. (Hg.), The Early Islamic Conquests, Princeton 1981.

Dopsch, Heinz, Oswald von Wolkenstein und seine Zeit, in: Müller/Springeth 2011, 1–13.

Ders. u. a. (Hg.), Paracelsus, 1493–1541. «Keines andern Knecht …», Salzburg 1993.

Dorn, Harold, The Geography of Science, Baltimore 1991.

Dougherty, M. V., Pico della Mirandola. New Essays, Cambridge u. a. 2008.

Downing, Brian M., The Military Revolution and Political Change. Origins of Democracy in Early Modern Europe, Princeton 1992.

Doyle, Michael W., Empires, Ithaca/London 1984.

Drachmann, Aage G., Ctesibius, in: Dictionary of Scientific Biography 3, 491 f.

Drake, Stillman, Discoveries and Opinions of Galileo, New York 1957.

Dronke, Peter, Profane Elements in Literature, in: Benson/Constable, 569–592.

Drücke, Simone, Humanistische Laienbildung um 1500. Das Übersetzungswerk des rheinischen Humanisten Johann Gottfried, Göttingen 2001.

Druffel, August von (Hg.), Briefe und Akten zur Geschichte des sechzehnten Jahrhunderts. Mit besonderer Rücksicht auf Bayerns Fürstenhaus, 6 Bde., München 1873–1913.

Duby, Georges, Le Dimanche de Bouvines (1973), Paris 2005.

Ders., Le Temps des cathédrales. L'art et la société, 980–1420 (1966), Paris 1976.

Duchardt, Heinz, Das Tunisunternehmen Karls V. 1535, in: Mitteilungen des österreichischen Staatsarchivs 37 (1984), 35–72.

Duchesne, Ricardo, The Uniqueness of Western Civilization, Leiden 2011.

Ducheyne, Steffen, Newton's Training in the Aristotelian Textbook Tradition. From Effects to Causes and Back, in: History of Science 43 (2005), 217–237.

Duczko, Wladyslaw, Viking Rus. Studies on the Presence of Scandinavians in Eastern Europe, Leiden 2004.

Duffy, Eve M./Metcalf, Alida, The Return of Hans Staden. A Go-between in the Atlantic World, Baltimore 2012.

Duhem, Pierre, Études sur Léonard de Vince. Ceux qu'il a lus et ceux qui l'ont vu, III, Les précurseurs parisiens de Galilée, 2Paris 1955.

Dülmen, Richard van, Das Täuferreich zu Münster 1534–1535, München 1974.

Dundas, Paul, The Jains, Oxford 2002.

Dunlop, Anne, Painted Palaces. The Rise of Secular Art in Early Renaissance Italy, University Park 2009.

Dunn, Alastair, The Great Rising of 1381. The Peasants' Revolt and England's Failed Revolution, Stroud 2002.

Dupré, Scen, Galileo's Telescope, in: Journal of the History of Astronomy 34 (2003), 364–399.

(Duran, Diego) El Padre Fray Diego Duran, Historia de las Islas de la Nueva–España e Islas del Tierra Firma, hg. v. José F. Ramirez, 2 Bde., Mexico 1867.

Dürer, Albrecht, Schriftlicher Nachlaß, hg. v. Hans Rupprich, 3 Bde., Berlin 1956/69.

Durot, Éric, François de Lorraine, duc de Guise entre Dieu et le Roi, Paris 2012.

Eamon, William/Paheau, Françoise, The Accademia Segreta of Girolamo Ruscelli. A Sixteenth-Century Italian Scientific Society, in: Isis 75 (1984), 327–342.

Eamon, William, Science and the Secrets of Nature. Books of Secrets in Medieval and Early Modern Culture, Princeton 1994.

Ebeling, Florian, Das Geheimnis des Hermes Trismegistos. Geschichte des Hermetismus, 2München 2009.

Ebrey, Patricia Buckley (Hg.), Chinese Civilization. A Sourcebook, 2New York u. a. 1993.

Dies., Confucianism and Family Rituals in Imperial China. A Social History of Writing about Rites, Princeton 1991.

Edelmayer, Friedrich, Philipp II. (1527–1598). Die Biografie eines Weltherrschers, Stuttgart 2009.

Edson, Evelyn, The World Map, 1300–1492. The Persistence of Tradition and Transformation, Baltimore 2007.

Edwards, John, Die spanische Inquisition, Düsseldorf/Zürich 1999.

Ders., The Spain of the Catholic Monarchs 1474–1520, Oxford 2000.

Ders., Torquemada and the Inquisitors, Stroud 2005.

Edwards, Mark, Christians, Gnostics and Philosophers in Late Antiquity, London 2012.

Edzard, Dietz-Otto, Geschichte Mesopotamiens. Von den Sumerern bis zu Alexander dem

Großen, München 2014.

Egel, Nikolaus Andreas, Die Welt im Übergang. Der diskursive, subjektive und skeptische Charakter der Mappamondo des Fra Mauro, Heidelberg 2014.

Egger, Vernon O., A History of the Muslim World to 1405. The Making of a Civilization, Upper Saddle River 2004.

Eggert, Marion u. a. (Hg.), Geschichte der chinesischen Literatur IV, München 2004.

Dies., Vom Sinn des Reisens. Chinesische Reiseschriften vom 16. bis zum frühen 19. Jahrhundert, Wiesbaden 2004.

Ehlers, Joachim (Hg.), Deutschland und der Westen Europas im Mittelalter, Stuttgart 2002.

Ders., Die Reform der Christenheit. Studium, Bildung und Wissenschaft als bestimmende Kräfte bei der Entstehung des mittelalterlichen Europa, in: Ders. 2002, 177–209.

Eiden, Herbert, ‹In der Knechtschaft werdet ihr verharren …›. Ursachen und Verlauf des englischen Bauernaufstandes von 1381, Trier 1995.

Einstein, Albert/Born, Hedwig/Born, Max, Briefwechsel 1916–1955, Reinbek b. Hamburg 1972.

Eisenstein, Elizabeth L., The Printing Press as an Agent of Change. Communications and Cultural Transformations in Early Modern Europe, 2 Bde., Cambridge 1979.

Eisner, Martin, In the Labyrinth of the Library. Petrarch's Cicero, Dante's Virgil, and the Historiography of the Renaissance, in: Renaissance Quarterly LXVII, 3 (2014), 755–790.

(Ekkehard) Ekkehardi IV. Casus Sancti Galli. St. Galler Klostergeschichten, hg. v. Hans F. Haefele, Darmstadt 1980.

Elias, Norbert, Über den Prozeß der Zivilisation. Soziogenetische und psychogenetische Untersuchungen, 2 Bde., Bern 1969.

Elkana, Yehuda, A Programmatic Attempt at an Anthropology of Knowledge, in: Everett Mendelsohn/Yehuda Elkana (Hg.), Sciences and Cultures, Dordrecht 1981, 1–76.

Elliott, John H., Empires of the Atlantic World. Britain and Spain in America, 1492–1830, New Haven 2006.

Ders., The Old World and the New, 1492–1650, Cambridge 1970.

Elton, Geoffrey, England Under the Tudors, 3Abingdon/New York 1991.

Ders., The Tudor Constitution. Documents and Commentary, 2Cambridge 1982.

Elvin, Mark, Some Reflections on the ‹Use of Styles of Scientific Thinking› to Disaggregate and Sharpen Comparisons between China and Europe, in: History of Technology 25 (2004), 53–103.

Ders., The Pattern of Chinese Past, London 1973.

Embree, Ainslie T./Wilhelm, Friedrich, Indien. Geschichte des Subkontinents von der Induskultur bis zum Beginn der englischen Herrschaft, Frankfurt a. M. 1967.

Emison, Patricia A., Creating the ‹Divine› Artist. From Dante to Michelangelo, Leiden/Boston 2004.

Enders, Markus, Das Gespräch zwischen den Religionen bei Raimundus Lullus, in: Speer/ Wegener 194–214.

Ennen, Edith, Die europäische Stadt des Mittelalters, 3Göttingen 1979.

Dies., Frauen im Mittelalter, 4München 1991.

Epstein, Stephan R./Prak, Maarten, Introduction, in: Dies., Guilds, Innovation and the European Economy, London 2008.

Epstein, Stephan R., L'economia italiana nel quadro europeo (2007), in: RIE IV, 3–47.

Erasmus von Rotterdam, Ausgewählte Schriften, 8 Bde., hg. v. Werner Welzig, Darmstadt 1968–1980.

Ercilla y Zúñiga, Alonso de, La Araucana, hg. v. Isaías Lerner, Madrid 1993.

Erler, Michael, Platon, in: Flashar 2007, II, 2, 528–540.

Ernst, Germana, Astrology, Religion and Politics in Counter Reformation Rome, in: Stephen Pumfrey u. a. (Hg.), Science, Culture, and Popular Belief in Renaissance Europe, Manchester 1991, 249–273.

Ertl, Thomas, Religion und Disziplin. Selbstdeutung und Weltordnung im frühen deutschen Franziskanertum, Berlin u. a. 2006.

Erzgräber, Willi (Hg.), Kontinuität und Transformation der Antike im Mittelalter, Sigmaringen 1989.

Esch, Arnold, Bonifaz IX. und der Kirchenstaat, Tübingen 1969.

Ders., Das Erlebnis der griechischen Inselwelt in der Renaissance, in: Ders. 2008, 84–96.

Ders., Die Lebenswelt des europäischen Spätmittelalters. Kleine Schicksale erzählt in Schreiben an den Papst, München 2014.

Ders., Landschaften der Frührenaissance. Auf Ausflug mit Pius II., München 2008.

Ders., Rom. Vom Mittelalter zur Renaissance, München 2016.

Esposito, John L. (Hg.), Oxford History of Islam, Oxford u. a. 1999.

Ess, Hans van, Der Daoismus. Von Laozi bis heute, München 2011.

Ders., Der Konfuzianismus, München 2003.

Ess, Josef van, Theologie und Gesellschaft im 2. und 3. Jahrhundert Hidschra. Eine Geschichte
  des religiösen Denkens im frühen Islam, IV, Berlin/New York 1997.

Etting, Vivian, Queen Margrethe I, 1353–1412, and the Founding of the Nordic Union, Leiden/
  Boston 2004.

Evans, Robert J. W., Rudolf II., in: NDB 22 (2007), 169–171.

Fabian, Seth Boniface, Cecco vs Dante. Correcting the Comedy with Applied Astrology, New
  York 2014.

Fairbank, John K., Geschichte des modernen China, 1800–1995, München 1989.

Fallows, David, Dufay, London/Melbourne 1987.

Falola, Toyin/Roberts, Kevin D., The Atlantic Worlds, 1450–2000, Bloomington/Indianapolis 2008.

Fantoli, Annibale, Galileo. For Copernicanism and for the Church (1994), Vatikanstadt 2003.

Fantoni, Marcello u. a. (Hg.), The Art Market in Italy, 15th–17th Centuries, Florenz 2002.

Faroqhi, Suraiya, Geschichte des Osmanischen Reiches, München 2000.

Dies., Kultur und Alltag im Osmanischen Reich. Vom Mittelalter bis zum Anfang des 20.
  Jahrhunderts, München 1995.

Faure, David, Emperor and Ancestor. State and Lineage in South China, Stanford 2007. Favier,
  Jean, Un roi de marbre. Philippe le Bel (1998), Paris 2005.

Fehérvari, Géza, ‹Harran›, in: Victor Louis Ménage (Hg), Encyclopedia of Islam, III, 2Leiden
  1971, 227–230.

Feingold, Mordechai, The Mathematician's Apprenticeship. Science, University and Society in
  England, 1560–1640, Cambridge u. a. 1984.

Feld, Helmut, Franziskus von Assisi und seine Bewegung, 2Darmstadt 2007.

Ders., Ignatius von Loyola. Gründer des Jesuitenordens, Köln u. a. 2006.

Feldbauer, Peter, Die islamische Stadt im ‹Mittelalter›, in: Ders. u. a., 79–106.

Ders., Die islamische Welt 600–1250. Ein Frühfall von Unterentwicklung?, Wien 1995.

Ders., Estado da India. Die Portugiesen in Asien, 1498–1620, Wien 2003.

Ders. u. a. (Hg.), Die vormoderne Stadt. Asien und Europa im Vergleich, Wien/München 2002.

Feldhay, Rivka, Galileo and the Church. Political Inquisition or Critical Dialogue?, Cambridge 1995.

Fenn, Richard K., The End of Time. Religion, Ritual and the Forging of the Soul, Cleveland 1997.

Fenske, Hans u. a. (Hg.), Geschichte der politischen Ideen. Von Homer bis zur Gegenwart, Königstein 1981.

Ferguson, Eugene S., Engineering and the Mind's Eye, Cambridge 1992. Ferguson, Niall, Civilization. The West and the Rest, London 2011.

Ferguson, Wallace K., The Renaissance in Historical Thought. Five Centuries of Interpretation, Cambridge MA 1948.

Fernández, Christian, Inca Garcilaso. Imaginación, memoria, e identidad, Lima 2004.

Fernández-Armesto, Felipe, Amerigo. The Man Who Gave His Name to America, New York 2007.

Ficino, Marsilio, Opera omnia, 2 Bde., Basel 1576, ND Turin 1959/60.

Field, Arthur M., The Origins of the Platonic Academy in Florence, Princeton 1988.

Field, Judith V., Astrology in Kepler's Cosmology, in: Curry 143–170.

Dies., Kepler's Rejection of Numerology, in: Vickers 284–290.

Dies., The Invention of Infinity. Mathematics and Art in the Renaissance, Oxford u. a. 1997.

Field, Judith V./James, Frank A. J. L. (Hg.), Renaissance and Revolution. Humanists, Scholars, Craftsmen and Natural Philosophers in Early Modern Europe, Cambridge 1993.

Figliuolo, Bruno, Die humanistische Historiographie in Neapel und ihr Einfluß auf Europa, in: Helmrath u. a. 77–98.

Filipiak, Kai, Krieg, Staat und Militär in der Ming-Zeit (1368–1644). Auswirkungen militärischer und bewaffneter Konflikte auf Machtpolitik und Herrschaftsapparat der Ming-Dynastie, Wiesbaden 2008.

Findlay, Ronald/O'Rourke, Kevin H., Power and Plenty. Trade, War, and the World Economy in the Second Millennium, Princeton/Oxford 2007.

Findlen, Paula, Humanism, Politics and Pornography in Renaissance Italy, in: Lynn Hunt (Hg.), The Invention of Pornography, New York 1993, 49–108.

Dies., Museums, Collecting, and Scientific Culture in Early Modern Italy, Berkeley u. a. 1994.

Dies. (Hg.), Athanasius Kircher. The Last Man Who Knew Everything, New York 2004.

Findley, Carter Vaughn, The Turks in World History, Oxford u. a. 2005.

Fine, John V. A., Jr., The Early Medieval Balkans. A Critical Survey from the Sixth to the Late Twelfth Century, Ann Arbor 1983.

Finlay, Moses I./Mack Smith, Denis/Duggan, Christopher, Geschichte Siziliens und der Sizilianer, München 1989.

Finlay, Robert, China, the West, and World History in Joseph Needham's Science and Civilization in China, in: Journal of World History 11 (2000), 265–304.

Firpo, Luigi, I processi di Tommaso Campanella, Rom 1998.

Ders., Il Processo di Giordano Bruno, Neapel 1949.

Fischer, Carl/Kuhn, Hugo (Hg.), Carmina Burana. Die Gedichte des Codex Buranus lateinisch und deutsch, München/Zürich 1974.

Flaig, Egon, Die Mehrheitsentscheidung. Entstehung und kulturelle Dynamik, Paderborn u. a. 2013.

Flasch, Kurt, Das philosophische Denken im Mittelalter. Von Augustin zu Machiavelli, Stuttgart 2011.

Ders., Augustin. Einführung in sein Denken, 2Stuttgart 1994.

Ders., Dietrich von Freiberg. Philosophie, Theologie, Naturforschung um 1300, Frankfurt a. M. 2007.

Ders., Nikolaus von Kues. Geschichte einer Entwicklung. Vorlesungen zur Einführung in seine Philosophie, Frankfurt a. M. 1998.

Flashar, Hellmut, Aristoteles. Lehrer des Abendlandes, München 2013. Ders. (Hg.), Die Philosophie der Antike, Basel 1998/2007.

Fleck, Ludwik, Entstehung und Entwicklung einer wissenschaftlichen Tatsache (1935), Frankfurt a. M. 1980.

Floerke, Hanns, Die Fazetien des Poggio Fiorentino, München 1906.

Fodor, Nóra, Die Übersetzungen lateinischer Autoren durch M. Planudes, Heidelberg 2004.

Foltz, Richard, Religions of the Silk Road. Overland Trade and Cultural Exchange from Antiquity to the Fifteenth Century, New York 1999.

Forke, Alfred, Die Gedankenwelt des chinesischen Kulturkreises, München 1927.

Forrester, John M. (Hg.), Jean Fernel's On the Hidden Causes of Things. Forms, Souls, and Occult Diseases in Renaissance Medicine, Leiden 2005.

Forschner, Maximilian, Thomas von Aquin, München 2006.

Forst, Rainer, Toleranz im Konflikt. Geschichte, Gehalt und Gegenwart eines umstrittenen Begriffs, Frankfurt a. M. 2003.

Fortescue, Sir John, On the Laws and Governance of England, hg. v. Shelley Lockwood, Cambridge u. a. 1997.

Fortini Brown, Patricia, Le antichità, in: RIE IV, 309–337.

Fortson, Benjamin, Indo-European Languages and Culture. An Introduction, 2Oxford 2010.

Foucault, Michel, Das Subjekt und die Macht, in: Hubert L. Dreyfuß/Paul Rabinow (Hg.), Michel Foucault. Jenseits von Strukturalismus und Hermeneutik (1982), Frankfurt a. M. 1987, 243–261.

Ders., Folie et déraison. Histoire de la folie à l'âge classique, Paris 1972.

Ders., L'archéologie du savoir, Paris 1969.

Ders., Les mots et les choses. Une archéologie des sciences humaines, Paris 1966.

Fowden, Garth, Empire to Commonwealth. Consequences of Monotheism in Late Antiquity, Princeton 1994.

Fra-Molinero, Baltasar, Juan Latino and his Racial Difference, in: Thomas F. Earle/Kate J. P. Lowe (Hg.), Black Africans in Renaissance Europe, Cambridge 2005, 326–344.

Fracastoro, Girolamo, Lehrgedicht über die Syphilis, hg. v. Georg Wöhrle, 2Wiesbaden 1993.

Franck, Jakob, Art. Krantz, Martin, in: Allgemeine Deutsche Biographie 17 (1883), 45–47.

François, Etienne, Die unsichtbare Grenze. Katholiken und Protestanten in Augsburg, Sigmaringen 1991.

Frangenberg, Thomas, Der Betrachter. Studien zur florentinischen Kunstliteratur des 16. Jahrhunderts, Berlin 1990.

Frank, Andre Gunder, ReOrient. Global Economy in the Asian Age, 4Berkeley 2002.

Franke, Herbert, From Tribal Chieftain to Universal Emperor and God. The Legitimation of the Yuan Dynasty, München 1987.

Frankopan, Peter, The Silk Road. A New History of the World, London u. a. 2015.

Franz, Edgar, Deutsche Mediziner in Japan – ein Beitrag zum Wissenstransfer in der Edo-Zeit, in: Japanstudien 17 (2005), 31–56.

Freedberg, David, The Power of Images. Studies in the History and Theory of Response, Chicago 1989.

Freedman, Paul, Out of the East. Spices and the Medieval Imagination, New Haven/London 2008.

Freely, John, Aladdin's Lamp. How Greek Science Came to Europe through the Islamic World, New York 2009.

French, Roger, Dissection and Vivisection in the European Renaissance, Aldershot 1999.

Ders., Medicine before Science. The Business of Medicine from the Middle Ages to the Enlightenment, Cambridge 2003.

Ders., William Harvey's Natural Philosophy, Cambridge 1994.

Frey, Dieter/Bierhoff, Hans Werner, Sozialpsychologie – Interaktion und Gruppe, Göttingen u. a. 2011.

Fried, Johannes, Das Mittelalter. Geschichte und Kultur, 4München 2009.

Ders., Der Schleier der Erinnerung. Grundzüge einer historischen Memorik, München 2004.

Ders., Donation of Constantine and Constitutum Constantini. The Misinterpretation of a Fiction and its Original Meaning, Berlin u. a. 2007.

Ders., Endzeiterwartung um die Jahrtausendwende, in: Deutsches Archiv für Erforschung des Mittelalters 45 (1989), 381–473.

Ders., Karl der Große. Gewalt und Glaube. Eine Biographie, München 2013.

Ders./Hehl, Ernst-Dieter, WBG Weltgeschichte III, Darmstadt 2010.

Frigo, Daniela, Il Rinascimento e le corti: Ferrara e Mantova, in: RIE I, 309–330.

Froissart, Jean, Œuvres. Chroniques hg. v. Joseph Kervyn de Lettenhove (1867–1877), Osnabrück 1967.

Fubini, Riccardo, Humanism and Secularization. From Petrarch to Valla, London/Durham 2003.

Ders., ‹Nanni, Giovanni›, in: DBI 77 (2012), 726–732.

Ders., Storiografia dell'umanesimo in Italia da Leonardo Bruni ad Annio da Viterbo, Rom 2003.

Funke, Fritz, Buchkunde. Ein Überblick über die Geschichte des Buches, 6München 1999.

Funkenstein, Amos, The Dialectical Preparation for Scientific Revolutions. On the Role of Hypothetical Reasoning in the Emergence of Copernican Astronomy and Galilean Mechanics, in: Westman 1975, 165–203.

Fürst, Alfons, Monotheism Between Cult and Politics. The Themes of the Ancient Debate Between Pagan and Christian Monotheism, in: Stephen Mitchell/Peter van Nuffelen (Hg.), One God. Pagan Monotheism in the Roman Empire (1st–4th cent. A. D.), Cambridge 2010, 82–99.

Füssel, Stephan, Gutenberg und seine Wirkung, Frankfurt a. M./Leipzig 1999.

Ders./Pirozyñski, Jan (Hg.), Der polnische Humanismus und die europäischen Sodalitäten, Wiesbaden 1997.

Fynn-Paul, Jeffrey, Empire, Monotheism and Slavery in the Greater Mediterranean Region from Antiquity to the Early Modern Era, in: Past and Present 205 (2009), 3–40.

Gabriel, Karl u. a. (Hg.), Umstrittene Säkularisierung. Soziologische und historische Analysen zur Differenzierung von Religion und Politik, Berlin 2012.

(Galilei, Galileo), Le opere di Galilei Galilei, hg. v. Antonio Favaro, Florenz 1890/1909, ND 1964.

Ders., Sidereus Nuncius (Nachricht von neuen Sternen), hg. v. Hans Blumenberg, 2Frankfurt a. M. 2002.

Gamberini, Andrea, ‹Gian Galeazzo Visconti›, in: DBI 54 (2000), 383–391.

Gamsa, Mark, Uses and Misuses of a Chinese Renaissance, in: Modern Intellectual History 10,3 (2013), 635–654.

Ganz, David, Temptabat et scribere. Vom Schreiben in der Karolingerzeit, in: Rudolf Schieffer (Hg.), Schriftkultur und Reichsverwaltung unter den Karolingern, Wiesbaden 1996, 13–33.

Garber, Daniel, Descartes' Physics, in: Cottingham 286–334.

Gareis, Iris, Wie Engel und Teufel in die Neue Welt kamen. Imaginationen von Gut und Böse im kolonialen Amerika, in: Paideuma 45 (1999), 257–273.

Garin, Eugenio, Storia della filosofia italiana (1947), 3 Bde., Turin 1978.

Gascoigne, John, A Reappraisal of the Role of Universities in the Scientific Revolution, in: Lindberg/Westman, 207–260.

Gaudefroy-Demombynes, Maurice, Ibn Jobair. Voyages. Traduits et annotés, VI, Paris 1953.

Gaukroger, Stephen, The Emergence of Scientific Culture. Science and the Shaping of

Modernity, 1210–1685, Oxford 2008.

Gdoura, Wahid, Le Début de l'imprimérie arabe à Istanbul et en Syrie. Évolution de l'environment culturel (1706–1787), Tunis 1985.

Geary, Patrick. J., Europäische Völker im frühen Mittelalter. Zur Legende vom Werden der Nationen, Frankfurt a. M. 2002.

Geertz, Clifford, Negara. The Theatre State in Nineteenth-Century Bali, Princeton 1980.

Gelber, Harry G., The Dragon and the Foreign Devils. China and the World, 1100 BC to the Present, London 2007.

Gelfand, Laura, Piety, Nobility and Posterity. Wealth and the Ruin of Nicolas Rolin's Reputation, in: Journal of Historians of Netherlandish Art 1,1 (2009), 1–26.

Gemeinhardt, Peter, Das lateinische Christentum und die antike pagane Bildung, Tübingen 2007.

Gentile, Emilio, Politics as Religion, Princeton 2006.

Gentile, Sebastiano/Speranzi, David, Coluccio Salutati e Manuele Crisolora, in: Bianca 2010, 3–48.

Geoffroy-Schneiter, Bérénice, Gandhara. Das kulturelle Erbe Afghanistans (2001), München 2002.

Gerabek, Werner E. u. a., Enzyklopädie Medizingeschichte, Berlin 2007.

Gernet, Jacques, A History of Chinese Civilization, 2Cambridge 2002.

Ghiberti, Lorenzo, I commentarii, hg. v. Lorenzo Bartoli, Florenz 1998.

Gilbert of Colchester, William, Physician of London, On the Magnet …, London 1900.

Gilbert, Creighton E., Italian Art, 1400–1500. Sources and Documents, Englewood Cliffs 1980.

Gilmore, Myron P., The World of Humanism, 1453–1517, New York 1952.

Gilson, Étienne, The Unity of Philosophical Experience, New York 1937.

Gimaret, Daniel, Mu'tazila, in: C. E. Bosworth u. a. (Hg.), Encyclopédie de l'Islam, VII, 2Leiden u. a. 1993.

Gingerich, Owen, The Book Nobody Read. Chasing the Revolutions of Nicolaus Copernicus, New York 2004.

Giovio, Paolo, Notable Men and Women of Our Time, hg. v. Kenneth Gouwens, Cambridge MA/London 2013.

Girard, René, Ausstoßung und Verfolgung. Eine historische Theorie des Sündenbocks (1982), Frankfurt a. M. 1992.

Given, James, State and Society in Medieval Europe. Gwynedd and Languedoc under Outside Rule, Ithaca u. a. 1990.

Glasser, Hannelore, Artist's Contracts of the Early Renaissance, New York/London 1977.

Glauser, Jürg (Hg.), Skandinavische Literaturgeschichte, Stuttgart 2006.

Gleeson-White, Jane, Double Entry. How the Merchants of Venice Created Modern Finance, New York 2011.

Glick, Thomas F., Islamic and Christian Spain in the Early Middle Ages, Princeton 1979.

Goehrke, Carsten, Rußland. Eine Strukturgeschichte, Zürich 2010.

Ders., Russischer Alltag. Eine Geschichte in neun Zeitbildern vom Frühmittelalter bis zur Gegenwart, I, Zürich 2003.

Goertz, Hans-Jürgen, Pfaffenhaß und Groß Geschrei. Die reformatorischen Bewegungen in Deutschland 1517–1529, München 1987.

Ders., Thomas Müntzer. Mystiker, Apokalyptiker, Revolutionär, München 1989.

Goetz, Hans Werner, Geschichtsschreibung und Geschichtsbewusstsein im hohen Mittelalter, 2Berlin 2008.

Golas, Peter J., Technological Illustrations in China. A Post-Needham Perspective, in: Alain Arrault/Catherine Jami (Hg.), Science and Technology in East Asia, Turnhout 2001, 43–58.

Goldin, Ian/Kutarna, Chris, Age of Discovery. Navigating the Risks and Rewards of Our New Renaissance, New York 2016.

Goldstein, Bernard R., Al-Bitrūjī On the Principles of Astronomy, 2 Bde., New Haven 1971.

Ders., The Heritage of Arabic Science in Hebrew, in: Iqbal IV, 65–74.

Goldstein, Thomas, The Influence of the Geographic Discoveries Upon Copernicus, in: Organon 9 (1973), 199–215.

Goldstone, Jack A., Efflorescences and Economic Growth in World History. Rethinking the Rise of the West and the Industrial Revolution, in: Journal of World History 13 (2002), 323–389.

Ders., Europe's Peculiar Oath. Would the World Be ‹Modern› If William III's Invasion of England in 1688 Had Failed?, in: Philip Tetlock u. a. (Hg.), Unmaking the West. ‹What if›-Scenarios That Rewrite World History, Ann Arbor 2006, 168–196.

Ders., Why Europe? The Rise of the West in World History, 1500–1850, Boston 2009.

Goldthwaite, Richard A., The Economy of Renaissance Florence, Baltimore/London 2009.

Ders., Wealth and the Demand for Art in Italy, 1300–1600, London/Baltimore 1993.

Goldziher, Ignaz, The Attitude of Orthodox Islam Toward the ‹Ancient Sciences›, in: Merlin
Swartz (Hg.), Studies on Islam, New York 1981, 185–215.

Golinski, Jan V., Chemistry in the Scientific Revolution, in: Lindberg/Westman 367–396.

Gombrich, Ernst H., Aby Warburg. Eine intellektuelle Biographie, Frankfurt a. M. 1981.

Ders., Die Geschichte der Kunst, 16ankfurt a. M. 1996.

Goodman, Grant K., Japan. The Dutch Experience, London 1986.

Goody, Jack, Renaissances. The One or the Many?, Cambridge 2010.

Ders., Restricted Literacy in Northern Ghana, in: Ders. (Hg.), Literacy in Traditional Societies,
Cambridge 1968, 198–264.

Ders., Technology, Tradition, and the State in Africa, London 1971.

Ders., The East in the West, Cambridge 1996.

Ders., The Eurasian Miracle, Cambridge/Malden MA 2010.

Gorochov, Nathalie, Le Collège de Navarre de sa fondation (1305) au début du XVe siècle (1418).

Histoire de l'institution, de sa vie intellectuelle et de son recrutement, Paris 1997.

Gotthard, Axel, Der Augsburger Religionsfrieden, Münster 2004.

Göttler, Christine, Die Kunst des Fegefeuers nach der Reformation. Kirchliche Schenkungen,
Ablaß und Almosen in Antwerpen und Bologna um 1600, Mainz 1996.

Götz, Roland, Der Dämonenpakt bei Augustinus, in: Georg Schwaiger (Hg.), Teufelsglaube
und Hexenprozesse, München 1987, 57–84.

Grafe, Regina, Distant Tyranny. Markets, Power, and Backwardness in Spain, 1650–1800,
Princeton 2012.

Grafton, Anthony, Cardanos Kosmos. The Worlds and Works of a Renaissance Astrologer,
Cambridge MA 2001.

Ders., Commerce with the Classic. Ancient Books and Renaissance Readers, Ann Arbor 1997.

Ders., Leon Battista Alberti. Master Builder of the Renaissance, London u. a. 2000.

Ders./Jardine, Lisa, From Humanism to the Humanities. Education and the Liberal Arts in
Fifteenth-and-Sixteenth-Century Europe, London 1986.

Graham, Angus C., China, Europe, and the Origin of Modern Science. Needham's The Grand Titration, in: Nakayama/Sivin, 45–69.

Granberg, Jonas, Veche in the Chronicles of Medieval Rus. A Study of Functions and Terminology, Göteborg 2004.

Granet, Marcel, Das chinesische Denken – Inhalt, Form, Charakter, München 1971.

Grant, Edward, Much Ado about Nothing. Theories of Space and Vacuum from the Middle Ages to the Scientific Revolution, Cambridge 1981.

Ders., Planets, Stars, and Orbs. The Medieval Cosmos, 1200–1687, Cambridge u. a. 1994.

Ders., Science and Religion from Aristotle to Copernicus, 400 B. C. to A. D. 1550, Westport 2004.

Ders., The Effects of the Condemnation of 1277, in: Norman Kretzman u. a. (Hg.), The Cambridge History of Later Medieval Philosophy, Cambridge u. a. 1988, 537–539.

Ders., The Foundations of Modern Science in the Middle Ages. Their Religious, Institutional and Intellectual Contexts, Cambridge 1996.

Grant, Jeanne, For the Common Good. The Bohemian Land Law and the Beginning of the Hussite Revolution, Leiden 2014.

Greef, Wulfert de, Calvin's Writings, in: McKim, 41–47.

Green, Louis, Castruccio Castracani. A Study of the Origins and Character of a Fourteenth-Century Italian Despotism, Oxford 1986.

Greenblatt, Stephen, The Sverve. How the Renaissance Began, London 2011.

Greenfeld, Liah, The Spirit of Capitalism. Nationalism and Economic Growth, Cambridge MA 2003.

Greif, Avner, Institutions and the Path to Modern Economy. Lessons from Medieval Trade, 8ambridge 2010.

Grendler, Paul F., Schooling in Renaissance Italy. Literacy and Learning, 1300–1600, Baltimore/London 1986.

Greve, Jens/Schnabel, Annette (Hg.), Emergenz. Zur Analyse und Erklärung komplexer Strukturen, Berlin 2011.

Grewe, Wilhelm G., The Epochs of International Law, Berlin/New York 2000.

Gribbin, John, Science. A History, 1543–2001, London 2002.

Grieb, Volker, Hellenistische Demokratie. Politische Organisation und Struktur in freien griechischen Poleis nach Alexander dem Großen, Stuttgart 2008.

Grierson, Herbert J. C., The Poems of John Donne, 2 Bde., Oxford 1912.

Grimm, Jürgen/Hartwig, Susanne (Hg.), Französische Literaturgeschichte, 6Stuttgart/Weimar 2014.

Grimm, Tilemann, Academies and Urban Systems in Kwangtung, in: G. William Skinner (Hg.), The City in Late Imperial China, Stanford 1977, 475–498.

Grinin, Leonid/Korotayev, Andrey, Great Divergence and Great Convergence. A Global Perspective, Cham u. a. 2015.

Groese, Michiel van, The Representation of the Overseas World in the de Bry Collection of Voyages (1590–1634), Leiden/Boston 2008.

Groten, Andreas, Corpus und universitas. Römisches Körperschafts und Gesellschaftsrecht. Zwischen griechischer Philosophie und römischer Politik, Tübingen 2015.

Grotius, Hugo, The Free See, übers. v. Richard Hakluyt, hg. v. David Armitage, Indianapolis 2004.

Grousset, René, In the Footsteps of the Buddha, New York 1971.

Grözinger, Karl E., Jüdische Wundermänner in Deutschland, in: Ders. (Hg.), Judentum im deutschen Sprachraum, Frankfurt a. M. 1991, 190–221.

Gruber, Elisabeth u. a. (Hg.), Mittler zwischen Herrschaft und Gemeinde. Die Rolle von Funktionsund Führungsgruppen in der mittelalterlichen Urbanisierung Zentraleuropas, Innsbruck 2013.

Grundmann, Herbert, Religiöse Bewegungen im Mittelalter ..., 4armstadt 1977.

Ders., Wahlkönigtum, Territorialpolitik und Ostbewegung im 13. und 14. Jahrhundert, München 1973.

Grunebaum, Gustav Edmund von, Islam. Essays in the Nature and Growth of a Cultural Tradition (1955), London 1969.

Gruzinski, Serge, Drache und Federschlange. Europas Griff nach Amerika und China (2012), Frankfurt a. M. 2014.

Ders., La Colonisation de l'imaginaire. Sociétés indigènes et occidentales dans le Mexique espagnol, XVIe–XVIIIe siècle, Paris 1988.

Ders., The Mestizo Mind. The Intellectual Dynamics of Colonization and Globalization (2002), Abingdon/New York 2012.

Gudmundsson, Óskar, Snorri Sturluson. Homer des Nordens. Eine Biographie, Köln u. a. 2011.

Guerzoni, Guido, Novità, innovazione, imitazione: i sintomi della modernità, in: RIE III, 59–87.

Guidi Bruscoli, Francesco, Le techniche bancarie, in: RIE IV, 543–566.

Guillaume de Pouille, La Geste de Robert Guiscard, hg. v. Marguerite Mathieu, Palermo 1961.

(Guillaume de Saint-Thierry) Les lettres de Guillaume de Saint-Thierry à Saint Bernard, hg. v.
    Jean Leclercq, in: Revue Bénédictine 79 (1969), 375–391.

Guldin, Rainer, Die Sprache des Himmels. Eine Geschichte der Wolken, Berlin 2006.

Günther, Hubertus, Was ist Renaissance? Eine Charakteristik der Architektur zu Beginn der
    Neuzeit, Darmstadt 2009.

Günther, Linda-Marie, Griechische Antike, 2Wien u. a. 2011.

Gunn, Geoffrey C., First Globalization. The Eurasian Exchange, 1500–1800, Lanham 2003.

Gupta, Bishnupriya/Ma, Debin, Europe in an Asian Mirror. The Great Divergence, in:
    Broadberry, Stephen/O'Rourke, Kevin (Hg.), The Cambridge Economic History of
    Europe, I, 1700–1870, Cambridge 2010, 264–285.

Gutas, Dimitri, Greek Thought, Arabic Culture. The Graeco-Arabic Translation Movement in
    Baghdad and Early Abbasid Society, London 1998.

Guthke, Karl S., Der Mythos der Neuzeit. Das Thema der Mehrheit der Welten in der Literatur
    und Geistesgeschichte von der kopernikanischen Wende bis zur Science Fiction,
    München 1983.

Haan, Bertrand, Une paix pour l'éternité. La négociation du traité du Cateau-Cambrésis, Genf 2010.

Haarmann, Harald, Geschichte der Schrift. Von den Hieroglyphen bis heute, 4München 2007.

Haarmann, Ulrich (Hg.), Geschichte der arabischen Welt, 4ünchen 1987.

Haas, Alois M., Meister Eckhart als normative Gestalt geistlichen Lebens, 2Freiburg 1992.

Häberlein, Mark, Brüder, Freunde und Betrüger. Soziale Beziehungen, Normen und Konflikte
    in der Augsburger Kaufmannschaft um die Mitte des 16. Jahrhunderts, Berlin 1998.

Ders., Die Fugger. Geschichte einer Augsburger Familie (1367–1650), Stuttgart 2006.

Haberman, Jacob, ‹Delmedigo, Joseph Solomon›, in: Encyclopaedia Judaica, V, 2Detroit u. a.
    2007, 543 f.

Hackett, Jeremiah (Hg.), Roger Bacon and the Sciences. Commemorative Essays, Leiden 1997.

Hadden, Richard W., On the Shoulders of Merchants. Exchange and the Mathematical Conception of Nature in Early Modern Europe, Albany 1994.

Hagedorn, Suzanne C., Abandoned Women. Rewriting the Classics in Dante, Boccaccio, & Chaucer, Ann Arbor 2004.

Hajnal, John, European Marriage Patterns in Perspective, in: David Glass/David E. C. Eversley (Hg.), Population in History, London 1965, 101–143.

Hajnóczi, Gábor, Un discepolo del Ficino a Buda. Francesco Bandini, in: Verbum I,1 (1999), 13–20.

Haldon, John F. (Hg.), A Social History of Byzantium, Oxford 2009.

Hale, John, The Civilization of Europe in the Renaissance, London 1993.

Hall, Arthur R., The Scientific Revolution, 1500–1800. The Formation of the Modern Scientific Attitude, London u. a. 1954.

Hall, James, The Self-Portrait. A Cultural History, London 2014.

Hall, John W., Government and Local Power in Japan, 500–1700. A Study Based on Bizen Province, Princeton 1966.

Ders. (Hg.), The Cambridge History of Japan, III, Cambridge 1990.

Hall, Kim F., Things of Darkness. Economies of Race and Gender in Early Modern England, Ithaca 1995.

Hall, Thomas Steele, History of General Physiology, 2 Bde., 2Chicago 1975.

Halm, Heinz (Hg.), Geschichte der arabischen Welt, 4München 2001.

Ders., Der Islam, 5München 2004.

Ders., Die Araber. Von der islamischen Zeit bis zur Gegenwart, München 2010.

Halsberghe, Nicole, Introduction and Development of the Screw in Seventeenth-Century China. Theoretical Explanations and Practical Applications by Ferdinand Verbiest, in: East Asian Science, Technology, and Medicine 34 (2011), 163–193.

Hamdani, Abbas, Columbus and the Recovery of Jerusalem, in: Journal of the American Oriental Society 99,1 (1979), 39–48.

Hamilton, Bernard, Die christliche Welt des Mittelalters. Der Westen und der Osten, Zürich 2004.

Hamm, Berndt, Bürgertum und Glaube. Konturen der städtischen Reformation, Göttingen 1996.

Hammer, Paul E. J., Elizabeth's Wars. War, Government and Society in Tudor England, 1544–

1604, Basingstoke 2003.

Hammerstein, Notker (Hg.), Handbuch der deutschen Bildungsgeschichte I, München 1996.

Hankins, James, Plato in the Italian Renaissance, 2 Bde., Leiden 1994.

Ders., Salutati, Platon and Socrates, in: Bianca 2010, 283–293.

Hansen, Mogens Herman, The Kotoko City-States, in: Ders. (Hg.), A Comparative Study of Thirty City-State Cultures. An Investigation, Kopenhagen 2000, 531–546.

Harasimowicz, Jan, Il Rinascimento fuori dal limes romanus, in: RIE I, 415–438. Harbison, Craig, Jan van Eyck. The Play of Realism, 2London 2012.

Harriss, Gerald, Shaping the Nation. England 1360–1461, Oxford u. a. 2005.

Hartmann von Aue, Der arme Heinrich, hg. v. Ursula Rautenberg, Stuttgart 1993.

Hartmann, Wilfried (Hg.), Frühes und hohes Mittelalter, 750–1250, Stuttgart 1995.

Hartt, Frederick, Art and Freedom in Quattrocento Florence, in: Lucy F. Sandler (Hg.), Essays in Memory of Karl Lehmann, Locust Valley 1964, 114–131.

Hartung, Stefan, Rehierarchisierungen und Systemverschiebungen in der paradoxen Lob und Tadelliteratur der Renaissance, in: Mark Föcking/Bernhard Huss (Hg.), Varietas und Ordo. Zur Dialektik von Vielfalt und Einheit in Renaissance und Barock, Stuttgart 2003, 91–114.

Harvey, Leonard P., Islamic Spain, 1250–1492, Chicago/London 1990.

Hasan, Farhat, Locality in Mughal India. Power Relations in Mughal India, c. 1572–1730, Cambridge u. a. 2004.

Haskins, Charles H., The Renaissance of the Twelfth Century, Cambridge MA 1927.

Hassig, Ross, Mexico and the Spanish Conquest, 2Norman OK 2006.

Hatfield, Gary, Metaphysics and the New Science, in: Lindberg/Westman 93–166.

Hatfield, Rab, Botticelli's Mystic Nativity, Savonarola and the Millennium, in: Journal of the Warburg and Courtauld Institutes 58 (1995), 89–114.

Ders., The High End. Michelangelo's Earnings, in: Fantoni u. a. 2003, 195–201.

Haug-Moritz, Gabriele, Der Schmalkaldische Bund, 1530–1540/41, Leinfeld-Echterdingen 2002. Haumann, Heiko, Geschichte der Ostjuden, München 1990.

Havas, Lázló/Kiss, Sebestyén, Die Geschichtskonzeption Antonio Bonfinis, in: Helmrath u. a. 281–307. Hay, Denis, ‹Eugenio IV, papa›, in: DBI 43 (1993), 496–502.

Hayami, Akira/Kitô, Hiroshi, Demography and Living Standards, in: Akira Hayami u. a. (Hg.), The Economic History of Japan, 1600–1900, I, Oxford 2004, 213–247.

Haydn, Hiram, The Counter Renaissance, New York 1950.

Hayes, Edward, Sir Humphrey Gilbert's Voyage to Newfoundland, 1583, in: Charles W. Eliot (Hg.), Voyages and Travels. Ancient and Modern, New York (1910), 263–298.

Headley, John M., The Europeanization of the World. On the Origins of Human Rights and Democracy, Princeton 2008.

Ders., Tommaso Campanella and the Transformation of the World, Princeton 1997.

Heather, Peter, Empires and Barbarians, London u. a. 2009.

Hechberger, Werner, Adel, Ministerialität und Rittertum im Mittelalter, München 2004.

Hedeman, Anne D., The Royal Image. Illustrations of the Grandes Chroniques de France, 1274–1422, Berkeley 1991.

Hedinger, Bärbel, Karten in Bildern. Zur Ikonographie der Wandkarte in holländischen Interieurgemälden des 17. Jahrhunderts, Hildesheim 1986.

Heesterman, Jan C., The Inner Conflict of Tradition. Essays in Indian Ritual, Kinship, and Society, Chicago 1985.

Hegel, Georg Wilhelm Friedrich, Vorlesungen über die Philosophie der Geschichte, Frankfurt a. M. 1970.

Heijdra, Martin, The Socio-Economic Development of Rural China During the Ming, in: Denis Twitchett/Frederick W. Mote (Hg.), The Cambridge History of China VII, Cambridge u. a. 1998, 437–439.

Heilbron, John L., Elements of Early Modern Physics, Berkeley u. a. 1982.

Heinen, Heinz, Geschichte des Hellenismus. Von Alexander bis Kleopatra, München 2013.

Helden, Albert van, Measuring the Universe. Cosmic Dimensions from Aristarchus to Halley, Chicago 1986.

Heller, Klaus, Russische Wirtschafts und Sozialgeschichte, I, Darmstadt 1987.

Helmrath, Johannes u. a. (Hg.), Diffusion des Humanismus. Studien zur nationalen Geschichtsschreibung europäischer Humanisten, Göttingen 2002.

Helmrath, Johannes, Das Konzil von Konstanz und die Epoche der Konzilien (1409–1449).

Konziliare Erinnerungsorte im Vergleich, in: Gabriela Signori/Birgit Studt (Hg.), Das Konstanzer Konzil als europäisches Ereignis. Begegnungen, Medien und Rituale, Ostfildern 2014, 19–56.

Ders., Vestigia Aeneae imitari. Enea Silvio Piccolomini als ‹Apostel› des Humanismus. Formen und Wege seiner Diffusion, in: Ders. u. a. 2002, 99–141.

Hendrich, Geert, Arabisch-islamische Philosophie. Geschichte und Gegenwart, Frankfurt a. M. 1985. Hennig, Richard, Terrae incognitae …, 2Leiden 1953.

Henry, John, Animism and Empiricism. Copernican Physics and the Origins of William Gilbert's Experimental Method, in: Journal of the History of Ideas 62 (2001), 1–19.

Ders., Doctors and Healers. Popular Culture and the Medical Profession, in: Pumfrey 191–221.

Ders., The Scientific Revolution and the Origins of Modern Science, Basingstoke/New York 32008.

Herbers, Klaus, Europa und seine Grenzen im Mittelalter, in: Ders.,/Nikolas Jaspert (Hg.), Grenzräume und Grenzüberschreitungen im Vergleich. Der Osten und der Westen des mittelalterlichen Lateineuropa, Berlin 2007, 22–41.

Ders., Geschichte des Papsttums im Mittelalter, Darmstadt 2012.

Herberstein, Sigmund von, Moscovia der Haupstat in Reissen … sambt des Moscoviter Gepiet und seiner Anrainer … Beschreibung, Wien 1557.

Herendeen, Wyman H., William Camden. A Life in Context, Woodbridge 2007.

Hering Torres, Max Sebastián, Rassismus in der Vormoderne. Die «Reinheit des Blutes» im Spanien der Frühen Neuzeit, Frankfurt a. M. 2006.

Herlihy, David/Klapisch-Zuber, Christiane, Tuscans and their Families. A Study of the Florentine Catasto of 1427, New Haven 1985.

Hernán, Enrique García, Ignacio de Loyola, Madrid 2013.

Heß, Gilbert, ‹Reisch, Gregor›, in: NDB 21 (2002), 384–386.

Heywood, Linda/Thornton, John, Central Africans, Atlantic Creoles, and the Foundation of the Americas, 1585–1660, Cambridge 2007.

Hiatt, Alfred, Terra Incognita. Mapping the Antipodes before 1600, London 2008.

Hildermeier, Manfred, Geschichte Russlands. Vom Mittelalter bis zur Oktoberrevolution, München 2013.

Hill, Donald R., Islamic Fine Technology and Its Influence on the Development of European Horology, in: Ders., Studies in Medieval Islamic Technology, Aldershot u. a. 1998.

Hills, Paul, Tintoretto's Marketing, in: Bernd Roeck u. a. (Hg.), Venedig und Oberdeutschland in der Renaissance. Beziehungen zwischen Kunst und Wirtschaft, Sigmaringen 1993, 107–120.

Hills, Richard L., Power from Steam. A History of the Stationary Steam Engine, Cambridge u. a. 1989.

Hirsch, Rudolf, Printing, Selling and Reading, 1450–1550, Wiesbaden 1974.

Hirschfeld, Peter, Mäzene. Die Rolle des Auftraggebers in der Kunst, München 1968.

Hirschi, Caspar, The Origins of Nationalism. An Alternative History from Ancient Rome to Early Modern Germany, Cambridge u. a. 2012.

Hobbes, Thomas, Leviathan, hg. v. Noel Malcolm, 3 Bde., Oxford 2012.

Ders., The Verse Life, in: The Elements of Law, Natural and Politic, hg. v. John C. A. Gaskin, Oxford 1994, 254–264.

Hobbins, Daniel, Authorship before Print. Jean Gerson and the Transformation of Late Medieval Learning, Philadelphia 2009.

Hobson, John M., The Eastern Origins of Western Civilization, Cambridge 2004.

Hoeges, Dirk, Niccolò Machiavelli. Die Macht und der Schein, München 2000.

Hoenen, Maarten J. F. M., At the Crossroads of Scholasticism and Northern Humanism, in: Fokke Akkerman u. a. (Hg.), Northern Humanism in European Context, 1469–1629. From the ‹Adwert Academy› to Ubbo Emmius, Leiden u. a. 1999, 131–148.

Hoensch, Jörg K., Kaiser Sigismund. Herrscher an der Schwelle zur Neuzeit (1368–1437), 2München 1997.

Hoffmann, Eva R., Translating Image and Text in the Medieval Mediterranean World between the Tenth and Thirteenth Centuries, in: Heather E. Grossmann/Alicia Walker (Hg.), Mechanisms of Exchange. Transmission in Medieval Art and Architecture of the Mediterranean, ca. 1000–1500, Leiden 2012, 584–623.

Holder, R. Ward, Calvin's Heritage, in: McKim 245–273.

Holderness, Graham, Nine Lives of William Shakespeare, London/New York 2011.

Hollegger, Manfred, Maximilian I., 1459–1519, Herrscher und Mensch einer Zeitenwende,

Stuttgart 2005.

Hollister-Short, Graham, The Formation of Knowledge Concerning Athmospheric Pression and Steampower in Europe from Aleotti (1589) to Papin (1690), in: History of Technology 25 (2004), 137–150.

Hölscher, Uvo, Anfängliches Fragen. Studien zur frühen griechischen Philosophie, Göttingen 1968.

Holt, James Clarke, Magna Carta. The Charter and Its History, 2Cambridge/New York 1992.

Holzberg, Niklas, Möglichkeiten und Grenzen humanistischer Antikenrezeption. Willibald Pirckheimer und Hans Sachs als Vermittler klassischer Bildung, in: Stephan Füssel (Hg.), Hans Sachs im Schnittpunkt von Antike und Neuzeit, Nürnberg 1995, 9–29.

Honan, Park, Shakespeare. A Life, Oxford u. a. 1998.

Honnefelder, Ludger, Johannes Duns Scotus, München 2005.

Hoodbhoy, Perez, Islam and Science. Religious Orthodoxy and the Battle for Rationality, London/New Jersey 1991.

Hoorn, Willem van, Servetus and the Non-Discovery of Lesser Circulation, in: Juan Naya/ Marian Hillar (Hg.), Heartfelt. Proceedings of the International Servetus Congress ..., Lanham u. a. 2011, 105–143.

Hooykas, Reeijer, Calvin and Kopernikus, in: Organon 10 (1974), 139–148.

Ders., Humanisme, science et réforme. Pierre de la Ramée (1515–1573), Leiden 1978.

Ders., Religion and the Rise of Modern Science, Edinburgh/London 1972.

Horden, Peregrine/Purcell, Nicholas, The Corrupting Sea. A Study of Mediterranean History, Oxford/Malden MA 2000.

Horn, Christoph, Augustinus, München 1995.

Ders./Rapp, Christof (Hg.), Wörterbuch der antiken Philosophie, 2München 2008.

Hösle, Vittorio, Der philosophische Dialog. Eine Poetik und Hermeneutik, München 2006.

Hossenfelder, Malte, Epikur, München 2006.

Housley, Norman, Crusade and the Ottoman Threat, 1453–1505, Oxford 2013.

Howard, Deborah, ‹Un compendio del mondo intero›. L'architettura di corte nei paesi del Mare del Nord, in: RIE VI, 323–344.

Dies., Venice and the East. The Impact of the Islamic World on Venetian Architecture, New

Haven/London 2000.

Huff, Toby E., Europa, die Renaissance und die Geburt der modernen Wissenschaften, in: AK Renaissance, 61–69.

Ders., Intellectual Curiosity and the Scientific Revolution. A Global Perspective, Cambridge u. a. 2011.

Ders., The «Eastern» Origins of Western Civilization?, in: Academic Questions 27, 3 (2014), 286–299.

Ders., The Rise of Early Modern Science. Islam, China, and the West, Cambridge 1993.

Hughes, Barnabas B., Robert of Chester's Latin Translation of al-Kwārizmī's al-Jabr. A New Critical Edition, Stuttgart 1989.

Hugo von St. Victor, Didascalicon de studio legendi, hg. v. Thilo Offergeld, Freiburg i. Br. 1997.

Hugonnard-Roche, Henri, The Influence of Arabic Astronomy in the Medieval West, in: Iqbal IV, 489–512.

Hui, Victoria Tin-bor, War and State Formation in Ancient China and Early Modern Europe, Cambridge u. a. 2005.

Huizinga, Johan, Das Problem der Renaissance. Renaissance und Realismus (1920), Berlin 1991.

Ders., Herbst des Mittelalters, 11Stuttgart 1975.

Hunt, Edwin S., The Medieval Super-Companies. A Study of the Peruzzi Company of Florence, Cambridge 1997.

Huntington, Samuel P., The Clash of Civilizations?, in: Foreign Policy 72 (1993), 22–49.

Huppert, George, The Style of Paris. Renaissance Origins of the French Enlightenment, Bloomington 1999.

Hurst, G. Cameron, III, The Heian Period, in: Tsutsui 30–46.

Huygens, Robert B. C. (Hg.), Narracio de Mirabilibus urbis Romae, Leiden 1970.

Ianziti, Gary, Writing History in Renaissance Italy. Leonardo Bruni and the Uses of the Past, Cambridge/London 2012.

(Ibn Jubair) The Travels of Ibn Jubayr …, hg. v. Roland J. C. Broadhurst, London 1952.

Ibn Nahmias, Joseph, The Light of the World. Astronomy in al-Andalus, hg. v. Robert G. Morrison, Berkeley 2016.

(Ibn Sina) The Life of Ibn Sina, übers. v. William E. Gohlman, Albany 1974.

Icazbalceta, Joaquín García (Hg.), Colección de documentos para la Historia de México, 2 Bde., Mexico 1858–1866.

Ignatius von Loyola, Exerzitien, übers. v. Hans Urs von Balthasar, 11Freiburg 1993.

Ikegami, Eiko, The Taming of the Samurai. Honorific Individualism and the Making of Modern Japan, Cambridge/London 1995.

Iliffe, John, Geschichte Afrikas, München 1997.

Imbach, Ruedi, Laien in der Philosophie des Mittelalters. Hinweise und Anregungen zu einem vernachlässigten Thema, Amsterdam 1989.

Ders., Virtus illiterata. Zur philosophischen Bedeutung der Scholastikkritik in Petrarcas Schrift «De suis et multorum ignorantia», in: Jan A. Aertsen/Martin Pickavé (Hg.), Herbst des Mittelalters? Fragen zur Bewertung des 14. und 15. Jahrhunderts, Berlin 2004, 84–104.

Inagaki, Hisao/Stewart, Harold, The Three Pure Land Sutras, Berkeley 2003.

Inalcik, Halil/Quataert, Donald (Hg.), An Economic and Social History of the Ottoman Empire, 1300–1914, 2 Bde., Cambridge 1997.

Inalcik, Halil, The Ottoman Empire: The Classical Age 1300–1600, London 1973.

Ingham, Patricia Clare, The Medieval New. Ambivalence in an Age of Innovation, Philadelphia 2015.

Iogna-Prat, Dominique, Ordonner et exclure. Cluny et la société chrétienne face à l'hérésie, au judaïsme et a l'islam, 1000–1200, Paris 2004.

Iqbal, Muzaffar (Hg.), New Perspectives on the History of Islamic Science, 4 Bde., Burlington 2012 (= Iqbal).

Ders. (Hg.), Contemporary Issues in Islam and Science, II, London 2012.

Iriye, Akira/Osterhammel, Jürgen (Hg.), Geschichte der Welt, 1350–1750. Weltreiche und Weltmeere, München 2014.

Irwin, Terence, The Development of Ethics. A Historical and Critical Study, I, Oxford 2007.

Isenmann, Eberhard, Die deutsche Stadt im Spätmittelalter, 1150–1550, Wien u. a. 2012.

Ismail, Mohd Zaidi b., The Cosmos as the Created Book and its Implications for the Orientation of Science, in: Iqbal I, 269–291.

Israel, Jonathan I., Conflicts of Empires. Spain, the Low Countries and the Struggle for World

Supremacy, 1585–1713, London 1997.

Ders., Dutch Primacy in World Trade 1585–1740, Oxford 2002.

Ders., The Dutch Republic, Its Rise, Greatness, and Fall, Oxford 1995.

Ders., Radical Enlightenment. Philosophy and the Making of Modernity, 1650–1750, Oxford 2001.

Israel, Uwe, Venedigs Welt im Wandel um 1500, in: Ingrid Baumgärtner/Piero Falchetta (Hg.), Venezia e la nuova oikoumene. Cartografia del Quattrocento, Rom 2016, 176–200.

Issawi, Charles, The Arab World's Legacy, Princeton 1981.

Jablonski, Johann Theodor/Schwabe, Johann Joachim, Allgemeines Lexicon der Künste und Wissenschaften, Königsberg/Leipzig 1767.

Jackson, Peter (Hg.), The Cambridge History of Iran, VI, Cambridge u. a. 1986.

Ders., The Mongols and the West, 1221–1410, London/New York 2005.

Jacob, Georg (Hg.), Arabische Berichte von Gesandten an germanischen Fürstenhöfen aus dem 9. und 10. Jahrhundert, Berlin 1927.

Jacob, Margaret C., Scientific Culture and the Making of the Industrial West, New York/Oxford 1997.

Jacobi, Jolande, Paracelsus, Selected Writings, New York 1958.

Jaeger, Friedrich (Hg.), Enzyklopädie der Neuzeit, Stuttgart/Weimar 2005–2013.

Jäger, Wolfgang, Nuovo Dizzionario italiano-tedesco …, Nürnberg 1764.

James, Edward, Britain in the First Millennium, London 2001.

Jantzen, Hans, Über den gotischen Kirchenraum und andere Aufsätze, Berlin 1951.

Jardine, Lisa, Erasmus, Man of Letters. The Construction of Charisma by Print, Princeton 1995.

Dies., Ingenious Pursuits. Building the Scientific Revolution, London 2000.

Jaspers, Karl, Vom Ursprung und Ziel der Geschichte, München 1949.

Jaspert, Nikolas, Die Kreuzzüge, 4Darmstadt 2008.

Jedin, Hubert, Geschichte des Konzils von Trient, Freiburg i. Br. 1949.

Jehne, Martin, Cato und die Bewahrung der traditionellen Res publica. Zum Spannungsverhältnis zwischen mos maiorum und griechischer Kultur im zweiten Jahrhundert v. Chr., in: Vogt-Spira/Rommel 115–134.

Jenco, Leigh, Changing Referents. Learning Across Space and Time in China and the West, New York 2015.

Jezler, Peter u. a. (Hg.), Ritterturnier. Geschichte einer Festkultur, Luzern 2014.

Joachimsen, Paul, Der Humanismus und die Entwicklung des deutschen Geistes, in: Deutsche Vierteljahrsschrift für Literaturwissenschaft und Geistesgeschichte 8 (1930), 419–480.

Johannes Sarisberiensis, Policraticus de nugis curialium, Brüssel 1479.

Johannes von Tepl, Der Ackermann, hg. v. Christian Kiening, Stuttgart 2000.

Johnson, Francis R., Astronomical Thought in Renaissance England. A Study of English Scientific Writing from 1500 to 1645, New York 1968.

Johnston, Andrew James, Robin Hood. Geschichte einer Legende, München 2013.

Jómsvíkinga Saga/The Saga of the Jomsvikings, hg. v. Norman F. Blake, London u. a. 1962.

Jones, Adam, Afrika bis 1850, Frankfurt a. M. 2016.

Ders., Zur Quellenproblematik der Geschichte Westafrikas, 1450–1900, Stuttgart 1990.

Jones, Eric, The European Miracle. Environments, Economics and Geopolitics in the History of Europe and Asia, 3London 2003.

Jones, Evan T., Alwyn Ruddock. John Cabot and the Discovery of America, in: Historical Research 81, 212 (2008), 224–254.

Jones, Michael (Hg.), The New Cambridge Medieval History, VI, Cambridge u. a. 2000.

Jones, Philip, The Italian City-State. From Commune to Signoria, Oxford 1997.

Joost–Gaugier, Christiane L., Finding Heaven. Pythagoras and Renaissance Europe, Cambridge 2009.

Jordanes, De originibus actibusque Getarum, hg. v. Alfred Holder, Freiburg 1882.

Jouanna, Arlette, La France du XVIe siècle, 1483–1598, Paris 1996.

Juneja, Monika, Vorkoloniale Städte Nordindiens. Historische Entwicklung, Gesellschaft und Kultur, 10–18. Jahrhundert, in: Feldbauer u. a. 107–132.

Jüngel, Eberhard, ‹… unum aliquid assecutus, omnia assecutus …›. Zum Verständnis des Verstehens – nach M. Luther, de servo arbitrio (WA 18, 605), in: Ders., Ganz werden – Theologische Erörterungen V, Tübingen 2003, 54–75.

Jurt, Joseph, Die Kannibalen. Erste europäische Bilder der Indianer – von Kolumbus bis Montaigne, in: Monika Fludernik (Hg.), Der Alteritätsdiskurs des Edlen Wilden, Würzburg 2002, 45–63.

Jütte, Robert, Krankheit und Gesundheit in der Frühen Neuzeit, Stuttgart 2013.

Ders., Lust ohne Last. Geschichte der Empfängnisverhütung von der Antike bis zur Gegenwart, München 2003.

Kafka, Franz, Briefe 1902–1924, hg. v. Max Brod, Frankfurt a. M. 1958.

Kahn, Paul W., Adam and Eve and the Problem of Evil, Princeton 2007.

Kaldellis, Anthony, Hellenism in Byzantium. The Transformations of Greek Identity and the Reception of Classical Tradition, Cambridge u. a. 2007.

Kälin, Hans, Papier in Basel bis 1500, Basel 1974.

Kamali, Mohammad Hashim, Islam, Rationality and Science. A Brief Analysis, in: Iqbal 2012, II, 75–93.

Kamen, Henry, Empire. How Spain Became a World Power, 1492–1763, New York 2002.

Ders., Spain, 1496–1714. A Society of Conflict, 4Harlow 2014 (= Kamen 2014a).

Ders., The Escorial. Art and Power in the Renaissance, New Haven 2010.

Ders., The Spanish Inquisition. A Historical Revision, 4New Haven/London 2014.

Kamp, Hermann, Gutes Geld und böses Geld. Die Anfänge der Geldwirtschaft und der ‹Gabentausch› im hohen Mittelalter, in: Klaus Grubmüller/Markus Stock (Hg.), Geld im Mittelalter. Wahrnehmung – Bewertung – Symbolik, Darmstadt 2005, 91–112.

Kant, Immanuel, Ideen zur Philosophie der Geschichte der Menschheit, hg. v. Michael Holzinger, Berlin 2013.

Kantorowicz, Ernst H., The King's Two Bodies. A Study in Medieval Political Theology, Princeton 1957.

Kapp, Volker (Hg.), Italienische Literaturgeschichte, 3Stuttgart/Weimar 2007.

Kappeler, Andreas, Rußland als Vielvölkerreich, München 2008.

Ders., Stadtluft macht nicht frei! Die russische Stadt in der Vormoderne, in: Feldbauer u. a. 194–212.

Kapur, Soheila, Witchcraft in Western India, Hyderabad 1983.

Karfík, Filip, Die Beseelung des Kosmos. Untersuchungen zur Kosmologie, Seelenlehre und Theologie in Platons Phaidon und Timaios, München/Leipzig 2004.

Kasper, Christine, Das Schlaraffenland zieht in die Stadt. Vom Land des Überflusses zum Paradies für Sozialschmarotzer, in: Jahrbuch der Oswald von Wolkenstein-Gesellschaft 7

(1992/93), 255–291. Kaufmann, Thomas, An den christlichen Adel deutscher Nation von des christlichen Standes Besserung, Tübingen 2014.

Ders., Geschichte der Reformation in Deutschland, Frankfurt a. M. 2016.

Ders., Luthers ‹Judenschriften›, Tübingen 2011.

Keen, Elizabeth, The Journey of a Book. Bartholomew the Englishman and the Properties of Things, Canberra 2007.

Keil, Gundolf, Art. Secretum Secretorum, in: Ruh, Kurt u. a. (Hg.), Die deutsche Literatur des Mittelalters. Verfasserlexikon, Bd. 8, 2Berlin/New York, 993–1013.

Kellermann, Rudolf/Treue, Wilhelm, Kulturgeschichte der Schraube, 2München 1962.

Kelley (Hg.), Donald R., History and the Discipline: The Reclassification of Knowledge in Early Modern Europe, Rochester 1977.

Kelly, Joan, Did Women Have a Renaissance?, in: Dies., Women, History and Theory. The Essays of Joan Kelly, Chicago 1984.

Kelsey, Harry, Sir Francis Drake, the Queen's Pirate, New Haven 1998.

Kemperdick, Stephan, ‹Schongauer, Martin›, in: NDB 23 (2007), 466–468.

Kennedy, Hugh, The Armies of the Caliphs. Military and Society in the Early Islamic State, London/New York 2001.

Ders., The Court of the Caliphs. The Rise and Fall of Islam's Greatest Dynasty, London 2004.

Ders., The Decline and Fall of the First Muslim Empire, in: Der Islam 81 (2004), 3–30 (= Kennedy 2004a).

Kennedy, Paul, The Rise and Fall of the Great Powers. Economic Change and Military Conflict from 1500 to 2000, London 1987.

Kent, Dale, The Patron's Œuvre. Cosimo de' Medici and the Florentine Renaissance, New Haven/London 2000.

Ders., The Rise of the Medici. Faction in Florence 1426–1434, Oxford 1978.

Kepler, Johannes, Gesammelte Werke, hg. v. Max Caspar u. a., München 1937–2002.

Ders., Schriften zur Optik 1604–1611 …, hg. v. Rolf Riekher, Frankfurt a. M. 2008.

Ders., Weltharmonik, übers. und eingel. von Max Caspar, München/Berlin 1939.

Kermode, Frank, The Sense of an Ending. Studies in the Theory of Fiction (1967), 2Oxford u. a. 2000.

Keßler, Eckhard, Theoretiker humanistischer Geschichtsschreibung, München 1971.

Khadduri, Majid, War and Peace in the Law of Islam, Baltimore 1955.

Khair, Tabish, u. a. (Hg.), Other Routes. 1500 Years of African and Asian Travel Writings, Bloomington 2005.

Khaldûn, Ibn, The Muqaddimah. An Introduction to History, hg. v. Franz Rosenthal, 3 Bde., New York 1958–1986.

Khalidi, Muhammad Ali, Medieval Islamic Philosophical Writings, Cambridge 2005.

Khalidi, Tarif, The Muslim Jesus. Sayings and Stories in Islamic Literature, Cambridge MA 2001.

Ders. (Hg.), Abu Hatim al-Razi, The Proofs of Prophecy. A Parallel Arabic-English Text, Provo 2012.

Khodarkovsky, Michail, Russia's Steppe Frontier. The Making of a Colonial Empire, Bloomington 2002.

Khoury, Philip S./Kostiner, Joseph (Hg.), Tribes and State Formation in the Middle East, London/New York 1991.

Khoury, Raif Georges (Hg.), Averroes (1126–1198) oder der Triumph des Rationalismus, Heidelberg 2002.

Kidwell, Carol, Pietro Bembo. Lover, Linguist, Cardinal, Montreal u. a. 2004.

Dies., Pontano, Poet and Prime Minister, London 1991.

King, David A., Taki al-Din, in: Peri J. Bearman u. a. (Hg.), Encyclopedia of Islam, X, 2Leiden 2000, 132 f.

Ders., The Astronomy of the Mamluks, in: Iqbal III, 317–341.

Kingdon, John W., Agendas, Alternatives, and Public Policies, 2New York 1995.

Kingsbury, Susan Myra, Records of the Virginia Company of London, Washington 1933.

Kirk, Geoffrey S. u. a. (Hg.), Die vorsokratischen Philosophen, Stuttgart 2001.

Kirk, Thomas A., Genoa and the Sea. Policy and Power in an Early Modern Maritime Republic, 1559–1684, Baltimore MD 2005.

Ders., Le risposte italiane ai cambiamenti economici, in: RIE IV, 49–69.

Kischlat, Harald, Studien zur Verbreitung arabischer philosophischer Werke. Das Zeugnis der Bibliotheken, 1150–1400, Münster 2000.

Klein, Karl Kurt, Die Lieder Oswalds von Wolkenstein, bearb. v. Hans Moser u. a., 3Tübingen 1987.

Klöckner, Jutta, Von der Anschauung zur Anbetung. Götterbilder im antiken Griechenland, in: Gießener Universitätsblätter 45 (2012), 29–41.

Knoll, Paul W., The Arts Faculty at the University of Cracow at the End of the Fifteenth Century, in: Westman 1975, 137–156.

Kobusch, Theo, Die Philosophie des Hoch und Spätmittelalters, München 2011.

Koch, Carl, Religio. Studien zu Kult und Glauben der Römer, Nürnberg 1960.

Koenigsberger, Helmut G., Monarchies, States Generals and Parliaments. The Netherlands in the Fifteenth and Sixteenth Centuries, Cambridge u. a. 2001.

Ders., Parliaments in the Sixteenth Century and Beyond, in: Davis 269–311.

Kohl, Karl Heinz, Die Macht der Dinge. Geschichte und Theorie sakraler Objekte, München 2003.

Kohler, Alfred, Karl V. Eine Biographie, 2München 2013.

Kolb, Frank, Die Stadt im Altertum, Düsseldorf 2005.

Kolga, Margus u. a., The Red Book of the Peoples of the Russian Empire, Tallinn 2001.

Koller, Heinrich, Kaiser Friedrich III., Darmstadt 2005.

Kölmel, Wilhelm, Regimen christianum. Weg und Ergebnisse des Gewaltenverhältnisses und des Gewaltverständnisses (8. bis 14. Jahrhundert), Berlin 1970.

(Kolumbus, Christoph) Cristóbal Colón, Textos y documentos completos. Relaciones de viajes, cartas y memoriales, hg. v. Consuelo Varela, 5Madrid 1995.

Kopernikus, Nikolaus, Erster Entwurf seines Weltsystems sowie eine Auseinandersetzung Johannes Keplers über die Bewegung der Erde, hg. v. Fritz Rossmann, Darmstadt 1966.

Ders., De revolutionibus orbium coelestium libri sex, hg. v. Franz Zeller/Karl Zeller, München 1949.

Köpf, Ulrich, Reformationszeit, 1495–1555, Stuttgart 2001.

Kornicki, Peter, Manuscript, Not Print. Scribal Culture in the Edo Period (2006), in: Cynthia Brockaw/Peter Kornicki (Hg.), The History of the Book in East Asia, London 2013, 406–467.

Ders., The Book in Japan. A Cultural History from the Beginnings to the 19th Century, Leiden 1998.

Kortüm, Hans Henning, Gerbertus qui et Silvester. Papsttum um die Jahrtausendwende, in: Deutsches Archiv für Erforschung des Mittelalters 55 (1999), 29–62.

Koschatzky, Walter, Die Kunst der Graphik. Technik, Geschichte, Meisterwerke, Salzburg 1972.

Kouamé, Thierry, Monachus non doctoris, sed plangentis habet officium. L'autorité de Jérôme dans le débat sur l'enseignement des moines aux XIe et XIIe siècles, in: Cahiers de Recherches Médiévales et Humanistes 18 (2009), 9–38.

Koyré, Alexandre, The Astronomical Revolution, London 1972.

Kraemer, Joel L., Humanism in the Renaissance of Islam. The Cultural Revival During the Buyid Age, Leiden 1986.

Krämer, Gudrun, Geschichte des Islam, München 2005.

Kramer, Heinrich (Institoris), Der Hexenhammer. Malleus maleficarum, hg. v. Günter Jerouschek u.

Wolfgang Behringer, München 2000.

Kranz, Walther, Die griechische Philosophie, München 1971.

Krautheimer, Richard/Krautheimer-Hess, Trude, Lorenzo Ghiberti, 2 Bde., Princeton 1970.

Krautheimer, Richard, Rom. Schicksal einer Stadt, 312–1308, München 1987.

Kreiner, Josef (Hg.), Kleine Geschichte Japans, Stuttgart 2010.

Kreis, Georg (Hg.), Die Geschichte der Schweiz, Basel 2014.

Kretzulesco-Quaranta, Emmanuela, Les Jardins du Songe, 2Rom/Paris 1987.

Kreutel, Richard F., Der fromme Sultan Bayezid. Die Geschichte seiner Herrschaft (1481–1512) nach den altosmanischen Chroniken des Oruç und des Anonymus Hanivaldanus, Graz u. a. 1978.

Kreuzer, Johann, Von der Insel der Heiligen ins Zentrum der karolingischen Renaissance. Johannes Scotus Eriugena, in: Markus Knapp/Theo Kobusch (Hg.), Querdenker. Visionäre und Außenseiter in Philosophie und Theologie, Darmstadt 2005, 84–94.

Krieger, Karl-Friedrich, Rudolf von Habsburg, Darmstadt 2003.

Kristeller, Paul Oskar, Die Philosophie des Marsilio Ficino, Frankfurt a. M. 1972.

Kroeber, Alfred L., Style and Civilizations, Ithaca 1957.

Krohn, Rüdiger, Literaturbetrieb im Mittelalter, in: Propyläen Geschichte der Literatur, II, Berlin 1982, 199–220.

Kruft, Hanno-Walter, Geschichte der Architekturtheorie. Von der Antike bis zur Gegenwart, München 1985.

Ders., Städte in Utopia. Die Idealstadt vom 15. bis zum 18. Jahrhundert zwischen Staatsutopie und Wirklichkeit, München 1989.

Krüger, Paul (Hg.), Codex Iustinianus, Berlin 1877.

Krynen, Jacques, Idéal du prince et pouvoir royal en France à la fin du moyen âge (1380–1440). Etude de la littérature politique du temps, Paris 1981.

Kubersky-Piredda, Susanne, Kunstwerke – Kunstwerte. Die Florentiner Maler der Renaissance und der Kunstmarkt ihrer Zeit, Norderstadt 2005.

Kuchenbuch, Ludolf, Abschied von der ‹Grundherrschaft›. Ein Prüfgang durch das ostfränkisch deutsche Reich (950–1050), in: Zeitschrift für Rechtsgeschichte 121 (2004), 1–99.

Kühlmann, Wilhelm u. a. (Hg.), Humanistische Lyrik des 16. Jahrhunderts, Frankfurt a. M. 1997.

Ders., Literarisierung und Zivilisierung. Anmerkungen zur Kulturanthropologie und zu ‹De cvilitate morum puerilium› (1530) des Erasmus von Rotterdam, in: Rüdiger Schnell (Hg.), Zvilisationsprozesse. Zu Erziehungsschriften der Vormoderne, Köln u. a. 2004, 277–294.

Kuhn, Dieter, The Age of Confucian Rule. The Song Transformation of China, Cambridge/ London 2009.

Kuhn, Thomas S., The Copernican Revolution. Planetary Astronomy in the Development of Western Thought, Cambridge MA 1957.

Ders., The Structure of Scientific Revolutions, Chicago 1962.

Kühne, Andreas/Kirchner, Stefan, Biographia Copernicana. Die Copernicus-Biographien des 16. bis 18. Jahrhunderts, München 2004.

Kulke, Hermann/Rothermund, Dietmar, Geschichte Indiens. Vom Mittelalter bis zur Gegenwart, 2München 2006.

Kumar, Dharna (Hg.), The Cambridge Economic History of India, II, Cambridge 1983.

Kunitzsch, Paul, The Transmission of Hindu-Arabic Numerals Reconsidered, in: Iqbal IV, 3–21.

Kuo, Shen, Pinsel-Unterhaltungen am Traumbach. Das gesamte Wissen des Alten China, hg. v. Konrad Hermann, München 1997.

Kuran, Timur, Islamic Statecraft and the Middle East's Delayed Modernization, in: Bernholz/ Vaubel, 150–183.

Ders., The Long Divergence. How Islamic Law Held Back the Middle East, Princeton 2012.

Lach, Donald F., Asia in the Making of Europe, 2 Bde., Chicago 1965/69.

Lafi, Nora, The Ottoman Municipal Reforms between Old Regime and Modernity. Towards a New Interpretative Paradigm, in: Eminönü Belediyesi (Hg.), First International Symposium on Eminönü, Istanbul 2007, 348–355.

La Garanderie, Marie-Madeleine de, Guillaume Budé, philosophe de la culture, Paris 2010.

La Grandeur, Kevin, Androids and Intelligent Networks in Early Modern Literature and Culture. Artificial Slaves, New York/Abingdon 2013.

Lakatos, Imre/Zahar, Elie, Why did Copernicus' research program supersede Ptolemy's?, in: Westman 1975, 354–383.

Lal, Deepak, Unintended Consequences. The Impact of Factor Endowments, Culture and Politics on Long Run Economic Performance, 2Cambridge MA, 1999.

Lamana, Gonzalo, Domination Without Dominance. Inca-Spanish Encounters in Early Colonial Peru, Durham/London 2008.

Landes, David S., Revolution in Time. Clocks and the Making of the Modern World, Cambridge MA/London 1983.

Ders., The Unbound Prometheus. Technological Change and Industrial Development in Western Europe from 1750 to the Present, 2Cambridge u. a. 2003.

Ders., The Wealth and Poverty of Nations. Why Some Are So Rich and Some So Poor, London 1998.

Ders., What Room for Accident in History? Explaining Big Changes by Small Events, in: The Economic History Review 47, 4 (1994), 637–656.

Lane, Frederic C., Venice. A Maritime Republic, Baltimore/London 1973.

Lang, Bernhard/McDannell, Colleen, Der Himmel. Eine Kulturgeschichte des ewigen Lebens, Frankfurt a. M. 1990.

Lange, Dierk, A Sudanic Chronicle. The Bornu Expeditions of Idris Alauma (1564–1576), Stuttgart 1987.

Lange, Hermann, Römisches Recht im Mittelalter, I, München 1997.

Langermann, Y. Tzvi, Science in the Jewish Community, in: Lindberg/Shank 168–189.

Lapidus, Ira M., A history of Islamic Societies, Cambridge 1988.

Dies., The Evolution of Muslim Urban Society, in: Comparative Studies in Sociology and History 15 (1973), 21–50.

Larsen, Mogens Trolle, Ancient Kanesh-A Merchant Colony in Bronze Age Anatolia, New

York 2015.

Laslett, Peter/Wall, Richard (Hg.), Household and Family in Past Time, Cambridge 1972.

Laslett, Peter, The World We Have Lost, London 1965.

Lastraioli, Chiara, ‹Un papa fatto per necessitade›. L'image d'Adrien VI dans la propagande europénne du XVIe siècle. Pape et papauté: respect et contestation d'une autorité bifrons, Saint-Etienne 2011.

Lattimore, Owen, Inner Asian Frontiers of China, New York 1940.

Lattis, James M., Between Copernicus and Galileo. Christoph Clavius and the Collapse of Ptolemaic Cosmology, Chicago/London 1994.

Laudage, Johannes, Die papstgeschichtliche Wende, in: Weinfurter 2012, 51–68.

Leduc, Christian u. a. (Hg.), Leibniz et Bayle. Confrontation et dialogue, Stuttgart 2015.

Lee, Alexander u. a. (Hg.), Renaissance? Perceptions of Continuity and Discontinuity in Europe, c. 1300—c. 1550, Leiden/Boston 2010.

Lee, Christina H., (Hg.), Western Visions of the Far East in a Transpacific Age, 1522–1657, London 2012.

Lee, James/Feng, Wang, One Quarter of Humanity. Malthusian Mythology and Chinese Realities, 1700–2000, Cambridge MA 2001.

Lee, John, Trade and Economy in Preindustrial Asia, c. 1500–c. 1800, in: Journal of Asian Studies 58 (1999), 2–26.

Legner, Anton, Artifex. Künstler im Mittelalter und ihre Selbstdarstellung, Köln 2010.

Le Goff, Jacques, Les Intellectuels au moyen âge (1957), Paris 2014.

Ders., Das Hochmittelalter, Frankfurt a. M. 1965.

Ders., Saint Louis, Paris 2014.

Legros, Alain, Essais sur poutres. Peintures et inscriptions chez Montaigne, Paris 2000, 425–429.

Leinkauf, Thomas, Cusanus, Ficino, Patrizi. Formen platonischen Denkens in der Renaissance, Berlin 2014.

Ders., Freiheit und Geschichte. Francesco Patrizi und die Selbstverortung der menschlichen Freiheit in der Geschichte, in: Enno Rudolph (Hg.), Die Renaissance als erste Aufklärung I, Tübingen 1998, 79–94.

Ders., Grundriss Philosophie des Humanismus und der Renaissance (1350–1600), 2 Bde., Hamburg 2017 (= Leinkauf).

Lemaire, Jean, Die Briefe des Grünen Liebhabers, übers. v. Herrad Spilling, München 1970.

Lenin, Wladimir Iljitsch, Staat und Revolution, Berlin 1972.

León, Pedro de Cieza de, La crónica del Perú, hg. v. Manuel Ballesteros, Madrid 1984.

Leonard, Karen, The ‹Great Firm›-Theory of the Decline of the Mughal Empire, in: Comparative Studies in Society and History 21 (1979), 151–167.

Leppin, Hartmut, Das Erbe der Antike, München 2010 (= Leppin, Erbe).

Ders., Justinian. Das christliche Experiment, Stuttgart 2011.

Leppin, Volker, Die fremde Reformation. Luthers mystische Wurzeln, München 2016.

Ders., Martin Luther, 2Darmstadt 2010.

Leu, Urs B., Conrad Gessner (1516–1665). Universalgelehrter und Naturforscher der Renaissance, Zürich 2016.

Ders., Der Buchdruck in Europa, in: AK Renaissance, 43–51.

Levack, Brian P., The Witch-Hunt in Early Modern Europe, 4Milton Park/New York 2016.

Levi, Anthony, Renaissance and Reformation. The Intellectual Genesis, New Haven/London 2002.

Levi, Carlo, Cristo si è fermato a Eboli (1945), Turin 1990.

Levtzion, Nehemia/Hopkins, J. F. P. (Hg.), Corpus of Early Arabic Sources for West African History, 2Princeton 2000.

Levy, Ian Christopher (Hg.), A Companion to John Wyclif, Last Medieval Theologian, Leiden 2006.

Lewis, Bernard, The Muslim Discovery of Europe, New York 1982.

Ders., What Went Wrong? The Clash between Islam and Modernity in the Middle East, New York 2003.

Lewis, Mark Edward, China's Cosmopolitan Empire. The Tang Dynasty, Cambridge MA 2012.

Lewis, Michael, Theoretical Hydraulics, Automata, and Water Clocks, in: Örjan Wikander (Hg.), Handbook of Ancient Water Technology. Technology and Change in History, II, Leiden 2000, 343–369.

Lewy, Hans, Chaldaean Oracles and Theurgy, 3Paris 2011.

Lidin, Olof G., Tanegashima. The Arrival of Europe in Japan, Kopenhagen 2002.

Lieber, Hans-Joachim (Hg.), Politische Theorien von der Antike bis zur Gegenwart, München 1991.

Lieberman, Victor, Burmese Administrative Cycles. Anarchy and Conquest, 1580–1760 (1984), Princeton 2014.

Ders., Strange Parallels. Southeast Asia in Global Context, ca. 800–1830, 2 Bde., Cambridge 2003/2009.

Liebs, Detlef, Römische Jurisprudenz in Gallien (2. bis 8. Jahrhundert), Berlin 2002.

Lilie, Ralph-Johannes, Byzanz. Geschichte des oströmischen Reiches, 4München 2005.

Lill, Rudolf, Geschichte Italiens vom 16. Jahrhundert bis zu den Anfängen des Faschismus, Darmstadt 1980.

Limongelli, Marco Daniele, Lamento di Bernabò Visconti. Edizione critica e commento, Diss. Trento 2010.

Lindberg, David C./Shank, Michael H. (Hg.), The Cambridge History of Science, Bd. 2, New York 2013.

Lindberg, David C./Westman, Robert S. (Hg.), Reappraisals of the Scientific Revolution, Cambridge u. a. 1990.

Lindstedt, Ilkka, Anti-Religious Views in the Works of Ibn al-Rawandi and Abu l-'Ala' al-Ma'arri, in: Studia Orientalia (111), 2011, 131–158.

Linsenmann Thomas, Die Magie bei Thomas von Aquin, Berlin 2000.

(Li Po) Obata, Shigeyoshi, The Works of Li-Po, the Chinese Poet, London/Toronto 1923.

Liu, William Guanglin, The Chinese Market Economy 1000–1500, Albany 2015.

Livi-Bacci, Massimo, A Concise History of World Population, Oxford 2006.

Livingstone, John, Muhammad 'Abduh on Science, in: The Muslim World 85 (1995), 215–234.

Lloyd, Geoffrey E. R./Sivin, Nathan, The Way and the Word. Science and Medicine in Early China and Greece, New Haven/London 2002.

Loades, David, The Tudor Navy. An Administrative, Political and Military History, Aldershot 1992.

Lockhart, James, Letters and People to Spain (1976), in: Ders., Of Things of the Indies. Essays Old and New in Early American Latin History, Stanford 1999, 81–97.

Lockwood, Lewis, Music in Renaissance Ferrara 1400–1505. The Creation of a Musical Center in the Fifteenth Century, Oxford u. a. 2009.

Looney, Dennis, The Beginnings of Humanistic Oratory. Petrarchs ‹Coronation Oration›, Collatio laureationis, in: Victoria Kirkham/Armando Maggi (Hg.), Petrarch. A Critical Guide to the Complete Works, Chicago 2009, 131–140.

Lorenz, Edward N., The Essence of Chaos, Seattle 1993.

Lotario de Segni (Papst Innozenz III.), Vom Elend des menschlichen Daseins, hg. v. Carl-Friedrich Geyer, Hildesheim u. a. 1990.

Loughlin, Marie H./Bell, Sandra/Brace, Patricia (Hg.), The Broadview Anthology of Sixteenth-Century Poetry and Prose, Peterborough 2012.

Loughman, John/Montias, John Michael, Public and Private Spaces. Works of Art in Seventeenth Century Dutch Houses, Zwolle 2000.

Lovejoy, Arthur O., The Great Chain of Being. A Study of the History of an Idea (1936), London 2001.

Lowden, John, Manuscript Illumination in Byzantium, 1261–1557, in: Helen C. Evans (Hg.), Byzantium. Faith and Power (1261–1557), New Haven/London 2004.

Lowe, Kate, The Stereotyping of Black Africans in Renaissance Europe, in: Thomas F. Earle/Kate Lowe (Hg.), Black Africans in Renaissance Europe, New York 2005, 17–47.

Lowood, Henry E./Rider, Robin E., Literary Technology and Typographic Culture. The Instrument of Print in Early Modern Science, in: Perspectives on Science 2,1 (1994), 1–37.

Lowry, Heath W., The Nature of the Early Ottoman State, Albany 2003.

Lübke, Christian, Das östliche Europa, München 2004.

Lucas, Robert E., Jr., Lectures on Economic Growth, Cambridge MA 2002.

Lückerath, Karl August, Die Diskussion über die Pirenne-These, in: Jürgen Elvert/Susanne Krauß (Hg.), Historische Debatten und Kontroversen im 19. und 20. Jahrhundert, Stuttgart 2003, 55–69.

Lund, Mary Ann, Melancholy, Medicine and Religion in Early Modern England. Reading the ‹Anatomy of Melancholy›, Cambridge 2010.

Luo, Zhitian, Inheritance Within Rupture. Culture and Scholarship in Early Twentieh Century China (2002), Leiden/Boston 2015.

Lupher, David A., Romans in A New World. Classical Models in Sixteenth-Century Spanish

America, Ann Arbor 2003.

Ma Huan, The Overall Survey of the Ocean's Shores 1433, hg. v. Ying-yai Sheng-lan, übers. v. J. V. G. Mills, London 1970, ND 1997.

MacCormack, Sabine, On the Wings of Time. Rome, the Incas, Spain and Peru, Princeton 2007.

MacCulloch, Diarmaid, Reformation. Europe's House Divided, 1490–1700, London 2013.

Macfarlane, Alan, The Origins of English Individualism. The Family Property and Social Transition, London 1979.

Machiavelli, Niccolò, Epistolario, hg. v. Sergio Bertelli, Mailand 1969.

Ders., Istorie fiorentine, hg. v. Vittorio Fiorini, Florenz 1962.

Ders., L'arte della guerra. Scritti politici minori, hg. v. Jean-Jacques Marchand, Rom 2001.

Ders., Principe e le deche, Mailand 1959.

Mack, Rosamond E., Bazaar to Piazza. Islamic Trade and Italian Art, 1300–1600, Berkeley 2001.

Maclean, Ian, Montaigne philosophe, Vendôme 1996.

Macpherson, Crawford B., The Political Theory of Possessive Individualism. Hobbes to Locke (1960), Oxford 1962.

Mączak, Antoni, Poland, in: Porter/Teich 180–196.

Maddicott, John Robert, The Origins of the English Parliament, 924–1327, Oxford u. a. 2010.

Maddison, Angus, The World Economy. A Millennial Perspective, Paris 2001.

Madelung, Wilferd, The Succession to Muhammad. A Study of the Early Caliphate, Cambridge 1997.

Maeyama, Yasukatsu, The Historical Development of Solar Theories in the Late Sixteenth and Seventeenth Centuries, in: Arthur Beer (Hg.), Vistas in Astronomy, London 1974, 35–60.

Maeyama, Yasukatsu, Das Paradoxe in der Astronomiegeschichte. Naturgesetzlichkeit, Geo-, und Egozentrizität (1999), in: Ders., Astronomy in Orient und Occident. Selected Papers on its Cultural and Scientific History, Hildesheim 2003, 526–531.

Magasich-Airola, Jorge/Beer, Jean-Marc de, America magica. When Renaissance Europe Thought it had Conquered Paradise, 2London u. a. 2007.

Magdalino, Paul, The Byzantine Reception of Classical Astrology, in: Catherine Holmes/ Judith Waring (Hg.), Literacy, Education and Manuscript Transmission in Byzantium and Beyond, Leiden u. a. 2002, 33–58.

Mahal, Günther, Faust. Die Spuren eines geheimnisvollen Lebens, Bern 1980.

Mahdi, Muhsin S., Alfarabi and the Foundation of Islamic Political Philosophy, Chicago 2001.

Makdisi, George, The Rise of Humanism in Classical Islam and the Christian West, Edinburgh 1990.

Malanima, Paolo, Pre-Modern European Economy. One Thousand Years (10th–19th Centuries), Leiden 2009.

Malinar, Angelika/Vöhler, Martin (Hg.), Un/Reinheit. Konzepte und Erfahrungsmodi im Kulturvergleich, München 2009.

Malinar, Angelika, Hinduismus, Göttingen 2009.

Mallison, Françoise, The Teaching of Braj, Gujarati, and Bardic Poetry at the Court of Kutch. The Bhuj Brajbhasa Pathœala (1749–1948), in: Sheldon Pollock (Hg.), Forms of Knowledge in Early Modern Asia. Explorations in the Intellectual History of India and Tibet, 1500–1800, Durham/London 2011, 171–182.

Mallory, Walter H., China. Land of Famine, New York 1926.

Mancall, Peter C., Hakluyt's Promise. An Elizabethan's Obsession for an English America, New Haven/London 2007.

Mander, Carel van, Das Leben der niederländischen und deutschen Maler (von 1400 bis ca. 1615), hg. v. Hans Floerke, Worms 1991.

Mandrou, Robert, Die Fugger als Grundbesitzer in Schwaben, 1560–1618, Göttingen 1997.

Mann, Michael, The Sources of Social Power (1986), I, Cambridge u. a. 2005.

Mann, Thomas, Fiorenza, in: Gesammelte Werke VIII, Frankfurt a. M. 1990, 961–1067.

Manrique, Jorge, Obra completa, hg. v. Augusto Cortina, 11Madrid 1975.

Manuel, Frank E., The Religion of Isaac Newton, Oxford 1974.

Marchi, Neil de/Miegroet, Hans J. van, The History of Art Markets, in: Victor A. Ginsburgh/ David Throsby, Handbook of the Economics of Art and Culture, Amsterdam 2006, 69–122.

Marcon, Federico, The Knowledge of Nature and the Nature of Knowledge in Early Modern Japan, Chicago/London 2015.

Marcus, Abraham, The Middle East on the Eve of Modernity. Aleppo in the Eighteenth Century, New York 1989.

Mare, Albinia de la, C., Humanistic Script. The First Ten Years, in: Fritz Krafft/Dieter Wuttke

(Hg.), Das Verhältnis der Humanisten zum Buch, Boppard 1977, 89–110.

Marees, Pieter de, Description and Historical Account of the Gold Kingdom of Guinea, hg. v. Albert van Dantzig u. Adam Jones, Oxford u. a. 1987.

Marek, Christian, Geschichte Kleinasiens in der Antike, München 2010.

Ders., Euboia und die Entstehung der Alphabetschrift bei den Griechen, in: Klio 75 (1993), 27–44.

Marguerite de Navarre, L'Heptaméron, hg. v. Nicole Cazauran u. Sylvie Lefèvre, Paris 2013.

Marker, Gary, Publishing, Printing, and the Origins of Intellectual Life in Russia, 1700–1800, Princeton 1985.

Markie, Peter, The Cogito and Its Importance, in: Cottingham 140–173.

Marks, Stephen G., The Information Nexus. Global Capitalism from the Renaissance to the Present, Cambridge 2016.

Markschies, Alexander, Brunelleschi, München 2011.

Markschies, Christoph, Das antike Christentum. Frömmigkeit, Lebensformen, Institutionen, München 2006.

Maron, Gottfried, Martin Luther und Epikur. Ein Beitrag zum Verständnis des alten Luther, Hamburg 1988.

Marr, Alexander, Gentille curiositée. Wonder-Working and the Culture of Automata in the Late Renaissance, in: Robert J. W. Evans/Alexander Marr (Hg.), Curiosity and Wonder from the Late Renaissance to the Enlightenment, Aldershot/Burlington VT 2006.

Marsh, David, Lucian and the Latins. Humor and Humanism in the Early Renaissance, Ann Arbor 1998.

Marshall, Peter H., The Mercurial Emperor. The Magic Circle of Rudolf II in Renaissance Prague, London 2007.

Martens, Rhonda, Kepler's Philosophy and the New Astronomy, Princeton 2000.

Martin, Colin/Parker, Geoffrey, The Spanish Armada, London u. a. 1988.

Martin, Janet, Medieval Russia, 980–1548, 2Cambridge u. a. 2007.

Martin, John, Myths of Renaissance Individualism, Basingstoke 2004.

Martín, José Luis, Enrique IV. de Castilla. Rey de Navarra, príncipe de Cataluña, Hondarribia 2003.

Martínek, Jan, Bohuslaw von Lobkowicz und die Antike, in: Listy filologické 103 (1980), 24–30.

Martines, Lauro, The Social World of the Florentine Humanists, 1390–1460, Princeton 1963.

Märtl, Claudia, Kardinal Jean Jouffroy († 1473). Leben und Werk, Sigmaringen 1996.

Marullus, Michael, Institutiones principales – Prinzenerziehung, hg. v. Otto Schönberger, Würzburg 1998.

Marx, Barbara, Vittoria Colonna (1492–1547), in: Irmgard Osols-Wehden (Hg.), Frauen der italienischen Renaissance. Dichterinnen, Malerinnen, Mäzeninnen. Darmstadt 1999, 35–49, 253–256.

Marx, Karl, Das Kapital, I, Berlin 1962, 23, 779.

Máthé, Piroska, ‹Heynlin de Lapide, Johannes›, in NDB 9 (1972), 98–100.

Matheus, Michael, Lebenswelten Johannes Gutenbergs, Stuttgart 2005.

Ders., Mainz zur Zeit Gutenbergs, in: Ders. 2005, 9–37.

Matthew, Donald, The Norman Kingdom of Sicily, Cambridge u. a. 1992.

Matuz, Josef, Das Osmanische Reich. Grundlinien seiner Geschichte, 4Darmstadt 2006.

Mauelshagen, Franz, Klimageschichte der Neuzeit, 1500–1900, Darmstadt 2010.

Mauer, Benedikt, ‹Gemain Geschrey› und ‹teglich Reden›. Georg Kölderer – ein Augsburger Chronist des konfessionellen Zeitalters, Augsburg 2001.

Mauthner, Fritz, Der Atheismus und seine Geschichte im Abendlande, Stuttgart 1921.

Mayer Brown, Howard, How Opera Began. An Introduction to Jacopo Peri's Euridice (1600), in: Eric Cochrane (Hg.), The Late Italian Renaissance, 1525–1630, London 1970, 401–443.

Mayer, Hans Eberhard, 10Geschichte der Kreuzzüge, Stuttgart 2005.

Mayr, Otto, Uhrwerk und Waage. Autorität, Freiheit und technische Systeme in der Neuzeit, München 1987.

Mbembe, Achille, Kritik der schwarzen Vernunft, Berlin 2014.

McCausland, Shane, Zhao Mengfu. Calligraphy and Painting for Khubilai's China, Hong Kong 2011.

McClain, James, Kanazawa. A Seventeenth Century Castle Town, New Haven 1982.

McClellan, James E. III/Dorn, Harold, Science and Technology in World History. An Introduction, 3Baltimore 2015.

McCloskey, Deirdre, Bourgeois Dignity. Why Economics Can't Explain the Modern World, Chicago 2010.

McCormick, Michael, Origins of the European Economy. Communications and Commerce AD 600–900, Cambridge 2001.

McDermott, Joseph, A Social History of the Chinese Book. Books and Literati Culture in Late Imperial China, Aberdeen 2006.

McEvoy, James, Robert Grosseteste, Oxford 2000.

McGinn, Bernard, Die Mystik im Abendland, I, Freiburg i. Br. 1994.

McGrade, Arthur S., The Cambridge Companion to Medieval Philosophy, Cambridge u. a. 2003. McGregor, Neil, Eine Geschichte der Welt in 100 Objekten, München 2015.

McKee, Sally, Uncommon Dominion. Venetian Crete and the Myth of Ethnic Purity, Philadelphia 2000.

McKim, Donald K. (Hg.), The Cambridge Companion to John Calvin, Cambridge 2004.

McLean, Ian, The Interpretation of Natural Signs. Cardano's De subtilitate versus Scaligers Exercitationes, in: Vickers 231–252.

McLynn, Neil B., Ambrose of Milan. Church and Court in a Christian Capital, Berkeley/ London 1994.

McMullen, David, State and Scholars in T'ang China, Cambridge 1988.

McNeill, William H., The Rise of the West. A History of the Human Community, Chicago/ London 1963.

McRae, Michael, In Search of Shangri-La. The Extraordinary True Story of the Quest for the Lost Horizon, London 2004.

Mehlhausen, Joachim (Hg.), Das Augsburger Interim von 1548, 2Neukirchen-Vluyn 1996.

Meier, Christian, Athen. Ein Neubeginn der Weltgeschichte, Berlin 2004.

Meier, Thomas u. a. (Hg.), Materiale Textkulturen. Konzepte-Materialien-Praktiken, Berlin u. a. 2015.

Meinhardt, Matthias u. a. (Hg.), Mittelalter, München 2007.

Meisner, Paul, England im Zeitalter von Humanismus, Renaissance und Reformation, Heidelberg 1952.

Melanchton, Philipp, Opera quae supersunt omnia (Corpus reformatorum I–XXVIII), Braunschweig 1834–60.

Melville, Gert, Die Welt der mittelalterlichen Klöster. Geschichte und Lebensformen, München 2012.

Mendoza, Gonzales Juan de, Historia de las cosas mas notables, ritos y costumbres del gran Reyno dela China …, Madrid 1586.

Menzel, Ulrich, Die Ordnung der Welt. Imperium oder Hegemonie in der Hierarchie der Staatenwelt, Berlin 2015.

Merediz, Eyda M., Refracted Images. The Canary Islands Through a New World Lens. Transatlantic Readings, Tempe 2004.

Merton, Robert K., Science, Technology and Society in Seventeenth Century England (1938), New York 1970.

Metzig, Gregor M., Kommunikation und Konfrontation. Diplomatie und Gesandtschaftswesen Kaiser Maximilians I. (1486–1519), Berlin 2016.

Meuthen, Erich, Ein neues frühes Quellenzeugnis für den ältesten Bibeldruck (zu Oktober 1454?), in: Gutenberg-Jahrbuch 1982, 108–118.

Michelet, Fabienne L., Reading and Writing the East in ‹Mandeville's Travels›, in: Speer/Wegener 282–302.

Mielants, Eric, The Origins of Capitalism and the Rise of the West, Philadelphia 2007.

Miethke, Jürgen, Politiktheorie im Mittelalter. Von Thomas von Aquin bis Wilhelm von Ockham, Tübingen 2008.

Miggiano, Gabriella, ‹Marzio, Galeotto›, in: DBI 71 (2008), 478–484.

Mignolo, Walter D., The Darker Side of Modernity. Global Futures, Decolonial Options, Durham/London 2011.

Mirbt, Carl/Aland, Kurt (Hg.), Quellen zur Geschichte des Papsttums und des Römischen Katholizismus, 6Tübingen 1967.

Mittelstrass, Jürgen, Die Rettung der Phänomene. Ursprung und Geschichte eines antiken Forschungsprinzips, Berlin 1962.

Mitterauer, Michael, Warum Europa? Mittelalterliche Grundlagen eines Sonderwegs, 5München 2009.

Mo, Pak Hung, Lessons from the History of Imperial China, in: Bernholz/Vaubel 97–95.

Mode, Robert L., The Orsini Sala Theatri at Monte Giordano in Rome, in: Renaissance Quarterly 26,2 (1973), 167–172.

Modelski, George, World Cities.–3000 to 2000, Washington DC 2003. Modjtahedi, Karim, Kant im Iran, in: Spektrum Iran 17,2 (2004), 13–18.

Moeglin, Jean-Pierre/Müller, Rainer A. (Hg.), Deutsche Geschichte in Quellen und Darstellung II, Stuttgart 2000.

Moeller, Bernd, Deutschland im Zeitalter der Reformation, Göttingen 1999.

Ders., Reichsstadt und Reformation, Berlin 1987.

Mojsisch, Burkhard/Summerell, Orrin F., ‹Meister Eckhart›, in: SEP, Summer 2011, https://plato. stanford.edu/archives/sum2011/entries/meister-eckhart/(15. 1. 2017).

Mokyr, Joel, The Gifts of Athena. Historical Origins of the Knowledge Economy, Princeton/Oxford 2002.

Ders., The Intellectual Origins of Modern Economic Growth, in: The Journal of Economic History 65,2 (2005), 285–351.

Ders. (Hg.), The Oxford Encyclopedia of Economic History, Oxford 2003.

Ders., The Riddle of the ‹Great Divergence›. Intellectual and Economic Factors in the Growth of the West, in: Historically Speaking 5,1 (2003), 2–6.

Molà, Luca, Stato e impresa. Privilegi per l'introduzione di nuove arti e brevetti, in: RIE III, 533–572.

Mommsen, Theodor E., Der Begriff des ‹Finsteren Zeitalters› bei Petrarca, in: Buck 151–179.

Mommsen, Theodor, Römische Kaisergeschichte. Nach den Vorlesungs-Mitschriften von Sebastian und Paul Hensel 1882/86, hg. v. Barbara u. Alexander Demandt, München 1992.

Monod, Jacques, Zufall und Notwendigkeit. Philosophische Fragen der modernen Biologie, München 1973.

Monsalvo Antón José M., Ideología y anfibología antijudías en la obra Fortalitium Fidei, de Alonso de Espina. Un appunte metodológico, in: Fernando Pablo de la Cruz Díaz u. a. (Hg.), El historiador y la sociedad, Salamanca 2013, 163–188.

Monschi, Nasrollah, Kalila und Dimna. Fabeln aus dem klassischen Persien, hg. v. Seyfeddin Najmabadi/Siegfried Weber, München 1996.

Montaigne, Michel Eyquem de, Œuvres complètes, hg. v. Albert Thibaudet/Maurice Rat, Paris 1962.

Ders., Essais, übers. v. Hans Stilett, Frankfurt a. M. 1998.

Ders., Les Essais, hg. v. P. Villey/Verdun L. Saulnier, 3 Bde., 3Paris 1978.

Montgomery, Scott L., Science in Translation. Movements of Knowledge Through Cultures and Time, Chicago 2000.

Moor, Tine de, The Silent Revolution. A New Perspective on the Emergence of Commons, Guilds and Other Forms of Corporate Action in Western Europe, in: International Review of Social History 53 (2008), 179–212.

Moore, Robert I., The Formation of a Persecuting Society. Power and Deviance in Western Europe, 950—1250, Oxford 1987.

Moos, Peter von, Hildebert von Lavardin (1056–1133). Humanitas an der Schwelle des höfischen Zeitalters, Bonn 1965.

Moran, Bruce T., Distilling Knowledge. Alchemy, Chemistry, and the Scientific Revolution, Cambridge MA/London 2005.

Ders., Patronage and Institutions. Science, Technology and Medicine at the European Court, Rochester NY/Woodbridge 1991.

Moraw, Peter, Von offener Verfassung zu gestalteter Verdichtung. Das Reich im späteren Mittelalter, Stuttgart 2002.

More, Anna, Cosmopolitanism and Scientific Reason in New Spain. Carlos de Sigüenza y Góngora and the Dispute over the 1680 Comet, in: Bleichmar u. a., 115–131.

More, Thomas, Utopia, hg. v. George M. Logan u. a., Cambridge 1995.

Morelli, Marcello/Tangheroni, Marco (Hg.), Leonardo Fibonacci. Il tempo, le opere, l'eredita scientifica, Pisa 1994.

Morgan, David, The Mongols, 2Oxford 2007.

Mörke, Olaf, Die Reformation. Voraussetzungen und Durchsetzung, München 2005.

Mormando, Franco, The Preacher's Demon. Bernardino of Siena and the Social Underworld of Early Renaissance Italy, Chicago/London 1999.

Morris, Colin, The Discovery of the Individual, 1050–1200, New York 1972.

Morris, Ian, Why the West Rules – For Now. The Patterns of History, and What They Reveal About the Future, London 2010.

Moseley, Charles (Hg.), The Travels of Sir John Mandeville, Harmondsworth 2005.

Moss, Jean Dietz, Novelties in the Heavens. Rhetoric and Science in the Copernican Controversy, Chicago/London 1993.

Mote, Frederick W., Imperial China, 900–1800, Cambridge MA 1999.

Ders./Twitchett, Denis C. (Hg.), The Cambridge History of China 8,2. The Ming Dynasty, 1368–1644, Cambridge u. a. 2008.

Mottahedeh, Roy, The Mantle of the Prophet. Religion and Politics in Iran, New York 1985.

Mout, Nicolette (Hg.), Die Kultur des Humanismus. Reden, Briefe, Traktate, Gespräche von Petrarca bis Kepler, München 1998.

Mühle, Eduard, Die Piasten. Polen im Mittelalter, München 2011.

Mukund, Kanakalatha, The Trading World of the Tamil Merchant. Evolution of Merchant Capitalism in the Coromandel, Himayatnagar 1999.

Müller, Gregor, Mensch und Bildung im italienischen Renaissance-Humanismus. Vittorino da Feltre und die humanistischen Erziehungs-Denker, Baden-Baden 1984.

Müller, Heribert, Das Basler Konzil und die europäischen Mächte. Universaler Anspruch und nationale Wirklichkeiten, in: HZ 293 (2011), 593–629.

Ders., Der französische Frühhumanismus um 1400. Patriotismus, Propaganda und Historiographie, in: Helmrath u. a., 319–376.

Müller, Jörn, Art. Psychologie, in: Christoph Horn/Joachim Müller/Jörn Söder (Hg.), Platon-Handbuch. Leben – Werk – Wirkung, Stuttgart 2009.

Müller, Klaus, Wirtschafts und Technikgeschichte Japans (Handbuch der Orientalistik V, 3,3), Leiden u. a. 1988.

Müller, Ludolf, Art. ‹Nestorchronik›, in: Reallexikon der Germanischen Altertumskunde, 21, 2Berlin u. a. 2002, 94–100.

Müller, Rainer A., Edelsteinmedizin im Mittelalter. Die Entwicklung der spätantiken und mittelalterlichen Lithotherapie unter besonderer Berücksichtigung des Konrad von Megenberg, München 1984.

Müller, Ulrich/Springeth, Margarete (Hg.), Oswald von Wolkenstein. Leben – Werk – Rezeption, Berlin/New York 2011.

Müller-Sievers, Helmut, The Cylinder. Kinematiks of the Nineteenth Century, Berkeley/Los

Angeles 2012.

Mulsow, Martin, Frühneuzeitliche Selbsterhaltung. Telesio und die Naturphilosophie der Renaissance, Tübingen 1998.

Münch, Paul, Lebensformen in der frühen Neuzeit, 1500–1800, Berlin 1990.

Mundy, John Hine, Medieval Urban Liberty, in: Davis 101–134.

Mungello, David E., The Great Encounter of China and the West, 1500–1800, 4Lanham u. a. 2013.

Münkler, Herfried, Imperien. Die Logik der Weltherrschaft – vom Alten Rom bis zu den Vereinigten Staaten, 5Berlin 2006.

Münkler, Marina, Marco Polo. Leben und Legende, München 1998.

Munro, John H., I panni di lana, in: RIE IV, 105–141.

Müntzer, Thomas, Kritische Gesamtausgabe, hg. v. Helmar Junghans u. Armin Kohnle, Leipzig 2010.

Murner, Thomas, Von dem grossen lutherischen Narren (1522), hg. v. Thomas Neukirchen, Heidelberg 2014.

Murray, Charles, Human Accomplishment. The Pursuit of Excellence in Arts and Sciences, 800 B. C. to 1950, New York 2003.

Nabokov, Vladimir (Hg.), The Song of Igor's Campaign. An Epic of the Twelfth Century (1960), St. Petersburg 2004.

Naef, Silvia, Bilder und Bilderverbot im Islam. Vom Koran bis zum Karikaturenstreit, München 2007. Näf, Beat, Antike Geschichtsschreibung. Form – Leistung – Wirkung, Stuttgart 2010.

Nahrstedt, Wolfgang, Die Entstehung der Freizeit, Göttingen 1972. Najemy, John M., A History of Florence 1200–1575, Oxford 2006.

Nakayama, Shigeru, A History of Japanese Astronomy. Chinese Background and Western Impact, Cambridge MA 1969.

Ders./Nathan Sivin (Hg.), Chinese Science. Explorations of an Ancient Tradition, Cambridge MA 1968.

Naphy, William G., Calvin and the Consolidation of the Genevan Reformation, Manchester/ New York 1994.

Ders., Calvin's Geneva, in: McKim 25–37.

Nasr, Seyyed Hossein, Man and Nature. The Spiritual Crisis of Modern Man (1968), London u. a. 1990.

Nasr, Vali, The Rise of Islamic Capitalism. Why the New Muslim Middle Class Is the Key to Defeating Extremism, New York 2009.

Nate, Richard, ‹I thought it worth the trial›. Wissenschaftliche und literarische Experimente der englischen Restaurationszeit, in: Helmar Schramm u. a. (Hg.), Spektakuläre Experimente. Praktiken der Evidenzproduktion im 17. Jahrhundert, Berlin/New York 2006.

Nauert, Charles G., Jr., Humanism and the Culture of Renaissance Europe, 2Cambridge u. a. 2006.

Nauta, Lodi, In Defense of Common Sense. Lorenzo Valla's Humanist Critique of Scholastic Philosophy, Cambridge MA, 2009.

Nebrija, Antonio de, Gramática de la lengua castellana, hg. v. Antonio Quilis, Madrid 1980.

Needham, Joseph, The Grand Titration. Science and Technology in East and West, London 1969.

Ders., Science and Civilization in China, 24 Bde., Cambridge 1954 ff.

Neher, André, Jewish Thought and the Scientific Revolution of the Sixteenth Century. David Gans (1541–1613) and his Times, Oxford 1986.

Neumahr, Uwe, Miguel de Cervantes. Ein wildes Leben, München 2015.

Neumeister, Sebastian, Die Entstehung der italienischen Nationalliteratur im Florenz des 14. Jahrhunderts, in: Klaus Garber (Hg.), Nation und Literatur im Europa der frühen Neuzeit, Tübingen 1989, 226–239.

Neuschäfer, Hans-Jörg (Hg.), Spanische Literaturgeschichte, 4Stuttgart/Weimar 2011.

(Newton, Isaac) The Correspondence of Isaac Newton, 7 Bde., hg. v. Herbert W Turnbull u. a., Cambridge 1959–1978.

Nicoud, Marylin, ‹Reguardati, Benedetto›, in: DBI 86 (2016), 758–761.

Nietzsche, Friedrich, Die Geburt der Tragödie. Kritische Studienausgabe, hg. v. Giorgio Colli/ Mazzino Montinari, München 1999.

Niewöhner, Friedrich, Veritas sive Varietas. Lessings Toleranzparabel und das Buch von den drei Betrügern, Heidelberg 1988.

Nigellus de Longchamps, Speculum stultorum, hg. v. John H. Mozley/Robert R. Raymo, Berkeley/Los Angeles 1960.

Nipperdey, Thomas, Die Utopia des Thomas Morus und der Beginn der Neuzeit, in: Ders., Reformation, Revolution, Utopie. Studien zum 16. Jahrhundert, Göttingen 1975, 113–146.

Noll, Thomas, Alexander in der nachantiken bildenden Kunst, Mainz 2005.

Nordeide, Saebjørg W., The Viking Age as a Period of Religious Transformation. The Christianization of Norway from AD 560 to 1150/1200, Turnhout 2011.

North, Douglass C., The Paradox of the West, in: Davis 7–34.

Ders./Thomas, Robert Paul, The Rise of the Western World. A New Economic History, Cambridge u. a. 1973.

Ders./Wallis, John Joseph/Weingast, Barry R., Violence and Social Orders. A Conceptual Framework for Interpreting Human History, Cambridge 2009.

North, John D., God's Clockmaker. Richard of Wallingford and the Invention of Time, Oxford 2005.

Ders., Medieval Concepts of Celestial Influence. A Survey, in: Curry 5–18.

Nosco, Peter, Intellectual Change in Tokugawa Japan, in: Tsutsui 101–116.

Noth, Albrecht, Der Dschihad: sich mühen für Gott, in: Gernot Rotter (Hg.), Die Welten des Islam. Neunundzwanzig Vorschläge, das Unvertraute zu verstehen, Frankfurt a. M. 1993, 22–32.

Ders., Möglichkeiten und Grenzen islamischer Toleranz, in: Saeculum 29 (1978), 190–204.

Nuttall, Paula, From Flanders to Florence. The Impact of Netherlandish Painting, 1400–1500, New Haven/London 2004.

Nykrog, Per, The Rise of Literary Fiction, in: Benson/Constable, 593–612.

Oberli, Matthias, ‹Magnificentia Principis›. Das Mäzenatentum des Prinzen und Kardinals Maurizio von Savoyen (1593–1657), Weimar 1999.

O'Callaghan, Joseph F., The Last Crusade in the West. Castile and the Conquest of Granada, Philadelphia 2014.

O'Gorman, Edmundo, La invención de América. Investigación acerca de la estructura histórica del Nuevo mondo y el sentido de su devenir, Mexiko-Stadt 2006.

O'Malley, C. D., Andreas Vesalius of Brussels 1514–1564, Berkeley u. a. 1964.

O'Malley, John W., Trent. What Happened at the Council, Cambridge 2013.

Obolensky, Dimitri, The Byzantine Commonwealth. Eastern Europe 500–1543, New York 1971.

Oettermann, Stephan, Die Schaulust am Elefanten. Eine Elephantographia curiosa, Frankfurt a.

M. 1982.

Ogilvie, Brian W., The Science of Describing. Natural History in Renaissance Europe, Chicago 2006.

Oliveira Marques, António Henrique de, Geschichte Portugals und des portugiesischen Weltreichs (1995), Stuttgart 2001.

Olivier de la Marche, Mémoires, hg. v. Henri Beaune/J. Arbaumont, 2 Bde., Paris 1884.

Oltmer, Jochen, Globale Migration. Geschichte und Gegenwart, München 2012.

Olupona, Jacob K., City of 201 Gods. Ilé-Ifẹ in Time, Space and Imagination, Berkeley 2011.

Onasch, Konrad, Russische Kirchengeschichte, Göttingen 1967.

Opitz, Peter, Leben und Werk Johannes Calvins, Göttingen 2009.

Origo, Iris, The World of San Bernardino, New York 1962.

Ormrod, David, The Rise of Commercial Empires. England and the Netherlands in the Age of Mercantilism, 1650–1770, Cambridge 2003.

Ormrod, W. Mark, Edward III, New Haven/London 2011.

Osler, Margaret J., Rethinking the Scientific Revolution, Cambridge 2000.

Osterhammel, Jürgen, Die Verwandlung der Welt. Eine Geschichte des 19. Jahrhunderts, 2München 2009.

Ostrogorsky, Georg, Geschichte des byzantinischen Staates, München 1975.

Ostwald, Martin, Freedom and the Greeks, in: Davis, 35–63.

Otloh von St. Emmeram, Liber de temptatione cuiusdam monachi, hg. v. Sabine Gäbe, Bern 1999. Ott, Martin, Die Entdeckung des Altertums. Der Umgang mit der römischen Vergangenheit Süddeutschlands im 16. Jahrhundert, Kallmünz 2002.

Otto, Stephan, Renaissance und frühe Neuzeit, Stuttgart 1984.

Oudart, Hervé, Robert d'Arbrissel, érémit et prédicateur, Spoleto 2010.

Overell, M. Anne, Italian Reform and English Reformations, c. 1535–c. 1585, London/New York 2016.

Overton, Mark, Agricultural Revolution in England. The Transformation of the Agrarian Economy, 1500–1800, Cambridge 1996.

Oviedo, Gonzalo Fernández de, Historia general y natural de las Indias Occidentales, islas y tierra firme del Mar Océano (1535), 5 Bde., Madrid 1959.

Paasch, Kathrin (Hg.), Der Schatz des Amplonius. Die große Bibliothek des Mittelalters in Erfurt, Erfurt 2001.

Padokh, Yaroslav, Art. Ruskaia Pravda, in: Encyclopedia of Ukraine 4 (1993), 444 f.

Padova, Thomas de, Das Weltgeheimnis. Kepler, Galilei und die Vermessung des Himmels, München/Zürich 2009.

Pagden, Anthony, Politics, Possession and Projection. Changing European Visions of the World, in: Michael Matthiesen/Martial Straub (Hg.), Gegenwarten der Renaissance, Göttingen 2004, 181–206.

Ders., The Lords of All the World. Ideologies of Empire in Spain, Britain and France c. 500–c. 1800, New Haven 1995.

Pagel, Walter, Das medizinische Weltbild des Paracelsus. Seine Zusammenhänge mit Neuplatonismus und Gnosis, Wiesbaden 1962.

Pagliaroli, Stefano, ‹Tifernate, Gregorio›, in DBI 59 (2002), 260–265.

Panagiotakes, Nikolaos M., El Greco – The Cretan Years, London 2009.

Pangerl, Daniel Carlo, Sterndeutung als naturwissenschaftliche Methode der Politikberatung. Astronomie und Astrologie am Hof Kaiser Friedrichs III. (1440–1493), in: Archiv für Kulturgeschichte 92 (2010), 309–327.

Panofsky, Erwin, Abbot Suger on the Abbey Church of St. Denis and its Treasures, 2Princeton 1948.

Ders., Die Renaissancen der europäischen Kunst (1960), Frankfurt a. M. 1984.

Ders., Galilelo as a Critic of the Arts, Dordrecht 1954.

Ders., Gotische Architektur und Scholastik. Zur Analogie von Kunst, Philosophie und Theologie im Mittelalter, Köln 1989.

Paravicini, Werner (Hg.), Höfe und Residenzen im spätmittelalterlichen Reich. Ein dynastisch-topographisches Handbuch, Ostfildern 2003.

Park, Hye-Ok, The History of Pre-Gutenberg Woodblock and Movable Type Printing in Korea, in: International Journal of Humanities and Social Science 4,9 (2014), 9–17.

Park, Katharine, Observation in the Margins, 500–1500, in: Daston/Lunbeck 15–44.

Parker, Geoffrey, Global Crisis. War, Climate Change and Catastrophe in the Seventeenth

Century, New Haven/London 2013.

Ders., The Army of Flanders and the Spanish Road 1567–1659. The Logistic of Spanish Victory and Defeat in the Low Countries War, Cambridge 1972.

Ders., The Military Revolution. Military Innovation and the Rise of the West, 1500–1800 (1988), 2Cambridge u. a. 1999.

Parthasarathi, Prasannan, Why Europe Grew Rich and Asia Did Not. Global Economic Divergence, 1600–1850, Cambridge 2011.

Partington, James Riddick, A History of Greek Fire and Gunpowder, 2Baltimore 1999.

Pascoe, Louis B., Church and Reform. Bishops, Theologians, and Canon Lawyers in the Thought of Pierre d'Ailly (1351–1420), Leiden 2005.

Pasnau, Robert/Toivanen, Juhana, Peter John Olivi, in: SEP, Summer 2013 Edition, http://plato. stanford.edu/archives/sum2013/entries/olivi/(25. 9. 2016).

Pasnau, Robert, The Cambridge History of Medieval Philosophy, Cambridge u. a. 2014.

Pastor, Ludwig von, Geschichte der Päpste im Zeitalter der Renaissance bis zur Wahl Pius II. …, 12Freiburg/Rom 1955.

Ders. (Hg.), Die Reise des Kardinals Luigi d'Aragona durch Deutschland, die Niederlande, Frankreich und Oberitalien, 1517–1518, beschrieben von Antonio de Beatis, Freiburg im Breisgau 1905.

Patzold, Steffen, Das Lehnswesen, München 2012.

Paul, Jürgen, Max Weber und die ‹Islamische Stadt›, in: Hartmut Lehmann/Jean Martin Ouedraogo (Hg.), Max Webers Religionssoziologie in interkultureller Perspektive, Göttingen 2003, 109–137.

Pauler, Roland, ‹Giovanni XII., papa›, in DBI 55 (2001), 573–577.

Pavey, Don, Colours and Humanism, Parkland 2008.

Pearson, Michael, The Indian Ocean, London 2003.

Pedersen, Johannes, The Arabic Book, Princeton 1984.

Pedersen, Olaf, A survey of the Almagest (1974), New York 2011.

Pegolotti, Francesco Balducci, La pratica delle mercatura, hg. v. Allan Evans, Cambridge MA 1936.

Pellegrini, Marco, Pio II., in: Massimo Bray 663–685.

Pennuto, Concetta, Pestilenze, contagi, epidemie, in: RIE V, 297–322.

Perdue, Peter C., China Marches West. The Qing Conquest of Central Eurasia, Cambridge MA 2005.

Pérez Alfaro, Christina Jular/Estepa Díez, Carlos (Hg.), Land, Power and Society in Medieval Castile. A Study of Behetría Lordship, Turnhot 2010.

Pérez, Joseph, Cisneros, el cardenal de España, Barcelona 2014.

Ders., Ferdinand und Isabella. Spanien zur Zeit der katholischen Könige (1988), München 1989. Ders., Los Comuneros, Madrid 2006.

Perler, Dominik, Zweifel und Gewissheit. Skeptische Debatten im Mittelalter, Frankfurt a. M. 2006.

Pernau, Margit, Bürger mit Turban. Muslime im Delhi des 19. Jahrhunderts, Göttingen 2008.

Perrone Compagni, Vittoria, Naritare il mondo. Magia naturale ed ermetismo, in: RIE V, 95–110.

Perry, Marvin u. a. (Hg.), Sources of the Western Tradition, Bd. 2, 3Boston 1995.

Petrarca, Francesco, Opere, 645–657, hg. v. Giovanni Ponte, Mailand 1968.

Ders., Epistolae de rebus familiaribus et variae, 3 Bde., Florenz 1863.

Pettegree, Andrew, The Spread of Calvin's Thought, in: McKim 207–224.

Peuckert, Will Erich, Theophrastus Paracelsus, Hildesheim 1944.

Pfandl, Ludwig, Philipp II. Gemälde eines Lebens und einer Zeit, 7München 1973.

Philippides, Marios/Hanak, Walter K., The Siege and Fall of Constantinople in 1453. Historiography, Topography and Military Studies, Burlington 2011.

Phin, John (Hg.), An Exact Reprint of the Famous Century of Inventions by the Marquis of Worcester, New York 1887.

Pico della Mirandola, Giovanni, De dignitate hominis. Rede über die Würde des Menschen, hg. v. Gerd von der Gönna, Stuttgart 2009.

Ders., Über das Seiende und das Eine/De ente et uno, hg. v. Paul Richard Blum u. a., Hamburg 2006.

Pico della Mirandola, Giovanni, Über die Vorstellung. De imaginatione, hg. v. Eckhard Keßler, 3München 1997.

Pieper, Jan, Beispiel Sabloneta quadrata. Die römischen Grundlagen des Stadtplans von Sabbioneta, in: Bauwelt 40/41/05 (2005), 33–45.

Pierre de Jean Olivi, Traité des contrats, hg. v. Sylvain Piron, Paris 2012.

Pigafetta, Antonio, Primer Viaje alrededor del globo, Sevilla 2012.

Pine, Martin L., Pietro Pomponazzi (1462–1525). Radical Philosopher of the Renaissance, Padua 1986.

Pinker, Steven, The Better Angels of Our Nature. Why Violence Has Declined, New York u. a. 2011.

Pinkernell, Gert, François Villon – biographie critique et autres études, Heidelberg 2002.

Pipes, Richard, Rußland vor der Revolution. Staat und Gesellschaft des Zarenreichs (1974), München 1977.

(Pires, Tome) The Suma Oriental of Tome Pires …, hg. v. Armando Corteso, 2 Bde., ND New Delhi/Chennai 2005.

Pirillo, Diego, Filosofia ed eresia nell'Inghilterra del tardo cinquecento. Bruno, Sidney e i dissidenti religiosi italiani, Rom 2010.

Pirozyñsky, Jan, Humanistische Geschichtsschreibung in Polen, in: Helmrath u. a. 308–318.

Pitt, Joseph C., Galileo, Human Knowledge and the Book of Nature. Method Replaces Metaphysics, Dordrecht u. a. 1992.

Pius II., Commentaries, hg. v. Margaret Meserve/Marcello Simonetta, 2 Bde., Cambridge MA/ London 2003–2007.

Plejit, Alexandra M. de/van Zanden, Jan Luiten, Accounting for the ‹Little Divergence›. What Drove Economic Growth in Pre-Industrial Europe, 1300—1800, EHES Working Paper Nr. 104, Utrecht 2016.

Pocock, John G. A., The Machiavellian Moment. Political Thought and the Atlantic Republican Tradition, Princeton 1975.

Pohl, Walter, Die Germanen, München 2000.

Pollack, Detlef u. a. (Hg.), Umstrittene Säkularisierung. Soziologische und historische Analysen zur Differenzierung von Religion und Politik, Berlin 2012.

Pollock, Linda, With Faith and Physic. The Life of a Tudor Gentlewoman, London 1993.

Pölnitz, Götz von, Anton Fugger, 3 Bde., Tübingen 1958/86.

(Polo, Marco) Il Milione. Die Wunder der Welt, hg. u. übers. v. Elise Guignard, Zürich 1983.

Poma de Ayala, Guaman, Nueva corónica y buen gobierno, Kopenhagen, Det Kongelige Bibliotek, GKS 2232 4o.

Pomeranz, Kenneth, The Great Divergence. China, Europe and the Making of Modern World

Economy, Princeton 2001.

Pomian, Krzysztof, Der Ursprung des Museums. Vom Sammeln, Berlin 1998. Pompeo
Faracovi, Ornella, La riforma dell'astrologia, in: RIE V, 59–72.

(Pomponazzi, Pietro) Petri Pomponazzi Mantuani libri quinque de fato, de libero arbitrio et de
praedestinatione, hg. v. Richard Lemay, Lucca 1957.

Pon, Lisa, Raphael, Dürer and Marcantonio Raimondi. Copying and the Italian Renaissance
Print, New Haven 2004.

Popkin, Richard H., The History of Scepticism from Erasmus to Spinoza (1960), Oxford u. a. 2003.

Popper, Karl, Die offene Gesellschaft und ihre Feinde, II, Tübingen 2003.

Popplow, Marcus, Setting the World Machine in Motion. The Meaning of Machina Mundi in the
Middle Ages and the Early Modern Period, in: Massimo Bucciantini u. a. (Hg.), Mechanics
and Cosmology in the Medieval and Early Modern Period, Florenz 2007, 45–70.

Porter, Roy, London. A Social History, 4Cambridge/London 1994.

Ders., The Greatest Benefit to Mankind. A Medical History of Humanity from Antiquity to the
Present, London 1997.

Ders. (Hg.), The Cambridge History of Science, IV, Cambridge u. a. 2003.

Ders./Teich, Mikuláš (Hg.), The Renaissance in National Context, Cambridge 1992.

Poulle, Emmanuel, La produzione di strumenti scientifici, in: RIE 345–366.

Praloran, Marco/Morato, Nicola, Nostalgia e fascinazione della letteratura cavalleresca, in:
RIE II, 487–512.

Pratt, Edward E., Social and Economic Change in Tokugawa Japan, in: Tsutsui 86–100.

Preziner, Giovanni, Storia del pubblico studio e delle società scientifiche e letterarie di Firenze,
Florenz 1810.

Price, David H., Johannes Reuchlin and the Campaign to Destroy Jewish Books, Oxford u. a. 2011.

Prietzel, Malte, Guillaume Fillastre der Jüngere (1400/07–1473). Kirchenfürst und herzoglich-
burgundischer Rat, Stuttgart 2001.

Principe, Lawrence, The Alchemies of Robert Boyle and Isaac Newton, in: Osler 201–220.

Prinz, Friedrich, Klerus und Krieg im früheren Mittelalter. Untersuchungen zur Rolle der
Kirche beim Aufbau der Königsherrschaft, Stuttgart 1975.

Prosperi, Valentina, Lucretius in the Italian Renaissance, in: Stuart Gillespie/Philip R. Hardie (Hg.), The Cambridge Companion to Lucretius, Cambridge u. a. 2007, 214–226.

Ptak, Roderich, Die maritime Seidenstraße. Küstenräume, Seefahrt und Handel in vorkolonialer Zeit, München 2007.

Pulci, Luigi, Il Morgante, Mailand 1989.

Pumfrey, Stephen, Magnetical Philosophy and Astronomy, 1600–1650, in: René Taton/Curtis Wilson (Hg.), Planetary Astronomy from the Renaissance to the Rise of Astrophysics, Part A: Tycho Brahe to Newton, Cambridge 1989, 45–53.

Putnam, Robert D., Making Democracy Work. Civic Traditions in Modern Italy, Princeton 1993.

Pyenson, Lewis/Sheets-Pyenson, Susan, Servants of Nature. A History of Scientific Institutions, Enterprises and Sensibilities, London 1999.

Qian, Wen-yuan, The Great Inertia. Scientific Stagnation in Traditional China, London u. a. 1985.

Rabb, Theodore K., The Last Days of the Renaissance and the March to Modernity, New York 2007.

Rabelais, François, Gargantua, Pantagruel, übers. v. Wolf Steinsieck u. Frank-Rutger Hausmann, Stuttgart 2013.

Rabil Albert jr., Renaissance Humanism. Foundations, Forms, and Legacy, 3 Bde., Philadelphia 1988.

Rabin, Sheila J., Pico on Magic and Astrology, in: Dougherty 152–178.

Rachewiltz, Igor de, Papal Envoys to the Great Khans, Stanford 1971.

Rader, Olaf B., Friedrich II. Ein Sizilianer auf dem Kaiserthron, München 2010.

Radkau, Joachim, Das hölzerne Zeitalter, in: Ulrich Troitzsch (Hg.), ‹Nützliche Künste›. Kultur und Sozialgeschichte der Technik im 18. Jahrhundert, Münster u. a. 1999, 97–117.

Rädle, Fidel, Transfers in der lateinischen Literatur von der Spätantike bis zum 11. Jahrhundert, in: Ehlers 2002, 211–233.

Ragep, F. Jamil, Copernicus and His Islamic Predecessors. Some Historical Remarks, in: History of Science XIV (2007), 65–81.

Ralegh, Walter, The Discoverie of the Large, Rich, and Bewtiful Empyre of Guiana, London 1596, hg. v. N. L. Whitehead, Manchester 1997.

Randles, W. G. L., The Unmaking of the Medieval Christian Cosmos, 1500–1760. From Solid Heavens to Boundless Æther, Aldershot 1999.

Rapp, Christof, Vorsokratiker, 2München 2007.

Rashed, Roshdi (Hg.), Encyclopedia of the History of Arabic Science, I, Astronomy-
Theoretical and Applied, London 1996.

Ders., The End Matters, in: Iqbal I, 37–44.

Ratkowitsch, Christine, Die Cosmographia des Bernardus Silvestris. Eine Theodizee, Köln u. a. 1995.

Rauchenberger, Dietrich, Johannes Leo der Afrikaner. Seine Beschreibung des Raumes
zwischen Nil und Niger nach dem Urtext, Wiesbaden 1999.

Rauterberg, Hanno, Die Konkurrenzreliefs. Brunelleschi und Ghiberti im Wettbewerb um die
Paradiestüren des Baptisteriums in Florenz, Münster 1996.

Reardon, Bryan P., The Second Sophistic, in: Treadgold 23–41.

Redondi, Pietro, Galileo eretico, Turin 1983.

Redondo, Augustin, Chronique d'un avènement annoncé (Fernão Lopes et le Maître d'Aviz),
in: Ders., La prophétie comme arme de guerre des pouvoirs (XVe–XVIIe siècles), Paris
2000, 57–68.

Reeves, Eileen, Galileo's Glassworks. The Telescope and the Mirror, Cambridge MA 2008.

Reichel, Jörn, Der Spruchdichter Hans Rosenplüt, Stuttgart 1985.

Reichmuth, Stefan, Bildungskanon und Bildungsreform aus der Sicht eines islamischen Gelehrten
der anatolischen Provinz. Muhammad al-Sājaīqli (Saçaqlii-zâde, gest. um 1145/1733) und
sein Tartib al-'ulūm, in: Rüdiger Arnzen/Jörn Thielmann (Hg.), Words, Texts and Concepts
Cruising the Mediterranean Sea. Studies on the Sources, Contents and Influences of Islamic
Civilization and Arabic Philosophy and Science, Louvain 2004, 491–518.

Reid, Anthony, A History of Southeast Asia. Critical Crossroads, Malden MA/Oxford 2015.

Ders., Southeast Asia in an Age of Commerce, 2 Bde., New Haven 1988/93.

Reid, Richard, Past and Presentism. The ‹Precolonial› and the Foreshortening of African
History, in: Journal of African History 52 (2011), 135–155.

Reinhard, Wolfgang, Die Unterwerfung der Welt. Globalgeschichte der europäischen
Expansion 1415–2015, München 2016.

Ders., Geschichte der Staatsgewalt. Eine vergleichende Verfassungsgeschichte von den
Anfängen bis zur Gegenwart, München 1999.

Ders., Probleme deutscher Geschichte 1495–1806. Reichsreform und Reformation 1495–1555, Stuttgart 2001.

Ders. (Hg.), Die großen Familien Italiens, Stuttgart 1992.

Reisch, Gregor, Margarita philosophica, Freiburg 1503.

Reiter, Florian C., Taoismus zur Einführung, Hamburg 2000.

Repgen, Konrad, Kriegslegitimationen in Alteuropa. Entwurf einer historischen Typologie, in: HZ 241 (1985), 27–50.

Resnick, Irven M., A Companion to Albert the Great. Theology, Philosophy, and the Sciences, Leiden/Boston 2013.

Reuchlin, Johannes, Briefwechsel, bearb. von Matthias Dall'Asta/Gerald Dörner, Stuttgart-Bad Cannstatt 1999/2013.

Reynolds, Susan, Fiefs and Vasalls. The Medieval Evidence Reinterpreted, Oxford 1994.

Rex, Richard, The Lollards, New York 2002.

Ribhegge, Wilhelm, Erasmus von Rotterdam, Darmstadt 2009.

Richards, Julian D., Die Wikinger, Ditzingen 2011.

Richardson, Glenn, The Field of Cloth of Gold, New Haven/London 2013.

Richardson, William A. R., Mercator's South Continent. Its Origins, Influence, and Gradual Decline, in: Terrae Incognitae 25 (1993), 67–98.

Richter-Bernburg, Lutz, HAWI-AL-, in: Encyclopedia Iranica I, Vol. XII,1, London 2003, 64–67.

Ricken, Friedo, Antike Skeptiker, München 1994.

Ridde, Valéry, Policy Implementation in an African State. An Extension of Kingdon's Multiple Stream's Approach, in: Public Administration 87,4 (2009), 938–954.

Riedweg, Christoph, Jüdisch-hellenistische Imitation eines orphischen Hieros Logos – Beobachtungen zu OF 245 und 247 (sog. Testament des Orpheus), Tübingen 1993.

Ders., Pythagoras. Leben – Lehre – Nachwirkung. Eine Einführung, München 2002.

Riello, Giorgio, Cotton. The Fabric that Made the Modern World, Cambridge 2013.

Riese, Berthold, Das Reich der Azteken. Geschichte und Kultur, München 2011.

Rinaldi, Massimo, Le accademie del Cinquecento, in: RIE II, 337–359.

Rizvi, Sajjad, Mulla Sadra Shirazi. His Life, Works and Sources for Safavid Philosophy,

Oxford 2007.

Robin, Diana, Filelfo in Milan. Writings 1451–1477, Princeton 1991.

Robinson, Charles F., Islamic Historiography, Cambridge/New York 2003.

Robinson, Chase F. (Hg.), The Formation of the Islamic World. Sixth to Eleventh Centuries, Cambridge 2010.

Roeck, Bernd/Tönnesmann, Andreas, Die Nase Italiens. Federico da Montefeltro, Herzog von Urbino, 3Berlin 2011.

Roeck, Bernd, «… die ersten Gemälde der Welt». Über die Entzauberung des Raumes in der europäischen Renaissance, in: Dirk Syndram u. a. (Hg.), Luther und die Fürsten. Aufsatzband, Dresden 2015, 47–64.

Ders., Introduction, in: Hermann Roodenburg, Forging European Identities, 1400–1700, Cambridge u. a. 2007, 1–29.

Ders., Mörder, Maler und Mäzene. Piero della Francescas ‹Geißelung›. Eine kunsthistorische Kriminalgeschichte, München 2006.

Ders., Eine Stadt in Krieg und Frieden. Studien zur Geschichte der Reichsstadt Augsburg zwischen Kalenderstreit und Parität, Göttingen 1989.

Ders., Gelehrte Künstler. Maler, Bildhauer und Architekten der Renaissance über Kunst, Berlin 2013.

Rohe, Mathias, Islamisches Recht. Geschichte und Gegenwart, 3München 2011.

Roling, Bernd, Drachen und Sirenen. Die Rationalisierung und Abwicklung der Mythologie an den europäischen Universitäten, Leiden/Boston 2010.

Ronan, Colin A., The Shorter Science and Civilization in China. An Abridgement of Joseph Needham's Original Text, Cambridge 1981.

Roover, Raymond de, The Rise and Decline of the Medici Bank, 1397–1494, Cambridge MA 1963.

Rose, Paul Lawrence, The Italian Renaissance of Mathematics. Studies on Humanists and Mathematicians from Petrarch to Galileo, Genf 1975.

Rosen, Edward, Kepler's Attitude Toward Astrology and Mysticism, in: Vickers, 253–272.

Ders., Kepler's Somnium. The Dream, or Posthumous Work on Lunar Astronomy, London 1967.

Rosenfeld, Boris A./Ihsanošlou, Ekmeleddin, Mathematicians, Astronomers and Other Scholars of Islamic Civilisations and Their Works, Istanbul 2003.

Rosenthal, Franz, The Classical Heritage in Islam, London/New York 1994.

Rosenwein, Barbara H., Y avait-il un ‹moi› au haut moyen-âge?, in: Revue Historique 129 (2005), 31–52.

Rosheim, Mark E., Leonardo's Lost Robots, New York 2006.

Roskoff, Gustav, Geschichte des Teufels. Eine kulturhistorische Satanologie von den Anfängen bis ins 18. Jahrhundert (1869), Nördlingen 1987.

Rossi, Paolo, La nascita della scienza moderna in Europa, Rom/Bari 1998.

Rossi, Sergio, Dalle botteghe alle Accademie. Realtà sociale e teorie artistiche a Firenze dal XIV al XVI secolo, Mailand 1980.

Roth, Cecil, L'ultima Repubblica fiorentina, Florenz 1929.

Rothermund, Dietmar, Akbar and Philipp II of Spain. Contrasting Strategies of Imperial Consolidation (2013), in: Ders., Aspects of Indian and Global History. A Collection of Essays, Baden-Baden 2016, 9–26.

Ders., Geschichte Indiens. Vom Mittelalter bis zur Gegenwart, 3München 2010.

Ders./Weigelin-Schwiedrzik, Susanne (Hg.), Der Indische Ozean. Das afro-asiatische Mittelmeer als Kultur und Wirtschaftsraum, Wien 2004.

Rothmann, Michael, ‹Das trojanische Pferd der Deutschen› oder die Vervielfältigung des Wissens – Johannes Gutenberg, der Buchdruck und der Markt, in: Matheus 40–58.

Rotondò, Antonio, ‹Bizzarri, Pietro›, in: DBI 11 (1977), 466–476.

Roupnel, Gaston, La Bourgogne. Types et coutumes, Paris 1936.

Rowe, John H., The Renaissance Foundations of Anthropology, in: American Anthropologist 67,1 (1965), 1–20.

Rowe, William T., Hankow. Commerce and Society in a Chinese City, 1796–1889, 2 Bde., Stanford 1984/89.

Rowland, Ingrid D., Giordano Bruno. Philosopher. Heretic, Chicago/London 2008.

Roys, Ralph L., The Book of Chilam Balam of Chumayel, Washington DC 1933.

Rozzo, Ugo, La strage ignorata – I fogli volanti a stampa nell'Italia dei secoli XV e XVI, Udine 2008.

Rucellai, Giovanni, Zibaldone, hg. v. Gabriella Battista, Turin 1969.

Ruderman, David B., Jewish Thought and Scientific Discovery in Early Modern Europe, New Haven/London 1995.

Rudolph, Ulrich, Islamische Philosophie, München 2004.

Rüegg, Walter (Hg.), Geschichte der Universität in Europa, Bd. 1, München 1993.

Ruh, Kurt, Geschichte der abendländischen Mystik, 4 Bde., München 1990/99.

Rummel, Walter/Voltmer, Rita, Hexen und Hexenverfolgung in der Frühen Neuzeit, 2Darmstadt 2012.

Russell, Peter, Prince Henry ‹the Navigator›. A Life, New Haven 2000.

Rüttermann, Markus, Städte im vormodernen Japan, in: Feldbauer u. a. 153–193.

Rutkin, H. Darrel, L'astrologia da Alberto Magno a Giovanni Pico della Mirandola, in: RIE V, 47–58.

Ryder, Alan, Alfonso the Magnanimous. King of Aragon, Naples and Sicily, 1396–1458, Oxford 1990.

Saage, Richard, Utopische Profile, 4 Bde., Münster 2001–2004.

Saalfeld, Dieter, Die Wandlungen der Preis und Lohnstruktur während des 16. Jahrhunderts in Deutschland, in: Schriften des Vereins für Socialpolitik NF 1963 (1971), 9–28.

Sabbadini, Remigio, Le scoperte dei codici Latini e Greci ne' secoli XIV e XV (1905/14), 2 Bde., Florenz 1996.

Sabra, Abdelhamid I., Configuring the Universe. Aporetic, Problem Solving, and Kinematic Modeling as Themes of Arabic Astronomy, in: Perspectives on Science 6 (1998), 288–330.

Ders., Science and Philosophy in Medieval Islamic Theology, in: Iqbal IV, 350–390 (= Sabra I).

Ders., Situating Arabic Science. Locality versus Essence, in: Iqbal IV, 119–135 (= Sabra II).

Ders., The Appropriation and Subsequent Naturalization of Greek Science in Medieval Islam. A Preliminary Statement, in: Iqbal IV, 102–118 (Sabra III).

Sacchetti, Franco, Trecento Novelle, hg. v. Emilio Faccioli, Turin 1970.

Sachs, Hans, Eygentliche Beschreibung Aller Stände auff Erden …, Frankfurt 1568, ND München 1923.

Ders., Sämtliche Fabeln und Schwänke, hg. v. Edmund Goetze, II, Halle 1894.

Sahlins, Marshall, Tribesmen, Englewood Cliffs 1968.

Saitta, Giuseppe, Il pensiero italiano nell' Umanesimo e nel Rinascimento, 3 Bde., Bologna 1949–1951.

Saliba, George, Greek Astronomy and the Medieval Arab Tradition, in: American Scientist 90 (2002), 360–367.

Ders., Islamic Science and the Making of the European Renaissance, Cambrigde MA/London 2007.

Salter, Rebecca, Japanese Popular Prints from Votive Slips to Playing Cards, London 2006.

Salutati, Coluccio, Epistolario, hg. v. Francesco Novati, 4 Bde., Rom 1893.

Sannazaro, Jacopo, Arcadia, Bari 1961.

Santillana, Giorgio de, The Crime of Galileo, 8Chicago 1967.

Sardar, Ziauaddin, Islam and Science. Beyond the Troubled Relationship, in: Iqbal I, 97–115.

Sarris, Peter, Empires of Faith. The Fall of Rome to the Rise of Islam, 500–700, Oxford 2011.

Sauerländer, Willibald, Architecture and the Figurative Arts. The North, in: Benson/Constable 671–710.

Saul, Nigel, Richard II., New Haven 1997.

Saunders, Corinne (Hg.), A Concise Companion to Chaucer, Oxford 2006.

Savonarola, Girolamo, De simplicitate christianae vitae, hg. v. Christoph Besold, Straßburg 1615.

Sawyer, Birgit/Sawyer, Peter, Medieval Scandinavia. From Conversion to Reformation, circa 800–1500, Minneapolis/London 1993.

Sayili, Aydin, The Observatory in Islam and Its Place in the General History of Observatory, Ankara 1988.

Schabert, Ina (Hg.), Shakespeare-Handbuch. Die Zeit – Der Mensch – Das Werk – Die Nachwelt, 4Stuttgart 2000.

Schadeina, Abdulaziz, Islamic Messianism. The Idea of the Mahdi in Twelver Shiʻism, Albany 1981.

Schaller, Dieter u. a., Carmina Burana, in: Lexikon des Mittelalters 2, München/Zürich 1983, 1513–1517.

Schama, Simon, The Embarrassment of Riches. An Interpretation of Dutch Culture in the Golden Age, New York 1987.

Schanz, Peter, Weißdorn und Herzgesperr. Medizinhistorische Untersuchungen zur europäischen Tradition dieser Heilpflanzen vom Mittelalter bis zur Gegenwart, Kassel 2009.

Scharfe, Hartmut, Education in Ancient India, Leiden u. a. 2002.

Schätzl, Ludwig, Wirtschaftsgeographie der Europäischen Gemeinschaft, Paderborn 1991.

Schatkowski-Schilcher, Linda, Families in Politics. Damascene Factions and Estates of the 18th and 19th Centuries, Stuttgart 1985.

Schauer, Alexander, Muslime und Franken. Ethnische, soziale und religiöse Gruppen im Kitab al- I'tibar des Usama ibn Munqid, Berlin 2000.

Schedel, Hartmann, Weltchronik, hg. v. Stephan Füssel, Augsburg 2004.

Schiebinger, Londa, Nature's Body. Gender in the Making of Modern Science, Boston 1995.

Schieffer, Rudolf, Christianisierung und Reichsbildungen. Europa 700–1200, München 2013.

Ders., Papsttum und Königreiche im 11./12. Jahrhundert, in: Stefan Weinfurter (Hg.), Päpstliche Herrschaft im Mittelalter. Funktionsweise – Strategien – Darstellungsformen, Ostfildern 2012.

Schildgren, Brenda Deen, Other Renaissances. A New Approach to World Literature, London u. a. 2006.

Schiller, Friedrich, Was heißt und zu welchem Ende studiert man Universalgeschichte? Die Akademische Antrittsrede von 1789, hg. v. Volker Wahl, Jena 1996.

Schilling, Heinz, 1517. Weltgeschichte eines Jahres, München 2017.

Ders., Die Neue Zeit. Vom Christenheitseuropa zum Europa der Staaten. 1250 bis 1750, Berlin 1999.

Ders., Martin Luther. Rebell in einer Zeit des Umbruchs, München 2012.

(Schiltberger, Johannes) Reisen des Johannes Schiltberger aus München in Europa, Asien und Afrika. Von 1394 bis 1427 hg. v. Karl Friedrich Neumann (1859), München 1976.

Schimmel, Annemarie, Dārā Šōkōh, in: Encyclopaedia Islamica VII, 1 (1994), 2–5 (online aktualisiert 11. 11. 2014).

Dies., Sufismus, 5München 2014.

Schimmelpfennig, Bernhard, Das Papsttum. Von der Antike bis zur Renaissance, 6Darmstadt 2009.

Schindling, Anton, Humanistische Hochschule und freie Reichsstadt. Gymnasium und Akademie in Straßburg 1538–1621, Wiesbaden 1977.

Ders./Ziegler, Walter (Hg.), Die Kaiser der Neuzeit. 1519–1918. Heiliges Römisches Reich, Österreich, Deutschland, München 1990.

Schlosser, Julius von, Über einige Antiken Ghibertis, in: Jahrbuch der kunsthistorischen Sammlungen des allerhöchsten Kaiserhauses XXIV, 4 (1904), 141–150.

Schmale, Wolfgang, Geschichte Frankreichs, Stuttgart 2000.

Schmidt, Alexander, Vaterlandsliebe und Religionskonflikt. Politische Diskurse im Alten Reich (1555–1648), Leiden/Boston 2007.

Schmidt, Christoph, Russische Geschichte 1547–1914, München 2009.

Schmidt, Victor, A Humanist's Life Summarized. Leonardo Bruni's Epitaph, in: Humanistica Lovaniensia XLVII (1998), 1–14.

Schmidt-Biggemann, Wilhelm, Philosophia perennis. Historische Umrisse abendländischer Spiritualität in Antike, Mittelalter und Früher Neuzeit, Frankfurt a. M. 1998.

Schmidt-Glintzer, Helwig, Geschichte Chinas bis zur mongolischen Eroberung, 250 v. Chr. – 1279 n. Chr., München 1999.

Schmidtke, Susann, Das Entkommen aus der Bevölkerungsfalle durch kontinuierliche Wirtschaftsprozesse. Sensitivität des Komlos-Artzrouni-Modells, in: Historical Social Research 22,2 (1997), 162–194.

Schmitt, Carl, Politische Theologie. Vier Kapitel zur Lehre von der Souveränität, 8Berlin 2004.

Schmitt, Charles B., Aristotle as a Cuttlefish. The Origin and Development of a Renaissance Image (1965), in: Ders. 1984, 60–72.

Ders., Philosophy and Science in Sixteenth-Century Italian Universities, in: Schmitt 1984, 298–336.

Ders., Aristotelian Tradition and Renaissance Universities, London 1984.

Ders., Experience and Experiment. A Comparison of Zabarella's View with Galileo's De Motu, in: Studies in the Renaissance 16 (1969), 80–138.

Ders./Skinner, Quentin (Hg.), The Cambridge History of Renaissance Philosophy, Cambridge 1988.

Schmitt, Eberhard (Hg.), Dokumente zur Geschichte der europäischen Expansion, II, München 1984.

Schmitt, Jean-Claude, Individuation et saisie du monde, in: Patrick Boucheron (Hg.), Histoire du monde au XVe siècle, Paris 2009, 769–790.

Schmitt, Oliver Jens, Das venezianische Albanien (1392–1479), München 2001.

Ders., Skanderbeg. Der neue Alexander auf dem Balkan, Regensburg 2009.

Schnack, Jutta, ‹Meckenem, Israel van›, in: NDB 16 (1990), 587 f.

Schnell, Rüdiger, Der ‹Heide› Alexander im christlichen Mittelalter, in: Erzgräber 45–64.

Schoenbaum, Samuel, William Shakespeare. A Compact Documentary Life, New York/Oxford 1987.

Scholz, Sebastian, Die Merowinger, Stuttgart 2015.

Schoot, Albert van der, Die Geschichte des goldenen Schnitts. Aufstieg und Fall der göttlichen Proportion, Stuttgart 2005.

Schrage, Eltjo J. H., Utrumque Ius. Eine Einführung in das Studium der Quellen des mittelalterlichen gelehrten Rechts, Berlin 1992.

Schreiner, Peter, Byzanz 545–1453, 4München 2011.

Ders., Giovanni Aurispa in Konstantinopel. Schicksale griechischer Handschriften im 15. Jahrhundert, in: Johannes Helmrath u. a. (Hg.), Studien zum 15. Jahrhundert, 2 Bde., München 1994, 623–633.

Schreurs, Anna, Antikenbild und Kunstanschauungen des Pirro Ligorio, Köln 2000.

Schröder, Richard, ‹Du hast die Welt nach Maß, Zahl und Zeit geordnet›. Über einen Konsens im astronomischen Weltbildstreit des 16. und 17. Jahrhunderts, in: Ingolf U. Dalferth u. a. (Hg.), Denkwürdiges Geheimnis. Beiträge zur Gotteslehre, Tübingen 2004, 479–506.

Schröder, Winfried, Ursprünge des Atheismus. Untersuchungen zur Metaphysik und Religionskritik des 17. und 18. Jahrhunderts, Stuttgart-Bad Cannstadt 1998.

Schumann, Hans Wolfgang, Der historische Buddha. Leben und Lehren des Gotama, Kreuzlingen/München 2004.

Schürer, Markus, Enzyklopädik als Naturkunde und Kunde vom Menschen. Einige Thesen zum ‹Fons memorabilium universi› des Domenico Bandini, in: Mittellateinisches Jahrbuch 45 (2010), 116–131.

Schurz, Gerhard/Weingartner, Paul (Hg.), Koexistenz rivalisierender Paradigmen. Eine post-kuhnsche Bestandsaufnahme zur Struktur gegenwärtiger Wissenschaft, Wiesbaden 1998.

Schwartz, Stuart B. (Hg.), Tropical Babylons. Sugar and the Making of the Atlantic World, 1450–1680, Chapel Hill 2004.

Schwinn, Thomas, Multiple Modernities. Konkurrierende Thesen und offene Fragen. Ein

Literaturbericht in konstruktiver Absicht, in: Zeitschrift für Soziologie 38,6 (2009), 454–476.

Scott, Tom, The City State in Europe, 1000–1600. Hinterland – Territory – Region, Oxford u. a. 2012.

Scruzzi, Davide, Eine Stadt denkt sich die Welt. Wahrnehmung geographischer Räume und Globalisierung in Venedig von 1490 bis um 1600, Berlin 2010.

Seeley, John Robert, The Expansion of England. Two Courses of Lectures (1883), New York 2005. Seherr-Toss, Hans Christoph Graf von, Die Entwicklung der Zahnradtechnik. Zahnformen und Trägheitsberechnung, Heidelberg u. a. 1965.

Seibt, Gustav, Anonimo romano. Geschichtsschreibung in Rom an der Schwelle zur Renaissance, Stuttgart 1992.

Selderhuis, Herman J., Johannes Calvin, Mensch zwischen Zuversicht und Zweifel. Eine Biographie, Gütersloh 2009.

Selzer, Stephan, Die Hanse, Darmstadt 2010.

Service, Elman R., Origins of the State and Innovation. The Process of Cultural Evolution, New York 1975.

Seta, Adi, Time, Motion, Distance, and Change in the Kalam of Fakhir al-Din-al-Razi. A Preliminary Survey with Special Reference to the Matalib Aliyah, in: Iqbal III, 393–408.

Settis, Salvatore/Cupperi, Walter (Hg.), Il Palazzo Schifanoia a Ferrara, Modena 2007.

Settis, Salvatore, Giorgione's Tempest, Chicago 1990.

Ders., Laocoonte. Fama e stile, Rom 2006.

Ševčenko, Ihor, The Palaeologan Renaissance, in: Treadgold 144–171.

Sewell, Robert, A forgotten Empire (Vijayanagar). A Contribution to the History of India, London 1900.

Shahbazi, A. Shapur, ‹Sasanian Dynasty›, in: Encyclopædia Iranica, online edition, 2005, http://www.iranicaonline.org/articles/sasanian-dynasty (21. 6. 2016).

Shank, Michael H., Mechanical Thinking in European Astronomy (13th–15th Centuries), in: Massimo Bucciantini u. a. (Hg.), Mechanics and Cosmology in the Medieval and Early Modern Period, Florenz 2007, 3–27.

Shapin, Steven/Schaffer, Simon, Leviathan and the Air Pump. Hobbes, Boyle, and Experimental Life, Princeton 1985.

Shapin, Steven, Discipline and Bounding. The History and Sociology of Science as Seen through the Externalism-Internalism Debate, in: History of Science 30 (1992), 333–369.

Ders., The Invisible Technician, in: American Scientist 77,6 (1989), 554–563.

Ders., The Scientific Revolution, Chicago/London 1996.

Shea, William R., Galileo's Intellectual Revolution, London/Basingstoke 1972.

Shepard, Jonathan (Hg.), The Cambridge History of the Byzantine Empire, c. 500–1492, Cambridge u. a. 2008.

Sherman, William H., John Dee. The Politics of Reading and Writing in the English Renaissance, Amherst 1995.

Shih, Hu, The Renaissance in China, in: Journal of the Royal Institute of International Affairs 5,1 (1960), 265–283.

Shillington, Kevin (Hg.), Encyclopedia of African History, 3 Bde., New York/London 2005.

Shirane, Haruo (Hg.), Early Modern Japanese Literature. An Anthology, New York 2002.

Shryock, Andrew/Smail, Daniel Lord (Hg.), Deep History and the Architecture of Past and Present, Berkeley u. a. 2011.

Siegert, Bernhard, Passagiere und Papiere. Schreibakte auf der Schwelle zwischen Spanien und Amerika, München/Zürich 2006.

Signori, Gabriela, Das 13. Jahrhundert. Einführung in die Geschichte des spätmittelalterlichen Europa, Stuttgart 2007.

Sigrist, Christian, Gesellschaften ohne Staat und die Entdeckung der ‹social anthropology›, in: Ferdinand Kramer u. a. (Hg.), Gesellschaften ohne Staat. Gleichheit und Gegenseitigkeit, Frankfurt a. M. 1978, 28–46.

Simon, Herbert A., A Mechanism for Social Selection and Successful Altruism, in: Science 21 (1990), 1665–1668.

Simon, Róbert, Ibn Khaldûn. History as Science and the Patrimonial Empire, Budapest 2002.

Siraisi, Nancy G., Medieval and Early Renaissance Medicine. An Introduction to Knowledge and Practice, Chicago/London 1990.

Sivin, Nathan, Science in Ancient China. Researches and Reflections, Aldershot 1995; enth.: Shen Kua (1995, III); Copernicus in China or, Good Intentions Gone Astray (1973, IV);

Science and Medicine in Chinese History (1995, VI); Why the Scientific Revolution Did Not Take Place in China – or Didn't It? (1982, VII).

Skalnik, James, Ramus and Reform. University and Church at the End of the Renaissance, Kirksville 2002.

Skinner, G. William, The City in Late Imperial China, Stanford 1977.

Skinner, Quentin, The Foundations of Modern Political Thought, I, Cambridge 1978.

Šmahel, František, Die Hussitische Revolution, 3 Bde., Hannover 2002.

Smith, Christine/O'Connor, Joseph, Building the Kingdom. Giannozzo Manetti on the Material and Spiritual Edifice, Turnhout 2006.

Smith, Jennifer Anh-Thu Tran, Reginald Pecock and Vernacular Theology in Pre-Reformation England, Los Angeles 2012.

Smoller, Laura A., History, Prophecy, and the Stars. The Christian Astrology of Pierre D'Ailly, 1350–1420, Princeton 1994.

Soldi Rondinini, Gigliola, Filippo Maria Visconti, in DBI 43 (1997), 772–782.

Sorci, Alessandra, ‹L'invention del secul nostro nova›. La prospettiva rinascimentale, in: RIE V, 607–625.

Southern, Richard W., Scholastic Humanism and the Unification of Europe, 2 Bde., Oxford 1995/97.

Soykut, Mustafa, Image of the ‹Turk› in Italy. A History of the ‹Other› in Early Modern Europe, 2Berlin 2010.

Speer, Andreas/Steinkrüger, Philipp (Hg.), Knotenpunkt Byzanz. Wissensformen und kulturelle Wechselbeziehungen, Berlin 2012.

Ders./Wegener, Lydia (Hg.), Wissen über Grenzen. Arabisches Wissen und lateinisches Mittelalter, Berlin 2006.

Spieß, Karl-Heinz (Hg.), Ausbildung und Verbreitung des Lehnswesens im Reich und in Italien im 12. und 13. Jahrhundert, Stuttgart 2013.

Splett, Jochen, Abrogans-Studien. Kommentar zum ältesten deutschen Wörterbuch, Wiesbaden 1976. Sprenkel, Sybille van der, Urban Social Control, in: Skinner 1977, 609–632.

Stanley-Baker, Joan, Japanese Art (1984), London 1994.

Stark, Caroline, Renaissance Anthropology and the Conception of Man, in: Andrea Moudarres/Christiana Purdy Moudarres (Hg.), New Worlds and the Italian Renaissance. Contributions to the History of European Intellectual Culture, Leiden 2012, 173–194.

Stark, Rodney, The Victory of Reason. How Christianity Led to Freedom, Capitalism, and Western Success, London 2005.

Starkey, David, England, in: Porter/Teich 146–163.

Starobinski, Jean, Montaigne en mouvement, Paris 1982.

Starr, S. Frederick, Lost Enlightenment. Central Asia's Golden Age from the Arab Conquest to Tamerlane, Princeton/Oxford 2013.

Stauber, Reinhard, Hartmann Schedel, der Nürnberger Humanistenkreis und die ‹Erweiterung der deutschen Nation›, in: Helmrath u. a. 2002, 159–185.

Stechow, Wolfgang, Northern Renaissance Art, 1400–1600. Sources and Documents, Englewood Cliffs 1966.

Steckel, Sita, Kulturen des Lehrens im Früh und Hochmittelalter. Autorität, Wissenskonzepte und Netzwerke von Gelehrten, Köln 2011.

Stein, Burton, A History of India, hg. v. David Arnold, 2London 2010.

Ders., Peasant State and Society in Medieval India, Delhi u. a. 1980.

Steiner, Reinhard, Prometheus. Ikonologische und anthropologische Aspekte der bildenden Kunst vom 14. bis zum 17. Jahrhundert, München 1991.

Stelzer, Winfried, Zum Scholarenprivileg Friedrich Barbarossas («Authentica habita»), in: Deutsches Archiv zur Erforschung des Mittelalters 34 (1978), 121–165.

Stemberger, Günter, Das klassische Judentum. Kultur und Geschichte der rabbinischen Zeit, München 1979.

Stephenson, Barbara, The Power and Patronage of Marguerite de Navarre, Aldershot 2004.

Stephenson, Bruce, Kepler's Physical Astronomy, Princeton 1994 (=1994a).

Ders., The Music of the Heavens. Kepler's Harmonic Astronomy, Princeton 1994.

Stevenson, William R., Jr., Calvin and Political Issues, in: McKim 173–182.

Stierle, Karlheinz, Dante Alighieri. Dichter im Exil, Dichter der Welt, München 2014.

Ders., Francesco Petrarca. Ein Intellektueller im Europa des 14. Jahrhunderts, München 2003.

Stinger, Charles L., Humanism and the Church Fathers. Ambrogio Traversari (1386–1439) and the Revival of Patristic Theology in the Early Italian Renaissance, Albany 1977.

Stromer, Wolfgang von, Das Handelshaus der Stromer von Nürnberg und die Geschichte der ersten deutschen Papiermühle, in: Vierteljahresschrift für Sozial und Wirtschaftsgeschichte 47 (1960), 81–104.

Strong, Roy, Art and Power, Woodbridge 1973.

Stroumsa, Sarah, Freethinkers in Medieval Islam. Ibn al-Rawandi, Abu Bakr al-Razi, and their Impact on Islamic Thought, Leiden 1999.

Struve, Tilman, Cola di Rienzo. Ein Traum von der Erneuerung Roms und die antike lex regia. Staat und Gesellschaft im Mittelalter, in: Ders., Ausgewählte Aufsätze, Berlin 2004, 204–229.

Studer, Heidi G., Francis Bacon on the Political Dangers of Scientific Progress, in: Canadian Journal of Political Science 31 (1998), 219–234.

Studt, Birgit, Martin V. Überwindung des Schismas und Kirchenreform, in: Braun u. a., 126–131.

Sturlese, Loris, Die deutsche Philosophie im Mittelalter, München 1993.

Subrahmanyam, Sanjay, Connected Histories. Notes towards a Reconfiguration of Early Modern Eurasia, in: Modern Asian Studies 31, 3 (1997), 735–762.

(Sunesen, Anders) Andreae Sunonis filii Hexameron, I, hg. v. Sten Ebbesen/Laurentius Boethius Mortensen, Kopenhagen 1985.

Suerbaum, Ulrich, Shakespeares Dramen, 2Tübingen/Basel 2001.

Suter, Heinrich, Die Mathematiker und Astronomen der Araber und ihre Werke, Leipzig 1900.

Sutton, John, Religion and the Failure of Determinism, in: Stephen Gaukroger (Hg.), The Uses of Antiquity, Dordrecht 1991, 25–51.

Svalduz, Elena, Palazzi pubblici. I luoghi di governo e le sedi dell'amministrazione cittadina, in: RIE VI, 125–158.

Swerdlow, Noel, Galileo's Discoveries with the Telescope and their Evidence for the Copernican Theory, in: Peter Machamer (Hg.), The Cambridge Companion to Galileo, Cambridge 1998, 244–270.

Swinford, Dean, Through the Daemon's Gate. Kepler's Somnium, Medieval Dream Narratives, and the Polysemy of Allegorical Motifs, London/New York 2006.

Szech, Anna, Moskau – das dritte Rom? Einflüsse der italienischen Renaissance auf die russische Kunst der Frühen Neuzeit. Reiseberichte als eine Quellengattung der Kunstgeschichte, Bern u. a. 2016.

Szelzák, Thomas A., Was Europa den Griechen verdankt. Von den Grundlagen unserer Kultur in der griechischen Antike, Stuttgart 2010.

Taagepera, Rein, Size and Duration of Empires. Systematics of Size, in: Social Science Research 7 (1978), 108–127.

Tainter, Joseph A., The Collapse of Complex Societies, Cambridge 1988.

Talkenberger, Heike, Sintflut, Tübingen 1990.

Tambrun, Brigitte, Pléthon. Le retour de Platon, Paris 2006.

Tangheroni, Marco, Commercio e navigazione nel Medioevo, Bari 1996.

Taranczewski, Detlev, Japan, der Feudalismus, Westeuropa, Ostasien, in: Hans Martin Krämer/ Tino Schölz (Hg.), Geschichtswissenschaft in Japan. Themen, Ansätze und Theorien, Göttingen 2006.

Tartuferi, Angelo, ‹Masaccio›, in: DBI 71 (2008), 496–509.

Tavernor, Robert, On Alberti and the Art of Building, New Haven/London 1998.

Tavoni, Mirko, ‹Bembo, Pietro›, in: Raffaele Simone (Hg.), Enciclopedia dell'Italiano, I, Rom 2011, 1526–1529.

Taylor, Charles, Sources of the Self. The Making of Modern Identity, Cambridge MA 1989.

Taylor, Christopher, Prester John, Christian Enclosure, and the Spatial Transmission of Islamic Alterity in Twelfth-Century West, in: Jerold C. Frakes (Hg.), Contextualizing the Muslim Other in Christian Medieval Discourse, New York u. a. 2011, 39–63.

Teresa von Avila, Das Buch meines Lebens, hg. v. Ulrich Dobhan u. Elisabeth Peeters, 8Freiburg 2013.

Terwiel, Barend J., Thailand's Political History. From the 13th Century to Recent Times, Bangkok 2011.

Teschke, Benno, Revisiting the ‹War-Makes-States›-Thesis. War, Taxation and Social Property Relations in Early Modern Europe, in: Olaf Asbach/Peter Schröder (Hg.), War, the State and International Law in Seventeenth-Century-Europe, Burlington VT 2010, 35–62.

Theiler, Willy, Plotin zwischen Platon und Stoa, in: Ders., Forschungen zum Neuplatonismus, Berlin 1966, 124–139.

Theophilus Presbyter, Schedula diversarum artium, hg. v. Albert Ilg, Wien 1874.

Thijssen, Hans, Donald Davidson, in: SEP, Winter 2012 Edition, http://plato.stanford.edu/ archives/win2012/entries/davidson/(8. 1. 2017).

Thomas, Hugh, Rivers of Gold: The Rise of the Spanish Empire, from Columbus to Magellan, New York 2003.

Thomasin von Zerklaere, Der welsche Gast. Text (Auswahl) – Übersetzung – Stellenkommentar, hg. v. Eva Willms, Berlin/New York 2004.

Thompson, James W., The Medieval Library, New York/London 1965.

Thoren, Victor E., The Lord of Uraniborg. A Biography of Tycho Brahe, Cambridge u. a. 1990.

Thorndike, Lynn, The Sphere of Sacrobosco and Its Commentators, Chicago 1949.

Ders., A History of Magic and Experimental Science, 8 Bde., New York/London 1923/58.

Thornton, John, A Cultural History of the Atlantic World, 1250–1820, Cambridge u. a. 2012.

Tigler, Peter, Die Architekturtheorie des Filarete, Berlin 1963.

Tilly, Charles, Coercion, Capital, and European States, AD 990–1990, Cambridge MA 1990.

Tillyard, Eustache M. W, The Elizabethan World Picture. A Study of the Idea of Order in the Age of Shakespeare (1942), London 1998.

Tinagli, Paola, Women in Italian Renaissance Art. Gender, Representation and Identity, Manchester 1997.

Toby, Ronald, State and Diplomacy in Early Modern Japan. Asia in the Development of the Tokugawa Bakufu, Princeton 1984.

Todorov, Tzvetan, Die Eroberung Amerikas. Das Problem des Anderen (1982), Frankfurt a. M. 1985.

Tolan, John, Sons of Ishmael. Muslims through European Eyes in the Middle Ages, Gainesville 2008.

Toman, Rolf (Hg.), Die Kunst der italienischen Renaissance. Architektur, Skulptur, Malerei, Zeichnung, Potsdam 2007.

Tönnesmann, Andreas, Kleine Kunstgeschichte Roms, München 2002.

Ders., Pienza. Städtebau und Humanismus, Berlin 2013.

Ders., Renaissance, München 2007.

Tonomura, Hitomi, Community and Commerce in Late Medieval Japan. The Corporate Villages of Takuchinno, Stanford 1992.

Topdemir, Hüseyin Gazi, Kamal Al-Din Al-Farisi's Explanation of the Rainbow, in: Humanity & Social Sciences Journal 2, 1 (2007), 75–85.

Topich, William J./Leitich, Keith A., The History of Myanmar, Santa Barbara 2013.

Torres-Alcalá, Antonio, Don Enrique de Villena. Un mago al dintel del Renacimiento, Madrid 1983.

Toulmin, Stephen, Cosmopolis. The Hidden Agenda of Modernity, Chicago 1990.

Touwaide, Alain, Dioscorides, in: Thomas Glick u. a. (Hg.), Medieval Science, Technology and Medicine. An Encyclopedia, New York/Milton Park 2005, 152–154.

Toynbee, Arnold J., A Study of History, 10 Bde., London 1934/54.

Tracy, James D., Emperor Charles V, Impresario of War. Campaign Strategy, International Finance, and Domestic Politics, Cambridge 2002.

Trakulhun, Sven, Siam und Europa. Das Königreich Ayutthaya in westlichen Berichten 1500–1670, Laatzen 2006.

Treadgold, Warren, The Macedonian Renaissance, in: Ders. (Hg.), Renaissances before the Renaissance. Cultural Revivals of Late Antiquity and the Middle Ages, Stanford 1984.

Trevelyan, George Macaulay, History of England, 2London u. a. 1937.

Trinkaus, Charles, In Our Image and Likeness. Humanity and Divinity in Italian Humanists' Thought, South Bend 1995.

Tripodi, Claudia, I fiorentini quinto elemento dell'universo. L'utilizzazzione encomiastica di una tradizione/invenzione, in: Archivio storico italiano 625 (2010), 491–515.

Troeltsch, Ernst, Der Historismus und seine Probleme (1922), Berlin 2008.

Trompf, Garry W., The Idea of Historical Recurrence in Western Thought. From Antiquity to the Reformation, Berkeley u. a. 1979.

Truitt, Elly R., Celestial Divination and Arabic Science in Twelfth-Century England. The History of Gerbert of Aurillac's Talking Head, in: Journal of the History of Ideas 73,2 (2012), 201–222.

Trüper, Henning/Chakrabarty, Dipesh/Subrahmanyam, Sanry (Hg.), Historical Teleologies in the Modern World, Bloomsbury 2015.

Tsang, Richmond Carol, War and Faith – Ikko Ikki in Late Muromachi Japan, Cambridge/ London 2007.

Tsutsui, William M. (Hg.), A Companion to Japanese History, Malden MA 2007.

Tuchtenhagen, Ralph, Geschichte der baltischen Länder, 2München 2009.

Ders., Kleine Geschichte Norwegens, München 2009.

Ders., Kleine Geschichte Schwedens, München 2008.

Tucker, John A. (Hg.), Ogyū Sorai's Philosophical Masterworks. The Bendō and Benmei, Honolulu 2006.

Tuetey, Alexandre (Hg.), Journal d'un bourgeois de Paris, 1405–1449, Paris 1881.

Turner, Gerald l'E., The Cabinet of Experimental Philosophy, in: Oliver Impey/Arthur MacGregor (Hg.), The Origins of Museums. The Cabinet of Curiosities in Sixteenth and Seventeenth Century Europe, Oxford 1985, 214–222.

Twitchett, Denis/Loewe, Michael (Hg.), The Cambridge History of China, I: The Ch'in and Han Empires, 221 BC—AD 220, Cambridge u. a. 1986.

Twitchett, Denis C./Smith, Paul Jakov (Hg.), The Cambridge History of China, V, Cambridge u. a. 2009.

Twitchett, Denis C. (Hg.), The Cambridge History of China, III, Cambridge 1979.

Ubl, Karl, Inzestverbot und Gesetzgebung. Die Konstruktion eines Verbrechens (300–1100), Berlin 2008.

Udovitch, Abraham L., Partnership and Profit in Medieval Islam, Princeton 1970.

Ueding, Gert (Hg.), Historisches Wörterbuch der Rhetorik, Bd. 7, Tübingen 2005.

Valdeón Baruqe, Julio, Alfonso X el Sabio. La forja de la España moderna, Madrid 2003.

Vasari, Giorgio, Le vite de' più eccellenti pittori, scultori e architettori: nelle redazioni del 1550 e 1568, hg. v. Rosanna Bettarini/Paola Barocchi, 6 Bde., Florenz 1966/87.

Vasoli, Cesare, La retorica e l'umanesimo. ‹Invenzione› e ‹metodo› nella cultura del XV e XVI secolo (1968), Mailand 2007.

Veer, Gerrit de, Die Reisen des Willem Barents über das Nordmeer in den Jahren 1594, 1595 und 1596, Nürnberg 1598, ND Bremerhaven 2010.

Ventura, Iolanda, Il ‹De materia medica› di Dioscoride nel Medievo. Mediazione araba e ricezione occidentale, in: Speer/Wegener 317–339.

Vergerio, Pier Paolo, Dei nobili costumi e degli studi liberali della gioventù, in: Eugenio Garin (Hg.), Educazione umanistica in Italia, Bari 1966, 47–104.

Vernet, Juan/Samsó, Julio, The Development of Arabic Science in Andalusia, in: Iqbal, IV, 23–64.

Vesalius, Andreas, De humani corporis fabrica, Basel 1543.

(Vespucci, Amerigo) Der Mundus Novus des Amerigo Vespucci, hg. v. Robert Wallisch, 2Wien 2006.

Veyard-Cosme, Christiane, La Renaissance carolingienne au miroir des contemporains, in: Marie Sophie Masse (Hg.), La Renaissance? Des Renaissances?, Clemey 2010, 107–128.

Vicaire, Marie-Humbert, Histoire de Saint Dominique, 2 Bde., 2Paris 1982.

Vickers, Brian (Hg.), Occult and Scientific Mentalities in the Renaissance, Cambridge 1984.

Ders., Analogy Versus Identity. The Rejection of Occult Symbolism, 1580–1680, in: Ders. 1984, 95–163.

Villani, Giovanni, Nuova Cronica, hg. v. Giuseppe Porta, 3 Bde., Parma 1991.

Villiers, John, Südostasien vor der Kolonialzeit, 7Frankfurt a. M. 2001.

Villon, François, Das Kleine und das Große Testament, hg. v. Frank-Rutger Hausmann, Stuttgart 2011.

Vincent, Nicholas, Magna Carta. A Very Short Introduction, Hampshire 2012.

Violante, Cinzio, La società milanese nell'età precomunale, Rom/Bari 1974.

Viti, Paolo, Enoch d'Ascoli, in: DBI 42 (1993), 695–699.

Ders., Francesco Filelfo, ebd. 47 (1997), 614.

Vittori, Angelo, Disputatio de palpitatione cordis … Beati Filippi Neri …, Rom 1613.

Vogel, Klaus Anselm, Sphaera terrae – das mittelalterliche Bild der Erde und die kosmographische Revolution, Göttingen 1995.

Vogelsang, Kai, Geschichte Chinas, 3tuttgart 2013.

Vogt-Spira, Gregor/Rommel, Bettina (Hg.), Die kulturelle Auseinandersetzung Roms mit Griechenland als europäisches Paradigma, Stuttgart 1999.

Voigtländer, Nico/Voth, Hans Joachim, Gifts of Mars. Warfare and Europe's Early Rise to Riches, in: Journal of Economic Perspectives 27, 4 (2013), 165–186.

Volckart, Oliver, Political Fragmentation and the Emergence of Market Economies. The Case of Germany, c. 1000–1800 A. D., Jena, Max-Planck-Institut, Diskussionspapier 01/2000.

Völkel, Markus, Geschichtsschreibung. Eine Einführung in globaler Perspektive, Köln 2006.

Vollmann, Benedikt Konrad, Lateinisches Schauspiel des Spätmittelalters, in: Hans-Joachim Ziegeler (Hg.), Ritual und Inszenierung. Geistliches und weltliches Drama des Mittelalters und der Frühen Neuzeit, Berlin 2004, 1–8.

Voltaire, Œuvres complètes, Histoire générale, VII, Paris 1817.

Vos, Antonie, The Philosophy of John Duns Scotus, Edinburgh 2006.

Vos, Dirk de, Rogier van der Weyden. Das Gesamtwerk, München 1999.

Voth, Hans-Joachim, Time and Work in England 1750–1830, Oxford 2001.

Vries, Jan de, Connecting Europe and Asia. A Quantitaive Analysis of the Cape Route Trade, 1497–1795, in: Dennis O. Flynn u. a. (Hg.), Global Connections and Monetary History, 1470–1800, Aldershot 2003, 35–106.

Ders., Understanding Eurasian Trade in the Era of the Trading Companies, in: Maxine Berg u. a. (Hg.), Goods from the East. Trading Eurasia, 1600–1800, London 2015, 7–39.

Ders./Woude, Ad van der, The First Modern Economy. Success, Failure, and Perseverance of the Dutch Economy, 1500–1815, Cambridge 1997.

Vries, Peer, Ursprünge des modernen Wirtschaftswachstums. England, China und die Welt in der frühen Neuzeit, Göttingen 2013.

Ders., Zur politischen Ökonomie des Tees. Was uns Tee über die englische und chinesische Wirtschaft der frühen Neuzeit sagen kann, Wien u. a. 2009.

Walker, Daniel P., Spiritual and Demonic Magic from Ficino to Campanella, London 1958.

Wallace, William, Galileo's Logic of Discovery and Proof, Dordrecht 1992.

Wallerstein, Immanuel, The Modern World System, 2 Bde., New York 1974/80.

Walsh, Richard J., Charles the Bold and Italy (1467–1477). Politics and Personnel, Liverpool 2005.

Walter, Gerrit, Art. Humanismus, in: EdN V, 665–691.

Ward, Benedicta, Miracles and the Medieval Mind. Theory, Record and Event, 1000–1215, Philadelphia 1987.

Ward-Perkins, Bryan, The Fall of Rome and the End of Civilization, Oxford 2005.

Ware, Kallistos, Eastern Christendom, in: John McManners u. a., The Oxford History of
Christianity, Oxford 1993, 131–166.

Warnke, Martin, Cranachs Luther. Entwürfe für ein Image, Frankfurt a. M. 1984.

Ders., Hofkünstler. Zur Vorgeschichte des modernen Künstlers, 2Köln 1996.

Warren, Charles, Brunelleschi's Dome and Dufay's Motet, in: Musical Quarterly 59 (1973), 92–105.

Waszkis, Helmut, Mining in the Americas. Stories and History, Cambridge 1993.

Watson Andaya, Barbara/Andaya, Leonard Y., A History of Early Modern Southeast Asia, 1400–
1830, Cambridge 2015.

Watson, Andrew M., The Arab Agricultural Revolution and Its Diffusion, in: The Journal of
Economic History 34,1 (1974), 8–35.

Wear, Andrew, Knowledge and Practice in English Medicine, 1550–1680, Cambridge 2000.

Weber, Hermann, Richelieu und das Reich, in: Hans Ulrich Rudolf (Hg.), Der Dreißigjährige
Krieg. Perspektiven und Strukturen (1968), Darmstadt 1977, 304–321.

Weber, Max, Die Protestantische Ethik und der Geist des Kapitalismus, in: Max Weber-
Gesamtausgabe I, 18, Tübingen 2016, 123–492.

Ders., Die Stadt, Tübingen 1999.

Ders., Objektive Möglichkeit und adäquate Verursachung in der historischen Kausalbetrachtung
(1922), in: Ders., Gesammelte Aufsätze zur Wissenschaftslehre, hg. v. Johannes
Winckelmann, 7Tübingen 1988, 266–290.

Ders., Wirtschaft und Gesellschaft, 5Tübingen 1972.

Webster, Charles, From Paracelsus to Newton. Magic and the Making of Modern Science,
Cambridge 1982.

Wei, Ian P., Intellectual Culture in Medieval Paris. Theologians and the University, c. 1100–1300,
Cambridge 2012.

Weigand, Rudolf Kilian, Der «Renner» des Hugo von Trimberg. Überlieferung,
Quellenabhängigkeit und Struktur einer spätmittelalterlichen Lehrdichtung, Wiesbaden 2000.

Weinfurter, Stefan, Canossa. Die Entzauberung der Welt, 2München 2006.

Ders., Das Jahrhundert der Salier 1024–1125, Ostfildern 2006.

Weinstein, Donald, Savonorola and Florence. Prophecy and Patriotism in the Renaissance,

Princeton 1970.

Welch, Evelyn, Shopping in the Renaissance. Consumer Cultures in Italy, 1400–1600, New Haven/London 2009.

Weltecke, Dorothea, Der Narr spricht: Es ist kein Gott. Atheismus, Unglauben und Glaubenszweifel vom 12. Jahrhundert bis zur Neuzeit, Frankfurt a. M. 2011.

Wendell, Charles, Baghdad. Imago Mundi, and Other Foundation Lore, in: International Journal of Middle East Studies, II, 2 (1971), 99–128.

Werner, Thomas, Den Irrtum liquidieren. Bücherverbrennungen im Mittelalter, Göttingen 2007.

Wesel, Uwe, Juristische Weltkunde, 8Frankfurt a. M. 2000.

Wesson, Robert G., State Systems. International Pluralism, Politics, and Culture, New York 1978.

Westermann, Hartmut, Wie disputiert man über das Gute? Lorenzo Vallas De vero bono als Debatte über die richtige Debatte, in: Jahrbuch Rhetorik 25 (2006), 30–54.

Westfall, Richard S., Rise of Science and the Decline of Orthodox Christianity, in: David Lindberg/Ronald Numbers (Hg.), God and Nature. Historical Essays on the Encounter Between Christianity and Science, London 1986.

Ders., The Scientific Revolution Reasserted, in: Margaret J. Osler (Hg.), Rethinking the Scientific Revolution, Cambridge 2000, 41–55.

Ders., Science and Religion in Seventeenth-Century England (1958), Ann Arbor 1973.

Westman, Robert S., Proof, Poetics, and Patronage. Copernicus's Preface to De revolutionibus, in: Lindberg/Westman 167–205.

Ders., The Astronomers' Role in the Sixteenth Century. A Preliminary Study, in: History of Science XVIII (1980), 105–147.

Ders., The Copernican Achievement, Berkeley u. a. 1975.

Ders., The Copernican Question. Prognostication, Skepticism, and Celestial Order, Berkeley u. a. 2011.

Wey Gómez, Nicolás, The Tropics of Empire. Why Columbus Sailed South to the Indies, Cambridge MA/London 2008.

White, Hayden, Metahistory. The Historical Imagination in Nineteenth-Century Europe, Baltimore/London 1973.

White, James W., Ikki. Social Conflict and Political Protest in Early Modern Japan, Ithaca NY 1995.

White, Lynn, Medieval Religion and Technology, Berkeley 1978.

Ders., Eilmer of Malmesbury, an Eleventh Century Aviator. A Case Study of Technological Innovation, its Context and Tradition, in: Technology and Culture, 2,2 (1961), 97–111.

Ders., The Medieval Roots of Modern Technology and Science, in: Ders., Religion and Technology, Berkeley 1978, 75–91.

White, Matthew, Atrocitology. Humanity's 100 Deadliest Achievements, Edinburgh 2011.

Whitfield, Peter, New Found Lands. Maps in the History of Exploration, New York 1998.

Whitmarsh, Tim, The Second Sophistic, Oxford/New York 2005.

Wickham, Chris, The Inheritance of Rome. A History of Europe from 400 to 1000, London 2009.

Ders., Sleepwalking into a New World. The Emergence of Italian City Comunes in the Twelth Century, Princeton 2015.

Wiedemann, Eilhard, Ibn al-Shātir, ein arabischer Astronom aus dem 14. Jahrhundert, in: Edward S. Kennedy/Imad Ghanem (Hg.), The Life and Work of Ibn al-Shatir. An Arab Astronomer of the Fourteenth Century (1928), Aleppo 1976, 17–26.

Wiesflecker, Hermann, Kaiser Maximilian I., 5 Bde., München 1971–1986.

Wiesner-Hanks, Merry E., Early Modern Europe 1450–1789, 2Cambridge u. a. 2013.

Wilhelm von Ockham, Opera theologica, hg. v. Gedeon Gál, New York 1967.

Ders., Texte zu Theorie der Erkenntnis und der Wissenschaft, hg. v. Ruedi Imbach, Stuttgart 2001.

Wilhelmus Rubruquensis, Itinerarium ad partes orientales, in: Anastasius van den Wyngaert (Hg.), Sinica Franciscana, I, Florenz 1929, 164–332.

Wilke, Jürgen, Die Ebstorfer Weltkarte, Bielefeld 2001.

Willach, Rolf, Der lange Weg zur Erfindung des Fernrohres, in: Jürgen Hamel/Inge Keil (Hg.), Der Meister und die Fernrohre. Das Wechselspiel zwischen Astronomie und Optik in der Geschichte, Frankfurt a. M. 2007, 34–126.

Williams, Glyn, Voyages of Delusion. The Quest for the Northwest Passage, New Haven 2002.

Williamson, Paul, Medieval Ivory Carvings. Early Christian to Romanesque, London 2010.

Wilson, Catherine, The Invisible World. Early Modern Philosophy and the Invention of the Microscope, Princeton 1995.

Winchester, Simon, Bomb, Book and Compass. Joseph Needham and the Great Secrets of China, London 2008.

Wind, Edgar, Heidnische Mysterien der Renaissance, Frankfurt a. M. 1981.

Wirth, Eugen, Die orientalische Stadt im islamischen Vorderasien und Nordafrika. Städtische Bausubstanz und räumliche Ordnung, Wirtschaftsleben und soziale Organisation, 2 Bde., Mainz 2000.

Wirth, Jean, Villard de Honnecourt, architecte du XIIIe siècle, Genf 2015.

Wirtz, Carolin, Köln und Venedig. Wirtschaftliche und kulturelle Beziehungen im 15. und 16. Jahrhundert, Köln u. a. 2006.

Witt, Ronald G., ‹In the Footsteps of the Ancients›. The Origins of Humanism from Lovato to Bruni, Leiden u. a. 2000.

Ders., Coluccio Salutati and His Public Letters, Genf 1976.

Ders., Hercules at the Crossroads. The Life, Work, and Thought of Coluccio Salutati, Durham 1983.

Ders., The Two Latin Cultures and the Foundation of Renaissance Humanism in Medieval Italy, Cambridge u. a. 2012.

Witte, Charles Martial de, Les bulles pontificales et l'expansion portugaise au XVe siècle, in: Revue d'histoire ecclesiastique 51 (1956), 413–453.

Wittfogel, Karl August, Die Orientalische Despotie. Eine vergleichende Untersuchung totaler Macht (1957), Berlin 1977.

Wittkower, Rudolf, Born under Saturn. The Character and Conduction of Artists, London 1963.

Ders., Grundlagen der Architektur im Zeitalter des Humanismus, München 1969.

Wohlmann, Avital, Al-Ghazali, Averroës and the Interpretation of the Qu'ran. Common Sense and Philosophy in Islam, Milton Park/New York 2010.

Wolff, Martha, ‹Meister der Spielkarten›, in: NDB 16 (1990), 720.

Wollasch, Joachim, Cluny, Licht der Welt. Aufstieg und Niedergang der klösterlichen Gemeinschaft, Zürich 1996.

Wolters, Oliver W., History, Culture and Region in Southeast Asian Perspectives, Ithaca 1999.

Wolters, Reinhard, Die Römer in Germanien, 6München 2011.

Wong, Roy Bin, China Transformed. Historical Change and the Limits of the European

Experience, Ithaca 1997.

Woodside, Alexander, Lost Modernities. China, Vietnam, Korea, and the Hazards of World History, Cambridge MA/London 2006.

Woodward, David (Hg.), The History of Cartography, III, Chicago 2007.

Worstbrock, Franz Josef (Hg.), Deutscher Humanismus 1480–1520. Verfasserlexikon, 3 Bde., Berlin 2008–2015.

Wujastyk, Dominik, A Body of Knowledge. The Wellcome Ayurvedic Man and his Sanskrit Context, in: Asian Medicine. Tradition and Modernity 4 (2008), 201–248.

Xin, Xu, The Jews of Kaifeng, China, Jersey City 2003.

Yangwen, Zheng, China on the Sea. How the Maritime World Shaped Modern China, Leiden 2011.

Yates, Frances A., Giordano Bruno and the Hermetic Tradition, London/Chicago 1964.

Dies., The Rosicrucian Enlightenment (1972), London 1975.

Yenen, Osman Şadi, History and Eradication of Smallpox in Turkey, in: Microbiology Australia 35,3 (2014), 156–164.

Yoshida, Mitukumi, The Chinese Concept of Nature, in: Nakayama/Sivin 71–89, 71–73.

Yoshinobu, Shiba, Commerce and Society in Sung China, Ann Arbor 1970.

Yu-Lan, Fung, A Short History of Chinese Philosophy, New York 1966.

Zahlten, Johannes, Disputation mit Averroes oder Unterwerfung des ‹Kommentators›. Zu seinem Bild in der Malerei des Mittelalters und der Renaissance, in: Speer/Wegener 717–744.

Zanato, Tiziano (Hg.), Lorenzo il Magnifico, Opere, Turin 1992.

Zanden, Jan Luiten van, The Long Road to the Industrial Revolution. The European Economy in A Global Perspective, 1000–1800, Leiden 2009.

Ders. u. a., The Rise and Decline of European Parliaments, 1188–1789, in: The Economic History Review 65, 3 (2012), 635–861.

Zandvliet, Kees, The Dutch Encounter with Asia, 1600–1650, Amsterdam 2003.

Zaret, David, Origins of Democratic Culture. Printing, Petitions and the Public Sphere in Early Modern England, Princeton 2000.

Zedler, Johann Heinrich, Grosses vollständiges Universal-Lexicon aller Wissenschaften und Künste, 68 Bde., Leipzig 1731–54.

Ze'evi, Dror, Producing Desire. Changing Sexual Discourse in the Ottoman Middle East, 1500–1900, Berkeley u. a. 2006.

Zernack, Klaus, Polen und Rußland. Zwei Wege in der europäischen Geschichte, Berlin 1994.

Zeuske, Michael, Handbuch Geschichte der Sklaverei. Eine Globalgeschichte von den Anfängen bis zur Gegenwart, Berlin/New York 2013.

Zey, Claudia, Der Investiturstreit, München 2017.

Zhang, Zhenhua, Chinesische und europäische Rhetorik. Ein Vergleich in Grundzügen, Frankfurt a. M. u. a. 1991.

Zhao, Zhongwei, Towards a Better Understanding of Past Fertility Regimes. The Ideas and Practice of Controlling Family Size in Chinese History, in: Continuity and Change 21,1 (2006), 9–35.

Zielske, Harald, Die Entwicklung des geistlichen und weltlichen Dramas und Theaters im Mittelalter, in: Propyläen Geschichte der Literatur, II, Berlin 1982, 414–445.

Zika, Charles, Reuchlin und die okkulte Tradition der Renaissance, Sigmaringen 1998.

Zimmermann, Bernhard, Cicero und die Griechen, in: Vogt-Spira/Rommel 240–248.

(Zimmern, Froben Christoph von) Die zimmerische Chronik, hg. v. Karl August Barack, 2Freiburg/Tübingen 1881.

Zinner, Ernst, Leben und Wirken des Joh. Müller von Königsberg genannt Regiomontanus, bearb. v. Otto Zeller, 2Osnabrück 1968.

Zwierlein, Otto, Das Waltharius-Epos und seine lateinischen Vorbilder, in: Antike und Abendland 16 (1970), 153–184.

图片版权

插图1：© akg-images/Rabatti & Domingie；铜版画，23cm × 16.5cm

插图2：© Photo Fine Art Images/Heritage Images/Scala, Florenz；亚麻布油画，178cm × 205cm

插图3：© Photo Scala, Florenz；湿壁画，约500cm × 770cm

插图4：Photo Scala, Florenz/Fondo Edifici di Culto/Min. dell'Interno；大理石，高：205cm

插图5：© Bayerische Staatsbibliothek Munchen, Clm 2599, fol. 106v; Aldersbacher Sammelhandschrift，羊皮纸画

插图6：© nach Anton Legner, Der Artifex. Kunstler im Mittelalter und ihre Selbstdarstellung. Eine illustrierte Anthologie, Koln 2009; Cod. A 21/1 fol. 153r，羊皮纸画，25.2cm × 33.5cm

插图7：© 2017, Biblioteca Apostolica Vaticana, Codex Vat. Lat. 3868, fol. 2r；羊皮纸彩图封面，34cm × 29cm

插图8：© BNF, Paris/Archives Charmet/Bridgeman Images; Ms Ar 5847, fol. 5v，镶金彩图，37cm × 28cm

插图9：© The British Library Board/Scala, Florenz; Or. 8210/P.2，墨水画，27.6cm × 499.5cm

插图10：© nach Needham IV, 2, 451, Abb. 651 (Hsin I Hsiang Fa Yao)

插图11：© akg-images; rechter Flugel，青铜，360cm × 240cm

油画，124.5cm × 126.5cm

插图30：© akg-images/Rabatti & Domingie

插图31：© akg-images；羊皮纸画，49cm × 34cm

插图32：© ullstein bild/Liszt Collection; 1943.4.92，彩色陶像，65.8cm × 59.1cm × 32.7cm

插图33：© bpk; Gr 93/3，铜版画，18.5cm × 26.5cm

插图34：© ullstein bild/Pictures from History; 1977–42–1，丝质卷轴水墨画，80cm × 40.6cm

插图35：© Zentralbibliothek Zurich, Graphische Sammlung und Fotoarchiv; Zeichnung nach einer Flugschrift (Nurnberg 1555), Ms F 13, fol. 68r，羽毛笔着色画，18.6cm × 11.5cm

插图36：© bpk/Alinari Archives/Raffaello Bencini; Inv.-Nr. P02823，木版油画，220cm × 193cm

插图37：© Photo Scala, Florenz/Courtesy of the Ministero Beni e Att. Culturali e del Turismo；大理石

插图38：© bpk/Scala; Inv.-Nr. 1990 D37，木版蛋彩画，67.5cm × 239.5cm

插图39：© Photo Art Media/Heritage Images/Scala, Florenz；木刻画，14cm × 11.5cm

插图40：© Royal Collection Trust/ © Her Majesty Queen Elizabeth II 2017; RCIN 912591，墨水画

插图41：© LWL-Museum für Kunst und Kultur (Westfalisches Landesmuseum), Munster/Dauerleihgabe der Gesellschaft zur Forderung der westf alischen Kulturarbeit e. V. /Foto: Sabine Ahlbtrand-Donseif; Inv.-Nr. 1173 FG，木版油画，44cm × 31cm

插图42：© ullstein bild/Iberfoto/Fundacion Carlos de Amberes/Iberfoto；丝绵织锦画

插图43：© ullstein bild/Hein

插图44：© Staats und Stadtbibliothek Augsburg; 2 Math 99，扉页插图

插图45：© Germanisches Nationalmuseum, Nurnberg/Bridgeman Images; WI 1826，配支架多材质彩色地球仪，高：133cm

插图46：© akg-images/Elizaveta Becker

插图47：© akg-images; 893–2，木刻画，15.4cm × 11.5cm

插图48：© Domverwaltung Munster/Dr. Michael Reuter；砂石

插图49：© bpk/Bayerische Staatsgemaldesammlungen; Inv.-Nr. 8973，木版油画，66cm × 118.7cm

插图50：© Bibliotheque de la Faculte de Medecine, Paris/Archives Charmet/Bridgeman Images

插图51：© 35.7cm × 25.5cm

插图52：© bpk/Hermann Buresch; Inv.-Nr. GG 1838，木版油画，117cm × 162cm

插图53：© Bibliotheque royale de Belgique, D. S. 4.176 (FR) Mss.

插图54：© Rudolf II/Universal History Archive/UIG/Bridgeman Images; Inv.-Nr. 6920–1860，青铜像，67cm × 61cm

插图55：© Service Historique de la Marine, Vincennes, France/Bridgeman Images；铜版画

插图56：© Paolo Castelo, Privataufnahme；湿壁画

插图57：© nach Guaman Poma, Carlos Gonzales Hugo Rosati, Francisco Sanchez (Hg.), Testigo del mundo andino, Santiago de Chile 2002; GKS 2232 4，黑色羽毛笔画，14.5cm × 20.5cm

插图58：© The Trustees of the British Museum; Inv.-Nr. 1906,0509.1.16，水彩画，24.6cm × 15.1cm

插图59：© akg-images/Erich Lessing；青铜像，高：187cm

插图60：© akg-images/Bildarchiv Monheim

插图61：© akg-images; D 33，木刻画复制品，27cm × 40.6cm

插图62：© Smithsonian Libraries, Washington DC, USA/Bridgeman Images; fol. (656), 317r，铜版画，35cm × 23cm

插图63：© Alma Mater Studiorum Universita di Bologna/Biblioteca Universitaria di Bologna, A. IV. H.III.11/8, S. 404；木刻画

插图64：© akg-images；铜版画，23.8cm × 15.4cm

插图65：© Photo Scala, Florenz/Courtesy of the Ministero Beni e Att. Culturali；亚麻布油画，66cm × 56cm

插图66：© Granger/Bridgeman Images；铜版画，24.1cm × 15.5cm

插图67：© The Bodleian Libraries, The University of Oxford, Vet. A3 d.163；铜版画，23.1cm × 16.5cm

插图68：© Deutsches Museum, Munchen, Archiv, BN02713; Original: Leiden, Universitatsbibliothek, Ms. HUG 36 I, fol. 242v，羽毛笔画

插图69：© Private Collection/Bridgeman Images; Schem. XXXIV, nach S. 210

插图70：© The Trustees of the British Museum, Ms. Lat. 197 b. 21, fol. 27r

插图71：© Krakow, Uniwersytet Jagiellonski; Ms Berol. Germ. Qu. 132'

插图72：© http://dl.ndl.go.jp/info:ndljp/pid/2532460

插图73：© Copy of the Siberian Department of Russian Academy of Sciences; https://de.wikipedia. org/wiki/Datei:Apostol_1564_Frontispis.jpg

插图74：© Regensburg, Bayerische Staatsbibliothek, Res/2 Eur. 3a-1；铜版画

插图75：© Tashrih-i badan-I insan/Universal History Archive/UIG/Bridgeman Images; P 18, fol. 18a，羊皮纸彩图

插图76：© Tokyo National Museum, Japan/Pictures from History/Bridgeman Images；灰色页岩

插图77：© Dirk Bakker/Bridgeman Images；锌和铜

插图78：© bpk/Museum fur Islamische Kunst, SMB, Inv.-Nr.: I. 4593 fol. 45；颜料画

插图79：© bpk/Staatliche Kunstsammlungen Dresden/Jurgen Karpinski; PO 3226，瓷器，钴蓝釉底，高：10.5cm

插图80：© bpk/Kupferstichkabinett, SMB; G 5128，铜版画，10.7cm × 13.5cm

插图81：© bpk/Bayerische Staatsgemaldesammlungen; Inv.-Nr. 688，木版蛋彩画，158.4cm × 120.3cm

插图82：© Royal Academy of Arts; Buch VI, fol. 113，木刻画

插图83：© Photo Ann Ronan/Heritage Images/Scala, Florenz

附图1：© Bequest of Cora Timken Burnett, 1956, Accession number: 57.51.23；镶金水粉画，30cm × 19.7cm

附图2：© bpk/Lutz Braun; Codex medicus graecus 1 fol. 4v，羊皮纸彩图

附图3：© Beijing, The Palace Museum/(Liu Zhigang)；丝质水墨画，33.8cm × 41.4cm

附图4：© Photo Werner Forman Archive/Scala, Florenz；湿壁画

附图5：© Photo Scala, Florenz；湿壁画

附图6：© The National Gallery, London/Scala, Florenz; Inv.-Nr. NG 4451，木版蛋彩画，53cm × 37cm

附图7：© British Library Board. All Rights Reserved/Bridgeman Images; Cotton Claudius E. IV, fol. 201，羊皮纸彩图

附图8：© bpk/The Metropolitan Museum of Art; 14.40.626–627，木版油画，44cm × 34cm

附图9：© De Agostini Picture Library/A. De Gregorio/Bridgeman Images；湿壁画

附图10：© The National Gallery, London/Scala, Florenz; NG 3099，亚麻布油画，69.9cm × 52.1cm

附图11：© Photo Scala, Florenz/Courtesy of the Ministero Beni e Att. Culturali；木版蛋彩画，17.5cm × 12cm

附图12：© 2017 Biblioteca Apostolica Vaticana; Urb. Lat. 365, fol. 97r，羊皮纸彩图，49cm × 24cm

附图13：© Photo Scala, Florenz/Courtesy of the Ministero Beni e Att. Culturali；木版清漆油画，47cm × 33cm

附图14：© bpk/BNF, Dist. RMN-GP; Francais 2810，羊皮纸彩图，17cm × 16cm

附图15：© ullstein bild/IBERFOTO; Espagnol 30, fol. 5v，羊皮纸彩图，ca. 64cm × 50cm

附图16：© bpk/Joseph Martin; Inv.-Nr. P02823，木版油画，220cm × 193cm

附图17：© The National Gallery, London/Scala, Florenz; Inv.-Nr. NG 1034，亚麻布油画，108.6cm × 74.9cm

附图18：© Photo Scala, Florenz/Courtesy of the Ministero Beni e Att. Culturali；木版油画，52.5cm × 37.3cm

附图19：© Krakow, Franciscan Archives (OFMConv)；镶金木版蛋彩画，142cm × 241cm

附图20：© ullstein bild/United Archives/World History Archive；羊皮纸彩图（骆驼皮），约86cm × 62cm

附图21：© Walker Art Gallery, National Museums Liverpool/Bridgeman Images；Inv.-Nr. 1350，木版油画，239cm × 134.5cm

附图22：© Special Collections and University Archives/Iowa State University Library；木刻画，37cm × 36.7cm

附图23：© ullstein bild/Heritage Images/Fine Art Images；P00432，亚麻布油画，346cm × 240cm

附图24：© Pinacoteca Ambrosiana, Mailand/De Agostini Picture Library/Bridgeman Images；Inv.-Nr. 196 1984 000196，亚麻布油画，185cm × 115cm

附图25：© bpk/Alinari Archives/Serge Domingie；Inv.-Nr. 212，帆布油画，169cm × 137cm

附图26：© Woburn Abbey, Bedfordshire, UK/Bridgeman Images；木版油画，133cm × 105cm

附图27：© DEA/ARCHIVIO J. LANGE/Kontributor；湿壁画

附图28：© Museum zu Allerheiligen, Peyersche Tobias-Stimmer-Stiftung, Schaffhausen, B 5924；水彩画，19.7cm × 15cm

附图29：© SS. Annunziata, Florenz/Bridgeman Images；木版油画，445cm × 280cm

附图30：© Kunsthistorisches Museum, Wien/Bridgeman Images；G 81，亚麻布油画，125cm × 195cm

附图31：© bpk/Scala; Inv.-Nr. 1988 O，蛋彩画，67cm × 45.6cm

附图32：© Tokyo, National Diet Library；水彩画

激发个人成长

　　多年以来，千千万万有经验的读者，都会定期查看熊猫君家的最新书目，挑选满足自己成长需求的新书。

　　读客图书以"激发个人成长"为使命，在以下三个方面为您精选优质图书：

1．精神成长

熊猫君家精彩绝伦的小说文库和人文类图书，帮助你成为永远充满梦想、勇气和爱的人！

2．知识结构成长

熊猫君家的历史类、社科类图书，帮助你了解从宇宙诞生、文明演变直至今日世界之形成的方方面面。

3．工作技能成长

熊猫君家的经管类、家教类图书，指引你更好地工作、更有效率地生活，减少人生中的烦恼。

每一本读客图书都轻松好读，精彩绝伦，充满无穷阅读乐趣！

认准读客熊猫

读客所有图书，在书脊、腰封、封底和前后勒口都有"**读客熊猫**"标志。

两步帮你快速找到读客图书

1. 找读客熊猫

2. 找黑白格子

马上扫二维码，关注"**熊猫君**"

和千万读者一起成长吧！